U0861420

中国年鉴精品工程
High Quality Project of China's Yearbook

陽泉年鑒

YANGQUAN YEARBOOK

2023

中共阳泉市委党史研究室
（阳泉市地方志研究室） 编

方志出版社
Publishing House of Local Records

图书在版编目（CIP）数据

阳泉年鉴.2023/ 中共阳泉市委党史研究室(阳泉市地方志研究室)编. -- 北京 : 方志出版社, 2023.12
ISBN 978-7-5144-6012-4

Ⅰ.①阳… Ⅱ.①中… Ⅲ.①阳泉—2023—年鉴 Ⅳ.①Z522.53

中国国家版本图书馆 CIP 数据核字(2024)第 101343 号

责任编辑：李　静
责任校对：张玉霞
责任印刷：梅中英
出 版 者：方志出版社
地　　址：北京市朝阳区潘家园东里 9 号(国家方志馆 4 层)
邮　　编：100021
网　　址：http://www.zgfzcb.cn
发　　行：方志出版社图书营销中心(010-67110500)
印　　刷：阳泉市正达彩色印刷有限责任公司
开　　本：889 毫米 × 1194 毫米　1/16
印　　张：29.25
字　　数：1040 千字
版　　次：2023 年 12 月第 1 版
印　　次：2023 年 12 月第 1 次印刷
定　　价：188.00 元

·版权所有　侵权必究·
（如有印装质量问题,请与我社图书营销中心联系）

《阳泉年鉴（2023）》编纂委员会

主　　任　雷健坤　刘文华

副 主 任　任建华　郭卫东　师旭明　郭建文　李　明　李文兵　耿鹏鹏　王增昂　李　遊　郭晓东　陈明华　王永革　魏海文　王志平

委　　员（按姓氏笔画排序）

卫志嵘　马江江　王　刚　王　浩　王　谊
王　磊　王　镒　王　璘　王开英　王文生
王玉卿　王其兵　王东旭　王吉魁　王志全
王希礼　王建华　王建源　王晓丽　王富明
文武全　冯　智　朱风雷　延鹏翀　任时杰
任晓华　刘志军　闫立彪　闫献忠　孙　毅
孙铁玲　苏喜福　李　春　李仁照　李凤萍
李志超　李丽新　李忠义　李昱平　李贵亮
李晓明　李曜雷　杨世英　杨省庭　张　鹏
张长青　张世荣　张立君　张立强　张志强
张丽娟　张医才　张俊堂　陈国才　陈步瑜
武　雪　范文生　和继明　周培源　赵建军
赵俊明　胡长卿　段慧刚　侯永斌　郗文保
晋　玮　贾存宏　高　鸿　高永红　高永恩
高海明　郭方恺　郭玉霞　郭永进　郭志强
郭彦云　陶文平　崔晓亮　梁　庆　梁　敏
梁爱卿　梁海昌　董　璋　程秀宏　程继喜
焦　罡　焦文录　温敏芬　路晓明　蔺志鹏
樊志红　薛伟民　冀鹏翀

《阳泉年鉴（2023）》编辑部

主　　编	王志平		
执行主编	张卫萍		
副 主 编	董雪卉	苏小平	
执行编辑	胡　蓉		
编　　辑	朱　静	霍冬梅	孟学武
	毕瑾璟	任泉荣	吴国平
	李　静	赵晓蕊	韩　冰
	李　静(小)	李　玲	岳伟丽
	王成文	杨　军	
彩页供图	王世钧	韩万成	张哲远
封面题字	郑恩田		
英文目录	赵建纲		

序

国务院办公厅2015年8月印发的《全国地方志事业发展规划纲要（2015—2020年）》（以下简称《规划纲要》）要求，到2020年要做到地方综合年鉴一年一鉴，公开出版，实现省、市、县三级综合年鉴全覆盖。《规划纲要》还要求，坚持存真求实，正确处理质量与进度的关系，将精品意识贯穿于年鉴编纂出版工作全过程。2015年12月，中国地方志指导小组办公室启动中国年鉴精品工程，将其与先期实施的中国志书精品工程视为姊妹工程，一道作为加强地方志质量建设的重要抓手。

实施中国年鉴精品工程有助于推动中华优秀传统文化传承发展。近年来，在党中央、国务院的高度重视和关心支持下，全国地方志事业发展迎来最好的发展时期。年鉴编纂发端于欧洲，鸦片战争后被引入我国，在我国走过了100多年的发展历史。在长期的编纂中，年鉴在内容和形式上不断发展，逐渐演变成为适合反映中国国情、具有鲜明中国特色的一种文化载体，并在改革开放后出现了快速发展的局面。2006年5月，国务院《地方志工作条例》颁布施行，明确将地方综合年鉴纳入地方志工作范畴，年鉴工作走上了有法可依的轨道。《规划纲要》出台，为从依法编鉴转变到依法治鉴指明了方向。2016年12月，中国地方志指导小组印发《全国年鉴事业发展规划（2016—2020年）》，更进一步明确了到2020年全国年鉴事业的任务书、时间表、路线图。经过多年的发展，年鉴工作已经成为地方志工作的重要组成部分，成为中华民族优秀文化传统的有机组成部分，其存史、育人、资政作用日益彰显。实施中国年鉴精品工程，是年鉴工作者紧扣时代脉搏、坚持创新发展的一项重要举措，对于坚定文化自信，传承弘扬好中华优秀传统文化意义重大。

实施中国年鉴精品工程有助于为全面建成小康社会提供更多智力支持和历史借鉴。党的十八大作出全面建成小康社会的战略部署。党的十八届五中全会提出到2020年如期实现全面建成小康社会的目标要求。完成《规划纲要》确定的目标任务是年鉴工作者的神圣使命，更是年鉴工作者以自身力量为全面建成小康社会献上的厚礼。一方面，可以更好地利用年鉴这种年度资料性文献，及时记录各地区在全面建成小康社会伟大征程中每年取得的新成绩和新经验、出现的新情况和新问题、涌现的优秀人物和典型事迹等；另一方面，可以更好地积累地情、国情资料，为推动经济社会发展和深化改革提供智力支持，为推进国家治理体系和治理能力现代化提供历史借鉴。

实施中国年鉴精品工程有助于全面推进地方志事业转型升级。地方志不是单纯修志编鉴工作，而是全体方志人“修志问道，以启未来”的一项事业，这项事业包含着巨大的时代担当与使命追求。地方志工作要在“五大建设”总体布局和“四个全面”战略布局中发挥与其自身价值、功能相匹配的作用，就要因时而谋、乘势而上、顺势而为，全面推进地方志事业转型升级。转型升级，当下最重要的目标就是完成“两全”目标，包括“年鉴全覆盖”目标；长远的目标就是基本形成地方志编修体系、理论研究和学科建设体系、质量保障体系、资源开发利用体系、工作保障体系“五位一体”的地方志事业发展综合体系，包括“五位一体”的年鉴事业发展综合体系。中国年鉴精品工程是一项探索工程，也是一项创新工程，是推进地方志事业转型升级的重要内容。通过实施中国年鉴精品工程，不仅有助于确保年鉴质量，不断编纂出版具有鲜明时代特征、年度特点和地域特色的精品年鉴，也有助于推动年鉴工作适应经济社会发展形势和时代需要，不断改革创新，与时俱进。

多年来，在中国地方志指导小组办公室的指导和全国各级地方志工作机构的共同努力下，年鉴种类数量快速增长，年鉴成果粲然可观，为实施中国年鉴精品工程奠定了坚实的基础。实施中国年鉴精品工程，就是要在全国地方志系统起到示范作用，进一步培育精品意识，打造精品年鉴，以点带面，在提高年鉴质量方面探索出一条切实可行之路，使这项探索工程和创新工程能够积累经验，发挥引领作用。

“万山磅礴，必有主峰；龙衮九章，但挈一领。”实施中国年鉴精品工程，是筑牢地方志事业特别是年鉴事业发展根基之举，其意义与价值不言而喻。但编修出年鉴精品佳作，绝非朝夕之功，需要付出长期艰辛的努力。希望通过实施中国年鉴精品工程，能够进一步推进年鉴质量建设，使年鉴真正成为传承中华民族优秀传统文化的重要载体，成为展示中国国情、地情的重要窗口，成为“为当代提供资政辅治之参考、为后世留下堪存堪鉴之记述”的资源宝库，在全面建成小康社会过程中作出更大贡献。

是为序。

中国社会科学院原副院长
原中国地方志指导小组常务副组长 李培林

数字阳泉·2022

综合

地区生产总值1012.9亿元

第一产业16.0亿元

第二产业562.9亿元

第三产业434.0亿元

人口

常住人口131.11万人

城镇常住人口94.77万人

乡村常住人口36.34万人

出生人口0.88万人

死亡人口1.14万人

农业

农作物种植面积5.7万公顷

粮食种植面积5.5万公顷

油料种植面积200.4公顷

粮食总产量23.7万吨

肉类总产量2.2万吨

禽蛋产量3.5万吨

工业

原煤产量6897.8万吨

发电量257.3亿千瓦时

煤层气产量14.3亿立方米

规模以上工业企业营业收入882.8亿元

建筑业增加值42.6亿元

商业贸易

社会消费品零售总额324.5亿元

城镇消费品零售额271.6亿元

乡村消费品零售额53.0亿元

出口总额6.6亿元

进口总额4.0亿元

财政 金融 保险

一般公共预算收入82.0亿元

一般公共预算支出158.5亿元

金融机构存款余额2108.7亿元

金融机构贷款余额1438.6亿元

保险费收入35.8亿元

保险费理赔及给付12.9亿元

人民生活

城镇常住居民人均可支配收入39300元

城镇常住居民人均消费支出24123元

农村常住居民人均可支配收入19057元

农村常住居民人均消费支出15153元

参加城镇职工基本养老保险42.02万人

参加城乡居民养老保险45.85万人

参加城镇职工基本医疗保险38.44万人

参加城乡居民基本医疗保险79.70万人

参加工伤保险28.62万人

参加失业保险28.25万人

参加生育保险23.03万人

城市最低生活保障对象1.86万人

农村最低生活保障对象3.26万人

（以上数据来源于阳泉市2022年国民经济和社会发展统计公报）

非凡十年·数据看发展

党的十八大以来，阳泉市委、市政府团结带领全市人民，坚持以习近平新时代中国特色社会主义思想为指导，全面贯彻习近平总书记考察调研山西重要指示精神，牢记嘱托，砥砺奋进，在“新赛道”上，努力跑出高质量发展“加速度”。

经济总量实现跨越

党的十八大以来，阳泉市经济总量不断实现**新跨越**，地区生产总值由2012年的575.7亿元扩大到2021年的**916.6亿元**，2017年突破600亿元，2019年迈上700亿元台阶，2021年超过**900亿元**。

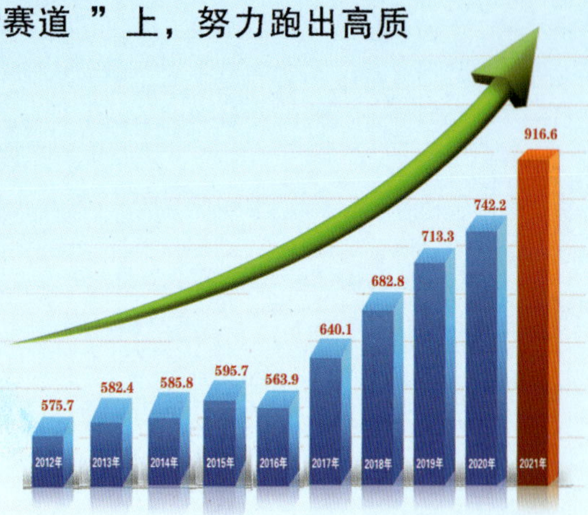

2012—2021年阳泉市地区生产总值（亿元）

产业结构优化升级

党的十八大以来，阳泉市加快传统产业改造升级，淘汰煤炭落后产能，第二产业占GDP的比重由2012年的57.8%下降到2021年的**51.7%**，第三产业占GDP的比重由2012年的40.7%上升到2021年的**46.6%**。

战略新兴产业（制造业）

总产值82.06亿元

增速16.6%

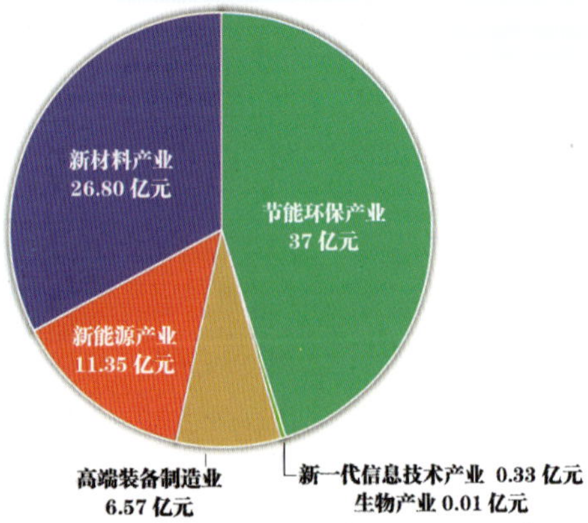

2021年阳泉市战略新兴产业（制造业）占比情况

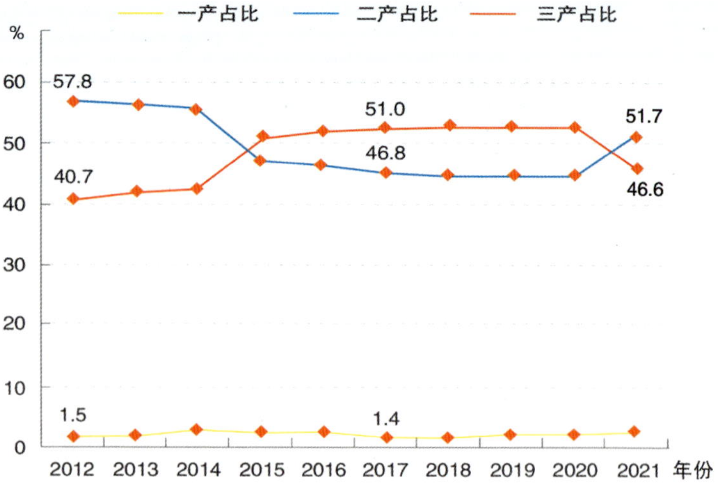

2012—2021年阳泉市三次产业占GDP比重

人均GDP突破1万美元

党的十八大以来，阳泉市人均地区生产总值从 2012 年的 42411 元扩大至 2021 年的 **69731 元**。按 2021 年平均汇率计算为 10808 美元，突破 **1 万美元**。

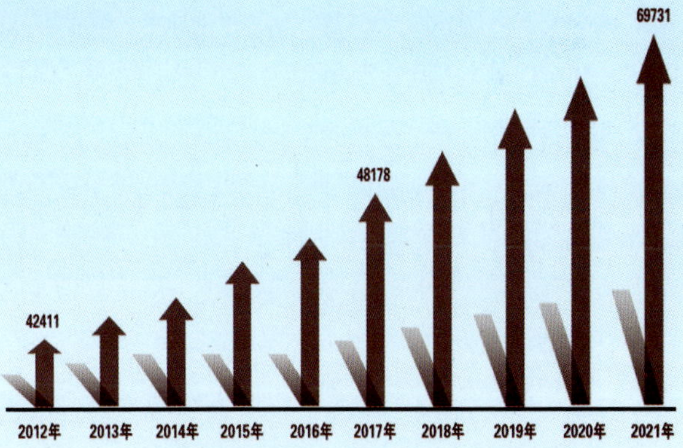

2012—2021年阳泉市人均地区生产总值（元）

城乡居民收入大幅增长

党的十八大以来，阳泉市城镇常住居民人均可支配收入由 2012 年的 21892 元增长到 2021 年的 **37464 元**，农村常住居民人均可支配收入由 2012 年的 8683 元增长到 2021 年的 **18030 元**。

2012—2021年阳泉市城镇（农村）常住居民收入（元）

（数据截至 2021 年 12 月，来源于阳泉市统计局）

非凡十年·数据看发展

消费需求有效释放

党的十八大以来，阳泉市社会消费品零售总额由2012年195.3亿元增加到2021年**308.0亿元**，网络消费增势良好，2021年限额以上商品网上零售额**5065万元**，比2020年增长**27.1%**。

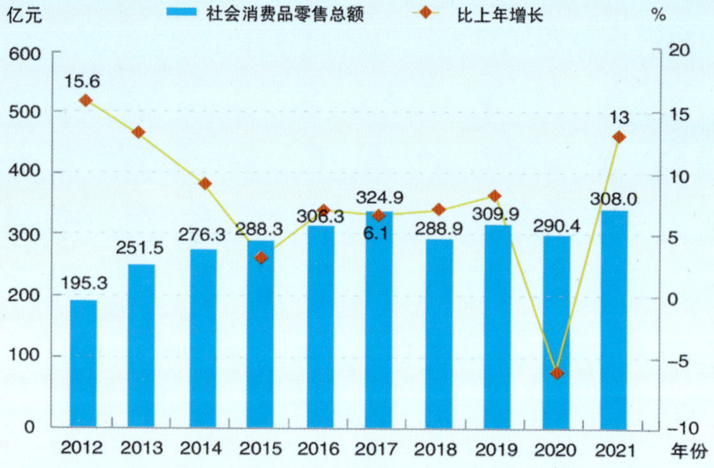

2012—2021年阳泉市社会消费品零售总额及其增长速度

现代服务业加快成长

党的十八大以来，智创城7号、百度云计算中心、5G智能矿山应用、中电阳泉数字经济产业园等先后落户阳泉，推动现代服务业加快成长。

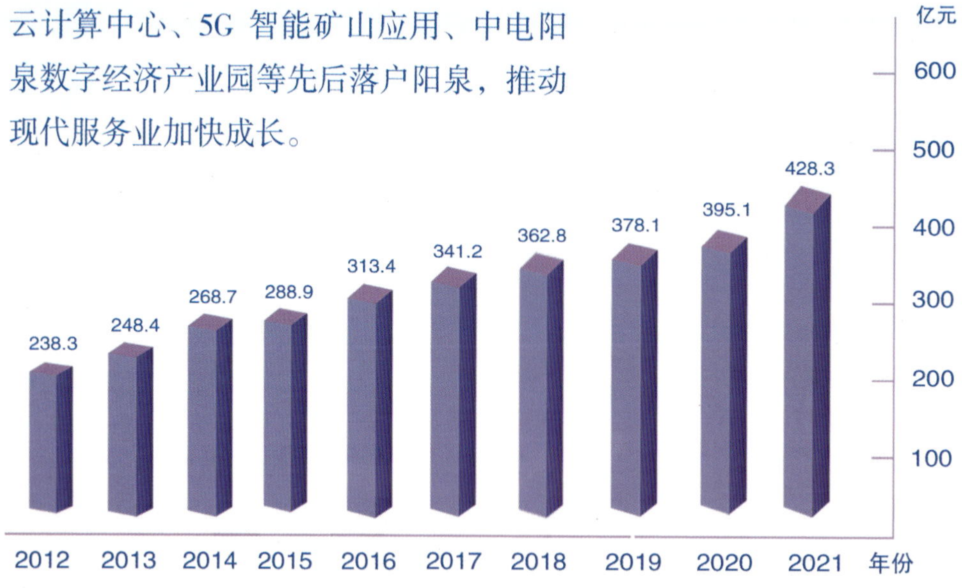

2012—2021年阳泉市服务业增加值

能源供应格局焕新

党的十八大以来，阳泉市煤炭稳产保供优势凸显，规模以上企业原煤产量年均达到 **5893.8 万吨**，2021 年达到 **6897.8 万吨**。2021 年，全市发电装机容量 **702.2 万千瓦**，比 2020 年增长 **3.7%**。

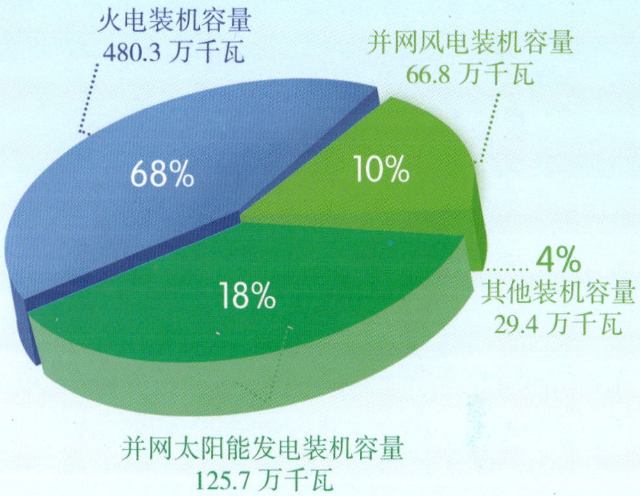

2021年，阳泉市发电装机容量主要构成

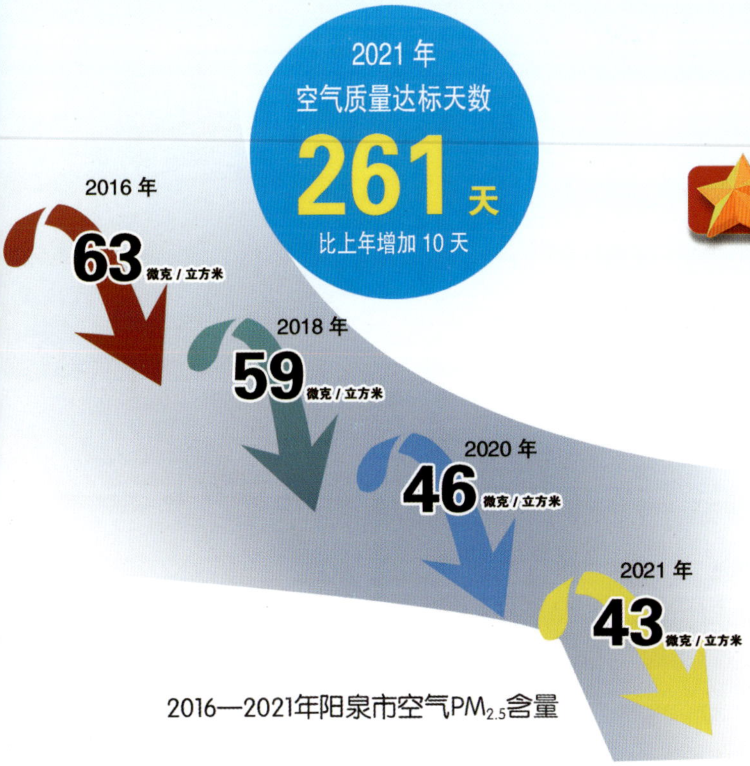

2016—2021年阳泉市空气$PM_{2.5}$含量

人居环境质量显著提升

2021 年，阳泉市空气 $PM_{2.5}$ 年均浓度 43 微克 / 立方米，创有记录以来最好水平，自 2016 年实现“**六连降**”，成功创建国家卫生城市。

（数据截至 2021 年 12 月，来源于阳泉市统计局）

阳泉发展新画卷·城市新貌

2022年7月，阳泉市城区全景图

（王世钧 摄）

阳泉发展新画卷·红色传承

2022 年，阳泉市围绕市委“14510”总体思路和部署，继续实施“红色领航”战略，探索“红色 + 旅游”路径，出台《阳泉市实施红色领航战略行动方案》，擦亮叫响“中共创建第一城”红色品牌。截至年底，全市有纪念场馆 17 处、旧址遗址 42 处、烈士陵园 20 处、红色文化研学基地 13 处、研学实践活动基地 8 处。其中，有红色教育基地 25 处。

2022 年 10 月，阳泉市首批红色教育基地——百团大战纪念馆完成“五个一”标准创建

2022 年 5 月 4 日，“阳泉记忆·1947”文化园阳泉记忆主题馆开馆

2022 年 9 月，山西阳泉干部学院被中组部列入省（自治区、直辖市）党性教育干部学院备案目录

2022 年“七一”前夕，阳泉市干部群众在狮脑山百团大战纪念碑广场开展唱红歌活动

2022 年，阳泉市将城区南大街打造为红色主题教育大道。图为红廊一角

2022 年，平定县七亘大捷战场遗址列入阳泉市红色旅游精品线路

（阳泉日报社、城区党史研究室 供图）

阳泉发展新画卷·数智新城

2022 年，阳泉市把握数字经济时代机遇，坚持“以数增效”“以数提质”“以数延链”“以数治城”，一手抓传统产业改造提升，一手抓新兴产业发展壮大，实现数字经济与实体经济深度融合。

2022 年 12 月，以百度云计算（阳泉）中心为代表的大型绿色智能数据中心在阳泉高新技术产业开发区全部建成

2022 年，阳泉市推进“车城网—车路智行新生态”项目建设，成为全国首个全域开放自动驾驶的地级市

2022 年，阳泉市在城市街道投放的无人驾驶公交车、配送车

2022 年 8 月，华阳集团华储光电数字化车间

2022 年 12 月，阳泉市“城市大脑”（一期）数据中台、业务中台等建设全部完成

（阳泉日报社 供图）

阳泉发展新画卷·美丽宜居

2022年，阳泉市坚持“绿水青山就是金山银山”的理念，以推动黄河流域生态保护和高质量发展、推进节能降碳、持续抓好污染防治攻坚为重点，坚持降碳、减污、扩绿、增长协同发力，不断夯实绿色发展“底色”，环境质量持续改善，实现了从“乌金煤城”向“生态美城”的华丽转变。

2022年11月，生态治理后的盂县滹沱河流域

2022年7月，平定县娘子关泉域保护划入阳泉市国土空间规划。图为娘子关景区平阳湖

2022年，阳泉市持续推进生态保护与修复。图为11月平定县石门口水库小天鹅栖息地

2022 年 9 月，阳泉市“四好农村路”建设里程 285.7 千米。图为太行一号公路平定段

2022 年 6 月，阳泉市开展农村人居环境提升治理。图为郊区桃林沟村村容村貌

2022 年 9 月，阳泉市森林覆盖率 22.3%。图为市中心香岛园

（城区党史研究室 供图）

阳泉发展新画卷·民生福祉

2022 年，阳泉市坚持以人民为中心，加大民生投入，增强惠民力度，全力办好民生实事。从养老到教育，从就业到健康，从城市到乡村，实现了民生事业的全面协调发展，人民群众的获得感、幸福感、安全感显著提升。

2022年5月，市民在阳泉市郊区王家庄村游玩

2022 年 6 月，阳泉市“晋情消费 · 泉民 e 购”促销活动在城区兴隆步行街启动

2022 年 7 月 9 日，阳泉市第五届“明日之星”中小学街舞大赛在市体育中心举行

2022年5月，阳泉市民在城区南山公园晨练

2022年12月29日，阳泉市首家市级零工市场——天桥零工市场工作人员为求职人员作政策解答

2022年9月，阳泉市“中国农民丰收节”在城区义井镇小河村举办。图为富硒农产品展区

2022 年 10 月，阳泉市万达商业广场开业

（城区党史研究室、阳泉日报社等 供图）

阳泉荣誉

国家级

国家卫生城市

国家园林城市

全国绿化模范城市

全国双拥模范城

全国无偿献血先进市

全国禁毒示范城市

省 级

省级文明城市

省级双拥模范城

省级园林城市

省级新型智慧城市试点

省级创新型城市试点

编辑说明

一、地方综合年鉴，是指系统记述本行政区域自然、政治、经济、文化、社会等方面情况的年度资料性文献。《阳泉年鉴》创始于1989年，是由中共阳泉市委、阳泉市人民政府主办，中共阳泉市委党史研究室（阳泉市地方志研究室）编纂出版的地方综合年鉴。《阳泉年鉴（2023）》为第28部。

二、《阳泉年鉴（2023）》以马克思列宁主义、毛泽东思想、邓小平理论、"三个代表"重要思想、科学发展观、习近平新时代中国特色社会主义思想为指导，运用辩证唯物主义和历史唯物主义的立场、观点和方法，旨在全面记载全市经济和社会发展的历史进程，翔实反映各领域的新成就、新进展、新经验和新问题，为社会各界了解阳泉、认识阳泉、投资阳泉、建设阳泉提供服务。

三、《阳泉年鉴（2023）》记述时限为2022年1月1日至12月31日，特载及部分事物追述需要除外。为记述完整，专题彩页部分突破时限。

四、《阳泉年鉴（2023）》遵循年鉴通例分类编排、设条记述。全书设市情概览、中国共产党阳泉市委员会、阳泉市人民代表大会、阳泉市人民政府、中国人民政治协商会议阳泉市委员会、中国共产党阳泉市纪律检查委员会　阳泉市监察委员会、民主党派　工商联、群众团体、法治、军事、经济管理、数字经济、开放型经济、能源经济、农业、工业、建筑业、商贸服务业、金融业、旅游业、房地产业、交通、水利、城市建设、乡村振兴、区域协调发展、生态环境、科学技术、教育、文化、卫生健康、体育、社会生活、应急管理、区县、人物　荣誉36个类目,有257个分目、20个次分目、1647个条目,收录照片图表204张(个),并设有特载、2022年阳泉市大事记、附录。

五、《阳泉年鉴(2023)》在基本框架保持稳定的基础上,作了较大调整,增设“数字经济”“开放型经济”“能源经济”“建筑业”“房地产业”“乡村振兴”“区域协调发展”“应急管理”8个类目;原“交通运输”改为“交通”,“城乡建设”改为“城市建设”;“人物”改为“人物荣誉”,增加集体荣誉。

六、年鉴稿件均经撰稿单位审核,主要数据经阳泉市统计局审核。数字用法、标点符号用法分别采用国家标准《出版物上数字用法》(GB/T15835—2011)和《标点符号用法》(GB/T15834—2011),计量单位采用国家技术监督局1993年12月发布的《量和单位》系列国家标准,个别遵从社会习惯。

目 录

特 载

2022年阳泉市大事记

市情概览

中国共产党阳泉市委员会

阳泉市人民代表大会

阳泉市人民政府

中国人民政治协商会议阳泉市委员会

中国共产党阳泉市纪律检查委员会 阳泉市监察委员会

民主党派　工商联

群众团体

法　治

军　事

经济管理

数字经济

开放型经济

能源经济

农 业

工 业

建筑业

商贸服务业

金融业

旅游业

房地产业

交　通

水　利

城市建设

区域协调发展

生态环境

科学技术

教　育

文　化

卫生健康

体　育

社会生活

应急管理

区 县

人物　荣誉

附　录

图表目录

Special Excerpts

A Chronicle of Major Events of Yangquan in 2022

Brief Introduction of the City

The Yangquan Municipal Committee of Communist Party of China

The People's Congress of Yangquan City

The People's Government of Yangquan City

Yangquan City Committee of CPPCC

Yangquan Municipal Commission for Discipline Inspection of the CPC Yangquan Municipal Supervisory Commission

Other Political Parties / the Federation of Industry and Commerce

Mass Organizations

Rule by Law

Military Affairs

Economic Management

Digital Economy

Open Economy

Economy of Energy

Agriculture

Industries

Construction Industry

Commercial Service Industry

Finance

Tourism Industry

Real Estate Industry

Transportation

Water Conservancy

Urban Construction

Rural Revitalization

Coordinated Development among Districts

Ecological Environment

Science and Technology

Education

Culture

Hygiene and Health

Sports

Social Life

Emergency Management

Counties and Districts

People and Honors

Appendixes

在市委经济工作会议上的讲话(节选)

中共阳泉市委书记　雷健坤

2022年是党和国家历史上具有重要里程碑意义的一年,举世瞩目的党的二十大胜利召开,进一步擘画了以中国式现代化全面推进中华民族伟大复兴的宏伟蓝图。这一年,山西发展进入快车道,多项指标创历史最好水平,在全省百舸争流、千帆竞发的发展大势中,阳泉不甘落后、奋力拼搏,经历了极不寻常的一年。这一年,是市级四套班子换届后的第一年,是全市上下锚定市委确定的"14510"总体思路和部署,上下同欲、真抓实干的一年,也是统筹"疫情要防住、经济要稳住、发展要安全"三大任务,在多难中寻求平衡、在多重压力下奋进的关键一年。这一年,许多困难超出预期,许多压力前所未有,在省委坚强领导下,始终坚持以习近平新时代中国特色社会主义思想和习近平总书记考察调研山西重要指示精神为指引,坚决落实中央、省委各项决策部署,取得的成绩既有点上的历史性突破,又有面上的全方位进步,经济社会发展呈现新气象,体现新态势,取得新进展。

坚持稳字当头、稳中求进,综合实力跃上新台阶

全年GDP预计增长4%左右,基本与全省同步,GDP总量有望突破千亿大关,五年连跨四个百亿关口,经济总量稳步跃升。三次产业齐头并进,均有突破。一产方面,预计粮食总产量创近十年最高水平,建成高标准农田6.87万亩,完成率为118.45%;二产增长6%左右,高于全省平均水平,工业制造业增速和占比双提升,圆满完成全年目标;三产中,社会消费品零售总额逆势上扬,增速远高于全国、全省平均水平,排名全省前列。经济质量效益显著提升。一般公共预算收入和税收收入创历史新高,一般公共预算收入完成81.97亿元,连续突破60亿、70亿、80亿大关,增长45.9%,增幅排全省第二;全年规上工业实现营收800亿元以上,利润增长1倍以上,增速位于全省前列。

坚决完成保供任务,提升先进产能,综合能源基地雏形初现

全年实现原煤产量6890万吨以上,地方煤矿电煤中长期合同签约率超过100%,发电量260亿千瓦时,同比增长15%,原煤产量、发电量再创历史新高。能源革命深入推进,全市煤炭先进产能占比94.52%;新型储能和能源互联网加快发展,新能源和清洁能源装机221.8万千瓦;开展碳达峰阳泉行动,全市能耗强度累计下降3%,超过省定目标。

激发新动能，优化投资结构，高质量发展行稳致远

一年来，工业赋能育新战略加快实施，制造业投资增速超过50%，成为全市固定资产投资的重要支撑；产业投资占比达52%以上，高技术产业投资增长15%以上，高于全市投资增速10个百分点以上。新能源、新材料、新一代信息技术和新型现代服务业“四新”产业投资增长30%以上。六大“百亿级”产业集群起步成势，中电数字产业园一期交付，百度云计算二期全面投运，云峰大数据中心加快建设，中烨负极材料、华纳钠离子电芯等项目投产入规，多氟多六氟磷酸锂和华储高效光伏组件等项目建成投产。

推动开发区加快发展，夯基垒台，主引擎作用成效显著

预计全市开发区工业投资增速39.1%，占全市投资比重30%；规上工业增加值增长21.5%，快于全市工业增速12个百分点以上，高出省定目标任务6.5个百分点。“三化三制”改革深入推进，“承诺制＋标准地＋全代办”改革效应显现，办理企业投资承诺制项目47个，出让“标准地”22宗，面积2470.2亩，为93个项目提供领办代办服务，项目从拿地到开工，平均压缩约30天。阳泉高新区连续三个季度在全省开发区排名进入前五，第三季度排名全省第二，历史性进入全省第一方阵；平定经开区新能源电池负极材料产业成势起步，盂县经开区循环经济产业特色鲜明。

深化改革创新，激发活力，发展后劲不断蓄积

国企改革三年行动收官，“僵尸企业”全部终结破产程序，公司制改革完成率100%；国有企业分离办社会职能和“三供一业”维修改造创出阳泉经验。全年共培育科技型企业217家；阳泉产业技术研究院升级为省级新型研发机构，省级创新平台数量增长33%；建立高校科研平台延伸基地13个，高校科技成果转化基地15个，柔性引进高层次人才20余人。深入开展市场主体倍增行动，全市市场主体实有13万户，同比增长32.1%。截至2022年11月底，全市新增减税降费及退缓税费26.55亿元。深化“放管服”改革，行政审批标准化工作跻身全省前列，“一账清”工作法受到国务院办公厅通报表扬。

统筹兼顾，守牢阵地，发展环境安全稳定

坚持“人民至上、生命至上”，成功应对多轮次疫情冲击，守住了阳泉阵地，第一时间落实“新十条”政策和省委落实意见，加快复工复产和服务业复苏。完善安全生产责任体系，开展“控风险、治隐患、防事故”安全生产执法检查，扎实推进安全生产“两个行动”，全年重特大生产安全事故起数为0，并列全省第一位，安全生产形势总体稳定。持续打好蓝天、碧水、净土保卫战，2022年全市$PM_{2.5}$平均浓度下降4.7%，改善率排全省第五，优良天数比例为73.4%，排全省第六；全市水质优良国考断面占比80%，水质劣Ⅴ类国考断面0个，生态环境质量持续改善。

始终心系群众、补齐短板，持续改善民生社会事业

坚持民生投入只增不减、惠民力度只强不弱、惠民实事只多不少，2022年全市民生支出119.31亿元，增长24%。落实就业优先政策，高校毕业生、农民务工就业等重点人群就业完成省定任务；实施职业技能提升培训工程，技能人才数量、质量不断提升。教育质量稳步提高，召开14年来规格最高、规模最大的全市教育大会，实现中小学课后服务全覆盖，建设18所乡村寄宿制学校，市一中初中部顺利招生，中高职一体化发展持续推进。持续推进“三特兴医”建设，新增省级重点专科2个、市级重点专科8个，市中心医院、市三院改扩建项目有序推进，市疾控中心搬迁新址。持续扩大社会保险参保覆盖面，城乡居民补充养老保险参保率、缴费率、待遇领取率均位居全省第一方阵。持续巩固拓展脱贫攻坚成果，全市脱贫人口人均纯收入大幅提高，增长17.7%，排名全省第一。

同时，必须看到，经济工作中仍有不少短板弱项：经济体量不大，发展速度不快，质量效益还有待提升；中小微企业生存困难，民间投资动力不强，服务业复苏仍需加力；生态环境改善还需久久为功；城乡居民收入增长不快，等等。针对这些问题，我们要采取有力举措，持续加以解决。

红色阳泉展新貌

——中国共产党阳泉市第十二届委员会全方位推动高质量发展纪实

阳泉，地灵人杰，物华天宝，犹如镶嵌在太行山麓的一颗璀璨明珠熠熠生辉。这里不仅有悠久的人文历史和绚丽多姿的自然风光，而且留下了诸多中国共产党人奋斗的足迹，有着“中共创建第一城”的美誉。阳泉是一座勇开风气之先的红色城市，也是一座甘于付出的奉献城市。作为全国最大的无烟煤基地，建市以来累计生产原煤超过24亿吨，累计外调超过19亿吨，黑色“乌金”源源不断输送到全国各地，为国家现代化建设“发光散热”，做出重要贡献。

党的十八大以来，习近平总书记视察山西重要讲话重要指示精神在阳泉落地生根，阳泉市完整准确全面贯彻新发展理念，聚焦全方位推动高质量发展的目标要求，全面落实市委“14510”总体思路和部署，深入实施“十大战略”，全市上下攻坚克难，开拓进取，采取一系列战略性举措，推进一系列变革性实践，实现一系列突破性进展，取得一系列标志性成果，攻克了许多长期没有解决的难题，办成了许多事关长远的大事要事，改革发展稳定和党的建设各项事业取得了新的进步。

“智车之城”领跑全国、“中国砂器之城”名声渐响、光电项目有序推进、能源革命破冰而行……一个个新产业、新项目落地开花；“国家园林城市”“全国绿化模范城市”“国家卫生城市”“全国双拥模范城市” ……一个个新荣誉、新桂冠不断摘得。曾经的革命老区，现在的智慧之城，阳泉，正在焕新升级，迎来新时代的美丽“蝶变”。

产业结构持续优化。5年来，阳泉市坚持脚踏实地推动转型发展，新旧动能转换全面提速。加快传统产业改造升级，淘汰煤炭落后产能1190万吨，先进产能占比达到83.6%，裕光2×100万千瓦超超临界机组实现双机投产。积极培育壮大新动能，新兴产业增加值年均增长9.9%。建成投运百万千瓦级光伏领跑基地，新能源电力装机占比达到29%，新能源产业增加值年均增长15.4%。贝特瑞人造石墨、阳中新材气凝胶、日昌晶蓝宝石等项目建成投产，新材料产业增加值年均增长13.5%。新一代信息技术产业从无到有，2021年增加值增长54.2%，快于规上工业增速42.1个百分点。5年来，累计实施项目3121个，完成投资1224.6亿元，为产业转型注入强劲动力。

改革创新纵深推进。5年来，阳泉坚持以改革激活力、以创新添动力，国资国企改革取得突破性进展。22户“僵尸企业” 全部终结破产程序，187户企业完成公司制改革，国有企业分离办社会职能和“三供一业”维修改造创出典型经验。开发区“三化三制”改革基本完成，“一体两翼”格局初步形成，主战场主引擎作用充分显现，2021年开发区工业投资增长30.7%，规上工业增加值增长13.7%，“四上”企业达到221家，增长19.5%。“放管服”改革深入推进，“一枚印章管审批”全面实施，审批时限平均压缩72%，市级行政许可事项基本实现全程网办。文化教育、医疗卫生、农业农村等重点改革取得积极进展。创新驱动深入实施。加快创建国家创新型城市，国家级科技领军人才创新驱动中心、清研阳泉先进制造产业研究院相继落户，智创城7号、阳泉产业技术研究院、阳泉人才发展集团有限公司正式挂牌，新增2家省级重点实验室，实现零的突破，高新技术企业达到110家以上，5年增长两倍。

城乡面貌不断改善。5年来，阳泉市坚持城乡融合、一体推进，美丽山城更加靓丽，城镇化率由65.86%提高到71.23%。扎实开展“五城联创”，成功创建国家卫生城市、省级文明城市、全国双拥模范城。阳大铁路、综合交通客运枢纽、规划展览馆建成投用，桃河、义井河湿地公园建成开放，龙华口调水工程开工，建成区集中供热、供气实现全覆盖。深入开展农村人居环境整治，县城污水处理率100%，行政村垃圾收运覆盖率90%，完成农村改厕3.6万户，创建国家美丽休闲乡村8个、省级美丽宜居示范村24个。漾泉大道、洪城北路一期、平阳街一期建成通车，“四好农村路”完成2878公里，太行一号旅游公路主线即将贯通，城乡道路更加通达顺畅。

绿色发展成效明显。5年来，阳泉市坚持标本兼治，全力以赴打好蓝天、碧水、净土保卫战，不断夯实绿色本底。空气质量持续改善,2021年市区优良天数比例首次突破70%,$PM_{2.5}$平均浓度降至43微克/立方米，创有记录以来最好水平。9条黑臭水体全部消除,连续两年优良水体比例达到80%以上。20座矸山生态恢复治理示范工程全部完成,矸山治理1.62万亩,造林绿化31.92万亩,森林覆盖率达到22.31%。散乱污企业实现动态清零,建成区及周边重污染企业全部搬迁改造或关闭退出。清洁取暖改造完成28万户、覆盖全部乡村,城市公交车、出租车全部更新为纯电动车。

*民生福祉持续增进。*5年来,阳泉市坚持以人民为中心，全力办好民生实事，财政民生支出占比每年稳定在80%以上。新增就业11万人,全民技能培训17.52万人。城镇居民收入与经济增长同步，农村居民收入快于经济增长。决战决胜脱贫攻坚,130个村甩掉贫困帽子,2.46万贫困人口全部脱贫。教育卫生文化体育事业全面发展,学前教育普及普惠率达80.1%，在全省率先实现市域义务教育基本均衡整体达标,阳泉职业技术学院建成投用。扎实推进"三特兴医"工程,创建10个省级重点专科、1个省级重点学科,公立医疗机构医用耗材实行"零差率"销售,全市医疗水平明显提升,群众就医负担有效减轻。《铁血阳泉》等文艺作品获得国省奖项。圆满承办二青会射箭比赛，阳泉籍运动员在第十四届全运会上夺得2枚金牌1枚银牌。社会保障体系更加完善,基本医保参保率稳定在95%以上,城乡低保标准逐年提高,企业退休人员待遇实现"十七连调"。保障性安居工程深入推进,棚户区住房改造建成4.1万套,5.4万户居民在不动产登记清零行动中拿到"大红本"。积极应对罕见秋汛,加快灾后恢复重建,受灾农户春节前全部入住安全住房。

*社会大局和谐稳定。*5年来,阳泉市坚持底线思维,增强忧患意识,有效防范和化解前进道路上的各种风险。坚决抓好常态化疫情防控,落细落实各项防控举措,运用网格化、云平台精准调度,疫情防控有力有效。推进安全生产专项整治,连续146个月杜绝重特大事故。持续深化平安阳泉建设,荣获"平安中国建设示范市"和首批"全国禁毒示范城市"。快速有效处置化解金融风险,城商行改制划入山西银行,3家农信社全部改制为农商行,金融业保持安全稳定运行。

*自身建设全面加强。*5年来,阳泉市坚持政治引领,扎实开展"两学一做"学习教育、"不忘初心、牢记使命"主题教育、党史学习教育,不断提升政治判断力、政治领悟力、政治执行力。坚持依法行政,提请市人大常委会审议地方性法规议案12件,办理人大代表意见、建议和议案932件,政协委员提案1625件,建成全省首批法治政府建设示范市。政务公开、审计监督、财政资金监管力度持续加大,行政权力运行更加公平公正。深入推进政府系统党风廉政建设和反腐败斗争，持续纠治形式主义、官僚主义,干部群众团结奋进、信心倍增,务实担当、干事创业氛围更加浓厚。

实施工业赋能育新战略、数字经济优先发展战略、服务业扩容提质战略、创新引领战略,经济发展提质增效

"在转型发展上率先蹚出一条新路来,乘势而上书写山西践行新时代中国特色社会主义的新篇章……"习近平总书记视察山西重要讲话重要指示，为阳泉市未来发展进一步指明了前进方向,提供了根本遵循。

沿着习近平总书记指引的前进方向，阳泉市大力实施工业赋能育新战略、数字经济优先发展战略、服务业扩容提质战略、创新引领战略，全市工业总量规模稳步提升,工业结构加速调整优化,战略性新兴产业发展取得初步成效,产业基础能力和产业链现代化水平进一步提升,工业在全市经济中的主导地位更加突出，为实现全方位高质量发展奠定了坚实基础。

*工业结构持续优化，规模总量稳步提升。*2019年以来,阳泉市工业持续保持稳步增长,规上工业增加值年平均增速达7.1%，规上工业企业由152户增加到现在的301户。工业结构持续优化,战略性新兴产业增加值占规上工业增加值比重达到8.3%。工业投资逐步增加,2022年上半年,全市工业投资同比增长43.5%,其中制造业投资增速达120.8%,通过资金支持撬动全市工业转型项目不断投产达效。两化融合深入推进。目前拥有国家级两化融合示范企业1家,通过国家两化融合贯标企业7家。创新能力不断提高。2019年以来，阳泉市认定企业技术中心56家,工信领域产学研新型研发机构2家,智能制造示范企业3家,全面实现规上工业企业研发活动全覆盖。

*九大产业链集聚发展,"中国砂器之城"名声渐响。*阳泉市围绕新能源电池、新型有色金属、新型碳基材料、绿色建材、新型半导体、新型装备制造、光伏装备、数字经济、储能九大产业链,推动产业链式发展。平定中烨新能源4万吨锂离子负极材料项目、中烜4.5万吨锂离子负极材料项目、多氟多阳福年产2万吨六氟磷酸锂及添加剂项目、兆丰铝电10万吨再生铝资源综合利用项目、大地海科裕光电厂综合利用项目、日昌晶蓝宝石项目、华储光电5GW光

伏组件项目等一大批优质项目有序推进，多业支撑、多链互补的绿色低碳产业新体系正在形成。

与此同时，阳泉市围绕专业镇建设，推动砂陶、耐火特色产业集聚发展。以“中国砂器之城·平定”称号为引领，按照“文化＋砂器”发展思路，立足丰富的紫砂资源，依托平定紫砂研究所、平定鼎裕紫砂有限责任公司等部门和单位开发可塑性好的紫砂泥和多样化的紫砂产品。加强紫砂产业自主品牌培育，鼓励重点企业制定品牌发展战略，擦亮“平定砂器”“阳泉紫砂”品牌，营造砂器文化氛围，提升产业文化影响力。以日用陶瓷产业为基础，支持企业对生产线进行技术改造，提高产品档次和附加值，鼓励平定莹玉陶瓷有限公司加快抗菌陶瓷研究，提升陶瓷产品高技术含量，实现陶瓷产业转型升级。

“两化”融合助力生产，自动化水平不断提高。银宇耐材通过国家级两化融合管理体系贯标评定，山西盂县西小坪耐火材料有限公司、阳泉市贤亨耐火材料有限责任公司等企业引进通用型大负载机器人和码垛机器人，不断提高生产线自动化水平。鼓励有优势的企业积极参与行业标准制定，推荐山西盂县西小坪耐火材料有限公司申报国家级制造业单项冠军企业。依托阳泉市“国家硅铝质耐火材料质量监督检验中心”，发展耐火材料标准研究、质量管理技术培训等生产性服务业，打造全国具有影响力的新型耐材产业集群。

战略性新兴企业稳步推进，政策赋能轻装上阵。2020年10月以来，阳泉市组织特殊类战略性新兴产业电力市场化交易用电企业申报备案，34户企业已申报备案或享受战新电价优惠政策，预计降低企业电价成本2亿元。2022年6月，山西华储光电有限公司、山西中烨新能源科技有限公司、多氟多阳福新材料有限公司等14户企业申报优惠电价政策，预计可享受优惠电量1.68亿度，节约成本0.34亿元。

能源革命持续深化，传统产业向“绿”而行。阳泉市坚持以习近平总书记提出的“四个革命、一个合作”的能源安全新战略为指引，以“双碳”目标为牵引深化能源革命，先立后破、通篇谋划，优化传统产业、打造新兴产业，推动能源结构向“绿”而行、向“新”而生。

推动传统产业赋能升级。煤炭和电力是阳泉市传统优势产业。近年来，阳泉市科学谋划煤矿智能化建设工作，积极推广绿色开采技术。5年间，先进产能煤矿从18家增加到21家，先进产能从4340万吨提升到4660万吨，先进产能占比从68.7%提升至83.81%。此外，针对电力行业，阳泉市加强装备、工艺、材料、技术攻关，河坡发电公司完成1号机组灵活性改造、阳光发电公司建设“火力发电厂5G联合创新实验室”、裕光煤电盂县发电项目采用最新超超临界燃煤空冷发电技术，一系列举措在保障电力供应的同时，切实降低了能源消耗。

推动新能源全产业链跃升。阳泉市按照“先进煤电＋新能源＋储能电站”的总体思路，加快打造多能互补、清洁能源供应基地，5年间，全市绿色能源消费体系加快构建，能源消费方式和消费结构不断优化。新能源装机规模从130.28万千瓦提升至172.69万千瓦，新能源占比大幅提升至25.4%，实现了从无到有、从少到多、从弱到强的快速转变。

智慧城市基础夯实，数字经济渐入佳境。阳泉市紧抓数字经济这一未来产业，大力实施数字经济优先发展战略。百度云计算（阳泉）中心二期投运，PUE能耗达到国际领先水平；中电数字经济产业园、山西智创城7号相继投运，60余家数字企业入驻，中关村软件园等一批信息技术领军企业汇聚而来，信创、软件服务、电子信息制造等产业加速壮大；全国首个车城网数字经济示范运营基地建设启动，“萝卜快跑”无人驾驶出租车实现商业化测试运营，“智车之城”成为城市新名片。

近年来，阳泉市围绕“5G—大数据中心—数字治理（智慧城市）—数字产业（信创）—数字融合（工业、农业、服务业数字化）”产业链，重点解决上游数据中心龙头产业带动效用不强，中游数字经济市场主体规模不足，培育发展本土信息技术企业，打造成为数据中心集聚区、人工智能新高地、数据治理产业的新基地、信创产业的先行市、全国智慧城市的新标杆。

以城市大脑引领智慧应用建设，新型智慧城市创建取得突破。近年来，阳泉市以建设省级新型智慧城市试点为契机，加快搭建数字政府应用支撑体系，不断拓展布局各领域智慧应用，推进城市管理、运行迈入智慧化、数字化轨道。

以政务网络和云平台建设为基础，夯实数字政府底层基座。在政务网络和云平台建设方面，以“五个一”建设为牵引，不断拓展政务外网覆盖业务种类和范围，目前阳泉市电子政务外网已覆盖全市全部乡镇。推进云平台整合纳管，建立集成化运维模式，目前市级非涉密政务信息系统已全部迁移上云，相关的政务数据资源可实时共享，市级信息孤岛全部消除，统一的云网部署为城市大脑建设等应用系统建设提供了可靠的基础保障。

以城市大脑为牵引，推进智慧城市应用体系搭建。加速推进城市大脑项目建设，目前已完成数据中台、业务中台、视频汇聚平台的部署，实现对云上系统不同领域、不同形态的数据进行整理纳管；视频汇聚平台已接入公安、能源、教育、社区等领域 1.1 万多路视频；数字驾驶舱完成了应急一张图、社会救助分析、宏观经济分析、生态环保分析、智慧医疗分析、城市综合管理服务分析、智慧能源 7 个融合场景、24 个子场景建设；项目荣获中国信息协会“2022 数字政府创新成果与实践案例”。同时，继续推动政务应用统筹集约建设，推进实施了“12345 政务服务热线系统”“政务数据智能协同系统”“城市运行管理服务平台”等特色政务应用建设，政务系统一体化建设运行水平不断提高。

以数据共享为核心，不断提升政务数据治理能力。出台《政务数据资源共享管理办法》，以城市大脑为核心应用，推动对云上系统不同领域、不同形态数据的整理纳管，拓展探索政务数据在各领域的共享开放。目前阳泉市政务数据“目录提供量”“资源发布量”稳居全省前列。

以推进治理现代化为宗旨，积极拓展各领域智慧应用。聚焦医疗、教育、社区、乡村等民生领域，加快搭建各领域智慧应用场景，启动建设智慧交通、智慧应急、智慧教育、智慧社区、数字乡村等项目，推进精准化、数字化服务。随着智慧化应用的拓展，群众对智慧城市的认同感不断增强，城市管理运行集约化、数字化成为普遍共识，数字阳泉品牌含金量不断提升。

自动驾驶全域测试，“智车之城”领跑全国。2022 年 2 月 25 日，阳泉百度 Apollo Park 开园暨全国首个车城网数字经济示范运营基地启动仪式在阳泉高新区举行。这是阳泉市与百度合作的又一里程碑。依托百度，阳泉数字经济的涟漪不断荡漾开去，深深浸润着山城大地。如今，阳泉市积极推进智能物联网应用基地试点，加快车城网项目建设，带动全域自动驾驶商业化运营及相关产业发展，打造“智车之城”。百度 Apollo Park 这一自动驾驶、智能交通研发、设计、应用和测试基地落户阳泉，为阳泉打造全国首个全域测试的样板城市提供技术支持，将助力无人驾驶、“智车之城”成为阳泉新名片。

近年来，阳泉市深入实施数字经济优先发展战略，牢牢把握“高密度中等城市交通拥堵治理与绿色出行试点”和“全国首个地级市全域开放自动驾驶城市”试点机遇，以建设“智车之城”为突破和抓手，着力构建“车城网—车路智行新生态”系统，致力打造智慧城市的中小型城市示范样板。

“车城网—车路智行新生态”系统推进阳泉智慧交通基础设施改造、Apollo Park、全域自动驾驶出行服务、自动驾驶商业化运营、智慧交管、智慧停车、智慧城管等子项目，将大幅提升出行效率，提高城市精细化治理水平，形成自动驾驶车辆和海量感知数据商业化运营模式，推动阳泉市成为智慧城市基础设施与智能网联汽车协同发展的“智车之城”，打造在全国具有影响力的智能网联与智慧交通产业示范高地。

实施营商环境首位战略、开放格局重塑战略、全域协调战略，激活全方位高质量发展新动能

地方发展短期靠项目，中期靠政策，长期靠环境。2021 年 9 月，阳泉市第十三次党代会明确提出实施营商环境首位战略、开放格局重塑战略、全域协调战略，营造改革牵引、服务一流的发展新环境，拓展优势互补、合作共赢的新空间，探索城乡一体、共同富裕的新路径，以改革破坚冰、拆壁垒、去门槛，为高质量发展提供良好环境。

“放管服”改革成效显著，市场主体活力持续释放。阳泉市以全面落实营商环境首位战略为主线，以统筹推进优化营商环境和市场主体倍增工程为牵引，全力打造“三无”“三可”“五有套餐”“五个环境”营商环境，深入推进“放管服”改革，持续释放各类市场主体活力，促进全市整体营商环境向前迈出一大步，为全市高质量发展提供有力支撑，全市政务服务工作朝着精细化、人性化方向持续改进，企业群众满足感、获得感显著提升。

持续优化行政审批制度改革，“放”出了活力。顺利通过省人大《山西省优化营商环境条例》贯彻落实执法检查，《一枚印章管理条例》宣传贯彻力度进一步加大。“一网通办”水平不断提高，办事环节大幅减少，审批流程持续优化，承诺制范围明显拓展，“证照分离”“一件事一次办”等多项改革成效显著。市级涉改事项 2021 年比 2020 年减少审批时限 72%，减少审批环节 36%，减少审批材料 40%。市级行政许可类事项可全程网办率达 97.24%，即办率达到 45.62%。市、县两级均推出 100 项以上“一件事一次办”主题套餐服务，让群众一次就能办好事。

积极完善事中事后监管顶层设计，“管”出了公平。完善审管衔接工作机制，出台了《阳泉市审批服务协同联动实施方案》和《阳泉市审管推送规范(试行)》。加大公平竞争审查和重点领域执法力度，推动包容审慎监管。开展“铁拳”“网剑”“双打”等执法行动，运用柔性执法引导市场主体依法、规范经营，落实检验检测等减税降费486.7万元。

不断优化政务服务和社会服务，“服”出了便利。阳泉市建立起高效便捷的市场主体登记、注销机制，推行“承诺制＋标准地＋全代办”，建立“7×24小时自助办＋中午不断档＋周末不打烊”的政务服务超市等多项便民举措。全市3个开发区累计出台完善各项政策制度近30项，持续优化24小时“自助区”功能，广泛布设税务、房产、社保、企业登记等各类自助终端设备，设立多个政务服务便民点，让群众就近就能办成事。2022年上半年，全市新设立市场主体13679户，同比增长96.03%；净增市场主体8864户，累计净增率9.01%。

开发区建设稳步推进，错位发展各有特色。阳泉市委、市政府深刻领会省委抓开发区建设的重大战略意图，把开发区作为第一阵地，用全新的理念视野谋划定位，用改革的思路办法破解难题，以大项目好项目新项目支撑产业转型，推动开发区改革创新取得积极进展。全市“一体两翼”的开发区发展格局形成，各开发区发展方向和主导产业进一步明确，实现错位发展。

深化“三化三制”改革，体制机制不断完善。落实“三制”要求，全市开发区领导班子配齐配强，内部机构设置和人员配备到位。同时，持续完善绩效薪酬体系和绩效考评体系，强化绩效管理，形成正向激励。提升“三化”水平，阳泉高新区全面推进市场化运营，实现“2+N”多元发展；平定经济技术开发区进一步深化和华阳集团的“管运分离”合作；盂县经济技术开发区探索建立“部门＋园区＋公司”的管理模式，推动管运分离改革。

围绕效能提升，发展环境持续优化。夯实基础设施，围绕优化项目落地条件，持续强化开发区基础建设，打造“拎包入住”的园区环境。创优营商环境，开通土地直报绿色通道，基本实现“区内事、区内办”。以“承诺制＋标准地＋全代办”改革为牵引，加强政策集成，打好改革“组合拳”，助力项目拿地开工、拎包入住。

聚焦项目建设，主阵地作用逐步显现。坚持把项目作为第一支撑，滚动推进“三个一批”活动，持续开展“看述评”活动，强化项目建设全过程跟踪、全周期服务，开发区承载产业转型重点项目的作用不断加强。2021年，全市开发区固定投资增长30%，高于全市增速21.7个百分点，占全市比重29.4%，分别较2020年、2019年占比提高7.2个、10.5个百分点；工业投资增长30.7%，高于全省3.2个百分点；规上工业增加值增长13.7%，转型项目个数高于全省平均水平。

拓展优势互补空间，深度融入山西中部城市群。阳泉是山西连接京津冀、环渤海地区和雄安新区的重要通道，也是山西中部城市群的“东翼”。聚焦“太—阳—石”经济轴带，阳泉大力实施开放格局重塑战略，积极对接“一带一路”、京津冀协同发展战略，深度融入山西中部城市群、太忻一体化经济区，阳泉至蒙古国达尔汗国际铁路联运班列开通运行，天津港公铁海联运班列加快推进，打造国际陆港铁路口岸作业区迈出实质性步伐，立体交通网建设加快推进，连接东西、纵贯南北的开放格局基本形成。

城乡一体协调发展，城镇化率位居全省前列。阳泉市结合实际，在构建城乡融合发展新格局、培育产业融合发展新动能、打造城乡生态宜居新面貌、完善城乡基础设施新构架、建立公共服务均等新机制、创建城乡文化繁荣新气象、建立城乡基层治理新体系、开启城乡居民富裕新生活、创新城乡融合发展新机制等方面重点发力，补齐发展短板，挖掘新的增长动力，拓展发展新空间，扎实推进城乡融合。着力打造“一轴、一环、两中心、多节点”的城市空间布局，做优中心城市，平阳街二期建设工程项目、宁波北路建设工程、化义路道路建设工程、洪城北路下穿平阳街通道工程、城南产城融合产业园区基础设施配套工程一期等一批路网工程开工、贯通。5年来，全市新增城市道路7.68公里。

阳泉市推动城乡功能互补发展，不断提升城镇承载功能，完善中心城区发展规划、生态新城起步区城市设计、城市综合整治风貌设计等引领性专项规划，开展修建性详规及风貌设计，并将在老旧小区改造、高标准打造城市客厅和中心医院、文化艺术中心、体育中心及中央森林公园等项目建设方面加快进度。全市各县(区)城乡融合发展体制机制进一步健全，探索城乡融合发展新路径，为建设全省城乡融合发展示范市作出积极贡献。到2021年末，阳泉市城镇化率达71.93%，位居全省第三。城镇化进程稳步提升、新型城镇化效应不断释放，阳泉市正阔步走在城乡融合的新型城镇化之路上。

县域经济长足发展，“特”“优”“精”产业亮点纷呈。阳泉市按照省委安排部署，大力发展县域经济，积极推进以人为核心的新型城镇化，县城建设发展迈入新阶段。

平定县不断创优营商环境，加快调整产业结构，传统支柱产业实现绿色、低碳、高效、智能化内涵集约发展。擦亮“中国砂器之城”产业集群品牌，砂器产业集群加快构建。实施了一批现代化工新材料、绿色能源项目，着力打造新能源电池小镇。文化、旅游、教育、康养产业深度融合,以娘子关景区为龙头,以太行一号旅游公路为串联,绿色、红色旅游资源连点成线,文化旅游产业蓬勃发展。大力发展"特""优""精"农业,打造小米、压饼、红薯、蜂蜜等一批"乡字号""土字号"。

盂县主动对标全方位高质量发展要求,紧扣"建设宜居宜业宜游的区域强县"目标,全面加快转型发展。盂县上社 140 万千瓦抽水蓄能电站项目、中广核西潘风电项目、粤电西烟风电等新能源项目……以新能源为代表的战略性新兴产业加快发展。其中,新能源发电项目总投资约 145.2 亿元,总装机容量 292.8 万千瓦,占全县总装机容量的 31.64%。一批对经济发展具有牵引性的大项目顺利实施,为盂县转型发展增添了新动能。

阳泉市郊区实施西上庄煤电一体化项目、"智慧农业 + 中央厨房"示范基地项目、万达商业综合体项目等八大转型项目,推进苇泊装备制造起步区基础设施提升工程、水务一体化工程等八大重点工程,加快培育新兴产业,改造提升传统产业,深入实施服务业提质增效十大行动,推动商贸服务业、数字产业等发展。同时,打响市场主体倍增"攻坚战",打好人才引育管用"主动仗",构筑发展新支撑,激发发展新动力,夯实产业基础,努力促进居民就地就近就业和持续增收,带动经济社会高质量发展。

与此同时,阳泉市立足本地实际和产业基础,着力做好"特"字文章,从市场供需、资源匹配、区域协调等方面精准入手,及时调整特色产业发展规划,优化产业结构和产品结构,促使农业产业结构由传统低效向优质高效转变,逐步形成果品、杂粮、乳品、药材、畜禽、蔬菜等八大产业链,蓄力打造杂粮新品、中药品、畜产品、果蔬制品、酿品饮品、功能食品六大"特""优"产业,加紧推进高产优质高效粮食、休闲康养一体化、特色农业、功能食品产业等八大农业集聚区建设,增加绿色优质农产品有效供给,探索适合本地的现代农业发展路径,推动全市农业产业向标准化、品牌化、特色化、精细化方向发展。2022 年 6 月 17 日,山西农业大学阳泉富硒产业研究院揭牌成立。依托这个综合性研究服务组织,阳泉市强化科技支撑为富硒农业产业高质量发展助力,推动富硒资源优势转化为产业优势,加快实现"1+10+100"富硒农业产业发展目标。

"人无我有,人有我优。"阳泉市在努力做好"特""优"农业产业的基础上,在精细化生产、精品化加工上下功夫,积极壮大"六品"精深加工产业,强化品牌塑造,一批叫得响的农产品品牌、许多带着"阳泉味道"的精细化、高端化农产品卖到了全国各地,走向了更大的市场。

随着农业"特""优""精"战略的深入推进,阳泉市阡陌纵横的田野上,绿色恣情舒展,焕发勃勃生机。许多乡镇、农业产业化龙头企业、农民专业合作社等农业经营主体围绕农业特色转型破题、发力,一项项瞄准"特""优""精"方向的新产业、好产业在乡村落地开花,为推进乡村振兴注入强劲动力。

实施生态筑基战略、民生提质战略,人民群众获得感、幸福感、安全感不断增强

"让老百姓过上好日子是我们一切工作的出发点和落脚点。"中共十九大以来,阳泉市牢记习近平总书记嘱托,紧紧围绕省、市党代会部署,始终坚持以人民为中心的发展思想,锚定"基本民生"这颗"定盘星",大力实施生态筑基战略、民生提质战略,坚决打赢蓝天碧水净土保卫战、脱贫攻坚战,深入推进教育事业发展,持续健全医疗卫生体系,不断夯实社会就业基础,大力提升公共服务供给,全力做好各项社会事业保障,用心用情全力创建全国文明城市……人民群众的获得感、幸福感、安全感不断增强。

坚持目标约束导向,打赢蓝天碧水净土战役。阳泉市大幅削减污染物排放总量,促进全市空气环境质量持续改善,协同推动经济高质量发展和生态环境高标准保护。5 年来,阳泉市大气环境质量达标天数从 193 天提升至 261 天,达标天数比例从 54.8%提升至 71.5%,$PM_{2.5}$ 平均浓度从 61 微克 / 立方米降低至 43 微克 / 立方米,蓝天天数越来越多。

阳泉市大力推进城市建成区及周边重污染企业搬迁退出,取缔关闭一批、逐步淘汰一批、优化提升一批洗选煤企业、耐火材料企业等,全流程推进工业炉窑和挥发性有机物综合治理,强化排污许可管理,全力消除污染源。实施散煤清洁化替代,大力发展集中供热,依法清理"禁煤区"散煤及燃煤设施,深入开展锅炉综合整治,全面推行清洁取暖。

此外,阳泉市还强化机动车环保排放监管,加强车用油品质量监管,对不符合国家排放标准的货车进行淘汰,推广使用新能源汽车,推进大气污染防治。大力推进露天矿山综合整治,持续强化研石山综合治理和管控,全面加强城乡环境综合整治,全面加强降尘整治,大力实施城市绿化工程,让蓝天常在。

同样发生变化的还有阳泉市的地表水。从劣Ⅴ类水质到退出劣Ⅴ类,再到Ⅲ类优良水质,桃河白羊墅国控断面水质不断向好，是阳泉市推进水污染防治攻坚，让碧水长流的典范。

地表水资源是人类赖以生存的自然资源之一。阳泉市高度重视水污染防治攻坚工作，成立了市水污染治理攻坚指挥部，制定出台了《水污染治理攻坚方案》，建立起监测值守、执法检查、气象联动等工作制度，通过强化城镇生活污水治理、狠抓工业污染防治、推进农业农村污染防治、实施黑臭水体整治、开展流域水生态修复、加强水环境管理等措施，深入打好水污染防治攻坚战。

功到自然成。乌河枣园村断面、绵河地都断面、滹沱河闫家庄大桥断面、桃河白羊墅断面水质，达到优良水质，优良水质断面数同比翻番，全市地表水环境质量持续向好。

聚焦土壤污染防治，阳泉市梳理土壤防治重点任务，做好任务分解；抓好土壤污染防治项目专项资金使用，做好项目谋划；在固废管理上，深入开展固废污染防治。到目前，阳泉市受污染耕地和污染地块安全利用率达到100%。

加快生态修复治理，厚植绿色发展底色。立足新发展阶段，阳泉市统筹"全生态"治理，倾力打造晋东生态功能核心区。大力开展荒山绿化、环城绿化、乡村绿化、裸地绿化、通道绿化等工程。"十三五"期间，共计完成造林40.9万亩。

绿水青山就是金山银山。全市统筹推进城乡绿化美化，坚持"绿化彩化财化"同步推进、"增绿增景增收"有机统一，做大做强生态富民产业，建设精品林业、城郊林业、观光林业和富民林业，全市11个行政村先后获评"国家森林乡村"。

阳泉市按照"国土增绿、林业增效、农民增收"的目标，积极推进林业产业发展，打造核桃、榛子、皂荚等经济林种植基地，实现生态效益和经济效益双赢。截至2021年底，阳泉市干果经济林总面积达29.59万亩，每年核桃、红枣等经济林产品的初级加工、精深加工产业产值都在1亿元以上。

全市生态修复工作开展以来，阳泉市通过全域规划、全域设计、全域整治，围绕历史遗留私挖滥采及涉煤涉矿工程毁坏土地生态恢复、废弃露天矿山生态修复项目、高铁高速沿线露天矿山生态修复等工作，加快推进生态保护修复治理，让绿色成为最美的发展底色。近年来，阳泉市共投入生态修复治理资金12.74亿元，完成各类生态修复治理任务5.35万亩。

林长上岗、荒山变绿、"伤疤"抚平……阳泉人怀揣着"发展经济是为了民生，保护生态环境同样也是为了民生"的共识，像保护眼睛一样保护生态环境，像对待生命一样对待生态环境，才有了现在的绿水青山，才有了"住在森林里"的美好体验，才有了如今的绿色发展底色。

优化农业结构，巩固脱贫攻坚成果。阳泉市委、市政府始终高度重视"三农"工作，出台"一揽子"惠农政策、采取一系列强农惠农举措，构建乡村产业体系，不断调整和优化农业结构，促进农村一、二、三产业融合发展。一批休闲观光农业和乡村旅游融合的新业态如雨后春笋般崛起，这些"农业+"新业态给乡村带来了生机和希望，成为现代农业中一支新兴力量。

项目是强农业的"动力源"。近年来，在全省立足"特""优"，深入推进农业供给侧结构性改革的浪潮中，阳泉市实施了一批省级、市级农业项目，引导农业经营主体发展了一批高效农业，高标准推进设施农业、有机旱作农业等，推动现代农业走上了高质量发展之路。阳泉天龙生态农业有限公司的5G+智慧养殖项目，靠着数据支撑研发的配套养殖技术，鸡蛋产量和品质稳步提升。2021年，项目产值4800万元，2022年产值有望突破1亿元。

2020年底，阳泉市攻克了一个又一个贫中之贫、坚中之坚，兑现了对贫困群众的庄严承诺，130个建档立卡贫困村全部退出，11375户25126名建档立卡贫困人口全部脱贫。

脱贫摘帽不是终点，而是新生活、新奋斗的起点。阳泉市乘势而上，接续奋斗，健全防止返贫动态监测和帮扶机制，下大力气巩固脱贫攻坚成果，牢牢守住不发生规模性返贫的底线。

乡村要振兴，"颜值"要刷新。在阳泉市广袤的乡村大地，乡村建设行动如同一支画笔在乡村豪迈挥洒。阳泉市从全面推进生活垃圾治理、大力推进"厕所革命"、梯次推进生活污水治理、整治提升村容村貌、加强村庄规范管理、完善建设和管护机制6个方面着手，开展乡村建设行动，大力推进农村人居环境整治。

盂县孙家庄镇王炭咀村就是乡村建设行动的受益村之一，如今这里像一幅浓墨重彩的油画：灰色古朴的砖瓦房、随风摇摆的绿植、沿街悬挂的红灯笼、五颜六色的文化墙相映成趣……近年来，村里陆续建起了田园花海观赏区、民俗文化展示区、素质拓展乐园、窑洞小院、玻璃花房等休闲娱乐景点和体验项目，会议中心、餐厅、公共卫生间、客房、培训室应有尽有，还荣获"中国美丽休闲乡村”称号。每年“五一”假期、“十一”黄金周线路推介中,王炭咀村位列其中。

小康不小康,关键看老乡。阳泉市聚焦农民持续较快增收目标,不断提升农村劳动力就业水平,增加工资性收入,进一步拓宽经营性收入渠道,释放财产性收入红利,优化转移性收入结构,努力构建以共同富裕为导向的持续增收机制。2022年上半年,阳泉市农村居民人均可支配收入9676元,排名全省第三;从2021年10月到2022年6月底,阳泉市脱贫人口人均纯收入10994.5元,实现目标任务的86.3%,完成进度排名全省第一,绝对值排名全省第四。

推进健康阳泉建设,增进人民健康福祉。阳泉市中心医院项目作为全市人民翘首以盼的重大民生工程,已于2022年2月26日奠基开工。中心医院的建设对阳泉市医疗卫生事业的长远发展、医疗服务能力整体提升具有重要意义,对增进人民群众健康福祉将发挥重大作用。

坚持提质扩面,持续提高参保人员保障水平;强化基金监管,管好用好人民群众“救命钱”;上线国家平台,医保结算更加安全快捷;坚持守正创新,开启“三医”联动新模式;落实集采使用,降价惠民政策落地有声……近年来,阳泉深入实施健康促进、“人才强医”、“三特兴医”、体系完善、信息化支撑、等级提升、基础改善、争先进位、组织保障、和谐医患工程等“十大工程”,实现卫生健康工作稳步提升。

目前,通过引进高层次紧缺人才,已累计引进省内外名医44个个人(团队);深入实施“三特兴医”工程,致力于省级、市级重点专(学)科建设,努力满足人民群众对优质医疗资源的迫切需求。创建10个省级重点专科、1个省级重点学科、55个市级重点专科,为打造“晋东区域医疗中心”夯实了基础。

聚焦兜底保障,构建分层分类社会救助体系。肩上有责、脚下有力。面对疫情防控严峻形势,阳泉按照“疫情要防住、经济要稳住、发展要安全”的重要要求,以“时时放心不下”的责任感,讲政治、抓落实、强服务,全身心融入大局,全覆盖兑现政策,进一步兜实兜牢民生底线,全力服务、保障和改善民生,一张张生动民生答卷绘就群众幸福生活的底色。

突出抓好高校毕业生、农民工等重点群体就业,下功夫做好就业困难人员托底保障等工作。2022年上半年,阳泉市通过开展“春风行动”“百日千万”等系列招聘活动,共为“一本两专”及职业院校应届毕业生7635人提供岗位3000多个。

2021年,全市城乡低保标准每人每月提高30元,城乡特困人员救助供养标准每人每年提高500元,实现了农村低保标准15连调、城市低保标准18连调。

创新开展社会救助领域改革试点工作,建立村级党组织与居民区困难群众“双结对”制度,成立救助帮扶评估小组和帮扶委员会,主动发现推动精准帮扶。“十三五”时期,阳泉市推动健全社会救助体系,“8+1”制度框架不断完善,累计下拨社会救助资金16.52亿元,连续5年提高标准,累计对44.91万困难群众实施了救助。

实施优质教育重塑工程,努力办好每一所学校。阳泉市全面贯彻党的教育方针,以狠抓落实为主基调,实施优质教育重塑工程,着力开展党建引领铸魂育人行动、立德树人培根启智行动、“双减”政策落地落实行动等“十项行动”,努力办好人民满意的教育,不断满足人民对优质教育的需求。审议通过《阳泉市关于推进教育高质量发展的若干意见》,配套出台了多项保障政策,形成了“以一个《意见》为核心、N个配套政策为保障”的推进教育高质量发展的改革体系。积极落实“双减”政策,全市219所学校开展课后服务工作,惠及学生11.3万人。引深办学模式改革机制,在全市范围内遴选基础教育阶段近30所学校,成立了16个教育集团,促进教育公平发展。

公共文化设施不断完善,文化惠民工程深入人心。阳泉市坚持以文化兴市为魂,持续提升公共文化服务水平,聚焦“一核一廊三区”布局,大力发展文化旅游产业,打造独具特色的文化高地。实施公共文化设施全覆盖工程,加快建设市、县标志性文化设施,持续抓好乡镇综合文化站、基层综合性文化服务中心提质升级。2021年,国家艺术基金资助剧目晋剧现代戏《铸城》在太原首演取得圆满成功。广播剧《冰雪陶然》等文艺新作层出不穷,创作各类舞台文艺类作品100余件、书法美术作品2200余件,文艺精品量质齐增。扎实推进“五个一批”群众文化惠民工程,完成“免费送戏下乡”585场,开展小型多样文化活动9727场。实施娘子关景区旅游基础设施建设、藏山三期、长城国家文化公园(阳泉段)等16个文旅项目。深耕“太行深处有人家”特色品牌,乡村民宿、农家餐饮、红色旅游、生态旅游蔚然成势。

深化综合治理,建设平安阳泉。阳泉市坚持打防并举、源头治理,持续不断开展社会治安专项整治,有效遏制了“八类”刑事案件、治安案件和新型电信诈骗等事关民生民意案件的多发势头,连续10年实现命案全破。平安中国建设协调小组授予阳泉市“2017—2020年平安中国建设示范市”、郊区“2017—2020年平安中国建设示范县”,“全国禁毒示范城市”揽入囊中,婚姻家庭矛盾纠纷“五色”分级预警处置工作经验被中央政法委、省委肯定并全省推广。“一网通办”惠及民生,司法机关“法治为民”工程为民众提供法律服务咨询1.25万人次,司法体制改革蹄疾步稳,全市政法队伍整体素质显著提高,执法水平更加科学规范,全市交通“减量控大控新治旧”日趋精细精准,引导教育、打击防范、超前预防、适时处置,公道执法的风尚业已形成,使广大人民群众真正感受到公平公正。

*共创文明城市,共建美好家园。*近年来,阳泉市委、市政府带领全市上下不懈奋斗,不断完善城市功能、提升治理水平,成功创建了国家卫生城市、全国双拥模范城、省级文明城市,推动阳泉城市形象和城市品质有了大幅提升。

城市,让生活更美好。通过创建国家卫生城市,阳泉市一举扭转了“煤城”的脏乱差状况,树立了资源型城市干净整洁、宜居宜业的全新形象;市容环境得到了改善,生态环境得到了治理,老百姓呼吸的空气更加干净,饮用的水更加安全,健康也更有保障,人民群众感受到了身边的巨变;全市各级党组织和广大党员干部群众展现了众志成城、守望相助的良好风貌,创出了阳泉人的精气神,创出了阳泉自豪感。

阳泉是中共创建第一城、北方第一支工农红军第二十四军诞生地、“百团大战”主战场、“七亘大捷”发生地。在这片热土上,有着军爱民、民拥军的优良传统和深厚历史积淀。特别是近年来,阳泉市大力传承红色基因,弘扬双拥优良传统,健全拥军服务体系,创新拥军载体途径,积极打造“一村、一社、一企、一镇”双拥示范亮点,不断夯实双拥工作基础、擦亮双拥模范“金字招牌”,并于2020年荣膺“全国双拥模范城”称号,开启了双拥工作新的篇章。如今,一件件动人的双拥故事化作一个个和谐的音符,在时代发展的大舞台上凝聚成震撼人心的最强音、定格在阳泉军民的心灵深处,军民一心、鱼水情深。

阳泉市历来高度重视文明创建工作,2020年成功创建为省级文明城市,2021年召开的市第十三次党代会明确提出,要“弘扬社会主义核心价值观,以创建全国文明城市为抓手,推动五大创建向纵深发展”,这是阳泉市委向全市人民作出的庄严承诺。

全国文明城市是所有城市品牌中的最高荣誉,也是阳泉广大干部群众矢志不渝的追求,更是阳泉坚持以人民为中心,提升社会治理能力,推进城市持续健康发展的必答题,是一份必须答好、答优的考卷。当前,阳泉市正深入学习贯彻习近平总书记关于精神文明建设重要论述,全力开展交通秩序专项整治、环境卫生综合整治、宣传广告专项整治和市民文明行为提升行动,全面提升城市品质,持续增进民生福祉,提振干部群众精神风貌,为全方位高质量发展积蓄新动能。

创建全国文明城市,阳泉一直在路上——着力营造干净整洁、文明规范、生态宜居的发展新环境;从细微处做起,做到“大节”不失范、“小节”不失礼,引领文明风尚;大力培育和弘扬社会主义核心价值观,统筹推进文明城市、文明村镇、文明单位、文明家庭、文明校园等群众性精神文明创建;全面提升老百姓的生活品质、文化供给、精神需求,真正实现让人人感受到城市的变化,让人人成为文明城市的推动者、实践者和受益者……

文明花开香满园,同心掬得满庭芳。如今,徜徉在阳泉的街头巷尾,一次迈步、一次转弯、一次凝眸,总能与文明不期而遇。因为文明的滋养与润泽,“颜值”“气质”并举的品质之城、美丽宜居的幸福之城正款款而来。

实施“红色领航”战略,擦亮城市红色名片、汇聚发展磅礴力量

红色,是阳泉这座城市的底色。阳泉拥有丰富的红色历史文化资源,渗透着厚重的红色文化基因,是中国共产党领导创建的第一座城市。走进新时代,奋进中的阳泉倍加珍惜“中共创建第一城”这张夺目的红色名片,红色基因融入阳泉儿女的血脉之中、代代相传。

2021年召开的阳泉市第十三次党代会提出实施“红色领航”战略,成为全市着力推进的“十大战略”之一。在市委的坚强领导下,习近平总书记嘱托在阳泉大地落地生根,阳泉正在将独有的红色历史文化转化为推动发展和城市自信的底气所在、潜力所在,以红色文化铸魂,以党建为引领,不断汇聚起推动新时代阳泉高质量发展的磅礴力量。

政治生态持续向好,干部队伍忠诚干净担当,基层党组织活力不断迸发……阳泉各级党组织和广大党员干部坚持以习近平新时代中国特色社会主义思想为指导,全面贯彻新时代党的建设总要求和新时代党的组织路线,以高质量党建引领经济社会高质量发展。如今,一份份精彩的“党建答卷”,正在阳泉这片红色热土上奋力书写。

*立根铸魂,旗帜鲜明答好政治答卷。*5年来,阳泉市各级党组织和广大党员干部高举习近平新时代中国特色社

会主义思想伟大旗帜，始终把深入学习贯彻习近平总书记视察山西重要讲话重要指示精神作为头等大事和首要政治任务，增强“四个意识”、坚定“四个自信”、做到“两个维护”。

阳泉市委把坚持正确政治方向贯穿始终，建立市委常委会会前理论学习制度，按照常委领学原文、谈体会和市委书记点评的模式，实现学理论—议工作—解难题—促发展常态化，带动广大党员干部群众用党的创新理论武装头脑、指导实践、推动工作。

近年来，一系列学习教育活动，成为阳泉高质量发展有力的思想和作风保证。高质量开展“不忘初心、牢记使命”主题教育，阳泉市广大党员干部以刀刃向内的自我革新精神检视问题，坚持将人民群众的满意度作为检验主题教育成效的标尺，思想、素质、能力、作风得到明显提升。

在“两个一百年”奋斗目标历史交汇的关键节点，根据中央统一部署，阳泉高标准启动党史学习教育，深入开展“我为群众办实事”实践活动，广大党员干部学史力行，用心用情用力解决群众急难愁盼问题。各级党组织开展党史学习教育专题宣讲共计8490场，受众84.3万余人次；共完成“我为群众办实事”21598件。

坚持贴近实际，体现地方特色，打造品牌队伍，依托“中共创建第一城”红色资源，广泛开展面向基层的理论宣讲。发挥新时代文明实践中心（所、站）作用，组织更多志愿者开展宣传服务，打通理论宣传“最后一公里”。突出对象化分众化，在网络媒体上开展视频宣讲，组织开展全市理论宣讲大赛、“小故事彰显思想伟力”微视频大赛等活动，不断推动理论宣传向广度和深度拓展。

在一次次立根铸魂、固本培元的思想淬炼中，广大党员干部党性意识被进一步唤醒，政治觉悟进一步提高，党风政风呈现全新气象。

红色传承，集聚高质量发展动能。一个红色基地，就是一个思想宝库，一个教育平台。阳泉红色资源丰富，共有红色遗址138处。这些丰厚的红色资源是弘扬红色文化、坚定理想信念的力量源泉和有力支撑。

“这里是阳泉建市之初，市委、市政府的办公旧址，也是原保晋公司总部办公的地方。按照‘恢复原貌，修旧如旧’的原则，经过修缮的中共创建第一城旧址成了阳泉广大党员干部群众追寻初心、积蓄奋进力量的地方……”每当有人到中共创建第一城旧址参观，讲解员总会为其讲述“中共创建第一城”阳泉市走过的奋斗历程和取得的辉煌成就。

阳泉市坚持寓红于教，“阳泉记忆·1947”文化园开园以来吸引了大批省内外游客，截至年底，共接待研学团队700余个，游客8.3万余人次。

狮脑山百团大战纪念碑，是激励阳泉儿女不忘初心、继续前进的精神丰碑。每年的预备党员培训，市直机关工委都要组织预备党员到百团大战纪念碑前接受庄严的红色教育。

郊区南沟村草帽山纪念亭，抗战时期范子侠将军“我前进，你们跟着我；我停止，你们推动我；我后退，你们枪毙我！”的铮铮誓言，深深刻在一批又一批胸怀崇敬的瞻仰者心头，深深刻在阳泉儿女的心头。

……

如今，阳泉市广大党员干部群众常常会走进爱国主义教育基地，通过观看珍贵历史图片、视频、实物与展品，聆听党史故事，重温红色记忆，进一步激发知史爱党、知史爱国的情怀。

红色文化浸润，红色文化传承。行走在阳泉这片红色沃土上，处处感受到“中共创建第一城”正在积蓄的奋进力量。

扎根基层，战斗堡垒更加夯实。近年来，阳泉市全面贯彻落实习近平总书记关于全面从严治党的重要论述，强化基层组织建设，夯实党的执政根基，不断推动全面从严治党走深走实，为阳泉市全方位推动高质量发展提供坚强保障。

近年来，阳泉市鲜明树立正确用人导向，把政治标准摆在首位，坚决做到“凡提四必”，首关不过、余关莫论。出台了《阳泉市干部工作操作手册》《阳泉市领导干部政治素质考察考核办法》及《档案管理办法》。树立政治强、能力强、担当强、品格好、业绩好的“三强两好”选人用人标准，全力引导广大干部提升“七种能力”“八项本领”。2021年县乡领导班子集中换届后，县乡党委领导班子配备均达到或高于政策要求，尤其是年轻干部比例得到显著提升，女干部、党外干部实现了应配尽配，锻造了一支政治上靠得住、作风上过得硬、工作上有本领、忠诚干净担当的高素质干部队伍，为阳泉高质量发展提供了持续不断的驱动力。

疫情防控是对近年来阳泉基层党建成效的大考。一线建支部、一线抓规范、一线交答卷……面对战“疫”考验，阳泉市全面落实“四级书记抓防控责任制”，突出党建引领，充分发挥基层党组织政治优势和网格化治理优势，引导广大党员干部在疫情防控第一线冲锋在前、战斗在前、彰显本色，飘扬在一线的党旗成了群众的"主心骨"。

党建引领推进"五治融合"，全面提升基层治理能力。矿区桥头街道段南沟社区首创的"鸿雁"工作法于全市推广，在基层治理方面发挥积极的示范引领作用和辐射带动效应。郊区河底镇固庄村以村庄治理和乡村治理试点工作为契机，定制度、立规矩，开启了党建立村、制度管村、民主治村、文明兴村的治理新实践，走出了一条独具特色的党建引领乡村治理之路……以全国城市基层党建示范市建设为抓手，特别是抓党建促基层治理能力提升专项行动开展以来，阳泉创新工作举措，把村级集体经济壮大提质作为专项行动的重要抓手，率先在全省出台"1+4"系列文件，项目化推进村级集体经济壮大提质，持续推动抓党建促基层治理能力提升专项行动走深走实，着力打造基层治理的"阳泉样板"。

凝聚合力，绘就最大同心圆。"激发民营经济活力·助力市场主体建设"行动、"凝聚新力量·筑梦新时代"主题教育行动、"'十大战略'大调研·建言献策促落实"行动……阳泉统一战线着力开展"六大行动"，以统战力量激发社会活力和创造力，为全方位推动高质量发展献计出力。

在山西工程技术学院建立了全省首家高校统战工作基地。在全省率先成立了市级无党派代表人士和党外知识分子学习实践小组、首家县级欧美同学会、首家国有企业党外知识分子创新实践小组。建立健全市县两级新的社会阶层人士联谊会和各类新的社会阶层人士活动站点并发挥积极作用。成立全省首家地级市统战智库……近年来，全市统一战线着力开展"六个一"活动和服务民营企业"三进三送"活动，以"贴心行动"为指引，积极以企引企、以商招商，服务阳泉转型发展，以"最大同心圆"汇聚助力发展的磅礴力量。

*从严治党，一体推进"三不腐"。*党的十九大以来，阳泉市坚定贯彻习近平总书记视察山西重要讲话重要指示精神，持续深化新时代全面从严治党和反腐败斗争的认识，坚持不懈一体推进不敢腐、不能腐、不想腐，把全面从严治党持续向纵深推进，推动全市政治生态持久风清气正。

阳泉市制定《全面加强政治监督工作指引（试行）》《关于围绕党中央及省、市重大决策部署落实情况开展政治监督的行动方案》，组织开展对118个市管党组织集中性、全覆盖政治监督专项检查，实施创优营商环境"五清行动"、解决人民群众急难愁盼问题"排忧行动"等专项政治监督，全力推进政治监督具体化、常态化。紧盯老问题、关注新动向，坚持对违反中央八项规定精神和"四风"问题线索单独建账、优先处置、严查快处，对典型问题通报曝光，一刻不停将纠正"四风"往深里抓、细里纠、实里做。

阳泉市常态化推进领导干部讲党课、学用党报党刊、参观廉政教育基地等"五个全覆盖"，持续筑牢不想腐的思想堤坝。市县两级纪委监委派驻机构全覆盖改革全面完成，建立健全村（社）监督"三支队伍"，基层监督不断下沉落地。深入探索村（社）巡察，在全省率先实现对全市1075个村（社）巡察全覆盖。

坚持把清廉阳泉建设与全面从严治党、推动全方位高质量发展一体推进、一体落实，多措并举推动构建管党治党责任落实体系、权力运行制约体系、干部管理监督体系、廉洁文化培育体系和清廉单元创建体系"五大体系"，努力实现政治清明、政府清廉、干部清正、文化清和、社会清朗"五清目标"，为阳泉市全方位推动高质量发展打造优良的政治生态环境和发展环境。

征程万里风正劲，重任千钧再出发。

阳泉是一座英雄之城、红色之城、活力之城、发展之城、文明之城、魅力之城，阳泉人民历来不畏艰险、勇于攻坚、敢于胜利、致力于创新发展。

2022年是党的二十大召开之年，是"十四五"规划深化之年，是全面落实省、市党代会精神开局之年，更是全方位推动高质量发展关键之年。站在新的起点，阳泉将以"全方位推动高质量发展"为主线，着力"提神""提标""提质""提速""提效"，以赶考的姿态前行，以决战的状态实干，汇聚磅礴之力，推进"十大战略"，蹚出阳泉特色的转型新路，奋力创造无愧于时代、无愧于人民、无愧于历史的业绩，以优异成绩迎接党的二十大胜利召开！

（文章题目由编者所加，原文刊登于中共山西省委机关刊物《前进》杂志2022年第9期）

2022年阳泉市大事记

1月

1日 阳泉市在全省率先推行不动产登记信息集成“一证一码、码上查”服务模式。

9日 中国农工民主党阳泉市第七次代表大会召开,选举产生农工党阳泉市第七届委员会,张立君当选主任委员。

11日 山西华阳集团新能股份有限公司钠离子电芯项目签约暨开工仪式在高新区智能制造产业园举行。

同日 中国民主建国会阳泉市第八次代表大会召开,选举产生民建阳泉市第八届委员会,石文斌当选主任委员。

12日 阳泉海关为阳泉市五金矿产进出口有限公司出口至澳大利亚的镁合金板签发《区域全面经济伙伴关系协定》原产地证书,为协定生效实施后阳泉海关签发的辖区首份原产地证书。

同日 国道307、207线阳泉市绕城改线工程西郊大桥的悬浇连续梁最后一个中跨合龙。

13日 阳泉市党史学习教育总结会议召开。

同日 中国民主同盟阳泉市第七次代表大会召开,选举产生民盟阳泉市第七届委员会,史友松当选主任委员。

同日 阳泉市委人才工作会议召开,表彰“优秀人才突出贡献奖”“优秀人才贡献奖”“优秀人才奋进奖”获得者、首届大学生乡村振兴(阳泉)建筑设计大赛获奖团队、省校合作先进单位,为省校合作科研平台市级示范项目授牌,为阳泉人才发展集团有限公司揭牌,阳泉人才发展集团有限公司为全省成立的首家市级人才发展集团。

22日 山西华阳集团新能股份有限公司光伏智能制造项目阳泉基地首片光伏组件出品仪式在郊区苇泊工业园区举行。

25日 中国国民党革命委员会阳泉市第七次代表大会召开,选举产生民革阳泉市第七届委员会,赵素卿当选主任委员。

同日 阳泉市人民对外友好协会成立大会暨第一届理事会会议举行。会上,选举产生第一届理事会理事,表决通过《阳泉市人民对外友好协会章程(草案)》。

同日 平定县实验小学活动课《“红船”旅行记》入选2021年全国优质少先队活动课。

26日 矿区6个街道商会全部登记注册成立,率先在全省实现县(区)街道商会组织全覆盖、注册登记全覆盖。

月内 阳泉市中嘉磨料磨具有限公司申报的“跨境电商B2B直接出口”货物出口哥斯达黎加,阳泉市跨境电商业务实现零的突破。

2月

16日 阳泉市工商业联合会(总商会)第十五次代表大会召开,选举产生市工商联第十五届执委会委员、执委会领导班子以及总商会领导班子。齐敏芝当选市工商联第十五届执委会主席、总商会会长。

19日至22日 政协阳泉市第十四届委员会第一次会议举行。

20日至23日 阳泉市第十六届人民代表大会第一次会议举行。

25日 阳泉百度Apollo Park开园暨全国首个车城网数字经济示范运营基地启动仪式在高新区举行。阳泉市成为继北京、重庆之后,“萝卜快跑”又一个商业化落地的城市。

26日 山西省开发区2022年第一次“三个一批”活动举行,阳泉市同步举行2022年第一次“三个一批”活动项目集中开工暨阳泉市中心医院项目奠基仪式。项目集中签约仪式上,集中签约项目16个,总投资116.46亿元,主要涉及新材料、新能源、现代新型服务业等领域。

28日 山西阳中新材有限责任公司生产的气凝胶A级不燃保温板下线。

3月

11日至12日 《太行山城——阳泉》专题片在中央新影发现之旅频道《美丽中华行》栏目的3个时段播出。

15日 欧冶链金山西瑞赛格公司废弃资源综合利用项目签约开工仪式在盂县举行。欧冶链金再生资源有限公司是中国宝武钢铁集团有限公司一级子公司。

16日 阳泉市第一人民医院在第十二届扬子江心脏论坛暨2021心房颤动高峰论坛中国房颤中心年度大会上，获“国家级标准版房颤中心”授牌。

24日至25日 山西省委书记林武到阳泉郊区、城区和高新区，对经济社会发展进行调研，并主持召开座谈会。

26日 第一届狮脑山林区、翠枫山林区森林草原防火联防会召开，标志着狮脑山林区和翠枫山林区范围内的镇、村、单位纳入同一森林草原防火联防体系，建起森林草原防火联防机制。

30日 阳泉市2022年农业农村项目“三个一批”活动举行。活动当天共涉及项目35个，其中集中签约项目9个、开工项目20个、投产项目6个，总投资37.16亿元。项目涵盖特色种养、农产品加工、智慧农业、乡村建设等。

月内 阳泉市纳入房屋产权登记确权颁证清零行动范围内的464个小区的90020套房屋全部完成不动产首次登记，全市房屋产权登记确权颁证清零行动历史遗留问题项目和新建房项目首次登记率均100%，实现首次登记“清零”。

4月

3日 阳泉市15家单位入选山西省委宣传部公布的2021年度山西省“双一百”示范点及山西省首批“双一百”示范点（全省党委/党组理论学习中心组学习示范点、全省基层理论宣讲示范点）名单。

8日 山西晋东华润燃气有限公司与晋能控股煤业集团阳泉煤炭事业部南煤集团西上庄煤矿举行气源供应项目签约仪式。

月内 阳泉市建成区雨污分流排水管网改造二期工程全面启动，对泉中北路至北大街、泉东路、七一巷等18项46千米的雨污水管道进行改造、分流。

5月

1日 阳泉市启用全国统一的重点物资运输车辆通行证，停发山西省通行证。

同日 阳泉市公共资源交易投标保证金“电子保函服务平台”上线运行。

同日 《阳泉市农村自建房屋质量管理办法》施行。

4日 位于城区南庄路市水泵厂原址的“阳泉记忆·1947”文化园一期对外开放。

5日 阳泉市抓党建促基层治理能力提升农业农村干部培训班开班，各县（区）委副书记、组织部部长、分管农业农村的副县（区）长、农业农村局局长、乡村振兴服务中心主任、乡镇党委书记等80余人参加培训。

6日 山西省委副书记、省长蓝佛安到阳泉综合交通枢纽、盂县上社抽水蓄能电站、平定县砂淘街和扶贫产业园等地调研。

同日 阳泉市举行“泉才卡”首发仪式，为100余名优秀人才发放“泉才卡”。持卡人在市内可享受安居服务、文化休闲、健康医疗等17项特惠服务。

7日 阳泉市首期“亲清下午茶”活动在“阳泉记忆·1947”文化园城市会客厅举行。11位企业家代表及有关部门负责人围绕主题进行交流。

11日 山西省委常委、宣传部部长吴伟先后到百团大战纪念馆、“阳泉记忆·1947”文化园、高新区、城区义井镇小河村、平定县娘子关镇等基层单位调研，了解宣传思想文化工作情况。

13日 全球知名指数公司MSCI公布半年度审核变更结果，华阳股份（600348）入选MSCI中国指数，指数调整于5月31日收盘后生效。

17日 国网阳泉供电公司举行智慧能源数据中心业务用房项目奠基仪式。

18日 阳泉市博物馆“陶铸文明——平定紫砂艺术展”在山西省第二届博物馆精品陈列展览评选推介活动中获精品展览推介，百团大战纪念馆“百团大战专题陈列展”获特别展览推介。

6月

7日 阳泉海关推荐，经太原海关审核认定，阳泉市中嘉磨料磨具有限公司成为山西省第二家、阳泉市首家《区域全面经济伙伴关系协定》项下经核准出口商。

10日 阳泉市老旧管网供热改造工程开工。

12日 阳泉热电2×660兆瓦低热值煤热电项目空冷塔工程结顶，该空冷塔总高221米，底部直径175米，是世界第二高空冷塔。

13日 山西省团校阳泉学院（中共创建第一城青年学院）签约揭牌仪式在市委党校举行。

17日 山西农业大学阳泉富硒产业研究院揭牌成立。

22日 山西省开发区2022年第二次“三个一批”活动举行，阳泉市同步举行2022年第二次“三个一批”活动项目集中开工暨贝特瑞锂电负极材料一体化成品线项目奠基仪式。项目集中签约仪式上,集中签约项目14个,总投资100.7亿元,主要涉及新材料、高端装备制造、节能环保、现代物流等领域。

同日 阳泉市4个项目在第五届“中国创翼”创业创新大赛山西选拔赛暨2022年山西省星火项目创业大赛中获奖。

23日 《中国共产党阳泉历史(1926—2020)》赠书仪式在“阳泉记忆·1947”文化园城市会客厅举行。阳泉市委党史研究室获颁“全国党史和文献部门先进集体”奖牌。

27日 阳泉富硒产业研究院科研项目签约仪式举行,阳泉市农业农村局与山西农业大学签订专项资金支持项目合作协议。

同日 阳泉市农业综合行政执法队被农业农村部评为第四批“全国农业综合行政执法示范窗口”。

28日 阳泉市首个质量基础设施“一站式”服务窗口入驻高新区政务服务大厅并对外开放。

30日 “喜迎二十大 奋进新征程”2022年山西省群众文化活动阳泉选拔赛启动仪式暨民歌广场舞大赛在“阳泉记忆·1947”文化园举行。最终决出两项赛事优秀队伍进入全省决赛。

月内 超净滤材项目(一期)11条生产线进入试生产阶段,标志着华阳集团首个纳米纤维过滤新材料项目落地。

7月

5日 2022年“中国流动科技馆”山西巡展阳泉城区站启动仪式在市展览馆举行。展览设太空探索、地球秘密、人工智能三大主题展区,50余件科技展品涵盖力学、声学、光学、航空航天等。

10日 阳泉市第三人民医院(传染病定点医院)改扩建工程项目开工。

12日 2022年《财富》中国500强排行榜发布,华阳股份以380亿元营业收入列第325位,排名较上年上升8位。

13日 2022年山西阳泉·珠三角数字经济场景发布会在广州市举行。阳泉市对外发布智慧城市、自动驾驶、智慧交通、数智双碳、产业生态等8大体系29个应用场景,现场签约项目16个,总投资额约97亿元。

14日至15日 阳泉市首届“军创助山城共富 戎归促乡村振兴”退役军人创业创新夜经济产品展销会在阳泉东站启动。启动仪式结束后,举行参展企业技能比赛,6家企业分获一、二、三等奖。活动还评选出10个双拥共建示范单位、10个拥军示范企业、3个拥军社会组织。

15日 阳泉市大数据应用局报送的案例“阳泉城市大脑”,在中国信息协会主办的“2022数字政府论坛”上获“2022数字政府管理创新奖”。

17日 华阳集团参与主办的第三届中国气凝胶节暨气凝胶产业联盟高峰论坛在太原举办。

19日 阳泉市郊区工商联被中华全国工商业联合会评为首批全国“五好”标杆县级工商联,全省有5个、阳泉市有1个。

同日 阳泉高新技术产业开发区成立金融服务中心,是全省首家区级金融创新服务平台。

19日至21日 全国政协常委、提案委员会副主任戚建国率调研组到阳泉市,围绕“加强退役军人投身乡村振兴政策制度建设”开展民主监督性调研暨重点提案督办调研,并召开座谈会。

21日至23日 “非凡十年·奋‘晋’未来”系列网络主题宣传活动暨“争先崛起看中部”——第十七届全国网络媒体山西行主题活动记者团在阳泉开展集中采访报道活动。

23日至26日 2022年山西省武术散打锦标赛在阳泉职业技术学院举办,阳泉市运动员取得5个第一名、1个第二名、4个第三名的成绩。

25日 多氟多新材料股份有限公司投产建设的年产1万吨高端PVDF树脂产业链项目签约仪式在高新区举行。

月内 阳泉市关工委选送3名选手,参加全国“中华魂”(强国有我)主题教育活动线上演讲成果展示活动。阳泉广播电视台杨研获青年组特等奖,阳泉三中任子心获中学组一等奖,城区朝阳小学郭雨彤获小学组优秀奖。

8月

3日 中华全国总工会书记处书记、党组成员,组织部部长张茂华一行到阳泉市看望蹲点工作组并调研。张茂华一行先后到山西智创城7号、阳泉百度Apollo Park、“阳泉记忆·1947”文化园等地调研,在开创集团考察公司职工活动中心、“妈咪小屋”、户外劳动者爱心驿站等工会阵地并座谈交流。

7日 “青花汾酒杯”阳泉市职工篮球赛在市体育中心体育馆落幕。36支参赛队、500余名球员参加比赛,历时12天72场比赛,郊区教育工会获机关事业单位组冠军,盂县兴发煤业队获工矿企业组冠军。

同日 中央电视台综合频道《朝闻天下》以“党旗在基层一线高高飘扬·甘泉井村:党建引领,合村合心聚合力”为题,报道平定县岔口乡甘泉井村抓党建促基层治理能力提升典型经验。

同日 阳泉市综合检验检测中心通过山西省市场监督管理局资质认定专家评审组,获得农产品质量安全检测资质,成为全市首家获得检验检测机构资质认定证书、农产品质量安全检测机构考核合格证书“双认证”的检验检测机构。

8日 阳泉金隅通达高温材料有限公司、山西华鑫电气有限公司、阳泉阀门股份有限公司、阳泉市中嘉磨料磨具有限公司4家企业入选工信部第四批国家级专精特新“小巨人”企业名单。

同日 2022年山西省群众文化活动阳泉市“漾泉”全民健身系列活动启动仪式暨“全民健身日”群体项目展演在市体育中心体育场举行。

9日 阳泉市创建全国文明城市推进大会召开。

11日 阳泉工匠学院在阳泉职业技术学院揭牌。市委人才办、市总工会、阳泉职业技术学院共同签署《联合共建阳泉工匠学院框架协议书》。

12日至14日 全国蹦床锦标赛在青岛举行，阳泉籍6名运动员取得4金2银3铜的成绩。

18日至19日 “我眼中的山西+”系列活动启动仪式暨“我眼中的山西——智慧生活”短视频拍摄活动在阳泉市举行。

25日 阳泉市9家企业的优秀创新项目晋级第十一届中国创新创业大赛山西赛区决赛并获奖。其中，山西尊特智能科技有限公司“年产200万台智能跳绳项目”获一等奖，山西菲斯数字技术有限公司“煤矿智能化综合管控平台3.0”等3个项目获二等奖，阳泉日加材料科技有限公司“采用资源化回收技术低成本处理煤矿酸性污染水”等5个项目获三等奖。

30日 阳泉市生态环境局四级调研员杨荷花被国务院授予全国“人民满意的公务员”称号，郊区荫营镇人民政府被授予全国“人民满意的公务员集体”称号。

月内 阳泉市首辆大气臭氧激光雷达走航车投入运营。

9月

1日 《阳泉市滹沱河流域生态修复与保护条例》施行。

5日 山西省开发区2022年第三次“三个一批”活动暨太忻一体化经济区建设推进会举行，阳泉市同步举行2022年第三次“三个一批”活动项目集中开工暨欧冶链金再生资源有限公司金属再生资源加工生产基地和山西晋东物流产业发展有限公司智慧寄递物流（电子商务）项目开工奠基仪式。项目集中签约仪式上，集中签约项目17个，总投资108.03亿元，主要涉及新材料、装备制造、现代农业等领域。

7日 阳泉市文学艺术界联合会第五次代表大会召开。大会选举产生市文联第五届委员会委员、主席团成员。王开英当选为市文联新一届主席。刘慈欣、侯讵望被聘为名誉主席。

8日 共青团阳泉市第十六届委员会第一次全体会议召开，选举产生共青团阳泉市第十六届委员会常委、书记、副书记，蔺志鹏当选新一届团市委书记。

14日 阳泉市行政审批服务管理局通过“不见面审批”，向山西蓝海青鸟置业有限公司核发全市首张房地产开发企业资质电子证书，标志着全市房地产开发企业资质审批进入“便利数据”时代。

同日 “山西省合唱艺术进班级”试点启动仪式在矿区洪城河小学举行。洪城河小学被授予“山西省合唱艺术进班级示范单位”，系全省首个。矿区教育局和洪城河小学分别被授予“山西省合唱艺术基地”“山西省青年志愿服务站”称号。

同日 山西工程技术学院新材料现代产业学院成立。新材料现代产业学院位于山西智创城7号云谷科技创新园，拥有材料制备与加工实验室、分析测试实验室和虚拟仿真实验室等，系山西工程技术学院联合地方政府、科研院所、企业共建。

同日 阳泉市公安局退休民警李建全编剧并拍摄的微电影《破茧》，在第九届亚洲微电影艺术节上获优秀奖。

16日 阳泉市首辆5G智能巡逻车在高新区上路测试。巡逻车全天候在大连街、保晋路巡查，宣传创建全国文明城市相关知识，并具备路况实时传输、一键报警等功能。

21日 阳泉市12家企业携100余种农特产品参加在忻州举办的2022“中国农民丰收节”山西省主场活动。在“有机旱作·晋品”省域农业品牌发布会上，阳泉市“延年翘”牌连翘茶、“蜂为媒”牌蜂蜜、“点八”牌核桃露3种农产品入选山西省首批产品品牌。

24日 阳泉市疾病预防控制中心整体搬迁揭牌仪式举行。

26日 阳泉市在城区义井镇小河村举办2022年“中国农民丰收节”暨富硒农产品展示展销推介会，会上对10个“阳泉市乡村振兴示范村”、10名“阳泉乡土工匠”进行表彰。

29日 平定县娘子关兴隆古街入选山西省文化和旅游厅、山西省发展和改革委员会公布的第二批山西省省级旅游休闲街区名单。

30日 全球首批量产1吉瓦时（GWh）钠离子电芯生产线投运仪式在阳泉市举行，该生产线由华阳集团与中科海钠联合打造。

同日 阳泉市“党建书苑”“党建研究联学共建单位”“人民网基层党建创新示范基地”揭牌仪式在狮脑山举行。

月内 阳泉“响揭”技艺入选“人社部全国技工院校2022年秋季学期开学第一课活动”，为全省唯一入选《绝技人生》教材的项目。

10月

10日 阳泉市滨河新天地商业广场入选山西省商务厅公布的2022年省级步行街名单，兴隆商业步行街入选第一批省级夜经济生活集聚区名单。

同日 《阳泉市数字经济企业认定管理办法》出台，此为全省首个关于数字经济企业认定的管理办法。

12日至28日 在埃及开罗举行的2022年国际射联步手枪射击世锦赛中，阳泉市射击运动员赵楠获青年组女子25米标准手枪比赛、女子10米气手枪团体比赛、女子10米气手枪个人比赛3个项目的银牌。

15日 阳泉市首个全媒体广告监测系统——互联网与传统媒体广告监测平台上线运行。

16日 阳泉市启动内地居民婚姻登记全市跨区域通办，男女双方或一方户口所在地为阳泉市的婚姻当事人，可以在全市范围内任一县(区)级婚姻登记处办理内地居民结婚登记、离婚登记、补领婚姻登记证业务。

20日 阳泉市全面开通首次申领身份证"跨省通办"业务。

11月

1日 阳泉驿拓电子商务产业园入选2022年度国家小型微型企业创业创新示范基地。

2日 阳泉市不动产登记中心发放全市第一张不动产居住权登记证明。

9日 学习贯彻党的二十大精神省委宣讲团专题宣讲报告会在阳泉宾馆会议中心举行。省委宣讲团成员、省委政法委副书记，省法学会党组书记、常务副会长苗伟作宣讲报告。

同日 阳泉市化义路南延工程(城区段)开工，项目北起阳泉中环快速路，南至平定西外环，全长2060.64米。

11日 中共阳泉市委十三届四次全体会议召开。

14日 阳泉市学习贯彻党的二十大精神宣讲工作动员会召开。

15日 平定县龙川化工园区被评为山西省化工园区。

26日 阳泉市交通运输局报送的典型案例《推广绿色出行 助力碳达峰碳中和》入选国家机关事务管理局发布的2021—2022年度公共机构能源资源节约示范案例。

12月

1日 阳泉市委组织部报送的《抓党建促基层治理能力提升的阳泉实践》，入选人民日报社人民论坛杂志社主办的，"深入学习贯彻党的二十大精神——第八届国家治理高峰论坛年会暨人民论坛创刊30周年座谈会"发布的《中国式现代化的生动实践——2021—2022国家治理创新经验典型案例》课题成果。

2日 2022年"中国能源企业(集团)500强"榜单发布，华阳集团列第25位。

12日 阳泉市入选交通运输部、国家发展和改革委员会公布的全国绿色出行创建考核评价达标城市名单。

13日 阳泉众盈园区管理运营有限公司的众盈科技企业孵化器被山西省科技厅认定为省级科技企业孵化器，阳泉中关村智酷科技服务有限公司的智泉创新中心和山西工程技术学院的"IIABC众创空间"、清研先进制造产业研究院(阳泉)有限公司的清研阳泉众创空间被认定为省级众创空间。

21日 山西兆丰铝电有限责任公司、山西丛鑫液压科技集团有限公司、阳泉金隅通达高温材料有限公司3家企业技术中心入选省工信厅发布的2022年(第二十六批)省级企业技术中心名单。

22日 第四届"晋台婚姻家庭故乡行"活动举办。活动采取线下与线上相结合的方式举办，主会场设在阳泉，分会场设在台北、太原、烟台、福州、海口等11个城市。海峡两岸的台胞台属嘉宾50余人参加线上座谈会。

27日 阳泉籍蹦床运动员胡译乘获国家体育总局颁发的2022年度体育运动荣誉奖章。

29日 阳泉市天桥零工市场挂牌，此为全市首家市级零工市场，在市人力资源和社会保障局指导下筹建，以山西领航人力资源有限公司为运营主体，市公共就业和人才服务中心提供政策支持和业务指导。

同日 人民网主办的2022年人民财经高峰论坛上发布《数造新实体——数字技术赋能实体经济案例研究(2022年)》蓝皮书(全国共入选14个)，阳泉冀东水泥智慧矿山5G无人驾驶项目案例入选。

31日 阳泉市文化和旅游局按程序组织综合评定，确定"阳泉记忆·1947"文化园、大宋古村、董寨龙潭峡谷景区和狼峪抗战遗址公园4家旅游景区为国家AAA级旅游景区。至此，全市国家AAA级旅游景区达9家。

月内 平定莹玉陶瓷有限公司与央视总台文创、北京红卫设计合作，为中央电视台2023年春节联欢晚会制作"瑞兔春碗"产品。

(责任编辑：李 静 杨 军)

自然理理

【位置面积】 阳泉市地处山西省东部,黄土高原东缘,太行山中段西麓。北与忻州市接壤,西与太原市连接,南与晋中市相毗,东与河北省石家庄市为邻。地理坐标:北纬37°40′~38°31′、东经112°54′~114°04′,朔黄铁路、石太铁路、石太高速铁路与太旧高速公路、太阳高速公路、307国道自西向东横穿市境,阳五高速公路、207国道纵贯市境南北;西距省城太原119千米,东距河北省会石家庄市123千米,距首都北京406千米,距天津新港561千米,距黄骅港500千米,交通便利。

阳泉市轮廓呈由西北斜向东南的平行四边形,南北长96千米,东西宽99千米,总面积4558.93平方千米,占山西省总面积的2.92%。(杨 辑)

【地质地貌】 阳泉市位于山西中台隆东部,跨越五台隆起的南部、太行拱断束中段西侧、沁水台拗陷东北边缘,系3个构造单元的交会处。

境内的出露地层由老至新依次为:中太古界阜平岩群、龙泉关岩群,上太古界龙华河岩群,下元古界滹沱群,中元古界长城系,下古生界寒武系、奥陶系,上古生界石炭系、二叠系,中生界三叠系,新生界第三系、第四系。各地层的分布情况:中太古界、上太古界和下元古界主要分布于盂县的北部;中元古界主要分布于平定县的东部;下古生界主要分布于盂县的中部、东部和平定县的东部,上古生界主要分布于盂县的南部、阳泉市郊区以及平定县的中部和西部;中生界仅在平定县的西南部有少量分布;新生界分布于盂县、阳泉市郊区以及平定县的中部。

境内岩浆岩分布不广,主要发育在盂县北部基底变质岩系中,中北部和南部盖层中亦有出露。岩性以基性岩为主,中性岩为次,侵入岩、喷出岩、脉岩均有产出;其中吕梁期、燕山期的基性脉岩较为发育,喜山期的喷出岩具一定规模。它们均有不同程度的次生变化,部分已变质或混合岩化,并且与许多重要矿产有密切关系。

阳泉市地貌以山地为主,山高谷深,地面崎岖不平。东部为太行山,西部为系舟山的支脉,均呈近南北向展布,山地约占总面积的75%。山脉之间分布着一些盆地,面积较大的有西烟盆地、盂城盆地和平定—阳泉盆地。西烟盆地和盂城盆地底部各为一块面积不大的平原,平定—阳泉盆地底部是一片起伏和缓的土石丘陵。平原和丘陵约占总面积的25%。境内黄土层厚度较薄,且西部大于东部,呈黄土高原东缘的特色。从整体看,地势西高东低。最高点为北方山山脉的坪塔梁主峰,海拔1803.6米;最低点在娘子关绵河河谷与井陉县接壤处,海拔350米;最大相对高差1453.6米。市中心海拔约700米。 (杨 辑)

【气候水文】 2022年,阳泉市降水量较常年同期略偏多,年平均气温中部偏低,南部、北部偏高,日照时数中部偏多,南部、北部偏少。全市出现多次寒潮、暴雨、霜冻、大风等天气,降水过程主要集中在7月至8月,降雨量集中,多短时强降水、雷暴大风等强对流天气过程,致灾严重;春季降水量与历史均值相比严重偏少,对农业生产不利。

降水 阳泉市三个国家气象站降水量在535.3毫米~628.8毫米,较常年同期偏多1成至2成。其中,阳泉535.3毫米,偏多13.6毫米;盂县588.2毫米,偏多51.1毫米;平定628.8毫米,偏多111.0毫米。有效降水(日降水量≥0.1毫米)日数分别为:阳泉68天、盂县68天、平定73天;三个国家站一日最大降水量分别为:阳泉57.8毫米、盂县58.6毫米、平定59.1毫米,阳泉、盂县出现在7月11日,平定出现在8月6日。

气温　阳泉市三个国家气象站年平均气温介于10.1℃~11.6℃。其中，阳泉11.1℃，较常年同期偏低0.4℃(2011年阳泉观测站迁至郊区)；盂县10.1℃，偏高0.5℃；平定11.6℃，偏高0.4℃。年极端最高气温37.3℃~38.9℃，出现在6月25日；年极端最低气温-15.3℃~-13.0℃，出现在12月17日。

日照　阳泉市三个国家气象站年日照时数介于2466.8小时~2624.8小时，与常年同期相比，阳泉偏多，平定、盂县偏少。其中，阳泉2485.5小时，较常年同期偏多54.6小时；盂县2624.8小时，偏少16.4小时；平定2466.8小时，偏少115.3小时。2月、6月、9月、12月，三个国家气象站月日照时数较常年同期整体偏多；1月、3月至4月、8月、10月至11月整体偏少。

水域　阳泉市境内除西部有约22平方千米属黄河流域外，其余均属海河流域。滹沱河及桃河是境内的主要河流。除滹沱河的干流外，其余河流均属暴雨型间歇河流，含沙量较大。

水文　2022年，阳泉水文站实测年输沙量2万吨，输沙模数40.82吨/平方千米。境内地下水丰富，主要类型是碳酸盐岩类岩溶裂隙水，在东部露头形成娘子关岩溶大泉。年内，境内降水丰枯程度为“偏丰水年”。全市平均面降雨量为591.5毫米，折合水体27.1亿立方米，比上年减少25.2%，与多年平均值(1956—2000年系列平均值）相比偏多12.3%。实测年最大雨量742.1毫米，发生在盂县上社雨量站；实测年最小雨量372.1毫米，发生在平定县连庄雨量站，其倍比值1.99。

河道水情　2022年，阳泉市各河流水势变化较为明显。桃河旧街水文站洪峰流量为40.9立方米/秒，发生时间为7月12日1时30分；桃河阳泉水文站洪峰流量为46.3立方米/秒，发生时间为7月12日1时；盂县龙华河下社水文站洪峰流量为91.9立方米/秒，发生时间为7月12日2时24分。（王晓敏　王锦霞　王卫平）

【土地资源】　截至2022年底，阳泉市土地总面积4558.93平方千米。其中，城区14.77平方千米，占全市总面积的0.32%；矿区11.83平方千米，占全市总面积的0.25%；郊区627.01平方千米，占全市总面积的13.80%；平定县1391平方千米，占全市总面积的30.50%；盂县2514.38平方千米，占全市总面积的55%。

全市耕地76146.78公顷，占总面积的16.70%；园地3142.88公顷，占总面积的0.69%；林地155593.90公顷，占总面积的34.13%；草地

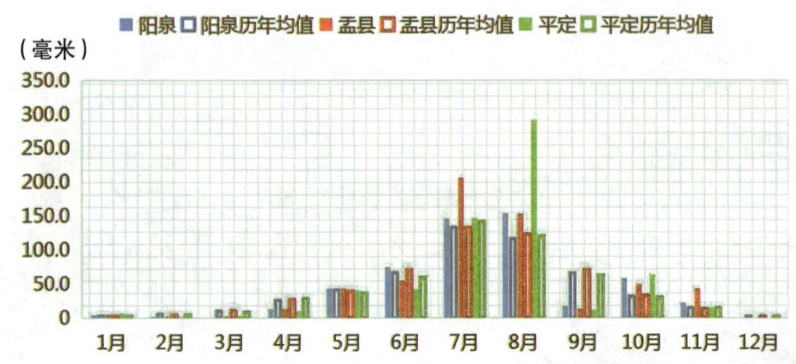

图1　2022年阳泉市各月降水量与历年平均值示意图

（市气象局　供图）

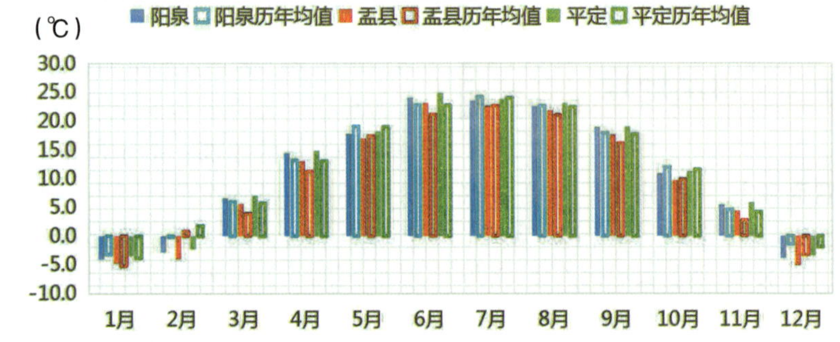

图2　2022年阳泉市各月平均气温与历年平均值示意图

（市气象局　供图）

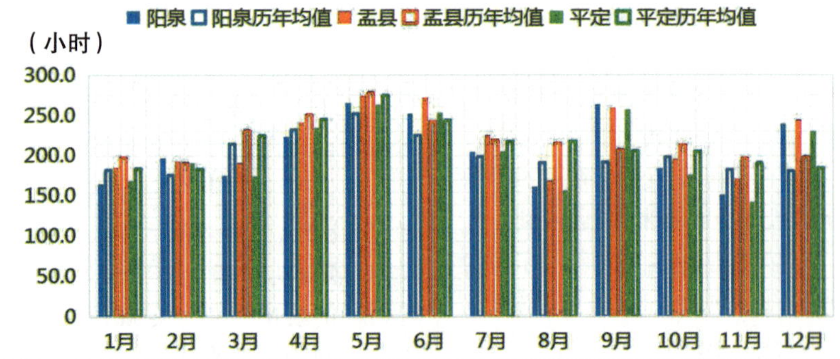

图3　2022年阳泉市各月日照时数与历年平均值示意图

（市气象局　供图）

114574.08 公顷，占总面积的 25.13%；城镇村及工矿用地 28704.17 公顷，占总面积的 6.30%；交通运输用地 7005.92 公顷，占总面积的 1.54%；水域及水利设施用地 3625.23 公顷，占总面积的 0.80%；其他土地 67100.32 公顷，占总面积的 14.72%。在耕地中，水浇地为 1529.37 公顷，占总耕地的 2.01%；旱地为 74617.41 公顷，占总耕地的 97.99%。坡度 15° 以上耕地为 15767.99 公顷，占总耕地的 20.71%。

阳泉市土壤面积 384555 公顷，占全市总面积的 86.38%，分为 4 个土类、6 个亚土类、23 个土属和 91 个土种。4 个土类是褐土土类、潮土土类、粗古土土类和石质土土类。其中，褐土是一种地带性土壤，为境内主要土壤类型，面积 334533 公顷，占全市土壤总面积的 87%。 （陈红莎）

【矿产资源】 截至 2022 年底，阳泉市查明矿产资源 25 种，其中勘查探明资源储量的矿产资源 13 种，以煤炭、铝土矿、耐火黏土、石灰石等矿产储量较大。煤炭是阳泉市主要优势矿种，主要分布于阳泉郊区和盂县南部、平定县西部，全市含煤面积 934.5 平方千米，占全市土地面积的 21%。铝土矿是阳泉市主要优势矿种之一，主要分布于盂县—阳泉一线以东。耐火黏土是阳泉市主要矿产之一，属铝土矿共生矿产，分布于盂县—阳泉—长治公路两侧。累计查明资源储量 3.19 亿吨，保有资源储量 2.92 亿吨。石灰石矿产资源主要分布于盂县中东部、郊区东部及平定县东部，累计查明资源储量 2.45 亿吨，保有资源量 2.05 亿吨。 （陈红莎）

历史人文

【阳泉溯源】 阳泉初为泉名，原称漾泉，在流传中改漾为阳。参见（光绪）《平定州志》平定州志卷二清光绪八年刻本《舆地·山川》中载：“阳泉，在州西十五里，泉源有五：一在村南涧中，俗名饮马坑；一在村西野子沟，皆夏秋有水，冬春则涸；一在村北寺沟，相去丈余，水盈盈常不涸；一在张氏山庄问渠亭右侧，深广丈余，石甃为池，土人常祷雨于此；或曰今村中上港井，亦泉也，今有石槽尚存，后填以巨石，因以为井，皆自平地涌出，本名漾泉，讹为阳云。”阳泉是由一个山区小镇演变而来的。据考古发现，远在旧石器中期，境内便有先人生息繁衍，散居生活。

地质遗产 20 世纪 70 年代，阳泉市修建跨越桃河南北的五渡大桥。在下五渡村南面、原市水泥厂北侧取土时，意外发现犀牛化石，文物管理部门搜集到化石头部下半部分，存于市文物管理中心。1986 年 3 月，在市郊黄砂岩公路隧道北约 500 米处左侧（西）断壁上，发现直径 0.7 米、长 7 至 10 米的古树化石；在郊区西南异乡西南异村与五里庄村交界处也发现大量动物化石。上述化石作为境内难得的自然地质遗产瑰宝，表明境内 100 万年前天气炎热、雨量充沛、森林密布、绿草遍地、河流纵横。在 20 世纪 60 年代山西省文物考古第一次普查中，专家认定，桃河中下游一带为山西哺乳动物化石保护区。

石器时代 1957 年，山西省考古所王择义等考古专家对平定县枣烟（今郊区旧街乡枣园村）、大梁丁等地进行考古发掘，在黄土和红土层交界处发现人工打制的石片、石核等石器，认定其为旧石器时代中期文化，距今 10 万年，表明先人已在此生活，与丁村遗址基本同期，记录了阳泉地区最早的人类活动，也是阳泉地区最早的文化。比此稍晚的遗址还有盂县黑砚水河 1 号洞穴、平定县张庄遗址等，这些均为旧石器时代晚期文化遗存。经过漫长的旧石器时代后，大约距今五六千年前进入新石器时代，人类在平定、盂县一带的活动更为频繁，主要遗址有盂县南兴道遗址、平定宁艾遗址、盂县土塔遗址、盂县西潘石斧出土点等。这些新石器遗址文化，特别是发掘出的经过打制的石头和燃烧后的炭灰，再现了远古时期境内人类所处的自然风貌、经济生活和原始向往的鲜明特征。 （魏志清）

【建置沿革】 春秋后期，北狄的一支在今盂县境内建立仇犹国，此为境内建置之始。春秋末，晋卿智瑶灭仇犹，其境域并入晋国。周贞定王十六年（前 453），韩、魏、赵灭智氏，三分晋地，今阳泉市境域属赵国。秦庄襄王三年（前 247），秦将蒙骜“攻赵榆次、新城（今朔州市西南）、狼孟（今阳曲县东北），取三十七城”（《史记·秦本纪》），今阳泉境域归秦国。

秦始皇二十六年（前 221），秦统一全国，“分天下以为三十六郡”（《史记·秦始皇本纪》），市境属太原郡。西汉设置上艾县，隶属于太原郡，故治在今平定县南部阳胜河流域。东汉时上艾县属冀州常山国，三国时属魏并州乐平郡。西晋时属并州乐平郡。西晋以后，上艾县历属后赵、前燕、前秦、后燕和北魏等国。北魏太平真君九年（448）撤销上艾县，孝昌年间（525—527）重新设置上艾县，又改称石艾县，属并州乐平郡。后历属东魏、北齐、北周。

隋开皇初（581）撤销乐平郡，石艾县属太原郡。开皇十六年（596），设置原仇县，故治在今盂县城；设置辽州，石艾县与原仇县同属辽州；设置苇泽县，故治在今平定县娘子关，属并州。大业二年（606），原仇县改名为盂县；撤销辽州，石艾县及盂县同属太原郡。大业三年，撤销井州及苇泽县，将苇泽县境域划入井陉县。唐武德元年（618），改太原郡为并州；设置乌河县，故治在今盂县西；石艾县、盂县及乌河县同属并州。武德三年，设置受州，故治在今盂县城，盂县属受州；于乐平设置辽州，石艾县属辽州。

武德六年,受州移治受阳,石艾县及盂县同属受州。武德八年,受州移治塞鱼城,其地在今阳泉市郊区平潭镇赛鱼村。贞观元年(627),撤销乌河县,将其境域划归盂县。贞观八年,撤销受州,石艾县及盂县同属并州。开元十一年(723),以并州为太原府,石艾县及盂县同属太原府。天宝元年(742),石艾县移治广阳(今属昔阳县沾尚镇),改名广阳县。大历元年(766),于今平定县娘子关建承天军,后废。五代,广阳县和盂县历属后唐、后晋、后汉、北汉。

宋初攻取广阳,建广阳寨,划归镇州。太平兴国二年(977),在广阳寨设置平定军。太平兴国四年,灭北汉,设置并州,盂县属并州;设置平定县,治榆关(今平定县上城),属平定军。元丰年间(1078—1085),设置太原府,属河东路;将并州及平定军划归太原府。金天会六年(1128),将河东路划分为南北二路,太原府、平定军属河东北路;盂县属太原府,平定县属平定军。大定二年(1162),平定军改为平定州,平定县为其属县。兴定年间(1217—1222)盂县升为州。蒙古忽必烈至元二年(1265),撤销平定县建置,其境域直辖于平定州。元代,平定州及盂州属太原路。大德九年(1305),太原路改称冀宁路,平定州及盂州属冀宁路。明洪武二年(1369),盂州降为县;平定州及盂县同属山西太原府。清雍正二年(1724),平定州升为山西省直隶州,盂县属平定州。

民国元年(1912),平定废州设县,平定县和盂县同属山西省冀宁道。民国16年,平定县和盂县直辖于山西省。民国36年5月2日,中国人民解放军解放平定县城和阳泉。5月4日,中共冀晋区党委决定设立阳泉市,成为中国共产党亲手创建的第一座人民城市。民国38年9月中旬,阳泉市改设为阳泉工矿区,属榆次专区。

1952年4月1日,阳泉工矿区改称阳泉市,直辖于山西省。1958年7月1日,阳泉市划归榆次专区。8月,撤销平定县建置,原辖区并入阳泉市。11月,撤销盂县和昔阳县建置,二县辖区并入阳泉市。1959年6月,恢复盂县和昔阳县建置,直属晋中专区。1961年4月,恢复平定县建置,直属晋中专区。12月,阳泉市改由山西省直辖。1970年4月,阳泉市划归晋中地区。1972年3月,阳泉市再度直辖于山西省。 (王秋生)

【行政区划】 1983年7月,实行市管县体制,平定县和盂县划归阳泉市,全市形成三区两县格局。至年底,阳泉市共辖3个区、2个县、11个街道办事处、1个镇、57个公社、171个居民委员会、1043个生产大队。1984年2月至8月,全市完成政社分开、建立乡镇工作:郊区设立2个镇11个乡,平定县设立6个镇14个乡,盂县设立4个镇21个乡。

2000年12月,经山西省人民政府批准,阳泉市原有的16个镇41个乡,调整为20个镇12个乡。其中平定县原有的8个镇11个乡调整为8个镇2个乡,盂县原有的4个镇21个乡调整为8个镇6个乡,郊区原有的4个镇9个乡调整为4个镇4个乡。阳泉市矿区原有的150个居民区重新划分为39个社区,并分别设立居民委员会。2001年,阳泉市城区原有的106个居民区重新划分为44个社区,并分别设立居民委员会。2017年5月1日,城区整建制托管郊区义井镇;矿区托管郊区平坦镇的18个行政村。2018年2月,阳泉经济技术开发区将12个社区、11个农村的社会事务,辖区内幼儿园、学校及培训机构的教育事务,所属人口和计划生育服务站、疾病预防控制中心的卫生计生事务管理职能移交至郊区。至2022年底,阳泉市辖3个区、2个县、11个街道办事处、20个镇、11个乡、157个居民委员会(社区)和620个村民委员会。 (王秋生 刘 蓉)

【常住人口】 2022年末,阳泉市总户数52.70万户,常住人口131.11万人。人口密度287.6人/平方千米。(王国婷)

【人口性别构成】 2022年,阳泉市总人口中,男性人口672385人,占总人口的51.3%;女性人口638676人,占总人口的48.7%;人口性别比105.28。(王国婷)

【城乡人口】 2022年,阳泉市总人口中,居住在城镇的人口为947711人,占总人口的72.29%;居住在乡

表1 2022年阳泉市行政区划统计表

单位:个

名称	全市	城区	矿区	郊区	平定县	盂县
市辖区	3	1	1	1	—	—
市辖县	2	—	—	—	1	1
街道办事处	11	5	6	—	—	—
镇	20	1	—	3	8	8
乡	11	—	—	4	2	5
居民委员会(社区)	157	53	44	30	19	11
行政村	620	12	12	101	218	277

说明:"现有的城区1镇12村和矿区12村"为2017年托管郊区的镇村,村(社区)数据为民政部门提供的合并行政村后最新数据

(市民政局)

表 2　2022 年阳泉市分县(区)年末人口及人口密度一览表

	年末总户数(户)	年末总人口(人)	人口密度(人/平方千米)
阳泉市	526960	1311061	287.6
城　区	73559	224497	15199.5
矿　区	86470	227928	19266.9
郊　区	99084	275893	440.0
平定县	139673	303592	218.3
盂　县	128174	279151	111.0

说明:高新区人口数包括在郊区人口数内　　（市统计局）

表 3　2022 年阳泉市分县(区)人口性别构成一览表

	男性(人)	女性(人)	性别比
阳泉市	672385	638676	105.28
城　区	112566	111931	100.57
矿　区	114481	113447	100.91
郊　区	143741	132152	108.77
平定县	157125	146467	107.28
盂　县	144472	134679	107.27

说明:高新区人口数包括在郊区人口数内　　（市统计局）

表 4　2022 年阳泉市分县(区)城乡人口一览表

	城镇人口(人)	乡村人口(人)	城镇人口比重(%)
阳泉市	947711	363350	72.29
城　区	223272	1225	99.45
矿　区	227928	0	100.00
郊　区	196388	79505	71.18
平定县	159958	143634	52.69
盂　县	140165	138986	50.21

说明:高新区人口数包括在郊区人口数内　　（市统计局）

村的人口为 363350 人，占总人口的 27.71%。　　（王国婷）

【民族】 阳泉市是一个少数民族散杂居城市,民族分布呈小聚居、散杂居。截至 2022 年底,全市有 40 个少数民族人口，其中回族 1585 人、满族 778 人、蒙古族 550 人、彝族 219 人、土家族 211 人、苗族 207 人、壮族 181 人、维吾尔族 79 人、朝鲜族 68 人、藏族 52 人、布依族 49 人、侗族 38 人、白族 31 人、羌族 25 人、黎族 22 人、畲族 22 人、瑶族 19 人、哈尼族 16 人、傈僳族 14 人、傣族 12 人、土族 9 人、仫佬族 9 人、仡佬族 9 人、拉祜族 8 人、达斡尔族 6 人、纳西族 5 人、锡伯族 5 人、佤族 4 人、东乡族 4 人、水族 3 人、景颇族 3 人、毛南族 3 人、哈萨克族 2 人、高山族 2 人、柯尔克孜族 2 人、裕固族 2 人、普米族 1 人、塔吉克族 1 人、俄罗斯族 1 人、赫哲族 1 人。常住少数民族人口 4258 人,占全市总人口的 0.32%。盂县东白水村是全省唯一的蒙古族聚居村,人口 410 人,占全村人口的 37%。有少数民族相对聚居社区 4 个——城区德胜街社区、兴隆街社区、新市街社区、盂县金龙社区。全市 31 个乡镇、11 个街道办事处都有少数民族居住,此外还有少数民族流动人口 500 余人。　　（史海涛）

【宗教】 截至 2022 年底,阳泉市有佛教、道教、伊斯兰教、天主教、基督教。有宗教团体 7 个，其中市级宗教团体有阳泉市佛教协会、阳泉市道教协会、阳泉市伊斯兰教协会、阳泉市基督教“三自”爱国运动委员会、阳泉市基督教协会;县级宗教团体有盂县佛教协会、城区道教协会。宗教活动场所 38 处,其中佛教 22 处、道教 5 处、伊斯兰教 1处、天主教 2 处、基督教 8 处。宗教教职人员 110 人,其中佛教比丘、比丘尼 63 人,道教乾道、坤道 7 人,伊斯兰教阿訇 1 人,天主教神甫(司铎)4 人,基督教长老、传道员 35 人。(史海涛)

【方言】 阳泉方言属于山西中区方言。依据入声是否分阴阳,又分为平定话、盂县话两个小片。

平定话分布于阳泉市郊区河底村以南地区、城区、矿区、平定县全境,分布面积约2000平方千米。

盂县话分布于盂县全境及阳泉市郊区牵牛镇、猪头垴、上章召、韩庄、大洼一线以北地区,分布面积约2570平方千米。阳泉方言因多种因素,特别是普通话和外地方言的影响产生语音变异。

中华人民共和国成立后,随着经济的发展,阳泉大量外来人口带来多种方言。主要有煤矿职工及家属中的外来人口、铁路职工及家属中的外来人口和其他大型国有企业的职工及家属中的外来人口。1956年国务院发出关于推广普通话的指示后,阳泉市开始在全市推广普通话。

20世纪80年代后,随着市场经济的快速发展和城镇化进程加快,前来阳泉务工和经商的流动人口大量增加。外来人口带来多种外地方言,与本地话一起通行于境内。主要外来方言有晋东六县中寿阳、昔阳、和顺、左权的方言,太原和山西其他各地方言,河北方言及他省市自治区方言。

20世纪90年代后,阳泉市加大推广普通话力度,普通话逐步成为全市学校和幼儿教育机构的教学语言,也逐步成为各级党政机关会议用语、公共场合讲话用语、公务活动交际用语、机关内部工作用语。普通话还深入到人民群众日常生活中,日常交际大量使用普通话,部分家庭形成普通话和方言共存的语境。 (王秋生)

【阳泉文化】 山城阳泉,底蕴厚重,是中华民族忠义文化发祥地。旧石器时代,便有人类在此拓荒垦殖。“赵氏孤儿”声名远播,“文献名邦”世世传良。关隘雄奇,长城盘踞。宋元教育,明清书院,绵延后世。“百团大战”震惊中外,“中共创建第一城”享誉三晋。

史前文明 境内文明可追溯到旧石器时代,西北枣烟、大梁丁等出土的人工打制石器,证明距今约10万年前即有人类在此繁衍。盂县黑砚水河洞穴出土大量石制砍砸器、刮削器、雕刻器等文物,还有鹿、羊等动物化石,是迄今太行山西麓保存最完整的旧石器洞穴遗址。随着考古发现,盂县西潘、土塔、大横沟和平定娘子关、移穰、乱流等地,出土通体磨制石斧、石镰、石铲、石刀等器物。平定宁艾遗址采集到饰绳纹锥状器足、划纹陶片、兽骨和红烧土等,系境内用火之始。表明距今五六千年前至两三千年前的新石器时代,境内先民已迁徙到平川、河谷地带居住。

仇犹文化 大禹时期,天下九分,阳泉之地属并州。唐朝李泰在《括地志》中记载并州盂县外城叫仇犹,是狄族建立的仇犹国。北村砖场遗址发现战国铁犁铧、黑皮红陶大板瓦等生产生活用具;秀水村还出土过仇犹国刀形货币,表明春秋时期的仇犹国经济逐渐发展,农具也学习晋国先进技术,农耕生产替代牧猎活动。周贞定王十二年(前457),晋国攻打中山国,讨伐必经仇犹国。晋卿智伯巧设送钟之计,使仇犹国君“斩岸堙溪”,导致亡国。

长城文化 境内长城关隘作为军事要塞,可追溯到2300多年前。阳泉自古是太行八陉之第五陉进出要道,素有“京畿藩屏”“晋冀门户”称誉。境内长城有明长城21段,关堡2处,单体建筑烽火台、敌台、关门46处。相对集中的有8段:平定县新关段、旧关段、将军峪段、庙庄段、白石头段、七亘段、盂县孤山西侧段、马圈段。著名的关隘有娘子关、故关、固关、盘石关、榆关、十八盘关等。固关长城始建于韩共侯七年(前369),比秦始皇统一六国后修建的万里长城还早155年,是国内最早的保留较完整的石砌内长城。固关与居庸关、紫荆关、倒马关被列为明朝京西四大名关,与娘子关唇齿相依。娘子关被誉为“天下第九关”,由宿将楼、长城、关帝庙、古街巷等古建筑构成。

忠义文化 藏山,因春秋时藏匿赵氏孤儿15年得名,《左传》《史记》《山西通志》《东周列国志》均有记载。藏山成为中华忠义文化重要的人文地理坐标,为缅怀程婴、公孙杵臼等人的忠义精神,藏山建庙立祠,至今奉祀尤谨。历代文人雅士元好问、吕思诚、乔宇、顾炎武、郭沫若等慕名拜谒。遍布境内的藏山大王庙、关帝庙、武圣庙,是忠义文化盛行的代表。阳泉郊区荫营镇林里村,在关羽未封帝时的北宋熙宁五年(1072)建起关王庙,至今香火不断。与千亩坪村的张飞庙、刘备山的刘备庙,均是境内忠义文化的延续。

煤铁文化 早在西汉时期,境内即以煤冶铁。元代,境内煤炭开采有了确切文字记载。以煤冶铁、以煤烧瓷、以煤铸器,成为境内主业雏形。宋代平定设冶铸钱,早于欧洲上千年。冶炼“灌钢法”是中国冶金史上的独创性发明。北宋宣和六年(1124),用此法铸成盂县三圣寺铁钟,达到铁业铸造辉煌。境内留下磁窑坡、柏井、河底、南嘴子等大量古磁窑古铸钱炉遗址。牛村瓷窑坡遗址的陶瓷文物出现,标志着自唐宋以后境内依托煤炭、黏土等矿产资源开启了冶铁业、陶瓷业等手工业先河。发生在清光绪年间的山西保矿运动,率先在平定州爆发,促成山西商界筹办全省保晋矿务有限总公司,使阳泉走入近百年现代工业文明。民国元年(1912),民主革命先行者孙中山提出“以平定煤铸太行铁,将来可操全国实业界之牛耳”的伟大构想,发出工业强国、实业强国先声。改革开放后,阳泉成为全国最大的无烟煤基地、国家能源重化工基地。

书院文化　阳泉自古重教尚文，《山西历代进士题名录》载境内科考取士期间中式进士者共269人，其中盂县161名，位列全省第一，有“进士之乡”褒称。清嘉庆十二年（1807）乡试，平定取得15人金榜题名，1人名列全省第一的成绩，创下“文献名邦”美誉。积淀厚重的书院文化，培养了诸多饱学之士和经世之才。程朱理学是中国儒学史上继孔孟之后的第二个高峰，宋代大儒程颢、程颐是程朱理学奠基人。盂县是他们的外祖父家，“二程”从洛阳来盂县省亲，在此讲学授业，对盂县的科考影响很大。讲学得名的程子岩，有“宋大儒程夫子讲道处”碑，碑额“兴起斯文”，为盂县名胜。宋元以来，平定州书院风行，冠山书院是山西显赫一时的书院。元初中书左丞吕思诚、明朝南京兵部尚书乔宇都曾在此读书治学。不同时期出现的冠山精舍、吕公书院、石楼书院、崇古书院、秀水书院等古书院，彰显了书院文化的博大精深。

红色文化　阳泉是革命老区。民国11年（1922）中国共产党建党初期，就有进步青年在境内传播马克思主义。民国15年初，阳泉建立第一个党支部——中共平定特别支部。民国20年7月，中共山西省特委发动平定武装起义，在阳泉组建北方第一支红军正规武装——中国工农红军第二十四军。民国29年8月至民国30年1月中国共产党领导八路军在华北发动百团大战，境内成为第一阶段主战场。民国36年5月4日，阳泉建市，成为中国共产党在夺取全国胜利之前创建的第一座人民城市。民国35年6月至民国36年10月，境内先后四次掀起参军高潮，共有11192名青壮年参军；阳泉把盛产的煤、铁、硫磺及手榴弹、地雷等军用品运往晋察冀和晋冀鲁豫两大解放区，支援全国解放战争，成为解放战争兵员补充和后勤保障地。时任华北人民政府主席董必武称赞：“阳泉市虽然不大，但支援解放战争贡献不小。”阳泉建市后，发展和解放生产力，进行户籍制度改革和土地新政实施等新举措，成为探索管理城市工作的试验地。刘少奇对新解放的阳泉、石家庄等城市工作经验进行总结。民国36年10月至民国38年8月，境内先后分五批共有519名优秀地方干部，听从党的召唤，南下北上，在接管政权、剿匪除霸、土地改革、民主政治、整党建党等方面都做出特殊贡献，成为支援全国城市建设南下北上干部的输出地。华北人民政府、公营企业部第六兵工厂、利华制药厂、人民日报造纸厂、延安第二保育院等都先后移驻阳泉。这些革命遗址至今保存完整，是阳泉不可复制、不可或缺的红色资源，成为中央所属机构和单位移驻地。抗日战争期间，周恩来、朱德、任弼时、彭德怀、刘伯承、贺龙、关向应、王震、彭真、徐向前、聂荣臻等；解放战争期间，邓小平、董必武、胡耀邦、华国锋等老一辈革命家都先后到阳泉工作、战斗，成为老一辈革命家生活战斗的驻足地，给阳泉人民留下宝贵精神财富。　（韩利敏）

经济社会发展

【概况】　2022年，阳泉市围绕市委“14510”总体思路和部署，统筹疫情防控和经济社会发展，实施稳经济一揽子政策措施，经济顶压前行、稳中提质，社会事业取得全面进步，人民生活获得持续改善，高质量发展迈出坚实步伐。全年实现地区生产总值1012.9亿元，按不变价格计算，增长3.5%。其中，第一产业增加值16.0亿元，增长4.3%；第二产业增加值562.9亿元，增长5.9%；第三产业增加值434.0亿元，增长1.3%。一、二、三产比重为1.6∶55.6∶42.8。人均地区生产总值77263元，按2022年平均汇率计算为11487美元。全年居民消费价格同比上涨1.8%，商品零售价格上涨3.6%。全年阳泉城镇新增就业19610人。转移农村劳动力10170人。年末城镇登记失业率为3.55%。　（王国婷）

【改革开放】　2022年，阳泉市面对竞相争先的发展态势，夯基垒台、提质升级，各领域改革取得较好成绩。国企改革三年行动圆满收官，22户“僵尸企业”破产程序全部终结，公司制改革全面完成，分离办社会职能和“三供一业”维修改造创出阳泉经验，市属国企资产总额增长4.8%，营业收入增长3.6%。政府性融资担保市县一体化改革顺利完成，地方金融机构清收处置不良资产42.7亿元，全市银行业不良贷款余额与不良贷款率实现“双下降”，是全省唯一无高风险金融机构地市。农村改革不断深化，郊区“五有五建”乡村治理实践路径、东梁庄村农村土地二轮到期延包试点经验成为全国样板，农村产权制度改革提前完成“百万百村、十万清零”目标。加快国家创新型城市创建，阳泉产业技术研究院升级为省级新型研发机构，省级创新平台增长33%，新增国省“专精特新”企业24户，科技型中小企业达到217家，高新技术企业达到150家以上，培育高科技领军企业4家，发展动力更加充沛。开发区改革创新迈上新台阶。深化“承诺制+标准地+全代办”改革，承诺制向核准类项目拓展，出让标准地宗数占工业用地比重达90%，实行“领导领办+招商园区分工代办+审批帮办”联动服务，项目从拿地到开工平均压缩约30天。开发区规模以上工业增加值增长25.6%，工业投资增长58.3%，分别高于省定目标10.6、38.3个百分点。高新区稳居全省开发区第一方阵，高新区、平定经济技术开发区列入全省第三批特色产业集聚区试点。　（赵　鹏）

【经济发展】 农业 2022年,阳泉市农作物种植面积5.7万公顷,比上年增长0.6%。肉类总产量2.2万吨,增长7.2%。完成造林面积8000公顷,增长51.8%。全市农业机械总动力38.7万千瓦,增长2.7%。机械耕地面积4.7万公顷,增长1.4%;机械播种面积4.7万公顷。

工业 阳泉市全部工业增加值增长6.9%。全年规模以上工业企业实现营业收入882.8亿元,增长7.6%;实现利税171.1亿元,增长63.9%。

服务业 阳泉市服务业增加值434.0亿元,按不变价格计算,比上年增长1.3%。全年规模以上服务业企业营业收入比上年增长4.9%,利润总额增长12.6%。公路线路年末里程5735.3千米。铁路货运量4144.3万吨,下降9.7%。全市民用汽车保有量30.5万辆。全年完成邮电业务总量15.7亿元。

国内外贸易 阳泉市社会消费品零售总额完成324.5亿元,比上年下降1.1%。海关进出口总额10.6亿元,比上年下降19.4%。新设立外商企业4家,实际利用外资金额739万美元。

财政 金融 保险 阳泉市一般公共预算收入完成82.0亿元,增长45.9%。税收收入完成68.6亿元,增长59.2%。一般公共预算支出158.5亿元,增长23.9%。全市金融机构本外币各项存款余额2108.7亿元,比年初增加216.7亿元。各项贷款余额1438.6亿元,比年初增加105.9亿元。全年保费收入35.8亿元,同比增长3.0%。支付各类赔款及给付12.9亿元,增长9.8%。 (王国婷)

【社会事业】 教育科技 2022年,阳泉市普通高等学校3所。全市专利授权量923件,比上年下降20.8%,其中发明专利授权量为73件,增长92.1%。万人有效发明专利量2.4件。全年共签订各类技术合同165项,技术合同成交总额47.5亿元,比上年增长1.12倍。获得省级科学技术奖1项。国家认定企业技术中心1家,省级企业技术中心18家,市级企业技术中心51家。高新技术企业156家。

文化 旅游 阳泉市共有群众艺术馆、文化馆6个、艺术表演团体5个、公共图书馆6个。年末有线电视用户10万户。全年发行《阳泉日报》578万份。有星级宾馆7个,其中四星级3个。旅行社36个,其中,经营出境旅游业务的2个。国家级及以上旅游景区15个,其中AAAA级5个。

卫生 体育 截至年底,阳泉市共有卫生机构(含诊所、村卫生室) 1372个,编制床位7610张。妇幼保健院(所、站)7个。有卫生技术人员12118人。阳泉市运动员在国内外重大比赛中获金、银、铜牌分别为8枚、5枚和8枚(包括非奥运项目比赛)。全市销售体育彩票1.75亿元。 (王国婷)

【人民生活】 2022年,阳泉市居民人均可支配收入32474元,增长5.4%;人均消费支出21094元,增长3.4%。城镇常住居民人均可支配收入39300元,增长4.9%;人均消费支出24123元,增长1.8%。农村常住居民人均可支配收入19057元,增长5.7%;人均消费支出15153元,增长5.6%。年底参加城镇职工基本养老保险42.02万人(含离退休人员),比上年增加1.44万人;参加城乡居民养老保险45.85万人,增加0.26万人;城镇职工基本医疗保险参保38.44万人,增加0.14万人;城乡居民基本医疗保险参保79.70万人,减少2万人;参加工伤保险28.62万人,增加0.4万人;参加失业保险28.25万人,增加0.8万人;参加生育保险23.03万人,减少1.71万人。全市三区两县最低工资标准:城区、矿区、郊区为1980元,平定县、盂县为1880元。共有城市最低生活保障对象1.86万人,比上年减少4231人;农村最低生活保障对象3.26万人,减少1719人;城市特困供养人员197人,农村特困供养人员5492人;发放最低保障资金2.55亿元,减少0.07亿元。全市有救助站3个。各类提供住宿的社会服务机构32个,机构床位数3041张,收养1143人。城镇各种社区服务设施1186个,其中综合性社区服务中心44个。全年销售福利彩票0.8亿元,筹集社会福利资金1.4亿元,接收社会捐赠款416.4万元。 (王国婷)

(责任编辑:孟学武)

综　述

【党的建设】 2022年,中共阳泉市委贯彻新时代党的建设要求,深入推进全市党的建设。主体责任压紧压实,先后62次研究部署全面从严治党工作,印发指导性文件26个。对118个市管党组织高标准开展集中性、全覆盖政治监督专项检查,推进政治监督具体化、常态化。持之以恒纠治"四风"(形式主义、官僚主义、享乐主义、奢靡之风),查处违反中央八项规定精神和"四风"问题82件121人。清廉阳泉建设取得实效,抓实"八个清廉单元"(清廉机关、清廉国企、清廉民企、清廉学校、清廉医院、清廉社区、清廉乡村、清廉家庭)建设,清廉村居、清廉机关创建走在全省前列。创新开展"创优发展环境 推动高质量发展"电视问政活动。房屋产权登记确权颁证"清零行动"任务在全省率先全部完成。实施"乡村振兴万人计划",实现一村一名大学生全覆盖。市县两级全部成立物业行业党委,全市住宅小区物管会(业委会)组建率达100%。开展"摸实情、送政策、解难题、促发展"大调研,摸清基层痛点堵点。壮大集体经济,年收入百万元以上的村达到127个,十万元以上的村实现全覆盖。与中组部党建读物出版社联合打造"党建书苑",建成全省首家"两新"组织党建中心。用人导向更加鲜明,完成市人大、政府、政协换届工作。 (郭　浩)

【民主和法治建设】 2022年,中共阳泉市委坚持党的领导、人民当家作主、依法治国有机统一,发展全过程人民民主,持续推进民主法治制度化、规范化、程序化。领导并支持市政府制定出台《阳泉市滹沱河流域生态修复与保护条例》,支持市人大推进《阳泉市物业管理条例》《阳泉市智能网联汽车管理办法》等立法工作。领导深化行政执法体制改革,阳泉"一站式"诉讼服务、执行质效位居全省前列。实施"八五"普法,城区上站街道市政府大院社区、郊区河底镇固庄村等村(社),被授予"全国民主法治示范村(社区)"。召开市委统战工作会议和民族工作会议暨全市宗教工作会议,创新开展"亲清下午茶""政企连心会"、金融助企、税务助企、要素助企等系列活动。统筹抓好外事、侨务、港澳、对台工作,支持工会、妇联、残联、科协等人民团体依法依章程开展工作,共青团、文联完成换届。 (郭　浩)

【深化改革】 2022年,中共阳泉市委坚持把发展基点放在创新上,推动改革和发展深度融合。国企改革三年行动圆满收官,"僵尸企业"全部终结破产程序,公司制改革完成率100%。全国二轮延包试点创出阳泉经验。完成政府性融资担保机构市县一体化运营改革任务,阳泉成为全省唯一无高风险金融机构地市。阳泉产业技术研究院升级为省级新型研发机构,省级创新平台数量增长33%,新增国省"专精特新"企业24户,科技型中小企业达217家,高新技术企业达150家以上,培育高科技领军企业4家。行政审批标准化工作跻身全省前列,"一账清"工作法受到国务院办公厅通报表扬。市场主体倍增行动深入开展,全市市场主体实有13万户,比上年增长32.1%。阳泉—晋中负极材料产业协同发展实施方案纳入山西省中部城市群产业协同发展专项规划,太行城镇带、盂平寿昔城镇组团列入中部城市群高质量发展规划。 (郭　浩)

【文化强市战略】 2022年,中共阳泉市委实施文化强市战略,推出"十大战略进行时"品牌栏目(工业赋能育新、数字经济优先发展、服务业扩容提质、创新引领、营商环境首位、开放格局重塑、全域协调、生态筑基、"红色领航"、民生提质),发布《阳泉实施"十大战略",全方位推动高质量发展》等宣传片,阳泉城市美誉度影响力得到提升。年内,一人获“全国道德模范”提名,矿区水滩社区获评“全国最美志愿服务社区”。晋剧《铸城》、广播剧《冰雪陶然》、情景剧《遇见娘子关》等作品广受好评,刘慈欣《三体》(捷克语版)获得中宣部优秀外宣产品表彰。出台长城国家文化公园(阳泉段)建设规划,“平定紫砂艺术展”“百团大战专题陈列展”获山西省第二届博物馆精品陈列展览推介。（郭　浩）

重要会议

【市委常委会会议】 2022年,中共阳泉市委常委会议共召开36次。

第10次常委会(扩大)会议　1月5日召开。原则通过《贯彻落实省第十二次党代会工作部署　融入中部城市群高质量发展的任务分解方案》;听取市人大常委会、市政府、市政协、市中级人民法院、市人民检察院党组2021年度工作汇报。

第11次常委会会议　1月13日召开。原则通过《关于对省委巡视整改专项检查反馈意见的整改方案》《省委第三巡视组对阳泉市委反馈意见问题清单、整改清单、责任清单》《阳泉市深化应急管理综合行政执法改革实施方案》《关于阳泉高新区扩大托管区域和职能划转的实施意见》《阳泉市智能网联重载货运车路协同发展试点实施方案》《阳泉市高密度中等城市交通拥堵治理与绿色出行试点实施方案》《阳泉市交通强国建设试点任务考核办法》。

第20次常委会会议　2月25日召开。审议通过《中共阳泉市委常委会2022年工作要点》《政协阳泉市委员会2022年度协商计划》《政协阳泉市委员会2022年工作要点》;原则通过《市委常委会“我为群众办实事”重点项目清单》。

第23次常委会会议　3月17日召开。研究部署全市抓党建促基层治理能力提升相关工作,审议通过《阳泉市关于推进市场主体倍增工程的实施意见》《阳泉市2022年度开发区建设考核办法》《关于全面建设清廉阳泉的实施方案》《全面建设清廉阳泉2022年工作要点》《关于组建全面建设清廉阳泉工作专班的方案》《阳泉市人大常委会2022年工作要点》《阳泉市2022年度政党协商计划》《中共阳泉市委统战部2022年工作要点》《开展2021年度市管党组织政治监督专项检查情况的报告》。

第24次常委会(扩大)会议　3月29日召开。听取2021年全面依法治市和法治政府建设情况汇报,审议通过《阳泉市委全面依法治市委员会2022年工作要点》《阳泉市2022年度党政主要负责人履行推进法治建设第一责任人职责工作清单》;听取全市扫黑除恶斗争工作、全市民族宗教工作、全市抓党建促基层治理能力提升工作进展汇报,研究下一步工作。

第27次常委会会议　4月29日召开。原则通过《阳泉市关于贯彻落实山西中部城市群高质量发展实施意见》《阳泉市非煤矿山整合实施意见》《阳泉市能源革命综合改革试点2022年行动计划》《阳泉市促进大宗固废综合利用和再生资源循环利用产业发展办法》《阳泉市数字经济优先发展战略三年行动计划(2022—2024年)》及配套政策《阳泉市推进数字经济优先发展战略政策“十五条”》《十三届阳泉市委巡察工作规划(试行)》《阳泉市党史和地方志事业发展“十四五”规划》。

第29次常委会会议　6月2日召开。审议通过《关于推进法治阳泉建设的实施方案(2022—2025)》《中共阳泉市委关于新时代坚持和完善人民代表大会制度、加强和改进人大工作的实施办法》;听取“红色领航”战略行动推进情况汇报。

第35次常委会会议　8月29日召开。听取市县乡残联换届、共青团阳泉市第十六次代表大会筹备工作汇报;审议通过《阳泉市市级领导阅批重要信访事项制度(试行)》《阳泉市生态筑基战略三年行动计划(2022—2024年)》《阳泉市规范市属企业经营管理工作规定》。

第40次常委会会议　11月9日召开。听取全市三季度意识形态领域形势分析研判、食品安全有关情况、十三届市委首轮巡察集中整改情况综合汇报,研究部署下一步工作;审议《阳泉市公立医院高质量发展实施方案》《阳泉市人民代表大会常务委员会关于支持和保障山西中部城市群高质量发展的决定(草案)》;讨论拟提请市委十三届四次全会审议的文件。

第41次常委会会议　11月26日召开。审议通过《2023年阳泉市国家园林城市复查工作实施方案》。

第45次常委会会议　12月30日召开。传达贯彻全省领导干部会议精神;讨论拟提请市委经济工作会议审议的文件;审议通过《阳泉市狠抓项目建设扩大有效投资十八条措施》《阳泉市促进服务业迅速复苏二十条措施》《阳泉市加快工业企业复工复产二十条措施》;审议通过《阳泉市物业管理条例(草案)》。（石玉龙）

【全市党史学习教育总结会议】 2022年1月13日,阳泉市党史学习教育总结会议召开。山西省委党史学习教育巡回指导一组副组长及成员,市委常委,市人大常委会、市政府、市政协负责人出席会议。各县(区)、阳泉高新区、市直部门主要负责人,市委党史学习教育领导小组办公室负责人、各巡回指导组负责人、宣讲团成员,市属高校、市管企业主要负责人等参加会议。会议强调,要深入学习贯彻习近平总书记关于党史学习教育重要讲话重要指示精神,全面落实中央政治局专题民主生活会和党史学习教育总结会议精神，贯彻落实全省党史学习教育总结会议精神，弘扬伟大建党精神，巩固拓展党史学习教育成果，纵深推进中国共产党十九届六中全会精神学习贯彻。（石玉龙）

【中共阳泉市委十三届三次全体会议】 2022年1月17日，中共阳泉市委十三届三次全体会议召开，表决通过阳泉市推荐提名全省出席中共二十大代表候选人推荐人选。市委委员、候补委员出席。会议强调，全市以迎接中共二十大为主线，对标省委部署和年度工作目标，围绕市委“14510”总体思路和部署，狠抓“十大战略”落地见效。做好招商引资、项目建设、营商环境优化等重点工作，推动阳泉全方位高质量发展。统筹发展和安全，抓好常态化疫情防控，做好安全生产、信访稳定和生态环保等底线工作，确保社会大局和谐稳定。增进民生福祉，抓好“两节”期间帮扶慰问、稳价保供等工作。巩固拓展党史学习教育成果，从党的百年奋斗历程中汲取奋进力量，推进党的政治建设、思想建设、组织建设、作风建设、纪律建设，把制度建设贯穿其中，为全方位推动高质量发展提供坚强保证，以优异成绩迎接中共二十大胜利召开。（石玉龙）

【中共阳泉市委十三届四次全体会议】 2022年11月11日，中共阳泉市委十三届四次全体会议召开。出席全会的有市委委员39人，市委候补委员9人。有关方面负责人、市纪委常委、在阳泉中共二十大基层代表、省第十二次党代会基层代表、部分市第十三次党代会基层代表列席。全会审议通过《中共阳泉市委关于学习宣传贯彻中共二十大精神的工作方案》。全会指出，着重做好迎接中共二十大胜利召开、不折不扣完成能源保供任务、“智车之城”成为阳泉转型新名片、生态新城建设进入快车道、山西阳泉干部学院获批。全会要求，全市各级党组织和广大党员要弘扬伟大建党精神，牢记“三个务必”，在党的旗帜下团结成“一块坚硬的钢铁”，矢志不渝、笃行不怠，带领130万阳泉人民形成团结奋斗的磅礴伟力，更好担负起全方位推动高质量发展的历史重任，奋进新征程、建功新时代。（石玉龙）

组织工作

【概况】 2022年，中共阳泉市委组织部以“铸魂、薪火、强基、泉才、四强”五大工程为重点，着力打造“漾泉红”理论教育品牌、“锻泉能”干部建设品牌、“强泉基”基层党建品牌、“贤泉至”人才引育品牌、“领泉先”自身建设五大品牌，推动全市组织工作全方位高质量发展。2022年，山西阳泉干部学院被确定为中组部备案的党性教育干部学院，也是全省唯一一家以地市命名的干部学院。成立“阳泉工匠学院”，打造全省首家数字技能人才培训基地。开展全国“人民满意的公务员”和“人民满意的公务员集体”推荐工作，1名个人和1个集体荣获全国“人民满意的公务员”和“人民满意的公务员集体”称号。（魏羽洁）

【党员和党组织】 截至2022年底，阳泉市共产党员总数12.08万名，比2021年度增加1287名。其中预备党员1971名，占党员总数1.63%；女党员3.14万名，占党员总数25.98%；大专及以上文化程度党员6.09万名，占党员总数50.40%；35岁及以下党员1.7万名，占党员总数14.08%。从各领域分布上看，农牧渔民党员2.45万名，占党员总数20.25%；在岗职工党员5.44万名，占党员总数45.04%（其中，公有制单位5.2万名，占在岗职工党员总数95.49%；非公企业2132名，占在岗职工党员总数3.92%；社会组织322名，占在岗职工党员总数0.59%）；离退休党员3.34万名，占党员总数27.64%；学生党员54名，占党员总数0.04%；其他身份党员8490名，占党员总数7.03%。

阳泉市基层党组织总数6881个，其中党委306个、党总支450个、党支部6125个。企业党组织3144个，占全市基层党组织总数45.69%（其中国有经济控制企业2131个，占企业党组织总数67.78%；集体经济控制企业121个，占企业党组织总数3.85%；非公经济控制企业892个，占企业党组织总数28.37%）；事业单位党组织828个，占基层党组织总数12.03%；机关党组织863个，占基层党组织总数12.54%；社会组织党组织205个，占基层党组织总数2.98%；社区党组织589个，占基层党组织总数8.56%；行政村党组织951个，占基层党组织总数13.82%；其他党组织301个，占基层党组织总数4.38%。（郭佳）

【党组织建设】 2022年，中共阳泉市委组织部强化组织建设，打造“漾泉红”理论教育品牌，实施“铸魂工程”，拓展教育培训载体。全市各级党组织举办培训班4300余期，培训13.2万余人次；开展“党课开讲啦”活动6000余次，录制党课视频387部，参与学习党员干部18.5万人次；开展榜样讲党课800余次，编写榜样教材20部。举办市委党校主体班次5期，专业化能力提升培训16期，抓党建促基层治理能力提升专题系列示范培训班13期，培训各级各类干部1万余人次。成立“乡村振兴”和“社区治理”导师团，19名“基层善治专家”一线帮带。10篇课题获省级党建研究成果表彰，《抓党建促乡村振兴研究》被中组部评为地方组织工作成果优秀奖。对10家市级党建研究基地开展复查。《涵养“六气”百炼成钢》《抓好带头人 推动集体经济“蹚路破局”》《阳泉实施“带编入企”引才机制》等40余项研究成果、典型经验被《中国组织人事报》《中国人才》《支部建设》等中央、省级媒体刊发转载。（魏羽洁）

【基层党建】 2022年，中共阳泉市委组织部打造“强泉基”基层党建品牌，实施“强基工程”。推进乡村振兴“万人计划”。建强农村“四支队伍”即农村第一书记、机关事业单位到村任职干部、大学生村官(选调生)、用乡镇(街道)事业编制招聘到村工作大学毕业生，开展农村“带头人”队伍优化提升行动，创新实施农村党组织书记能力提升“长训班”。开展农村“领头雁”、到村任职大学生、第一书记、乡镇综合行政执法人员等示范培训。推进2022年招聘大学生到村任职工作，实现“一村一名大学生”全覆盖。推动村级集体经济壮大提质。创新开展乡村两级党组织书记抓村级集体经济“大比武”活动，完成“百村百万十万清零”百日攻坚行动，全市农村集体经济收入总额达6.59亿元；620个村集体经济年收入全部达10万元以上，100万元以上的村达到127个，桃林沟村、娘子关村和甘泉井村、河下村分别入选全省2022年度村级集体经济发展“十佳村”和“先进村”；王炭咀等11个村集体经济发展案例入选全省发展集体经济“100例”；建成阳泉市村级集体经济电商直播产业基地、赋能中心、“泉农邦”公司，举办首届村级集体经济“年货节”。城市党建抓示范。实施社区干部“雁阵”孵化培育计划，建立5个先进社区孵化器，分批次组织社区骨干跟班实训，2批50名社区骨干完成从网格员到社区班子成员的全链条成长锻炼；打造城市基层党建联盟，开展共驻共建活动580余次。“两新”党建抓提质。打造全省首家市级两新组织党建中心，创新实施“五制五化”运行机制(“五制”即部门轮值制、支委轮岗制、党组织工作和活动集中制、党组织书记星级管理制、党建工作指导员跟班指导机制；“五化”即党员宣誓标准化、党员学习互动化、党性教育多样化、党组织活动规范化、党员服务便捷化)。打造快递小哥等新就业群体服务站点61个，成立全市物业行业党委，全市非公和社会组织党组织覆盖率分别达98.54%和98.7%。机关党建抓融合，狠抓“清廉机关”“模范机关”融合建设，推进“四级四岗”责任清单，推动86家直属党组织党建阵地达“六有”建设标准。完善国企党建机制。出台《关于市属企业在完善公司治理中加强党的领导的意见》，全面落实“双向进入、交叉任职”，党组织书记、董事长“一肩挑”比例达到100%，党建工作写入公司章程率达到100%，全市51个直属企业党组织实现县级干部包点全覆盖。学校党建创品牌。制定《关于推动落实中小学校党组织领导的校长负责制的职责清单》，建立全市中小学校党组织书记人才库。开展“红色育人”党建品牌创建活动，认定“红色文化研学基地”和“研学实践活动基地”21个。医院党建强引领。在各科室(部门)设置“党员先锋岗”，开展承诺践诺活动。（魏羽洁）

【领导班子换届】 2022年，中共阳泉市委组织部配合省委组织部完成市人大、政府、政协领导班子换届工作。成立市级领导班子换届工作领导小组，严把人选资格条件和产生程序，组织协调相关部门做好市人大代表、市政协委员推荐提名工作，同步推进市人大、市政协内设机构领导干部和市政府组成部门主要领导调配工作，确保市人代会、市政协会选举平稳有序。（魏羽洁）

【组织力提升工程】 2022年，中共阳泉市委组织部实施“组织力提升工程”，印发《全市基层党组织“组织力提升工程（二〇二二）”实施方案》，确定11大行动35个具体项目，建立“清单化管理、项目化运作、动态化调度、制度化督办”工作体系。编印《阳泉市基层党支部工作年册》，梳理《发展党员容易出现的50个问题》，试点开展发展党员全程纪实。开展违规发展党员排查整顿、党费专项检查和清查整治突出问题规范党务工作，打造集约高效党群服务中心体系，县、乡、村(社区)实现高标准覆盖。（魏羽洁）

【“两新”组织党建中心揭牌】 2022年6月30日，阳泉市“两新”组织(新经济组织、新社会组织)党建中心揭牌并投入使用，是全省首个“两新”组织党建中心。该中心建筑面积约780平方米，内设一中心两基地十大功能区：“一中心”，即党性教育中心；“两基地”，即社会组织孵化基地、非公经济组织红色领航示范服务基地；“十大功能区”，即一站式政策咨询服务平台、党性教育展厅、仪式厅、先锋书屋、党员活动室、流动党员之家、“两新”组织工作站、“两新”组织孵化站、红色大讲堂、能力提升训练营。年内，阳泉市“两新”组织党建中心共承接137家市内外单位2800余人次参观学习，组织开展“两新”组织及机关事业单位基层党组织主题党日、微党课、读书沙龙、团建等活动120余场。（魏羽洁）

【抓党建促基层治理能力提升专项行动】 2022年，中共阳泉市委组织部开展抓党建促基层治理能力提升专项行动，出台《关于抓党建促基层治理能力提升专项行动的方案》等系列文件，创新建立“一组三团”(督导组，顾问团、导师团、指导团)、市级领导包联、“三色”工作提醒卡等工作机制，开展“我为基层治理献一策”大讨论活动，在全省率先开展现场观摩评比活动，以“三听三看三比三找”(听汇报、听评价、听评议,看资料、看项目、看亮点,比措施、比进度、比成效,找问题、找原因、找办法)综合晾晒、比学赶超。765 名村(社区)书记完成评星定级,县乡村三级查摆问题 83192 条、整改完成率 99.8%,市县两级新建制度 253 个,修订完善制度 73 个;完成重点项目 156 个,占比 92.3%。组织国省媒体、智库专家一线采风调研,甘泉井村等典型被央视等国家级媒体报道 178 篇次,阳泉党建引领基层治理实践经验入选《2021—2022 国家治理创新经验典型案例》。（魏羽洁）

【人才工作】 2022 年,中共阳泉市委组织部打造“贤泉至”人才引育品牌,实施“泉才工程”,集聚智慧贤才。建强人才组织领导。调整充实人才工作领导小组,成立人才发展中心、市校合作服务中心,率先在全省组建市级人才发展集团。制定《阳泉市激励企业引才育才办法(试行)》及配套举措。打造人才亮点工程。在全省率先探索实施“带编入企”引才机制,设立企业人才服务中心,确定清研阳泉等 4 家企业为首批试点。以“四项举措”(“暖叙乡情·同心助泉”“感恩奉献·传承奋斗”“雏雁归巢·学子兴泉”“情系阳泉·共促发展”)深化人才“贴心行动”,开展“百名人才进百村”活动,甄选 140 名专业技术人才精准帮扶 140 个行政村。启动“乡村工匠”人才队伍建设工作,摸排乡村工匠 18 类 1430 人,评选命名 10 名“阳泉乡土工匠”。实施“四大人才”工程(创新创业人才引育、乡村人才提升、引名医建名科、名师名校名校长培育),通过“四类方式”(校园招聘、体制内人员回流、急需紧缺岗位人才引进、高层次人才引进)引进优秀人才 112 名。推动省校合作。建立省校合作党政领导干部包联制度,推动 22 个重点项目实现以点带面提升。编印《“12 大基地”建设成果汇编》,年度新建基地签约挂牌 104 个、重点项目落地 51 个。举办“中共创建第一城杯”全国大学生诗歌赛、油画大赛,第二届大学生乡村振兴(阳泉)建筑(闲置空间)设计大赛等重大赛事。开展“2022 青春漾泉”暑期实习活动,153 所高校 1593 名大学生来泉锻炼。召开市委人才工作会议,77 名优秀人才、12 家先进单位获得表彰,10 个科研平台市级示范项目授牌,发放奖金 282 万元。成立市人才服务联盟,为 120 余名优秀人才发放“泉才卡”。开展优秀人才座谈、人才慰问等活动,营造“近悦远来”人才发展环境。（魏羽洁）

2022 年 6 月 29 日,阳泉市“两新”组织新党员集体入党宣誓仪式在市“两新”组织党建中心举行（市委组织部 供图）

【庆祝中国共产党成立 101 周年系列活动】 2022 年,中共阳泉市委组织部围绕迎接学习宣传贯彻中共二十大,完成出席中共二十大代表推荐提名,开展庆祝中国共产党成立 101 周年系列活动,举办庆“七一”线上党建知识竞答活动,开展“喜迎二十大 党员先锋行”系列实践活动,全市共有 7.4 万名党员参与。举办全市两新组织新发展党员代表集体入党宣誓仪式,走访慰问老党员、生活困难党员和一线党员,向 1580 余名老党员颁发“光荣在党 50 年”纪念章,引深“我为群众办实事”实践活动,1.4 万余名在职党员认领“微心愿”4800 余个,为群众办实事 4100 余件。（魏羽洁）

宣传工作

【概况】 2022 年,中共阳泉市委宣传部落实“第一议题”制度,建立市委常委会会前学习党的创新理论制度,实现“学理论—议工作—解难题—促发展”常态化。开办“深入学习贯彻党的二十大精神”“二十大精神在阳泉”等专题专栏,开展大型主题采访活动,进行全方位、多角度、立体式宣传,反映基层干部群众学习贯彻的典型事迹和良好风貌。组织红色文化宣传,推出一批富有阳泉特色的红色文艺精品,开展“阳泉市红色文化宣传月”活动、“阳泉市红色文化景观”线上展,研发设计剪纸、面塑、紫砂、工艺葫芦、书签礼盒套装等 20 多个系列 200 多款红色文创产品。举办“中共创建第一城”红色文化创意大赛,征集创意方案 1049 件。组织开展“红色领航·同心筑梦”书画摄影作品展、“喜迎二十大——阳泉市红色领航战略主题美术作品展”,艺术立体展现全市红色文化底蕴。实施“阳泉市文化名家暨四个一批人才”“阳泉市廉洁文化创作人才库”“阳泉市宣传思想工作评审专家库”等重点人才工程，制定宣传系统人才工作规划，加强人才队伍建设。5月，市委宣传部被中宣部授予“2022年度舆情信息工作优秀单位”。（李燕明）

【中共二十大精神学习宣传】 2022年，阳泉市宣传思想文化系统围绕迎接学习宣传贯彻中共二十大精神主线，开设“奋进新征程 建功新时代”“喜迎二十大”等专栏专题，反映中共十八大以来党和国家事业发展的成就和经验。开设“二十大时光”专栏，刊发中央、省级媒体权威报道，刊播《全市党员干部群众收看中共二十大开幕盛况》《瞩目成就鼓舞人心 美好蓝图催人奋进——中共二十大报告在全市党员干部群众中引起热烈反响》等报道。组织开展“喜迎二十大 奋进新征程”2022年全市群众文化活动，通过形式多样、丰富多彩的文化体育活动，引导和凝聚群众“永远跟党走”的磅礴力量。（李燕明）

【党的创新理论学习】 2022年，阳泉市宣传思想文化系统引导广大干部群众开展理论创新和实践。市委中心组共集中学习28次。市委书记撰写的《开创全方位推动高质量发展新局面》《以数字经济赋能资源型地区城市转型》《奋力谱写全方位推动高质量发展阳泉篇章》等理论文章在《学习时报》《前进》和人民网、新华网等媒体上发表。市委中心组撰写的《学思践悟求实效 担当作为创新绩》在《山西日报》发表。开展县级党委中心组理论学习列席旁听，督导各县(区)、各工委强化理论学习，各级党委(党组)及时跟进，各基层党组织结合“三会一课”、主题党日等，创新学习方式，引导党员干部学深悟透，增强学习贯彻的政治自觉、思想自觉、行动自觉。（李燕明）

【意识形态工作责任制落实】 2022年，阳泉市宣传思想文化系统对重点领域，严格落实党委(党组)意识形态工作责任制，细化措施，完善机制，筑牢意识形态领域安全底线。组织开展“护航中共二十大”维护意识形态安全专项行动，持续保持“扫黄打非”高压严打态势，加强对出版物市场、文化环境和网络空间的监管。组织开展“剑网”“清源”“固边”“护苗”“净网”“秋风”等专项整治等行动。开展“网络直播乱象”“暑期未成年人网络保护”专项整治，加大网络生态治理力度，确保网络环境平稳有序。（李燕明）

【舆论宣传】 2022年，阳泉市宣传思想文化系统组织市级媒体围绕习近平总书记考察调研山西重要指示精神、省委书记调研阳泉时的要求，推出系列报道。做强做优“十大战略进行时”品牌栏目，推出转型发展蹚新路的生动实践、鲜活案例及成功经验的报道；持续开展创建全国文明城市宣传，提高广大市民对创城的知晓率、参与率、支持率，形成全民参与、全民共建良好局面。邀请央媒、省媒，突出工业赋能育新、数字经济优先发展、服务业扩容提质等重点工作，开展系列宣传。中央、省级主流媒体，聚焦阳泉数字经济、智慧城市、红色领航等亮点，刊(播)发全市重点报道3671条。加强新媒体推送力度，央视、省台在阳泉市直播娘子关景区、智慧城市建设等。山西电视台《全方位推动高质量发展透视》栏目推出专题报道《穿越山西的能源之旅——市长访谈丨阳泉：数字赋能 资源型城市绿色转型》专访。长篇报道《红色阳泉展新貌——阳泉市全方位推动高质量发展纪实》在《前进》杂志刊登，《阳泉实施“十大战略”，全方位推动高质量发展》宣传片形成主流舆论宣传声势，无人驾驶、“智车之城”等持续引起媒体广泛关注。（李燕明）

【理论宣讲】 2022年，阳泉市委讲师团利用四级宣讲网络体系，深入企业、农村、机关、校园、社区、网络开展分众化、对象化、互动化的宣讲。利用“讲师铸魂”钉钉学习平台线上宣讲，围绕十余个主题开展系列宣讲。年内，共开展基层宣讲活动13137场，受众43.4万人次。山西广播电视台《全方位推动高质量发展透视》栏目以《阳泉：宣讲进基层 精神入人心——把二十大精神带到基层一线》为题，对阳泉市学习宣传贯彻中共二十大精神进行专题报道。打造“全市党委(党组)理论学习中心组学习示范点”和“全市基层理论宣讲示范点”。年内，共打造市级党委(党组)理论学习中心组学习示范点18家，选树市级基层理论宣讲示范点17家，共有15个单位被山西省委宣传部评为优秀“党委(党组)理论学习中心组学习示范点”和“基层理论宣讲示范点”。围绕“十大战略”开展主题宣讲活动。邀请10个相关单位主要负责人，通过“讲师铸魂”钉钉平台开展线上宣讲。收看“十大战略”主题宣讲课总人数达30万人次。（苗 慧）

【理论研究】 2022年，阳泉市委讲师团撰写智库课题《新时代党的创新理论普及研究》《砥砺发展风帆劲 锐意转型步履坚——全方位推动高质量发展阳泉实践》。《持续深化习近平新时代中国特色社会主义思想学习教育研究》获党建研究会优秀课题三等奖。完成思想政治研究会课题《以习近平新时代中国特色社会主义思想引领思想政治学习教育研究》。《贯彻全市两会精神 担当新使命 展现新作为》《以中共二十大精神为指引不断谱写马克思主义中国化新篇章》在《阳泉日报》刊发。（苗 慧）

【“学习强国”学习平台推广】 2022年，阳泉市委讲师团通过建立健全“横向到边、纵向到底”学习组织架构，构建“有组织、有管理、有指导、有服务”学习模式，多种形式助推“学习强国”学习平台推广。全市注册总人数达 30 万人，市直单位党员注册率 100%。开展各类竞赛、征文比赛和“学习之星”等评选表彰活动。全年累计上报稿件 1856 篇，“学习强国” 山西学习平台采用 1566 篇，中共中央宣传部“学习强国”学习平台采用 18 篇。其中，山西平定县融媒体中心《尹华军：种下憧憬 收获希望》获得全国县级融媒体优秀作品三等奖。全市有 3 家单位被省平台评为学习强国模范组织，8 人被省平台评为优秀工作者。 （苗 慧）

【志愿服务与文明城市创建】 2022 年，阳泉市宣传思想文化系统拓展新时代文明实践中心（所、站）建设，实现由试点探索转为全面铺开，年内共建成新时代文明实践中心 5 个、所 46 个、站 777 个，覆盖率 100%。强化志愿服务队伍建设，全市在“全国志愿服务信息系统” 注册志愿者 15.47 万人，服务时长 4.67 万小时，志愿服务项目总数达 603 个，注册志愿队伍 942 个。开展第五批市级学雷锋志愿服务站点建设，确定城区义井社区等 22 个市级学雷锋志愿服务站点，打造阳泉市优秀志愿服务项目 33 个。评选出第七届阳泉道德模范 12 名，道德模范提名奖 10 名，任慧莲、王雁钢、赵恒滨 3 名人被确定为第九届山西道德模范（提名），任慧莲、陈东、赵剑锋 3 人入选 2022 年 “山西好人”，王兰芳家庭入选“三晋最美家庭”，牛希文、田思睿、王思丁、赵梓廷 4 名中小学生被评为“新时代山西好少年”。余志刚等 6 个典型人物获省级宣传推选学雷锋志愿服务先进典型表彰。矿区水滩社区获全国学雷锋志愿服务“最美志愿服务社区”。

2022 年 8 月 9 日，阳泉市召开全市创建全国文明城市推进大会，开展“三整治一行动”（创建全国文明城市环境卫生综合整治、交通秩序整治、宣传广告专项整治和创建全国文明城市市民文明行为提升行动）。年内，全市共开展常态巡查 8 万余（处）次，劝导交通轻微违法 24 万余人次，查处交通违法 9.5 万余起，办理电动自行车登记上牌业务 2 万余辆。开展公益广告整治行动，围绕“实地考察”指标，打造标杆点位，开展实地测评。围绕创城“任务清单”，对照测评要求起草文明城市、未成年人思想道德建设工作网上申报资料说明报告 154 篇，收集整理各类图片资料 1300 余张，正式发文 50 余份。开展创城问卷调查工作，组织各县区、市直各工委开展线上线下问卷调查，参与人数近 17 万人次。修订完善阳泉市文明村镇、文明单位、文明家庭、文明校园 4 个创建管理办法，完成第 22 批市级文明单位、村、社区和首届市级文明家庭、文明校园评选，共命名 108 个创建工作先进典型。 （李燕明）

2022 年 8 月 9 日，阳泉市创建全国文明城市推进大会在阳泉宾馆召开

（市委宣传部 供图）

统战工作

【概况】 2022 年，阳泉统一战线以凝聚人心为根本，实施政治引领，防范化解统战领域风险隐患，实行专项工作通报、调研工作报告和 6 个机制（例会制度、市委统战部与各党派联系会议制度、宗教团体联席会议制度、民营经济统战工作协调机制、新的社会阶层人士统战工作联席会议制度、港澳台海外统战工作协作机制），推动统战工作高质量发展。阳泉市 2 项理论研究成果分获全省统战理论政策研究二等奖、三等奖，2 篇学科类研究成果被省委统战部给予经费资助，《搭建三个平台、构建亲清政商关系》获“全省统战工作实践创新优秀成果奖”。有 1 名党外人士被党中央、国务院授予“人民满意的公务员”称号。 （贺鹏飞）

【政治协商和民主党派工作】 2022 年 5 月 31 日，阳泉市召开各民主党派“矢志不渝跟党走 携手奋进新时代”政治交接主题教育动员暨参政党建设推进会。会议指出，各民主党派市委会要提高政治站位，认识开展政治交接主题教育的重要意义，增强“四个意识”、坚定“四个自信”、做到“两个维护”，把思想和认识统一到中共中央的决策部署上来。

7 月 11 日至 16 日，阳泉市民主党派“深化政治交接”专题培训班在重庆举办。培训课程采取课堂讲授、现场教学、体验教学、交流研讨等灵活多样的方式进行。特邀重庆大学、

重庆社会主义学院知名教授学者就《红岩魂——信仰的力量》《中国统一战线的历史发展与新时代要求》《党外人士的政治参与和责任担当》进行宣讲。（贺鹏飞）

【新的社会阶层人士统战工作】 2022年5月14日，阳泉市新的阶层人士联谊会（新联会）召开2022年度工作会。会议传达学习全市统战工作会议精神，对《全市新的社会阶层人士开展"凝聚新力量·筑梦新时代"主题教育行动方案》进行部署，明确"一条主线""六项工作""六个机制"工作思路。7月25日，市委统战部组织新联会和活动站负责人到太原就新的社会阶层人士统战工作学习交流。大家先后到山西数据流量生态园、小店区招商产业园活动站、迎泽区太原市智慧产业园活动站、晋源区阿里云创新中心"并力同心"阿里云统战工作站等地进行实地参观，并提问咨询、翻阅资料、交流心得，学习太原市活动站特色亮点工作与活动站建设经验，加强阳泉市新的社会阶层人士统战工作。（贺鹏飞）

【无党派人士和党外知识分子统战工作】 2022年6月8日，阳泉市召开无党派人士和党外知识分子工作会。会议强调，无党派人士和党外知识分子要提高政治站位，继续弘扬爱国奋斗的精神，始终听党话、跟党走。坚持"一岗立业""双岗建功"，开展"我与阳泉共奋斗、同成长"活动，履行社会责任，开创无党派人士和党外知识分子工作新局面。（贺鹏飞）

【第十九期党外干部培训班】 2022年7月11日至16日，阳泉市第十九期党外干部培训班在红旗渠干部学院举办。课程内容包括习近平新时代中国特色社会主义思想、参政议政能力提高的途径和方法、2022年中国宏观经济形势分析、红旗渠精神的当代意义与启示等。在红旗渠纪念馆、谷文昌生平事迹展、扁担精神纪念馆等地进行现场教学，还开展走"水长城"、观摩"天路堡垒"——桃花洞村等体验式教学以及观看话剧《红旗渠》《讲述·最美修渠人》《巍峨山碑·杨贵篇》等情景教学，并进行延伸考察学习和小组研讨交流等相关活动。（贺鹏飞）

【"亲清下午茶"活动】 2022年5月7日，阳泉市首期"亲清下午茶"活动在"阳泉记忆·1947"文化园城市会客厅举行。活动邀请"泉民投"、贝特瑞、多氟多阳福新材料等来自全市各行业的11位民营企业家代表、30余家政府部门、金融机构负责人进行座谈交流。市发改委、市行政审批局、市金融办、市工商联、市中小企业发展中心、人行阳泉中支等部门在活动中就惠企政策进行宣讲和解读。该活动是一项政企常态化沟通机制，是创新创优发展环境、构建亲清政商关系具体举措。目的通过定期组织活动，帮助企业解决问题和困难，加强政企沟通交流，提升为企服务水平。7月22日和9月16日，第二期、第三期"亲清下午茶"活动举办，形成政企常态化沟通机制，定期邀请全市企业家代表与政府部门、金融机构品"清"茶、叙"亲"情、话发展。通过形势分析、政策解读、交流互动等形式，倾听企业家心声，拓宽建言献策渠道，解决企业经营发展中存在困难。企业家代表围绕项目审批、减税降费、生产要素保障等方面反映问题建议共68个，年内全部进行跟踪督办和协调解决。（贺鹏飞）

2022年5月7日，阳泉市首期"亲清下午茶"活动在"阳泉记忆·1947"文化园城市会客厅举行（市委统战部 供图）

【首期"政企连心会"】 2022年11月1日，阳泉市首期"政企连心会"召开。市委统战部、市工商联创设"政企连心会"是"亲清下午茶"活动的延伸和深化，旨在通过活动平台的搭建，加强政企日常沟通互动，有针对性地分析研究、推进解决企业经营发展中遇到的问题困难。会议强调，全市各级各部门坚持问题导向，紧盯重点难点，压实工作责任，强化协同配合，以务实举措为民营企业提供更加贴心、更为精准、更有实效的"管家式"服务，以实际行动助力民营经济增总量、扩规模、提质效。（贺鹏飞）

政策研究

【概况】 2022年，中共阳泉市委政研室（改革办、综改办）围绕市委

"14510"总体思路和部署，发挥"以文辅政、以研辅政、以智辅政"作用，推进新型智库建设，成立阳泉市决策型智库发展协会，健全完善"设计＋督查＋考核"工作机制。职工书屋——"厚德书斋"建成投运，藏书4000余册，达到国家级图书馆藏书标准。《山西省阳泉市："阳泉记忆·1947"让工业遗产与时尚创意撞出火花》入选中国改革2022年度案例征集活动地方全面深化改革典型案例。（高　越）

【课题研究】 2022年，中共阳泉市委政研室（改革办、综改办）共完成调研报告13项。其中《关于创新平定经济技术开发区管理运营体制机制的研究报告》《关于农村基层服务型党组织试点建设研究》2项研究报告，促成平定县、盂县入选省委确定的市县转型综改牵引性集成改革试点。聚焦市委"14510"总体思路和部署，形成《阳泉市城乡融合发展重点方向与推进路径研究》《加快推进阳泉主导产业体系发展的途径与对策》《阳泉市数字化转型战略研究》《"中共创建第一城"红色品牌打造和产业培育研究》等9项调研报告。围绕重点智库建设，完成《以强企赋能发展壮大村级集体经济的路径研究》《加快开发区高质量发展对策研究》。（高　越）

【文稿服务】 2022年，中共阳泉市委政研室（改革办、综改办）持续提供高质量文稿服务。年内，完成省委经济工作会议、市委十三届二次全会暨市委经济工作会议、市委十三届三次和四次全会、2023年市委经济工作会等重要会议文稿服务。牵头制定《贯彻落实省第十二次党代会工作部署　融入中部城市群高质量发展的任务分解方案》《关于落实省委书记林武在阳泉调研讲话精神的任务分工方案》《省委巡视整改专项检查反馈问题整改方案》。完成市委工作总结、省委巡视整改专项检查整改情况报告、市委关于巡视整改进展情况的通报《向党内通报稿》和《向社会公开稿》等重要文件。（高　越）

【智库建设】 2022年，中共阳泉市委政研室（改革办、综改办）编制印发《阳泉市"十四五"智库建设规划》。借助省校合作契机，深化智库专家合作，推进市委决策型智库合作基地建设，先后与中国人民大学闫慧教授团队、张可云教授团队、张杰教授团队、中国电子信息产业发展研究院苍岚研究员签订柔性引才协议，并开展深入合作。8月16日，成立阳泉市决策型智库发展协会，共有会员52人、会员单位43家，覆盖北京大学、中国人民大学、西北师范大学、山西大学、省委政研室以及市内高校、部门和机构。（高　越）

【深化改革研究】 2022年，中共阳泉市委政研室（改革办、综改办）制订《中共阳泉市委全面深化改革委员会2022年重点改革任务》，确定14项重大改革，提交市委全面深化改革委员会审议改革方案及指导意见清单和2022年改革试点清单。制定《阳泉市"十四五"转型综改试验区重大改革规划》，是指导全市转型综改指导性文件之一。高标准推动平定开发区运营体制和盂县农村基层服务型党组织建设"两个牵引性集成改革"试点开局起步，成功争取山西省对电池产业支持。（张雪凝）

【改革评估】 2022年，中共阳泉市委政研室（改革办、综改办）持续探索"设计＋督查＋考核"体系，形成"项目安排设计、持续跟进督办、开展第三方考核"工作闭环，制定《阳泉市2022年全面深化改革第三方考核工作方案》，出台督查工作实施办法、审议重大改革类文件报审办法等一系列改革工作运行和落实机制。通过实地查看、现场印证、线上答辩等方式，对5个县（区）和阳泉高新区、31个市直部门进行中期评估和年终考核评估，形成《阳泉市2022年全面深化改革第三方中期评估报告》《阳泉市2022年全面深化改革第三方年终考核评估报告》。（张雪凝）

【改革宣传】 2022年，中共阳泉市委政研室（改革办、综改办）上报改革

2022年8月16日，阳泉市决策型智库发展协会成立暨第一届全体会员代表大会在"阳泉记忆·1947"文化园召开　（市委政研室　供图）

经验专题信息26期,其中城区“幸福快车”、平定发展紫砂产业、积极打造“智车之城”金名片、盂县“四聚焦四破解”壮大集体经济、高新区抓集成重引领强要素释放环境“虹吸效应”、探索建立一体化社保服务新模式6个领域改革经验被全省经验分享,信息采纳量连续位居全省前列。申报全国深改典型案例,面向全市各县(区)、38个市直单位征集全面深化改革典型案例,共收集典型案例67个,筛选上报案例16个。其中,《山西省阳泉市:“阳泉记忆·1947”让工业遗产与时尚创意撞出火花》入选中国改革2022年度案例征集活动地方全面深化改革典型案例,是全省入选7个案例之一。 (张雪凝)

【决策咨询】 2022年,中共阳泉市委政研室(改革办、综改办)落实“251530”工作制度(2天一篇《新知》、5天一次沙龙、15天一期《阳泉政研(他山之石)》、30天一期《阳泉政研(决策参考)》),全年开展青年沙龙23期,读书会7期;完成《阳泉政研(他山之石)》26期,包括《稳增长的十大抓手》《2022年〈政府工作报告解读〉》等;《阳泉政研(决策参考)》12期,包括《关于盂县农村基层服务型党组织试点建设的建议》《关于创新平定经济技术开发区管理运营体制机制的研究报告》等;完成每周《新知》93期,定期报送市级领导审阅。定制钉钉自定义平台,创建政研独有特色应用,集成理论学习、党建活动、工作督办等功能,实现党建和业务工作全过程记录和数据集成,打造随时、随地、随身应用平台,实现工作成果群共享、云管理、网展示,成为决策参谋的有力支撑。 (张雪凝)

【《阳泉工作》】 2022年,中共阳泉市委政研室(改革办、综改办)增加《阳泉工作》办刊内容,重点展示基层工作、先进典型、乡村风貌等具有引领示范性内容。年内,完成《阳泉工作》6期印发任务,同期增加电子党刊。开设微信公众号“阳泉”,设立改革动态、探索、基层党建等板块,推出红旗渠研修班、厚德书斋、调研心得等热点文章,年内推文150余篇。 (张雪凝)

网信工作

【概况】 2022年,阳泉市委网络安全和信息化委员会办公室以维护全市网络意识形态安全和网络安全为第一责任,以统筹推进网络综合治理体系建设为重要抓手,在做大做强网络正能量传播、深化网络内容管控、优化社会协同治理、依法管网与技术治网相统一等方面取得成效。出台《阳泉市2022年提升全民数字素养与技能工作要点》《阳泉市2022年数字乡村发展工作要点》工作方案,完善网信工作机制。发挥网络问政监督作用,将民生领域作为网络监测重点,采取线上线下联动机制。《独家专访 盘点阳泉这些考上名校的学霸们》《组团看阳泉!全国55家网媒来了!》等作品入围第三十二届中国新闻奖及第三十一届山西新闻奖。参加“山西省首届百佳新媒体账号”推选活动,抖音账号“小芸说税”被推荐至中央网信办参加“践行网上群众路线典型案例评选”。组织企事业单位参加“第二届全省网络安全职业技能大赛”,并获“优秀组织奖”。阳泉职业技术学院经省委网信办考核验收,被命名为山西省网络安全培训基地。平定县被中央网信办确定为“国家智能社会治理实验特色基地”,并成立“阳泉智能社会治理研究院”。阳泉智慧能源数据中心在国家网信办、国家发改委等部委联合举办的“第五届数字中国建设峰会”上获创新大赛三等奖。 (刘靖媛)

【网络宣传】 2022年,阳泉市委网络安全和信息化委员会办公室加强网上宣传管理和内容建设,从加强统筹指导、严格宣传纪律、强化内容生产、加大推送力度等方面入手,发挥主流媒体旗帜引领作用,强化正面宣传引导,营造良好网上舆论氛围。守牢移动传播阵地,打造“沿着总书记的足迹”“中国共产党成立101周年”等10个专题专栏,累计转载新闻稿件900余篇。推出“聚焦二十大”“二十大代表风采”等专栏,各网站平台阅读量突破170余万次,开展网上访谈、知

2022年7月22日,第十七届全国网络媒体山西行活动,参访自动驾驶、车路协同、车城网示范等项目 (刘靖媛供图)

识问答、理论讲堂等活动。建立网络传播矩阵，打造网宣“一盘棋”新格局。承办第十七届全国网络媒体山西行阳泉采访活动，刊发稿件3500篇。全年召开宣传管理例会8次，印发宣传管理提示74期，推送短视频、音视频等网络作品271个。全年优秀网评文章共计422篇，其中38篇被省级网络媒体全网推送。（刘靖媛）

【网络文明建设】 2022年，阳泉市委网络安全和信息化委员会办公室全面加强网络文明建设，提升网民素养，发展健康网络文化，开展共建网络文明行动。优化“主题宣传＋理论传播”模式，开展网络强国重要思想、“四史”（党史、新中国史、改革开放史、社会主义发展史）学习宣讲进网站，推出稿件2434余条。举办“网聚青春正能量 争做校园好网民”网络文明主题宣传活动、“共建网上美好精神家园”主题活动、网络文明公众号评选、网络公益优秀案例征集展播活动等，征集作品60个，评选出2名网络文明之星。向全市广大网民发出《共建网络文明 共创全国文明城市倡议书》，组建“网络公益志愿服务队”，制作正能量稿件50余篇，开展志愿活动，共捐款5万余元。加强互联网传播精品生产，集中进行文明上网宣传教育，推出各类融媒体原产品168个，总阅读量、点击量突破20万人次。（刘靖媛）

【网络协同治理】 2022年，阳泉市委网络安全和信息化委员会办公室优化社会协同治理体系建设，实施网络“同心圆”工程、正能量网络大V工程，打造“新浪山西”等互联网企业基层党建示范点，组织开展“喜迎二十大，e心跟党走”“同心月谈”网络名人座谈会、签署《阳泉市网络名人倡议书》、创建全国文明城市网信推进会等系列活动，向全市广大网民发出《共建网络文明 共创全国文明城市倡议书》。开展网络公益优秀案例征集展播活动。向组织部门推送互联网行业典型案例2个。深入实施网络公益工程，探索创新“互联网＋扶贫”模式，通过抖音带货直播等形式，助农销售金额90余万元。（刘靖媛）

【网络信息化建设】 2022年，阳泉市委网络安全和信息化委员会办公室坚持创新驱动，推动信息化建设。加快IPv6规模部署，制定《阳泉市深入推进互联网协议第六版（IPv6）规模部署和应用实施方案（2022—2025年）》。制定《阳泉市2022年数字乡村发展工作要点》，提出粮食安全数字化屏障、智慧农业、乡村数字文化、乡村数字化治理等9大项30分项年度重点工作，推动数字阳泉建设迈出新步伐。制定《市提升全民数字素养与技能行动实施方案》，印发《市2022年提升全民数字素养与技能工作要点》，举办以“数字赋能，全民共享”为主题的全民数字素养与技能提升系列活动。（刘靖媛）

【网络安全保障】 2022年，阳泉市委网络安全和信息化委员会办公室将依法管网和技术治网相统一，提升网络安全保障能力，筑牢全市网络安全“防火墙”。举办“2022年国家网络安全宣传周阳泉活动”，包括校园日、电信日、法治日、金融日、青少年日、个人信息保护日6个“主题日”活动，以及“七进”（进社区、进农村、进企业、进机关、进校园、进军营、进家庭）活动778场。与市教育局联合制作《拒绝网络成瘾 享受健康网络生活》系列讲座。加大重要信息系统日常监管力度，对全市1.4万个互联网开放系统和设备进行实时安全扫描，发现网络安全漏洞及时通报预警，督促限时整改，共监测处置被植入暗链、后门政府网站1个、被篡改网站12个、“僵尸网站”1个。开展对关键信息基础设施运营者采购网络产品和服务活动网络安全审查，对党政机关和关键信息基础设施服务的云平台开展安全评估，共摸排各类风险隐患和漏洞1776个，并全部整改到位。（刘靖媛）

机构编制工作

【机构编制核查】 2022年，阳泉市委机构编制委员会办公室对全市机构编制核查情况进行归纳整理汇总，深入分析核查数据，核清机构编制资源数量、结构、分布等实际配置情况，实现核查范围全覆盖、机构编制人员无遗漏、内容无缺项，确保机构编制基础数据真实、准确、完整、规范，做到“机构清、编制清、领导职数清、实有人员清”。对全市机构编制核查资料进行统一登记、统一编号、统一管理，为科学合理配置机构编制资源提供数据支撑。（刁　锋）

【机构编制监管】 2022年，阳泉市委机构编制委员会办公室通过实名制数据统计运用分析，实现对全市机构编制和人员变动情况实时掌握、动态监控。对山西省机构编制综合管理系统测试服务器访问数据进行测试，确保服务器运行环境及数据彻底切换到国产服务器。对阳泉市市校合作服务中心、阳泉高新技术产业开发区投资促进中心、阳泉市城市供水节水服务中心、市巡察保障中心、市金融发展服务中心等20家新设立机构进行机构编制管理证的审核、签发和管理工作。年内，编制使用核准共488人次。（刁　锋）

【事业编制动态统筹】 2022年，阳泉市委机构编制委员会办公室加强和创新编制管理方式，将编制资源向重点人才倾斜，坚持“人才导向、高端优先、总量控制、动态流转、精准投放、专编专用”原则，建立事业编制动态统筹机制，用好盘活现有编制资源，提高编制使用效益。建立阳泉市事业编制周转池，注入200名事业编制动态使用，专项用于市直事业单位引进高层次人才和急需紧缺专业人才，年内使用周转池编制6名。（刁　锋）

【重点领域编制配备】 2022年，阳泉市委机构编制委员会办公室优化教育布局结构，为阳泉市一中增设初中部增加机构编制。优化调整市委办公室内设机构及职责，提高运行效率和保障能力。优化文物机构设置，强化力量配备。优化调整市纪委监委机关、市财政局、市审计局、市医保局等部门内设机构设置，理顺职责分工和运行机制。设立阳泉市市校合作服务中心，推动省校合作。设立阳泉产业技术研究院，支持“一城一院多中心(室)”创新平台建设。将市、县森林公安机关划转至同级公安机关，实现机构稳步划转，工作有效衔接。设立市公安局监察勤务支队、税务侦查支队，强化留置看护队伍建设，规范税警合作。规范环京公安检查站机构设置，设立市、县公安检查站勤务支(大)队。（刁　锋）

【阳泉高新区机构改革】 2022年，阳泉市委机构编制委员会办公室完成阳泉高新区扩大托管区域和职能划转涉及机构编制人员调整。印发《关于阳泉高新区扩大托管区域和职能划转涉及机构编制人员调整的通知》，明确调整划转机构范围和机构编制人员数及相关要求。共划转机构15个，编制482名，人员841名；下放事业机构1个，编制6名。优化调整高新区管委会机构设置。理顺高新区职责，完善管理模式和运行机制，推进国家级高新区和产城融合示范区建设，强化产业经济、金融服务、应急管理强化、社会事务管理、园区管理服务、科技创新、文教卫体、招商引资等方面机构职能，保障高新区改革发展需要。重新确定郊区政府划转至高新区管委会管理事业单位的机构设置和职能配置，明确隶属关系，确保工作承接。（刁　锋）

【乡镇综合行政执法机构改革】 2022年，阳泉市委机构编制委员会办公室理顺乡镇综合行政执法机构设置，强化基层执法力量配备。农业县(区)乡镇综合行政执法办公室加挂综合行政执法队牌子，实行“局队合一”运行体制，执法人员编制330名(其中行政编制166名、事业编制164名)。出台《阳泉市乡镇(街道)“一支队伍管执法”改革成效提升专项行动方案》，开展基层执法平台建设、执法能力提升、执法规范化建设等十大专项行动。建立“乡街吹哨、部门报到”工作机制，推动资源管理服务下沉，市直九大领域执法队派驻城区、矿区乡镇(街道)执法人员108名，提升基层综合执法效能。（刁　锋）

【公共卫生服务体系编制建设】 2022年，阳泉市委机构编制委员会办公室优化市级公立医院科室设置和资源配置，对市第一人民医院、市第三人民医院、市第四人民医院、市中医医院和市紧急医疗救援中心内设机构和主要职责进行调整，加强专业科室队伍建设，建立健全感染管理体制，提升应对重大疫情救治能力，完善妇产专科和中医药服务体系，为推动全市卫生健康事业高质量发展提供体制机制保障。（刁　锋）

【乡村振兴万人计划编制配备】 2022年，阳泉市委机构编制委员会办公室加强城乡基层人才队伍建设，提升基层治理能力和服务水平。按照“县编乡用”“借编使用、逐步归还”编制使用原则，采取内部挖潜解决一批，减上补下补充一批，县编乡用统筹一批，借编使用兜底一批“四个一批”措施，统筹调整所需事业编制459名，足额保障“一村一名大学生”所需编制。（刁　锋）

市直机关党建

【概况】 2022年，阳泉市直机关工委以党的政治建设为统领，深化理论武装、夯实思想根基，聚力服务中心、压实党建责任，开展“双建”活动(建设模范机关、建设清廉机关)、推进“四化”建设(以组织力提升为重点，推进市直机关基层党组织“标准化、规范化、品牌化、融合化”建设)，推动市直机关党建工作高质量发展。团结带领市直机关基层党组织和广大党员干部在创建文明城市、乡村振兴、经济发展等中心任务中当表率、做先锋，为全方位推动阳泉市高质量发展提供坚强保障。（赵　岩）

【党员和党组织情况】 截至2022年年底，市直机关工委党员总数11842名，比2021年度减少21名。其中预备党员220名，占党员总数1.86%；女党员4609名，占党员总数38.92%；大专及以上文化程度党员9936名，占党员总数84.13%；35岁及以下党员2332名，占党员总数19.69%。从各领域分布上看，在岗职工党员7323名，占党员总数61.83%(其中公有制单位7205名，占在岗职工党员总数98.39；社会组织64名，占在岗职工党员总数0.87%；非公企业54名，占在岗职工党员总数0.74%)；离退休党员3249名，占党员总数27.44%；其他身份党员1270名，占党员总数10.72%。

市直机关工委基层党组织总数679个，其中党委39个，党总支43个，党支部597个。企业党组织163个，占基层党组织总数24%(其中国有经济控制企业136个，占企业党组织总数83.44%；集体经济控制企业20个，占企业党组织总数12.27%；非公有经济控制企业7个，占企业党组织总数 4.29%）；事业单位党组织 287 个，占基层党组织总数 42.27%；机关党组织 217 个，占基层党组织总数 31.96%；社会组织党组织 12 个，占基层党组织总数 1.77%。（毛娇丽）

【基层组织建设】 2022 年，阳泉市直机关工委开展“喜迎二十大，奋进新征程”主题实践活动。“七一”期间，举办新党员入党宣誓暨工委书记讲党课活动，发动各级党组织开展迎接二十大主题党日 435 次，书记讲党课 304 次，颁发“光荣在党 50 年”纪念章 90 个，集中调研 187 次，慰问“四类型”党员（建国前老党员、生活困难党员、因公牺牲党员、因公因战致残党员）313 人，走访结对帮扶户 732 个，发放慰问金 8.36 万元，参观红色教育基地 4770 人次，举办各类征文、演讲、朗诵等活动 114 次。与科协联合举办“喜迎二十大 科普向未来”数字经济科普知识竞赛，获全国科普日优秀活动。统筹各类型党员教育培训，举办新党员入党宣誓暨工委书记讲党课活动，发动各级党组织开展“两优一先”、五一劳模等榜样讲党课 159 次，书记讲党课 304 次，“党课开讲啦”活动 1075 次，录制党课视频 62 个，参与人数 19477 人次。举办学习贯彻中共二十大精神暨市直机关党务干部能力素质提升培训班，采用“小批量、多批次”形式，组织党务工作者开展党统数据、网宣工作、党代表选举、党务工作排查整治等业务培训 400 余人次，提升党员队伍素质和党务干部业务能力。严把党员发展关，完成 160 名党员发展对象培训考核接收工作。发出创建全国文明城市倡议书，参与环境整治、宣传引导、氛围营造，完成 6 大类 8 小项工作任务。（赵　岩）

【宣传工作】 2022 年，阳泉市直机关工委深化政治机关意识教育，采取以会代训等方式，督导市直机关 679 个党支部运用“三会一课”、主题党日等形式，深化学习、开展交流、坚定信仰。全覆盖列席旁听 65 家市直机关党组（党委）理论中心组学习，督导 679 个基层党支部组织生活制度落实。成立机关青年理论学习小组 244 个，涵盖青年干部 2642 名，举办 4 期“机关青年学习汇”，组织“喜迎二十大 用好‘学习强国’平台，以学促廉 全面推进清廉机关建设”百题知识竞赛，共有 1322 个单位、10659 人参与活动。制定《学习宣传贯彻中共二十大精神实施方案》，多形式组织全员培训，发动各层次人员宣讲释义。组织志愿服务关爱行动、“厉行勤俭节约、反对餐饮浪费”专项行动和“我们的节日”系列活动。组织学雷锋主题公益广告、《新时代的奋斗者》《让青春在奋斗中闪光》《你就是旗帜》“感人瞬间”微视频刊播和全国社会主义核心价值观优秀作品展播。修订《市直机关文明单位创建管理办法》，全面规范申报评选程序，市直文明单位(标兵)测评验收命名全部完成。（赵　岩）

【清廉机关建设】 2022 年，阳泉市直机关工委组织市直单位和县（区）工委 397 家机关单位开展清廉机关创建工作，实现清廉机关建设市、县（区）、乡镇三级全覆盖。制定《清廉机关建设实施方案》，明确“政治生态清明、制度执行严明、权力运行透明、党员干部廉明、廉洁文化鲜明”建设目标，分解任务 5 大项 17 小项。组建全面建设清廉机关工作专班，召开 16 次专班会议。参加全省清廉机关建设工作推进会并作典型发言，承办全省市县乡清廉机关建设阳泉现场观摩会，清廉机关示范单元创建有序推进。开展“对党忠诚、清正廉洁”教育，组织“清廉机关 你我共建”主题党日，汇总编印《主题党日活动图册》。建设清廉主题楼层、清廉文化展厅、清廉文化走廊、清廉自助课堂、廉政读书角等阵地，累计制作宣传标语、条幅、图版 200 余条（幅、围），机关阵地“廉”主题突显、“廉”氛围浓厚。聚焦年轻党员干部，组织开展“党建引领 青廉同行”系列活动，举办全市年轻干部警示教育大会、“年轻干部说清廉”主题征文、“青廉说”典型案例剖析会，助力青年干部守底线、存敬畏、严律己，扣好廉洁从政“第一粒扣子”。（赵　岩）

2022 年 6 月 2 日，阳泉市直机关党员发展对象在市直机关党员政治生活中心参观学习　（市直机关工委　供图）

【基层党组织“四化”建设】 2022年，阳泉市直机关工委开展基层党组织“标准化、规范化、品牌化、融合化”(“四化”)建设。按照《阳泉市市直机关党建工作“四级四岗”清单》，明确工委、党组(党委)、机关党委(党总支)、党支部4个层级党组织党建主体责任及主要负责人第一责任人职责。召开年度党的会议、半年工作推进会、直属党组织书记抓基层党建工作述职评议大会，研究部署党建工作。派出工作组多轮次检查指导，全年党建工作形成闭环，有部署、有推进、有考评。规范换届选举流程，建立党务干部人才储备库，开展防范化解风险隐患自查摸排、清查整治突出问题规范党务工作，督导101个直属党组织全部建立“六有”(有场所、有设施、有标志、有党旗、有制度、有书报)标准党员活动室。推进“楼宇党建”，完成市直机关党员政治生活中心内容和市直工委机关党支部阵地建设。市交通运输局《创新打造“平语近人”文化墙》入选全国交通运输行业基层党建创新行政事业类“十佳案例”。指导85家基层党组织创建党建品牌，助力党建、业务融合发展。（赵　岩）

保密工作

【服务保障】 2022年，阳泉市国家保密局全力服务保障中共二十大，制定《阳泉市服务保障中共二十大相关保密工作的实施办法》，成立网络保密监管专班，保密、网信、公安等部门建立互联网泄密案件配合协同机制，开展网络技术监管等具体工作。对四套班子市级领导办公室和涉密会议室开展保密技术检查。检查验收全市10个国家考试试卷保密室，并参与各项考试考务工作，为各类考试提供保密服务和保障。（祁淑华）

【宣传教育】 2022年，阳泉市国家保密局与市委党校合作，将保密宣传教育纳入党校教学体系，并作为公务员初任、任职和在职培训主要内容。9月28日，组织县级领导干部100余人赴山西省保密教育实训平台开展轮训。依托“保密观”APP组织全市公职人员3000多人参与保密教育线上培训活动。在“4·15”全民国家安全教育日活动期间，印发《阳泉市保密宣传教育月活动方案》，市县保密部门和新闻宣传、公安、国安、党校、教育等部门密切配合，齐抓共管，保密宣传成效显著。利用广播电台、《阳泉日报》、公交车、政府网站、各单位微信公众号、广场楼宇多媒体大屏不间断播出保密公益宣传片及海报，通过组织全市干部职工观摩学习等多种形式，全方位、多角度宣传保密知识。利用“互联网＋宣讲”钉钉线上平台——讲师铸魂，在线上播放保密公益宣传片及红色保密故事，打通保密宣传“最后一公里”，覆盖6588个基层党组织，2万多名干部群众接受教育。组织征集全市“保密故事大家讲”微视频，通过主题讲述和分享，重现保密战线传奇故事。其中优秀作品《深藏在太行山上的保密故事——七亘巧伏敌》被国家保密局官网纳入评选范围，点击率上万。通过各单位微信公众号、保密业务交流群发布保密应知应会等内容宣传保密知识，在全市形成人人自觉保守国家秘密的良好氛围。（祁淑华）

【红色保密教育示范基地授牌　揭牌仪式】 2022年，阳泉市委办公室(市国家保密局)牵头，市委宣传部、市委党史研究室、市文旅局配合，县(区)保密局和相关单位具体负责，在全市范围内开展红色保密教育示范基地评审工作。经过前期调研、深入挖掘、科学评审，百团大战纪念馆、中共创建第一城旧址、阳泉市狼峪抗战遗址公园、七亘大捷纪念馆、张梅林烈士故居、盂县张家塔抗战文化园、平(定)东抗日纪念馆7个申报基地通过审核。8月5日，在中共创建第一城旧址举行阳泉市首批红色保密教育示范基地授牌　揭牌仪式。（祁淑华）

【督查检查】 2022年，阳泉市国家保密局共开展4次保密专项督查，随机检查成为常态。3月，与市委信息化中心组成督查组，开展“两项行动”专项督查，对市委组织部、市委政法委等9家重点单位及平定、盂县部分

2022年8月5日，阳泉市首批红色保密教育示范基地授牌 揭牌仪式在中共创建第一城旧址举行　（市委保密局　供图）

乡镇开展集中检查。5月,联合市档案局、市公安局、市国安局对20多家单位开展档案管理保密安全检查。8月,联合市网信办、市公安局、市国安局对全市40多家市直单位开展网络保密专项检查。省国家保密局到市政府办等6家市直单位和矿区、平定县部分乡镇开展“两项行动”专项检查。12月,下发《关于开展保密随机抽查的通知》,市国家保密局对市人社局、市交通局等9家单位开展保密随机检查。探索保密检查“245”工作法(“两必谈”即分管领导必谈、保密干部必谈;“四必看”即日常保密工作落实情况必看、保密制度落实情况必看、保密学习培训记录必看、自查自评开展情况必看;“五必查”即载体管理各环节必查、计算机必查、保密要害部门部位必查、定密流程必查、涉密人员管理必查)。（祁淑华）

老干部工作

【概况】 截至2022年底,阳泉市老干部工作人员共103人,其中各县(区)委老干部工作人员25人。全市各单位专(兼)职老干部工作人员有140人。市委老干部局党总支下辖5个党支部:市委老干部局机关党支部、退休党支部,市老年大学在职党支部、第一离退休干部党支部、第二离退休干部党支部,共有党员70人。中共阳泉市委离退休干部工作委员会下辖离退休干部党工委2个(郊区离退休干部党工委和平定离退休干部党工委)、离退休干部党总支3个(市工信局离退休干部党总支、市住建局离退休干部党总支、市一中离退休干部党总支)、离退休干部党支部共178个,全市共有离退休干部党员8964人。（陈 凯）

【政治理论学习】 2022年,阳泉市委老干部局加强新时代离退休干部党的建设,跟进党的创新理论学习。采取党建阵地集中学、知识竞赛强化学、支部书记引领学、党建联盟互动学的方式,并将学习和宣传宣讲、示范培训、座谈交流、组织生活等有机结合。微信公众号设立“倡学倡行”专栏,加强学习引导和跟踪宣传。推广“云端连学”模式,指导加强线上学习。开展中共二十大精神线上知识竞赛,检学督学。细化落实离退休干部党组织书记市级重点培训计划,年内共举办学习报告会、座谈会、研讨会等120场次,组织82名老干部理论骨干宣讲110场次,各级党委(党组)负责人讲党课82人次,召开情况通报会6次。（陈 凯）

【示范党支部创建】 2022年,阳泉市委老干部局以示范党支部创建为重点,推行“引领创建做表率、观摩创建做推动、探索创建做试点”。督促指导已创建党支部提质创品牌、在创建党支部达标做示范、拟创建党支部规范打基础,年内共创建示范党支部43个。推动组织体系向社区延伸,在城区、矿区打造社区离退休干部党支部。探索党建工作赋分管理模式,调研推动“星级支部”接力赛,带动更多支部有形覆盖、有效覆盖。支持矿区“党员回家”工程,增强国有企业退休干部社会化管理移交后的归属感。加大党建经费保障力度,提高全市离退休干部党组织工作经费和党支部班子成员工作补贴。探索推进老干部党建强强联盟、帮带联盟等分级联盟,强化市直联盟、县区联盟等地域联盟,召开部署推进会,开展观摩交流行动,年内共有17个离退休干部党支部开展联盟联系联动。（陈 凯）

【“一人一策”精准服务】 2022年,阳泉市委老干部局完善离休干部“一人一策”精准服务机制。启动离休干部个性服务随访行动,主动对接相关单位、医疗机构、社会资源,做实新一轮护理费提档摸排落实、轮椅购置、书报入户、上门保洁等多项服务。与市三院进行“离休干部精准医疗健康服务”签约,为离休干部配备专家级医生护士团队,精准满足离休干部在家庭医生之外的升级版医疗需求。动态更新离休干部“一人一策”五台账(基本信息台账、离休干部无工作遗孀基本信息台账、离休干部分类服务台账、离休干部结对联系台账和离休干部来电来访办理台账),并做好跟

2022年7月28日,阳泉市委老干部局与市三院举行离休干部精准医疗健康服务签约仪式（市委老干局 供图）

踪服务。完成异地安置离休干部线上慰问送暖。（陈　凯）

【老干部服务保障】 2022年，阳泉市委老干部局坚持在重大节日、生日、生病住院等期间全覆盖走访慰问，落实“五必访”制度（生病住院必访、重大节日必访、生活困难必访、老干部生日必访、丧葬大事必访），通过上门看望、网络联系、电话问候等形式给予日常关怀慰藉。春节前夕，上门慰问地市级老领导和离休干部遗孀，送上慰问金、春联、剪纸等慰问品和新春祝福。开展市级老领导和享受副市级待遇老干部健康体检工作。举行“爱心相随安心相伴”黄手环发放启动仪式。结合“我为群众办实事”活动，建立问题台账，针对性协调解决离退休干部急难愁盼问题。全年走访慰问老干部2.6万人次，落实困难离退休干部帮扶救助政策，发放救助金25万元。（陈　凯）

【老干部志愿服务行动】 2022年，阳泉市委老干部局制定《“夕阳正红”老干部志愿服务行动方案》，开展“增添正能量 共筑中国梦”主题活动。举行启动仪式，为22个典型团队代表授旗。组织开展“志愿服务亮旗”行动，100多个团队开展“转型蹚新路 银辉添新彩”主题活动450余次。（陈　凯）

【《阳泉市干部荣誉退休制度》】 2022年，阳泉市委老干部局制定《阳泉市干部荣誉退休制度》，明确“八心”服务管理，即组织专题谈话与退休干部“交心”、举办荣退仪式让退休干部“暖心”、做好服务衔接让退休干部“顺心”、强化政治引领让退休干部“凝心”、严明纪律规矩让退休干部“净心”、引导发挥作用让退休干部“热心”、建立关怀机制让退休干部“安心”、做好服务保障让退休干部“放心”。增强退休干部政治荣誉感、组织归属感和生活幸福感。举行干部荣退示范仪式，邀请12家市直单位参加观摩，推动干部荣退制度落实。（陈　凯）

【阵地建设】 2022年，阳泉市委老干部局统筹市老年大学资源，推进“家门口”老年大学建设，督促市老年大学税务分校挂牌成立。与市开放大学合作，为全市离退休干部搭建智慧助老学习平台。依托示范党支部活动室、社区老年活动中心、各级老年大学和老干部活动中心，共建共享一批老干部党建工作联络站，丰富精神文化生活。（陈　凯）

关心下一代工作

【队伍和组织情况】 截至2022年底，阳泉市、县（区）、乡镇、街道关心下一代工作委员会共164个（其中市级1个，县（区）级6个，教育系统1个，大型企业1个；乡镇、街道42个，学校108个，中小企业5个）。全市“五老”（老干部、老战士、老专家、老教师、老模范）队伍共4640人（其中城市区1210人，农业县（区）1800人，学校1480人，企业150人）。“五老”队伍以培育和践行社会主义核心价值观为主线，在培养德智体美劳全面发展的社会主义建设者和接班人方面发挥了重要作用。（王麓媛）

【“中华魂”主题教育活动】 2022年，全国“中华魂”（强国有我）主题教育活动评比结果公布，阳泉市获一等奖1人、二等奖2人、三等奖2人，先进集体1个，先进个人1人，优秀辅导员2人。在山西省“中华魂”（强国有我）主题教育活动中，阳泉市获一等奖2人、二等奖3人、三等奖3人，先进集体2个，先进个人2人，优秀辅导员3人。5月，阳泉市关心下一代工作委员会举办全市第26届“中华魂”（强国有我）主题教育活动视频演讲成果展示活动，有45名选手参加视频演讲展示。全市共评出一等奖5人、二等奖7人、三等奖11人、优秀奖22人。7月，在全国“中华魂”（强国有我）主题教育活动线上演讲成果展示活动中，阳泉市推荐的阳泉广播电视台杨研获得青年组特等奖、阳泉三中任子心获得中学组一等奖、城区朝阳小学郭雨彤获小学组优秀奖。（张　琛）

【红色文化教育活动】 2022年5月，阳泉市关心下一代工作委员会将红色山乡模范教师张瑾瑶创办的艰苦办学典型“平定县红育口学校旧址”列为阳泉市关心下一代党史国史教育基地。6月，市关工委在郊区旧街乡南沟村举行代表山西省关心下一代工作委员会为郊区旧街乡南沟村狼峪红色展览馆等6个第二批山西省关心下一代党史国史教育基地颁发牌匾仪式。开展“五老”红色基因宣讲活动，全市共组织“五老”宣讲团31个，开展活动120余场，受教育青少年达7万余人次。组织开展“老少同声颂党恩、携手喜迎二十大”主题教育实践活动，全市“五老”参与人数270余人，受教育青少年人数7.9万余人。与市教育协会联合举办“红心向党、不负韶华，喜迎二十大、颂歌献给党”阳泉市中小学生书法大展，全市30所书法传统学校学生参展，从375幅作品中选出32幅作品，报送省关工委参加第三届“劝学杯”山西省百县千校万人大中小学生正书大展，有14幅作品获奖。（张　琛）

【关心下一代教育活动】 2022年，阳泉市县（区）关心下一代工作委员会开展助学活动，筹集金额7.4万余元，受助人数1.8万余人。采取多种形式，举办家庭教育讲座140余场，

2022年6月17日，山西省党史国史教育基地揭牌暨《红色印记》开拍仪式在郊区旧街乡南沟村狼峪红色展览馆举行　　（市关工委　供图）

受教育家长人数达6000余人。在“关爱明天、普法先行”法治宣传教育活动中，市县（区）关工委组织宣讲活动100余次，受教育青少年人数达8.2万余人次。开展向偏远山区学校赠阅《阳泉日报》活动，赠出《阳泉日报》100份。　（张　琛）

党校工作

【概况】 2022年，阳泉市委党校（阳泉行政学院）发挥干部培训、思想引领、理论建设、决策咨询作用，为助推阳泉全方位高质量发展作出积极贡献。

学习宣传中共二十大精神　组织教师与学员分6批180余人次先后参加中组部、中央党校、省委党校、井冈山干部学院等举办的中共二十大精神师资培训。全体教师经过集体备课、集中试讲、评课说课等方式，精心打造学习贯彻中共二十大精神系列专题14个，充实完善习近平新时代中国特色社会主义思想课程体系，为干部培训轮训、基层宣讲送教提供课程资源。组建由70余名骨干教师组成的党校系统宣讲队伍，开展中共二十大精神宣讲。年内，共开展宣讲培训127场次，累计受众2.76万人。

干部培训　全年共举办培训班59期，培训学员1万余人次。举办村（社区）“两委”干部长训班、县级干部读书班和青干班等班次。组织以学习贯彻中共二十大精神、十九届六中全会精神、抓党建促基层治理等为主题的送教宣讲50场、累计受众2500余人次。突出阳泉特色，采取党性教育与理论教育相结合、现场教学与课堂教学相结合、主体班次与外培班次相结合方式，重点推出15个特色精品教学课程和51个特色精品现场教学专题。聚焦主业主课，推进主题课程体系建设，创新打造“新文化运动女杰石评梅”等2个访谈式教学及“突发事件应急管理”等3个案例式教学。创新教学形式，采取“线上＋线下”方式开展同步教学，搭建全时空立体式培训学习平台。《学习时报》《山西日报》先后刊发专题报道，对校（院）红色教育品牌建设工作给予肯定和推广。中央党校（国家行政学院）《党校（行政学院）工作通讯》以《以“长训班”破解工学矛盾》为题，报道长训班培训经验做法。

队伍建设　实施“人才强校”战略，引进急需人才2名、回流2名。推进教师素质提升，选派8批180余人次参加进修。组织教师参加全省党校系统红色讲堂学习12期，累计参学达1500余人次。以中心组（扩大）学习形式，每月举办马克思主义经典辅导课和时事政治专题课。举办“忆百年风华　传红色血脉”青年教师现场教学风采展示大赛、示范课分享。组织参加全省党校（行政学院）系统教师赛讲及教学经验交流评比活动，2名教师分获赛讲二等奖、优秀奖，4项教学成果分获省级一、二、三等奖。

教学管理　2022年，阳泉市委党校（阳泉行政学院）重新设置各教研室架构，构建契合新时代的党校教研体系。推行“教师兼职兼岗”制度，建立党校管理体系。完善基本职能和业务流程12大类94项工作制度，办学治校更加科学化、规范化、制度化。聚焦教学方法创新、科研咨政创新、干部培训创新，打破常规创造性推动工作，提升教学质量和科研水平。　（袁佳敏）

【党校科研】 2022年，阳泉市委党校（阳泉行政学院）围绕中央和省委、市委重大决策部署开展科学理论研究。在市级及以上报刊发表理论文章和调研报告58篇，成功申报各级课题19项。完成省级课题11项，其中被评为优秀课题1项。完成市级课题9项，其中获三等奖以上课题5项。《阳泉论坛》刊发6期，《问题研究》编发4期。举办全市党校（行政学院）系统“抓党建促基层治理能力提升”主题征文活动，其中有37篇文章获奖。组织纪念石评梅诞辰120周年征文活动，有27篇文章获奖。　（袁佳敏）

【山西阳泉干部学院获批】 2022年9月，山西阳泉干部学院（原阳泉革命传统教育学院）被中组部列入省（自治区、直辖市）党性教育干部学院备案目录，成为全国72所党性教育干部学院和山西省重点建设的3所干部学院之一，也是全省唯一1所以地市命名的干部学院。山西阳泉干部学院是由主体教学区、学习生活区、休闲活动区、红色教育区四大板块组成的红色教育综合体。教学面积增加4.7万平方米，提升办学质量和服务保障能力。加强人才引育，专兼职教师达到200余名，为新一轮大规模干部教育提供师资保障。山西阳泉干部学院的获批为阳泉市实施“红色领航战略”、全方位推动转型发展开辟了新途径。 （袁佳敏）

【山西阳泉干部学院校区建设完成】 2022年1月，山西阳泉干部学院校区（阳泉市委党校南校区）项目建设完成。该校区位于南大西街原工业学校旧址，主体工程包括新建综合教学楼、学员公寓楼、地下停车库，改扩建原2层餐厅为新食堂及会议中心，6层科技图书馆改为办公楼，同时建有篮球场、足球场、羽毛球场等体育场所。新校区主要承担山西阳泉干部学院对外培训班次，能够满足同时承接10个班次、500余人在校培训办班需求，每年承接100余个培训班，培训人数达1万余人，成为阳泉市培训中心、会议中心和对外交流中心。 （袁佳敏）

【第一期农村党组织书记能力提升长训班】 2022年1月21日，阳泉市发展壮大村级集体经济动员部署会暨第一期农村党组织书记能力提升长训班开班。会议强调，提高站位、抢抓机遇，切实增强发展村级集体经济的责任感、使命感。做到胸中有“向”，按照市委发展壮大新型农村集体经济系列文件和三年行动计划文件精神，制定发展规划。做到心中有“数”，摸清家底，深化以农村集体经营合同专项清理、村级债务化解、新增地源收费为内容的“清、化、收”工作，激活资产潜能。做到手中有“招”，突出省校合作、抱团发展和典型引领作用，以人才振兴带动乡村振兴，突出联合发展打破区划界线，实现良性互动、联手共赢，因村制宜带动产业项目发展，持续推动村级集体经济健康发展、稳步提升。 （袁佳敏）

【“忆百年风华 传红色血脉”现场教学大赛】 2022年4月29日，阳泉市委党校（阳泉革命传统教育学院）举办“忆百年风华 传红色血脉”青年教师现场教学风采展示大赛。比赛采取现场讲授、评委现场评分形式进行，有13名青年教师参加比赛。参赛教师结合自身专业特长和研究方向，精准选题，分别围绕《桃林沟村》《百团大战纪念馆》《中共创建第一城旧址》《小河古村评梅故居》等专题进行现场教学。经过角逐，青年教师杨洁获得一等奖，刘亚平、赵文文、张晓琪获得二等奖，杨夏青、马戎、白晓芳、周文清获得三等奖，苗青、张江洁、刘平、康康、陈文娜获得优秀奖。 （袁佳敏）

【“喜迎国庆节 献礼二十大”读书会】 2022年9月30日，阳泉市委党校（阳泉行政学院）第二期读书会在阳泉市党建书苑举行。新任县级干部读书班和第四期青年干部培训班部分学员、市委党校部分教职工参加。读书交流活动旨在强化思想政治引领，厚植爱党爱国情怀。在读书会上，有朗诵《去看青春的中国》《党的“二十大”之歌——献给中国共产党第二十次全国代表大会》《祖国啊我亲爱的祖国》等，有经典诵读《习近平谈治国理政（第四卷）——民之所忧我必念之，民之所盼我必行之》《习近平谈治国理政（第四卷）——历史交汇期的深邃思考和科学判断》，有古诗词朗诵·书法·茶道《岳阳楼记》，最后在大合唱《我和我的祖国》中落幕。 （袁佳敏）

【全市街道社区干部示范培训班】 2022年5月11日，阳泉市抓党建促基层治理能力提升街道社区干部示范培训班在市委党校开班。此次培训为期5天，以党的宗旨、政策法规、群众工作、基层治理为重点培训内容，采取课堂教学、线上教学、自学相结合方式进行。培训特邀省民政厅相关人员、市委党校教师、社区优秀干部代表授课。培训旨在加强城市基层治理骨干队伍建设，增强街道社区干部宗旨意识，提高政治判断力、政治领悟力、政治执行力，提升街道社区工作者的职业素养和专业水平，更好地适应社区治理工作需要，培养一支理论功底扎实、政策把握到位、实践能力突出的街道社区干部队伍，推进抓党建促基层治理能力提升专项行动落地落实落细。各县（区）民政局局长、高新区分管负责人、街道党工委书记、部分社区主干参加培训。 （袁佳敏）

【阳泉市领导干部提升能力示范培训班】 2022年5月27日，抓党建促基层治理能力提升阳泉市领导干部提升“学习能力 算账能力 实践能力”示范培训班开班。各县（区）委书记、县（区）长，市直承担重要考核指标单位主要负责人，阳泉高新区、平定经开区、盂县经开区主要负责人，乡镇书记、街道党工委书记等参加培训。培训期间，特邀省委党校、省应急管理厅、省商务厅、省统计局等厅局专家和领导为学员们解读开发区改革、高质量发展考核评价、国务院安委会“十五条”措施、《信访工作条例》等课题。学员分组开展“摸实情、送政策、解难题、促发展”大调研交流活动。 （袁佳敏）

【外地干部培训】 2022年6月13日至19日，山西边检总站党的建设和政治工作专题轮训班在市委党校开班。此次培训为期7天，采取专题讲座和现场教学相结合的方式进行。邀请省直工委专家为学员解读党支部标准化规范化建设、党建工作方法创新等课题，阳泉市直机关工委、市委党校教师进行专题教学。培训班组织学员实地走进百团大战纪念馆、阳泉市直机关党员政治生活中心、南庄抗战地道遗址、娘子关抗战遗址、中共创建第一城旧址、大寨村等教学点进行现场教学。7月18日，灵丘县第八期学习贯彻习近平新时代中国特色社会主义思想读书班暨2022年青年干部培训班开班。培训为期6天，课程内容设置专题讲座、现场教学、体验式教学、学员座谈、观看情景剧等多个教学环节。教学专题重点学习新中国城市工作的先行地——阳泉市创建的光辉历程、民族危亡与百团大战，现场教学实地走进百团大战纪念馆、石评梅故里、左权将军纪念馆、西柏坡中共中央旧址等地。 （袁佳敏）

市直机关事务管理

【公务用车管理】 2022年，阳泉市级机关公务服务中心公车改革实现“公车编制、公车标准、购置经费、采购配备、更好处置”五集中，并延伸拓展到车辆运行经费、车辆资产管理等全方位集中，共节约支出30%以上。实现省、市、县三级无障碍异地联动保障，被国家机关事务管理局评定为“第二批公务用车管理专项领域建设单位”。按流程开展“取消车辆”处置工作，巩固公务用车改革成果。年内，公车保障部累计派出订单9371单，行程117.2万千米，为2.8万名公务人员提供用车服务。 （黄 艳）

【资产管理云平台建设】 2022年，阳泉市直属机关事务管理局与第三方企业共同研发建立阳泉市党政机关事业单位资产管理云平台，推进业务流程“网上运行”，资产信息“一键查询”，仓储状态“实时公布”，做到“资产动态调整，底数随时掌握”。在资产配置模块，将审核端口前移，实现市直各单位在资产配置审批环节“信息多跑路、人员少跑腿”，从提交申请到领取批复，两次就可以办理完毕。通过线上预审，近495笔资产购置申请因超实物量标准或超价格上限被驳回重报，节省财政资金约23.48万元。各单位将资产取得日期、价格、使用部门、存放地点、维修保养、具体使用人等信息录入电子标签后粘贴至已盘点资产表面，首次实现将资产管理责任落实到具体使用人。 （黄 艳）

【基建维修】 2022年，阳泉市直属机关事务管理局共受理市直单位维修申请及纳入集中管理办公区的应急维修工程项目80个，涉及资金2187万元。组织实施62个维修改造项目，投入资金1520万元核减和暂缓18个维修申请，所列资金667万元，节支率达30.5%。年内，共完成结算支付手续五批48项，合计1193万元。核准18个单位自主实施维修项目，所列资金1136万元，实际批复988万元，节约资金148万元，节支率13%。 （黄 艳）

【后勤服务保障】 2022年，阳泉市直属机关事务管理局引进7家专业物业服务机构、1家绿化公司、1家餐饮公司为集中办公区提供相关服务，逐步实现13处集中办公区保安、保洁、绿化、餐饮等方面规范管理。组建“部门联动”微信工作群，开通“24小时”服务热线，发挥保安、保洁、维修、基建等各自工作职能，做到集中办公区问题“早发现、快上报、‘泉’解决”，全年共解决报修897件次。开展“服务面对面”活动，变“派单报修”为“走访快修”，累计完成上门“立即修”570余项。配备标准化保洁室，购买电动尘推车、洗地机、新能源道路清扫保洁车，实现“人机共保洁”。 （黄 艳）

【无人机巡检公物仓】 2022年，阳泉市市级机关公物仓实现无人机首飞作业，通过无人机对展馆外墙、楼顶进行近距离、多角度隐患排查，完成阳泉市展览馆办公楼安全巡检工作。无人机巡检不仅降低了人工作业安全风险，而且节省人力财力。为发挥公物仓资产“厉行勤俭节约 集约共享共用 廉洁高效服务”作用，组织专人参加民用无人机驾驶员专业培训并取得合格证，为市级机关行政事业单位提供无人机飞行作业服务，实现资产共享共用目标。 （黄 艳）

（责任编辑：朱 静）

阳泉市人民代表大会

综　述

【自身建设】　2022年，阳泉市人民代表大会常务委员会坚持以习近平新时代中国特色社会主义思想为指导，以喜迎中共二十大和学习宣传贯彻中共二十大精神为主线，学习贯彻中央、省委、市委人大工作会议精神，全面贯彻落实市委各项决策部署，坚持党的领导、人民当家作主、依法治国有机统一，忠实履行宪法和法律赋予的职责，各项工作依法有序开展。全年组织开展党组织理论中心组学习10次，组织召开主任会议10次、常委会会议8次，启动制定和完成地方性法规3件，听取审议专项工作报告20个，作出重大事项决议决定6项，开展执法检查2项、执法调研4项、专题调研14项，完成市十六届人大一次、二次会议确定的各项目标任务。年内，针对乡镇(街道)人大工作机构力量薄弱问题，常委会争取市委和各县(区)委的支持，贯彻落实新修订的《中华人民共和国地方各级人民代表大会和地方各级人民委员会组织法》和《山西省街道人大工作委员会工作条例》，为全市31个乡镇、11个街道配齐42名人大副主席（工委副主任），得到省人大常委会领导的肯定。　　（高一梅）

【市委决策部署落实】　2022年，阳泉市人大常委会贯彻落实阳泉市委决策部署，及时把市委的决策主张转化为全市人民的共同意志。坚持党管干部与人大任免有机统一，依法任命新一届市政府组成人员及其他国家机关工作人员，确保党组织推荐的人选通过法定程序成为国家政权机关的领导人员。常委会主任会议成员到“摸实情、送政策、解难题、促发展”大调研、抓党建促基层治理能力提升专项行动、民营企业帮扶、全国文明城市创建等工作一线督导指挥，完成市委交办的包联任务。常委会党组发挥把方向、管大局、保落实的重要作用，自觉维护市委总揽全局、协调各方的领导地位，执行请示报告制度，向市委呈报工作要点、立法计划、法规草案、人代会筹备等报告31件，协助市委出台《贯彻落实市委人大工作会议重点任务分工方案》，明确54项具体任务，通过制定工作措施、细化责任分工，保证市委人大工作会议精神落地落实。　　（高一梅）

【人大宣传工作】　2022年3月18日，阳泉市人大常委会为落实意识形态工作责任制，组织召开由各县

2022年6月22日，阳泉市人大常委会机关党总支组织机关党员干部到阳泉市红十字会开展应急救护培训及体验主题党日活动（市人大常委会办公室　供图）

(区)人大分管领导、新闻媒体工作者及通讯员队伍参加的全市人大宣传工作座谈会。加强和改进人大宣传工作,办好人大期刊、网站、微信公众号,提高《阳泉人大》内部刊物、“阳泉日报·人大广角”“阳泉广播电台·人大之声”“阳泉电视台·人大之窗”专题栏目编播质量,共刊发各类稿件500余篇。《在看听思议中感受红色领航的巨大魅力》《山西阳泉:让绿色“靓”成高质量发展底色》《落好基层“一颗子”、激活人大“满盘棋”》等文章在《人民代表报》上发表,市人大常委会被人民代表报社评为2022年度新闻宣传先进单位一等奖。（高一梅）

【代表建议办理】 2022年,阳泉市人大常委会召开代表建议交办会,要求承办部门增强做好建议办理工作的责任感和使命感。实行市直部门建议办理目标责任考核,让代表打分,让代表评价。继续实行重点建议分管副市长领办、常委会副主任领衔督办制度,举办7场代表建议督办座谈会,督促承办部门健全与代表沟通机制、完善建议答复台账管理机制,压实办理责任。听取审议建议办理情况报告并跟踪落实审议意见,市十六届人大一次会议代表提交的《关于制定〈阳泉市工业遗产保护与利用条例〉的议案》等283件议案建议全部办理完毕。

2022年11月10日,阳泉市人大常委会组织视察市十六届人大一次会议代表建议办理情况,并召开座谈会。市政府相关领导参加视察并汇报代表建议办理情况。座谈会上,重点建议领衔代表及市人大督办机构负责人对政府办理代表建议工作给予肯定,同时围绕所提建议的办理情况、督办情况,提出意见。其间,视察组一行到阳泉东站、阳泉文化产品(非遗)展示交易中心实地视察,结合重点建议办理情况,详细了解阳大铁路、中源康养宜居社区项目建设情况。市人大常委会有关机构、市政府有关部门负责人以及重点建议领衔代表参加视察。（高一梅）

表5 2022年阳泉市十六届人大一次会议代表重点建议一览表

重点建议	领衔代表	领办部门	督办委员会
《关于加快推进郊区设立省级经开区的建议》	王晓丽	市商务局	市人大财经委
《关于尽快开通阳泉东至北京、太原铁路高速列车的建议》	史淑惠	阳大铁路有限责任公司	市人大财经委
《关于出台更多鼓励措施助推阳泉市民营企业高质量发展的建议》	乔国强	市工信局	市人大财经委
《关于加快阳泉市装备制造业智能化的建议》	商继杰	市工信局	市人大财经委
《关于深入实施乡村振兴战略,打造特优精农产品品牌的建议》	张照俊	市农业农村局	市人大农村委
《关于进一步落实义务教育阶段学生减轻过重作业负担和校外培训负担“双减”政策的建议》	史淑惠 税　红 李素鱼 张晓美	市教育局	市人大教科委
《关于加大对公共卫生事业的投入,促进医疗服务高质量提升的建议》	朱　卉	市卫健委	市人大教科委
《关于加快阳泉市康养产业发展的建议》	王　昭	市民政局	市人大社会委
《关于加强工业遗产保护和利用的建议》	刘新东	市工信局	市人大财经委
《关于全力支持新能源电池小镇建设,助推全市绿色低碳转型的建议》	冯俊青	市工信局	市人大财经委
《关于深入挖掘红色旅游文化资源、打造阳泉红色旅游核心区的建议》	田永平	市文旅局	市人大民侨委

（市人大常委会办公室）

【人大"联络站"工作】 2022年，阳泉市人大常委会在巩固提升"联络站+预算联网""联络站+代表约见"模式工作成效的基础上，按照"代表吹哨、部门报到"的思路，指导乡镇、街道人大工委探索"联络站+乡村振兴与产业发展""联络站+村（社）基层治理能力提升""联络站+民情民访代办"等创新举措，延伸联络站发挥作用的空间和舞台，参与代表达2270人次，接待群众3500余人次，受理群众反映问题和意见800余件，协调解决600余件，打通代表服务群众的"最后一公里"。244个代表联络站点成为全市3100余名五级人大代表践行全过程人民民主的重要阵地。（高一梅）

【人事任免】 2022年，阳泉市人大常委会按照法律程序，行使人事任免职权，共依法任免工作人员106人次，其中人大及其常委会工作机构人事任免46人次、市人民政府机构人事任免48人次、市人民法院人事任免7人次、市人民检察院人事任免5人次，任职80人次、免职23人次、辞职3人次，组织宪法宣誓58人次。（高一梅）

重要会议

【十五届人大常委会会议】 2022年，阳泉市十五届人大常委会举行2次会议。

第48次会议 1月30日召开，会议传达贯彻省十三届人大六次会议精神。会议审议并表决通过关于召开阳泉市第十六届人民代表大会第一次会议的决定，市第十六届人民代表大会第一次会议计划于2月22日召开，会议听取审议并表决通过市政府关于全市粮食安全工作的报告、代表资格审查委员会关于个别代表的代表资格的报告。会议审议并表决通过有关人事任免议案。

第49次会议 2月16日召开，会议听取审议并表决通过市十五届人大常委会代表资格审查委员会关于市十六届人大代表资格的审查报告，听取审议市十六届人大一次会议有关名单草案及说明，表决通过有关名单草案。听取审议市人大常委会工作报告稿及起草情况说明，表决通过市人大常委会工作报告稿。审议并表决通过市十六届人大一次会议议程（草案）。会议审议并表决通过有关人事任命议案。（高一梅）

【十六届人大一次会议】 2022年2月20日至23日，阳泉市第十六届人民代表大会第一次会议在阳泉宾馆举行。会议期间，与会代表听取和审议阳泉市人民政府工作报告；审查批准阳泉市人民政府关于阳泉市2021年国民经济和社会发展计划执行情况与2022年国民经济和社会发展计划（草案）的报告，批准阳泉市2022年国民经济和社会发展计划；审查和批准阳泉市人民政府关于阳泉市2021年全市和市本级预算执行情况与2022年全市和市本级预算（草案）的报告，批准阳泉市2022年市本级预算；听取和审议阳泉市人民代表大会常务委员会工作报告、阳泉市中级人民法院工作报告、阳泉市人民检察院工作报告，表决通过市十六届人大一次会议关于各专门委员会组成人员表决办法、市十六届人大财政经济委员会组成人员名单、市十六届人大一次会议选举办法。（高一梅）

【十六届人大二次会议】 2022年12月12日至13日，阳泉市第十六届人民代表大会第二次会议在阳泉宾馆召开。会议选举24名出席山西省第十四届人民代表大会代表，选举4名阳泉市第十六届人民代表大会常务委员会委员。其间，还举行代表履职培训会。（高一梅）

【十六届人大常委会会议】 2022年，阳泉市十六届人大常委会共举行7次会议。

第1次会议 3月23日召开，会议听取审议有关人事任免议案和关于设立市十六届人大常委会代表资格审查委员会的议案。被提请任命人员与常委会组成人员见面，并作供职发言。会议表决通过有关人事任免议案和市十六届人大常委会代表资格审查委员会组成人员任命名单。

第2次会议 5月31日召开，会议传达学习省委人大工作会议精神，传达学习市委书记在调研市人大常委会机关座谈会上的讲话精神。会议听取审议并表决通过《阳泉市滹沱河流域生态修复与保护条例（草案）》。听取审议并表决通过市人民政府关于全市推进数字经济发展情况的工作报告、关于2021年度全市环境状

2022年2月20日至23日，阳泉市第十六届人民代表大会第一次会议在阳泉宾馆举行（市人大常委会办公室 供图）

况和环境保护目标完成情况的报告。审议并表决通过《市人大常委会组成人员守则(修订草案)》。会议审议并表决通过有关人事任免议案。

第 3 次会议　7 月 25 日召开,会议听取审议并表决通过关于检查《突发公共卫生事件应急条例》贯彻实施情况的报告、市政府关于 2021 年度企业国有资产管理情况的报告、市政府关于全市社区建设与治理工作情况的报告、市人民检察院关于全市未成年人检察工作情况的报告,审议并表决通过市政府关于 2021 年度国有资产管理情况的综合报告、市人大常委会关于进一步加强和完善市人大代表与人民群众联系的办法(草案)。会议审议并表决通过有关接受辞职及人事免职议案。

第 4 次会议　9 月 20 日召开,会议听取审议并表决通过关于检查《中华人民共和国体育法》《山西省全民健身促进条例》贯彻实施情况的报告、市政府关于阳泉市 2022 年上半年国民经济和社会发展计划执行情况的报告、市政府关于 2021 年市本级财政决算(草案)和 2022 年上半年全市预算执行情况的报告、市政府关于阳泉市 2022 年新增地方政府债务限额暨市本级新增债券预算调整方案(草案)的报告、市政府关于 2021 年市级财政预算执行和其他财政收支的审计工作报告、市政府关于全市全面推行林长制情况的报告,审议并表决通过阳泉市人民代表大会常务委员会关于批准 2021 年市本级财政决算的决议、阳泉市人民代表大会常务委员会关于批准 2022 年市本级新增债券预算调整方案的决议,听取并审议《阳泉市物业管理条例(草案)》及其起草情况和审议意见报告。会议审议并表决通过有关接受辞职及人事任免议案。被提请任命人员作供职发言。

第 5 次会议　11 月 17 日召开,会议听取审议市人大常委会法工委关于规范性文件备案审查工作情况的报告。听取审议并表决通过市政府关于市十六届人大一次会议代表建议办理情况的报告、市政府关于旅游产业发展情况的报告、市监察委员会关于依法正确行使职权推进监察工作规范化法治化正规化情况的报告、市人大法制委关于市十六届人大一次会议代表议案审议结果的报告。听取审议阳泉市人民代表大会常务委员会关于支持和保障山西中部城市群高质量发展的决定及其起草情况的说明,并表决通过该决定。审议并表决通过阳泉市人民代表大会常务委员会关于召开阳泉市第十六届人民代表大会第二次会议的决定,决定于 12 月 7 日召开阳泉市第十六届人民代表大会第二次会议。

第 6 次会议　12 月 8 日召开,会议听取审议并表决通过市十六届人大常委会代表资格审查委员会关于个别代表的代表资格的审查报告和市十六届人大二次会议主席团和秘书长名单(草案)及说明,审议并表决通过市十六届人大二次会议议程(草案)和日程(草案)。

第 7 次会议　12 月 29 日召开,会议听取审议并表决通过市人民政府关于 2022 年市级财政收支预算调整方案(草案)的报告、市人民政府关于全市政府债务情况的报告,审议并表决通过市人大常委会关于批准 2022 年市级财政收支预算调整方案的决议(草案)。　(高一梅)

立法工作

(参见法治·人大立法)

监督工作

【经济运行监督】　2022 年,阳泉市人大常委会听取审议计划执行情况报告,加强对经济形势的研判,对龙华口调水工程、万达广场等重点项目进行实地调研,针对产能优化、服务业提质、促进消费等方面存在问题,提出对策建议,推动中央和省委、市委稳经济一揽子政策精准落实。听取审议推进数字经济发展情况报告,推动执行数字经济优先发展战略三年行动计划,实现阳泉市数字经济发展质量全省领先、区域领跑。听取审议旅游产业发展情况报告,推动红色文化资源与绿色旅游资源融合,打造阳泉市"红色 + 绿色"旅游新业态。　(高一梅)

【国资管理和预决算审查监督】　2022 年,阳泉市人大常委会听取审议国有资产管理综合、企业国有资产管理专项报告,促进国有资产合理配置、保值增值,守好"人民家产"。听取审议财政预算执行、债券分配及预算调整、上年度财政决算、政府债务、审计及审计查出问题整改工作报告,为百姓管好"钱袋子"。升级人大预算联网监督系统,与改革后的财政预算管理一体化系统及时对接。同时,开发国有资产联网监督系统,系统具备对资产质量、资产安全、保值增值等内容的监督条件,为下一步深度开发打下基础。　(高一梅)

【生态环保和城市管理监督】　2022 年,阳泉市人大常委会听取审议环境状况和环境保护目标完成情况报告,开展"实施生态筑基战略,助力文明城市创建"阳泉环保行活动,专题调研水资源管理情况,听取审议林长制推行情况报告,推动全市生态环境质量持续向好。开展《阳泉市爱国卫生条例》《阳泉市市容和环境卫生管理条例》执法调研,视察雨污分流管网改造情况,督促相关部门持续巩固创卫成果、优化城市功能品质。3 月,市人大城环委被省人社厅、省生态环境厅授予"山西省污染防治攻坚战先进集体"称号。　(高一梅)

【民生保障监督】 2022年，阳泉市人大常委会关注群众生命安全和身体健康，开展《突发公共卫生事件应急条例》执法检查，到市第三人民医院、市疾控中心等单位实地查看，督促相关部门健全应急保障体系；视察公共文化设施建设情况，推动发挥文化设施功能，开展体育执法检查，推广全民健身运动。关注特定人群服务保障，专题调研《山西省宗教事务管理条例》实施情况、退役军人权益保障工作，引导宗教界人士增进对祖国、中国共产党、中国特色社会主义的认同，营造尊崇关爱退役军人的社会氛围。关注基层治理能力提升，视察《中华人民共和国乡村振兴促进法》实施情况、社区建设与治理工作情况，推动乡村产业、人才、文化、生态、组织五大振兴，加快完善社区治理体制机制。 （高一梅）

【监察司法监督】 2022年，阳泉市人大常委会首次听取审议市监委关于依法正确行使职权、推进监察工作规范化法治化正规化情况报告，助推监察工作取得更多制度性成果和更大治理效能。专题调研法院服务创优营商环境工作，推动全市法院深化司法改革、推进审判能力现代化，不断提升服务保障质量，市中院审判执行综合质效在省高院通报中位居前列。听取审议未成年人检察工作情况报告，推动检察机关依法履行检察职责，守护未成年人健康成长。全市检察机关标志性指标落实情况名列全省前茅。围绕"平安阳泉"建设，专题调研公安工作、视察人民调解组织规范化建设情况，督促公安机关一体推进打防管控、司法机关更好发挥人民调解作用，营造安全稳定的社会环境。 （高一梅）

【驻市省人大代表会前视察座谈会】 2022年1月12日，阳泉市人大常委会组织驻阳泉市的省人大代表进行会前视察座谈，听取市"一府两院"工作情况汇报，为省人大代表知情知政、在省人代会期间履行职责打好基础。座谈会上，市政府相关领导介绍2021年全市经济社会发展情况，市中级人民法院、市人民检察院有关负责人分别介绍2021年法院和检察院工作情况。省人大代表发言，提出意见建议。 （高一梅）

【驻市省人大代表专题调研重点工程项目建设】 2022年10月18日，阳泉市人大常委会组织驻阳泉市的省人大代表到盂县，专题调研省、市、县重点工程项目建设情况。调研期间，省人大代表调研了解阳泉市龙华口调水、盂县县城及周边村镇饮用水网扩容提质、太行一号旅游公路盂县境内、盂县静脉产业小镇、盂县智慧寄递物流（电子商务）、盂县金属再生资源加工生产基地等工程项目的总体规划、产业布局、目标定位、施工进度等情况，与项目建设负责人交流推进过程中遇到的困难问题，共同探讨解决方案，围绕"推动工程项目高质量发展"提出意见建议。 （高一梅）

【部分省市人大代表观摩阳泉"红色领航"战略项目实施】 2022年10月20日，阳泉市人大常委会组织部分省、市人大代表观摩学习阳泉"红色领航"战略项目实施情况。观摩学习期间，在市新经济组织和新社会组织"两新"组织党建中心，市委组织部领导向省、市人大代表详细介绍"红色领航"战略的背景意义、规划目标和实施情况。随后，代表走进位于狮脑山的市党建书苑和百团大战纪念馆，了解项目建设和运行情况。在市委党校（山西阳泉干部学院）新址，了解学院、建市公园、红桥等重点项目推进情况。代表走上红色主题教育大道，一同观看"希望之城"投影秀、"新城旧忆"浮雕墙、"万众一心"灯光秀。 （高一梅）

代表工作

【人大代表构成】 2022年，阳泉市十六届人民代表大会根据相关法律共选举产生人大代表288名。其中，城区49名，矿区51名，郊区58名，平定县64名，盂县59名，解放军7名；中共党员177名，占61.5%；领导干部79名，占27.4%；一线工人、农民和专业技术人员167名，占58.0%；女性78名，占27.1%；少数民族2名，占0.7%；连任代表108名，占37.5%；大专及以上文化程度代表267名，占91.7%；年龄在55岁以下的代表243名，占84.4%。 （高一梅）

【代表联系群众机制优化】 2022年，阳泉市人大常委会出台《市人大常委会关于进一步加强和完善市人大代表与人民群众联系的办法》等制度，推行"14133+代表联络站"联系工作机制，即1名市人大常委会组成人员及担任市级领导干部职务的代表联系4名基层市人大代表，1名市人大代表联系3名县（区）基层人大代表和3名乡镇人大代表（人民群众）。该机制推行后，50余名市级领导干部代表与市人大常委会组成人员共接待基层代表和群众1300余人次，收集意见建议1200余条，解决群众急难愁盼问题200余个。 （高一梅）

【代表履职服务管理】 2022年，阳泉市人大常委会邀请有关专家学者授课，提高代表履职能力。落实经费保障措施，为基层一线和无固定收入的省人大代表开展体检，依规处理代表转递群众信访事项。邀请基层代表参加旁听庭审、视察调研、执法检查及主题党日等。组织省市人大代表观摩"红色领航"战略实施情况、视察省市重点工程项目推进情况。（高一梅）

（责任编辑：李　静　杨　军）

综　述

【经济社会发展】 2022年，阳泉市坚持以习近平新时代中国特色社会主义思想为指导，认真学习贯彻中共二十大精神和习近平总书记考察调研山西重要讲话重要指示精神，高质量发展呈现强劲态势。全年共制定全市稳经济51条、服务业复苏20条、工业企业复工复产20条、扩大有效投资18条等举措，坚持专班推进、定期调度，持续开展纾困解难、政策宣传入企服务，扎实推动各项政策精准落地、直达快享。狠抓项目建设，实施"百项堵点疏解行动""百日攻坚行动"，争取中央预算内投资和省级补助资金、专项债、政策性开发性金融工具基金额度38.56亿元，省市重点工程完成投资171.2亿元，全市产业投资、制造业投资分别增长25.5%、53.7%，高技术产业投资增长17.5%。实施系列消费政策，发放政府消费券和汽车补贴1.75亿元，带动消费19.76亿元，社会消费品零售总额增速高于全省1.3个百分点。规模以上工业增加值增长8.7%，规模以上工业企业增加35户，营业收入增长7.6%、利润增长2倍，工业对经济增长贡献率达80.7%。建成高标准农田0.46万公顷，粮食总产量达到2.35亿公斤。"阳泉记忆·1947"文化园入选全省第二批夜间文化和旅游消费集聚区名单，娘子关泉上文旅特色小镇等3家单位入选全省首批文旅康养示范区创建单位，阳泉市城区入选省级夜间经济试点城市。2022年，阳泉地区生产总值迈上千亿台阶，达1012.9亿元。一般公共预算收入完成81.97亿元，增长45.9%，连续跨越60亿元、70亿元、80亿元三道大关。主要预期性指标实现稳定增长，约束性指标全面完成山西省下达目标。

全年共承办省人大建议11件，市人大建议268件；省政协提案22件，市政协提案358件。所有建议和提案全部进行办理并答复。答复过程中，提案建议办理先后协调相关单位10余次共23件，共组织省市代表参观调研活动4次，使建议和提案办理工作更加准确，代表和委员们反映问题得到解决。（赵　鹏　王　越）

【产业转型】 2022年，阳泉市实施工业赋能育新战略、数字经济优先发展战略、服务业扩容提质战略，绿色低碳转型全面提速。传统产业加快升级，建成华阳一矿、新景矿2座智能化煤矿和57个智能化采掘工作面，煤炭先进产能占比达到94.5%。完成阳光电厂、河坡电厂"三改联动"改造任务。投入技改奖补资金1.1亿元，支持水泥、耐火等传统优势产业改造提升。战略性新兴产业加速发展，新兴产业增加值增长17%，快于传统产业10个百分点。非煤工业增加值增长17%，快于煤炭工业10.6个百分点。盂县抽水蓄能电站项目被列入国家中长期规划，已完成预算可行性研究。高新区青于蓝储能项目开工建设，源网荷储一体化项目申报省示范点。华钠钠离子电芯、华储光电光伏组件项目建成投产。中能建平定二期风电项目并网发电，新能源和清洁能源装机达到221.8万千瓦，"绿电"装机占比提高2.6个百分点。多氟多六氟磷酸锂、中烨负极材料等项目建成投产，新材料产业增长13.5%。盂县欧冶链金等废弃资源综合利用项目落地，金属废料加工业增加值增长6.3倍，节能环保产业增长25.2%。开展服务业攻坚行动，华远陆港大宗商品交易公司、云仓物流投入运营。布局建设便民市场和夜经济集聚区，滨河新天地、兴隆步行街分别被评为省级步行街和省级夜经济生活集聚区。中电数字产业园一期主体完工，35家电子智造、软件服务类企业达成入驻意向，百度云计算二期全面投运，在用服务器总量达到22万台，算力水平稳居全省前列。全国首个全市域自动驾驶"车城网"示范项目落地，萝卜快跑、新石器等无人驾驶车投入示范应用。

软件和信息技术服务业营业收入增长27.3%,数字经济核心产业增加值增速达12%。（赵 鹏 王 越）

【改革创新】 2022年,阳泉市国企改革三年行动收官,22户"僵尸企业"破产程序全部终结,公司制改革全面完成。分离办社会职能和"三供一业"(供气、供水、供电和物业)维修改造创出阳泉经验。市属国企资产总额增长4.8%,营业收入增长3.6%。政府性融资担保市县一体化改革完成,地方金融机构清收处置不良资产42.7亿元,全市银行业不良贷款余额与不良贷款率实现"双下降"。农村改革不断深化,郊区"五有五建"(有核心建组织、有主体建队伍、有平台建载体、有规范建程序、有监督建网络)乡村治理实践路径、东梁庄村农村土地二轮到期延包试点经验成为全国样板,农村产权制度改革提前完成。加快国家创新型城市创建,阳泉产业技术研究院升级为省级新型研发机构,省级创新平台增长33%,新增国省"专精特新"(采用专项技术生产专用性强的产品;通过精细化管理,精心设计生产精良的产品;采用独特的工艺、技术等生产具有地域特点或具有特殊功能的产品;依靠自主创新生产具有自主知识产权的高新技术产品)企业24户,科技型中小企业达到217家,高新技术企业达到150家,培育高科技领军企业4家。（赵 鹏 王 越）

【城乡统筹】 2022年,阳泉市聚焦建设中部城市群东翼,签订中部城市群"6+1"合作协议,太行城镇带、盂平寿昔城镇组团列入中部城市群高质量发展规划,青银高速旧关至太原段改扩建工程列入全省省道网规划。加快城市扩容提质,完成供水、供热、老旧燃气、建成区雨污分流排水管网改造260.9千米,开工改造老旧小区142个、122.7万平方米。万达广场开业运营,奥特莱斯商业中心加速推进,市中心医院开工建设,生态新城开发步伐加快。全面推进乡村振兴,坚持农业"特""优""精"发展,打造富硒农业全产业链,与山西农业大学共建富硒产业研究院,培育富硒农产品省级以上龙头企业6个,认证富硒农产品52个。开展农村人居环境整治,改造农村户厕1.5万户。平定县获评国家传统村落集中连片保护利用示范县,盂县获评全国休闲农业重点县,平定甘泉井村、盂县泥河村、郊区固庄村成为全国乡村治理示范村,郊区咀子上村获评全国乡村旅游重点村,7个村列入第六批国家级传统村落名录。国道307、207线阳泉市绕城改线工程全线贯通,太行一号旅游公路阳泉境内主线贯通,"四好农村路"(建好、管好、护好、运营好)完成285.7千米,城乡道路更加通达顺畅。（赵 鹏 王 越）

【生态环境保护与建设】 2022年,阳泉市开展碳达峰行动,72家重点用能单位接入在线监测系统,实现节能监察和诊断,能耗强度完成省定任务。新能源车辆增长44%,充电桩达到2343个,车桩比4.1∶1。绿色出行比例达71%,成功创建全国绿色出行城市。阳泉市被列为"十四五"时期国家公交都市建设示范工程创建城市,是山西省唯一入选城市。持续推进生态保护与修复,编制黄河流域生态保护和高质量发展实施方案,造林绿化12万亩,森林覆盖率达到22.3%。打好污染防治攻坚战,开展夏季臭氧和秋冬季大气治理,PM2.5平均浓度下降4.7%,优良天数增加8天、比例为73.7%,水质优良国考断面占比达到80%,劣Ⅴ类国考断面全部退出。（赵 鹏 王 越）

【民生实事】 2022年,阳泉市本级一般性支出压减2.6%,民生支出119.3亿元,增长24%。15件民生实事全面完成,城乡居民养老、医疗补助标准分别提高到133元、610元,职业技能提升培训2.4万人,建成15个户外劳动者爱心驿站,在31个人流密集公共场所配置自动体外除颤器。脱贫人口人均纯收入达到12341元,增速17.7%,增速位列全省第一。全市首家市级零工市场启动运行,开展公共就业服务招聘活动,新增3家省级创业孵化基地,城镇新增就业19610人,城镇登记失业率控制在4%以内。城镇居民和农村居民人均可支配收入增速均高于经济增长水平,分别提高1836元和1027元。教育质量稳步提升。新改扩建公办幼儿园9所,新建平定评梅学校,新增基础教育学位2020个。16个教育集团开展办学试点,覆盖全市44所中小学。率先在全省实施党组织领导的校长负责制,探索"5+2"课后服务,实现全市中小学生课后服务全覆盖。推动义务教育优质均衡发展,建设乡村寄宿制学校18所,市一中初中部新学期顺利招生。职业技术学院护理专业和实训基地分别入选全省职业教育品牌专业和高水平实训基地,新增省级重点专科2个、市级重点专科8个。健康阳泉建设深入推进,持续推进"三特兴医"(院有特色专科,科有特色名医(团队),医有特色专长)建设,市中心医院、市三院改扩建项目有序推进,市疾控中心搬迁新址。社会保障更加完善,城乡居民补充养老保险参保率、缴费率、待遇领取率均位居全省第一方阵。在全省率先完成房屋产权登记确权颁证"清零行动"任务,惠及群众9万余户。文体事业繁荣发展,开展文化下乡演出1万余场,推出沉浸式人文体验剧《遇见娘子关》,平定紫砂艺术展、百团大战陈列展获得全省第二届博物馆精品陈列展览推介。安全稳定持续向好,全年未发生较大及以上生产安全事故,连续151个月杜绝重特大事故。开展信访积案化解、夏季治安打击整治等专项行动,建设平安阳泉。（赵 鹏 王 越）

重要会议

【市政府常务会议】 2022年，阳泉市政府共召开15次常务会议。

第83次常务会议 1月12日召开。研究交通强国建设试点、抽水蓄能项目建设、市场主体倍增、安全生产、因灾受损农房重建修缮等工作。

第84次常务会议 1月29日召开。研究“三农”、信访、法治政府建设等工作。对节日期间安全生产、稳价保供、党风廉政建设及一季度“开门红”等工作进行安排部署。

第85次常务会议 2月10日召开。研究并原则通过拟提请市第十六届人民代表大会一次会议审议的《政府工作报告》《关于阳泉市2021年国民经济和社会发展计划执行情况与2022年国民经济和社会发展计划草案的报告》《关于阳泉市2021年全市和市本级预算执行情况与2022年全市和市本级预算草案的报告》，研究并原则通过《关于做好2022年全面推进乡村振兴重点工作的实施意见》。

第1次常务会议 3月9日召开。研究统计监督、安全生产问题整改、“十四五”专项规划、规范互联网租赁自行车发展、国有企业股权划转等事项。

第2次常务会议 3月16日召开。研究市场主体倍增、政府系统抓落实机制、健康影响评价评估制度建设试点、开发区建设考核等工作。

第3次常务会议 4月26日召开。研究政府系统抓落实提高执行力工作机制、数字经济、能源革命、非煤矿山整合、大宗固废综合利用和再生资源循环利用等事项。

第4次常务会议 5月26日召开。研究“十四五”残疾人保障和发展规划、打击治理电信网络诈骗、禁毒工作、服务业提质增效等事项。

第5次常务会议 6月17日召开。研究稳定经济运行、稳就业、自建房安全整治等工作。

第6次常务会议 6月29日召开。研究安全生产、防汛抗旱、森林草原防火、产业链链长制、全民健身、煤炭增产保供、技改资金使用等工作。

第8次常务会议 8月12日召开。研究职业教育、市属职业院校管理体制改革、大中小学劳动教育、生态筑基战略、人防建设等事项。

第10次常务会议 10月20日召开。研究稳定经济运行、审计监督、安全生产、公立医院高质量发展、涉粮巡视反馈问题整改等工作。

第11次常务会议 11月4日召开。研究秋冬季大气污染综合治理、食品安全、进口冷冻冷藏肉品总仓管理、“十四五”文物保护和科技创新、未成年人思想道德建设、智能网联汽车管理、金融顾问、国家园林城市复查、重特大疾病医疗保险和救助等工作。（赵 鹏 王 越）

【企业家座谈会】 2022年8月5日，阳泉市召开阳泉市企业家座谈会。会上，多氟多阳福新材料有限公司等9家企业负责人分别发言，介绍行业前沿技术、产业发展形势、企业生产经营等方面情况，并就项目建设、要素保障、政策支持等方面提出建议。会议要求，全市各级各部门要齐心协力优化发展环境，持续优化营商环境，推动全链条优化审批、全过程公正监管、全周期提升服务。要大力推动政策落地，加强政策宣传引导，做好送政策上门，优化政策兑现流程，确保国、省、市各项惠企纾困政策落实“零障碍”、直达快享。要用心用情做好惠企服务，完善政企沟通机制，深入企业开展精准帮扶，对个性问题“一企一策”，对共性问题从政策层面研究解决。要聚焦产业强市目标，做大做强实体经济，政企同心推动产业链提质升级，切实筑牢全方位推动高质量发展产业基础。（赵 鹏 王 越）

【全市重点产业链链长制工作会】 2022年8月5日，阳泉市政府召开全市重点产业链链长制工作会议，并为首批12家“链主”企业授牌，全市现代产业发展进入新阶段。会议指出，全市各级各部门和相关企业要强化链式思维，凝聚政企合力，加快打造具有阳泉特色和优势的产业链条，全面提升产业发展能级，为全方位推动高质量发展注入强劲动力。会上，贝特瑞、华越机械、华储光电3家“链主”企业和部分单位发言。（赵 鹏 王 越）

【全市质量大会】 2022年11月10日，全市质量大会召开。会议强调，要牢固树立“质量第一”意识，强化政策支持、督查考核、宣传引导，落实企业质量安全主体责任，筑牢质量堤坝，培育质量文化，推动形成人人关注质量、人人创造质量、人人享受质量良好氛围，以质量全面提升促进全方位高质量发展。会上，市工信局、市农业农村局、阳泉高新区、阀门股份有限公司、华鑫电气有限公司发言，并对第三届阳泉市质量奖获奖组织和个人进行表彰。（赵 鹏 王 越）

政务服务

【行政审批制度改革】 2022年，阳泉市行政审批服务管理局全方位深化行政审批改革，提升政务服务水平。

“一枚印章管审批”改革 规范行政审批事项划转，印发《关于进一步规范“一枚印章管审批”改革中行政审批事项划转工作的通知》，公布《阳泉市“一枚印章管审批”改革市级划转事项目录(2022年版)》，共包含289项市级行政审批事项，对于首批划转涉及审批程序复杂、专业要求高、涉及重大公共利益的56项事项明确由原行业主管部门行使职权，9

个事项退回原行业主管部门办理。印发《阳泉市人民政府关于下放和承接一批行政审批事项的通知》，下放2项、承接17项行政审批事项。全面实行行政许可事项清单管理，编制《阳泉市行政许可事项清单（2022年版）》，印发《阳泉市全面实行行政许可清单管理的通知》，实现"清单之外无许可"。规范审管衔接工作，印发《阳泉市审管推送工作规范（试行）》，形成渠道畅通、高效运转的审批服务协同联动新模式。

"证照分离""一业一证"改革 印发《阳泉市人民政府关于进一步深化"证照分离"改革激发市场主体发展活力的通知》，制定超市、美容美发等30个高频事项办理行业的"一业一证"行业综合许可工作规范。2022年，许可办件量累计14405件，其中审批改为备案1092件。实行告知承诺10975件，优化审批服务2338件，全市共14243户市场主体受益。

"一件事一次办"服务 "一件事一次办"套餐数量比上年增长20%，全市审批系统集中梳理市、县两级高频行政审批事项，实现66个高频审批事项、342个业务办理项办事指南100%准确和办事标准全市统一。建立"马上办、网上办、就近办、一次办"审批服务清单，印发《关于做好行政审批事项市域通办工作的通知》，推动高频事项市域通办。（贾庆雷）

【市场主体倍增工程】 2022年，阳泉市行政审批服务管理局开展优化营商环境，促进市场主体倍增工作，推动市场主体倍增政策措施落地落实。出台《放宽市场准入政策落实工作方案》，推动市场主体"准入即准营"，全面实行市场准入负面清单，推行无人工干预审批、集群注册、歇业登记等改革，惠及市场主体1970余户。召开优化营商环境市场主体倍增政策解读类新闻发布会5场，与市广播电视总台推出惠企政策系列访谈节目"泉心泉意"，在阳泉政府网、阳泉政务服务网等设立专窗公开24家单位164份惠企政策文件，精准宣传和解读相关政策，为企业用足用好政策答疑解惑。（贾庆雷）

【公共资源交易平台电子化】 2022年，阳泉市行政审批服务管理局启用公共资源交易电子保函平台，实现投标保函从申请、核准、支付、开具、传输到运用6大环节全流程电子化办理。同省市场主体评价系统对接，为市场主体提供社会评价渠道，对进场交易工程建设项目"一事一评""一项一评"，评价数据全面记录、实时上传。推动山西省公共资源交易电子监管系统应用，构建"一网通管"监管场景，实现在线动态监管全覆盖。加快各类公共资源"传统板块"应进尽进、"新增板块"应进快进。（贾庆雷）

【建设项目报建告知承诺制】 2022年，阳泉市行政审批服务管理局落实建筑工程项目"拿地即开工"重大举措，拓展"告知承诺制"适用范围，印发《阳泉市行政审批服务管理局关于建设项目报建实行告知承诺制的通知（试行）》，明确政府投资类建设项目在办理监理、施工招标时，对"建设工程规划许可证"实行告知承诺，承诺"申请人在办理晋建房〔2021〕202号涉及的办理（主体施工）阶段施工许可证之前提交'建设工程规划许可证'"即可。年内，为阳泉市中心医院建设监理等项目单位办理报建手续节省约20个工作日。（贾庆雷）

【审批结果免费邮寄】 2022年7月，阳泉市行政审批服务管理局在行政审批大厅专设邮政快递服务窗口，政务快递采取即投即邮服务方式，保障政务快递安全高效送达。企业、群众在审批大厅各服务窗口办理事项过程中，凡遇到无法当场获取结果（包括证照、证件、批复等），凡符合免费邮寄条件，均可按自愿原则选择"免费邮寄服务"，业务办结审批结果由市行政审批局免费快递至申请人指定地址，实现审批结果从"上门取"到"送上门"，实现群众办事"零跑动＋零成本"。（贾庆雷）

【省市重点工程项目手续办理】 2022年，阳泉市行政审批服务管理局聚焦省市重点工程项目，多措并

2022年7月，阳泉市行政审批大厅开展审批结果"免费邮寄"服务
（市行政审批局　供图）

举，助力项目建设落地落实。截至年底，109 个省市重点工程项目，应办理手续 689 项，已办理手续 612 项，办结率 88.82%。

“工作专班”审批服务 组建重点项目手续办理工作专班，统筹推进重点项目审批服务。工作专班以投资项目、工程建设、“全代办”队伍及各县（区）审批部门为主，对 109 个省市重点项目（含 30 个子项目）手续进行摸底统计，精准梳理，制定方案，建立台账。通过“线上服务”“移动审批”“模拟审批”等多种服务方式，“点对点”为重点项目手续办理提供审批服务。

“全代办”服务机制 出台“全代办”服务机制，全面推行项目前期策划服务，组建“全代办”团队。启动“一项目一方案一清单”项目审批模式，建立审批清单。开展市、县审批局与开发区联动审批，提升审批效率。组建涉企服务专家团队，提供答疑解惑服务，出台《关于加快重点工程项目手续办理的 30 条工作措施》，从启动“一站式”审批、深化“承诺制”改革、实施“全代办”机制、推行“全周期”服务等四个方面，对重点项目建设提供 30 条审批制度保障。印发《阳泉市优化新建社会投资简易低风险工程建设项目审批服务实施细则（试行）的通知》，实现从获得土地到完成不动产登记时间不超过 13 个工作日，进一步优化审批流程，建设投资项目全流程平均审批时限再压缩 12%。

“绿色通道”建设 阳泉市、县政务大厅拓展“绿色通道”覆盖范围，将重点项目审批作为重点工作，实行“急事急办”“特事特办”。推行分阶段办理施工许可手续，实施“拿地即开工”，加速项目落地，大幅缩短企业从拿地到开工的时间。开展线上办、预约办、转移办，确保重点项目手续办理顺利推进。为阳泉市第三人民医院（传染病定点医院）改扩建工程项目分阶段办理施工许可手续。

集中审批 定期召开重点项目审批联席会，会商项目推进情况，及时协调解决问题。多次组织市发改委、规划局、应急局、国安局等相关单位，就阳泉市中心医院建设项目、阳泉市山底河流域老窑水污染治理项目、化义路南延工程、阳泉市龙华口调水工程、阳泉桃河河道湿地生态治理工程（坡头—赛鱼桥段）、阳泉市委党校（阳泉革命传统教育学院）异地搬迁改造项目等重点项目召开集中审批联席会，推进项目手续审批进度，解决手续办理相关问题，为重点项目开工建设提供保障。 （贾庆雷）

【政务服务水平提升】 2022 年，阳泉市行政审批服务管理局多领域提高行政审批服务质量和效能。

7×24 小时政务服务超市 实现政务服务从“工作日”转为“全天候”，推动政务服务大厅行政效能建设。按照《阳泉市政务服务大厅窗口绩效考核办法（试行）》，10 月开始对进驻市政务服务大厅的 17 个部门 120 个前台窗口开展绩效考核，制定《阳泉市行政审批服务管理局行政审批效能监督办法（试行）》，以及市政务服务大厅《设立窗口和事项进驻管理办法》《服务现场管理办法》等管理制度，健全完善行政效能监督评估机制。

政务服务“好差评”工作 全面构建“接收评价—受理—整改—反馈—信息公开—结果应用”“好差评”全流程工作机制。年内，政务服务网数据反馈全部评价数 97.63 万件，服务满意度持续保持 100%，主动评价率由 38.24%升至 90.43%。

“12345”热线服务 优化“12345”政务便民热线，线路扩充至 28 条，完成 2 条热线整体并入、6 条双号并行、2 条号码指向、1 条呼叫转接，实现“110”“120”“119”“122”紧急热线呼叫转移和三方通话。年内，共受理企业和市民诉求 30.94 万件，比上年增长 286.99%；日均受理 848 件，比上年增长 287.21%。

“全代办”服务 制定《阳泉市行政审批服务管理局项目审批“全代办”工作实施方案（试行）》，明确“全代办”服务实施流程及服务范围。

“受理、审批、勘验”三分离 出台《行政审批项目现场勘验工作程序规定（试行）》，全面实现“前台综合受理、后台分类审批、独立勘验评审、窗口统一出件”审批模式。（贾庆雷）

营商环境建设

【营商环境政策措施】 2022 年，阳泉市行政审批服务管理局制定《阳泉市优化营商环境“十四五”工作规划》《阳泉市优化营商环境“五有套餐”实施办法》《阳泉市落实营商环境首位战略三年行动计划》，启动《阳泉市优化营商环境条例》起草修订工作，组织全市域营商环境满意度调查（样本量 3.5 万份），加快建设“五个环境”（公平公正的法治环境、高效便捷的政务环境、诚实守信的信用环境、开放开明的人文环境、优质完善的要素保障环境），推动“五有套餐”落地，即办事情有“靠制度不靠关系”的社会氛围，搞项目有“承诺制＋标准地＋全代办”的优质服务，做前期有“一枚印章管审批”的便捷便利，跑手续有“7×24 小时不打烊”的政务服务超市，对未来有“新官理旧账”的稳定预期。 （贾庆雷）

【营商环境创新提升行动】 2022 年，阳泉市行政审批服务管理局出台《阳泉市营商环境创新提升行动方案》，提出 31 条工作任务，细化配套 104 项改革事项清单，分类分领域开展营商环境创新提升行动，挖掘全市优化营商环境典型案例，印制《阳泉市 2021 年度优化营商环境典型案例汇编》。实施营商环境考核。完成县（区）、高新区 2021 年度营商环境评议考核，印发《2021 年度阳泉市“营商环境”考核结果分析报告》。制定《2022 年度阳泉市市直单位营商环境考核工作方案》《2022年度阳泉市县（区）营商环境考核工作方案》及《阳泉市各县(区)营商环境考核办法(试行)》。（贾庆雷）

【营商环境考核】 2022年，阳泉市行政审批局制定《2022年度各县(区)/高新区优化营商环境考核工作方案》《2022年度各市直单位(部门)优化营商环境考核工作方案》。考核对象包括各县(区)以及全市相关单位共51家。各县(区)及高新区营商环境考核指标体系包括一级指标5个、二级指标13个、三级指标46个。其中，一级指标包括营商环境评价、政策措施落实及成效、企业和群众满意度调查、市场主体培育和发展以及重点工作推进实施五部分。市直单位(部门)营商环境考核指标体系包括一级指标4个、二级指标10个、三级指标53个。其中，一级指标包括优化营商环境促进市场主体倍增政策落实及成效、重点工作推进实施、企业和群众满意度调查、创新工作四部分。考核按照县区和市直部门《2022年度优化营商环境专项考核办法》，遵循“分类分考、分别计奖”原则，共有2个县区和15个部门获“优秀”等次。（贾庆雷）

【海关营商环境优化】 2022年，阳泉海关制定优化营商环境具体措施，解决企业通关环节急难愁盼问题。制定《阳泉海关助企纾困 促进外贸保稳提质工作方案》，细化15项具体措施。开展“三实”(察实情、鼓实劲、办实事)活动，创新政策宣讲方式，结合前期调研企业会议软件应用情况，针对企业钉钉、腾讯会议等软件应用率不高的现状，率先采用微信平台群直播的方式举办线上惠企政策宣讲会，利用公告栏、电子屏等多种载体进行海关政策宣传解读，提升海关保稳提质措施影响力。制定《阳泉海关助企纾困 促进外贸保稳提质15条措施》及实施方案，成立工作专班，明确工作职责，提出工作要求。组织开展入企服务工作，实地走访辖区外贸企业，了解企业现实困难，征求对海关工作的意见建议，收集意见建议书10余份。结合企业实际需求，选取业务骨干，确定授课内容，精心制作配套课件，采取最便利企业的微信平台，组织开展3次微信直播，向企业宣讲海关政策法规和助企便民措施。撰写《阳泉海关15条措施促外贸保稳提质》，在《阳泉日报》等媒体进行宣传报道，集中展现阳泉海关培育外贸主体，助力外贸企业取得成果的实绩。（赵佳佳）

【税收营商环境创优】 2022年，阳泉市税务系统推动办税服务厅全面进驻政务服务中心工作，实现涉税业务“一厅通办”，纳税人、缴费人在一个地方就可办理所有税费事务。做实税费业务集中处理中心，推行集中处理中心在基层办税服务厅全面实体化运作，实现税费业务“受理快响快办、线上能问能办、审批集中联办”，涉税限办事项办理时长压缩40%，办税服务质效、集中处理中心运行、征纳互动平台应用3方面8项指标稳居全省第一档。做优社保费征缴服务中心，按照“一体化服务”思路，整合优化税务、人社、医保、司法四部门服务流程，实现参保缴费“一窗式”办结、问题咨询“一站式”回复、涉费争议“一次性”解决，经验做法得到山西省政府批示表扬。开展“我为纳税人缴费人办实事暨便民办税春风行动”，69项便民办税缴费举措落地。年内，在全省税务系统营商环境考核中，阳泉市税务局跻身全省第一档。（郭凯华）

【法治化营商环境优化】 2022年，阳泉市司法系统开展法治化营商环境优化。阳泉市人民检察院注重用法治维护竞争有序的市场环境，对破坏市场经济秩序犯罪依法提起公诉81人。推开涉案企业合规改革，联合市工商联等11个部门建立第三方监督评估机制，对自愿改进生产经营管理、经评估已消除再犯风险的涉案企业，依法作出不起诉决定。全年共办理涉案企业合规案件7件。部署开展检察联企服务，两级检察院每位院领导均包联1家企业，常态化开展走访帮扶，为企业提供服务。阳泉市法院系统出台《关于为市委“14510”总体思路和部署提供司法服务和保障的实施意见》，发挥破产审判对市场主体的拯救和出清功能，审理破产案件11件。创新废旧资产清点、移交、评估、处置“四同步”工作法，在泰昌煤业破产清算案中，同步处置存货373件、建筑物66栋、附属设施52件、机器设备435套，节约清查成本37.8万元，确保资产价值最大化。推进联企服务，开展“法企面对面”活动85人次。成立自动驾驶法律适用课题组，到高新技术产业开发区智创城展示中心、百度“萝卜快跑”开展调研。制定《办理企业合规刑事案件工作办法》，印发《风险防范手册》，助力企业合规良性发展。强化保护知识产权就是保护创新的理念，审结各类知识产权案件84件。坚持用最严格制度、最严密法治保护生态环境，审结各类环境资源案件134件。评选创优法治化营商环境十大案例，“梁某某诉冯某某股权转让纠纷案”作为山西中基层法院首案入选第四届全国法院“百优”裁判文书。在省高级人民法院2022年度全省法院法治化营商环境专项考评中，阳泉市中级人民法院居全省第二。（蔡文丽 郝学敏）

【环保领域营商环境优化】 2022年6月，阳泉市生态环境局出台《阳泉市生态环境系统支持市场主体倍增、帮扶企业纾困解难助推经济平稳健康发展15条环境要素服务保障措施(试行)》，助推市场主体提质增量。开展政策培训1次、宣传2次，向市场主体倍增工作专班报送

工作简报 4 期，报送环保领域市场主体分析报告 1 份，增强政策的执行力、影响力。（朱　阳）

人事工作

【人事考试】 2022 年，阳泉市人事考试中心共组织各类人事考试 22 项，应考人数 62161 人次。其中，职称类、职业资格类考试 3 项，应考人数 3482 人次；公务员考试 2 项，应考人数 7863 人次；“三支一扶”、村官、事业单位招聘考试 13 项，应考人数 46779 人次；其他事业单位考试 4 项，应考人数 4037 人次。（赵晓东）

【2022 年高校毕业生专场招聘会暨就业见习双选会】 2022 年 7 月 15 日，阳泉市高校毕业生专场招聘会暨就业见习双选会在市北山公园举办。现场共有 77 家用人单位、24 家见习单位和 19 家优秀创业项目参会，涉及教育、建筑、金融、房地产、机械、网络、医疗等行业及领域，共提供就业岗位 353 个，需求 2400 余人。大会共有 6000 余人进场求职，达成初步就业意向 1877 人，发放就业创业宣传资料 3000 余份。开展“春风行动”“大中城市联合招聘高校毕业生”“技能圆梦想 就业有‘位’来”“百日千万”“金秋招聘月”等系列专项招聘活动，参会单位涵盖行政管理、计算机、医药、电子商务、教育、文化、营销、建筑、专业技术等行业。年内，共举办现场招聘会 59 场，参会单位 917 家，需求人才 1.2 万余人，接待求职者 1.1 万余人次，达成初步就业意向 3146 人。举办网络招聘会 105 场，为 936 家单位发布招聘信息，需求 1.7 万余人，网站访问量达到 4 万余人次。举办直播招聘会 7 场，邀请 61 家知名企业参加，提供 500 个岗位，需求 1000 余人，直播累计点击量达 3.8 万余人次。（任凯丽）

【事业单位招聘】 2022 年，阳泉市公共就业和人才服务中心与市委组织部联合印发《关于做好 2022 年全省事业单位公开招聘工作的通知》，为各市直执法队组织公开招聘 76 人。完成 2021 年度市直事业单位公开招聘，共招聘事业单位工作人员 131 人。2022 年事业单位公开招聘工作人员 554 名，其中服务基层项目人员专门岗位 42 个、退役大学生士兵专门岗位 8 个。（王　雯）

2022 年 7 月 15 日，阳泉市 2022 年高校毕业生专场招聘会暨就业见习双选会在北山公园举办　　（市人社局　供图）

【专业技术人员继续教育和任职资格统考】 2022 年，阳泉市人力资源和社会保障局申报“数据驱动、云端翱翔”大数据及工业互联网应用省级高级研修项目，获得省厅专项经费 13.8 万元。该项目高级研修班于 8 月举办，全省各地市、各行业相关领域高级专业技术人员 80 余人参训。开展专业技术人员公需科目网络学习培训，共有 24606 人参加公需科目培训、872 人参加专业科目培训。组织 2022 年度专业技术人员任职资格全国统考工作。其中，会计中初级考试考生共计 3027 人，卫生系列中初级考试考生共计 1807 人，护士执业资格考试 910 人，基层医疗卫生高级职称考试 71 人，高级经济师考试 132 人。（史俊敏）

外事工作

【市人民对外友好协会成立大会暨第一届理事会】 2022 年 1 月 25 日，阳泉市召开市人民对外友好协会成立大会暨第一届理事会会议。会议指出，阳泉市人民对外友好协会要牢固树立“大友协”理念，全面贯彻习近平外交思想，坚持“友好、交流、合作、发展”工作方向，发挥对外民间友好交流工作领域广泛、渠道多样、方法灵活、接触深入的特点和优势，聚焦加快发展主旋律，持续加强国际友城建设，探索对外交往新途径，推动各领域对外交流合作。会议选举产生阳泉市人民对外友好协会第一届理事会理事、特邀理事及第一届理事会领导机构，表决通过《阳泉市人民对外友好协会章程（草案）》。（杨轩初　赵　璐）

【国际友好城市交流】 2022 年，阳泉市创新对接方式，加强同国际友好城市交流。与澳大利亚巴瑟斯特市华人华侨组织对接，在当地确定海外联系人，并签署相关协议。同英国切斯特菲尔德市就双方共同举办庆祝国际友好城市关系35周年线上互动活动进行对接，并与阳泉广播电视台联合开展友城结好专题采访活动。同友好合作伙伴韩国京畿道抱川市开展线上交流，商讨2022年双方城市间交流合作计划，并组织城区和矿区少年儿童参加抱川市举办的“中韩建交30周年 携手中国交流城市儿童线上画展”，共收集绘画作品48幅，筛选15幅参展。同乌拉圭驻华大使馆建立联系，就寻找新的友好城市事宜进行交流。举办主题为“友谊无国界，美丽共分享”国际友城图片展，并在阳泉市展览馆展览。共展出图片资料200余幅，均配以中英文说明，内容涉及阳泉市2个国际友城及5个国际友好合作伙伴城市的自然风光和人文风貌以及双方交流交往等多方面内容，展示全市外事工作和对外交流成果。（杨轩初　赵　璐）

【“我眼中的山西+”系列活动】 2022年8月18日，由山西省人民对外友好协会主办、阳泉市外事办和阳泉市人民对外友好协会承办的“我眼中的山西+”系列活动启动仪式暨“我眼中的山西——智慧生活”短视频拍摄活动在阳泉市举行。“我眼中的山西+”系列活动包括“我眼中的山西——智慧生活”短视频拍摄大赛、“汉字缘”2022国际故事大会和“我眼中的山西——在晋外国友人汉语演讲”比赛3项内容。太原理工大学的10名留学生、市县(区)外事干部及相关企业代表40余人参加启动仪式。启动仪式后，留学生分别深入大数据及智能物联网应用基地、智创城7号、阳泉百度Apollo Park等高科技体验馆、园区拍摄参访，体验智慧城市生活，到华阳一矿近距离感受“5G+”智慧矿山绿色开采技术应用场景，走进桃林沟村同村民进行友好互动交流。（杨轩初　赵　璐）

【《促进国际交流合作协议书》签署】 2022年8月19日，阳泉市人民政府外事办公室与山西工程技术学院签署《促进国际交流合作协议书》。双方将建立会商机制，拓展合作思路和举措，建立日常沟通机制，在外宾来访接待、国际教育合作、共享教育国际资源等方面合作，推动教育领域对外交流交往，提升山西工程技术学院对外学术水平。（杨轩初　赵　璐）

【“云话阳泉”打造】 2022年，阳泉市人民政府外事办公室制定出台“云话阳泉”实施方案，全年共制作专题宣传视频6期。每月定期向国际友城、友好合作伙伴城市和海外联系人推送专题宣传内容。2022年共推送11期专题内容。拍摄完成城市形象宣传片，并通过省市两级相关媒体进行宣传推送。（杨轩初　赵　璐）

2022年8月18日，“我眼中的山西+”系列活动启动仪式在阳泉市规划展览馆启动（市外事办　供图）

对台事务

【涉台宣传教育】 2022年，阳泉市人民政府台港澳事务办公室利用传统媒体及新媒体平台，发挥对台宣传网站“文献名邦 魅力阳泉”平台优势，围绕与台经济文化交流等对台工作在报纸、电视、互联网等媒体开展涉台宣传活动，全面展示阳泉市良好生态环境和营商环境。编辑《惠台政策宣传手册》，共13篇5万余字，宣传阳泉投资环境，吸引台胞台商台企到阳泉市投资发展，推动两岸经济社会融合发展。（李伟伟　赵　璐）

【晋台经济合作交流】 2022年6月21日，阳泉市人民政府台港澳事务办公室为配合山西省在广东举办的山西省承接珠三角产业转移和对接系列活动及全省“台商台青走晋来”活动，到粤拜访广东省台办和广州、东莞台办及台协会，同时与广州和东莞台企协及台商代表进行座谈和交流，推介阳泉市，欢迎台商台企到阳泉考察投资。7月1日和9月20日，迪尔未来文化管理(山西)有限公司董事长萧迪尔一行到阳泉考察对接电商、农业、文化项目，与“阳泉记忆·1947”文化园和阳泉市千亩坪现代农业产业园进行合作洽谈，共同推动晋台融合发展。（李伟伟　赵　璐）

【“第四届晋台两岸婚姻家庭故乡行”活动】 2022年12月22日，主题为“海峡情·中国梦　云端故乡行”的“第四届晋台两岸婚姻家庭故乡行”活动在阳泉市举办。活动邀请台北、太原、烟台、齐齐哈尔、金华、福州、郑州、武威、长沙、海口、凯里11个省市的线上线下两岸涉台婚姻家庭成员

2022 年 12 月 22 日,“第四届晋台两岸婚姻家庭故乡行”活动在阳泉市举办
（市对台办　供图）

共 50 余人参加了线上座谈。座谈会主会场设在阳泉,太原和台北设分会场。活动旨在引导涉台婚姻家庭及广大台胞台属推动家乡发展,助力家乡转型,为促进两岸关系和平发展凝心聚力。(李伟伟　赵　璐)

信访工作

【概况】 2022 年,阳泉市信访局加强治理重复信访,夯实基层基础,有效应对各种风险挑战,整体工作连续七年保持全省前列,为全方位推动高质量发展提供强劲助力。先后被评为“全省信访系统先进集体”“山西省根治拖欠农民工工资工作先进集体”。《市域治理“枫桥家园”的阳泉样本》在《人民代表报》发表,《心系村民解民忧,为民办事暖民心》在《农民日报》发表。（霍佳佳）

【信访制度改革创新】 2022 年,阳泉市信访局开展“千百百”工程(“千人、百园、百师”系列创建活动)。实行“千人信访代理”。在全市乡镇(街道)、村(社区)设立信访代理员 913 名,发挥信访代理员代理投诉、全程负责、矛盾排查、及时报告、意见收集、疏导教育等作用,让群众“只进一扇门、认准代理员、只跑一趟路、最多访一次”,形成“小事不出村(社区)、大事不出乡镇(街道)、信访不出县(区)、矛盾不上行”局面。打造百个“枫桥家园”,把小区作为市域治理基本单元,推进社会治理向末端延伸,实现矛盾前端预防,推动构建“枫桥家园”治理模式。在 261 个村(小区)“枫桥家园”中,打造 100 个“星级枫桥家园”,深化新时代枫桥经验。组建“百师会诊”团队,由法律、心理、调解等百名专业人士组建“精英团队”,参与信访工作,推动重大、复杂、疑难信访事项和信访积案有效化解。全市百师会诊专家库成员 911 名,县(区)平均 152 名;进入山西信访与社会治理智库市域治理专家库 60 余名,县(区)平均 10 名。制定《阳泉市信访工作联席会议工作规则》,发挥信访工作联席会议统筹协调、整体推进、督促落实作用。出台《阳泉市市级领导阅批重要信访事项制度(试行)》,确保重点信访领域突出问题得到有效解决。印发《关于开展依法处理违法信访行为、规范信访秩序专项治理行动的工作方案》,在全市开展“依法处理违法信访行为、规范信访秩序”专项治理行动。建立“三个定期”机制,即专项治理行动定期督查机制、定期汇报机制、定期通报机制,扎实开展专项治理行动。年内,全市专项治理行动动员部署会议交办台账 10 件已全部化解。培育和扩大专业信访调解员,促使信访调解专业化、规范化、制度化,发挥稳定社会作用,加强与相关政府部门和社会各界沟通和联系,把矛盾和问题解决在基层。健全访调对接机制,及时有效解决人民群众来信来访中反映的问题,消除社会不稳定因素。（霍佳佳）

【信访化解专项工作】 2022 年,阳泉市信访形势总体平稳可控。县(区)领导接访下访制度落实不断优化,信访工作规范化水平有效优化。县(区)领导应接访 1332 次,实接访 1328 次,共接待来访群众 1303 批次 1814 人次,县(区)领导干部接访下访形成常态。信访部门及时受理和有权处理机关、单位及时受理率均为 100%。化解信访积案质量持续提高,矛盾纠纷排查化解效率持续提升。中央交办百分之百化解,“集中治理重复信访、化解信访积案”专项工作全部完成。（霍佳佳）

【《信访工作条例》宣传活动】 2022 年,阳泉市信访局开展《信访工作条例》(简称《条例》)宣传活动,在全社会范围内营造办事依法、遇事找法、解决问题用法、化解矛盾靠法的良好法治环境。制作《信访工作条例》公益片,通过广播电视台微信公众号、公交电视、出租车顶灯等第一时间滚动播放《条例》公益片及《条例》内容,向群众进行宣传。市信访联席会议 57 家成员单位组织开展《条例》宣传月活动。宣传月期间,市信访局参与省信访局《条例》云端宣传活动,微信公众号定期转载宣传信息,发布各

2022年5月11日，阳泉市信访局在市南山公园北广场开展《信访工作条例》宣传活动　　（市信访局　供图）

县(区)宣传视频，共发布《条例》宣传信息47篇。在《阳泉日报》开展《条例》知识竞赛，全市各单位近千人参与答题，进一步扩大《条例》宣传覆盖面。市委党校县级干部培训班和中青年干部培训班将《条例》纳入培训内容。　　（霍佳佳）

【环保信访受理】 2022年，阳泉市生态环境信访投诉举报共接收群众举报件491件。其中，受理399件，全部办结，办结率100%；不受理92件(不在职责范围内)，引导向相关部门反映。其中，水污染51件，大气污染252件，固体废物21件，危险化学品1件，噪声污染57件，环境监测类4件，发明建议类5件，未提交执行报告3件，放射性污染1件，咨询类1件，其他3件。　　（朱　阳）

发展研究

【课题研究及调研报告】 2022年，阳泉市政府发展研究中心完成重点课题研究2个、专题调研报告8个。2个重点课题是《加快城乡一体化发展　推进乡村振兴相关问题研究》《阳泉市加快装备制造业高质量发展的思路与建议》。8个专题调研报告分别是《关于加快阳泉市城市商业综合体发展的对策与建议》《职业教育适应产业发展培养高技能人才研究》《阳泉市新材料产业发展现状、问题及对策建议》《加快我市文化产业发展的对策建议》《新常态下，阳泉农业生态经济可持续发展研究》《产教融合在高技能人才培养中的作用研究》《发展壮大市场主体夯实阳泉发展根基》。　　（赵全生）

【创新人才工作探索课题研究】 2022年，阳泉市政府发展研究中心围绕“阳泉市创新人才工作探索”开展课题研究。成立课题研究组，深入市直各部门和相关单位开展实地调研论证。截至年底，完成创新人才工作探索重点课题研究，并形成报告《阳泉市创新人才工程探索研究》。报告分为深入学习习近平总书记在中央人才工作会议上重要讲话精神、市直部门和单位实施创新人才工程的做法、坚持以正确用人导向引领阳泉干部干事创业三个部分，共2万余字。　　（赵全生）

【《阳泉经济》】 《阳泉经济》是阳泉市政府主办、阳泉市人民政府发展研究中心承办的以研究经济为主的综合性刊物。2022年，《阳泉经济》开设“深入学习贯彻党的二十大精神”栏目，登载《以党的二十大精神为指引　奋力谱写全方位推动高质量发展阳泉篇章》《深入贯彻落实党的二十大精神　以高质量发展提升国企管理水平》《以党的二十大精神为引领　全面推进乡村振兴》《为全面建设社会主义现代化国家开好局起好步作出阳泉贡献》《深入贯彻落实党的二十大精神　坚定不移同步推进“两个转型”》等理论文章。全年完成6期的编印、出版、发行工作。（赵全生）

（责任编辑：朱　静）

综　述

【思想建设】 2022年，中国人民政治协商会议山西省阳泉市委员会坚持团结和民主两大主题，学习宣传贯彻中共二十大精神，围绕全市中心大局和党政工作重心，在发挥专门协商机构作用中服务高质量发展，在建言资政和凝聚共识中双向发力，为推动全方位高质量发展做出政协贡献。把握人民政协政治定位，把迎接中共二十大，学习宣传贯彻中共二十大精神作为重大政治任务，举办委员培训班，委员健步行，“阳泉新画卷”书法、绘画、摄影展览，“同心向未来”主题征文等系列活动。集中收听收看中共二十大开幕会，以党组中心组学习为引领，主席会议、常委会议、界别学习、机关“每周一学”等形式各样的学习活动全面铺开。全年组织开展党组中心组理论学习6次、常委会议学习3次、机关干部“每周一学”活动44次、开展主题党日活动6次，党组成员带头开展宣讲，实现中共二十大精神学习宣传全覆盖。打造“书香政协”“政协委员工作室”和“有事来商量”议事室等协商平台，先后围绕群众身边的“关键小事”开展微协商活动70余场，持续推动政协协商与基层协商有效衔接。　（郭　亮）

【统战组织功能发挥】 2022年，阳泉市政协坚持发扬民主和增进团结相互贯通、建言资政和凝聚共识双向发力，广泛汇聚全方位推动高质量发展的力量，发挥人民政协统一战线组织功能，以政协会议为平台、调研视察为载体、界别活动为纽带，加强与各民主党派、工商联和无党派人士的合作共事，不断扩大“朋友圈”、共建“同心圆”。健全党组成员联系民主党派制度，坚持定期走访、交流思想、听取意见，邀请各民主党派、各界别参加政协重要会议和民主评议、调研视察等活动，引导牢记合作初心，凝聚奋进共识。　（郭　亮）

【交流合作】 2022年，阳泉市政协注重交流合作，加强上下联系，汇聚助推阳泉发展合力。承接全国政协围绕“加强退役军人投身乡村振兴政策制度建设”民主监督性调研，调研成果为全国政协提供生动翔实的阳泉素材，阳泉市有关工作得到调研组的肯定。协助省政协4名副主席完成视察调研活动，加强工作交流，宣传推介阳泉，提升阳泉美誉度。（郭　亮）

【宣传阵地建设】 2022年，阳泉市政协高度重视宣传工作，展示政协履职成果。10余篇重点稿件在《人民政协报》《山西日报》《山西政协报》刊登。改进阳泉政协网站，改版《阳泉政协》杂志，丰富微信公众号内容，讲好阳泉故事。加强文史宣传，打造书画院、文史馆，拓展团结联谊、交流合作平台。编纂阳泉文史资料之统战文史专辑，发挥文史工作存史、资政、团结、育人的作用。　（郭　亮）

【履职能力建设】 2022年，阳泉市政协坚持把加强政协委员和机关干部“两支队伍”建设抓在手上，以改革思维、创新理念、务实举措，提升政协工作的制度化、规范化、程序化水平。

强化制度保障，提升工作效能 健全完善《委员履职工作规则》《委员履职考评办法》等制度，常委、委员届内分别向常委会、专委会开展会议述职一次，有效激发委员履职的积极性、主动性、创造性。树立用制度管权管事管人的理念，修订《市政协财务管理办法》，资金使用进一步规范。健全机关干部年中、年末述职制度，构建考核综合评价体系。坚持问题导向和结果导向相结合，定期对制度运行情况进行问询督导，强化干部考核结果运用，机关服务水平和整体效能进一步提升。

发挥委员作用，激发履职活力 把委员队伍建设作为基础性工作，十四届一次全体会议前，创新开展

表6　2022年政协阳泉市委员会重点提案一览表

序号	提案名称	提案号	督办领导	建议牵头承办单位
1	《关于尽快开通阳泉东站直达北京、太原、石家庄动车的建议》	012	武建功	市发展改革委
2	《关于提升政务服务效能推动营商环境持续优化的建议》	029	王良义	市审批局
3	《关于发展壮大阳泉市市场主体的对策建议》	053	王良义	市审批局
4	《关于推进“双减”取得实效办好人民满意教育的提案》	122	杨红梅	市教育局
5	《关于主动融入太忻一体化太原都市圈范围促进阳泉全方位高质量发展的建议》	138	王建义	市发展改革委
6	《关于持续巩固脱贫攻坚成果有效衔接实施乡村振兴战略的建议》	152	史友松	市农业农村局
7	《巩固提升国卫创建成效全面推进健康阳泉建设》	161	徐本宁	市卫健委
8	《关于“实施红色领航战略,努力做强红色旅游”的建议》	192	张立君	市文旅局
9	《关于加强党建引领物业服务管理促进提升城市社区治理水平的建议》	177	徐本宁	市住建局
10	《关于推动阳泉市数字经济发展的对策建议》	261	杨红梅	市大数据局

(市政协)

委员培训全覆盖,通过线上线下相结合方式,上好委员履职“第一课”。完善界别联系制度,强化专委会基础性作用,丰富委员活动载体,发挥委员主体作用,不断增强委员责任感、使命感,确保委员队伍生机与活力。

加强机关建设,增强责任担当　推进干部作风建设,以“清廉机关”建设和“作风提升年”活动为抓手,引导机关党员干部永葆政治本色,营造担当作为、狠抓落实的机关工作氛围。常态化抓好机关思想政治建设,全年开展“每周一学”集体学习44次,及时跟进学习习近平总书记重要讲话重要指示精神,切实做到学有所悟、学有所获、学有所进,将学习成果转化为实际工作成效。支持派驻机关纪检监察组工作,着力打造“清廉政协”品牌,营造风清气正的良好政治生态。　(郭　亮)

【提案办理】　2022年,阳泉市政协始终坚持提案质量、办理质量、服务质量整体推进,发挥专门协商机构应有作用。强化服务引导,推动提案质量提升,倡导“重数量更重质量”,推送《提案征集参考选题》,引导提案与全市中心工作和民生关切问题同频共振。市政协十四届一次全会后,共收到提案411件,立案372件,各承办单位高度重视提案办理工作,截至年底,立案的提案全部办复,办复率100%。对市政协十三届四次会议后的32件优秀提案,10家办理政协提案先进单位和10名办理政协提案先进工作者进行表彰。深化协商理念,增强提案办理实效,全面推进提出环节选题协商,交办环节审查协商,办理环节沟通协商,督办环节问效协商。创新探索提案质量和提案办理质量“双向评价”工作机制,逐步实现“提案办得好必须提得好、提得好更应办得好”的良性循环。加强统筹协调,凝聚提案工作合力,发挥提案“信息源”“智慧库”作用,召开全市政协系统提案工作研讨会,开展提案综合分析,为党政部门科学决策、精准施策提供参考,同时为市政协有关协商调研提供参阅材料,组织提案者参加相关履职活动,推动提案工作与政协重点工作有机融合。　(郭　亮)

重要会议

【市政协十三届常委会会议】　2022年,阳泉市政协第十三届常务委员会共召开1次会议,即2月14日召开的第26次常委会会议。会议协商通过市政协十四届委员会委员名单、市政协十四届一次会议主席团和秘书长建议名单、市政协十四届一次会议主席团常务主席和常务主席会议主持人建议名单;协商通过市政协十四届一次会议分组办法及小组召集人建议名单和列席人员范围;审议通过市政协十四届一次会议逐日执行主席建议名单,市政协十四届一次会议副秘书长建议名单,市政协十四届一次会议提案审查委员会主任、副主任及委员建议名单;审议通过市政协十三届委员会常务委员会工作报告(草案)、市政协十三届委员会常务委员会关于提案工作情况的报告(草案)、市政协十三届委员会常委会关于提案工作情况的报告人名单、关于召开市政协十四届一次会议的决定、市政协十四届一次会议议程（草案）、市政协十四届一次会议日程（草案）、市政协十四届一次会议提案截止时间（草案）、市政协十四届一次会议秘书处工作机构和负责人建议名单。会上，市发展改革委负责人通报全市2021年经济社会发展情况和市政协十三届五次会议委员提案办理情况，市纪委监委有关负责人通报全市2021年党风廉政建设情况，市教育局以书面形式通报市政协十三届二十五次常委会议建议案落实情况。市政协各室委以书面形式汇报2021年工作总结及2022年工作打算。会议协商讨论政府工作报告、法院工作报告、检察院工作报告、发展计划报告、财政预算报告等的征求意见稿。会议表决通过有关人事免职事项。 （郭　亮）

【市政协十四届一次会议】 2022年2月19日至22日，中国人民政治协商会议山西省阳泉市第十四届委员会第一次会议举行。会议听取并讨论政府工作报告，讨论市中级人民法院工作报告、市人民检察院工作报告及其他报告。会议审议批准政协阳泉市第十三届委员会常务委员会工作报告，审议批准关于提案工作情况报告，通过关于市政协十四届一次会议提案审查情况的报告。会议选举产生政协阳泉市第十四届委员会主席、副主席、秘书长和常务委员。会议期间，共收到提案366件，经提案审查委员会审查，确定立案335件、占提案总数的91.53%，作为意见建议31件、占提案总数的8.47%。在立案提案中，委员提案257件，集体提案78件，分别占76.72%和23.28%。大会闭幕后，按照分口交办的原则，立案的提案交由相关承办单位办理，推动提案办理落实。 （郭　亮）

2022年2月19日至22日，中国人民政治协商会议山西省阳泉市第十四届委员会第一次会议在阳泉宾馆举行 （市政协　供图）

【市政协十四届常委会会议】 2022年，阳泉市政协第十四届常务委员会共召开3次会议。

第1次常委会会议　2月28日召开，与会人员集体学习《中共中央关于党的百年奋斗重大成就和历史经验的决议》《政协阳泉市委员会专门委员会工作通则》；会议审议通过市政协十四届委员会副秘书长，市政协办公室、研究室、各专门委员会主任、副主任名单。

第2次常委会会议　8月2日召开，对进一步推动“培育富硒农业产业，助推乡村振兴”进行协商议政。会上，常委集中学习《中国共产党政治协商工作条例》、习近平总书记在省部级主要领导干部专题研讨班上的重要讲话精神和书籍《铸魂——故事中的社会主义核心价值观》。会上，市政府有关负责人通报全市“培育富硒农业产业，助推乡村振兴”情况，市政府有关负责人通报全市2022年上半年经济社会发展情况，市纪委监委相关负责人通报全市2022年上半年党风廉政建设情况，市政协有关负责人作《关于进一步推动“培育富硒农业产业，助推乡村振兴”的建议（草案）》的说明，5位常委、委员作大会发言。常委分组讨论并审议通过《关于进一步推动“培育富硒农业产业，助推乡村振兴”的建议》。

第3次常委会会议　10月20日召开，围绕“节能降碳增效，构建现代产业体系，助力经济高质量发展”进行协商议政。会上，常委集中学习中共二十大报告、省委《关于加强和改进新时代市县政协工作的实施意见》精神；市政府相关领导通报全市1月至8月经济社会发展情况，以及推进节能降碳增效，构建现代产业体系有关情况；市政协有关负责人作《关于“节能降碳增效，构建现代产业体系，助力经济高质量发展”的建议（草案）》的说明；市农业农村局负责人就市政协十四届常委会第二次会议建议案落实情况作说明；5位常委、委员作大会发言；常委分组讨论并审议通过《关于“节能降碳增效，构建现代产业体系，助力经济高质量发展”的建议》。 （郭　亮）

协商议政

【对口协商】 2022年，阳泉市政协围绕加快推进阳泉市数字经济发展、改善营商环境创新金融服务、红色文物保护利用等课题，组织开展对口协商。各专委会注重加强与相关党政部门的对口联系，共同商定议题，联合组织调研，聚焦问题找症结，集中谋在关键处，议在点子上，相关部门采纳意见建议，出台一系列举措，收到良好效果。

9月20日，市政协聚焦“优化土地流转机制，推进高效农业规模发展”建言献策，开展对口协商活动，部分市政协委员与市农业农村局（市乡村振兴局）有关人员就土地流转问题进行交流、共商良策。会前，部分市政协委员到盂县牛村镇牛家村、苌池镇东苌池村、县农村产权流转交易中心调研，与基层干部、农村致富带头人、农民专业合作社负责人等座谈交流，了解土地流转规模及效益、惠农政策落实、农民专业合作社发展等情况。会上，听取市、县农业农村局相关工作情况汇报，委员结合调研就关注的问题发表加大土地整理力度、防控流转风险、创新模式和资金扶持等方面的建议。

9月23日，市政协教科卫体委开展“全民健身设施建设”对口协商活动，部分市政协委员与市体育局相关负责人面对面交流。委员实地调研郊区荫营镇三都村行政村农民体育健身工程、下荫营村农民健身崇文广场、荫营南区社会足球场和城区南山路街道阳光社区百姓健身房、市体育中心，了解全民健身设施建设情况。会上，听取市体育局相关情况汇报，市政协委员作交流发言。

9月29日，市政协开展“加强小区物业管理，助推基层社会治理”对口协商活动，市政协部分委员、相关部门负责人参加活动。会上，听取市住房和城乡建设局开展“加强小区物业管理、助推基层社会治理”情况介绍，5位常委、委员围绕平安社区建设、小区物业管理、住宅小区物业管理法制化建设的思考等进行交流发言。

11月1日，市政协社法委组织市人大法制委、市人大城环委、市人大社会建设委员会以及市政协常委、委员等召开立法协商座谈会，就《阳泉市物业管理条例（草案）》进行立法协商。会上，听取《阳泉市物业管理条例（草案）》制定必要性、形成过程、立法思路及主要内容的说明。5名政协常委、委员先后从物业权属界定、党建引领物业管理、各部门职责、《阳泉市物业管理条例》宣传解释等方面提出意见建议。（郭　亮）

【专题调研】 2022年，阳泉市政协围绕数字经济发展、富硒农业产业发展、宗教界公益慈善事业开展情况等开展专题调研。6月16日，市政协围绕全市数字经济发展情况到有关企业开展市县联动调研。调研组一行先后参观中电数字经济产业园、山西尊特智能科技有限公司、百度 Apollo Park、大唐369云工厂等地，了解企业数字产品情况、应用领域、市场现状及未来规划，围绕技术创新、市场开拓、人才培养等方面与企业进行交流互动。6月21日至22日，市政协开展富硒农业产业发展情况专题调研。调研组一行先后到山西九州香农业开发股份有限公司、平定县宏丰农业专业合作社、山西冠霖农业科技有限公司、山西农业大学阳泉富硒产业研究院等地实地调研，详细了解企业生产经营、市场销售、产品研发等情况并召开座谈会，与市县农业部门负责人、乡镇干部、企业负责人和技术人员共同探讨、研究富硒农业产业发展情况。7月22日，市政协就宗教界公益慈善事业开展情况进行调研。调研中，实地察看了解宗教场所建设、安全管理等情况，听取各宗教场所负责人关于公益慈善事业开展情况的汇报。（郭　亮）

【推进阳泉市数字经济发展专题议政会】 2022年9月7日，阳泉市政协召开“加快推进阳泉市数字经济发展”专题议政会。会上，市政协教科卫体委负责人介绍关于“加快推进阳泉市数字经济发展”专题调研情况，市政府办有关人员通报阳泉市数字经济发展情况，部分委员进行议政建言，市大数据应用局负责人作发言，并与委员进行交流。会议形成《关于“加快推进阳泉市数字经济发展”的建议》，报送市委、市政府，供决策参考。（郭　亮）

【改善营商环境创新金融服务专题议政会】 2022年9月16日，阳泉市政协召开“改善营商环境 创新金融服务”专题议政会。会上，中国人民银行阳泉市中心支行负责人通报金融顾问试点工作情况，市政协经济委负责人作《关于创优金融环境建立金融顾问制度的建议》的说明，部分金融机构负责人和市政协委员作交流发言。金融机构人员在领导组的统一安排部署下，进企业、搞调研、摸实情、出实招，推动金融政策落地，优化金融环境，缓解企业压力，促进经济社会平稳运行。会议形成《关于创优金融环境建立金融顾问制度的建议》，报送市委、市政府，得到主要领导批示并责成有关部门推动落实。（郭　亮）

【红色文物保护利用专题议政会】 2022年12月6日，阳泉市政协召开“红色文物保护利用”专题议政会。会上，与会人员学习中共二十大精神，学习“全面发展协商民主”和“推进文化自信自强”等相关内容，进一步用中共二十大精神统一思想、明确方向。市政协文史委负责人介绍“红色文物保护利用”专题调研情况，市文旅局负责人通报阳泉市红色文物保护利用现状和进展，委员议政建言，并就“关于阳泉市红色文物保护利用的调研报告”进行发言讨论。会议形成的总调研报告和12个分调研报告，报市委、市政府后，得到主要领导

批示，相关部门对所提建议进行采纳、落实。（郭　亮）

民主监督

【社情民意收集】 2022年，阳泉市政协注重发挥反映社情民意信息工作“直通车”优势，全年收集社情民意信息1570篇，市政协采用、报送577篇，编发《社情民意信息》64期，出版《阳泉政协》社情民意信息专刊供委员参阅。其中，《应高度关注中小学教材当前存在的“三化”倾向问题》《在弘扬和传承红色文化过程中存在的问题和建议》等17篇被全国政协采用;《青年亚文化圈层的问题及对策》《关于在全国推行宅基地换取养老金做法的建议》等36篇信息被省政协采用;专报市委的《加快推行我市建成区既有建筑屋顶分布式光伏发展》《关于我市加快创建省级数字技能人才培训和评价示范基地的建议》等社情民意信息，得到市委主要领导的肯定并批示有关部门加以落实，取得良好效果。（郭　亮）

【专题视察】 2022年，阳泉市政协党组围绕市委工作部署，把保障和改善民生工作作为市政协重要工作抓在手上，落实到行动中。市政协帮助企业打出助企纾困“组合拳”，推动市场主体提质扩量增效。主席班子成员分别带队到各行各业40余家企业精准调研，摸清实情，提出建议，调研报告得到市委书记的肯定，批转市政府研究解决，加快各行各业复工复产步伐。创新举办政税企三方畅聊式“早茶会”，政协牵线、税务宣讲、企业提诉求，助力税务部门精准施策，推动“退税、减税、缓税”政策落实见效，全市税务系统为企业减税降费及退缓税费28.3亿元。协调发展改革委、工信、国土、热力、供电、天然气等职能部门和单位负责人，到重点企业开展专题调研，现场解决企业生产要素所涉难点、堵点问题，形成政协搭台，政企互通、精准匹配的高效运转模式。推动金融单位与企业结对子，组织金融顾问进驻企业，探索金融助企的新机制，活动开展3个月，共解答各类金融问题200余个，提供融资建议150余条，累计为企业提供贷款超过5亿元。金融顾问驻企纾困工作，得到省政协党组关注与认可，在全省政协系统予以推广，《山西日报》《山西政协报》等省级报刊媒体及时跟进报道，活动经验被市政府采纳，研究出台《阳泉市金融顾问制度实施方案》。围绕殡仪馆迁建项目进展情况进行监督视察，参观殡仪馆迁建项目展板，听取相关负责人情况介绍，实地察看项目建设进度及环境配套等方面的情况。到阳泉德亨仁厚养老中心调研，听取中心规划建设、运营情况介绍，并通过视频察看了解养老中心环境、服务等情况。（郭　亮）

委员工作

【政协委员构成】 2022年底，政协阳泉市委员会共有委员287名。其中，中共党员19名、民革7名、民盟8名、民建7名、民进8名、农工党7名、九三学社7名、无党派7名、总工会7名、共青团5名、妇联7名、青联3名、工商联10名、科学技术协会5名、侨联5名、文化艺术界11名、科学技术界15名、社会科学界15名、经济企业界37名、农林界14名、教育界15名、体育界3名、新闻界4名、医药卫生界12名、对外友好界3名、社会福利界4名、少数民族界4名、宗教界6名、特邀人士32名。（郭　亮）

【委员履职服务】 2022年，阳泉市政协创新方式开展委员培训全覆盖工作。通过线上线下相结合的方式，组织全体政协委员参加省政协学习中共二十大精神及省委十二届五次会议精神线上培训班，省政协16、17期“委员讲坛”，学习中共二十大精神及阳泉市委十三届四次全会精神轮训班，组织委员外出培训和调研2期，提高委员履职能力。推动“书香政协”和“委员之家”读书活动，在市图书馆开辟“书香政协”“委员书屋”，在阳泉移动党建活动基地开辟“委员之家”，每周组织委员开展读书分享、读书沙龙和座谈研讨活动，推动基层党组织、政协委员利用“书香政协”“委员书屋”“委员之家”“委员工作室”等平台，开展学习活动。召开常委会会议，邀请市政府、市纪委监委等通报情况、宣讲政策、释疑解惑，

2022年10月，阳泉市政协与市委政研室联合打造的“委员书屋”——厚德书斋启用

（市政研室　供图）

为委员知情明政畅通渠道。组织委员围绕“加快治理停车难，提升城市管理水平”“《中华人民共和国家庭教育促进法》贯彻落实情况”等民生问题，开展10余次集中视察、专题调研、互动对话。（郭　亮）

【委员协商建言】 2022年，阳泉市政协完善协商工作机制，拓宽协商民主渠道，提高协商建言水平。根据市委、市政府发展思路，组织委员围绕创优营商环境、加快推进阳泉市数字经济发展、万达广场、中心医院建设等重点项目推进议题开展专题调研，形成发言材料40余篇，提出意见建议130余条。发挥自身优势，围绕全市中小学“双减”政策落实、社区物业管理、基层社会治理等群众关注的难点问题开展专题视察，向市委、市政府提交视察报告9个，提出意见建议80余条。聚焦“三农”工作，紧扣发展“特”“优”农业，持续为壮大富硒产业发声，向市委、市政府建言60余条，助力全市富硒产业走稳特色路、打好功能牌。聚焦“粮食安全”“种粮补贴落实”“优化土地流转机制”进行对口协商，为推进现代农业发展贡献政协智慧力量。十四届一次会议期间，委员围绕《政府工作报告》和其他报告及全市经济社会发展重大事项、群众关注的热点难点问题开展协商，21名委员作大会发言，开展联组讨论30余场次，提出意见建议480余条。创新推进基层协商，贯彻落实中央和省委关于加强和改进新时代市县政协工作的文件精神，结合阳泉市实际，开展市县（区）政协联合调研6次、联动协商13次、联动学习10次。邀请建议案承办部门在常委会会议上通报办理情况，通过面对面交流，协助党委和政府解决问题、改进工作、增进团结。（郭　亮）

2022年8月18日，阳泉市政协组织委员调研市中心医院项目建设情况
（市政协　供图）

【委员提案工作创新】 2022年，阳泉市政协不断推动提案工作创新发展，聚焦全市中心工作和发展大局，精准谋划要点、扩大征集范围、强化选题引导，同时注重集体提案筛选和精品提案提炼，提案数量和质量得到双提升。发挥提案在协商民主中的独特优势和作用，丰富协商形式和载体，实行领导包案督办、上下联动督办、过程协商督办、重点跟踪督办等机制，形成督办整体合力，推动提案办理由“解释多”向“解决多”转变。完善提案工作制度体系，学习借鉴全国、山西省政协在阳泉市开展重点提案督办调研工作中的经验做法，研究探索重点提案遴选、优秀提案评选、提案办理双向评价等办法。组织召开全市政协系统提案工作研讨会，加强交流，共同提高。加大提案宣传力度，扩大提案工作的社会影响力。（郭　亮）

（责任编辑：李　静　杨　军）

中国共产党阳泉市纪律检查委员会
阳泉市监察委员会

综　述

【从严治党】 2022年，阳泉市纪委监委坚持“反腐败、促发展、保民生、树清风”工作思路，抓实落细利剑行动、排忧行动、清廉建设等工作举措，保持正风肃纪反腐高压态势，一体推进不敢腐、不能腐、不想腐各项措施。年内，全市纪检监察机关受理信访举报1309件次，处置问题线索3735件，立案1086件，党纪政务处分1006人，留置40人，移送司法机关36人。（张庆春）

【纪检监察体制改革】 2022年，阳泉市纪委监委推进纪检监察体制改革，协助市委召开两次反腐败领导小组会议。落实请示报告制度，向省纪委监委书面请示报告2次、向市委书面请示报告4次。接受人大监督，首次向市人大常委会报告依法正确行使职权、推进监察工作规范化法治化正规化情况。制定《组建工作联组实施方案》《工作联组运行机制指导意见》，市县两级派驻机构处置问题线索、立案、党纪政务处分人数分别比2021年增长29.5%、35.9%、71.3%。《中国纪检监察报》刊发市纪委监委《在协同联动中发挥“室组”职能优势》署名文章。总结盂县试点经验召开“三员合一”（村纪检委员、村监察联络员、村务监督委员会主任由同一人担任）现场推进会，全市777个村（社）全部实现村（社）“三员合一”，有效整合村级监督力量，提升基层监督质效。“两基三化”（基层、基础建设，规范化、法治化、正规化建设）建设持续推进，“3+3+N”基层基础建设（摸清监督监察对象、问题线索存量、问题增量三个底数；建立干部廉洁档案、纪检监察机关党员档案、纪检监察干部人事档案三种档案；建立健全N种工作台账）有序推进；“221基础建设工程”（建立健全廉政、案卷两种档案，监督检查、廉政风险两本台账和一套监督执纪执法工作制度，实行动态更新完善）有力推进。编印《监督检查审查调查措施使用手册》，开展全员“学制度、用制度”活动。制定《“智慧监督”平台建设实施方案》，“智慧监督”工作全面启动。（张庆春）

【纪检监察干部队伍建设】 2022年，阳泉市纪委监委实施“战斗力免疫力提升工程”，通过摸清底数、全面调研，查找廉政风险点、制定整改措施，正面激励与反面警示结合、双向发力，深化全员培训、提升依规依纪依法履职能力，完善制度机制、提升规范化法治化正规化工作体系，强化文化阵地建设、打造清廉机关，综合运用方式方法、保证整体实效7个步骤，全面加强纪检监察干部队伍建设。市纪委常委会创新开展“学法十分钟”，提升纪检监察干部依规依纪依法履职行权能力水平。评选“2021年度十大典型案例”，推动提升审查调查效率、质量和能力。坚持选育结合、严管与厚爱结合，培养“三能三懂”（能写作、能办案、能监督，懂理论、懂法规、懂基层）纪检监察干部，组织参加中央纪委国家监委、省纪委监委专题培训1600余人次，选派60余名业务骨干上挂实战实训，抽调近200名派驻、县（区）纪检监察干部跟班实训；开办“文字综合训练营”，帮助年轻纪检监察干部打牢写作功底、掌握写作技巧、提高写作水平。奖惩并重激励干事创业，2个先进集体、4名先进工作者受到省纪委监委、省人社厅表彰，8名个人受到省纪委监委嘉奖；制定纪检监察干部考核细则，完善借用人员管理规定，编印《监督检查审查调查措施使用手册》，开展办案纪律作风情况回访，处理处分纪检监察干部15人，严防“灯下黑”。成立市监察勤务支队，改造提升市级留置场所，常态化开展安全文明办案监督检查，办案安全水平不断提升。（张庆春）

重要会议

【市纪委十三届二次全会】 2022年2月8日，阳泉市第十三届纪律检查委员会第二次全体会议召开。会议总结2021年全市纪检监察工作，部署2022年工作任务，审议通过师旭明代表市纪委常委会所作的《扎实推进新时代清廉阳泉建设，全力打造纪检监察工作高质量发展“晋东样本”》工作报告。 （张庆春）

【全面建设清廉阳泉会议】 2022年3月24日，全面建设清廉阳泉工作专班第一次会议召开。会议强调，全市各级各部门各单位要加强组织领导、压实各方责任、强化协作配合、强化督导指导、落实工作机制、营造浓厚氛围，确保全面建设清廉阳泉取得实效。市委办公室、市政府办公室、市纪委监委机关、市委组织部、市委宣传部、市委统战部、市委政法委、市直机关工委和教育、民政等17个工作专班成员组成单位相关人员参会。会议印发《全面建设清廉阳泉2022年工作要点》。5月19日，全面建设清廉阳泉工作推进会召开。会议强调，各级党委（党组）要切实扛起主体责任，纪委监委要发挥好牵头抓总作用，各工作专班要强化对本单元、本系统、本行业清廉建设的督促指导，推动任务落地落实。要坚持统筹推进，把清廉单元建设与切块任务有机融合起来，推动各领域各行业各部门清廉建设既全面覆盖、又突出特色。要加强互学互鉴，各部门各单位要见贤思齐、互相借鉴，推动清廉阳泉建设不断取得新成效，全力保障全方位推动高质量发展行稳致远。会上，市直机关工委、市工信局（国资委）汇报工作推进情况。 （张庆春）

【实施“免疫力提升工程”全面建设清廉纪检监察机关警示教育大会】 2022年8月18日，阳泉市纪委监委实施“免疫力提升工程”全面建设清廉纪检监察机关警示教育大会召开。会议强调，全市各级纪检监察机关要充分认识加强纪检监察干部队伍自身建设的重要性和紧迫性，深刻汲取反面典型案例的沉痛教训，以高度的责任感和使命感，聚焦免疫力提升工程“五提五化”（政治建设有提升、党的建设有提升、内控机制有提升、管理监督有提升、能力素质有提升，党建工作品牌化、岗位职责清单化、制度机制实效化、监督管理精细化、清廉文化常态化）目标，深入查找并切实解决自身存在的问题和不足，牢记初心使命，忠实履职尽责，以实际行动推动和实现纪检监察工作高质量发展。会后，市纪委监委组织委班子成员，各县（区）纪委监委主要负责人，市纪委监委派驻（派出）机构、内设机构负责人和市委巡察机构副县级以上干部赴山西省党风廉政教育基地参观“牢记初心使命”党风廉政教育大型主题展，开展党性教育、警示教育，重温入党誓词。（张庆春）

党风廉政建设

【“三不腐”一体推进】 2022年，阳泉市纪委监委注重严管严治、系统施治，“三不腐”（不敢腐、不能腐、不想腐）一体推进持续深化。推进以案促改、以案促治，制定《审查调查“五位一体”工作规程》，下发纪检监察建议书112份，跟进监督13个部门的18项第一批不能腐制度落实情况，印发《“不能腐”制度汇编》；开展政法系统和国有企业、地方金融、粮食购销、供销合作等重点领域第二批不能腐制度建设和监督机制改革，持续强化制度对权力的刚性约束。深化同级同类警示教育，持续筑牢不想腐的思想堤坝，推动市委建立常委会传达学习中央纪委国家监委和省纪委监委案例通报制度，协助市委组织市级领导干部参观省纪委监委“牢记初心使命”党风廉政教育大型主题展；拍摄政法领域、国企系统腐败案件警示教育片；连续7年印发严重违纪违法党员干部《忏悔录及案件剖析汇编》；通过市纪委监委网站、“清风阳泉”微信公众号发布违纪违法典型案例400余件；发挥11个市级党风廉政基地的教育功能，全年参观人数达5万余人。 （张庆春）

【清廉阳泉建设】 2022年，阳泉市纪委监委出台《全面建设清廉阳泉实施方案》，市委主要领导扛起清廉建设主体责任，市委常委、副市长担当分管范围清廉建设“施工队长”，全市形成上下协同、左右贯通格局。全市以“九个一”（编印一套清廉丛书、组织一次清廉艺术作品展览、抓好一批清廉单元试点、讲好一堂清廉课、整理一套制度、编制一套清廉教材、建好用好一批清廉教育平台、巩固新建一批廉政教育基地、拍好一批警示教育片）为引领，持续抓好“五大体系”建设。

在管党治党责任落实体系建设方面，制定《全面加强政治监督工作指引（试行）》，压紧压实各级各部门管党治党政治责任。在权力运行制约体系建设方面，市级各单位建立健全相关制度223项，规范工程项目招投标运行等机制；制定出台《审查调查“五位一体”工作规程》，形成查清事实、剖析问题、堵塞漏洞、防控风险、重塑生态的工作闭环。在干部管理监督体系建设方面，制定《落实中央及省委关于加强对“一把手”和领导班子监督〈意见〉责任清单任务分工方案》，强化对权力运行的制约和监督；公布6起阳泉年轻干部违纪违法典型案例，联合市委组织部、市直机关工委召开警示教育大会。在廉洁文化培育体系建设方面，制定《阳泉市廉洁文化场所培育和廉洁文化景观建设2022年工作方案》，建立市廉洁文化创作人才库和作品库，举办"弘扬清风正气·共建清廉阳泉"艺术作品展，营造倡清廉、树清风的浓厚氛围。在清廉单元创建体系建设方面，创建清廉机关、清廉医院、清廉学校、清廉国企、清廉民企、清廉社区、清廉乡村、清廉家庭8个清廉单元，确定示范创建点76个，以点带面，发挥示范引领作用。（张庆春）

监督执纪

【政治监督】 2022年，阳泉市纪委监委对118个市管党组织开展集中性、全覆盖专项检查，严肃查处违反政治纪律、政治规矩案件20件20人。向各级党组(党委)、"一把手"和纪检监察机关下发落实管党治党政治责任、持之以恒抓好作风建设提醒函。市纪委书记与县(区)、高新区党委班子成员集体廉政谈话，派驻(派出)机构主要负责人对市直167个党组织1552名中层干部全覆盖"一对一"谈话。追责问责全面从严治党不力、"两个责任"(落实党风廉政建设责任制中，党委负主体责任，纪委负监督责任)落实不到位的党组织5个、领导干部46人。强化选人用人监督，回复党风廉政意见6059人次，提出否定或暂缓意见84人次。落实"三个区分开来"(把干部在推进改革中因缺乏经验、先行先试出现的失误和错误，同明知故犯的违纪违法行为区分开来；把上级尚无明确限制的探索性试验中的失误和错误，同上级明令禁止后依然我行我素的违纪违法行为区分开来；把为推动改革的无意过失，同为谋取私利的故意行为区分开来)，为30名受到不实举报的党员干部澄清正名。（张庆春）

【"四风"问题查办】 2022年，阳泉市纪委监委深化风腐同查同治，查处违反中央八项规定精神问题92件，批评教育帮助和处理处分127人。整治形式主义、官僚主义，全面检查2020年后财政资金改造的14个楼堂馆所项目审批和资金拨付情况，清理整改效仿攀比建设"门墙亭廊栏"等景观类项目14个。整治"指尖上的形式主义"，撤销"僵尸"工作群、临时工作群140个。严防享乐主义和奢靡之风反弹回潮，紧盯"元旦""五一"等重点节假日，紧盯重点单位、重点部门、重点场所等关键领域，紧盯公车私用、公务接待、吃喝歪风等违反中央八项规定精神问题，点名道姓曝光典型案例5件9人。开展公务接待突出问题专项检查，发现并督促20家单位整改问题33个。组织《规范领导干部办理婚丧喜庆事宜规定》落实情况监督检查，纠治婚丧陋习，推动移风易俗。（张庆春）

2022年3月17日，阳泉市纪委监委纪检监察干部到市百度云计算公司开展联动监督 （市纪委监委 供图）

【优化营商环境"五清行动"专项政治监督】 2022年，阳泉市纪委监委深化优化营商环境"五清行动"(政策落实清障、涉企服务清梗、行政审批清阻、监管执法清污、政商关系清风)，以"硬监督"提升营商环境"软实力"。定期定主题宣传行业领域惠企政策、典型做法，建立惠企政策数据库，形成政策解读、咨询热线、办理指南等服务体系。在对34个部门梳理权责事项10类3316项的基础上，实施市级涉改行政审批事项划转、退回、衔接等工作。落实"放管服"工作举措，梳理下放2项、承接17项行政审批事项，制定"马上办、网上办、就近办、一次办"审批服务清单，出台市县两级四类清单，完善事项实行承诺制办理后事中事后监管工作机制和办法。实施全市纪检监察领导干部定点联系服务企业"直通车"制度。召开部分重点项目单位、规上企业、中小微企业负责人和个体工商户等座谈会，10家市直职能部门主要负责人现场对惠企纾困政策解疑答惑，并当场认领问题、提出解决方案，市纪委监委全程跟踪督办推动解决。深化"一枚印章管审批"改革，出台《阳泉市审管推送工作规范(试行)》。推动"证照分离""一业一证""一件事一次办"改革，逐步实现高频行政审批事项全市通办。推动"承诺制+全代办"改革，全面推行项目前期策划服务机制，实

2022 年 5 月 25 日,《向人民承诺 请人民监督》——“创优发展环境 推动高质量发展”电视问政活动在阳泉广播电视台举办　(市纪委监委　供图)

行代办服务专人跟进。推行“一项目一方案一清单”,市、县审批局与开发区联动审批机制。完善行政效能建设评估,将“五清行动”纳入全市营商环境考核范畴,在市政务服务大厅开设“办不成事监督窗口”,面向市场主体开通“码”上监督通道。对相关职能部门涉企执法情况进行台账式管理,严厉整治随意检查、多重检查、重复检查、加重处罚以及自由裁量权滥用、行政执法“一刀切”、违法违规收费等问题,解决监管执法“吃拿卡要”问题。坚持损害营商环境问题线索单独建账、优先处置,处置问题线索 197 件,立案 53 件,处理处分 64 人。制定《阳泉市纪委监委失实检举控告澄清工作实施办法》。举行《向人民承诺 请人民监督》——“创优发展环境 推动高质量发展”电视问政活动。(张庆春)

【“排忧行动”专项政治监督】 2022 年,阳泉市纪委监委围绕教育、医疗医保卫生、社会救助优抚、脱贫攻坚与乡村振兴等十大领域深化“排忧行动”专项政治监督,着力解决好人民群众急难愁盼问题。通过《阳泉日报》、“清风阳泉”微信公众号、市纪委监委网站等平台发布公告,收集人民群众民生诉求。市各工作专班及各县(区)纪委监委发现并推动解决 10 个领域 27 个方面问题 3549 个。严肃查处漠视侵害群众利益的腐败和不正之风问题,处理处分 534 人。在查办案件、解决问题中,推动相关部门完善制度、健全长效机制,推动建章立制 472 项。(张庆春)

【乡镇(街道)纪检监察工作】 2022 年,阳泉市纪委监委督促推动监督向基层延伸,全年全市 45 个乡镇(街道)纪检监察机构处置问题线索 1434 件、立案 295 件、党纪政务处分 303 人。开展农村(社区)集体“三资”(指在集体所有制下,农村集体所有的资金、资产和资源)提级监督,推进农村集体“三资”管理贪腐问题专项整治,推动解决问题 82 个、建章立制 19 项、处理处分 31 人。开展两批 31 个村“三个一批”(党建引领一批、督办化解一批、以案促治一批)监督治理,办结化解信访举报 298 件。统筹基层监督力量,推进全市 777 个村(社区)全部实现“三员合一”。(张庆春)

审查调查

【概况】 2022 年,阳泉市纪委监委开展积压问题线索和案件“攻坚战役”减存量,245 件积压问题线索办结 237 件,办结率 96.7%。紧盯重点领域、重点对象遏增量,立查国企、粮食购销领域腐败案件 156 件、党纪政务处分 137 人。紧盯“一把手”和领导班子成员等“关键少数”,精准有力惩治腐败,立查各级“一把手”案件 58 件、党纪政务处分 69 人。坚持受贿行贿一起查,立查行贿案件 20 件 20 人,梳理上报 2017 年后行贿人“黑名单”267 人。(张庆春)

【专项整治】 2022 年,阳泉纪委监委严肃查处漠视侵害群众利益腐败和不正之风问题,处理处分 534 人。房屋产权登记确权颁证“清零行动”在全省率先完成,颁证到户 77496 套、签署承诺书 12704 份,个人转移登记完成率 100%。党员领导干部利用开发区资源谋取私利问题专项整治,处理处分 23 人、建立制度 91 项。严厉打击非法违法采矿腐败和作风问题专项治理,处理处分 39 人、建立制度 21 项。深挖彻查涉黑涉恶腐败和“保护伞”,处理处分 66 人、建立制度 10 项。农村集体“三资”管理贪腐问题专项整治,推动解决问题 82 个、建章立制 19 项、处理处分 31 人。涉案遗留工程排查和专项整治、矿山企业瞒报生产安全事故行为整治等专项工作取得成效。(张庆春)

巡察工作

【十三届市委第二轮巡察】 2022 年 3 月 21 日至 6 月 2 日,十三届市委派出 6 个巡察组,对 5 个县(区)党委宣传部、统战部，县（区）总工会以及平定县娘子关镇河北村、盂县孙家庄镇二郎庙村、郊区荫营镇上烟村、城区义井镇神峪村、矿区赛鱼街道赛鱼村5个村开展“提级＋交叉”巡察；对阳泉高新技术产业开发区、平定经济技术开发区、盂县经济技术开发区开展专项巡察。7月12日，市委书记专题会议听取十三届市委第二轮巡察工作综合情况汇报。巡察期间，开展个别谈话482人次，调阅资料18995份，下沉调研226次，发现共性问题463个，推动立行立改事项8件。通过查阅资料、现场走访和个别谈话，经深入了解，发现各类问题线索60个，涉及党员干部74人。（贾向东）

【十三届市委第三轮巡察】 2022年9月13日至12月16日，十三届市委派出6个巡察组，对市总工会党组（市工会职工服务中心）、市文化宫党支部、团市委党支部、市侨联党组、市妇联党组、市仲裁委党支部、市教育局党组7个市直部门党组织和市一中党委、市二中党委、市十一中党委、市实验中学党总支、阳泉开放大学党总支5个市直学校党组织开展常规巡察；对5个县（区）及市高新区12个村级党组织开展“三资管理”专项提级巡察。巡察期间，6个巡察组开展个别谈话732次、调阅资料9700余册、下沉调研43次，发现共性问题618个。通过查阅资料、现场走访和个别谈话，经深入了解，发现各类问题线索66个，涉及党员干部72人。（贾向东）

【巡察工作“进培训进述职进考核”】 2022年，阳泉市市县同步一体推进巡察知识进培训、巡察整改进考核、巡察工作进述职工作。将巡察知识纳入党校培训课程，作为干部教育培训重要内容。年内，市委巡察办邀请专家在县级干部读书班、乡镇（街道）党委书记培训班、农村干部长训班、社区书记示范培训班等7个班次上讲授巡察课程6次，直接受众1500余人、各县（区）2200余人。将巡察整改情况纳入领导班子和领导干部年度目标责任考核范围。市委巡察办派6名巡察干部参与市委对市直单位系统考核，对2021年度全市165个单位领导班子提出考核等次建议。郊区区委将“支持配合巡察工作”和“推动巡察整改落实”两项内容纳入年度目标责任考核，由区委巡察办对各单位、乡镇进行赋分。市委巡察工作领导小组每年听取各县（区）委巡察工作汇报，每半年审阅书面汇报。巡察反馈问题整改成效作为全市各级党组织领导班子及个人年度工作述职的重要内容。（贾向东）

【巡察指导督导】 2022年7月11日至8月19日，中共阳泉市委巡察办派出5个巡察指导督导组，对5个县（区）开展巡察指导督导，在全省率先实现对所辖县（区）巡察工作指导督导“全覆盖”。巡察指导督导期间，开展个别访谈120余人次，查阅资料1700余册，召开座谈会21次，下沉调研19次，专题培训21次，组织工作会商研判及业务指导260余次，帮助建立健全制度40余项。（贾向东）

【阳泉市巡察保障中心成立】 2022年12月30日，阳泉市巡察保障中心成立，隶属中共阳泉市委巡察工作办公室，为正科级财政拨款事业单位。主要职能是负责巡察工作网络平台建设、维护、保障及巡察信息的收集、分析，巡察单机系统的录入等服务保障，巡察机构装备管理、办公用房和资产管理，巡察干部的日常培训、巡前业务培训等。（贾向东）

（责任编辑：霍冬梅　任泉荣）

民主党派 工商联

中国国民党革命委员会阳泉市委员会

【思想建设】 2022年，中国国民党革命委员会阳泉市委员会以“矢志不渝跟党走、携手奋进新时代”政治交接主题教育为主线，落实民革山西省委会“‘干实事、出实招、见实效’喜迎中共二十大，山西民革在行动”活动。组织党员学习习近平新时代中国特色社会主义思想，学习中共二十大精神、中央统战工作会议精神、民革十四大精神，到市档案馆红色党史展厅和山西新东律师事务所“红色党建 法治护航”展厅开展“学习百年党史、赓续精神血脉”现场教育活动。在微信公众号上开辟“致敬优秀党员、赓续民革传统”专题栏目，举办“喜迎二十大 奋进新征程”征文活动以及“画说阳泉 大美家乡”画展，教育民革党员传承赓续好与党同心、爱国为民、精诚合作、敬业奉献的优良传统。（朱建玲）

【组织建设】 2022年，民革阳泉市委会进一步优化组织发展，成立第七届委员会内部监督委员会，强化自我监督、自我管理。制定、完善民革党员考评、支部工作考核、内部监督委员会工作和民主生活会等制度。新建一个“三农”工作专委会，调整专委会成员，至年底，共有9个专委会。坚持质量优先和体现民革界别特色的原则，全年发展党员10名，其中6名界别特色党员，2名研究生。9个基层支部继续推进“示范支部创建”活动，在民革山西省委会的表彰中，民革阳泉市委会获“组织建设先进集体”，民革上站支部获“社会服务先进集体”，民革平定支部获“祖统工作先进集体”，6名民革党员分别被授予“组织工作先进个人”“参政议政工作先进个人”“社会服务先进个人”“祖统工作先进个人”“机关建设先进个人”称号。7月，阳泉市人大常委会副主任、民革阳泉市委会主委赵素卿当选为民革山西省第十三届委员会副主委，成为全市民主党派中首位省委会副主委。截至年底，全市民革党员200人，基层支部9个、活动小组2个。（朱建玲）

2022年7月5日，民革阳泉市委会工作人员到山西新东律师事务所“红色党建 法治护航”展厅参观学习 （民革阳泉市委会 供图）

【参政议政】 2022年，民革阳泉市委会以“履职能力提升年”为抓手，建立智囊团和参政议政骨干队伍，在盂县北下庄乡后川村成立社情民意联系点。落实中共阳泉市委统战部“‘十大战略’大调研·建言献策促落实”行动，选定课题，由主委、副主委带队领办，抽调参政议政团队中相关领域的党员组成课题组，先后到盂县北下庄乡后川村、平定县岔口乡、郊区西南舁乡等地开展乡村振兴调研，到市文化馆、矿区版画创作基地、平定砂器发展中心等地开展文化发展调研，到“阳泉记忆·1947”文化园、万达广场等地开展服务业扩容提质调研。在调研基础上，完成9篇调研报告，其中《关于加强“红黄绿”文旅康养项目建设 推动我市美丽乡村建设的思考和对策》被中共阳泉市委统战部评为一等奖，《关于挖掘阳泉红色旅游文化资源 打造晋东区域红色旅游核心旅游区的建议》《我市耐火传统产业转型发展的调研报告》被评为二等奖，2篇调研报告获三等奖，4篇调研报告获优秀奖。

阳泉市人大、政协“两会”期间，民革界别的19名市人大代表和政协委员完成会议期间的各项任务要求，共提交建议、提案59件。其中，《关于继续完善双减配套措施的建议》被确定为市人大十六届一次会议重点建议，《关于主动融入太忻一体化太原都市圈范围 促进阳泉全方位高质量发展的建议》被确定为市政协十四届一次会议重点提案。大会发言2篇，5名党员接受媒体采访。

2022年，市委会共报送社情民意信息118条，《辅警执法存在的问题及解决对策》《从法律层面加强医院太平间外包监管的建议》被全国政协采用，《关于建立空难纪念园建设空难警示教育基地的建议》《建议利用我国高速公路服务区建设医药冷链物流基地》等4条信息被省政协采用，民革山西省委会采用6条，市委书记批示2条，市政协采用59条。（朱建玲）

【社会服务】 2022年，民革阳泉市委会发挥民革资源优势助力乡村振兴，在盂县后川村建立“牵手·共富”实践服务基地，成立社情民意信息、医疗卫生保健、法律援助、科技文化4支实践服务队伍。落实中共阳泉市委“摸实情、送政策、解难题、促发展”大调研活动，为后川村解决发展中的实际困难，联合市人大教科委，协调市县农村农业、水利、交通、规划和自然资源、医疗保障等相关部门，共同为后川村发展解难纾困；邀请10余位民营企业家共同开展调研，助力后川村乡村振兴，打造市级民主党派帮扶示范点。民革阳泉市委会响应阳泉市创建全国文明城市的号召，组织开展“文明共建 服务惠民”活动。建立中山法律援助中心，开展法律宣传和法律援助服务。在“三八”国际劳动妇女节之际，走进社区开展妇女儿童公益维权讲座。在“八一”建军节95周年之际，市委会慰问驻地部队，举办“共叙鱼水情 同筑强军梦”庆祝建军95周年军民联欢会。民革阳泉市委会“文化服务进基层 知识惠民暖人心”获评民革全省争创亮晶晶典型案例（第二轮）亮点事例。（朱建玲）

【抗战史料挖掘】 2022年，民革阳泉市委会“长城与抗战之娘子关保卫战与川军抗战史料挖掘”获民革全省争创亮晶晶典型案例（第一轮）亮点事例。2018年至2021年，民革阳泉市委会开展长城与抗战调研活动，实地考察境内六岭关、十八盘、杨树庄、白石头、迴城寺、娘子关、固关、娘娘庙等地现存的长城遗址，到石家庄、忻州、井陉、成都、南京等地走访，到建川博物馆、中国第二历史档案馆等地查阅史料档案，并联系参加过娘子关战役的川军将领后人收集川军抗战史料，在此基础上编纂完成记录阳泉境内长城与抗战的史料性书籍《三百里长城风云》。（朱建玲）

【民革阳泉市委会换届】 2022年1月25日，中国国民党革命委员会阳泉市第七次代表大会在阳泉宾馆召开。会议听取并审议赵海润代表民革阳泉市第六届委员会向大会所作的《紧跟核心奋进新时代 践行使命砥砺开新篇》工作报告，选举产生民革第七届委员会，赵素卿当选为主任委员，3人当选为副主任委员，会议表决通过民革阳泉市第七届委员会内部监督委员会组成人员名单，朱建玲当选为监督委员会主任。（朱建玲）

【民革中山书院成立】 2022年5月18日，民革阳泉市委会在阳泉市观纸书店成立民革中山书院，在成立仪式上以学习《论语》开篇，民革山西省委会副主委李润参加学习并进行推介分享，《团结报》“与经典对话 与时代同行”栏目整版刊登民革阳泉市委会《论语》学习感悟。书院定期开展活动，全年共组织读书活动6期，通过讲座、学习交流等方式，为民革党员注入思想动力，夯实团结奋斗的共同思想基础。（朱建玲）

中国民主同盟阳泉市委员会

【思想建设】 2022年，中国民主同盟阳泉市委员会开展“矢志不渝跟党走、携手奋进新时代”政治交接主题教育，引导盟员把思想统一到自觉接受中国共产党的领导上，把力量凝聚到贯彻落实党委政府决策部署上。通过全委（扩大）会议学习、基层组织学习、读书会、座谈研讨以及参观革命教育基地等多种形式，学习贯彻中共二十大精神和中共中央总书记习近平考察调研山西重要讲话重要指示精神等。组织盟员参加民盟山西省委“学习贯彻中共二十大精神暨2022年度全省盟员素能建设”线上线下培训班，学习中共党史、新中国史、改革开放史、社会主义发展史和民盟盟史，以及习近平新时代中国特色社会主义思想等。组织盟员开展“喜迎二十大、同心向未来”主题征文活动，到盂县红二十四军纪念馆开展“追忆红色故事，传承红色基因”主题活动，举办“喜迎二十大 书香润民盟”读书分享活动，召开学习宣传中共二十大精神座谈会。组织盟员参加全市统一战线学习会、市政协报告会，参加由中共阳泉市委组织部和中共阳泉市委统战部在红旗渠干部学院举办的阳泉市第十九期党外干部培训班，参加中共阳泉市委统战部在重庆大学举办的阳泉市民主党派“深化政治交接”专题培训班，参加市政协举办的健步行活动、委员履职能力提升专题培训等，全年共有152人次参加各类学习培训。

年内，发挥阳泉民盟网站、微信公众号和微信学习群的宣传平台作用，转载重要会议精神和推送学习资料75篇，编发微信公众号162期，编发民盟盟讯124期，《团结报》等国家级宣传媒体刊登16条，中共山西省委统战部网站、民盟山西省委会网站、山西民盟等省级媒体刊发75条，《阳泉日报》《阳泉统一战线》等市级报纸、网站、公众号刊发172条。在中共阳泉市委统战部工作表彰会上，民盟阳泉市委会被评为“2021年度全市统战信息工作先进单位”。在民盟中央2022年度《群言》发行工作表彰会上，民盟阳泉市委会获2022年度“发行工作突出成绩奖”。（王凤娥）

【组织建设】 2022年，民盟阳泉市委会共发展7名政治素质好、知识层次高、有代表性的青年知识分子入盟，均为大学本科以上学历，平均年龄36岁。截至年底，全市基层组织15个，盟员340人。其中，女盟员136名、占总人数的40%，具有高级职称的139名、占总人数的41%，大学文化程度及以上的257名、占总人数的76%。盟员年龄结构、知识结构、行业结构进一步优化。加强后备干部、骨干盟员和新盟员的培训工作，9月16日，组织市委会机关参加民盟中央召开的线上培训会，聆听“盟员信息管理系统”线上培训讲座。

基层组织以“创特色、增活力”“盟员之家”创建工作为载体，不断增强组织凝聚力。高专支部、平定支部联合中共平定县委统战部开展“迎新春、送祝福”送春联活动；阳泉教育支部以“世界读书日”为契机，开展以“书香民盟、我们读书”为主题的线上阅读分享会；民盟城区支部组织全体盟员参观“阳泉记忆·1947”文化园；郊区支部参加创建文明城市行动；民盟阳泉市委会还召开基层组织半年度工作汇报会和基层支部负责人述职会。

8月4日至5日，史友松等6名代表参加中国民主同盟山西省第十二次代表大会，会上阳泉市政协副主席、民盟阳泉市委会主委史友松当选为民盟山西省第十二届委员会常委及出席民盟第十三次全国代表大会代表，专职副主委王凤娥当选为民盟山西省第十二届委员会委员。12月21日至23日，史友松在线上参加民盟第十三次全国代表大会。（王凤娥）

【参政议政】 2022年，民盟阳泉市委会履行参政党职能，参加民盟山西省委会、中共阳泉市委、阳泉市政府、各级政协以及有关部门召开的专题协商会及调研考察活动。主委史友松撰写的《关于建立人才报备制度的提案》入选山西省政协2022年度100件好提案名单，《新时代晋商家庭教育理念传承研究》在山西社会主义学院招标课题中获三等奖。医卫支部主委高君撰写的社情民意信息《警惕我市市场出现的蔬菜粮油抢购和哄抬物价等现象》获市委书记批示。向市政协十四届一次会议提交大会口头发言2篇、书面发言1篇、集体提案15份，盟员政协委员提案20份，内容涉及教育改革、历史文化保护、生态环境治理、旅游行业发展等问题。其中，《关于加强党建引领物业服务管理 促进提升城市社区治理水平的建议》被市政协选为重点督办提案。年内，共向民盟山西省委会、各级政协报送社情民意信息95条。其中，《关于向宗教场所派驻统战联络员的建议》等9条信息被《每日社情》《团结报》《人民政协报》等国家级报刊媒体采用，《关于破解县区中小企业融资难问题的建议》等18条信息被省级报刊媒体采用，相关部门及单位采纳办理52条。民盟阳泉市委会被民盟山西省委会授予“2021年度参政议政工作优秀集体”称号；王凤娥、史利铭、刘鹏亮、杜嬉婷4人被评为“2021年度参政议政工作先进个人”。

民盟阳泉市委会组织盟员先后到矿区赛鱼村、盂县梁家寨乡、山西晋明堂文化科技有限公司、平定赵家庄四垴山阻击战烈士纪念碑、大阳泉古村等地，围绕古建筑保护、乡村振兴、紫砂企业等开展调研，并撰写完成10篇调研报告和28篇统战论文。民盟阳泉市委会被中共阳泉市委统战部评为“2021年度全市统战理论政策研究先进组织单位”，《以开发区创新发展为引领 打造阳泉区域发展新引擎》《大统战在乡村振兴战略中的作用初探》《阳泉市高职教育适应产业发展培养高技能人才研究》被中共阳泉市委统战部评为“2021年度全市统战理论政策研究优秀成果一等奖”。王凤娥撰写的《让“五社联动”助力基层社会治理共同体建设》获民盟中央民生论坛优秀奖。（王凤娥）

【社会服务】 2022年，民盟阳泉市委会结合特色优势，继续推进“烛光行动·助力农村教育”品牌建设，助力乡村振兴，做好结对帮扶，持续服务社会民生。1月26日，组织盟员书法爱好者到城区义井街道鸿龙湾社区开展“墨香迎新春 送福送春联”活动。儿童节期间，组织骨干盟员及山西智小蜜领地网络科技有限公司的工作者，到平定县岔口乡岳家庄小学开展

2022年1月13日，中国民主同盟阳泉市第七次代表大会在阳泉宾馆召开
（民盟阳泉市委会　供图）

“VR科普进校园”体验活动，还为学生送去“健康用眼”“口腔卫生”节日礼包。8月11日，组织盟员及沙画老师等10余人，到岔口乡岳家庄小学，为学生送去沙画体验课。10月27日，在盟员古林子的山西呈艺陶瓷有限公司陶艺体验中心开展“文化润老——陶艺制作”体验活动，为南山路街道社区的空巢独居老人送去关爱。（王凤娥）

【民盟阳泉市委会换届】 2022年1月13日，中国民主同盟阳泉市第七次代表大会召开。会议听取并审议史友松代表民盟阳泉市第六届委员会向大会所作的《同心筑梦　携手前行　为推进阳泉高质量转型发展贡献力量》的工作报告，选举产生民盟阳泉市第七届委员会，史友松当选主任委员，3人当选副主任委员，会议还表决通过民盟阳泉市第七届委员会监督委员会组成人员名单，王凤娥当选为监督委员会主任。（王凤娥）

中国民主建国会阳泉市委员会

【思想建设】 2022年，中国民主建国会阳泉市委员会始终把加强思想政治建设作为推进新型政党制度、夯实立会之基的重要抓手，通过开展理论学习、主题教育、传统教育等活动，确保正确的政治方向。加强政治理论学习，广泛凝聚共识，把学习贯彻中共二十大精神以及民建中央、民建省委会有关重要会议精神作为最大政治任务，建立理论学习中心组引领学、班子专题学、机关定期学的常态化学习制度，并及时座谈交流、撰写心得。开展以学习中共创新理论成果、时事政策、党史国史、统一战线史、民建史等为内容的学习教育活动，组织会员读原著、学原文、悟原理，进一步提升会员政治站位和行动自觉。开展“矢志不渝跟党走、携手奋进新时代”政治交接主题教育，坚持把学习教育、履职尽责、查找不足、整改提高贯穿主题教育活动全过程。为迎接中共二十大胜利召开，开展“画好同心圆、奋进新征程”喜迎二十大作品展、“喜迎二十大、同心跟党走”主题征文系列活动。参加阳泉市第十九期党外干部培训班，增进思想共识，牢记初心使命。注重平台建设，提升宣传工作成效，加强“一群一刊一号”（民建阳泉市委会微信群、《阳泉民讯》内部资料、阳泉民建微信公众号）建设作用，多渠道、多角度全面及时展示市委会各项工作。全年共编辑微信公众号151篇，《阳泉民讯》88期，先后在《团结报》、民建中央网、民建山西网等媒体上刊登文章60篇。（史克祥）

【组织建设】 2022年，民建阳泉市委会把加强领导班子、基层组织和专委会建设作为提高自身建设水平的重要保障。市委会建立健全领导班子民主生活会制度，抓好班子议事决策制度的落实和重大决策专题研究。建立市委会委员联系基层支部制度，落实领导班子分工联系制度，班子成员加强对基层支部、专委会和会员企业的走访调研。成立参政议政委员会、妇女委员会、文体卫委员会、服务会员企业委员会4个专门委员会，助力民建组织各项工作健康有序开展。发挥基层组织基石作用，持续推进会员之家建设，组织各基层支部依托会员之家开展学习调研、组织活动、建言献策、社会服务等，全年累计开展理论学习、座谈交流、调研观摩等各类活动40余次。加强代表人士队伍建设，做好选拔培养、跟踪考察和动态管理，推荐和选派代表参加民建省委、中共阳泉市委统战部等多项学习培训和观摩调研活动。把好会员入会关，全年发展新会员17名，平均年龄32岁。其中，经济界人士16名，硕士研究生5名、大学本科8名，中级职称2名、高级职称1名。截至年底，全市民建会员264人，基层组织8个。（史克祥）

【参政议政】 2022年，民建阳泉市委会发挥联系经济界的特色优势，以高质量意见建议助推党和政府科学决策、民主决策。组织会员到城区阳坡垴社区、平定县扶贫产业园和相关企业，就“5G+智慧康养”建设、农特电商融合发展开展调研，形成《“5G+智慧康养”精准赋能助推阳泉市养老和健康服务业融合发展》《“电商助农、农促电商”融合推进培育阳泉市农业发展新业态》《阳泉市产业转型与物流业联动发展调查研究》等调研报告。

年内，市委会组织会员围绕社会关切、热点难点、民意诉求等撰写社情民意信息。全年共上报各类信息稿件123篇，其中《化解校园暴力从日常防治做起》等3篇信息稿件被国家级媒体刊发，《加强志愿养老服务建设的建议》等2篇信息被省政协转送相关部门办理，《加强阳泉市中小学生心理健康教育的建议》等4篇稿件被市政协《社情民意》刊登。年内，市委会向民建山西省委会申报课题2个，向中共阳泉市委统战部申报课题4个，完成调研成果9篇，被民建山西省委会评为"2022年度调研课题工作先进集体"。

市人大、政协"两会"期间，市委会围绕服务业提质增效、构建低碳产业新体系、促进数字经济发展等方面，向市政协提交集体提案10件，市人大代表、政协委员提交个人建议、提案21件。朱卉《关于加大对公共卫生事业的投入 促进医疗服务高质量提升的建议》、张照俊《关于深入实施乡村振兴战略 打造特有精农产品品牌的建议》被市人大十五届六次会议确定为重点建议。张作平在市政协十四届一次会议上作《加快服务业提质增效 助推我市高质量发展》大会发言。（史克祥）

【社会服务】 2022年，民建阳泉市委会探索新时代社会服务工作的新思路、新办法。年内，市委会带领民建会员和会员企业家以"发挥优势、突出特色"为原则，投身扶贫攻坚、扶危济困、社会民生等公益活动，提升服务质效，扩大社会影响力。市委会及各基层支部多次到平定县开展乡村振兴调研，与镇、村干部研究帮扶工作，解决蔬菜滞销难题。春节、中秋节等节日走访慰问帮扶户，送去棉被、大米等慰问品。在民建山西省委会"助力乡村振兴、帮扶有你有我"消费扶贫行动中，一天内完成帮扶订单1.22万元，受到民建山西省委会表扬。到农村、社区、单位开展模拟救护培训、植树、儿童节捐资助学等活动；组织会员到社区街道，开展清扫、慰问等"进社区办实事 共创文明城市"活动；开展"若你忘记了回家的路 关注阿尔兹海默症 助力黄手环行动"阳泉站黄手环发放启动仪式，为老年人做好信息登记和上门配送、讲解等，走进矿区马家坪小区广场发放黄手环，并开展宣传活动。建立领导班子分工联系会员企业制度，定期走访调研会员企业，协助解决经营难题。召开"惠企政策宣讲会"，建立政策服务对接机制，为企业宣讲最新惠企政策、提供法律咨询服务等。市委会启动"暖心行动"，民建会员及企业捐款85.2万元，捐赠价值48.74万元物资。（史克祥）

2022年5月10日，民建矿区总支、城区总支联合会员单位阳泉市登山户外运动协会开展"若你忘记了回家的路 关注阿尔兹海默症 助力黄手环行动"阳泉站黄手环发放启动仪式（民建阳泉市委会 供图）

【民建阳泉市委会换届】 2022年1月11日，中国民主建国会阳泉市第八次代表大会召开。会议听取并审议石文斌代表民建阳泉市第七届委员会所作的《凝聚奋进合力、强化担当作为、为助推阳泉全方位高质量发展接续奋斗》的工作报告，选举产生民建阳泉市第八届委员会，石文斌当选主任委员，3人当选为副主任委员。（史克祥）

中国民主促进会阳泉市委员会

【思想建设】 2022年，中国民主促进会阳泉市委员会以中共二十大召开为契机，以开展"矢志不渝跟党走、携手奋进新时代"政治交接主题教育为载体，把思想政治教育融入组织生活中。民进阳泉市委会以市委会集中学和支部集中学为主，以线上集体学习和会员自学为辅，组织会员学习贯彻中共二十大精神、民进十三大精神、山西民进九大精神，学习中共山西省委十二届二次全会精神和中共阳泉市委十三届二次全会精神等。民进阳泉市委会以统战各级公众号和民进各级公众号为学习宣传平台，开展多党合作史、民进会史及优良传统、先进人物事迹的学习教育。围绕喜迎中共二十大胜利召开主题，以民进中央确立的信息化建设主题年活动为载体，组织基层会员开展形式多样的主题活动。引导会员结合自身理论实践优势开展理论研究，向中共阳泉市委统战部报送《百年统战显威力 砥砺奋进铸辉煌》《信息技术发展与民主党派活动方式变革研究》等6篇理论研究成果，《统一战线法宝地位研究》获"2021年度全省统战理论政策研究优秀成果三等奖”。向民进山西省委会提交“多党合作·民进记忆”主题征文4篇。

年内，民进阳泉市委会共编撰《阳泉民进》内部资料2期，微信公众号推送278条，编辑简报114期。组织并报送民进中央、民进山西省委会、阳泉市政协及中共阳泉市委统战部等各种材料9篇。民进中央网站、《团结报》等中央媒体刊登38条；《山西民进》、山西民进网站等省级媒体刊登99条；《阳泉日报》《阳泉统一战线》等市级媒体和杂志刊登28条。10月1日，市委会开通“阳泉民进”抖音号，至年底推送宣传视频23个。市委会被民进中央评为“民进信息化建设先进集体”，苏巧艳被评为“2022年度民进山西省委会信息化建设先进个人”，市委会提交的信息化建设案例《智力支教讲学“云上”“变形记”》被评为“2022年度民进山西省委会信息化建设优秀案例”。（杨　芳）

【组织建设】 2022年，民进阳泉市委会以健全工作机制为牵引，确保组织建设稳步推进。加强领导班子建设，搭建学习平台加强横向联系，以“一委员+一支部”联络机制加强纵向沟通，在内部监督委员会的监督下，明确班子成员责任分工，强化担当作为。全年发展会员15名，平均年龄38岁。持续实施人才强会战略，组织后备干部参加中共阳泉市委组织部、中共阳泉市委统战部、阳泉市政协等组织的培训班。市委会主委李君当选为民进山西省第九届委员会常委及出席民进第十三次全国代表大会代表，专职副主委苏巧艳当选为民进山西省第九届委员会委员。主委李君连任阳泉市人民政府副市长，1名会员为阳泉市人大常委会委员，3名会员为市政协常委，4名会员为市人大代表，17名会员为市政协委员。基层组织以星级支部创建工作为载体，以评促建，评建结合。在7月31日召开的民进山西省第九次代表大会上，市直一支部、市直三支部、矿区支部、荫营支部、市一中支部、医卫支部6个支部被命名为“五星级支部”，机关支部、市直五支部、豫剧团支部、市直二支部、市直四支部、上站支部6个支部被命名为“四星级支部”。截至年底，全市民进会员376人，基层支部13个。（杨　芳）

【参政议政】 2022年，民进阳泉市委会主动领题，在调研的基础上，建净言、献良策、出实招。3月7日，到“阳泉记忆·1947”文化园，围绕发展文化产业商圈经济、创建省级现代服务业聚焦区、建设老工业城市工业遗产保护利用示范区进行专题调研。3月19日，到阳泉市车城网数字经济示范运营基地、阳泉百度Apollo park，围绕阳泉市打造算力中心、数据中心及高层次人才引育、优化营商环境等开展调研。6月23日，到郊区李家庄乡甄家庄社区，围绕发挥基层党建“红色引擎”作用，促基层治理能力提升开展专题调研。8月9日，到盂县西小坪耐火材料有限公司围绕耐材产业可持续发展开展专题调研。10月28日，到市教育局和市特殊教育学校进行特殊教育发展情况专题调研。经过调研，分别向民进山西省委会和中共阳泉市委统战部提交《关于进一步助推民营经济高质量发展研究》《黄河流域生态保护和高质量发展问题的研究与探索》等14篇调研报告。民进阳泉市委会主委李君在山西省政协十二届五次会议期间，围绕全省乡村振兴、教育发展、粮食安全等提交提案3件。在阳泉市人大、政协“两会”期间，会内21名市人大代表和政协委员共向大会提交议案、提案75件。《关于促进我市双减政策落实的建议》《关于将城市中心公园改称“平潭文化公园”的议案》被市十六届人大一次会议列为重点建议案，《巩固提升国卫创建成效 全面推进健康阳泉建设》被市政协十四届一次会议列为重点提案。

年内，民进阳泉市委会向民进山西省委会、阳泉市政协反映社情民意信息160条。其中，3条被省政协采用，9条被民进山西省委会采用，41条被市政协采用。7月31日召开的民进山西省第九次代表大会上，市委会被民进山西省委会评为“2021年度参政议政先进集体二等奖”，高爱萍被评为“2021年度信息工作先进个人”。（杨　芳）

【社会服务】 2022年，民进阳泉市委会发挥自身界别特色优势，主动调配会内资源，按照民进中央、民进山西省委会部署和阳泉市社会发展要

2022年1月14日，民进阳泉市委会开展“壬寅(2022)年民进全国‘春联万家·推动共同富裕’活动”
（民进阳泉市委会　供图）

求，开展文化下乡、智力支教、医疗义诊等社会服务。1月14日，组织民进阳泉开明画院书画爱好者和楹联书法爱好者在市委会机关举办“壬寅（2022）年民进全国‘春联万家·推动共同富裕’活动”，书写春联500副。5月13日，联合民进山西省委会和民进太原市委会举行“智力支教郊区杨家庄学校‘云课堂’启动仪式”，邀请省城教学名师线上为杨家庄学校的初三学生进行数学、历史、英语的专题辅导和心理辅导。7月23日，市委会组织会内医务人员到驻地部队，开展医疗义诊和科普急救专题讲座。10月4日，市委会组织会内医卫界会员到平定县巨城镇西岭村开展医疗义诊下乡活动，为村民进行问诊和检查，免费赠送常用药品。市委会提交的《情系山区教育 智力支教结硕果 发挥资源优势 增强服务创品牌》被民进中央评为“民进全国社会服务优秀成果”。（杨　芳）

中国农工民主党阳泉市委员会

2022年9月18日，农工党阳泉市委会内部监督委员会到平型关大捷纪念馆开展“追寻先辈足迹 传承革命精神”政治交接主题教育红色行活动

（农工党阳泉市委会　供图）

【思想建设】 2022年，中国农工民主党阳泉市委员会引领党员加强政治理论学习，健全常态化学习机制，组织党员参加农工党中央理论研究与党史工作骨干培训暨工作会、全国参政议政骨干和社情民意信息员培训班，农工党山西省委会参政议政工作交流研讨会、学习贯彻中共二十大精神专题报告会等，召开理论学习中心组（扩大）会议，提升参政议政能力和水平。中共二十大召开前夕，“阳泉农工”微信公众号开设“回顾党代会光辉历程 喜迎二十大胜利召开”专栏20期；召开期间，组织党员集体收看中共二十大开幕会，并开设“学习贯彻二十大 同心奋进新时代”专栏25期；闭幕之后，市委会召开会议，就学习贯彻中共二十大精神工作进行安排部署。举办“学精神、谈体会、守初心、跟党走”学习心得征文活动，共收到52篇征文，市委会择优上报省委会35篇优秀征文。完成市政协“喜迎二十大、同心向未来”主题征文27篇，切实推动中共二十大精神学深悟透。

农工党阳泉市委会以开展“矢志不渝跟党走、携手奋进新时代”政治交接主题教育为载体，组织各基层支部结合实际，开展形式多样的活动。6月12日，市委会组织班子成员、监委会委员及部分骨干党员到盂县梁家寨乡石家塔村、骆驼道村牛道岭阻击战遗址等地开展主题教育学习实践活动。为配合主题教育学习，市委会在“阳泉农工”微信公众号连续推送257期学习专栏，专题推送习近平总书记重要讲话重要指示精神、中央统战工作会议精神学习专栏8期。省委会网站刊登阳泉主题教育工作信息45条，农工党中央、团结网等刊发阳泉信息19条。全年编发主题教育工作简报88期，推进主题教育稳步开展。12月，市委会被农工党中央授予“2018—2022年度先进集体”称号。（马洪亮）

【组织建设】 2022年，农工党阳泉市委会持续加强自身建设，不断提升履职能力和水平。成立监督委员会，促进自我管理、自我教育、自我约束、自我完善，参加农工党山西省内部监督机构廉政建设专题讲座，提升自身监督能力。9月17日至18日，农工党阳泉市委会内部监督委员会开展“追寻先辈足迹 传承革命精神”政治交接主题教育红色行，到代县“夜袭阳明堡”机场遗址、繁峙县伯强毛主席路居纪念馆、平型关大捷纪念馆、雁门关伏击战遗址等地参观，赓续红色基因，汲取奋进力量。全年新发展党员14名，平均年龄38岁，其中本科学历13名、硕士研究生1名，界别涵盖医药卫生、教育、农业、经济等行业。年内，在农工党山西省委会举办的全省星级基层组织创建活动总结表彰会上，平定总支部、郊区总支部、阳煤集团总医院总支部3个支部被评为五星级基层组织，盂县小组、市直五支部、市直六支部3个基层组织获得思想宣传、组织建设和参政议政“三项”工作表彰。截至年底，全市农工党员362人，基层组织15个。（马洪亮）

【参政议政】 2022年，农工党阳泉市委会全力服务省市高质量发展，切实履行参政议政职能。市、县（区）人大、政协“两会”期间，提交议案建议、委员提案和集体提案120余件。9位市、县(区)政协委员大会发言,6位委员接受市级媒体采访。在市政协参政履职表彰会上,农工党阳泉市委2件集体提案和3件委员提案被评为优秀提案,2篇社情民意信息被评为优秀信息,《关于"实施红色领航战略,努力做强红色旅游"的建议》获评2022年市政协重点提案,市委会集体提案连续8年获评重点提案。

农工党阳泉市委会结合全市统一战线"'十大战略'大调研·建言献策促落实"行动,组织各调研课题组主要成员及部分参政议政骨干党员围绕数字经济与生态经济两大课题,先后到中电阳泉数字经济产业园、山西智创城NO.7、平定县锁簧镇东锁簧村、冠山镇岭上村等地进行实地调研,完成调研报告2篇,1篇获一等奖、1篇获三等奖。超额完成农工党山西省委会调研课题任务,4篇调研报告均获优秀奖。全年向农工党山西省委会和阳泉市政协报送社情民意信息77篇,其中,农工党中央和山西省政协各采用1篇、农工党山西省委会采用7篇、阳泉市政协采用17篇。党员杨启明撰写的《中医护理和收费标准应规范》刊登在7月21日《山西日报》"建言献策"专栏。 (马洪亮)

【社会服务】 2022年,农工党阳泉市委会发挥医药卫生界别优势,助力乡村振兴。6月中旬,市委会组织党内医疗专家到盂县梁家寨乡御枣口村开展"环境与健康宣传周"义诊进乡村活动,这是市委会连续10年开展该项公益活动。此次活动共服务群众300余人次,还在该村挂牌农工党社会服务联系点,开展定点帮扶。9月14日,农工党山西省委会、农工党阳泉市委会在阳泉市第二人民医院联合开展"助力健康山西、农工党在行动"知识讲座,邀请山西省人民医院神经内科荣誉主任、二级教授胡风云,为市第二人民医院、郊区部分乡镇卫生院医护人员授课,为推动"健康山西"建设贡献农工党力量。年内,市委会被农工党山西省委会评为"2021年度社会服务工作先进集体"。 (马洪亮)

【农工党阳泉市委会换届】 2022年1月9日,中国农工民主党阳泉市第七次代表大会在阳泉宾馆召开。会上,张立君代表中国农工民主党阳泉市第六届委员会作《不忘合作初心,携手砥砺奋进,为全方位推进阳泉高质量发展努力奋斗》的工作报告。会议选举产生中国农工民主党阳泉市第七届委员会领导机构组成人员和出席农工党山西省第八次代表大会代表,张立君当选主任委员,马洪亮、马俊、王伟当选为副主任委员。农工党阳泉市七届委员会第一次会议表决通过中国农工民主党阳泉市第七届委员会内部监督委员会组成人员。 (马洪亮)

九三学社阳泉市委员会

【思想建设】 2022年,九三学社阳泉市委员会坚持以习近平新时代中国特色社会主义思想为指导,学习贯彻中共二十大和社中央十二大会议精神,开展"矢志不渝跟党走、携手奋进新时代"政治交接主题教育,加强自身建设,履行参政党职能,各项工作取得新成绩。组织开展"追寻九三足迹、赓续优良传统"活动,组织参观渝中区九三学社成立旧址纪念碑,引导社员感悟初心使命。举办新社员及骨干社员培训班,通过履职讲座、实地参观学习等方式,赓续多党合作优良传统。在全市统一战线"'十大战略'大调研·建言献策促落实"行动中,社市委围绕城乡养老服务、城乡融合发展等开展调研,提交课题调研报告11篇、统一战线论文6篇。加强信息宣传工作,全年在"阳泉九三"微信公众号编发学习信息113期,动态发布社市委及基层组织信息118期。

年内,社市委稿件被《团结报》、团结网等国家级报刊媒体采用1篇,被九三学社山西省委网站、《山西社讯》等省级报刊媒体采用11篇,被《阳泉日报》《阳泉统一战线》等市级报刊媒体采用31篇。 (李宏业)

【组织建设】 2022年,九三学社阳泉市委员会对7个专委会领导班子分工进行调整,调整后的各专门委员会由主任、副主任和委员组成,主任分别由社市委副主委兼任,副主任由社市委委员和基层组织负责人兼任,委员主要由市、县(区)人大代表、政协委员和各专业领域参政议政能力较强的社员组成,形成老中青梯次配备,同时为社市委培养人才、锻炼人才奠定基础。社市委加强对新社员的选择、培养和使用工作。

2022年9月16日,九三学社阳泉市委员会到平定县巨城镇开展"矢志不渝跟党走、携手奋进新时代"政治交接主题教育活动 (九三学社阳泉市委员会 供图)

把好“入口”关,吸纳政治素质好、层次高、有代表性的人员加入社组织。全市发展新社员8名,其中硕士研究生3名、大学本科5名,平均年龄40岁。新社员入社后,举办培训班,从统战理论、社章社史、提案及社情民意撰写等方面加强培训引导,不断提高新社员的政治素质和参政议政能力。年内,社市委被九三学社中央委员会授予“2021年度机关规范化建设工作组织奖”和“2021年度机关规范化建设市级组织工作成效奖”。截至年底,全市社员183人,基层支社8个、小组1个。(李宏业)

【参政议政】 2022年,九三学社阳泉市委员会聚焦国民经济与社会发展“十四五”规划和2035年远景目标,围绕科技创新、医疗卫生、教育文化、城市建设、数字经济、乡村振兴等全市中心工作开展专题调研。阳泉市人大、政协“两会”期间,九三学社阳泉市委员会共提交集体提案、委员提案及社情民意51件,其中集体提案10件、委员提案37件、社情民意4件。在市政协2022年重点督办的10件提案中,九三学社被采用两篇。年内,社市委会共向社省委会、省政协、市政协等提交社情民意102件。九三学社阳泉市委员会被九三学社山西省委员会授予“议政成果贡献三等奖”和“反映社情民意信息工作先进集体三等奖”。(李宏业)

【社会服务】 2022年,九三学社阳泉市委员会围绕助企纾困、乡村振兴等方面,组织社员开展公益活动。组织召开促进产教融合、助企纾困增效座谈会,为阳泉职业技术学院和山西易安矿通科技有限公司搭建平台,促进校企合作,就延伸企业零部件加工链条、人才常态化合作机制以及企业发展遇到的难点、堵点进行交流,还为企业引进机电专长员工2名。组织社员到平定县柏井镇东山村,联动开展“文化+”助力乡村振兴实践活动,以支社联动、文化助力形式推动社会服务创新。此次活动共向村委会提交4个金点子,均被采纳;帮助东山村设计商标标志51件,其中评出的38件优秀商标供东山村免费使用;还形成宣传稿1篇,系列诗词7首。在盂县王炭咀村设立乡村振兴实践基地,组织社员实地考察,为王炭咀村与旅行社搭建合作桥梁。组织社员到城区义井社区、南大街窑坡社区开展科普义诊活动,服务群众400余人次,发放健康知识宣传册和宣传资料300余份。社员余娟娟带领小组成员进行3次公益直播课,通过直播平台与群众一同守护心理健康,服务群众130人。(李宏业)

阳泉市工商业联合会

【思想建设】 2022年,山西省阳泉市工商业联合会以习近平新时代中国特色社会主义思想为指导,把学习贯彻中共二十大精神作为首要政治任务,聚焦省委十二届五次全会精神,带领工商联系统和民营经济人士准确把握习近平总书记关于促进民营经济发展壮大的重要论述。市工商联党组联合直属商会开展庆“七一”党组织主题活动,到长治市武乡八路军总部、朔州市右玉精神纪念馆等地,通过唱红歌、上党课、向烈士敬献花篮、重温入党誓词等形式,引导全体党员擦亮精神底色、强化责任担当。组织全市企业家代表及企业党组织负责人、年轻一代企业家代表、直属商会党组织负责人等70余人,到“阳泉记忆·1947”文化园开展以“喜迎二十大 永远跟党走”为主题的理想信念教育实践活动,号召大家与党同心、跟党奋进。(郝 爽)

【组织建设】 2022年,阳泉市工商联聚焦自身建设,夯实组织基础。4月,阳泉市总商会注册登记,成为全省第四家完成注册登记的市级总商会。阳泉市5个县级工商联被中华全国工商业联合会评为2020—2021年度全国“五好”(领导班子好、会员发展好、商会建设好、作用发挥好、工作保障好)县级工商联,郊区工商联被评为首批全国“五好”标杆县级工商联,郊区工商联党组书记武海军被推选为山西省工商联系统基层干部代表参加全国工商联第十三次代表大会,阳泉市山东商会被中华全国工商业联合会评为2021—2022年度全国“四好”(政治引领好、队伍建设好、服务发展好、自律规范好)商会。规范乡镇(街道)商会建设,夯实基层组织。矿区推进街道商会规范化建设,全区6个街道商会全部登记注册成立,在全省率先实现县区街道商会组织全覆盖、登记注册全覆盖。郊区推进乡镇商会规范建设,6个乡镇商会在全省率先实现乡镇商会、商会党支部、商会注册“三个全覆盖”。组织工商联机关、商会、会员企业三类党组织,探索党支部品牌,建立完善党建指导员工作制度,确定3名党员负责9个协会的党建指导工作,受到“两新”组织(新经济组织和新社会组织)党委及协会的好评。截至年底,市工商联联系的商会协会共80家。其中,乡镇商会31家,街道商会11家,已覆盖全市;异地商会11家;行业商会24家;其他商会3家。(郝 爽)

【参政议政】 2022年,阳泉市工商联发挥界别特色优势履职建言,参政议政。市人大、政协“两会”期间,市工商联及民营企业家代表向市人大提交议案及建议40件,向市政协提交集体提案4件、个人提案27件,提交社情民意120余件。在市政协第十四届一次会议上,市工商联以《关于切实减轻民营企业负担》为题在大会上发言。(郝 爽)

【社会服务】 2022年,阳泉市工商联带领民营企业履行社会责任,树立民企形象。年内，市工商联动员全市民营企业和商（协）会会员累计捐赠物资及现金3000余万元，以实际行动彰显民营企业的责任与担当。市、县（区）全部举办“万企兴万村”启动仪式和金融服务、政策解读等特色活动，号召阳泉民营企业发挥自身优势，开展企村结对共建，指导山西天弘晋腾商贸有限公司创建省级实验项目。联合市人社局、市税务局、企业园区等，开展金秋招聘月、万达广场招聘会等活动，提供岗位3000余个，并继续开发挖掘更多符合市场供需的民企岗位，助力企业健康发展。（郝　爽）

【民营企业家素质提升工程】 2022年，阳泉市工商联教育引导民营经济人士用习近平新时代中国特色社会主义思想武装头脑、指导实践、推动工作，同时不断增强对中国共产党和中国特色社会主义的政治认同、思想认同、理论认同、情感认同。开展教育培训活动，组织企业家参加2022年度全国工商联“合规月月谈”线上课程，“万企兴万村”行动台账管理工作培训，全国中小企业《区域全面经济伙伴关系协定》专题培训会及各级各部门举办的党建示范班、企业家培训班，定期举办学习观摩交流会等，提升民营企业家的综合素质。（郝　爽）

【服务民营企业】 2022年，阳泉市工商联高度重视民营经济发展，多次到全市各县（区）和7个直属商（协）会座谈，走访企业百余家。同时，配合山西省工商联“强服务，稳经济，助推民营经济高质量发展”调研工作，主动了解企业诉求，向上反映企业心声。市工商联被全国工商联评为“2021年度民营企业调查点工作先进基层单位”。围绕服务促进民营经济高质量发展，开展以“进企业、进商会、进工地，送政策、送法律、送服务”为主要内容的服务民企“三进三送”活动，为企业送策问计、纾困解难。牵头组建由发改、工信、人社、市场监管、行政审批等14个职能部门组成的惠企政策宣讲小分队，宣传惠企政策。组建30余人的工商联“法律服务团”，搭建律师服务民企平台，为企业、商会提供法律咨询、合规审查等法律服务。组织40余名企业家参加进博会、世界晋商杰出青年峰会、异地晋商组织联席会等活动，带领阳泉民营企业家代表与省直商协会民营企业家代表进行座谈交流，推动爱琴海商业集团与鑫帝集团的投资合作，盘活整合闲置资源。

联合市委统战部制定《阳泉市服务民营企业直通车制度》，设置电话直通车、电子邮件直通车、座谈会直通车和意见建议直通车4个直通车平台，针对企业家反映问题建议，上报3期直通车专报呈报市委、市政府领导。协助市委统战部完善《市四大班子领导帮扶联系民营企业制度》，27名市级领导到54家帮扶联系民营企业开展入企服务。（郝　爽）

【山西商会节·晋商企业家节——阳泉“商会行”系列活动】 2022年，阳泉市工商联举办山西商会节·晋商企业家节——阳泉“商会行”系列活动，省市级商（协）会负责人等120余人参加活动。山西商会节以“弘扬晋商文化、传承晋商精神”为主题，以宣传推介商会各项工作及会员企业为主要内容，调动省内各级各类商会和外省山西商会投身市场主体倍增的工作实践中，为服务民营经济高质量转型发展提供动力和支持。活动中，盂县众鑫中小企业商会与山西省浙江企业联合会、山西省广东商会等4家省级商会和太原市西安商会、太原市吉县商会、阳泉市浙江商会等14家市级商（协）会签订友好商（协）会协议。商（协）会搭建平台，规范发展，与工商联一起利用“亲清下午茶”、服务民营企业直通车、企业合规建设、法律服务团和惠企政策宣讲小分队，发挥好政府和非公有制企业之间的桥梁纽带作用。（郝　爽）

【阳泉市工商业联合会（总商会）换届】 2022年2月16日，阳泉市工商业联合会（总商会）第十五次代表大会在阳泉宾馆召开。会议听取审议市工商联第十四届执行委员会的工作报告，选举产生市工商联第十五届执委会委员、执委会领导班子以及总商会领导班子。大会以等额无记名投票方式选举产生149名执委，55名常委。齐敏芝当选为市工商联第十五届执委会主席、总商会会长，王新哲、乔国强等20人当选为兼职副主席，王雪、王泽宇薪等15人当选为兼职副会长。（郝　爽）

2022年2月16日，阳泉市工商业联合会（总商会）第十五次代表大会在阳泉宾馆召开　（市工商联　供图）

（责任编辑：李　静　杨　军）

群众团体

阳泉市总工会

【概况】 2022年，阳泉市总工会新建基层工会148个，建立12个新就业形态示范点和3个“司机之家”，新吸纳工会会员9645人，全市新业态群体工会会员12757名，入会率91%。到年底，全市共有工会组织2788个，工会会员279688人。配合全国总工会、省总工会完成蹲点工作，高新区总工会被选为全总赴山西唯一蹲点单位。开展“咱们工人有力量 咱们工会有作为”主题实践活动，实施“铸工诚”“建工勋”“惠工友”“强工基”“领工先”五大行动。组队参加“喜迎二十大 奋进新征程”2022年全省职工主题演讲比赛，获团体总分第一名。“阳泉智慧工会云服务平台”获中华全国总工会、中央网信办主办的2022年“网聚职工正能量、争做中国好网民”互联网+工会普惠服务“市级十佳”平台。被省委、省政府、省军分区授予“山西省爱国拥军模范单位”称号。联合市纪委监委机关、市文明办分别举办全市“清廉阳泉”主题党风廉政建设知识竞赛和阳泉市创建全国文明城市知识线上答题活动。年内，在省总工会2021年度工作考核评估中被评为“优秀”等次。 （郝 晟）

【职工思想政治工作】 2022年，阳泉市总工会编辑整理《中国共产党领导阳泉工人运动一百周年大事记述》，通过广泛收集资料、召开征求意见座谈会，讲好阳泉红色工运故事。开展庆祝建市75周年红色文化宣传月主题宣讲活动，举办职工21天读书排位赛，参与职工30万余人次。特邀中共二十大代表、华阳集团一矿机电工区综采管理组高级技师李杰作专题报告，深化对中共二十大精神的认识和理解。开辟《工会之声》广播栏目，打造党的创新理论主题宣讲活动“新阵地”，栏目采用访谈形式，开设工会工作、劳模宣讲、维权服务、心理咨询、职工风采等节目，日收听人数逾10万人。开展“喜迎二十大 建功新时代”主题宣传教育，举办职工春晚、职工演讲比赛、职工篮球赛，引领职工坚定不移听党话、跟党走。推进职工书屋建设，申报国家级职工书屋2个、省级职工书屋3个，“阳泉记忆·1947”文化园获“全国职工书屋”示范点称号。组队参加“喜迎二十大 奋进新征程”2022年全省职工主题演讲比赛，获团体总分第一名。 （郝 晟）

【职工技能素质提升】 2022年，阳泉市总工会持续开展“建功新时代

2022年2月14日，“中国梦·劳动美——建功新时代 奋进新征程”阳泉市首届职工春节联欢晚会在阳泉广播电视台举办 （市总工会 供图）

奋进新征程”主题劳动竞赛，完善“五小”(小发明、小革新、小改造、小设计、小建议)竞赛智能化平台，全市310家企事业单位、9.1万名职工参加竞赛，与市教育局、卫健委联合举办教学和护理岗位技能竞赛，调动广大职工的主动性创造性。深化“阳泉工匠”命名活动，开展“展劳模风采 树榜样力量”系列宣传活动和“最美劳动者”选树工作，推荐评选全国工人先锋号1个、全国五一劳动奖章3个，省工人先锋号5个、省五一劳动奖状3个、省五一劳动奖章15个。组队参加全省职工职业劳动保护技能竞赛，获团体第一名。（郝　晟）

【职工维权服务】 2022年，阳泉市总工会推动“尊法守法·携手筑梦”服务农民工公益法律服务行动纳入市委2022年“法治惠民工程”，推荐申报阳泉阀门股份有限公司为“全国和谐劳动关系创建示范企业”。继续推动“户外劳动者爱心驿站”建设，年内新建“户外劳动者爱心驿站”21个，累计建设83个。持续打造“四季送”品牌活动，举办“春风行动线上招聘会”带动百余人实现就业，投入53.4万元开展“夏送清凉”活动，为84名困难职工子女发放“金秋助学”助学金51.24万元，为“两节”送温暖暨“双包联系”活动筹集慰问款物467.11万元。深化大病医疗互助活动，全年共救助2645名职工，发放互助金858万余元。在全市开展第十八期职工医疗互助活动，缴纳医疗互助金近百万元，覆盖职工近20万人。（郝　晟）

【产业工人队伍建设改革】 2022年，阳泉市委、市政府印发《阳泉市推进新时代产业工人队伍建设改革的若干措施》，细化分解41项具体举措。市委全面深化改革委员会会议专题听取全市产业工人队伍建设改革工作开展情况汇报。召开全市产业改革推进会，对照产改评价考核88项指标逐项推动落实，及时调整由市委分管领导任组长的产改协调小组，定期召开工作调度会，强化各成员单位协同联动，培育选树产改试点单位13个。市总工会与市委人才办、阳泉职业技术学院共同建设阳泉工匠学院，印发《关于加强和改进新时代产业工人队伍思想政治工作的若干措施》《阳泉市产业工人队伍思想政治工作联席会议制度》，构建“工匠学院＋实训基地＋线上培训＋技能竞赛＋工匠选树”的职工职业技能提升工作体系。开展2022年职工队伍状况调查工作，撰写完成《2022年阳泉市职工队伍状况调研报告》《关于阳泉市困难职工状况的调研报告》。（郝　晟）

【“暖企助企惠企”行动】 2022年，阳泉市总工会启动建功、提素、护航、纾困、强基等系列“暖企助企惠企”行动，落实小微企业工会经费支持政策，全年共返还1585.35万元。创新打造普惠服务“惠工圈”品牌，发放一次性特别电子餐饮消费券2803.5万元，惠及职工9.3万余名。依托阳泉智慧工会平台推出14项“稳经济、促消费、惠职工”系列活动，发放各类消费券21万余张，覆盖工会会员20万余人次，拉动消费500余万元。（郝　晟）

【《阳泉工人运动100周年大事概览》】 2022年，阳泉市总工会编辑整理《阳泉工人运动100周年大事概览》。整部文稿历时8个多月完成，计6万余字，图片200余幅，分“星火燎原 工运兴起”“浴火重生 工人当家”“改革潮涌 工会作为”“转型蹚路 工匠筑梦”4个篇章，记述从19世纪末到2022年100余年间，中国共产党领导阳泉工人运动中发生的重大事件、重点工作和重要人物。（郝　晟）

中国共产主义青年团阳泉市委员会

【概况】 2022年6月，阳泉市委、市政府印发《关于落实〈山西省青少年发展规划（2021—2025年）〉的实施方案》，确定加强青少年思想道德教育、加强青少年教育工作、提升青少年健康水平、加强青年婚恋观引导、推动青年就业创业等10个领域121条具体工作措施，提出青年马克思主义者培养工程、青少年社会主义核心价值观培养工程、青少年志愿者行动、青少年体质健康提升工程、青年就业创业促进工程等12个重点项目。同月，阳泉市矿区入选全国青年发展型县域试点。7月12日，阳泉市青少年工作联席会议第三次全体会议召开，审议通过《阳泉市青少年发展工作2022年重点任务清单》《阳泉市青少年发展统计监测指标》。强化重点领域团组织建设，相继成立紫砂行业团工委、开发区北部工业园区团工委。完成学校共青团、学生会组织改革情况分类评价，推动学校团组织切实发挥政治功能，在全市全日制中学、中等职业学校(技工学校)普遍成立团校，规范团前教育。严格入团政治标准，举办示范性入团仪式，全年新发展团员2048名。截至年底，全市有共青团组织4178个，团员49590人。年内，阳泉市18个集体、13名个人获全国、山西省“五四”表彰，其中阳泉市郊区荫营镇三都村团总支、阳泉市消防救援支队泉中路特勤站团支部获“全国五四红旗团支部”，阳泉市第四中学团委书记刘晓丁获“全国优秀共青团干部”称号，阳泉市驻地企业华阳新材料科技集团有限公司团委获评“全国五四红旗团委”；在共青团山西省委对各地市团委的2022年度重点工作考评中，阳泉被评定为“优秀”等次。（王志凤）

【共青团阳泉市第十六次代表大会】 2022年9月7日，中国共产主义青年团阳泉市第十六次代表大会召开。大会审议通过共青团阳泉市第十五届委员会工作报告，选举产生团市委委员35名、候补委员15名。9月8日，共青团阳泉市第十六届委员会第一次全体会议召开，选举产生共青团阳泉市第十六届委员会常委、书记、副书记，蔺志鹏当选为新一届团市委书记，尚观宇、王贺椿、高志勇、郭凯华、朱云飞、刘茜当选为副书记。 (王志凤)

【青少年思想政治引领】 2022年6月13日，山西省团校阳泉学院(中共创建第一城青年学院)成立，青年思想政治教育阵地建设得到加强。组织开展"学习二十大、永远跟党走、奋进新征程"主题实践活动，举办中共创建第一城青年学院学习宣传贯彻党的二十大精神培训班、"青春理响晋行时"党的二十大精神线上分享会，以"青年化"阐释推动中共二十大精神在青少年中入脑入心。举办"我和党旗同个框""我和国旗合个影""清明祭英烈"等线上线下主题实践教育、团(队)日活动，覆盖青少年5万余人次。用好"青年大学习""红领巾爱学习"网上主题团课、队课，参学率达100%，实现各级团组织、少先队理论学习全覆盖。制作推出系列文化产品35个，开展直播11场次，运用网络新媒体唱响主旋律、传播正能量。 (王志凤)

【青年青春建功】 2022年，共青团阳泉市委实施"青年人才，筑梦归巢""乡村振兴，青春建功""创业就业，青春助力""红色引领，梦想启航""生态文明，青春先行""志愿青春，爱心接力"六大行动，推进青年文明号、青年岗位能手、青年安全示范岗、青少年维权岗、青年创业先锋岗、优秀青年突击队"六青联创"工作，2个集体入选全国青年安全生产示范岗推荐集体，6个集体获评"山西省青年文明号"，4人获评"山西青年岗位能手"，3人入选第四届山西青年创业奖表彰，3人入选2022年"山西乡村振兴青年先锋"。主动融入省校合作，加强省外15个阳泉市"学子归巢"工作站建设，选聘20名阳泉籍在外大学生担任工作站站长、副站长，建立在外高校学子与家乡联系的制度化渠道。7月，阳泉市首家线下实体"学子归巢"工作站在北京成立。深化"青春兴晋"大学生"返家乡"社会实践，460余名大学生到岗实践。郊区、城区相继成立青年人才党委、青年人才团工委、青年人才团支部。全市建成4个青年人才驿站。举办"青耘中国"直播助农活动3场，青年电商培训、技能培训服务青年1656人。组织开展大学生暑期"三下乡"志愿服务活动，在理论宣讲、扮靓乡村、爱心医疗等方面为乡村振兴注入青年力量。青联委员服务团开展电商销售、慰问捐赠、技术支持等服务。《盂县团县委:赓续红色血脉 传承红色基因 建设盂县"青救会"旧址陈列室》入选团中央服务乡村振兴优秀案例。引深青年创新创业工程，举办第九届"创青春"阳泉青年创新创业大赛，挖掘优质创新项目65个。助力20家企业挂牌山西省"青年创业板"，拓宽青年创新创业企业直接融资渠道。"团团促就业"线上招聘会覆盖青年9000人次。聚焦"红色领航"战略，系统推出"我们不会忘记""我们深爱这里""我们永远记忆""我们追寻足迹""我们一起奋进"5条红色研学路线。联合市文旅局、市教育局命名市级红色文化研学基地13个，研学实践活动基地8个。注册红领巾讲解员4.7万名，常态化组织红领巾讲解员在百团大战纪念馆、"中共创建第一城"旧址等革命教育基地进行讲解服务，央视《朝闻天下》节目报道"小小讲解员讲述红色历史"。深化"大手拉小手·保护母亲河""节能降碳绿色发展"等宣传活动，组织青少年开展环保宣传、植树护绿、"净滩行动"和"光盘行动"等生态环保实践620余次。县级青年志愿者协会实现全覆盖。组织动员青年志愿者、青少年参与文明教育宣讲、文明交通劝导、环境卫生整治等文明城市创建活动，累计参与2万余人次。 (王志凤)

2022年6月7日，青年志愿者在阳泉市第十一中学共青团志愿服务站为考生和家长提供爱心志愿服务 (团市委 供图)

【青少年成长关爱】 2022年，共青团阳泉市委持续做好关爱困境青少年工作，开展青年文明号真情助困活动，对接帮扶105名困境青少年家庭，捐助各类物资价值8万余元;希望工程圆梦行动筹集资金50万元，资助100名困难家庭大一新生圆梦大学。推动青少年维权工作，举办“共青团与人大代表、政协委员面对面”活动6场。阳泉市“12355”青少年服务台线上线下开展法治宣传、轻松备考、心理辅导、家庭教育、反诈宣讲等活动覆盖青少年5万余人次。打造青年婚恋交友品牌——“泉青恋”青春驿站，举办单身青年交友联谊会20余场次。在团中央维护青少年权益部、中国青少年发展基金会联合开展的“我的健康微建议”征集活动中，阳泉市推选的30件作品全部入选评审表彰名单。（王志凤）

【少先队建设】 2022年，阳泉市明确本级少工委名誉主任及政府联系领导，全部落实市、县少先队工作经费和大队辅导员津贴，均系全省率先落实的地市。推动在街道（乡镇）、社区（村）、青少年活动中心、青年之家建立少先队组织，形成校内外互为补充、有机联动少先队工作局面，在校外青少年活动中心成立少工委5家，在街道、社区（村）成立少工委、少先队组织229家。举办阳泉市首届辅导员职业技能大赛，全市各县（区）初赛选拔的28名少先队辅导员参加比赛。暑假期间，各级少先队组织开展少年儿童暑期实践营活动22场，覆盖少先队员3000余人次。举办为期7天的2022年山西省“石榴籽一家亲 晋疆少年手拉手”（阳泉）少先队员夏令营，新疆阜康和阳泉两地少先队员共结少年谊、共建晋疆情。（王志凤）

【庆祝建团100周年系列活动】 2022年5月16日，阳泉市召开学习贯彻习近平总书记在庆祝中国共产主义青年团成立100周年大会上的重要讲话精神座谈会。开展“喜迎二十大、永远跟党走、奋进新征程”五四青年节主题团日系列活动236场，各级团组织、少先队组织、青年社会组织围绕学习贯彻习近平总书记在中国共产主义青年团成立100周年大会上的重要讲话精神开展座谈交流、主题宣讲、专题培训400余场次。“我与共青团的故事”、庆祝建团100周年主题演讲及征文活动吸引2500余名青少年参与，拍摄制作主题MV《青春曙光》《强国复兴有我 青春风采展播》系列视频，并通过全市各级新媒体平台宣传推送。发挥青春典型示范引领作用，通报表扬先进集体49个、优秀个人101名。（王志凤）

阳泉市妇女联合会

【概况】 2022年3月4日，阳泉市妇女联合会十二届五次执委会议召开，会议替补选举市妇联十二届执委2名、市妇联副主席2名。4月27日，市妇联印发《关于抓党建促基层治理能力提升专项巾帼行动的实施意见》，在全市打造18个妇女之家示范点。7月7日至9日，在郊区固庄村乡村振兴培训中心举办为期3天的全市妇联干部素质能力提升培训班，全市市、县、乡三级妇联干部，家庭教育辅导员、婚姻家庭纠纷调解员等1000余名学员线上线下同步参加培训。出台《关于“妇女之家”建设提档升级的方案》。开展以“巾帼心向党 喜迎二十大”为主题的市直妇委会向党汇报云接力活动，增强机关企事业单位妇女工作活力。扩大妇联组织覆盖面，建立阳泉首家商圈妇联——滨河商圈妇联，推进山西工程技术学院和阳泉律师协会建妇联工作。发挥团体会员作用，推动市旗袍文化研究会完成换届。（任 梦）

【妇女思想政治引领】 2022年，阳泉市妇联加大阳泉妇女工作和妇女先进典型的宣传，先后有5条新闻稿件在《中国妇女报》刊登、2条新闻稿件在《山西日报》刊登、60余条新闻稿件在《山西妇女报》刊登、37条新闻稿件在《阳泉日报》刊登。“阳泉妇女”微信公众号推送信息759条，点击阅读量达95325人次。围绕中共二十大精神、家风家教、重要节点，开设专题专栏30余个，推动习近平新时代中国特色社会主义思想更加深入人心。成立中共二十大精神巾帼宣讲小分队，深入县区进行宣讲，推动中共二十大精神进机关、进企事业单位、进城乡社区、进校园、进各类新经济组织和新社会组织、进网站、进家庭，线上线下共举办宣讲活动296场次，受惠群众6983人。平定读书会网上宣传案例被编入全国妇联《网上妇联工作的探索与实践》教材。开展争当巾帼好网民和国家网络安全宣传周主题活动，提升广大家庭和妇女的网络安全意识及防护技能。注重从基层一线、平凡岗位、群众身边挖掘鲜活可学的先进典型。2月，平定县公安局刑警大队副大队长晋芳被全国妇联评为“全国三八红旗手”；5月，郭连增家庭和赵成锁家庭被全国妇联评为“全国五好家庭”，樊文彬家庭和张云清家庭获评“全国最美家庭”，山西新华书店集团阳泉有限公司副总经理张艳娜获评“全国家庭工作先进个人”；6月至9月，举办“我奋斗·家国美”巾帼先进典型故事分享会2场，推出宣传各类先进人物的巾帼风采录8期，通过“送荣誉到基层”等形式宣传优秀妇女典型。（任 梦）

【巾帼建功系列行动】 2022年3月，阳泉市妇联以“春风送温暖 就业送真情”为主题，举办网上招聘活动5期，提供岗位150个，递交简历530余人，网站访问量达2300余人次。发挥典型引领示范和辐射带动作用，命名阳泉市巾帼创业创新示范基地19家。实施高素质女农民培训项目，6月和11月，依托英英职校举办两期专题培训班，培育懂技术、会经营、

2022年11月，阳泉市高素质女农民培训班培训现场，教师指导学员开展电子商务与线上直播　　（市妇联　供图）

能创新的巾帼新农人150名。6月10日，印发《关于在全市开展“庭院故事汇”主题活动的通知》，打造“庭院故事汇”等最基层线下宣传载体，围绕生态振兴，推进美丽庭院建设，开展“最美庭院”创建创评活动，在全市选树阳泉市“最美庭院”98户。9月2日，围绕文明城市创建，召开“创城作表率　文明我先行”助力全国文明城市创建主题座谈会。全年开设10期女村支部书记向党汇报云接力活动，凸显新时代女性巾帼的担当和作为。　　（任　梦）

【妇女志愿服务】　2022年4月，阳泉市妇联印发《关于招募阳泉市巾帼志愿者服务队的通知》《阳泉市巾帼志愿者管理办法》，成立由“漾泉巾帼红”巾帼志愿服务总队，平定县、盂县、郊区、城区、矿区、高新区和市直单位7个巾帼志愿服务分队，首批57支巾帼志愿服务小分队组成的三级巾帼志愿者队伍，全年开展卫生保健、爱心帮扶、家庭教育、心理咨询、拥军优属等10个类别的志愿活动983次，服务群众2万余人次。打造“漾泉巾帼红”服务品牌，向省妇联推荐城区金三角社区文明实践站等6个文明实践巾帼志愿阳光站，矿区段南沟社区文明实践巾帼志愿阳光站被全国妇联评为全国文明实践巾帼志愿阳光站，郊区妇联开展的家庭教育志愿者服务宣讲团项目被山西省文明办评为省级优秀志愿服务项目，被全国妇联评为全国优秀巾帼志愿服务项目。　　（任　梦）

【妇女儿童关爱】　2022年，阳泉市妇联持续实施“紫气东来·幸福启航——为三晋妇女儿童送健康”项目救助，为全市16名困难妇女、儿童申请救助金2.4万元。开展“晋姐暖心与你同行”系列活动，为全市30名困难妇女每人发放救助金1000元。举办女农民工座谈会，为15名女农民工发放慰问金7500元。做好“两癌”患病妇女救助，为21名低收入“两癌”患病妇女争取到全国妇联救助金21万元。争取全国妇联、中国妇基会携手李宁（中国）体育用品有限公司为全市3600余名困境妇女捐助服装150箱，价值70余万元。为8名困境妇女争取到省妇联困境妇女救助项目救助金2.4万元。

1月，市妇联启动“把爱带回家——送法到家　让孩子健康成长”2022年寒假儿童关爱服务活动，省妇联、省儿基会为阳泉市捐赠价值约5万元物资。6月1日，举办“少年儿童心向党”庆六一主会场活动，市委主要领导出席活动并向全市少年儿童致以节日问候；组织妇儿工委成员单位深入5个县（区）开展“少年儿童心向党”慰问活动，慰问金额15.5万元。7月15日，联合团市委、市青少年活动中心启动暑期关爱服务活动，针对暑期特点，共推出宣传视频、文章等360余条，举办形式多样的亲子活动80余次，300余名爱心志愿者参加。携手新华书店深入农业县区开展图书捐赠公益活动，捐赠价值近3万元的图书及慰问品，并带去山西省妇儿基金会捐赠的价值1.08万元婴幼儿洗衣液。深化“幸福启航·蒲公英助学阳泉行动”，资助儿童近600名，收到资助款30余万元。（任　梦）

【妇女儿童维权】　2022年，阳泉市妇联建立法律顾问制度，签订市妇联聘用法律顾问合同，推进“12338”妇女维权热线纳入法律顾问项目化运行，为妇女群众开展专业化法律咨询和服务。1月26日，下发《阳泉市妇联落实〈市委宣传部、市司法局关于在全市开展法治宣传教育的第八个五年规划（2021—2025年）〉实施方案》，深化“建设法治阳泉·巾帼在行动”法治宣传，利用“4·15”“5·26”“6·25”“12·4”等节点，全年开展各类法律法规宣传活动538期，参与妇女群众1.86万人次。开设“漾泉巾帼法律微课堂”7期，开展《“宪”在“晋”行时答题分享活动》，点击率达3500余人次，参与答题人数3000余人。围绕“健康人生　绿色无毒”主题开展禁毒宣传，在“6·26”国际禁毒日之际开展禁毒宣传近百场，向群众发放禁毒宣传资料6000余份，提升广大妇女和家庭识别毒拒毒防毒意识。8月11日，召开全市婚姻家庭纠纷预防化解联席会议，建立婚姻家庭纠纷和“五色”(绿色为轻微、蓝色为一般、黄色为较大、橙色重大、红色为特别重大)预警数据信息定期上报制度和重点案事件第一时间上报制度,全年各级妇联排查化解矛盾纠纷581件。组织各级妇联开展包括贫困、残疾、留守、流动、单亲、失亲、精神障碍等妇女儿童重点人群和存在拐卖、虐待、家暴、性侵等侵权隐患或违法犯罪线索家庭的排查,并建立每月上报信息和不定期上报数据情况制度,至年底,全市摸排重点妇女人群4177人,涉及家庭3172户。畅通妇女维权通道,强化基层维权服务站点建设,全年市县两级妇联共接待处理信访案件162件,结案率100%。(任 梦)

【清廉家庭建设】 2022年4月11日,阳泉市妇联下发《关于在全市开展清廉家庭创建活动的指导意见》。5月13日至15日,联合市教育局举办阳泉市《中华人民共和国家庭教育促进法》暨清廉家庭建设线上培训班,各级家庭教育骨干、家风宣讲员、学生、老师、家长代表等3.3万余人次参加培训,点赞量近30万。6月2日,联合市纪委监委机关、市委组织部举办青年干部“六个一”(入一次警示堂、观一场家风展、听一堂清廉课、读一本榜样书、写一封助廉信、看一部《廉鉴》片)家庭助廉活动,引导广大家庭“以德立家、以廉治家、以勤兴家”,动员广大妇女通过说“悄悄话”、洒“清醒剂”、吹“枕边风”当好“廉内助”,发挥八小时外“独特”监督作用;联合市电台在102.7新闻综合广播,开设为期3个月10期的“家庭教育促进法暨清廉家庭”建设专栏,推出“阳泉市家庭助廉书信展示”16期。(任 梦)

【家庭家教家风建设】 2022年,阳泉市妇联在全市寻找“十型”(书香学习型、和睦温馨型、绿色环保型、孝老爱亲型、热爱公益型、教子有方型、清正廉洁型、爱岗敬业型、勤劳致富型、创业诚信型)特色最美家庭100户,推荐出席全国五好家庭2户、最美家庭2户、家庭工作先进个人1名,出席省文明家庭2户、省最美家庭3户、省绿色家庭7户。5月10日至15日,联合市教育局下发《关于做好全国首个家庭教育宣传周活动的通知》,通过现场宣传、“传红色基因 扬清廉家风”主题宣讲活动、巾帼家庭教育大宣讲等形式开展家庭教育宣传周活动。争取山西省妇联20万元资金在郊区桃林沟建立“三晋家教家风馆”。从全市教育、心理咨询、法律、传统文化等各级各类优秀代表中筛选出53人,组建市妇联家庭家教家风宣讲员队伍,联合市中医院、市心理学会、城矿区妇联、盂县家庭教育协会,为全市家庭和儿童提供“心”关爱志愿服务。通过进企业、进社区线下讲座和阳泉妇女微信公众号、抖音直播平台、102.7新闻综合广播教育专题等线上媒体,开展好家风讲座15期。在阳泉妇女微信公众平台开设“家庭家教家风”宣传专栏,推出亲子阅读篇6期、传承家风篇4期、家庭故事篇3期。开设“家庭家教家风”专题网络课程80余期。启动“见证中国力量!——讲讲我心中的国防”主题诵读活动,4.59万人参加、作品数量4.37万件、投票总量383万票、浏览量近15万。(任 梦)

【“巾帼心向党 喜迎二十大”阳泉市妇女创新创业成果展】 2022年9月23日至28日,阳泉市妇联在阳泉市展览馆举办“巾帼心向党 喜迎二十大”阳泉市妇女创新创业成果展,展览围绕清、和、安、美、乐、家、新7个单元,展出剪纸、砂器、陶瓷、花馍、面塑、葫芦、铝丝、刺绣、新材料9个不同领域女性创业团队400余件(组)作品,累计观展5000余人次。(任 梦)

阳泉市文学艺术界联合会

【概况】 2022年,阳泉市文联加强自身建设,召开市文联第五次代表大会并完成换届。推动刘慈欣创作研究工作室入驻“阳泉记忆·1947”文化园。文学、书法、美术、戏剧、音乐、舞蹈、摄影、曲艺、电影、电视、民间文艺11个艺术门类众多作品获省级以上表彰并被省级以上媒体宣传报道。9月15日,阳泉市召开第一届“榜样兵支书”表彰座谈会,召集重点作家深入乡村一线采访6位“榜样兵支书”,收集资料,撰写报告文学,编印出《戎耀——阳泉市第一届“榜样兵支书”报告文学集》。年内,组织全市广大文艺家深入农村、社区、厂矿、医院等地开展“送文化进基层”“我们的中国梦——文化进万家活动”等主题文艺活动30余次。截至年底,阳泉市文联所属文艺家协会有阳泉市作家协会、阳泉市美术家协会、阳泉市书法家协会、阳泉市戏剧家协会、阳泉市音乐家协会、阳泉市摄影家协会等20个。(白建刚)

【市文联第五次代表大会】 2022年9月7日,阳泉市文学艺术界联合会第五次代表大会召开。省文联党组书记李斌、省作协党组书记邢利民出席会议并讲话,省作协副主席杨遥出席会议。大会审议通过市文联第四届委员会工作报告、《阳泉市文学艺术界联合会章程修正案》;选举产生市文联第五届委员会委员、主席团成员,王开英当选为市文联新一届主席,刘慈欣、侯讵望被聘为名誉主席,王素琴当选为新一届驻会副主席,米楠、张东红、赵瑞玲、侯永斌、庞宏亮当选为新一届兼职副主席。(白建刚)

【红色主题作品采风】 2022年,阳泉市文联明确从红色景点、红色人

2022 年 5 月 31 日，阳泉市文联组织书画家到平定县南关社区开展“清风廉韵进基层 翰墨飘香润民心”廉政书画笔会活动 （市文联 供图）

物、红色事件 3 个方面进行红色主题作品创作的主体思路，梳理出红色景点 20 处、红色人物 5 名、红色事件 21 件，并对历史上创作的红色作品进行登记造册，整理出相关红色主题文艺作品 134 件。在此基础上，精选出主题突出的文艺作品 111 件，包括美术作品 61 幅、“非遗”作品 50 件，进行重点打磨完善。组织全市美术工作者 20 人、“非遗”传承人 20 人，到中共创建第一城旧址、狮脑山百团大战纪念馆、矿区保矿纪念碑、范子侠将军陈列馆等地开展 7 次红色采风，持续挖掘“中共创建第一城”内涵特质。 （白建刚）

【文艺宣讲进基层】 2022 年 11 月 10 日，阳泉市文联组织全市部分文艺家到市政府大院社区开展“党的二十大精神文艺宣讲进基层”活动。文艺家现场表演了《我与中国梦》《胖了更美》《看升旗》《胜利后的重逢》《我给书记送碗撒》《一路向阳》等文艺节目，用文艺的形式宣讲中共二十大精神。 （白建刚）

【“弘扬清风正气 共建清廉阳泉”艺术作品展】 2022 年 6 月 29 日，由中共阳泉市纪委机关、市委宣传部、市监察委员会主办，市文联承办，山西煤炭运销集团阳泉有限公司协办的“弘扬清风正气 共建清廉阳泉”艺术作品展在“阳泉记忆·1947”文化园城市书房开展。展览从 4 月下旬开始征稿，收到作品 2354 件。经过专家初评，1133 件作品入围，6 月 14 日至 23 日在“清风阳泉”微信公众号上进行网络投票。其间，干部群众访问量达 170 万人次，累计投票 147 万余张。最终选出入展作品 300 件。 （白建刚）

【“强化党建引领作用 提高基层治理效能”主题征文】 2022 年 11 月 3 日至 9 日，由阳泉市文联、市民政局和阳泉日报社联合举办，刘慈欣文学院、市作协承办的“强化党建引领作用 提高基层治理效能”主题征文活动评选结果在“阳泉市文联”微信公众号公示。活动共收到稿件 124 篇，经评委会初评、复评、终评，评选出 38 篇获奖作品，其中特等奖 1 名、一等奖 2 名、二等奖 5 名、三等奖 10 名、优秀奖 20 名，并择优在《娘子关》和《阳泉日报》刊登，同时编印《红色铸魂 凝心聚力——“强化党建引领作用 提高基层治理效能”主题征文获奖作品汇编》。 （白建刚）

阳泉市科学技术协会

【概况】 2022 年，阳泉市科学技术协会举办阳泉市科技工作者“创新争先、自立自强”培训班，开展“科学家精神教育基地”线上展示活动，加强科技工作者思想政治引领。坚持创新驱动，全域深化“科创中国”山西试点城市建设。新成立阳泉市工艺美术学会、阳泉市科幻文化研究会 2 家学会。新建中国工艺美术学会晋明堂学会服务站、盂县丽昌有色金属制造有限公司学会服务站、山西金地双创园专家学会服务站 3 家省级学会服务站。截至年底，阳泉市科学技术协会有 5 个县（区）科协、10 个市级学会（协会、研究会）、7 个企事业科协、3 个高校科协等基层组织。组织参加山西省创新方法大赛，被山西省科协评为 2022 年中国创新方法大赛山西赛区竞赛优秀组织单位。推选项目参加山西省科技工作者双创大赛、“创响山西”系列活动评选。召开全市科技助力乡村振兴经验交流会，评出全市星级科普惠农中心服务站 6 个。推动出台《阳泉市全民科学素质行动规划纲要实施方案（2021—2025 年）》，推动平定县和矿区创建全国科普示范县（区），建成全市第一个社区科技馆。建设“科技工作者之家”，挖掘、举荐优秀科技人才，宣传优秀科技工作者先进事迹，开展全市科技工作者状况调查。

年内，推选阳煤集团纳谷（山西）气凝胶科创城管理有限公司研发中心《陶瓷纳米纤维气凝胶在应急救援、军工领域的应用开发研究》项目获 2022 年山西省科技工作者双创大赛金奖。推选山西冠霖农业科技股份有限公司董事长张怀军为山西省企业“创新达人标兵”，山西云泉岩土工程科技股份有限公司董事长张云、国网山西省电力公司阳泉供电公司高级工程师王立、国网山西省电力公司阳泉供电公司助理工程师刘毅、山西天合新材料科技有限公司董事长张锁贵4人为“创新达人”，阳泉师友电子科技有限公司总经理高屾为“创新之星”。（高 鑫）

【“科创中国”科技服务阳泉行活动】 2022年6月22日、9月19日至20日，“科创中国”科技服务阳泉行活动举行。山西省科协学会部部长杨茹、副部长马建军等与太原理工大学、中北大学、太原科技大学、山西农业大学、中国科学院山西煤炭化学研究所、上海电气集团国控环球工程有限公司、中国联通智慧矿山军团、山西省酿酒工业协会专家参加活动。活动中，专家与企业代表进行座谈，深入企业指导服务。专家围绕新材料、大数据、富硒农业等产业，就日昌晶新材料（山西）有限责任公司、山西广盛源稀土科技股份有限公司、阳泉昌泰智胜科技有限公司、阳泉信息产业有限公司、哈德托普华亨（山西）耐磨铸业有限公司、阳泉阀门股份有限公司、山西欧德宝电子工程有限公司、山西中烨新能源科技有限公司、山西九州香农业开发有限公司等面临的技术问题和需求，广泛交流与探讨，就企业提出的技术问题、难题，进行答疑，并根据企业技术需求，列出具体服务清单，针对性地为企业发展提供可行性意见和建议。（宋崇军）

【学会活动】 2022年，阳泉市科协指导各市级学会开展相关主题活动。市心理学会开展心理咨询服务，每晚进行2小时至3小时心理援助热线值班，副秘书长崔小琴受矿区教育局邀请，在线上为全区中小学师生和家长举办心理健康教育知识讲座。市护理学会开展“喜迎二十大 科普向未来——关爱生命，共促健康”特色主题活动，活动中，发放健康知识宣传手册600余份；主办健康知识宣讲大讲堂50余场，宣讲受益群众1000余人次；组织健康科普短视频大赛，2件作品分获省级配音类和视频类优秀奖；开展南丁格尔志愿者活动，义诊、公益体检1100余人次；组织进行“健康知识进万家”心肺复苏实操培训200余次。市工艺美术学会开展“喜迎二十大——‘柏井窑’杯大学生刻花瓷装饰设计大赛”。市物联网学会开展“喜迎二十大 奋进新征程”书法摄影绘画作品展。（宋崇军）

【全国科普日活动】 2022年，阳泉市科协联合市委宣传部、市教育局、市科技局、市农业农村局、市卫健委、市应急管理局等单位共同开展2022年阳泉市全国科普日活动。全市各级科协组织和科技工作者、科普志愿者深入到乡村、社区、学校、工厂等，开展科普宣传。活动期间，市科协组织开展“阳泉市2022年全国科普日活动主场活动”；开展阳泉市“喜迎二十大 科普向未来”数字经济科普知识竞赛活动，线上线下10万余人参加；开展“云上科普日”活动，线上展示首批35家“科学家精神教育基地”；深入阳泉百度Apollo Park、山西工程技术学院机器人创客中心、山西华北奕丰生态园挖掘科普资源、探秘高科技，开展“云”游科普教育基地系列活动，让公众全方位领略阳泉市打造“智车之城”和科技赋能乡村振兴新画卷；开展地图大有趣 版图无小事——科普助力“双减”研学活动；深入富硒基地参观、交流，开展产品推介、品鉴体验等活动；举办科普大篷车进校园、进社区等重点活动；开展全市科技工作者状况问卷调查，收回问卷600余份，掌握全市科技工作者工作、生活、权益状况。各市级学会、县（区）科协、企事业科协、基层科普组织开展160余项既具有自身特色又丰富多彩的线上线下科普活动。2022年科普日活动，全市参与人数突破15万人，“科普向未来”元素处处彰显。年内，阳泉市“喜迎二十大 科普向未来”数字经济科普知识竞赛活动被中国科协评为2022年全国科普日优秀活动，平定县科协、矿区科协被评为2022年全国科普日活动优秀组织单位。（冯 静）

2022年9月21日，“喜迎二十大 科普向未来”阳泉市数字经济科普知识竞赛决赛在阳泉广播电视台举行（市科协 供图）

【"喜迎二十大　科普向未来"数字经济科普知识竞赛】　2022年,阳泉市科协与市直机关工委共同举办"喜迎二十大　科普向未来"阳泉市数字经济科普知识竞赛。竞赛分初赛和决赛两个阶段。初赛阶段,全市110余个机关、企事业单位的1.68万人参与答题,答题人数达9.69万人次。决赛采取现场竞答方式进行,参赛的6支队伍经过必答题、共答题、抢答题、风险题四个环节,中共阳泉市委组织部代表队获竞赛团体一等奖,阳泉市中医医院代表队、中共阳泉市委办公室代表队获竞赛团体二等奖,中共阳泉市纪律检查委员会阳泉市监察委员会代表队、阳泉师范高等专科学校代表队、政协阳泉市委员会代表队获竞赛团体三等奖。　(冯　静)

【"中国流动科技馆"山西巡展阳泉城区站活动】　2022年7月5日,"中国流动科技馆"山西巡展阳泉城区站活动在市展览馆启动。巡展以"体验科学、智创未来"为主题,设置太空探索、地球秘密、人工智能三大类主题展区,涵盖力学、声学、光学、人工智能、航空航天等50余件科技展品。参观者通过与展品互动及实验,共享科普资源,近距离感受科学魅力。整个活动为期一个月,免费向全市青少年及社会公众开放,参观人数达2万余人次。　(冯　静)

【科普电影进乡村】　2022年5月,阳泉市科协与阳泉市新兴农村数字电影院线有限公司共同开启"科普电影进乡村"公益科普小电影宣传活动。7月28日,市科协、郊区科协和阳泉市新兴农村数字电影院线有限公司科技志愿者深入郊区平坦镇龙泉锦园小区,开展"礼赞新时代、奋进新征程"科普电影进乡村志愿服务活动;活动中,为村民播放中国科协"科普大篷车"有关疫情防控、科学种植科普小视频和电影《铁路英雄》,发放《垃圾分类》《应急救护手册》《特色杂粮种植》《智能智造未来》《农村电子商务》等科普图书资料2000余册、科普宣传品500余份。年内,进全市各个乡村放映播放科普电影5000余场,涵盖防灾减灾、农耕农种、科学养身等内容,实现全市乡村科普电影全覆盖。　(冯　静)

【科普助力"双减"研学活动】　2022年3月23日下午,阳泉市科协组织全市41所中小学1.1万余名学生,观看中央广播电视总台直播的神舟十三号乘组3名航天员在中国空间站为全国青少年进行的太空授课,让学生感受科学魅力;同时对接中国科技馆,申请配发41套实验套材包。9月16日,联合市规划展览馆举办"地图大有趣　版图无小事"科普助力"双减"研学活动,邀请市自然资源卫星应用技术中心测绘工程师杨小青,通过丰富的图片和数字为学生讲解国家版图构成、中国疆域、周边邻国等基础知识以及如何快速识别"问题地图"的技巧和方法,学生们在互动区参加拼图活动。　(冯　静)

【科技志愿服务"智惠"行动】　2022年,阳泉市科技志愿服务注册人数10278人、志愿者组织49个。寒假期间,市科协组织全市3所高校100余名大学生科技志愿者各自组建50人以上农村妇女服务微信工作群,围绕医疗健康、保健知识、妇幼护理等专题进行科普宣传。年内,全市广大科技工作者和科技志愿者参与心理服务、救助救护等志愿服务,利用科协公益网站、微信公众号、"科普中国"APP等宣传平台,开展科普宣传200余条次,全市21个科普示范社区宣传栏共张贴科普宣传挂图(资料)3000余张,发放科普宣传资料1000余册。　(冯　静)

阳泉市归国华侨联合会

【概况】　2022年,阳泉市归国华侨联合会上报市政协社情民意信息72篇,其中被市政协采用并转送省政协6篇,《将2月7日设立为"南侨机工回国抗日纪念日"的建议》《关于全国各基层侨联加强与驻地致公党党员联系的建议》《对因俄乌战争造成影响的在乌中国留学生后续跟进服务的建议》3篇社情民意信息被省政协采用并报送全国政协。2篇阳泉特色历史故事《赵氏孤儿》《再遇刘慈欣》入选中国侨联"亲情中华·为你讲故事"网上营故事库。5月,聘请在韩阳泉籍华侨赵舒婷教授为"海外联络员",系市侨联首次聘请"海外联络员"。6月8日,与市中级人民法院联合印发《关于加快推进涉侨纠纷在线诉调对接工作的实施意见》,完善涉侨矛盾纠纷多元化解机制,促进侨界和谐稳定。年内,阳泉市侨联获2022年度"全市统战信息工作先进单位"和"全市统战宣传工作先进单位"称号,组织上报的城区"侨胞之家"项目获中国侨联2021—2022年度全国侨联系统"侨胞之家"典型选树单位。　(马艳芳)

【侨益维护】　2022年,阳泉市侨联走访慰问困难归侨侨眷、侨界代表人士83户,发放慰问品和慰问金2万余元。组织20余名60岁以上老年归侨进行免费健康体检。为全市10名"三侨生"(归侨青年、归侨子女、华侨在国内的子女)发放助学金1万元。中秋节前夕开展高龄老归侨慰问活动,看望10名80岁以上归侨。强化法顾委队伍建设,到法顾委委员所在单位实地走访,加强同委员之间联系。继续坚持每月安排1名专业律师为侨界群众提供政策咨询和法律

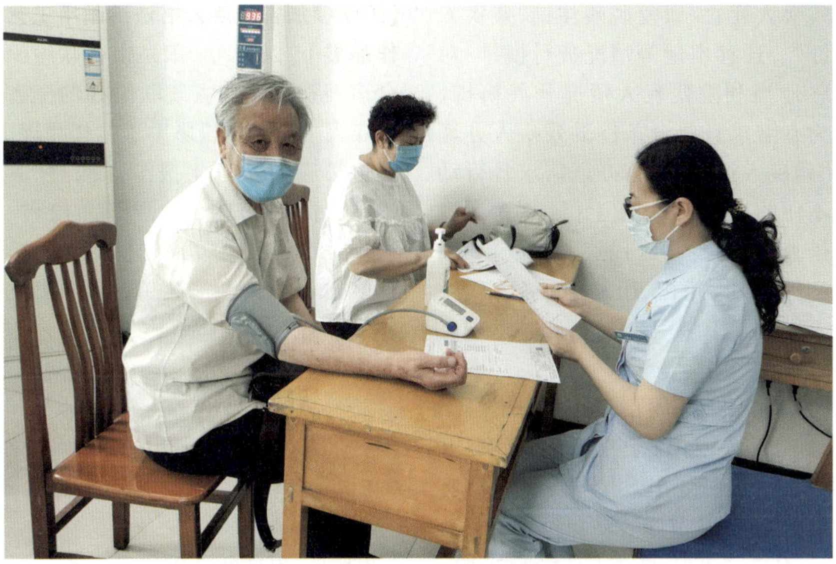

2022 年 5 月，阳泉市侨联组织 60 岁以上老年归侨进行免费健康体检

（市侨联　供图）

服务，为侨界群众提供全年无休式法律服务。（马艳芳）

【侨胞和留学生关爱】 2022 年 3 月，俄乌突发战事，阳泉市侨联多渠道联系、了解掌握在乌克兰阳泉籍侨胞及留学生情况，为在乌克兰基辅国立语言大学留学的阳泉籍留学生贾某某安全撤离提供力所能及帮助。与市侨联海外顾问、阳泉籍匈牙利华侨、匈牙利山西商会副会长樊赛光联系，帮助同当地官方沟通，通过途经匈牙利转机回国等方式使侨胞和留学生脱离危险。市侨联专职副主席兼秘书长王少岩撰写社情民意《对因俄乌战争造成影响的在乌中国留学生后续跟进服务的建议》，建议对因战争无法延续学业的留学生，在政策、费用、精神、继续学业等方面提供后续帮助，该信息被省政协采用并转送全国政协。（马艳芳）

【矿区侨联实现街道 社区（村）侨联联络员全覆盖】 2022 年 9 月，经市侨联指导，矿区侨联深入街道、社区开展调研走访，确定 62 名熟悉侨务政策知识、热心为侨服务的侨联联络员；9 月 14 日，召开侨联联络员聘任暨侨务知识培训会议，标志着阳泉市矿区侨联在全省率先实现街道、社区（村）侨联联络员全覆盖。（马艳芳）

【参加"亲情中华·童心欢畅——中国侨联请海外华裔少年儿童看电影"活动】 2022 年 6 月，阳泉市侨联组织海外及国内归侨侨眷儿童参加"亲情中华·童心欢畅——中国侨联请海外华裔少年儿童看电影"活动。活动中，征集到多篇观影感言及观后感作文，市侨联邀请教育工作者组成评委会，对作品进行评审，评出一等奖 1 名、二等奖 2 名、三等奖 4 名、海外特别奖 1 名、优秀奖 25 名，优秀指导老师奖 7 名。（马艳芳）

【刘慈欣科幻小说读书会】 2022 年，阳泉市侨联刘慈欣科幻小说读书会推介刘慈欣的《三体》三部曲、《流浪地球》等科幻文化作品，宣传推介阳泉地域文化。在"4·23"世界读书日前夕，举办以"科幻与元宇宙"为主题的线上读书沙龙活动，市侨联专职副主席兼秘书长、刘慈欣科幻小说读书会发起人王少岩作读书分享。年内，读书会 6 个基层分会分别阅读了《命运》《山》《烧火工》，采取"线上＋线下"相结合的方式各开展 3 次读书分享活动。（马艳芳）

阳泉市残疾人联合会

【概况】 2022 年 5 月 13 日，阳泉市残疾人联合会召开第七届主席团第四次会议，会议审议并通过执行理事会工作报告，调整和增补市残联第七届主席团委员，副市长李君当选为市残联第七届主席团主席、郑守忠当选为主席团副主席，表决通过王俊德、郭广姝为市残联副理事长。9 月 29 日，全市 5 个县（区）、47 个乡镇（街道）残联换届工作全部完成。12 月 29 日，市残联第八次代表大会闭幕，阳泉市在全省率先完成市县乡残联换届任务。市残联第八届代表大会选举产生第八届主席团委员 45 名，选举李君为主席团主席、刘俊峰等 7 人为副主席，推举和通过王富明为市残联执行理事会理事长、郭广姝为副理事长、荆海龙为理事，推荐王富明、刘建军、王芳为出席省残联第八届主席团候选委员。年内，全市 782 个村（社区）全部建立残疾人协会，全部由村（社区）"两委"担任主席，配备 776 名专职委员，全部有工作场所，720 个残协配备办公设备，48 个残协落实工作经费。残疾人珐华器制作技艺"非遗"传承人甄世盛当选为"山西最美残疾人"，残疾人创业典范、盂县盛棚养殖合作社理事张志峰获"山西最美残疾人"提名。截至 2022 年底，全市有残疾人口 32150 人，其中视力残疾 2956 人、听力残疾 2285 人、言语残疾 988 人、肢体残疾 19144 人、智力残疾 3136 人、精神残疾 2792 人、多重残疾 849 人。（王丽娜）

【残疾人基本状况调查】 2022 年，阳泉市残联组织市、县残联业务骨干参加残疾人基本状况调查业务

知识线上培训，指导县级残联通过钉钉APP等视频会议形式，组织乡镇和村（社区）信息采集员线上培训。10月完成所有信息采集工作，采集35624份残疾人信息，入户采集34630份、入户率97.21%，APP采集35615份、采集率99.97%。后续对调查中发现的证件到期、查无此人、死亡、迁出等人员证件冻结、注销，及时与公安、民政、医保、司法、人社等部门信息比对，配合民政部门对不符合享受补贴人员按规定停发相关补贴。（王丽娜）

【困难残疾人救助补助资金排查】2022年，阳泉市残联开展困难残疾人救助补助资金排查工作，对各级残联主办或资助的残疾人就业服务机构、残疾人之家、残疾人托养服务机构、职业康复机构及享受国家集中就业退税政策的残疾人辅助性就业机构进行排查；通过加强“残疾人证”的核发与管理，特别是加强与“残疾人证”相关的政策宣传和数据对比，各县区对“残疾人证”到期未及时换证问题，因“残疾人证”到期未能继续享受“两项补贴”，“残疾人证”即将到期，持证残疾人死亡、康复脱残注销“残疾人证”、迁移本地等情况进行摸排；对驻地福利院残疾人情况开展摸排，为有需求且符合条件的残疾人办理“残疾人证”；对有办证需求且行动不便的残疾人，注重上门访视。通过排查，摸清各县区残疾人底数，准确掌握到期、死亡、康复、迁移的残疾人人数。（王丽娜）

【残疾人健身周活动】2022年8月8日至12日，阳泉市各级残联开展灵活多样，适合不同残疾人群特点的残疾人体育活动。8月12日，矿区残联在阳泉市体育场举办阳泉市第12次残疾人健身周启动仪式暨矿区残疾人健身周特奥趣味运动会，矿区6个街道30名运动员及10余名助残志愿者参加；城区残联联合静安医院，在上站街道金三角社区残疾人康复示范站开展残疾人健身周义诊活动；盂县残联组织30余名残疾人开展羽毛球比赛；郊区残疾人托养中心组织进行封闭式趣味健身活动；平定县残联联合山西优易康复有限公司开展残疾儿童运动会。（王丽娜）

2022年8月12日，矿区残疾人健身周特奥趣味运动会在阳泉市体育场举办
（市残联 供图）

【组队参加省残疾人书法绘画手工艺作品展】2022年，阳泉市残联组织全市残疾人参加省残联举办的全省残疾人书法绘画摄影手工艺作品展。经过筛选，市残联上报作品32件，其中书法作品10件、绘画作品12件、摄影类作品3件、手工艺作品7件。10件作品入选参展名单，其中书法作品5件、绘画作品4件、手工艺作品1件。（王丽娜）

阳泉市红十字会

【概况】2022年，阳泉市红十字会弘扬“人道、博爱、奉献”红十字精神，开展“三救三献”（应急救援、救护培训、人道救助，无偿献血、造血干细胞捐献、人体器官捐献）工作，全年开展应急救护培训70场，培训合格持证救护员3959人；开展应急救护普及49场，普及3.75万人次；完成造血干细胞采集160份，无偿献血1.41万人次563万毫升，实现器官捐献9例。投入红十字志愿服务队8支，出动志愿者2100人次，车辆400余次，累计服务时长6.9万小时。全年共接收捐款8396.99万元，为全市救灾备灾、人道救助等工作开展奠定基础。经市红十字会推荐获全国红十字模范单位1个，中国红十字会会员之星1名；获山西省红十字志愿者协会表彰的团队2个、个人4名；山西省志愿服务先进工作者1名，山西省“最佳志愿服务组织”1个。截至年底，全市有红十字会组织510个，其中乡镇街道43个，社区、村382个，学校18个，高校3个，企事业单位64个。会员数3507人，其中成人会员2002、中小学生会员467、高校学生会员1038人。（孙 静）

【人道救助】2022年，阳泉市红十字会开展“红十字博爱送万家活动”，重点帮扶对象为城乡低保家

庭、“五保户”、特困供养家庭、孤寡老人、遭受灾害的困难群众、孤残儿童等，帮扶支出71.71万元，惠及家庭2769户。加大救助范围和力度，关注全市受灾群众、孤寡老人、孤残儿童、大病困难家庭、乡村振兴重点帮扶地区，以及因灾、因病需要给予人道救助人员，全年发放价值17.88万元慰问品，发放大病救助款10万元。（孙　静）

【应急救援】 2022年，阳泉市红十字会加大救援通信、救援照明、消杀设备、救援工具等装备器材的配备力度，提升应急救援能力。先后参加山西省和中国红十字会组织的应急救援线上演练，组织应急救援综合大练兵和实地演练，全面提升应对突发事件和灾害的处置能力。成立红十字救援培训基地，定期开展体能训练和绳索救援技术等各种训练，全年开展水上救援2次、应急救援大练兵1次、应急救护培训1次。按照“边定点、边培训、边配置”原则，选定31个人流密集公共场所配置自动体外除颤器（AED），并采用分批分流、小班授课模式，对AED安置点相关工作人员和周边群众开展应急救护培训。7月，完成培训任务，培训合格3959人；9月，完成设备安装调试和责任协议签订，31台AED设备全部验收合格、投放使用。（孙　静）

2022年7月30日至31日，阳泉市红十字会救援队在市红十字生命健康安全体验馆开展应急救护培训演练　（市红十字会　供图）

【造血干细胞捐献】 2022年，阳泉市红十字会采集造血干细胞志愿者加入中华骨髓数据库血样160份，比2021年入库数增长92.77%。6月，阳泉市爱心志愿者李某某在山西省定点医院完成造血干细胞移植捐献，成为山西省第235例造血干细胞捐献志愿者。（潘　艳）

【志愿服务】 2022年7月24日，阳泉市成立阳泉市红十字志愿服务中心并召开第一次理事会，选举产生理事、常务理事和监事会。整合组建11支志愿者队伍，全年开展应急救援、应急救护、人道救助、宣传“三献”等具有红十字特色志愿服务20余次。（潘　艳）

【“博爱家园”项目】 2022年3月12日，平定黄安村“博爱家园”项目启动仪式在阳泉市平定县东回镇黄安村举行。年内，阳泉市红十字会通过“博爱家园”这一平台将防灾减灾、应急救护、人道传播、社会救助、志愿服务等传播给广大群众，全年共开展相关服务17次，服务时长达180小时，精准对接和帮助生活困难群众38户59人，使“博爱家园”成为红十字品牌项目。通过“博爱家园”项目的执行，黄安村立足当地资源，加强农产品品牌建设，拓展线上线下销售平台，提升“黄安”品牌影响力。（孙　静）

（责任编辑：霍冬梅　任泉荣）

人大立法

【概况】 2022年,阳泉市人大法制委员会(常委会法工委)完善党委领导、人大主导、政府依托、各方参与的立法工作格局,以良法促改革保善治。坚持科学立法,迈稳"小切口"立法步子,通过切小题目、切细内容、切准特色、切实措施,解决实际问题,增强立法针对性、适用性、可操作性。坚持民主立法,召开座谈会、公开法规草案、开展立法协商等形式,广泛征求社会各界人士意见,让立法成为凝聚民心、集中民智、体现民意的过程。坚持依法立法,把立法流程细化为16个环节,每个环节都对照要求规范操作,邀请立法咨询专家、省人大对法规草案论证审查,确保地方性法规符合宪法精神和上位法规定。加强生态文明立法,出台《阳泉市滹沱河流域生态修复与保护条例》,回应"保护什么""谁来保护""如何保护"的群众关切。贴近民生需求立法,制定《阳泉市物业管理条例》,为规范物业管理活动、维护各方合法权益、整治物业行业乱象提供法治支撑,条例草案经常委会二审通过。启动《阳泉市智能网联汽车管理办法》立法工作,为阳泉市同步推进产业转型和数字转型奠定法治基础,办法草案完成常委会一审。 (高一梅)

【《阳泉市农村自建房屋质量管理办法》施行】 2022年5月1日,《阳泉市农村自建房屋质量管理办法》施行。此办法是阳泉市获批地方立法权后制定的第12部地方性法规,于2021年12月23日经阳泉市第十五届人民代表大会常务委员会第47次会议通过,2022年1月15日经山西省第十三届人民代表大会常务委员会第33次会议批准,于1月25日公布。办法共5章24条,明确适用范围,细化管理职责,涵盖新建、改建、扩建、翻建的农村自建房屋的质量和监督管理相关工作。 (高一梅)

【《阳泉市滹沱河流域生态修复与保护条例》颁布】 2022年9月1日,《阳泉市滹沱河流域生态修复与保护条例》颁布实施。此条例是阳泉市获地方立法权后制定的第13部地方性法规,是阳泉市第一部流域生态修复和保护条例,于5月31日经阳泉市第十六届人民代表大会常务委员会第二次会议通过,并于7月22日经山西省第十三届人民代表大会常务委员会第36次会议批准。条例共6章39条,总则部分明确立法目的、适用范围、基本原则、政府职责等,分则部分包括生态修复、生态保护、监督管理和法律责任等内容,附则部分明确法规的实施时间。 (高一梅)

政法委与综治

【"护城河"建设】 2022年,阳泉市委政法委细化分解任务,执行周调度制度,紧盯工程推进情况,提前完成郝家庄、旧关、交口3个公安检查站建设和市县两级公安检查站勤务支队(大队)机构设置任务,实现8月底勤务支队(大队)人员全部配备到位到岗、开展一级勤务。 (石育德)

【打击违法犯罪】 2022年,阳泉市委政法委部署开展常态化扫黑除恶斗争。坚持把问题线索排查作为常态化推进扫黑除恶斗争的发力点,加大线索排查、露头就打、黑财清底、打伞破网力度,落实涉恶涉黑线索办理程序,提升线索办理质效。全年共打掉涉恶集团3个,抓获犯罪嫌疑人41人,破获刑事案件38起,查扣各类涉案资产1515万元。公安部部督涉黑案件2名在逃人员归案清零;查处涉黑涉恶"保护伞"7人、涉黑涉恶腐败人员40人、失责失职问题39人,其中给予党纪政纪处分54人、组织处理12人、移交司法机关4人。部署开展打击整治养老诈骗专项行动,成立由24个部门参加的专项行动办公室,组建综合组、打击组、整治组、服

2022 年 8 月，阳泉市公安机关召开夏季治安打击整治“百日行动”推进会

（市公安局　供图）

务组、宣教组 5 个工作专班，组织 2000 余名网格员、4000 余名村（居）“两委”干部等专门力量，建立业务指导、督促检查、工作通报、警示约谈等工作制度，实现研判、破案、打击、整治一体化运行作战，共破获涉养老诈骗案件 89 件，抓获犯罪嫌疑人 58 人，追赃挽损 123 万元。部署开展“喜迎二十大，查隐患、防事故、保畅通”道路交通安全百日集中整治。集中加强路面秩序管控、排查治理隐患问题，累计查处各类交通违法行动 43.56 万余起，遏制事故多发势头，全市连续 77 个月未发生 3 人以上较大道路交通事故。部署开展夏季治安打击“百日行动”。对侵害弱势群体违法犯罪、“盗抢骗”“食药环”民生案件、严重暴力犯罪和夏季突出犯罪等发起凌厉攻势，形成高压震慑。破获电信网络诈骗案件 680 起，抓获犯罪嫌疑人 428 人；破获“黄赌毒”案件 126 起，打击处理 285 人；破获省督“7·8”特大医保系列诈骗案，查扣涉案药品 134 种 10714 盒，确保社会治安形势持续向好。　（石育德）

【执法作风整顿】 2022 年，阳泉市委政法委开展“端正执法司法理念、改进执法司法作风”专项活动，坚持问题导向，破解堵点难点，补齐短板弱项，提升执法司法公信力。开展涉案企业合规改革，对企业负责人涉经营类犯罪拟依法不捕不诉的，督促涉案企业作出合规承诺、落实合规整改。市人民检察院会同市工商联等 11 个部门建立第三方监督评估机制，成立独立第三方机制管理委员会，强化监管落实，防止以虚假合规逃避刑事制裁。共办理企业合规案件 3 件，其中使用第三方监督评估机制 3 件。以规范执法行为，提高执法水平为目标，组织实施涉企案件评查，倒逼执法司法质量提升。　（石育德）

【群众性治安防控工程建设】 2022 年，阳泉市委政法委围绕确保通过中央验收目标，全市实现城镇道路交叉口无死角、主要道路关键节点无盲区、人员密集区域无遗漏、要害部位重要场所全覆盖、农村小区全建成。阳泉市“群众性治安防控工程”综治交换共享总平台实现“平台调控、随时切换、全程可见、回放追查”效果。拓展“群众性治安防控工程”在社会治安防控、基层社会治理、打击违法犯罪、矛盾纠纷排查化解、服务人民群众等方面的实战应用。运用该系统直接破获刑事案件 184 起，协助破获 625 起，刑事案件调用系统 1783 次，抓获犯罪嫌疑人总数 677 人，预防犯罪 209 起，预防或处置群体性事件 21 起，服务救助群众 1333 人，为相关部门提供服务 1356 次。　（石育德）

【矛盾纠纷排查化解】 2022 年，阳泉市委政法委出台《关于发挥政治引领作用开展矛盾纠纷化解的工作方案》，明确全市 2022 年矛盾排查化解工作总体思路，规范源头预防、前端化解、关口把控、组织保障等各环节工作要求，提升矛盾纠纷化解规范化水平。坚持日常排查、定期排查、专项排查、重点排查“四查联动”，按照县区每月排查、乡镇街道每半月排查、村社区每周排查要求，开展由下而上、经常性、不间断的矛盾纠纷排查摸底工作，对发现的矛盾纠纷，及时分析研判、分流处置、流转督办、协调解决，确保各类矛盾发现在早、处置在小、化解在基层。年内，全市共排查发现矛盾纠纷 4248 起，化解 4197 起，化解率为 98.80%。推广婚姻家庭矛盾纠纷“五色”预警（绿色为轻微、蓝色为一般、黄色为较大、橙色为重大、红色为特别重大）处置成功经验，将“五色”预警工作机制应用于人民调解、诉前调解、治安调解等领域，以及劳动关系纠纷、医患纠纷等重点行业，推动各类矛盾纠纷及时化解处置，叫响叫亮“五色”预警工作品牌。打造诉源治理新模式，开展“五级预警”“五级调解”，在重点企业挂牌成立“企业法官工作站”，试点设立“无讼企业创建示范点”，劳动争议案件从 2018 年的年均 44 件，下降至年均 2 件。打造品牌调解室，依靠专兼职人民调解员和退休政法干警、律师、基层法律工作者等社会专业人士、基层德高望重人士，多维度发展建设个人调解工作室和派驻调解工作室，开展矛盾纠纷排查调解。截至年底，共

建设完成红梅、老余、连栋、殿英等个人调解工作室20个,家事和、和为美等派驻调解工作室129个,化解大批矛盾纠纷。（石育德）

【基层社会治理】 2022年，阳泉市委政法委强化党建引领,促进基层社会治理的服务管理、问题解决更精准。强化政治引领,坚持抓基层、打基础,将支部建在网格上,在全市2230个网格的基础上,同步设立网格党支部1348个,党小组637个,微网格党小组9927个，网格党建覆盖率为100%。常态化开展驻区单位和在职党员“双报到”,发挥基层党员模范作用,全市1.4万余名在职党员参与网格志愿服务,实现网格化服务管理与基层党建工作融合发展、互促互进。强化法治保障,开展“法治护航”,落实行政执法为民三项制度,全面完善行政规范性文件制度体系,推进公共法律服务体系建设,解决关系群众切身利益、涉及营商环境的问题。注重德治教化,以社会主义核心价值观为统领,推进公民道德建设,评选“星级文明户”27161户、省级道德模范10名、全省好少年4名,为市域社会治理树立新标杆、新风尚。突出自治强基，健全党组织领导的基层群众自治机制,推进城乡社区议事协商,郊区固庄村、盂县郭家坪村被评为全国村级议事协商试点,“六议两公开+全员承诺”和“村民议事会”工作法全国推广。强化智治支撑，推进智慧安防小区建设,全市建成智慧小区51个,正在建设96个。（石育德）

【群防群治】 2022年，阳泉市委政法委强化群防群治队伍工作,建立完善村(社区)治保会、县乡专职巡防队、保安、企事业单位内保、网格员、村社义务巡防队等8支群防群治队伍，明确群防群治队伍5大类18项具体职能,发挥其在化解矛盾、排查隐患、治安防控、法治宣传、志愿服务方面作用。截至年底,全市各级各类群防群治队伍人数为31593人,其中专职5529人,兼职26064人;平安志愿者人数为1.5万余人,参与社会事务,开展志愿服务,成为社会治理重要力量。（石育德）

【护校安园】 2022年，阳泉市委政法委强化校园及周边安全管理,与市公安局、市教育局联合出台《2022年度“护校安园”工作方案》,开展专项检查，对全市各级各类学校幼儿园,逐所检查校园防控设施建设、安全管理制度、措施落实、校车安全管理等方面落实情况,开展校园周边综合治理行动,对发现的安全隐患逐一建立台账,挂账督促整改、盯办落实,确保即行即改、全部到位。年内,共计检查学校104次，出动公安警力1587人次、警车483辆次,发现隐患34处,全部整改完毕。强化校园及周边巡逻防控,将校园及周边作为重点部位纳入网格化巡逻防控体系,落实“1、3、5分钟”快速反应处置机制,加强中小学、幼儿园上下学期间“护学岗”力量,形成“公安+教育+学校+社会”“四方防护”氛围。年内,全市631所中小学、幼儿园全部完成护学岗建设，平均每日发动群防群治力量1312余人次，保障校园及周边平安稳定。（石育德）

【法治化营商环境优化】 2022年,阳泉市委政法委制定出台《阳泉市党委政法委开展执法司法质量状况评估工作实施办法（试行)》《阳泉市政法服务保障全方位推动高质量发展若干措施的实施办法》《阳泉市政法机关法治化营商环境建设实施方案》《阳泉市法治化营商环境建设指标体系》等配套文件,明确目标任务,细化责任分工,推动落实落细。组织开展“三晋执行利剑”阳泉集中攻坚行动,组建攻坚专班,抽调精兵强将,集中开展主题执行周活动，收到良好政治效果、法律效果和社会效果。全市共执行完毕案件310件，执行和解案件127件,执行到位金额2.18亿元,冻结存款0.78亿元,累计发放案款2.18亿元,受益人共192名。贯彻最高人民检察院、公安部《关于公安机关办理经济犯罪案件的若干规定》及防止干预司法“三个规定”(《领导干部干预司法活动、插手具体案件处理的记录、通报和责任追究规定》《司法机关内部人员过问案件的记录和责任追究规定》《关于进一步规范司法人员与当事人、律师、特殊关系人、中介组织接触交往行为的若干规定》)系列配套措施,整治执法顽瘴痼疾,全市未发生有案不立、压案不查、滥用强制手段、插手经济纠纷及逐利执法等突出问题，法治化营商环境优化。市中级人民法院建立完善现代化破产审判工作机制，与中国银行阳泉市分行签署《破产审判智能辅助系统合作协议》,制定《简单破产案件快速审理指引》,提升案件审理专业化智能化水平。（石育德）

【企地平安共建】 2022年，阳泉市委政法委打造企地“共建、共商、共治、共享”社会治理格局。组织联建、企地共建契约化,与华阳集团共同签订《地企互促共建》协议,相应街道社区分别与驻地下属企业(单位)全部签订契约化共建协议,年内,全市累计签定企地共建协议760余份,构筑起融合发力的“共建”体系。决策联议、沟通协商制度化,完善联席会议、联动走访、议事协商三级联动机制,实行党群共议、民事直议、村企商议、交账大会“三议一会”议事协商办法,年内，全市共召开联席会议390余次,搭建起衔接顺畅的“共商”平台。问题联解、工作项目清单化,通过“征求需求—梳理资源—形成议题—讨论协商—确定项目—签订协议”6道程序,建立企业和地方需求、资源、项目、责任“四项清单”,开展企地平安联创，实现治安联防、矛盾联调、问题联治、安全联管、服务联动。做实基层网格，全市1958个普通网格和272个专属网格全面打通、有效融合，做强精准发力“共治”系统。资源联享、治理成果一体化，推动设施资源共享、服务资源共享，实施退休党员“回家”工程，华阳集团等驻地企业提供或开放活动场所78个，华阳集团6000余名退休党员组织关系移交社区，服从社区管理，参与社区治理，形成覆盖广泛的“共享”格局。 （石育德）

【联企服务】 2022年，阳泉市委政法委制定《阳泉市政法机关联企服务专项活动方案》，健全涉企法治服务保障，围绕铲除危害地区营商环境的垄断经营、强揽工程、欺行霸市、敲诈勒索等非法活动，开展周边治安秩序整治，保障重点项目、重点企业建设、生产顺利进行。组织开展全市政法机关班子成员联企服务专项活动，了解企业需求，听取意见建议，为企业提供精细化、人性化法治服务。全市各级政法机关干部共包联企业187家，走访企业609次，举办法律咨询讲座195场，化解纠纷339起，帮助企业解决难题255个。打造政法公共服务产品，实施法律服务进企业和免费律师咨询等专项行动，深化“一次办好”“一网通办”“一窗受理”改革。市公安局深化“放管服”改革，推出户籍管理、交通管理、出入境管理等措施，方便企业和群众。落实“少捕慎诉慎押”刑事司法政策，依法平等保护企业和企业家合法权益，把握民营企业涉罪案件宽严尺度，对于社会危害性不大、认罪认罚的民营企业家作出不起诉决定2人，对6名企业家进行羁押必要性审查，提出变更羁押措施建议1人，最大限度保护企业和当事人权益。市人民检察院采用“个案办理+类案推进+诉源治理”“三步走”工作法，开展清缴欠税公益诉讼专项行动，督促税务部门收回企业欠缴税款1.46亿元。平定县实施县公共法律服务中心、法律援助中心、乡镇公共法律服务工作站免费法律咨询便民工程，把免费法律咨询服务延伸至社区。（石育德）

【政法队伍建设】 2022年，阳泉市委政法委开展落实“第一议题制度”时间、内容、形式、效果“四保证”活动，把习近平总书记的最新讲话、最新文章、最新指示、最新要求等作为“第一议题”，采取集中学习、研讨交流、专题辅导等形式，推动工作落实。全市政法机关制定各类学习制度34项，组织专题培训99次。把贯彻落实《中国共产党政法工作条例》和省委《贯彻落实〈中国共产党政法工作条例〉实施细则》作为重要政治任务，制定出台市委政法委员会工作规则、重大事项请示报告、政法委员述职、“协管”政法干警等“一揽子”贯彻落实制度，确保党对政法工作的领导贯彻到政法工作各方面全过程。落实市委政法委员会全体会议制度、重大事项请示报告制度。全市政法机关开展专题学习60余次，完善可执行规章制度100余项。探索建立乡镇（街道）政法委员治安风险“周分析”、重要工作“月研究”、工作表现“季评议”、履职情况“年述职”工作机制，开展“三函三会三服务”［基层政法单位建立《建议函》《会商函》《分析函》制度；建立定期召开研判会、例会、评议会制度；基层政法工作服务乡镇（街道）党委、政府中心工作，服务基层老百姓急难愁盼问题，服务于基层发展稳定各项任务］建设试点工作，乡镇（街道）政法委员统筹综治中心、人民法庭、检察室、公安派出所、司法所、网格员等作用发挥，基层政法基础夯实。

加强纪律作风建设。落实《山西省政法干警“十条禁令”》要求，成立机关年轻干部学习小组，定期组织学习辅导会，引导机关年轻干部加强党性锻炼。深入各县（区）、政法各单位开展政法队伍纪律作风调研，紧盯关键少数开展“一对一”“面对面”廉政谈话。制定《阳泉市政法系统常态化开展执法司法顽瘴痼疾排查整治工作的实施意见》《全市政法机关开展顽瘴痼疾专项整治工作方案》，建立健全问题排查、深化整改、督导指导、源头防范工作机制，推动政法队伍教育整顿开展。全市公安系统查处违纪违法案件75件108人，法院系统违法违纪案件2起2人，检察院系统违纪违法案件4起4人，司法系统案件3起3人。制定《中共阳泉市委政法委员会关于对城区人民法院开展“四查（察）联动”的工作方案》，组成专项督查组，对城区人民法院开展为期1个月的“四查（察）联动”（政治督查、执法检查、执法巡查、纪律作风督查）工作，

2022年11月，阳泉市中级人民法院与市法学会、矿区法学会深入华阳新材料科技集团有限公司开展企业合规法治宣讲 （市中级人民法院 供图）

查摆存在问题并督促整改落实。依托“12337”举报平台和互联网举报平台，接受反映政法干警违纪违法问题线索，对问题线索全面建立台账，跟踪督办，推动线索“清零”。共收到全国信访举报平台信访举报件80条，其中涉法涉诉类42件，办结率66.67%；违纪违法类12件，全部移交纪委监委；其他类21条，办结率57%。（石育德）

法治政府建设

【全面依法治市】 2022年，阳泉市司法局结合阳泉实际，以市委文件印发《关于推进法治阳泉建设的实施方案（2022—2025年）》，为一体推进法治阳泉、法治政府、法治社会建设划定时间表和路径图。市委依法治市办会同市委宣传部印发《关于认真组织学习〈习近平法治思想学习纲要〉的通知》，就学习贯彻习近平法治思想进行安排部署。编制完成《阳泉市“十四五”政府治理能力现代化规划》，推进政府治理能力现代化。印发《阳泉市贯彻落实中央全面依法治国委员会〈关于进一步加强市县法治建设的意见〉任务分工方案》《阳泉市贯彻落实〈关于进一步加强社会主义法治文化建设的意见〉的工作举措》《〈法治社会建设指标体系（试行）〉评分标准及责任分解》，细化实化各项工作举措。健全党领导法治建设体制机制，推动“第一责任人”责任落实。召开市委全面依法治市委员会第五次会议，出台《市委全面依法治市委员会2022年工作要点》，明确年度重点工作任务，推进科学立法、严格执法、公正司法、全民守法。推行党政主要负责人履行推进法治建设第一责任人职责工作清单制度，将履行第一责任人职责情况纳入党委巡察范围，强化法治建设政治责任。发挥考核“指挥棒”作用，将履行推进法治建设“第一责任人”职责情况作为考核领导班子和领导干部工作实绩的重要内容，将学法用法、依法履职情况纳入领导班子和领导干部的年终述职范畴，结合工作实际、岗位职责开展述法。通过年终述法，将法治意识植入每位“一把手”心里，倒逼将法治工作抓在手上，落到实处。依托“阳泉市领导干部测评系统”，开展领导干部履行推进法治建设职责测评，对考核评为“一般”等次的单位通报批评，形成法治建设履职责任闭环。围绕法治领域人民群众急难愁盼突出问题，在立法、执法、司法、守法、普法各领域组织开展法治护航、法治示范、法治惠民“三项工程”，牵引推动各项工作举措落地见效。（李淑卿）

【依法行政】 2022年，阳泉市司法局推进依法行政，规范建设成效明显。加强规范性文件合法审核。完成《阳泉市物业管理条例》《阳泉市智能网联汽车管理办法》草案合法性审核2件，完成《阳泉市农村集体聚餐食品安全管理办法》等市政府规范性文件及其他涉法事务合法性审核33件，完成市政府重大行政决策合法性审查1件，完成规范性文件专项清理1次。推进乡镇综合行政执法改革，全市42个乡镇街道全部建立专门行政执法队，落实执法人员编制330名，印发《关于做好向乡镇人民政府和街道办事处下放部分行政执法职权工作的通知》，做好赋权前后的工作指导、帮助、衔接，确保“放得下、接得住、管得好、有监督”，实现基层治理能力提升。（李淑卿）

【规范性文件备案审查】 2022年，阳泉市人大法制委员会出台加强和改进规范性文件备案审查工作实施意见，按照“有件必备、有备必审、有错必纠”要求，审查“一府一委两院”和县（区）人大常委会报备的规范性文件19件，向省人大常委会报备1件，对涉及计划生育、水资源开发利用领域的规范性文件进行专项清理，在全省率先实现市、县（区）两级人大常委会听取备案审查工作情况报告全覆盖。（高一梅）

【行政执法监督】 2022年，阳泉市司法局聚焦重点环节，开展案卷评查，开展专项监督，为优化营商环境、全方位推进高质量发展提供坚强法治保障。更新确认43个市本级行政执法主体，并依法予以公示。组织年度新申领行政执法证人员公共法律知识考试，全市共有参考人员755人，考试通过677人，通过率89.67%。依法清理行政执法（监督）人员226人。推进乡镇综合行政执法改革，全市42个乡镇街道全部建立专门行政执法队，落实执法人员编制330名，印发《关于做好向乡镇人民政府和街道办事处下放部分行政执法职权工作的通知》，做好赋权前后的工作指导、帮助、衔接，确保“放得下、接得住、管得好、有监督”，实现基层治理能力提升。（李淑卿）

【行政复议】 2022年，阳泉市司法局开展行政复议规范化建设年活动。建立“7+3+1”制度体系，实现办案流程规范化、审理机制规范化、办公场所规范化、复议监督规范化、行政复议化解行政争议主渠道作用发挥显著。全年收到行政复议申请44件、复议监督申请1件，受理36件，审结33件，审结率91.67%，坚持前端治理，案中释疑，案件调撤率显著提升。（李淑卿）

公　安

【概况】 2022年，阳泉市公安部门完成全国全省全市两会、北京冬奥会冬残奥会、各个传统节日以及中共二十大等重大安保维稳任务。年内，全市刑事案件立案数、侵财案件立案数、电信诈骗案件立案数比上年分别下降18%、26%、39.5%；刑事案件破案率、侵财案件破案率、电信诈骗案件破案率比上年分别上升9.8%、13.1%、31.7%，取得“三降三升”良好成效。道路交通一般事故（涉及伤亡的）、死亡人数、受伤人数、造成经济损失数比上年分别下降36.62%、17.65%、32.9%、20.69%，全市连续77个月未发生3人以上较大道路交通事故，道路安全形势稳中向好。全年破案率100%，是全省唯一实现命案现案连续11年全破的地市。在中央政法委办公厅举办的第六届平安中国“三微比赛”（微电影、微视频、微动漫）中，市公安局交警支队表彰先进集体和个人作品获得摄影作品组三等奖；交警支队四大队一中队中队长付晓波被授予“全国优秀人民警察”称号。年底，市公安局交警支队被山西省公安厅授予“集体二等功”。 （王思瑶）

【经济犯罪侦查】 2022年，阳泉市公安机关严厉打击各类经济犯罪活动，防范化解经济金融风险。全市公安经侦部门共立案侦办各类经济犯罪案件152起，破案132起，抓获犯罪嫌疑人87人，涉案金额近11.6亿元，挽回经济损失3200余万元，打击和震慑各类经济犯罪活动，维护广大人民群众合法权益。开展打击非法集资专项行动，共侦办非法集资类案件6起，破案8起，抓获犯罪嫌疑人9人，涉案金额1.4亿余元。开展打击地下钱庄专项行动，共侦办相关案件2起。开展打击涉税犯罪专项行动，全市共立涉税类经济犯罪案件52起，破案48起，抓获犯罪嫌疑人11人，涉案金额9.4亿元。开展“猎狐2022”专项行动，对全市在逃境外的6名经济犯罪嫌疑人逐一制定追逃缉捕工作方案，执行境外逃犯“一人一档”“一人一策”“一人一专班”缉捕措施，及时对嫌疑人及亲属开展情报研判分析工作，提出追抓思路，成功缉捕1名境外逃犯。 （张振嘉）

【电信网络诈骗侦查】 2022年，阳泉市各级公安机关坚持把打击治理电信网络诈骗违法犯罪作为重要政治任务，集中力量持续攻坚，破案数比上年上升幅度全省排名靠前，反诈大数据平安案件录入、涉诈APP审核两项工作全省排名第一。年内，全市电信网络诈骗发案数比上年下降39.53%，财产损失数比上年下降9.06%，破案数比上年上升1.8%，抓获犯罪嫌疑人数比上年上升20.56%，挽回经济损失600余万元，累计开展预警劝阻21.59万条，直接避免经济损失近1.3亿元。夏季治安打击整治“百日行动”开展后，全市各级反诈部门强力推进电信网络诈骗破案攻坚、专项打击、预警防范等工作措施，破获电信网络诈骗案件119起，打掉各类收贩卡、“GOIP”“跑分”犯罪团伙11个，抓获涉诈犯罪嫌疑人87人。 （张振嘉）

【打击养老诈骗违法犯罪专项行动】 2022年，阳泉市公安机关依靠平安阳泉建设体制机制，压降存量风险，遏制新增风险，全链条打击整治养老诈骗案件。制发《全市公安机关打击整治养老诈骗专项行动工作方案》《养老诈骗线索滚动摸排工作规定》《养老诈骗警情分析研判工作规定》等方案规定，指导成员单位开展线索摸排核查，深挖涉养老违法犯罪线索。坚持每日一汇报、每周一汇总、每月一总结、不定期调度工作运行机制，确保上下联动，纵深见底。共破获涉养老诈骗案件89起，抓获犯罪嫌疑人58人，涉案资金1754余万元，追赃挽损123万元。 （张振嘉）

【夏季治安整治“百日行动”】 2022年，阳泉市公安机关学习领会公安部、省公安厅关于开展夏季治安打击整治“百日行动”系列会议精神，自6月25日起，在全市范围内开展夏季治安打击整治“百日行动”。市公安局成立夏季治安打击整治“百日行动”领导组，制发《全市公安机关夏季治安打击整治“百日行动”工作方案》等工作方案20余个，建立《“百日行动”战时八项机制》；市公安局召开夏季治安打击整治“百日行动”专题会、部署会、推进会10余次，市政府召开夏季治安打击整治“百日行动”新闻发布会，对“百日行动”专题报道。全市公安机关聚焦主业，集中向突出问题和治安隐患“开刀”，向突出违法犯罪

2022年8月，阳泉市公安局民警对辖区酒店进行治安检查
（市公安局 供图）

"亮剑",全市政治大局安全稳定,社会治安平稳向好。截至9月16日,在"百日行动"中,全市刑事案件比上年下降7.7%,侵财案件比上年下降23.5%,电信诈骗案件比上年下降39.6%。全市共破获刑事案件410起,破案率为70.1%;电信诈骗案破案368起,破案率为65.5%,比上年上升49.5%;打击刑事案件作案人员375人,比上年上升29.8%;查处行政违法人员1823人,比上年上升30.3%,社会治安呈现"三降三升"良好态势。 (张振嘉)

【扫黑除恶】 2022年,阳泉市公安机关把扫黑除恶斗争常态化作为公安工作和平安建设重点任务,制发《阳泉市公安局学习宣传贯彻〈反有组织犯罪法〉实施方案》《关于加快推进常态化扫黑除恶当前重点工作的通知》《阳泉市公安机关常态化开展扫黑除恶斗争2022年工作要点》。健全完善12项工作机制,围绕教育、医疗、金融放贷、市场流通等新的四大行业领域整治,以线索核查破题,以破案攻坚开路,以打伞破网断根,以打财断血抄底,以行业清源强基,保持对黑恶势力的严打高压态势,把握涉黑涉恶违法犯罪新动向。全年共打掉涉恶集团3个,抓获犯罪嫌疑人41人,破获非法采矿、寻衅滋事、强迫交易等刑事案件38起,查扣涉案资产约1515万元。抓获"漏网之鱼"逃犯2名。 (张振嘉)

【"净网2022"专项行动】 2022年,阳泉市公安局推进"净网2022"专项行动,发挥技术优势,打掉2个"GOIP"窝点。该团伙为全省第一次确定有非法"GOIP"设备的犯罪团伙。"GOIP"设备具有人机分离、异地拨号通话等特点,被大量应用于实施电信网络诈骗。藏匿在境外的电信网络诈骗团伙通过远程操控方式,使用搭建在境内的"GOIP"设备向受害人拨打电话实施诈骗,危害性极大。7月25日,接到上级公安机关流转的"GOIP"犯罪线索,市公安局组织专人对线索开展落地核查工作,并成功锁定犯罪嫌疑人藏身地点。7月29日晚,办案民警将流窜至忻州市的犯罪嫌疑人抓获,并当场查获作案用"GOIP"设备1台、移动电源1台、作案车辆1台。市公安局对此类犯罪开展深挖扩线、循线打击,研判民警线上缜密研判、线下紧密排查,成功落地1名在城区作案的犯罪嫌疑人。8月5日,办案民警将犯罪嫌疑人抓获,当场扣押作案手机7部、交换线5根、车辆1台。 (张振嘉)

【出入境管理】 2022年,阳泉市公安机关出入境管理部门办理临时入境境外人员57人次,内地居民因私出入境证件292本,受理往来港澳二次签注共98枚,办理涉外行政案件3起,刑事案件11起,常住境外人员44人。缅北回流人员29人,与法院、社区矫正管理局等部门报列不准出境人员330人。围绕外国人临时住宿登记、常住外国人办理签证证件及举报"三非"外国人(未经合法手续而在中国非法就业、非法入境和非法居留的所有外国人)奖励办法等政策开展普法宣传活动,累计入企宣传30余次,发放宣传资料2000余份。 (张振嘉)

【道路交通安全管理】 2022年,阳泉市共发生涉及人员伤亡的道路交通事故611起,比上年减少353起,下降36.62%。其中,死亡84人,比上年减少18人,下降17.65%;受伤669人,比上年减少328人,下降32.9%。5月,阳泉市启动燃气老旧管网改造维修工程和雨污分流排水管网改造工程,涉及市区40余条街道,市公安交警支队会同市城市管理局、晋东华润集团等部门赴施工路段开展实地调研,通过多项举措,保障施工项目顺利进行和群众平安畅通出行。中共二十大召开期间,开展交通秩序保障工作,出动警力8670余人次,警车1800余辆次,查处各类交通违法行为5万余起,确保全市道路交通安全形势保持平稳,未发生长时间大面积道路拥堵、较大以上道路交通事故及负面涉警舆情。推进全市农用车违法载人交通安全隐

2022年11月10日,阳泉市公安交管部门民警到第十中学校开展道路交通安全宣传活动 (市公安局交警支队 供图)

患大排查大整治，营造农用车违法载人严管、严教、严查、严处氛围，遏制农用车违法载人行为多发和事故多发势头。共排查群众集中出行场所1340余处，检查重点路段2100余次，收到群众举报29次，劝导员举报8次，查实35次。共查处农用车违法载人行为1547起，查获违法载人车辆197起，扣留车辆222辆，拘留26人，提请当地政府或相关行业主管部门处罚用工企业或包工队20次，查处无证驾驶238起，违法载人215起，酒醉驾58起，逆向行驶17起，闯信号灯4起，其他违法行为349起；与企业负责人、管理人员签订交通安全承诺书176份，喷涂“车厢禁止载人”1068辆，设置广告牌509处，刷写标语378条，开展集中劝导活动1018次。开展道路安全隐患排查治理，在全市43处农村公路平交路口增减速带。

市公安局交警支队结合道路交通管理实际，采取多项举措，开展道路交通安全宣传教育提升行动，提升全民交通安全意识和交通文明素养。年内，微博发布信息2300余条，微信发布1200余条，各类新闻稿件在省级媒体刊载55篇（条）(《山西法制报》52篇、山西网络电视台3条)，市级媒体刊登新闻稿件210余篇，泉民交通播出49期，《阳泉日报》交通周刊49期，组织民警走进交通直播间24次，通过手机发送短信500万余条，印制、发放各类宣传材料30万余份，悬挂宣传标语600余条，在农村设置宣传栏626块，学校设置固定宣传栏217块，村口设置警示牌626块，农村道路隐患突出点位共31处，刷写墙体标语1252条。（薛康平）

【机动车和驾驶人管理】 2022年，阳泉市网上预约机动车考试12.79万余人次，好评率98.1%。全市机动车驾驶人考试9.76万余人次，1.73万人通过考试领取驾驶证。“六年免上线”4.01万辆，检验机动车17.64万辆，网上选号4288副。截至年底，全市机动车保有量为33万余辆，其中电动汽车8001辆；驾驶人保有量为41.98万余人。市公安局交警支队推进机动车驾驶证电子化推广应用工作，引导驾驶人申领电子驾驶证。截至年底，全市共有28.96万人申领电子驾驶证，申领率为73%，申领率在全省排名第四。（薛康平）

【智慧型公安检查站升级改造】 2022年，阳泉市公安局投资1500余万元建成京昆高速郝家庄智慧公安检查站，实现“智能感知、精准识别、触圈预警、实时响应”功能。投资300余万元对太旧高速旧关公安检查站进行升级改造，对检查站基础硬件设施进行全方位维护和更新。对接省公安厅、华远陆港基础设施投资公司等建设单位，为全市4个三类公安检查站全部配备配装式岗亭，解决民辅警训练、食宿、休息、办公、备勤等问题。重大安保任务期间，全市环京公安检查站落实高等级勤务要求，围绕“人、车、物”，累计核查车辆404.3万辆次、人员695.1万人次，抓获网上在逃犯罪嫌疑人7人。9月19日，市公安民警联合武警官兵在郝家庄智慧公安检查站组织开展应急处突，各岗位民警、武警分工协作、各司其职，完成警戒、围堵、抓捕等处置流程。（张振嘉）

【全省刑事技术技能大赛夺冠】 2022年8月14日至19日，由省公安厅和省总工会联合举办的“2022年全省刑事技术技能大赛”在省公安厅科技处举行，全省11支代表队66人参加大赛。阳泉市公安局代表队在大赛中获得团体一等奖和优秀组织奖，刑事技术处白昊天和吕睿麒包揽全省电子数据检验第一、二名，城区分局王渊明获全省现场勘验第一名。（张振嘉）

检 察

【概况】 2022年，阳泉市检察机关将防风险、保安全、护稳定融入日常抓实抓好，营造安全稳定的政治社会环境。全年共批准和决定逮捕犯罪嫌疑人428人，提起公诉1378人，提出刑事抗诉21件，监督纠正刑事执行违法违规问题242件，办理民事检察、行政检察监督案件139件，办理公益诉讼案件435件。3个案例被最高人民检察院评为典型案例，3个案例被省人民检察院评为典型案例。市人民检察院被评为“山西省根治拖欠农民工工资工作先进集体”。

维护国家安全和社会稳定。常态化推进扫黑除恶斗争，依法起诉涉黑涉恶犯罪嫌疑人69人。从严惩治严重影响人民群众安全感的各类犯罪，依法起诉故意杀人、抢劫等严重暴力犯罪嫌疑人143人，“黄赌毒”等犯罪嫌疑人53人。以防范化解经济金融风险为重点，依法打击金融诈骗、破坏金融管理秩序等犯罪，批准逮捕16人，提起公诉27人。贯彻上级重大决策，把握法律适用和政策导向，依法惩治制假售假、扰乱正常医疗秩序等犯罪，保障社会秩序稳定。

融入市域社会治理现代化。贯彻宽严相济刑事政策，落实少捕慎诉慎押刑事司法政策，该严则严、当宽则宽，对严重刑事犯罪坚决从严从重打击，对轻微犯罪、初犯、偶犯等依法从宽从轻处理。全年不捕率28.7%，不诉率25.2%。加强羁押必要性审查，刑事案件诉前羁押率从2021年的38.97%下降至30.09%，彰显法治文明进步。落实认罪认罚从宽制度，全年适用率86.82%，量刑建议采纳率97.89%，一审服判率96.6%，从源头上大幅度减少上诉、申诉案件。平定县人民检察院出台轻微刑事案件赔偿保证金提存制度，综合保障案件被害人和被告人权益,推动双方矛盾化解。

促进诉源治理。发挥检察建议“抓前端、治未病”作用,抓好最高人民检察院第一号至第八号检察建议落实。对银行业贷款审批发放管理不严格带来的金融风险,制发检察建议,推动开展专项整治。市人民检察院以落实最高人民检察院第八号检察建议为抓手,会同市应急管理等部门开展安全隐患排查整治行动,推动安全生产治理模式向事前预防型转变。结合办案中发现的社会治理问题,全年向有关单位制发检察建议419件,促进源头预防,推动实现“治罪”与“治理”并重。（蔡文丽）

【刑事检察】 2022年,阳泉市人民检察院推动侦查监督与协作配合工作机制有效运行,促进公安机关侦查办案质效提升。全年监督公安机关立案215件、撤案111件,纠正侦查活动违法468件。加强刑事审判监督,对认为有错误的判决提出抗诉21件,人民法院已改判、发回重审7件;纠正审判活动违法13件。加大刑事执行检察监督力度,推行巡回检察新模式,完成对全市看守所、社区矫正机构巡回检察“全覆盖”,发现并监督纠正各类违法违规问题92个。市人民检察院立案侦查全省唯一一件在对看守所巡回检察中发现的司法工作人员相关职务犯罪案件,被省人民检察院作为巡回检察成果报送至最高人民检察院。在全省平安建设核查纠正监外执行罪犯脱管漏管工作年度考核中,市人民检察院被评为“一类”等次。（蔡文丽）

【抗诉和再审案件】 2022年,阳泉市人民检察院强化精准监督,办理不服人民法院生效民事、行政判决裁定申请监督案件,提出抗诉和再审检察建议13件。坚持维护司法公正与维护司法权威并重,对人民法院作出的正确裁判,依法引导当事人服判息诉50件。深化虚假诉讼专项监督,办理虚假诉讼监督案件4件,让打“假官司”的人吃到“真官司”。以案结、事了、政和为目标,综合运用检察听证、释法说理和司法救助等措施,实质性化解行政争议134件,其中诉争时间超过5年的争议3件。市人民检察院历时2年化解的冯某某要求履行给付工伤保险待遇法定职责案,综合运用公开听证、司法救助、制发检察建议等方式,得到实质性化解。推进土地执法领域非诉执行检察监督,针对行政机关非诉执行申请不予受理或裁决等问题开展类案监督,实现纠正违法与维护公益统一。（蔡文丽）

【公益诉讼检察】 2022年,阳泉市人民检察院践行双赢多赢共赢理念,以诉前实现维护公益目的为最佳司法状态,用磋商和制发诉前检察建议的方式梯次推动源头治理,98%以上的案件公益受损问题在诉前得以解决。依法提起民事公益诉讼案件7件,人民法院审结5件,检察机关的诉讼请求全部得到支持。开展“公益诉讼守护美好生活”等5个专项行动,其中采取“个案办理+类案推进+诉源治理”“三步走”工作方法在全市开展清缴欠税公益诉讼专项行动,督促税务部门收回企业历年欠缴税款1.46亿元。（蔡文丽）

【未成年人检察】 2022年,阳泉市人民检察院加强未成年人综合司法保护。以市人大常委会会议听取和审议未成年人检察工作情况报告为契机,加强未成年人综合司法保护。坚持“零容忍”态度,严惩侵害未成年人犯罪,依法从严办理重特大案件。会同教育行政等部门落实强制报告、入职查询制度,推动开展入职查询228人次。开展涉案未成年人综合救助工作,帮助21名未成年被害人解决就学等困难,为38名未成年被害人发放国家司法救助金32万元。市人民检察院与市教育局出台检察官担任法治副校长工作办法,推动法治副校长履职实质化,全年两级检察院开展“法治进校园”活动385人次。（蔡文丽）

【知识产权诉讼检察】 2022年,阳泉市人民检察院深化知识产权刑事、民事、行政、公益诉讼检察一体履职,成立知识产权办公室和办案组,对涉知识产权案件综合开展刑事追诉、民事追责、行政违法、公益诉讼线索“一案四查”“一案四评估”。开展惩治知识产权恶意诉讼专项监督行动,重点对权利滥用、虚假诉讼、商标恶意注册等行为开展监督,斩断灰色“产业链”,保护智力成果。依法审慎办理涉高科技人才刑事案件,矿区人民检察院办理的1起高科技人才涉嫌犯罪案件,在批准逮捕、提起公诉环节均层报市人民检察院、省人民检察院备案审核。（蔡文丽）

【破坏环境资源犯罪打击】 2022年,阳泉市人民检察院助力打好蓝天、碧水、净土保卫战,起诉破坏环境资源犯罪嫌疑人31人。从严办理自然资源部督办的平定县卫片(卫星像片图)执法非法采矿系列案件,提起公诉13件26人,追缴非法采矿破坏资源价款208万元。办理生态环境和资源保护领域公益诉讼案件105件,促进源头治理。全市两级检察院与同级河湖长制领导小组办公室建立“河湖长+检察长”协作机制,通过此项机制办理涉水公益诉讼案件44件。（蔡文丽）

【检察体制综合配套改革】 2022年,阳泉市人民检察院落实司法责任制,健全检察官履职保障和办案权力运行机制。抓实检察人员“全员、全面、全时”考核,完善以“案件比”为核心的检察监督办案质量、效率、效果评价指标体系,通过正面激励与负面评价相结合,解决“干多干少一个样、干好干差一个样”问题。加快数字检察建设步伐，召开全市数字检察工作推进会，初步打造“一平台六系统”智慧检务工作矩阵，以“智慧监督”提升惩治犯罪、诉源治理质效。（蔡文丽）

【职务犯罪检察职能履行】 2022年，阳泉市人民检察院履行职务犯罪检察职能，落实线索移送、提前介入、案件通报、配合制约等机制，形成反腐败工作合力。全年受理监委移送职务犯罪案件34件36人，提起公诉36件39人（含上年积存）。依法将省人民检察院交办的大要案件起诉至人民法院。履行司法工作人员利用职权实施的侵犯公民权利、损害司法公正犯罪侦查职责，立案侦查3件4人。（蔡文丽）

【群众关切问题回应】 2022年，阳泉市人民检察院与市市场监督管理局、卫生健康委员会等部门联合开展食用农产品、医疗美容行业突出问题专项治理，起诉制售有毒有害食品、假药劣药等犯罪4人，办理公益诉讼案件13件。做实“群众信访件件有回复”，全年受理群众信访282件，均在7日内告知“已收到、谁在办”，3个月内办理过程回复或者办理结果答复率100%。对有重大争议或较大影响的案件，以检察听证方式常态化开展公开审查，全年举行检察听证452件次，有效化解涉检矛盾纠纷。（蔡文丽）

【特殊群体权益保护】 2022年，阳泉市人民检察院主动回应弱势和困难群体所急所盼，对农民工讨薪、残疾人维权等案件依法支持起诉528件。参与集中整治拖欠农民工工资专项行动，依法惩治“老赖”，帮助农民工追索劳动报酬317万余元。城区人民检察院办理的102名农民工追讨135万元欠薪案，被最高人民检察院评选为支持起诉典型案例。协同开展打击整治养老诈骗专项行动，提起公诉10人。市人民检察院与市市场监督管理局联合开展民生领域涉企违规收费专项整治行动。对因案陷入困境的案件当事人加强司法救助，发放国家司法救助金153.7万元。（蔡文丽）

【检察工作外部监督】 2022年，阳泉市检察机关主动向同级人大常委会报告工作，全市两级检察院就未成年人检察、创优法治化营商环境等报告工作6次，并按照人大常委会组成人员审议意见改进相关工作。加强与人大代表、政协委员联络，服务代表、委员履职。邀请代表、委员视察或观摩检察工作，办理代表、委员提出的建议、提案12件，全部办结并逐一回复。自觉接受履职制约，邀请人民监督员监督办案188件次。主动接受新闻媒体监督。定期向社会发布主要办案数据，公开案件信息，全年通过12309中国检察网发布案件信息3008条。（蔡文丽）

【荫营地区人民检察院】 2022年，阳泉荫营地区人民检察院履行刑事执行检察职责，抓实刑事执行检察办案，共办理减刑、假释提请中审查案件745件，减刑、假释提请审查（开庭）案件656件，法院裁定审查案件363件，暂予监外执行审查案件8件。其中，书面提出纠正意见69件，采纳率100%，办理控告、申诉、举报案件2件，审查逮捕案件1件，立案监督1件，一审公诉案件3件，职务犯罪立案1件。制发检察建议18份，制发纠正违法通知书1份，均被采纳。（翟 伟）

【派驻检察工作】 2022年，阳泉荫营地区人民检察院加强派驻检察力量，完善第一、第二派驻检察室机构设置和人员配置。加强检务保障，强化基础设施建设，更新检察室办公设备，完成“两网一线”（检察室与监狱监管信息联网、监控联网，检查信息分支网络线路）建设。两个派驻检察室依法对阳泉第一监狱、第二监狱开展日常派驻检察，共开展出监罪犯谈话162人次，入监检察19次，开启举报信箱7次，开展安全防范检察3次，坚持每月列席监狱狱情分析会，履行派驻检察职责。（翟 伟）

【监狱巡回检察】 2022年，阳泉荫营地区人民检察院共开展跨区域交

2022年6月2日，阳泉市人民检察院联合市场监管部门对市场销售面粉及面粉加工食品安全情况进行调查 （市检察院 供图）

叉巡回检察1次,组织常规巡回检察2次,专门巡回检察2次。在常规巡回检察中发现存在问题12个,向监狱针对性提出口头建议4份,制发检察建议书4份,维护监管场所安全稳定。开展专门巡回检察工作被省人民检察院以信息简报形式在全省《刑事执行与司法渎职侵权检察工作情况》创刊首期刊登。在专项活动中,共建议阳泉第二监狱不予提请减刑14人,阳泉第二监狱不予提请假释1人,阳泉市中级人民法院裁定不予减刑27人,阳泉市中级人民法院撤销对罪犯的不当减刑裁定8份,监督监狱对58名在考核期内有借账消费行为的罪犯及时终止提请减刑、假释程序,维护司法公正。交叉巡回检察中发现监狱11个问题,相关派驻检察7个问题,并针对性制发检察建议书2份,纠正违法通知书1份,召开巡回检察意见反馈会,督促整改问题,维护刑事执行公平公正。（翟　伟）

【“减假暂”案件实质化审查】 2022年,阳泉荫营地区人民检察院完善《“减假暂”案件办理流程》《减刑案件办理手册》和《假释案件办理手册》,规范办案程序,在书面审查案件基础上,到监区开展实地调查核实,对不符合“减假暂”条件的坚决予以纠正。年内,共书面提出纠正意见69件,均被采纳。常态化召开减刑、假释案件审查意见交流会5次,推进减刑、假释案件实质化审查。（翟　伟）

【司法工作人员相关职务犯罪查办】 2022年,阳泉荫营地区人民检察院查办1件徇私舞弊减刑、滥用职权案,起诉至法院。全年共计摸排案件线索5件,其中立案侦查1件,移送纪委监委1件,留存待查1件,2件调查核实中。优化完善法律监督线索的内、外部移送流程,向内、外部移送违纪违法线索15件21人。（翟　伟）

法　院

【概况】 2022年,阳泉市法院系统依法履行审判职责,精准服务发展大局,维护社会稳定,推进改革创新,各项工作取得进展。全年共受理各类案件25636件,比上年增长12.33%;审执结25162件,结案率98.15%。在2022年度省高级人民法院审判执行质效通报中,全市法院综合质效首次排名全省第一,执行质效、诉讼服务连续两年位居全省第一,市中级人民法院在全省中级法院中排名第二,平定人民法院在全省120家基层法院中位列第一。市中级人民法院未成年人案件综合审判庭法官李继成主审的(2020)晋03民终849号民事二审判决书,作为山西法院系统唯一一篇裁判文书入选全国法院“百篇优秀裁判文书”。（郝学敏）

【刑事审判】 2022年,阳泉市法院系统共受理各类刑事案件1919件,审结1845件(含旧存),比上年分别上升2.07%和0.19%,结案率96.14%。其中,市中级人民法院受理刑事案件775件(含旧存),审结764件(含旧存),比上年分别上升34.32%和34.74%。保持对危害社会治安犯罪的高压态势,依法严惩杀人、抢劫、强奸等严重暴力犯罪案件201件,危险驾驶、交通肇事等危害公共安全犯罪案件485件,盗窃、抢夺、诈骗等侵犯财产犯罪案件389件,毒品犯罪案件148件,助推平安阳泉建设。推进常态化扫黑除恶斗争,审结涉黑涉恶一审案件3件30人、二审案件10件118人,震慑黑恶势力犯罪。审理职务犯罪案件34件。审结“李某某非法倒卖蚂蚁币等外汇钱包”案,涉案金额2.5亿余元,交易对象2600余人,打击破坏金融管理秩序行为。郊区人民法院依法审结全市首例偷越国境案,严厉打击3人结伙偷越中国老挝国境犯罪行为,维护国境正常管理秩序。贯彻宽严相济刑事政策,依法对389名认罪认罚的被告人从宽量刑,对136名符合条件的被告人宣告缓刑、免于刑事处罚,对541名罪犯准予减刑。为286名被告人提供法律援助,实现刑事一审案件律师辩护全覆盖。（郝学敏）

【民商事审判】 2022年,阳泉市法院系统妥善化解民商事纠纷,创优营商环境、服务保障民生。全市法院共受理各类民商事案件12069件(含旧存),审结11794件(含旧存),比上年分别下降10.86%和10.23%,结案率97.72%。其中,市中级人民法院受理民商事案件1417件(含旧存),审结1394件(含旧存),比上年分别下降25.15%和21.02%。审结涉教育、医疗、社保、住房、婚姻家庭等案件2932件,促进保障和改善民生。审结道路交通事故责任纠纷620件,形成类案审判指引18条。落实“房住不炒”政策,审结房屋买卖合同纠纷165件。坚持各类市场主体诉讼地位、法律责任一律平等,审结损害公司利益、股东权益等商事案件242件。发挥金融审判服务实体经济、规范金融市场秩序职能作用,审结金融借款等案件2294件。深化家事审判方式改革,平定人民法院探索婚姻家庭矛盾纠纷“五色”分级预警处置机制,由省委政法委牵头推广至全省117个基层法院和345个人民法庭,被最高人民法院评为“全国法院十大最受欢迎一站式建设改革创新成果”。加强专项调研,组成调研组到基层法院座谈研讨,就类型案件难点进行分析梳理、分类汇总,形成《民间借贷纠纷案件调研工作情况通报》《劳动争议案件审判意见参考》和《机动车交通事故责任纠纷案件审判实务参考》,统一裁判尺度。（郝学敏）

【行政审判】 2022年，阳泉市法院系统加强行政审判工作，推动营造依法办事的行政执法环境。年内，全市法院共受理各类行政案件832件(含旧存)，审结798件(含旧存)，比上年分别下降18.59%和20.52%，结案率95.91%。其中，市中级人民法院受理行政案件522件(含旧存)，审结501件（含旧存），比上年分别下降11.53%和13.17%，发挥行政审判职能，监督支持行政机关依法行政。妥善处理房屋征收、征拆补偿、土地资源类案件178件，保障重点项目和重大工程顺利推进。与太原市中级人民法院、太原市司法局联合印发《行政机关负责人出庭应诉工作规定》，出庭应诉率提升至61%。与太原中级人民法院共同召开“两府两院”座谈会，制定发布《关于建立行政审判与行政执法交流座谈会工作机制的意见》，构建“一预防、两化解、一机制”模式，促进司法与行政良性互动。与阳泉市公安局交警支队举行疑难案件座谈会，针对交通执法类行政案件在日常司法实践中遇到的问题进行交流研讨。与阳泉市人民检察院就行政非诉案件展开讨论，就具有行政强制执法权的行政机关提起的行政非诉案件的受理与裁判问题进行研究，促进行政执法公信力提升。坚持“一个案例胜过一沓文件”，发布行政审判白皮书和“十大典型案例”，市中级人民法院行政庭被表彰为全国法院行政审判工作先进集体。 （郝学敏）

【案件执行】 2022年，阳泉市法院系统巩固执行攻坚成果，促进社会诚信体系建设。年内，全市法院受理执行案件9368件(含旧存)，执结9351件，比上年分别上升31.7%和29.38%，执结率99.82%，执行到位48.14亿元。其中，市中级人民法院受理执行案件536件，执结529件，执行到位11.2亿元，全力兑现当事人胜诉权益。清理拖欠民营企业债务案件454件，执行到位金额3.38亿元。执结拖欠农民工工资案件407件，追回欠薪657.67万元。深化司法网拍，助力执行财产变现，成交拍品202件，成交额1.06亿元，为当事人节约佣金22万元。畅通线上线下“查人找物”渠道，依托银行、住建、公安等系统，查询各类信息13560余次。贯彻落实省市政法委工作部署，推进“三晋执行利剑”攻坚，出动干警1030人次，出动警车450次，邀请26个联动单位、8名人大代表、5名政协委员、12名媒体记者监督见证。累计执行完毕316件，执行和解129件，执行到位1.54亿元，冻结存款0.78亿元，查封、扣押车辆6辆，查封不动产3处。创新执行攻坚方式，解决153件涉党政机关执行案件。打造执行指挥中心实体化运行“345模式”，通过执行“三统一”(统一管理、统一指挥、统一协调)、履行四项管理职能、建立五化标准体系，实现执行员责任制和模块化管理。执行指挥中心全方位动态监管37个流程节点，全程提醒、留痕、倒查和监督。践行善意文明执行理念，对暂时面临困难但有生产能力的企业，综合运用“放水养鱼”、暂缓措施、“活封活扣”、引入第三方融资等柔性执行方式，为企业释放资金1.22亿元、土地1100余亩、厂房100余万平方米。在省高级人民法院通报的10项执行类指标中，阳泉市中级人民法院8项获全省第一、1项获全省第二。在最高人民法院执行指挥平台统计的30项质效指标中，25项排名全省前三。 （郝学敏）

【养老和电信网络诈骗专项整治行动】 2022年，阳泉市法院系统推进打击整治养老诈骗、电信网络诈骗专项行动。阳泉市两级法院立足维护社会安全稳定高度，依托审判职能，延伸宣传教育，推进专项行动取得实效。年内，全市法院审结“两诈”案件44件89人，涉案资金1.38亿元。追赃挽损，坚持全面查明涉案财物来源、去向、用途、流转情况，及时查封、扣押、冻结涉案财产，做好涉案财物清运、财产变现、资金归集和财产返还等工作，7起案件实现全额退赔被害人损失。对于各类欺骗性强、受害人数多、受骗数额高、社会影响大的电信网络诈骗案件，力争实现100%庭审直播率，将典型案例变为法治教育公开课。制定实施方案，抽调10名业务骨干组成宣讲团，到社区、企业开展反诈宣传22场、发放宣传资料12700余份、互动答疑1650余人，录制专题节目，向群众揭露保健品诈骗、投资理财诈骗、子女就业诈骗等常见诈骗手法，提高防诈意识和能力。 （郝学敏）

【民生司法保障】 2022年，阳泉市法院系统坚持维护劳动者合法权益与促进企业健康发展并重，审结劳动争议案件1038件。加强实质化解，抓住当事人根本诉求，解开深层症结，成功调解473件劳动争议。矿区人民法院与仲裁委、企业工会、人力资源部门、基层调解组织开展“五方联动”，缓解华阳集团改制重组引起劳动争议增长问题。加强未成年人权益司法保护，落实心理疏导、司法救助、隐私保护、转学安置等保护帮扶措施，开展家庭教育指导38次，举办线上公开课15次，受众9560余人。郊区人民法院举办首期“小法官”成长营，30名小营员受聘“法治小卫士”，活动被省高级人民法院微信公众号专题刊载。保护人民群众安居乐业，审结全市首例销售兽药残留食品民事公益诉讼案，守护百姓“舌尖上的安全”。矿区人民法院依法审结“维尔康瓶砸碎挡风玻璃案”，全市首例以高空抛物罪定罪处罚。 （郝学敏）

【诉讼服务体系优化】 2022年，阳泉市法院系统打造“三端四分流”全周期矛盾纠纷化解链条，区分“诉源、诉前、诉中”三个端口，设置诉源治理、诉前调解、繁简分流、信访化解四道分流解纷防线。加强诉源治理，城区人民法院设立“法治园区调解室”、矿区人民法院打造“法官工作站”“和事嫂”工作室、郊区人民法院推进“无讼乡村”建设、平定人民法院探索“法院＋乡村治理员”机制、盂县人民法院人民法庭联合乡镇矛盾调解中心“合署办公”，推动构建“党建共联、共治共享”的基层社会治理新格局。探索流程模块化和审理案件要素化新模式，全年速裁快审案件4107件，平均审理天数21.74天。在线音视频调解案件3330件，年均增长25%，平均调解时长5天。引进多功能自助诉讼服务设备，网上立案3134件，占比30.98%。建成邮政集约送达中心，线上邮政集约送达10567件。推进电子送达平台深度应用，开展电子送达9270件，占比80.73%。邀请29家市县单位、调解组织入驻线上多元解纷平台，委派调解案件6264件，调解成功5044件。创新“信访终结听证前置＋两排两查两会议”工作法，信访终结18件、有效化解142件、息诉罢访28件。3个集体、6名个人获得山西省高级人民法院“一站式”建设工作先进荣誉。（郝学敏）

【审判执行质效提升】 2022年，阳泉市中级人民法院落实司法责任制，制定出台《“四类案件”监督管理办法》，明晰院庭长、法官、辅助人员权责清单，确保权力界限明确、监管线上留痕、全程接受监督。树立“迟到的正义非正义”理念，强化审判流程动态监管，创新“多次短扣”模式，避免案件久拖不结。开展长期未结案件督办和提醒约谈，电话提醒、书面督办237件次，系统弹窗预警2035次，审限内结案率超过99.76%，长期未结案数量保持全省最低位。把握基层法院准确查明事实、实质化解纠纷，中级法院二审有效终审、精准定分止争职能定位，市中级人民法院发挥“承上启下”枢纽作用，建立对口条线沟通指导机制，审结二审案件1466件、再审19件，改判、发回重审117件。出台类案审判指引4件，从“弄懂一个案子”到“搞通一类案件”。优化审判委员会、专业法官会议运行和衔接，召开专业法官会议134次，讨论案件1194件。郊区人民法院优化审判工作机制，确保庭审事实查明作用发挥，发出全省首份《当事人本人到庭令》。完善案件质量评查机制，专项评查发改再审案件227件，梳理共性问题46条。在省高级人民法院通报的18项审判类指标中，阳泉市中级人民法院2项保持全省第一，12项比上年上升，其中一审判决案件发回重审和改判率两项反映审判质量核心指标实现突破，从12.5%下降至2.9%，全省排名从第12上升至第2，案件质量和当事人满意度提升。（郝学敏）

【家庭教育令发放】 2022年3月2日，阳泉市矿区人民法院少年法庭向两起未成年人强奸犯罪案件中未成年被害人父母发出该院首份《家庭教育令》，是《中华人民共和国家庭教育促进法》正式实施后，全市发出的首份《家庭教育令》。基于未成年被害人父母在案件中的表现构成《中华人民共和国家庭教育促进法》中规定的“怠于履行家庭教育责任”情形，依照《中华人民共和国未成年人保护法》《中华人民共和国家庭教育促进法》相关规定，法院向被害人父母发出1号《家庭教育令》，并对其父亲进行家庭教育指导。该《家庭教育令》的生效日期为作出之日起至被害人年满14周岁之日止。如义务履行人违反该令，将视情节轻重，予以训诫、罚款、拘留；构成犯罪的，依法追究刑事责任。3月，阳泉市中级人民法院少年庭在审理一起涉少刑事案件中，针对未成年被害人监护人监护失职情况，对其中4名监护人发出《家庭教育令》，督促其履行家庭教育主体职责。这是全市法院首次集中发出《家庭教育令》。（胡忠宏）

【“三长会商”基层矛盾纠纷治理模式】 2022年9月23日，阳泉市城区人民法院桃河法庭与城区下站街道办事处、下站派出所，阳泉高新技术产业开发区大华社区、保晋路派出所举行“街道社区、庭、所共建”签约仪式，各部门负责人共同签署《共建协议》，“三长会商制”基层矛盾纠纷治理新模式落地启动。“街道社区、庭、所共建”是推动基层社会治理资源整合共享、加强基层诉源治理，实现优势互补的社会综合治理新模式、该模式利用街道社区党群服务中心平台，加强工作协作和良性互动，街道社区、人民法庭、派出所根据职责权限，依照工作职能，在矛盾纠纷第一线形成工作合力，有效化解各类矛盾纠纷。（胡忠宏）

【涉党政机关执行案件提前执结】 2022年11月中旬，阳泉市中级人民法院在“三晋执行利剑”活动期间受理的153件涉党政机关执行案件全部执结。涉党政机关执行案件是省委政法委、省高级人民法院从5月18日起在全省开展的“三晋执行利剑”集中攻坚行动五类重点案件之一。根据山西省高级人民法院关于行政案件实施跨行政区域集中管辖的决定，市中级人民法院管辖太原市政府及其下辖的各县区（市）政府为被告的一审行政案件的审理和执行。上述153件案件中管辖区域为太原市及其下辖县区（市）政府为被执行人的占90%以上。市中级人民法院与被执行人面对面沟通、点对点对接，执行局建立以“定执行措施、定执行期限、定目标责任，分类实施精准发力”为内容的“三定一分”工作机制。对有能力履行而迟迟不主动履行的某县区（市）政府有关部门发出《预罚款通知书》和《预纳入失信被执行人名单告知书》，敦促其尽快履行，终使案件执结。（胡忠宏）

司法行政

【法治宣传教育】 2022年，阳泉市司法局推进“八五”普法，依法治理不断提升。开展法治宣传，以领导干部、青少年和基层群众为重点对象，开展以公民法治素养和社会治理法治化水平提升为目标的法治宣传教育活动，推进法律进机关、进学校、进乡村、进社区、进企业、进单位、进网络活动，法治宣传教育的覆盖面、普及率、影响力得到提升。《中华人民共和国民法典》学习走深走实，以“民法典进农村”为重点，开展《中华人民共和国民法典》普法工作。推进基层治理，全市各行政村（社区）加强推进村（居）民自治、依法治理，村（居）民法治意识增强，基层依法治理取得进步。全市4个村（社区）获评全国民主法治示范村（社区）荣誉，13个村（社区）获评省级民主法治示范村（社区）荣誉。 （李淑卿）

【人民调解】 2022年，阳泉市司法局履行基层工作职责，夯实基层治理能力。部署开展“调解促稳定、喜迎二十大”大排查大化解专项行动，规范推进访调对接工作，市县两级信访事项人民调解委员会实现全覆盖。全市开展矛盾纠纷排查5873次，调处纠纷5790件，调解成功5774件，调解成功率为99.72%，实现矛盾就地化解不上交，完成中共二十大安保维稳任务。入选司法部12348中国法网案例库1篇；城区司法局、郊区司法局获评全国“组织宣传人民调解工作先进集体”。 （李淑卿）

【司法鉴定工作】 2022年，阳泉市司法局指导鉴定机构按照政府指导价收费，对法律援助对象实行费用减免，提高司法鉴定服务能力和业务水平。司法鉴定机构受理案件1612件，司法鉴定人通知出庭9次，出庭率100%，出庭作证能力增强。 （李淑卿）

【法律援助】 2022年，阳泉市司法局将免费法律咨询和特殊群体法律援助惠民工程政府民生实事作为公共法律服务体系建设的重要内容，为群众免费解答法律咨询18548人，完成全年任务的154.57%，群众满意度100%；受理特殊群体法律援助案件626件，办结477件，完成全年任务的106%，超额完成省定任务指标。建成阳泉市掌上公共法律服务平台，为群众提供24小时全业务全时空法律服务。截至年底，平台粉丝数共17.6万余人，提供免费法律咨询2359人次，法律援助申请38件，人民调解申请6件，群众好评率为100%。 （李淑卿）

【国家统一法律职业资格考试】 2022年，阳泉市司法局加强风险研判，全面完成法考工作。谋划推动各项任务举措落实，确保“从严治考、规范管理、热情服务”总原则落实落细，9月17日至18日，山西省2022年国家统一法律职业资格客观题考试举行，阳泉考区考点设在阳泉职业技术学院。阳泉考区共设6个考场，其中正式考场5个、隔离考场1个，考场均为单人单机；共有660人报名，实际参考449人，参考率68%。年内，共审核授予两批次共125人A类法律职业资格证书。推进法考基地建设，完成初评推荐工作。 （李淑卿）

【司法所建设】 2022年，阳泉市司法局按照省司法厅要求，实施司法所规范化建设三年行动，围绕政治建设、体制机制建设、组织队伍建设、业务建设、村级调解建设、保障能力建设“六大”建设，推进全市“枫桥式”司法所创建工作，全市5家司法所全部完成“枫桥式”司法所创建并接受省司法厅实地考评验收。年内，全市司法所组织远程视频会见2468次，为群众节约资金148余万元。 （李淑卿）

【人民监督员工作】 2022年，阳泉市司法局发布《阳泉市司法局关于选任人民监督员的公告》，按照选任程序和步骤，面向社会公开选出人民监督员40名，完成市级人民监督员换届选任工作。按照“一人一档”标准，对新一届人民监督员的个人基本信息、学习培训、履职、遵纪守法等情况进行全面收集归档，建立健全人民监督员个人信息电子台账和履职台账。全年人民监督员参与监督检察办案活动频次进一步提高，参与办案活动192人次，监督评查案件144件。 （李淑卿）

【社区矫正工作】 2022年，阳泉市司法局推进社区矫正规范化建设，依法监管质效提升。规范病检复核，完善制度机制。为贯彻《中华人民共和国社区矫正法》，市司法局联合阳泉市人民检察院、阳泉市卫生健康委员会制定并印发实施《关于加强暂予监外执行社区矫正对象病情复查审核工作的实施意见》，完善和规范全市暂予监外执行社区矫正对象病情复查审核工作，保障暂予监外执行工作依法规范进行。创建智慧场所，夯实基层基础。郊区社区矫正中心参加司法部首批标准化智慧矫正中心验收考核并通过两轮考核合格，成为首家部级“智慧矫正中心”。开展社区矫正“规范执法年”活动，集中开展安全隐患大排查、大督查、大整治，推动社区矫正安全稳定工作取得成效，矫正执法实现全年“无脱管、无漏管、无重大案（事）件”目标。 （李淑卿）

仲 裁

【概况】 2022年，阳泉仲裁委员会共受理各类仲裁案件45件，案件标的金额2.6亿元。审办结各类案件25

件，其中调解15件、裁决10件。把非诉讼纠纷解决机制挺在前面，参与矛盾纠纷多元化解工作，调解和解率为60%。发挥仲裁职能，到辛庄村、福洼村等开展法治宣传、法律咨询、纠纷调解、规范合同文本等，参与基层社会治理，促进乡村经济社会发展。与郊区纪委监委签订《合作共建协议书》，促进郊区荫营镇辛庄村基层治理能力提升。（杨世垚）

【业务开展】 2022年，阳泉仲裁委员会立足仲裁职能特点，扩大服务范围、提升仲裁工作质效。

强化新媒体宣传作用。运用网站、微信公众号、报纸等载体，拓宽仲裁宣传渠道，加强仲裁委组成人员群、仲裁员工作群、干部职工群互动，推送省内外先进仲裁机构发展信息、仲裁法律最新知识和单位最新工作动态等信息。年内，依托网站、公众号和工作群推送发布工作动态、仲裁常识117条，阅读访问4356人次，在《山西日报》微信客户端发布信息7篇。

提升调解质效。坚持调解为先，快速结案，运用矛盾纠纷多元化解机制，坚持以当事人为中心的理念，解民忧、保民生。年内，经分析研判，通过庭前调解方式化解多起商品房买卖合同纠纷，节省当事人时间和成本。

开辟案件增长领域。开展走访一批组成人员、走访一批仲裁员、走访一批重点工程项目、走访一批重点企业的“四个一”走访活动。组织业务骨干到山西君衡律师事务所、山西嘉尚律师事务所等地开展“共话仲裁发展”调研座谈5次，听取企业、律师事务所、仲裁员及人民群众对仲裁工作的意见和建议，促进重大合同仲裁机构合同约定率提升。会见新一届律师协会代表，围绕“畅通仲裁+律师衔接”机制、加强律师仲裁员管理等进行交流研讨，共谋发展。参加市市场监督管理局“共促消费公平 放心消费在阳泉”宣传活动，推广仲裁法律制度。

聚焦合作共建。与市司法局举行“党建引领 融合发展”签约仪式，与山西硕明律师事务所党支部、山西新东律师事务所党支部签订《党建共建协议书》，与市晋东公证处、平定县公证处、盂县公证处签订《合作协议书》，发挥各自平台功能和专业优势，打造便民服务新窗口、多元矛盾化解新阵地，相关情况在《山西日报》等进行报道。（杨世垚）

2022年8月18日，城区司法局、市法律援助中心、北大街街道办事处在滨河新天地广场联合举办《中华人民共和国法律援助法》集中宣传活动

（市司法局　供图）

【仲裁宣传月活动】 2022年8月10日至9月10日，阳泉仲裁委员会组织开展仲裁普法宣传月活动，印发《关于在全市开展仲裁普法宣传活动的实施方案》，通过“以案说法”、新媒体贴片、场所展板宣传、“法治进校园”和设置基层法律服务站点等，宣传典型经验和创新做法，宣传推广仲裁法律制度。进驻矿区政务服务中心设立阳泉首家仲裁服务窗口，并与矿区区委就仲裁入驻政务服务中心、优化营商环境、仲裁服务企业等方面进行交流探讨；调研走访平定县司法局、平定县公证处、冠山镇司法所等，与所在单位负责人就如何宣传仲裁法律制度、强化资源整合、发挥优势、服务经济社会发展等方面进行交流。在市政府综合办公大楼一层大厅，市县两级公共法律服务平台、政务服务中心，重点律所、公证处，乡镇街道司法所共投放印有“阳光仲裁，‘泉’程服务”标识展示架20个、《仲裁常识》宣传展板15块、彩页2000余张、纸巾盒等宣传品400余份，设立20个仲裁宣传便民服务站点，打造仲裁普法宣传阵地，向仲裁参与人、企事业单位工作人员、来往办事群众普及仲裁法律知识，形成仲裁服务全链条、仲裁宣传全覆盖局面。邀请仲裁员走进阳泉市第十五中学讲授法治教育课，帮助师生增强法治观念和安全意识，提高在校师生运用法律武器保护自身利益能力。制作“阳光仲裁，‘泉’程服务”“独立、公正、专业、高效”和联系电话、地址等贴片，在《阳泉日报》公众号等平台进行宣传推广，阅读量、点击率为165万人次。联系《阳泉日报》集中选刊仲裁案件中关于合同解除、车辆保险合同纠纷、违约行为造成损失赔偿范围和时效的案例。通过以案说法的方式普及法律知识，传播法治理念，营造仲裁法律制度宣传氛围。（杨世垚）

（责任编辑：韩　冰）

阳泉军分区

【概况】 2022年1月4日，阳泉军分区组织所属现役官兵、文职人员、专武干部，通过视频会议系统同步参加军委国防动员部、山西省军区举行的开训动员大会并组织军分区本级开训动员，动用各类车辆和装备器材，完成多个训练课目。狠抓首长机关训练，实弹射击考核合格率100%。选派专武干部参加省军区集训比武，取得个人项目2个第一名、1个第三名、2个第五名、1个第六名。参加军地联合演练，高标准完成多个课目演练，完成“八一”全市后备力量展示活动。

出台《阳泉市“十四五”时期民兵建设发展计划》。年内，动用民兵、装备参与抗洪抢险、森林灭火等多项应急任务；参与道路建设、植树造林等活动，助力帮扶乡村振兴发展。军地联合出台《关于加强新时代双拥工作的实施意见》。开展“榜样兵支书”评选和“军创助山城共富，戎归促乡村振兴”活动，晋盂集团武装部部长史学云被评为“2022感动山西国防动员新闻人物”，平定县人武部联合地方开展“你为祖国守岁、我陪亲人过年”系列拥军优属活动，被评为省拥政爱民模范单位。

制定多项措施回引阳泉籍大学毕业生回乡应征入伍，经验做法在省征兵办向省委报送的征兵工作动态中刊发。抓民兵编建，完成基干民兵编组任务。军地合力推动省军区“民兵建设高质量发展”试点任务，形成43项阶段性成果。盂县人武部承担省军区民兵工作检查考评和全市民兵试点成果展示现场会保障任务，得分位列全省第一。（张　鑫）

【军地联动扑火】 2022年4月7日16时许，阳泉军分区营门岗哨发现营院附近村庄田埂灌草丛起火，军分区立即启动应急预案，组织出动官兵25人，驾驶消防水车、携带灭火器材到达火场。同时命令平定县人武部民兵应急分队出动30人、2台森林灭火车紧急驰援。县乡村三级消防救援力量120余人到达现场，在军分区统一指挥调度下，军地协同配合，不到40分钟将明火全部扑灭。为防止复燃，军分区安排应急消防水车对火场进行全面喷洒，并对火点进行全面检查。（张　鑫）

【军地联合举办主题诵读活动】 2022年4月至8月，阳泉军分区政治工作处联合市委宣传部、市教育局和新华书店等单位，共同举办“我见证，中国力量——讲讲我心中的国防”主题诵读活动，中央人民广播电视总台《国防时空》栏目进行报道。活动利用“传统媒体＋新媒体”“线上＋线下”等方式，设置小学组、中学组、成人组3个组别，奖项包括一、二、三等奖和优秀奖、网络人气奖、优秀组织奖、最具潜

2022年4月7日，阳泉军分区组织官兵参与驻地火情扑救（阳泉军分区　供图）

力奖、特别贡献奖等。活动吸引全国各地官兵、民兵和社会青年及中小学生参与,收到4.59万人上传4.37万件作品,投票总量383万票,71名选手和11家单位获奖。（张　鑫）

【“征兵宣传周”启动仪式暨“国动杯”畅跑活动】 2022年6月25日,阳泉军分区举行“征兵宣传周”启动仪式暨“国动杯”畅跑活动,在城区、矿区、郊区、平定县、盂县征兵办设置5个现场宣传站点,发放宣传资料,进行政策解读。此次活动参加人员涉及军地10余家单位,涵盖现役军人、民兵及国防动员委员会成员单位相关人员百余人。（张　鑫）

武警阳泉支队

【概况】 2022年,中国人民武装警察部队山西省总队阳泉支队学习贯彻两级新时代执勤安保规范化集训精神,改造执勤设施,协调推进卡点规范化建设,党委常委带头站“暖心哨”“警示哨”,完成警戒设卡、武装押解、联勤武装巡逻、维稳处突等各类急难险重任务。

战备训练　根据形势任务变化,多次修订支队战备方案,健全情报信息共享机制,加大值班人员对部队的督查检查力度,组织首长机关带机动中队拉动演练8次。贯彻落实总队“一措施、一意见”,与总队同步开展“卫士”演习,严密组织分队指挥员“周期过关制”比武、“跨队任教、巡回教学”重难点课目交流教学、“送教下基层”活动和分批轮训,制定《军事体育训练考核提质增效六条措施》,多个集体和个人在总队各类比武集训中榜上有名。

基层建设　多次审订基层《按纲建队计划》,每季度组织按纲建队考核、部队形势分析,专题召开支队党委建设形势分析会,全年组织5批次37人次当兵蹲连、蹲点帮建,为基层办实事19件,解决季度考核中发现的现实困难20个。注重发挥典型培树和人才培养的辐射带动作用,执勤二大队、机动中队、平定中队、警勤中队被武警山西总队评为“四铁”(铁一般信仰、铁一般信念、铁一般纪律、铁一般担当)先进单位,3名个人和1个集体受到总队以上单位表彰,14人考学提干。落实总队抓安全举措和严抓严管重点,组织“四不两直”检查、开展涉网涉密集中教育整治等工作。

后勤工作　分批开展后勤装备专业兵培训复训,投入资金改造支队军械库、定制智能枪柜,与地方公司签订军民融合应急保障协议,遂行任务保障能力得到提升。注重深化审计成果运用,制定财经领域“5措施1办法”,落实存量资产打码贴签要求,组织物资采购及招投标工作19项,集中开展行车安全教育5次。（夏　天）

【军需行业整肃治理】 2022年5月12日,武警阳泉支队开展军需行业领域专项整治活动,通过查看账目、调阅资料、现地检查、座谈了解、实地走访、核查对比等方式,逐笔业务、逐张单据、逐个项目对所属伙食单位军需行业领域8个方面37项内容进行全面自查,对查出的问题能立即整改的,督促立即整改;不能立即整改的,建立台账,挂号销账。（夏　天）

【“庙算”分队指挥员“周期过关制”比武】 2022年11月15日至19日,武警阳泉支队组织“庙算”分队指挥员“周期过关制”比武。比武结合2022版《军事训练大纲》要求和分队遂行任务实际,区分基本素质、指挥能力两个板块设置课目,基本素质板块涵盖军事理论、军事体育、手枪射击、武器分解结合、识图用图、教学法6项内容,指挥能力板块采取分段式想定作业的方式组织实施,重点检验分析判断情况、拟制决心要点、手工标绘首长决心图3种能力。此次比武全程快节奏、高强度、严标准,真实检验和深度挖掘分队指挥员个人军事素质和带领分队遂行任务能力。（夏　天）

【“保障尖兵创纪录”竞赛活动】 2022年8月5日,武警阳泉支队组织开展“保障尖兵创纪录”竞赛活动,围绕“能打仗、打胜仗”要求,分军需、卫生、运输、装备4个专业,进行技能、组织指挥、统筹协调全面比拼。竞赛采取“统一组织、逐人实施、现场打分”方

2022年8月1日,武警阳泉支队举办“迎接二十大 奋进新征程”庆“八一”文艺汇演（武警阳泉支队　供图）

式,全体参赛人员精神昂扬,严守操作规程,遵守赛场纪律,有效锤炼部队实战实保能力。（夏 天）

【"迎接二十大 奋进新征程"庆"八一"文艺汇演】 2022年8月1日晚，武警阳泉支队官兵在机动中队营区举办"迎接二十大 奋进新征程"庆"八一"文艺汇演。快板《说说咱支队》与蒙古舞《草原的儿子》将丰富的军营生活尽情展现；情景演绎《信仰的力量》，通过两代军人的历史对话，将"军人天生为打仗，要打就要打胜仗"的使命与气魄展示得淋漓尽致；大合唱《战争就在下一秒》、音诗画《忠诚》与团体表演《山城砺精兵》，让绿色军营、文化军营、热血军营更充满吸引力。此次文艺汇演主题鲜明、精彩纷呈、兵味十足，节目均由官兵自编自导自演，全体官兵及驻地有关单位领导、转业和退休老领导、友邻共建单位领导、官兵亲属观看演出。（夏 天）

【"赞颂新时代 奋进新征程"演讲朗诵会】 2022年10月5日，武警阳泉支队组织"赞颂新时代 奋进新征程"演讲朗诵会。基层单位10组参赛者以现场讲述、视频回放、情景演绎等形式，赞颂中国特色社会主义新时代的伟大成就。经过角逐，执勤二大队执勤五中队郝文琛以《礼赞奋斗 拥抱时代》获得第一名。（夏 天）

人民防空

【概况】 2022年，阳泉市人民防空办公室履行"战时防空，平时服务，应急支援"职责使命，各项工作取得新成效。完成《阳泉市人民防空方案计划》编制工作，完成4次拉动训练和年度准军事化训练任务。组织"9·18"和"12·6"全市防空警报统一试鸣，鸣响率100%。参加全市"八一"军事日演练，演练分准备、预演、演练3个阶段，动用人防装备5台，累计参训15天、计420余人次。首次确定城管、工信、交通、卫健、供电等职能部门牵头组建人防专业队伍整组模式，在全省率先完成人防专业队伍整组任务。配套修建人防三等医疗救护工程，填补阳泉市人防医疗救护工程空白。（席子亮）

【人防演练】 2022年，阳泉市人防办组织开展实战化演练和跨区综合演练。5月7日，组织开展无人机飞行演练，演练科目主要包括高空喊话、高空抛物、结合机动指挥所通信设备进行模拟灾情信息采集和传输；在演练中，参演人员搭建并组装无人机和挂载设备，分组分工操作无人机，按照预定科目完成实战训练。7月5日，市人防办业务骨干赴盂县参加省人防办组织的省市县人防联合训练，与省人防办和其他地市机动指挥所进行互联互通，完成卫星视频会议系统、车载短波电台等训练科目。8月14日至19日，市人防办业务骨干赴大同左云县参加全省人防系统准军事化训练，系统开展短波电台操作及天线架设与撤收、野外拉动考核等科目训练。9月22日至23日，市人防办业务骨干赴晋中市昔阳县开展人防指挥通信跨区拉动演练，并与晋中市人防办、忻州市人防办联合开展机动指挥所的开设与撤收、通信系统联调联试、单兵和无人机信息采集、卫星联通和短波电台通信等实操训练。（席子亮）

【防空警报鸣放】 2022年8月，阳泉市人防办制定《2022年防空警报试鸣工作方案》和《关于组织全市防空警报试鸣工作有关事项的通知》，明确防空警报试鸣工作相关人员职责分工和完成任务时限要求。9月18日上午10时整，通过全省人防警报三级统控平台，全市75台警报器全部鸣响，完成"9·18"全省防空警报统一试鸣工作。12月4日，市人防办专业技术人员与省人防办、警报器安装单位等进行测试，对故障警报器进行维修。（席子亮）

【人防工程管理】 2022年，阳泉市人防办加大人防工程施工质量的监督检查力度和频次，强化跟踪检查整改结果，全年现场质监200余次，对报监人防工程的监督检查率达100%；为拟开工人防工程项目召开技术交底暨图纸会审会；对竣工人防工程开展验收。（席子亮）

2022年8月1日，阳泉市人防办职工在民兵训练基地接受培训

（市人防办 供图）

（责任编辑：霍冬梅 任泉荣）

经济管理

宏观经济调控

【概况】 2022年，阳泉市发展和改革委员会落实并制定稳定全市经济发展的政策，建立项目调度落实制度，省市重点工程顺利开工建设，全市经济运行稳中向好。制定全市51条稳经济政策措施，建立6项工作机制，逐月梳理150余条台账，制定加快工业复工复产20条、服务业复苏20条、狠抓项目建设18条。全年全市地区生产总值完成1012.9亿元，增长3.5%，位列全省第八，经济总量历史性突破千亿元大关。全年完成固定资产投资290.4亿元，建立消费扩容提质、数字经济优先发展等19项分行业政策体系。在民生方面，集中新建安置房12498户，货币化安置5282户，综合完成率100%。全年阳泉市共争取各类资金38.56亿元。 （白 雪 李曜东）

【年度计划编制与执行】 2022年，阳泉市第十六届人民代表大会第一次会议审议通过《关于阳泉市2021年国民经济和社会发展计划执行情况与2022年国民经济和社会发展计划草案的报告》，以及阳泉市2022年国民经济和社会发展计划草案，同意市人民代表大会财政经济委员会的审查结果报告。会议决定，批准《关于阳泉市2021年国民经济和社会发展计划执行情况与2022年国民经济和社会发展计划草案的报告》，批准阳泉市2022年国民经济和社会发展计划。全市完成地区生产总值比上年增长3.5%，三次产业增加值分别增长4.3%、5.9%、1.3%。一般公共预算收入增长45.9%，规模以上工业增加值增长8.7%，建筑业实现增加值下降1.1%，工业投资增长27.5%，海关进出口总额比上年下降19.4%。全年城镇新增就业19610人，全年居民消费价格比上年上涨1.8%，

表7 2022年阳泉市分行业固定资产投资增长速度情况表

单位:%

行业	比上年增长	行业	比上年增长
总计	4.5	房地产业	-15.3
农、林、牧、渔业	3.3	租赁和商务服务业	-52.1
采矿业	-19.3	科学研究和技术服务业	16.3
制造业	53.7	水利、环境和公共设施管理业	-7.7
电力、热力、燃气及水的生产和供应业	74.9	居民服务和其他服务业	329.8
批发和零售业	29.2	教育	-18.6
交通运输、仓储和邮政业	-11.9	卫生和社会工作	250.5
住宿和餐饮业	-29.0	文化、体育和娱乐业	70.8
信息传输、软件和信息技术服务业	-8.8	公共管理和社会组织	128.8

（市统计局）

全市居民人均可支配收入32474元，增长5.4%。（白　雪　李曜东）

【经济运行监测】 2022年，阳泉市发展和改革委员会关注省市经济发展趋势，估计经济环境的积极条件和不确定性因素，准确把握三次产业发展方向，落实"预警调度＋行业调度＋综合调度"机制，逐月开展经济运行调度，密切关注重点行业、龙头企业和开发区运行情况，发现问题差距，精准施策补短促增。全市主要预期性指标实现稳定增长，约束性指标全面完成省下达任务，经济社会发展总体保持平稳。（白　雪　李曜东）

【固定资产投资】 2022年，阳泉市坚持项目第一，强力推动项目建设，开展项目建设"看述评"、开发区"三个一批"（签约一批、开工一批、投产一批）、"百日攻坚"等行动。全年全市完成固定资产投资290.4亿元，比2021年增长4.5%。其中，83个省市重点工程完成投资171.2亿元，占全市投资比重59%。投资结构得到优化。产业投资增长25.5%，全省第一；产业投资占比53.1%，高于省定目标8.4个百分点，完成率全省第一。制造业投资增速53.7%，成为全市固定资产投资增长的重要支撑力量；高技术产业投资增长17.5%，高于全部投资增速13个百分点以上；新能源、新材料、新一代信息技术和新型现代服务业"四新"产业投资增长31.8%以上，转型动能持续增强。（白　雪　李曜东）

【项目资金争取】 2022年，阳泉市共争取各类项目资金38.56亿元。其中，为39个中央预算内投资和省级资金项目（总投资21.4亿元）争取到5.61亿元，比上年增长19.1%；为52个专项债项目（总投资163.8亿元）争取到30.7亿元，比上年增长38.9%；9个项目入选国家政策性开发性金融工具支持名单（占全省13%），6个项目投放基金2.25亿元，撬动投资20.3亿元；12个中长期贷款、设备购置和更新改造贷款贴息项目通过国家审核，申请贷款12.1亿元。（白　雪　李曜东）

【重点项目建设】 2022年，阳泉市发展和改革委员会实施一项目一张图，挂图作战，对84个省市重点工程全程调度。同时，逐月召开重点工程调度会，疏通重点工程堵点难点，加快项目建设进度。年内，中电数字产业园一期工程主体完工，百度云计算二期全面投运，全国首个全市域自动驾驶"车城网"示范项目落地，建成华阳一矿、新景矿2座智能化煤矿和57个智能化采掘作业面，华钠钠离子电芯、华储光电光伏组件项目建成投产。（白　雪　李曜东）

【特色产业集聚区建设】 2022年，阳泉高新技术产业开发区高端装备制造和新能源电池关键材料特色产业集聚区、平定经济技术开发区新能源电池材料特色产业集聚区入围山西省第三批特色产业集聚区试点。矿区中国纳谷产业园、矿区产业集聚区一期工程基础设施、平定县龙川工业园区现代化工产业园平台打造项目给水泵站及纵二路南延段管线配套建设工程、阳泉产业技术研究院建设工程4个项目获得省级专项支持资金4098万元。（白　雪　李曜东）

【"两个转型"推进】 2022年，阳泉市推进"两个转型"。产业转型方面，2座智能化煤矿、70处智能化采掘工作面建设有序推进，16处智能化采掘工作面完成评级验收，先进产能占比达83.8%。中能建平定二期风电率先并网，实现全省"风储"联合一次调频控制技术应用"零突破"。新能源电池小镇和高新区新能源电池关键材料集聚区建设有序推进，中烨新能源、华纳新能钠离子电芯等项目实现投产入规。数字转型方面，全国首个车城网数字经济示范运营基地启动。城市测试道路扩展到200千米，萝卜运力、新石器、智行者等多功能自动驾驶车辆在全市投入商务运营。百度云计算（阳泉）中心全面投运，服务器总量达到24.5万台，算力水平稳居全省前列。（白　雪　李曜东）

【能源革命综合改革】 2022年，阳泉市制定能源革命综合改革试点行动计

2022年8月，位于阳泉高新区智能装备产业园的阳泉阀门股份有限公司申报为山西省专精特新"小巨人"企业（阳泉日报社　供图）

划，10个项目纳入省级改革清单。其中，盂县抽水蓄能电站项目纳入国家“十四五”中长期规划重点实施清单，预可行性研究通过审查，平硐掘进进度完成77%；西烟风电二期、上社光伏发电等5个“新能源＋储能”项目加快建设，全市新能源和清洁能源装机达到221.8万千瓦，绿色能源装机容量在电网中占比较2021年提高2.6个百分点；阳泉高新区源网荷储一体化项目申报省示范点，位于阳泉高新区下五渡村的山西天成“光储网充”项目建成。（白 雪 李曜东）

自然资源管理

【概况】 2022年，阳泉市共报批建设用地300.80公顷，完成土地储备329.04公顷，补充耕地59.20公顷。新型基础测绘试点一期工作完成，为全省创造可复制、可推广的经验，率先在全省范围内发布《地理实体数据规范》《地理实体数据生产技术规程第一部分：存量数据实体化》两项测绘地理信息地方标准；完成京津冀周边及汾渭平原重点城市废弃露天矿山生态修复项目，有序开展全市68处高铁高速沿线裸露山体生态修复项目，启动盂县202.09公顷黄河流域及重点地区历史遗留废弃矿山项目和郊区192.89公顷重点生态保护修复治理资金（第四批）支持的重点区域历史遗留矿山生态保护和修复项目。全年通过市公共资源交易平台挂牌出让国有土地使用权4宗，成交4宗，出让面积7.38万平方米，成交金额3078万元；办理采矿权转让1宗，转让金额536.68万元。（陈红莎）

【项目用地审批服务】 2022年，阳泉市规划和自然资源局依托山西省自然资源厅“三级联办”平台，实现全业务全流程网上办理，全年共受理案卷108件，平均用时2.89天，办结率97.22%，审批效率提高约15倍，行政审批事项全业务全流程网办专项考核工作全省排名第一。出台《阳泉市工程建设项目“多测合一”改革实施意见》，提高工程建设项目测绘服务和行政审批效率。（陈红莎）

【重点项目用地保障】 2022年，阳泉市共报批建设用地300.80公顷，其中，山西省政府批准1个单独选址项目和9个批次建设用地，共186.88公顷；待批1个单独选址项目和7个批次建设用地，共113.92公顷。在2个工作日为阳泉市化义路南延工程、阳泉市山底河煤矿老窖水污染调查评估及修复治理等项目办理用地预审与选址意见书，保障项目用地需求。全市86个重点项目，55个完善用地手续。其余31个项目中，龙华口调水工程、西上庄煤矿及选煤厂项目等19个项目纳入国家、省级重大项目清单保障，争取使用国家配置计划指标，其他12个项目由市级统筹安排，新增用地指标精准分解到各个项目。（陈红莎）

【矿产资源管理】 2022年，阳泉市出台《非煤矿山整合实施意见》，各县（区）开展整合矿山生态红线、城镇开发边界、耕地保护、森林资源、自然保护地、地质遗迹、文物、水利、环保等现状核查工作，编制完成具体整合实施方案，经市政府批复后，进入实质性实施阶段。通过山西省矿业权管理平台向山西省自然资源厅上报山西阳泉郊区神堂煤业有限公司、山西阳泉牵牛山煤业有限公司、盂县东坳煤业有限公司、盂县东坪煤业有限公司、盂县兴发煤业有限公司、盂县跃进煤业有限公司6座煤矿夹缝资源接续配置的申请。办理26个非煤矿山采矿权延续登记，并上报省自然资源厅办理5个煤矿采矿权抵押备案、15个煤矿采矿权延续变更登记、2个铁矿采矿权延续变更登记。（陈红莎）

【自然资源统一确权登记】 2022年，阳泉市开展河流、土地等自然资源统一确权登记工作。

河流自然资源确权登记　出台《阳泉市自然资源统一确权登记工作方案》，对已启动市级河长管理的温河、桃河等6条河流进行确权登记。通过向生态环境、水利、农业等部门收集相关资料，按照《自然资源确权登记操作指南（试行）》的工作要求，完成工作底图的编制和登记单元的预划，并将前期整理的基础数据、影像资料和地形资料进行数据建库，利用制作好的工作底图到河流流经的村镇进行实地调查，并与河流相邻的村庄完成河流边界地籍调查确认。截至年底，完成桃河、温河全线的外调工作和边界确认签字工作以及外业调查工作。

集体土地所有权确权登记　按照自然资源部《关于加快完成集体土地所有权确权登记成果更新汇交的通知》以及山西省自然资源厅《关于以县为单位分解集体土地所有权确权登记成果更新汇交工作任务的通知》的要求，阳泉市按照“试点先行、分批推进”的总体思路，建立原有登记工作成果和需要更新的任务量两本台账，制定资料收集、数据整合、数据建库、外业调查登记发证、成果汇交等一系列业务规范推进该项工作。截至年底，阳泉市矿区作为第一批汇交县（区）向自然资源部、山西省自然资源厅报送阳泉市矿区集体土地所有权登记成果更新汇交数据，按期完成省定任务。（陈红莎）

【不动产登记】 2022年，阳泉市实现不动产登记信息集成“一证一码、码上查、马上查”服务新模式，完成房屋产权登记确权“清零行动”，为市县财政增加税费收入4.02亿元。出台《阳泉市全面推广“房证同交”“地证同交”改革实施方案》，完成“房证同交”项目4个，颁发证书1502本，完成“地证同交”项目16个，颁发证书16本。办理各类房屋交易（含转移、抵押、注销）30421件，交易建筑面积380.09万平方米，成交金额118.36亿元。全年收取不动产登记费268.03万元，归档上架不动产档案3.38万卷，为群众查询服务2.9万件次，为公安、检察等部门开具证明8700件次。为70家企业办理抵押权登记，贷款总额12.9亿元；为55家小微企业办理免收登记费2836件次、金额33.9万元。（陈红莎）

【自然资源调查监测】 2022年，阳泉市构建自然资源监测网络，为国土空间状况、国土空间安全、国土空间开发利用、国土空间治理等提供高质量数据供给。利用正射影像图套合2021年度国土变更调查数据库进行比对，分类提取地类变化信息，包括耕地、园地、林地、草地、水域（含冰川及常年积雪）、建设用地等变化信息。按照《中共中央 国务院关于建立国土空间规划体系并监督实施的若干意见》关于“建立健全国土空间规划动态监测评估预警和实施监管机制”的要求，对现行国务院审批总体规划城市开展城市国土空间监测。利用自然资源调查监测、地质调查、测绘等已有工作基础，选择具备条件地区开展城市地下空间、花岗岩地下空间、岩溶地下空间调查试点工作。年内，阳泉市完成第三次国土调查成果市级预验收工作，现场抽查外业调查成果以及县（区）文字成果、数据成果、图件成果、行政保障措施等相关资料齐全完整，数据真实准确，文字报告内容翔实，图件编制规范，项目技术路线、方法、指标符合有关规程要求，总体成果符合《山西省第三次国土调查实施方案》《山西省第三次国土调查验收办法通知》要求。在“三调”成果的基础上，利用国家下发的2021年底卫星正射影像图和地类变化信息，结合有关专项监测及自然资源管理成果，开展实地调查举证，全面掌握2021年度的地类、面积、属性及相关单独图层信息的变化情况，更新“三调”数据库，形成最新的国土利用基础数据，不断夯实“以图管地”的工作基础。截至年底，各县（区）2021年度国土变更工作全部完成，调查成果数据通过山西省自然资源厅和自然资源部核查。（陈红莎）

【自然资源执法监察】 2022年，阳泉市规划和自然资源局采取“严厉打击非法违法采矿大检查大整治大提升”“整治矿山企业瞒报生产安全事故行为”“坚决打击黄河流域非法违法采矿”和“严厉打击非法违法用地用矿”四大行动，实行市县乡村四级联动，强化自然资源巡查、督查和问责处理力度。全年共立案查处非法违法采矿案件43起；专项立案调查自然资源部挂牌督办平定县矿产违法违规问题，查处非法违法采矿行为29起，移送公安机关追究刑事责任24起，吊销采矿许可证11个。开展农村乱占耕地建房专项整治行动。全市2020年7月3日后新增农村乱占耕地建房问题54个，完成整治33个，尚在整治21个。盂县被山西省政府确定为全省农村乱占耕地建房非住宅类房屋专项整治试点县，出台方案和实施细则。开展土地卫片执法检查，执行土地卫片“月清、季核、年度评估”工作要求，全年下发土地卫片监测图斑2069个，经核查拆分为2150个，其中合法图斑290个、违法图斑331个，其他类图斑1529个。按照卫片方案扣减政策，剔除符合扣减政策耕地面积后，初步测算全年全市违法占用耕地面积4.85公顷（72.78亩），违法比例5.07%。在331个违法图斑中，尚在初核127个，完成初核的204个图斑涉及违法用地95宗，立案78宗，结案10宗，非立案处理17宗，收缴罚款434.76万元，没收违法建筑物面积1.02万平方米，拆除违法建筑物面积0.05万平方米，党政纪处分8人。（陈红莎）

【测绘地理信息管理】 2022年，阳泉市新型基础测绘试点一期工作通过省自然资源厅验收，在全省范围内发布《地理实体数据规范》《地理实体数据生产技术规程第一部分：存量数据实体化》两项测绘地理信息地方标准，为相关领域提供统一规范的技术标准；建成自然资源动态监测一体化平台，为自然资源管理提供支撑。将阳泉市自主监测成果上线至“国土调查云”平台，实现地方遥感监测成果与国家级平台贯通，为快速发现疑似违法图斑举证核查提供依据，自然资源部在《自然资源卫星应用工作简报》中进行专门报道。（陈红莎）

国有资产监督管理

【概况】 2022年，阳泉市工信局（国资委）监管一级企业36户。按功能分，商业类企业33户，占比91.7%；公益类企业3户，占比8.3%。年内，市工信局（国资委）压实履行监督追责工作职责。印发《阳泉市规范市属企业经营管理工作规定》，修订《阳泉市市属企业违规经营投资与重大决策终身责任追究实施办法》，建立健全联合联动机制。强化财务监督和预算管理。实行监管企业全面预算管理，出台规范监管企业财务管理、融资、内部审计、银行账户管理及资金风险防范综合监管等制度，加强流程管控。推进企业信息公开。一级企业全部建立健全企业信息公开工作制度，通过网站、公众号主动公开企业生产经营信息，确保权力在阳光下行使。截至年底，市属国有企业资产总额120.94亿元，比上年增长4.85%；负债总额96.38亿元，比上年增长8.1%；营业收入32.06亿元，比上年增长3.6%。净资产24.56亿元，资产负债率79.69%，利润总额-1.43亿元，上缴税金0.7亿元。（李　昊）

【国有企业改革】 2022年是阳泉市国企改革三年行动收官之年。针对涉及的50项任务(国家重点关注的任务46项,个性化任务4项),阳泉市制定《阳泉市国资国企改革2022年行动计划》,建立任务清单和调度机制。完成公司制改革。全市共有需公司制改革的企业187户,完成率100%。加强董事会建设。结合实际建立健全外部董事选派和管理制度,探索推进外部董事派驻工作,年内从国资委机关选派32名科级干部,下派一级监管企业,担任外部董事。保障经理层依法行权履职。采用"制度+清单"的模式,建立董事会向经理层授权机制,对经理层充分授权,激发经理层积极性。截至年底,市属国有企业资产总额120.94亿元,营业收入32.06亿元,化解债务26亿元,在全省率先完成驻地国有企业"三供一业"分离移交。 (李 旲)

【国有资产保值增值】 2022年,阳泉市国有企业发展良好,国有资产实现保值增值。市属国有企业资产总额达120.94亿元,比上年增长4.85%;营业收入32.06亿元,比上年增长3.6%。利用原市水泵厂厂房建设"阳泉记忆·1947"文化园,二期工程主体完工,商业街启动招商;市热力公司按时足额缴纳各项社会保险,修旧利废,实现降本增效;市建设集团营业收入实现13.5亿元,较上年增长25%,利润总额1110.59万元,比上年增长31%。市押运公司扩展服务银行范围,单笔业务收益提升,与山西北方晋东化工有限公司达成合作,拓展长距押运业务,实现7.8%的利润增长。市交通集团成立机动车登记服务站,开启山西省国有企业办理大、小型车辆登记注册业务,成立万通新能源汽车服务有限公司,提前布局新能源车辆服务市场。 (李 旲)

【破产企业遗留问题解决】 2022年,阳泉市"僵尸企业"全部终结破产程序,1.4万余名职工得到妥善安置。4962名职工进入失业保险中心,享受失业保险待遇。办理核销手续,22户破产企业共核销欠缴养老保险费及产生的滞纳金2.74亿元,利用改革基金为5551名职工解决养老保险不可核销部分1.52亿元。将汇鑫电力公司划归市食品总厂管理,解决食品总厂所属北岭醋业职工到龄退休自费垫交养老保险问题。对留守机构进行整合,成立国有改制企业服务中心,成立职工维权办公室处理信访问题,成立职工人才办公室建立内养职工再就业机制,保障遗留问题有序解决。 (李 旲)

【国企"三供一业"改造】 2022年,阳泉市国有企业完成"三供一业"(供水、供电、供气,物业管理)改造。协调华阳集团解决企业自筹资金和过渡期运营补贴问题,市分离办和华阳集团分离办达成一致意见,从2022年10月开始到2023年6月底前华阳集团分期分批完成支付,对分离移交遗留的职工安置、市政、用水、房屋等问题按双方议定意见解决。开展专项资金审计,严格规范专项资金使用范围,统筹协调市审计局和建设单位,完成专项审计调查报告初稿。成立"为民办实事"工作专班,开展"三供一业"维修改造工程质量提升工作,全面自查自纠,排查1419个问题,建立台账,逐一对账销号,至年底全部整改完成。 (李 旲)

【国资监管机制完善】 2022年,阳泉市采取一系列措施提升国资监管能力。印发《阳泉市规范市属企业经营管理工作规定》,修订《阳泉市市属企业违规经营投资与重大决策终身责任追究实施办法》,建立健全联合联动机制,压实履行监督追责工作职责。实行监管企业全面预算管理,出台规范监管企业财务管理、融资、内部审计、银行账户管理及资金风险防范综合监管等制度,加强财务监督、预算管理等流程管控。一级企业全部建立健全企业信息公开工作制度,通过网站、公众号公开企业生产经营信息。 (李 旲)

【华皓物资集团】 2022年,阳泉市华皓物资集团有限责任公司聚焦主业,推动专业化重组整合,深化混合所有制改革,保障企业高质量发展,完成集团公司整体经营与发展稳步向好的年度目标。实现营业收入2.11亿元,完成年度任务的136%。

年内,阳泉市华皓物资集团有限责任公司所属企业均有发展。阳泉市民爆器材专营有限公司较上年度增加185吨炸药销售;阳泉旧机动车交易中心有限公司瞄准网络直播新业态,鼓励商户创新营销模式,利用网络平台直播带货,成交旧机动车3854辆;阳泉市钢材市场有限公司逆势上扬,实现销售1.99亿元;阳泉市报废汽车回收拆解有限公司积极办理燃油车资质更新,新建拆解车间700平方米;阳泉市物资再生利用有限公司利用经营链条优势,搭乘科创平台,与恒隆城矿再生资源公司合作,深度挖掘钢材回收市场潜力,再生资源回收配置重焕新生。 (齐鹏飞)

财　政

【概况】 2022年,阳泉市财政总收入完成180.94亿元,比上年增长55.69%,增收64.72亿元。其中,税收收入完成167.52亿元,比上年增长62.51%,占总收入比重的92.58%;非税收入完成13.42亿元,比上年增长2.14%,占总收入比重的7.42%。

一般公共预算收入 全年全市一般公共预算收入完成81.97亿元,为年度调整预算80.16亿元的102.26%,比上年增长45.87%,增幅排名全省第二;与上年相比增收25.78亿元。

按系统划分，税收收入完成68.55亿元，为预算的102.62%，比上年增长59.21%。其中，增值税完成26.88亿元，增长60.47%；企业所得税完成12.12亿元，增长115.27%；个人所得税完成1.31亿元，增长54.05%；资源税完成14.38亿元，增长71.17%。上述四个主体税种合计完成54.69亿元，占全部税收收入的79.78%。非税收入完成13.42亿元，为预算的100.49%，比上年增长2.14%，其中，专项收入完成4.68亿元，增长18.95%；行政事业性收费收入完成1.78亿元，增长34.4%；罚没收入完成0.94亿元，下降63.9%；国有资本经营收入完成1.06亿元，增长315.94%，主要原因为其他产权转让收入1亿元；国有资源（资产）有偿使用收入完成3.45亿元，下降17.71%，主要原因是矿业权出让收益收入减少；政府住房基金收入完成0.7亿元，增长12.63%。

按级次划分，市本级完成44.37亿元，为年度调整预算的100.85%，比上年增长63.65%，占全市收入比重54.13%。县（区）完成37.6亿元，比上年增长29.29%，占全市收入比重45.87%。

一般公共预算支出　全年全市一般公共预算支出执行158.47亿元，为年度调整预算的89.28%，比上年增长23.91%，与2021年相比增支30.58亿元。其中民生支出119.3亿元，比上年增长24%，占全市一般公共预算支出的75.3%，比上年提高0.8个百分点。　　（王文婷）

表8　2022年阳泉市财政总收入分县(区)情况统计表

市县区	金额(万元)	增幅(%)	比重(%)	其中税收收入		
				金额(万元)	增幅(%)	占总收入(%)
阳泉市	1809358	55.69	—	1675167	62.51	92.58
市本级	1034302	82.53	57.16	967666	91.43	93.56
县(区)合计	775056	30.15	42.84	707501	34.69	91.28
平定县	124122	11.45	6.86	99214	6.80	79.93
盂　县	341595	71.67	18.88	319973	84.27	93.67
郊　区	123382	33.77	6.82	113202	44.02	91.75
城　区	57217	–8.06	3.16	53631	–8.42	93.73
矿　区	51970	–5.55	2.87	49324	–5.24	94.91
高新区	76770	1.43	4.24	72157	3.78	93.99

（市财政局）

表9　2022年阳泉市一般公共预算收入分县(区)情况统计表

市县区	金额(万元)	增幅(%)	占总收入(%)	其中税收收入		
				金额(万元)	增幅(%)	占一般公共预算收入(%)
阳泉市	819698	45.87	45.30	685507	59.21	83.63
市本级	443727	63.65	42.90	377091	79.58	84.98
县(区)合计	375971	29.29	48.51	308416	39.82	82.03
平定县	77402	35.44	62.36	52494	35.71	67.82
盂　县	140489	56.54	41.13	118867	84.52	84.61
郊　区	55566	18.80	45.04	45386	36.95	81.68
城　区	29871	–4.70	52.21	26285	–5.02	88.00
矿　区	21469	–9.75	41.31	18823	–9.57	87.68
高新区	51174	21.84	66.66	46561	29.88	90.99

（市财政局）

表 10　2022 年阳泉市一般公共预算收入分税种情况统计表

分　税　种	累计完成（万元）	占一般公共收入比重（%）	增收（万元）	增长（%）
阳泉市一般公共预算收入	819698	100.00	257754	45.87
税收收入	685507	83.63	254948	59.21
增值税	268814	32.79	101297	60.47
企业所得税	121164	14.78	64879	115.27
个人所得税	13123	1.60	4605	54.06
资源税	143826	17.55	59801	71.17
城市维护建设税	49224	6.01	18881	62.23
房产税	17640	2.15	1591	9.91
印花税	13532	1.65	-2754	-16.91
城镇土地使用税	9151	1.12	2199	31.63
土地增值税	7453	0.91	2525	51.24
车船税	13242	1.62	3985	43.05
耕地占用税	5881	0.72	3794	181.79
契税	20784	2.54	-6140	-22.80
环境保护税	1419	0.17	90	6.77
其他税收收入	254	0.04	195	330.51
非税收入	134191	16.37	2806	2.14
专项收入	46759	5.70	7450	18.95
行政事业性收费收入	17839	2.18	4566	34.40
罚没收入	9427	1.15	-16692	-63.91
国有资本经营收入	10648	1.30	8088	315.94
国有资源有偿使用收入	34483	4.21	-7420	-17.71
其他收入	15035	1.83	6814	82.89

（市财政局）

表 11　2022 年阳泉市一般公共预算支出情况统计表

预算科目	2021 年决算（万元）	2022 年调整预算（万元）	2022 年完成（万元）	调整预算占比（%）	比上年增长（%）
一、一般公共服务支出	152690	168307	167300	99.40	9.57
二、国防支出	2147	2334	2204	94.43	2.65
三、公共安全支出	66437	75357	70674	93.79	6.38
四、教育支出	210835	259133	250524	96.68	18.82
五、科学技术支出	11386	13062	13055	99.95	14.66
六、文化旅游体育与传媒支出	23480	32569	26723	82.05	13.81
七、社会保障和就业支出	224093	285117	276912	97.12	23.57
八、卫生健康支出	131826	167313	162160	96.92	23.01

续表

预算科目	2021年决算（万元）	2022年调整预算（万元）	2022年完成（万元）	调整预算占比（%）	比上年增长（%）
九、节能环保支出	78585	94101	69098	73.43	–12.07
十、城乡社区支出	75150	146841	124032	84.47	65.05
十一、农林水支出	77513	142300	116695	82.01	50.55
十二、交通运输支出	65415	83572	61065	73.07	–6.65
十三、资源勘探工业信息等支出	26584	40965	40923	99.90	53.94
十四、商业服务业等支出	3571	22002	18672	84.87	422.88
十五、金融支出	633	359	359	100.00	–43.29
十六、援助其他地区支出	—	—	—	—	—
十七、自然资源海洋气象等支出	15761	23688	15848	66.90	0.55
十八、住房保障支出	33994	87450	56138	64.19	65.14
十九、粮油物资储备支出	2045	2231	2218	99.42	8.46
二十、灾害防治及应急管理支出	18689	24829	24531	98.80	31.26
二十一、其他支出	9639	55901	38081	68.12	295.07
二十二、债务付息支出	48285	47358	47358	100.00	–1.92
二十三、债务发行费用支出	54	177	177	100.00	227.78
全市一般公共预算支出	1278812	1774966	1584747	89.28	23.92
其中：民生支出	953654	1359379	1193140	87.77	25.11

（市财政局）

【财力保障】 2022年，阳泉市做好增收入、控支出、抓争跑、提质效，为全市高质量发展提供财力保障。

组织收入　调研各县（区）财政收入，解决财政管理运行中存在的困难和问题；挖掘非税收入潜力，统筹国土出让和矿业权出让收益等收缴力度，确保各项收入足额入库。

统筹支出　坚持党政机关过“紧日子”，建立健全厉行节约长效机制，全年非重点、非刚性的一般性支出按照不低于5%的比例压减，从严从紧安排政府部门人员因公出国（境）费用、公务接待费、公务用车购置和运行维护费“三公”经费预算，削减绩效效果不明显或者无效的项目支出，确保将有限的财力用在“刀刃”上。

筹措资金　抓住中央增加转移支付和推进财力下沉的有利因素，全年争取上级转移支付资金85.43亿元、新增债券36.85亿元、增值税留抵退税和县级财力保障转移支付8.99亿元；加强财政资金动态监控，全年盘活存量资金25.97亿元。

资金使用　完善财政直达资金管理机制，依托预算管理一体化系统和直达资金监控系统，实现从资金分配到支付使用的全程跟踪，确保直达资金精准惠企利民。全年全市直达资金总量33.28亿元，支出进度90.3%，保障基层运行和民生事业发展。　（王文婷）

【民生财政保障】 2022年，阳泉市加强基础性、普惠性民生保障建设，兜牢兜实基本民生底线。

乡村振兴支持　统筹安排衔接资金7600万元，支持“文旅康”试点村创建、市级乡村振兴示范村建设、富硒农业产业发展、农业农村基础工作保障等，推动巩固拓展脱贫攻坚成果同乡村振兴有效衔接；下达农村综合改革资金8612万元，支持美丽乡村建设、乡村环境治理、村级集体经济发展等；支持农村交通基础设施建设推进，拨付农村道路建设及养护管理资金1.43亿元；推进传统村落保护利用，平定县入选国家级传统村落试点，获得中央财政6000万元资金支持。

就业创业扶持　下达就业补助资金9699万元、职业技能提升补助资金1443万元，促进国家和省市各项就业政策落实到位；落实创业担保贷款贴息政策，累计提供担保216笔、贷款金额6236万元，直接扶持236人再就业；拨付财政贴息及奖补资金305万元，发挥创业担保优势，助力全市创业就业。

教育文体支持　落实教育优先发展战略，全年全市教育支出完成25.05亿元，增长18.82%，其中市级完成5.9亿元，增长55.54%。推动文体事业发展，下达公共文化体育资金7038万元，安排开展文化产业（事业）发展工作资金320万元。

社会保障提标　落实社保提标政策，城乡最低生活保障标准分别提高到每人每月627元、540元；城市特困供养标准提高到每人每年9900元、农村特困分散供养和集中供养标准提高到每人每年8500元、9900元；城乡居民基础养老金提高至133元。支持城镇社区养老服务体系建设，主动开展养老服务政策研究，争取中央、省补助资金1515万元。足额兑现调资政策，在年初批复预算的基础上追加资金2.5亿元，做好全市行政事业单位人员调资工作。

医疗保障提高　下达城乡居民基本医疗保险补助资金4.11亿元、基本公共卫生服务补助资金1亿元，提高基本公共卫生服务和城乡居民基本医疗保险财政补助标准。

人居环境改善　下达保障性安居工程专项资金6010万元，拨付既有住宅加装电梯补助资金340万元，支持住房保障工作高质量发展，实现“住有所居”；安排清洁取暖运行专项资金1.11亿元，下达黄河流域及重点地区历史遗留废弃矿山环境修复治理资金4823万元，拨付市级污染防治及能力建设专项资金720万元，持续改善生态环境。（王文婷）

【财政政策促进企业发展】　2022年，阳泉市贯彻落实稳经济各项政策，发挥财税、金融协同效应，全力稳经济、激活力、促发展。

财政降费助企　全年全市增值税大规模留抵退税19.4亿元，拨付企业稳岗补贴资金7180万元，减免行政事业单位租金346.7万元，助力全市经营困难企业，减轻中小微企业、个体工商户和困难行业企业负担。

财政政策扶持　安排市级技术改造资金1500万元、中小企业发展专项资金630万元，拨付支持民营经济发展资金3955万元，支持传统产业升级改造、创业创新示范基地建设、“专精特新”企业培育和数字经济发展等，为实体经济转型发展提供保障；拨付消费券资金1.21亿元，带动消费16.97亿元，撬动倍数达11.68倍，促进服务业发展；下达科技专项资金2100万元、人才工作经费1796万元，为全市高质量发展提供技术和智力支撑。

助力国企改革　配合阳泉市国资委做好国企国资改革工作，拨付涉及国企解困资金2.81亿元，其中5000万元用于22户破产企业养老保险欠费核销，1.4万余名职工得到妥善安置；拨付补助资金1.75亿元，协调推进“三供一业”分离移交改造工作。支持推进融盛集团转型发展，增加融盛集团资本金，助推其市场化运营和市场化化债。

财政金融职能　推进政府和社会资本合作工作，阳泉市中心医院建设项目纳入财政部PPP综合信息平台管理库，总投资21.38亿元，并获批工商银行、交通银行、山西银行贷款授信共计20亿元；优化政策支持保障，降低融资担保费率，支持政府性融资担保机构增信作用发挥，全年全市政府性融资担保机构在保余额突破4.9亿元，新增担保额5.2亿元，比上年增长116.7%；合理使用企业资金链应急周转保障资金，使用应急周转保障资金58笔、总额12.81亿元，缓解企业资金压力，降低企业融资成本。（王文婷）

【财政体制改革创新】　2022年，阳泉市以数字化改革赋能财政现代化建设，深化财税体制改革，提升财政治理和服务效能。

“数字财政”建设　以数字政府建设为契机，创新财政业务管理模式，搭建财政大数据分析平台，采取“双轨并行”方式，将预算管理一体化系统数据对接到地方财政分析评价系统中，畅通资金分配拨付，强化资金跟踪监管，提升资金使用效益。

融资担保体系建设　推进融资担保体系市县一体化运营改革，整合

2022年3月，阳泉市财政大数据分析及应用培训会在市财政局举办

（市财政局　供图）

市县担保机构组建全市性融资担保公司，增资合并后资本金达到4.42亿元，由阳泉市财政局统一履行出资人职责，助推全市政府性担保机构强起来。（王文婷）

【预算绩效管理】 2022年，阳泉市出台《阳泉市市级部门单位预算绩效运行监控管理办法》，借助预算管理一体化2.0系统，实现预算项目绩效目标全覆盖；开展民生领域财政专项资金使用和绩效情况专项督查，对涉及资金总额26.42亿元的17个重点项目进行全面督查，形成8份重点督查报告，增强财政专项资金的使用绩效。（王文婷）

【财政监督】 2022年，阳泉市财政没有发生区域性、系统性风险。

政府债务化解　严控违法违规举债，化解控制存量规模，年内到期政府债券本息32.8亿元足额偿还；落实隐性债务化解规划，争取财政部将阳泉市纳入隐性债务化解试点，减轻偿债压力。

“三保”底线兜实　优先在预算中安排“三保”(保基本民生、保工资、保运转)支出，从源头上落实“三保”保障责任；强化国库库款动态预警监测，累计向县(区)调拨库款资金77.06亿元，缓解基层财政支出压力；加大财力下沉力度，市本级安排专项补助0.7亿元支持市辖区解决“三保”刚性支出缺口，用本级的“紧日子”换取市县的“宽松日子”，兜牢基层“三保”底线。

地方国有金融监管　履行市级国有金融资本出资人职责，印发《阳泉市政府性融资担保机构绩效评价办法(试行)》，完善全覆盖、全流程的国有金融资本管理制度体系，增强金融机构风险管理和内部控制，防范财政金融风险。（王文婷）

【政府采购管理】 2022年，阳泉市政府采购完成项目预算总金额11.5亿元，项目中标总金额10.13亿元，项目交易总金额8.54亿元，涉及企业42231家。其中中小微项目交易总金额7.8亿元，涉及企业40874家。完成《阳泉市2022—2023年集中采购目录及采购限额标准》编制工作，提升政府采购效率；上线新版电子卖场，规范开展通用类、小额度货物、工程和服务的采购活动；发挥“政采智贷”服务功能，为中小微企业融资贷款433万元，帮助企业纾困解难；推进政府采购脱贫地区农副产品工作，预留采购份额，助推乡村振兴。推进政府采购诚信体系建设，健全信用制度，构建守信激励失信惩戒机制；开展政府采购代理机构监督评价工作，规范政府采购代理机构执业行为；加强政府采购监管，客观公正处理政府采购投诉、问题反映等各类事项27起。（王文婷）

【国库集中支付】 2022年，阳泉市国库集中支付中心审核办理市本级支付12.96万笔，金额62亿元，办结率和支付正确率均为100%。推进一体化单位会计核算全覆盖，在全面掌握全市单位会计核算上线情况的基础上，推进单位会计核算全口径管理，完成无效单位“清零”任务，全省排名第一。多措保障应急处置、医疗救治等经费支付，灵活调整清算时间，确保财政资金支付高效率。细化支付分析，结合预算执行运行情况，按月按季分期完成国库集中支付资金运行情况等分析报告，为财政掌握支出进度、细化预算支出、提高预算执行率等决策管理方面，提供及时有效的基础数据和信息。完善动态监控，对接财政大数据应用平台，提高动态监控的科学化、规范化和信息化水平；衔接预算单位，有针对性地开展动态监控，保障财政资金安全高效支付。（王文婷）

【财政预算评审】 2022年，阳泉市财政预算评审中心共评审项目65个，送审金额11.48亿元，审定金额9.78亿元，审减金额1.7亿元，审减率14.84%。开展财政预算评审，审核阳泉市“两新”组织党建中心、阳泉市第一人民医院发热门诊等40个建设项目，涉及资金1.46亿元，审定1.3亿元，审减0.16亿元，审减率为11.06%。为全市政府性工程项目服务，先后对阳泉市中医医院发热门诊及专用CT室改造工程、市体育局狮脑山健身步道工程、市政府投资工程管理中心化义路南延工程、市残疾人康复中心改建工程、市桃河河底生态修复工程等25个、涉及资金10.03亿元的项目进行评审，审定8.48亿元，审减1.54亿元，审减率为15.39%，出具评审报告25个。规范有序推进PPP项目管理，持续跟进阳泉市中心医院建设PPP项目和阳泉市新建污水处理厂建设工程PPP项目，助推项目按照预期落地实施、规范管理。（王文婷）

税　务

【概况】 2022年，阳泉市税务系统围绕优化营商环境提升纳税人满意度、新的组合式税费支持政策、组织收入原则等重点工作，确保税务改革工作全面开展。全年全系统累计组织各项收入271.68亿元，减税降费29.09亿元。全系统累计获得市厅级以上领导批示31次，获得省部级以上荣誉表彰和通报表扬22项(国家级9项、省级13项)。在中央级媒体宣传报道100次，省级媒体宣传报道141次，树立良好的阳泉税务形象。（郭凯华）

【税费收入】 2022年，阳泉市税务系统共组织各项收入271.68亿元，比上年增长48.12%，增收88.27亿元。其中，税收收入完成169.22亿元，比上年增长 58.63%，增收 62.54 亿元；社会保险基金收入完成 77.02 亿元，比上年增长 8.42%，增收 5.98 亿元；非税收入完成 25.45 亿元。全系统累计通过评估、清欠、稽查等堵漏增收拉动税收增长 4.57个百分点。立足以税咨政，依托财税大数据分析基地，开展税收经济分析，《阳泉市稳步推进资源型城市绿色转型先行示范三方面问题需重点关注》《省税务局三管齐下助推大宗固体废弃物综合利用产业发展面临四方面困难问题需关注》2 篇税收分析报告被山西省政府《晋政信息》专期刊发。《市县一体增值税发票风险防控的阳泉探索》被国家税务总局科研所刊发，“打防一体的阳泉经验”得到国家税务总局领导批示肯定。（郭凯华）

2022 年 7 月 13 日，北京财税大数据研究基地在阳泉市税务局揭牌

（市国税局　供图）

【税收征管】 2022 年，阳泉市税务系统开展夯实征管基础优化纳税服务专项行动，推动 42 项工作任务落地。在山西省夯实征管基础优化纳税服务专项行动综合考评中，阳泉市获得第三名。践行“以数治税”理念，联合北京大数据协会、阳泉市科技局开展税收数据治理合作，建设阳泉税收大数据应用技术创新中心，开展风险监控、大数据分析算法研究、指标模型建设等工作，为挖掘财税大数据富矿、建设智慧税务提供阳泉经验。推进社保费改革，推动建立联合政策梳理、联合数据治理、联合优化服务、联合防范风险的五部门联动机制，完成前期试点工作。拓展税警合成模式，在全省首家涉税违法犯罪联合侦办中心建成的基础上，打造阳泉市税务侦查支队，成立税警联络办公室，作为专职负责涉税违法犯罪案件侦破、查处工作机构，形成税警一体办公、联合执法的税警协作格局，破获 X03 特大涉税违法案件。阳泉市税务局被国家税务总局驻北京特派办确定为“联省督市促一线”唯一试点单位，成为山西税务和北京特派办探索办省联动共治发票风险的重要支点。（郭凯华）

【减税降费】 2022 年，阳泉市贯彻落实新的组合式税费支持政策，推动惠企利民政策精准直达市场主体。全市

表 12　2022 年阳泉市税收收入分行业统计表

项目	税收收入			
	累计完成（万元）	比重（%）	增长（%）	增收额（万元）
合计	1692155	100.00	58.63	625445
第一产业	250	0.01	−66.89	−505
第二产业	1413862	83.55	81.58	635219
1.工业	1358173	80.26	89.45	641265
①采矿业	1329443	78.57	115.13	711465
其中：煤炭采选业	1326621	78.40	115.69	711568
②制造业	42564	2.52	−50.65	−43693
其中：水泥及制品	7158	0.42	−26.85	−2628
耐火材料制品	16132	0.95	−28.63	−6471
有色金属冶炼	9033	0.53	−8.62	−852
装备制造业	16257	0.96	−10.61	−1929
③电力热力燃气水	−13834	−0.82	−209.16	−26507
其中：电力生产	−14288	−0.84	514.01	−11961
电力供应	6492	0.38	6.65	405

续表

项目	税收收入			
	累计完成(万元)	比重(%)	增长(%)	增收额(万元)
2.建筑业	55689	3.29	-9.79	-6046
第三产业	278043	16.43	-3.23	-9269
1.批发和零售业	122198	7.22	14.22	15213
其中:烟草制品批发	26636	1.57	-3.48	-961
煤炭制品批发	27982	1.65	8.70	2239
2.交通仓储邮政业	8349	0.49	-28.24	-3285
3.住宿和餐饮业	2260	0.13	22.10	409
4.信息软件技术服务	3513	0.21	-60.84	-5458
5.金融业	67975	4.02	-5.26	-3771
其中:货币银行服务	35295	2.09	-17.81	-7650
财务公司	14998	0.89	2.09	307
保险业	16362	0.97	35.60	4296
6.房地产业	30706	1.81	11.14	3077
7.租赁和商务服务业	7346	0.43	-15.25	-1322
8.科学研究技术服务	-8778	-0.52	-220.35	-16072
9.水利环境公共设施	1035	0.06	26.99	220
10.居民服务修理	3329	0.20	12.54	371
11.教育	1130	0.07	106.96	584
12.卫生和社会工作	805	0.05	-2.78	-23
13.文化体育娱乐业	329	0.02	1.86	6
14.公共管理社保组织	26862	1.59	19.41	4367
15.其他行业	10986	0.65	-24.59	-3583

（市国税局）

新增减税降费及退税缓税缓费29.09亿元。其中，增值税留抵退税19.4亿元,新增减税降费4.82亿元,办理缓税缓费4.87亿元。在留抵退税工作实践中,总结推出“一账清”工作法,通过退税排险关口前移、账套模板化管理、数据合成应用、市县一体化运作,实现退税底数清、流程进度明、政策落地快、风险防控稳,确保退税红利直达快享、精准惠企。“一账清”工作法在国务院第九次大督查中得到肯定，并受到国务院和山西省政府通报表扬，成为全省三个典型经验做法之一。（郭凯华）

【纳税服务】 2022年，阳泉市税务局践行“以数治税”理念，推进“强基提质”工程，在市级税费业务集中处理中心基础上，建设全省首家云上税费服务中心，打造“云税易”服务品牌，推动税费体验从“上网”到“上云”，服务从“精细”到“精质”，让远程交互、一键问办、全程网办成为服务主流。中心建成集业务咨询问办一体、申报事项办审一体、发票申领配送一体的全市云上办税缴费一体化服务综合体，构建起线上共性业务中心统办、线下个性业务县(区)分办、线上线下融合快办的市县融合服务新格局，为纳税人缴费人提供自主申报事项全程“非接触”“不见面”的办税缴费新体验。（郭凯华）

【税务稽查】 2022年，阳泉市税务侦查支队组建成立，与公安部门联合探索形成“一部门指挥、一平台研判、一团队执法”税警联动机制，阳泉市税警联动防治发票风险、打击违法犯罪进入新阶段，税收协同治理效能持续提升。阳泉市税务局被国家税务总局北京特派办确定为“联省督市促一线”试点单位，“办省合力、税警合成市县合一”的创新做法得到北京特派办表扬。（郭凯华）

【税收法治建设】 2022年，阳泉市税务局推行行政执法公示制度、执法全过程记录制度、重大执法决定法制审核制度“三项制度”，促进全市税务系统规范执法。市、县两级税务机关成立“公职律师涉税争议咨询调解中心”，完善纳税人缴费人权利救济和涉税争议解决机制。市税务局与市检察院完善双向合作联络机制，在全市范围内开展联合清缴欠税专项监督行动，护航经济社会高质量发展。（郭凯华）

金融监管

【概况】 2022年，阳泉市开展“三保一稳”(保市场主体、保就业、保民生，稳经济)6项系列活动，联合开展金融顾问入企服务，协同推进高新区成立金融综合服务中心，开展稳经济政银企融资对接活动。建立银行业服务实体经济主要指标监测体系，引导全市银行业支持转型升级，制造业贷款比上年增长34.5%，增速高于全省平均水平16.18个百分点，战略性新兴产业、绿色信贷比上年分别增长39.9%、55.3%。普惠金融稳步推进，新市民金融服务贷款余额比上年增长84.5%，餐饮、住宿等行业、个体工商户贷款比上年分别增长19.2%、34.5%，高于各项贷款增速，普惠型小微企业贷款实现贷款余额、贷款户数“两增”目标，脱贫人口小额信贷完成113%。（张　栋）

【货币政策落实】 2022年，中国人民银行阳泉市中心支行加强政策工具使用，引导全市金融机构加大重点领域信贷投放。截至年底，全市再贷款余额为28.32亿元，较上年同期增加6.75亿元，额度使用率为91.35%，位居全省前列。强化再贴现支持力度，办理“绿票通”再贴现业务7.4亿元。督导金融机构用好新创设货币政策工具，全省首笔农发基础设施基金3188万元在阳泉落地，使用支持煤炭清洁高效利用专项再贷款为重点煤矿发放8.37亿元绿色贷款。出台助企纾困18条措施、《阳泉市“五贷联动”行动方案》，编写《2022年货币信贷政策指导手册》，破解企业融资难问题。引导创业担保机构免收贷款担保费，全年累计支持发放创业担保贷款6491.8万元，享受财政贴息177.4万元，创业担保基金放大倍数达到2.7倍。推动实施政协“金融顾问”工作，全市11家银行机构、1家证券机构、2家保险公司和1家期货公司分别组建金融顾问工作小组，与65家重点企业签订《金融顾问合作协议》，阳泉市政府举行金融顾问服务启动暨金融顾问聘书发放仪式，金融顾问制度在全市全面推广。（高鑫娟）

【银行业监管】 2022年，阳泉市建立银行业重大风险防控工作联动机制，完善风险防控领导组工作规程，定期开展分析研判。实施“一行一策、动态调整，长短结合、标本兼治”，重点防控中小银行风险。全年处置不良贷款金额比上年增长13.2%，全市银行业不良贷款率降至1.01%，比上年下降0.44个百分点。（张　栋）

【保险业监管】 2022年，阳泉市开展满期给付与退保情况调研，从险种、渠道、地域、重点时间节点及人群五个方面对保险行业进行监管；与市政府金融办、市公安局经济侦查等多部门联合，处置恶意“代理退保”广告风险；与监管部门、交通主管部门和出租车行业协会对接，组织财险公司签署《阳泉保险业交强险承保倡议书》《阳泉市新能源出租车商业险承保自律承诺书》，化解出租车承保难问题。全年保险业为全市提供风险保障2.4万亿元，赔款和给付比上年增长9.9%。（陈君娟　张　栋）

【外汇管理】 2022年，中国人民银行阳泉市中心支行抓好稳外贸稳外资工作，推进企业汇率中性管理。截至年底，全市中小微企业外汇衍生品签约额43.61万美元，外汇套保率0.045%，新增外汇套保“首办户”17家，首办率36.17%。推动外汇管理便利化政策落地，推荐6家优质企业申报贸易外汇收支便利化试点名单，其中1家企业于10月正式纳入首批试点“白名单”，办理货物贸易便利化业务3笔16万美元。政务服务高效便利成效明显，全年线上办理企业名录登记7笔，行政许可网上办理率达100%，业务办理好评率达100%；银行办理FDI登记1笔，注册资本金额2.9亿元；推动银行利用跨境金融服务平台为1家企业办理8笔出口信保保单融资业务，金额183.84万元。（高鑫娟）

【地方金融风险防控】 2022年，阳泉市采取措施完善地方金融风险防控体系。

化解债务风险　遵循市场化、法治化原则，推进农信社深化改革化险工作，补资本、降不良，多渠道提高风险抵御能力。指导阳泉市农村信用社以承债并购的方式引进资本雄厚、经营良好的民营企业山西鹏飞集团，化解潜在债务风险，避免阳泉农商行成为高风险机构。全年全市银行业处置不良贷款金额比上年增长13.2%，不良贷款率降至1.01%，比上年下降0.44个百分点。

不良资产清收　成立地方金融机构不良资产清收处置专班，全年共组织召开三次不良资产清收处置工作推进会，前移风控关口，在“清旧”的同时严格“堵新”。截至年底，共帮助和支持全市地方金融机构清收处置不良资产42.72亿元（包含投资类）。

非法集资防范　截至年底，全市非法集资存量案件化解率88.89%。开展养老领域非法集资专项整治，累计核查线索74条，未发现养老领域非法集资情况，贯彻落实《防范和处置非法集资条例》，增强老年人风险防范意识和识别能力。（王元婷　张　栋）

【反洗钱工作】 2022年，中国人民银行阳泉市中心支行构建多维度反洗钱监管。根据《打击治理洗钱违法犯罪三年行动计划（2022—2024年）》，加强与公安、检察院、法院等部门沟通协调，推动洗钱犯罪立案、起诉和审判。加强重点可疑交易报告分析研判工作，审查金融机构报送可疑交易报告，对多家金融机构报告数据开展联合研判，发现可疑线索立即向司法部门移送。督促金融机构强化反洗钱资金监测工作，对日常工作中发现的疑点、异常交易进行分析，挖掘洗钱犯罪线索。全年推动4起洗钱罪的

判决生效，占全省洗钱判决生效案件的13.3%。（高鑫娟）

【地方非银行金融机构监管】 2022年，阳泉市金融办引导地方非银行金融机构开展企业自评、县（区）金融办初评、市金融办复评，通过招标方式聘请第三方机构对3家融担机构、6家小额贷款公司进行考核评级和现场检查工作，并对1家融担机构和19家典当企业进行约谈。对存在的主责主业发挥不突出、风险管控意识薄弱等问题进行督促整改。组织开展涉黑涉恶线索排查及违规收费专项整治工作，督促企业加强危机意识，严守行为底线，坚决抵制违法犯罪活动，确保合规稳健发展。根据行业监管职能和地方金融组织相关管理办法规定，引导典当企业回归典当本源，聚焦民品典当业务，引导小额贷款公司要坚持小额、分散原则，发挥支农支小作用，引导融资担保公司审慎经营，支持普惠金融发展。（梅　梅）

审　计

【概况】 2022年，阳泉市把质量作为审计工作的重点，聚焦财政财务收支真实合法效益主责主业，做好常态化经济监督检查，发挥审计宏观重要工具作用。全年审计项目涉及政策落实跟踪、财政财务收支、企业、投资、民生、资源环境、专项、经济责任、审计规范化等9类56个。通过起草下发年度预算执行审计安排意见、新时期公共投资审计探索实践、民生社保资金审计、环保突出问题以及涉农资金、国有涉粮企业等审计，促进全市经济良性发展。全年审计查出违规资金8.73亿元，促进增收节支5.66亿元、建章立制140项，向市纪委监委移送12件案件线索，向其他主管机关移送28件处理事项。（张大鹏）

【财政预算审计】 2022年，阳泉市财政预算审计揭示财政预算管理中存在非税收入征缴监管不够有力、财政资金管理不够规范、预算绩效管理有待加强、决算草案编制不规范4个方面32个问题，涉及资金77.97亿元。在政府性债务专项审计中，反映法定债务率高、偿债压力大，专项债项目自营能力差、未建立专项债券绩效管理制度等问题，并出具《全市政府性债务审计综合报告》，为市政府了解情况、指导工作提供依据。在市十六届人大常委会第四次会议上，受市政府委托向市人大常委会报告2021年度市级预算执行情况和其他财政收支情况的审计工作，以及《市人民政府关于2021年市本级财政预算执行和其他财政收支审计查出问题整改情况》，对审计整改工作的部署落实情况、审计查出主要问题的整改情况进行详细说明，对未完全整改到位问题进行分类和分析。（张大鹏）

【公共工程项目审计】 2022年，阳泉市政府印发《阳泉市公共投资建设项目审计监督管理办法》，规范投资审计行为，提高投资审计工作质量和效果。在13个市政工程投资项目概预算执行和工程管理情况审计中，揭示建设资金管理使用不规范、资金绩效不高、项目招标控制价审核不严、参建单位监管不到位等8大类29个普遍性、典型性、苗头性问题，避免投资损失1亿元；提出严格落实项目法人制、建立完善项目投资控制机制、建立对各参建单位履约情况的考核督查制度、规范工程担保管理、防范资金风险等审计建议。全年审计公共工程结算金额8.1亿元，发现建设单位在项目建设管理、工程质量、签证办理及监理单位、造价咨询单位等方面存在问题120个、1.93亿元，核减资金1.13亿元，追回超付工程款55.69万元，提出审计建议26条，责成建设单位对资料办理、结算审核中履职不到位的问题予以处理处罚。（张大鹏）

【社会保障资金审计】 2022年，阳泉市审计局在困难群众救助补助资金分配和拨付、救助职责履行、救助政策落实审计中，发现拨付补助资金不及时2728万元、经办人涉嫌侵占挪用供养补助金1.69万元、不符条件人员享受救助待遇51.86万元、擅自降低供养标准5.88万元，通过“过度医疗”套取救助补助资金、符合条件人员应享未享救助政策、现金管理不规范等问题；追回资金98万元，向市纪委监委移送线索2条。在防汛救灾跟踪审计中，发现物资未入账管理、防汛救灾物资管理制度不健全等问题。在灾后恢复重建审计中，发现财政专项资金支出进度缓慢、捐赠资金未分配使用、扩大灾后恢复重建资金使用范围、超进度支付施工单位工程款等23个问题。（张大鹏）

【自然资源环境审计】 2022年，阳泉市审计局在大气污染、水污染防治专项资金审计中，实地查看30多个企业项目建设情况，揭示和查处大气污染、水环境污染专项资金使用效益不高等问题，重点关注大气污染防治、城市污水处理、污染防治设施运行效果等方面的“短板”，运用大数据审计和地理信息技术手段，筛查出重大问题线索1条移送市纪委监委处理，对6个相关问题企业要求有关主管部门强化监管，追回专项资金59万元。（张大鹏）

【乡村振兴资金审计】 2022年，阳泉市审计局在2021年度衔接推进乡村振兴补助资金审计中发现，帮扶资金管理制度欠缺，导致衔接资金项目管理存在监督盲区，5个衔接资金项目339万元均未纳入项目库储备，纳入防返贫监测信息系统管理的348.13万元衔接资金未确定具体使用项目、闲置项目资金56万元，超范围享受资金扶持120万元。对监管不力、出具虚假验收、结算报告、骗取衔接资金等问题，向市纪委监委移送事项2件，向相关职能部门移送事项2件，促进被审计单位问题整改11项，出台完善制度12项，规范衔接资金的分配、使用和绩效管理。（张大鹏）

【国有涉粮企业审计】 2022年，阳泉市审计局组织开展对市粮油批发市场有限公司等国有涉粮企业财务收支审计，查出在财务管理、会计核算、代储粮油监管等方面存在的合同管理混乱、账外公款私存、会计核算不实、编制虚假市级储备粮油入库结报单、超计划擅自轮换270.50吨代储成品油等问题24个；查处违规和管理不规范问题金额412.45万元，向市纪委监委和行政主管部门移送问题线索13个，督促被审企业进行整改。（张大鹏）

【经济责任审计】 2022年，阳泉市组织召开年度市级经济责任审计工作联席会议，通报2021年市领导干部经济责任审计工作情况，研究2022年度经济责任审计计划，审议《阳泉市2021—2030年经济责任审计中长期规划（征求意见稿）》，将190个经济责任审计对象分为A、B、C三类，明确5项重点任务。完善经济责任审计工作联席会议运行机制，推进经济责任审计工作制度化和规范化建设。通过13个被审计单位、15名领导干部和人员的经济责任审计，强化对领导干部和人员权力运行制约和监督，促进领导干部和人员履职尽责、担当作为。年内，阳泉市审计局申报的《党政工作部门领导干部和事业单位领导人员经济责任审计评价指标体系》研究型审计科研课题，被山西省审计科学研究所批准立项，课题研究方案通过初审。（张大鹏）

【专项审计和调查】 2022年，阳泉市开展多项专项审计和调查。在“人人持证、技能社会”建设专项资金审计中，发现120名财政供养人员违规领取补贴7.88万元，发现扩大范围发放职业技能培训补贴55.84万元，全部收回，整改率100%。在全市网络安全与信息化建设审计的23个项目中，发现资金管理不规范、项目建设不合规、网络和数据安全执行不到位等问题16类、管理不规范资金6748.45万元，提出审计建议4条、整改内容32项。通过审计，摸清信息化建设项目底数，促进信息化项目建设健康有序发展。（张大鹏）

【内部审计监督指导】 2022年，阳泉市审计局出台《关于加强对内部审计监督检查工作的通知》，建立内部审计工作业务指导监督长效工作机制。在年度审计计划实施中，将被审计单位内部审计制度建立情况、审计工作开展情况等作为审计监督检查一项重要内容。探索内部审计新方法新模式，在矿区贵石沟、平潭街2个办事处开展内部审计试点工作，梳理审计思路、明确审计重点，开展审计方法、报告形式、审计定性、处理和整改协同监督机制研究。（张大鹏）

【研究型审计】 2022年，阳泉市审计局制定《关于开展研究型审计的三年行动工作方案》，开展研究型审计工作纳入局党组对各分管领导、内设机构及直属事业单位负责人、县（区）审计局年度目标任务专项考核和公务员考核重要内容。成立市审计局研究型审计工作领导组并细化职责分工，要求将研究理念、思维、方法、行动融入审计工作的全过程各环节，贯穿计划安排、项目实施、审理把关、问题整改、成果运用等每个节点，增强审计工作的全局性、系统性、质效性，按照试点先行和“一年打基础、二年出成果、三年上台阶”的总体工作思路，实现政治导向鲜明、工作作风扎实、职责履行高效、建设作用突出、项目质量过硬的审计工作新格局。（张大鹏）

【审计问题整改】 根据阳泉市人民政府《关于2021年市本级财政预算

2022年9月，阳泉市审计局对矿区法院院长进行经济责任审计（市审计局 供图）

执行和其他财政收支的审计情况报告》共反映问题105个,包括立行立改38个、分阶段整改55个和持续整改12个。截至年底,立行立改问题全部整改到位,分阶段整改、持续整改问题完成整改24个,其余问题按时序要求推进并取得阶段性成效。有关部门和单位采取上缴国库、加快拨付进度、规范资产管理及调整账目等方式整改38.86亿元,综合整改率为89.89%。　(张大鹏)

统　计

【统计数据质量】 2022年, 阳泉市统计局按照山西省统计局部署开展2022年一套表调查单位数据质量核查,督促各县(区)对所有在库单位的真实性、准确性及属性指标进行核查,做到核查"全覆盖"。在县(区)"全覆盖"的基础上,市统计局重点选取5%的单位进行抽查,市级共核查57个调查单位,各县(区)共核查1102个调查单位,不存在虚假和类型界定错误的情况。为防范和惩治统计造假、弄虚作假,保障统计数据质量的真实性,按照山西省统计局入退库专项纠治工作总体部署, 针对2017年至2022年入退库单位开展抽查工作。在各县(区)完成自查工作基础上, 市统计局按照每个县(区)每个年度10%的比例进行随机抽样, 核查94个入库单位、45个退库单位,全部符合入退库标准要求。此外, 市统计局还协同市大数据局做好数字经济相关测算工作,撰写《阳泉市数字经济核算情况》报告,探索测算数字经济核算方法以及初步测算阳泉市数字经济核心产业增加值,为市领导科学决策提供依据。　(王国婷)

【经济普查筹备】 2022年, 阳泉市统计局推进第五次全国经济普查各项筹备工作。下发《关于组建阳泉市第五次全国经济普查筹备领导小组及办公室的通知》《关于认真做好全市第五次全国经济普查筹备工作的通知》, 推动全市机构组建、"两员"(普查员、普查指导员)测算、经费预算、普查宣传、专题调研等筹备工作;市统计局各专业科室、各县(区)统计局建立联络员制度,根据基本单位名录库数据与行政审批等部门数据综合测算所需"两员";平定县作为国家经济普查单位主营业务结构化和行业智能编码试点县, 抽取750家单位作为试点对象, 阳泉市统计局按照山西省统计局要求开展试点各项工作,形成分阶段、有质有量的试点工作报告。　(王国婷)

【统计成果】 2022年, 阳泉市统计局在编辑《阳泉市国民经济和社会发展统计公报》《阳泉主要统计数据》《阳泉统计年鉴(2022)》等常规资料基础上,专题编发《数说新时代 奋进新征程——党的十八大以来阳泉经济社会发展成就综述》,用数据、图表描绘中共十八大以来全市经济社会发展成就。全年共印发统计报告63篇、《统计信息》102篇、《统计工作动态》147篇, 被山西省统计局内网采用265篇、国家统计局采用23篇;向山西省统计局选送县(区)各类信息28篇、采用11篇;向阳泉市"四套班子"领导提供全市经济增长支撑要素分析、重点企业批发业影响分析、疫情对全市经济影响简析等材料,上报统计专报36篇,其中获市委、市政府主要领导批示12篇。　(王国婷)

【统计服务】 2022年, 阳泉市开展形式各异的统计服务工作。

课题研究　为反映全市产业结构和各产业发展现状, 经过调研,完成课题《高质量发展背景下阳泉市产业转型的问题与对策研究》, 从产业转型和高质量发展角度研究找寻路径突破;完善向山西省统计学会申报的课题《阳泉市数字经济发展现状及前景研究》;人口普查课题《阳泉市人口发展及其对经济发展影响研究》通过省级专家组验收。

为企服务　组成"摸实情、送政策、解难题、促发展"专项调研组,为企业纾难解困。通过问卷调查、电话回访、QQ、微信等方式开展减税降费政策效应与问题和企业复工复产情况调研。调研企业207家,其中规模以上工业企业12家、规模以下工业企业18家、规模以上服务业企业12家、贸易企业50家、资质内建筑业企业53家、房地产企业19家、小微建筑企业43家。被调查企业中,有2家规模以上工业企业、6家贸易企业、2家规模以上服务业企业、6家资质内建筑企业、3家房地产企业、1家小微企业享受到增值税留抵退税,享受政策覆盖率10.6%。根据调查,享受增值税留抵退税政策后对企业现金流有小幅改善,各企业对政策实施表示满意。全年指导服务企业833家,入企指导服务1225人次。

统计宣传　阳泉市统计局、国家统计局阳泉调查队、平定县统计局、国家统计局平定调查队联合举办第十三届中国统计开放日活动,以"数说新时代 奋进新征程"为主题,以迎接中共二十大胜利召开为主线, 用系列展板的形式让公众了解统计,为民众发放宣传资料,让社会各界走进统计、了解统计、支持统计,发挥统计调查、监督、咨询等职能作用。举办"喜迎二十大 建功新时代"新中国政府统计机构成立70周年发展成就展, 全面反映阳泉市70年来新中国政府统计机构发展历程。组织党校新任县级干部读书班和第四期青年干部培训班举办线上统计讲座。　(王国婷)

【国家统计调查】 2022年, 国家统计调查队开展一系列常规调查业务。劳动力调查,在入户、审核、回访三阶段填写《劳动力调查入户陪访督导记录表》《劳动力调查数据核查记录表》《劳动力调查电话回访记录表》，全年督导社区24个，层层把关提高数据质量；粮食畜牧业调查，建立粮食和畜牧业市县两级数据台账，统一台账格式和数据口径，市级调查队和县级统计局相互协作，调查数据提升；消费价格调查，按时保质上报每月月度报表，通过开展采价抽查工作和疫情期间实行采价工作AB岗，保证采价工作顺利进行；企业类调查，开展业务培训会，跟踪监测小微企业，强化案例调研，以调研提高数据质量，采购经理调查专业实地回访企业29家，通过电话、微信回访11家，在2021年企业基本情况调查表N131表所有企业的催报、上报、审核、验收等工作在规定时间内完成，年报直报率100%、差错率“零”错误反馈。（李　庚）

【统计监督检查】 2022年，阳泉市统计局采取多项措施做好统计监督检查。围绕应统尽统、防止少报漏报，制定《2022年全市统计法治工作要点》，布置5方面贯穿全年的工作任务，重点加大对统计执法检查和统计数据质量核查力度；会同阳泉市商务局开展年度“双随机”检查，按照“严格规范、全程留痕、可追溯、可监督”的工作要求，在全市限额以上贸易单位“一套表”名录库中随机抽取10家单位开展“双随机”统计执法检查；对2017年后的15件统计执法案件进行“回头看”，推动典型统计违法案件通报曝光。（王国婷）

【统计法治建设】 2022年，阳泉市加强依法治统，统计调查环境得到优化。推动中共中央办公厅、国务院办公厅印发的《关于更加有效发挥统计监督职能作用的意见》纳入阳泉市党委、政府理论中心组学习内容，防范违规干预统计工作思想，并将该意见纳入“八五”普法规划以及党组成员述职述廉和党员民主评议内容。传达学习《关于开展全面清理纠正违反统计法律法规文件和做法工作的通知》精神，提高对净化统计环境、统计数据质量重要作用的认识。结合数据质量自查、巡查整改“回头看”工作组提出的反馈意见，对全市26家报表单位开展统计执法检查，对2家不符合规定的企业下发整改通知。此外，开展统计造假屡禁难绝问题问卷调查。以“12·4”国家宪法日和“12·8”《中华人民共和国统计法》颁布纪念日为重点开展“深入学习贯彻党的二十大精神，开启依法统计依法治统新征程”统计法治宣传宣讲活动，发送公益宣传短信24.2万条。（王国婷）

2022年10月21日，国家统计局阳泉调查队在平定县张庄镇下马郡头村开展调研
（市统计局　供图）

【统计基层基础】 2022年，阳泉市统计局采取措施夯实统计基层基础，提升数据质量，确保核算工作取得成效。建立台账，夯实基础。制定标准统一、全面规范的核算台账，整合市、县（区）核算需要的基础资料，从一套表、名录库、各类普查资料数据，到发改、住建、金融办等部门共享数据资源，按需按类进行分类梳理，形成随取随用的电子台账，实现核算基础资料的集中化、条理化、系统化管理。月度监测，升级预警。试行月度核算监测工作，按月收集核算相关指标数据，研判经济变化及走势，形成“每月测算、每季度呈阅件、重点问题专题报告”的分析模式，把核算指标所反映出的经济社会发展中的重点、难点、热点问题进行信息整理、及时预警，发挥统计“数库”“智库”作用。积极探索，拓展指标。围绕服务业高质量发展开展核算指标体系建设调研分析，瞄准服务业发展过程中的关键环节和难点痛点，研判服务业发展形势，全力服务市委市政府科学决策。开展民营经济统计监测，研究探索民营经济统计范围，理顺民营经济统计数据来源、渠道，并整合多方信息，完善民营经济数据分析评估。同时，学习文化产业、新一代信息技术产业、数字经济及数字核心经济等派生产业增加值核算制度，组织核算人员学习国家统计局印发的《数字经济产业统计分类》，为开展数字经济核心产业的核算工作以及提供相关数据支撑做准备。（王国婷）

价格管理

【价格认定】 2022年，阳泉市发展和改革委员会根据山西省发展和改革委员会、山西省教育厅、山西省市场监督管理局《关于加强民办义务教育学校收费监管的通知》精神，开展前期价格调查、成本调查，征求相关职能部门、各民办学校以及学生家长意见的基础上，经市政府研究同意，联合市教育局、市市场监督管理局印发《关于核定阳泉市民办学校义务教育阶段收费标准的通知》。加大各类降费政策兑现力度。推动新型冠状病毒核酸检测、中考报名考试费、省定药品医疗器械产品注册费降费政策落到实处，释放政策红利。加强对煤炭、电力企业的指导力度，引导煤炭中长期交易价格在合理区间运行，促进煤、电上下游协同发展。重新核定部分政府定价项目收费标准。按照《中华人民共和国价格法》《山西省定价目录》有关规定以及政府定价成本调查结论报告，在考虑社会平均成本、市场供求的基础上，重新核定董寨龙潭峡谷景区门票、阳泉市火车站以及阳泉北站停车场收费标准。 （王 薇）

【价格监测】 2022年，阳泉市发展和改革委员会开展对市场价格进行监测。开展清理规范城镇供水供电供气供暖行业收费工作。联合市财政、住建、城管、能源部门印发《阳泉市清理规范城镇供水供电供气供暖行业收费促进行业高质量发展实施细则》。组织各县（区）发改局、市直有关部门、市县公用事业单位开展水电气暖领域涉企违规收费自查自纠，共清理规范水电气暖领域不合理收费20.85万元，其中供水环节19.75万元、供电环节1.1万元，已及时督促涉及单位尽快将违规收费退还当事人。推动落实煤炭中长期交易价格并配合做好国省价格核查工作。组织市能源局、市场局及11家煤炭企业参加全省贯彻落实国家煤炭交易价格视频会议，学习国家文件精神以及煤炭领域哄抬价格典型案例、处罚规定，引导煤炭价格在合理区间运行。配合国、省发改委调研组对华阳新材料科技集团有限公司以及其下属的山西（阳泉）国际陆港集团有限公司、华阳集团（阳泉）新能源销售公司煤炭中长期和现货交易明细以及有关材料进行核查。经初步核查，全市国有大型企业中长期合同价格执行情况较好，合同价格未超出国家规定的合理区间范围。按照《中华人民共和国价格法》《山西省定价目录》、山西省发改委《关于切实做好燃气价格管理保障燃气管道安全运行有关工作的通知》《关于印发〈天然气管道运输和配气价格管理办法（试行）〉的通知》相关规定，对山西晋东华润燃气有限公司开展前期价格调查，拟定《山西晋东华润燃气有限公司管道煤层气配气价格以及销售价格调整方案（征求意见稿）》，并征求县（区）、市工信局、市城管局、市市场监管局、市能源局以及27家大中小非居民管道煤层气用户代表意见，对方案修改完善，提交市司法局合法性审查。 （王 薇）

2022年7月14日，阳泉市市场监督管理局工作人员在北京华联超市开展明码标价检查 （市市场监督管理局 供图）

【价格调控】 2022年，阳泉市发展和改革委员会在市场价格方面进行宏观调控。完成全市居民消费价格涨幅3%左右的控制目标。每月按时与国家统计局阳泉调查队对接，掌握全市CPI总水平，全年全市CPI累计上涨1.8%，未超过全省规定涨幅3%左右的目标。起草并报请市政府印发《关于同意建立阳泉市重要民生商品保供稳价工作联席会议制度的通知》，联合市财政局、市农业农村局、市商务局、市市场局印发《阳泉市关于完善重要民生商品价格调控机制的实施方案》。粮油、蔬菜、猪肉等重要民生商品保供稳价。于3月、7月、9月、10月印发《关于进一步做好重要民生商品保供稳价工作的通知》，明确各县（区）及部门保供稳价工作任务及责任分工，全市价格环境平稳有序。开展重要民生商品价格应急监测分析工作。联合市价格认证监测中心开展粮油、蔬菜、猪肉等重要物资储备和价格监测工作。对市场形势进行研判,对苗头性、倾向性、突发性价格问题进行分析,采取有效措施,遇到重大问题及时处理,维护疫情期间全市重要民生商品市场价格稳定。(王　薇)

【价格监督检查】 2022年,阳泉市市场监管局办结价格案件165件,罚没款547.15万元,无复议和诉讼案件。开展涉企违规收费、医疗服务价格、教育收费、“两节”市场检查等多个领域共开展12项专项检查,维护全市市场价格秩序。开展涉企违规收费专项治理,检查单位143家,处理案件3起,经济制裁31.62万元,促使企业退费让利2725.04万元。开展医疗服务价格和医药价格违法专项整治,检查医疗卫生机构60家,罚没款470.21万元。推进教育收费专项检查,检查单位25家,督促其现场整改。开展节日市场检查,发放提醒告诫函6000余份,对“天价”月饼集中整治行动发放提醒告诫函50余份,督促其现场整改。联合市司法局、市税务局对22家律师事务所进行执法检查,督促整改并提醒明码标价和规范案卷管理。对23家煤炭生产销售企业监督检查,未发现扰乱市场秩序问题。调研6家困难行业收费负担情况,向山西省市场监督管理局反馈调研情况和企业诉求。对政府部门、行业协会商会、交通物流、水电气暖、金融等领域进行摸底了解,推进涉企违规收费专项治理工作。联合供电公司对全量直供非居民用户进行转供电摸排。(刘　茜)

市场监督管理

【概况】 2022年,阳泉市市场监管系统共查办各类案件2202件,收缴罚没款1364.07万元,比上年分别增长25.83%、10.93%,查办有影响力案件47起,移交公安机关17起。全市共有食品类企业16930家,其中,食品生产单位239家(持生产许可证86家,持食品三小类许可证153家),食品流通单位9711家(持经营许可证3274家,持食品三小类许可证6437家),农贸市场37个,冷库598个,餐饮服务单位6345家(持经营许可证2217家,持食品三小类许可证4128家);有药品批发企业7户,零售连锁总部4户,零售药店542户,其中连锁药店259家,单体药店283家,各类医疗机构1435家,医疗器械生产企业4家、经营许可企业695家、经营备案企业749家,化妆品经营使用单位1546家;在用在册特种设备总数12322台,压力管道1510千米,车用气瓶6303只,其他气瓶81350只;工业产品生产许可证获证企业10家,危化品生产经销企业共288家,塑料制品生产企业4家,建筑装饰装修材料经销企业1061户,消防施工及经销企业267家,煤炭洗选、加工、储存企业147家,校服生产企业4家,化肥生产经销企业43家,涂料生产企业4家,电线电缆生产企业2家。“3·15”期间销毁酒类、药品化学品等6类、货值207万元罚没物品,查办“双打”(打击侵犯知识产权和制售假冒伪劣商品)案件241起、罚没款232万元,比上年分别增长60.7%和96.8%。(刘　茜)

【市场主体登记】 2022年,阳泉市实有市场主体12.99万户,净增市场主体3.16万户,比上年增长32.11%,提前完成增长25.5%的全年任务。其中,企业3.32万户,比上年增长21.18%;个体工商户9.39万户,比上年增长37.03%;农民专业合作社0.28万户,比上年增长16.53%。(贾庆雷)

【营商环境优化】 2022年,阳泉市市场监督管理局持续优化营商环境,推进商事制度改革。

制度机制建设　成立以党组书记任组长的优化营商环境工作领导小组,召开专题会议传达学习山西省、阳泉市优化营商环境大会精神,研究部署贯彻落实工作;印发优化营商环境专项行动工作方案,细化分解营商环境首位战略任务清单,制定深化“放管服”改革优化营商环境专项

2022年2月22日,阳泉市市场监督管理局工作人员在凯通超市开展“你点我检”现场食品抽检
(市市场监督管理局　供图)

提升行动工作方案等制度机制，构建市场监管领域营商环境政策体系；落实各项利企惠民政策，修订完善质量奖管理办法和标准化奖励优惠政策，研究制定质量提升行动实施意见等若干政策；开展《阳泉市中小微企业和个体工商户纾困发展情况》调研，提出对策建议5项；建立企业年报数据库和个体工商户微信服务群，推送社保、税收、金融等优惠政策20余条。

个体工商户倍增质升　牵头全市个体工商户倍增质升工作，组织5次专题调研，召开全市个体工商户发展联席会议，制定《关于开展个体工商户倍增质升行动实施方案》。其中，《阳泉：中小微市场主体纾困发展情况调查报告》等在《山西市场监管研究》刊发，《Y市关于个体工商户发展情况数据分析报告》被推送参加全省首届市场主体数据分析大赛。与金融机构联合举办"百亿送贷"等金融服务活动，累计投放3500余户小微主体贷款1.62万笔7.64亿元。截至年底，全市个体工商户总量93377户，较上年累计净增36.2%。

信用监管　推进部门联合"双随机、一公开"抽查常态化，企业年报率95.35%，排查无证无照经营户816户，制订联合抽查计划280项，运用信用风险分类管理实施抽查139项，检查市场主体1428户次。　（刘　茜）

【反垄断和反不正当竞争】2022年，阳泉市市场监督管理局组织召开全市公平竞争审查制度联席会议，围绕深化"放管服"改革优化营商环境要求，制定《阳泉市公平竞争审查工作要点》等制度，推动各成员单位建立内部审查机制；出台《推进网络市场线上线下一体化监管的实施意见》，启动"电商平台点亮"行动，开展"网剑"等专项整治6次，监测广播电视、互联网广告37.82万条次；开展垄断和不正当竞争行为查处，运用第三方评估等方式，推进公平竞争审查制度实施，新增审查政策措施83件，指导整改违反审查标准政策措施12份，办案20起，全省排名第一；强化涉企收费、教育收费、医疗服务价格规范和治理，出动执法人员352人次，检查单位143家，办案3起，罚没款31.62万元，为企减负2726万元。　（刘　茜）

【商品交易市场监管】2022年，阳泉市市场监督管理局强化行政指导，督促市场开办者落实市场经营秩序、保护消费者权益、保障商品质量方面的义务责任。在全市74家商品交易市场中推进"诚信经营 放心消费"创建活动，全年共培育15家市场为创建单位，评定5家为诚信经营示范单位。在市场中推行线下无理由退货和投诉公示工作，并在条件适宜的市场设立消费维权服务站，理顺消费维权工作，规范市场交易行为。　（刘　茜）

【网络交易监管】2022年，阳泉市市场监督管理局建立协同机制，构建以国家市场监督管理总局"智慧网监"和山西省市场监督管理局"银河"监测平台为双核心的监管中心；构建覆盖各业务科室、各县（区）局、基层所、下属单位的监测及线索分流网络；开展虚假广告专项，办案9起，罚款1.5万元；开展线上售卖医疗器械专项检查，办案12起，均为行政警告；发挥网络市场监管厅际联席会议机制作用，推进各成员单位组织开展"网剑行动"，形成线上线下全覆盖、各业务领域分工协作、齐抓共管的网络交易监管格局；联合公安部门组织开展"净网2022""两节"打击食药环假犯罪行动、严厉打击制售假药劣药犯罪重点攻坚专项工作、"昆仑2022""2022清风行动"等专项治理工作，破获一批案件，维护公平竞争的市场秩序；联合网信办开展"清朗"专项行动，查删各类违法违规信息1500余条。实现"三级贯通"，通过网络交易监测中心系统，对辖区电商平台、微信公众号、网店及企业网站进行全方位监测，发现广告、商品中涉嫌违法违规行为，对其中线索通过监测信

2022年3月15日，阳泉市市场监督管理局、阳泉市12315投诉举报中心联合举办"共促消费公平、放心消费在阳泉"国际消费者权益日宣传活动

（市市场监督管理局　供图）

息分发系统，按照属地管辖派发至各市场监管所，畅通省、市、县三级网络渠道；建立远程培训和视频会议室，配置实现从省市场局到各县（区）市场局视频会议延伸，相关培训和会议可以直接覆盖省、市、县。实现“三方共治”，利用监测信息分发系统，实现重点领域监管与日常监管、投诉举报、执法稽查等领域业务系统的互联、互通、互用，全面推进网络监管业务系统一体化、集约化建设，提升相关业务领域横向协同、上下联动、综合监管的支撑能力，实现网络监管、业务专业监管、属地单位事中事后监管“三方共治”。全年全市办案 51 起，罚没款 26.09 万元，阳泉市网络交易平台“泉乎”入驻商户 1119 家，亮照率 100%，全市网络交易网站 343 个，亮照率 99.71%。（刘　茜）

【广告监管】 2022 年，阳泉市市场监督系统广告监管工作以整治虚假违法广告为主线，重点整治借重大活动从事违法违规商业广告宣传、“双减”教育培训、医疗美容突出问题专项治理，全面落实“311”工作机制，即突出 3 个重要抓手，明确 1 个工作目标，实行线上线下、上下齐动的一体化联动工作机制，专项整治工作取得成效。全系统共立案查办各类广告案件 43 件，罚款 36.04 万元；监测阳泉市广播电视、报刊广告 1522 条，涉嫌违法广告案件线索调查处理完毕，查看率、处理率均为 100%。（刘　茜）

【合同监管】 2022 年，阳泉市市场监督管理局开展“双随机”抽查 2 次，对校外培训、房地产销售、汽车销售和网上购物等领域、行业进行合同监管工作“回头看”，巩固格式条款整治成果。重点对涉及老年人“食品”“保健品”等领域的合同欺诈、网络交易合同侵权、粮食购销合同不公平交易、美容美发等行业单用途预付卡消费合同霸王条款等侵权行为进行整治。（刘　茜）

【打击侵权假冒工作】 2022 年，阳泉市召开全市打击侵权假冒工作会议，出台“双打”工作要点。在司法打击方面，市公安局破获案件 20 起，抓获犯罪嫌疑人 24 人，涉案金额 75.83 万元；市检察院批捕 1 件 1 人，提起公诉 7 件 8 人，监督公安机关立案 5 件 5 人；市法院受理案件 16 件，审结案件 7 件，判决 23 人。在行政案件办理方面，全市市场监管系统办结“双打”案件 241 起，罚没款 232 万元，办结药监案件 29 起，罚没款 113.75 万元，移送司法机关案件 4 件；市农业农村局等其他部门办结案件 6 起。行政部门办理案件合计 276 起，其中 6 起入选国家和省级“双打”典型案件。（刘　茜）

【涉大气污染商品市场监管】 2022 年，阳泉市市场监督管理局对全市 151 个加油站完成车用油品监督抽查 543 个批次。其中，汽油 294 批次，3 批次不合格，合格率 99%；柴油抽查 249 个批次，合格率 100%，站点抽查覆盖率 100%。车用尿素监督抽查 37 个批次，合格率 100%；民用散煤监督抽查 5 个批次，全部合格；民用型煤抽查 2 个批次，1 批次不合格；煤炭及其制品监督抽查 74 个批次，1 批次不合格；胶黏剂 10 批次，1 批次不合格；涂料 20 个批次，2 批次不合格。抽检油漆 8 个批次，建筑密封胶 15 个批次，液化石油气 5 个批次，甲醇 6 批次，生物质 5 批次，全部合格。（刘　茜）

【产品质量安全监管】 2022 年，阳泉市市场监督管理局建立产品质量安全风险监测点 152 个，对全市 14 类 196 种产品进行重点监管。抽检产品 45 个品种 765 批次，合格率 95.68%，不合格后处理案件 56 起，罚没款 11.22 万元。开展产品质量技术帮扶活动，选取阳泉市勤工技术实业开发有限公司等 5 家企业、1 个产业集聚区作为帮扶对象。以全覆盖监督检查和“双随机、一公开”监督检查相结合方式，开展工业产品生产许可证获证企业证后监管，提升市场主体质量竞争力，落实企业主体责任制。（刘　茜）

【质量强市战略】 2022 年，阳泉市实施质量强市战略，推动全市经济高质量发展。

质量管理　在全省率先创设“4 库 5 模块 + 1 册 42 站点”的质量基础设施“一站式”服务线上线下双平台，构建“1 + 3 + N”大质量工作格局。4 库，即专家库、设备库、项目库、机构库；5 模块，即计量、标准、质量、知识产权、检验检测；1 册，即《阳泉市质量基础设施“一站式”服务使用手册》；42 站点，即在全市条件成熟的 40 家重点企业、2 个产业园区“一站式”服务线下站点。成立帮扶工作队，共有 150 人次深入 98 家企业开展“一对一”帮扶提升活动。开展线上线下质量教育培训 50 余次，培训 1000 余人次，其中为企业培养首席质量官 46 人、质量管理小组人员 101 人，全市高质量发展的质量基础更加坚实有力。推荐 15 家企业申报“山西精品”培育企业，2 家企业入选全省首批“山西精品”公用品牌培育名单，20 家组织和个人获市政府质量奖。“十三五”期间，阳泉市新获省优良工程 12 个、省优质结构工程 25 个、汾水杯工程 2 个、市优良工程 26 个、国家 A 级以上旅游景区 15 个。

标准引领　新组建 10 个市级标准化技术委员会，在全省首家推行企业标准化总监制度，对 11 家企业承担的 21 个标准化项目发放奖补 77 万元。设立标准化专家人才库，吸纳专家 40 余人，建立标准

表 13　2022 年阳泉市标准化助推高质量发展奖补项目一览表

单位:万元

序号	单位名称	奖励项目	奖励金额
1	山西北方晋东化工有限公司	主持行业标准制定 WJ20814—2021　远程火箭弹发动机点火具规范 WJ20815—2021　森林灭火弹通用规范 WJ20816—2021　机场用安全驱散弹规范 主持团体标准制定 T/CSTM00361—2021　民用黑火药 T/CSTM00362—2021　黑火药密度测定 氦气法 T/CSTM00549—2021　民用黑火药生产安全规程	21
2	山西盂县西小坪耐火材料有限公司	主持行业标准制定 YB/T4896—2021　铝硅质耐火制品单位产品能源消耗限额	4
3	阳泉冀东水泥有限责任公司	参与国家标准制定 GB/T　41058—2021　水泥窑协同处置污泥及污染土中重金属的检测方法	4
4	阳泉天隆工程材料有限公司	参与行业标准制定 JC/T2601—2021　白色硫铝酸盐水泥	2
5	阳泉市综合检验检测中心	参与行业标准制定 GB/T　5990—2021　耐火材料　导热系数、比热容和热扩散系数试验方法(热线法) 主持团体标准制定 T/YXNX003—2021　耐火材料荷重软化温度(非示差—升温法)检测结果质量控制方法 T/YXNX004—2021　铝硅质耐火材料中莫来石相含量测定(X 射线衍射全谱拟合法)	6
6	阳泉市宜康居家养老服务中心	主持市级地方标准制定 DB1403/T　8.1—2021　居家养老服务规范 第 1 部分:总则 DB1403/T　8.2—2021 居家养老服务规范 第 2 部分:生活照料服务 DB1403/T　8.3—2021 居家养老服务规范 第 3 部分:医疗护理服务 DB1403/T　8.4—2021 居家养老服务规范 第 4 部分:安全防护服务	12
7	阳泉市艾草产业协会	主持团体标准制定 T/YQAC0001—2022　艾草种植技术规程	2
8	阳泉金隅通达高温材料有限公司	主持团体标准制定 T/YXNX005—2021	2
9	平定县丰兴红薯种植专业合作社	山西省有机旱作农业标准化示范项目	8
10	盂县启耀中药材种植专业合作社	山西省有机旱作农业标准化示范项目	8
11	山西谷味天农业开发股份有限公司	山西省有机旱作农业标准化示范项目	8

(市市场监督管理局)

化信息宣传平台，提高标准化信息资源利用率。推进27个国家级、省级、市级标准化试点示范建设，考核获评4个优秀等次、3个良好等次，其中西小坪生产的“高导热硅转”入选第七批国家级制造业单项冠军产品。指导“连翘叶茶加工技术规范”“平定砂器”申报省级地方标准，新立项并完成市级地方标准12项，推进标准化改革。

计量认证　全年全市完成检定/校准计量器具32844台（件），100%完成强制检定计量器具2.21万台（件），查处计量违法案件34起。推动市场主体落实《商业、服务业诚信计量行为规范》，开展诚信计量单位创建，有347家单位向社会作出诚信计量公开承诺。加强社会公用计量标准体系建设和管理，完成6项标准新建工作，全市计量标准建标115项。开展能源计量审查和定量包装商品计量抽检，共抽检26批次商品，全部合格。召集5家燃气经营单位召开法制计量约谈会，逐一签订《法制计量约谈备忘录》。开展日常监督检查、“双随机、一公开”监督抽查、检验检测市场专项整治等行动5次，检查检验检测机构19家，发现问题35条，下达责令改正2份，全部整改完毕多次邀请第三方认证机构专家对全市小微企业开展质量管理体系认证提升行动，30家小微企业已通过质量管理体系认证，4家企业进入前期咨询、服务认证阶段，服务水平和产品质量均得到提升。（刘　茜）

【食品安全监管】　2022年，阳泉市市场监督管理局把食品安全工作纳入市委常委会、市政府常务会议题，并纳入市专项考核和13710督查督办内容，市委全委会、全市经济工作会对食品安全工作作出重要部署；召开市食品安全工作会议，完成山西省食品安全委员会对阳泉市2021年度食品安全考核整改工作；落实食品安全“两个责任”（属地管理责任和企业主体责任）工作，市级领导包保15家A级食品经营主体，编印落实食品安全“两个责任”工作手册和督导情况记录表；开展食品安全“守查保”专项行动，实施“一企（坊）一档”动态管理，推进食品安全责任保险投保工作，实现企业风险防控覆盖率、隐患治理率、小作坊建档率和风险分级管理率4个100%；完成食品检验检测8344批次，不合格发现率2.3%，抽检结果公示率96%，均高于全省平均水平；中共二十大、元旦春节、中高考、国庆等关键节点，加强安全督查巡查，保障节日市场供应，发布安全风险提示，保证重大节日关键节点期间食品安全事故“零发生”。（刘　茜）

【食品生产监管】　2022年，阳泉市市场监督管理局开展食醋生产企业风险排查治理，对全市13家食醋生产单位排查60户次，发现问题44个，全部责令整改；开展食品专项整治行动，累计排查食品生产企业和食品生产小作坊133家429次，发现风险隐患145个，全部现场整改；开展食品小作坊整治提升行动，出动执法人员296人次，发现问题118个，全部整改完毕，下达责令整改通知书31份，帮扶小作坊55家；对食品生产企业开展抽查考核，实行风险分级管理和全覆盖监督检查，企业覆盖率和考核合格率均100%；对辖区内食品生产单位进行风险分级，A级风险企业8家，B级61家，C级7家，D级9家。全年全市食品生产安全状况持续稳定。（刘　茜）

【食品流通监管】　2022年，阳泉市市场监督管理局流通环节食品经营单位9711户，其中许可证单位3274户、食品小经营店单位5937户、食品小摊点单位500户，农贸市场37个（其中批发市场5个），冷库数量598个（其中第三方冷库4个）。全市全年下达责令整改386份，查办案件258起，移送公安4起，罚没款金额197.68万元。强化食品监管能力建设，做好进口冷链食品监管工作，开展“两专”管理（成立工作专班、派驻专人管理），执行“1616”工作机制（16项总仓管理制度、1项总仓应急预案、6个总仓登记表），增加8个房间356平方米的一线工作人员隔离专区，设置8个独立冷库、2个问题货物暂存区及医疗废弃物暂存区等功能区域，完成进口冷链系统升级，累计完成对179批次21418件553.98吨的进口冷链肉品的抽样检测和外包装消杀，各肉品、内外包装及环境抽样核酸检测都合格。全市参加放心食品超市自我承诺活动超市63户，签订承诺书63份，提升经营单位食品安全管理水平。组织安排全市开展食品流通经营单位风险分级管理工作，完成风险分级管理工作3274户，达100%，其中A级63户、B级1486户、C级1509户、D级216户。开展“三专项三监管”（开展农村假冒伪劣食品专项整治、保健品专项整治、“守查保”专项整治和食用农产品批发市场食品安全监管、校园及周边食品安全监管、特殊食品监管），共出动执法人员53155人次，检查食品生产经营单位、农贸市场28545户次，抽检重点食品61214批次，开展食品培训4644人次，食品安全宣传24场次，查处假冒伪劣食品案件479起，收缴假冒伪劣食品1620.46公斤。（刘　茜）

【餐饮食品安全监管】　2022年，阳泉市市场监督管理局组织开展“餐饮安全你我同查”活动，完成全市“两会”等重大食品安全保障任务11次，现场检验食材、餐饮具1300余批次。制定《阳泉市市场监管局重大活动餐饮服务食品安全保障工作制度》,推进出台《阳泉市农村集体聚餐食品安全管理办法》,餐饮监管长效机制建设取得突破；推进餐饮质量安全提升行动，校园食品安全守护三年行动收官，实现学校食堂线上食品安全自查和监管巡查，采取统一创建标准、开发县域平台、重点学校示范带头等办法，全市243家学校食堂100%完成“明厨亮灶”建设,学校食堂食品安全管理员监督抽考覆盖率100%;加强网络餐饮食品安全监管，辖区内网络餐饮服务第三方平台分支机构、自建网站备案率100%;指导8114家餐饮单位及“食品三小”(小作坊、小摊贩、小餐饮)完成山西场所码赋码。 （刘 茜）

【全国食品安全周宣传活动】 2022年9月5日,阳泉市食品安全委员会办公室牵头各成员单位联合举办以“共创食安新局面 共享美好新生活”为主题的食品安全宣传周集中宣传活动。其间,开展学校食堂明厨亮灶公众开放日、食品安全知识竞赛、“节粮减损、营养健康、守护‘舌尖上的安全’”、食品检验室公众开放日等活动,展示食品安全工作成效,普及食品安全知识,引导社会各界共同参与食品安全治理。 （刘 茜）

【药品市场管理】 2022年，阳泉市有药品生产企业2户、医疗机构制剂室1户、药品批发企业7户、零售连锁总部4户、零售药店551户、医疗机构1466家、疾控机构6家、疫苗接种单位115家。开展药品零售企业日常监督检查、合规性检查、电子处方试点工作专项检查等9项专项整治，联合公安部门开展专项执法行动17次，成功破获重大系列案件1起，消除风险隐患254条,发现问题线索150条,转案率55.5%,整改率100%,移送相关部门线索10条、案件3件。药品安全专项整治行动共查办案件245件，涉案金额34.7万元，责令改正126家,罚没款231.11万元。设立58家定点药店作为家庭过期药品回收点,累计回收过期家庭药品6921盒,销毁过期药品1.89吨。开展区域性交叉检查，排查风险隐患381个,办案17件,罚没款26.3万元。强化日常药品监管，抽检药品405批次,对3批次不合格报告跟踪指导处理。上报药品不良反应报告3285份,较上年增长26.83%。 （刘 茜）

2022年6月2日，阳泉市市场监督管理局工作人员在半山公馆小区开展过期药品回收活动 （市市场监督管理局 供图）

表14 2022年阳泉市药品 医疗器械批发连锁企业情况一览表

企业名称	备注
山西吉祥大药房医药连锁有限责任公司	药品连锁企业
阳泉市滋生堂大药房连锁有限公司	药品连锁企业
国药山西国康阳泉医药连锁公司	药品连锁企业
阳泉市海诺大药房连锁有限公司	药品连锁企业
阳泉市咱家医药物流有限责任公司	药品批发企业
国药山西阳泉医药有限公司	药品批发企业
山西鑫全医药物流有限公司	药品批发企业
阳泉九州通药品销售有限公司	药品批发企业
国药控股山西阳泉有限公司	药品批发企业
山西汇丰鑫驰药业有限公司	药品批发企业
山西恩维药业有限公司	药品批发企业
山西鼎坤源中药饮片有限公司	药品生产企业
阳泉市医用氧气厂	药品生产企业
阳泉市中医院制剂室	药品生产企业
山西颐康鑫悦医疗器械有限公司	二类生产许可
山西祥友医疗器械有限公司	二类生产许可

（市市场监督管理局）

【医疗器械市场管理】 2022年,阳泉市第一类医疗器械生产企业2家、第二类医疗器械生产企业2家、第三类医疗器械经营企业647家,第二类医疗器械经营备案741家。组织开展医疗器械质量安全风险隐患排查整治、医疗器械生产企业监督检查、网络销售监督检查,共出动执法人员1450人次,检查医疗器械生产、经营、使用单位681家次,查办案件88起,责令整改41家,罚没款84.54万元。完成医疗器械抽检32批次,不合格产品发现率9.38%。上报医疗器械不良事件报告797份,较上年增长6.13%,全省排名第三。（刘　茜）

【化妆品市场管理】 2022年,阳泉市共有化妆品经营使用单位1546户,其中化妆品经营单位394户、美容美发单位1018户、宾馆洗浴中心134户。承办全省化妆品科普宣传周活动启动仪式,采用“互联网+动画主持+视频”模式,由“晋妆先生”和“阳小妆”普法使者带领消费者体验化妆品安全科普宣传活动之旅,中国发展网、山西新闻网、黄河新闻网、中国质量新闻网等媒体对活动进行报道。开展“线上净网线下清源”专项整治,摸排全市化妆品平台经营者31家,检查覆盖率100%。全年共出动执法人员2097人次,检查化妆品经营单位503家次,监督检查覆盖率32.5%,办理案件33起,罚没款36.66万元。完成化妆品抽检54批次,不合格产品发现率3.71%。上报化妆品不良反应报告166份,达到百万人口125份。（刘　茜）

【特种设备安全监管】 2022年,阳泉市召开特种设备安全工作会议,建立并落实特种设备风险管控和隐患治理双重预防机制,开展特种设备专项监督检查,打击特种设备安全违法行为,完善“阳泉市特种设备安全监察云平台”“阳泉市气瓶安全信息化监管平台”,避免一般性事故,遏制重特大事故,保持全市特种设备安全“零事故”。加大特种设备安全执法检查办案力度,共检查市场主体1134家,发出特种设备安全监察指令书161份,发现并消除各类安全隐患221条,取缔气瓶重装企业1家,办案28起,罚没款116.26万元,保障特种设备安全形势总体平稳向好态势;全市36个气瓶充装站8万只气瓶全部实现电子监管,成为全省首个全领域实现气瓶信息化监管的地市,实现气瓶“来源可查、去向可追、责任可究”;制定《关于加快推进燃气压力管道安全排查整治的通知》,对3家使用单位进行全覆盖检查,392.21千米的在用燃气管道定检率100%。全年检验特种设备7521台及压力管道7.05万米,发现反馈问题隐患2070条次,治理率93.4%。（刘　茜）

【市场竞争秩序维护】 2022年,阳泉市市场监督管理局以执法机构改革为契机,实现法治建设和执法办案“互促进、互融合”。

市场监管服务　健全完善《全市市场监管领域推进包容审慎监管支持市场主体健康发展的指导意见》《轻微违法行为包容免罚清单(试行)制度》等政策措施12项,细化14个领域监管措施78项,适用案件114起,落实减费降费1185.15万元,通过靠前服务、规范引导、化解风险,助力市场主体轻装前行。

执法改革　推行全员办案机制、行政执法与检察监督衔接会商机制、案件线索统一收集联合转办机制,加强行政执法信息化试点建设,组建市场监管“执法人才库”,探索开展服务型执法,共办案2202起,罚没款1364万元,比上年分别增长25.83%和10.93%,查办5万元以上有影响力案件47起,多起案件入选全省典型案例,移送公安机关17起,执法办案工作取得成效。

专项行动开展　民生领域“铁拳”行动、联合“双打”专项执法、食品药品安全执法、“长江禁捕、打非断链”等12项专项整治成效显著,市市场监管综合行政执法队立案365件,结案297件,罚没款332万元,移送公安机关13件,涉案金额81万元。（刘　茜）

【消费环境建设】 2022年,阳泉市共受理“12315”热线咨询投诉举报18185件,比上年减少15.55%,其中咨询11684件,比上年减少23.30%;投诉6098件,比上年增加16.22%;举报306件,比上年减少60.77%,投诉举报全部按照程序分流。受理“12345”政务服务热线224件、来人来访85件、随手拍29件,全部予以处理,为全市消费者挽回经济损失289.82万元。开展“3·15”国际消费者权益日、“12315”进社区、网络知识答题竞赛等活动,出动人员100余人次,发放宣传资料1000余份,现场解答维权知识。按照在线消费纠纷解决(ODR)机制,让消费者快速、精准地与企业开展线上调纠活动,有189家企业可直接在线处理投诉、和解消费纠纷。联合规划自然、农业农村等部门印发《关于开展“清风行动”的通知》,组织各县(区)市场监管局清理整顿野生动物交易、食用、经营利用场所和单位,依法查处非法出售、收购、运输、食用、经营利用野生动物行为,共出动执法人员1906人次,出动执法车辆476台次,检查各类集贸市场、网店等经营场所1913户次,均未发现相关违法行为。

在山西省率先设立市消费纠纷调解中心,建设消费维权服务站201个,调解纠纷2267件,形成“政府主导、部门协作、企业自律、行业自治、社会监督、消费者参与”的消费维权共治格局。发布消费提示警示、典型投诉案例、维权数据分析等,开展线上直播、在线服务等活动，提高维权能力，培育“诚信经营、放心消费”创建单位209家，表彰示范创建单位177家，发布消费数据分析报告12篇、消费投诉公示2次。（刘　茜）

知识产权保护

【知识产权创造】 2022年，阳泉市新申报“盂县花椒”“盂县核桃”2件地理标志商标，推荐的“一种煤矿掘进工作面高压水力割缝机”发明专利项目获第三届山西省专利奖二等奖。全市有效发明专利拥有量316件、商标有效注册量6039件、每万人口高价值发明专利拥有量0.69件，分别比上年增长17.03%、21.77%和21.05%，实现量质双升。（刘　茜）

【知识产权运用】 2022年，阳泉市强化“政企银保服”五个联动，联合市科技局与国有金融机构签署知识产权质押融资合作协议，完善知识产权质押融资平台。地理标志证明商标“西南舁苹果”“平定黄瓜干”，地理标志保护产品“平定砂器”成为全市知名品牌产品产业，带动就业人口4800人，全年实现产值2.695亿元。（刘　茜）

【知识产权执法】 2022年，阳泉市组织开展侵权仿冒汾酒系列商品和酒类市场商标专用权等日常监督检查和代理行业“蓝天”专项整治行动，开展4批次非正常专利核查，出动执法人员800余人次，检查经营户200余户，查办案件83起，移送公安机关3起，罚没款201.8万元，均较上年有大幅提升，其中2例案件入选全省十大知识产权行政执法典型案例。（刘　茜）

【知识产权服务】 2022年，阳泉市指导山西工程技术学院入选省知识产权信息公共服务网点，为全市创新创业主体和社会公众提供免费或低成本的知识产权信息公共服务。开展商标品牌指导站建设，共确定首批3家指导站，通过打造知名品牌、丰富优质供给、优化产业结构、培育经济增长新动能等举措，助力提升区域商标品牌效能，打通知识产权服务“最后一公里”。（刘　茜）

【知识产权宣传】 2022年，阳泉市开展知识产权保护与运用能力提升培训，邀请省内专家深入解读《知识产权强省建设纲要》《山西省“十四五”知识产权保护和运用规划》，加大《商标一般违法判断标准》宣贯力度，并结合实际，对全市经典案例进行研判分析。利用知识产权日等重要时间节点，开展线上线下知识竞赛，拍摄知识产权专题宣传片，开展知识产权“五进”活动，提升社会公众的知识产权意识。实施知识产权试点示范创建工程，2家小学成功入选第二批省中小学知识产权教育试点学校，确立市平定县砂器等3家商标品牌指导站。（刘　茜）

【知识产权海关保护】 2022年4月20日至26日，在全国知识产权宣传周期间，阳泉海关结合防疫要求，开展关企联系群推送相关内容、报关大厅滚动播放活动主题等线上宣传，向办理业务企业进行线下宣传，营造浓厚的知识产权文化氛围。与地方知识产权主管部门绩效考核对接3次，报送工作动态3条，其中《山西省知识产权工作动态》刊发1条；确定年度重点培塑“龙腾企业”1家，指导山西尊特智能科技有限公司注册成为海关知识产权权利人。（赵佳佳）

【版权维护】 2022年，阳泉市开展一系列版权维护工作。做好版权宣传活动。“4·26”知识产权宣传周期间，围绕“全面加强版权工作 推动构建新发展格局”的主题，组织开展版权宣传活动；利用报刊、广播电视、微信公众号等宣传平台进行宣传，提高全社会的版权保护意识，使新闻出版市场秩序更加规范。推进软件正版化工作。按照山西省版权局的工作部署和要求，印发《阳泉市2022年推进和使用正版软件工作计划》《关于开展政府机关使用正版软件督促检查工作的通知》，明确软件正版化工作重点，对全市相关单位使用正版软件工作情况进行全面自查，确保责任落实到位、资产管理规范、软件正常使用。推进“剑网”专项行动开展。联合市委网信办、市公安局、市文化市场综合行政执法队成立专项行动小组，协调推进打击网络侵权盗版“剑网”专项治理行动。强化网络平台治理。开展巩固网络文学、网络音乐、电商平台等领域专项治理，提升网络版权治理能力，维护清朗网络空间秩序。（李燕明）

信用体系建设

【信用监管】 2022年，阳泉市发展和改革委员会开展“双公示”月度、季度通报工作，加强信用监管。建立“双公示”通报督办机制，逐月对各县（区）、各部门信用工作落实情况进行考核。联合市大数据管理服务中心对各县（区）及市社会信用体系建设领导组成员单位报送的行政许可和行政处罚等信用信息评估通报，印发通报专刊9期，对城市信用监测指标完成情况、信用信息归集量、“双公示”迟漏报率等国省考核指标，以市直、县（区）为单位进行通报。通过“双公示”数据质量提升、瞒报数据整治专题等会议，督促各单位及时查缺补漏，确保公示信息准确性、时效性，实现全市“双公示”信息“三清零”。（王　薇）

【信用管理制度建设】 2022年，阳泉市发展和改革委员会对照《全国城市信用状况监测预警指标（2022年版）》，分析失分因素，在征求各县

(区)及市社会信用体系建设领导组成员单位意见的基础上制定《阳泉市城市信用状况监测预警指标(2022年版)任务分工方案》,以阳政办发〔2022〕82号印发各县(区)及成员单位,明确各部门职责及完成时限。印发《阳泉市社会信用体系建设示范区创建实施方案》,明确任务目标、细化部门分工,为开展信用工作提供制度保障。开展《山西省社会信用条例》宣贯工作。组织各县(区)以及全市28家社会信用体系建设成员单位召开解读会议,着重讲解有关信用状况认定、加强信用主体权益保护等内容。按照阳泉市《建立健全抓落实工作机制进一步提高执行力的实施细则运行流程》文件,制定《阳泉市社会信用体系建设工作机制》,为全方位推动高质量发展创建良好的社会信用环境。(王　薇)

【煤炭中长期合同信用核查】 2022年,阳泉市发展和改革委员会配合开展煤炭中长期合同信用核查工作。按照国家、省发改委关于在煤炭中长期合同履约领域开展信用监管工作安排,对省发改委推送给阳泉市3批煤炭中长期合同履约情况进行核查,共涉及全市煤炭企业12个、合同118个。通过与涉及煤炭企业进行对接,核实供需双方企业履约情况,以信用手段督促企业尽快履行合同。(王　薇)

【公务员诚信体系建设】 2022年,阳泉市发展和改革委员会对照阳泉市委《全面建设清廉阳泉2022年工作要点》,起草并印发《关于加强行政机关公务员诚信体系建设的工作方案》。截至年底,已归集25家单位的公务员信用档案3085条。(王　薇)

【公共信用信息平台建设】 2022年,阳泉市发展和改革委员会开展信用信息归集及信用信息共享平台建设。联合市大数据应用局推进信用信息共享平台和"信用阳泉"网站建设,累计归集各类信用信息超1.3亿条,累计点击量143.3万次。其中,公示"双公示"信息17.3万条,发布红黑名单信息668.4万条,信用承诺信息7.74万条,分级分类监管信息31条,信用风险提示信息451条,全部在"信用阳泉"网站公示。(王　薇)

【信用服务】 2022年,阳泉市信用服务工作主要围绕公务员录用、调任人选社会信用记录查询开展,为全市各级机关组织人事部门履行查询程序提供服务保障。协助市委办、市委组织部、各县(区)组织部以及7家市直单位分批次查询公务员选任、调任共计276人次的社会信用记录;协助市委组织部批量查询全市2022年度拟录用公务员和选调生共计240名人员信用状况,为全市公务员录用工作的顺利开展提供信用保障。(王　薇)

【守信激励与失信惩戒】 2022年,阳泉市发展和改革委员会联合商务、交通、应急等部门共同转发《关于对国内贸易流通领域严重违法失信主体开展联合惩戒的合作备忘录》《关于对石油天然气行业严重违法失信主体实施联合惩戒的合作备忘录》《关于对安全生产领域守信生产经营单位及其有关人员开展联合激励的合作备忘录》等多个领域守信激励与失信惩戒备忘录文件,健全全市联合奖惩合作网。年内,市文旅局建立旅游行业诚信"红黑榜",对旅行社、导游、游客诚信缺失及不文明行为进行曝光和惩戒,对讲质量、重信誉的标杆旅游企业通报表扬;全市纳入法院系统失信名单1966人、限制高消费3785人、依法传唤9350人、司法拘留17人。(王　薇)

(责任编辑:胡　蓉)

综　述

【数字经济政策出台】 2022年，阳泉市立足于解决制约产业发展的资金、人才、应用等问题，全面优化数字经济发展环境，出台《数字经济优先发展战略三年行动计划（2022—2024）》《数字经济优先发展战略政策十五条》《数字经济企业认定管理办法》等政策，加快《阳泉市智能网联汽车管理办法》立法进程，推进数字经济专项资金申报，数字化发展政策体系趋于完善。其中，《阳泉市数字经济优先发展战略三年行动计划（2022—2024年）》（以下简称《三年行动计划》）印发，明确以把阳泉市建成全省大数据产业集聚区、信创产业先行市、全域自动驾驶智车城、新型智慧城市样板市为总体目标，围绕建设山西数字经济发展核心增长极，打造国内知名的“智车之城”“数智双碳先导区”城市品牌。全市数字经济核心产业增加值占GDP比重的6%以上，数字经济相关市场主体超过400家，数字经济示范应用场景不少于100个。《三年行动计划》分为总体要求、重点任务、保障措施三大部分。重点任务明确提出实施数字基建夯实工程、数字产业化培育工程、产业数字化融合工程、新型智慧城市示范工程、数字政务提升工程、数字生态涵养工程六大工程。在相关政策支持下，新认定数字经济企业16家，评定数字经济示范项目14个，多个企业及项目在资金、应用、平台培育等方面得到扶持。　（刘丽霞）

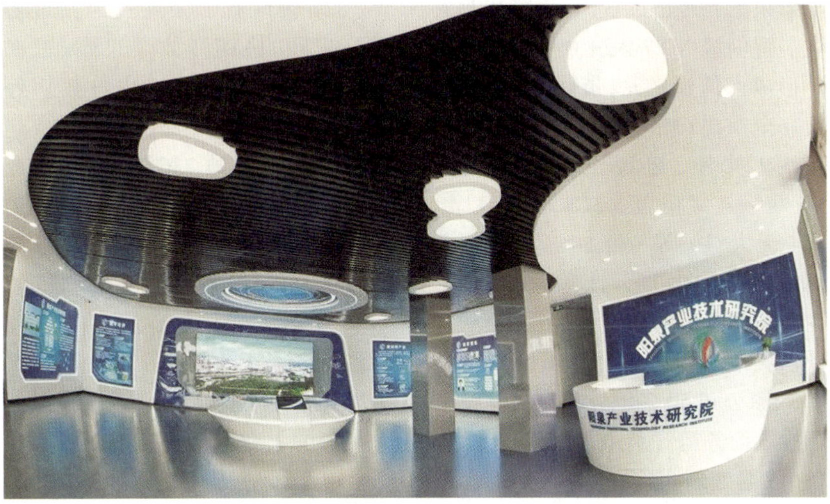

2022年11月2日，阳泉产业技术研究院被认定为山西省新型研发机构
（画报阳泉　供图）

【“数智新城”发展】 2022年，阳泉市推进“数智新城”转型跨越发展。坚持“以数增效”，围绕煤炭行业安全高效发展，推进5G+智慧矿山建设，煤炭采掘“机进人退”，安全水平和生产效率得到提升。坚持“以数提质”，推动制造业数字化转型，数字车间、工业互联网平台等项目在水泥、建材、煤机装备制造等领域龙头企业中实现应用，建成智慧能源数据中心，重点用能单位实现全覆盖。坚持“以数延链”，“算力＋平台＋场景＋生态”四位一体推动数字产业化项目集聚，建成百度云计算（阳泉）中心为代表的大型绿色智能数据中心，与中国电子、中关村软件园等龙头企业合作，搭建中电产业园、智创城7号等数字经济平台，打造全市域自动驾驶“车城网”示范项目。坚持“以数治城”，用好国家智慧城市试点政策，建成政务一体化大数据共享交换平台，搭建“城市大脑”。　（刘丽霞）

【数字经济市场主体培育】 2022年，阳泉市大数据应用局落实省、市

关于优化营商环境、促进市场主体倍增相关政策要求,依托产业平台和龙头牵引,加快引进和培育数字经济市场主体。截至年底,全市信息传输、软件和信息服务业市场主体有1698户,较年初增加515户。(刘丽霞)

【数字经济产业环境优化】 2022年,阳泉市围绕实施数字经济优先发展战略,完善政策体系,创优数字生态,培育发展市场主体,加快数字经济产业高水平发展,数字经济产业链条基本成形。

"政策+法制" 聚焦解决制约产业发展的资金、人才、平台等问题,出台《数字经济优先发展战略三年行动计划(2022—2024)》,制定《数字经济企业认定管理办法》,启动数字经济专项资金申报工作,产业政策体系逐步完善。针对智能网联汽车产业发展的痛点与难点,推进《智能网联汽车管理办法》立法,探索在道路运输、测试和示范申请、车路协同基础设施、产业发展等方面开展智能网联汽车应用管理,支撑引领智能网联汽车产业高质量发展。

"服务+引导" 破解5G基础设施建设难题,推进开放5G通信基站公共资源站址50处,为5G基站建设扫清障碍。出台《通信保障应急预案》,组织联合通信应急演练,通信网络支撑能力和水平得到提升。加快5G应用推广示范,持续推进5G+医疗健康、5G+智慧矿山、5G无人驾驶项目建设,提升生产生活智慧化水平。争取电价补贴等各级资金支持,推进数据中心规模化、集约化、绿色化发展。

"引进+孵育" 打造数字经济产业链条,围绕重点发展的车联网、信创、数据处理、智能制造等产业链条,阳泉以产业配套招引项目,以平台建设孵育企业,推进产业规模化集聚化发展。拓展应用场景,以产业配套招引企业,启动"车城网—车路智行新生态"项目。提升平台支撑,以中电数字经济产业园、智创城NO.7为载体,培育孵化市场主体。中电阳泉数字经济产业园项目一期37栋主体建筑完成交付,13家电子信息智能制造类企业入驻。智创城NO.7入驻企业53家,累计形成产值近亿元,带动就业近600人。(刘丽霞)

2022年底,中电阳泉数字经济产业园一期主体建筑完工

(阳泉日报社 供图)

【数字经济产业链】 2022年,数字经济产业链实现营业收入19.45亿元。阳泉市信息传输、软件和信息服务业市场主体共1662户,较年初增加479户,完成全年增量目标266户的179.96%,超额完成年度倍增任务。中电阳泉数字经济产业园13家企业入驻。智创城NO.7入驻企业53家,累计形成产值近亿元,带动就业近600人。全市出口带宽1530GB,新建5G基站2240座,实现县级以上建成区5G网络连续覆盖。5G+医疗健康、5G+无人驾驶等一批5G应用走在全国前列。建成百度云计算(阳泉)中心为代表的大型绿色智能数据中心,服务器投用24.5万台。车城网项目启动,5家公司50多辆各类自动驾驶车辆投入商务运营,与之配套的智能装备、数据处理、自动驾驶商务运营产业初步形成。"城市大脑"上线试运行,"城市大脑"完成数据中台、业务中台、视频汇聚平台、数字驾驶舱研发、部署和调试。市级产业链链主企业有百度云计算技术(山西)有限公司、山西阳煤联创信息技术有限公司。市级产业链链核企业有阳泉云时代技术有限公司、阳泉市联宇星信息技术有限公司、阳泉领航科技产业有限公司、阳泉信息产业有限公司。(李 旲)

数字基础设施建设

【5G基站建设】 2022年,阳泉市全力推进5G基础设施建设,破解5G基站转改直、公共资源站址协调等难题,协调开放漾泉园、三矿煤山公园、庙堰园区、中电数字经济园等45处公共资源支持5G建设,建成5G基站736座(累计建成2240座),乡镇以上建成区实现5G信号连续覆盖,每万人拥有5G基站数17个。(刘丽霞)

【百度云计算(阳泉)中心建成】 2022年,以百度云计算(阳泉)中心为代表的大型绿色智能数据中心在阳泉市全部建成。百度云计算(阳泉)中心于2012年8月19日开工建设,能耗水平一直位于全省前列,项目平

均总投资61亿元，共分二期建设。截至年底，一期、二期全部投运，存储规模、计算能力和环保节能均处于国际领先水平。中心获得国家绿色数据中心称号，绿色数据中心即数据机房中的IT系统、制冷、照明和电气等能取得最大化的能源效率和最小化的环境影响，年均电能使用效率值(PUE)为1.14，能效最高单体年均PUE低至1.08，低于全国平均水平。（刘丽霞）

【国网智慧能源数据中心建设】 2022年，阳泉市国网智慧能源数据中心（山西省首家地市级能源大数据中心）完成能源转型、环保减排、服务民生、社会治理4大类11个大数据应用分析场景并交付试运行，接入72家能耗在5000吨以上的重点用能单位，实现企业能耗、产量、相关经济指标数据实时在线监测和数字化监管。（张　娟）

【千兆网络建设】 2022年，阳泉市推进“双千兆”网络建设，夯实新型基础设施建设根基，加快产业数字化进程。优化基础设施发展环境，推进光纤网络、5G基站建设，将通信网络建设嵌入工程建设项目审批管理流程。赋能传统行业加快融合应用，推动“5G+千兆光网”赋能行业应用，打造5G、千兆光网与行业融合创新的应用场景，推动“双千兆”网络在超高清视频、AR/VR等消费领域的业务应用，加强“双千兆”网络与教育、医疗、文旅等行业深度融合。截至年底，全市城市家庭千兆光纤网络覆盖率达100%，重点场所5G网络通达率超95%，城市10G-PON及以上端口占比超35%，每万人拥有5G基站数超17个，500兆比特每秒（Mbps）以上用户占比超25%，5G用户占比超50%，“双千兆”应用创新超6个。（郑方毅）

数字产业化

【“车城网—车路智行新生态”项目】 2022年，阳泉市以打造“智车之城”品牌为牵引，联合百度、智行者、高仙科技等企业，推进“车城网—车路智行新生态”项目建设，包含智慧交通基础设施改造、Apollo Park（百度自动驾驶和车路协同应用测试基地）、自动驾驶出行服务等10个子项目。截至年底，项目一期基本建成，城市测试道路扩展到200千米，路侧设施智能化改造和软件平台部署完成。（刘丽霞）

2022年，阳泉市“车城网—车路智行新生态”项目在开发区进行路面测试
（画报阳泉　供图）

【无人驾驶车示范应用】 2022年，阳泉市投放无人驾驶公交车6辆、出租车15辆、新石器移动零售车25辆、安防车5辆、快递末端配送车10辆，阿波罗无人驾驶公交车、萝卜快跑无人驾驶出租车、新石器无人售卖车等项目实现示范运营。阳泉市成为全国首个全域自动驾驶测试样板城市。（刘丽霞）

【软件和信息技术服务业】 2022年，阳泉市集聚信创、数据处理、电子信息制造等产业，推动软件和信息技术服务业产生经济效益。阳泉高新区尊特年产1000万台智能终端项目一期投资1.5亿元，主要生产家庭影院音箱、耳机、户外PARTY音箱、智能手表、智能眼镜、百度相关产品及新增产品等，项目投产运营。截至年底，全市软件和信息技术服务业营业收入增长27.3%，数字经济核心产业增加值增速达12%。（刘丽霞）

【智能网联重载货运车路协同发展试点】 2022年，阳泉市出台《阳泉市智能网联重载货运车路协同发展试点实施方案》，统筹推进试点建设。截至年底，完成五盂高速公路15千米测试区域和城市道路双向10千米测试区域建设，形成团体标准9部、专利13件，相关配套基础设施体系和通信技术体系基本形成，为构建智能网联车路协同发展、激发大数据与人工智能产业活力奠定基础。（刘丽霞）

【工业互联网平台建设】 2022年，阳泉市大数据应用局聚焦生产、物流、用能等场景应用，强化数字技术赋能，提升产业链数字化水平。郊区工业互联网平台接入261家企业，实现在线电能数据实时采集、环保排放数据及企业生产状况实时显示

等功能；智慧能源数据中心实现重点能耗、行业发展、停限产分析等 9 个场景交付试运行。（刘丽霞）

【华越数字化生产】 2022 年，晋能控股集团华越公司从智能产品、智能制造、管理数字化三方面入手，为高效生产注入强劲“数智力量”。聚焦智能产品，突出智能、高端、重载、高效产品研发制造方向，成套设备智能化制造取得突破，引进支架结构件机器人焊接工作站等先进装备，规划发展支架结构件和皮带机生产工艺的智能化升级改造项目。为推动生产组织实时化、精益化，打造数字化工厂，实现生产任务、工件图纸等实时查询、快速汇报。（刘丽霞）

产业数智转型

【5G+ 智慧矿山建设】 2022 年，华阳集团携手山西移动、行业组织、院士团队、相关单位等，通过调研分析讨论，签署《煤矿 5G 创新合作协议》，确定 6 个方面、17 个点的煤矿 5G 创新思路。即以集团相邻地域多个矿井智能化煤矿建设项目为依托，围绕网络创新、产品落地、应用开发和试验验证 4 项核心任务，结合 5G 系统工业应用研发最新进展，突破原有模式，形成多矿井联合部署 5G 系统一网承载创新方案。在 5G 系统架构方面，实现集团公司相邻地域的多个矿只建 1 套 MEC（边缘计算技术），以及主流无线、有线接入方式拓展接入 5G 系统和井下数据就地分流应用。在 5G 创新产品方面，探索煤矿 5G 专网从单一矿井向多矿井联合部署新模式，并打造物联网融合创新平台，对煤矿 5G 专网中语音通信、V 网小号互通、白名单控制以及新型基站的研发、试验等专项技术随时跟踪研发进度。在 5G 系统理论研究方面，主要开展“煤矿 5G 系统一网承载”研究，在技术、安全、应用、监测等方面做出具体指导。在煤矿 5G 标准研制方面，牵头编制完成国家能源行业《矿用 5G 通信系统使用及管理规范》标准 1 项，参与编制国家能源行业 4 项标准，即《煤矿用 5G 通信系统通用技术条件》《煤矿用 5G 通信系统基站》《煤矿用 5G 通信系统基站控制器》《煤矿用 5G 通信系统移动终端》。在参与煤矿 5G 产品测试方面，通过煤安认证的煤矿 5G 产品，针对技术性能和指标开展测试。在采掘面应用探索方面，结合《掘进机可视化远程自动控制系统研究》项目，研究布设 5G 传输控制链路，实现对掘进机的远程控制，结合采煤工作面采用“综采工作面自动化系统集成”架构和监控实现方式，探索新型数据传输方案。截至年底，全市建成 5G+ 智慧矿山 2 座、智能化采掘工作面 78 处，华阳一矿成为全国首批智能化示范煤矿，华阳新景矿智能化改造后掘进施工效率是传统的 6.2 倍，减少操作人员 300 余人。（孟　蕊）

【制造业数字化】 2022 年，阳泉市坚持“以数提质”，推动制造业数字化转型，数字车间、工业互联网平台等项目在水泥、建材、煤机装备制造等领域龙头企业中实现应用。华阳集团华越机械公司建成设备物联数字车间、华鑫电气公司实施矿用电器智能制造项目；耐火行业“5G+ 工业互联网”联合实验室启用；阳泉冀东水泥建成一体化数字管控系统，打造国内水泥行业首个数字化绿色智慧矿山，实现“5G+ 无人矿车”的示范应用。（刘丽霞）

【服务业数字化】 2022 年，阳泉市以打造“城市大脑”为依托，打造服务业数字化应用场景。截至年底，以“城市大脑”为核心的数字化应用体系项目视频汇聚平台已接入公安、能源、教育、社区等领域，数字驾驶舱完成应急一张图、生态环保分析、宏观经济分析、慢病管理系统等 7 个场景配置完成。启动“智慧教育”“12345 热线系统”“国资国企在线监管系统”“自然资源动态监测一体化管理系统”等一批系统建设，融合推进“智慧社区”“智慧医疗”等应用布局，为新型智慧城市服务业数字化奠定基础。（刘丽霞）

【农业数字化】 2022 年，阳泉市开展数字乡村和数字农业建设。截至

2022 年，华阳一矿成为全国首批智能化示范煤矿，图为“5G+ 智慧矿山”作业面
（华阳集团　供图）

年底，在建省级数字乡村示范村1个、市级示范村1个。其中，省级示范村平定河头村总投资803万元，主要用于建设智慧大棚和乡村治理数字化平台，数字乡村平台架构和智慧大棚主体框架建设完毕，平台软件中可视化驾驶舱、农业种植生产预警系统、农产品追溯管理系统、生产小程序等原型制作中；市级示范村盂县王炭咀村总投资155万元，主要建设数字乡村党建馆和乡村农业资源、党建、乡村治理综合管理平台，主体工程建设完毕，相关软件建设中。数字农业产业化方面主要集中在畜牧业。截至年底，平定华亿经贸有限公司主要从事种猪繁育、优质精液供应、商品猪生产、兽药械、养殖设备销售等经营项目，建成全程自动监控系统，主要用于生产监督管理、经营销售等各个环节，实现生产过程动态记录、全程监控的精细化管理和种猪销售远程选择。培育数字农业创新示范龙头企业1家，即阳泉天龙生态农业有限公司，投资1亿元自主科研攻关海兰白养殖技术专利，采用以色列AC2000模块环境控制系统，开展5G+智慧蛋鸡养殖，实现鸡舍环境自动监测和控制调节。截至年底，实现投产，拉动全市鸡蛋产量10个百分点以上，提升企业效益11%。（徐雪峰）

通信业

中国移动

【概况】 2022年，中国移动通信集团山西有限公司阳泉分公司坚持高质量稳存拓增，新增客户份额跑赢领先达41%。聚焦“中高低”三类消费客群，精准施策开展5G套包运营，5G客户达52万户。抓场景强融合，常态化组织小区爆破，销售技能得到提升，宽带、电视客户规模持续夯实。紧抓“权益”消费趋势，深化“连接＋应用＋权益”融合运营，权益产品运营实现新突破。坚持“行业地位领先、数字产业争先”，全面提升公司信息服务行业的竞争力，深耕行业、中小企业、成员三大市场，收入结构持续优化，云网基座持续提升，全面助力阳泉能源、农业、医疗行业数字化转型。（赵　康）

2022年春节前夕，阳泉移动分公司工作人员在阳泉北站进行网络优化
（阳泉移动分公司　供图）

【网络建设】 2022年，阳泉移动分公司主动作为、攻坚克难，加强网络基础设施建设。持续推进5G建设，5G基站数量近1200个，保持区域领先。全省首家完成700兆网络清频，700兆干扰占比由53%降至0.8%。持续推进宽带覆盖，端口增至51万个，加快千兆布局，千兆小区增至600个。持续推进政企覆盖，基于微格的专线快开实现“能派”向“盲派”转变，快开率90%。持续推进云网融合，推出云专线，数据中心装机能力增至350架，利用率83%，移动云区域领先。5G超清视频通话投入商用，接通率99.9%。实施700兆与2.6千兆异频互操作优化，促进业务量增长3.5%，上下行平均速率大幅提升，分别达165兆比特每秒和702兆比特每秒。开展宽带主动服务专项行动，处理弱光0.5万户，更换老旧非智能网关2万户。上线政企精品专线，开通70条，开通及时率100%。出口总容量扩容至13TB，网络安全性、稳定性显著增强。（赵　康）

【客户服务】 2022年，阳泉移动分公司开展“站店听音”活动，倾听客户心声，狠抓触点服务质量，营业厅触点满意度99.8%，工信部测评综合满意度行业领先。重视客户权益保护，推进专项行动，快速解决客户诉求，工信部百万有效申诉率全省最低。完成中共二十大以及北京冬奥会、冬残奥会等重大活动的通信网络安全和服务保障。推进断卡、打猫、安心行动，建立监测模型，配合公安机关打掉诈骗团伙2个，诈骗预警处置能力显著提升。严防网络安全漏洞，巩固网信安全。（赵　康）

中国联通

【概况】 2022年，中国联合网络通信有限公司阳泉市分公司主营业务

收入3.9亿元，宽带净增规模1.1万户，较好地完成各项指标。公司创新驱动，云计算、大数据、物联网、人工智能、区块链、网络安全等7个领域实现突破，打造千万级项目1个、百万级项目9个，项目总额突破4000万元。公司以5G为引领，加快5G发展，独家承担阳泉地区联通、电信5G网络共建共享任务。（曹　宇）

【网络建设】 2022年，阳泉市联通分公司聚力打造移动网、宽带网、政企网、算力网“四张”匠心精品网，5G网络人口覆盖率达90%以上。光纤到户端口布局领先，宽带住宅覆盖率达95%以上，商务楼宇全覆盖。聚焦“匠心网络，贴心服务”，光纤线路终端群障较2021年压降60.1%。固网通信质量类投诉由2021年128件压降80%以上。政企业务综合交付及时率突破99%，政企双线“357日通”（互联网专线3日内完成，网元电路5日内完成，跨域电路7日内完成）全面通达。（曹　宇）

【运营服务】 2022年，阳泉市联通分公司深化本地特色服务品牌，实现问题综合治理能力效果行业领先。协同攻坚7类12项用户急难愁盼问题，疏通3类6项业务及流程堵点，申诉率行业排名第一；本地投诉压降率全省排名第一。实现网络、业务、服务综合客户服务感知行业领先。聚焦打造“四张”匠心精品网，围绕产品优化适配，提升网络业务感知，构建客户为中心的营服体系，提供贴心服务渠道，集团满意度测评行业领先。多项机制保障服务质量落地，建立“横到边、纵到底”的服务考核评价体系。通过网格化支撑、场景化运营、数字化赋能，持续推动数字化转型。数字化沙盘作战网格上图率100%，网格运营App推广活跃率100%。政企线赋能集约贯穿，发票集约率100%，销账集约率提升7.38%，云计算、大数据、物联网标品100%实现集约受理，政企端到端电路完成关联3026条，端到端关联率100%。年内，阳泉市联通分公司获山西省联通公司“春风行动”劳动竞赛团体第二名。（曹　宇）

【政企合作】 2022年，阳泉市联通分公司深耕政务云、数字政府市场，政务云与35家单位完成69项应用部署，签约金额达410万元。云网结合服务地方财政信息化双线47条，签约金额达200万元。推进信创云、政务热线专网建设，推动“全域云网一体”落地，实现660万元签约金额。签约并服务平定政法委“平定社会治理网格化管理项目”，以网格化管理、社会化服务为方向，强化基层综合服务管理。签约并服务平定县“数字城管”项目，签约总金额1049万元，成为阳泉数字政府建设的典型案例和重要模块，在全省数字政府建设方面起到引领作用，形成阳泉本地化政务云网一体化能力聚合，成为服务阳泉地方政务云第一品牌，并入选中国联通《2022年智慧城市案例集》。智慧矿山领域的阳泉冀东水泥智慧矿山5G无人驾驶项目共两期累计签约826万元，建成全国首例全矿无人运输系统，入选人民网《数造新实体——数字技术赋能实体经济案例研究（2022年）》蓝皮书（全国共入选14个）。5G+工业互联网领域的庙堰新材料产业智慧园区项目，成为全市智慧园区标杆项目之一，为服务工业园区、煤炭矿山等领域储备成熟经验。（曹　宇）

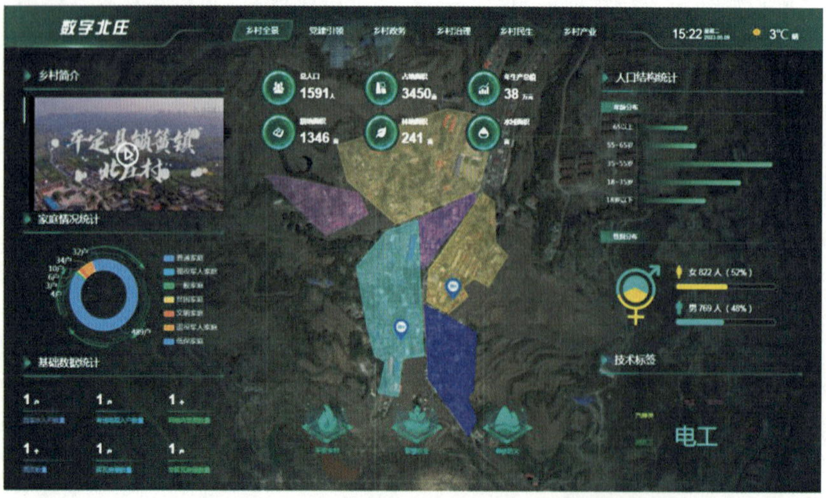

2022年11月，阳泉市联通分公司为平定县锁簧镇北庄村建设的数字乡村平台投入使用
（阳泉联通分公司　供图）

中国电信

【概况】 2022年，中国电信集团有限公司阳泉分公司实现业务收入1.6亿元，收入份额15.41%。用户总数超过37万户，其中移动用户超过25万户、宽带用户超过12万户。山西省通信管理局年度测评中国电信阳泉分公司服务综合满意度行业第一。年内，中国电信阳泉分公司组织小微成果引入推介会3场。加大科协会员发展，员工注册科协会员71人。组织开展小微创新课题申报，向山西省电信公司申报岗位创新、“五小创新”（小革新、小发明、小创造、小设计、小建议）项目5个，装维薪酬计算软件项目获2022年省级“五小竞赛”岗位创新优秀奖。（高　彬）

【网络建设】 2022年，中国电信阳泉分公司推进5G建设，重点推进高倒流比场景建设，建设宏站93个，室分89套。乡镇及以上室外区域基本实现连续覆盖，市区及县城覆盖率

97%，乡镇覆盖率92%，5G分流比31%。加快推进4G共建共享，落实对等原则，共享联通134个小区，在节约成本的基础上有效增强覆盖，提升用户感知。加快千兆部署，547个小区具备千兆光宽带接入能力，千兆小区渗透率47%。完成中心局搬迁，对传输承载网核心设备、核心路由器、新一代光传输网、时钟同步系统进行优化升级，安全水平和网络稳定性显著提升。（高　彬）

【干线维护】 2022年，山西长途电信线务有限公司阳泉分公司维护的阳泉辖区内济石太银（济南、石家庄、太原、银川）、京太临（北京、太原、临汾）等国家一级长途通信国防光缆干线（367.02千米）和二级干线（283.36千米，降级二干140.06千米）及本地网线路（16991.00千米），城域网线路（11381.67千米），电信代维线路（200.66千米）。公司干线巡检到位率始终保持在99%以上，线路明显化标志鲜明，粉刷标石86块、增补更换移位22块，增补更换宣传牌、标石47块，更换盂阳架空光缆杆号牌350块，增补市区老旧管网改造工程损坏不锈钢标识、标牌360块，在国道207、307线互通匝道口喷涂大型宣传碑1座。电信一级干线线路阳泉东高速口至保晋路埋设光缆宣传牌45块，增加其他各类标志标识75块，加大国防光缆线路的宣传力度，提高线路沿线单位和施工方及群众对国防光缆的认知。落实外力施工影响制度，采用人防和技防相结合的方式，完成德胜街、义平路、平定东大街等雨污分离和天然气管道的盯守配合工作，完成盂县金龙东街道路、平定南关、平定职高的线路专人盯守工作。开展线路隐患排查整治工作，对日常发现的3项较小隐患及时处理，为5处干线管道破损井盖井圈进行更换，对在日常光纤测试中发现的石太光缆2处大损耗进行处理，对榆阳3#杆根腐烂的12根电杆采取更换电杆或打帮桩等方式进行处理，确保干线畅通。（刘晋琦）

【本地网维护】 2022年，山西长途电信线务有限公司阳泉分公司推进本地网维护工作。全年立杆562根、扶正电杆80根、新做拉线100条、架设吊线65档、调整吊线垂度365档、绑桩处理27处、整挂光缆382档、清理吊线杂物20档、补井盖10处、跨路升高23处、拆水泥杆58根、拆木杆53根、拆吊线33挡、拆拉线25条。全年外力盯守14处，盯守长度8900米，盯守量1244人次，盯守现场均增加明显的标识、标志牌，提升线路安全系数。完成春节、北京冬奥会、冬残奥会、高考、中共二十大等应急通信保障任务，执行各类通信重保66天、出动车辆265车次，出动宣传人员510人次，发放各种宣传品3500余份，张贴、发放宣传单页2800余张、行程1.56千米。（刘晋琦）

2022年5月，中国电信阳泉分公司对智慧机房进行安全检查

（阳泉电信分公司　供图）

中国铁塔

【概况】 2022年，中国铁塔股份有限公司阳泉市分公司累计投资超过1.84亿元，塔类租户数为4362户，平均站址租户数从2014年的1.12户上升至1.59户，全网共享提升至65%，其中新建站共享率98%，整体共享水平持续提升。年内，公司将企业发展融入阳泉发展，基于塔、房、电、维和中、高点位与平台、算法等资源禀赋及陪伴式的客户服务，在公安、环保、交通、水利、国土、气象、煤矿等行业协同发展、协作发展取得新成效。发挥“点多面广、站高望远”的资源优势、专业化能力优势、属地化维护保障优势，打造“铁塔视联”平台，在环保、林草、国土、乡镇综治和景区直播等多个领域发挥作用，其中涉及高点监控点位100余个，覆盖面积600余平方千米，累计为政府及行业节约高点建设成本500余万元。聚焦“新能源出行、电力保障服务、综合能源服务”三大业务板块，依托铁塔公司电力保障运营经验、专业化维护能力和可视、可管、可控的智能监控系统，助力绿色能源发展。聚焦美团、“饿了么”骑手换电难问题，建设无人值守的自动换电柜10个，解决外卖骑手电动车充电慢、安全隐

患大的问题，提升配送效率，提高骑手收入水平，服务骑手超过400人次。聚焦青桔用户分布式换电及环卫车、邮政物流车换电等，建设自动换电柜网点26个、换电柜49个，青桔换电网点覆盖市区及矿区，改善电动车换电安全性。聚焦物业小区居民电动车充电问题，规范建设低速电动车充电桩10个，充电端头120个，解决充电难和充电安全问题。基于备发电业务的"备电+监控+现场维护+发电"模式，向各行业提供完善的综合备电、动环监控、巡检维护、应急发电等一体化服务解决方案，聚焦疫苗冷链、平定交通信号灯等项目，提供个性化、差异化的服务，累计为客户节约投资100余万元。　（潘雅丽）

【5G基础设施建设】　2022年，阳泉市铁塔分公司最大限度共享铁塔资源，实现信息基础设施"更快、更省、更好"建设，服务全市经济发展。全年承接5G建设需求828个，完成建设交付828个，建设投资超900万元，实现县城以上建成区域5G网络深度覆盖。铁塔公司利用无线综合解决方案，探索采用新技术，与省级、产业类、基础设施类及社会民生类工程承建方沟通，完成万达广场、平定县医院、盂县学府中心等37个重点场景的室内5G网络覆盖，累计投资230余万元。优化资源统筹，全年开放公共资源50处，社会资源利用率44%，实现5G基站上图入库3247个，有效推动5G通信基站的用地合法性，在5G通信基础设施报装嵌入工程建设审批流程基础上纳入一体化在线政务服务平台，代表阳泉市通信建设联合办公室牵头开展通信服务工作，楼宇及管线资源的统筹能力提升。　（潘雅丽）

【通信网络运行】　2022年，阳泉市铁塔分公司与移动、联通、电信3家通信企业联合，保障全市通信网络稳定运行。全年月均断电退服时长比上年改善22.71%，发电及时率比上年改善0.35%，通信网络质量得到提升。联合运营商开展应急通信保障演练3次，全面检验应急保障队伍的快速响应和跨区域保障能力，加强与客户的协同处置能力。年内，完成春季防风防火期、汛期、中共二十大等重点场景的通信应急保障，累计投入抢修人员386人次、车辆232辆次、发电油机688台次，发电保障586站次。　（潘雅丽）

无线电管理

【概况】　2022年，阳泉市无线电管理局加强无线电频率台站管理，科学配置无线电频谱资源，优化频率台站行政审批流程，不断提升无线电管理水平。截至年底，全市电台总数14106部，其中，超短波2908部、短波4部、广播电台电视台24部，中国移动2G基站1100部、4G基站3618部、5G基站1180部，中国联通3G基站1143部、4G基站1440部、5G基站652部，中国电信2G基站231部、4G基站1080部、5G基站726部。年内，阳泉市无线电管理局将1家新用频单位20部对讲机依法纳入管理，为8名无线电爱好者换发电台执照，收缴频率占用费9.21万元。　（朱林勇）

【行政执法和无线电干扰排查】　2022年，阳泉市无线电管理局加大执法力度，对擅自设置使用频率、擅自设置电台、非法使用无线电发射设备的2起案件做出行政处罚，对5家单位或个人下发整改通知，责令1家未完成无线电发射设备销售备案的商户及时完成备案。开展民航干扰监测6次，受理并查处电信运营商4G、5G基站干扰11起。　（朱林勇）

【无线电监测】　2022年，阳泉市无线电管理局对广播电视、民航通信、防汛防火、铁路调度通信、公众移动通讯等频段进行日常监测。全年完成12个频段的频谱监测和占用度统计，完成10项专项监测工作，开展移动监测70次，出动人员330人次，动用仪器290套次，累计监测275小

2022年10月，阳泉市无线电管理局工作人员在盂县移动监测无线电信号
（市无线电管理局　供图）

时。全年主动监测排查并处理不明信号47起，包括电子围栏1起、银行电子屏杂散信号1起、“村村响”45起。规范做到各重点频段信号占用、使用单位等原始数据分类保存，及时录入山西省无线电监测一体化平台。（朱林勇）

【考试无线电安全保障】 2022年，阳泉市无线电管理局多次部署开展“净化考点周边环境”“打击销售无线电作弊器材”等专项行动，严厉打击利用无线电设备实施考试作弊的行为。全年组织参加各类考试无线电安全保障工作30次，出动工作人员238人次，出动监测车辆77辆次，为考生营造公平公正的考试环境。（朱林勇）

【打击治理“黑广播”“伪基站”违法犯罪专项行动】 2022年3月，阳泉市无线电管理局根据山西省无线电管理局统一安排部署，利用北京冬奥会、冬残奥会闭幕后和全国“两会”会前空档期，重点做好涉及航空、气象、5G、广电专用频段的监测工作，打击治理“黑广播”“伪基站”违法犯罪行为。专项行动中，市无线电管理局排查“村村响”无线广播5部，对排查到的“村村响”无线广播，现场核查、登记并进行发射参数测试，确保其发射的杂散信号不会对重点频段造成有害干扰。实现“黑广播”“伪基站”动态清零。（朱林勇）

数字政府建设

【政务数据资源融合利用】 2022年，阳泉市大数据应用局结合各领域需求，统筹市直部门政务信息化项目建设管理，推进政务数据资源跨部门、跨层级、跨地区汇聚融合和深度利用。紧抓全省政务信息化项目建设领域问题专项整治契机，推动各部门非涉密政务信息系统迁移上云并与市数据共享交换平台对接，在省内率先实现市级层面“信息孤岛”基本消除。健全数据资源目录和责任清单制度，通过收集梳理各部门相关数据，形成《阳泉市政务数据资源共享清单（第一批）》，明确各部门数据共享责任。强化部门间业务协同，利用业务协同平台共性应用能力，开发推广“发文管理”“政府投资信息化项目申报”“电子印章申请”“入网申请”等应用模块，推进部门间业务协同，提升服务效能。（刘丽霞）

【政务数据资源归集】 2022年，阳泉市大数据管理服务中心通过印发市数据共享交换平台运行简报、公布数据共享考核指标等方式，开展政务数据资源归集。截至年底，市数据共享交换平台目录数4853条，挂载资源总计5729条；代理国省接口62个；向省数据共享交换平台推送数据目录9238条，全省地市排名第二；推送数据资源4760条，全省地市排名第四。梳理政务数据资源共享责任清单，初步形成496条目录清单，明确共享数据报送标准，严格数据资源审核，规范和整改平台已有数据，确保数据质量。通过微信工作群、实地培训、组织线上培训等方式，提升整体共享工作水平。（张　娟）

【市政府门户网站建设优化升级】 2022年，阳泉市大数据管理服务中心对市政府网站群平台进行全面升级改版，新增渠道联通、身份互认等功能，版面效果得到大幅度提升。截至年底，完成市政府网站群平台基本功能建设以及市政府网站的站点数据迁移和与业务中台、市长信箱、“12345”的对接工作。全年市政府门户网站发布信息2.2万余条，“阳泉政府网”微信公众号累计发送信息2613条、订阅数14643人次，“阳泉市人民政府”微博发布政务信息3204条、关注量6548人次，开设“2022阳泉两会”“惠企政策”“国家安全宣传教育”等专题专栏10个。政府信息公开栏目更新154条，网站公示公告栏目更新125条，《在线访谈》节目审定发布24期，向各单位转办市长信箱980条，发布“市长信箱”113条，发布留言统计11期。发布政府公报5期、政府文件与解读98条，文件与政策解读相互关联，多样化解读比例实现100%。（张　娟）

【政务云及电子政务外网运行】 2022年，阳泉市大数据管理服务中心完成对市交通局、市生态环境局、市人社局等7家单位的业务网络整合，为政务信息系统业务协同、数据共享奠定网络基础。阳泉市所有基

2022年11月4日，阳泉市数字政府（智慧城市）一期建设项目技术规范及标准专家评审会召开（市大数据局　供图）

础设备具备承载 IPv6 改造的能力。全年开通 IP 地址账号 502 个，开通 VPN 账号 120 个；受理外网故障电话以及咨询电话 1053 次；办理政务云资源开通、变更、关闭、升降配和端口开通 240 次；协助 18 个应用系统入驻政务云；整理规范 36 家入驻单位的 68 个系统、412 台云服务器和 iNode 智能客户端。阳泉市大数据管理服务中心持续完善网络安全应急预案和保障方案，定期开展备用防火墙、核心交换机替换、路由器对接等应急演练，不断增强网络安全防护与信息内容安全。（张　娟）

【市公共信用信息共享平台运行维护】 2022 年，阳泉市公共信用信息共享平台累计升级 32 次，发布升级包、补丁包 170 多个，平台信息归集、报送数据量增至 1.30 亿条，归集、整理、审核后上报省信用信息共享平台“双公示”信息 8.11 万条。“信用中国—山西阳泉”门户网站累计发布信用制度 184 条、国内动态 883 条、省内动态 459 条、市内动态 522 条、风险提示 465 条、全国诚信建设万里行专题动态 407 条。按照《城市信用状况监测预警指标(2022 年版)》要求，制定阳泉市信用监测排名提升工作方案，并做好政策宣传、落实，截至年底，向全国信用信息共享平台共享纳税、水费、电费、燃气费、科技研发 5 类特定信用信息，上报各类诚信宣传新闻 31 条，处理信用修复信息 109 条，受理政民互动信息 12 条。（张　娟）

【信息化项目建设】 2022 年，阳泉市大数据管理服务中心起草完善信息化项目验收实施方案，严格把控项目准入和验收关。全年完成 12 个委办局、36 个项目、97 个系统建设升级和运维需求，节约财政资金预算 2154 万元；完成 19 个委办局、31 个项目、80 个系统的验收。充实专家库，完善专家管理制度，优化专家管理委员会管理办法，确保项目评审验收专业性，完成信息化项目资料整理和归档工作。（张　娟）

数字社会建设

【“城市大脑”投运】 2022 年，阳泉市“城市大脑”(一期)建设内容全部完成，包括数据中台、业务中台、视频汇聚平台部署以及数字驾驶舱建设。其中，数据中台完成 16 套工具部署上线，接入 1258 张表、3.25 亿条数据，数据资源中心初具规模，完成三大库(法人、人口、宏观经济)和五大主题库(应急、环保、医疗、社会救助、教育)。业务中台建设完成四大中心(管理中心、设计中心、集成中心、运维监控中心)和九大定制应用(请示报告、收文管理、发文管理、批件管理、请假管理、信息报送、通知管理、文档管理、会议管理)，并按照业务需求搭建居民信息台账、项目申报等应用。视频汇聚平台完成整个平台的部署搭建，并与市应急管理局工业视频平台、市公安局雪亮工程平台完成对接，全年接入 10158 路视频资源，并向省教育厅、市公安雪亮平台共享视频 7745 路。数字驾驶舱基于城市大脑能力，建设完成数字驾驶舱底层平台，包括社会救助分析、宏观经济分析等 7 个融合场景和 27 个子场景，接入智慧能源 1 个场景，实现数据汇聚融合、场景直观展示效果。数据治理服务汇聚全市委办局业务系统 218 个，数据 2.27 亿条，存储量达 4.6GB。截至年底，项目二期(城市运营指挥中心)启动并通过方案论证，进入评审阶段。（张　娟）

【“智慧教育”项目启动】 2022 年，阳泉市作为山西省智慧教育示范市，启动“智慧教育”项目。项目总投资 1.35 亿元，实施“智慧教育平台”和“智慧校园”两项工程，开展信息技术与教育教学创新融合、资源供给模式创新、全学段学生综合素质评价、智慧教育环境提升、师生信息素养全面提升、教育治理能力提升 6 项行动计划。一期项目计划用一年时间完成“智慧教育平台”和 13 所智慧示范校园的建设。“智慧校园”示范校概算 9691 万元，其中，市级财政投入 3499 万元，中央综合奖补资金、中央薄弱环节改善与能力提升专项资金 6192 万元。“智慧教育平台”建设费 3600 万元。截至年底，13 所“智慧校园”示范校完成招投标工作，“智慧教育平台”进入开发调试阶段。（李佳乐）

2022 年，阳泉市数字政府(智慧城市)项目一期投入试运行

（画报阳泉　供图）

【"智慧社区"试点建设项目】 2022年，阳泉市"智慧社区"试点建设项目在平定县国家智能社会治理试验特色基地(城市管理)揭牌，是全国10个国家智能社会治理实验特色基地(城市管理)中唯一一个县级实验特色基地。建成平定县西城城北社区和冠亚社区、郊区甄家庄社区、城区陶然社区、矿区水滩社区、高新区天峰社区和桃源社区7个"智慧社区"试点，打造数字赋能基层党建、数字赋能网格化管理、数字赋能治安管控等。 (刘丽霞)

【"智慧医疗"建设】 2022年，阳泉市各医院"智慧医疗"建设取得进展。平定县人民医院通过全省第二批"5G+远程医疗"试点评审，实现县、乡两级远程医疗服务和信息互联互通。市三院和市一院取得互联网医院资质，市人民医院医疗集团组建集团内区域影像诊断中心，截至年底，阳泉区域影像中心各下级医院向阳泉市一院发起影像会诊1842例，解决基层影像诊断技术不足问题。市一院通过互联网开展慢性病居家舒适化医疗模式，指导在线患者12万名，完成电子处方审核和药品配送2.82万例，医疗用物配送范围覆盖全市。市三院完成在线预约挂号服务29.97万人次，在线支付服务124.35万人次，在线查询门诊检验报告3.21万人次。启动建设阳泉市电子健康卡建设项目，总投资约700万元，项目通过山西省卫生健康委评审，由中国建设银行阳泉市支行建设。 (曹 菲)

【数字乡村建设】 2022年，阳泉市贯彻落实中共中央、国务院《关于做好2022年全面推进乡村振兴重点工作的意见》《山西省加快推进数字经济发展的实施意见》和《阳泉市数字经济优先发展战略三年行动计划(2022—2024年)》，推进数字乡村建设。启动建设全市村级集体经济赋能中心，在市级层面打造集产品展销、招商推介、电商推广、数字治理、产业孵化等功能为一体的基层治理综合体，同步成立阳泉市泉农邦村级集体经济发展有限公司，破解新型农村集体经济发展后劲不足、资源配置单打独斗、产业格局小乱散弱等难题。平定县以打造全省唯一的国家智能社会治理特色基地为载体，蹚出"组建一个中心、搭建三大平台、赋能六大模块、拓展N项应用"基层治理新路径，构建"县乡一体、智治融合、一网通管"基层治理新格局。平定县冠山镇河头村创建省级数字乡村建设示范村，总投资803万元，谋划实施数字乡村建设示范村工程项目，包括数字乡村建设示范村数据建设、三维数据底座、小程序，数字化管理，数字乡村硬件及工程，智慧大棚等项目，打造乡村振兴数字化样板。 (史立新)

【数字文旅】 2022年，阳泉市加快数字文旅建设。娘子关景区在与中国移动分公司共建智慧型景区的基础上，开展智慧旅游ICT招标建设，景区成为山西文旅集团重点打造的四大示范项目之一，沉浸式演出《遇见娘子关》被山西文旅集团智慧导游推荐。盂县召开主题为"盂县忠义文化园景区智慧旅游建设方案汇报"的会议，打造"一基础+一中心+三平台"景区智慧旅游综合运营管控平台，即盂县忠义文化园景区大数据中心(一基础)、盂县忠义文化园景区大数据中心(一中心)、盂县忠义文化园景区智能化应用智慧管理平台、智慧服务平台、智慧营销平台(三平台)。 (范宜萍)

【数字人社】 2022年，阳泉市共有14个数字人社平台，其中，职业健康、工伤、机关事业单位工资使用山西数字人社一体化平台，社会保障使用的是山西数字人社一体化平台、山西省社会保障卡信息管理系统等，公共就业使用的是流动人员人事档案管理服务系统、全国劳动人事争议调解服务平台、企业薪酬调查填报系统和基础信息及社会保障卡应用管理系统、企业薪酬调查填报系统、山西省农民工工资监控预警平台，技校使用的是全国技工院校信息管理系统，专业职称管理使用的是企事业单位职称评审系统、山西省技能人才评价服务平台。截至年底，所有平台正常运行。 (郑 兵)

(责任编辑：胡 蓉)

开放型经济

招商引资

【概况】 2022 年，阳泉市创新开展招商引资，持续创优营商环境，引进优质产业项目。年内，阳泉市招商引资签约项目 126 个，总投资 785.12 亿元，完成省目标任务 570 亿元的 137.74%。开工率 78.57%，达到省定目标任务 40%。新开工项目计划投资额 354.98 亿元，固定资产投资类项目实现到位资金 134.75 亿元，非固定资产投资类项目实现到位资金 8.59 亿元，均超额完成省目标任务。 （尹俊伶）

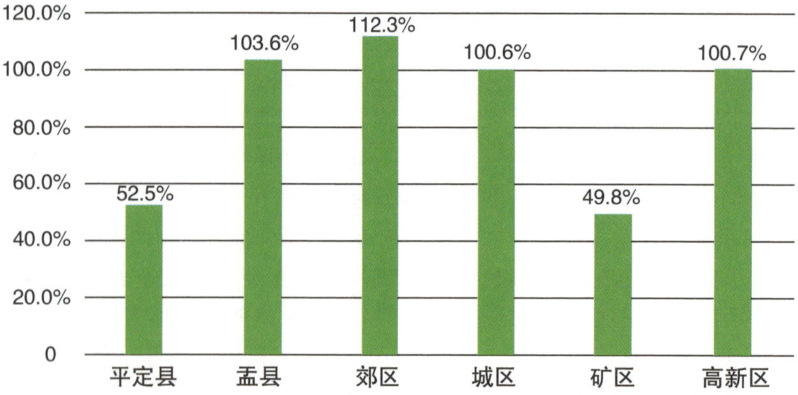

图 4 2022 年阳泉市新开工项目计划投资额完成图

（市招商中心 供图）

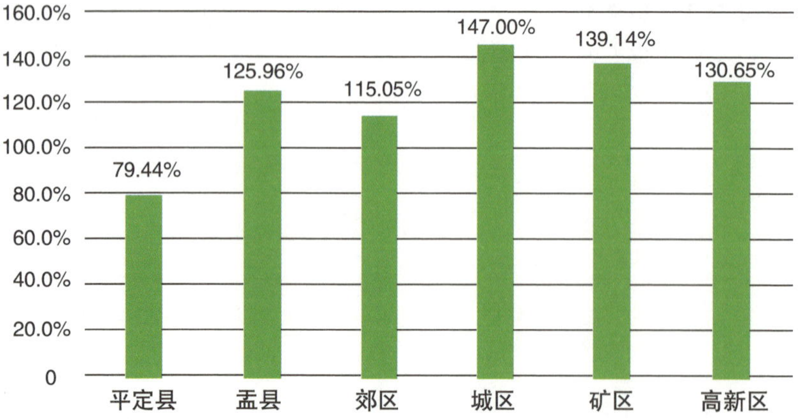

图 5 2022 年阳泉市固定资产投资到位资金任务完成图

（市招商中心 供图）

【招商引资项目分布】 2022 年，阳泉市招商引资项目共 126 个。全市地域分布情况为：盂县 21 个，总投资 173.8 亿元；郊区 21 个，总投资 216.1 亿元；平定县 22 个，总投资 150.9 亿元；高新区 27 个，总投资 132.2 亿元；城区 20 个，总投资 91.7 亿元；矿区 15 个，总投资 20.4 亿元。全国地区分布情况为：京津冀地区 62 个，总投资 417 亿元；环渤海地区 13 个，总投资 37.4 亿元；长三角地区 9 个，总投资 64.5 亿元；珠三角地区 7 个，总投资 29.6 亿元；省外其他区域 29 个，总投资 220.7 亿元；省内区域 2 个，总投资 1.3 亿元；境外区域 3 个，总投资 11.9 亿元；华东区域 1 个，总投资 2.7 亿元。 （尹俊伶）

【招商引资平台建设】 2022 年，阳泉市构建招商平台，拓展招商引资渠道。组织各县(区)、开发区参加中国西部国际投资贸易洽谈会、中国兰州投资贸易洽谈会、中国国际消费品博览会、中国国际能源博览会等系列活动，宣传推介阳泉，对接考察企业。组

2022 年 9 月 1 日，阳泉市参加 2022 中国（太原）国际能源产业博览会
（市招商中心 供图）

团参加山西省承接珠三角产业转移合作对接系列活动。举办“2022 阳泉·珠三角数字经济场景发布会”，集中签约 16 个项目，总投资额约 97 亿元。在民企助力山西发展项目推介会上，签约 2 个项目，总投资 14.5 亿元。在 2022 年中国国际能源产业博览会重点签约仪式上，签约 3 个项目，总投资 21.06 亿元。（尹俊伶）

【招商引资方式创新】 2022 年，阳泉市招商中心开展“云招商”活动，视频对接项目 200 余次，有意向企业 50 余家。组建 3 支驻点队伍，扎根重点区域，开展敲门式、产业链精准招商活动，与广东东岛新能源等多个延

表 15　2022 年阳泉市重点招商引资签约项目情况表

项目所在市县	行业	项目名称	引资方	投资方	总投资（万元）	到位资金（万元）
平定县	新能源	阳泉平定二期 100MW 风电扩建项目	平定县人民政府	平定中能建投新能源有限公司	65040	42000
平定县	新材料	气凝胶科创城标准化厂房建设项目	平定县招商中心	华阳集团战略发展部	23982	7401
平定县	新材料	240KA 系列升级改造项目	平定经济技术开发区管理委员会	山西兆丰铝电有限责任公司电解铝分公司	18270	18522
盂　县	现代服务业	盂县报国寺医养、康养中心建设项目	盂县孙家庄镇人民政府	刘红飞（个人）	21265	14449
盂　县	新能源	晋能盂县 100MW 光伏发电项目	盂县人民政府	晋能清洁能源光伏发电有限责任公司 苏州工业园区中鑫配售电有限公司	46000	4000
盂　县	新能源	西烟镇风电场二期 100MW 项目	盂县人民政府	山西粤电能源有限公司	67200	39000
郊　区	现代农业	现代农业科技园区项目	郊区人民政府	山西汉丰农业科技有限公司	10000	9150
郊　区	生产制造业	特种电缆智能化生产基地项目	郊区人民政府	山西京缆线缆有限公司	20000	5000
郊　区	生产制造业	环保石基板纸生产基地项目	郊区人民政府	石基（山西）新材料科技有限公司	50000	8250
城　区	服务业类	简子沟康养小镇项目	城区人民政府	昆山瀚海信息科技有限公司	27220	11792
城　区	现代服务业	阳泉市小河村文旅产业集群项目	城区人民政府	聊城市博源节能科技有限公司	2000	2000
城　区	现代服务业	5G+ 智慧康养项目	城区人民政府	广州华多网络科技有限公司	8763	5377
矿　区	传统产业	采掘系统更新改造工程（2022 年度）	矿区招商中心	阳泉煤业集团物资经销有限责任公司	57442	117519
矿　区	新材料	纳米超纯碳示范项目	矿区招商中心	阳煤集团纳谷（山西）气凝胶科创城管理有限责任公司纳米超纯碳新材料分公司	15367	6262
矿　区	农业	羊肚菌基地建设项目	阳泉市矿区招商中心	山西丰州农业科技有限公司	1600	760
高新区	新一代新技术	山西云峰大数据智能算力中心项目	阳泉高新区	深圳易信科技有限公司	63997	10850
高新区	新一代新技术	智能中央厨房流水生产线项目	阳泉高新区	山西国益食品集团有限公司	1200	2000
高新区	新材料	多氟多阳福新材料股权投资项目	阳泉高新区	韩国上市公司 EnchemCo.Ltd.	27600	20000
高新区	新能源	阳泉高新技术产业开发区储能项目	阳泉高新区	山西青于蓝容释储能有限公司	200000	20000

（市招商中心）

链补链项目达成合作意向。做好客商接待工作，先后接待中国能源建设公司、葛洲坝集团公司、山西绿色产业投资公司等50余批次到阳泉考察的客商和调研团，宣传推介阳泉优势产业和投资环境，并将投资项目推荐到各县（区）和产业园区。对标浙江、江苏等先进地区，组队到粤港澳和福建等地区就特色专业镇和重点产业链开展精准招商。（尹俊伶）

【招商引资考核机制完善】 2022年，阳泉市印发《2022年度县区招商引资目标考核办法》，明确对各县（区）、高新区的考核指标及任务分解，实行"月通报、季考评、半年督查、年底考核"工作制度。年内，按月通报10次，下发考核预警函2次，实地督查检查3次，强化县（区）招商引资主体责任和开发区主引擎、主战场、主阵地作用。利用《投资阳泉信息参考》，发布投资信息136条，需求信息52条，促成22个项目签约落地。常态化开展"招商大讲堂·业务大练兵"活动，强化实践锻炼，提升招商业务水平。（尹俊伶）

【驻点招商】 2022年，阳泉市先后派出4批年轻干部到京津冀、长三角、珠三角地区等地开展驻点招商。主要对接北京数字众智科技有限公司、青岛恩典之路环保有限公司、上海洛轲智能科技有限公司、苏州匠心信息科技有限公司、苏州鑫属能环保设备有限公司、上海禾芯电子科技有限公司、上海八菱环保科技有限公司以及山西省上海商会、上海交通大学慧谷科技、北京大学、山西省北京商会等商、校（协）会。引进深圳鑫庆盈有限责任公司、佛山宏宇集团、福建德化嘉顺瓷器公司、中孵高鸿（深圳）文化产业科技有限公司等企业到阳泉市实地考察，并达成合作意向。（尹俊伶）

【招商引资产业链打造】 2022年，阳泉市开展打造产业链及产业链招商工作，对重点产业链招商作出重要部署。印发《2022年阳泉市招商引资行动计划》，出台《阳泉市构建"链长+链主"招商机制促进产业高质量发展的实施意见》《阳泉市重点产业链招商引资专班工作方案》。市领导挂帅当"链长"，推进延链、补链、强链，洽谈对接项目，率团参加招商活动，促成云峰大数据智能算力中心、年产5万吨锂电池负极材料等一批项目落地开工。各县（区）、各部门以做强"链主"企业为依托，汇聚力量精准推进重点产业链招商，提升产业韧性和竞争力，全市初步形成"紧盯产业链、围绕产业链、锻造产业链"的大招商格局。（尹俊伶）

【招商引资服务优化】 2022年，阳泉市投资促进局按照"签约项目抓落地、落地项目抓开工、开工项目抓进度"要求，深入各县（区）、高新区开展入企服务80余次，建立工作台账，为爱尔眼科医院项目、高新区韩国上市公司2.73亿元投资入股多氟多阳福新材料项目协调解决相关问题，确保项目开工。建立完善全市重点签约和在谈项目双周调度工作机制，实行"清单化"管理，解决项目落地难、推进速度慢问题。截至年底，调度16期、93个项目。其中，签约项目61个，总投资575.82亿元；在谈项目18个，总投资131.89亿元；对接项目14个，拟投资77.63亿元。（尹俊伶）

【招商人才队伍建设】 2022年，阳泉市深化省校合作，招才引智，加强招商队伍建设。制定《2022年市招商中心深化省校合作实施方案》《深化省校合作重点任务实施计划》，对接北京大学、天津工业大学、中山大学、中国矿业大学、山东科技大学等高校，为省校合作搭建人才培养平台，签订《校友招商引才基地战略合作协议》，建立长期合作机制。市招商中心与阳泉人才集团签署战略合作协议，围绕人才引进、企业人员招聘、"产学研"融合、交流培训、人才引进平台共建等领域进行合作，促进阳泉市"双招双引"工作高质量发展。通过网络信息平台，以"云会面""云招商"方式，与市政府驻北京联络处和盂县政府联合，举办专用装备产业集群项目"云对接"活动，中建银信（天津）新能源科技有限公司等5家企业参加对接。与山东大学高端科技工程研究院对接，促成等离子空化热泵制造项目落户盂县。依托中国矿业大学校友会筹备招商引才阳泉行活动，发挥校友会在招商引资工作中的作用。（尹俊伶）

对外贸易与对外投资

【概况】 2022年，阳泉市商务局落实稳外贸外资各项政策措施，推动全市外贸外资工作平稳前进。外贸新业态实现突破，组织外贸企业参加跨境电子商务联席会议，提升外贸企业开展跨境电商业务能力和水平。全市新增跨境电商出口实绩企业2家，有4笔约33万元货物以跨境电商9710模式出口（跨境电子商务企业对企业直接出口）。组织外贸企业参加第131届、132届线上中国进出口商品交易会（广交会）、中国国际消费品博览会、第五届中国国际进口博览会，会上成交和意向成交4262万元，并达成一批合作意向，扩大阳泉市磨具、电器行业领先技术与传统手工艺品国际影响力。

年内，新增外商投资企业4家，分别是多氟多阳福新材料有限公司、山西宏宸建筑装修有限公司、山西古曼玉玺贸易有限公司和山西三晋福农科技有限公司，外商投资企业总数达25家。（李文君）

【进出口贸易】 2022年，按经营单位所在地口径统计，阳泉市货物贸易（下同）进出口总值10.62亿元，比上

2022年11月6日，阳泉市交易分团在山西晋明堂文化科技有限公司展位了解企业参加第五届进博会情况　　（市商务局　供图）

年下降19.1%。其中，出口6.66亿元，进口3.96亿元，贸易顺差2.7亿元。截至年底，阳泉海关辖区共有注册企业196家，有实际进出口业务的企业40余家，海关高级认证企业1家，出口食品生产企业备案3家，知识产权海关权利人3家，跨境电子商务备案企业3家。将方大添加剂（阳泉）有限公司、阿镁迈特山西脱硫科技有限公司、山西华鑫电气有限公司纳入辖区重点信用培育企业名单；推荐阳泉市中嘉磨料磨具有限公司入选首批AEO（经认证的经营者）互认观摩企业名录库，成为山西省首家AEO互认观摩企业。　　（赵佳佳）

【对外投资】 2022年，阳泉市对外投资1198.55万美元，排全省第一。主要项目是盂县中信焦化有限公司对津巴布韦在铬铁冶炼和发电项目上的投资。阳泉市商务局为盂县中信焦化有限公司海外项目在人员保险、平台建设等方面争取补贴38万元。对接东盟拓展交流，组织2家企业参加第19届中国—东盟博览会，促进特色产品“走出去”，推动阳泉市企业与东盟各经济体对接，拓展阳泉与东盟国家经贸合作。　　（李文君）

【专项资金申请】 2022年，阳泉市商务局为6家外贸企业申请专项资金38.85万元，支持企业增强国际竞争力。落实《阳泉市关于鼓励扩大进出口的若干措施》，为外贸企业申报市级财政支持85.52万元。运用政策推动出口信用保险项下融资业务，为33家外贸企业申请出口信用保险保费及信用保险项下融资省市补助57.21万元，提升接单能力。　　（李文君）

【专题培训】 2022年，阳泉市商务局组织60余家次企业参加5期RCEP（《区域全面经济伙伴关系协定》）专题培训，提升企业对协定的理解和应用。组织20家企业参加“2022年进出口政策及海外市场说明会”，帮

表16　2022年阳泉市进出口总值完成情况统计表

县(区)＼项目	总值(万元)	进出口比上年增长(%)	进口(万元)	进口比上年增长(%)	出口(万元)	出口比上年增长(%)
平定县	24702	53.91	8671	24.53	16031	76.42
盂　县	18340	159.19	0	—	18340	159.19
郊　区	2970	-8.90	0	—	2970	-8.90
城　区	5818	-4.28	0	—	5818	-4.28
矿　区	17862	-25.30	16723	-25.36	1139	-24.52
高新区	35891	-51.76	14219	-73.96	21673	9.48

（市商务局）

表 17　2022 年阳泉市进口主要商品量值表

类　别	进口额（万元）	比上年增长（%）
铬矿砂及其精矿	16416	-14.3
煤及褐煤	4191	-90.4
成品油	9663	-10.7
初级形状的塑料	84	-21.4
液泵及液体提升机	30	1973.2
建筑及采矿用机械及零件	73	-70.9
阀　门	36	—
通断保护电路装置及零件	14	—
农产品	34	—
机电产品	308	-90.5
高新技术产品	5	—
计算机与通信技术	1	—
电子技术	4	—

（市商务局）

表 18　2022 年阳泉市出口主要商品量值表

类　别	进口额（万元）	比上年增长（%）	类　别	进口额（万元）	比上年增长（%）
黏土及其他耐火矿物	43	—	电动机及发电机	355	85.0
稀土及其制品	64	33.1	电话机	8	881.1
纺织纱线、织物及制品	109	750.3	通断保护电路装置及零件	3884	85.1
玻璃制品	11	1290.5	电线和电缆	598	34.1
陶瓷产品	7677	-17.6	家具及其零件	2	-78.9
其中：家用陶瓷	2798	-17.7	灯具、照明装置及零件	37	1032.7
建筑用陶瓷	3810	-17.0	体育用品及设备	1	—
铁合金	2072	-17.3	服装及衣着附件	8	-29.0
钢材	1306	276.7	塑料制品	602	179.2
其中：不锈钢	141	-50.9	农产品	506	171.8
其中：钢铁棒材	327	7300.7	文化产品	29	7.8
角钢及型钢	82	354.6	机电产品	27154	67.4
钢铁板材	302	-1.1	高新技术产品	1082	-27.6
钢铁管配件	107	1223.2	生命科学技术	1	—
镁及其制品(包括废碎料)	14470	131.3	光电技术	2	-55.0
钢铁或铜制标准紧固件	18	17.5	计算机与通信技术	174	26.1
工程机械零件	40	1522.9	电子技术	848	41.7
			计算机集成制造技术	58	-92.3

（市商务局）

表 19　2022 年阳泉市进出口商品国别(地区)表

国别(地区)	进出口 总额(万元)	进出口 比上年增长(%)	出口 总额(万元)	出口 比上年增长(%)	进口 总额(万元)	进口 比上年增长(%)
文莱	5	-72.3	5	-72.3	0	—
缅甸	79	10.5	45	-36.9	34	—
印度尼西亚	6357	182.6	6357	182.6	0	—
印度尼西亚	4309	-90.2	118	148.8	4191	-90.4
伊朗	1187	22.1	1187	22.1	0	—
以色列	13	1276.0	12	1585.3	0	-54.1
日本	11972	-9.1	2010	-5.9	9962	-9.7
约旦	4	—	4	—	0	—
科威特	34	-30.2	34	-30.2	0	—
马来西亚	237	66.9	237	66.9	0	—
巴基斯坦	149	-35.0	149	-35.0	0	—
菲律宾	57	-38.2	57	-38.2	0	—
卡塔尔	42	98.6	42	98.6	0	—
沙特阿拉伯	8	-87.1	8	-87.1	0	—
新加坡	443	10.4	441	10.0	2	301.5
韩国	1240	-34.3	1231	-30.1	9	-93.0
泰国	968	-14.3	968	-14.3	0	—
土耳其	4565	37.3	4565	37.3	0	—
阿联酋	1337	-14.9	1337	-14.9	0	—
越南	352	67.6	352	67.6	0	—
哈萨克斯坦	78	29463.9	78	29463.9	0	—
乌兹别克斯坦	766	-29.3	766	-29.3	0	—
阿尔及利亚	104	734.0	104	734.0	0	—
安哥拉	14	—	14	—	0	—
吉布提	290	348.7	290	348.7	0	—
埃及	1679	9.0	1679	9.0	0	—
几内亚	37	—	37	—	0	—
肯尼亚	94	280.8	94	280.8	0	—
莫桑比克	11348	95.1	11348	95.1	0	—
南非	25337	14.7	8921	204.1	16416	-14.3
津巴布韦	734	—	734	—	0	—

国别(地区)	进出口 总额(万元)	进出口 比上年增长(%)	出口 总额(万元)	出口 比上年增长(%)	进口 总额(万元)	进口 比上年增长(%)
比利时	739	37.5	738	37.4	0	—
丹麦	1	-21.6	1	-21.6	0	—
英国	137	57.2	136	57.3	1	42.7
德国	9736	-11.0	826	-9.5	8910	-11.1
法国	115	-41.7	115	-41.7	0	—
爱尔兰	147	—	147	—	0	—
意大利	1205	20.9	1194	26.7	12	-79.0
荷兰	497	35.3	497	91.8	0	-100.0
葡萄牙	54	-45.8	54	-45.8	0	—
西班牙	272	-84.5	272	-84.5	0	—
奥地利	5	172.8	5	172.8	0	—
保加利亚	22	6.3	22	6.3	0	—
匈牙利	8	-55.6	8	-55.6	0	—
挪威	2	-47.9	2	-41.0	0	-100.0
波兰	1130	-20.3	1130	-20.2	1	-82.3
瑞典	3	532.8	3	532.8	0	—
瑞士	3	81.9	2	—	1	-36.6
立陶宛	327	42.5	327	42.5	0	—
亚美尼亚	90	389.6	90	389.6	0	—
白俄罗斯	54	514.9	54	514.9	0	—
俄罗斯联邦	7070	56.1	7070	56.1	0	—
乌克兰	149	-67.5	149	-67.5	0	—
斯洛文尼亚	126	—	126	—	0	—
捷克	29	-31.8	29	-23.9	0	-100.0
阿根廷	912	-30.5	912	-30.5	0	—
多民族玻利维亚国	87	-73.2	87	-73.2	0	—
巴西	2875	23.0	2875	23.0	0	—
智利	279	-18.3	279	-18.3	0	—
哥伦比亚	14	-74.2	14	-74.2	0	—
厄瓜多尔	17	132.3	17	132.3	0	—
墨西哥	384	-19.3	384	-19.3	0	—
秘鲁	37	529.2	37	529.2	0	—
乌拉圭	4	-56.6	4	-56.6	0	—
加拿大	2130	429.9	2130	429.9	0	—
美国	1894	-42.6	1821	-44.7	73	967.9

(市商务局)

助企业提高开拓国际市场能力，扩大进出口。新增实绩进出口外贸企业4家，主体总数达到42家，新增服装服饰、医药领域企业，外贸结构不断优化。　（李文君）

开发区建设

综　述

【基础设施】 2022年，阳泉高新技术产业开发区先后获得国家产城融合示范区、全省产业转移示范区、全省新型工业化产业示范基地（大数据）、全省特色产业集聚区试点以及全省海外高层次人才双创基地、省级大中小企业融通型创新创业特色载体、省级科技成果转化示范基地等称号。2022年9月，被确定为2022年度省级大中小企业融通型创新创业特色载体。平定经济技术开发区总体布局为“两园五组团”（“两园”，即龙川工业园区和新型工业园区；“五组团”即龙川工业园区的现代化工及新材料组团、陶瓷产业组团、煤电铝组团、张庄新型工业园区的材料及装备制造组团、新能源组团），主导产业为现代化工、新材料、装备制造、陶瓷和新能源。盂县经济技术开发区在盂县产业集聚区基础上，依托全县基础较好产业园设立，形成“一区三园”多元化产业格局，其中“一区”即盂县经济技术开发区，“三园”分别为秀水双创智造园、南娄新材料产业园、西烟循环经济产业园。总体面积9.29平方千米。其中，秀水双创智造园2.40平方千米，南娄新材料产业园3.07平方千米，西烟循环经济产业园3.82平方千米。　（乔峰峰）

【招商引资】 2022年，阳泉高新技术产业开发区建立“专家＋职能部门”项目准入专业评估机制，以“矩阵”为核心，“链长＋链主”招商、飞地招商、委托招商，探索“基金招商＋资本招商”新模式，开展场景应用与产业融合招商。全年组织和参加省、市级以上大型招商引资活动14次。在2022山西阳泉·珠三角数字经济场景发布会上发布智慧城市、自动驾驶、智慧交通、数智双碳、产业生态等8大体系29个应用场景，规模达200亿元，现场签约项目11个，总投资额39.2亿元。全年签约项目29个，总投资156亿元，完成目标任务104%。平定经济技术开发区以“五大新材料”为产业发展方向，立足园区定位，开展以商招商、委托招商等，采取调研考察和线上洽谈结合的方式，针对新能源电池和可降解新材料产业开展精准招商，引进产业项目。年内共开展线上招商洽谈活动20余次，签订项目投资协议书8个，总投资73.73亿元。签订重大转型项目3个，开工项目6个，完成投资16.6亿元。盂县经济技术开发区按照分类招商，细化招商信息，突出招引重点，梯度有序实施，以3个园区产业定位为基础，精准招商。年内共完成对接洽谈项目63个，总投资549.72亿元，纳入系统签约项目10个（含“三个一批”项目4个），总投资100.44亿元。（陈贵兴）

【项目建设】 2022年2月25日，阳泉高新区举行百度Apollo Park开园暨全国首个车城网数字经济示范运营基地启动仪式。百度Apollo Park作为阳泉市“车城网”子项目，集自动驾驶、智能交通研发、设计、应用和测试基地落户阳泉，为阳泉打造全国首个全域测试的样板城市提供技术支持。2月，百度云计算（阳泉）数据中心入选互联网领域国家绿色数据中心，并被列入国家新型数据中心典型案例（大数据中心）名单。12月，山西省科学技术厅认定阳泉高新区为山西省科技成果转化（高新区）示范基地，成为全市唯一的省级科技成果转化示范基地。平定经济技术开发区立足园区主导产业和重点项目定位，谋划产业布局，推进项目建设。在张庄工业园区重点开展中烨4万吨锂电负极材料一体化项目、中烜4.5万吨锂离子电池负极材料一体化基地、山西贝特瑞20万吨锂电负极材料一体化基地等3个重大转型项目，总投资64.88亿元。在龙川工业园区重点实施华阳生物降解新材料6万吨PBAT、生物降解改性材料及塑料制品项目、天润恒德3万吨不饱和聚酯树脂项目、阿镁迈特1万吨镁质脱硫剂项目、谦源化工1000吨氯甲基吡啶项目等10个重大转型项目，总投资13.45亿元。盂县经济技术开发区深化“放管服”改革，助推项目早落地、早投产、早达效。其中，山西粤电能源有限公司投资6.72亿元建设的西烟镇风力发电二期100兆瓦风电项目手续办理。项目建设完成现场道路70%，完成风机基础开挖50%，基础浇筑完成15%，集电线路完成10%。欧冶链金（阳泉）再生资源有限公司投资3.8亿元建设的金属再生资源加工生产基地项目已办理先期相关手续。阳泉鼎兴智能制造有限公司投资10亿元建设的油田作业机器人项目部分设备到场，后续设备已到位。　（韩　锐）

【经济发展】 2022年，阳泉高新技术产业开发区按照构建“主导＋战新＋未来”现代产业体系思路，实施“百亿产业集群”培育计划。数字经济依托百度云计算（阳泉）中心，发展以Apollo Park（百度自动驾驶和车路协同应用测试基地）、新石器无人车为代表的自动驾驶产业，建设以中电数字经济产业园、高新区智能制造产业园为代表的信创产业、智能制造基地，打造“数智新城示范区”。新能源新材料主要与多氟多新材料、中科海纳等龙头企业合作，布局新能源电池产业链，发展以高品质蓝宝石、氧化镓等为代表的半导体新材料。先进装备制造主要以高端、智能、绿色为方向，持续壮大特色泵阀产业，推动煤机装备制造提质升级。节能环保、现代服务业加速培育和壮大。年内，全区战略性新兴产业增加值增长42.8%，数字经济和装备制造产值全市占比分别为85%、67.2%。平定经济技术开发区按照“一体两翼”布局，规划建设可再生能源发电、锂电池材料、锂电池整装生产线、锂电池回收利用等项目，并配套生态保护和环境整治项目，形成从新能源电池研发、生产、物流、营销等完整产业链。年内，集聚区周边拥有13万吨负极材料成品、1万吨正极材料前驱体、200万只正极材料匣钵（5kg规格）、1万吨废电池回收利用。贝特瑞20万吨锂电负极材料一体化成品线项目开工建设，生产产品供应宁德时代、比亚迪、中航锂电、国轩高科等国内大型企业。集聚区全年实现工业产值17.1亿元，完成工业投资10.7亿元，成功入选山西省第三批特色产业集聚区。盂县经济技术开发区完成“三个一批”中的“签约一批”项目8个，签约投资额23.5亿元。签约项目中已开工项目6个，开工项目投资额17.5亿元，开工率74.47%。“开工一批”项目7个，计划总投资5.75亿元，开工项目中已投产项目2个，投产项目完成投资0.2亿元，投产率3.48%。“投产一批”项目2个，总投资0.9亿元，其中产业项目2个，总投资0.9亿元，达效产业项目（实际产值占预计产值80%以上）2个，达效产业总投资0.9亿元，达效率100%。（乔峰峰）

【科技创新】 2022年，阳泉高新技术产业开发区按照产业需求配置创新资源，构建“一业一平台”协同创新架构，打造“湿地型”创新生态。加速培育创新主体，全区有高新技术企业80家，科技型中小企业108家，国家级专精特新“小巨人”4家，省级“专精特新”企业23家。多元打造创新平台，先后引入清华研究院、中关村智酷、百度创新中心、中国电子等知名创新主体，挂牌科技部科技领军人才创新驱动中心，获批科技部企业创新积分制试点。截至年底，阳泉高新区有7个国家级和13个省级“双创”资质，2个国家级和3个省级科技企业孵化器，31家省级研发机构。盂县经济技术开发区获得科技创新荣誉的7家企业分别是：西小坪耐火厂被工业和信息化部评为国家专精特新“小巨人”和“山西省制造业单项冠军”。太钢鑫磊、西小坪耐火、海蓝环保、盂县在线网络、盂县华腾网格企业5家企业被省经济和信息化厅评为省级高新技术企业。西小坪耐火、海蓝环保、诺扬耐火3家企业被省科学技术厅评为省级“专精特新”企业。（陈贵兴）

阳泉高新技术产业开发区

【概况】 阳泉高新技术产业开发区辖区规划面积80平方千米，常住人口近15万人，市场主体1.73万家，其中“四上企业”198家，规模以上工业企业60家，是省级高新技术产业开发区。2022年，阳泉高新技术产业开发区持续深化“三化三制”改革，落实“管运分离”要求，组建“4+N”（4个集团公司+N个专业公司）国有企业架构，专业化、市场化开展“投资、建设、管理、运营、服务”。推行“大部制”改革，构建高效管理体系，实行全员岗位竞聘，形成以绩效为中心的激励机制。深化“放管服”改革，充分发挥“承诺制+标准地+全代办”改革集成效应，着力提升“区内事、区内办”水平，打造“泉周期、泉代办、泉满意”服务品牌。

2022年，阳泉高新技术产业开发区营业收入实现426.7亿元，工业总产值达到375.6亿元，工业投资和规上工业增加值分别完成27.08亿元和28亿元，同比分别增长57%和22.3%；固定资产投资增长17.2%，规上工业增加值增长14.9%，均属全市第一；一般公共预算收入完成5.12亿元，同比增长21.8%。2022年，阳泉高新技术开发区被列入全省第三批特色产业集聚区试点。（乔峰峰）

【开发区建设关键指标考核】 2022年，阳泉市提高开发区考核标准，出台《阳泉市2022年度开发区建设考核办法》。在山西省规定考核指标基础上，增加项目建设、要素保障、体制机制保障等考核内容，设置精准的差异化考核指标。全市开发区规上工业增加值完成69.8亿元，同比增长25.6%，工业投资完成44.8亿元，同比增长58.3%，在全省开发区发展水平考核7项指标中，阳泉市高新技术企业数增速、“四上企业”（规模以上工业企业、资质等级建筑业企业、限额以上批零住餐企业、国家重点服务业企业四类规模以上企业）增速、产出强度、转型项目当年完成投资占工业投资比重、利用外资增速等5项硬性指标全部达标，居全省开发区第一方阵。（李文君）

【全省“三个一批”阳泉分会场活动】 2022年2月26日，全省开发区2022年第一次“三个一批”（开发区项目签约一批、开工一批、投产一批）活动举行，阳泉市同步举行2022年第一次“三个一批”活动项目集中开工暨阳泉市中心医院项目奠基仪式。在项目集中签约仪式上，生物降解改性材料及塑料制品项目、智控科技纯电动工程机械项目、风光氢储一体化智慧能源综合利用项目、永磁电机智能驱动系统生产线项目、共建自动驾驶示范运营与数字经济产业高地项目、先华影业影视拍摄基地项目等16个新材料、装备制造、新能源、新一代信息技术等领域项目签约。活动期间，全市集中开工项目58个,总投资132.7亿元,涵盖新材料、新型现代服务业以及基础设施、社会民生等多个领域。

6月22日,全省开发区2022年第二次“三个一批”活动举行,阳泉市同步举行2022年第二次“三个一批”活动项目集中开工暨贝特瑞锂电负极材料一体化成品线项目奠基仪式。项目集中签约仪式上,集中签约项目14个,总投资100.7亿元,主要涉及新材料、新能源、高端装备制造、节能环保、新一代信息技术、现代物流等领域。其中,现场签约项目6个,总投资39.5亿元。第二次“三个一批”集中开工项目97个,总投资246亿元。其中,新开工的贝特瑞锂电负极材料一体化成品线项目由山西贝特瑞新能源科技有限公司建设,总投资52.88亿元,计划分三期建设,首期建设5万吨生产线。

9月5日,全省开发区2022年第三次“三个一批”活动暨太忻一体化经济区建设推进会举行,阳泉市同步举行2022年第三次“三个一批”活动项目集中开工暨欧冶链金再生资源有限公司金属再生产资源加工生产基地和山西晋东物流产业发展有限公司智慧寄递物流(电子商务)项目开工奠基仪式。项目集中签约仪式上,集中签约项目17个,总投资108.03亿元。集中开工项目51个,总投资71.17亿元。新开工的金属再生产资源加工生产基地项目,利用阳泉区位优势,辐射晋北区域各大钢厂,建设山西省废钢资源网络化体系,打造高标准、高规格的废钢加工基地。智慧寄递物流(电子商务)建设项目由山西晋东物流产业发展有限公司建设,致力打造高质量转型发展平台载体。 (石玉龙)

【钠离子电芯生产线投运】 2022年1月11日,阳泉高新技术产业开发区智能制造产业园举行山西华阳集团新能股份有限公司钠离子电芯项目签约暨开工仪式。9月30日,全球首批量产1GWh钠离子电芯生产线投运,实现钠离子电池从中试到量产的转换。钠离子电芯项目由山西华阳集团新能股份有限公司与北京中科海钠科技有限公司、阳泉市开源资产管理有限公司合作,建设年产圆柱钢壳钠离子电芯4000万只、方形铝壳钠离子电芯400万只两条生产线,率先在全国范围内解决铅酸电池污染以及锂资源短缺的“卡脖子”问题。 (乔峰峰)

2022年2月26日,全省开发区2022年第一次“三个一批”活动阳泉分会场在郊区苇泊工业园举行 (阳泉高新区 供图)

【阳泉高新技术产业开发区金融服务中心成立】 2022年7月19日,阳泉高新技术产业开发区成立金融服务中心,是山西省首家区级金融创新服务平台。高新区金融服务中心坚持“投融结合”,搭建企业融资项目库,入库企业500余家,19家企业(项目)通过金融服务中心渠道新增1.52亿元项目贷款。建立上市后备企业库,重点跟踪推进6家后备企业股改上市进程。新设立汇源私募股权投资基金,投向智能制造产业发展,并联合发起设立规模2亿元的福源私募股权投资基金。提高应急周转金使用效率,累计为32家企业发放应急周转金3亿余元,有效缓解企业资金周转压力。发挥政府性融资担保作用,为3家企业提供1970万元担保业务,扶持中小企业发展。 (乔峰峰)

【双创大赛获省级奖项】 2022年8月25日,阳泉高新技术产业开发区代表企业参加第十一届中国创新创业大赛,5个项目全部获奖。其中,山西尊特智能科技有限公司“年产200万台智能跳绳”项目获得省级一等奖,也是全市唯一一等奖项目。山西森帆基诚智能科技有限公司“机器人视觉在AIOT的应用”项目、山西菲斯数字技术有限公司“煤矿智能化综合管控平台3.0”项目获二等奖,山西邦奥伟业半导体照明有限公司“矿井下智慧照明系统”项目、山西曾益聚能新材料有限公司“隧道桥梁新型防护及裂纹修复技术”项目获三等奖。 (乔峰峰)

2022年6月，平定县新能源电池产业集聚区——山西贝特瑞新能源科技有限公司全景
（平定经开区　供图）

平定经济技术开发区

【概况】 平定经济技术开发区区域面积46.52平方千米，是2017年省政府批准设立的省级经济技术开发区。2022年，平定经济技术开发区推进实施“一体两翼”布局，在龙川工业园区和张庄新型工业园区2个区域重点发展新能源电池产业，建设平定县新能源电池小镇。在龙川工业园区推进建设现代化工及新材料组团核心区（化工园），区域面积3.496平方千米，建设电解液、隔膜、正极材料等产业；张庄新型工业园区面积6.67平方千米，建设负极材料、整装电池、电池回收循环利用等产业。

2022年，平定经济技术开发区工业投资完成16.61亿元，上年同期完成13.67亿元，同比增长21.5%。规模以上工业总产值完成26.41亿元，上年同期完成20.99亿元，比上年增长9.37%（按可比价计算）。转型项目投资完成15.53亿元，占工业投资比重93.5%。新认定“四上企业”8个，同比增加25%。新认定高新技术企业1个，同比增加16.7%。“四上企业”主营业务收入累计完成105.24亿元，累计开发土地面积248.07公顷，产出强度实际完成282.8万元/亩。2022年平定经济技术开发区列入全省第三批特色产业集聚区试点。（韩　锐）

【“三化三制”改革】 2022年，平定经济技术开发区实行“三化三制”改革（“三化”即建立“专业化、市场化、国际化”管理团队，“三制”即领导班子任期制、全员岗位聘任制、绩效工资制）。“三化”改革，打破用人方式局限，设立现代化工园区管理服务中心、张庄工业园区管理服务中心、产城融合园区管理服务中心，聘任相关领域专业人才担任管理中心负责人，促进人岗相适、人尽其才；推行公司化经营，通过成立开发区独立投资和控股平台公司，由平定县龙川创业投资管理有限公司负责园区基础设施融资、建设、运营等全流程事务，新成立平定县龙晟智行科技发展有限公司负责平定经济技术开发区绿色智造园区的实施；国际合作项目运行稳定，德国西格里泉海碳素（山西）有限公司运行平稳，莹玉陶瓷有限公司出口业务持续增长，德国阿镁迈特有限公司镁质脱硫剂纯外资项目有序推进。“三制”改革，平定经济技术开发区强化领导班子，成立纪工委。通过选任和公开招聘方式，实行全员聘任上岗。依据全省对开发区考核结果和内部职责分工，实施KPI绩效考核和招商专项激励。（韩　锐）

【省级化工园区认定】 2022年，平定经济技术开发区按照化工园区安全整治提升要求，从规划布局、基础设施、安全生产、环境保护、经济发展5个方面，提升规范化建设管理水平。经过省化工园区认定专家组考核复核，平定经济技术开发区现代化工及新材料组团核心区（化工园）通过首批省级化工园区认定。化工园规划面积3.49平方千米，园内有华阳集团（山西）纤维新材料有限责任公司、山西阳中新材料有限责任公司、山西天润恒德新材料有限公司、山西华阳生物降解新材料有限责任公司等。建设中项目有华阳生物降解改性材料及塑料制品项目、谦源化工氯甲基吡啶、阿镁迈特镁质脱硫剂、天润恒德不饱和聚酯树脂等。（韩　锐）

【转型综改牵引性集成改革试点】 2022年，平定经济技术开发区被确定为山西省市县转型综改牵引性集成改革试点，通过集成科技创新、产业促进、人才引进、财政金融等改革举措，优化开发区管理服务职能，增强开发区内生动力和发展活力。制定《平定县转型综改牵引性集成改革试点实施方案》《2022年度任务清单、省级、市级支持事项清单》。推进实施平定经济技术开发区管理体制、“三个一体化”发展、土地要素保障、优化开发区营商环境、柔性引才、绩效考核等六个方面的改革任务。（韩　锐）

盂县经济技术开发区

【概况】 盂县经济技术开发区是2020年8月山西省人民政府批准设立的省级经济开发区。它是以新型耐火材料、工业固废综合利用产业为主导，集智慧物流、电子信息、智能机械制造等业态为一体的现代化生态型经济技术开发区。

2022年，盂县经济技术开发区规上工业增加值完成15.38亿元，增速 77.4%；工业投资完成 8.35 亿元，增速 64.2%；转型项目完成 8.35 亿元，占工业投资比重 100%。高新技术企业数完成盂县在线网络科技有限公司申报，增速 16%。“四上企业”23 家，新增 5 家，增速 27.7%。其中规上工业企业 22 家，完成工业总产值 43.56 亿元，占全县总产值的 21.6%。完成工业增加值 15.38 亿元，占全县规上工业增加值 17.8%。完成工业投资 8.35 亿元，占全县工业投资 27.4%。完成主营业务收入 27.27 亿元，实现利税 1.38 亿元。阳泉市 2022 年第三次“三个一批”活动集中签约仪式在盂县经济技术开发区举行。（陈贵兴）

【“承诺制＋标准地＋全代办”集成改革】 2022 年，盂县经济技术开发区推进“承诺制＋标准地＋全代办”集成改革，成立重点项目和重点企业“承诺制＋标准地＋全代办”包联服务工作推进领导组，建立“领导包面、专班包链、部门包点、专员包企”四级包联服务机制，围绕助企纾困、主体培育、人才引进、提档升级、要素保障、产业链挖潜延伸、安全生产等十方面内容，助力项目企业发展提速增效。

“承诺制” 承接 57 项赋权审批事项的市场准入、备案（核准）和工程建设，入园企业全部落实“承诺制”办理，为企业提供“一对一”全流程“项目管家”服务，开展一表申请、一次告知、一窗受理、一书承诺、一章批复、一网通办“承诺制六个一”机制，设立一个专区、组建一支队伍、制订一张清单、完善一套制度“全代办四个一”举措，优化园区“软实力”，为新签约项目落地投产提供保障。全年实施承诺制项目 5 个，办理事项 15 项。

“标准地” 突出土地要素保障，发布 5 个批次建设用地土地征收启动公告，完成 2022 年第一批次建设用地征收工作，征收集体土地 11.86 公顷。完成 2022 年第二批次建设用地土地征收前期调查并组件上报、挂网出让，开展其余 3 个批次的土地征收前期工作。所涉及的 7 项区域评价基本完成，完成标准地出让 2 宗，共计 15.8 公顷。

“全代办” 落实领导干部抓落实、包项目、全代办工作制度，确定“主任＋部长＋职工”三级项目建设推进机制，制定《关于成立盂县经济技术开发区领办代办工作组的通知》《盂县经济技术开发区 2022 年度领导干部抓落实、包项目、全代办工作方案》。明确领导包园、全员代办工作措施，从组织机构、包联原则、代办工作机制、项目推进机制四个方面完善领办代办工作制度，确保入园企业合理诉求有求必应，有难必解。全年为 7 家企业实施全代办事项 11 项。（陈贵兴）

2022 年 9 月 5 日，阳泉市 2022 年第三次“三个一批”活动集中签约仪式在盂县经济技术开发区举行（盂县经开区　供图）

【园区建设】 2022 年，盂县经济技术开发区推进园区基础设施建设，提升园区承载力。制定《盂县经济技术开发区标准厂房租赁管理办法和优惠政策（试行）》，完成秀水双创智造园平台 34.6 万平方米，标准化厂房建设 11.4 万平方米，其中秀水双创智造园标准厂房 2.8 万平方米，西烟循环经济产业园标准厂房 8.6 万平方米。水神山南路管线工程完工并投入使用，秀水双创智造园标准化厂房有 7 家企业入驻。《山西省自然资源厅山西省 2022 年度开发区土地集约利用监测统计情况的通报》中，盂县经济技术开发区集约度综合分值为 63.31，全省工业类开发区排第 36 名。产出强度 295.95 万元 / 亩，亩均就业人数为 3.3 人。绿色生态发展方面，万元工业增加值能耗为 1.072 吨标准煤。（陈贵兴）

【西小坪耐火厂被评为国家专精特新“小巨人”企业和“山西省制造业单项冠军”】 2022 年 3 月，盂县西小坪耐火材料有限公司被国家工信部评为是国家级专精特新“小巨人”企业，是全球最大的硅铝质耐材生产基地，产品技术发展水平、大型焦炉市场占有率国内领先，是国家耐火材料标准化技术委员会副主任委员，是中国耐火材料行业协会副会长单位。耐火厂依托资源优势，研发新产品系列，成为年产硅质、铝质、特种耐材、合成新材料四大系列耐火材料 80 余万吨的耐火材料生产厂家。2022 年 12 月，工信部发布《关于印发第七批制造业单项冠军及通过复核的第一批、第四批制造业单项冠军企业(产品)名单的通知》，盂县西小坪耐火材料有限公司生产的高导热硅砖入选第七批制造业单项冠军产品名单，该产品导热系数在 2.4—2.8W/M·K，产品技术居国内同行业领先地位。（陈贵兴）

经贸促进

【概况】 2022年，阳泉市贸促系统织密服务企业网，扩大经济朋友圈，组织外贸企业参加“山西品牌行”活动，加大对长三角、粤港澳大湾区等沿海地区交流合作，拓展对外交往渠道。做好网上审证和线上指导，网上办证率达100%。全年共编写《贸促信息》12期，向全市外贸企业发布经贸摩擦预警信息97条。围绕“一带一路”建设，为企业提供沿线国家经贸信息服务。（鲍宇梦）

【“山西品牌行”活动】 2022年，阳泉市贸促会发挥展会平台作用，通过“线上＋线下”参展双轨并行，先后组织10余家企业参加“山西品牌丝路行”(印尼站、阿布扎比站)和“山西品牌中华行”(天津站、深圳站)活动，展示市电气装备、耐火材料两大门类50个种类产品，建立意向客户191家，助力企业拓展国内外贸易渠道，增强竞争力。

天津国际耐火材料展览会 8月23日至25日，组织山西阳泉华岭耐火材料有限公司、阳泉市下千耐火材料有限公司等7家耐火企业参加在天津国际会展中心举办的2022金属世界博览会暨天津国际耐火材料展览会。阳泉市耐火企业展示硅砖、高铝砖、黏土砖、保温砖、浇注料等三大类40个耐火产品。与国内外同行以及钢铁、铸造等上下游企业进行对接，并在扩大销售、产品创新等方面进行深入交流。经过洽谈，阳泉市企业与山东耐材集团、贵阳明通炉料有限公司、浙江德信集团、北京利尔等70余家客商建立贸易及合作意向。

中国(印尼)贸易博览会 在8月31日举办的2022中国(印尼)贸易博览会上，山西华鑫电气有限公司建立24家意向客户，其中有4个客户属于强烈合作意愿客户，并邀请该公司到现场进行考察访问。阳泉市志垚耐火材料有限公司与67家印尼客商建立联系方式，对于参展企业品牌推广、拓展经销渠道、积累国外参展经验起到一定作用。

阿布扎比国际石油博览会 10月31日至11月3日，在2022年阿布扎比国际石油博览会上，山西华鑫电器有限公司首次进行永磁电机产品展示，吸引大量客户驻足，达成意向订单约280万美金。阳泉市志垚耐火材料有限公司与伊朗、伊拉克、阿布扎比、沙特阿拉伯达曼、韩国、印度等国家100余名客商进行对接，推广企业品牌。

迪拜家居礼品展 12月，组织阳泉市工艺品企业参加省贸促会在迪拜世贸中心举办的迪拜家居礼品展，展会采用网展贸META双线双展形式，即以“境内线上对口谈、境外线下商品展”的方式参与海外展会。通过“展品出海、展商上线、买家到场、即时商洽”的全链服务，及31天超长周期实现31天商机撮合，打造全新参展模式。（鲍宇梦）

【对外联络】 2022年，阳泉市贸促会加强与长三角、粤港澳大湾区等沿海地区交流合作，拓展对外交往渠道。在6月“全球优品贸促云推介”中，阳泉作为国内首家城市亮相，分3期面向全球展示区位资源、产业优势及投资发展环境，推介名优产品“冠山连翘茶”，展示百度云计算等一大批科技孵化、智能物联等新兴产业、数字经济的蓬勃发展。年内，与江苏泰州贸促会、河北邢台贸促会建立国内外友好商协会。吸收2家新注册办证企业加入阳泉商会，为阳泉日加材料科技有限公司和阳泉宝能炉料有限公司。截至年底，共有会员企业138家。（鲍宇梦）

【出证认证】 2022年，阳泉市贸促会加强出证认证工作，做好网上审证和线上指导，网上办证率100%，差错率为0。阳泉市优势特色产品打入“一带一路”沿线国家市场相关企业网上办证率100%。全年签发一般原产地证明书217份，货值2039.05万美元，其中方大公司办理124份、晨会公司办理43份；巴西58份、伊朗40份；出口俄罗斯467.3万美元、伊朗385.7万美元；主要出口产品为甜蜜素、硅钙、磨料磨具和变压器。（鲍宇梦）

【涉外企业培训】 2022年，阳泉市贸促会组织89家次企业参加RCEP

2022年8月，阳泉市凯瑞新材料有限公司参加天津国际耐火材料展览会（市贸促会 供图）

(《区域全面经济伙伴关系协定》)知识产权培训、5次跨境电商行业合规培训，引导企业合规经营，促进跨境电商行业健康发展。组织企业参加美国涉疆法案操作指南解读以及企业合规应对建议、第四届国际工商知识产权论坛、贸促会海外常年法律顾问(美大片区)形势分析会、商标国际注册马德里体系与企业国际化经营等培训会，拓展企业经营理念和国际化经营思维。

3月23日至24日，组织企业参加《RCEP解读与RCEP成员国合作机遇、应对策略培训》(线上)，帮助企业深入了解RCEP协定内容和规则，完善企业内部知识产权管理制度，提高应运RCEP规则的能力，扩大与RCEP相关国家的贸易投资规模。

10月26日，组织进出口企业参加由山西省贸促会、山西省知识产权局主办的“2022年RCEP知识产权培训”(线上)，方大添加剂(阳泉)有限公司、阳泉中嘉磨料磨具有限公司和山西华鑫电器有限公司等近10家进出口企业的业务人员和市贸促会的有关人员参加培训。

11月10日，市贸促会与山西省国际贸易投资和商事法律服务中心共同组织“2022山西企业国际化经营合规建设培训”(阳泉专场)，邀请相关领域的合规专家为企业授课。市贸促会与阳泉市7家外贸企业共20人参加培训。培训从专业角度讲解涉外企业常见的合规问题，涵盖当前企业最关心的跨境电商、知识产权等领域，提出风险防范建议，并对外向型企业如何构建法律风控体系进行系统讲解。　（鲍宇梦）

【贸促信息服务】 2022年，阳泉市贸促会通过《贸促信息》、微信群、QQ群等平台为企业提供相关国家和地区政策法规、技术标准、贸易机会、商品价格等信息，开展全方位、立体化的信息服务。年内，编写《贸促信息》12期，向全市外贸企业发布经贸信息97条，包括投资政策与法律信息、市场需求信息、国际贸易实务信息、展会信息等。围绕“一带一路”建设，为企业提供沿线国家经贸信息服务，国家和地区涉及美国、欧盟和东盟，产品涉及陶瓷、化工等。（鲍宇梦）

海关监管

【进出口食品安全监管】 2022年，阳泉海关向出口食品备案企业宣讲出口政策，开展出口食品备案企业、原料种植场日常监管，提升企业自检自控能力。开展进口食品“国门守护”行动，强化进口食品安全专项整治，督促进口商落实进口台账及销售记录，参与海关总署进口食品境外生产企业注册审核。开展食品安全周宣传活动，宣传海关食品安全监管成效，引导公众提高食品安全意识。关注境外食品安全政策和动态，报送食品安全信息。　（赵佳佳）

【进出口商品企业监管】 2022年，阳泉海关落实海关总署进口危险品试点改革，做好应对准备。考取进出口危化品检验监管资质5人次，保障辖区进出口商品安全，严防“洋垃圾”入境。协助晋阳海关危化品属地查检工作。针对“出口备案食品生产企业”核查事项，与阳泉市市场监督管理局、阳泉市税务局开展核查领域部门间联合抽查。在出口企业山西三来食品有限公司，执法对象通过山西省“双随机、一公开”监管平台进行随机抽取，并依托信息化系统实现执法人员高效随机选取，作业结束后检查结果及时向社会公开。　（赵佳佳）

【《区域全面经济伙伴关系协定》落实】 2022年1月12日，阳泉海关为市五金矿产进出口有限公司出口至澳大利亚的镁合金板签发RCEP(《区域全面经济伙伴关系协定》)原产地证书，是协定生效实施后阳泉海关签发的辖区首份RCEP原产地证书。运用大数据平台筛选出符合申请条件的外贸企业，制定详细培育计划，做实项目前期工作，提高项目成熟度，协调员下沉一线，对企业进行“一对一”政策宣讲和业务指导。6月7日，由阳泉海关推荐，经太原海关审核认定，阳泉市中嘉磨料磨具有限公司成为山西省第二家、阳泉市首家RCEP项下经核准出口商。　（赵佳佳）

【查缉走私】 2022年，阳泉海关开展辖区打击走私工作。落实“1+6”制度文件，学习“国门利剑2022”行动方案，将打私工作纳入辖区整体工作，制定打私工作计划，形成辖区打私工作一盘棋。同时，形成主要领导为“第一责任人”责任、分管领导全程安排部署、全部科室参与配合的全员打私队伍，“国门利剑2022”行动进展顺利。年内，无走私案件发生。　（赵佳佳）

【关税征管】 2022年，阳泉海关开展税收预测，重点掌握纳税企业进出口计划和预计纳税情况。依托属地优势，建立纳税企业底账和“双特”价格台账。对年度应减免税单位，明确应减免税年报期限，并要求企业按期做好年度减免税年报。宣传减免税政策，鼓励企业充分利用政策优势，发展高新技术产业，推动企业产品和技术再上新平台。　（赵佳佳）

（责任编辑：朱　静）

综　述

【能源经济发展】 2022年，阳泉市认真贯彻落实中央、省部署，全力做好煤炭保供稳价工作。全市主要能源产品原煤、洗煤、发电量产量实现较快增长，为拉动全市能源经济增长提供有力支撑。

拉动工业经济增长　阳泉市能源工业增加值同比增长6.5%，拉动全市工业增长5.4个百分点，占全市工业增加值比重为83.7%。其中煤炭工业增长6.4%，电力工业增长11.8%，热力与燃气工业增长4.1%。材料与化学工业增加值下降1.5%，装备制造业增长5.0%，消费品工业增长141.7%。

重点企业稳定运行　从重点企业看，华阳集团同比增长16.5%，拉动全市增长7.5个百分点，占全市比重49.1%；晋能集团下降8.3%，影响1.8个百分点，占18.3%；欧冶链金(无基数)，拉动2.6个百分点，占2.2%；裕光煤电增长72.4%，拉动0.5个百分点，占1.1%。

重点产品多数增长　原煤6897.8万吨，增长1.1%；洗煤1933.3万吨，下降15.8%；发电量257.3亿千瓦小时，增长16.6%；原铝20.3万吨，增长33.8%；铝材12.7万吨，增长45.0%。

先行指标两极分化　全社会用电量99.1亿千瓦时，增长10.0%。其中，工业用电量72.4亿千瓦时，增长10.4%。铁路货运总量4144.3万吨，下降9.7%，其中煤炭运量3730.7万吨，下降9.2%。截至年底，地方煤矿综合平均售价767.7元/吨，同比增长22.9%；华阳集团煤炭综合售价723.2元/吨，增长15.3%。　(杨鹏飞)

【能源保供】 2022年，阳泉市组建煤炭增产保供和产能新增市级专班，提级管理，政策直达，压实责任，强化调度，精准施策，克服疫情影响和煤炭生产满负荷高位运行困难，挖潜增效，坚持日跟踪、月调度，以日保月、以月保年，产量创历史最好成绩。加强煤电企业存煤监测调度，保障火电机组能发尽发、顶峰出力。组织煤矿、电厂签订电煤中长期合同，实现签约率、价格执行、诚信承诺、签署上传“四个百分百”，全市煤电企业没有因缺煤而停机。推动新能源和清洁能源发电应发尽发、多发满发，新增“绿色”装机25.28万千瓦。华阳集团克服疫情影响，应急供煤，避免兆丰自备电厂缺煤停机。晋盂集团通过调配市场煤源，确保完成保供任务。河坡电厂增加发电计划，同比增幅11.05%。裕光电厂双机运行，外送电增幅56.46%。年内，阳泉市生产原煤6897.78万吨，日均产量达19万吨；累计发电量262.46亿千瓦时。全社会用电量99.11亿千瓦时，净输出电量163.35亿千瓦时。能源保供工作受到国务院通报表扬。　(杨鹏飞)

【能源产业改造升级】 2022年，阳泉市推进煤矿智能化建设，建成华阳一矿、新景矿2座智能化煤矿。一矿成为国家首批智能化示范煤矿，实现采、掘、机、运、通、选等主要生产数据集成和应用。建成57处智能化采掘工作面，煤矿本质安全水平得到提升。推进充填开采、无(小)煤柱开采、矸石返井等绿色开采试点建设，卫东等试点煤矿矸石无害化处理能力得到提升。煤炭产业优化升级，截至年底，全市共有煤矿50座，产能7230万吨/年。其中，生产煤矿31座，产能5470万吨/年，平均单井规模176万吨/年，煤炭先进产能占比达94.52%，优于全省平均水平。完成“三改联动”改造32万千瓦，累计改造机组覆盖全市1/3以上机组容量。阳光电厂节能改造实现年节约标煤量2000余吨。河坡电厂机组运行效率得到优化。全市在役发电装机容量702.195万千瓦。其中火电480.3万千瓦、煤层气23.52万千瓦、余热余气4.15万千瓦、光伏125.66万千瓦、风电66.75万千瓦、生物质能1.5万千瓦、水电0.315万千瓦。　(杨鹏飞)

【清洁能源布局与开发】 2022年,阳泉市推进50万千瓦“光伏+储能”示范项目,全部完成核准备案,部分实现并网。郊区、盂县整县(区)屋顶分布式光伏项目建设,盂县污水处理厂和裕光电厂发电单元入网。推进配电网改造,开展农村电网改造升级,全市电网基础设施更加安全。加快充电桩建设,累计建成充电桩2243桩,车桩比4.14∶1,满足新能源车充电需求。 (杨鹏飞)

【能源领域重点项目建设】 2022年,阳泉市聚焦提高开工率、投产率、达效率,保障要素、全程服务、定期调度、现场办公,助推项目建设。全年能源领域项目37项,累计完成投资61.71亿元。西上庄煤矿、坤宁煤矿转入二期工程阶段。同意煤业转入联合试运转并取得建设规模调整批复,列入国家保供煤矿名单。华阳建投阳泉热电(西上庄电厂)工程量完成80%,同步建设配套500千伏送电通道。中能建投平定二期风电实现并网,为全省首家并网保障性风电项目。华阳“光储网充”项目实现应用新示范。高新区源网荷储方案完成上报。盂县上社140万千瓦抽水蓄能电站项目纳入国家“十四五”重点实施项目清单并开展地质勘探等基础性工作。高新区青于蓝、郊区弘盛通等独立储能项目签约。 (杨鹏飞)

【煤矿瓦斯综合利用】 2022年,阳泉市煤矿瓦斯抽采量达11.96亿立方,抽采率75.76%。瓦斯利用量4.62亿立方,利用率38.63%。高浓度瓦斯全部利用,跻身工业、化工燃料,用于发电、民用,成为清洁高效能源。程庄煤矿低浓度瓦斯直燃制热、二矿桑掌乏风氧化发电和卫东煤矿低浓度瓦斯热源撬项目取得较好经济效益和环保效益,填补了低浓度瓦斯利用技术空白。山西新碳超硬材料科技公司煤层气制备金刚石项

表20 2022年阳泉市主要行业工业增加值完成情况表

行 业	增加值增长(%)	拉动或影响增长(%)	占全市增加值比重(%)
能源工业	6.5	5.4	83.7
煤炭工业	6.4	5.0	78.2
煤层气采掘业	12.0	0.1	0.8
炼焦工业	−71.1	−0.1	0.0
电力工业	11.8	0.4	3.1
新能源发电	−28.4	−0.2	0.5
热力与燃气工业	4.1	0.1	1.5
材料与化学工业	−1.5	−0.2	9.2
有色金属工业	33.4	0.6	1.9
建材工业	−8.1	−0.7	7.0
化学工业	−6.8	0.0	0.3
消费品工业	−10.8	0.0	0.2
装备制造业	5.0	0.1	2.1
其他工业	141.7	3.4	4.8
金属废料回收加工业	634.5	3.6	3.5

(市工信局)

表21 2022年阳泉市能源加工转换效率情况表

指标名称	加工转换产出合计(吨标准煤)	加工转换投入合计(吨标准煤)	加工转换效率(%)
火力发电	2863689	6732783	42.5
供热	707211	831566	85.0
其中:热电联产	3504657	7398145	47.4
原煤入洗	15003584	16210505	92.6
炼焦	139793	154679	90.4
天然气液化	112299	118367	94.9
合计	18826575	24047899	78.3

(市统计局)

表22 2022年阳泉市重点工业企业主要产品单耗情况表

指标名称	计量单位	指标值	子项值	母项值
吨原煤生产综合能耗	千克标准煤/吨	4.9	225768.3	45895878.0
炼焦工序单位能耗	千克标准煤/吨	119.4	15775.2	132104.2
吨水泥综合能耗	千克标准煤/吨	65.0	174765.9	2689100.4
单位电解铝综合能耗	千克标准煤/吨	1676.1	339516.5	202565.9
电厂火力发电标准煤耗	克标准煤/千瓦时	289.2	6604674.0	2283607.7

(市统计局)

目、山西中兴环能科技股份有限公司纳米洋葱碳项目实现煤层气高端应用，为全省乃至全国提供了“阳泉经验”。（杨鹏飞）

【油气长输管线】 截至2022年底，阳泉市境内油气长输管线9条共447.94千米，其中输油管线1条72千米，天然气管线7条306.15千米，试运行天然气管线1条69.79千米，分布在平定县、盂县、郊区、城区和开发区。长输管线涉及6家油气管道企业，分别是：国家管网石家庄输油管理处阳泉站72千米，国家管网北京管道公司山西输气管理处盂县作业区160.2千米（2条管线，陕京二线78.4千米、陕京三线81.8千米），山西国化科思天然气有限公司盂县站5.1千米，山西天然气股份有限公司阳泉管理处3条管线共105.94千米，山西压缩天然气集团晋东有限公司34.91千米，中联华瑞天然气有限公司山西分公司69.79千米。（杨鹏飞）

煤炭工业

煤炭工业资源

【概况】 截至2022年底，阳泉市含煤面积934.5平方千米，占全市国土面积的21%。资源储量较为丰富。但剔除村庄、河流、城乡建构筑物占压资源和煤炭开采中应予留设的各类保护煤柱，实际可采储量不足20亿吨。按照全市煤炭总产能估算，矿井平均服务年限在15年左右。

开采煤层 阳泉矿区主要开采煤层包括3号、6号、8号、9号、12号、15号煤，3号和6号位于二迭系山西组，8号、9号、12号和15号位于石炭系太原组。煤层倾角较平缓，多在3°至10°，其中15号煤全局可采，平均厚度6.5米，占总储量的70%；6号、8号、9号、12号煤局部可采，平均厚度1.2米至4.2米，占总储量的20%左右；3号煤局部可采，平均厚度2.5米至3.2米，有“绿色煤炭”之称，属于稀缺优质无烟煤。

现采煤层 现有生产矿井主要开采3号、6号、8号、9号、15号煤层，其中，3号煤层仅华阳集团新景矿开采，其余生产矿井因资源枯竭已停采或不达可采厚度未开采。6号煤层仅平定卫东煤业开采。8号煤层仅华阳集团二矿和新景矿开采。9号煤层有程庄、上社、旧街、大贤、秀南、圣天宝地和兴峪等7座矿井开采。15号煤层大多矿井均在开采。（杨鹏飞）

【煤层气】 2022年，阳泉市正常生产建设煤矿31座。其中，高瓦斯矿井22座，煤与瓦斯突出矿井6座，低瓦斯矿井3座，开展瓦斯抽采矿井28座，建立瓦斯利用项目矿井20座。所有高瓦斯和突出矿井均建立地面瓦斯抽采系统，所有瓦斯抽采浓度15%以上的矿井均建立瓦斯利用项目。

抽采情况 抽采量11.96亿立方米，抽采率75.76%。按浓度分：甲烷浓度≥30%瓦斯抽采量5.84亿立方米、占比48.83%，甲烷浓度8%~30%瓦斯抽采量4.4亿立方米、占比36.79%，甲烷浓度8%以下瓦斯抽采量1.74亿立方米、占比14.55%。按县区分：平定县抽采量2.72亿立方米、抽采率78.07%、占比22.74%，盂县抽采量2.06亿立方米、抽采率73.14%、占比17.22%，郊区抽采量1.55亿立方米、抽采率70.73%、占比12.96%，矿区抽采量5.39亿立方米、抽采率77.13%、占比45.07%，城区抽采量0.24亿立方米、抽采率78.06%、占比2.01%。

利用情况 瓦斯利用量4.62亿立方米，利用率38.63%。按浓度分：甲烷浓度≥30%的瓦斯利用量2.65亿立方米、占比57.36%，主要用于发电、民用；甲烷浓度8%~30%瓦斯利用量1.75亿立方米、占比37.88%，一部分用于发电，一部分自用于煤矿锅炉、食堂、澡堂等供热取暖；甲烷浓度8%以下的瓦斯利用量0.22亿立方米、占比4.76%，用于乏风氧化发电以及制热。按利用方式分：用于发电约2.48亿立方米、占比53.68%，民用1.17亿立方米、占比25.32%，工业燃料及其他用气0.98亿立方米、占比21.21%。按县区分：平定县利用量1.08亿立方米、利用率39.73%、占比23.38%，盂县利用量0.89亿立方米、利用率43.24%、占比19.26%，郊区利用量0.86亿立方米、利用率55.81%、占比18.61%，矿区利用量1.74亿立方米、利用率32.32%、占比37.66%，城区利用量0.04亿立方米、利用率17.59%、占比0.87%。

阳泉市煤矿瓦斯利用形式包括民用、煤层气制备金刚石、高低浓度瓦斯发电、乏风氧化蓄热发电、压缩煤层气制CNG、风排瓦斯蓄热氧化井筒加热、低浓度瓦斯提浓、瓦斯直燃制热利用及煤矿锅炉用气（澡堂及食堂锅炉、冬季地面和井下取暖）等，其中，瓦斯发电占比50%以上，是主要利用方式。瓦斯发电项目20项，总装机22.02万千瓦，其中自发自用项目4项，总装机3.62万千瓦。（杨鹏飞）

煤炭工业产能

【概况】 截至2022年底，全市有煤矿50座，产能7230万吨/年，平均单井规模145万吨/年；120万吨/年以上大型矿井数量17座，产能4890万吨/年，占比67.63%。全市生产煤矿公告产能5470万吨，先进产能5170万吨，先进产能占比94.52%，较上年的83.99%提高10.53个百分点。（杨鹏飞）

【生产矿井】 2022年，全市正常生产矿井31座，公告产能5470万吨/年。市级直接监管矿井9座，公告产能3310万吨。包括华阳集团矿井3座，产能2110万吨；潞安集团1座，产能450万吨；晋能控股阳泉公司矿井4座，产能630万吨；南煤集团矿井1座，产能120万吨。盂县监管矿井11座，公告产能1020万吨。包括晋盂集团所属矿井5座，产能450万吨；南娄集团所属矿井2座，产能180万吨；晋能控股阳泉公司矿井2座，产能180万吨；南煤集团矿井1座，产能90万吨；圣天宝地单独保留矿井1座，产能120万吨。平定县监管矿井6座，公告能力570万吨。包括华阳集团下辖矿井1座，产能90万吨；古州公司所属矿井4座，产能300万吨；汇能煤业单独保留矿井1座，产能180万吨。郊区监管矿井5座，公告产能570万吨。包括和泰公司所属矿井2座，产能150万吨；晋能控股阳泉公司矿井1座，产能120万吨；太原煤气化公司所属矿井2座（地方监管），产能300万吨。（杨鹏飞）

【停产矿井】 2022年，全市停产矿井3座，产能180万吨/年。分别为华阳集团平定裕泰煤业，产能60万吨；晋玉煤业，产能60万吨；旧街煤业，产能60万吨。（杨鹏飞）

【建设煤矿】 2022年，全市建设矿井16座，建设规模1580万吨/年。其中批复开工在建煤矿4座（西上庄、坤宁、同意、盂县兴发），建设规模740万吨/年；长期停缓建煤矿12座，建设规模840万吨/年。（杨鹏飞）

煤炭质量监管

【煤质检测管理】 2022年5月31日至6月1日，国家认可委（CNAS）对选煤质量管理中心开展“碳排放核查相关实验室专项监督评审”，重点对2020年、2021年各实验室出具的检测报告和原始记录进行抽查，中心对评审组提出的3项不符合和26项改进建议按时完成整改，国家认可委（CNAS）给予“维持认可”资格。中心完成2次实验室内部审核，对发现的636项问题进行整改，对12个风险源进行评估和应对，确保实验室运行符合CNAS认可体系要求。年内，选煤质量管理中心质量抽查2259次，其中技检室抽查1604次，中心实验室综合样抽查655次。中心煤样抽检率6.2%、中心内部煤样抽查合格率99.4%（14批次不合格），完成中心98%的年度质量目标。每月与九大电厂开展检测数据比对，调取用户检测数据2418批次，在严于国标前提下累计比对超差率14.8%，完成中心超差率≤15%质量目标。（孟 蕊）

【商品煤质量】 2022年，华阳集团紧盯商品煤质量管理。严格落实合格商品煤“日判定、周分析、月通报”工作机制，每日对当日集团公司商品煤进行判定，累计判定商品煤3769万吨、判定指标25148个，合格率完成97.05%；每周对当期煤质情况进行分析总结，每月组织召开煤质例会通报、分析煤质问题；执行商品煤不合格“双倒查、双汇报”，组织开展不合格商品煤倒查分析2116

表23 2022年阳泉市煤矿基本情况统计表

管理部门	序 号	主 体	煤矿名称	煤矿状态	公告产能（万吨/年）
市直管	1	华阳集团	阳泉煤业（集团）股份有限公司一矿	生产	850
	2		阳泉煤业（集团）股份有限公司二矿	生产	810
	3		山西新景矿煤业有限责任公司	生产	450
	4	潞安化工	阳泉煤业（集团）有限责任公司五矿贵石沟井	生产	450
	5	晋能控股阳泉公司	阳泉市大阳泉煤炭有限责任公司	生产	120
	6		阳泉市上社煤炭有限责任公司	生产	210
	7		阳泉市燕龛煤炭有限责任公司程庄煤矿	生产	240
	8		山西煤炭运销集团阳泉上社晋玉煤业有限公司	停产	60
	9		阳泉市上社二景煤炭有限责任公司	生产	90
	10		山西煤炭运销集团阳泉二景和谐煤业有限公司	生产	90
	11		阳泉市西上庄煤矿	建设	500
	12		山西煤炭运销集团阳泉燕煤聚银煤业有限公司	停缓建	60
	13		山西煤炭运销集团阳泉郊区漾泉煤业有限公司	停缓建	60

续表

管理部门	序号	主体	煤矿名称	煤矿状态	公告产能（年/万吨）
盂县	14	晋盂集团	山西阳泉盂县东坪煤业有限公司	生产	120
	15		山西阳泉盂县石店煤业有限公司	生产	90
	16		山西阳泉盂县跃进煤业有限公司	生产	120
	17		山西阳泉盂县路家村煤业有限公司	生产	60
	18		山西阳泉盂县辰通煤业有限公司	生产	60
	19		山西阳泉盂县坤宁煤业有限公司	建设	120
	20		山西阳泉盂县兴发煤业有限公司	建设	60
	21		山西阳泉盂县清城煤业有限公司	停缓建	60
	22		山西阳泉盂县南湾煤业有限公司	停缓建	90
	23		山西阳泉盂县众诚煤业有限公司	停缓建	60
	24	南娄集团	山西南娄集团阳泉盂县大贤煤业有限公司	生产	120
	25		山西南娄集团阳泉盂县秀南煤业有限公司	生产	60
	26		山西阳泉盂县东垴煤业有限公司	停缓建	60
	27		山西阳泉盂县金恒煤业有限公司	停缓建	60
	28		山西阳泉盂县坡头煤业有限公司	停缓建	60
	29	晋能控股阳泉公司	山西煤炭运销集团阳泉盂县恒泰皇后煤业有限公司	生产	90
	30		山西煤炭运销集团阳泉盂县恒泰常顺煤业有限公司	生产	90
	31		阳泉煤业集团兴峪煤业有限责任公司	生产	90
	32	无主体	山西圣天宝地清城煤矿有限公司	生产	120
	33	中煤	山西阳泉盂县玉泉煤业有限公司	停缓建	120
平定县	34	古州煤业	山西平定古州阳胜煤业有限公司	生产	90
	35		山西平定古州冠裕煤业有限公司	生产	60
	36		山西平定古州伟峰煤业有限公司	生产	60
	37		山西平定古州卫东煤业有限公司	生产	90
	38		山西平定古州同意煤业有限公司	建设	60
	39		山西平定古州丰泰煤业有限公司	停缓建	90
	40		山西平定古州中盛煤业有限公司	停缓建	60
	41	鹏飞	山西平定汇能煤业有限公司	生产	180
	42	华阳集团	阳泉煤业(集团)平定东升兴裕煤业有限公司	生产	90
	43		阳泉煤业(集团)平定裕泰煤业有限公司	停产	60
郊区	44	晋能控股阳泉公司	山西煤炭运销集团保安煤业有限公司	生产	120
	45		山西煤炭运销集团旧街煤业有限公司	停产	60
	46	和泰煤业	山西阳泉郊区坡头煤业有限公司	生产	60
	47		山西阳泉郊区神堂煤业有限公司	生产	90
	48		山西阳泉郊区牵牛山煤业有限公司	停缓建	60
	49	晋能控股太原煤气化	山西省阳泉荫营煤矿	生产	240
	50		山西省阳泉固庄煤矿	生产	60
全市合计					7230

（市能源局）

次,解决各矿煤质难点堵点问题。组织开展专项调研督查45次,针对一矿二季度末煤发热量大幅下降、二矿洗末煤硫分升高、新景末煤发热量波动范围大、开元末煤发热量低等煤质问题进行专项调研督查。通过一系列管理手段,保证煤炭产品质量符合市场要求。（孟 蕊）

【质量抽查】 2022年7月和10月,山西省市场监督管理局委托国家煤及煤化工产品质量监督检验中心对华阳集团下属一矿、新景公司、开元公司、平舒公司的动力用煤和化工用原料煤进行监督抽查,抽查煤样11个,抽检指标59项次;抽检项目包括灰分、全硫、煤中磷、氯、砷和汞6个项目。经抽样检验,所检项目符合GB/T 31356—2014《商品煤质量评价与控制技术指南》,依据《山西省工业用煤和焦炭产品质量监督抽查实施细则》,所检项目全部合格。6月和11月,阳泉市矿区市场监督管理局委托阳泉市质量技术监督检验测试所对一矿、二矿、新景矿动力用煤、冶金用煤和化工用原料煤进行监督抽查,抽查煤样10个,抽检指标32项次;抽检项目包括水分、灰分、全硫、挥发分等4个项目,依据GB/T 31356—2014《商品煤质量评价与控制技术指南》和矿方《技术协议》,所检项目全部合格。（孟 蕊）

华阳集团

【煤炭产业】 2022年,华阳集团以完成能源保供政治任务为契机,推动煤炭传统优势产业改造升级。坚持不讲条件、不打折扣,科学分解、统筹调度,吨煤必争、稳产高产,提前20天完成省委省政府下达的4625万吨原煤和2103万吨电煤保供任务,彰显了“华阳担当”。剑指“采得快、掘得慢、治得迟、管得差”生产制约瓶颈,成立“五个专班”,综合单进水平突破220米/个/月,榆树坡综合单进达255米/月,刷新集团纪录;一矿、二矿、新景、榆树坡、平舒5座矿井的4个综采放顶煤工作面达8刀煤,7个单一煤层工作面达10刀煤。榆树坡5106、平舒15302、一矿151108、二矿151202等4个工作面30天完成设备拆除,为全集团树立标杆。成立供电运维中心,实现供电业务专业化管理,减少外购电成本700余万元。井下采掘抽关键作业点、重点部位加装600余路智能摄像头,实现了“看得见”“看得清”“看得懂”,“现场无监控不作业、无监管不作业”成为“华阳标准”。集团获评中煤协会“安全高效集团”,8座生产矿井被命名为特级安全高效矿井。着眼长远抓衔接,完成百余项关键性前期手续,七元、泊里3座矿井建设紧张有序,榆树坡500万吨产能核增获得批复,平舒取得500万吨采矿许可证,于家庄、白家沟、化树塔、兴县等空白资源争取紧锣密鼓,元堡矿复产专班推进,为建设“百年华阳”奠定基础。年内,华阳集团共有9座煤矿进行生产能力登记和生产要素公告,公示公告总能力2860万吨,其中正常生产矿井8座,公示能力2800万吨,分别为一矿850万吨、二矿810万吨、新景450万吨、平兴90万吨、开元300万吨、平舒90万吨、景福90万吨、榆树坡120万吨;停产矿井1座,裕泰公司60万吨。（孟 蕊）

【瓦斯抽采】 2022年,华阳集团制定覆盖范围广、措施针对强的超前瓦斯治理5—10年规划方案。规划实现三个转变:从年度治理向5—10年超前治理转变、从小区段预抽向大区域预抽转变、从井下措施型向井上下联合工程型转变。明确两个目标:明确矿井瓦斯治理模式,明确各矿发展中瓦斯重点治理工程、资金费用等事项。五年规划地面抽采井437口,预计抽采瓦斯量1.4亿立方米;施工千米定向钻孔1250个,预计抽采瓦斯量0.45亿立方米。五年“一通三防”总投入74.89亿元,年均投入25亿元。做到瓦斯超前治理,实现抽、掘、采平衡,落实规划方案成立千米定向钻机工作专班组,技术攻关定向钻机钻冲一体化及气动马达钻进两种工艺技术,完成500米以上主孔13个进尺1.27万米,其中两个主孔实现造穴工艺,平舒公司7号主孔最深达543米,创集团公司历史最好水平。（孟 蕊）

【综合防尘专项整治】 2022年,华阳集团开展综合防尘专项整治活动,共投入4655.01万元购置防尘设施设备14045套。推广新装备、新材料应用,使用ZPLD127型矿用雷达水气两相喷雾降尘装置、KJ1324型矿用自动洒水降尘装置、SPZP型皮带自动喷雾降尘装置、SKQW气水联动自动喷雾降尘装置、SKLW1型矿用冷雾降尘装置、ZPJ0.4/0.4型矿用喷雾降尘装置、ZPH0.4/0.6型矿用喷雾降尘装置、YAKQW型气水联动喷雾降尘装置、ZGJFH30、ZGJFH50型煤矿井下自动隔爆装置、KCS-90QS(CQ)矿用湿式气动除尘器、ZPC-15型采煤机高压喷雾降尘装置、ZP-QS矿用机械式风水联动降尘装置,抑制源头粉尘飞扬扩散,改善生产现场作业环境。（孟 蕊）

【环保治理项目】 2022年,华阳集团主要排污单位污染物排放总量控制在排污许可证许可排放量指标范围内,取得排污登记表单位的污染物排放达到规定排放标准。主要排污单位污染物排放总量为:二氧化硫总量指标2713.45吨,实际排放496.51吨;氮氧化物总量指标3507.26,实际排放1466.68吨;颗粒物总量指标1092.65吨,实际排放263.55吨。

华阳集团推进环保治理项目建设。大气污染治理项目6项,其中升华公司燃气锅炉低氮燃烧改造项目和神堂嘴电站烟气脱硝项目竣工，自备电厂神峪沟干式贮灰场提标治理工程根据生产需求组织边排边治，煤层气分公司寺家庄瓦斯电站烟气脱硝项目、煤层气分公司虎尾沟瓦斯电站烟气脱硝项目和煤层气分公司贵石沟瓦斯电站烟气脱硝项目尚未开工。矸山治理及绿化项目边排边治 11 项：一矿煤矸石填埋土地复垦工程，二矿狮脑山矸山三期矸山治理及生态恢复工程，新景辛兴排矸场扩容矸石处置及生态恢复项目，新景公司辛兴排矸场东侧扩容及矸石处置项目,新景芦北排矸场扩容及生态恢复工程，新景佛洼煤矸石填沟造地综合整治项目，新景保安分区煤矸石填沟造地项目，开元第三期煤矸石处置及生态恢复工程，平舒刘家垴狐底沟排矸场矸石处置恢复治理项目，榆树坡煤矸石处置及综合利用项目及发供电分公司野鱼沟填沟造林项目根据生产任务要求正常组织建设。水污染治理项目 4 项，其中一矿高家沟矿井水处理工程和升华公司五中心污水处理厂改造工程竣工，纤维新材料公司污水处理零排放系统升级改造项目和新景公司裕公井、竖井排水及水处理项目未开工。（孟　蕊）

【矿井建设与煤炭重点项目】 2022 年，华阳集团推进阳泉煤业集团七元煤业有限公司 500 万吨 / 年新建矿井项目和阳泉煤业集团泊里煤业有限公司 500 万吨 / 年新建矿井项目。七元煤业项目设计生产能力 500 万吨 / 年，总投资 55.99 亿元，设计移交井巷工程量 38021 米，基建投资完成 89640.35 万元，进尺完成 9600 米，7 月 13 日取得山西省能源局《关于对阳泉煤业集团七元煤业有限责任公司七元矿井项目节能报告的审查意见》。泊里煤业项目设计生产能力 500 万吨 / 年，总投资 47.71 亿元，设计移交井巷工程量 47798 米，基建投资完成 62981.94 万元，进尺完成 5506 米，8 月 13 日取得山西省能源局《关于对阳泉煤业集团泊里煤矿有限公司山西阳泉矿区泊里煤矿项目节能报告的审查意见》。

2022 年，华阳集团推进 6 个煤炭重点项目。2 月 18 日，一矿阎家庄风井项目取得山西省应急管理厅安全设施设计的批复。8 月 4 日，景福 6 号煤开采项目取得寿阳县应急管理局（寿阳县煤矿复产复建领导组办公室）《关于对阳煤集团寿阳景福煤业有限公司 6 号煤批准复建的通知》。9 月 5 日，平舒 500 万吨改扩建项目取得山西省能源局初步设计批复，12 月 29 日取得山西省应急管理厅安全设施设计批复。12 月 30 日，榆树坡矿井通风系统改造项目经集团公司第 31 次党委常委（扩大）会议审议同意立项。一矿高家沟新建瓦斯泵站项目总概算 7491.74 万元，于 2021 年 7 月 30 日开工建设，2022 年 6 月 24 日完工，8 月 4 日组织竣工验收。桑掌瓦斯泵站改造项目总概算是 1916.79 万元，于 2021 年 4 月开工建设，2022 年 5 月 30 日完工，7 月 8 日组织项目竣工验收。（孟　蕊）

【华阳股份入选 MSCI 中国指数】 2022 年 5 月 13 日，全球知名指数公司 MSCI 公布半年度审核变更结果，华阳股份（600348）入选 MSCI 中国指数，指数调整于 5 月 31 日收盘后正式生效。MSCI 指数是美国指数编制公司 MSCI 明晟推出的全球影响力最大股票指数之一，旨在衡量中国大中型上市公司市场表现。MSCI 中国指数调整能够吸引大量海外资金，华阳股份凭借经营业绩、转型发展潜力、活跃市场流动性等多方面表现，在半年度调整中入选 MSCI。（孟　蕊）

【华阳集团井下 5G 基站隔爆化改造】 2022 年 2 月，中国煤炭工业协会组织专家开展机电领域科技成果评估鉴定，华阳集团公司“基于 5G 通信的全矿井无线覆盖关键技术研究”科技成果达到国际领先水平。这一科技成果主要研究内容为井下 5G 基站隔爆化改造；对基站的上下行配比进行转化；井下无 GPS 情况下，5G 网络架构是否可正常使用；煤矿井下高煤尘、隧洞长、设备多、多径干扰大等困难条件下，5G 网络的覆盖、干扰、容量、延迟等性能是否良好，尤其是覆盖能力是否严重缩水，

2022 年，华阳集团在井下采掘抽关键作业点、重点部位加装 600 余路智能摄像头，实现“看得见”“看得清”“看得懂”，“现场无监控不作业、无监管不作业”成为“华阳标准”

（华阳集团　供图）

影响整体方案的性价比和可推广性；研发相应的矿用5G终端，对接矿用应用设备等，打通全5G端到端方案业务流程、落地方案，确保井下5G应用落地。项目实施根据煤矿需求进行深度分析，编制煤矿5G应用整体解决方案，开展井下5G网络布署架构方案研究及验证、配合井下5G双模大增益定向天线研发、井下基站隔爆改造及认证、搭建煤矿5G试验环境并进行功能验证等工作，并根据试验情况不断迭代优化相关产品，降低成本。（王宏英）

【华阳一矿】 2022年，华阳集团一矿推进“五位一体”现代化精品标杆矿井建设，各项指标强劲，矿井智能化水平提升，重点工程有序推进。在瓦斯治理方面，编制瓦斯治理5年规划，向先进单位学习“三堵两注”封孔工艺，解决钻孔高效密封抽采瓦斯技术难题。在智能化建设方面，打造“看得见、看得清、看得懂”视频监控系统，打造“无监控不作业”山西标杆应用，实现矿井透明化管理，提升安全管理水平；“六大安全系统”运维完善、智能综合管控平台自主改进、精准人员定位管理系统升级和井下应急广播系统扩容全部完成，实现井下采掘队组、轨道巷、配电室、人员密集区域及出入井口全面覆盖，实现矿井透明管理；“三采九掘”智能化采掘工作面通过省能源局验收，具备国家智能化示范矿井验收条件。在科技创新方面，首次采用液压框架式起吊装置安装15403工作面，提前8天完成安装；推广掘、支、运“三位一体”智能掘进作业线，应用胶轮车和柴油板车运输，掘进装备机械化、连续化、成套化水平大幅提升。征集“五小”创新创效项目600余项，韩三彩和张晓峰工作室晋升山西省职工创新工作室、山西省能源行业职工（劳模）创新工作室，一矿获全省“五小”创新大赛优胜单位称号。（孟　蕊）

【华阳二矿】 2022年，华阳集团二矿资产总额达16.38亿元，实行二级管理模式，共设18个部门，在册人数7034人。引深“安监系统人员管控大到位，生产系统基础大夯实，技术系统能力大展示，‘一通三防’系统通风、抽采标准和能力大提升，机电系统素质大提升，运输系统效率大提升，选煤系统效益大保障，经营系统精细化管理大到位，机关职能部门服务大提升”九大主题活动，为建设“安全、高效、创新、提质”现代化矿井作出努力。在稳产高效方面，坚持改造矿井主运系统，优化巷道布局，最大限度挖掘生产潜能。6月19日，采煤三队首次试用顺槽1.4米胶带输送机，延长连续作业时间，实现采放平行高效作业，为日割8刀煤提供先决条件。二矿选煤厂末煤洗选完成135万吨，创末煤洗选历史最高水平。全年销售收入完成73.08亿元，利润完成41.62亿元，两项指标创二矿历史最高水平。在科技创新方面，8月至11月，二矿在81203工作面采用大直径钻孔代替工作面后倾斜高抽巷，解决回采工作面回风隅角瓦斯问题。该项目获2022年中国创新方法大赛山西赛区竞赛优秀奖。年内，二矿运输工区为矿用电机车安设视频监测装置，对胶轮洒水车进行技改，为胶轮人车安装了车门关闭语音声光警示信号，对井上蓄电车充电库安装声光烟雾探测报警系统四项运输车辆和设施技术改造。4项技术改造有效提高了井下运输的安全系数。（孟　蕊）

2022年10月，华阳一矿利用大师工作室开展智能化培训（华阳集团　供图）

【新景公司】 2022年，华阳集团新景公司落实安全生产责任，巩固提升安全生产专项整治三年行动，开展大检查大整治大提升活动，被中煤协会命名为特级安全高效矿井。落实落细“0+5”降本措施，开展现场成本督查，加大回收复用、修旧利废和清仓利库力度，修旧利废价值8987万元，严控非生产性费用投入，降低无效支出，比计划减少43.76万元，吨煤成本完成375.59元/吨，实现低成本运行、高质量发展。智能化矿井建设中，新景公司明确智能化矿井建设目标，引进新技术、新工艺、新装备。试验应用液压框架式起吊装置、液压锚杆钻车、智能化掘进机、硬岩掘进机，推广使用工转破一体机、TBM全断面硬岩掘进机、大功率岩巷掘进机。在3号煤工作面推广使用自动化采煤工艺，提高生产效率；在15号煤工作面推广使用超前支架，为安全生产提供保障。7月14日，山西省能源发展中心技术创新部副部长宋俊生带队到新景公司开展智能化采掘工作面验收，经过对智能化煤矿建设基本条件、信息基础设施、安全管控系统、综采系统、掘进系统等内容现场打分，保安3号煤南回风巷评分86.81分，获智能化掘进工作面建设高级评定，是全省第二个高级智能化掘进工作面。3109综采工作面、9110进风巷、15314进风巷获中级评定。9月，新景公司率先在佛洼分区15号煤15124工作面推广应用定向钻机新工艺。新景公司选用中煤科工集团西安研究院有限公司生产的ZDY15000LD型全液压履带定向钻机及配套装备，利用国内领先的井下近水平定向钻进工艺技术精确控制钻孔轨迹，对目标区域进行定向钻孔覆盖，提高瓦斯抽采效率，为工作面安全生产提供支撑。12月17日，山西省能源发展中心，山西省能源局煤炭生产技术处组织专家组对新景公司智能化煤矿建设情况进行等级评定和智能化工作面2采6掘验收。专家组按照《省煤矿智能化建设评定办法》《省煤矿智能化建设基本要求及评分方法》，评定智能化矿井建设等级为中级，系华阳集团唯一一家。公司15121综采工作面、3218综采工作面、15318低位抽采巷、15318回风巷、3111回风巷、3111顶抽巷、9110辅助进风巷、9110回风巷的智能化建设情况均通过中级评定验收。　　（孟　蕊）

【煤层气开发利用分公司】 2022年，华阳集团新能股份有限公司下辖的华阳集团煤层气开发利用分公司有2个分公司、1个合资公司，在册员工966人。全年营业收入完成6.35亿元，同比增加0.64亿元，涨幅11%；利润4800万元，增加600万元，增幅14%；供气量12.36亿立方米，增加0.42亿立方米，涨幅3.5%；发电量6.18亿千瓦时，增加0.58亿千瓦时，增幅10%；争取财政补贴资金1732.9万元。在安全生产方面，开展巡线专项治理整顿，制定巡线管理制度，公司所辖区域管路实现无死角全覆盖巡查；开展有限空间治理整顿，下发有限空间安全管理总经理令，规范操作规程，推动井沟涵质量标准化大提升；开展动火作业专项整治行动，编制动火作业特别管理规定，强化对动火作业申请、审批、执行管理；同步实施燃气设备设施、监测监控系统升级改造工程，1.6千米4段老旧燃气管网改造工程竣工在即；通过一系列措施，为公司安全生产筑起屏障。　　（孟　蕊）

【阳泉新宇岩土工程公司】 2022年，阳泉新宇岩土工程有限责任公司属集团公司二级全资子公司，是阳泉地区唯一具有国家三项甲级资质的专业化勘察企业。拥有各类先进设备300余台，技术力量雄厚、专业配套齐全，工艺先进，施工经验丰富。公司注册资本1500万元，资产总额6.37亿元。具有工程勘察专业类岩土工程甲级、水文地质甲级、工程测绘甲级、地质灾害施工乙级等资质证书，并具有阳泉市安监局颁发的“安全生产许可证”，连续多年通过国家GB/ISO9001-2000质量、环境健康体系认证。年内完成收入26042万元，完成利润3420.60万元。在重点工程方面，组织施工第一口反井工程泊里下料孔，利用新采购全液压数字化车载煤层气钻机（MZJ20B）搭配电磁波无线随钻测量仪（E-MWD）定向施工，准确透巷并中靶井下硐室，反井扩孔下管固井，为施工大口径透巷钻孔提供了经验。推进平舒15304回风巷定向长钻孔工程，完成工程量10344米，完成500米长钻孔4个。在创新发展方面，探索煤矿地质勘探和瓦斯治理前沿技术，开展16个科研项目研究，参与或主持集团级科研项目被中国煤炭工业协会鉴定为2项国际先进水平、1项国际领先水平。加快产学研创新，推进与中国矿大“地面井负压抽采增产技术”、与中国地大“煤矿井下密闭取芯技术”等合作研发项目，山西省揭榜招标项目“碎软低渗煤层水平井气—水复合多簇压裂煤层气高效抽采关键技术研究与示范”，完成7段27簇低温可溶桥塞分段压裂，连续无间断排采运行240天，实现矿区碎软低渗煤层水平井段无法长距离钻井历史性突破。　　（孟　蕊）

晋能控股集团阳泉公司

【概况】 截至2022年底，晋能控股集团阳泉公司资产总额179.64亿元，净资产76.23亿元，资产负债率58.95%，营业收入161.56亿元，利润总额11.54亿元，实现税费17.97亿元，国有资产保值增值率126.12%。阳泉公司以煤炭生产为主业，物流贸易、多种经营等板块协同发展。所属企业42户，员工13234人。煤炭生产板块拥有9座生产矿井，核定产能1050万吨/年，其中保安、上社、二景3座矿井为煤与瓦斯突出矿井，程庄、和谐、皇后、常顺、旧街、晋玉6座矿井为高瓦斯矿井；建有燕龛、上社、保安、二景和谐4座选煤厂，年入洗能力930万吨。物流贸易板块有聚晟公司1000万吨对外统一销售平台；华佳、神火、东凯、亿通4个年发运能量合计320万吨的铁路发煤站；阳升公司100万吨储配煤发运中心；晋煤物流阳泉公司1000万吨规模的公路物流公司。多元业务板块业务涉及装备制造及大修、清洁能源、食品饮料、后勤服务、油品经销等。　　（辛泽宇）

【精益管理】 2022年，晋能控股集团阳泉公司围绕“降成本、增收入、割赘肉、止出血、堵漏洞”五条措施，理顺体制机制，推进精益管控，减劣存优提质。稳住煤炭主业效益源头，优化采掘生产衔接，优化生产布局，优化抽采系统，减少无效工程，提高抽采效果，节约材料费用、人工耗时、装备消耗，实现精干高效安全生产模式。巩固物流贸易效益规模，发挥产、洗、储、运、销联动作用，同比节约装卸运费及其他费用支出15%以上。研判市场动态，根据煤炭价格变化、生产资源情况，结合用户对煤质需求，及时调整产品结构；对矿井进行最佳热值预测，在保证用户需求同时，合理调整煤炭产品热值，保证效益最大化。激活多种经营企业动能，欢乐喝彩、恒泰加油站加大内部市场拓展，做好经营销售；恒源经贸做实后勤服务，提高服务质量；永昱公司与天津工业大学、天津城建大学建立“硕士科研工作站”，拓展技术升级、工艺创新、产品开发渠道；郊区公司引入市场机制，重组煤矿后勤业务流程，打造专业化、市场化综合后勤服务。打好降本增效组合拳，按照“一矿一策”“一厂一策”，与各单位签订契约书，坚持月度考核、季度兑现、年度评价，确保生产经营责任制落实落地。强化全面预算管控，精准细化可变成本，可控费用同比降低8%以上。在确保安全生产前提下主材投入降低10%以上。在确保正常贷款续贷同时，科学调整长短期融资结构，完成低成本置换高成本、长期置换短期总体目标，逐年降低带息负债。全年节约利息支出0.1亿元，优化债务结构4.79亿元，带息负债压降12亿元。（辛泽宇）

2022年9月，荫营煤业选煤厂检装工平整装煤车厢（荫营煤业公司 供图）

荫营煤业公司

【概况】 山西省阳泉荫营煤业有限责任公司始建于1952年5月4日，是世界500强企业、山西省管重要骨干企业晋能控股集团旗下太原煤气化公司子公司。2022年，荫营煤业公司扛起能源保供政治责任，坚定落实省委省政府提出的“决不能让国家为煤发愁”的承诺，克服疫情影响和生产组织困难，完成各项生产任务。全年生产商品煤230余万吨，其中完成保供任务150余万吨，实现产值18亿元，上缴税金6亿余元。（武腾腾）

【经营管理】 2022年，荫营煤业公司以自主创新、自主研发为抓手，选煤厂建立改造“水洗系统”“均质化配煤系统”，产品质量获得提升，创收1.58亿元。围绕“节约就是创收”思路，通过降低采购成本、自制配件、自主改造等手段，成本有效压减近千万元。瓦斯电厂完成上网电量2575.41万千瓦时，结算电量2391.6万千瓦时，结算电费968.12万元。加强资源循环利用，深挖瓦斯节能减排潜力，利用发电余热完成冬季5个月4万平方米采暖区供暖，保障全公司井下职工及相关单位洗浴用水需求，节约采暖费用96余万元、天然气费用1100余万元。围绕“能修不买，可利用不浪费”原则，回收复用节省成本300余万元。（武腾腾）

【科技创新】 2022年，荫营煤业公司以“为民创新工作室”和“五小创新活动”为依托，在煤炭提质提块、破解湿煤粉煤难题、根治系统卡堵、提高检修质量和修旧利废上发力，筛分机雾化除尘装置、沫煤溜槽自动清理装置和手持充电电动清筛机获国家发明专利证书。原煤准备车间“准备QC小组”成为太原煤气化集团公司唯一获“全国优秀质量管理小组”称号小组。对班组岗位实施承包化经营、制度化考核，“瓦斯煤尘防治队”获煤炭工业质量信得过班组称号，并推荐为“全国质量信得过班组”。转载皮带风刀清扫器、转载点“反应装甲”、橡胶缓冲弹辊、自制精准配煤装置等创新成果应用于安全、环保、技改等领域。（武腾腾）

固庄煤业公司

【概况】 2022年，山西省阳泉固庄煤业有限责任公司围绕年初既定目标，战疫情、保安全、稳生产、强管理、惠民生、促发展，各方面工作健康发展，公司保持稳中向好运行态势。全年实现营业收入41425.98万元、利润892.24万元，比上年增长43.49%、110.01%，主要契约化指标均完成考核目标。对 15709、12708、15710 工作面开采设计方案进行优化，实现连续稳采。15 号煤层九采区大巷形成，15902 首采工作面回风巷、低抽巷施工到位，正在掘进 15902 工作面切眼。12 号煤层九采区大巷形成，计划施工 15902 高抽巷及 12901 系统巷，为确保采掘衔接正常组织，奠定了基础。根据井下采掘施工组织计划，编制 15709 工作面放顶煤开采设计、回采作业规程、12708 工作面开采设计、15902 进风巷掘进作业规程等规程措施 30 余项，按照施工组织措施进行现场组织，确保各项工程安全可靠。根据公司实际情况，多次优化布局、优化设计、优化工艺，编制年度采掘衔接计划、五年采掘衔接规划、矿井中长期规划等，明确短期掘进头接替、中期工作面接替、长期采区接替等方案。根据衔接安排，调整工作面接替顺序，九采区先施工 15902 工作面，确保产量指标完成。为了最大限度回收煤炭资源，进行理论分析，将 15901 工作面、15902 工作面进行变更，增加可采长度，缩短停采线位置，可多回采煤炭资源 40 万吨；同时编排采区煤柱回收计划，将九采区大巷进行优化设计，尽可能使现有巷道为煤柱回收面使用；同时对 12708 工作面巷道支护、九采区巷道支护进行优化设计，在确保安全前提下，减少支护材料的浪费，提高掘进效率。根据公司相关要求，制定放顶煤回收率提高实施方案，加强现场放顶煤组织施工，并形成一系列放顶煤管理台账、月底工作总结及分析，确保放顶煤回收率提高 2 个百分点；引进矿压监测智能化系统进行智能采集数据、分析数据、分析图表；使用聚酯纤维柔性网末采技术，提高末采工作效率，增加回撤安全可靠性。通过科学采掘衔接，提高采掘衔接计划的科学性、计划性和指导性，推进安全生产标准化建设，保证矿井正常生产接续。（杨晓宏）

【融合成果】 2022 年，固庄煤业加强与集团公司融合，在制度建设、业务对接融合方面协调，各项工作有条不紊推进。聚焦重点目标，突出问题导向，全面对标立标，完善管理体制机制，营造良好氛围，各项工作均走在接管煤矿前列。获集团公司模范单位、精神文明三星级单位及 2022 年度省级 QC 小组特等奖等荣誉，多次被晋能控股、太原煤气化授予先进部门、优秀个人等荣誉。对标集团公司内、外部优秀标杆单位先进指标和管理要素，组织安全标准化等 5 个专业分批次到兄弟单位对标学习，提升公司管理水平和运行效率。明确 9 个专业转变专项方案，形成“全员、全过程、全企业”抓经营、控成本格局，强化过“紧日子”思想。全年完成装车发运 91 万吨，单日装车 120 车，均创历史新高。（杨晓宏）

【精细管理】 2022 年，固庄煤业围绕年度经营目标，实施精细化管理，助推公司主要经营指标迈过“亏损线”、达到“盈利线”。实施降本增效，在物资采购供应方面，坚持计划管理，比质比价，实现交旧领新、回收复用约 380 万元。通过调峰避荷、改造设备、降低损耗，节约能耗约 200 万元；实施修旧利废，结合生产实际，对废旧材料和小型设备进行修复使用，节约资金 120 余万元；通过自己修理液压支架降低维修成本 250 余万元；实施提效增效，通过优化工艺和布局，实现多出煤 9000 余吨；实施减员增效，通过优化岗位设置，辅助部门人员减少 20%，实现减员增效 40 余万元。实施开源节流，激发子公司活力，盘活闲置资产，精锐公司通过出租高岭石加工生产线，增加 170 余万元的效益；正瑞通公司完成代发业务 48 万吨，增加效益 1000 余万元。（杨晓宏）

电力工业

电力工业基本情况

【概况】 截至 2022 年底，阳泉市在役发电装机容量 702.195 万千瓦。其中火电 480.3 万千瓦，煤层气 23.52 万千瓦，余热余气 4.15 万千瓦，光伏 125.66 万千瓦，风电 66.75 万千瓦，生物质能 1.5 万千瓦，水电 0.315 万千瓦。（杨鹏飞）

【火电】 2022 年，阳泉市火力总装机容量 682.3 万千瓦，总计 8 家企业。投入使用电厂 6 家，总装机容量 480.3 万千瓦。阳光电厂机组容量 4×32 万千瓦，河坡电厂机组容量 2×35 万千瓦，龙川电厂机组容量 2×13.5 万千瓦，兆丰自备电厂机组容量 3×13.5 万千瓦，华阳发供电机组容量 6 万千瓦、3×0.6 万千瓦、2×3.5 万千瓦，裕光电厂机组容量为 2×100 万千瓦。华阳集团所属兆丰自备电厂和华阳发供电机组容量为占已投入使用电厂装机的 11.51%。在建电厂 2 家，装机容量 202 万千瓦，分别为华阳建投（原西上庄电厂）机组容量 2×66 万千瓦和鑫磊电厂 2×35 万千瓦。拟建电厂 1 家，装机容量为 200 万千瓦，为阳光二期 2×100 万千瓦“上大压小”项目。（杨鹏飞）

【小水电站发电】 2022 年，阳泉市小水电站发电 1432 万千瓦时。其中，盂县夫城口水电有限公司完成发电量 914 万千瓦时、北峪口水电站完成发电量 156 万千瓦时、盂县永安水利水电有限公司完成发电量 142 万千瓦时、平定县绵河水电站完成发电量 220 万千瓦时。（陈阳春）

【其他类发电】 2022 年，阳泉市水电比重较小，共 0.315 万千瓦，包括

表 24 2022 年阳泉市排名前十位客户用电情况统计表

序号	用 户	累计(亿千瓦时)	比上年增长(%)	比上年增长率(%)
1	山西兆丰铝电有限责任公司	11.73	5.86	99.79
2	百度云计算技术(山西)有限公司	4.48	0.72	19.18
3	山西贝特瑞新能源科技有限公司	2.55	0.38	17.46
4	山西华阳集团新能股份有限公司	2.17	−1.09	−33.48
5	山西华阳集团新能股份发供电分公司	2.05	−0.40	−16.28
6	阳泉煤业(集团)有限责任公司五矿	2.05	0.87	74.51
7	阳泉冀东水泥有限责任公司	1.44	−0.32	−18.12
8	北京铁路局石家庄供电段	1.12	0.06	5.46
9	山西省阳泉荫营煤业有限责任公司	0.91	0.07	8.21
10	阳泉市上社煤炭有限责任公司	0.89	0.16	21.51

(国网阳泉供电公司)

盂县夫城口水电站 0.16 万千瓦、盂县北峪口水电站 0.03 万千瓦、盂县梁家寨水电站 0.035 万千瓦、平定娘子关水电站 0.05 万千瓦、盂县正辰水电站 0.05 万千瓦。此外,煤层气发电项目并网 23.52 万千瓦,余热余气并网 4.15 万千瓦。 (杨鹏飞)

国网阳泉供电公司

【概况】 2022 年,国网阳泉供电公司保供电、惠民生、促发展,完成售电量 71.84 亿千瓦时,营业收入 33.44 亿元,上缴税金 6640.06 万元。阳泉地区全社会用电量 99.11 亿千瓦时,同比增长 10.02%。其中,第一产业(权重 0.45%)用电量 0.44 亿千瓦时,增长 7.41%;第二产业(权重 74.25%)用电量 73.59 亿千瓦时,增长 10.66%;第三产业(权重 15.84%)用电量 15.70 亿千瓦时,增长 7.93%;居民生活(权重 9.46%)用电量 9.38 亿千瓦时,增长 8.70%。公司获“全省电业系统职工职业技能大赛优秀组织奖”“阳泉市 2021 年度公益募捐工作优秀单位”“阳泉市党建研究会优秀组织单位”称号。 (曲丽峰)

【安全生产】 2022 年,国网阳泉供电公司推动“安全隐患大排查大整治”和“安全生产专项整治三年提升”两个行动,组织电网试验、检修工作,阳泉电网平稳运行超过 7700 天。实体化运转市、县两级安全督查中心,“四不两直”督察和远程视频检查 1292 次。运维管理走向精益,完成 294 项主配网检修作业,电网优质运行指数、配网调度透明化实用率排名全省第一。率先实现无人机巡检 220 千伏全域覆盖,首批完成智慧运检集控站建设,220 千伏输变电设备全省唯一“零故障”。建立领导人员带班夜巡制度,发现处置问题 995 项,配网线路停运次数、配变平均停运时长下降 35.47%、54.85%,创历史最好水平。推动“红卫—兆丰—苏峪”合环运行,消除全省唯一四级电网风险。完成“二十大”“两会”等保电任务,特别是春节、元宵节“两节”期间全省唯一实现全域设备“零异常”、线路“零跳闸”。动态研判用电高峰,对全部“煤改电”家庭开展安全用电入户走访,确保人民群众温暖过冬。坚持特事特办、急事急办,依托公司业务扩展三级服务调度体系,为防疫项目开辟绿色通道。 (曲丽峰)

【电网建设】 2022 年,国网阳泉供电公司统筹推进各级电网协调发展,提升资源配置和供电保障能力。对接阳泉市“十四五”规划,根据发展需求修订全域电网规划,18 项涉征地工程纳入国土空间规划,33 项重点工程取得核准,规划投资 20.76 亿元,较“十三五”增长 84%。加快建设新型电力系统,平定县七亘村红绿融合项目入选省级示范项目,23 项矿区电网升级工程竣工。完成西上庄电厂 500 千伏点对网送出工程等属地协调任务,促成政府出台支持政策,保障工程推开。按期开工平定北 110 千伏输变电等 8 项工程,投产马家坪 110 千伏主变扩建等 5 项工程,重点用电区域电源侧布局日趋完善。优化工程建设流程,阳涉铁路电气化改造配套等工程提前完工。以供电可靠性为导向,持续扩投资、精管理、强电网,配网累计投入超过 13 亿元,配变平均停电时间从上年同期 19.19 小时降至 8.69 小时,同比减少 54.7%。配网线路停运次数、配变平均停运时间同比下降 40.45% 和 52.12%。投资 561 万元,对口帮扶的平定小川村电网得到更新,偏远地区供电能力持续提升。 (曲丽峰)

【供电服务】 2022 年,国网阳泉供电公司贯彻习近平总书记“宁可让电等发展、绝不能让发展等电”指示精神,落实营商环境首位战略要求,用足政策、用实举措向社会释放改革红利,向客户提供更智慧、更现代、更贴合实际需要的供电服务。建立市、县两级领导包片责任制，收集客户用电需求，受理“三个一批”报装（政府层面的开发区“签约一批、开工一批、投产一批”项目到供电企业报装用电）申请44项，送电39项，其余均答复供电方案。全省首家下放业务扩展项目权限，用户接入时间缩短4个工作日。全面落实“三零”（小微企业办电零上门、零审批、零投资办电服务）“三省”（大中型企业办电省力、省时、省钱办电服务）举措，实现160千伏及以下小微企业低压接入全覆盖。推动延伸电网配套投资政策落地，业务扩展配套电网工程为客户办电降本让利3500万元。落实国家市场化电价改革政策，推进代理购电，阳泉4.3万户工商业客户全部进入电力市场，确保电价红利足额传导至客户。与社区网格融合联动，电力网格经理加入社区网格1527个，植入“泉小电”智能客服，满足百姓用电需求。建成新泉、虹桥等4个智慧无人营业厅，实现缴费、过户等简单服务3分钟办结，复杂服务限时办结。执行供电服务“十项承诺”，保持9个月“零投诉”，投诉数量全省最低。（曲丽峰）

阳光发电公司

【概况】 2022年，山西阳光发电有限责任公司完成“两节两会”、迎峰度夏、党的二十大期间保供任务。发电量完成59.47亿千瓦时，同比增长6%。供热量完成828万吉焦，增长10%。营业收入增长34%，实现全年扭亏为盈经营目标。

经营管理 坚持“营销决定经营”理念，强化电力营销，提高电价水平。推行电价目标管理，确定每月电价计划，紧盯集团电价排名。优化报价策略，把握省间现货高电价机会，营销人员根据市场研判制定报价策略，运行人员操作紧跟现货曲线，形成现货报价、执行一体化协同机制。发挥“压舱石”作用，在年度与多月交易中优化电量结构和持仓比例，按既定计划完成全年中长期电量交易，规避市场交易风险，保障全年基本发电收益。坚持“保量保质控价”采购策略，抓源头、控过程，多环节采取措施，加强燃煤管理，保障发电生产燃料供应，为全年生产经营奠定基础。发挥长协煤价格优势，形成本区域就近拉运煤源结构，实现年度计划自供煤全覆盖。紧盯月度计划，提高兑现率，确保库存不低于警戒线，保障迎峰度夏、冬季保供期间正常供应，库存水平不断提高。拓宽铁路煤源，将铁路煤作为重要辅助煤源，开通李阳、聚晟铁路煤源点，协调铁路调度，加大铁路运量，全年铁路进煤22万吨，同比增加65.3%。

设备治理 坚持“逢停必检、逢停必修”检修思路，开展设备治理。组织4台机组计划检修，以防止“五管泄漏”（省煤器、水冷壁、过热器、再热器、机炉外管）为重点，加强防磨防爆检查，保障锅炉安全运行。对主机风烟系统和脱硫设备进行治理，减小系统阻力，为机组安全稳定运行奠定基础。实施重大技术改造，解决影响机组安全、环保和经济性问题。应用新技术、新方法，实施汽封和空预器改造，提高机组效率。完成4号炉催化剂更换，提高脱销效率，降低喷氨量，减小对空预器腐蚀。完成空预器蓄热元件更换，提高换热效率，减小差压，保障设备经济运行。加强金相监督、化学监督、电气监督和热控监督等技术监督工作。防磨防爆监督成果显著，发现并处理水冷壁腐蚀减薄、汽包裂纹、省煤器腐蚀、屏过异种钢焊口腐蚀等重大隐患。化学监督加强水管理，通过对2号、3号水塔填料更换改善循环水水质，提升凝汽器换热效率。完成4号机组抢修，优化方案，攻克4号汽机振动大技术难题。

环保治理 提高环保管理水平，完善环保责任监督体系，各项环保管理规范有序，全年未发生环保事件。强化环保管理，发挥环保部门专业职能作用，完成市环保部门下达的协商减排任务，未发生环保超标事件。加强设施治理，建立危废库，尿素系统正常投运，改造脱硫设备，加大资金投入，提高环保设备可靠性。加强排放管理，通过实施脱硫石子场封闭改造、灰场覆土绿化、运灰

2022年10月25日，国网阳泉供电公司党员服务队到阳泉市高新区南平坦产业园区阳泉市阀门厂生产基地服务 （国网阳泉供电公司 供图）

2022年10月,阳光发电公司员工开展设备巡回检查　　（阳光发电公司　供图）

专线引水浸润等措施，避免大面积扬尘污染。提高固废处置力度,石膏项目投运，实现石膏处置和利用,加大4号干除灰处置力度,鼓励灰渣综合利用,减少灰渣存放。（傅玉珠）

【安全生产管理】 2022年，阳光发电有限责任公司推进安全责任落实,深化隐患排查治理,严格高安全风险作业现场管控,以抓管理、抓技术、抓素质、抓现场、抓预控为安全生产五项“抓手”,完成全年生产任务,安全形势稳定,未发生重大设备损坏和人身轻伤及以上事故。

发挥生产安全保障和监督体系作用。实施检修现场安全标准化管理,重点完成液氨站退出运行销号备案工作,消除重大危险源。完成脱水仓平台、4号炉平台网格板、锅炉脚手架“木改铁”等整改工作,消除安全隐患;各级人员开展走动式管理和升级监管,解决实际问题。

应急管理体系建设　安全月期间,电力集团与阳光公司进行突发自然灾害专项(防洪防汛)应急预案联合演练,检验应急预案可操作性及应急响应能力。公司(2020—2022年）应急演练计划58项中，2022年完成应急演练34项，完成率100%。

安全性评价　运用安全性评价方法开展风险评估自查工作,明确职责任务,完成自评。严抓现场作业行为安全管控,制定下发《关于开展“汲取事故教训、反‘三违’防事故”活动的通知》,领导班子、生产车间、班组及外委队伍结合现场生产，层层开展安全反思讨论,提高全员安全意识。以缺陷管理制度为抓手,以日常隐患排查治理为基础,开展消防、春检、雨季三防、冬季三防、除尘器、危化品、网络信息、重要设施沉降等安全专项检查活动,针对压力容器、高温管道、带电设备、除尘器、灰斗、锅炉脱硫脱销系统钢构件及部件等区域排查,有效预防各类事故发生。

周四安全日活动　上午对现场系统进行全面检查,强化现场安全隐患排查治理,保障安全生产责任落实到位；下午进班组开展事故案例学习、安全知识教育、操作技能培训等活动，以典型事故案例学习为抓手,分析事故现象、发生原因、防范措施等，列出清单和针对性防范措施,强化员工教育培训,增强员工安全防范意识。公司班子成员参加班组安全日活动322次。

安全标准化建设　按照公司《“一人一月一班组”安全标准化建设活动方案》开展活动,领导班子深入班组,牵头规范班组工作内容、标准操作、作业清单、风险分析、应急处置及台账建立。

“安康杯”竞赛活动　工会为一线班组发放《新〈安全生产法〉职工普及学习读本》60本，在各生产车间张贴“安康杯”竞赛宣传海报18套,围绕安全生产工作，组织知识竞赛答题活动,一线职工580人参加,参与率100%。组织230余名女职工开展《中华人民共和国安全生产法》知识竞赛,举行《夫妻安全承诺书》签字仪式，各生产岗位的9对夫妻进行《夫妻安全承诺书》现场宣誓及签字仪式。组织全公司9个生产车间580名职工开展“职工操作规范、岗位作业达标”活动,开展职工代表职业卫生专项巡视活动。（傅玉珠）

河坡发电公司

【概况】 2022年,山西河坡发电有限责任公司以扭亏减亏为目标,紧扣能耗双控和双碳目标总体要求，聚焦“千方百计降低能耗、驾驭电力现货市场、全力做好能源保供”重点工作,完成发电量35.21亿千瓦时,售热量370.75万吉焦。（吕增峰）

【安全生产】 2022年，河坡发电公司制定全员岗位安全责任制，建立健全从总经理到一线岗位员工覆盖管理和操作岗位责任体系。落实企业主要负责人责任，主要负责人签订安全生产履职尽责承诺书并公示。修订完善63项安全管理制度,实现全面依规管理。开展风险分级管控与隐患排查双重体系建设，编制

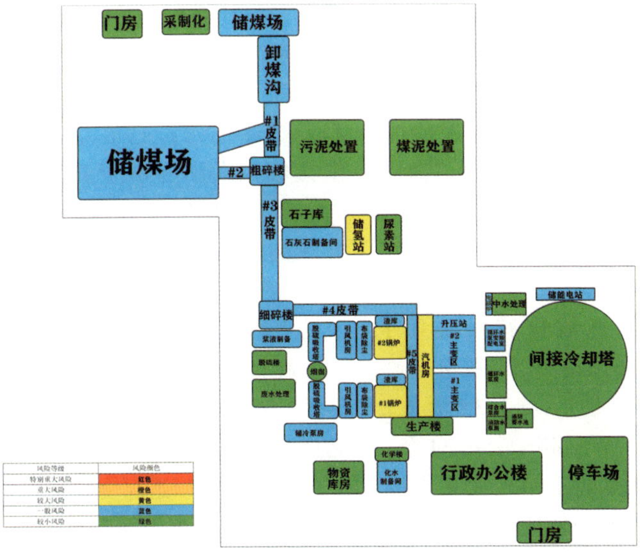

图 6　2022 年山西河坡发电有限责任公司安全风险五色分布图

（河坡发电公司　供图）

完成双重预防机制指导书并绘制风险五色图，针对生产主要管控区域，制定安全风险告知牌，做到安全工作提前预防。开展“两个行动”，制定重点检查任务责任清单，将工作目标分解，抓重点区域、重点设备和关键环节。开展安全专项整治、防汛专项整治、消防安全整治、危化品整治、环保设备设施整治、深化源头治理，系统治理和综合治理，整治工作取得较大成效。

开展班组安全标准化建设，按照“人、机、环境、管理”并重原则，对 43 名班组长进行专项培训，提高安全履职能力。开展“一人一月一班组”活动，由领导班子成员包班开展班组安全标准化建设 14 次。开展安全生产月活动，通过观看《生命重于泰山》等电视专题片、开展“遵守安全生产法　当好第一责任人”演讲比赛和安全知识竞赛活动，宣传普及安全知识。将外委维护单位纳入公司管理体系进行一体化管理，制定外委队伍能力提升方案，通过技术比武、相关专业知识学习、专题教育培训等加强安全教育。厂区交通安全管理实现精细化，物料运输主干道安装测速一体机，抓拍车辆超速；施画停车位，规定运输路线，实现人车分流，形成车辆“微循环”；对灰库、煤场等进行亮化，消除厂内交通事故发生。　（吕增峰）

【环保工作】 2022 年，河坡发电公司打造自律性环保企业，履行企业环保主体责任。全年 2 台机组超标排放“0”小时，CEMS 故障“0”小时，无环保事件、无环保问题处罚。公司各类环保检查合格率 100%。（吕增峰）

【科技创新】 2022 年，河坡发电公司加大科技创新力度，完成国家重点研发计划《低热值煤清洁高效燃烧资源利用与灵活发电关键技术及示范》各项任务要求，在掺烧污泥、煤泥等多元低热值煤方面取得成效。申报山西省重点研发计划《循环流化床粉煤灰活化及多固废协同利用技术与示范》，取得批复。完成“五小竞赛”申报 9 项，申请专利 4 项。开展高效二次风大数据寻优研究，采集近三年运行数据，得出拟合曲线方程，利用大数据寻优推出最佳二次风压，给出二次风自控优化策略，提高锅炉效率。　（吕增峰）

新能源产业

【概况】 2022 年，阳泉市加大新能源产业推进力度，以华阳集团新能股份有限公司旗下新能源产业为龙头，同步推进新能源发电、新能源项目储备和新能源电池小镇建设，取得较好成绩。阳泉市新能源和清洁能源装机达 221.90 万千瓦，占全市电力总装机的 31.6%；2022 年发电 38.09 亿千瓦时，为全市发电总量的 14.51%。平定县新能源项目 6 项 50 万千瓦，其中风电项目 2 项 20 万千瓦，光伏项目 4 项 30 万千瓦；盂县新能源项目 12 项 96.28 万千瓦，其中风电项目 4 项 34.78 万千瓦，光伏项目 8 项 61.5 万千瓦；郊区新能源项目 4 项 35 万千瓦，其中风电项目 2 项 9 万千瓦，光伏项目 4 项 22 万千瓦，生物质发电项目 1 项 1.5 万千瓦；城区新能源项目 1 项，即 5 万千瓦光伏项目。风力发电项目并网运行 66.75 万千瓦，新能源和清洁能源占比 30.1%。主要包括中广核盂县西烟风电场 11.78 万千瓦、中广核盂县西潘风电场 8 万千瓦、中能建投平定张庄 10 万千瓦、山西粤电盂县西烟 5 万千瓦、北京宣力郊区李家山 5 万千瓦、郊区景祐 4 万千瓦、平定璞润朗分散式风电 2.97 万千瓦、平定中能建投二期 10 万千瓦、盂县粤电二期 10 万千瓦。光伏发电项目并网运行 125.66 万千瓦，新能源和清洁能源占比 56.63%。主要包括光伏领跑基地 13 个单体项目，共 100 万千瓦，其中平定科新光伏电站 10 万千瓦、平定峡新光伏电站 10 万千瓦、平定民新光伏电站 5 万千瓦、盂县特新光伏电站 10 万千瓦、盂县协鑫光伏电站 10 万千瓦、盂县漳新光伏电站 10 万千瓦、盂县投新光伏电站 10 万千瓦、盂县晟新光伏电站 5 万千瓦、盂县能新光伏电站 5 万千瓦、郊区核新光伏电站 10 万千瓦、郊区航新光伏电站 5

万千瓦、郊区公共平台光伏电站5万千瓦、城区光新光伏电站5万千瓦,分布在盂县、平定、郊区和城区4个县区。普通光伏电站4座,总装机18.5万千瓦,其中盂县源鑫光伏电站10万千瓦、盂县西烟北社光伏电站1.5万千瓦、平定县国电投玉皇顶光伏电站5万千瓦、郊区昌盛日电光伏电站2万千瓦。分布式光伏7.16万千瓦,主要是小型企业和居民屋顶光伏发电项目。生物质发电项目并网1.5万千瓦,即荣光生活垃圾焚烧发电项目,该项目于2020年5月并网发电,年处理垃圾20万吨。2022年发电0.48亿千瓦时。(杨鹏飞)

【新能源项目储备】 2022年,按照省能源局关于完善新能源和可再生能源三年滚动项目储备库通知要求,阳泉市组织各县区编制项目储备库。截至年底,项目储备库入库项目26项,总装机规模717万千瓦。其中风电项目8项总装机93万千瓦,光伏项目17项总装机484万千瓦,抽水蓄能项目1项总装机140万千瓦。(杨鹏飞)

【新能源电池产业链】 2022年,阳泉市新能源电池产业链重点是锂离子电池产业链,产品主要有正极材料、负极材料、电解液添加剂等。新能源电池产业链规上企业实现产值16.17亿元,同比增长77.3%。省级新能源汽车产业链链上企业有贝特瑞(负极材料)、多氟多(电解液材料)、鑫升碳素(辅材)、龙川中源耐火(汽车轮毂)。市级产业链链主企业有多氟多(电解液材料)、贝特瑞(负极材料),市级产业链链核企业有正兴有色(正极前驱体)、中烨新能源(负极材料)。市级产业链链上企业有西格里(辅材)、鑫升碳素(辅材)。主要建设项目为多氟多阳福年产2万吨六氟磷酸锂及添加剂项目和1万吨PVDF(正极黏结剂)项目,规划建设二氟磷酸锂、五氯化磷等项目。(李 昊)

【华阳集团新能股份有限公司】 2022年,山西华阳集团新能股份有限公司总资产656亿元,员工3.5万人,下辖分公司18个,二级子公司34个,系国内最大无烟煤上市企业和集传统能源与新能源一体的大型综合性能源企业。公司商品煤产量完成4066万吨,完成108%,同比减少121万吨;商品煤销量完成4082万吨,完成109%,减少128.9万吨;发电量完成13.49亿千瓦时,完成127.3%,增加3732.96万千瓦时;供热量完成335.52万百万千焦,完成111.84%,增加6.14万百万千焦;供气量完成12.36亿立方米,完成115.3%,增加4180万立方米。公司所属8家单位全部实现扭亏减亏,实现利润0.26亿元,同比减亏12.64亿元。连续6年蝉联“中国上市公司百强企业奖”,在“2022年中国上市公司百强排行榜”上以61.53亿元利润总额居第169位,在资本市场受到关注与好评,获2022年上市公司最佳价值传递IR(投资者关系管理)团队奖。

资金管理 公司本部筹集资金72.1亿元,其中新增融资18.7亿元、续融53.4亿元。归还各类到期债务104.6亿元,确保融资还贷0违约。推进七元、泊里、平舒铁路及新能源等项目融资工作,保障各项目建设资金需求。实现(签署协议)各类项目贷款融资累计91.5亿元,其中七元、泊里国开行、中行项目贷款76亿元(本年放贷21.1亿元),七元、泊里矿业权出让收益缴纳专项贷款15.5亿元(本年放贷6.9亿元)。累计向子公司办理委托贷款、提供借款和担保业务90.58亿元,确保各子公司日常生产经营平稳有序运行。

股权管理 华阳股份推进产业转型,对各销售壳公司进行转让、更名后开展新项目。完成盂县销售公司变更为山西铧耘选煤有限公司、保德销售公司变更为山西铧远选煤有限公司、昔阳销售公司变更为华太光储(大同)有限责任公司,向新阳公司转让左权销售公司100%股权并更名为山西华钠芯能科技有限责任公司,完成向气凝胶科创城转让清徐销售公司100%股权等一系列股权运作,整合公司资产,加快项目推进速度,提升公司专业化运营能力。华阳股份收购阳煤国贸持有的阳煤国新50%股权和集团公司持有的新能源销售公司100%股权,通过收购集团公司销售类公司股权,实现股份公司销售平台统一管理、便于公司制订统一销售政策,避免关联交易及同业竞争。完成山西新阳清洁能源有限公司增资10.17亿元,实缴资本金12.17亿元;向阳煤智能制造基金注资3281.56万元,累计注入资本金1.42亿元。通过增资加快新能源产业链布局,拓宽产品结构,助推企业转型,使新能源蓄能等项目推进实施。推动煤炭项目建设和发展,对七元公司追加6亿元资本,实缴资本金达10亿元,保障项目建设进度有序推进。(孟 蕊)

(责任编辑:孟学武)

综 述

【农业发展】 2022年，阳泉市抓粮保供守底线、补链延链强产业、改厕治污美乡村、促进衔接富农民。全年粮食总产量23.7万吨，增长1.9%。农村居民人均可支配收入1.91万元，比上年增长5.7%；脱贫人口人均纯收入1.23万元，比上年增长17.7%；农产品加工收入66.8亿元，比上年增长45.7%；高标准农田建成4580公顷，完成年度任务118.45%，一产增加值完成16亿元，比上年增长4.3%，一产固定资产投资完成9.15亿元，比上年增长5.6%。改造农村户厕1.53万户，超额完成年度目标。农业总产值12.10亿元，比上年增长3.8.%；林业总产值3.20亿元，比上年增长1.9%；畜牧业总产值10.70万元，比上年增长5.3%；渔业总产值2454万元。比上年增长4.2%。 （李晓东）

【农业产业结构调整】 2022年，阳泉市开展绿色高产高效项目示范县创建活动，制订流转盘活撂荒耕地政策措施，发放实际种粮农民一次性补贴1907.25万元、耕地地力保护补贴额5338.64万元。3月9日，制定出台《阳泉市2022年设施蔬菜建设项目实施指导意见》，加强下乡服务指导，组织菜农现场或集中培训1000人次。全市形成以粮食、畜牧、蔬菜、干鲜果、中药材、蜂蜜为主的农产品生产格局。粮食生产以玉米、杂粮为主，播种面积5.51万公顷，总产量2.37亿千克。畜牧业以生猪、蛋鸡养殖为主，畜产品总产量8.13万吨，创建国家级标准化示范场1个，国家级标准化示范场5个、市级标准化示范场33个、规模养殖场235个，规模化养殖比重提高到70%以上；水果种植面积2360公顷，总产量1774万千克。蔬菜产量7.12万吨，比上年增长4%；中药材种植品种以连翘、艾草、桔梗、黄芩、杜仲、柴胡等为主，中药材人工种植面积3140公顷，中药材采挖面积1533.3公顷，采挖量2254吨，产值3786.72万元，药茶生产企业15家。（李晓东）

【现代农业】 2022年，阳泉市农业科技进步贡献率62%，农作物耕种收综合机械化率70.7%，畜禽粪污综合利用率93%，秸秆综合利用率87.77%。实施省级项目郊区千亩果园提质增效73.33公顷、市级项目富硒水果试验示范基地建设35.33公顷、果园有机旱作集成示范项目13.33公顷，中低产果园改造面积100公顷，发展面积66.67公顷。打造盂县国家农村产业融合发展示范园上榜“国字号”，规划推进白羊墅生态循环农业产业基地、大村现代农业产业园区等项目建设，建设含草莓种植区、

表25 2022年阳泉市主要农产品产量及增长速度统计表

产品名称	产量(万吨)	比上年增长(%)
粮食	23.7	1.9
其中：玉米	21.9	2.1
谷子	0.9	-1.3
豆类	0.2	102.8
薯类(折粮)	0.5	-24.1
油料	0.02	6.9
蔬菜及食用菌	7.2	4.9
水果	1.8	13.1
其中：瓜果类	0.05	26.5
园林水果	1.7	12.7

（市统计局）

民宿文化区、产业创新区、生态休闲区、智慧医养区等区域现代农业产业园区。　　（李晓东）

【农业保险】 2022年，阳泉市种植业参保面积4.67万公顷，保费规模1865.78万元，其中玉米险种投保面积4.53万公顷，主粮作物参保覆盖率97.93%；养殖业参保数量13.53万头，保费规模594.81万元；森林参保面积172.8万亩，保费规模311.04万元。政策性农业保险保费2764.64万元，总保额21.06亿元，比上年增长16.68%。政策性农业保险理赔农户3.14万户，理赔金额1368.67万元，受灾农户自缴保费金额104.98万元，出险后农户获赔款为自缴保费金额的13.04倍。其中，种植业理赔农户2.66万户，理赔面积9300公顷，理赔金额481.56元；养殖业理赔农户2700户，理赔数量1.36万头，理赔金额634.83万元；森林（公益林）理赔面积66.67公顷，理赔金额99.62万元。商业性农险保费收入61.11万元，比上年增长34.19%，为33户次农户提供风险保障874.83万元。全年累计赔款17.06万元，受益农户15户次。　　（任家乐）

【农业综合执法】 2022年，阳泉市开展服务种业振兴、农资打假春雷行动、渔政亮剑2022、农机领域执法大比武、屠宰行业强监管保安全等10个专项行动，出动执法人员3141人次，检查企业845个，立案88件，罚没款22.89万元，移送公安机关案件1件。其中，市执法队检查企业375个，出动执法人员1458人次，立案20起，结案20起，罚款3.37万元。　　（陆　达）

种植业

【概况】 2022年，阳泉市实施种植业"三品一标"（品种培优、品质提升、品牌打造和标准化生产）提升行动、化肥农药减量增效和耕地轮作休耕，全市种植粮食作物以玉米、谷子、薯类为主，粮食播种面积5.51万公顷（82.65万亩），比上年增长0.4%，超出省定任务166.67公顷（2500.05亩），完成任务100.3%。粮食产量23.7万吨，比上年增长2%。　　（李晓东）

【粮食作物种植】 2022年，阳泉市粮食作物种植面积5.51万公顷（82.65万亩），比上年增长0.4%。总产量23.7万吨，比上年增加1.9%。粮食作物产值12.1亿元，比上年增长3.8%。其中，玉米播种面积4.72万公顷（70.85万亩），占全市粮食作物播种面积的85.72%，比上年增长0.2%。谷子播种面积3800公顷（5.66万亩），占全市粮食作物播种面积的6.85%，比上年减少0.93%。薯类播种面积2300公顷（3.42万亩），占全市粮食作物播种面积的4.14%，比上年减少0.2%。大豆播种面积1400公顷（2.13万亩），比上年增长1.24%。大豆玉米带状复合种植播种2000公顷（3.02万亩），超出省定任务13.33公顷（200亩），完成任务的101%。全市水果总面积2360公顷（3.54万亩），种植品种有早富士、嘎啦、美八等早熟品种的苹果，以库尔勒香梨为母本、雪花梨为父本杂交育成的玉露香梨，奶油、咖啡、白玉等品种的草莓等。其中果树面积24公顷（360亩），挂果面积1200公顷（1.8万亩），总产量1774万千克，比上年增长0.74%，总产值1.13亿元。　　（李晓东）

【经济作物种植】 2022年，阳泉市经济作物种植面积2394公顷（3.59万亩），比上年增长6.8%。总产量7.2万吨，其中油料种植面积200.4公顷（3006亩），总产量0.02万吨，比上年增长6.9%。蔬菜种植面积1.63万公顷（24.45万亩），比上年增长6.9%。蔬菜及食用菌种植面积1600公顷（2.4万亩），比上年增长10.1%。总产量7.19万吨，比上年增长4.9%。果园面积1630.8公顷（2.45万亩），水果总产量1.75万吨，比上年增长13.1%。冠山连翘茶播种面积500公顷（7500亩）。中草药收获面积481公顷（7215亩），比上年减少11.9%。采挖面积1530公顷（2.3万亩），采挖量2254吨。药茶生产企业15家，药茶加工总量138.8吨，产值5142.8万元，销售收入1912.2万元。紫苏播种面积173.33公顷（2600亩），超出省定任务40公顷（600亩），完成任务的130%。全市油料总产量10.88万千克，比上年增长78%。　　（李晓东）

2022年10月，盂县西潘乡稻谷丰收景象　　（市农业农村局　供图）

【高标准农田建设】 2022年，阳泉市建成高标准农田3066.67公顷（4.6万亩），完成上年目标任务的118.45%，建成高效节水灌溉面积100公顷（1500亩）。其中，全部建成上年项目结转1920公顷（2.88万亩）；建成项目2660公顷（3.99万亩），完成项目进度60.45%。编制完成《阳泉市高标准农田建设规划（2021—2030年）》，并报经市政府批准，印发至各县（区）。 （李晓东）

【土壤墒情监测】 2022年，阳泉市开展土壤墒情监测。对不同层次土壤含水量进行测定，调查作物长势长相，掌握土壤水分动态变化规律，评价土壤水分状况。自3月25日开始，每月10日和25日定期监测，及时、准确地提供各监测点的土壤墒情状况，为减灾抗旱、施肥灌溉提供重要信息。 （李晓东）

【农作物病虫害发生与防控】 2022年，阳泉市农作物病虫草鼠总体呈偏轻发生，局部中等。病虫草鼠发生面积3.36万公顷（50.4万亩）次，防治面积2.28万公顷（34.2万亩）次。病虫害发生面积2.75万公顷（41.25万亩）次，防治面积2.1万公顷（31.5万亩）次。挽回损失4.75万吨，实际损失0.21万吨。其中，玉米病虫害发生程度总体偏轻，局部中等，病虫发生面积8366.66公顷（12.55万亩）次，防治面积4866.66公顷（7.30万亩）次。蔬菜病虫害呈中等发生，发生面积5000公顷（7.5万亩）次，防治面积4700公顷（7.05万亩）次，比上年增加666.66公顷（1万亩）次。果树病虫害发生较上年早3至5天，持续时间长。发生面积5266.66公顷（7.9万亩）次，防治面积4666.66公顷（7万亩）次。主要发生在郊区西南舁果树种植区，其他苹果种植区均有不同程度发生。马铃薯病虫害发生面积3246.66公顷（4.87万亩）次，防治面积2733.33公顷（4.1万亩）次，比上年略为减少。主要发生在盂县中部及东梁、西烟等马铃薯种植区。杂粮作物病虫害发生面积3520公顷（5.28万亩）次，防治面积3133.33公顷（4.7万亩）次。发生期比上年略迟，病虫中等发生，比上年略轻，病害重于虫害，病害发生面积1120公顷（1.68万亩）次，防治面积1333.33公顷（2万亩）次，均比上年略低。暴发性虫害二代黏虫轻发生，发生面积433.33公顷（6499.95亩）次，防治面积666.67公顷（1万亩）次。年内，全市开展农作物病虫害专业化统防统治，打造优质农产品绿色防控品牌基地，推广生态调控、理化诱控、生物防治等绿色高效技术模式，利用健康栽培、植物诱集、防虫阻隔、灯诱、色诱、性诱、天敌和生物农药等关键技术，主要果树病虫绿色防控覆盖率50%，生物农药使用率60%以上。引进植保无人机10台，高地隙喷杆喷雾器3台，高空测报灯2台。高效植保防控器械的使用，实现超低容量喷雾，减少农药使用量，有效控制病虫害蔓延。 （李晓东）

【绿色防控示范区建设】 2022年3月7日，阳泉市印发《2022年农作物品种试验和筛选展示示范项目实施方案》，开展农作物新品种试验筛选展示示范评价工作，建立省市级绿色防控示范区，建设玉米绿色增产增效示范项目。其中，省级绿色防控示范区5个，分别是郊区西南舁村、霍树头村、大西庄村、北舁村和咀子上村；市级绿色防控示范区4个，分别是郊区上白泉农业园区、王家庄樱桃农业园区、平定东回梨树农业园区、南后峪果树农业园区。完成5000亩高标准绿色防控示范区建设，农药使用量连续三年负增长。果园绿色防控形成以示范核心区为主的果园绿色防控样板，防控面积13.33公顷（199.95亩），辐射面积666.66公顷（9999.9亩），推广频振式杀虫灯、捕食螨、黄板、迷向丝、黏虫胶带、生物农药等应用设备，农业综合病虫防治措施应用面积666.66公顷（9999.9亩）。完成中晚熟玉米区试、玉米生试、大豆区试、大豆生试、玉米试验共5个试验项目11点，品种数156个，试验面积2公顷；完成中晚熟普通玉米筛选、玉米展示示范、大豆展示示范、谷子展示示范4个项目，品种142个（次），试验面积12公顷（180亩）；完成省级玉米大豆间作带状复合种植技术展示、市级玉米大豆间作带状复合种植技术展示、玉米品种展示、玉米田间种植结构优化技术展示、农场主栽品种展示15公顷（225亩）。M1573、先玉1620、大丰1407、沃峰969四个玉米品种在全市范围内示范推广种植。盂县在西潘乡、西烟镇一带集中连片建设玉米绿色增产增效示范项目77.86公顷（1167.9亩），项目区玉米平均亩产645.8千克，亩增产45.8千克，增幅7.6%。总增产5.35万千克，增收13.9万元。项目区亩施用化肥用量70千克，化肥使用量减少12.5%。 （李晓东）

林草业

【概况】 2022年6月20日，阳泉市发布《关于加强林草湿资源保护和发展工作的令》，出台《阳泉市全面推行林长制的实施方案》，全市林草面积8000公顷，比上年增长51.8%，林草业总产值10.21亿元，其中人工造林面积7700公顷，增长49.3%。木材产量538立方米。育种育苗面积1100公顷。四旁（零星）植树520万株。全市各级林长1127名全部上岗，其中市级林长9名、县级林长47名、乡级林长300名、村级林长762名、市县国有林场林长9名。森林经营试点任务33.33公顷和森林抚育任务186.67公顷，干果和特色经济林面积2.1万公顷，完成育苗任务25.5万公顷。全面进行森林草原防火宣传，发放防火宣传资料2000余份，

宣传手册400余份，并开展森林草原防火签名活动。（陈红莎）

【林政管理】 2022年，阳泉市开展违法破坏森林资源案件查处整改"清零"专项行动，对2013至2021年发生的245件违法违规破坏森林资源案件逐一进行排查梳理，未查处、未整改问题得到全部解决。办理违法违规破坏森林资源案件56件，罚款183.86万元。开展"乡镇书记话防火"专访、森林防火"宣传＋培训""全村无火，户户抽奖"等活动。开展林区输配电设施火灾隐患专项排查治理行动，查处线路隐患136处。强化防火专业队伍建设，市防火专业队荣获2022年度全省森林草原防灭火综合演练暨技能比武一等功。（陈红莎）

【造林育林】 2022年，阳泉市通过人工造林、飞播造林等方式，完成国土绿化8047公顷、草原改良任务667公顷，并全部落地上图。启动为期4年、总投资4.94亿元的太行山生态保护和修复重点项目工程，项目位置在盂县、平定县，工程总面积9.32万公顷，首批中央预算资金5361万元。其中，人工造林2万公顷，退化林修复1.32万公顷，飞播造林2367公顷，封山育林8333公顷。完成总投资3774.8万元，造林绿化126.67公顷的魏家峪环城绿化二期工程。城区戈台村、郊区千亩坪村、平定甘泉井村、娘娘庙村4个行政村被列为省级森林乡村奖补项目重点建设。（陈红莎）

【草原改良】 2022年，阳泉市人工种草2667公顷，草原改良4.67万公顷。林草部门依据工程区气候及土壤特点，筛选适应性强的播种品种，主要有紫花苜蓿、多花黑麦草、无芒雀麦、小冠花等部分乡土品种，分布在盂县下社乡、西潘乡。根据播种地块植被类型、盖度、退化程度确定混播比例，并依据播种牧草的出苗监测情况，完成49个地块，1万千克人工草种播种666.67公顷。（李　智）

【林业产业化】 2022年，阳泉市落实产业化项目2个。天然连翘林标准化抚育技术示范项目，争取资金15万元；皂荚栽培技术示范项目，争取资金15万元。全市新造和补植补造病枯死松树形成块状造林地、天窗空地2800亩，开展造林绿化空间调查评估工作，完成人工造林6.8万亩。全市高产经济作物核桃、连翘、红枣、柿子等，种植面积30万余亩。东坳村核桃示范园、平定县宋家庄核桃示范园、盂县计文专业合作社核桃示范园3家示范园获山西省第四批省级干果经济林示范园称号。盂县百峰生态农业科技有限责任公司以规模生产核桃油系列产品带动产业发展，主要有核桃采摘、核桃油加工、建设农事体验区、核桃科普园、创意核桃工作坊等功能体验区，年产核桃油300吨，带动农民增收80户。（李　智）

【干果经济林】 2022年，阳泉市干果和特色经济林面积2.06万公顷，主要种植品种为核桃、红枣、柿子、花椒等，其中核桃面积1.53万公顷、连翘面积4000公顷、花椒面积386.67公顷。种植干果经济林成为全市农民致富增收的重要途径之一。建成山西欢乐喝彩食品有限公司、山西绿野食品有限公司、阳泉市兴农农业科技有限公司等一批经济林加工龙头企业，增加干果经济林产品附加值，提升经济效益。（陈红莎）

【林业外来入侵物种普查】 2022年，阳泉市有序推进外来入侵物种普查工作。6月30日，《阳泉市森林、草原、湿地生态系统外来入侵物种普查工作实施方案》印发，成立阳泉市林草湿地生态系统外来入侵物种普查领导小组，聘请山西农业大学作为技术支撑单位，组建市县两级普查队伍，并全部录入系统。开展市级外来入侵物种普查工作培训，提高实际操作能力。年内，全部完成森林草原湿地生态系统外来入侵物种普查。（陈红莎）

畜牧业

【概况】 2022年，阳泉市主要畜禽生产稳步向好，全市畜牧业总产值16.8亿元，比上年增长4.3%。肉蛋奶产品产量保持增长。全市肉类总产量3.24万吨，比上年增长16.2%；禽蛋总产量4.34万吨，比上年增长12.66%；奶类总产量0.55万吨，比上年增长29.89%。生猪存栏18.31万头，比上年减少4.76%，出栏30.85万头，比上年增长10.55%；牛存栏1.24万头，比上年增长21.4%，出栏4500头，比上年增长13.31%；羊存栏11.9万头，比上年增长8.28%，出栏7.5万头，比上年增长42.06%；家禽存笼324.2万只，比上年增长12.51%，出笼225.76万只，比上年减少1.22%。全市申报通过国家级、省级生猪产能调控基地各3个。按照扶优扶强的原则，重点扶持国家级、省级生猪产能调控基地3家，全省标准化屠宰企业提质改造1家。以阳泉市天龙生态农业有限公司"5G+智慧"蛋鸡养殖为龙头，鼓励新型农业经营主体带动中小养殖户开展专业化生产。开展畜禽养殖标准化示范创建和屠宰标准化示范创建活动。截至年底，全市畜牧业省级龙头企业10个、市级龙头企业9个、规模养殖场235个。其中年出笼500头以上的养猪场136个，年出笼100只以上的养牛场30个，存笼万只以上的蛋鸡肉鸡养殖场53个。（时晋生）

【蛋鸡养殖】 2022年，阳泉市蛋鸡存笼285.9万只，鸡蛋产量3.49万吨，比上年增长 8.3%，年产值 3.5 亿元。蛋鸡养殖规模化标准化水平逐年提升，全市蛋鸡养殖规模化率 90%以上，存笼 1 万只以上蛋鸡规模养殖场 54 家，其中存笼 5 万只以上蛋鸡规模养殖场 17 家。阳泉市华晟农业有限责任公司评选为 2022 年农业农村部畜禽养殖标准化示范场，全市部级蛋鸡畜禽养殖标准化示范场 3 家。高新区黑土岩村凭借业态优势启动 50 万只蛋鸡养殖项目。雨下沟村建成 1 万只蛋鸡养殖场，一期投资 120 万元，经营一期蛋鸡养殖，实现年收入 90 余万元，总投资 138 万元的蛋鸡养殖二期续建项目主体建设完工。 （时晋生）

【生猪养殖】 2022 年，阳泉市猪肉产量 1.75 万吨，比上年增长 6.79%；生猪存栏 14.25 万头，比上年增长 10%，其中能繁母猪存栏 1.22 万头，比上年增长 9.98%，出栏 22.97 万头，比上年增长 3.79%；申报通过国家级生猪产能调控基地 3 个、省级生猪产能调控基地 3 个。市级财政投入 120 万元，重点扶持全省标准化屠宰企业提质改造 1 家。构建生猪监测预警机制，建立规模养猪场（户）信息备案管理和生产月度报告制度，推进生猪产业链监管监测信息一体化建设。 （时晋生）

【牛羊养殖】 2022 年，阳泉市牛存栏 8800 头，其中奶牛 1200 头，出栏 3000 头，牛肉产量 489.29 吨；羊存栏 8 万只，出栏 5.26 万只，羊肉产量 77.27 吨。全市瞄准肉牛、肉羊产业发展潜力，发展草食畜牧业，新建和改扩建肉牛标准化规模场 4 家，牛、羊规模化水平得到明显提升，全市存栏 100 头以上的肉牛场 30 家、奶牛市场 2 家，年出栏 500 只以上的羊场 14 家。 （时晋生）

【动物卫生监督检查】 2022 年，山西省太旧高速公路旧关动物防疫监督检查站完成迁址重建和指定道口查验工作。旧关动物卫生监督检查站共查验动物及动物产品运输车辆 164 辆。其中，检查生猪 6261 头，生猪产品 23.66 万千克；牛 2269 头；羊 3682 只，羊产品 1.17 万千克；禽 3.2 万只，其他动物 17 头。 （李晓东）

【动物疫病监测】 2022 年，阳泉市完成省级监测抽样任务。配合省动物疫病预防控制中心开展省级非洲猪瘟专项监测采样及省春秋防现场采样工作。共采集包括血清、拭子、全血、淋巴、环境样品等 2670 份；开展市级春秋两季集中监测。7 月、12 月分别开展全市春秋重大动物疫病集中监测，在全市 6 个县（区）抽检各类养殖场（户）106 个。其中养禽场（户）34 个，养牛场（户）17 个，养羊场（户）25 个，养猪场（户）30 个。采集各类样品 3702 份。其中，血清学样品 1714 份，病原学样品 1988 份；开展实验室监测 9701 份次。分别对高致病性禽流感（H5N1、H7N9）、鸡新城疫、口蹄疫（O 型、A 型）、猪瘟、高致病性猪蓝耳病、小反刍兽疫、猪伪狂犬等 7 种疫病进行免疫抗体监测；对口蹄疫、猪伪狂犬、非洲猪瘟 3 种疫病进行感染抗体检测，对禽流感、新城疫、口蹄疫、小反刍兽疫、非洲猪瘟 5 种疫病进行病原学监测。 （李晓东）

【重大动物疫病防控】 2022 年，阳泉市养殖场落实引种检疫、落地隔离报告制度，在春秋集中防疫期间，组织开展全市“大清洗、大消毒”专项行动，强化对规模养殖场、屠宰场及动物运输车辆消毒灭源工作。调拨发放消毒液 15.1 吨，出动消毒人员 1891 人次，消毒运输车辆 409 台（次），消毒面积 175.5 万平方米。发放 6 大类 7 种强制免疫疫苗 2346.54 万毫升（头份、羽份），免疫各类畜禽 1260.31 万头（只）。其中，高致病性禽流感疫苗 225.5 万羽份，免疫禽类 578.56 万只；猪瘟疫苗 83.32 万头份，免疫猪 27.06 万头；猪口蹄疫 O 型灭活疫苗 90 万毫升，免疫猪 25.77 万头，口蹄疫 O 至 A 型二价灭活苗 52.5 万毫升，免疫牛 1.78 万头，免疫羊 20.87 万只；鸡新城疫苗 1829 万羽份，免疫鸡 568.51 万只；小反刍兽疫疫苗 29.94 万头份，免疫羊 19.67 万只；布鲁氏菌病

2022 年 5 月，盂县西潘乡羊泉村蛋鸡养殖场饲养员在精心饲养管理

（市农业农村局 供图）

苗 36.28 万头份，免疫羊 17.34 万只，免疫牛 0.75 万头。应免动物全部免疫，群体免疫率 90%以上。全市无区域性重大动物疫情，畜牧业生产形势平稳。（李晓东）

【屠宰管理】 2022 年，阳泉市开展生猪屠宰环节官方兽医派驻和非洲猪瘟自检工作，“瘦肉精”抽检 6292 头份。全市 3 个定点屠宰场检疫屠宰生猪 58815 头、动物产品 470 万千克，保障生鲜猪肉市场供应。（李晓东）

【饲料兽药安全监管】 2022 年，阳泉市开展“双随机、一公开”（在监管过程中随机抽取检查对象，随机选派执法检查人员，抽查情况及时向社会公开）饲料生产企业现场监督检查和饲料质量安全监督抽检，完成监督抽检 200 批次。推进饲料粮减量替代，完成青贮玉米种植面积 266.67 公顷。其中，平定县 113.33 公顷，盂县 153.34 公顷。强化兽药质量安全监管，开展兽药不达标企业专项清理行动、兽用抗菌药使用减量化行动、水产养殖规范用药科普下乡等专项行动。完成兽药、饲料、猪肉、鸡肉等样品抽检 156 个批次，全部合格。（李晓东）

【畜禽粪污资源利用】 2022 年，阳泉市开展畜禽粪污资源化利用工作，督促指导规模养殖场制订年度畜禽粪污资源化利用计划。内容包括养殖品种、规模以及畜禽养殖废弃物的产生、排放和综合利用等情况，并指导畜禽规模养殖场把畜禽粪污资源化利用情况作为养殖档案的重要内容，确保畜禽粪污去向可追溯。截至年底，全市养殖场 20 家，其中平定县 5 家，郊区 5 家，盂县 10 家。完成全市养殖场直联直报系统备案工作，规模养殖场粪污处理设施装备全部配套到位，畜禽粪污综合利用 93%以上。（李晓东）

渔　业

【概况】 2022 年，阳泉市水产养殖以流水池塘为主，养殖水面 54 公顷。养殖品种主要有罗非鱼、鲈鱼、鲟鱼、金鳟虹鳟、草鱼、鲤鱼等。总产量为 895 吨，产值 2454 万元，位列全省第九。娘子关的冷泉水、梁家寨的地热水和众多的小泉小水，可利用水资源丰富。从大同、忻州等地引进一批渔业生产技术人才。全省最大的鲟鱼繁殖基地在平定县娘子关镇，以水质资源中硒含量丰富为基础发展鲈鱼、鳜鱼等的繁育基地。（武新钢）

【淡水养殖】 2022 年，阳泉淡水养殖以山西娘子关渔业有限公司为龙头，以鲟鱼、罗非鱼、鲈鱼为主，养殖面积 16.67 公顷，从业人员 200 余人。渔业产量 70 万千克，实现销售收入 1600 万元。年内，娘子关镇的淡水鱼养殖采用健康水产养殖模式，严格执行无公害水产品生产标准，进一步完善质量控制技术管理规程，建立起水产养殖生产日志、科学用药记录等制度，定期开展水质检测与饲料、药品监测，并对渔业产生的废弃物及时进行无害化处理，实现养殖环境、养殖技术和管理方式的标准化生产。（王晓慧）

【渔业政策扶持】 2022 年 3 月 2 日，阳泉市制定《阳泉市渔业高质量发展行动方案》《阳泉市渔业高质量发展行动计划》，与苏州硒谷、山西农业大学功能研究院的专家团队共同制定《阳泉市富硒鱼试验生产方案》，依据全市富硒的资源优势，把生产富硒鱼作为渔业发展的突破口，提高渔业水产品的附加值。（李晓东）

【渔业安全生产】 2022 年，阳泉市开展渔业安全生产监督工作。对盂县树平养殖有限公司的集装箱养鱼的电路设施、供氧设施进行安全排查，检查隐患问题 3 个，并完成整改落实；对盂县汇龙水产养殖专业合作社雨季排水和尾水排放进行督查，督促增加尾水池芦苇的种植面积，确保尾水排放达标，配备雨季值班人员人数，保证渔场安全度过雨季。（武新钢）

【渔政执法】 2022 年 3 月 16 日，阳泉市印发《阳泉市“渔政亮剑 2022”专项执法行动实施方案》，组织开展渔政领域专项执法行动。重点对水产养殖企业和水生野生动物经营利用企业进行执法检查，检查企业 9 个。检查中发现部分企业存在相关证照未按时年检、进销台账不完善、备案不及时等问题，执法队员对相关主体下达具体整改要求。在辖区水库和沿滹沱河周边开展禁渔期内打击非法捕捞专项巡查 4 次。（陆　达）

种　业

【农作物种质资源普查】 2022 年 3 月，阳泉市制订印发全市农业种质资源普查方案，明确任务、细化分工。对全市 134 份农作物种质资源进行保护性培育，开展畜禽、水产、微生物种质资源重点调查，平定县、盂县、郊区出动农技人员 200 余名，走访 80 余个村庄，访问 200 余户农户，征集农作物种质资源 179 份，并发现部分玉米、谷子等存在消失风险的种质资源。（李晓东）

【种业振兴行动】 2022 年 2 月 16 日，阳泉市成立种业振兴行动领导小组，印发《阳泉市种业振兴行动工作推进机制》《2022—2023 年阳泉市种业监管执法年活动方案》《2022 年阳泉市农业种质资源普查工作方案》等。种质资源保护利用行动中，开展畜禽、水产、微生物种质资源重点调查和晋汾白猪、盂县黑山羊等本地品种培育试验示范工作。3月1日，市农业农村局通过官方网站发布农业生产主推品种。各县(区)农业农村局结合辖区农业生产实际，做好主推品种的宣传推广工作，引导广大农业生产经营者科学选用优良品种、适用技术。培育具有市场竞争力的种业龙头企业，建立重点优势企业“一对一”联系机制，实现“一企一策”精准帮扶。强化种业知识产权保护，严厉打击假冒伪劣、套牌侵权等种业违法行为，查处案件30余个。（李晓东）

【林业育苗】 2022年，阳泉市引导农民使用植物组培、扦插嫁接、大棚育苗等技术手段，先后派出三批人员到北京考察学习先进育苗技术，缩短育苗周期，提高种苗成活率。育种苗任务1000公顷，实际完成育苗任务1133公顷，任务完成率113%。其中，平定县完成333公顷，盂县完成667公顷，郊区完成133公顷。全市育苗产值9980万元，其中平定县育苗产值1980万元，盂县育苗产值6700万元，郊区育苗产值1300万元。（陈红莎）

【种子质量监督】 2022年，阳泉市正式实行种子经营网上备案制度。备案经营户122家，品种328个，备案品种数量30余万千克，种类包括玉米、谷子、大豆、马铃薯、蔬菜等，涉及种子生产厂家178家。市农业农村局联合县(区)种子管理人员100余人对5个农业县(区)农作物种子质量市场进行检查。检查组对60余个门店进行抽查。其中，抽取种子标签70余个、玉米样品20份，涉及生产厂家19家。主要检查种子经营门店资质、种子进销货台账、品种备案、种子标签检查、未审先推情况等，种子检查结果全部合格。（李晓东）

【畜牧业种业】 2022年，阳泉市建立畜牧业育种联合体，利用分子育种、基因选育等现代育种手段，开展畜牧业良种联合攻关，改良地方品种。扶持平定丰吉生猪人工改良良种服务中心畜禽核心育种场、良种扩繁推广基地和核心种公畜站建设。加强基层猪人工改良技术推广建设，完善冷链运输体系，为畜牧业种业性能测定、良种登记等工作提供技术支撑。服务中心存栏种公猪183头，共2个品系，4个品种，包括晋汾白猪、大白猪、长白猪、杜洛克猪，提供改良用精20万份。猪人工改良技术辐射600余村、养猪场户2300个，为生猪人工改良用精场户增加养殖效益3600余万元。年内，农业农村部种畜品质监督检验测试中心对服务中心种公猪精液品质进行两次抽检化验，各项指标全部合格。（时晋生）

【渔业种业】 2022年，阳泉市水产养殖以流水池塘为主，养殖水面54公顷。养殖品种主要有罗非鱼、鲈鱼、鲟鱼、金鳟、虹鳟、草鱼、鲤鱼等。年内，开展畜禽水产种质资源普查工作，1月4日，制定《阳泉市第一次水产种质资源普查实施方案》，组织专业技术人员参加全省农业种质资源普查培训，在全国水产种质资源普查系统中录入完成10家水产养殖场信息，共32个物种，其中平定3家，盂县6家，矿区1家。（武新钢）

2022年3月23日，阳泉市农业部门工作人员在平定县种子市场进行抽检工作
（市农业农村局 供图）

农业机械化

【概况】 2022年，阳泉市农业机械化总动力38.69万千瓦。农业机械保有量提升，全市拖拉机保有量9683台，其中大中型拖拉机1943台、小型拖拉机7740台、拖拉机配套农具8953部。全市综合机械化水平71.88%，机耕面积4.7万公顷，机播面积4.72万公顷，机收面积2.32万公顷，其中玉米机收面积2.20万公顷、大豆机收面积533.33公顷、马铃薯机收面积667公顷。全市机械深耕面积8133.33公顷，机械化农作物秸秆还田面积2.6万公顷。完成高标准农产品产后处理及初加工装备技术示范项目6个，其中省级1个、市级5个。购置新型、高效、节能农副产品加工机械90台，加工新装备新技术培训160人次。（高永寿）

【农机社会化】 2022年，阳泉市农机专业合作社66个，农机户7554个、农机维修厂及维修点42个，乡村农机从业人员3.08万人。召开新技术、新机具现场会8次，新技术、新机具培训340人次。通过培优培强，引导合作社努力提高装备水平和服务能力，完成农机化新型经营主体提档升级1个，培育省级农机示范社场户3个，市级示范社场户4个。 (高永寿)

【农机购置补贴】 2022年，阳泉市使用农机购置补贴资金452.90万元，补贴农机具495台，受益农户296户。主要补贴的农业机械有动力机械141台、收获机械105台、耕整地机械139台、种植施肥机械80台、畜牧机械30台。在农机购置补贴办理过程中，推广应用手机App来提升补贴办理的信息化水平和服务效能。 (高永寿)

【农机质量监督】 2022年，阳泉市开展“稳粮保供，提质护农，农机3·15”消费者权益日宣传活动，发放“农机3·15”活动倡议书、农机质量投诉服务指南和农机用户购机指南，现场解答农机辨假识假、农机使用维修保养、农机购置补贴和农机质量投诉流程等农民关心的重点问题。活动期间散发宣传资料5000余份，接受群众咨询100余人次。 (高永寿)

【大葱全程机械化生产试验】 2022年，阳泉市在盂县秀水镇南村设立大葱全程机械化示范点，引进大葱起垄机、大葱移栽机、覆土机、大葱收获机、大葱育苗播种机，进行大葱全程机械化试验示范，实现大葱从育苗、起垄、移栽、覆土、收获全程机械化生产，示范面积5.33公顷，亩产3000千克。大葱全程机械化示范点的设立为全市大葱生产起到典型引路的示范效应，填补大葱全程机械化技术空白。 (高永寿)

【农机执法资格培训】 2022年9月3日至4日，阳泉市农机中心和市行政审批局联合开展农机执法资格培训，就农机安全生产责任制落实、农机安全隐患排查、农机安全生产宣传教育、农机报废更新补贴工作等方面进行培训。培训内容包括相关农机安全监管法律法规、业务知识、农机安全生产责任制落实、农机安全隐患排查、农机安全生产宣传教育、农机报废更新补贴工作等。市行政审批局和平定、盂县、郊区、城区、矿区、高新区行政审批部门行政执法人员45人参加培训。 (张润生)

2022年6月7日，盂县秀水镇南村开展大葱机械化种植 (市农业农村局 供图)

【农机化新型经营主体提档升级试点建设项目】 2022年，阳泉市农机化新型经营主体提档升级试点建设项目由平定县祥耀农机专业合作社承担实施，项目总投资50万元。项目包括智慧农机建设、农事综合服务基础设施建设、农机社会化服务从业人员培训3个部分。年内，购置智能化、数字化设备7台(套)，农事综合服务基础设施面积231平方米，综合性车间设施集农资、展示间和农产品初加工为一体，引导和扶持试点农机合作社向产前、产后服务延伸。 (张润生)

【智慧农机信息服务管理系统】 2022年，阳泉市开展智慧农机信息服务管理系统建设，总投资20万元。5月18日，全市智慧农机信息服务管理系统建成并投入使用。建设内容由市农机作业全程监测系统、市智慧合作社管理系统、市掌上农机手机端组成。智慧农机信息服务管理系统按照“互联网+农机”的发展思路，与山西省智慧农机信息管理平台对接，完成智慧农机监测、大数据分析、宜机化管理等系统功能设计及硬件设备检查。 (张润生)

农业科技

【新型农机推广补助项目】 2022年，阳泉市实施新型农机推广补助项目。项目任务重点放在特优农产品机械化、设施农业机械化、林果业、蔬菜、马铃薯全程机械化、农林交错丘陵山区机械化秸秆还田、大豆玉米带状复合种植机械化、农村油坊磨坊升级改造、农机社会化服务建设等方面，项目补助资金 110 万元。在新型农机推广补助项目带动下，全市首次引进大豆玉米播种一体机、大豆收获机、高粱收获割台、玉米茎穗兼收获机、大葱种植全套机具、饲料膨化机、无人驾驶拖拉机 7 类农具。 （张志国）

【大豆玉米带状复合种植技术】 2022 年，阳泉市首次推广大豆玉米带状复合种植技术，全面做好面积落实、种子供应、机具保障、技术服务、宣传引导等工作。3 月 3 日，出台《阳泉市大豆玉米带状复合种植实施方案》，投入大豆专用播种机 21 台，玉米专用播种机 6740 台，培训各类经营主体 670 人次。发挥“三队”包联（省市县三级联动，组建专家团队、项目工队、营销战队）技术优势，进村入户开展政策技术宣讲服务 800 人次，联系对接省“三队”包联专项服务小组开展实地指导 30 人次。市级安排专项资金用于病虫害防控药剂。全市大豆玉米带状复合种植播种 2013.33 公顷，超出省定任务 13.33 公顷，完成任务 101%，大豆玉米协同高产，亩增收 500 元左右，共涉及 23 个乡镇、194 个村、151 个新型经营实施主体、2565 户散户。 （李晓东）

【农业技术推广】 2022 年 5 月 12 日，阳泉市制定《阳泉市甘薯生产技术指导意见》《阳泉市大豆玉米带状复合种植病虫害防控技术方案》《阳泉市农作物重大病虫害防控技术方案》《阳泉市化肥减量增效工作指导意见》，发布全市农业生产主推品种，全面推广应用病虫害绿色防控、农药减量控害、化肥减量增效等技术模式。在生长关键期组织市、县技术人员 30 余人对玉米、大豆、马铃薯等病虫害防治技术进行指导，督促制订相关措施，保障粮食生产安全。 （刘 园）

【渔业技术指导包联】 2022 年，阳泉市成立渔业高质量发展技术指导小组，由局党组书记、局长任组长，分管领导任副组长，副高级以上、专家相关科室负责人为成员的技术服务小组，包联指导全市渔业产业项目。协助成立渔业协会，邀请专家学者讲授渔业水产的新知识新技能、交流渔业水产市场的新动态和潮流，合力应对市场风险。 （李晓东）

2022 年 10 月 14 日，盂县东梁乡南蒋村村民使用玉米茎穗兼收收获机收割玉米
（市农业农村局 供图）

农业园区

【盂县国家农村产业融合发展示范园】 2022 年，国家发展改革委、农业农村部等五部委公布第三批国家农村产业融合发展示范园认定名单，以山西华北弈丰生态园有限公司为建设主体的阳泉市盂县国家农村产业融合发展示范园位列其中。盂县现代农业产业园智慧连栋温室大棚是示范园打造的重点项目之一。项目建设包括智慧连栋温室基础、智慧连栋温室主体结构、覆盖材料、自然通风系统、外遮阳系统、内保温幕系统等，3 座大棚的主体钢结构基本完成，分别进入内外部环境打造阶段。围绕农业科技、动物科普等相关课程，青少年综合实践教育基地重点建设科技、工业、农业 3 个专业教室。华北奕丰生态园携手周边村庄共同兴建元吉醋厂、特色采摘园等项目，初步形成以健康养殖、功能杂粮、休闲旅游为主导产业，由良种到品牌营销的全产业链发展格局，惠及周边农民 2 万余人。 （史立新）

【白羊墅生态循环农业产业基地】 2022 年，白羊墅村以“合作社 + 基地 + 农户”的发展模式，确立生态循环农业产业项目，由润梓种植专业合作社牵头，引进专业种植人员 31 人，打造种植基地。白羊墅村确立生态循环农业产业项目，建设莲藕种植基地、大棚无花果种植基地、黄花菜种植基地、小高粱种植基地。引导村民种植红薯，由村集体统一收购。生态循环农业项目一期工程竣工，有机肥加工厂建成并投入运营。 （周崇祯）

【大村现代农业园区项目】 2022 年，阳泉矿区大村村依托“草莓种植”“民宿文化”“产业创新”“生态

休闲”“智慧医养”五大区域，规划推进大村现代农业产业园区项目。五大区域以特色农业为基础，以农业采摘为延伸，以休闲农业为主线，以农产、农贸、农旅、农养四大板块为核心，形成一、二、三产业融合发展的产业体系。3月，作为大村农业产业园区的二期工程“民宿文化园”开工建设，在搬迁居民留下的老旧院落和窑洞基础上，建成12个小院，60间窑洞的民宿风情园，打造与上年建成的一期项目“草莓种植区”连成一片、相互衬托的绿色生态环境。园区项目带动周边农村剩余劳动力就业50余人，增加灵活就业岗位100余个。（史立新）

农业产业化经营

【农业企业规模】 2022年，阳泉市注册登记农业企业725个，其中规模以上农业产业化企业90个。包括种植业15个、畜牧业18个、加工业33个、休闲农业13个、综合8个、流通3个。（李晓东）

【农业产业化引导】 2022年8月2日，阳泉市印发《阳泉市农业产业化重点龙头企业申报认定和监测管理办法》《关于加快培育新型农业经营主体高质量发展的实施方案》，规划和指导农业龙头企业的培育发展。引导农业生产单位根据自身生产特点注册成立农业企业，引导农业企业建设品质优良、特色明显、附加值高的优势农产品示范基地，建立国家、省级农业产业化重点龙头企业推荐库。组织申报省、市级农业产业化重点龙头企业。根据省级龙头企业的认定标准建立推荐库，开展省重点龙头企业递补，把经济实力强、联农带农紧、现代化水平高的企业纳入省级重点龙头企业队伍。年内，全市有1家省级重点农业龙头企业进入国家重点龙头企业递补库，7家市级农业龙头企业递补为省级重点龙头企业，有50家农业企业认定为市级龙头企业，净增19家。（李晓东）

【农业产业化联合体 “链主”企业培育】 2022年，阳泉市与相关金融机构深化交流合作、加强信息资源共享，建立多级联动的工作机制。引导和协调各类金融机构创新供应链信贷产品。培育农业产业化联合体和“链主”企业。联合农民合作社、家庭农场积极跟进，社会化服务组织广泛参与，认定4个农业产业化联合体，认定1条农业全产业链省级重点链。（李晓东）

【家庭农场】 2022年，阳泉市家庭农场共660家。通过县级申报、市级专家评审，评选出平定县恒源家庭农场等11个家庭农场为市级示范农场；盂县文科家庭农场等10家被推荐为省级示范家庭农场，其中平定6家、盂县4家，11月全部通过省农业农村厅评审。（杜艳芬）

【农村合作社】 2022年，阳泉市开展农民合作社市场主体倍增推进工作。全市农民专业合作社2798户，比上年净增397户，增长16.53%。其中，平定1026户，盂县1476户，郊区186户，城区30户，矿区27户，高新区53户。通过县区评审推荐、市级复核，平定县嘉禾种植专业合作社、盂县晟睿种植专业合作社被评选为国家级农民合作社示范社。（杜艳芬）

农产品质量建设

【农产品质量安全检测】 2022年，阳泉市开展食用农产品“治违禁、控药残、促提升”严查严打行动，完成部级例行监测32批次，省级例行检测180批次、市级定量监测2500批次，监督抽查40批次全部合格。（李晓东）

【农产品品牌建设】 2022年3月2日，阳泉市出台《2022年绿色富硒有机认证、农业品牌创建项目实施

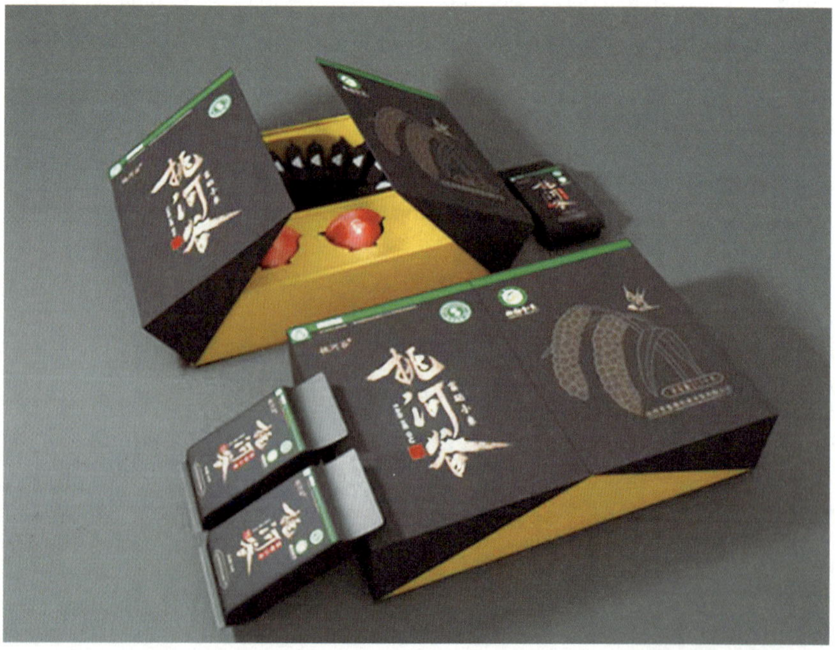

2022年11月，阳泉富硒农业产业试验示范基地之一的山西晋婆婆农业开发有限公司推出“桃河谷”品牌功能农产品（市农业农村局 供图）

指导意见》，共拨付120万元专项资金分别对富硒产品、绿色食品、有机农产品、地理标志农产品、区域公用品牌、“供深基地”（在山西范围内生产经营管理，产品以供应深圳市场为主，经山西省农业农村厅依据相关办法认定，从事农产品生产、加工的基地）、“圳品”（符合供深食品标准体系要求，由企业自愿申报并经评价合格的食品或食用农产品）创建予以支持。山西冠霖农业科技股份有限公司被认定为山西供应深圳农产品基地，入选省域农业品牌有机旱作·晋品3个，获农业农村部认证全国名特优新农产品2个。 （李晓东）

【农产品质量认证】 2022年，阳泉市认证绿色食品企业16家，产品数38个；认证省级功能农产品5个、市级区域公用品牌3个，平定荆花蜂蜜、西回小米、仙人红薯、冠山连翘茶4个产品取得国家地理标志农产品认证，“桃河谷”小米、玉米粉率先入选“圳品”，“谷味天”小杂粮11个品种获有机认证。 （杨智明）

【农产品质量安全监管】 2022年，阳泉市完成部级、省级例行监测和监督抽查252批次，合格率100%。完成市级定量监测2500批次，完成率和合格率全省名列前茅。严格禁限用药物监管，严打违规使用禁限用药物行为。通过组织“3·15”宣传活动、农民丰收节、农产品质量安全宣传周等系列活动，宣讲解读农产品质量安全法规常识，发放涉农法律法规宣传资料40余种，5万余份。 （付泽明）

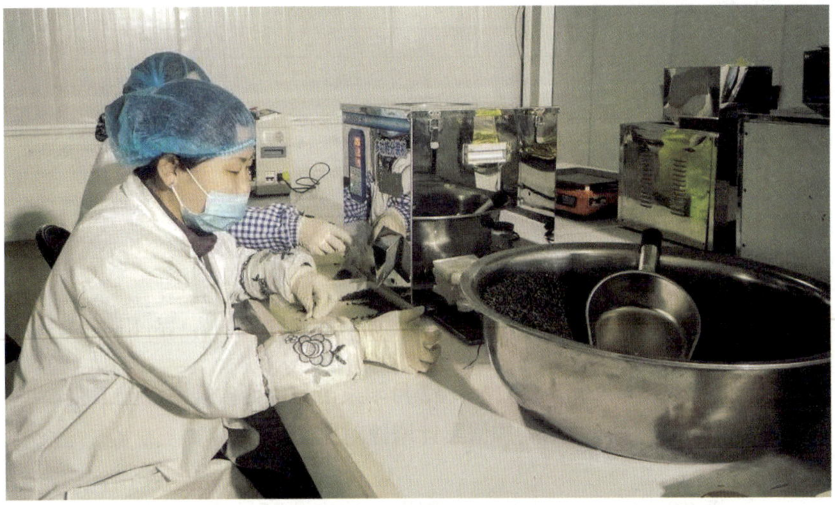

2022年，山西冠霖农业科技股份有限公司的车间工人在包装茶叶

（市农业农村局　供图）

【食用林产品质量安全监管】 2022年7月29日，阳泉市出台《关于做好2022年全市食用林产品质量安全监测工作的通知》《阳泉市2022年度食用林产品质量安全监测方案》，制订全市食用林产品安全监测任务分配表，完成省林草局下达的林产品监测任务150批次任务，各县（区）均按照监测方案把产品和土壤送至河南华测检测技术有限公司进行检验。经检测，全市150批次样品全部合格。 （陈红莎）

【农资安全监管】 2022年，阳泉市开展农资打假专项治理行动，依法打击违法违规行为。开展农资市场专项治理、卫生用农药、限制农药使用、肥料生产专项执法，联合市公安局食品药品犯罪侦查支队开展打击电商平台违规交易农资专项执法行动。检查农资企业370个，出动执法人员1383人次，查办案件24起，罚没收入6.91万元。 （付泽明）

（责任编辑：毕瑾璟　吴国平）

工业

综述

【工业经济运行】 2022年，阳泉市工业经济总体呈现平稳运行发展态势，工业经济运行质量有所提升，企业效益继续好转。全市规模以上工业增加值比上年增长8.7%，增速全省排名第六，较上年前进1位。工业增加值占GDP比重达51.4%，工业增长成为支撑GDP增长的主要驱动力。

工业经济稳定增长 阳泉市规模以上工业增加值完成428.7亿元，同比增长8.7%，高于全省水平0.7个百分点。分隶属关系看，中央企业下降1.1%，占全市比重0.8%；地方企业增长8.8%，占98.2%。分企业规模看，大型工业企业增长8.9%，占60.6%；中型工业企业增长11.6%，占21.1%。

县区“五增一降” 阳泉市县区工业经济增长呈现“五增一降”态势。其中，高新区增长14.9%、矿区增长13.0%、平定县增长8.9%、郊区增长3.8%、盂县增长2.8%、城区下降19.5%。

装备制造业小幅拉动 规模以上装备制造企业54户。按行业分，煤机装备制造企业38户，通用及其他装备制造企业16户。全市装备制造业工业增加值增长5.0%，占全市工业比重2.1%，拉动全市工业增加值0.1个百分点。

企业效益 全市规上工业企业营业收入882.8亿元，同比增长7.6%；每百元营业收入中，成本74.7元，下降0.3%；费用13.0元，下降3.6%。实现利税171.1亿元，增长63.9%；利润

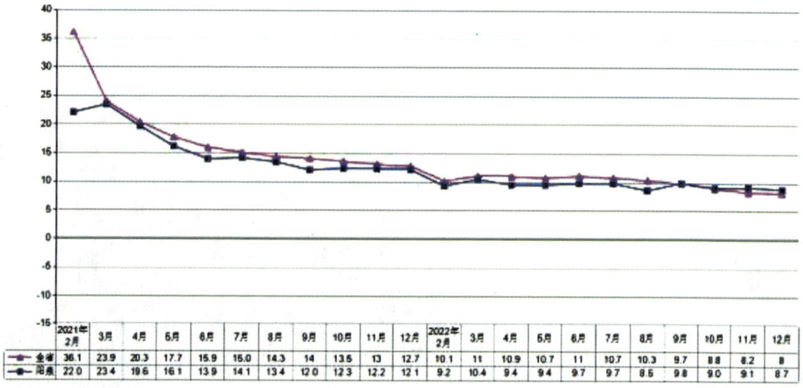

图7 2021年2月至2022年12月阳泉市与山西省规模以上工业增加值累计增速对比图 （市工信局 供图）

表26 2022年阳泉市装备制造行业主要产品情况统计表

产品名称	计量单位	产 量
钢绞线	吨	4832.8
工业锅炉	蒸发量吨	6.7
阀门	吨	7269.9
液压元件	件	2754.0
矿山专用设备	吨	237891.7
变压器	万千伏安	93.6

（市工信局）

总额86.0亿元，增长208.2%；税金总额85.1亿元，增长11.2%。95户企业亏损，亏损面31.1%，较上年同期下降8.9个百分点；亏损企业亏损额38.0亿元，下降22.9%。（李 昊）

【工业经济转型】 2022年，阳泉市工业经济转型呈现如下特点。

规模持续扩大 阳泉市生产总值1012.9亿元，比上年增长3.5%。全部工业增加值520.3亿元，增长6.9%，高于全市GDP增速3.4个百分点；占GDP比重51.4%，较上年提高4.4个百分点；其中制造业增加值增长20.6%，较上年提高16.2个百分点。

新旧动能聚合发力 新生优势产业加速凝聚，新兴产业增势良好。中烨新能源、欧冶链金、华储光电等一批新项目投产达效，带动制造业增长20.6%，高于全市平均水平（8.7%）11.9个百分点；新兴产业不断发展壮大，比上年增长17.0%，高于传统产业（增长7.0%）10个百分点。从行业看，负极材料、有色金属、电气机械制造、金属废料加工等行业均实现两位数增长。

技术改造驱动升级 印发《战略性新兴产业发展壮大工作推进机制》和《传统产业改造升级提质增效工作推进机制》，加大省、市技改资金扶持力度，鼓励企业技术改造，推动战略性新兴产业发展壮大，传统产业改造升级提质增效。全市工业投资增长27.5%，分别比全国（5.1%）、全省（5.9%）、全市（4.5%）高22.4、21.6和23个百分点，其中制造业投资增长53.7%（排名全省第一），制造业技改投资增长45.9%，高技术制造业投资增长222.3%，成为拉动工业投资的重要力量。（李 昊）

【工业运行综合协调服务】 2022年，阳泉市工业和信息化局完善综合协调服务，助力全市工业经济稳中向好。

表27 2022年阳泉市规模以上工业企业效益情况一览表

指 标	完成额（亿元）	比上年增长（%）
营业收入	882.8	7.6
营业成本	656.7	7.1
利润总额	86.0	208.2
利税总额	171.1	63.9
资产总计	3404.0	-6.1
资产负债率(%)	75.7	-2.3
每百元营业收入中(元)	—	—
成本	74.4	-0.3
费用	13.0	-3.6

说明：资产负债率比上年增长单位为百分点，成本、费用比上年增长单位为元

（市统计局）

表28 2022年阳泉市规模以上工业增加值分行业增速一览表

指 标	比上年增长（%）	指 标	比上年增长（%）
规模以上工业	8.7	其他工业	141.7
其中：1.传统工业	7.0	金属废料回收加工业	634.5
煤炭工业	6.4	3.非煤工业	17.0
炼焦工业	-71.1	制造业	20.6
冶金工业	33.4	4.六大高耗能行业	10.5
电力工业	11.8	5.战略性新兴产业	7.1
2.新兴工业	17.0	6.国有控股企业	11.0
化学工业	-6.8	7.大型企业	8.9
装备制造业	5.0	中型企业	11.6
建材工业	-8.1	8.中央企业	-1.1
		地方企业	8.8

（市统计局）

表29 2022年阳泉市规模以上工业主要产品产量及增速一览表

产品名称	单位	产量	比上年增长（%）
石灰石	万吨	919.2	12.7
水泥	万吨	311.1	-13.9
耐火材料	万吨	123.3	-19.6
石墨及碳素	万吨	6.9	7.6
隔热、隔音材料及制品	万吨	3.7	-11.7
原铝	万吨	20.3	33.8
铝材	万吨	12.7	45.0
阀门	吨	7269.9	10.2
矿山专用设备	万吨	23.8	93.1
变压器	万千伏安	93.6	-35.0
食品添加剂	吨	17995.0	8.1
饮料	吨	10516.0	9.5

（市统计局）

工业运行监测调度　贯彻省、市对阳泉市工业经济增长目标要求，结合各县区实际，将省考核主要经济指标分解到县区，科学引导增长预期。副县级干部带队督导，强化目标落实。加强对重点企业生产运行情况监测，按月组织召开工业经济运行分析调度会议，科学研判运行趋势，为全市经济运行调节提供服务支撑。设立建材、耐材、装备、冶金、化工、电子信息6个行业办公室，构建横向到边纵向到底的行业管理模式，对305户规上企业，逐一分析摸排，一企一策精准调度。

干部入企服务　为推动全市工业经济高质量高速度增长，全面完成“补考进位”目标任务，市工信局继续开展入企服务活动。制定出台《关于开展工业和信息化领域入企服务工作的通知》，组建6个入企服务小组，分别由市工信局6位副县级领导任组长，分赴6个县（区）开展入企服务。共梳理市级层面问题77个，解决77个，办结率100%。

电价优惠申报　2022年6月，阳泉市工业和信息化局帮助鹏宝沃特、庚光高温、冠中高温、银宇新材料、日加科技、华储光电、中烨新能源、新泉恒耀钢缆、华盛矿用设备、尊特、骏峰工贸、多氟多、中玮水质、兆丰天成铝材等14户企业申报优惠电价政策。截至年底，全市共有34户企业申报备案或享受战略性新兴电价优惠政策。

医药物资储备保障　阳泉市工信系统重点组织核酸检测耗材等物资采购，保障全市核酸检测工作正常进行，采样耗材最高日库存量达1000万人份。致函协调西安杨森、以岭药业等15家药品生产企业采购退烧药品，陆续向市场供应退烧药品80余万片。多次在时间紧、任务重情况下，连夜组织做好援助吉林、上海、忻州等地医疗队物资调拨保障工作，累计调拨物资400余万元。在疫情波动时，第一时间为各县区补充物资储备，组织国药公司对接生产厂家紧急采购，完成多轮全员核酸检测物资保供工作。结合疫情发生时医药物资需求情况，对《阳泉市医药物资储备目录》进行年度调整，优化储备结构，丰富储备品种。加强企业与医疗机构沟通联系，畅通物资供需对接渠道，组织消杀企业参加全省防疫物资供需对接会。　（李　昊）

【工业赋能育新战略】　2022年，阳泉市实施工业赋能育新战略，围绕4+N产业体系，加快推动工业高质量发展。

申报省级技术改造资金　组织山西新睿磁性技术有限公司高性能软磁铁氧体粉料、软磁磁芯、旋磁材料生产线及电子材料工程研究中心建设项目（一期）申报工业强基专项。山西天和盛环境检测有限公司“第三方环境监测平台建设项目”获得省技改资金122万元。

新材料产业发展推动　开展年度新材料应用示范指导目录征集工作，共征集华阳生物PBAT等6条新产品目录，推进新材料应用示范，解决新材料领域“有材不好用、好材不敢用”难题。推荐贝特瑞申报山西省新材料产业融通创新服务平台。

绿色发展推动　实施重点行业能效提升行动。水泥行业，推动山西亚美建筑工程材料有限责任公司烧成系统、水泥粉磨系统节能技改及余热发电系统项目有序开展，推进山西南娄集团水泥有限公司窑头、窑尾风机变频改造和落后电机淘汰。电解铝行业，推动山西兆丰铝电有限责任公司电解铝分公司实施新型稳流保温铝电解槽节电技术应用改造。组织开展工业企业节能诊断服务，邀请第三方机构免费为重点用能企业开展用能分析，深挖企业节能潜力，提出节能改造建议，促进企业节能降耗、降本增效。开展节水型企业创建活动，会同市水利局、市能源局开展全市节水型企业创建工作，经过县区上报、资料审核，评选推荐食品总厂、裕光电厂等8家企业申报省级节水型企业。推动绿色制造体系建设，会同市发展改革委、市商务局联合推荐阳泉市高新区申报省级绿色低碳循环示范园区。推动固废综合利用项目建设，山西中科泓源环保科技有限公司的资源循环利用研发示范基地建设与山西大地海科环保科技有限公司裕光电厂固废综合处置利用项目有序推进，山西得旺再生

表30　2022年阳泉市规模以上工业战略性新兴产业情况表

指标名称	工业总产值			工业增加值	
	总量（万元）	增速（%）	占比（%）	增速（%）	占比（%）
规模以上工业	9877158	27.9	—	8.7	—
战略新兴产业（制造业）	820463	16.6	8.3	7.1	4.4
其中：节能环保产业	369928	39.2	3.7	25.2	2.7
新一代信息技术产业	3328	2.6	0.03	2.6	0.03
生物产业	73	-97.5	0.001	-96.9	0.0004
高端装备制造业	65658	-24.4	0.7	-24.3	0.3
新能源产业	1134600	-24.7	1.1	-32.4	0.4
新材料产业	268016	38.0	2.7	13.5	1.0

（市统计局）

资源利用有限公司脱硫石膏粉综合利用项目一期建成投产。（李　昊）

【企业技术创新】 2022年，阳泉市坚持创新引领，推动规上工业企业研发活动实现全覆盖，加快技术中心体系建设，加快培育新型研发机构，努力构建一流创新生态。

推动规上企业开展研发　制定《关于推动规模以上工业企业加快开展研发活动的实施方案》，召开专题会议，安排部署研发活动工作；明确任务压实责任，对2022年目标任务进行细化分解，跟踪调度重点企业研发经费投入、研发机构建设完成情况，督促企业实施研发项目；联合统计、科技等部门，组织企业参加研发统计业务培训班，帮助企业做好研发项目资料和数据归集；组织县区工信局，对重点逐户开展一对一帮扶，引导企业按照《研发活动全覆盖指导目录（2021版）》，加快开展研发活动。

创新平台建设　帮助华阳集团、华鑫电气、冀东水泥等3户企业认定为省级技术创新示范企业；帮助兆丰铝电、金隅通达、丛鑫液压3户企业认定省级企业技术中心；会同市科技局、财政局、税务局对企业申报材料进行审查，组织专家召开评审答辩会，联合认定日昌晶新材料、广凯机械等14户企业技术中心为阳泉市第14批市级企业技术中心，提升规模以上工业企业中拥有高端创新平台数量。

争取资金支持　帮助华鑫电气、冀东水泥、阀门股份、河坡发电、晋东化工、华阳集团等6户省级以上企业技术中心申报2021年度省级技改资金创新奖励专项，帮助冀东水泥、华鑫电气2户企业申报省级智能制造示范企业数字经济专项奖补，帮助华阳集团、冀东水泥、华鑫电气等企业申报市级工业发展资金技术创新专项奖励。（李　昊）

产业链建设

【概况】 2022年，阳泉市新能源电池产业链、新型有色金属产业链、新型碳基材料产业链、绿色建材产业链、新型半导体产业链、新型装备制造产业链、光伏装备产业链、数字经济产业链、储能产业链等九大重点产业链规模以上企业66家，全年产值130.7亿元，同比上升26.1%。（李　昊）

【新能源电池产业链】 2022年，阳泉市新能源电池产业链重点是锂离子电池产业链，产品主要有正极材料、负极材料、电解液添加剂等。新能源电池产业链规上企业实现产值16.17亿元，同比增长77.3%。省级新能源汽车产业链链上企业有贝特瑞（负极材料）、多氟多（电解液材料）、鑫升碳素（辅材）、龙川中源耐火（汽车轮毂）。市级产业链链主企业有多氟多（电解液材料）、贝特瑞（负极材料），市级产业链链核企业有正兴有色（正极前驱体）、中烨新能源（负极材料）。市级产业链链上企业有西格里（辅材）、鑫升碳素（辅材）。主要建设项目为多氟多阳福年产2万吨六氟磷酸锂及添加剂项目和1万吨PVDF（正极黏结剂）项目，规划建设二氟磷酸锂、五氯化磷等项目。（李　昊）

【新型有色金属产业链】 2022年，阳泉市新型有色金属产业链规上企业产值62.86亿元，同比上升38.8%。省级铝镁精深加工产业链链上企业有兆丰铝电、兆丰天成。市级链主企业有山西兆丰铝电有限责任公司，链核企业有山西兆丰天成铝材有限责任公司。山西兆丰铝电拥有火力发电装机553兆瓦，在建发电装机容量1320兆瓦，建成“煤—电—铝”和“铝土矿—氧化铝—电解铝—铝深加工”2条完整产业链。从事铝土矿开采的企业有中国（阳泉）矿业有限公司，产能10万吨；阳煤盂县铝土矿公司，产能200万吨（手续正在办理）。从事氧化铝生产的有山西兆丰铝业有限责任公司氧化铝分公司，产能110万吨（停产）；从事电解铝生产的企业有山西兆丰铝电有限责任公司，产能22.5万吨；市属国企山西阳泉铝业股份有限公司，产能6.9万吨（破产，指标待利用）。从事铝产品加工

2022年，华阳集团布局光储网充一体化、建筑光储一体化等新能源产业领域。图为华阳集团华储光电公司光伏生产线　（华阳集团　供图）

的有山西兆丰天成铝材有限责任公司,铝板带产能12万吨。(李　昊)

【新型碳基材料产业链】2022年,阳泉市新型碳基新材料产业实现产值0.54亿元,包括碳基化合物新材料和高端碳材料。其中碳基化合物新材料以华阳新材料科技集团有限公司为龙头企业,主要产品有乙二醇20万吨、尿素40万吨、合成氨24万吨、精甲醇3万吨等年生产能力。在建的有PBAT项目。高端碳材料主要产品有煤层气制金刚石、石墨烯等。链主企业是华阳纤维新材(乙二醇),链核企业有华阳生物降解(PBAT)、新碳超硬材料(金刚石),链上企业有山西碳烯科技(石墨烯)、盂县化工(尿素)、华阳新能(煤层气)、气凝胶科创城(纳米超纯碳)。华阳新材料科技集团有限公司联合清华大学、浙江大学等科研机构建立山西省气凝胶材料工程研究中心。山西华阳生物降解新材料有限责任公司6万吨PBAT原材料项目试车成功,完成产值0.48亿元。(李　昊)

【绿色建材产业链】2022年,阳泉市绿色建材产业链规上企业产值3.26亿元,同比下降1.5%。境内工业固废资源丰富,每年煤矸石产生约1000万吨、粉煤灰产生300余万吨。煤矸石常见综合利用途径有发电、制砖、填沟造地、公路路基铺设等,年利用量220万吨。粉煤灰综合利用主要产品为蒸压砖、加气混凝土砌块、水泥等,年利用量170万吨。绿色建材产业链链主企业有大地海科(粉煤灰、脱硫石膏)、阳中新材(气凝胶)。链核企业有鼎正环保(粉煤灰、脱硫石膏)、中科泓源(煤矸石、粉煤灰、脱硫石膏)、山西得旺(脱硫石膏)。链上企业有17家,分别是山西得旺再生资源利用有限公司、阳泉市太阳石建筑材料有限公司、阳泉市郊区河底砖厂、阳泉市段家庄新型砖厂、阳泉市郊区隆盛新型建材厂、阳泉市骏峰工贸有限公司、阳泉市恒亿泰建材有限公司、盂县通懋新型建材有限公司、盂县路家村镇强力新型建材厂、平定县栋宇建材有限公司、阳泉杰鑫晟工贸有限公司、阳泉绿建科技有限公司、阳泉恒耀新型建材有限公司、山西金泰建材制造有限公司、平定海源巨隆新型建材有限公司、阳泉市鹏腾建材有限公司、山西宏厦建筑工程第三有限公司。(李　昊)

【新型半导体产业链】2022年,阳泉市新型半导体产业链规上企业产值1.04亿元,比上年上升46.4%。链主企业有日昌晶新材料(山西)有限责任公司,其高品质蓝宝石长晶及晶加项目一期工程完工,投产后实现年产240万片蓝宝石高端表镜和年产15.3万片LED蓝宝石衬底,年产值达1.58亿元。链核企业有邦奥伟业(LED灯)。链上企业有山西尊特(半导体传感器)、颐康鑫悦(半导体传感器)。在建项目有康搏特钨钼合金新材料生产项目。(李　昊)

【新型装备制造产业链】2022年,阳泉市新型装备制造产业链主要包括煤机装备、泵阀制造两种类型,全产业链规模以上企业41户。主要以链主企业华越机械为核心企业推进产业链建设。新型装备产业链具备较为完备的煤炭装备制造规模体系,形成以"三机一架"为核心的装备制造产业链。新型装备制造产业链规上企业全年产值38.74亿元,比上年下降11.5%。产业链现有专精特新企业14户,省级专精特新"小巨人"1户,国家级专精特新"小巨人"2户,企业技术中心企业12户。省级高端装备制造产业链链核企业有华越机械(矿用机械)、华鑫电气(电气设备)。省级产业链链上企业有华益机械(矿用机械)、南煤机械(矿用机械)、华茂制链(矿用机械)、丛鑫液压(矿用机械)。市级产业链链主企业有华越机械(矿用机械)。市级产业链链核企业有华鑫电气(电气设备)、丛鑫液压(矿用机械)、阀门股份(泵阀),华坤机械(矿用机械)、广凯机械(矿用机械)。市级产业链链上企业有华鑫重型装备(矿用机械)、华越创力(矿用机械)、华益机械(矿用机械),恒轩机械(矿用机械)、哈德托普华亨(铸件)。(李　昊)

【光伏装备产业链】2022年,阳泉市光伏装备产业链规上企业产值8.04亿元。省级光伏产业链链核企业有华储光电(光伏组件),同时也是市级产业链链主企业。全市光伏发电项目17项,总规模124.41万千瓦,占全市电力装机比重18.38%。(李　昊)

【储能产业链】2022年,阳泉市储能产业链规上企业产值0.61亿元,同比下降31.4%。市级产业链链主企业有华钠芯能(钠离子电池)。市级产业链链核企业有奇峰聚能(飞轮储能)。9月,山西华钠芯能科技有限责任公司年产1GW钠离子电池生产线投入试生产。(李　昊)

铝工业

【概况】截至2022年底,从事氧化铝生产的是山西兆丰铝业有限责任公司氧化铝分公司,产能110万吨,处于停产状态;从事电解铝生产的是山西兆丰铝电有限责任公司,产能22.5万吨;从事铝产品加工的主要是山西兆丰天成铝材有限责任公司,铝板带产能12万吨。从产值效益看,铝工业是阳泉市重要支柱产业,2022年全市原铝年产量20.26万吨,铝材产量12.7万吨。(李　昊)

【兆丰铝电公司】2022年,山西兆丰铝电有限责任公司围绕年度工作目标,以实物产量最大、综合效益最优为原则，主要经营指标全部超计划完成。商品铝18.81万吨，超产908吨，完成计划的100.5%。铝板带9.48万吨，超产2.28万吨，完成计划的131.6%。发电量26.12亿千瓦小时，调整计划后超产1.12亿千瓦小时，完成计划的104.5%。其中自备电厂18.81亿千瓦小时，超产1.01亿千瓦小时，完成计划的105.7%；发供电分公司7.32亿千瓦小时，超产1161万度，完成计划的101.6%。交易电量57.5亿千瓦小时，超计划12.5亿千瓦小时，完成计划的128%。收入181.51亿元，实体收入60.47亿元创历史新高，比计划增加3.92亿元，同比增加15.94亿元。利润-13037万元，比计划增亏14197万元，减亏8669万元。其中价格因素导致增亏16462万元，氧化铝、碳阳极、电、燃煤采购价增加成本25926万元，商品铝售价减亏9464万元，全年降低成本6000万元。（孟　蕊）

【技术革新】 2022年，山西兆丰铝电有限责任公司开展“学练比”活动，举办集团公司级技术比武8项，内部技术比武40项，共计961人参加。运用新媒体平台，打造“指尖上的安全阵地”，1800余人次参加百题知识线上答题活动。全年申报省市“五小”创新成果79项，成功申报国家专利3项，团体标准11项，获华阳集团科学技术进步奖10项。集团首席技师、发供电分公司二电厂锅炉车间电焊班班长高勇被人力资源社会保障部授予“全国技术能手”称号。电解铝分公司“赵爱军大师创新工作室”顺利通过山西省煤矿工会、阳泉市总工会验收，并授予“山西省能源行业职工创新工作室”称号，电解铝分公司“一种多功能天车轨道伸缩装置”、自备电厂“一种落煤筒及防止堵煤的循环流化床锅炉给煤装置”、发供电分公司“一种热电厂锅炉炉渣排出结构”取得实用新型专利证书；“残极冷却烟气收集系统的研发与应用”“异型槽罩板半自动成型机的应用”分获华阳集团“五小”创新一、三等奖；“3号机组DEH系统升级优化改造项目”“一种AVC调节系统程序优化项目”分获华阳集团第二十届青工“五小”创新成果一、二等奖；“4号炉火检系统改造”“线路水泥杆加固”“电气自动化设备具有散热功能的配电箱的技术革新应用”获阳泉市“五小”竞赛优秀成果三等奖。公司10个项目获华阳集团科学技术进步奖，其中“自备电厂480吨/时锅炉给煤系统改造”“应急短路母线的研究与应用”获项目成果一等奖；“高利用率电解预焙阳极技术”“发供电第二热电厂污水控制系统改造”“多级油雾净化系统改造”获项目成果二等奖。通过科技创新评审、选树创新标兵、加大创新激励等措施，公司技术中心被省工信厅、科技厅、财政厅等部门认定为省级企业技术中心。（孟　蕊）

2022年，华阳集团兆丰天成公司实施精细管理，产品走出国门。图为铸轧车间铝板带订单式生产现场（华阳集团　供图）

【节能减排】 2022年，山西兆丰铝电有限责任公司贯彻落实国家、省、市及集团公司各项环保政策，响应上级环保帮扶督察和全省“利剑斩污”行动，接受政府部门环保检查56次，集团公司检查32次，自查62次，整改问题86条，受到集团公司处罚30万元，同比减少98万元，首次实现政府部门“零罚款”。电解铝分公司和天成铝材完成环保绩效B级达标，重污染天气应急响应橙色预警以上时段，电解铝停运产能由20%降至10%，铝板带停开生产线由50%～100%降至20%～50%。关注山西省绿证交易政策和可再生能源配额政策制订情况，紧抓电改新机遇，构建“中长期+短期+现货”的全周期电力交易体系，新能源电量累计成交3.065亿千瓦小时，超额完成年度交易目标。（孟　蕊）

【降本节支】 2022年，山西兆丰铝电有限责任公司把控资金流向，通过全力归还贷款、延迟贷款等方式减少利息，财务费用降低1500万元。通过“点价销售”铝锭34600吨，售价比长江现货均价高483元/吨，增收1671万元；大宗物资引入竞争，通过竞争性谈判，氧化铝采购单价较三网均价下浮31元，节约959.2万元，阳极实际采购价格比百川山西地区低端价格低230.8元/吨，节约采购成本2183.86万元；统筹组织，精细测算外购电与自发电成本，尽管调低了自备电厂发电计划，增加外购电量，但是综合效益提升2081万元；全年销售残极、磷生铁渣、废袋增收5297.62

万元。电解铝回收复用壳面块5674.22吨，节约成本952万元；危废综合利用处理炭渣3850吨，回收电解质2308.8吨，节约危废处置费750万元。自备电厂综合利用灰渣16.06万吨，就地消化脱硫石膏3.38万吨，创效192.8万元。健全薪酬管理体系，完成机构设置和岗位定编，价值效率完成194.72万元/人，同比提高38.75万元/人，全员劳动效率19.809万元/人，增加0.943万元/人。（孟 蕊）

【转型发展】 2022年，山西兆丰铝电有限责任公司围绕能耗双控目标，探索降低能耗分子、做大能耗分母路径，结合实际情况，规划确定一系列降低能耗、转型升级重点发展项目，通过建立重点任务督办机制，日跟踪、周反馈、月汇报，主要领导亲自挂帅，保证各项目有序推进。引进应用型新技术，在节能降耗上发力，投入333.8万元，架设二分厂电解车间槽间短路母线，年节电1513万千瓦小时；引进FHEST技术改造电解槽，辅以全新电解槽管理理念，系统科学调整工艺管理思路，降低综合电耗，达到国家对电解铝行业实行阶梯电价控制标准，改造启动26台槽，节能效果显著；为实现电解铝行业颠覆性绿色节能电解技术工业化应用，调研引进新型电极材料和铝电解无碳绿色升级技术，开展无碳铝电解槽试验，6月完成首次试启动，第二次启动准备工作有序进行。完善公司铝加工产品结构，提升铝精深加工水平，组织实施天成生产线技术升级迭代项目，对铸轧、冷轧生产线填平补齐，开发空调箔、电池箔等坯料产品，实现产品由低端向中高端发展，完成项目可研报告内部评审；为完成电解铝能耗强度控制指标，引进河北立中集团，合作实施20万吨/年再生铝资源综合利用项目，降低总体能耗强度。经过多次与平定县政府、立中集团协商，平定县政府税收政策无障碍，具备签订三方合作框架协议条件。落实省委、省政府太忻一体化发展规划，打造百万吨、千亿级煤电铝材一体化循环经济产业集群化发展示范样板要求，配合集团公司争取保德、兴县煤铝资源。配合集团公司完善新能源发展思路，拟利用现有电厂建设储能项目，推动集团钠离子储能的市场化应用，实现电厂转型。与山西电力设计院联合成立专项工作组，初步完成二、三电厂储能项目建议书；探索发供电小电厂人员分流实施路径，累计选派130人赴新疆国泰新华电厂进行素质提升，选派7人赴辽源生物电厂培训并通过考试上岗，完成平定化工动力系统接管运营前期洽谈，与河北建投达成意向，西上庄电厂和寿阳博奇电厂的承运工作首选发供电分公司。（孟 蕊）

新材料产业

【概况】 2022年，阳泉市形成以气凝胶新材料、碳基新材料、先进无机非金属新材料、半导体材料、磁性材料为主的新材料产业，产品主要包括气凝胶、蓝宝石、磁性材料、电池负极粉、等静压石墨、纳米碳、石油压裂支撑剂等，磁性材料产品有稀土材料、烧结钕铁硼、软磁铁氧体等。其中钕铁硼废料综合利用年加工能力6000吨，烧结钕铁硼产能400吨，软磁铁氧体产能1000吨。气凝胶、蓝宝石、纳米碳、电池负极粉、等静压石墨等产品具有国际、国内领先技术水平。从主要产品产能看，电池负极粉产能7万吨，在建产能14.5万吨，等静压石墨产能2500吨，石油压裂支撑剂为全国最大生产基地，产能75万吨。阳中新材是亚洲气凝胶生产规模最大的企业，气凝胶粉体产能1000吨，气凝胶绝热毡产能2万立方米。（孟 蕊）

【华阳新材料科技集团公司】 2022年，阳泉市新材料工业以龙头企业华阳新材料科技集团公司为主，旗下拥有华阳新能源股份公司和华阳新材料股份公司2个上市公司，华阳集团以“双碳”战略为引领，实施“双轮驱动”发展战略，立足煤、做强煤，做强做大传统煤炭优势产业；坚持延伸煤、超越煤，整合成立华阳产业技术研究总院，做精做优钠离子电池全产业链、高端碳纤维、煤层气制金刚石、PBAT可降解塑料、纳米纤维空气净化材料等新能源新材料产业。坚持创新驱动发展战略，与中科院、北京大学、浙江大学、中国矿业大学、大连化物所等数十所高校、院所，和华为公司、中国移动等数十家一流企业合作，打造集科研、产业、资本为一体的协同创新生态系统。拥有研发创新平台47个，其中国家级企业技术中心1个，省部（行业）级科技创新平台24个，研发技术人员1730余人，柔性引进高端人才58名，其中院士7名。多次获“全国先进基层党组织”“全国五一劳动奖章”“全国质量诚信先进企业”等荣誉，连续5年入选国务院国资委国企改革“双百行动”名单。

科技创新　2022年，华阳集团在研发投入、平台建设、成果转化、资质申报等方面持续用力，全面激发创新活力。年度研发投入13.48亿元，增幅20%，研发投入强度再创新高。山西浙大新材料与化工研究院主体实验室全部完工，在能源与环境材料等六大领域为集团储备100余个科研项目。兆丰铝电技术中心成为山西省省级企业技术中心。科汇公司、九洲公司通过高新技术企业认定，联创公司入选山西省“专精特新”中小企业。宏厦三建成功获得机电工程施工总承包一级资质。九洲公司发布矸山治理、污水处理等领域7项团体标准。节能公司取得节能技术服务5A级认证，参与制定国家级《碳中和评价服务指南》团体标准。集团公司14个项目入选中国创新方法大赛山西区决赛，“降低建筑碳排放的研究”等两个项目荣获一等奖。

提质增效 2022年，华阳集团推进对标挖潜，坚决打好扭亏减亏、提质增效、数智赋能“三个攻坚战”，55户企业实现扭亏减亏，金额达到26.99亿元，超额完成全年任务目标。吨煤成本降至283元，低于行业平均值。采购成本跑赢PPI指数7个百分点。净资产收益率、现金流动负债比率、全员劳动生产率等10项指标优于行业“生存线”，营业收入利润率、成本费用利润率分别完成14.59%、16.52%，优于标杆企业陕煤化。集团经营业绩考核多年来首次晋升A级，在省属18户企业中排名第3。全面强化资金平衡调度，收回统借统还资金105亿元，兑付刚性到期债务409亿元，带息负债减少104亿元，清收陈欠款20亿元。撤销事业部层级，成立产业技术研究总院，减少了管理层级，理顺了体制机制，实现了研发创新资源整合，推动新能源新材料产业培育、孵化、落地一体化发展。全力提升上市公司价值创造能力，华阳股份荣登“2022年中国上市公司百强榜”，首次入选MSCI中国指数。（孟 蕊）

【新能源新材料产业发展】 2022年，华阳集团以重点项目建设为支撑，聚焦延链、补链、强链，推动新能源新材料产业集群化、规模化发展。布局钠离子电化学储能全产业链，各2000吨钠离子电池正负极材料项目投产，全球首批量产1GWh钠离子电芯生产线投运，华阳成为全国首家实质性打造钠离子电池全产业链的企业。规划新一代高性能碳纤维产业，与中科院山西煤化所和大同市联手，推动一期200吨示范项目落地。建设纳米纤维空气净化材料项目，一期13条生产线全面投产，产品打破国外高端玻纤滤材垄断，实现当年投产、当年盈利。高标准做强煤层气制金刚石项目，一期50台设备全部转入试生产，单晶裸钻、涂覆截齿产品成功推向市场。发展PBAT可降解塑料产业，6万吨/年PBAT和2万吨/年全系列生物降解新材料项目投产，产品在省内和河南、天津等地打开市场。（孟 蕊）

【新材料项目建设】 2022年，华阳集团推动新材料项目建设。

新材料6万吨PBAT项目 位于平定化工预留用地内，占地4公顷，利用园区完备的公用工程配套系统，包括建厂前区、中央控制室、辅助生产区、外供水管线、外供电、消防站等设施。采用一步缩聚法工艺路线，建设6万吨/年PBAT生产装置和1万吨/年改性PBAT（地膜及工业包装）生产装置。项目总投资37098.75万元。2021年5月开工建设。2022年完成建筑工程二次结构及装饰装修施工，设备安装及管道防腐保温，8月完成联合调试，9月4日系统贯通产出产品。截至年底累计完成投资30453.12万元，其中2022年完成投资20339.26万元。

高效光伏组件制造项目 位于阳泉市郊区荫营园区苇泊工业园，总占地23.7公顷，建设单晶双面高效光伏组件生产线。以电池片为原材料，采用铺设—串焊—叠层—压层—削边—灌胶—装框—固化—锉角—包装等工艺，生产11BB半片高效半片组件（182电池片尺寸），以144版型、156版型作为核心产品。2021年8月开工建设。2022年完成除组件车间、西门卫外的建筑工程施工，设备及配套水、电、暖安装，其中组件车间完成2GW区域设备及配套设施安装；7月9日2GW产线安装调试完毕，9月4日2GW产线具备投运条件，12月30日完成项目单位工程阶段性验收。截至年底累计完成投资48015.46万元，其中2022年完成投资16647.28万元。

纳米超纯碳项目 位于二矿工业广场内，纳米超纯碳项目利用二矿煤泥通过浮选和碳提纯，生产超纯碳材料，产品用于研制煤基新型复合材料，加工钠离子电池负极材料，制作碳纤维、纳米碳管、活性炭等产品。年处理70万吨煤泥，建成投产后年产喷吹精煤34.90万吨、压滤尾煤34.09万吨、超纯碳1.01万

2022年9月30日，由华阳集团主办，华阳股份、中科海钠承办的全球首批量产1GWh钠离子电芯生产线出品仪式在阳泉市高新区智能制造产业园举行

（华阳集团 供图）

吨。项目投资控制价为14823.74万元。2022年4月30日一吨线投料试生产,8月21日浮选浓缩、精煤压滤系统带料调试。截至年底累计完成投资6095.98万元,其中2022年完成投资6095.98万元。

宏厦三建绿色建材工业园区项目　位于平定县经济开发区龙川工业园区,建设年生产聚苯乙烯板3万立方米/年,气凝胶防火保温板、保模一体板、气凝胶彩钢复合板等板材150万平方米/年,钢结构构件1.8万吨/年,气凝胶保温集成房0.5万套/年,塑料管材2500吨/年,钢化中空玻璃15万平方米/年,耐火窗5万平方米/年的生产线。主要建设6个生产车间和辅助及配套设施,总建筑面积4.66万平方米。项目投资17263.29万元。2021年10月开工建设。2022年完成3号、4号厂房围护结构施工,设备安装、配套供电、燃气施工;9月30日完工进入试生产阶段。截至年底累计完成投资7820.11万元,其中2022年完成投资2550.23万元。

1GWh钠离子Pack电池生产建设项目　位于阳泉高新区智能制造产业园内,产品为圆柱形电池和方形电池,其中圆柱形电池产量83.3万套/年,方形电池产量6.12万套/年。改造园区现有钢结构标准化厂房(A-05厂房)用于Pack车间,建筑面积5050.4平方米(办公1429.2平方米,厂房3621.2平方米);新建2条生产线,即1GW钠离子圆形电池模组与Pack生产线和1GW钠离子方形电池模组与Pack生产线;建设供水供暖、消防等配套系统。项目投资7285.16万元,自2022年10月开工建设,年内完成厂房改造,设备及管道安装,圆柱Pack生产线设备单机调试50%、方形Pack生产线设备电气复线30%。截至年底累计完成投资2791.75万元。

钠离子电芯生产线研究开发项目(科研项目)　租用阳泉高新区智能制造产业园A07、A08、A09厂房,进行适应性改造作为生产厂房,引进先进工艺设备,对钠离子电芯生产线进行研究开发,建设圆柱钢壳和方形铝壳两条电芯生产线。项目概算31611.74万元,2022年4月开工建设,年内完成厂房改造及设备安装,9月29日产出产品,9月30日举行产线出品仪式,10月1日进入试生产阶段。完成投资25863.03万元。

山西天成光储网充项目　项目总装机容量2080.28kWp,年均发电量约272.36万千瓦时,新建充电站规划面积6500平方米。在交易中心南侧建设一座"光储充"一体化充电站,站内建设2套400千伏直流充电桩和16个充电车位,并配置100千瓦时分布式储能装置;在交易中心北侧员工车棚安装2套7千伏单枪交流充电桩、2套120千伏双枪直流充电桩和6个充电车位;在交易中心、生活服务中心、新建充电站、封闭库房和西货场建设屋顶光伏发电系统。项目投资1806.87万元。2022年6月30日完工。截至年底完成投资1679.09万元。

钠离子电池正负极材料生产项目(非控股项目)　位于山西省综改区太原潇河园区,资金由北京中科海钠科技有限责任公司和华阳集团共同筹集,按双方协议股比(其中中科海纳55%,华阳集团45%)出资。成立山西华钠铜能、碳能科技有限责任公司。建设钠离子电池正极材料千吨级生产项目和钠离子电池负极材料千吨级生产项目。租赁使用园区厂房,新建年产2000吨钠离子电池正极材料、负极材料生产线各1条,并配备必要的辅助生产设备、实验设备、检测设备装置。2021年10月开工建设。2022年完成设备安装、电力增容、燃气接入改造,3月29日投料试生产。

超净滤材项目(科研、非控股项目)　由华阳资本控股有限公司与嘉兴富瑞邦新材料科技有限公司联合成立的合资公司(富瑞邦公司占股51%、华阳资本占股49%)。建设柔性陶瓷纳米纤维膜和有机纳米纤维空气净化材料两大类生产设施,共29条生产线。分两期建设,其中一期建设20条有机纳米纤维空气过滤材料生产线,二期建设剩余9条生产线。项目一期2021年11月开工建设。2022年完成一期13条产线,其中1条矿用防尘口罩滤棉、2条纳米纤维工业滤纸、1条VOCs臭气催化材料生产线、3条纳米纤维工业滤芯、2条纳米纤维复合滤材、3条电纺纳米纤维过滤材料、1条防雾霾窗纱生产线及配套设备安装调试,剩余7条生产线根据市场情况择机启动。　　　　(孟　蕊)

【气凝胶科创城建设】　2022年,华阳集团气凝胶科创城拥有气凝胶科创城、中国纳谷2个专业化创新服务平台,有职工322人,下辖16家单位,其中分公司3个、全资子公司5个、控股子公司3个、履行管理服务职能公司5个。

技术创新　高分子纤维气凝胶小试、中试连续化生产项目完成第六阶段研发工作,初步建设高分子纤维气凝胶的中试生产线。新型结构低风损除醛除臭过滤器的装置设计及规模化生产技术项目完成第一阶段工作,实现除醛、除臭催化剂的中试量产。两相不相容体系分离用纳米纤维净化芯中试工艺/装置开发及产业化应用研究项目完成第一阶段工作,实现高效两相体系分离膜制备工艺开发。纳米陶瓷气凝胶涂料的配方设计/装备开发及其规模化生产技术研究项目完成陶瓷涂料底漆的配方开发,建立高牢度底漆投料—调漆—降尘一体化中试生产线。高效高通量纳米纤维全热交换器的结构设计及其量产装置开发项目完成全热交换膜配方开发。

2022年1月，华阳集团宏厦三建为阳泉市坡头高速口值守民警提供气凝胶保障性用房 （宏厦三建 供图）

创新成果 共申请发明专利29项，实用新型专利7项，外观专利7项。获2项发明专利授权，5项实用新型专利授权，7项外观专利授权，完成7项发明专利共有权变更。内审技术标准25项，建议立项技术标准20项，发布技术标准7项。"气凝胶材料在控温粮仓试点应用"项目经中国粮油学鉴定，粮仓气凝胶隔热保温技术水平达国内领先水平。多个自主研发项目获省级大奖，"纳米纤维防雾霾纱窗"获2021年山西省创新方法大赛三等奖、2021年山西省"五小"创新大赛优秀成果三等奖，"新型气凝胶毡复合防火门"获2021年山西省能源行业"五小"创新大赛二等奖，"气凝胶涂料的研发"获2021年山西省"五小"创新大赛优秀成果三等奖。

成果转化 自主研发气凝胶隔热保温涂料和气凝胶阻燃防火保温涂料，其中气凝胶隔热保温涂料实现稳定量产，导热系数低至0.037W/(m·K)，相比中凝产品保温性能提升15%，价格降低30%。自主开发气凝胶毡防火门，可确保新型防火门芯板流水线批量生产及整门制备工艺稳定性，整门产品取得国家消防及阻燃产品质量监督检验中心（山东）出具的检测报告。围绕纳米纤维类下游产品，自主开发"HYNM"系列口罩和防雾霾纱窗。

人才培育 结合新材料产业人才需求情况，引入高素质专业人才26人，其中硕士学历12人、本科学历14人。通过员工个人素质提升、全员培训、技能鉴定和职称评审、高素质人才培育、创新工作室建设、"学练比"活动等多种形式，推进全员素质提升，构筑学习型、创新型、全能型员工队伍。累计组织各类培训24场次、参训人数超过80人。 （孟 蕊）

【新能源电池小镇打造】 截至2022年底，新能源电池小镇建设分两翼发展，分别为平定张庄镇和高新区庙堰工业园区。新能源电池整体产值16.17亿元，其中正极材料0.12万吨，负极材料1.2万吨，配套坩埚6万套。其中，平定县新能源电池负极材料产业实现产值13.3亿元，比上年增长95.4%。新能源电池产业超越电力产业成为全县第三大支柱产业。平定新能源电池专业镇成为阳泉首批市级专业镇，张庄镇成为平定县新能源电池专业镇主场地。投资2亿元的贝特瑞年产1.2万吨人造石墨成品生产线项目建成投产；投资2.5亿元的西格里年产2500吨特种石墨和7000块硬毡项目建成。中烨年产4万吨锂离子电池负极材料项目，一期投产，二期具备投产条件。 （李 昊）

【华阳光伏阳泉基地光伏组件出品】 2022年1月22日，山西华阳集团新能股份有限公司光伏智能制造项目阳泉基地首片光伏组件出品仪式在郊区苇泊工业园区举行。光伏智能制造项目阳泉基地是华阳集团新能源产业布局的重点项目，由山西华储光电有限公司建设，主要生产高效光伏组件。光伏组件的特点是高功率、大尺寸、生命周期长、衰减率低、发电效率更高，可广泛应用于分布式和集中式光伏电站等场景。4月，入选山西省政府"三个一批"省级重点工程。5月12日，取得中国质量认证中心（CQC）的质量管理体系（ISO9001）认证证书。7月，在阳泉市公布的九大重点产业链"链主"企业名单中，华储公司被确定为储能产业链"链主"企业。8月被市政府授予"阳泉市重点产业链光伏装备制造业'链主'企业"。10月入选阳泉市市级第一批重点工程。该公司成立于2021年1月，占地21公顷，注册资本金5.5亿元。 （孟 蕊）

【山西华阳生物降解新材料有限责任公司成立】 2022年4月，根据华阳集团打造世界一流的火箭级新材料产业集团战略规划，由山西华阳新材料股份有限公司出资成立山西华阳生物降解新材料有限责任公司，主要从事生物降解材料的研发、制造、销售及技术咨询服务。分别规划建设6万吨/年PBAT项目、4万吨/年的生物降解材料改性项目、2万吨/年制品项目，建设地点为阳泉市平定县龙川工业园区。 （孟 蕊）

化学工业

【概况】 截至2022年底，阳泉市有规模以上化工企业10户，主要是华阳集团（山西）纤维新材料有限责任公司、山西正兴有色金属有限公司、山西同冠新材料有限公司、平定县鸿振锌业有限公司、山西天润恒德新材料有限公司、多氟多阳福新材料有限公司、山西丛鑫液压科技集团有限公司、阳泉矿山液力技术有限公司、阳泉市丰源矿山化工有限公司和阳泉市三禾氧化锌有限责任公司。此外，华阳集团碳基合成新材料公司、山西北方晋东化工有限公司也是境内较大规模化工企业。截至年底，具备年产乙二醇20万吨、尿素40万吨、合成氨24万吨、精甲醇3万吨、六氟磷酸锂1万吨、氧化锌2.5万吨、硫酸钴600吨、硫酸镍600吨、稀土系列产品3500吨、煤矿加固岩体用高分子材料2000吨的生产能力。2022年全市化工行业增加值完成1.38亿元，同比下降6.8%，占规上工业比重0.3%。 （李 昊）

【多氟多阳福2万吨六氟磷酸锂项目】 2022年，多氟多阳福年产2万吨六氟磷酸锂项目实施后，新增就业岗位600余个，新增收入30亿元/年，利税1.8亿元/年，满足新能源行业发展需求，为中国碳中和、碳达峰目标的实现做出贡献。该公司成立于2021年9月，注册资本2.96亿元，总投资10亿元，专业从事锂电新材料六氟磷酸锂及添加剂的生产和销售，系深交所上市公司多氟多新材料股份有限公司（以下简称多氟多）的控股子公司，是全球电解液龙头韩国上市公司Enchem Co.,Ltd.和国内上市公司华阳集团战略投资单位。 （李 昊）

【华阳集团碳基合成新材料公司】 截至2022年底，华阳集团（山西）碳基合成新材料有限责任公司实际管理总资产185亿元，职工总数2020人，本部位于山西省综改示范区正阳街87号，所管理企业9家，分布在太原、晋中、阳泉三地市。其中化工实体企业5家，分别是华阳集团氮基合成材料有限责任公司、华阳集团（山西）钙基新材料有限责任公司、华阳集团（山西）树脂医用材料有限责任公司、华阳集团（山西）纤维新材料有限责任公司、阳泉煤业集团盂县化工有限责任公司。具备年产合成氨36万吨、尿素56万吨、甲醇6万吨、电石40万吨、石灰60万吨、烧碱22万吨、PVC糊树脂10万吨、PVC普通树脂10万吨、CPE6万吨的生产能力，主要产品广泛应用于传统化工、精细化工及碳基新材料等领域。2022年化工行业增加值完成25.22亿元，同比降低8.4%。该公司成立于2021年5月，是华阳新材料科技集团有限公司的全资子公司。（李 昊）

【山西北方晋东化工有限公司】 2022年，山西北方晋东化工有限公司落实安全生产责任，科学调整生产作业时间，履约装备保供任务，稳住生产经营基本盘。同时，加大科技创新力度，提升基础管理水平，推进生产区亮化、硬化、美化和基础设施更新改造。在岗职工平均工资达9万元，比上年增长5.4%。

安全生产 健全完善两项清单，制定实施履职评价、专项奖励等管理制度，组建安全隐患排查小队，促进各基层单位落实责任。岗位危险因素辨识及危废品治理卓有成效。汲取兄弟单位及同行业事故教训，排查公司积存多年废旧危险化学品、废旧化学试剂，处置废物20余吨，消除重大安全隐患。推进安全技术改造，争取上级安全技术改造资金2400余万元，完成13项安全技术改造。提标改造污染防治基础设施，投入120万元升级改造表面处理工序废水处理设施，含铬废水实现100%重复利用，完成减排指标。对公司级危险废物贮存库、分厂级危险废物暂存间进行规范化改造，通过山西省环保厅检查验收。

国企改革 按照“可衡量、可考核、可检验、要办事”原则要求，完成国企改革三年行动任务厂办大集体改革任务，通过山西省国防科工局验收。完成厂区供水管网改造，争取政府供水管网改造工程资金350万元，解决供水系统跑冒滴漏问题，年节约新鲜用水1.2万吨以上。推进内部组织机构改革，按照上级领导要求和业务工作需要，重新调整组织机构，优化部门职能，强化作用发挥，建立健全与公司业务相匹配的组织架构和运行机制。

基础管理 开展管理制度梳理评价工作，制定下发2022年制度建设工作计划，结合公司经营管理需要，修订印发制度100余项。人力资源管理做实支撑保障，实施薪酬制度改革，建立各类员工工资分配联动机制，形成合理收入配比体系和“复合式”岗位工资结构体系实施“破窗效应”消除专项行动，拆除破旧危房22栋，建筑面积2050平方米，粉刷改造11500平方米建筑面积工房，改造13500平方米道路，厂容厂貌得到改善。

人才建设 完善管理人才队伍建设机制，建立管理人员四级职业发展通道。聚焦公司科技、管理需求，招聘到岗54名大学本科及以上学历毕业生，其中，“双一流”院校及专业学科毕业生25人，硕士生33人。优化科技人才、技能人才队伍结构，评聘科技人才32名，技能人才30名。

科技创新 2022年，晋东化工争取科研经费1130万元，超出目标41%，超额完成新增军品科研项目任务。获集团公司级科技成果奖4项，其中特等奖1项（参与），一等奖1项（参与），三等奖2项；获国防科技成果奖 3 项，其中特等奖 1 项(参与)，一等奖 1 项(参与)，三等奖 1 项。加强科技创新平台建设，同南京理工大学、北京理工大学、中北大学合作开展技术论证研究，推动科研院所、高校科技创新成果向企业转化。公司技术自主可控、装备研发保障和体系化研究能力得到提升。（杨虎林）

陶瓷工业

【概况】 2022 年，阳泉市陶瓷产业主要分布于平定县，具有制作历史悠久、紫砂资源丰富等独特优势，同时拥有国家级非遗项目刻花瓷工艺，继 2021 年平定县申报“中国砂器之城”后，品牌影响力不断扩大。共有陶瓷、砂器企业 58 户，主要集中在冠山、锁簧两个乡镇，全市规模以上陶瓷企业 3 户，分别是平定莹玉陶瓷有限公司、平定华丰陶瓷有限公司、阳泉市古州陶瓷有限公司。2022 年总产值 202 亿元。陶瓷砂器行业还有刻花瓷等传统工艺企业，其中亮晶晶、晟陶、立壁颐和等知名度较高。（李　昊）

【平定莹玉“瑞兔春碗”再登央视春晚】 2022 年 12 月，平定莹玉陶瓷有限公司与央视总台文创、北京红卫设计合作，为中央电视台 2023 年春节联欢晚会制作“瑞兔春碗”产品。采用经典传世明代“正德碗”器型，运用优质骨质瓷高温釉下彩工艺，经釉上手工贴花、镶金，五次入窑烧制而成，成色鲜艳，吉祥美观。（李　昊）

【中央电视台影像方志栏目组走进晟陶瓷业】 2022 年 1 月初，中央台影像方志栏目组走进山西晟陶瓷业有限公司，采访国家级非遗“平定刻花瓷技艺”保护单位，国家级非遗“平定黑釉刻花陶瓷制作技艺”传承人、中国陶瓷艺术大师、中国工美行业艺术大师张文亮工作室。1 月 15 日，中国影像方志栏目平定篇播出相关新闻。该公司成立于 2016 年 4 月，地处平定县锁簧镇西白岸村，占地 0.1 公顷，总建筑面积 1700 余平方米，由“平定刻花瓷非遗博物馆”、平定刻花瓷非遗传习和体验中心、紫砂工艺研发和培训中心三部分组成，主要产品为国家级非遗刻花瓷器，窑变油滴、窑变“水云间”系列瓷器，“张文亮云水瓷”系列瓷器，平定紫砂器等。（李　昊）

【山西平定亮晶晶砂锅有限公司】 2022 年，山西平定亮晶晶砂锅有限公司砂锅总产量 120 万件，市场均价 45 元，总产值 2200 万元。该公司成立于 2010 年，有人员 120 名，主要产品为砂锅，年产能 300 万件，注册有“奕寿”商标，拥有专利 13 项，具备成熟的自动化砂器生产线。(李　昊)

2022 年 12 月，平定莹玉陶瓷有限公司制作的“瑞兔春碗”被确定为央视春晚文创产品　（市工信局　供图）

食品工业

【概况】 2022 年，阳泉市食品行业产值共计 3.41 亿元，规模以上企业 5 户，分别是方大添加剂、三来食品、市饮料厂、逸盛农牧、康泰来等。（李　昊）

【方大添加剂(阳泉)有限公司入选重点产业链供应链白名单】 2022 年，方大添加剂有限公司工业总产值 2.48 亿元，产值增速 15.3%，工业增加值 0.49 亿元，增加值增速 10.2%。作为甜蜜素生产行业的重要企业，方大添加剂(阳泉)有限公司与蒙牛、正林等国内企业有长期合作关系，产品远销 40 多个国家和地区。针对疫情期间物流运输难等问题，阳泉高新区推行重点产业链供应链白名单制度，确保产业链供应链安全稳定。在原料购进、产品运输等方面没有受到疫情影响，生产经营正常。该公司于 2001 年在阳泉市开发区成立，有职工 138 人，主要产品为甜蜜素，年产能 2 万吨，占全国总产能 20%以上。(李　昊)

【山西三来食品有限公司】 2022 年，山西三来食品有限公司总产值 3441 万元。“三来食品”包含四大加工板块，生产各类中西式糕点、蒸制主食、中秋月饼、薯类特色食品及“非物质文化遗产”阳泉压饼系列，是阳泉市经营历史最长、规模最大、品种最全的民营食品综合加工企业。8 月临近中秋节，三来“老妮儿”月饼集 30 余年生产经验，把月饼制作传统方式与现代工艺相结合，生产出的月饼品相靓丽，饱满香醇，馅料丰富，酥香浓郁，在常温下长时间存放保持原味无霉变，特别是结合市场调研和本地大众饮食习惯和口味进行调整，加大传统馅料五仁月饼和枣泥月饼占比。生产各式传统风味月饼供应市场。该公司成立于 1985 年，1996 年改为股份制，公司总资产

4700万元,人员148名,主营产品为马铃薯颗粒全粉,年产能5000吨,产品市场均价1.2万元/吨。（李　昊）

【阳泉市饮料厂】 2022年，阳泉市饮料厂抓好市场营销，开辟新市场，培育新经济增长点，全年营业收入2661.51万元,利润252.86万元。截至年底,固定资产1424.94万元,占地面积3494平方米,厂房2015平方米,员工83人。主要生产设备有全自动流水生产线3条,分别为玻璃瓶维尔康饮料自动流水生产线1条、PET瓶维尔康饮料自动流水生产线1条、易拉罐维尔康饮料自动流水生产线1条。主要产品为“维尔康”系列饮品,年生产能力2.5万吨。（李　昊）

节能环保产业

【概况】 2022年,阳泉市节能环保产业主要以煤矸石、粉煤灰等大宗工业固废综合利用产业为主导,综合利用主要形式有低热值煤发电、烧结多孔砖、加气砌块、水泥掺混、免烧砖等。有煤矸石综合利用重点企业18家,粉煤灰综合利用重点企业9家。其中,大宗工业固废综合利用规上企业共7家,实现产值30.77亿元,比上年增长17.8%。年内,《阳泉市促进大宗固废综合利用和再生资源循环利用产业发展办法(试行)》与《关于支持大宗固废综合利用和再生资源循环利用产业发展财政奖补政策的通知》印发，明确支持领域与支持措施,为全市工业固废利用提供政策支持。推进山西中科泓源环保科技有限公司资源循环利用研发示范基地、山西大地海科环保科技有限公司裕光电厂固废综合处置利用、山西得旺再生资源利用有限公司脱硫石膏资源化综合利用、山西德义节能环保新材料有限公司4万吨硅酸铝纤维及制品项目等重点固废资源利用项目建设,引领大宗工业固废资源综合利用产业蓬勃发展。（李　昊　韩慧燕）

【2×1000兆瓦超超临界机组固废综合利用项目】 2022年,山西大地海科环保科技有限公司旗下开展煤电工业固废规模处置和综合利用的专业化国有控股公司,推进建设山西国际能源裕光煤电有限责任公司2×1000兆瓦超超临界机组固废综合利用项目,总投资3.1亿元。项目包括建设2座粉煤灰储存均化库及发运系统、2套建筑石膏粉生产线、2套石膏基砂浆生产线、1套粉煤灰提质利用生产线、1套超细粉磨生产线,建成后年可处置煤电工业固废200余万吨固废。截至年底,施工许可证已取得批复,厂区永久性道路回填施工完成80%,挡土墙灌注桩施工场地平整完成。（李　昊　韩慧燕）

【资源循环利用研发示范基地建设】 2022年，山西中科泓源环保科技有限公司携手北京科技大学共同组建阳泉市郊区资源循环利用研发示范基地，项目用地10公顷，总投资5亿元，位于阳泉市郊区白泉工业园区。在建一期工程建设固废预处理车间1座,固废砌块生产线2条。其中固废预处理车间包含2条固废预处理生产线,1条固废路基生产线，1条煤矸石破碎生产线，年可实现处置赤泥、粉煤灰、煤矸石等固废200万吨,生产高性能道路路基材料50万吨。二期工程根据研发进度再建设井下充填材料,轻质保温墙板,绿色低碳免烧胶凝材料及固废3D打印材料生产线。截至年底,项目预处理车间土建工程完成，设备安装完成在调试中，钢结构墙板工程在有序施工。（李　昊　韩慧燕）

【欧冶链金(阳泉)再生资源有限公司金属再生资源加工生产基地项目投产】 欧冶链金(阳泉)再生资源有限公司金属再生资源加工生产基地项目位于盂县，该项目拟投资38667.47万元。分四期建设,一期入驻标准厂房,建设面积12300平方米,主要加工处理金属废料和废屑,主要设备有抓钢机、鹰嘴剪切机、吸盘车等;后续拟占地面积192亩,主要建设二期100万吨废钢铁加工线、三期1.5万辆/年废旧汽车拆解线、四期新能源及燃油车精细化报废车拆解线,建设废钢铁加工车间及报废汽车车间41962.31平方米，综合办公楼2465.2平方米等，总建筑面积共计69957.77平方米,并配套场区硬化、绿化、室外管网及其他配套工程。2022年实现产值218438万元。（李　昊　韩慧燕）

中小工业企业发展

【概况】 2022年，阳泉市中小企业发展中心以加强“小升规”企业培育工作为主线，落实省市重点目标任务,各项工作取得进展。制定《“十四五”期间推动阳泉市中小工业企业上规升级倍增工作推进机制》,规上工业企业净增省定目标为28户,对各县区及高新区进行任务分解后,至年底净增36户。完善“小升规”重点培育企业库管理,把经济效益好、发展潜力大、科技含量高、创新能力强、有望入库升规的规下工业企业纳入其中,动态调整培育。印发《阳泉市促进中小企业发展工作领导小组办公室关于2022年全市规上工业企业净增工作实施方案》,推动中小微工业企业成长壮大、上规升级。落实《阳泉市中小企业发展中心关于开展入企服务推动高质量发展工作方案》要求,深入阳泉元丰建材有限公司、山西诺扬耐火材料有限公司等20余户企业,听取企业运营情况,了解存在问题,找准影响上规升级问题,一对一进行帮扶服务,累计入企服务79户。（张晨雪）

【"专精特新"中小企业培育】 2022年，阳泉市中小企业发展中心印发《阳泉市"专精特新"中小企业培育工作实施意见》，确立目标导向，加强政策宣传引导，筛选优质中小企业进行重点培育。建立2022年"专精特新"企业重点培育库，以新增25家目标进行任务分解落实，实际新增专精特新(专业化、精细化、特色化、新颖化)企业24家，其中20家企业被认定为省级"专精特新"企业，4家企业被认定为省级专精特新"小巨人"企业，4家企业被工信部认定为2022年度国家级专精特新"小巨人"企业。11月5日至10日，市中小企业发展中心作为成员单位，组织4家"专精特新"中小企业参加在上海举办的第五届中国国际进口博览会，在对外技术交流、生产销售等方面起到作用。 （张晨雪）

【助企纾困】 2022年，阳泉市中小企业发展中心与阳泉农商行、中国银行阳泉分行、邮政储蓄等多家金融机构建立长期合作机制，向各金融机构推荐90户"小升规""专精特新"优势企业，协调有关金融单位兑现银企合作协定，争取中小企业信贷资金支持，为企业在复工复产的启动资金、授信贷款等方面提供支持。借助深化创优营商环境"五清行动"东风，解决中小企业贷款难担保难等营商环境问题，搭建融资对接平台，为哈德托普华亨(山西)耐磨铸业有限公司、山西通宝鑫能物流股份有限公司、山西欧德宝电子工程有限公司解决流动资金贷款。 （张晨雪）

【双创基地建设】 2022年，阳泉市根据省小企业发展促进局《关于组织推荐2022年度国家小型微型企业创业创新示范基地的通知》精神，推荐阳泉驿拓电子商务产业园申报国家级双创示范基地。按照省小企业发展促进局《关于组织申报2022年省级小微企业创业创新基地及省级小微企业创业创新示范基地的通知》要求，推荐山西智创成NO.7云谷科技创新园孵化基地等4家单位申报2022年度省级小微企业创业创新基地，天泉慧谷双创园等6个单位申报2022年度省级小微企业创业创新(示范)基地。 （张晨雪）

【人才培养】 2022年，阳泉市中小企业发展中心推荐17名中小企业总经理参加省小企业发展促进局分别在北京大学、清华大学和上海交大举办的中小企业高质量发展专题培训班；组织中小企业创新主体管理人员培训班，通过政府采购，举办财税与人力资源两期专题课程，进行线上教学，共计培训684人次。组织"小升规"企业升规业务培训班，对"小升规"申报、扶持奖励政策和税收优惠政策等方面进行宣传，全市70余名重点培育企业负责人参加。10月21日，阳泉市数字技能人才培训基地在阳泉市中小企业公共服务平台揭牌成立。市中小企业发展中心与市人才集团签订战略合作协议，形成优势互补、联合发力工作机制，提高人才自主培育质量。阳泉市中小企业发展中心按照省小企业发展促进局安排，联合市人社局下发《关于做好2022年度全省民营企业工程系列高级工程师职称评审工作的通知》，开展申报工作。8月，向省局推荐47人参加职称评审。根据市人力资源和社会保障局安排，对2022年度阳泉市民营企业工程系列中(初级)职称网上申报，通过中级职称297人，初级职称26人。 （张晨雪）

【中小企业股份制改造审核】 2022年3月，省小企业发展促进局组织开展2021年度全省中小微企业股份制改造奖励资金申报工作，经市级申报、资料初审、专家评审、党组研究和公示等程序，阳泉市乌河农业开发股份有限公司、阳泉市富和耐火材料股份有限公司、阳泉吉利机械股份有限公司、山西八方电气股份有限公司、山西谷味天农业开发股份有限公司、山西省盂县千千晨晨食品股份有限公司、盂县凌志实业股份有限公司等7家企业通过审核，获得省级奖励350万元。 （张晨雪）

【中小企业奖补资金争取】 2022年，阳泉市中小企业发展中心为中小企业争取资金支持2918.25万元，其中落实小升规培育省级奖励1184.25万元，市级配套奖励465万元；"专精特新"企业培育省级奖励380万元；"规范化股改"奖励350万元；2022年中央补助小微企业融担降费奖补19万元；争取2022年度"支持开发区建设中小企业园"项目省级资金300万元；2022年度"创客中国"山西省中小企业创新创业大赛省级奖励20万元；2022年度省级大中小企业融通型创新创业特色载体省级资金100万元；2022年度全省创建中小企业高质量发展示范县省级资金支持100万元。 （张晨雪）

【2家园区被认定为"中小企业园"】 根据省小企业发展促进局、省商务厅《关于组织开展2022年度山西省中小企业园创建申报工作的通知》要求，11月，经自愿申报、省级开发区和市县两级中小企业主管部门及商务部门审核推荐、专家评审、实地考察、会议研究和社会公示等程序，省小企业促进局决定授予阳泉高新区众盈中小企业产业园和阳泉市高新技术中小企业园等16家园区2022年度"山西省中小企业园"牌匾。其中阳泉高新区众盈中小企业产业园获得省级奖励资金300万元。 （张晨雪）

【平定县被认定为2022年度创建中小企业高质量发展示范县】 2022年9月,经自愿申报、市政府同意、资料审核、会议研究和社会公示等程序,省小企业发展促进局报经省政府同意,公布平定县为2022年度全省创建中小企业高质量发展示范县,同时省级资金支持100万元。(张晨雪)

【阳泉高新区被认定为省级大中小企业融通型创新创业特色载体】 2022年,市中小企业发展中心贯彻省委省政府打造创新生态和关于实施市场主体倍增工程部署,把支持开发区改革发展与促进中小企业发展有机结合起来,经推荐、专家评审、会议研究和评审结果公示等程序,阳泉高新技术产业开发区被省小企业促进局认定为2022年度省级大中小企业融通型创新创业特色载体。(张晨雪)

【20家企业获评省级"专精特新"中小企业】 2022年7月,在企业自愿申报、县(区)推荐、市级审核把关、专家评审和结果公示基础上,经省小企业发展促进局认定,阳泉市永昱机电有限责任公司、山西晋东包装材料有限公司、阳泉金隅通达高温材料有限公司、山西华坤机械有限公司、阳泉东凯耐火材料有限公司、山西阳煤联创信息技术有限公司、阳泉兴辉机械设备股份有限公司、山西丛鑫液压科技集团有限公司、阳泉明达工贸有限公司、阳泉市庚光高温材料有限公司、阳泉恒跃兴钙业有限公司、山西星火恒源工贸有限公司、平定县兴鑫新材料科技有限公司、阳泉市鹏远耐火材料有限公司、山西鹏宝沃特新材料有限责任公司、山西力腾高科磁业有限公司、山西邦奥伟业半导体照明有限公司、山西启能新材料科技有限公司、山西颐康鑫悦医疗器械有限公司、山西诺扬耐火材料有限公司等20家企业为省级"专精特新"中小企业。(张晨雪)

【4家企业分别获评省级和国家级专精特新"小巨人"企业】 2022年7月,在企业自愿申报、县(区)推荐、市级审核把关、专家评审和结果公示的基础上,经省小企业发展促进局党组会研究,认定阳泉阀门股份有限公司、阳泉市中嘉磨料磨具有限公司、阳泉冀东水泥有限责任公司、阳泉金隅通达高温材料有限公司等4家企业为2022年度省级专精特新"小巨人"企业。8月,经省级中小企业主管部门推荐、专家评审和公示,工信部认定阳泉金隅通达高温材料有限公司、山西华鑫电气有限公司、阳泉阀门股份有限公司、阳泉市中嘉磨料磨具有限公司等4家企业为2022年度国家级专精特新"小巨人"企业。(张晨雪)

【2家单位获评省级中小企业公共服务示范平台】 2022年,市中小企业发展中心加强中小企业服务体系建设,树立中小企业服务机构示范标杆单位,推动服务平台专业化、规范化,助推中小企业高质量发展。经服务机构自愿申报,县、市中小企业主管部门推荐,按照《山西省中小企业局省级中小企业公共服务示范平台认定管理办法》规定,经专家评审、会议研究、评审结果公示等程序,省小企业发展促进局认定阳泉市高新技术创业服务中心和阳泉三和园企业孵化器有限公司为2022年度省级中小企业公共服务示范平台。(张晨雪)

【2022年"创客中国"阳泉市中小企业创新创业大赛】 2022年8月,阳泉市中小企业发展中心举办2022年"创客中国"阳泉市中小企业创新创业大赛,来自全市人工智能、智能制造、新能源、新材料等领域的40多家企业及团队参加比赛,评选推荐11个项目参加山西省中小企业创新创业大赛省级决赛。平定砂器剔花(画)和黄色系羊肚菌人工种植技术推广及应用2个项目获省级大赛创客组二等奖,分别获得奖金8万元。山西中烨新能源科技有限公司、平定莹玉陶瓷有限公司和山西冠霖农业科技股份有限公司等3家公司获省级大赛企业组优秀奖,分别获得奖金2万元。阳泉市中小企业发展中心获"山西证券杯"2022年"创客中国"山西省中小企业创新创业大赛优秀组织奖。(张晨雪)

【阳泉驿拓电子商务产业园获评国家级小微企业双创示范基地】 按照省小企业发展促进局《关于组织推荐2022年度国家小型微型企业创业创新示范基地的通知》要求,2022年11月,阳泉市中小企业发展中心推荐的阳泉驿拓电子商务产业园被工信部认定为2022年度国家小型微型企业创业创新示范基地。(张晨雪)

2022年8月4日,"创客中国"阳泉市创新创业大赛在智创城NO.7云谷科技园举办 (市中小企业局 供图)

(责任编辑:孟学武)

综 述

【概况】 2022年,阳泉市住房和城乡建设局持续加强建筑业行业监管。开展建筑业提质行动,成立市建筑业提质行动工作专班,新增1家一级建筑业企业,提前完成2022年底前培育一级资质企业11个的目标任务。稳定建筑业经济运行,出台《关于稳定建筑业运行保障行业提质发展的通知》等,稳定全市建筑业运行发展态势。强化建筑市场监管和建筑企业批后监管,出台《关于推动全市住建领域工程建设项目招投标规范运行的实施方案》《阳泉市房屋建筑和市政基础设施工程建设领域专项整治工作方案》等,建立分片包干的项目网格化监管体系。实施处罚案件5个,处罚金额共计30.93万元。移送违法违规问题并移送处理项目6个。 (李 俊)

【建筑业产值】 2022年,阳泉市建筑业产值完成82.8亿元,比上年下降7.9%。建筑业增加值42.63亿元,占全市GDP总量的4.2%、占第二产业总量的7.6%。 (李 俊)

【建筑企业】 2022年,阳泉市共有建筑业企业305家(市属219家、平定县50家、盂县36家),占全省建筑业企业总量约5.9%。其中,总承包企业160个(一级企业11个、二级企业21个、三级企业128个),专业承包企业69个(预拌混凝土企业28个),施工劳务企业76个。 (李 俊)

勘察设计

【概况】 2022年,阳泉市有设计资质的单位共9家,有勘察资质的单位共8家。市住建局完成建筑节能、抗震设防和勘察设计质量"双随机"检查任务,检查辖区城区、矿区、阳泉高新技术产业开发区在建项目27个,建筑面积约210万平方米。随机抽查全市在建项目21个,建筑面积约84万平方米。对全市在建建筑工程的勘察设计、抗震设防、全年检查各75次,市区无超限高层建筑,在建建筑工程抗震设防执行率100%。 (李 俊)

【阳泉市建筑设计院有限公司】 阳泉市建筑设计院有限公司前身为阳泉市设计处,成立于1954年。1984年4月经阳泉市人民政府批准,阳泉市设计处变更为阳泉市建筑设计院。2020年9月,主管部门由市规划和自然资源局划转至市住房和城乡建设局。2021年7月,经市行政审批局和市住房和城乡建设局批准,阳泉市建筑设计院名称变更为阳泉市建筑设计院有

2022年,阳泉中环快速路西南环东段工程施工现场 (市住建局 供图)

限公司。2022 年 3 月,公司划转至市建设集团。

阳泉市建筑设计院有限公司深耕工程勘察设计市场,承揽阳泉综合交通枢纽、市殡仪馆迁建等重要工程项目设计工作。公司年内完成工程项目设计和咨询 88 项,累计完成设计、咨询和消防审查等收入 1630 万元,完成勘察收入 584 万元;完成工程监理收入 740 万元;实现总产值 2954 万元。公司勘察、设计的阳泉职业技术学院新校区教学服务中心项目获"国家优质工程奖"、阳泉职业技术学院新校区项目 D 区工程和阳泉市城乡规划展览馆项目获"山西省优质工程奖"。（郭宏志）

【阳泉市勘察设计与建筑科技推广指导中心】 2022 年,阳泉市勘察设计与建筑科技推广指导中心完成省住建厅、市住建局建筑节能、抗震设防和勘察设计质量"双随机"检查任务。全年培训建设领域各类人员 1637 人,建设行业安全教育培训(建设领域现场专业人员继续教育)900 人,建设领域现场专业人员岗位培训取证 607 人,建筑业企业一线操作技术工人培训与考评工作 70 人。承接月亮湾小区 455 户办证清零工作,签订《集资建房协议》403 户,"清零"完成 100%。（李　俊）

【建筑节能抗震设防专项检查】 2022 年,阳泉市勘察设计与建筑科技推广指导中心开展建筑节能抗震设防日常全覆盖检查和"双随机 一公开"专项检查。3 月中旬起,对辖区范围内新建在建工程进行全覆盖检查。对检查中发现的问题及时指出并下达整改通知书限期,深入施工现场 75 次,下达整改通知书 31 份。规范建筑节能产品市场,做好建筑节能技术(产品)推广工作,组织 7 家生产节能建材的企业申报《山西省建筑节能技术(产品)推广认证》,登记建筑节能产品备案 11 项。（李　俊）

2022 年,阳泉市在城区南大街建成的红色主题教育大道"万众一心"艺术装置
（市建筑设计院　供图）

【建筑节能验收】 2022 年,阳泉市勘察设计与建筑科技推广指导中心完成对天宇瑞鑫项目、大连国际公馆项目、众康北区项目等 11 个项目、建筑面积约 46.3 万平方米进行建筑节能专项验收备案工作;2020 年 1 月开始的新建建筑工程执行节能 75%,标准执行率 100%;经专项审查绿色建筑执行比例为 60%,政府投资公益性建筑、大型公建、保障房绿色建筑执行率 100%;专项验收可再生能源应用比例为 50%; 在建建筑工程节能验收备案, 按时完成办结率为 100%;全面推进全市装配式建筑的应用。（李　俊）

【天桥以东旧区改造项目设计】 2022 年, 阳泉市建筑设计院有限公司承揽天桥以东旧区改造项目配套改造工程设计项目。项目紧邻天桥商业街东侧,西为天桥商业街,东临天桥摩尔港商住综合体, 北为桥北街、华盛街和兴隆步行街, 南侧临铁路, 西侧街块为二轻局和中共创建第一城旧址,是阳泉最初的老城区传统商业片区核心地段。设计范围包括原摩尔港项目红线范围内附属构筑平台,以及现有道路与摩尔港用地红线间公共用地内的景观平台和绿化设计,其中附属构筑平台为框架结构,分为二层,建筑面积约 1154 平方米,景观公共平台面积 1613 平方米, 绿化面积 426 平方米。（郭宏志）

【阳泉市红色主题教育大道建设项目设计】 2022 年, 阳泉市建筑设计院有限公司承揽阳泉市红色主题教育大道建设项目。大道位于城区南大街主干道沿线, 西起南外环路 2 号隧道口东侧,东至义井桥北侧,全长约 5.6 千米,以"一条跃动的红飘带串联闪闪红星"为设计理念,将沿线红色资源和红色景点串点成线、连线成片,多维度展现阳泉"红色之城"的魅力。整个项目包括外墙喷涂 6000 平方米,隔离栏杆贴红 3900 米,安装标志 639 个、红色示路牌 15 个、星光投影灯 266 盏,公交港湾地面喷涂 5800 平方米。大道沿线有 8 个主要节点, 分别为位于南外环路 2 号隧道口东侧的 "光荣之路",采用墙面喷涂形式展现一条红飘带串联闪闪红星,引领照亮红色大道,铺开革命老城的光荣之路; 位于 2 号隧道前交通环岛绿化的"红星向党,逐梦前行",以红色五星造型为中心,满植地被植物,形成高低错落、色彩分明的景观效果, 象征着人民团结在党中央周围,与党一起逐梦前行;"红旗飘飘"主体采用墙面喷绘形式呈现,"中共创建第一城" 旗饰在党的指引下, 迎风飘扬,寓意全市人民在党的领导下,精神抖擞,转型发展,下部配以绿植代表

欣欣向荣；“万众一心”艺术装置位于市委办公楼对面，由高低错落的柱形装置，簇拥着一颗闪耀的红星，象征着人民群众对党的拥护和支持；红色五星闪耀，伴着熊熊火焰，一代代共产党人的奋斗史凝炼成伟大精神，照亮这座具有光辉历史和光荣革命传统的“红色之城”；“红廊”全长136米，通过对原先旧廊道结构补强加固、拆除新筑、更换桥接的方式，还原红色城市气质，增设红色廊式展板，并进行亮化改造；“新城旧忆”浮雕墙以开放、包容的弧形广场为载体，通过红色砂岩浮雕的表现形式，展现阳泉发展历程中的深深印记，唤醒阳泉人民的文化记忆；“希望之城”投影秀位于南山公园北门广场，把光、电、声与广场主题背景墙融合，采用3D光影技术展现“中共创建第一城”的内涵——“红色之城、科技之城、英雄之城、希望之城”。（郭宏志）

【阳泉市委党校异地搬迁改造项目附属配套一期工程——人行过街天桥项目设计】 2022年，阳泉市建筑设计院有限公司承揽阳泉市委党校异地搬迁改造项目附属配套一期工程——人行过街天桥项目设计。该项目位于学院后操场，向南跨越大西街，连通至彩石园并可延伸至狮脑山，功能定位方便学生使用并考虑市民过街需求。上部结构采用筒型下承式简支钢桁架结构，采用红色主题，计算跨径37米，天桥总长53米（含梯道），宽度4米（含栏杆）。下部结构采用花瓶墩，配承台+钻孔桩基础。两侧设折返式楼梯，按1∶2设置，基础采用扩大基础。该项目作为阳泉市委党校（阳泉革命传统教育学院）附属设施，具有较强的整体实用性和美观性。（郭宏志）

建筑施工

【建设工程质量管理】 2022年，阳泉市住房和城乡建设局加强工程质量管理。指导参建单位落实主体责任，年内新办理质量注册项目46项，100%签署法人授权委托书和质量终身负责制承诺书，共签署486份。28项竣工验收工程全部合格，在显著部位悬挂永久性标牌。强化过程监管，开展工程质量检查，全年下发质量监督整改通知书172份，违法违规行为确认单6份。开展全市建设工程质量检测机构、预拌混凝土企业大检查，共检查企业19个，下发检查结果反馈表15家，督办问题100余条，通报3个，向市城市管理局推送线索1条。（李 俊）

【阳泉市建筑业提质行动】 2022年，为贯彻落实市委、市政府《关于推进市场主体倍增工程的实施意见》，阳泉市住房和城乡建设局联合市发改委等15个部门印发《阳泉市建筑业提质行动工作方案》，组织启动阳泉市建筑业提质行动，新增一级资质建筑业企业1家。（李 俊）

【装配式建筑】 2022年，阳泉市新开工装配式建筑29.08万平方米，占新开工建筑总面积的24.08%。其中，华阳集团宏厦三建新建装配式集成房屋341套，建筑面积6183平方米，主要应用于阳泉市方舱医院建设、各类建筑工程临时用房、防疫用房、卡口检查用房等。（李 俊）

【天桥以东旧区改造项目配套改造工程项目】 2022年9月，阳泉市建设集团按期完成天桥以东旧区改造项目配套改造工程。该工程总用地面积4070平方米，位于新建街与天桥交会处东南地块，属市中心范围。项目主要建设内容包括拆除天桥药店和新华书店3950平方米、铁路线北侧围挡310米及铁路线周边安全防护措施，新建2455平方米摩尔港公园。（刘 琼）

【小河村乡村旅游基础设施建设EPC总承包项目】 2022年，阳泉市建设集团于7月29日中标该项目，中标金额为10948.95万元。8月，该项目开工建设。项目建设内容包括游客接待中心，建筑面积地上815平方米、地下1500平方米；红色大院外墙粘贴红色人造仿古面砖；地面绿化；火烧面花岗岩院面硬化；礼堂及排房的门窗换为断桥铝；培训楼墙面凹槽内嵌LED暖黄色洗墙灯；步道项目总里程7690米；停车场工程总面积11400平方米。截至年底，沥青铺设、生态停车位和配套工程全部完成；砌筑石挡墙3.65千米（9535立方米），灰土碾压、水稳层铺设完成5.2千米；接待中心主体工程完工。（刘 琼）

【文明施工管理】 2022年，阳泉市住房和城乡建设局抓好工地文明施工管理。结合创建国家卫生城市和创建全国文明城市工作，对工地施工现场、办公区、生活区等区域环境卫生进行专项对标整治，以复工复产、工地扬尘污染防治专项整治等行动为抓手，开展工地标准化建设督导检查，全年共检查工地1200余项（次），发现问题380余条，均全部整改到位，向市城市管理局推送案件线索25条，做到每月检查全覆盖，每月通报处理全落实。（李 俊）

【春季房屋市政工程质量安全生产检查】 2022年5月5日至31日，根据《阳泉市住房和城乡建设局关于开展2022年度房屋建筑和市政基础设施项目春季工程质量安全监督检查的通知》及2022年“双随机 一公开”要求，阳泉市住房和城乡建设局开展春季房屋市政工程质量安全生产检查工作。共检查房屋市政项目47项，市区项目42项，抽查县（区）5项。检查发现各类安全隐患238条，疫情防控方面存在问题29条，施工现场扬尘治理及创卫方面问题43条。下发限期整改通知单22份，停工整改通知单25份。从检查情况来看，各县（区）住建部门高度重视春季复工复产安全检查，能够按照要求安排部署，组织安全检查及隐患排查。各建设、监理、施工企业开展复工复产前自查自纠，扬尘治理基本达标，疫情防控措施、人员、物资到位，为全年的房屋建筑工程安全生产奠定基础。（李　俊）

建筑行业管理

【建筑工程造价管理】 2022年，阳泉市住房和城乡建设局对全市15家工程造价咨询机构开展工程“双随机一公开”检查、工程造价企业信用评价和工程造价成果文件执法专项检查。对企业申报资料和造价成果文件质量进行检查抽查，检查结果形成初步结论，入选A级企业2家，入选B级企业7家，入选C级企业6家；入选省优秀造价成果文件4项。处理省住建厅转办的工程造价纠纷案件2项，市审计局移送处理案件1项。截至年底，全市工程造价咨询企业聘用从业人员728人，其中注册造价工程师120人。（李　俊）

【建筑招投标管理】 2022年，阳泉市住房和城乡建设局在全市房屋建筑和市政基础设施工程招投标活动中落实五方主体（建设单位项目负责人、勘察单位项目负责人、设计单位项目负责人、施工单位项目经理、监理单位总监理工程师）承诺制改革，全市落实市承诺制项目131项，中标金额45.98亿元，为夯实招投标活动各方主体责任打下基础。（李　俊）

【建筑企业监管】 2022年，阳泉市住房和城乡建设局强化企业批后监管力度，对15家经营异常和14家推送申报资质的企业进行业绩、人员核查。按照《2022年建筑市场双随机检查方案》要求，对建筑工程施工总承包三级以上企业进行核查，对涉及人员异常的21家企业下发《关于做好2022年第一批建筑业企业资质整改工作的通知》，对限期整改不合格的5家企业，推送至市审批局启动撤销程序。全年依法撤销、撤回经营异常企业数量占经营异常企业总数的30%以上。（李　俊）

【建筑监理企业管理】 2022年，阳泉市住房和城乡建设局加强建筑监理企业管理，通过首次进场交底核查和“双随机 一公开”等方式，检查签订《监理合同》落实情况、监理企业承揽工程资质条件、项目按规定配备相应管理人员、总监理工程师相应任职条件、监理人员是否为本单位人员等。截至年底，全市共有监理企业10家，其中房建甲级3家、房建乙级5家、房建丙级2家；市政甲级2家、市政乙级5家、市政丙级3家；矿山甲级1家；电力甲级1家；机电安装乙级1家；公路丙级1家。（李　俊）

【建设领域专项整治】 2022年，阳泉市住房和城乡建设局开展房屋建筑和市政基础设施工程建设领域专项整治，共随机抽查项目31次，涉及建设单位16家、施工单位14家、监理单位10家，工程造价咨询企业15家，发现问题55条，下达责令改正通知书16份，移送违法违规问题并移送处理项目6个。（李　俊）

【建筑用工实名制】 2022年，阳泉市住建部门会同人社部门开展部门联合“双随机”执法检查，对市本级范围内的房屋建筑和市政基础设施项目按照30%的比例进行抽查。针对指标数据偏低、平台显示项目停工状态与实际情况不符合、在建项目底数不清等问题，制定并下发《关于认真做好房屋建筑和市政基础设施项目建筑用工实名制信息化管理考勤工作的通知》，对实名制考勤的相关要求进行再次强调。对市本级在建项目下达督办函，对实名制考勤工作不达标的3个县（区）下达提示函，要求项目更新率和管理人员到岗率达100%和80%以上。截至年底，涉及住建部门牵头各项工作任务完成率100%，通过山西省建筑工程从业人员实名制管理系统采集新建、在建房建市政工程项目信息实施动态监管，信息上报率、更新率和准确率100%，因违法发包、违法分包和挂靠转包等违法违规问题造成拖欠农民工工资案件办结率100%。（李　俊）

建筑企业

【概况】 2022年，阳泉市建筑业产值完成82.8亿元，比上年下降7.9%。建筑业增加值42.63亿元，占全市GDP总量的4.2%、占第二产业总量的7.6%。截至年底，全市共有建筑业企业305家（市属219家、平定县50家、盂县36家），占全省建筑业企业总量约5.9%。其中，总承包企业160个（一级企业11个、二级企业21个、三级企业128个），专业承包企业69个（预拌混凝土企业28个），施工劳务企业76个。（李　俊）

【阳泉市建设集团】 2022年，阳泉市建设集团紧盯年度生产总目标，抓执行、补短板、强弱项，实现营业收入135549万元，比上年增长25%；实现利润总额1110.59万元，比上年增长31%；国有资本保值增值率113%，与上年持平；全员劳动生产率96180元/人，比上年增长9.3%。年内参与招投标23次，中标22次，签订合同额10.32亿元，合同履约率100%；完成建总产值15.97亿元，完成施工面积57.5万平方米，工程质量合格率100%，一次交验率100%。截至年底，市建设集团在施项目60余个，主要有阳泉市中环快速路西南环东段周边片区开发项目、阳泉市委党校（阳泉革命传统教育学院)异地搬迁改造项目、阳泉市殡仪馆迁建项目、矿区"三供一业"维修改造工程、白泉新型装配材料产业基地建设项目、小河村乡村旅游基础设施建设EPC总承包等。市建设集团拓展外部市场,甘肃、左权、运城、临汾、晋城项目相继开工。年内,市建设集团被省、市行业主管部门授予"山西省五一劳动奖状""优秀建筑业企业""骨干建筑业企业""阳泉市模范单位"等称号。依托项目建设,项目团队获多项科技创新成果,其中《提高砖混结构墙体抹灰质量》获"2022年度山西省工程建设施工企业优秀QC小组二类成果",《确保住宅工程剪力墙混凝土一次成优》《提高剪力墙线盒预埋安装合格率》等6个课题获"2022年度山西省工程建设施工企业优秀QC小组三类成果"。

市建设集团将阳泉市江鱼卷闸有限责任公司等16户企业划入其子公司,市建设集团对其履行出资人职责,依法对其进行全面监管。市建设集团组织专业机构对接收单位展开清产核资、财务审计等工作,按照"业态相近、资源重组、提升规模、增加优势"原则,对脱钩企业进行兼并重组,优化企业布局结构。

市建设集团推进完成"三供一业"(供水、供电、供热和物业管理)改造、"六定改革"(定机构、定职数、定员额、定机制、定薪酬、定任期)、公司制改制、僵尸企业出清等重点改革任务。健全现代企业制度,通过制定集团公司及重要子企业党委会、董事会、经理层3个议事规则,建立完善公司治理机制。推进产业布局优化和结构调整,抢抓省市国资国企改革历史机遇,平稳接收脱钩划转企业16家,集团公司重点聚焦主业,完成16家企业"六定改革",进行业务相近企业重组、亏损企业整合专项治理工作,优化产业布局。健全市场化经营机制,深化集团公司薪酬管理、人员考核改革,建立"管理人员能上能下、员工能进能出、收入能增能减"管理机制。科技赋能企业提质升级,以企业为主体、以市场为导向,建立产学研相结合的技术创新体系,在重点建设工程和关键技术中实现引进、吸收、创新、研发各环节同频共振,探索科技成果向专利转化发展途径。（刘　琼）

【山西宏厦建筑工程第三有限公司】 山西宏厦建筑工程第三有限公司前身是中国人民解放军基本建设工程兵第四二三团,1983年5月17日改编为阳泉矿务局第三工程处。1998年3月,改制为山西宏厦建筑工程第三有限公司。2002年,宏厦一建、四建的土建部分划归宏厦三建。

公司是建设部审定的建筑工程施工总承包一级企业,具有机电工程、矿山工程、市政公用工程施工总承包二级,公路路基工程、桥梁工程、钢结构工程、地基基础工程、环保工程、预拌混凝土、施工劳务、模板脚手架专业承包资质,对外承包工程资质、电力承装(修)、特种设备安装改造维修(压力管道)等。公司拥有固定资产2.1亿元,拥有各类工程需要的施工机械设备1200余台,有员工1535人,拥有各类专业技术和经济管理人员500余人。截至年底,公司承担的项目有太旧高速公路聂家庄特大桥、天津南开大学留学生公寓、北冰洋大厦、阳煤创伤急救大楼、馨安家园1号楼、阳煤集团405兆瓦煤矸石电厂210米烟囱等。（刘　航）

【阳泉融盛投资控股集团有限公司】 阳泉融盛投资控股集团有限公司前身为太行工贸总公司,2019年8月市委财经委员会同意以太行工贸总公司为主体组建阳泉融盛投资控股集团有限公司,2019年12月16日完成工商变更手续。融盛集团为国有独资公司,注册资本为50亿元,由阳泉市财政局主管。经阳泉市人民政府授权对全市公共服务、医疗服务、科技教育、旅游文化、农林水利牧业、制造业、贸易服务业投资及资产管理、参股、控股或委托管理政府投资基金,城市基础及铁路建设项目管理及运营,土地整治,建设工程施工(环保工程、矿山工程、市政工程、道路桥梁工程、水利工程、建筑装饰装修工程施工),园林绿化工程、荒山造林、铁路货运、装卸、仓储,铁路运输代理,环保技术开发、技术咨询、技术服务、技术推广及转让,房地产开发,房屋及场地租赁,物业管理,停车场服务,住所餐饮,烟草零售。围绕推动高质量发展,立足经济社会发展和区域开发建设需求,以经营城市为理念,打造成"投资、建设、管理运营"一体化的城市综合经营实体,在土地综合开发、重大项目投资建设、招商引资、产业导入服务等领域实施项目建设,增强实力和市场化竞争能力,增加国有资本经营收入、助力区域经济转型发展。（李　俊）

（责任编辑:韩　冰）

商贸流通

【概况】 2022年，阳泉市社会消费品零售总额实现324.52亿元，比上年下降1.1%；货物进出口总额实现10.56亿元，完成省定年度任务74.73%，比上年下降19.4%；实际利用外资实现739万美元，完成省定目标任务24.63%。全市服务业增加值为434.0亿元，比上年增长1.3%，占GDP比重42.8%，拉动GDP增长0.7个百分点。（李文君　王国婷）

【消费促进】 2022年，阳泉市商务局出台阳泉市消费提质扩容升级行动13条、促进家电消费若干举措等一系列政策措施，提升传统消费能级，加快新型消费发展。推荐6个项目申报省级商务事业发展电商项目，对接专业公司组织30家单位284人次培训，指导线上专题促消费活动，累计实现销售额1300余万元。组织开展"泉乐购"网上年货节、"晋情消费·泉民e购"618、"晋情消费 品质生活"双十一、双十二等网络促消费活动，引导实体商贸企业融合发展，提振消费信心，释放消费潜力，促进消费市场加快恢复。

年内，阳泉市累计发放"晋情消费·泉民e购"数字消费券及汽车消费补贴1.58亿元（包括省级支持资金

表31　2022年阳泉市及各县(区)社会消费品零售总额统计表

县(区)	绝对量(亿元)	增速(%)	占全市比重(%)
阳泉市	324.52	-1.1	—
平定县	60.13	0.1	18.53
盂　县	60.31	-1.2	18.58
郊　区	26.86	0.7	8.28
城　区	122.77	-1.0	37.83
矿　区	33.66	-5.0	10.37
高新区	20.8	0.3	6.41

（市商务局）

表32　2022年阳泉市及各县(区)社会消费品零售总额分类情况表

单位：万元

指标名称	全市	城区	矿区	郊区区域	平定县	盂县
总计	3245208	1227709	336597	476529	601307	603067
按销售地区分						
城镇	2715729	1209963	335627	236229	452061	481850
乡村	529478	17746	970	240300	149246	121216
按消费形态分						
餐饮收入	236941	70094	42644	25670	50890	47642
商品零售	3008267	1157615	293952	450859	550417	555424

（市商务局）

表 33　2022 年阳泉市商贸服务行业情况表

服务业分类	总量(亿元)	增速(%)	占 GDP 比重(%)	拉动点(%)
批发和零售业	62.2	–9.6	6.1	–0.7
交通运输、仓储和邮政业	42.1	–3.0	4.2	–0.2
住宿和餐饮业	14.4	–2.4	1.4	–0.04

（市统计局）

3010.01 万元），核销 1.45 亿元，带动消费 16.97 亿元，撬动倍数 11.68 倍；向 12275 人次发放 2 批“爱心消费券”共计 1546.75 万元；指导举办夏季惠民购车等 3 场专题汽车展销促销活动，累计订销车辆 1180 余辆，销售额约 1.5 亿元。（李文君）

【夜经济集聚区打造】 2022 年，阳泉市商务局在全市重点布局 14 个“夜经济”集聚区，其中城区 8 家，分别为“阳泉记忆·1947”、滨河文创美食街夜市、兴隆街、西河滩、小河村文化夜市、大阳泉村、沙江小市夜市、天成巷夜市；矿区 3 家，分别为赛鱼小火车夜市、日潭夜市、香河苑夜市；郊区 1 家，为桃河民俗文化园夜市；平定 1 家，为冠山书院小镇夜市；盂县 1 家，为时光新天地夜市。城区被认定为省级夜经济试点城市，兴隆商业步行街获评省级夜经济生活集聚区，滨河新天地商业广场获评省级步行街。启动兴隆街老夜市，重点培育“阳泉记忆·1947”文化园、兴隆街、西河滩、小河村文化夜市、大阳泉村 5 个夜经济试点，共入驻商户 163 户，单日最高人流量 5 万人次，累计销售 1100 余万元，有效带动全市夜经济发展，《山西日报》《山西新闻》先后报道城区的夜经济情况。（李文君）

【县域商业体系完善】 2022 年，阳泉市商务局出台《阳泉市加强县域商业体系 促进农村消费实施方案》《加强县域商业体系建设行动实施方案》《关于发展乡村 e 镇支持市场主体发展的若干措施》等政策，指导平定县“冠山砂淘 e 镇”、盂县云端乡村振兴产业 e 镇、郊区双创 e 镇列入全省 100 个乡村 e 镇项目，获省级财政启动资金 1800 万元，成功申报盂县县域商业建设项目，争取中央服务业发展资金 857 万元，推动县域商业流通体系优化完善。（李文君）

2022 年 6 月，阳泉市启动天桥老夜市（市商务局　供图）

【大型商超建设】 2022 年 12 月 9 日，阳泉万达商业广场正式营业。万达广场项目是阳泉市重点城建项目，由山西泉民开发建设有限公司于 2021 年 4 月开工建设，总投资 40 亿元，总建筑面积 84.5 万平方米，包括大型商业综合体、城市步行街、写字楼等，为集购物、餐饮、文化、娱乐等多功能于一体的大型商业集中购物区域。（李文君）

【首届退役军人创业创新夜经济产品展销会】 2022 年 7 月 14 日至 15 日，阳泉市举办首届“军创助山城共富 戎归促乡村振兴”退役军人创业创新夜经济产品展销会。展销会利用官方视频号、抖音号进行全程直播，线上线下展示农产品类、副食品类、文化创意类、环保科技类、建筑工程材料类等千余种军创产品。100 余家退役军人创办的企业参展，400 余家商户入驻本地电商平台“泉乎”，签订各类框架合作协议近百万元。（薄红贞）

【夏季惠民购车促消费活动】 2022 年 6 月 2 日至 5 日，阳泉市举办“晋情消费·泉民 e 购”数字消费券发放暨夏季惠民购车促消费活动。活动内容包括线上数字消费券、汽车消费补贴、购车惠民促消费及现场演艺活动等。夏季惠民购车促消费活动共有 40 余个家用车、新能源汽车品牌参加，现场设置车型展示区、洽谈区、试乘试驾体验区。在正常优惠基础上，每台车另外给予优惠2000元，并提供分期购车0利息、延迟还款等选项。对购买燃油汽车和新能源汽车且在阳泉市登记上户的个人消费者，给予1000元至7000元不等的政府消费补贴。天元集团比亚迪恒德通4S店成交130余台，销售额实现2200万元。（魏君烨）

住宿餐饮业

【概况】2022年，阳泉市限额以上住宿、餐饮业营业额32893.8万元。限额以上住宿业法人企业19个，其中旅游饭店4个，一般旅馆13个，客房总收入7307.9万元，其中通过公共网络实现收入1192.5万元。餐饮业法人企业28个，其中正餐服务28个，餐费收入15086.7万元，其中通过网络实现餐费收入1897.4万元。（王国婷）

【餐饮品牌推广】2022年2月25日，阳泉市商务局在全市开展餐饮品牌推广，组织专家在豪远国际酒店现场评审，并实地察看，在前期各县（区）商务部门征集的具有阳泉本地特色的名优菜品、面食、特色小吃和地方名厨基础上，选出具有代表性的特色晋菜20个、特色面食20个、特色小吃9个、名厨25人、名店12家，参加山西省“品鉴山西美食、晋享山西味道”餐饮品牌推广评审活动。6月，通过省级专家组评审，阳泉市过油肉、香酥鸡入选十大晋菜，豆面抿尖、拉面入选特色面食，泡泡油糕、莜面栲栳栳、阳泉压饼、盂县红稠饭、一窝酥、枣介糕、葱花烙饼入选特色小吃，小米俏当家和平定老号饭庄入选品牌餐饮企业。（李文君）

【餐饮企业“双随机 一公开”抽查检查】2022年夏季，阳泉市市场监督管理局对全市大型餐饮经营服务单位进行“双随机、一公开”抽查检查。

此次抽查检查依托“山西省‘双随机、一公开’监管工作平台”组织实施，由系统在全市所有餐饮服务单位名录和执法检查人员名录库中随机抽取本年度检查对象和执法检查人员，形成随机“一企一表”。检查对象按照企业信用风险分类结果，对低风险、一般风险、较高风险、高风险企业分别递加比例抽查，确保总体抽查比例高于5%。

检查过程采用书面审查和现场检查相结合的方式，对企业经营资质、经营条件、食品标签等外观质量状况、食品安全管理机构和人员、从业人员管理、经营过程控制、食品安全管理制度建设等主体责任落实情况进行逐一查验，认真检查餐饮原料控制（含食品添加剂）、加工制作过程、供餐、用餐与配送情况、餐饮具清洗消毒和场所设施清洁维护、制止餐饮浪费等内容，确保通过“一次抽查”实现“全面体检”的目的。抽查共发现问题26项，检查人员现场给予指导并责令限期整改。同时结合夏季食品安全隐患易发多发的特点，检查人员提醒餐饮经营者严格落实主体责任，规范经营行为，确保人民群众“舌尖上的安全”。（刘　茜）

【阳泉宾馆】2022年，阳泉宾馆有限责任公司完成179批次国家、省部委级、市级等重要接待任务。全年完成营业收入11351万元，接待48.09万人次。

年内，阳泉宾馆有限责任公司强化市场化运营管理，层层分解目标任务，实行利润工资包干，提升“一线效益+效率”，餐饮外卖全年实现营收2673.59万元，超额完成目标任务1673万元。开拓服务市场，阳泉宾馆推介智能房，配套引进智能机器人，出租率比上年提高12%；优化婚庆团队运营模式，升级全市首家高端婚礼堂，提升婚宴收入；精准定位“消夏夜市”，以172万元营收再创佳绩。墨玉宾馆引入高层次人才公寓，灵活组合家政服务项目，提升客房盈利能力；借助抖音平台开播“一城一味”直播吸粉，助力餐饮品牌推广；统筹规划承揽阳煤总院营养餐厅、培训中心食堂，团队创收361万元，拓宽营收渠道。御康小厨新增精品粤菜，牢牢占据高端散客市场。紫金坊推出大众口味新品及平价套餐，日均收入突破3万元。承办华阳集团“钜惠职工”活动，通过立足优势、创新举措，升级服务，强化管理，累计创收5400万元，激活公司经营发展活力，圆满完成活动承办任务。（田　圆　韩静炜　苏　苗）

【北冰洋大酒店】2022年，北冰洋大酒店实现营业收入2000万元，接待230万人次。增强员工服务意识，做到“来有问声，走有送声”，合理采纳宾客意见，主动为宾客服务，提升宾客满意度。加大安全检查力度，建立健全“日管控、周排查、月调度”工作机制，严把食品安全关。酒店客房光纤改造完成，全面投入使用，提高网络速度，实现Wi-Fi覆盖率100%。（梁文斌）

【泉美国际大酒店】2022年，泉美国际大酒店完成营业收入1114万元，客房接待14938人次。酒店利用调整自身菜品架构结合在抖音线上平台进行宣传、推广，掀起一波又一波的关注潮，为酒店在创收、创利、创优、创稳定方面作出积极贡献。酒店推出自主创新服务理念：五米关注、三米问好、半径服务、沉浸式服务等培训内容。加强管理人员的现场督导和质量检查，逐步完善前台待客的服务形象，在接待各类宾客及重大会议服务中，多次得到客户的好评。以创建文明城市为契机，酒店积极开展文明旅游创建工作。全年进行公益活动30余次，向宾客提供志愿服务多达百余次，向来店宾客进行文明旅游宣传近千次，向宾客介绍三区两县的旅游资源。（陈占琳）

粮食物资储备

【《阳泉市十四五粮食和物资储备专项规划》】 2022年1月，《阳泉市十四五粮食和物资储备专项规划》（简称《规划》）正式印发。《规划》依据《山西省"十四五"粮食和物资储备行业发展规划》《阳泉市国民经济和社会发展第十四个五年规划和2035年远景目标纲要》编制，共有8章30节，系统谋划"十四五"时期阳泉市粮食安全和因应急物资保障的发展目标、重点任务、工作方向及保障措施等，是实施粮食市场调控、夯实粮食安全和应急物资保障基础、完善保障体系、强化监督管理、提升保障效能的重要依据，是未来五年做好阳泉市粮食安全和应急物资保障工作的行动指南。（白　雪）

【粮食储备基础设施建设】 2022年，阳泉市推进仓储物流设施建设，完成国家粮食储备库现代化高标准粮库项目和验收工作，全市2个市级粮食仓储物流项目纳入全省绿色仓储建设项目库。根据省粮食和物资储备局《关于报送2022年粮食仓储设施维修和提升改造项目预期绩效的通知》文件精神，获得省级财政补助资金28万元。阳泉国家粮食储备库制定"提升改造三年计划"，通过省市专项资金和自筹资金，逐步对公司仓储基础设施进行提升改造。（白　雪）

【粮食安全】 2022年，阳泉市开展"双随机、一公开"、粮食收购备案、秋季安全储粮和安全生产等抽查检查，创新方式强化粮食购销领域监管，夯实粮食储备基础，推动粮食产业发展，为粮食安全筑牢协同保障的基石。推行储备粮安全保管责任制，健全完善仓储设施建设，创新科学储粮理念，推进现代化粮库建设。对所有储粮进行品质检测，完善粮食质量档案，准确掌握储粮的保管情况，确保储备粮常年处于安全保管状态。完善和落实各项安全生产制度，组织储备粮油春抓预防、安全度夏、防汛、安全生产月等重点工作和专项活动，开展消防演练、消防培训等活动。（白　雪）

供销合作

【概况】 2022年，阳泉市供销系统商品销售总额实现32.1亿元，全年农副产品收购总额1.5亿元，全年售给农民生产资料总额2.4亿元。全系统经济运行情况形稳势好，综合改革不断深化，为农服务能力显著提升。（魏　玮）

【基层供销社改造建设】 2022年，阳泉市供销系统完成建设乡镇为农服务综合体1个，改造提升薄弱基层社3个。郊区西南舁为农服务综合体建成后为西南舁、河底、岔口等乡镇的30多个村提供粮油日用品配送服务。（魏　玮）

【农民专业合作社】 2022年，阳泉市供销系统规范提升农民专业合作社3个。石门口供销社成立农民专业合作社联合社。郊区供销社所属山蜜蜂业合作社联合社与六棵槐种植专业合作社合作建成郊区第一条蜂蜜生产加工线，投入市场运营后可解决全区50%以上的蜂蜜加工销售问题。（魏　玮）

【农村综合服务社建设】 2022年，阳泉市供销系统建设农村综合服务社20家，开展日用消费品销售、农资商品销售、农产品收购、农化服务等项目以及移动代办、保险代理等及其他公益性项目，为农民提供生产、生活服务更加齐全。（魏　玮）

【"三位一体"试点】 2022年，平定县强化资源整合和业务协作，健全完善农合联体系架构。平定县张庄镇供销合作社作为阳泉市生产、供销、信用"三位一体"成功试点的乡镇基层社，推行

2022年10月，平定县宏丰农业专业合作社组织社员收土豆
（宏丰农业专业合作社　供图）

试点工作，与建行平定支行达成合作，建行生活入驻辖内20个门店，实现乡镇供销社为农服务综合平台升级赋能，有效带动农业综合生产能力、农村现代流通服务能力、农村金融服务能力稳步提升。（魏　玮）

【供销社惠农服务】 2022年，阳泉市供销系统指导基层供销社新建惠农服务中心3个，提升3个；新建惠农服务站6个，提升3个；新建新型庄稼医院2个，改造1个；新增土地托管面积2000公顷、新增农业社会化服务面积5333.33公顷；新增基层社社员2000余人。平定县东回镇七亘惠农服务中心设立信息服务平台，专人管理，多渠道、多形式地为村民提供信息咨询服务，搭建惠农实用平台。（魏　玮）

烟草专卖

【概况】 2022年，山西省阳泉市烟草专卖局（山西省阳泉市烟草专卖公司）贯彻“总量控制、稍紧平衡，增速合理、贵在持续”方针，加大经济运行调控，实现经济运行平稳有序。加大适销对路货源组织力度，加强营销、物流、工业三方高效协作，最大限度满足市场需求；落实政策发力适度靠前，把握发展主动权，灵活调整卷烟投放策略，交叉采取“一县一策、一区一策”“档位＋城乡”等投放方式，保障销售进度靠前；加强经济运行分析研判，保障市场状态良好稳定，经济指标在合理区间。截至年底，全市持证卷烟零售户6014户；卷烟销售46739箱，销售收入14.9亿元。（王志远）

【烟草专卖管理】 2022年，山西省阳泉市烟草专卖局（公司）履行专卖管理职责，强化同市公安局、市市场监督管理局、市邮政管理局等协作机制，向公安机关移送涉烟犯罪案件两起，破获“6·20”非法贩售烟叶二级国标网络案件，查获违法烟叶10.14吨，抓获犯罪嫌疑人6人，查证涉案金额400余万元，被山西省公安厅列为督办案件。全年查处各类案件291起，查获各类卷烟403.72万支，涉案金额403.46万元。其中，假私烟案件66起，查获假私烟5.19万支，标值7.71万元。查处5万元以上大要案件37起。探索推进信用监管机制，初步建立零售户信用等级评价和监管机制，有效规范市场秩序，提升监管效能。稳步推进“放管服”改革，全面推进烟草专卖零售许可证“网上办、限时办、暖心办”，完善政务大厅便民服务措施，推广“三晋通”移动政务服务，线上行政许可申办率95.4%。（王志远）

【卷烟（雪茄烟）经营】 2022年，山西省阳泉市烟草专卖局（公司）深化省、市、县三级品牌共育机制，修订《在销品规数量管理细则》和《品规引退细则》，组织开展品牌引退管理和重点品牌及高端高价位卷烟销售情况自查整改，强化在销品规评测及结果应用，提升品牌培育成效。全市重点品牌销量比重95.09%，销售收入比重96.35%。强化雪茄烟培育，开展国产雪茄烟文化交流、雪茄烟知识培训、雪茄烟终端建设，丰富国产雪茄烟规格，新引入规格3个，在销规格达到6个，满足雪茄烟消费者对不同价位段的规格需求。

年内，出台《卷烟零售终端建设发展规划（2022—2024年）》，构建具有阳泉特色的卷烟零售终端发展模式。组织开展“我的终端我维护”、终端建设质量查漏补缺和改进巩固提升工作，制定全市统一的清单式标准化终端建设作业服务流程，形成卷烟营销网络建设标准作业手册。制定《2022年农网卷烟零售客户培训计划》，组织开展以提升农村客户素质为主题的专题培训，引导农网零售客户实施整洁化陈列改造。强化客户服务，于2月底注册运营“泉漾优服”公众号，向客户提供日常经营需求服务。携手银行推出“烟商贷”，帮助59名零售客户累计解决周转资金1178.7万元，稳定零售客户经营信心。（王志远）

盐业经营

【概况】 2022年，山西省盐业公司阳泉分公司供区人口为173万人，包括阳泉市城区、郊区、矿区、平定县、盂县和晋中市和顺县、昔阳县各种盐的购、销、调、运、储业务，年销售7000余吨，储备能力6000吨。固定资产净值245.52万元，土地使用面积9828平方米，营业收入836.32万元。经营品种有精制盐、绿色海藻碘盐、天然海盐、低钠盐、系列竹盐、莫顿高端系列等盐品及软水盐、工业盐。（王美卿）

【食盐安全宣传】 2022年，阳泉盐业分公司强化宣传引导促进销售。开展“食盐安全进社区”系列专题讲座，围绕“三减三健”健康相伴，将更加系统、全面的健康用盐知识传递给广大社区居民，详细介绍改善型晋盐的优点、适应人群，为晋盐的普及奠定坚实忠诚稳定的消费群体。在“3·15”“5·15”“9·15”等重要节点，举办大型主题宣传活动，向群众普及碘缺乏病防治知识，解答群众关注的热点问题，保障全市人民用盐安全。深入社区、乡村、商超、农贸市场、县公司等重要销售场所进行海报张贴和宣传促销，向商户宣传晋盐，通过设立展板、发放宣传彩页、商超推广等形式，引导消费促进销售。开播抖音账号“带盐人”，微信视频同步上线，通过“盐之有理”小讲堂、“击碎谣盐”小科普、“施以盐技”小妙招等系列专题片。（王美卿）

2022 年 10 月 3 日，阳泉盐业分公司在下站街道东营盘社区开展“食盐安全进社区”宣讲活动　（阳泉盐业分公司　供图）

【工业盐市场】 2022 年，阳泉盐业分公司在工业盐创新销售和服务模式上求突破，控制工业盐减量。通过议价、运用价格调控手段，“一企一价一对一”服务来争取客户，占领市场。采取走访用户、召开座谈会、签订供货合同等行之有效的方法，主动作为、赢得市场先机。对大客户继续实行精准服务，运用仓储配送优势，对所有交换站、锅炉房进行全面配送，配送网点达到 200 多个，配送量占自营销量的 80%以上。针对仓储环境、单次要货量具备产区直调条件的客户，通过产区直调方式销售工业盐，减少二次装卸，最大限度节约入库装卸及短途配送费用。　（王美卿）

【食盐销售渠道维护】 2022 年，阳泉盐业分公司加强商超渠道建设，稳固国企商超对晋盐品牌的引领作用。利用晋盐专柜对中高端盐全部陈列，市内规模以上商超常年无偿保有晋盐堆头，科室包挂商超，驻店促销理货，宣传晋盐知识，华龙集团等大型商超基本实现海藻盐以上品种陈列摆放销售。进行餐饮渠道开拓，针对餐饮渠道空白盲点区域，通过大量市场调研数据分析，将关帝盐定为餐饮盐专供餐饮渠道。　（王美卿）

成品油供应

【概况】 2022 年，阳泉市有成品油批发企业 1 家，隶属中石化，总库容 51200 立方米，其中汽油库容 22000 立方米，柴油库容 29200 立方米。全市加油站共计 148 家。按隶属情况分，中石化 60 家，中国供销石油 19 家，中海油 1 家，高速加油站 4 家，其他加油站 64 家。全年全市成品油销量合计约 16 万吨。年内，阳泉市加强成品油市场监督管理，规范成品油经营行为，维护成品油市场秩序，保护成品油经营者和消费者的合法权益。

成品油发展规划　新增太行公路一号旅游公路加油站规划内容，在一号公路规划新增 15 座加油站。规划“十四五”期间新增加油站 53 座。完成《阳泉市成品油零售体系“十四五”发展专项规划》编制印发工作。

成品油服务管理　建立成品油批发企业名单和 148 家成品油零售企业名单。配合相关部门，做好成品油大气污染防治、行业专项整治等工作，协调加油站税控机安装工作。保障辖区成品油市场稳定供应，建立成品油购销存台账月度报送制度。

开展监督检查　组织协调本辖区内成品油经营活动的监督管理。按照工作要求，对全市成品油经营企业开展 3 次检查。对全市所有加油站进行 2021 年度成品油零售经营企业年度检查，开展成品油流通安全生产管理专项检查，开展 2022 年车用油品销售企业监督抽查。　（孟梅生）

【中石化阳泉石油分公司】 2022 年，中国石化销售股份有限公司山西阳泉石油分公司下设 9 个部室和 4 个县（区）分公司，有职工 230 人，铁路专用线 1 条，库容量 4.8 万立方米油库 1 座，成品油吞吐量 28.4 万吨 / 年，在营加油站 60 座，便利店 63 个。全年经营成品油总量销售 13 万吨，天然气销售 301 万立方米，非油品基础类完成 6730 万元。

年内，阳泉石油分公司坚持以市场为导向、以客户为中心的经营理念，深度研判市场，精准营销对策，以服务提升和攻坚创效为契机，全面提升油品经营质量。做实门店销售，完善配套设施，提升非油品综合服务功能。调整品类结构，做大销售规模，各品类销售规模比上年增长 23%；弥补销售短板，做大润滑油销售，在 6 个门店进行长城润滑油全商品展示，开展 3 次润滑油专场直播，全年润滑油销售 200 万元；依托站内推介做大燃油宝、水饮、玻璃水等销售，以 7 折券为抓手，抓实开口推介、站店联动，全年核心商品零售比上年增幅 41%；与大客户顺利签订工业尿素供应合同，购进工业尿素达 2400 余吨；学习推广兄弟地市先进经验，以易捷到车、社群营销、直播带货、秒杀等形式为抓手，提升门店零售额。

客户服务　开展客户走访活动，全年县站走访区内现有客户、流失客户、潜在客户合计3700余户，对流失单位客户进行重点跟踪回流，回流率51%；通过客户群、站内氛围营造、员工友情提醒等形式将品牌日、会员日、7折券、银行卡活动、易享节等信息触达给用户，规范加油站客户群的互动频次，确保各类活动触达零售用户。做好大客户的油品管家，从电话订货、线上下单、提货、油品配送、发票送达、定期回访等全过程进行细化，按时配送适用油品。

经营管理　坚持对县公司、加油站服务评价工作进行日通报、日点评，分析纠错改进，对落后站点进行重点帮扶，通过县公司服务示范队现场演练、视频教学等强化培训，不断提升员工服务本领；通过现场检查、视频督查、电话提问的方式固化服务水平，推进加油站服务提升工作。对任务计划完成率、社会站开单率、数字提油比例、主动配送比例等工作按周制定小目标，表格化挂图，每日晨会通报销售进度，点评提升，全年数字提油实现100%。

营销宣传　汽油站点结合7折券、石化钱包会员权益、品牌汽油推广、银行异业合作等营销活动，印发消费明白纸，按活动节点更新堆头、立柱、广告位宣传，营造销售氛围，全年精准引流客户1.2万余人，柴油依托“一户一策”和小额配送提振销量，下发小额配送激励办法，深挖油品增量空间。

安全管理　完善安全管理责任体系，加强全员安全风险绩效考核，参与油库事故应急预案演练12次。对照《危险化学品隐患排查治理导则》《危险化学品生产储存企业安全风险评估诊断分级指南》等标准开展多次自查自评，对37座加油站进行评估审核，对油库和60座加油站进行标准化自评。以开展“安全生产月”“百日安全无事故”“大排查大整治大提升”等活动为载体，持续抓好HSE（健康、安全、环境）观察、安全经验分享、风险识别等工作，强化事故预警机制、应急处置机制和异常管理机制；落实隐患整改责任制，投资520万元集中治理4座加油站罩棚隐患、油库铁路专用线隐患等，配套完成3座加油站雨污分流；完善消防台账和档案，严格落实值守、巡查、备勤、教育、设备日常检查维保等措施，分级开展应急资源调查和分析，定期对设施器材、水源药剂、消防预案等进行排查；全年修订预案63个，库站实施演练1400余次，迎接检查实施演练13次，配合消防部门综合演练7次，提升队伍应急能力和技能水平；组织开展油库重大危险源风险辨识评估，完成库站风险清单和隐患排查清单编制，完成37座加油站危化证换证评估，强化评估措施落实，实现长效管理。定期落实监测计划，持续深化污染防治，加大环保隐患整治，完成绿企创建目标，年内再创绿色加油站12座。　（帅栋梁）

【中国供销石油阳泉石油分公司】 2022年，中国供销石油阳泉石油分公司下设4个部室，有职工105人，在营加油站19座，便利店20个。全年经营成品油总量销售1.2万吨，非油品基础类完成906万元。

石油销售　通过增设新的商品种类，优选非油品供应商，降低整体库存成本，使店内、外商品销售能力持续增强，公司所有加油站超额完成全年非油销售任务，涌现出百万元店两座，70万元店1座，50万元店2座，30万元店8座。寻求异业合作，先后和银联、建行联合，开展“150元减20”和政府采购消费券活动，共实现交易金额1500余万元，增加促销额约300万元。按照市场客户需求，开展一系列营销促销活动，促销方式由直降转换为消费返利、储值返利，合理制定“一客一策”的营销方案，提高客户的认知度和满意度。

经营管理　采取多元化小批量采购模式，精准预判市场走向，逐渐优化库存成本，减少采购风险，增加盈利能力。强化营销小组对价格信息的掌控，提升油品配送的及时性，精准高效运行库存，提供配送服务，加大客户开发力度。向政府相关部门提出申请，先后争取到稳岗补贴、吸纳及留工补贴及收入增长补贴。通过和中石油山西公司沟通协调，成功减免部分加油站租赁费用，为公司增效创效奠定基础。

安全管理　建立和完善全员安全生产责任制，落实风险分级管控和隐患排查治理双重预防机制，分级签订安全目标责任书，使安全生产事事有人管，层层有专责。以“安全生产月”“百日安全无事故”“大排查大整治大提升”等活动为载体，组织开展加油站各类应急演练共计288次，提升员工现场应急处置能力。组织开展安全自查和联查，共检查加油站72座次，发现问题384项，整改354项；规范加油站定置化管理、软件资料规范填写，加油站安全基础工作形成常态化。完成平定二站罐区维修、客运南站罐区地面维修和代县三站罩棚喷绘布更换，消除部分安全隐患。强化油品接卸油管理，确保加油站卸油过程不发生混油事故；加强与政府部门和油库联系，全年省部级、市级、县级和公司级油品抽检共计128次，抽检结果全部合格。办理加油站危化证换证10座，安全生产标准化达标2座，安全应急预案备案25座，环境应急预案备案6座，油气回收检测24座，环境监测2座，加油站经营手续合规合法。　（孟梅生）

邮政快递

【概况】 2022年，阳泉市共有许可快递企业13家，备案分支机构68个，末端网点259个，邮政普遍服务网点67个，合计407个。连通城乡各类邮路25条(包括上下行邮路)，单程里程542千米；市内转趟邮路43条(包括上下行，虚拟邮路)，单程里程468千米。从事邮件快件服务车辆600余辆，从业人员近2000人，网点遍布全市32个乡镇620个行政村，快递进村率100%。全市邮政行业业务收入(不包括邮政储蓄银行直接营业收入)累计完成3.35亿元，比上年下降11.91%；邮政行业寄递业务量累计完成4135.25万件，比上年下降5.37%；邮政寄递服务业务量累计完成2883.57万件，比上年增长0.46%；邮政寄递服务业务收入累计完成0.23亿元，比上年增长6.81%。全市快递业务量累计完成1251.69万件，比上年下降16.52%；业务收入累计完成1.98亿元，比上年下降24.14%。（苏　蕾）

【邮政普遍服务】 2022年，阳泉市邮政管理局邮政普遍服务保障能力持续提升。督导邮政企业高效落实主体责任，全面落实监管要求，履行邮政普遍服务义务。全市普遍服务网点进一步完善《邮政营业局所综合台账》《邮政营业日常管理台账》，67个网点更换新版上墙资料，32个网点更换门头店招，31个网点改造收寄台席、7个开办国际业务普服网点更换专用国际业务章戳、10个网点更换新标准局名牌、42个网点叠加易邮自提功能，普服网点规范化、标准化水平进一步提升。开展全市邮政普遍服务基础数据采集和提升数据质量专项工作，完善补白局所相关信息，提升数据准确性。巩固完善政企联席会议长效机制，按季召开邮政普遍服务政企联席会议，听取邮政企业履行邮政普遍服务义务情况汇报，通报邮政普遍服务监管情况和邮政企业问题整改进展情况。通过邮政特邀社会监督员开展邮政社会监督工作，共开展监督活动137次，反馈报告137份，监督快递网点74个，普服网点63个，走访用户400人。（苏　蕾）

【绿色发展“9917”工程】 2022年，阳泉市邮政管理局持续践行邮政快递业绿色低碳发展，推进行业生态治理，开展全市行业绿色发展“9917”(国家邮政局党组研究提出实施绿色发展“9917”工程，明确到年底实现采购使用符合标准的包装材料比例达90%，规范包装操作比例达90%，投放可循环快递箱盒达1000万个，回收复用瓦楞纸箱7亿个)工程。成立阳泉市邮政管理局邮政业生态环保工作领导小组，明确责任体系，督促全市寄递企业建立健全企业生态环保组织机构和工作体系，按照“谁经营、谁负责”的原则，层层传导压力，层层落实责任，确保有关工作部署落实到位。年内，领导小组检查249家邮政快递网点，出动498人次。采购使用符合标准的包装材料比例达99%，规范包装操作比例达99%，可循环快递箱(盒)应用规模达0.61万个，回收复用瓦楞纸箱30.14万个，全市新能源三轮车351辆，新能源车辆87辆。（苏　蕾）

【邮政行业安全监管】 2022年，阳泉市邮政管理局全面落实监管部门管理责任，紧盯行业安全工作不放松，全市邮政快递业安全形势稳定向好。全年召开5次安全生产例会，专题安排部署安全生产重点工作。制定并印发《2022年阳泉市邮政快递业“安全生产月”活动实施方案》，通过召开专题培训会、开展安全宣传咨询日活动、应急演练和警示教育活动等宣传教育途径和手段，突出安全生产效果导向。企业开展安全风险隐患自查工作并绘制安全风险图，督促企业建立完善隐患排查治理“一张网”，做到自查自改自报。完成全国“两会”、北京冬奥会和冬残奥会、中共二十大期间等重大活动与重要节点期间寄递渠道安保工作。领导分片包干，部门分组，联合多部门开展寄递渠道安全检查，安全生产检查全年共出动1068人次。（苏　蕾）

【“绿盾”工程】 2022年，阳泉市邮政管理局发挥“绿盾”视频联网巡查监管系统“线上监管”优势，防范各类风险隐患，维护寄递渠道安全稳定。全市11家转运企业接入“绿盾”视频联网巡检监管系统，实现主要转运企业分拣场地视频监控全覆盖。安检机联网系统(试点)，阳泉市接入安检机3台，系统内注册安检员5人，平均开机率65.77%，日均在线时长4.16小时，过包数27.39万件。视频巡检发现疑似违规事件67起，安检机联网系统人工智能识别与应用程序上报172件疑似异常件，实名制监督管理系统监测到身份证异常件10件。根据“绿盾”工程信息系统巡检情况，定期印发《阳泉市邮政快递业“绿盾”工程监管应用情况通报》与《阳泉市“绿盾”工程系统应用工作简报》，督促各企业针对通报的问题制定相应整改措施并落实，重点跟踪各项指标排名靠后的企业，压实企业主体责任，落实寄递安全制度。（苏　蕾）

【阳泉市邮政分公司】 2022年，中国邮政集团有限公司阳泉市分公司下设2个市场经营部门、5个经营支撑部门、5个职能部门、2个直属单位和5个县(区)分公司，共有职工769人。全市代理金融网点52个，纯邮网点17个。投递车辆89辆，其中燃油汽车

76辆、租用电动汽车13辆；投递二轮摩托车24辆、三轮摩托车53辆、三轮电动车35辆。机要通信工作继续保持质量全红，完成国家各项重大活动期间的服务保障工作。截至年底，全年累计新增系统余额7.46亿元，比上年增长22.10%。

寄递业务　阳泉市邮政分公司加快特快业务发展，实现收入756万元，完成预算目标101.97%，比上年增长22.85%。稳步推进销售化转型，实现特快现费收入233万元，比上年增长48.3%；政务特快收入340万元，比上年增长20.7%。身份证项目比上年增长73.1%，税邮项目比上年增长211%，车管项目在保持车牌100%转化的基础上，开发驾驶证寄递和法律告知文书寄递项目，推进特快专线促销活动，全年专线促销客户实现收入142万元。推进三级物流体系建设，实现农村寄递物流全覆盖建设目标。以平定“邮快合作”模式为样本，完成县级处理中心建设，租赁2000平方米场地，集聚中通、极兔、圆通等快递公司。完成县乡邮路规划，全年带运邮件、快件296.97万件。建成178个村级站点，投入26.13万元，实现标准化、规范化、可视化目标，全年进村邮件快件54.81万件。全市普遍服务局所乡镇网点覆盖率、县及县以上城市党政机关《人民日报》《山西日报》当日见报率稳定在100%，乡镇政府所在地主要党政机关《人民日报》《山西日报》当日见报率达66%以上，建制村投递频次打卡率保持在99.5%以上。

文传业务　年内，阳泉市邮政分公司探索专业协同合作，全年开展集邮品鉴会5场，实现收入50余万元。挖掘政府资源，“晋讯通”项目实现收入30万元。发挥户外媒体屏优势，实现收入5万元。在全市各网点开展线上线下营销活动，提升文创产品的市场份额，形成收入15万元。完成年度报刊收订目标。

渠道业务　阳泉市邮政分公司建设信息完善行政村站点360个，完成目标的105.88%。“福至新春”“粽情端午”“月满中秋”等节日营销活动实现收入710.25万元，比上年增长11.85%，均超额完成目标任务。农资销售1.53万袋，实现收入207.52万元，完成预算任务的108.65%。

基础能力提升　阳泉市邮政分公司城区、郊区3个揽投部站完成改造升级，利旧调配4条皮带机，新增超级柜员机自助设备2台。为全市40个营业网点、揽投部站重点区域更换、加装高清设备，为全市23个金融网点加装专线报警，为5个网点更换5套联动门、为8个网点更换安装10套乙级防盗门、为33个网点更换34套卷帘门、为29个网点粘贴防爆膜。投入60.27万元，完成1个金融网点装修工程，完成6个普遍服务网点门头改造安装工程，完成财富中心装修改造。申请注册开通阳泉邮政官方微信服务号、抖音账号，全年发布各类宣传片83条，组织各类线上活动119次，累计吸粉0.2万户。投资2万元建设一处直播间，为平定县分公司配备直播设备。

基础管理工作　阳泉市邮政分公司强化网运环节管控力度，干线车辆往返装载率31.6%，建成直投中心1个、汇集邮路4条，撤并报刊邮路2条，布放智能包裹柜12组。规范网运中心处理流程，人均处理效率达1350件/日以上。收、分、运、投、管理五大环节单位成本持续压降，均完成集团公司目标。制定任期制和契约化管理、经营业绩考核实施方案，编制经营业绩责任书，明确关键业绩指标和重点任务指标，形成较为完善的任期制契约化管理体系。杜绝个人账户归集营业资金，全力防范资金风险，加强网点暂存资金、待清分资金管理，做到资金应收尽收，减少资金风险加强业务外包规范化管理，提升业务外包管理效益。（刘静雅）

2022年10月，阳泉市邮政分公司网点工作人员到平定县东回镇宣传惠农政策
（阳泉市邮政分公司　供图）

【申通快递】　2022年，阳泉市申通快递服务有限公司下设13个区分公司，拥有营业网点44个，其中经办申通快递业务城市网点38个、占86%，农村网点6个、占14%。连通城乡的各类寄递路线25条，单程里程380千米；市内转趟寄递路线4条（包括上下行，虚拟寄递路线），单程里程446千米；城市投递道段86

条，单程里程 2753 千米；农村投递线路 25 条，单程里程 5621 千米。投递车辆 52 辆，其中生产汽车 34 辆、投递摩托车 4 辆、三轮车 14 辆。投递服务范围覆盖全市 620 个行政村。年内，阳泉市申通快递服务有限公司扩大分拣场所 500 平方米，新增配伸缩皮带机 1 条，租赁、购置电动货车 2 辆，网运 PDA 设备 6 台。截至年底，从业人员 100 人。全年实现业务量约 675.2万件，业务收入约 1487.5 万元。

年内，阳泉市申通快递服务有限公司优化基础管理，加强在人力、运营、安全等方面的管理。对一线快递人员安排社会保险。新增市场网络部，负责公司 13 个区分公司，44 个营业网点进出港对外业务管理。开办安全培训班 10 次，培训 230 人次，推进"平安申通"寄递等安防达标建设。（苏　蕾）

【顺丰速运】 2022 年，山西顺丰速运有限公司阳泉市分公司下设 10 个县（区）网点和一个营业站，包括平定县、盂县 2 个县网点，城区 3 个网点、矿区 1 个网点和营业站 1 个、郊区 4 个网点。全市共有自营营业网点 10 个，其中末端网点 11 个（平定县 2 个、盂县 3 个、城区 1 个、矿区 3 个、郊区 2 个），城市网点 11 个、占 50%，末端网点 11 个、占 50%。拥有自营汽车车辆 12 台、外包车辆 1 台、电动收派作业车辆 251 台（新能源汽车 24 台、三轮车 214 台），投递服务范围覆盖全市市区 100%、乡镇 100%。截至年底，员工总数 315 人。阳泉市顺丰分公司全年实现业务量 180.22 万件，业务收入 5082.32 万元。

年内，阳泉顺丰分公司对运营实时监控，实现全程端到端可视化管理。通过视频监控抽查各网点的现场操作，确保客户快件安全。通过飞机动态监控、GPS 实时车辆监控，精密追踪快件实时地理位置。通过指挥调度系统，对各中转分拨中心、分点部及运输环节进行监控，并做出预警和后续干预。（苏　蕾）

【农村寄递物流服务全覆盖】 2022 年，阳泉市邮政管理局联合市发改委、市财政局印发实施方案，明确重点任务、推进步骤和关键节点，为全市农村寄递物流服务全覆盖有效推进打好政策基础。与市发改委组织召开 5 次工作推进会，运营企业和其他快递企业全部参会，对如何运营、快件如何共配、系统如何共用等问题进行探讨。实地勘察乡镇快递综合服务站和村级便民服务点的建设情况、挂牌情况、运营情况，了解企业在推进过程中遇到的问题，予以协调解决。经企业申报，市发改委和市邮政管理局择优遴选，确定平定县农村寄递物流服务全覆盖工作运营企业为平定县邮政分公司，盂县农村寄递物流服务全覆盖工作运营企业为盂县申通物流有限公司。截至 7 月 31 日，阳泉市平定、盂县 23 个乡镇设置乡镇综合服务站 23 个，乡镇综合服务站覆盖率 100%；525 个行政村，设置便民服务点 525 个，村级便民服务点覆盖率 100%。截至 9 月 16 日，全部网点实现运营。（苏　蕾）

【快递员合法权益保障】 2022 年，阳泉市邮政管理局强化快递员群体合法权益保障。春节前夕开展"新春关爱快递小哥"活动，送上防疫物品及生活用品。联合共青团市委开展 2022 年"快递从业青年服务月"活动。联合市人社局举办"快递安全促发展　工伤保险保民生"快递员优先参加工伤保险启动培训会，协同推进快递员优先参加工伤保险工作。全市快递员总数 1398 人，年内新增参加工伤保险总人数 1308 人。推进快递工程技术人员职称评审，年内组织 5 名快递员参加工程系列中、初级专业技术职务任职资格申报工作。（苏　蕾）

电子商务

【概况】 2022 年，阳泉市电子商务市场规模逐步扩大，应用程度不断提升，经营业态日益丰富，有力带动全市特色产品销售和消费升级。持续开展电商主体培育工作，据县（区）商务部门不完全统计，截至年底，全市有实绩的电商零售主体 180 余家，电子商务市场主体不断壮大，全市网络零售额增速处于全省前列，限上零售企业实现网络商品零售额 0.51 亿元，较上年增长 27.1%。推进电商新业态新模式发展，培育驿拓直播电商基地入选全省首批省级直播电商基地。（李文君）

【电商平台建设】 2022 年，阳泉市围绕构建"产业 + 电商 + 配套"体系，推动乡村服务站点全覆盖，引育电商企业，培养本土电商人才和商业带头人，推进乡村 e 镇培育建设。电子商务应用向服务交易延伸，运用于零售、餐饮、住宿、文旅、交通出行等行业。餐饮、零售等实体企业商户，依托美团、"饿了么"等大型平台开展线上销售，通过 O2O、外卖等经营模式拓展销售渠道。本土综合同城生活服务平台"泉乎"于 2021 年 7 月开始运营，2022 年依托烟火气消费券发放、网络专题促消费活动等扩大影响力，拓宽本土生活服务线上销售渠道。（李文君）

【农村电商】 截至 2022 年底，阳泉市共有国家级电子商务进农村综合示范县 1 个（平定县），省级电商强县 1 个（平定县）、省级电商强镇 3 个（东回镇、冠山镇、锁簧镇）；发展县级电子商务公共服务中心 3 个，乡镇及农村电商服务网点 343 个，农村电商有效助力特色农产品上行和工业品下行，促进消费升级和农民增收。平定县以国家电商进农村示范县创建为契机，引领全市农村电商发展。年内，通过郊区、盂县、平定三个乡村e镇培育，全市农村电商公共服务体系、物流配送体系、电商人才培养体系等逐步完善，打造“产业+电商+配套”的可持续发展电商生态体系。（李文君）

物流业

【概况】 2022年，阳泉市结合城镇化建设，发展物流专业市场，培育物流综合基地，形成煤炭、木材、粮食、化工等特色物流基地。构建“通道+枢纽+网络”物流运行体系，与华远陆港集团开展合作，加快重点物流项目建设。中粮(蒙牛)阳泉物流基地建设持续推进。开展现代物流创新发展试点，建立晋东快递转运中心，发展仓储、快递、城市配送等生活性物流业态。（苏　蕾）

【物流园区】 2022年，阳泉市坚持项目带动，推动阳泉现代物流港建成运营，打造辐射山西及京津冀的物流集散中心。阳泉现代物流港项目总建筑面积约30万平方米，以家居建材产品交易、小商品集散为主要业态，是现代化、智能化、信息化的批发市场集群。推进与华远国际陆港集团合作项目成果落地，建成阳泉市网络货运及数字物流新业态孵化基地。大宗商品交易公司于2月注册运营，围绕智慧物流产业，立足“物流+互联网+大数据”相融合的一体化新生态，在华远陆港大宗商品交易、网络货运等项目落地基础上，启动数字科技产业园建设。实施农村寄递物流服务全覆盖提质工程，构建县乡村三级物流配送体系。（苏　蕾）

【冷链物流】 2022年11月4日，《阳泉市进口冷冻冷藏肉品总仓管理办法实施细则》审议通过，完善进口冷冻冷藏肉品总仓管理制度。总仓建设完成升级改造，设置8个独立冷库、2个问题货物暂存区及医疗废弃物暂存区等功能区域，有效防止交叉污染。进口冷链系统升级项目，新增入场预约、从业人员管理、视频监控等模块，并对集中监管仓的管理、监管追溯、接口服务等模块进行升级，与山西省市场监督管理局平台完成数据对接。共对179批次21418件553.98吨进口冷链肉品开展集中管理。对企业自用和租用冷藏冷冻库的全覆盖监督检查，建立“一企一库一台账”，排查453家598个冷库。（刘　茜）

【山西汽运集团阳泉汽车运输有限公司】 2022年，山西汽运集团阳泉汽车运输有限公司聚焦大宗商品物流服务，开展华阳集团一矿和寿阳平舒矿到鹿华电厂的保供煤运输业务，与原平煤建、山东高速集团鲁中物流、山西盛世祥龙有限公司合作开展煤炭贸易业务；以自营车带动社会运力，在“晋醇入鲁、鲁油入晋”的危化品“贸易+运输”业务上，建立重去重回、双向流通的供应链渠道。山西汽运集团阳泉汽车运输有限公司现代物流产业完成营业收入18512万元。与27家企业签订了网络货运合作协议，完成营业收入10665.6万元。普通货物运输全年实现营业收入1869.4万元。完成甲醇贸易量1.8万吨，实现收入5360.7万元。煤炭贸易实现营业收入616.2万元。（赵子亮）

新兴服务业

【律师服务】 2022年，阳泉市有律师事务所23家。年内，组建工商联“法律服务团”，建立入企服务联系机制，搭建律师服务民企新平台，为企业提供免费法律咨询服务，开展合规审查、代理等其他服务。全市律师担任企业法律顾问141家，全年走访企业325次，进行法治体检39次，帮助企业化解借款纠纷等156起，帮助企业解决周边拆迁住户遗留问题等难题59个，开展法律讲座和咨询38场。全市律所及律师为高新区智慧物流园、龙华口调水工程等省、市重点项目审查合同、文书329份，参与研讨论证125次，出具法律意见109个，调解矛盾纠纷72起，解答相关法律问题600余人次。参与化解和代理涉法涉诉信访案件工作，共在市级公检法机关值班接访129次，参与接待案件60起。（闫　冰）

【公证服务】 2022年，阳泉市司法局推进公证体制机制改革，平定县公证处成为山西省首家落地的县级“零编制”公证机构，郊区法院执行局设立“公证司法辅助办公室”，将公证引入执行，以公证促执行。全年阳泉市晋东公证处共办理公证8470件。其中，民事类公证2913件；经济类公证4795件；涉外和涉港、澳、台公证652件。年内，为市委市政府重点工作办理各类招投标、政府采购现场监督170件，涉及企业超过500余家，投资标的超过3亿元；办理农户贷款、宅基地确权、赡养等各类“三农”公证1700余件；办理赋予强制执行效力金融信贷公证2949件，出具执行证书31件；办理诉前调解、诉前鉴定机构选取、诉中鉴定机构摇号、送达、执行过程、执行督促等见证和赋予诉前调解协议（债权文书）强制执行效力公证等219件，公证调查令8件，证据保全腾房、清点财产6件。（李淑卿）

【人力资源服务】 2022年，阳泉市融入全省统一的人力资源市场，建成市级人力资源服务产业园，成立人力资源服务公司，取得劳务派遣和人力资源服务双许可，打造公共人力资源服务平台，搭建技能人才入驻孵化基地、创业园区的通道，开展专业化、市场化人才服务。全市实现城镇新增就业19610人，市公共就业和人才服务中心为各类流动人才提供档案管理、党组织关系挂靠、户口挂靠等服务，共接收档案970份，管理流动党员1100余人，提供人事代理服务3万人次，为437家单位为102631人次进行劳动用工备案，认定就业困难人员881人。 （任凯丽）

【检验检测服务】 2022年，阳泉市综合检验检测中心在产品质量检验方面，完成监督抽检407批次，接受委托检验1258批次。药品质量检验方面，全年533批次抽检计划，完成538批次抽检任务，接受中成药等委托检验13批次。食品及农产品质量检验方面，全年150批次抽检计划，完成151批次抽检任务，100%完成126批次市级食品抽检任务，接受食品、农产品、粮食委托检验184批次。计量检定方面，共完成各类计量器具周期检定、校准及比对32844台(件)。特种设备检验方面，完成特种设备检验7521台，安全阀校验2710台和压力管道检验70462.82米。为市场主体减免强检计量器具、产品定期检验及特种设备检验收费1190余万元；为74家个体工商户使用的6500余台计量器具进行免费检测，减免费用40余万元；为48家个体工商户送检的食品、化轻等70余产品减免检验费用约8万元。全年发表刊发宣传报道112条，其中国家、省、市级主流报刊及新闻媒体刊发39条，刊发率约34.8%。 （刘 茜）

【科技服务业】 2022年，阳泉市科技局开展科技服务业推进工作。组织召开专题会议研究科技服务业相关工作，指导山西智创城NO.7等企业尽快上规入统。赴山西四叶科技股份有限公司开展上规入统专项服务，提出指导性意见，并发放《阳泉市科技业务办理流程》《支持科技创新若干政策及解读》等资料，宣传科技服务业税收、“服务业61条”等惠企政策。4家机构入选山西省第一批科技成果评价试点(培育)机构。截至年底，全市科技服务业规上企业有17家，全年营业收入52830.7万元。 （史思源）

【广告服务】 2022年，阳泉市多家广告经营单位义务制作公益广告。阳泉市金诚广告传媒有限公司、阳泉市合众广告传媒有限公司等多家企业刊播“爱国卫生70载，共创健康新时代”等爱国卫生公益广告6000余条(次)；在“3·15”国际消费者权益保护日等节日期间，刊播“畅通消费”等主题公益广告1200条(次)。 （刘 茜）

【会计服务】 2022年，阳泉市财政局加强重点资金监管，在全省11个地市中率先实现预算一体化单位会计核算全覆盖。全市取得会计类职称7894人，其中，初级资格职称在岗会计人员3169人，中级资格职称在岗会计人员1676人，副高级资格职称236人，正高资格职称4人，无资格职称203人。 （夏文强）

【家政服务】 2022年，阳泉市家政服务行业协会优化行业运营模式，打造家政服务集团化作业，促进规范家政服务市场和提升家政服务品质。年内，阳泉木子管家家政服务有限公司市木子管家家政服务标准化试点项目作为省级标准化试点项目启动建设。截至年底，市家政服务行业协会先后发展培育家政服务企业十余家。市爱贝佳月嫂公司被省家协批准为“家政服务培训基地”；市江山物业服务公司、平定家乐家政公司、市好帮手公司等企业被评为阳泉市“家政行业的领军企业”；阳泉“木子管家”被山西省人力资源和社会保障厅认定为全省十个省级劳务品牌之一；12家企业获得省家协表彰，10余名职工在省妇联“第二届晋嫂大赛”中获三等奖和优秀奖。 （任 梦）

【养老服务】 截至2022年底，阳泉市共建成40个城乡区域性养老服务机构，539个农村老年人日间照料中心，7个嵌入式社区养老服务站，开展助餐、助浴、助洁、助医、助急、助行等专业化服务28000人次，累计入住老年人300余人次。投入220万元为城乡经济困难的2457名失能、部分失能老年人购买了居家养老上门服务，为220户特殊困难老年人进行了居家适老化改造。委托市老年颐养中心在城区、矿区为部分经济困难(低保家庭)中的60周岁以上失能老人、70岁以上独居“空巢老人”以及80岁以上的2457名老年人提供助急、助医、助餐、助洁(浴)、养老照护等服务。 （陈 倩）

（责任编辑：赵晓蕊）

综　述

【概况】 2022年，阳泉市金融系统出台《关于进一步推动金融机构助企纾困若干措施的通知》《2022年阳泉市金融支持市场主体倍增和推进金融服务业提振赶超行动方案》《金融支持我市扎实推进稳经济政策措施行动方案》，引导金融机构创新服务，解决金融服务实体经济存在的问题。全年全市存贷比68.5%，在山西省排名第二，全年金融业增加值实现57.3亿元，增速4.2%，较上年提高3.4个百分点，金融业运行呈现稳中有进、稳中向好态势。（王元婷）

2022年12月28日，阳泉市金融顾问服务启动暨金融顾问聘书发放仪式在阳泉市政府举行
（市金融办　供图）

【政银企对接】 2022年，阳泉市人民政府金融工作办公室（以下简称阳泉市金融办）推动落实常态化政银企对接机制。编制《阳泉市企业融资一本通》《普惠金融产品口袋书》，围绕产业链、乡村振兴及民营企业融资需求，组织开展分县（区）、分行业、分领域等各类政银企对接会30余次，帮助143个项目和企业获得银行贷款共计86.5亿元。支持民营普惠小微企业发展，全年全市普惠小微贷款余额77.1亿元，民营经济贷款余额315亿元。（王元婷）

【市级应急周转保障资金使用】 2022年，阳泉市金融办推动市级应急周转保障资金使用到位。联合阳泉市财政局出台《关于进一步提升企业资金链应急周转保障资金使用效率的通知》，优化使用流程，适度放宽使用条件、降低使用门槛，帮助更多中小微企业及时还贷、续贷。截至年底，帮扶60户企业还贷13.1亿元。（王元婷）

【优质金融企业上市挂牌】 2022年，阳泉市金融办按照企业上市挂牌五年行动计划，建立完善配套文件，推动金融企业上市挂牌。召开全市资本市场融资奖励暨企业集中挂牌现场会，为山西天和盛环境检测股份有限公司等新三板、晋兴板挂牌的4家企业发放共计140万元的奖励资金。年内，全市新增2个试点县域，实现县域工程全覆盖；新增1家“新三板”挂牌企业，10家“晋兴板”挂牌企业；资本市场县域工程在省股交中心挂牌展示企业新增62家，新增数量位列全省第四。（王元婷）

【金融服务】 2022年，阳泉市金融服务工作得到提升。提升外汇服务水平，新增外汇套保“首办户”17家，首办率36.17%。政务服务成效明显，全年线上办理企业名录登记7笔，行政许可网上办理率100%，业务办理好评率100%。加强支付管理和服务，各银行机构全年实现支付手续费让利

78.6万笔、807.9万元，惠及各类市场主体3.6万余家。强化货币金银管理，组织对祭祀用品、教学用具等近30家商户开展人民币图样整治，依法依规收缴仿人民币冥币2.4万余张。履行经理国库职能，增值税留抵退税政策实施后累计办理19.23亿元，服务1782家企业。提升征信管理与服务质效，推进"15分钟征信便民服务圈"建设工作，完成18个新增代理网点的布设工作。拓展中征平台供应链融资业务，新增机构注册数24户，融资成交笔数43笔，融资成交金额23.36亿元，成交金额较上年同期增长20.30%。以科技赋能拓展金融服务新空间，在全省率先围绕适老金融服务标准宣传贯彻进行探索，组建全省第一支标准化专家队伍，建成适老金融服务网点35个。推动地方金融机构数字化转型，阳泉农商行数字化转型取得进展。（王元婷）

【金融机构改革】 2022年，阳泉市深化金融机构改革，落实健全银行业保险业公司治理三年行动方案，督促银行保险机构强化穿透管理，推进重点问题排查整治，推动党的领导与公司治理有机融合。对1家农商银行开展公司治理现场检查，推动平定县有关保险公司开展省级政策性大豆玉米带状复合种植收入保险试点业务，为79.7万人提供城乡居民大病保险保障2908亿元。（张　栋）

银　行　业

【概况】 2022年，阳泉市金融机构存款总量稳定增长，本外币各项存款余额2108.7亿元，较年初增加216.7亿元，增长11.5%。全市住户存款余额1472.2亿元，较年初增加187.0亿元，增长14.5%。全市非金融企业存款余额494.6亿元，较年初增加23.7亿元，增长5.0%。全年全市金融机构本外币各项贷款余额1438.6亿元，较年初增加105.9亿元，增长7.9%。普惠小微贷款保持较快增长，较年初增长24.1%。"三农"（农业、农村、农民）贷款稳定增长，涉农贷款较年初增长5.8%。民营经济贷款较年初增长12.4%。（高鑫娟）

【首贷户专项拓展】 2022年，阳泉市金融办开展首贷户专项拓展行动。深化"五贷联动"（推着贷、稳着贷、乐着贷、领着贷、帮着贷），开展"首贷培植"，出台《阳泉市首贷户专项拓展行动方案》，指导各金融机构开设首贷户服务窗口，定期向各银行机构推送小微企业和个体工商户无贷户"两张名单"，加大金融对小微企业和个体工商户的支持力度。全年新增小微企业和个体工商户首贷户1057户，首贷金额22.9亿元。（王元婷）

【绿色信贷】 2022年，阳泉市绿色贷款余额94.2亿元，比上年增长19.5%，累计办理"绿票通"业务8.5亿元，占再贴现比重位居全省第一。农发行阳泉分行投放山西省首笔基础设施基金3188万元，支持山西省大数据产教融合实训基地及汽车充电站等项目建设，支持产业转型、绿色低碳发展。（王元婷）

【农发行阳泉市分行】 2022年，中国农业发展银行阳泉市分行发挥农业政策性金融"当先导、补短板、逆周期"职能作用，助推全市经济高质量转型发展。

贷款管理　全年农发行阳泉市分行累计审批各类贷款36.7亿元，比上年增长41.1%，累计投放15.4亿元，比上年增长2.4%。其中，审批投放农发基础设施建设基金1.4亿元，支持重点项目5个，投放项目数量居全省系统首位。全年累计收回贷款近10亿元，年末贷款余额54.5亿元，较年初增加4.2亿元，增幅8.3%。支农资金筹集余额21.5亿元，较年初增加2.6亿元，增幅13.9%。支农资金筹集日均余额20.3亿元，日均贷存比37.4%，位居全省系统第二，较全省平均水平高出近12个百分点，高出农发行全系统21个百分点。实现FTP利润6626.3万元，完成省分行下达FTP利润计划的140%。新发放贷款加权平均利率4.52%，较全省平均水平高29BP，存量贷款利差1.24%，较全省平均水平高51BP。连续16年保持无不良贷款记录，资产质量持续提高。

信贷支农　守护国家粮食安全。全年累放储备贷款2亿元，及时足额保障粮食储备、轮换资金需求；投放农业科技贷款2.1亿元，助力打造新兴产业集聚新高地。服务绿色转型发展。投放6.2亿元支持全市11个绿色项目开工建设，年底绿色信贷余额14.5亿元，较年初增加5.3亿元，增幅57.3%，绿色信贷占比达26.6%。推进乡村建设行动。助力城乡一体化发展，推动传统产业与新兴产业、新基建与老基建协同发展，全年累计投放基础设施贷款9.34亿元，重点支持阳泉高新区科技大街南侧标准厂房、中电·阳泉数字经济产业园、阳泉高新区数字经济产业园标准厂房及基础设施配套建设项目等重点工程建设。服务稳经济大盘。投放二期三笔农发基础设施基金1.43亿元，用于支持大数据产教融合实训基地建设、平定县金窝庄汽车站充电站、西上庄低热值煤发电项目等5个项目。提升小微企业服务质效。全年累计支持普惠小微企业6户，投放贷款3701万元，贷款余额较年初净增1051万元，服务小微企业，助力市域经济发展。（马瑞君）

【工商银行阳泉分行】 2022年，中国工商银行阳泉分行承担阳泉市1万余户企业的存款、信贷、结算、网银等业务和109万户个人客户的储蓄、个贷、银行卡等业务。年内，支持市中心医院，中建国道307、207线阳泉市绕城改线工程项目，平定中能建投新能源100兆瓦风电场项目(二期)等市级重点工程项目，大中型企业贷款净增8624万元；推进普惠、个贷业务下沉支行，实现全员营销、全辖办理，提升业务办理效率，客户满意度不断提高。截至年底，全市各项存款余额225亿元，各项贷款余额216亿元。

普惠金融　坚持“开门办普惠”，深化与政府机构、核心企业合作，加强信息资源共享，扩大普惠金融服务范围，投放“普惠贷”13.50亿元，其中小微企业9.49亿元。助力乡村振兴，“乐农贷”“惠农贷”经营快贷特色场景创建取得进展。依托“兴农通APP”对接辖内村委会、经济合作社，上线村级“兴农通”，服务农村村民。

风险管控　全年累计清收处置不良贷款2115万元，不良贷款率0.16%。强化高风险网点治理，年末A、B级网点占比较上年度提升15.62%。加强内控合规制度、反洗钱治理，强化内控培训学习和合规文化宣讲，提高案件防控风险意识，提升风险防控能力。按照大安全理念，落实风险排查、信访维稳、应急处突等各项安全保障工作，全年未发生案件和重大风险事件。　(张文莲)

【农业银行阳泉市分行】　2022年，中国农业银行阳泉市分行各项存款时点余额183.08亿元，比上年增长0.88亿元。其中，个人存款时点余额154.07亿元，对公存款时点余额29.01亿元。各项存款日均余额169.63亿元，比上年增长3.52亿元。其中，个人存款日均余额142.53亿元，对公存款日均余额27.10亿元。年内，为平定县扶贫产业园内38户企业发放“惠农e贷”1200余万元，实现聚合码(商家收款方式)、掌上银行全覆盖。年内，农行阳泉分行在人行阳泉中心支行2021年度辖区金融机构金融消费者权益保护评估中被评为A级机构，为辖区内工行、农行、中行、建行四大行中唯一获评A级的金融机构。

信贷业务　全年各项贷款余额99.32亿元，贷款增速为8.12%。其中，公司类贷款余额71.66亿元、个人贷款余额19.14亿元、票据融资余额8.53亿元。“五轮驱动”贷款增加4.43亿元，其中，普惠小微企业贷款增加1.18亿元，惠农e贷增加1.03亿元，个人住房贷款增加1.59亿元，个人经营贷款增加2271.94万元，信用卡专项分期增加3988.53万元。普惠贷款增加2.09亿元，其中普惠法人贷款增加1.18亿元，普惠农户贷款增加5517万元，普惠个人经营贷款增加3535万元。县域贷款增加8.46亿元，增速31.32%；涉农贷款增加1.48亿元，增速10.4%；农业贷款增加2419万元，增速28.3%；乡村产业贷款增加4259万元，增速36.56%。个人消费贷款增加435.63万元，增速12.23%。

网点转型升级　完成盂县支行营业室网点转型再升级，完成张庄分理处、锁簧分理处、观象台分理处3个网点升格，全行30个网点全部打造“浓情暖域”专区，将矿区支行营业室打造成阳泉市第二批适老金融服务示范网点。

客户建设　掌上银行客户46.06万户，较年初增加4.28万户；掌上银行时点月活客户数20.14万户，市场份额占比28.81%；掌上银行金融性交易金额745.41万元，市场份额占比45.44%；掌上银行存量客户动户率61.3%，掌上银行年内新注册客户动户率97.98%。“智迎客”掌上银行“睡眠”客户促活率45.01%，重点客户群掌银客户渗透率92.78%。(葛慧娟)

【中国银行阳泉市分行】　2022年，中国银行阳泉市分行两项存款余额159亿元，较年初增长26亿元。其中，单位存款余额38亿元，个人存款余额121亿元。人民币各项贷款余额121亿元，较年初增长17亿元。其中，公司贷款余额100亿元，票据融资余额13亿元，零售贷款余额8亿元。全年营业收入3.34亿元，其中，净利息收入2.88亿元，非利息收入4565.38万元，人均营业收入74.32万元。截至年底，阳泉市分行3家低产低效网点全部完成转型，在全国“万马奔腾”网点业绩竞赛中，矿区支行获得三次“百强网点奖”(公司维度)。在安全保卫方面，坚持以防为主、以查促防，中行阳泉

2022年10月20日，中国农业银行阳泉市分行与中国人寿保险阳泉分公司、中国人寿财险阳泉市中心支公司举行战略合作协议签约仪式

(农行阳泉分行　供图)

市分行在阳泉市第七轮银行业金融机构安全评估中获第一名，同时参与打击治理电信网络诈骗工作，车站支行、四矿口支行、营业部堵截3起电信诈骗。

信贷投放　截至年底，中行阳泉市分行绿色信贷余额16.73亿元，较年初净增4.25亿元。此外，做好战略新兴、科技、制造业等领域的金融支持，截至年底，战略性新兴产业贷款增量10.38亿元，较年初增幅328%。

普惠金融　支持小微企业纾困恢复和高质量发展。截至年底，累计为市内批发、零售、加工制造、医药、耐火等行业发放普惠贷款4.17亿元，较年初新增2.39亿元，小额扶贫贷款较年初增加340万元。（王莉芳）

【建设银行阳泉分行】　2022年，中国建设银行阳泉分行一般存款新增43.01亿元，存款余额245.27亿元。其中，对公存款日均新增23.68亿元，个人存款日均新增19.33亿元。各项贷款新增8.94亿元，贷款余额128.29亿元。其中，对公贷款新增7.54亿元，个人贷款新增1.40亿元。全年新增正常账户812户，较2021年同期增长247%；个人有效客新增1.43万户，增速6.94%；个人全面关系客户新增3176户，增速11.52%。全年累计发行债券30亿元，创造中间业务收入825万元，代理个人寿险收入650万元。全年不良贷款余额3176万元，不良贷款率0.25%，不良贷款4410.48万元。内控合规工作良好，无案件、无新增信访。

重点项目贷款投放　支持“稳煤电、助转型”，为华阳新材料科技集团有限公司、山西煤炭运销集团阳泉有限公司、山西阳光发电有限责任公司、阳泉市燕龛煤炭有限责任公司、山西国际能源裕光煤电有限责任公司等项目累计投放经营周转类贷款40.97亿元，为华阳集团及其子公司投放供应链贷款9.1亿元。

普惠金融　建行阳泉分行为2064户小微企业和个体工商户投放13.81亿元，较上年增长46%；贷款余额8.42亿元，较上年增长49%。“惠懂你”App为2192户用户线上授信10.22亿元，满足用款需求。普惠贷款利率下降55个基点，收费项目“应减尽减”，减免账户管理费、小微企业服务费、个体工商户手续费等近500万元。在两轮政府消费券中发放1.14亿元，配资505万元，带动参与商户600余户，参与人数28.2万人，拉动消费7.3亿元。多次与行业企业合力举办家装节、车主惠、热力季等系列活动，补贴984万元，投放个人贷款6.2亿元，拉动消费近10亿元。

民生投入　建行阳泉分行投入700万元助推阳泉市线上、线下一体化健康平台建设。截至年底，完成前期系统搭建。投放979万元高标准建成交付拎包入住阳泉市人才公寓100套，入住42人。通过建行生活、云工作室等33种线上渠道，为近70万用户提供“便民＋金融”自助服务，交易笔数达3700万笔，有效减少人员流动。（闫霄霞）

【交通银行阳泉分行】　2022年9月25日，中国交通银行股份有限公司阳泉分行由阳泉市城区德胜东街398号迁址至阳泉市郊区开发区保晋路新澳城10号楼101号。全年交通银行阳泉分行各项存款余额40.14亿元，其中对公存款15.28亿元，储蓄存款余额24.86亿元。人民币各项贷款余额61.65亿元。

在拓展客户方面，对公客户新增124户，小微首贷户新增12户，私银客户净增8户，“沃德”客户净增163户，有效活跃客户净增833户。在内控治理方面，不良贷款余额113.95万元，不良率0.02%，资产质量保持良好水平。

重点领域信贷支持　交通银行阳泉分行服务实体经济，加大对乡村振兴、制造业、绿色信贷、科技金融等重点领域的信贷支持。全年涉农贷款投放8700万元，绿色信贷投放10663万元，科技金融信贷投放31224万元，制造业贷款增量17417万元。

金融业务拓展　交通银行阳泉分行持续打造特色业务。推进场景金融。通过智慧金服等产品，推动搭建场景金融，提升客户黏度，提升日常交易资金，引导客户结算资金“流进来”，让客户账户“动起来”。全年新签约智慧金服客户83户，达标客户75户，位于全辖前列。突出绿色金融。拓展新能源、水污染治理等优质环保和“双碳”项目，为两家重点企业发放绿色信贷。全年完成1.88亿元综合授信业务，发放贷款6800万元。围绕保就业、保民生，加大对个人工商、小微企业主、经营性农户等各类个体经济主体的信贷投放。全年普惠型个体工商户、个体经营者主贷款共127户，金额总计4087.45万元；通过线上普惠E贷拓展普惠小微企业44户，金额累计3829.12万元；线下审批通过11户，累计发放4029.8万元。（何柳清）

【邮储银行阳泉市分行】　2022年，中国邮政储蓄银行阳泉市分行加大对“三农”“小微企业”和重点企业、重点项目支持力度，服务实体经济、乡村振兴、普惠小微、绿色低碳等，助力阳泉市转型发展。全年各项存款余额118.15亿元，各项贷款余额52.39亿元。与政府部门联合组织推介会20余次，累计投放贷款1.73亿元，带动就业1400余人，提升中小微企业、个体经济主体的金融覆盖面和便利度。参与拥军优抚工作，协办阳泉市首届退役军人创业创新夜经济产品展销会，获“阳泉市拥军示范企业”称号。全年投放脱贫人口小额信贷370万元。推行信用村普遍授信，建成信用村132个、评定信用户6491户，县域存贷比提升4.61个百分点，投放涉农贷款3亿元。

贷款投放　邮储银行阳泉市分行加大信贷投放，助力实体经济高质量发展。全年投放各项贷款42.95亿元，余额52.39亿元。其中，对全市农户、个体工商户及小微企业主投放小额贷款7.88亿元，余额7.15亿元；对城乡居民投放消费贷款1.88亿元，余额5.45亿元；对重点企业和重点项目投放公司贷款、贸易融资等业务33.19亿元，余额39.79亿元。践行绿色金融理念，绿色贷款结余3850万元。

普惠金融　邮储银行阳泉市分行与阳泉市市场监督管理局签订战略合作协议，累计向1295户个体工商户投放贷款4.33亿元。推动小微金融服务增量、扩面、提质，普惠业务累计投放贷款5.84亿元。强化重点领域供给，“专精特新”及科技创新客户群投放贷款6037万元。出台《落实碳达峰碳中和行动方案》《2022年绿色金融工作方案》，绿色贷款结余3850万元，绿色信贷（人行口径）较年初增速450%，绿色融资较年初增速495.51%。（刘富强）

【光大银行阳泉分行】　2022年，光大银行阳泉分行一般性存款余额97.29亿元，较年初增加18.9亿元，增幅24.1%。其中，对公存款余额49.8亿元，对私存款余额47.5亿元。各项贷款余额56.2亿元，较年初增加24.3亿元，增幅76%。其中，对公贷款余额56.2亿元，对私贷款余额1125.59万元。截至年底，光大银行阳泉分行对公一般授信业务审批44笔，金额286.9亿元，零售楼盘按揭项目审批1笔，金额1.8亿元，零售个贷项目25笔，金额449万元。个人不良贷款46.03万元，整体不良率万分之零点八，资产质量持续维持在较好水平。

服务实体经济　光大银行阳泉分行出台稳经济大盘、支持实体经济举措，开展“稳经济、进企业”系列活动。贷款投放44亿元，办理国内信用证13.6亿元，银行承兑汇票10.2亿元，各类授信合计投放67.8亿元。在重点企业华阳集团的业务合作方面，重新为其申报综合授信，敞口额度由70亿元提升至83亿元。全年为华阳集团及下属子公司表内外合计投放47.2亿元，并为华阳集团新发行债券30亿元。截至年底，华阳集团综合授信110亿元，授信使用余额64.3亿元。在制造业、涉农贷款、能源保供方面合计授信投放40.5亿元，余额44.2亿元，较年初增加12亿元。其中，制造业方面投放20.3亿元，余额25.9亿元，较年初增长6.1亿元；涉农贷款方面投放19.3亿元，余额23.9亿元，较年初增加4.4亿元；能源保供方面投放20亿元，余额20亿元，较年初增加7.5亿元。

普惠金融　2022年，光大银行阳泉分行推进普惠业务发展，重点服务科技型企业、专精特新企业、新三板企业，做好创业担保贷、信保贷、政采智贷、信用类贷款、e税贷等主打产品推动，通过搭建金融平台，加强外部合作，满足小微企业的资金需求。依托人民银行中征应收账款平台，成为阳泉市首家针对小微企业开展供应链融资的银行，共引入5户企业，累计供应链贷款投放8500万元。对接市级金融单，新增普惠客户6户，提升首贷户3户；拓展异地普惠业务，引入普惠客户3户，全年投放3200万元。截至年底，普惠贷款余额7981万元，较年初增加2849万元。（赵　娟）

【晋商银行阳泉分行】　2022年，晋商银行阳泉分行两项存款日均余额39.24亿元，较年初增加15.04亿元。其中，公司存款日均余额21.42亿元，储蓄存款日均余额17.83亿元。各项贷款时点余额27.62亿元，较年初新增12.30亿元。其中，公司条线贷款时点余额21.17亿元，零售贷款时点余额4.70亿元，小企业贷款时点余额1.75亿元。在风险防控方面，发布风险预警3期、检查通报28期、风险提示5期、合规意见书8期，涉及信贷管理、内外部检查等重点领域、重要环节。在制度建设方面，通过“制度执行年”加强对制度执行情况的检查和评估，重新制定制度6项，修订12项，废止19项。

贷款发放　晋商银行阳泉分行围绕“医保兑”产品，多次与阳泉市卫健委对接，为本市医药类等7家企业投放信用贷款7笔，金额2207万元，保障企业正常运行。围绕山西省传统产业升级改造、绿色转型及节能环保产业，清洁能源等项目，“一户一策”开展营销对接工作，为重点企业发放项目贷款2.60亿元。

脱贫小额信贷　晋商银行阳泉分行深入乡镇开展脱贫小额信贷宣讲、摸排，完成350万元投放目标。聚焦农村转入城市群体，立足“买房”“消费”两大需求重点，针对征信信息不完善、信贷申请难的痛点，在银行流水、社保等基础上，明确微信、支付宝、现金收入等多种收入认定方式，提升贷款便利性。截至年底，向农村转入城市的新市民发放住房按揭贷款778户，金额2.17亿元。（潘　乐）

【山西银行阳泉分行】　2022年，山西银行阳泉分行资产总额190.5亿元，各项存款余额187.92亿元，各项贷款余额57.99亿元。全年储蓄存款余额173.04亿元，理财销售3.52亿元，零售信贷投放2.55亿元。年内，开展金融宣教工作，保护消费者权益。打造“山银驿站”公益品牌，提供便民服务设施，大连街支行建设为山西省总工会“户外劳动者爱心驿站”，平定支行获山西省人力资源和社会保障厅、山西省总工会2022年“山西省工人先锋号”称号。

信贷投放　山西银行阳泉分行立足区域战略定位和经济发展特点，深化煤炭煤电领域信贷投放，支持运输业稳定恢复，开拓供应链金融，支持民生项目建设，探索发展绿色金融。全年公司类信贷投放9.95亿元，其中绿色信贷投放1.34亿元。在支持小微企业发展方面，推进银担合作升级，做好脱贫人口小额信贷工作。全年普惠业务信贷投放1.99亿元，其中脱贫人口小额信贷投放180万元。

不良资产处置　山西银行阳泉分行完善不良资产清收处置机制，协调市不良资产清收处置专班，处置不良资产。健全合规管理机制，构建风险防控屏障，警银联动开展反诈工作，全年堵截电信诈骗、假存单事件4起，为客户挽回经济损失19.5万元，向市反诈中心提交各类有效线索22条。　（刘仕乾）

【阳泉市农村信用社】　2022年，阳泉市农村信用社有机构168个，其中法人机构3个，分别为阳泉农商银行、平定农商银行和盂县农商银行。全年各项存款余额562.09亿元，各项贷款余额382.07亿元，存、贷款市场份额均居全市金融机构首位，涉农贷款余额312.90亿元，普惠型小微企业贷款余额30.85亿元，全市重点领域、重点企业、重点项目贷款余额37.7亿元。全市农村信用社线上贷款主要有“暖洋洋e贷”“平定e定快”等多种产品。

存贷业务　阳泉市农村信用社各机构以山西省联社36个信贷产品为依托，发挥“兴农快贷”线上产品优势，结合各自线上平台，加大消费贷款等产品推广。在支“三农”支小微企业上，与市委组织部、市市场监督管理局等合作，推进客户风险分散，回归主责主业步伐提速，系统贷款客户数量增至3.11万户，户均贷款余额降至120.17万元。存贷款市场份额占比较年初分别提升0.12%、0.97%，达26.68%和26.51%。

增盈性业务　阳泉市农村信用社通过降低存款成本，减少非生息、低生息资产占比，提高利率定价水平等，调整资产负债结构，提升资产配置能力。通过加强全面预算管理和FTP(资金转移定价)考核应用，优化资产负债结构，提升资产配置能力，增强成本核算意识。开办代收、代付、代理保险等中间业务，拓展银行卡支付结算范围，争取贵金属、保险等代收代付端口引入，拓宽新的利润增长点。截至年底，全市农信社实现各项收入34.4亿元，完成全年任务目标的104.26%；经营利润9.22亿元，完成全年任务目标的101.28%。

风险管控　阳泉市农村信用社不良贷款余额7.13亿元，较年初下降19.63万元，不良占比1.87%，较年初下降0.22个百分点。市县两级农信社对接阳泉市“不良资产清收处置工作专班”，借助公安、法院等执法部门，明确清收对象，开展清收。截至年底，清收处置各类风险资产103.03亿元，完成全年任务目标的240%。对华通路桥集团风险进行承债并购，对50余亿元风险资产全部稳妥处置，实现承贷主体的转移置换。　（张　琤）

保　险　业

【概况】　2022年，阳泉市主要有保险主体30家，其中产险公司17家、寿险公司13家。全年保费收入35.8亿元，比上年增长3.0%。其中，寿险业务保费收入21.1亿元，增长2.0%；健康险和意外伤害险业务保费收入6.6亿元，下降4.6%；财产险业务保费收入8.1亿元，增长13.2%。支付各类赔款及给付12.9亿元，比上年增长9.8%。其中，寿险业务给付5.0亿元，增长23.4%；健康险和意外伤害险业务赔款及给付3.5亿元，增长29.3%；财产险业务赔款4.3亿元，下降12.3%。（王国婷）

【保险消费者权益保护】　2022年，阳泉市保险纠纷人民调解委员会受理调解案件157件，其中立案调解123件，涉案金额975.85万元，调解成功96件，成功率78.05%，协议金额616.36万元，协议执行率100%，消费者满意度100%。全年阳泉保险行业协会接收各类来电、来访咨询投

表34　2022年阳泉市寿险经营情况一览表

机构名称	成立时间	保费收入(万元)
中国人寿阳泉分公司	1950.11	98134.89
太保寿险阳泉中支	2002.6	24913.89
平安人寿阳泉中支	2004.6	19417.54
泰康人寿阳泉中支	2007.7	15480.88
新华人寿阳泉中支	2009.8	14561.35
太平人寿阳泉中支	2009.8	15638.78
人保寿险阳泉中支	2009.12	11617.65
阳光人寿阳泉中支	2011.7	24690.64
英大人寿阳泉中支	2012.12	5010.15
农银人寿阳泉中支	2015.8	9003.88
合众人寿阳泉中支	2016.11	1177.40
光大人寿阳泉中支	2017.7	5561.62
工银安盛阳泉中支	2019.1	10767.90

（市保险协会）

表 35　2022 年阳泉市财险经营情况一览表

机构名称	成立时间	保费收入(万元)
人保财险阳泉分公司	1950.11	33346.96
太保产险阳泉中支	2002.9	5307.01
平安产险阳泉中支	2005.9	16982.00
大地财险阳泉中支	2005.9	9122.13
中国人寿财险阳泉中支	2008.5	11451.91
阳光财险阳泉中支	2009.1	7712.88
永安财险阳泉中支	2009.5	1748.23
中煤财险阳泉中支	2012.5	2578.88
英大财险阳泉城区公司	2013.8	727.28
华安财险阳泉中支	2013.8	2469.79
天安财险阳泉中支	2014.12	2617.86
中华财险阳泉中支	2015.12	2630.22
太平财险阳泉中支	2016.8	2733.11
安诚财险阳泉中支	2017.6	411.31
渤海财险阳泉中支	2017.12	158.52
大家财险阳泉中支	2020.4	3098.91
国任财险阳泉中支	2020.7	984.94

（市保险协会）

诉 66 件，其中转办调解 23 件、调解成功 21 件，成功率为 91.3%。与市中级人民法院、县（区）人民法院对接，完善司法确认流程，提升行业调解协议效力，并在城区人民法院完成首例调解协议司法确认。　（陈君娟）

【保险行业宣传】　2022 年，阳泉市保险行业拓展宣传渠道，开展保险宣传。与阳泉广播电台、《阳泉晚报》合作，利用传统媒体对保险业支持地方经济建设、服务城乡居民推出的新产品新服务举措等进行宣传。在《阳泉晚报》开设“风险提示”“保险基础知识”“金融知识普及月”等 7 个专栏，刊发 24 期、100 余篇稿件；与阳泉交通广播合作推出 11 期“保险走进直播间”保险访谈专题栏目，人保财险、中国人寿、太保寿险等公司负责人做客直播间，宣传普惠性保险产品。发挥微信公众号媒体优势，以正面引导形成宣传效应。全年发布行业热点、保险知识、公司动态、风险提示等信息 100 余篇，其中保险政策类信息 19 篇、保险知识 38 篇、各类风险提示 42 篇。编辑《阳泉保险信息》行业内部宣传月刊 12 期，转载政策类稿件 24 篇、保险协会动态 59 篇、保险公司信息动态 145 篇。　（陈君娟）

【中国人寿阳泉分公司】　2022 年，中国人寿保险股份有限公司阳泉分公司业务规模 9.81 亿元。个险渠道，营销首年期交保费 6824.79 万元，10 年期及以上首年期交保费 3360.2 万元，长期险首年标准保费 2066.15 万元；首年期交保费 4402.62 万元，10 年期及以上首年期交保费 2311.14 万元，长期险首年标准保费 1399.54 万元。银保渠道，首年期交保费 2366.65 万元，5 年期及以上首年期交保费 1220.95 万元，长期险首年期交保费 283.42 万元。团险渠道，短期险保费 3113.48 万元，大短险保费 4219.83 万元。综合金融，代理财产险保费收入 765.44 万元。公司总体市场份额 33.27%，排阳泉市寿险行业首位。阳泉分公司被阳泉市市场监督管理局授予“诚信经营放心消费示范单位”称号。

服务经济发展　中国人寿阳泉分公司服务全市经济社会发展。助力健康阳泉战略，中标 2022 年度城镇职工大病保险，全年承保 37 万余人；为特殊群体人群提供人性化服务，更换老旧服务设施，营造温馨舒适的柜面服务环境；优化理赔工作，辖区内理赔案 11764 件，案件总量比上年上升 5.8%，赔款总额 3265.88 万元，比上年上升 11.52%。

风险防控　中国人寿阳泉分公司开展风险防范工作。加强客户投诉管理，全量投诉件比上年同期减少 44.52%；开展全面风险防控，加强内控标准执行工作，开展“制度合规年”“非法集资风险排查整治活动”“防范非法集资宣传月活动”“2022 年人身保险市场乱象治理专项工作”和 2022 年风险排查工作，堵塞管理漏洞；开展内部审计，完成省公司交叉审计任务和地市公司年度审计计划，对市公司本部、西营盘营销服务部开展反洗钱专项审计；加强舆情管理，在全市范围内组织开展以“守住钱袋子，护好幸福家”“防范电信诈骗及养老诈骗”等为主题的系列宣传活动；压紧压实各大重要节点的安全工作责任，开展“三零”（零上访、零事故、零案件）单位创建，为公司经营发展保驾护航。　（王　钦）

【太保寿险阳泉中心支公司】　2022 年，中国太平洋人寿保险股份有限公司阳泉中心支公司下设城区、郊区、高新区、平定县 4 个支公司及矿区、盂县 2 个营销服务部。全年整体保费 2.49 亿元，较上年同期增加 3.12%，总保费全市排名第二，在全市同业中份额为 9.73%，较上年同期上升 0.13%。其中，营销新保保费收入 2592.82 万元，续期业务保费收入 1.97 亿元，团险短险业务实现保费收入 74.1 万元，市场份额为 2.1%。在合规管控中，围绕“合规重中之重　发展坚定不移　改革稳步推进”的经营思路，推进合规文化宣导，针对合规思想固化、内控缺陷等重点工作“做实、做专、做智、做优”，实现合规工作紧跟形势，做好风险防控管理，助力公司业务高质量发展。

理赔服务　太保寿险阳泉中心支公司坚持真诚服务、规范经营，理赔工作得到客户认可。全年公司满期给付金额2209.96万元，给付率99.05%；受理赔案694件，赔付金额1541.52万元，获赔率98.27%，从理赔申请到支付时效为1.09天。在赔付案件中，从报案、受理资料、立案到结案的每个环节都安排专人进行跟踪进度，为客户提供便捷服务。

客户服务　太保寿险阳泉中心支公司运营能力和服务能级持续提升。践行社会责任，利用节假日、消费者权益日、防范非法集资专题宣传月等活动节点，通过悬挂条幅、发放主题宣传页、播放宣传短片和向公众发送宣传短信、微信等方式，开展关于保险、反洗钱知识、防范和打击非法集资、维护保险消费者权益等内容宣传；坚持传统服务方式与智能化服务创新并行，为特殊客户群体开设绿色无障碍通道、爱心窗口、爱心座椅等便利化服务，利用总公司官微及APP推出老年“关爱版”服务模式，帮助老年人群进行数字智能化时代体验。聚焦客户端，形成以“手机版神太”“科技个险”“太平洋寿险”APP、“太平洋寿险”官微等移动端应用体系，提供承保、理赔、保全等服务。通过太E赔APP端、微信端、太慧赔小程序端等非接触方式开展理赔服务。　（郝玉花）

【平安人寿阳泉中心支公司】　2022年，中国平安人寿保险股份有限公司阳泉中心支公司下辖平定支公司及盂县营销服务部2个四级机构。全年总保费收入14.26亿元，全年实现净利润-1877.41万元，上缴税金63.75万元，理赔款支出1.67亿元。

消费者权益保护　平安人寿阳泉中心支公司围绕消费者权益保护监管评价及内部消费者权益保护体制和机制健全两个目标落实消费者权益保护。在信息披露、个人信息保护、合作机构管理方面，完善制度、健全机制；在消费者权益保护培训、考核、营销宣传行为管理方面，实时监控、落实整改、严格追责；在宣传教育方面，针对重点人群开展多样化、有创新的线下活动，并通过多渠道、高频次的方式扩大覆盖量；在纠纷化解方面，坚持依法合规、便捷高效、标本兼治和多元化解原则，承担保险消费投诉处理主体责任。

理赔服务　平安人寿阳泉中心支公司坚持为客户提供“简单便捷、友善安心”的理赔服务，重点从服务时效和服务品质两方面做好理赔服务，履行企业社会责任，响应各类重特大事故、公众事故、高额意外医疗事故，为事故中的出险客户提供慰问关爱和及时便捷的理赔服务。服务时效方面，通过科技创新驱动，提升理赔时效。平安人寿“闪赔”服务通过理赔在线申请、进度查询，经智能化理赔审核，快速出具理赔结论，30分钟内赔款到账，达到降低理赔难度、简化理赔流程、减少理赔资料目的。服务品质方面，通过推动特色服务，助力品质提升。为践行保险承诺、提升服务品质，推动“重疾先赔”服务，针对首次不幸罹患重大疾病且3日内报案、重疾险投保2年以上的客户，可享受绿色通道快速审核，帮助客户及时拿到理赔金。　（姚　慧）

【人保寿险阳泉中心支公司】　2022年，中国人民人寿保险股份有限公司阳泉市中心支公司首年期缴规模保费实现2704万元，达成率72.5%，比上年增长44.3%；新业务价值实现298万元，达成率45.8%；十年期及以上首年期交规模保费实现292万元，达成率41.9%；福寿年年专属商业养老保险实现55万元，达成率157.14%；首年规模保费实现4033.57万元，达成率80.98%；业务协同寿代产实现212万元，达成率21.2%。

理赔服务　人保寿险阳泉中心支公司理赔案件387件，总赔款226.5万元。其中：学平险（中小学生平安保险）260件，占总赔案量的67.44%，共计赔付40.7万元，占总赔款18%；安祥意外伤害保险理赔19件，占总赔案量的5%，共计赔付4万元，占总赔款1.76%；重疾和理财型保险理赔65件，占总赔案量的16.8%，共计赔付148万元，占总赔款65.34%；团体意外伤害保险理赔38件，占总赔案量的9.8%，共计赔付22.8万元，占总赔款10.1%；关爱百万医疗保险理赔5件，占总赔案量的1.3%，共计赔付11万元，占总赔款4.63%。

合规管控　人保寿险阳泉中心支公司强化基层治理，树牢合规意识。抓好各项重点排查工作，根据审计及检查情况，推进整改事项，确保整改工作落地见效；组织开展反洗钱、反非法集资宣传及相关日常工作；按期开展合规教育培训，普及全民金融知识，推广学习《合规红线经营手册》，加强警示教育和风险提示，让合规教育深入基层，走进团队。　（高　月）

【人保财险阳泉分公司】　2022年，中国人民财产保险股份有限公司阳泉市分公司以“卓越保险战略”为目标，以服务乡村振兴、服务智慧交通、服务健康养老、服务绿色环保、服务科技创新、服务社会治理“六大战略服务”为着力点，主动融入阳泉市发展大局。全年实现保费收入3.33亿元，处理赔偿案件近6万件，赔款支出2.75亿元，上缴税金796.51万元。为全市各大重点工程、重大项目以及各类企业提供财产险、责任险、保证保险、意外险等风险保障697.1亿元。

服务重点工作　人保财险阳泉分公司中标平定县扶贫保险项目，对平定县脱贫人口和边缘易致贫人口实施“2+7”脱贫综合保险，实现保费180.08万元，为5415户1.14万人累计提供风险保障15.91亿元。创新农业保险产品，承保大豆—玉米复合种植866.67公顷，累计收取保险费95.95万元，提供农业风险保障1066.07万元。为阳泉市新能源车辆提供30亿元风险保障，通过与中交兴路、车慧达等平台联手，加强道路源头风险管控，降低交通事故发生频度和损失程度。

服务民生　人保财险阳泉分公司围绕阳泉社会治理的难点、痛点、堵点，服务和改善社会民生，全年承保1.27万户家庭的综治保险，为城乡居民提供34.44亿元风险保障；全年安全责任保险为172户企业提供16.21亿元风险保障。推进“保险+科技+服务”新模式应用，全年为7家企业提供0.34亿元风险保障。中标阳泉市城乡居民大病保险和意外伤害保险项目，实现保费1.52亿元；意外伤害保险项目提高筹资标准7元/人，提高大众医疗保险深度；普惠型商业补充医疗保险“晋惠保”服务人群近6万人。　（张玉红）

【太保产险阳泉中心支公司】 2022年，中国太平洋财产保险股份有限公司阳泉中心支公司拥有盂县支公司、平定支公司、阳泉矿区支公司、阳泉城区支公司、阳泉郊区支公司5家下辖分支机构，拥有完善的保险服务网络，实现经营业绩稳健增长。全年全险种保费收入5307.02万元，增量726万元，增幅15.84%。剔除个人信用担保222.55万元，实现首年突破5000万元经营目标。车险保费完成3833.24万元，增量492.48万元，增速14.74%；市场份额5.7%，比上年提升0.06个百分点。非车非农保费收入1221.3万元，增量359万元，增速41.6%，市场份额3.63%。农险保费完成252.47万元，其中种植险193.67万元、养殖险58.8万元，市场份额7.94%。全年受理车险报案3436件，较上年增加432件，结案率98%，已决件数4007件（交强、商业赔案统计含往年），已决金额2193.57万元。

反洗钱宣传　太保产险阳泉中心支公司利用周例会开展反洗钱案例警示，通过保险洗钱案例，透彻了解洗钱案件特点，提出风险防范举措，提升全员反洗钱意识和能力，提高反洗钱工作人员专业素质和履职能力，提高公司的反洗钱作业水平。面向公司内外勤、社会公众进行反洗钱宣传，提高全体员工对反洗钱工作的认知水平，普及反洗钱专业知识，提升反洗钱工作技能。定期开展反洗钱制度梳理、培训工作，做好客户身份识别和交易记录保存工作、做好客户风险等级划分、可疑交易和大额可疑交易分析报送工作，定期组织机构开展自查工作，及时查缺补漏，持续加强宣传，普及反洗钱知识，帮助客户和全体员工树立法律意识，远离洗钱犯罪。

助力乡村振兴　太保产险阳泉中心支公司推出“防贫保+产业”保险的新模式，对因自然灾害、动物疫病等原因导致种植业、养殖业遭受的损失进行赔偿，助力增强各类农业经营主体抗御自然灾害能力。创新“产品+技术+服务”助农惠农强农方式，增强农险服务水平和服务能力，建立健全农业支持保护体系，完善农村金融服务，健全农业风险补偿机制，保护粮食安全。　（牛冠楠）

【平安产险阳泉中心支公司】 2022年，中国平安财产保险股份有限公司阳泉中心支公司坚持“科技引领金融，金融服务生活”的理念，在综合金融和健康医疗保险中实现专业的客户体验。全年保费收入1.70亿元，比上年增长15.84%。其中，车险业务保费收入1.40亿元，非车险业务保费收入2955.48万元。全年赔款支出7720.67万元，其中车险赔款7347.19万元。

金融科技创新　平安产险阳泉中心支公司深化“金融+科技”双轮驱动战略，借助智能认知、人工智能、区块链、云技术等创新科技，用“科技创新”和“服务速度”为用户提供智能化的服务。客户可以在平安好车主App上投保，线上核保，投保单、保单、发票实现电子化，既便捷又低碳。无人伤案件理赔可以自助拍照，线上核赔，既省心又快捷。

“乡村文明100行动”　平安产险阳泉中心支公司主动承担社会责任，开展新农村建设、防灾救灾、慈善捐赠等各项惠及民生工作，以“保险+”为依托开展“乡风文明100行动”，乡镇党组织发挥“领路人”作用，落实市委市政府关于支持乡村振兴工作的部署，为国家乡村振兴新发展贡献力量。在盂县牛村镇牛村村举行“乡村文明100行动”授旗暨党建共建点揭牌仪式，并捐赠3万元。　（杨永生）

【中国人寿财险阳泉中心支公司】 2022年，中国人寿财产保险股份有限公司阳泉市中心支公司签发保险单9.96万件，总保费收入1.15亿元。其中，机动车辆保险业务签发保险单6.48万件，保费收入8812亿元；农业保险签发保险单685件，保费收入1060万元；非农非车险业务合计签发保险单3.41万件，保费收入1579万元。理赔案件立案数量1.51万件，立案率99.72%，数量结案率96.68%，赔款支出6787万元。

社会职责履行　2022年，中国人寿财险阳泉中心支公司承办盂县“3+N”防贫综合保险，向9682名脱贫户、边缘易致贫人口、突发严重困难户提供涵盖防返贫、医疗教育、产业保障等风险保障7亿余元。履行山西省道路交通事故阳泉救助站职能，救助64人，垫付抢救费用357.4万元、丧葬费8.5万元。

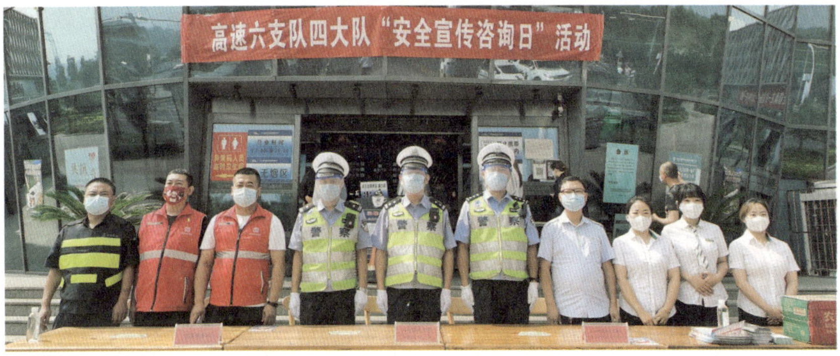

2022 年 6 月 9 日，人寿财险阳泉中支盂县支公司与高速交警六支队四大队联合在盂县高速服务站开展安全宣传咨询日活动（人寿财险阳泉中支　供图）

助力高考　6 月 7 日，开展助力高考、爱心送考活动。中心支公司车行业务团队、数字渠道团队、销售业务团队、理赔客服分中心工作人员组成送考小分队，在去阳泉市第一中学的路上沿途接送考生。在阳泉市第一中学考点旁边设立"爱心助考"服务点，为考生、家长及维护考场秩序的交警送矿泉水和扇子。平定县、盂县支公司分别在平定一中、盂县一中考点周围开展"爱心助考"活动。

交通安全宣传　6 月 9 日，盂县支公司与高速交警六支队四大队联合在盂县高速服务站开展安全宣传咨询日活动，向社会公众发放宣传资料，讲解道路交通事故救助基金申请流程及所需资料。围绕不礼让行为、不系安全带、超速超员及酒醉驾驶等常见交通陋习及违法行为，向过往群众列举辖区典型案例、普及道路交通安全法律法规知识，引导大家将安全理念放在心上。6 月 16 日，中心支公司与阳泉交警一大队联合开展以"助力安全出行，守护美好生活"为主题的交通安全直播宣传活动，向群众普及交通安全知识、道路交通事故社会救助基金相关知识，并为现场咨询的群众赠送印有"有我 财安心"品牌 logo 的安全头盔。　（艾果平）

证　券　业

【概况】 2022 年，阳泉市有三家证券公司，分别为山西证券阳泉分公司、大同证券阳泉桃北中街证券营业部、银河证券阳泉保晋路证券营业部，资产总额 5.3 亿元，开户总数 17.76 万户，客户总资产 61.3 亿元。　（王　婷）

【山西证券阳泉分公司】 2022 年，山西证券阳泉分公司对营业信息技术系统进行排查，对各项业务风险点重新进行梳理并采取防范措施，完善各种应急方案以及信访投诉机制，把维护稳定和保障运营安全工作贯穿全年各项工作中，实现对公司及投资者的安全保障。截至年底，山西证券阳泉分公司开立账户 3414 户，客户总人数为 14.11 万户，其中有效户 2.21 万户、"两融"（融资、融券）客户数 3920 户、富裕 + 客户数 1892 户，客户总资产为 47.91 亿元。

产品销售　山西证券阳泉分公司公募产品销售额 1.70 亿元，私募产品销售额 1.38 亿元，收益凭证销售额 9332 万元，合计销售额 4.01 亿元。日日添利保有量 1.73 亿元，理财客户数 1753 户，年产品覆盖户数 5330 户。截至年底，公司完成基金投顾覆盖户数 662 户，完成保有金额 228 万元。

服务实体经济　山西证券阳泉分公司被人行阳泉中支和市政协确定为阳泉市金融顾问专家团成员单位，共同为山西尊特智能科技公司等重点科创企业，山西贝特瑞、娘子关景区等企业服务。与阳泉市金融办共同调研山西天和盛环境监测公司，协助制定阳泉市上市倍增计划；服务山西天和盛环境检测有限公司挂牌新三板；完成阳泉神华矿山机械有限公司、山西绿澈环境检测公司、阳泉昌美德公司等 3 家企业股份制改制和晋兴板挂牌工作。

合规管控　山西证券阳泉分公司按照内控制度，完成分公司及所辖营业部各项工作。组织员工参与公司组织的线上线下各项业务及管理培训，从业人员远程培训、基金资格后续培训，知鸟平台课程学习等。鼓励员工考取从业资格证，年内有 3 名员工通过基金资格考试、1 名员工取得法律执业资格证书。人民银行阳泉市中心支行对阳泉分公司反洗钱工作综合评级为 A 级。　（李慧俊）

【大同证券阳泉桃北中街证券营业部】 大同证券有限责任公司阳泉桃北中街证券营业部设立于 2009 年 6 月 5 日，位于山西省阳泉市城区桃北中街 18 号。经营范围包括证券经纪，证券投资咨询，与证券交易、证券投资活动有关的财务顾问，融资融券，证券投资基金代销，代销金融产品等。截至 2022 年底，共有 9 名员工具备投资顾问资格，14 名员工具备基金从业资格，客户总数 33104 户，客户总资产为 10.46 亿元，场外基金保有金额 4186.33 万元。

反洗钱工作　年内，大同证券阳泉桃北中街营业部对内控制度和操作流程进行修改和优化，细化各部门之间的协作和沟通机制，确保在反洗钱工作中形成有效合力。同时，开展对员工的培训和指导，提高员工对反洗钱工作的认识和理解，确保反洗钱工作的顺利实施。此外，还加强对客户的管理和风险控制，采用先进技术手段，对客户的身份信息进行全面核实和认证，为保障投资者权益和社会金融稳定做出更大的贡献。

社会活动　年内，大同证券阳泉桃北中街营业部作为山西工程技术学院实习实训基地,接待超120余位大学生进企业实习实训。还邀请多位经验丰富的行业专家和学者,为学生举办专题讲座和分享会,让学生了解行业前沿动态和趋势,拓宽视野和思路。 (朱学峰)

【银河证券阳泉保晋路证券营业部】 中国银河证券股份有限公司阳泉保晋路证券营业部设立于2017年4月5日,位于山西省阳泉市经济技术开发区保晋路盛世新城3号楼14号。经营范围为证券经纪,证券投资咨询,证券投资基金销售,与证券交易、证券投资活动有关的财务顾问,代销金融产品,融资融券,证券承销与保荐(仅限项目承揽、项目信息传递与推荐、客户关系维护等辅助工作),销售贵金属制品。截至2022年底,有3名员工具备投资顾问资格,5名员工具备基金从业资格,客户开户总数3407户,客户总资产2.93亿元,销售金融产品0.37亿元。

合规管控 年内,银河证券阳泉保晋路营业部加强内控制度管理及客户身份识别和可疑交易监控、识别等工作,组织营业部开展合规反洗钱宣传活动,向全体员工开展合规反洗钱培训工作。同时,向相关部门报送反洗钱信息,依法协助、配合司法机关、侦查机关和行政机关打击洗钱和恐怖融资活动。

投资教育宣传 年内,银河证券阳泉保晋路营业部组织开展宣传活动10余次,包括“理性认识市场 投资量力而行”“5·15全国投资者保护宣传”“守住钱袋子·护好幸福家”打非宣传、《股东来了》投资者权益知识竞赛宣传、国家网络安全宣传、“金融标准 为民利企”“12·4法制宣传”等,为营造良好的金融环境做出贡献。 (侯蓉蓉)

其他非银行金融机构

【概况】 截至2022年底,阳泉市有非银行地方金融机构38家。政府性融资担保机构2家,其中市级1家、高新区1家;融资再担保机构1家,为国有企业;小额贷款公司16家,其中平定县3家、盂县2家、城区1家、矿区1家、郊区3家、高新区6家;典当企业19家(含分支机构),其中平定县2家、盂县3家、城区8家、矿区1家、高新区5家。此外,阳泉市还有投资管理公司1家,为信达投资管理公司。 (梅 梅)

【融资担保机构】 2022年,阳泉市金融办按照山西省、阳泉市关于政府性融资担保改革的决策部署,推动完成政府性融资担保机构市县一体化运营改革工作。会同阳泉市财政局建立完善资本金补充、保费补贴、风险补偿、尽职免责等配套制度,联合出台助企纾困稳经济实施细则10条。全年全市政府性融资担保公司担保余额突破3.76亿元,较2021年新增1.05亿元,比上年增速38.91%。截至年底,市级融资担保机构业务量为2021年担保业务的2倍,市级融担机构资本实力增强,银担合作深化。 (王元婷)

【小额贷款机构】 2022年,阳泉市有小额贷款机构16家,全部为法人机构,从业人员110人,资产总额9.89亿元,负债总额0.12亿元。全年贷款余额8.89亿元,其中不良贷款余额6.38亿元,涉农贷款2.90亿元,小微企业贷款3.46亿元,个人贷款3.72亿元。(梅 梅)

【典当行】 2022年,阳泉市有典当企业19家,其中法人机构18家、分支机构1家,从业人员88人,注册资本1.78亿元,资产总额1.87亿元,负债总额462.16万元。全年典当总额5.95亿元,其中,房地产典当总额3.25亿元,动产典当总额2.08亿元,财产权利典当总额0.62亿元。全年典当余额1.03亿元,其中,房地产典当余额0.61亿元,动产典当余额0.35亿元,财产权利典当余额0.07亿元。 (梅 梅)

【投资管理机构】 2022年,阳泉信达投资管理有限责任公司是阳泉市综合性投资管理机构,下属二级企业6个,其中,全资公司2个,分别为阳泉市红楼商贸有限公司、阳泉市兴旺包装制品有限责任公司;控股公司2个,分别为山西鑫晟保险代理有限公司、郑州鑫晟贸易有限公司;参股公司2个,分别为晟鑫期货经纪有限公司、阳泉市汇通小额贷款股份有限公司。全年主营业务收入237.37万元,实现利润–910万元,全员劳动生产率6947元/人,上缴利税32.71万元。

年内,阳泉信达投资管理公司围绕“车险冲规模,非车涨技能,寿险创效益”经营思路,提升专业能力,打造精准高效的保险业务,经营状况稳步提高。截至年底,合作保险供应商有华安财险和光大永明人寿,代理险种包括机动车辆商业保险、交强险、企业财产保险、责任险、意外险等。全年总保费收入641.59万元,比上年增长230.7%;手续费收入82.21万元,比上年增长161.73%。 (王 振)

(责任编辑:胡 蓉)

综 述

【旅游接待】 2022年，阳泉市出台大宗旅游接待奖励政策，对符合要求的申报团队的组团人数、奖励金额等进行详细说明，鼓励全市各旅行社拓展本地游业务，组织外地游客来阳泉畅游消费。根据阳泉市场形势，为降低旅行社组团难度，将大型旅游团队奖、自驾游组织奖的一次组团人数标准减半、奖励金额相应减半。申报旅游团队奖的一次组团人数达到50人奖励0.25万元；申报自驾游组织奖的满足15台车50个人的条件奖励0.5万元。大型旅游团队奖、自驾游组织奖以及年度累计接待奖的申报团队，须至少住1晚并游览2个（及以上）收费的A级景区，并且至少包含1家AAAA级景区。“收费的A级景区”，即达标团队在景区购买门票，或者在免首道门票景区内有达标人数进行20元以上（含）其他项目的消费。年内，阳泉市接待国内游客16.76万人次，接待过夜游客181.45万人次。元旦期间，全市重点景区及乡村旅游接待游客1万人次；春节期间，全市重点A级景区接待游客3.59万人次；五一期间，全市5家开放A级景区接待游客4.48万人次；国庆期间，全市9家开放A级景区接待游客1.55万人次，乡村旅游点接待游客20.2万人次。（范宜萍）

【旅游收入】 2022年，阳泉市国内旅游收入4591.01万元。其中，元旦期间9家重点景区收入100万元，春节期间重点A级景区收入322.7万元，五一期间5家开放A级景区收入239.5万元，国庆期间9家开放A级景区收入104.2万元，全市乡村旅游点实现收入1010万元。（范宜萍）

【旅游规划】 2022年4月，《阳泉市“十四五”文化旅游体育康养产业发展规划》（简称《规划》）出台。《规划》提出，“十四五”时期，阳泉市以推进新时代全域旅游大众旅游发展为导向，顺应文化和旅游消费提质转型升级新趋势，深化文化和旅游领域供给侧结构性改革，重点围绕长城、太行两大板块，构建“112”全域文旅空间格局（“中共创建第一城”高质量发展核，全域旅游发展环，平定文化休闲旅游区、盂县康养度假旅游区），加速推进全域旅游建设，全面提升旅游产品吸引力，重点实施“133”（红色旅游核心产品、3大重点旅游产品、3大特色旅游新产品）旅游产品建设工程，推进太行一号旅游公路线路建设，创新发展新业态产品，合理配置“吃住行游购娱”等旅游要素，推动智慧文旅建设。（范宜萍）

【全域旅游】 2022年，阳泉市文化和旅游局实施文旅市场倍增工程，新增市场主体384户。郊区咀子上村入选全国乡村旅游重点村，城区、平定县入选省级文化产业和旅游产业融合发展示范区建设单位名单，娘子关泉上文旅特色小镇、梁家寨温泉康养度假区、冠山书院文旅康养基地入选山西省首批文旅康养示范区创建单位名单，“阳泉记忆·1947”文化园入选省级夜间文化和旅游消费集聚区，平定砂器（紫砂）文化示范区入选省级文化产业示范园区，娘子关兴隆古街入选省级旅游休闲街区，“阳泉记忆·1947”文化园、大宋古村、董寨龙潭峡谷景区、狼峪抗战遗址景区被评为国家AAA级景区。推出“沉浸式”人文体验演艺项目《遇见娘子关》，促进文旅新业态、新模式加速发展。（范宜萍）

【文旅融合发展】 2022年，阳泉市文化和旅游局组织57家景区商户参与“晋情消费 全民e购”政府消费券活动，让市民游客在景区优惠玩、畅快购。开通娘子关、藏山、大宋温泉3条本地游直通车，激活“阳泉微旅游”市场活力。引进上海大司田、北京隐居乡里等企业打造乡村民宿品牌，大前·義田民宿、咀子上知青大院、圪台村农家乐等一批精品民宿建成运营。6位市级工艺美术大师评为第六届省级工艺美术大师。引进南京井井有数科技有限公司,建设"中国砂器之城"电子商务物流平台,为工艺美术人才搭建"双创"平台。举办"喜迎国庆,献礼新时代""漾泉传统工艺美术精品线上云展"主题展览活动。（范宜萍）

【"五一"假期文旅产品供给】 2022年"五一"假期,阳泉市加大优秀文化产品和优质旅游产品供给,满足群众文旅休闲需求。桃林沟景区、关王庙、藏山、华北奕丰生态园、红岩岭等5家景区开放迎接游客,共接待游客4.48万人次,收入239.5万元。工业旅游景点"阳泉记忆·1947"文化园于5月3日正式对外开放,实行线上错峰、限流、分时段预约,免费实名参观活动,深受广大游客欢迎。为满足本地游文旅消费需求,石泼水农业观光园、汉河沟草莓采摘园、宁艾莲花山、平定中影自助游戏城、郊区荫营剧本杀浮生若梦探案馆等推出一系列优惠活动,吸引游客前往。市文旅局通过微信公众平台宣传推介桃林沟村、王炭咀村等10余个乡村旅游示范村,为群众"微旅游""微度假"提供更多选择。市图书馆、博物馆、展览馆、规划展览馆、保晋公司纪念馆恢复开放,并按要求进行限流管控,满足节日期间市民群众的文化需求。加强线上服务,"中共创建第一城"题材晋剧《铸城》等优秀作品在线展播,丰富文化和旅游体验形式。（范宜萍）

【"中国旅游日"系列惠民活动】 为迎接"5·19"中国旅游日的到来,2022年5月18日,藏山风景区、华北奕丰生态园动物科普教育基地、红岩岭玉皇洞景区推出"中国旅游日"当天门票半价、免费入园、套票打折和对医务人员等群体免费优惠举措;西南异村于5月18日至30日举办"异上文化旅游节",进行线上线下宣传活动,繁荣旅游市场;平定县启动"平定有我·我为家乡代言"抖音短视频大赛,以"扬平定千年文化 展古州时代风采"为主题,通过优秀文旅短视频征集、评选、展播,宣传推广文化旅游资源和发展成果;18日至20日通过阳泉市文化和旅游局官方抖音号、阳泉广播电视台官方视频号和抖音号,举行景区直播系列活动,由持证导游员、景区讲解员和市电视台主持人共同带领市民网友在藏山、"阳泉记忆·1947"文化园、狮脑山百团大战遗址公园、小河古村评梅景区和南庄地道景区进行"云旅游"。通过直播互动,宣传阳泉美景、展示家乡风情。（范宜萍）

【端午假期文旅市场回暖向好】 2022年端午假期,阳泉市旅游市场平稳安全有序,文旅部门和各旅游景区丰富特色文旅产品,游客数量稳步回升,旅游市场消费企稳向好,全市共接待游客34.5万人次,旅游综合收入1730.5万元。其中,A级景区共接待游客2.5万人次,实现旅游收入160.5万元,概算带动消费720万元。据不完全统计,端午假期,全市乡村旅游点接待游客10万人次,红色旅游点接待2万人次。近郊游成为市民游客首选,盂县猫铺村、郊区咀子上村等乡村旅游点推出农家餐饮、农事采摘、乡村民宿,成为旅游复苏的新标杆。传统景区新旧转换加速,翠枫山、南庄抗战地道等景区加快业态产品转型,提升游客体验度和舒适度。"阳泉记忆·1947"文化园、下董寨龙潭、大宋古村、莲花山等新型景点成为备受市民追捧的网红打卡地。文旅产品供给成效明显,假日期间全市共开展207场"线上+线下"文化惠民活动,开通"忠义藏山一日游""红岩岭景区一日游"两条直通车线路,发布"红色研学游""地质文化游""古村民俗游"等文化旅游主题线路,引导市民本地微旅游。丰富多彩的宣传促销活动激活旅游市场,部分景区推出套票打折和对全国应届中高考毕业生免票等优惠,多措并举开展市场引流。参加全省新媒体营销活动,借助省级平台推出阳泉市"文旅星推官""旅游目的地""网红打卡点""非遗传承人""乡村旅游点""文创好物""风味美食"等文旅资源,提升阳泉旅游品牌知名度。（范宜萍）

【特色夜间旅游体验活动】 2022年7月,阳泉市文旅局根据《阳泉市落实稳住经济一揽子政策措施的实施方案》要求,推进文旅行业稳投资促消费等政策措施落地,提升城市烟火气,指导"阳泉记忆·1947"文化园、小河古村、桃林沟等旅游景区开发特色夜间旅游体验活动,融入更多文旅元素,构建灯光秀、电音节、星空露营、露天影院、夜市街区、24小时书店等新业态,激活文旅消费活力。打造市场主体倍增支撑平台,开展市级旅游休闲街区、夜间文旅消费集聚区评选工作,市级夜间文旅消费集聚区申报创建单位7家,市级旅游休闲街区申报创建3家。7月,全市旅游景区各项指标由负转正,15家A级旅游景区共接待游客18.28万人次,比上年增长9.53%;旅游收入692.9万元,比上年增长0.07%。其中,娘子关风景区接待游客3.77万人次,比上年增长70.59%;旅游收入150万元,比上年增长53.8%。藏山接待游客1.07万人次,比上年增长3.88%;旅游收入70万元,比上年增长0.59%。桃林沟景区游客接待5.8万人次,比上年增长5.65%;旅游收入145万元,比上年增长190%。（范宜萍）

旅游资源

【概况】 2022年,阳泉市有A级旅游景区19家,其中国家AAAA级旅游景区5家,分别为娘子关景区、藏山旅游风景名胜区、翠枫山自然风景区、大宋温泉度假村、桃林沟景区,国家AAA

级旅游景区9家，国家AA级旅游景区4家，国家A级旅游景区1家；旅游星级饭店9家，旅行社36家。（范宜萍）

【文旅项目建设】 2022年，阳泉市推进15个重点文旅产业项目，完成投资2.38亿元。其中，"阳泉记忆·1947"文化园二期工程主体完工，商业街招商工作开启。娘子关旅游景区建设项目二期，演艺中心改造完工，投入运营。郊区长城非遗馆主体工程完工。实施长城国家文化公园（阳泉段）精品工程，6个项目完成投资7116万元。为娘子关旅游景区建设项目二期争取国家"十四五"文化保护传承利用工程项目资金3200万元。（范宜萍）

【娘子关景区】 娘子关景区为国家AAAA级旅游景区，地处太行山中段的晋冀两省交界处，这里雄踞险隘，襟山带水，历史悠久，底蕴深厚，是历代兵家必争之地，有"万里长城第九关"和"北国小江南"之美誉。域内有天下第九关关城、水上人家、平阳湖、水帘洞瀑布等景点，独特的水乡村落文化、灿烂的关隘长城文化、丰富的民俗传统文化，成为娘子关旅游发展的一大瑰宝。娘子关先后被评为"中国历史文化名镇""中国最美休闲乡村""中国传统古村落"。2022年，娘子关景区举办河灯节，开通娘子关旅游直通车，娘子关泉上文旅特色小镇入选山西省首批50家文旅康养示范区创建单位名单。全年共接待游客15.69万人次，收入630.49万元。（范宜萍）

【藏山旅游风景名胜区】 盂县藏山旅游风景区是国家AAAA级旅游景区、"国家水利风景区""山西省十佳文明景区""全国重点文物保护单位"，其核心文化《赵氏孤儿传说》被收录为国家级非物质文化遗产、"三晋历史文化第一名山"。藏山群峰壁立，峻极于天，因春秋时期藏匿"赵氏孤儿"而名扬天下，距今已有2600多年历史。藏山景区游览面积十余平方千米，由育孤园、春秋藏孤胜地、莲花寺、仙人峰自然生态区四大板块、168个景点组成。2022年，盂县藏山旅游风景区获第三届阳泉市质量奖提名奖。年内，景区举办藏山庙会，开通旅游直通车，在法定节假日推出门票优惠活动，推出旅游观光电梯、滑道、玻璃吊桥等特色产品，全年共接待游客6.7万人次，旅游收入320.48万元。（范宜萍）

2022年5月，娘子关景区迎来八方游客　　（城区党史研究室　供图）

【大宋温泉度假村】 大宋温泉度假村为国家AAAA级旅游景区，集温泉沐浴、休闲养生、水上乐园、生态旅游，住宿、餐饮、娱乐、购物、会务、拓展于一体的、山西省内规模最大、档次最高、配套最全，综合服务设施达到国内先进水平的新型温泉旅游度假景区。大宋温泉采自地下100米深处，出水温度60度，是国内稀有的"高温氡泉"医疗矿泉，水质好、水量多、水性温和，能有效促进血液循环、快速消除疲劳，具有养生、美容等功效。2022年，度假区开通旅游直通车，推出喜迎国庆烟花秀。全年共接待游客4.77万人次，旅游收入654.46万元。（范宜萍）

【阳泉市新增4家国家AAA级旅游景区】 2022年12月31日，阳泉市文旅局按程序组织综合评定，将"阳泉记忆·1947"文化园、大宋古村、董寨龙潭峡谷景区和狼峪抗战遗址公园确定为国家AAA级旅游景区。阳泉市的国家AAA级旅游景区达到9家。

"阳泉记忆·1947"文化园，位于阳泉城区南庄路118号。依托工业遗产资源，利用旧厂房改建为全国唯一一个以城市记忆为主题的沉浸式文旅园区，2022年4月1日，入选山西省首批省级夜间文化和旅游消费集聚区。

大宋古村景区是依托千年大宋古村打造的一处人文自然景区，通过保留村落的原始风貌，营造优美的人文历史环境。大宋古村位于山西省盂县梁家寨乡深山谷中，是一个具有徽派建筑特点和南方吊脚楼风格，至今仍保留着原始农耕风貌的古村落，被誉为太行深处的"布达拉宫"。

董寨龙潭峡谷景区位于山西省平定县娘子关镇，景区依托独特的地质地貌和旅游资源，形成古村寨、龙潭峡谷、玄武湖三大主要旅游景点，是集地质地貌、古寨人文、探险寻奇、娱乐为一体的旅游胜地。

表 36 2022 年阳泉市国家 A 级以上旅游景区一览表

景区名称	等级	所属县(区)
娘子关景区	AAAA	平定县
藏山旅游风景名胜区	AAAA	盂　县
大汖温泉度假区	AAAA	盂　县
桃林沟景区	AAAA	郊　区
翠枫山自然风景区	AAAA	郊　区
藏山翠谷景区	AAA	盂　县
华北奕丰生态园	AAA	盂　县
小河古村评梅景区	AAA	城　区
固关长城景区	AAA	平定县
红岩岭景区	AAA	平定县
大汖古村	AAA	盂　县
“阳泉记忆·1947”文化园	AAA	城　区
狼峪抗战遗址公园	AAA	郊　区
董寨龙潭峡谷景区	AAA	平定县
南庄抗战地道景区	AA	平定县
七亘大捷景区	AA	平定县
关王庙景区	AA	郊　区
银圆山庄景区	AA	矿　区
冠山景区	A	平定县

（市文旅局）

狼峪抗战遗址景区建于 2015 年，占地 7.4 平方千米，现存抗战时期日军修建战壕 2000 多米，单兵坑 200 余个及数个炮楼遗址。依托丰富的红色资源，南沟村建成范子侠将军纪念厅、草帽山台阶通道等，被评为中国慢生活休闲体验村、山西省乡村旅游示范点。（范宜萍）

旅游业态

【红色旅游】 2022 年，阳泉市坚持项目牵引，重点打造阳泉革命传统教育学院、“阳泉记忆·1947” 工业文化、百团大战伟大抗战精神三大红色教育综合体；在城市主干道规划一条红色主题景观大道，沿途建设红色景观群。市文旅局与长治市文旅局签署《阳泉市、长治市区域旅游战略合作框架协议》，共同打造太行旅游品牌和红色旅游品牌，挖掘阳泉红色旅游资源，提升红色旅游知名度。全市红色旅游点共接待 80 万人次。推出“十佳红色旅游线路”，第一条为百团大战纪念馆(碑)→阳泉市党建书苑→狮脑山百团大战工事遗址→狼峪抗战遗址；第二条为红色主题教育大道(南大街)→“中共创建第一城”旧址→人民日报社造纸厂旧址→阳泉火车站旧址→“阳泉记忆·1947”文化园；第三条为保晋公司纪念馆→阳泉市博物馆→阳泉红色历史展厅→桃林沟景区(阳泉革命英烈纪念馆、古州家风馆)；第四条为小河古村(石评梅纪念馆、斜井)→平定县烈士纪念馆→冠山书院小镇→冠山书院→平西抗日根据地纪念馆；第五条为南庄地道→“晋东小延安”辛庄→咀子上村→西南舁大西庄“六一五”惨案遗址纪念馆→温河灌区纪念馆；第六条为红岩岭→红育口学校→大前村→娘子关→固关长城；第七条为瓦岭古村→马山军事会议旧址→平东抗日根据地纪念馆→七亘大捷战场遗址；第八条为大汖古村(梁家寨革命历史纪念馆)→猫铺文化小镇→骆驼道（牛道岭战斗遗址)→大汖温泉→石家塔村(抗战时期盂县党政机关旧址)；第九条为清城村红 24 军成立大会旧址(纪念馆)→西沟村“高氏三杰”旧居→张家塅抗战文化园→华北奕丰生态园→王炭咀村；第十条为太行一号旅游公路（由北向南)→牛道岭战斗遗址→藏山→红岩岭→下董寨龙潭峡谷→娘子关→七亘大捷战场遗址。（范宜萍）

【乡村旅游】 2022 年，阳泉市郊区西南舁乡咀子上村入选第四批全国乡村旅游重点村。截至年底，阳泉市有全国乡村旅游重点村镇 6 个，省级 AAAA、AAA 级乡村旅游示范村 27 家。全市乡村旅游点共接待游客 100 万人次，实现旅游收入 5000 万元。阳泉 3 条线路入选山西省乡村休闲旅游行精品景点线路。第一条为平定县下董寨龙潭峡谷景区→平定县娘子关村→平定县固关景区；第二条为盂县山西华北奕丰生态园→

2022 年 12 月，董寨龙潭峡谷景区被确定为国家 AAA 级旅游景区

（城区党史研究室　供图）

孟县王炭咀村→孟县藏山翠谷→孟县藏山风景区→孟县大宋古村→孟县石家塔村→孟县大宋温泉；第三条为郊区桃林沟村→郊区上千亩坪村→郊区东林尖村→郊区咀子上村→郊区大洼村。　（范宜萍）

【康养旅游】 2022 年，阳泉市为推动市场主体倍增，以文旅康养示范区为载体聚集培育市场主体 341 户，完成全年增量目标的 105.34%。山西娘子关泉上文旅康养示范区、盂县梁家寨温泉康养度假区、平定冠山书院文旅康养基地被确定为省级文旅康养示范区创建单位。按照“2212”（建设 2 个康养小镇、2 个全龄化社区、1 个森林康养基地、2 个融合示范项目）康养产业发展布局，重点推动康养项目建设落地。截至年底，7 个项目的一期工程基本完成，二期建设有序推进。（范宜萍）

【历史人文旅游】 2022 年，娘子关深入挖掘历史文化，推进景区配套基础设施建设，打造沉浸式演艺项目。娘子关—固关景区入选省级 9+13 龙头景区重点景区培育计划。娘子关景区旅游基础设施建设项目，获得中央预算内资金补助 3200 万元。特邀国内知名实景演艺导演丛明玲、张冬团队执导，以平阳公主事迹为故事主线，以娘子关“关”“水”“人家”“村落”等文化历史为背景的“沉浸式”人文体验剧《遇见娘子关》成功试演。于农历六月初六举办第五届河灯节。娘子关兴隆古街入选第二批省级旅游休闲街区名单。　（范宜萍）

【第一批“阳泉市红色文化研学基地”“阳泉市研学实践活动基地”名单公布】 2022 年 5 月，由阳泉市文旅局、市教育局、团市委和市少工委联合组织的“阳泉市红色文化研学基地”“阳泉市研学实践活动基地”评选活动，经各单位申报、各县区推荐、逐级审核和公示，确定命名“阳泉市红色文化研学基地”共 13 处，分别为百团大战纪念馆（碑）、中共创建第一城旧址、郊区旧街乡南沟村狼峪抗战遗址、郊区荫营镇辛庄村、郊区温河灌区纪念馆、郊区西南舁乡大西庄村“六一五”惨案遗址纪念馆、平定县巨城镇南庄村、平定县东回镇七亘村、平定县岔口乡红育口学校、平定县冶西镇赵家村、平定县东回镇瓦岭村、盂县梁家寨革命历史纪念馆、盂县梁家寨乡石家塔村；命名“阳泉市研学实践活动基地”共 8 处，分别为“阳泉记忆·1947”文化园、城区小河古村评梅景区、城区大阳泉村一席书院、盂县华北奕丰生态园、盂县梁家寨乡猫铺文化小镇、平定县岔口乡红岩岭景区、山西冠霖农业科技股份有限公司、阳泉卫明宝葫芦工艺坊。　（范宜萍）

【娘子关镇下董寨村入选非遗旅游村寨】 2022 年 9 月，中国非物质文化遗产保护协会公布 2022 年“全国非遗与旅游融合发展优选项目名录”，阳泉市娘子关镇下董寨村入选非遗旅游村寨，为山西省入选非遗旅游村寨的 3 个项目之一。

下董寨村位于温河北岸，背依卧龙岗，面朝凤凰山。以其深厚的文化传承和悠久的历史印迹而名扬华夏。相传东汉年间，娘子关镇的上董寨村和下董寨村是晋通往燕赵的咽喉要道。董卓任并州牧时在此安营扎寨。村中独特的布局被称为“董卓垒”，人们将此地称作“董寨”。明朝后分成上董寨和下董寨。下董寨村先后被评为“中国传统村落”“中国历史文化名村”，跑马排习俗被列入第五批国家级非物质文化遗产代表性项目名录。　（范宜萍）

【《遇见娘子关》试演】 2022 年 9 月 9 日，阳泉市首部沉浸式人文体验演艺项目《遇见娘子关》在娘子关景区举行试演仪式，为阳泉市首个旅游演艺项目。截至年底，共试演 37 场，观演人数 3113 人。有效升级游客体验，提升了娘子关景区的市场影响力和品牌知名度。《遇见娘子关》由山西文旅集团打造，该剧特邀国内知名导演丛明玲、张冬团队执导，以平阳公主的传说故事为创作根基，以娘子关城墙崇祯七年修筑段为故事起点，将娘子关军户之女徐元娘面临外敌入侵、生死抉择的短短一月作为脉络。以娘子关“关”“水”“人家”“村落”等文化历史为背景，通过多媒体技术以及高科技立体舞台装置相结合的方式，融合多

种舞台元素的巧妙运用,让观众在梦幻般的剧场时空中,体验到丰富独特的娘子关文化。（范宜萍）

【娘子关兴隆古街入选第二批山西省省级旅游休闲街区】 2022年10月,山西省文旅厅、省发改委公布第二批山西省省级旅游休闲街区名单,平定县娘子关兴隆古街入选。

娘子关兴隆古街长410米,年接待游客65万人次,常态化营业商户34家。该街区以文化体验和休闲消费为主题,有旅游文创、非遗手工、当地特产、地方美食、农副集市、临街水吧等特色业态。街区突出乡村"烟火气",凸显街区与游客的互动体验,注重打造沉浸式的购物场景。（范宜萍）

旅游营销

【旅游节会活动】 2022年,阳泉市提升特色文旅品牌,持续开展"节气文化　四季阳泉"主题文旅活动,全年共举办21场各具特色的活动,节气文化与文旅主题融合更加紧密,多场活动在"学习强国""文旅中国"推送,品牌影响力不断提升。开展"中国旅游日""阳泉微旅游"系列活动,发布景区惠民促销措施和暑期特惠活动,对"红色革命文化游"等6条线路进行集中宣传,推动本地旅游微循环。（范宜萍）

【旅游宣传推广】 2022年,阳泉市文化和旅游局围绕推广"一城阳光·泉漾太行"品牌,制作完成中英文双语阳泉文旅宣传片、文旅主题线路宣传册,推出"中共创建第一城"文创优盘等一批旅游文创产品,专题片《太行山城——阳泉》在央视发现之旅频道和香港卫视播出,参加"DOU说山西好风光"线上宣传,在今日头条发布"阳光泉城线上摄影展"。举办"大美太行在山西"网络新媒体阳泉景区打卡活动,活动曝光量达10亿次,3个话题冲上全国热榜,1个话题冲上山西热榜头条。（范宜萍）

【旅游商品开发】 2022年,阳泉市举办"中共创建第一城"红色文化创意大赛,大赛以"传承红色精神　创意赋能生活"为主题,共分为启动、征集、评选、颁奖及设计成果展示四个阶段。赛事设置文旅产品、传统工艺、产品包装三个组别,共征集到来自国内、国际204所高校,200余个团队和个人的文创作品1049件,通过作品初评、线上投票、专家终评,共评选出3个类别金、银、铜、优秀奖、入围奖97件获奖作品。举办颁奖晚会及大赛成果转化作品实物展,与山西娘子关旅游发展有限公司、阳泉市博物馆等12家单位签订作品转化意向书,促进产品转化落地和市场转化赋能。（范宜萍）

【"太行深处　晋彩阳泉"文旅宣传片制作完成】 2022年2月,由阳泉市文旅局委托新华网制作的"太行深处　晋彩阳泉"旅游形象宣传片完成中、英文成片。宣传片时长5分钟,以树立文化符号、打造文旅品牌、多角度传播为基本原则,将全市旅游资源、非遗特产、美食民俗等有机融合,展现阳泉文旅融合新地标,全面实现对阳泉地域、自然、文化、历史、经济基础资源的新认识,引领全新生活方式。宣传片应用于阳泉文旅推介活动、招商引资活动等对外宣传场合中,展示阳泉形象,扩大阳泉城市旅游知名度。（范宜萍）

【郊区首届"三义文化"旅游节暨《梦回千园》MV首发】 2022年2月13日,由阳泉市文旅局、郊区区委宣传部等部门共同主办的"节气文化·四季阳泉"阳泉市郊区首届"三义文化"旅游节暨《梦回千园》MV首发仪式在郊区荫营镇上千亩坪村举办。此次活动主题为"福虎迎春　梦回千园",以"二十四节气"立春为节点,推出特色文化终端产品,通过歌舞表演、"三义文化"系列MV之《梦回千园》首发仪式暨阳郊文旅视频号上线开通、锣鼓、社火民俗文化表演、"节气文化·四季阳泉"赏花灯、猜灯谜、"赏年画·过大年"美术作品展等形式多样的文旅活动,彰显文化魅力,增强文化自信,让广大游客品味三义文化之美。

"三义文化"品牌系列——《梦回千园》MV是阳泉市郊区文化和旅游局继《刘备山》《关王》之后推出的第三部文化旅游主题MV。MV立足阳泉市郊区刘关张"三义文化"文旅资源,以上千亩坪村优美的自然风光、深厚的文化遗产、现代的人居环境相融合,展示桓侯祠、东魏《关胜诵德碑》、烽火台、古驿道等文物古迹以及千园公园、翼德广场、千百绿生态农业示范园等文旅现代景观,引领观众在歌声中进行一次古今穿越,感受悠久的人文历史和家乡面貌的巨变。（范宜萍）

【《太行山城——阳泉》专题片在中央电视台发现之旅频道播出】 2022年3月11日至12日,《太行山城——阳泉》专题片在中央电视台发现之旅频道《美丽中华行》栏目播出。《太行山城——阳泉》专题片时长30分钟,系统介绍藏山、关王庙、固关、娘子关、冠山书院、石家花园、狮脑山、砂器非遗技艺等文化历史及人文景观,并以历史学者、守关后代、民俗匠人、革命老兵等人物为线索,将阳泉的长城历史、忠义文化、太行文化、红色文化、崇文重教、诗书传家理念及太行风情一一呈现给观众。（范宜萍）

【夏至节气主题文旅活动】 2022年6月21日,"节气文化·四季阳泉"夏至节气主题文旅活动暨第二届圪台村采摘节开幕式在城区义井镇圪台村举行。主题文旅活动为期一周，举办歌舞晚会、戏曲、相声等15场文艺活动，开放17亩采摘园供游人采摘新鲜果蔬，还有亲子娱乐、抖音视频比赛、农家美食、夜间烧烤、特色小吃等活动。（范宜萍）

【盂县梁家寨乡“红心向党”活动】 2022年6月28日，由阳泉市文旅局主办、盂县文旅局和盂县梁家寨乡党委、政府承办的2022年“节气文化·四季阳泉”文旅主题活动暨盂县梁家寨乡“红心向党”活动在梁家寨乡石家塔村举办。活动中，通过举办红色文艺表演、参观红色旧址、重温入党誓词、颁发“光荣在党50年”纪念章、自媒体直播售卖老区农产品等丰富多彩活动，宣传石家塔村作为盂县抗日民主政府所在地厚重的红色文化历史。（范宜萍）

【参加“晋享清凉·活力一夏”山西文旅专场推介会（石家庄站）活动】 2022年7月29日，阳泉市文旅局参加由山西省文化和旅游厅主办的“晋享清凉·活力一夏”山西文旅专场推介会（石家庄站）活动。代表团准备宣传资料、文创礼品和文艺节目，在活动现场展示阳泉旅游的魅力。

娘子关风景区作为山西省重点景区之一，在活动现场进行推介。推介人员借助PPT向石家庄旅游界宣传娘子关历史深厚的长城文化、秀丽迷人的北国水乡风情及近年景区提升改造带来的新面貌、新发展、新规划。

阳泉市搁料剧场为推介会创作新相声作品，以幽默诙谐的语言介绍山西的文化旅游资源和阳泉市“中共创建第一城”的城市名片，与现场观众互动。“中共创建第一城”文创优盘和平定紫砂壶等纪念品，作为互动奖品在现场受到石家庄旅行社朋友的欢迎。（范宜萍）

【“节气文化·四季阳泉”主题文旅活动走进平定县西头岭村】 2022年9月28日，在“中国农民丰收节”之际，“节气文化·四季阳泉”主题文旅活动走进平定县西头岭村，以文旅节庆助力该村首届“富硒土豆文化节”。活动现场设立“二十四节气”文化宣传展架，文艺小分队献上精彩演出，西头岭村所在岔口乡有关合作社、村集体特色农产品进行展示展销，现场开设以富硒土豆为原料制作的“土豆宴”，特色美食令人流连忘返。阳泉市文旅局组织10余家旅行社和各类媒体参加活动，对岔口乡特色旅游资源进行推介，并走进周边红岩岭村、大前村、红育口村等特色乡村进行采风体验。“节气文化·四季阳泉”主题文旅活动以特色文化彰显旅游魅力，成为阳泉文化旅游活动的一张名片，推动阳泉“微旅游”蓬勃发展。（范宜萍）

2022年7月29日，阳泉市文旅局在“晋享清凉·活力一夏”山西文旅专场推介会（石家庄站）活动现场进行推介（市文旅局 供图）

旅游管理

【导游管理】 2022年1月，阳泉市文旅局联合市导游协会在藏山风景区举办全市导游员、讲解员培训班，培训班采取课内课外相结合的方式，将课堂学习和景区实地讲解、点评相融合，分别在藏山、百团大战遗址公园等处进行实训，从讲解技能、讲解词编写、自身知识储备、旅游政策法规等方面进行深入浅出的讲解。年内，阳泉市导游协会新接纳个人会员4名，并为这4名导游建立完善的个人档案。完成新会员电子导游证的申请与发放，另为其他7名导游进行电子导游证的换发。截至年底，阳泉市共有持证导游93人。（范宜萍）

【旅行社管理】 2022年，阳泉市共有旅行社36家，其中经营出境旅游业务的2家。4月，市文旅局下发《关于进一步调整暂退旅游服务质量保证金相关政策的通知》，对享受暂退80%保证金政策的旅行社，将暂退比例提高至100%；对2021年10月19日至2022年4月11日期间全市所有依法交纳保证金、领取旅行社业务经营许可证的旅行社，暂退标准提高为应交纳数额的100%；2022年4月12日后取得旅行社业务经营许可证的旅行社，可申请暂缓交纳保证金。三类情况补足保证金期限均延后至2023年3月31日。截至年底，市文旅局为提出暂退申请的33家旅行社办理提取质保金手续、1家新成立的旅行社暂缓交纳质保金，暂退和缓交质保金总额共计538万元，缓解企业资金压力。（范宜萍）

【旅游酒店管理】 2022年，阳泉市合理调整星级酒店、主题酒店、经济连锁酒店、客栈等住宿业态比例，重点支持城市商务酒店、度假酒店、主题酒店、精品民宿、露营地、汽车旅馆等多种住宿业态建设。引进一批功能完善、设施标准、规模合理的品牌连锁酒店。截至年底，全市有旅游星级饭店9家，其中五星级酒店1家，阳煤集团药林会议中心；四星级酒店3家：泉美国际大酒店、北冰洋大酒店、祥禾大酒店；三星级酒店4家，二星级酒店1家。阳泉宾馆、墨玉宾馆被评为“山西省5A级放心文明餐厅”。（范宜萍）

【旅游市场监管】 2022年，阳泉市文化市场综合行政执法队市场举报处理中心以规范工作流程为主线，做好投诉举报受理处理、旅游投诉纠纷调解、诉转案件转办等工作，以消费者反映出来的问题为导向，规范旅游市场经营秩序，提升旅游服务质量。年内，共受理旅游投诉34件，调解成功28件，自行和解6件，全部按时办结，回访率100%，为游客挽回经济损失36726.4元。（范宜萍）

【旅游安全管理】 2022年，阳泉市文旅局提升监管效能，规范行业发展，对省文旅厅“体检式暗访”指出问题进行全面整改，开展打击防范文化和旅游领域养老诈骗专项行动。加强安全管理，开展安全生产风险隐患大排查大整治“百日攻坚”集中行动、安全生产大检查大整治大提升行动，完成安全生产专项整治三年行动，成立阳泉市文化旅游安全专业委员会，出台《阳泉市文化和旅游突发事件应急预案》。（范宜萍）

旅游公共服务

【旅游基础设施建设】 2022年，阳泉市推动太行一号旅游公路阳泉段建设，按照文旅产业规划把沿线自然资源、人文景观串点成线，实现公路交通内部网络全市重点景区全覆盖，构建拉动旅游经济新引擎。健全旅游配套基础设施，全市共建旅游厕所304座、公共停车位4950个，旅游驿站、观景平台等旅游配套基础设施数量充足、分布合理。持续推进景区新能源汽车充电设施配套工作。（范宜萍）

【红色旅游公交专线开通】 2022年10月1日，“红8路”红色旅游公交专线投入运营。“红8路”红色旅游公交专线由南外环义泉街经南大街、白羊线至阳铝街，单程13千米，运行时长40分钟，日运营12趟次，途经小河古村评梅景区、南大街红色大道。乘客在乘车过程中，可以观赏沿途的景观。（范宜萍）

【旅游年卡】 2022年，阳泉市有3家景区加入山西旅游一卡通，分别为娘子关景区、藏山旅游风景名胜区和阳泉市西城影院。三家景区持有山西旅游一卡通可通过专用旅游通道，刷脸进入景区，其中西城影院有三次入园限制。（范宜萍）

【盂县创建国家全域旅游示范区通过省级初审验收】 2022年7月5日至6日，由山西省文旅厅和山西大学有关专家组成的省初审验收组到盂县，就盂县创建国家全域旅游示范区进行初审验收。省初审验收组通过资料审查、明察暗访、评估打分、会议质询等程序，对盂县国家全域旅游示范区创建工作开展情况进行全面验收，并实地检查景区、景点和旅游服务点后，对盂县在一二三产融合发展、乡村旅游、旅游扶贫等方面的工作给予肯定。经过专家组审议，盂县创建国家全域旅游示范区通过省级初审验收。（范宜萍）

（责任编辑：赵晓蕊）

房地产业

房地产开发经营

【土地供应】 2022年，阳泉市土地供应132宗，面积434.59公顷，出让价款19.04亿元，比上年增长36.49%，完成土地储备329.04公顷。全市供应标准地20宗、150.69公顷，出让价款5.74亿元，标准地出让宗数占开发区工业用地比例为90.9%。其中，平定县出让标准地74.38公顷，占全市的49.36%。全年全市共消化"批而未供"土地238.09公顷，完成任务的100.7%；处置闲置土地1.53公顷，完成任务的500%，全省排名第一。其中，阳泉高新技术产业开发区消化"批而未供"土地61.05公顷，占全市的25.64%。年内阳泉市国有建设用地节约集约总体考核成绩优秀，位列全省第三。（陈红莎）

【房地产投资销售】 2022年，阳泉市房地产开发投资完成21.7亿元，增速-10.2%。其中，住宅投资18.1亿元，下降11.6%；商业营业用房投资0.7亿元，下降50.1%。商品房销售面积完成44.4万平方米，增速-26.7%；住宅均价4898元/平方米，增幅11.9%。阳泉市住房和城乡建设局对2021年度阳泉市商品住房平均销售价格进行公示，平均售价为4378元/平方米。要求各县(区)、阳泉高新技术产业开发区住建部门将政策落实到位。截至年底，全市共有在建房地产开发项目56个，涉及房屋27431套、419.6万平方米。全市使用山西数字房产信息系统实现房屋网签备案和预售资金监管全覆盖。市住房和城乡建设局牵头起草并以市政府文件印发《关于阳泉市促进房地产业良性循环和健康实施意见》，印发《关于修正〈阳泉市普通商品住房项目配建公共租赁住房实施办法〉部分条款的补充通知》《阳泉市商品房预售资金监管实施细则》《关于印发购买新建普通商品住房补贴实施方案的通知》等文件，完善稳经济有关政策。完成《阳泉市城镇住房发展"十四五"规划》编制工作，完善阳泉市商品住房和保障房双体系制度建设。（李　俊）

【房地产开发企业】 2022年，阳泉市共有有资质房地产开发企业125家，

表37　2022年阳泉市房地产开发和销售情况统计表

指　标	单位	完成额	比上年增长(%)
投资完成额	亿　元	21.7	-10.2
其中:住宅	亿　元	18.1	-11.6
房屋施工面积	万平方米	507.0	6.8
其中:住宅	万平方米	389.2	12.4
房屋新开工面积	万平方米	122.4	50.8
其中:住宅	万平方米	105.8	66.6
房屋竣工面积	万平方米	20.5	-10.9
其中:住宅	万平方米	10.1	-16.2
商品房销售面积	万平方米	44.4	-26.7
其中:住宅	万平方米	44.1	-25.0
商品房待售面积	万平方米	42.5	39.7
其中:住宅	万平方米	24.1	5.7
商品房销售额	亿　元	22.7	-26.4
其中:住宅	亿　元	22.3	-23.5

（市统计局）

2022 年,国电·满庭春商住二期一标段 4# 楼工程被评为 2021 年阳泉市优良工程 (城区党史研究室 供图)

其中一级资质 4 家、二级资质 121 家。城区、矿区、郊区共 53 家,其中一级 2 家、二级 51 家;阳泉高新技术产业开发区 22 家,其中一级 1 家、二级 21 家;平定县 21 家,其中一级 1 家、二级 20 家;盂县 29 家,全部为二级。 (李 俊)

【新开楼盘】 2022 年,阳泉市新开楼盘共计 103 栋,面积 97.76 万平方米,其中,城区、矿区、郊区 30 栋,开发区 17 栋,平定县 24 栋,盂县 23 栋。 (李 俊)

【华阳集团房地产管理中心】 华阳集团房地产管理中心成立于 2012 年 12 月,前身为房地产分公司。公司以土地管理、住房管理为两大主要职能,承担着集团公司 1364 宗、4226.67 公顷土地和 8.9 万套、695.8 万平方米职工住房的管理职能。在土地管理方面,以“做强”和“做优”土地管理为集团公司高质量发展奠定基础,做好集团公司土地的产权产籍管理、土地资产处置;内部土地市场化运作;土地使用税的税源册籍管理;监督、检查用地单位的土地巡查工作;协调、监管集团公司直管煤矿单位的压煤村庄搬迁及采煤塌陷补偿等工作。在房屋管理方面,开展住房出售、住房置换、标准价房转成本价房补产权及房屋置换工作,建立起覆盖全集团的房屋管理信息网络系统;承担集团公司公共租赁住房、辖区内商业用房的租赁和管理,以及机关区域内办公用房的管理工作。截至年底,华阳集团房地产管理中心实现收入 6692 万元,完成全年计划的 129%。实现利润 2451 万元,完成全年计划的 136%。土地管理业务方面,国网供电新增占地等 2 个项目收回土地补偿款 294.34 万元;盘活存量土地 12.58 万平方米,实现创效增收 97.81 万元。取得 2 宗 3.32 公顷国有建设用地使用权不动产权证书,集团土地确权领证率突破 90%。房屋管理业务方面,优化住房置换政策,拓宽住房置换渠道,增加收入 195.09 万元。 (孟 蕊)

【华阳集团(山西)房地产开发有限责任公司】 华阳集团(山西)房地产开发有限责任公司成立于 2003 年 8 月,为集团公司二级子公司。2012 年 12 月,集团公司撤销原房地产分公司,保留房地产开发有限责任公司与棚户区改造项目领导组办公室、采煤沉陷综合治理项目领导组办公室实行一套人马,三块牌子管理机制,下设棚户区改造、采煤沉陷治理、商品房开发、物业管理 4 个板块,代表集团公司负责国家投资的棚户区改造项目和采煤沉陷治理项目(以下简称“两区”),同时包括廉租房、公租房和商品房的建设。截至年底,该公司“两区”改造工程累计完成投资约 92 亿元,开工建设 428.66 万平方米、住房 4.06 万套,竣工 417.35 万平方米、住房 3.99 万套。其中,棚户区改造工程累计投资 54 亿元,开工建设 282.02 万平方米、2.82 万套,竣工 282.02 万平方米、2.82 万套;采煤沉陷综合治理项目累计投资 38 亿元,开工建设 146.64 万平方米、1.23 万套;竣工 135.32 万平方米、1.17 万套。 (孟 蕊)

【阳泉煤业太行地产投资管理有限公司】 阳泉煤业太行地产投资管理有限公司(以下简称太行公司),成立于 1987 年 12 月,成立时名为综合工程公司;2008 年 5 月,变更为阳泉煤业太行地产投资管理有限公司,拥有房地产开发一级资质和房屋建筑总承包一级资质。公司注册资本 5017.32 万元,其中华阳集团出资 3517.32 万元(股权比例 70.1%),广东广锦投资有限公司出资 1500 万元(股权比例 29.9%),是华阳集团控股的混合所有制企业。年内,公司完成收入 11.34 亿元,回款 8 亿元,交付住宅面积 16.38 万平方米,租赁物业 3.14 万平方米,实现租金收入 892.86 万元,盘活资产面积 33.15 万平方米,货值 1.51 亿元。此外,公司优化资金管理,实现融资本息逐步压缩,累计归还本金 4.36 亿元。 (孟 蕊)

【阳泉市首张房地产开发企业资质电子证书核发】 2022 年,根据山西省住房和城乡建设厅《关于进一步规范房地产开发企业资质管理的通知》,阳泉市行政审批服务管理局结合实际,联合阳泉市住建局印发《关于做好房地产开发企业资质审批管理的通知》，为房地产开发企业资质核定实现不见面审批及电子证书核发提供制度保障，推动资质管理向“宽准入、严监管、强服务”转变。8月，阳泉市房地产开发企业资质(二级)核定全面推行告知承诺制，并实行不见面审批及电子证书核发，企业只需通过“阳泉市政务服务网”，提交告知承诺书及资质申报表申报即可，待审批完结，可在“阳泉市政务服务网”的个人空间查看电子证书，无须再申领纸质版证书。企业可根据自身需要随时打印，电子证书具有同等法律效力。9月，阳泉市行政审批服务管理局通过不见面审批，向山西蓝海青鸟置业有限公司核发了全市首张房地产开发企业资质电子证书。（李　俊）

房地产中介和租赁服务

【房地产中介】 2022年，阳泉市共有房产中介公司39家，包括阳泉高新区爱家儒房房产中介服务中心、宜居房产中介泉中路服务中心、徽阳房地产中介服务中心、厚泽房产中介服务中心、儒房房产中介宏苑服务中心、同行地产中介中心、宜居房地产服务中心，平定县姐妹二手房中介部、小贾二手房中介部以及阳泉市找房子房产经纪有限公司、山西国电置业有限公司阳泉分公司等，共有从业人员215人。全市房地产中介服务企业总资产1.27亿元，营业收入1800万元。（李　俊）

【阳泉儒房房产经纪有限公司】 阳泉市儒房房产经纪有限公司成立于2018年9月21日，公司隶属于容客集团旗下“儒房地产”品牌的阳泉区域总代理，阳泉儒房是一家以房地产经纪业务为核心的综合服务商，业务集二手房、新房、海景房、异地置业、按揭贷款及儒意装饰，是阳泉本土首家全国连锁的不动产经纪机构。公司包括门店运营中心、新房运营中心和行政职能中心的3个结构体系，下设营销部、交易部、房管部、培训部、品管部等多个部门，打造以阳泉为轴，平定县、盂县为辅的房产生态交易平台。截至年底，阳泉区域总部下设80余家分店、经纪人数430人，平定县20余家分店、经纪人数90人，总计520名经纪人，房地产协作服务线上平台房源3万余套。年内，二手房成交1800套，新房成交450套。

山西儒意房地产有限公司隶属于阳泉市儒房房产经纪有限公司，主要负责阳泉儒房新房业务及文旅业务。截至年底，拥有新房销售团队20余人，包括市场、客发、营销3个部门，已代理或全案操盘意大利花园(滨河豪庭)、书香门第、学府尚城、中央别院、卧龙天著、新澳城、未来城、国宾府、晋阳一号院和及第尚府等新房项目，与碧桂园达成战略合作。（张彦勇）

【公租房管理】 2022年，阳泉市住房和城乡建设局修正《阳泉市普通商品住房项目配建公共租赁住房实施办法》部分条款，将普通商品房项目配建公租房比例由5%下调至1%，降低公租房配建政策对商品房市场的影响。华阳集团房地产管理中心规范公租房管理流程，推进公租房年度复审，规范承租户审核、续租、退租、变更及合同签订程序；落实商业用房惠民政策，完成承租国有产权房屋的中小微企业和个体工商户房租减免共计718户、334万元。（李　俊）

【二手房买卖登记服务】 2022年，阳泉市通过手机“三晋通”APP办理二手商品房买卖登记19件。对抵押登记、二手房买卖等部分高频登记业务试行1小时办结自助取证服务和证书免费邮寄服务，实现不动产登记“最多跑一次”。通过1小时办结制自助打印证书2073本、证明613份，通过EMS邮政快递为群众免费邮寄证书890本。（李　俊）

【房屋租赁管理】 2022年，阳泉市采取措施加强房屋租赁管理。培育多元化租赁住房供应主体，发展国有住房租赁企业，引导民营和混合所有制住房租赁企业发展，鼓励房

2022年8月，阳泉市郊区杨家庄乡大南庄村易地搬迁小区

（城区党史研究室　供图）

地产开发企业、经纪机构和物业企业开展租赁经营，鼓励农村集体经济组织成立租赁企业；多渠道筹集租赁房源，新建租赁住房、人才公寓，改建租赁住房，支持企业或机构将库存商业办公用房等非住宅及商品住房改建为租赁住房，引导企业在市场上收购（长租）住房，经过改造作为租赁住房房源；完善住房租赁管理政策措施，制定符合阳泉市实际的住房租赁管理相关政策和实施办法，对租赁住房建设用地计划指标，国土资源部门优先安排，利用好各商业银行推出住房租赁金融产品，落实住房租赁税收支持政策，对市级租赁住房租金水平进行调查摸底，合理确定市场租金参考价，引导保障对象到市场租房，加大公租房货币化保障力度；提高住房租赁市场监管和服务水平，推进住房租赁综合服务平台建设，加强住房租赁行业及信用管理，实现信息共享。截至年底，全市共有租赁企业 160 个，从业人员 845 人，房地产租赁总资产 16.87 亿元，经营收入 1.49 亿元。（李　俊）

房地产市场监管

【概况】 2022 年，阳泉市住房和城乡建设局强化房地产市场监管，共检查房地产开发企业 15 家，涉及在建在售房地产项目 41 个，检查频次 47 次。检查中介机构 9 次、估价机构 1 次，对存在违规行为的 5 家房地产开发企业下达《责令整改通知书》；加大预售资金监管力度，检查开发企业 12 家，涉及在建在售项目 41 个；开展住建领域涉及养老名义虚假宣传等涉诈问题专项整治，开展进社区、入企业宣传 12 次，制作发放纸质宣传材料 3850 份，电子宣传片 8 个，海报、标语横幅等其他宣传品 353 个。排查商品房项目或中介门店105 个，发现问题线索 1 条，接到转办线索 1 条，全部整改完成。对全市 56 个在建房地产开发项目风险情况进行全面排查，积极化解出险项目。其中，恒大帝景项目于 7 月 30 日复工，一期工程 6 号、7 号楼涉及的 384 户已交付；恒大新城项目争取国家保交楼专项借款 4760 万元，项目建设稳步推进。（李　俊）

【房地产质量管理】 2022 年 10 月，阳泉市住房和城乡建设局对全市房地产质量进行检查，主要包括建设单位、监理单位、施工单位。检查围绕承担项目的施工许可证、质量安全监督、企业安全生产责任制度落实等开展，涉及市区房屋市政项目 34 项，共发现各类安全隐患 212 条，下发限期整改通知单 11 份，停工整改通知单 10 份，并要求各相关单位以问题为导向整改，开展施工安全和扬尘治理专项整治，对拒不整改或整改不到位的进行公开通报。经复查，各项目单位均整改到位。（李　俊）

【房屋产权登记确权颁证“清零行动”】 2022 年，阳泉市在全省率先提前完成房屋产权登记确权颁证“清零行动”目标任务。通过集中办公、专班调度、台账管理、分类处置、严格督导、联合惩戒等措施，为 464 个小区、90020 套房屋办理房屋产权首次登记，实现应登尽登、愿登尽登，为市县财政增加税费收入 4.02 亿元。（陈红莎）

【《阳泉市商品房预售资金监管实施细则》印发】 2022 年 11 月，为规范商品房预售资金的监督管理，维护房地产市场交易秩序，保障商品房交易双方的合法权益，根据《山西省商品房预售资金监管办法》，阳泉市住房和城乡建设局联合中国人民银行阳泉市中心支行、中国银保监会阳泉监管分局印发《阳泉市商品房预售资金监管实施细则》（以下简称《实施细则》）。《实施细则》通过监管银行及账户、预售资金收存支取和使用、预售资金监管的解除、监督管理等 6 个方面，对阳泉市区域内批准预售的商品房建设项目预售资金的收存、支取、使用及其监督管理进行详细规定，规范全市商品房预售资金的支取使用。（李　俊）

【房地产市场调控】 2022 年，阳泉市出台《阳泉市促进房地产业良性循环和健康发展实施意见》，通过 19 条措施加大购房信贷和财政支持、优化审批服务、稳定市场预期。其中，加大购房信贷和财政支持方面，提出要加强信贷支持、发挥住房公积金作用、保障人才安居、发展住房租赁市场；优化审批服务方面，提出要加快房地产项目审批、合理调整规划建设条件、加快预售许可证发放、灵活把握预售资金使用政策、推进“地证同交”“房证同交”；稳定市场预期方面，提出要防范化解房地产出险企业风险、加强住宅用地供应管控、加快城中村改造补偿费用支付。在政策性红利鼓励下，全年全市房地产业市场健康稳定发展。（李　俊）

【不动产信息化平台建设】 2022 年，阳泉市加强不动产信息化平台建设，实现不动产登记工作从“硬件配置”到“软件开发”、从“面对面”到“网对网”、从“串联受理”到“并行办理”、从“信息孤岛”到“资源共享”、从“来人来信”到“网上问政”的转变。截至年底，不动产登记信息系统与国家市场监督管理总局企业基本信息、省公安厅实有人口信息和市住建局商品房、存量房合同备案信息接轨，实现不动产信息的查询、校验和共享，提升不动产登记工作质量和效率，方便企业和群众。通过“三晋通”手机 APP 客户端实现不动产登记业务上线运行。（李　俊）

物业管理

【物业服务管理】 2022年，阳泉市住房和城乡建设局开展“加强和改进住宅物业管理三年行动”,县(区)建成区住宅小区物业覆盖率为100%,业委会(物管会)组建率为97.88%;完成196家物业服务企业星级评价;支持12家物业服务企业向养老、托幼、家政等领域延伸。强化物业行业党建引领，成立阳泉市物业行业党委,同步指导6个县(区)分别成立物业行业党委,在全市开展红色物业创建活动。印发《阳泉市创建“红色物业”指导意见》,推进“红色物业”示范点建设，根据申报和实地评估情况，命名阳泉高新技术产业开发区御祥院、城区瑞康小区等9个项目为2022年度党建引领物业管理服务工作市级“红色物业”示范点,为全市物业服务企业树立标杆。以党建促基层治理能力提升，开展社区物业管理能力提升专项行动，全市建成区989个住宅小区实现物业服务全覆盖，其中物业公司提供市场化物业服务的小区643个,占比65.02%。配置落实无物业服务用房或用房不足小区441个。（李　俊）

2022年5月,阳泉高新技术产业开发区御康社区成立红色物业党员活动中心
（御康社区　供图）

【房屋维修资金管理】 2022年,阳泉市累计归集维修资金7059.93万元,针对维修资金使用审核权下沉后存在的问题,分批次组织专门座谈调研会,加强回访和执行情况的监督检查。截至年底,共审核维修资金使用申请项目135个,拨付使用维修资金478万元，涉及业主3923户。阳泉市房地产管理服务中心与各专户银行续签合作协议，确保维修资金存款利息按照各行最高上浮利率执行，并对2019年后各行维修存款进行结转,3年累计产生利息3383万元，存款利率约为10%。（李　俊）

【物业服务领域突出问题排查】 2022年11月15日至12月10日，阳泉市住房和城乡建设局开展物业服务领域突出问题排查。此次排查聚焦物业服务领域人民群众急难愁盼、侵占住宅小区公共收益等突出问题,按照属地管理的原则，对各级各部门转办及所受理的所有物业投诉问题进行全面“回头看”，并在所辖区域内开展全面排查。主要排查问题包括物业服务企业捆绑其他事项收取物业费，采取停止供电、供水、供热、限制电梯卡(门禁卡)升级等方式催交物业费;物业服务企业未征得相关业主、业主大会同意，擅自利用小区共有部位、共有设施设备经营；物业服务企业侵占利用小区共有部位、共有设施设备经营所产生的收益；未按合同约定或业主大会决议分配使用公共收益；物业服务企业信息不公开或公开信息不全等。经排查，辖区内物业服务领域突出问题基本被消除解决。（李　俊）

【物业制度建设】 2022年，阳泉市住房和城乡建设局牵头起草《阳泉市物业管理条例(草案)》(简称《条例》),经市司法局合法性审查、市政府常务会审议和市人大常委会第一次审议，于9月27日在《阳泉日报》公开征求意见。《条例》主要依据《中华人民共和国民法典》、国务院《物业管理条例》和《山西省物业管理条例》等法律法规,同时参考住建部相关规章规定,借鉴省内外先进城市的立法经验,引入国家和省、市相关政策规定，结合阳泉市实际情况制定。《条例》内容为六章六十条,包括总则,业主、业主组织和物业管理委员会,物业管理和服务,物业的使用和维护,法律责任,附则等6个部分,是一部具有实用性、可操作性和前瞻性的物业管理地方性法规。截至年底,经市委常委会研究、市人大常委会第二次审议,报请省人大常委会批准,待批准后正式试行。（李　俊）

（责任编辑:韩　冰）

交 通

综 述

【交通基础设施】 2022年，阳泉市统筹推进交通运输各项工作，交通强国建设试点取得阶段性成效，推进交通基础设施建设，提升行业治理能力和治理水平，安全生产形势持续向好。公路线路年末里程5735.3千米。全年铁路货运量4144.3万吨，下降9.7%。全市民用汽车保有量30.5万辆（包括三轮汽车和低速货车）、增长6.2%，其中私人汽车26.8万辆、增长5.5%。轿车保有量18.3万辆、增长5.1%，其中私人轿车17.2万辆、增长4.2%。太行一号旅游公路完成投资9.26亿元、完成率106%，272千米主线贯通；“四好农村路”项目完成投资7.15亿元、完成率100%，完成里程285.7千米、完成率118%；阳泉市在全省“四好农村路”和“三个一号”旅游公路高质量建设推进会上作经验介绍。阳泉市城乡公交线路达157条，覆盖郊区全域，通达平定，万人拥有公交车15.96标台，是全省平均数的1.8倍。城市居民年乘坐公交车次数突破200次，居全省第一位。城市公交高峰期运营速度为每小时17.8千米，城市公交满意度82.3%。全市15家汽车出租公司2237辆出租车全面开通“95128”电召平台运营服务，累计完成订单135万余个。

年内，阳泉市在全省高密度中等城市交通拥堵与绿色出行试点建设工作考核中获优秀等次。阳泉市绿色出行比例71%、绿色出行服务满意率82.3%，绿色出行体系基本形成，经交通运输部考核验收，阳泉市入选全国97个绿色出行创建考核评价达标城市，成功创建全国绿色出行城市。经过征求意见、省级审核推荐、专家综合评价、省交通运输厅批复、交通运输部备案等程序，申报“十四五”时期全国首批、全省唯一国家公交都市建设示范城市。阳泉市交通运输局报送的《创新打造“平语近人”文化墙》，经过案例互评、微信投票、专家评审等环节，入选全国交通运输行业基层党建创新行政事业类“十佳案例”。 （王九存）

【交通行业治理】 2022年，阳泉市聚焦“道路运输、城市客运、超限超载、工程建设、行政执法、行业禁毒”6个整治重点，整治道路运输、城市客运等领域乱象127处，完成驾驶员吸毒筛查1600余人。到各县(区)开展

2022年，太行一号旅游公路平定段冠山驿站。图为航拍场景

（市交通运输局 供图）

综合督查，从组织领导、制度体系、监管机制、人员素质等方面，抓强化、抓提升，补齐短板弱项，提升监管服务水平。对公路工程建设领域安全和农民工工资发放问题，开展承建单位和市县两级自查，全年全市旅游路、农村公路等新建、续建项目未发生安全生产事故及农民工工资拖欠问题。开展客运、货运市场打击非法营运工作，全年共出动执法人员6926人次，执法车辆2290辆次，行政处罚案件143件，处罚金额44.5万元。其中，非法营运案件27件，处罚金额24万元；巡游出租汽车违规案件100件，处罚金额4.12万元；运政违法案件14件，处罚金额16.37万元；路政案件2件，处罚金额200元，保障群众出行安全。同时加强路面治超，建立健全治超监控网络，交通、公安部门联合查处超限超载车辆。全市14个治超站共检查车辆228万辆次，查处非法超限超载车辆209辆，超限超载率低于0.2%的目标要求，2022年治超工作综合考评排名全省第一位，并在全省治理非法超限超载车辆工作电视电话会议上作交流发言。（王九存）

【交通强国试点建设】 2022年，阳泉市交通运输局牵头组织"高密度中等城市交通拥堵与绿色出行"交通强国试点创建考核工作。省交通强国领导组对6项任务分21个二级指标、30个三级指标进行打分，最终评定为优秀等次。"空中巴士"快速公交项目完成地质勘察、水利方案论证、客流预测报告、制式比选专题研究、景观专题研究、投融资专篇等内容，编制完成工程项目建议书，并向市发展改革委申报审批项目建议书。智慧交通中心项目向大数据局申报项目需求，协助大数据局编制技术方案。阳泉公交APP（掌上公交）应用，市区内公交车全部实现"全国交通一卡通互联互通""手机扫码乘车"等智能化出行服务。市区全部公交车、出租车实现100%纯电动化，推动建设充电桩1800余个，绿色装备更新逐步向快递、环卫等公共事业方面拓展。9月底，交通运输部组织相关专家，采取交叉检查的方式，对阳泉市创建绿色出行城市工作进行实地验收。12月12日，交通运输部印发文件确定全国97个绿色出行创建考核评价达标城市名单，阳泉市位列其中。（王九存）

公 路

【概况】 2022年，阳泉市把握省市稳经济一揽子政策措施和公路在加快交通强省、强市建设中的战略机遇，推动各项目标任务全部完成。

公路建设　阳泉公路分局在建改建工程5项，项目总投资110.31亿元。国道307、207线阳泉市绕城改线工程，路线全长52.1千米，总投资57.09亿元，采用政府和社会资本合作(PPP)建设模式，2018年5月开工建设，2022年完成剩余投资5.42亿元，12月26日项目全部完工，并完成项目交工验收。国道338线盂县境内闫家庄至梁家寨段公路改线工程，路线全长15.73千米，总投资21.22亿元，采用工程总承包(EPC)建设模式，项目于2020年11月开工建设，2022年完成投资7.12亿元，累计完成投资14.67亿元。国道239线盂县境内夫城口至肖家汇段公路改线工程，路线全长28.44千米，总投资15.34亿元，采用EPC建设模式，项目于2020年11月开工建设，2022年完成投资5亿元，累计完成投资11.06亿元。国道239线阳泉郊区过境河底至荫营段改线工程，项目全长13.67千米，总投资12.68亿元，由郊区政府负责实施，项目于2018年11月开工，2022年完成投资1.8亿元，累计完成投资11.36亿元。省道双阳线盂县过境（交口—西小坪）公路改建工程，项目全长38.52千米，总投资3.95亿元，由盂县政府负责实施，项目于2019年4月开工，2022年完成投资6430万元，累计完成投资3.56亿元。

养护工程　阳泉公路分局完成4项灾毁恢复工程：国道207线灾毁恢复工程，总投资233万元，年内完成投资233万元；国道239线灾毁恢复工程，总投资2422万元，年内完成投资1957万元；国道307线灾毁恢复工程，总投资541万元，年内完成投资541万元；省道314线灾毁恢复工程，总投资717万元，年内完成投资717万元。年内，完成应急抢修工程投资131万元。完成省道315线北头咀危桥加固工程，项目总投资299万元，年内完成投资299万元。

路况质量　阳泉公路分局养护里程469千米，养护评检里程381千米，2022年末分局国省干线公路路面使用性能指数PQI值为85.55，

表38　2022年阳泉市各地区公路通车里程一览表

地 区	公路通车里程(千米)					
	合计	高速	一级	二级	三级	四级
全 市	5733.7	281.9	148.2	465.4	626.8	4211.4
郊 区	1118.0	70.2	87.6	88.1	109.4	762.8
平定县	2250.4	88.6	27.2	118.5	295.9	1720.1
盂 县	2365.3	123.1	33.4	258.8	221.5	1728.5

（市统计局）

国道优良路率94.44%，省道优良路率93.55%。

超限治理　阳泉公路分局累计检测车辆157万余辆，查处及接受移交超限车辆138辆，超限率0.01%。无闯卡拒检车辆和公路上乱设站卡、乱罚款、乱收费的“三乱”现象发生，治超秩序保持良好。

路产赔(补)偿　阳泉公路分局4个养护段以“保护路产、维护路权”为己任，建立路警联勤联动工作机制，对路产损坏做到应查尽查，应收尽收。全年共发生涉路案件65起，收取路产赔(补)偿费34.36万元，发现率100%，查处率100%，恢复率100%。(韩　静)

【高速路政巡查】 2022年，山西省高速公路综合行政执法总队阳泉支队按照《山西省高速公路综合行政执法业务流程(试行)》，科学制定巡查计划，加强执法巡查检查。全年开展路面巡查806车次，巡查里程9.65万千米，巡查检查出动2069人次，专项执法检查63次。配合交通事故处置20起，参与处置突发事件94起，开展纾困解难便民服务26次，发现公路设施损坏隐患52次，发现违法情形10起。支队与高速公路运营公司召开协作联席会议4次，各大队联合企业以及交警协作119次。先后完成辖区内高速公路保通保畅工作、高速公路收费站车辆通行检查及“五一”、端午、国庆期间的督导检查，用实际行动保障辖区内高速公路安全畅通。　(张　鑫)

【高速公路综合行政执法】 2022年，山西省高速公路综合行政执法总队阳泉支队承担境内高速公路综合行政执法工作，监督指导辖区超限运输检测工作，管辖4条高速公路，青岛—银川G20(晋冀交界旧关—阳泉收费站)、北京—昆明G5(晋冀界神水泉隧道—二广G55阳曲枢纽)、阳泉绕城高速S2003(盂县南收费站—旧街互通)、天镇—黎城S45(沧榆张家庄枢纽—青银平定枢纽)，里程共计322.4千米。开展路政宣传月活动，集中宣传日期间，设置8个宣传点，出动60人次和13车次，印制、发放宣传彩页2600余份，放置大型展板10块、悬挂横幅7条，发放扇子、杯子小礼品200余份，为司乘人员送水、送餐150余份，提供法律咨询服务50余次。阳泉电视台新闻频道报道1次，报刊报道2次，网络发表5次，实现线上线下宣传有机融合。　(张　鑫)

2022年5月18日，山西省高速公路综合行政执法总队阳泉支队组织开展路政宣传月集中宣传日活动(山西省高速公路综合行政执法总队阳泉支队　供图)

【高速公路安全生产】 2022年，山西省高速公路综合行政执法总队阳泉支队落实上级关于安全生产的各项决策部署和会议精神，抓好安全生产各项工作。做好社会管理综合治理工作，健全完善组织领导机构和各类分支机构，落实工作职责，明确工作任务，严格责任落实。各级责任人做好矛盾纠纷化解工作，最大限度把矛盾化解在基层，解决群众困难，梳理薄弱环节，有针对性地加强防范措施，确保支队安全稳定。通过主题宣传、消防专题讲座、隐患排查、应急演练等方式，教育干部职工树立“关注安全，关爱生命”的发展理念，全面掌握安全防范知识。修订完善《阳泉支队应对处置突发事件应急预案》《阳泉支队消防安全管理制度》等20余项安全防范预案和制度，提高职工的防范意识和责任意识。开展交通运输安全生产专项整治三年行动，强化安全风险管控和隐患治理工作。组织开展零上访、零事故、零案件的“三零”单位创建，结合各自职能，制定责任清单，推动形成上下协调、条块联动、区域衔接的工作局面。　(张　鑫)

【国道和省道干线公路养护】 2022年，阳泉市公路局按照公路养护目标任务，围绕路面病害处治、路域环境整治、路肩边坡整修、桥涵隐患排查等开展养护工作，提升公路通行服务质量。组织生产技术人员对路基、路面、桥涵及沿线设施进行调查，采用丈量登记、拍照留档等方法做好原始资料的收集，并据此研究制定养护措施，对症施治，做到路况调查到位。坚持定期巡路制度，重点预防春季易发病害，对发现的病害隐患立即处理，防止病害扩大，同时加强路基、路面排水系统的维护保养，做到预防性养护到位。在加大绿化平台建设力度的同时，加强春季绿化树木补植、种植工作，按要求完成缺损绿化树补栽及后期管理工作，做到春季绿化到位。集中人员、设备力量，清扫公路边沟、路基范围内堆积物及绿化平台中垃圾杂物，做到路面保洁到位。 （韩 静）

2022 年 7 月 2 日，国道 307、207 线阳泉市绕城改线工程阳涉铁路上跨桥架梁施工现场 （市公路局 供图）

【阳泉市绕城改线工程】 2022 年 1 月 12 日，国道 307、207 线阳泉市绕城改线工程西郊大桥的悬浇连续梁最后一个中跨合龙。该连续梁上跨太旧高速公路，施工技术难度大，合龙段施工采用挂篮悬臂浇筑法施工。新建西郊大桥项目位于平定县石门口乡，跨越太旧高速公路，桥长 910 米，为双幅 4 车道，桥面设计宽度为 11.38 米，采用沥青混凝土高等级路面。

6 月 7 日，国道 307、207 线阳泉市绕城改线工程 1 号桃河大桥完成万吨级钢箱梁逆时针 64° 的空中转体施工，刷新全省同类型主墩最高、转体重量最大的纪录。承担转体的主墩高度为 32.9 米，承台为台阶式，分上、下两层，转体系统结构由转体下盘、转体支座、上转盘、转动牵引系统组成，上跨铁路转体钢箱梁位于缓和曲线上。转体钢箱梁长 200 米，总重量 1.18 万吨，为单箱五室截面。

7 月 2 日，国道 307、207 线阳泉市绕城改线工程阳涉铁路上跨桥架梁任务完成。阳涉铁路上跨桥全长 447 米，自西向东跨越阳涉铁路、既有国道 207 线，桥梁上部结构为预应力混凝土 T 型刚构箱梁，连续 T 构箱梁采用挂篮悬臂对称，平衡浇筑施工。单幅桥由 5 片 T 梁组成，桥宽 12.24 米，横向坡度 2%，共需架设 T 梁 70 片。该桥施工技术难度大，是该项目部的重点控制性工程。

8 月 8 日，国道 307、207 线阳泉市绕城改线工程项目平定县北茹路段沥青下面层开始施工，标志着项目进入沥青面层铺设阶段。国道 307、207 线阳泉市绕城改线工程主线路面总长 52 千米，水稳基层施工分 4 个施工作业面同步施工。截至年底，水稳摊铺整体完成 65%。

8 月 22 日，国道 307、207 线阳泉市绕城改线工程 1 号桃河大桥 40 米 T 梁的架设工作完成，标志着该分部主线全线贯通。该项目作为全线的起点标段，承建路段 11.5 千米，途经平定县巨城镇、石门口乡 2 个乡（镇）9 个村。整个工程包括路基工程、桥梁工程 6 座、隧道工程 1 座、互通立交 1 处、涵洞工程 28 道。该工程建成后与国道 307、207 线，省道 315 线，太旧高速，阳左高速等连接形成路网，同时连接娘子关、旧关等比较重要的运煤通道及出省口。

9 月 16 日，国道 307、207 线阳泉市绕城改线工程常家沟 3 号桥最后一片 T 梁架设完成，标志着该分部负责的所有架梁全部完成施工。四分部项目需要穿越 2 镇 9 村、1

2022 年 8 月 8 日，国道 307、207 线阳泉市绕城改线工程项目平定县北茹路段沥青下面层施工现场 （市公路局 供图）

矿2厂和2座森林公园，共包括3.6千米主线路基、2个互通、11座桥梁和1座隧道。 （韩 静）

【太行一号旅游公路建设】 2022年,太行一号旅游公路阳泉境内主线贯通。阳泉市交通运输局把太行一号旅游公路建设作为“一把手”工程，专门成立太行一号旅游公路建设领导小组,定期听取进展情况,专题研究部署，对关键环节和重大问题实施一线督导、现场解决。确立太行一号旅游公路阳泉段“一路阳光、领秀太行”主题。2018年至2022年,建成太行一号旅游公路401.8千米,累计完成投资46.3亿元。年内,272千米主线基本贯通，建设里程和完成投资均走在全省前列。同时,坚持信息、服务、慢行、景观四大配套系统一体推进，沿线布建驿站12个、房车营地7个、观景台15个、停车场4个,景观道和慢行道130千米,在重点路段配建5G基站、电子站牌等智慧设施，提升旅游公路综合服务能力。 （李喜忠 王九存）

【盂县东公路管理段开展防灾暨防汛抢险应急演练】 2022年5月12日是第14个全国防灾减灾日,盂县东公路管理段开展防灾减灾暨防汛抢险应急演练活动。演练内容包含险情报警、启动预案、先期处置、交通警戒管制、现场抢险、恢复交通等项目。演练活动以连续强降水导致省道314线K1+300路段上边坡突发大面积塌方,阻断交通为背景,模拟实战演练。道路巡查人员发现坍塌并上报灾情,接到报告后,启动应急预案，调集应急抢险队伍和机械设备赶往现场处置，各抢险应急队员在现场开展抢险救援工作，险情被及时排除,道路恢复通车。演练共出动工作人员24人,出动铲车、农用车、工程车等各类抢险车辆8辆。演练中,各组分工明确,人员、车辆、机械设备配合紧密，历时1小时完成应急抢通任务。 （韩 静）

2022年7月,太行一号旅游公路平定段主线贯通。图为龙鼎湖公路段航拍场景
（市交通运输局 供图）

【盂县“两路”开工建设】 2022年11月12日，太行一号旅游公路连接线盂县六岭关至上社段项目和盂县乡镇通三级公路柏石至管头段项目2条民生公路项目开工。太行一号旅游公路连接线盂县六岭关至上社段项目,起点位于盂县与河北省石家庄市平山县交界处的六岭关村,由东向西经过菩萨崖自然风景区、乱石泉水库、月湾,在车轮村折向西北,到达榆林只村,沿途经过榆林只村、柳沟村、张城堡村、上鹤山村、下鹤山村、白藏村,终点位于盂县上社镇上社村西北角,与国道239线相接,项目建设里程26.99千米。盂县乡镇通三级公路

2022年5月12日,盂县东公路管理段开展防灾减灾暨防汛抢险应急演练
（市公路局 供图）

柏石至管头段项目，起点位于国道239线盂县苌池镇柏石村处，与藏山景区大道出口相接，经普贤村、水岭底村、北连颠村、小连颠村、下王村、上王村，终点位于盂县南娄镇管头村，与省道双阳线相接，项目建设里程19.27千米。（王九存）

【农村公路养护】 2022年，阳泉市县级养护资金到位980万元，建立县、乡、村三级路长制，坚持“县道县管、乡道乡管、村道村管”的养护管理原则，全面落实农村公路县（区）、乡（镇）、村三级政府主体责任，建全县（区）公路管理机构、乡（镇）公路管理站、村管理员三级养护机制，发挥乡（镇）、村委会和村民的作用，并把农村公路养护列入县（区）年度目标考核。全年农村公路优良路率75%，优良中等路率84.82%，路长制建档立卡率100%。省级养护工程补助资金1187万元、省级日常养护补助资金522万元和市级养护补助资金542万元由市财政局足额下达至各县（区）财政。农村公路分级分段明确路长，设立路长公示牌，确保责任到人。年内，完成全市农村公路自动化检测工作，检测比例达40%。推进农村公路智慧管理，发挥全市农村公路智能化云平台，推进“一张网”管理，提高科学管理水平。（王九存）

【农村客货物流网络】 2022年，阳泉市共有县级物流中心3个，乡镇物流服务站16个，村级物流服务点231个。其中，盂县1个县级物流中心，6个乡镇物流服务站，11个村级物流服务点；平定县2个县级物流中心，10个乡镇物流服务站，220个村级物流服务点。年内，推进农村客货邮融合发展，利用平定县“全国城乡交通运输一体化示范县”的优势，采取试点先行的方法，把平定县打造成农村客货邮融合发展的样板县，统筹交通、邮政等资源，完善农村物流节点建设，建成客货邮综合服务站1个，开通客货邮合作线路5条。（王九存）

【公路运输行业发展】 2022年，阳泉市共有省际市际客运班线企业2户，省际线路14条，车辆29辆；市际线路26条，车辆101辆；旅游客运企业4户，车辆214辆；普通货运业户3720户，车辆2.08万辆（含挂8038辆）；危货运输企业14户，车辆400辆。公交企业4户，从业人员2574人，车辆1059辆，其中新能源公交车978辆，清洁能源公交车81辆，新能源车辆占公交车辆总数91%。巡游出租企业15户，车辆2237辆，全部为纯电动车辆。全市共有在册机动车维修企业142户；机动车驾驶员培训学校13所；道路运输从业人员培训机构5所；水路运输企业1户，运输船舶6艘；共享单车企业5户，车辆8900辆。城乡公交线路157条，覆盖郊区全域，通达平定；城市居民年乘坐公交车次数突破200次，居全省第一；城市公交满意度82.3%。开通“95128”电召平台运营服务，完成135万余个订单，实现打电话叫车。（王九存）

2022年，阳泉市郊区北七村农村公路　（市交通运输局　供图）

【公路运输超限超载治理】 2022年，阳泉市交通运输局坚持源头治理和路面管控并重，围绕“人”“车”“货”3个源头，加大货运源头企业的监管力度。坚持24小时货运车辆检测工作，强化部门协同，推动路警联合治超常态化制度化机制不断深化，有针对性地协调公安交警、市场监督等部门开展联合执法行动。5月至8月，开展混凝土搅拌企业源头治超“春雷行动”，对企业恶意超载、票据不符、证照不全等行为实施处理。“春雷行动”共巡查源头企业24户，抽查车辆51辆，查处违规装载运输案17件，行政处罚7.66万元。年内，源头治超监管部门累计出动执法人员1.48万人次，对全市经政府公示的490户源头企业巡查3087户次，对全市源头企业监管覆盖率100%，源头处罚违规装载运输案37件，行政处罚43万元，从业资格证扣分1820分，下达整改通知书34份，抄告超限超载车辆34辆。全年全市共出动治超执法人员6.1万余人次，检查货运车辆265.4万余辆次，查处非法超限超载车辆253辆，卸载货物0.57万吨，交警部门行政处罚28.63万元，抓拍闯禁行车辆1944辆，扣分5832分，罚款38.88万元。

年内，实现省、市、县和全市13个公路超限检测站视频图像、数据的实时上传功能，在吕梁召开的全省治超信息系统联网工作推进会上，阳泉市治超站点联网工作得到省治超办的肯定，连续两周以92%的在线率名列全省前列。全市源头、路面治超工作平稳有序，全市超限超载率始终保持在0.2%以下。（王九存）

铁路

【概况】 2022年，阳泉市境内有石太线、石太客专、阳泉东线3条铁路线路，白荫支线（含荫固线）1条支线和20条专用线。阳泉站（含阳泉北及管内石太线各中间站）运输收入36.65亿元，其中，客运收入5356.4万元、货运收入36.12亿元。发送旅客76.68万人，其中阳泉北站66.8万人、阳泉东站9万人、阳泉站0.54万人、娘子关站0.13万人、井陉站0.21万人。发送货物4165万吨，装车61.77万辆、日均装车1692车，卸车14.51万辆、日均卸车398车，净载重67.4吨，中转时间7.2小时，停站时间23.0小时，日办理车6391辆。截至年底，阳泉站连续实现安全生产4699天，连续实现第12个安全年。（杨素霞）

【阳泉站】 2022年，阳泉站中心里程位于石太线107.23千米，管辖范围分布于山西、河北两省。车站等级为一等站，业务性质为客货运兼办的综合性车站，技术性质为编组站。主要担负煤炭、非金属矿、矿建等大宗物资发送任务及货物列车解体、编组和中转等技术作业。所辖白羊墅站为一等站，井陉站、南张村站、娘子关站、乱流站、赛鱼站、头泉站、上安站、岩峰站、井南站、南峪站、程家站、岩会站及支线新井站、凤山站为中间站。主要客运设施有候车室3个，售票处3所，旅客站台6个，站台雨棚2座，地下通道1个，旅客天桥通道2座。主要车务设备有驼峰3座，减速顶8205台，停车器97台，列尾设备36台。主要货运设备有轨道衡2台，超偏载检测装置3台，装载状态视频监控设备2台，超限检测装置2台。全年发送旅客0.88万人，其中阳泉站0.54万人、娘子关站0.13万人、井陉站0.21万人。（杨素霞）

【阳泉北站】 2022年，阳泉北站中心里程位于石太客专线108.40千米，距阳泉市中心46千米，管辖东陵井站、阳泉北站、井陉北站及获鹿线路所。客运设施有候车室1个，售票处1所，旅客站台2个，站台雨棚2座，地下通道1个，自动扶梯5部。主要办理旅客到发业务，办理客运图定旅客列车72列，其中，高铁30列（含高峰2列）、动车16列、直达8列、特快1列、快速17列，全年发送旅客66.8万人，日均发送旅客1831人次。（杨素霞）

【阳泉东站】 2022年，阳泉东站中心里程位于阳泉东线42.27千米，管辖阳泉东站、荫营东站、河底站、盂县东站及阳泉北阳大场。阳泉东站主要客运设施有候车室1个，售票处1处，旅客站台2个，站台雨棚2座，地下通道1个。阳泉东线开行市郊动车组6对（S952/S951、S954/S953、S956/S955、S958/S957、S960/S959、S962/S961），往返12次，客票价为10元。全年发送旅客15.41万人次，其中阳泉北站发往阳泉东站旅客6.34万人次、阳泉东站发往阳泉北站旅客9.07万人次，日均422人次。（杨素霞）

【客运质量提升】 2022年，阳泉站推进客运提质工作，制定下发客运提质8个方面68项重点和具体控制措施，投入资金90万元，实施客运提质23项更新改造项目，实行过程全覆盖，专人定点、定时、定责工作负责制，每周检查通报，客运提质取得初步效果。美化客运乘车环境，对多余冗杂的揭示揭挂进行4轮全面清理，清理宣传标语45条，拆除揭示揭挂标识54条，把74个纸质宣传公示、公益广告等纳入电子显示屏显示，更新、补强标识180条，客运乘车环境得到有效改善。加大安检查危力度，针对全国“两会”及中共二十大等特殊时期，提高工作标准，加强人员配备，落实旅客票证查验和二次安检工作要求，确保危险品、违禁品卡在站外车下。全年查获各类禁限品5079件。（杨素霞）

2022年11月，阳泉站运转一车间职工进行减速顶设备维修（阳泉站 供图）

【石太线乱流中心站 CTC 区域集中开通】 2022 年 8 月 20 日，石太线普速铁路乱流中心站调度集中系统(CTC)区域集控模式开通。乱流站至娘子关站采用中心站集控模式（乱流站为中心站，岩会站、程家站、娘子关站为集控站）。乱流站集控台依据列车运行调整计划安排列车运行股道，办理列车、调车进路。为确保开通实施，车站组织 1 个中心站 3 个集控站开展理论、实操及安全措施培训 5 场次 257 人次，制定并动态完善 9 类安全风险 14 项安全控制措施，为外勤配备 CTC 显示终端，4 站共设立作业监控点 39 个。过渡期间，车站加强与北京局集团公司相关部室联系，建立互通机制，反馈解决设备问题及改进建议 23 项，北京局集团公司运输部、车站领导及专业干部全过程盯控，加强现场指导，确保安全开通。中心站集中控制模式下，中心站集控台依据列车运行调整计划，采用自动触发方式，办理接发列车作业，减少人工人为对进路的干扰。 （杨素霞）

【阳大铁路工程建设】 2022 年，山西阳大铁路有限责任公司推进白荫阳涉联络线、郊区霍牵线简易通行道路、盂县东铁路专用线等工程实施进度，做好阳大铁路运营工作。

阳泉北场间联络线工程 公司协调中国铁路北京局集团公司，开展阳泉北场间联络线工程工务、电务、通信、信号 4 个专业的静态验收咨询工作。截至年底，除工务专业外，其他专业的静态验收咨询工作全部完成。

白荫阳涉联络线工程 公司协调有关审批部门，办理王母垴植物园段断路施工手续、义井河大桥涉河施工延期手续。完成土石方填挖工程 1.75 万立方米；完成防护桩 3 根；完成义井河大桥桩基 9 根、12# 桥墩承台、8# 和 11# 桥墩的施工；完成涵洞 38 根灰土挤密桩的施工。

阳涉铁路平定站和昔阳站两站增加客运设施工程 公司组织项目总承包单位中国铁路设计集团公司完成平定站、昔阳站的勘察设计工作，编制工程技术设计方案；对接平定县政府、昔阳县政府，研究确定两站外立面设计方案。两站增加客运设施技术设计方案上报中国铁路北京局集团等待审查。

郊区霍牵线简易通行道路工程 公司组织推进郊区霍牵线简易通行道路工程施工进度，在克服临近营业线施工、汛期施工等诸多困难后，于 7 月底完工通车。

盂县东铁路专用线工程 公司按照市委、市政府安排，先行筹备启动阳大铁路盂县东铁路专用线项目，完成项目可研报告的编制工作，并进行研究论证；开展土地预审、水土保持、水环境影响评价、节能评估、压覆矿产资源等报告的编制工作；编制完成勘测定界报告、土地用途调整方案；完成选址研究报告、地灾评估报告的专家评审工作；完成涉及水利、林业、应急、自然资源、生态环境等方面的保护区核查工作。 （郝宁元）

【阳大铁路安检值守】 2022 年，山西阳大铁路有限责任公司加强进站安检工作，落实安检查危责任，对进站旅客及随身物品进行安检，全年共查获危险品 6527 件，全部妥善处置。加强消防中控值守工作，对阳泉北站、阳泉东站、市域动车所每日进行覆盖式检查，对河底站、荫营东站、盂县东站每周进行全面检查，及时排查隐患进行整改。定期组织电梯维保单位开展检查工作，不定期组织电梯值守人员进行突发事件应急演练和理论知识学习培训，提升值守人员执业技能。每月对巡防岗位人员进行检查，对发现的问题责令巡防单位及时整改落实。全年未发生危及铁路行车安全事件。 （郝宁元）

（责任编辑：李 静 杨 军）

水利工程

【概况】 2022年,阳泉市龙华口调水工程超额完成年度建设及投资任务。完成输水隧洞年度开挖任务145%。投入农村供水工程维修养护资金697.8万元,到11月底,投资全部完成,维修养护工程98处,其中,平定县36处,盂县34处,郊区18处,城区6处,矿区4处,服务人口19.9万人,超额完成绩效目标任务。(陈阳春)

【国家水土保持重点建设工程】 2022年,阳泉市实施两项国家水土保持重点建设工程。平定县中滩沟生态清洁小流域工程,计划治理面积20平方千米,计划投资700万元。截至年底,全部完成治理任务,投资666万元,占目标任务95%。其中,造水保林100.13公顷,封禁治理1899.5公顷,种草5.55亩,修建200立方米高位池1座,维修水池1座,浆砌石挡土墙25米,修建谷坊1处,河道垃圾清运1.25万立方米,滩槽整治3.3万平方米,河道堤防修复8米,修建田间道路365米,河道旁沿岸绿化带建筑垃圾清运1000立方米,梯田石坎整修6.07公顷。盂县石窖小流域工程。截至年底,全部完成治理任务,投资480万元,完成目标任务96%。其中,营造水保林162公顷,封禁治理1488公顷,封禁围栏1.73千米,谷坊8座,护地坝1191.4米,排水沟道112米,弃渣场恢复治理4679.53平方米,过水涵管6根,大标志碑1座,小标志牌4座。(陈阳春)

【饮水安全工程】 2022年,阳泉市制定涵盖基础建设、管理责任、运行维护等规章制度,做好农村饮水安全维修养护工作,强化饮水安全常态化监测。市财政下达农村饮水安全工程项目资金600万元。其中,平定县130万元、盂县280万元、郊区130万元、城区30万元、矿区30万元。争取中央、省级农村供水工程维修养护资金697.8万元,实施老旧管道更换、蓄水池维修等维修改造工程98处,服务人口19.9万人。其中,平定县36处、盂县34处、郊区18处、城区6处、矿区4处。(陈阳春)

【龙华口调水工程】 2022年,阳泉市龙华口调水工程完成投资6.65亿元,完成稳压调蓄池基础开挖和处理。完成泵站工程年度目标,输水隧洞掘进720米,管道安装51.52千米,完成率分别为145%、158%,均超额完成年度任务。3月16日,龙华口调水工程管线工程进场施工,工程

2022年11月9日,施工单位在盂县龙华口调水工程输水隧洞施工作业
(市水利局 供图)

建设工作专班有综合协调组、土地手续办理组、地方工作协调组、工程建设管理组,工作进度监督组5个工作组,完成永久占地和67.97千米管线临时占地各类手续申报办理和相关征拆工作。省水利发展中心与项目公司签订质量监督书,各县(区)水行政管理部门加强工程中涉及水保、防洪、娘子关泉域管理等水行政监管,确保工程建设安全度汛。(陈阳春)

【水库除险加固工程】 2022年8月10日,山西省发展改革委批复平定县大石门水库除险加固工程,总投资1185万元。建设内容包括大坝加固改造、溢洪道加固改造、新建输水涵洞、防汛抢险道路改造、管理站安全防护,增设大坝安全监测、水情测报设施、溢洪道及近坝库区增设防护网。年内,开工建设盂县黄树岩水库大坝除险加固工程和平定县新村水库大坝除险加固工程,总投资630万元,完成主体工程建设投资500万元。 (陈阳春)

农田水利

【概况】 2022年,阳泉市总用水量1.88亿立方米。其中,生活用水6511万立方米、农业用水4308万立方米、工业用水6132万立方米、生态用水1841万立方米。全市用水总量低于全年用水总量2.27亿立方米控制指标;万元地区生产总值用水量降幅2.5%。 (陈阳春)

【农业灌溉用水保障】 2022年3月,为保障华阳集团5吉瓦高效光伏组件制造项目建设要求,防止温河南干渠苇泊段200余米渠道被损坏,阳泉市对总干渠进行维修改造,使灌区供水量大幅骤降,有效保障郊区北部高效农业育苗期、栽培期、生长期的灌溉用水。 (郝永胜)

【节水灌溉】 2022年,阳泉市依据项目区水源和水流量情况控制地块,根据田间道路、耕作方向布置干支管道,实行管灌,工艺流程经水源、水泵、控制闸阀、输水干管、输水支管、出水栓到田间。截至年底,建设高标准农田6.87万亩。其中,平定县东回镇瓦岭村、西回村,郊区荫营镇下白泉村、矾窑村,西南舁乡王家庄村、东南舁村共建设高效节水灌溉面积1500亩。 (翟鹏林)

【农业水价管理】 2022年,阳泉市开展农业水费征收工作,对农业灌溉、水库供水实行专项批复。农业用水销售价格为每立方米2元,农业灌溉水价为每立方米1元。 (陈阳春)

【温河灌区维修养护工程】 2022年,阳泉市温河灌区管理站对管理用房进行维修养护。5月,利用中央水利发展资金对管理用房进行维修改造,项目总投资45.69万元。完成供电线路改造1千米,房顶防渗处理260平方米,门窗更换182平方米,上下水管60米,内外墙粉刷3300平方米等。受上年汛期降雨量偏多影响,温河灌区管理站开展总干渠渠道维修工程。维修工程总投资28.7万元,主要包括土方开挖、夯实442.4立方米,砌筑挡墙301.4立方米,修施工便道2千米等。温河灌区总干渠6号至7号洞间渠道维修工程投资55.7万元,主要包括人工开挖岩石、土方,基础夯实4012立方米,浆砌石挡墙1226.4立方米,修施工便道约600米等。(郝永胜)

水利管理

【概况】 2022年,阳泉市完成各级水利投资3.62亿元。其中中央5584.4万元,省级投资2.62亿元、市级1110万元、县级3364.94万元。完成地下水超采区治理6项工程、办结取水许可审批管理51件。成立民间巡河员志愿服务队,开展河道清理治理、水资源环保领域排忧行动、"世界水日""中国水周"专题宣传活动等。 (陈阳春)

【水库移民后期扶持】 2022年,阳泉市完成水库移民后期扶持项目8处,总投资439.02万元。涉及平定县扶持项目3处,总投资71.66万元。其中东锁簧村环境整治工程,投资20万元;龙庄村街道亮化工程,投资21.66万元;石门口村街道硬化工程,投资30万元,三处工程全部完工。盂县扶持项目5处,总投资367.36万元。其中下庄村商业中心(二期)建设工程,投资233.65万元,工程开工建设。会里村门牌楼建设工程,投资45万元;街道亮化工程,投资22.5万元;党建设施建设工程,投资27.71万元;垃圾处理工程,投资38.5万元,四处工程全部完工。核减2021年度大中型水库移民直补人口11人,发放1374人直补资金82.44万元。 (陈阳春)

【地下水超采区治理】 2022年,阳泉市完成郊区娘子关泉域温河渗漏段治理项目(二期)和娘子关泉域温河河道生态修复与治理两项工程,总投资1730万元,全部按期完工,并于5月完成自验。开展娘子关泉域重点保护区桃河渗漏段瀑里至小河段综合治理工程、平定县娘子关泉域重点保护区桃河渗漏段治理工程、郊区娘子关泉域重点保护区温河上游渗漏段治理工程、盂县娘子关泉域岩溶污染井封堵治理工程,四项工程总投资2290万元。其中中央投资2100万元,截至年底,四项工程完成中央投资98.29%。 (陈阳春)

【河道清理治理】 2022年,阳泉市深入贯彻河道"清四乱"(乱堆、乱采、乱占、乱建)常态化规范化工作要求,全面推进涉河突出问题专项整治,4月3日,市河长办制定并下发《2022年河道“清四乱”专项行动方案》,明确“清四乱”工作的指导思想、工作目标、整治重点、实施步骤和保障措施,结合全市农村清洁百日行动,清理整治工作向中小河流、农村河流延伸,推进河道“清四乱”常态化、规范化。清理整治工作向中小河流、农村河流延伸,排查发现“四乱”问题37处,完成整改37处,完成延期整改问题2处,确保防汛安全和水利工程运行安全。 (陈阳春)

【取水许可审批管理】 2022年,阳泉市取水许可审批管理办结事项51件。其中,取水许可申请7件、泉域水环境影响评价报告审批6件、取水工程或设施竣工验收审批7件、取水许可变更3项、生产建设项目水土保持方案审批5件、河道管理范围内建设项目工程建设方案审批2件、水利基建项目初步设计文件审批4件,水利招标备案17件。 (陈阳春)

【水库大坝安全鉴定】 2022年,阳泉市完成4座水库大坝安全鉴定。分别为平定县原坪、岔口、岭南河、后底沟水库大坝安全鉴定论证工作。水库大坝安全类别评定中,4座水库全部鉴定为二类坝。 (陈阳春)

【治水监管百日行动】 2022年5月至10月,阳泉市水利系统开展“治水监管百日行动”,对水利工程前期工作、农村饮水安全、水旱灾害防御、河湖管理、水资源管理、水利工程建设质量与安全、水土保持、水利工程运行管理等方面实施强监管。更新水库责任碑,加强水库维修养护,完善水库各类预案;市县两级对44个水保监管项目进行全面检查,发现各类问题20个,完成整改20个。全市水资源监管行动检查取水户55个,问题集中在部分企业未安装在线监测计量设施。推进年取水1万立方米非农业取水户安装在线监测计量设施。截至年底,安装在线监测计量设施110个,并上传到省水利厅水资源监控信息服务平台,提高水资源管理精细化水平奠定基础。 (陈阳春)

【山南水库管理】 2022年,阳泉市山南水库通过大坝表面变形、雨情、水情、坝体渗压等监测项目开展资料整编分析,对水库大坝的运行状态进行研判,提出管护计划和方案。全年完成观测项目400余次。其中,定期观测60项次。大坝位移、渗流、浸润线观测数据均未发现异常。1月1日,山南水库最高水位1039.40米,库容262.11万立方米,最低水位1037.30米。6月16日,山南水库库容200万立方米,库区降水总量559.2毫米,与历年平均值基本持平。截至年底,进库总量约370万立方米,出库总量约383万立方米。在保证最低安全运行水位的前提下进行供水调度,全年水库供水总量100万立方米。 (陈阳春)

【水资源环保领域排忧行动】 2022年5月30日,阳泉市制定《关于深化解决人民群众急难愁盼问题“排忧行动”专项政治监督2022年行动计划》,印发《关于水资源环保领域深化解决人民群众急难愁盼问题“排忧行动”实施方案》,召开水资源环保领域深化解决人民群众急难愁盼“排忧行动”专项政治监督动员会,主要针对生产建设项目存在的未编制水土保持方案而开工建设等突出问题进行监督检查,排查解决问题161项,整改完成率100%。 (陈阳春)

【“世界水日”“中国水周”主题宣传活动】 2022年3月22日是第三十届“世界水日”,3月22—28日是第三十五届“中国水周”。联合国确定2022年“世界水日”的宣传主题为“Groundwater-Making the Invisible Visible”(珍惜地下水,珍视隐藏的资源)。水利部确定纪念“世界水日”和“中国水周”的活动主题为“推进地下水超采综合治理 复苏河湖生态环境”。阳泉市水日水周宣传工作以报纸、网络、户外大屏、公交车视频等非接触宣传形式为主,坚持节水宣传进机关、进社区、进学校,宣传覆盖面持续增强。在《阳泉日报》开设专版,全文刊发《公民节约用水行为规范》。利用多媒体平台广泛宣传,制作水日宣传抖音专题,开展户外大屏滚动播放、公交车视频播放等方式,扩大传播效应。组织开展网络答题活动。开展深入学习习近平总书记“3·14”重要讲话知识网络答题和“学习强国”学习平台“世界水日”“中国水周”专项答题。围绕“世界水日”“中国水周”宣传主题,在市文化中心广场、政府机关办公大楼张贴主题宣传画,向公众发放宣传资料300余份。 (陈阳春)

【民间巡河员志愿服务队】 2022年8月5日,阳泉市河长办召开民间巡河员志愿服务队成立大会。市领导向民间巡河员志愿服务队授旗,并为服务队负责人市义工联合会会长薛志鹏和民间巡河员代表田丽丽、王少剑、王冬梅、刘斯祺、王竞、杨军伟、邵琳平、安娜、李阳、杜凯10人,分别颁发“桃河民间河长”“桃河民间巡河员”聘书。民间河长、民间巡河员通过引导、示范、鼓励和带动,让更多市民参与到护河、爱河、守河的行动中。以政府“有形之手”与社会“无形之手”共同发力,引导群众争做治水践行者,切实把全市的河流治理好、保护好、管理好,共同打造美好的河流生态环境。 (陈阳春)

(责任编辑:毕瑾璟 吴国平)

城市规划

【概况】 2022年，阳泉市城市规划主要包括市级专项规划以及县区、乡镇、村庄规划。截至年底，市、县两级国土空间总体规划编制工作全部按照山西省自然资源厅统一要求完成各阶段相关工作，初步成果上报省自然资源厅。启动乡镇国土空间总体规划编制工作。市、县两级城市体检工作按时通过省自然资源厅评估。“三区三线”(三区即城镇空间、农业空间、生态空间，三线即城镇开发边界、永久基本农田保护红线、生态保护红线三条控制线)初步划定成果完成报批。规划包括总报告、11个专题研究成果、三线划定成果、“一张图”实施监督信息系统等。 （陈红莎）

【村庄规划】 2022年，阳泉市620个村庄全部完成村庄规划分类布局，分为聚焦提升类、城郊融合类、特色保护类、搬迁撤并类和其他类五大类。初步计划编制村庄规划399个，2021年完成8个村庄规划编制工作，2022年152个村庄规划全部完成。 （陈红莎）

【专项规划】 2022年，阳泉市将市域专项规划分为资源保护利用类、基础设施类、公共设施类、城乡发展类和公共安全类五大类，共计启动58个专项规划编制。 （陈红莎）

【“两路”规划】 2022年，阳泉市下达预算资金625万元启动平阳街、广阳路道路两侧用地修建详细规划设计工作。规划依据城市建设实际和道路两侧用地情况开展修建性详细规划层面城市设计，设计范围东起广阳路，西至洪城北路，道路全长4.2千米，规划范围面积216.74公顷(32511亩)。 （陈红莎）

【便民规划】 2022年，阳泉市组织编制《阳泉市便民市场布点规划》和《阳泉市夜间经济发展规划》，规划便民市场布点51个，其中提档升级33个、扩建2个、新增16个，便民市场规划面积约5.5万平方米，平均每千人便民市场建筑面积约为100平方米。夜间经济重点在现状基础上进行规范整合提升，共分为九大类，共计109处(项)。即文化旅游(18处)、特色餐饮(13处)、体育健身(16处)、购物消费(9处)、休闲娱乐(14处)、住宿精品(16处)、夜市一条街(12条)、公共服务(7项)、基础设施(4项)。阳泉市建成区夜间经济将打造形成“一区三圈多点”发展格局。即“1个夜间经济聚集区(滨河集聚区)+3个夜间经济重点商圈(兴隆、北山、天利)+多个夜间经济消费示范点(兴隆步行街、巨兴街、天桥、赛鱼步行街、桥西街、里沙坪路、新泉北路、天津街、福州路、青岛路、桃林中路、四矿口、赛鱼口、“阳泉记忆·1947”、石卜嘴生态农业观光园、小河古村、生态新城体育中心、阳泉市体育中心、大阳泉村、西河滩夜市等)”。 （陈红莎）

城市更新

【棚户区改造】 2022年，阳泉市棚户区住房改造续建基本建成189套。城镇保障性安居工程年度投资7.94亿元，完成年度目标任务的396.9%；租赁补贴年度发放769户，完成年度目标任务的109.9%。 （李 俊）

【老旧小区改造】 2022年，阳泉市开工改造老旧小区142个，涉及389栋、1.54万户、建筑面积122.7万平方米，年内全部开工。全市累计争取老旧小区改造上级补助资金2.07亿元。 （李 俊）

【既有住宅加装电梯工程】 2022年，阳泉市住房和城乡建设局推进既有住宅加装电梯工程，年内共开工21部，11部完工并领取合格证书，下达奖补资金420万元。 （李 俊）

【市政设施管护】 2022年，阳泉市城市管理局推进市政设施管护，强化市政设施巡查管理，提升精细化管护水平。全年共维修车行道2.79万平方米、人行道8797平方米，更换各类井盖井箅674套，施划道路标线2.46万平方米，清挖雨水井1.14万座次、污水井3154座次，疏通雨水管道380米、污水管道1027.5米，安装检查井防坠网436座，维修路灯4105盏次，对所辖的84座桥涵设施进行常规定期检测，确保市政设施完好率85%以上，管网疏通率100%，平均亮灯率98%以上。 （赵志文）

【城市地下管线综合治理】 2022年，阳泉市城市管理局印发《阳泉市关于加强城市市政基础设施建设的实施方案》，成立地下管线普查工作领导组，组织召开地下管线综合治理推进会，对未普查管线进行摸底。在城区、矿区（除华阳片区外）、阳泉高新技术产业开发区范围内对市政地下管线进行普查，并建立地下管线信息系统。电力、通信、给水、排水、燃气、热力、综合管沟七大类15种管线长度共1617.261千米。（赵志文）

【雨污分流排水管网改造】 2022年，阳泉市城市管理局按照《城镇排水管网雨污分流改造四年攻坚行动实施方案（2020—2023）》要求，开展雨污分流排水管网改造工程。年内，完成雨污分流改造37千米，完成年度任务的100%。其中，市本级完成改造19千米，平定县完成改造8千米，盂县完成改造10千米。（赵志文）

【微型停车场改造建设】 2022年，阳泉市城市管理局组织各县（区）结合老旧小区改造工程，利用零散空地建设微型停车场缓解市民停车难问题。截至年底，共计建成微型停车场12处，新增停车位1040个，任务基本完成。其中，城区结合新华西街五区老旧小区改造工程在新华西街五区建成微型停车场1处，施划停车位79个；矿区结合平潭街东社区老旧小区改造工程和平潭街西社区老旧小区改造工程建成微型停车场4处，在平潭街一小区、二小区、三小区、四小区分别建设1处，施划停车位30个；郊区结合荫营镇实地情况建成2处，在明珠城小区门前和雅馨苑底商前各建设1处微型停车场，设置公共停车位210个；阳泉高新技术产业开发区建成停车场2处，智创城7号施划停车位447个，东区科技园施划停车位64个；平定县结合东大街支线道路改造工程和东门二期道路改造工程建成微型停车场2处，面积500平方米，设置公共停车位40个；盂县计划建设停车场3处，建成运行1处（盂县煤炭公司旧址停车场，设置停车位170个），正在建设中2处（盂县二中东侧停车场和阳泉北站地下停车场）。 （赵志文）

【提温增效应急工程】 2022年11月，阳泉市污水处理厂多点增温提效工程总投资52万元，采用污水厂处理后中水作为外接水源，通过热力公司换热站换热，换热后多点注入污水系统，确保污水系统水温提高至15摄氏度。工程拓展增温点位，实现关键增温工艺点精准增温，克服原增温提效工程设备缺乏备用、增温点位单一、增温效率较低下等问题，提高冬季安全生产保障性。 （赵志文）

重点项目建设

【西上庄综合管网建设工程】 2022年，阳泉市城市管理局负责建设西上庄综合管网建设工程。西上庄综合管网建设工程位于西上庄电厂—桑掌一号桥—赛鱼桥，概算投资4.16亿元。工程主要建设内容包括敷设2条供热管道，总长度1.40万米；1条燃气管道，长度6750米；1条给水管道，长度6698米；2条中水管道，总长度2.46万米；1条污水管道，长度9791米；建设中水提升泵站1座，每日可向西上庄电厂供中水1万吨。年内，工程完成供热管道安装1.14万米，完成总工程量的

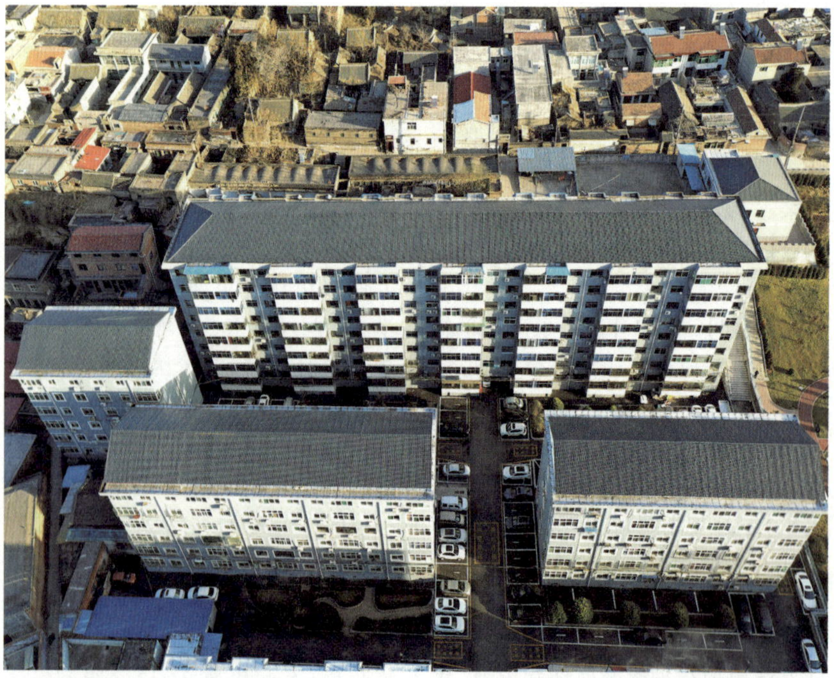

2022年6月，阳泉市平定县供水小区完成老旧小区改造 （市住建局 供图）

2022 年 7 月 10 日，阳泉市第三人民医院（传染病定点医院）改扩建工程项目奠基开工
（市三院 供图）

81.6%；给水管道安装 6435 米，完成总工程量的 96%；中水管道安装 2.36 万米，完成总工程量的 96%；污水管道安装 9301 米，完成总工程量的 95%；燃气管道安装 4792 米，完成总工程量的 71%；中水泵站完成工程量的 95%。（赵志文）

【"亚定点医院"建设】 2022 年 9 月 23 日，阳泉市委市政府启动方舱医院建设，由阳泉建设集团承建方舱医院系列之"亚定点医院"项目建设。亚定点医院项目总建筑面积 1.4 万平方米，可提供 300 张床位及配套的成品淋浴间、卫生间、盥洗池、办公间，满足对感染者的隔离与基本医疗需求，释放定点医院医疗资源，确保疫情发生后可迅速启用。建设集团成立"亚定点医院"项目专班，出动 260 余人次，快节奏、高质量完成建设任务。9 月 30 日，该项目全面竣工并通过验收。（刘 琼）

【市体育馆气膜舱试验室】 2022 年 11 月，阳泉建设集团统筹优势资源，推进体育馆气膜舱试验室工程建设项目建设。施工任务中的 6 个气膜舱搭建，空调风机，气模舱内电源箱、照明灯，室外变电设备，淋浴间热水器、浴霸、电箱等全部完成，并按时间节点于 11 月 29 日交付市第一人民医院使用。（刘 琼）

【市中心医院建设项目】 2022 年 2 月 26 日，阳泉市 2022 年第一次"三个一批"活动项目集中开工暨阳泉市中心医院建设项目奠基仪式在阳泉市中心医院项目现场举行。市中心医院建设项目位于阳泉市规划展览馆南侧，北临漾泉大道，西临新城大道，项目占地面积 13 万余平方米，总投资 21.38 亿元，总建筑面积 2.43 万平方米，机动车位 1868 个、绿地率大于 35%，包括地上 15 万平方米，地下 8.75 万平方米，其他 5714 平方米。设计床位 1500 张，主要建筑体包括一号住院楼、二号住院楼（发热门诊）、医技楼、门诊楼、综合办公楼等。一号住院楼地面 19 层，地下 3 层；二号住院楼地上独立 3 层；医技楼、门诊楼均为地面 4 层、地下 2 层，综合楼地下 2 层，地上 6 层。项目由阳泉融盛投资控股集团有限公司控股，山西八建集团有限公司、山西建工集团有限公司以联合体形式作为社会资本方投资建设。（曹 菲）

【市第三人民医院改扩建工程】 2022 年 7 月 10 日，阳泉市第三人民医院（传染病定点医院）改扩建工程项目奠基开工。市三院（传染病定点医院）改扩建工程总用地面积 4.20 万平方米，总建筑面积 5.03 万平方米，计划投资 3.73 亿元，总床位由 630 张扩增至 810 张。主要建设项目是在原址新建 1 栋 19 层高层病房楼及 4 层医技裙楼，配备双电源供电系统和污水处理系统。其中，高层病房楼 1 至 4 层为手术、麻醉、静脉配置、血液透析、收费等业务用房，5 至 19 层为住院病房，设置床位 650 张；新建 6 层传染疾病楼，设置床位 160 张，1 层为发热、结核等门诊，2 层为门诊留观病房，3 至 5 层为传染病房，承载呼吸、结核、肝病 3 个传染性疾病防治科室，6 层为感染性疾病检测室。截至年底，项目完成施工区域北侧及东侧基坑支护桩旋挖和混凝土浇筑，自来水和下水管改造挪移进行建设中。（张小芳）

道路建设

【化义路南延工程】 2022 年 11 月 9 日，阳泉市化义路南延工程（城区段）开工。项目北起阳泉中环快速路，南至平定西外环，全长 2060.64 米，红线宽度为 25 米，投资估算 2.29 亿元。道路横断面采用单幅路布置形式，机动车道为双向四车道。工程实施内容包括道路、交通、排水、照明、电力及绿化工程。项目是建设化义路（南大街至阳泉一中西）的向南延续，形成市区到平定县的另一条重要通道，对分流义平路压力、增加市区至平定县通道和畅通学区交通意义重大。（李 俊）

【道路养护新工艺推广】 2022 年，阳泉市市政管理处推广新工艺新材料，提高道路养护效率和养护质量。在新华西街采用 SMC 薄层罩面技术维修路面 2158 平方米，具有施工快、

2022年7月,阳泉市城市管理局工作人员开展道路维修 (市城管局 供图)

强度高、耐久性好、黏附性强等特点,提高路面强度,改善道路平整度,延长道路使用寿命。桃北西街基层处理应用泡沫沥青混凝土材料,该材料路面强度高、抗疲劳度、抗水性好,碾压成型迅速,可缩短施工时间。南大西街二号隧道东侧路段人行道采用压花地坪工艺,以特制模具印制彩色图案,具有耐磨、耐压、止滑的效果及一体成型的特性。 (赵志文)

【道路设施病害普查治理】 2022年,阳泉市市政管理处开展道路设施病害普查治理,打通服务群众的"最后一公里"。对所辖市政设施及城矿两区建成区范围所有非小区内的道路设施及相应的临界通道开展集中病害普查,普查设施病害585处。截至年底,全部整改到位,对拥军路、南大街等多处小区物业井堵塞进行处置,对"1947文化园"对面商铺前通道等多处"三不管"地段且有碍创城市容市貌的设施进行维修,并铺设沥青路面。 (赵志文)

【道路设施提升工程】 2022年,阳泉市市政管理处开展道路设施提升工程。针对社会反映强烈的路面"凸起物"问题,开展专项清理整治活动,共对20余条道路上存在的206处废弃底座、膨胀螺栓、钢筋头等凸起物进行彻底清理;开展市政照明设施品质提升工作,完成泉中路38盏中华灯的升级改造及义泉街1号、2号隧道照明改造;以雨污分流改造工程及各管线单位掘路施工为契机,对油篓沟一巷、二巷路段人行道无障碍设施进行优化改造,共计改造无障碍设施20余处;对北大街、新建路、新华东街、南庄路五号桥段进行整体翻修,提升道路设施的品质。(赵志文)

【破路施工协调】 2022年,阳泉市市政管理处加强破路施工协调管理。加强市政道路施工现场建筑围挡的规范化管理,推行"建筑围挡一牌一条幅三公示",提升建设工地文明施工管理水平和整体形象。强化各管线单位协同作业,统筹协调各管线单位,做到同步安排施工计划,同步安排道路恢复,集中开挖,协同作业,避免重复封路施工,减少"拉链路"。同时,对接各破路单位,确保道路恢复及时,全年道路挖掘工程共恢复车行道3.27万平方米,恢复人行道4965平方米。 (赵志文)

公共交通

【城市客运】 2022年,阳泉市完善和优化公交线网结构。新开通"红8路"、37线路等6条公交线路,延伸18路等5条公交线路,延时2路公交线路运营时间,新增站点23个,6条阶梯票价线路实行一元票制,增设市政府等4处智能电子公交站牌,在高考中考期间对考生免费乘车。全年营运公里完成2631万千米,票款收入完成5606.13万元,客运量完成7537万人次。公交企业4户,从业人员2574人,车辆1059辆,其中新能源公交车978辆,清洁能源公交车81辆,新能源车辆占公交车辆总数91%。巡游出租企业15户,车辆2237辆,全部为纯电动车辆。(王九存)

【公路运输行业发展】 2022年,阳泉市共有省际市际客运班线企业2户,省际线路14条,车辆29辆;市际线路26条,车辆101辆;旅游客运企业4户,车辆214辆;普通货运业户3720户,车辆20759辆(含挂8038辆);危货运输企业14户,车辆400辆。公交企业4户,从业人员2574人,车辆1059辆,其中新能源公交车978辆,清洁能源公交车81辆,新能源车辆占公交车辆总数91%。巡游出租企业15户,车辆2237辆,全部为纯电动车辆。全市共有在册机动车维修企业142户;机动车驾驶员培训学校13所;道路运输从业人员培训机构5所;水路运输企业1户,运输船舶6艘;共享单车企业5户,车辆8900辆。城乡公交线路157条,覆盖郊区全域,通达平定;万人拥有公交车15.96标台,是全省平均数的1.8倍;城市居民年乘坐公交车次数突破200次,居全省第一;城市公交高峰

2022年10月1日,阳泉市公交"红8路"红色旅游专线开通运营

(市交通局 供图)

期运营时速达17.8千米/小时,城市公交满意度82.3%。开通"95128"电召平台运营服务,完成订单131万余个,实现打电话叫车。 (王九存)

【客运车配备便携急救包】 2022年4月22日,阳泉市交通运输局举办客运车辆便携急救包发放启动仪式。为全市旅游客运、农村客运、巡游出租车、公交车,发放3800套出行便携急救包,实现全市客运车辆出行便携急救包全覆盖。出行便携急救包内包括止血纱布、绷带、医用手套、破窗器、手电等20余种急救用品,同时根据交通出行应急需求,还配备急救设备和相关护具。客运车辆在行驶途中如遇突发情况及意外伤害,驾驶员可利用出行便携急救包紧急处置,补齐客运途中的应急救援短板。市交通运输局协调市红十字会对各客运企业从业人员开展急救包使用和应急救护技能培训,确保各客运企业有一定数量培训合格的红十字初级救护员,并督促企业建立健全急救包管理制度,指定专人负责维护管理,补充更新急救用品,宣传交通医疗急救设施信息,向乘客普及应急救护知识和自救互救理念。 (王九存)

【"红8路"专线开通】 2022年,阳泉市以弘扬红色阳泉为主基调,以宣传红色文化为导向,以公交车为载体,开通"红8路"专线。线路走向和车身设计以及沿线站点都突出红色元素设计理念。车体外侧绘有"红色领航、聚力发展"主题标语,车厢内悬挂国旗,车窗上部左右两侧风道上张贴系列主题宣传海报,展示阳泉市革命烈士纪念馆、七亘大捷遗址等多处红色景点以及革命历史故事。10月1日,首条"红8路"红色旅游公交专线正式运营,并在开通当日邀请市民免费乘坐,提高红色旅游公交专线知名度。"红8路"红色旅游公交专线从西峪口至铝氧厂,单程13千米,运行时长40分钟,日运营12趟次,共计20站。专线沿途有小河村(评梅故居)、"阳泉记忆·1947"文化园、中共创建第一城旧址、市革命传统教育学院等红色旅游景点。 (王九存)

【《阳泉市申报国家公交都市创建实施方案》通过评审】 2022年7月31日,阳泉市交通运输局组织专家召开《阳泉市申报国家公交都市创建实施方案》评审会。会议邀请省交通运输事业发展中心、交通运输部运输服务司、太原市交通运输局、贵阳市交通发展研究中心、宜昌市交通运输局等单位的5位专家参与评审。评审会采取线上、线下相结合的方式进行。会上,交通运输部科学研究院城市中心负责人介绍阳泉市申报国家公交都市项目背景,交通运输部科学研究院项目组向各位专家汇报《阳泉市申报国家公交都市创建实施方案》,各位专家结合国家公交都市创建标准及阳泉实际,发表指导性意见和建议。专家组一致认为,实施方案框架结构合理,内容完整,基本符合国家公交都市建设示范工程的相关要求,同意实施方案通过评审。作为全省唯一入选城市,被列为"十四五"时期国家公交都市建设示范工程创建城市。方案中明确要求,2023年至2025年,要完成体制机制、顶层设计、线网优化升级、公交运力保障、基础设施建设、城市公交提速、智能公交建设、交通需求管理、文明服务提升、城市绿色出行10大行动,45项具体任务和21项创建目标。 (王九存)

供 水

【城市供水】 2022年,阳泉市自来水有限责任公司主要生产经营指标总体平稳。全年销售收入完成1.53亿元,完成年计划的102.61%,比上年增长0.16%;产水量完成4354.91万吨,完成年计划的110.25%,比上年增长5.25%;东线产水量完成3623.24万吨,完成年计划的102.93%,比上年增长7.66%;西线产水量完成731.67万吨,完成年计划的170.16%,比上年下降5.24%;有效供水量完成3658.54万吨,完成年计划的105.13%,比上年增长5.66%;售水量完成3500.51万吨,完成年计划的102.99%,比上年增长0.62%;完成安全生产控制目标,全年重伤率和死亡率均为0。推进泉中北

路 DN200 供水管线敷设;连庄倒虹吸双 DN1200 供水管线改造完成对接二期管线敷设等工作，与二期管线碰头投入运行;完成杨家庄第六水厂一期、二期 DN1200 管道切换改造，为阳泉高新技术产业开发区、阳泉高新技术产业开发区东区、阳泉高新技术产业开发区工业园区提供供水保障；消火栓改造工程完成 80 余处;中电阳泉数字经济产业园(一期)项目供水工程、泉民开发(万达广场)钢管安装等工程高质量推进,验收合格率 100%。公司获市级"诚信经营 放心消费"示范单位称号。（费 敏）

【供水安全生产】 2022 年，阳泉市自来水有限责任公司树立安全发展理念,安全供水保持良好状态。落实安全生产主体责任和监管责任,制定从企业主要负责人到一线职工责任清单，构建企业安全生产主体责任体系。制定和完善有限空间作业等方面制度。建立完善隐患排查治理"一张网"信息化管理系统,通过自查自改自报实现安全生产动态分析、全过程管理。完善安全风险分级管控和隐患排查治理双重预防机制,健全风险防范化解机制。加强安全检查及隐患排查。完成涉及 4 大类、24 小类、652 件、3209 个数据的年度春检和防雷测试；全年共排查整改隐患 58 项；西诚公司整改各类隐患 300 余条,整改率 100%。加强水源地安全防控，加大安全生产资金、物资、技术、人员保障力度;突出生产区、办公区等重点部位安全监管;规范电气设备、易燃易爆物品使用存放;增配微型消防站 3 套、消防器材 80 余件,维检灭火器 520 余具。加强安全教育技能培训,开展"安全生产月""学规程、反违章、保安全"、安全知识网络竞赛等活动;组织消防、有限空间作业、液氯泄漏、全泵站停电、高水位运行、管道突发事件等专项应急演练。（费 敏）

【供水保障】 2022 年，阳泉市自来水有限责任公司供水保障能力全方位提升。准确处理避峰运行和供水保障关系,优化一、二期机组运行，完成元旦、春节、市党代会及其他重要时间节点供水服务，确保全市安全优质供水。制定完善供水管道管理、抢修应急预案等制度;完成各类阀门维护性启闭 2000 余次,检修阀门、排污、排气、消火栓 2100 余个，排除各类管道隐患 290 余次，完成各类抢修 300 余处，抢修及时率 100%;试用 2 台智能消火栓设备,配合消防队完成管辖范围 323 个消火栓的隐患排查和维护性启闭。启动供水防控应急预案，成立保障供水领导组，实行全公司人员最少化管理和在岗人员闭环管理，组建 3 支供水管道抢修队,保留部分网点对外服务,预留专项资金 50 万元,做好安全供水、抢修抢险、对外服务等供水保供工作。按照先易后难、先急后缓原则对市区老旧管道进行改造,解决北岭坡气居 14# 楼压力不足、南庄矿燕煤花园浊度大、泉中路部分地区二次供水压力不够等问题。利用娘子关二期输水干线改线停水机会修复连庄二期主供水管道；规范外单位管道施工 150 余次；发现并制止违规施工造成的杨家庄段和杏树坡等重大供水管道安全隐患。加强水质常规检测和全分析，水质综合合格率 100%;通过市疾控中心水质采测;参加第 16 次全国城镇供排水行业水质检测机构质量控制的水中砷和总硬度考核；通过省市场监管局水质硫化物和铅能力验证、实验室能力验证考核，获 CMA 认证证书；完成国家双随机监督检查和省卫健委对第四水厂的卫生督查;配合城市管理局完成盂县、平定县、郊区水质督查。（费 敏）

【供水重点工程建设】 2022 年,阳泉市自来水有限责任公司有序推进重点工程建设。城区老工业区老旧供水管网改造工程三标段 11 条道路管线实施扫尾工程,四标段进入全面施工;"三供一业"供水维修改造工程涉及企业 52 家 104972 户,工程基本完工,进入结算审计阶段;市生态新城供水一期工程设计招标、专家评审及规划许可等完成，相关用地事宜办理;娘子关供水二期工程进行决算审计;城市供水管线老化更新改造项目开展前期调研、可研编制等工作,完成批复立项;西上庄综合管网建设工程配套生活及生产应急备用供水工程敷设临时供水管线 1400 余米并实现供水,推进泵房施工建设;完成赛鱼段中水供应工程及路径规划设计,推进办理建设规划许可。（费 敏）

【龙华口调水工程及配套净水厂工程】 2022 年,阳泉市自来水有限责任公司参与龙华口调水工程及配套净水厂工程征地移民工作中移交管道用地 69.71 千米，占总长度的 91.31%,涉及两县(区)8 个乡镇、50 个村；泵站永久占地 16 宗 12.75 公顷(191.25 亩),全部完成。环保水保工程、水土保持监测等工作实施。推进龙华口调水工程配套净水厂前期工作，净水厂及管线选址获规划部门认可，项目选址纳入新编国土空间规划；净水厂和配套管网项目可行性研究报告编制完成，经市城市管理局报请市发改委待批；为落实工程建设资金来源，根据市政府安排，会同龙华口调水工程阳泉公司和北京大岳公司编制项目建设 PPP 项目方案,报送市城市管理局,待报上级相关部门批准。（费 敏）

【漏损管控】 2022 年,阳泉市自来水有限责任公司强化表务管理，推进水表周换和定期检定,强化"三供一业"、老旧小区、超期服役水表集中检定;明确对 39 块较大用户水表以半年为周期进行强制更换,每周实施跟踪管理;

更换故障频发的卡式水表累计2.26万块。针对郊区供水专线总分表差较大、相对独立、用户较少特点，尝试分区管理，委托流量计厂家进行专业分析、跟踪管理，取得阶段性成效；对市区的滨河线、开发区线、开发区东线3条相对独立的供水专线所涉及的供水片区进行集中大抄表分析，排除抄表周期较长对数据的影响；加强夜间用水低峰期管理表的跟踪管理，对总分表差较大片区重点测漏、重点排查、重点抢修。对用水量大、特种用水等重点用户重点监控、重点跟踪，将问题发现处理在萌芽状态。全年对全市7条主管线普查2次，小区普查1次，产权外小区普查1次，自查10次，实现全市管网测漏无盲区、全覆盖。采取分类管理方式开展供水稽查，定期排查特殊用户，对洗浴、洗车、饭店、工地、环卫、园林绿化等非居民用户进行每日巡检；对大用户及经营性用水户经营情况和用水状况进行甄别；加大对水量不符、水表误差、铅封异常、转供水等非法用水打击处理；对9800余户非居民用户分类管理，按照行业类别进行建档。全年检查沿街用户9700余户、供水设施1.02万处，检查各类水表7880余块、阀门2350余个、市政消火栓690余具、工地用水300余次。（费　敏）

【供水营销服务】 2022年，阳泉市自来水有限责任公司提升营销服务水平，将收费平台与微信对接，拓宽手机缴费功能，实现用户自动查询、自助抄表、信息变更等功能；利用现有资源，近3万块水表实现远程监控、远程抄收；完善营销数据可视化平台，实现相关数据实时监控和趋势分析。为满足平阳路附近新增用户用水服务需求，增设珍宝园便民服务点，提升服务效率；推进普表加装摄像头工作，累计安装7192块，手机抄收比例提高；在各营业网点公示服务内容、水价标准，增设临时母婴室、手机充电、公用电话、免费热水、志愿引导员等贴心服务项目，公司服务功能和人性化服务品质提高。年内，公司党员团员志愿服务队进入25个社区开展志愿服务，志愿抢修499次，开关阀门1130次，义务测漏490次，爱心服务15次，义务送水221车1768吨，惠及居民12092户。“智慧城管”“行风政风热线”等问政办理完成100余件，“随手拍”“12345”政务服务热线等平台办理问政800余件，办结率、满意率100%。营业部门紧盯抄表误差、水量纠纷、服务质量、跑冒滴漏等问题并予以化解；在部分小区实行业主“监督员”制度，提高排忧及时率。制定清欠制度，明确清费责任，对欠费用户进行分类，“一户一策”，制定方案；借助行政手段、法律手段等措施分批分类解决历史难题。全年累计收回历年拖欠水费393.04万元、污水费169.43万元、水资源税8.75万元、水资源费0.62万元。（费　敏）

供　气

【城市供气】 2022年，山西晋东华润燃气有限公司按照“保民生、保稳定、保重点”方针，成立冬季保供组织机构，做好燃气保供工作，确保日供气总量不低于65万立方米。供气管网设施覆盖区域为东至开发东区、西至旧街乡、南至平定、北至郊区荫营镇，日输配供气能力140万立方米，年最大日供气量超120万立方米。气源为华阳新材料科技集团有限公司提供的煤层气（瓦斯气），共有5万立方米储配站4座，储气能力20万立方米，调压站（柜、箱）近531座，中低压输配管线850千米，各类煤气用户29.3万户，拥有餐饮大灶、锅炉采暖、燃气空调等公共福利用户近2000户，耐火、陶瓷、陶粒砂、氧化铝等工业用户近20家。年内销气量1.88亿立方米，营业额1.58亿元。4月8日，与晋能控股煤业集团西上庄煤矿签约矿井瓦斯气购销协议，为西上庄气源项目推进提供气源保障，截至年底，完成项目立项、可研等工作，通气后将解决阳泉市未来20年居民及工商业用户供气不足问题。年内，公司落实灶前燃气自闭阀门、灶具连接用不锈钢波纹软管、带有自动熄火保护装置的燃气灶具“三项强制性措施”，涉及阳泉市城区、郊区、阳泉高新技术产业开发区等，具备安装条件的全部安装完毕。（张　挺）

2022年7月，山西晋东华润燃气有限公司工作人员开展输配管网及附属设施排查
（华润燃气公司　供图）

【燃气老旧管网改造】 2022年,阳泉市城市管理局组织城区住建局、山西晋东华润燃气有限公司、市政工程管理处、市交警支队等部门,协调配合开展燃气老旧管网改造维修。年内,30年以上燃气老旧管网改造82.2千米,完成总任务的100%;20—30年燃气老旧管网改造98.2千米,完成年度任务的100%,完成1万户改造任务。5月,山西晋东华润燃气有限公司启动老旧管网更新改造工程。工程以铺设新型PE管材为主,实现天然气置换煤层气,原煤气老旧管网逐步退出运行,实现冬季气源充足供应和安全运行目标。 (赵志文 段振江)

【智慧燃气建设】 2022年,山西晋东华润燃气有限公司加快推进智慧燃气建设,整合生产运营、综合APP等形成信息化管理系统,实现可视化数据管理、巡线、设备管理、应急抢修调度、智能用气分析、管网运行仿真、抄表收费、报建、呼叫、入户安检、综合展示、微信营业厅等全流程数智化管理。在第三届"9·15百尊滋润生活节品牌日",阳泉首家"百尊"生活体验馆投入运营,为燃气用户提供涵盖选购咨询、设计安装、安全使用、上门维修、定期安检等"一站式"专业服务,让客户沉浸式体验百尊产品性能优势,强化用气安全。打造"以客户需求为导向"的特色服务品牌,通过提升客户端安全保障水平、推广标准化客户服务、营业厅升级和拓展缴费渠道等举措提升客户服务水平和质量。在农行各网点和大型小区及其物业放置自助缴费终端机50余台,燃气用户通过微信、农行APP、自助终端机和营业网点实现便捷缴费。 (张 挺)

【燃气安全宣传】 2022年,山西晋东华润燃气有限公司开展进企业、进农村、进社区、进学校、进家庭安全宣讲活动。安检员、收费员走进家庭,进行一对一安全用气宣传,张贴"安全用气温馨提示"便利贴20万张;基层单位用户管理站工作人员开展进农村、进社区公共安全宣传30余次,在640余个小区、村委会悬挂公共宣传牌匾2500块;抄表员对工商业用户开展日常安全宣传,为2200户工商业用户张贴《安全用气须知》宣传海报。 (段振江)

【燃气安全排查整治】 2022年,山西晋东华润燃气有限公司制定并下发《城镇燃气安全排查整治工作方案》《关于开展安全生产大检查大整治大提升行动的通知》《城镇燃气安全整治"百日行动"实施方案》等文件,推动开展专项整治工作。开展储配场站设备设施排查整治,发现并及时整改各类隐患232项;开展输配管网及附属设施排查整治,排查治理各类隐患155项;开展客户端隐患排查整治,排查治理各类用户隐患2818处,并对商业综合体燃气用户进行全面进户检查,对没有安装报警器的餐饮用户下达隐患整改通知书。 (段振江)

【城镇燃气安全整治"百日攻坚"行动】 2022年,阳泉市城市管理局开展城镇燃气安全整治"百日攻坚"行动,督促企业整改问题隐患97个,吊销1家企业燃气经营许可证;开展燃气经营许可动态考核,对20家城燃企业安全生产运营情况进行年度考核;督促城燃企业、用气单位整改问题隐患2633项,安装燃气泄漏报警装置1350户,停业整顿城燃企业3家,处罚城燃企业25万元。 (赵志文)

供 电

【电力供应】 2022年,阳泉市电力供应负荷增幅较大,发电、用电量最大负荷149.5万千瓦,比上年升高13.5%。国网阳泉供电公司建立电力平衡风险预警机制,发挥电网资源配置平台作用,协同发电企业、社会各方确保电力可靠供应。完成"中共二十大""两节""两会"等保电任务,特别是"两节"期间全省唯一实现全域设备"零异常"、线路"零跳闸"。动态研判用电高峰,对全部"煤改电"家庭开展安全用电入户走访,确保人民群

2022年7月21日,国网阳泉供电公司员工到兴隆步行街天桥老夜市,对摊点商户进行安全用电检查 (国网阳泉供电公司 供图)

众温暖过冬。维护安全稳定大局。推动“安全隐患大排查大整治”和“安全生产专项整治三年提升”两个行动，组织电网试验、检修工作，阳泉电网平稳运行超过7700天。（曲丽峰）

【电力保障】 2022年，国网阳泉供电公司加大推动电网高质量发展的各项投入，为全市经济社会发展保驾护航。主动布局电网。对接全市“十四五”规划，紧跟发展需求修订全域电网规划，规划投资20.76亿元，较“十三五”增长84%。提前布局220千伏泉北和110千伏平定北两个电源点，满足高新区和平定开发区发展用电需要。服务新能源发展。推进盂县开关站220千伏工程、海落湾至白家庄220千伏线路改造工程，保障新能源足额消纳。推动配网升级。以供电可靠性为导向，持续扩投资、精管理、强电网，配网累计投入超过13亿元，配变平均停电时间从2021年同期的19.19小时降至2022年的8.69小时，比上年减少54.7%。配网线路停运次数、配变平均停运时间比上年下降40.45%和52.12%。服务乡村振兴。投资561万元，对口帮扶的平定小川村电网得到全面更新，偏远地区供电能力持续提升。（曲丽峰）

【供电服务】 2022年，国网阳泉供电公司采取一系列措施向客户提供贴合实际需要的供电服务。建立市、县两级领导包片责任制，收集客户用电需求，受理“三个一批”报装（政府层面的开发区“签约一批、开工一批、投产一批”项目到供电企业报装用电）申请44项，送电39项，其余均答复供电方案。全省首家下放业务扩展项目权限，用户接入时间缩短4个工作日。全面落实“三零”（小微企业办电零上门、零审批、零投资办电服务）“三省”（大中型企业办电省力、省时、省钱办电服务）举措，实现160千伏及以下小微企业低压接入全覆盖。推动延伸电网配套投资政策落地，业务扩展配套电网工程为客户办电降本让利3500万元。落实国家市场化电价改革政策，推进代理购电，阳泉4.3万户工商业客户全部进入电力市场，确保电价红利足额传导至客户。与社区网格融合联动，电力网格经理加入社区网格1527个，植入“泉小电”智能客服，满足百姓用电需求。建成新泉、虹桥等4个智慧无人营业厅，实现缴费、过户等简单服务3分钟办结，复杂服务限时办结。执行供电服务“十项承诺”，保持9个月“零投诉”，投诉数量全省最低。（曲丽峰）

【电力助推新型产业发展】 2022年，国网阳泉供电公司聚焦智慧能源数据中心建设和电动汽车产业发展两个突破点，助推全市“国家资源型经济转型综合配套改革试验区”建设。推进智慧能源数据中心建设。对接政府部门、能源企业了解诉求，重点能耗、行业发展等9个场景交付试运行，“碳排放监测”和“智慧税务监测”两个场景完成基础建设，能源数据中心用房项目封顶。服务电动汽车发展。助力“现代综合交通运输体系建设”，推动公共充电设施布局规划落地，完成市政府充电站、阳泉服务区、盂县南服务区24个老旧充电桩升级改造任务，满足各型车辆充电需求。稳步推进“新能源+电动汽车”协同互助能源建设，引导用户参与需求响应，度电使用价格降幅为0.01元。（曲丽峰）

供　热

【城市供热】 2022年，阳泉市热力有限责任公司有可用热源7个，规划设计供热能力为5600万平方米，供热面积约4300万平方米，供热范围覆盖城区、郊区、矿区、阳泉高新技术产业开发区及平定县，用户总数突破39万户。下辖热力站371座、隔压换热站6座、加压泵站5座、调峰热源厂1座，市区热电联产供热普及率97%。公司紧扣服务主线，利用客户服务热线和标准化服务网点推进便捷服务，做好用户电话咨询、解释、协调派单工作，在全市范围内636个小区公布927块网格员服务公示牌。发展新增业务，新增供热面积56.11万平方米。整治供

2022年7月22日，阳泉市热力公司工作人员在桃北东街老旧管网一次网改造现场进行接口保温作业　（市热力公司　供图）

热市场，发挥稽查职能，对违反《阳泉市集中供热条例》等违法违规用热行为下达通知书责令整改，拒不整改的移交市城管局相关部门处理，促成联合执法形态。启动2022年“排忧行动”再深化活动，梳理和排查服务群众方便快捷办事、安全稳定供热等重点领域存在的问题，解决供热用户急难愁盼问题300余处，投入资金200余万元。年内，公司被山西省企业联合会和企业家协会联合授予“优秀企业”“山西省服务业100强企业”称号。 （陶小华）

【“三供一业”供热改造及质量提升工程】 2022年，阳泉市热力有限责任公司开展“三供一业”供热改造及质量提升工程，完成市区(山西汽运集团阳泉汽车运输有限公司、阳泉恒丰精细化工有限公司、阳泉电器厂有限责任公司、山西晋东化工厂)和华阳区域(一矿、二矿、三矿、工程处、机关、大阳泉北苑)的供热改造与质量提升。工程于5月14日开工，11月22日全部完工。全年完成一次网改造1431×2米，更换阀门28台，管道拆除及保温2928米；二次管网改造6017×2米(华阳集团5579×2米、市区438×2米)，管网保温更换1464×2米；完成户内改造779户(华阳集团671户、汽运集团108户)，涉及10个小区，21栋楼，50个单元；完成57个换热站监控设备的安装、调试及验收。年内累计完成为民办实事386项，完成维修改造投资约2595万元。结合移交企业和清算政策要求，强化部门联动，共完成8家移交企业清算及竣工决算工作。 （陶小华）

【老旧管网供热改造工程】 2022年，阳泉市热力有限责任公司开展老旧管网改造工程，对原有老旧管网和换热站内老旧供热设施进行更换。工程于6月10日开工，9月30日完工，年内共完成一次网管径DN200–DN800供热改造4×2千米，二次网管径DN25–DN350改造11×2千米，热力站设备改造29台，阀门改造277台，完成投资4200余万元。截至年底，共完成一次网改造单线长度9千米，二次网改造单线长度22千米，热力站设备改造55台，阀门改造895台，共完成工程投资估算8800余万元。 （陶小华）

2022年3月，桃河中水管网工程建设现场 （市住建局 供图）

污水处理

【中水回用】 2022年，阳泉市污水处理厂处理原水1900万吨，出水水质合格率100%。中水回用886.1万吨，向桃河公园供应景观用水785.8万吨，向河坡电厂供应再生水72.8万吨；热力供水27.5万吨，中水回用率51%；实现再生水销售收入750万元，其中河电售水收入450万元，热力公司售水收入300万元。向中环洁、宏大公司供应中水用于城市路面喷洒和植被灌溉，有效提高中水回用率。 （赵志文）

【污水处理多点增温提效工程】 2022年11月，为应对冬季水温下降污水处理困难问题，阳泉市污水处理厂启动多点增温提效工程。该工程包含站房工程、管线工程、泵站工程和远程电气控制工程等内容，总投资52万元。截至年底，工程方案、设计以及招标工作均完成，中标企业进场施工。 （赵志文）

【桃河中水管网工程项目】 2022年，桃河中水管网工程项目完成投资1亿元，累计完成投资1.2亿元。截至年底，完成8.9千米管网敷设。其中，ZA段乱流一级泵站至二级泵站全长7646.8米，因一级泵站乱流厂区未征地，厂区内230米暂缓施工，完成施工7416.8米，土建完成井20座，其中7座井完成设备安装；ZB段二级泵站至五渡大桥段全长1900米，完成施工1300米，土建完成井8座，赛鱼桥至西上庄泵站施工200米；二级中水泵站中水池土建部分施工完成，四周回填土及池顶覆土完成，进入设备安装阶段。10千伏李白线、阳白线59#改迁工程完成，施工泵站配电室等设施。 （赵志文）

城市绿化

【园林城市复查准备】 2022年，阳泉市园林管理处推进国家园林城市复查准备，围绕4大类18项指标24项考核内容，制定《2023年阳泉市国家园林城市复查工作实施方案》，开展复查各项指标现状摸底和差距分析，完成前期方案设计、规划选址等工作。实施红色领航战略，完成"百团大战伟大抗战精神红色教育综合体"项目前期策划和设计沟通、投资方案探讨等系列工作，配合市委党校征用改建旧纪念馆（原添翠楼）事宜，配合完成南大街红色主题大道绿化方案设计。推进7个创建全国文明城市点位完善工作，完成城市中心公园等标杆点位及线路打造；新增公益小品6座、宣传栏31个，更新增设各类公益广告宣传设施325处，对学雷锋志愿服务站等提升完善。（赵志文）

【园林绿化】 2022年，阳泉市园林管理处用好季节时间段，推进园林绿化建设。推进桃河两岸景观提升，以"百里桃花园 月季伴阳泉"为思路，在桃河公园组织实施"百里桃花园"景观提升项目（一期），种植各类桃树1900余株。推进重大节日花坛布置，国庆期间，在南山公园、桃河公园、城市中心公园等处设置花坛花境。其中，南山公园北门景观花坛采用各类绿植、景观花卉共计1万余盆。对重点区域、路段时令花卉进行更新，确保花坛色彩丰富、花期较长。推进抗旱保绿和病虫害防治。到基层开展绿地旱情、病虫害情况调研并制定相应措施。通过调整浇水作业时间、丰富浇水手段、运用抗旱技术等方式，确保绿地苗木平稳度旱。在直管绿地日均投入水车30余台次，启用自动灌溉系统200余处，日均浇水2000余吨。开展绿地补绿和大树修剪。推进义平路绿地恢复，在义平路绿地损毁路段补植卫矛1161平方米、鸢尾4028平方米、金叶榆13株、红叶李48株；实施洪城北路道路绿化种植项目，栽植行道树230余株，种植高杆太阳李、高杆金叶榆球等彩叶树种330余株，种植绿篱、地被1300余平方米；组织开展街道行道树整形修剪，消除大树安全隐患，提升城市街景效果。强化绿化监督管理。加强辖区内绿地绿化养护和毁绿占绿情况监督检查，全年4起毁绿占绿案件均及时制止并移送城管执法处置；征集市民建议，全年接收数字城管下派案件结案987起，接收随手拍问政55件办结，接收"12345"问政106件办结。（赵志文）

【园林管养】 2022年，阳泉市建成区绿化覆盖面积为2667公顷，建成区绿化覆盖率为44.7%，公园绿地面积为739公顷，人均公园绿地面积12.32平方米。为巩固阳泉市国家园林城市创建成果，确保通过复检，市城市管理局提前谋划，对阳泉市园林绿化现状和存在问题进行摸排，对照复检指标体系梳理短板弱项。（赵志文）

【"口袋公园"建设】 2022年，阳泉市城市管理局按照省、市关于全面推进高质量城市公园体系建设、重点推进百姓身边的"口袋公园""小微绿地"建设要求，以建成区为重点，新建3个、提质改造5个"口袋公园"，新增绿地面积5.72万平方米，改造绿地面积8.31万平方米。"口袋公园"是面向公众开放、规模较小、形状多样，具有游憩功能的公园绿化活动场地，面积一般在400平方米至10000平方米。新建的3个"口袋公园"项目为辛兴互通绿化恢复工程项目、义井西大街西口游园建设项目、古井遗址公园建设项目，建设面积分别为4.7万平方米、2200平方米、8000平方米；提质改造的5个"口袋公园"为蒙河游园、黄石板公园、体育馆东侧绿地（行健园）、义井桥头绿地（友谊园）、太行公园，建设面积分别为4500平方米、2.07万平方米、2600平方米、1200平方米、5.41万平方米。截至年底，由市园林管理处实施的蒙河游园改造提升项目、黄石板公园改造提升项目、辛兴互通绿化恢复工程项目基本完工；由城区实施的义井西大街西口游园建设工程、义井桥头绿地（友谊园）改造提升项目、体育馆西侧（行健园）改造提升项目均完成总体工程量的90%；由矿区实施的太行公园改造提升项目完成总体工程量的80%；由阳泉高新技术产业开发区实施的古井遗址公园建设项目办理前期手续。（赵志文）

城市管理

【数字化城市管理】 2022年，阳泉市数字化城管信息系统采用"一级监督、两级指挥、三级考评"管理模式，把城区、矿区、郊区（部分）、阳泉高新技术产业开发区及34个职能部门纳入数字城管监督指挥平台。对建成区46平方千米范围内的城市部件进行普查，1.65万个部件全部在系统后台进行部署。精准划分为1077个单元网格、30个责任网格，建成区城市部件网格化、精细化管理。年内，主动采集处置各类城市管理案件4.11万件，结案3.89万件，结案率94.65%。（赵志文）

【城市管理综合行政执法改革】 2022年，阳泉市级城市管理综合行政执法力量全部下沉，城区、矿区12个街道（乡镇）全部进驻执法队伍，在全省率先实行城市管理综合行政执法力量进街道（乡镇）、到社区，打通城市管理"最后一公里"，实现市级调配力量、县区属地统筹有机结合。开展城市管理综合行政执法队伍能力提升"百日行动"，解决执法队伍思想作风、工作作风、执法能力等方面问题，分3批组织300余人开展行政执法专题培训，推动城市管理执法工作法治化、规范化、科学化。年内，共出动执法人员约6万人次，开展集中整治行动100余次，有效整治问题1.2万余个；共立案查处

各类违法违规问题313起，共处罚款1036.3万元。（赵志文）

【城市管理执法】 2022年，阳泉市城市管理局对辖区进行精细化管理巡查，全年累计出动执法人员8.3万余人次，执法车辆1.8万台次，开展集中整治行动300余次，开展夜查200余次，共取缔流动占道摊点6000余处，规范整治门店“伸舌头”4500余处，清理“牛皮癣”、小广告1.5万余处，清理乱扯乱挂、乱堆乱放及卫生死角270余处，督促更新破旧广告336处，拆除条幅2125条，暂扣作业工具约210件，整治“十乱”（乱贴乱画，乱泼乱倒，乱拉乱挂，乱搭乱建，乱停乱放）问题2万余个，辖区市容和环境卫生得到提升。（赵志文）

【环境卫生综合整治】 2022年，阳泉市城市管理局组织协调辖区城管执法、环卫、住建、社区共同参与环境卫生综合整治工作。针对城市建成区市政设施、园林绿化责任主体和管理部门多现状，牵头抓总、统筹协调。截至年底，共维修市政道路9600余平方米，疏通排水管网1350余米，清挖各类排水井2720余座，维修及改造路灯4640余盏次；日均修剪行道树762余株，日均修剪绿篱、草坪17.5万平方米；补植行道树133株，补植绿篱2.15万株，补植地被1848平方米。（赵志文）

【医废清运处置】 2022年，阳泉市通过调整人员，组建党员先锋志愿者队形成清运队伍，增加车辆清运频次，解决医疗废物清运能力不足问题。市医废处置中心执行三班倒制度，医废处置采取焚烧+微波生产线24小时不间断生产。采购1台日处理能力10吨的微波处理设备，日处置能力由原来的10吨/日提高至20吨/日，保证医疗废物及时有效无害化处置。（赵志文）

【城建管理】 2022年，阳泉市住房和城乡建设局履职尽责，推动全市住房和城乡建设工作再上新台阶。制定印发《关于阳泉市促进房地产业良性循环和健康实施意见》，推进房地产市场良性循环健康发展。提前超额完成住房保障工作目标任务。完成《阳泉市物业管理条例（草案）》起草工作；开展建筑业提质行动，完成新增一级资质建筑业企业1家的目标任务；成立阳泉市物业行业党委，开展“红色物业”创建工作；实施城市更新建设，开工实施142个老旧小区改造项目和21个既有住宅加装电梯项目。化义路南延项目开工建设；巩固拓展脱贫攻坚成果，完成54户农村危房改造任务，4座建制镇污水处理设施实施，7个传统村落被列入第六批中国传统村落保护名录；开展住建领域安全生产监督管理和经营性自建房安全专项整治工作，全年无重大安全事故发生。（李 俊）

【城市管理提质增效】 2022年，阳泉市围绕“精细化、个性化、信息化”城市管理总目标和阳泉市创建全国文明城市工作总要求，推进城市精细化管理、改善人居环境、提升城市品位。开展国家园林城市复查工作，通过现状摸排、实地调研、找出差距、明确任务，制定《2023年阳泉市园林城市复查工作实施方案》，并经市政府常务会、市委常委会研究通过，与相关规划设计部门配合开展阳泉市城市遥感测评、各项规划编制、各项前期设计等基础工作。市城市综合管理服务监督指挥中心发挥采集员及时发现、采集、上报城市管理问题优势，将每日上报的100余件城市管理问题派遣至相关部门进行处置，全年共受理各类城管案件4.51万件，应结案件4.27万件，结案4.04万件，结案率94.68%，提升城市管理智能化水平。开展“排忧行动”，围绕市政公用行业监管、城市管理综合行政执法、市容环境生活整治、城市管理重点项目建设等领域，共接到并解决群众反映问题线索610件。解决因宏图楼多年污水外溢至保晋公园影响居民日常出行、月亮湾小区东侧污水管网坍塌致使台阶受损、新华西街二区污水管网破裂等9件难题，提升城市治理能力和为民服务实效。市城市管理综合行政执法队优化办理流程，明确随手拍案件实行“首接负责”机制，年内共受理随手拍平台派发案件267件，办结267件。根据市政府办公室《关于印发〈国家节水行动阳泉实施细则〉的通知》要求，经市委编办批准，成立阳泉市城市供水节水服务中心，为正科级财政拨款事业单位，负责阳泉城市供水节水工作。（赵志文）

【自建房安全专项整治】 2022年，阳泉市住房和城乡建设局开展自建房安全专项整治行动，共排查自建房2.59万栋，其中经营性自建房6878栋，其他自建房1.90万栋。推进整治销号工作，阳泉市存在严重或一定安全隐患的经营性自建房共588栋，完成整治销号房屋417栋，整治率70.92%，整治信息录入率99.83%。（李 俊）

（责任编辑：韩 冰）

脱贫攻坚成果巩固

【阳泉市巩固拓展脱贫攻坚成果同乡村振兴有效衔接领导小组成立】 2022年，阳泉市成立巩固拓展脱贫攻坚成果同乡村振兴有效衔接领导小组，围绕“两不愁三保障”（两不愁指的是不愁吃、不愁穿，三保障指的是义务教育有保障、基本医疗有保障、住房安全有保障。）和饮水安全有保障，明确任务清单、措施清单、责任清单和时序清单100余份。 （王路瑶）

【防返贫动态监测与帮扶】 2022年，阳泉市脱贫人口人均纯收入1.23万元，比上年增长17.7%。纳入动态监测686户1528人，动态监测6.4%，高于全省平均水平。精准识别，认定对象。建立完善脱贫人口数据监测体系，明确6500元的防返贫监测底线，设置5400余名网格员和705名市县乡村信息工作人员，采取数据比对、农户申报、走访排查3种途径，核实监测对象信息4361条。精准帮扶，确定措施。健全完善农村低收入人口常态化帮扶机制，定期研究落实有关农村低收入人口常态化帮扶的政策举措。通过产业帮扶、就业帮扶、兜底帮扶、保险帮扶、社会帮扶等措施，落实帮扶措施1607条，户均2.3条，消除风险户335户723人。规范退出，严控过程。“一户一档”建立工作台账，准确记录识别、帮扶、退出全过程。核实核准数据，确保监测户线上线下数据一致。履行退出程序，定期回访，确定无新增风险，守牢不发生规模性返贫底线。 （王路瑶）

【驻村帮扶】 2022年，阳泉市开展排查反馈问题整改行动、农村人居环境整治行动，走访入户、识别纳入动态监管行动，执行“五天四夜”驻村制度，完善落实考勤、请销假、工作报告、纪律约束、召回等管理制度，全年开展政策宣传、素质提升培训34期1915人次，编印资料1.5万册，约谈召回6人。市级财政为市派工作队落实生活补贴及工作经费199万元，投入帮扶资金2000万元以上。市县帮扶单位到村调研督导315次，召开专题会议98次，解决具体问题150个。 （王路瑶）

【托底帮扶】 2022年，阳泉市坚持“常态化比对、动态化监测、精准化帮扶”，明确6500元的防返贫监测底线，核实监测对象信息4361条，纳入动态监测686户1528人，动态监测率6.4%；落实帮扶措施1607条，户均2.3条。消除风险户335户723人。完成搬迁住房不动产登记668套，以工代赈带动群众就业1720人、脱贫劳动力就业1.14万人、省外务工就业1988人，实施带农益农项目385个，实现脱贫村产业发展项目全覆盖76个。全市脱贫人口人均纯收入1.23万元，比上年增长17.7%。

优化乡村基础教育布局。新改扩建小学17所，初中18所，完成寄宿制学校改造18所。落实义务教育控辍保学，排查学生11.38万人，排查覆盖率100%，送教上学119人。其中脱贫人口7人，实现义务教育阶段无一人失学辍学。发放资助金1435.62万元，资助困难学生2.05万人。

优化健康帮扶措施。全市进一步优化医疗帮扶政策，城乡居民参保人数81.7万人，整体参保率97.55%。其中动态监测对象618人；农村低收入人口（含低保、特困供养人员）4.02万人。实施乡镇卫生院、村卫生室项目改造48个，完成投资250.95万元，76个脱贫村卫生室全部达标，运行维护费提高到每年1200元以上。

推进农村供水工程维修养护。全市投入养护资金697.8万元。编制《阳泉市巩固水利扶贫成果同乡村振兴水利保障有效衔接工作要点》，实施农村供水设施项目102个。投资178万元改造30处供水设施管网，解决了7个乡镇35个村的季节性缺水和4个乡镇15个村的供水管网冻结问题。（王路瑶）

【易地搬迁后续扶持】2022年，阳泉市制定出台《阳泉市易地扶贫搬迁安置点专项排查行动方案》《阳泉市2022年易地扶贫搬迁安置点乡村治理专项行动方案》《阳泉市易地扶贫搬迁安置区“五好社区”创建活动指导意见》，围绕安置区实际入住情况和基础设施配套，对7个集中安置点进行专项排查。其中，平定县鹊山移民安置社区建立健全组织体系、治理体系、服务体系，形成对搬迁农户的向心力。郊区开展“以强带弱、并村帮扶”模式，开展易地扶贫搬迁和并村两种模式同步发展，全面实现社区融入。全市668套搬迁住房全部完成不动产登记。搬迁脱贫劳动力1228人，务工就业965人，就业率78.6%，实现有劳动力搬迁户至少一人稳定就业。（王路瑶）

【脱贫人口稳定增收】2022年，阳泉市脱贫劳动力就业形势保持稳定，全市脱贫劳动力1.52万人中，实现务工就业1.13万人，完成年度目标任务的107.58%。年内，全市脱贫人口人均纯收入1.23万元，增长17.7%，增速全省排名第一。（王路瑶）

【财政帮扶脱贫人口】2022年，市级财政安排资金7000万元，比上年增加1600万元，整合涉农资金4.14亿元，推进小额信贷，完成投放5535.2万元，占年度任务的110.7%；推进光伏帮扶，因地制宜设置公益岗位，落实收益分配公示公告制度，抓运营维护提升，全年实现发电收益257.87万元，完成目标任务的123.38%。（王路瑶）

【脱贫人口住房保障】2022年，阳泉市推进消费帮扶，借助农民丰收节、大型农产品展销等活动，完成消费帮扶金额3706万元；实施平定县杨家沟、盂县骆驼道、城区小河等省级乡村振兴示范创建项目10个，涉及财政资金7400万元。截至年底，完成工程进度的96.2%。实施市级乡村振兴示范创建项目10个，涉及财政资金1500万元。（王路瑶）

农村改革

【农村土地制度改革】2022年，阳泉市通过全程托管、单环节托管、整村代管，全市农村土地生产托管面积3.35万公顷，比上年增加5333.33公顷。平定县成为全省试点县。通过自行复耕复种、委托代耕代种、土地流转等方式减少撂荒地2800公顷。109个集体经济组织按股分红5920万元，8万多名群众人均受益740元。平定、郊区建成农村集体财务、资源交易管理数字化平台。全市农村集体经济总收入4.8亿元，其中经营性收入2.4亿元，集体经济年收入百万元以上的村114个，集体经济年收入10万元实现全覆盖，提前完成“百万百村，十万清零”目标任务。郊区实行“五有五建”（有核心建组织、有主体建队伍、有平台建载体、有规范建程序、有监督建网络）的乡村治理实践路径，其典型经验刊发在《乡村治理动态》2022年第42期；平定县甘泉井村、盂县泥河村、郊区固庄村入选全国乡村治理示范村，郊区、平定县冠山镇、盂县郭家坪村入选全省2022年度乡村治理试点县和示范村镇。（李晓东）

【农业社会化服务改革】2022年，阳泉市生产托管服务组织324个，托管服务对象7.49万户，全年指导性任务完成3.35万公顷，其中高标准农田生产托管12.07公顷，撂荒地整治生产托管1400公顷，耕种防收托管服务面积10.92万公顷。

出台服务改革政策　为进一步贯彻落实全省生产托管实施意见，出台《关于深化农业生产托管的实施意见的通知》《阳泉市农业生产托管市级示范服务主体评定与监测办法（暂行）》等政策，每年开展一次市级生产托管示范主体评选。

建立生产托管服务平台　鼓励三个农业县区为生产托管主体提供技术培训、业务指导、政策宣传，开展信用评价，为解决会员融资、担保、保险等需求提供增信和沟通协调等服务。平定、盂县、郊区分别成立生产托管服务协会。

推荐生产托管示范主体　平定县被评选为全省农业生产托管高质量发展试点县；根据县级推荐、市级复核评审、省级评选公示，盂县顺泽农机服务专业合作社被评选为省级生产托管示范主体；山西沃北农业科技有限公司托管案例被省农业农村厅推荐为全国案例。（杜艳芬）

【农村基本经营制度巩固完善】2022年，阳泉市在总结完善郊区二轮延包试点工作的基础上，继续扩大试点范围。全市共有2县4乡4村承担第二轮土地承包到期后再延长30年试点任务。其中国家级试点1个，为平定县张庄镇西城村。省级试点3个，为平定县冠山镇西锁簧村、石门口乡桥头村，盂县孙家庄镇王炭咀村。试点任务涉及1047户承包农户、承包地面积393.79公顷。年内，国家试点西城村签订土地承包合同105份，确认家庭承包耕地28.24公顷，预留集体机动地面积1.56公顷。土地经营权证书全部打印完毕，经县级政府审核盖章后发放。省级试点平定县西锁簧村、桥头村，盂县王炭咀村完成清查摸底、调查测绘、核实确认等工作。（杜艳芬）

【农村集体产权制度改革深化】 2022年，阳泉市开展农村集体资产年度清产核资，共清查核实集体资产167.3亿元，资金13.7亿元，集体土地总面积40.68万公顷，集体农业用地面积31.97万公顷，建设用地2.71万公顷。确认集体经济组织成员63.3万人。在盂县推进农民持有集体资产股份权能有效实现形式，制定出台集体经济组织股权继承赠与、有偿退出、交易管理等制度规则，对农民持有集体资产股权继承和退出的条件、程序、权利、义务作出明确规定，在全市率先形成一批制度性成果，逐步健全农村集体产权制度的政策体系。加强农村集体资产监管。以现有集体资产监管及产权流转交易平台为基础，整合集体“三资”（资金、资产、资源）底账、财务收支流水、产权交易变动数据，推动资产运营监管、财务审计监督、产权交易鉴证同平台运行；推进农村集体“三资”管理贪腐问题专项整治工作，汇总审核上报县、乡、村集体资金、资源、资产、债权债务、“清化收”、监管机构、制度、问题等198项统计数据。 （杜艳芬）

【农村集体经济改革】 2022年，阳泉市级层面成立工作专班，形成市级抓总、县级主导、乡镇负责、各村主抓、多部门联动的“4+N”组织领导体系。6月8日，全市出台《关于发展壮大新型农村集体经济促进农民农村共同富裕的若干措施》等“1+4”文件、《发展壮大新型农村集体经济三年行动计划》和《关于做好2022年全面推进乡村振兴重点工作的实施意见》，制定《决战决胜2022年村级集体经济“百村百万、十万清零”攻坚工作实施方案》。截至年底，完成村级集体经济10万元以上的村全覆盖。 （史立新）

乡村产业

【三产融合发展】 2022年，阳泉市打造“1+10+100”（“1”是市政府和山西农业大学共建山西农业大学阳泉富硒产业研究院；“10”是建设十大富硒农业产业试验示范基地，形成富硒杂粮、富硒水果、富硒油料、富硒薯类、富硒蔬菜、富硒药茶、富硒禽蛋、富硒猪肉、富硒醋、富硒酒等十大类别富硒产品全产业链体系；“100”是培育100个以上的富硒农业产业经营主体）富硒农业全产业链，培育富硒农产品省级以上龙头企业6个，认证富硒农产品52个。年内，省级龙头企业29家，农民专业合作社增加378个，增长15.7%。平定县嘉禾种植专业合作社和盂县晟睿种植专业合作社被评选为国家级农民合作社示范社。家庭农场增加156家，增长52.7%。建成省级农业产业化示范联合体11个，培育富硒杂粮、猪肉、核桃全产业链3条。 （李晓东）

2022年5月，阳泉市郊区南沟村特色农产品蜂蜜展示 （市委组织部 供图）

【产业振兴】 2022年，阳泉市实施重点农业项目建设32个，前三季度一产固定资产投资完成8.12亿元，增速14.5%；使用财政衔接资金9889万余元扶持产业项目230个，覆盖全市76个脱贫村。通过脱贫户参与经营、收益分红等形式，促进脱贫人口增收；认定市级帮扶主体32家，涉及富硒农业、药茶、养殖、农产品深加工、乡村旅游等特色产业，有效带动3627户脱贫户增收；认定就业帮扶车间31家，吸纳脱贫劳动力务工就业317人；省级龙头企业29家，农民专业合作社346个，比上年增长14.4%，家庭农场156家，比上年增长52.7%。 （王路瑶）

【“红色＋乡村”产业融合示范项目】 2022年，阳泉市完成“红色＋乡村”产业融合示范项目18个，总投资4.59亿元，完成投资1.39亿元。截至9月底，产业融合示范项目全部完工，一半以上项目进入试运营，销售收入3000万元。“红色＋乡村”产业旅游新业态与阳泉自然条件、民俗文化等融合，形成“红色＋乡村产业振兴”“红色＋休闲”联动发展模式，并通过联动发展与“一村一品”（一个地方主要发展一个主导农产品或者产业）相结合的方式，多措并举推动乡村特色产业有序发展。 （李晓东）

【绿色有机地理标志农产品认证】 2022年,阳泉市绿色食品认证企业27家,产品41个。其中,平定县13个主体,22个产品;盂县13个主体,18个产品;郊区1个主体,1个产品。品类有粮食、水果、蔬菜、干果、茶、蜂蜜等6大类;有机农产品认证企业3个,16个产品。其中,盂县的谷味天13个产品,山西佳珍粮业有限公司2个产品,山西冠霖农业科技有限公司1个产品;农产品地理标志认证4个,分别为平定的西回小米、荆花蜂蜜、盂县的仙人红薯、冠山连翘茶;有机旱作晋品3个,分别为山西冠霖农业科技股份有限公司、山西乐蜂园农业科技有限公司、山西绿野食品有限公司;全国名特优新农产品4个,分别为平定连翘茶、平定黄瓜干、平定小米、平定黑小米;省级功能农产品5个,分别为"延年翘"连翘茶、"桃河谷"黑小米、九州香富硒小米、"艾之冠"艾条、"富艾香"艾草纯露;市级区域公用品牌3个,分别为阳泉蜂蜜、平定冠山连翘茶、平定小米。供深基地2个,分别为山西晋婆婆农业开发有限公司、山西冠霖农业科技有限公司被认定为山西供应深圳农产品基地;富硒产品认证中,22家主体的52个产品通过富硒产品认证,品类涉及杂粮、薯类、蔬菜、水果、茶、禽蛋、蜂蜜等。 (李晓东)

【富硒农产品认证与示范基地建设】 2022年,阳泉市从产品研发、品牌建设、市场培育、金融支持等方面对富硒生产企业进行帮扶,推进富硒农产品研发,推动加工企业做大做强。利用杂粮、油料、马铃薯、蔬菜、水果、药茶、禽蛋等开展试验示范,建设一批试验示范基地,形成专业生产技术标准。九州香、晋婆婆、佳珍等企业完成富硒杂粮基地建设1000公顷,建成山西福旺轩富硒油料基地333.33公顷,平定宏丰富硒马铃薯基地66.67公顷,郊区三畀、盂县玉宝合作社富硒水果基地33.33公顷,平定甘泉井、郊区亿源富硒蔬菜基地10.67公顷。平定冠霖、春味,盂县益林富硒药茶基地266.67公顷。平定甘泉井、城区龙飞禽业以富硒区玉米为饲料,开展富硒禽蛋试验生产,山西益林中药材的连翘叶茶,山西佳珍的小米、高粱、土豆,矿区利阳的五谷粉,亿源蔬菜、西头岭土豆、四通祥杂粮、晋婆婆小米等52个产品完成富硒认证。 (李晓东)

2022年,阳泉市"中国农民丰收节"上展出的富硒农产品

(城区党史研究室 供图)

【4村获评省村级集体经济发展"十佳村"和"先进村"】 2022年2月13日,阳泉市在县级推荐、市级初选的基础上,经省级复核、网上公示,阳泉市郊区平坦镇桃林沟村、平定县娘子关镇娘子关村被评定为山西省2022年度村级集体经济发展"十佳村",城区义井镇河下村、平定县岔口乡甘泉井村被评定为山西省2022年度村级集体经济发展"先进村"。(李晓东)

【山西农业大学阳泉富硒产业研究院揭牌成立】 2022年6月17日,山西农业大学阳泉富硒产业研究院揭牌成立。研究院下设综合管理部、科研部、加工产业发展部、种植业发展部、畜牧业发展部和市场营销部6个部门,主要聚焦富硒产业发展课题,开展特异种质资源繁育、富硒作物标准化生产、分级化认证、系列化开发等试验,组织专业技术团队开展适合富硒区种植的各类作物标准化关键技术研究与示范。通过无人机植保、人工授粉、种子低温贮藏等一系列科技手段,山西农业大学阳泉富硒产业研究院特异种质资源繁育基地对51个本地特异品种开展抢救性繁育,进一步丰富富硒农产品品类,明确富硒农产品质量等级,助力阳泉富硒农业产业走稳特色路、打好功能牌。 (李晓东)

乡村建设

【村庄规划】 2022年,阳泉市620个村庄全部完成村庄规划分类布局,分为聚焦提升类、城郊融合类、特色保护类、搬迁撤并类和其他类五大类。初步计划编制村庄规划399个,全年152个村庄规划全部完成。 (陈红莎)

【乡村建设行动】 2022年3月24日,阳泉市制定完成《阳泉市农村人居环境整治提升五年行动方案

(2021—2025年)》,科学规划“十四五”时期农村人居环境整治提升目标任务。全市开展农村生活垃圾治理,垃圾收运处置体系覆盖92%的自然村。梯次推进农村生活污水治理。31个行政村生活污水治理和1处国家监管农村黑臭水体治理任务建设完成,全市生活污水治理率21.1%。 (杜艳芬)

【乡村环境整治】 2022年,阳泉市开展种植业减排固碳、畜牧业减排降碳、农渔机节能减排、可再生能源替代等行动,做好“双碳”(碳达峰与碳中和)技术服务工作;实施秸秆综合利用行动,建设秸秆综合利用重点县平定县,带动秸秆综合利用率保持90%以上;20个规模养殖场粪污处理设施建设全部完工。开展农村人居环境整治“五大提升行动”,建成并投入运行垃圾中转站36座,垃圾处置点460余个,267个非正规垃圾堆放点全部整治;113个行政村完成农村污水治理,治理率17.9%,完成户厕改造1.53万户,完成率102.05%。截至年底,农村卫生户厕10.49万户,其中享受各级财政支持改厕4.95万户,改厕率56%。城区、矿区率先实现辖区内无旱厕目标,郊区、平定县、盂县共有200余个行政村完成户厕改造,普及率85%以上;清理农村生活垃圾杂物24万余吨,整治乱堆乱放、乱搭乱建、乱圈乱占1.2万余处;整理线缆“蜘蛛网”1500余处;整治路面污水750处,清除村内黑臭水体300处;清理农业生产废弃物3000吨;整修坑洼路面、隔离带和绿化带4362处;取缔违法占地232处,开展交通沿线绿化美化20.8万平方米。(李晓东)

【传统村落保护】 2022年,阳泉市平定县娘子关镇城西村、柏井镇柏木井村等7个古村落被列入中国传统村落保护名录,全市累计52个古村落分6批次列入中国传统村落保护名录。平定县被省住房和城乡建设厅确定为传统村落集中连片保护利用试点县,争取国家专项资金6000万元,编制完成《平定县传统村落集中连片保护利用规划》,并通过山西省住建厅专家组评审。 (李 俊)

表39 阳泉市列入中国传统村落名录情况表

编号	村 名	所在县区 乡镇	列入时间及批次
1	小河村	城区义井镇	2012年第一批
2	大阳泉村	城区义井镇	2012年第一批
3	官沟村	郊区平坦镇	2013年第二批
4	西锁簧村	平定县冠山镇	2013年第二批
5	瓦岭村	平定县东回镇	2013年第二批
6	娘子关村	平定县娘子关镇	2013年第二批
7	上董寨村	平定县娘子关镇	2013年第二批
8	下董寨村	平定县娘子关镇	2013年第二批
9	大宋村	盂县梁家寨乡	2013年第二批
10	宋家庄村	平定县冠山镇	2014年第三批
11	苇池村	平定县冶西镇	2014年第三批
12	乱流村	平定县石门口乡	2014年第三批
13	南庄村	平定县巨城镇	2014年第三批
14	上盘石村	平定县巨城镇	2014年第三批
15	桃叶坡村	平定县张庄镇	2014年第三批
16	乌玉村	盂县孙家庄镇	2014年第三批
17	辛庄村	郊区荫营镇	2014年第三批

【农村危房改造】 2022年,阳泉市以乡村振兴为纲,完成省住房和城乡建设厅下达的54户农村危房改造任务,国家危房改造补助资金86.94万元全部发放到农户手中。(李 俊)

【农村生活垃圾分类处理】 2022年,阳泉市建成垃圾中转站36座。包括平定县7座、盂县17座、郊区7座、城区4座、矿区1座,全市收运体系覆盖的行政村比例为92%以上。盂县作为省级农村生活垃圾分类示范县,开展垃圾分类试点工作,选定7个乡镇、106个村作为试点,开展试点村庄比例为40%。其他县(区)推广农村垃圾分类“四分法”(可回收物、有害垃圾、厨余垃圾、其他垃圾),实现垃圾源头减量,实现垃圾分类的行政村共180个。(李 俊)

【建制镇生活污水处理设施建设】 2022年,阳泉市按照《关于阳泉市建制镇生活污水处理设施建设三年攻坚行动实施方案》要求,开展污水处理厂建设工程。截至年底,开工建设4座。包括牛村镇、苌池镇、上社镇、巨城镇的建制镇污水处理设施。 (李 俊)

【农村客运】 2022年,阳泉市32个乡镇,676个建制村,乡镇通客车率100%,村通客车率100%。全市共开通农村客运线路172条,投入车辆407辆,其中郊区实现村村通公交全覆盖,并开通一条免费公交线路。全市共有农村候车亭785个、招呼站牌573个。 (王九存)

续表

编号	村　名	所在县区 乡镇	列入时间及批次
18	新关村	平定县娘子关镇	2016 年第四批
19	下盘石村	平定县巨城镇	2016 年第四批
20	岩会村	平定县巨城镇	2016 年第四批
21	移穰村	平定县巨城镇	2016 年第四批
22	西郊村	平定县石门口乡	2016 年第四批
23	冯家峪村	平定县岔口乡	2016 年第四批
24	大前村	平定县岔口乡	2016 年第四批
25	东锁簧村	平定县锁簧镇	2019 年第五批
26	张庄村	平定县张庄镇	2019 年第五批
27	土岭头村	平定县张庄镇	2019 年第五批
28	下马郡村	平定县张庄镇	2019 年第五批
29	宁艾村	平定县东回镇	2019 年第五批
30	马山村	平定县东回镇	2019 年第五批
31	七亘村	平定县东回镇	2019 年第五批
32	南峪村	平定县东回镇	2019 年第五批
33	柏井四村	平定县柏井镇	2019 年第五批
34	柏井一村	平定县柏井镇	2019 年第五批
35	白灰村	平定县柏井镇	2019 年第五批
36	河北村	平定县娘子关镇	2019 年第五批
37	旧关村	平定县娘子关镇	2019 年第五批
38	会里村	平定县巨城镇	2019 年第五批
39	西岭村	平定县巨城镇	2019 年第五批
40	大石门村	平定县石门口乡	2019 年第五批
41	骆驼道村	盂县梁家寨乡	2019 年第五批
42	石家塔村	盂县梁家寨乡	2019 年第五批
43	黄树岩村	盂县梁家寨乡	2019 年第五批
44	三都村	郊区荫营镇	2019 年第五批
45	大洼村	郊区西南舁乡	2019 年第五批
46	龙庄村	平定县巨城镇	2022 年第六批
47	娘娘庙村	平定县东回镇	2022 年第六批
48	西小麻村	平定县巨城镇	2022 年第六批
49	柴家庄村	平定县巨城镇	2022 年第六批
50	秋林庄村	平定县岔口乡	2022 年第六批
51	城西村	平定县娘子关镇	2022 年第六批
52	柏木井村	平定县柏井镇	2022 年第六批

（市住建局）

乡村治理

【村党组织书记星级化管理】 2022 年，阳泉市实行村党组织书记星级化管理。制定《阳泉市村党组织书记星级化管理实施办法（试行）》，共分总则、星级评定、考核指标、结果运用、组织实施、附则等六章 25 条。确定市级、县(区)级、乡镇(街道)级、村级四个层级责任，各乡镇(街道)党(工)委提出星级评定初步意见，在村公示无异议后，经县(区)委组织部门审议，报县(区)委研究确定星级评定结果，建立健全村党组织书记“考核定星、动态调整、以星定酬、持续激励”的长效管理机制。全市符合评星条件的 422 个村党组织书记全部完成星级初评。（史立新）

【农村党员积分制管理】 2022 年 5 月 12 日，阳泉市制定《阳泉市农村党员积分制管理办法(试行)》，共五章 25 条。根据党员具体情况，通过指标量化、群众评议、组织评估等方式，以基层党支部为单位，以每年 1 月至 12 月为一个积分周期，党员划分为村“两委”成员中的党员、正常离任的村“两委”党员、在村普通党员、流动党员、年老体弱党员 5 个类别，实行分类积分管理。对全市 2.44 万名农村党员考评计分，释放党员队伍争先创优、干事创业新动能。（史立新）

【乡镇综合行政执法改革】 2022 年，阳泉市以党建促基层治理能力提升为切入点，市县乡三级均组建乡镇(街道)综合行政执法改革工作专班，县级财政把综合行政执法专项经费列入预算，整合执法力量和资源，组建统一的综合行政执法队伍，在乡镇(街道)综合行政执法办公室加挂“综合行政执法队”牌子。全市 330 名乡

街执法人员定编定岗、完成多轮培训，持证率87.9%。（史立新）

【农村网格化治理】 2022年，阳泉市细划农村小网格，把林田路井、矿产资源、河流沟壑等风险隐患点纳入网格管理事项，建立农村网格1081个，微网格6832个。按照“一个网格设置一个党支部或党小组”的原则，在农村形成“行政村党支部（总支、党委）—网格党小组（党支部）—党员联系户”的组织架构，设立网格党组织884个，微网格党小组2935个，形成“格不漏户、户不漏人”的党建网格体系。实行“一张网”治理，共有45类事项301项任务纳入“一张网”管理。（史立新）

【村民自治组织建设】 2022年，阳泉市实行村党组织书记、村委会主任、村集体经济组织负责人“三个一肩挑”以及村“两委”班子“交叉任职”。选优配强村党组织书记。从致富带头人、返乡创业人员等群体中选用眼界开阔、责任心强的“能人”担任村党组织书记。选派机关单位优秀年轻干部任“第一书记”，到农村一线干事创业，招聘大学毕业生到村工作，建强乡村治理骨干力量。开设农村党组织书记能力提升长训班，把村党组织书记纳入全市干部培训范畴，采取分组管理、学员积分考核机制；邀请相关职能部门和专家学者针对学员普遍反映、亟需指导的事项答疑解惑，组织学员到市外先进地区观摩学习。开展“省校合作进农村”“百名人才进百村”等活动。郊区河底镇固庄村在“四议两公开”的基础上，针对“提议”环节干部提议多、群众发声少，广泛性、全面性体现不充分的弊端，在“提议”前添加“动议”环节；针对村民代表擅自做主、征求民意搞变通、打折扣的不作为行为，在“决议”之前添加“民议”环节，征求村民意见进行表决，解决开村民大会难、村干部作风不民主、村民代表不尽职等问题。（何　红）

【民主法治示范村建设】 2022年3月25日，阳泉市印发《关于加强法治乡村建设的意见》，开展“民主法治示范村（社区）”创建活动。平定县冠山镇城里街村、矿区蔡洼街道南台社区、城区上站街道市政府大院社区、郊区河底镇固庄村4个村荣获全国民主法治示范村（社区）荣誉。平定县巨城镇半沟村、平定县东城社区办事处东关街东关社区、平定县东回镇七亘村、盂县孙家庄镇禅房村、盂县牛村镇后元吉村、盂县仙人乡垴上村、盂县秀水镇泥河村、城区上站街道德胜街社区、城区下站街道兴隆街社区、矿区桥头街道段南沟社区、矿区平潭街街道西河村、郊区荫营镇老虎沟社区、郊区平坦镇坡头村13个村荣获第二批“省级民主法治示范村（社区）”。（崔益博）

【文明乡风建设】 2022年8月15日，阳泉市制定《阳泉市关于加强基层群众自治工作实施方案》，建立奖优罚劣惩戒机制，设立红黑榜、施行加减积分制。重点对移风易俗进行查漏补缺。截至年底，全市620个行政村、157个社区全部修订完善村规民约和居民公约，实现村规民约和居民公约引导移风易俗新风尚全覆盖。以平定县为试点，开展婚俗改革，推动革除大操大办、天价彩礼、攀比浪费、低俗婚闹等不正之风。以清明节、中元节等传统节日为契机，强化教育宣传20余次，倡导移风易俗新风尚，引导群众文明祭奠，低碳祭扫。通过悬挂条幅、制作展板、发放宣传单、纸钱换鲜花、设置“留言墙”、推行鲜花、植树和丝带寄思等绿色祭扫方式等宣传殡葬改革和文明殡葬理念。利用寝园微信公众号，提供“孝心相连”网络祭扫、代客祭扫等便民服务，倡导文明、安全、环保、节俭的祭祀理念。（崔益博）

【市农业综合行政执法队获评“全国农业综合行政执法示范窗口”】 2022年6月27日，农业农村部官方网站公布第四批全国农业综合行政执法示范窗口和全国农业综合行政执法示范单位名单。经市择优申报、省级初评推荐、部级核查评审和网上公示等程序，阳泉市农业综合行政执法队获“全国农业综合行政执法示范窗口”荣誉称号。年内，市农业综合行政执法队开展“春雷”专项行动。执法人员通过核查相关资料、执法抽样、现场查询等方式，对全市农资市场开展拉网式排查，重点检查是否存在假冒伪劣、套牌、假冒授权品种等违法行为，发现问题立查立办、挂牌销号。（李晓东）

乡村文化

【“中国农民丰收节”暨富硒农产品展示展销推介会】 2022年9月26日，阳泉市“中国农民丰收节”暨富硒农产品展示展销推介会在城区义井镇小河村举办。活动由市委农村工作领导小组办公室、市农业农村局、市乡村振兴局、城区区委区政府联合主办。以“共沐党恩同奋进 乐享丰收向未来”为主题，集中展现农业农村改革、乡村产业发展、人居环境建设等。活动期间，全市102家农业产业化龙头企业、文创企业、特色村组成特优农产品展区、富硒农产品展区、巩固脱贫攻坚成果同乡村振兴有效衔接展区，农业新品种、新材料、新装备展区，农民艺术与农村非遗文化展区，全方位展示展销富硒农产品和传统民俗文化。农事、民间工艺研学体验（鱼菜共生、采摘、根雕、陶艺、剪纸），农俗农趣体验（梅香如故沉浸式古法酿坊、油坊、粉坊），星级文明户评选颁奖、农民趣味运动会等精彩纷呈。启动仪式上，市领导为“阳泉市乡村振兴示范村”“阳泉乡土工匠”获奖代表授牌并颁发牌匾及证书，并观

2022 年 9 月 26 日,阳泉市"中国农民丰收节"暨富硒农产品展示展销推介会开幕式在城区义井镇小河村举办　　（市乡村振兴局　供图）

摩各类展区，与现场农民群众共同观看文艺演出。　　（李晓东）

【西头岭村首届富硒土豆文化节】 2022 年 9 月 28 日,在"中国农民丰收节"之际,平定县在岔口乡西头岭村举办"节气文化·四季阳泉"主题文旅活动暨西头岭村首届富硒土豆文化节。活动以"庆丰收·迎盛会"为主题,以秋分节气为切入点,以文旅融合为内容,以乡村旅游为平台,塑造农村旅游品牌。　　（王欣然）

【第六届半沟红薯文化节】 2022 年 10 月 1 日,阳泉市平定县第六届半沟红薯文化节在北山公园广场举办。通过红薯文化节的宣传和推广,"半沟"红薯品牌有效带动百姓增收。活动期间,巨城镇把各村收获的红薯进行"比拼",根据口味差别,平定县评选出"红薯口味大比拼"奖和"红薯特色产业"奖。其中,半沟村、岩会村、龙庄村、移穰村、连庄村、神子山村和上盘石村分别获得最"糖"、最"绵"、最"糯"、最"香"、最"甘"、最"甜"和最"沙"红薯奖。活动现场还设有红薯菜肴展示区等。　　（赵澄宇）

【新型职业农民培育】 2022 年,阳泉市实行培训持证一体、产业就业融合、增效增收同步,完成农村创新创业者、新型农业经营主体服务主体带头人、乡村治理及社会事业发展带头人、种养加能手 4 项专项培训和高素质女农民培训试点工作，培训人员 1407 人次。　　（李晓东）

【新时代文明实践中心(所站)建设】 2022 年，阳泉市新闻中心提升新时代文明实践中心（所站）建设质效。按照"五有"标准,完善三级阵地标准化建设。截至年底,建成新时代文明实践中心 5 个,新时代文明实践所 46 个,新时代文明实践站 777 个,覆盖率 100%;为全市所有中心、所、站配备积分奖励物品 3 类 5 万余件;配合省文明办完成 2 次综合评估考核,并获优秀等次。强化志愿服务队伍建设。全国志愿服务信息系统注册志愿者 15.46 万余人，服务时长 4.6 万个小时,志愿服务项目总数达 601 个,注册志愿队伍近 1000 个。组织开展全市新时代文明实践中心建设观摩交流活动,采取现场观摩交流、路演讲解、点评讨论、流动展览、线上宣传等形式对各县（区）、各志愿服务组织推荐的 33 个"阳泉市优秀志愿服务项目"进行规范化、特色化升级打造。围绕理论政策宣讲、文化文艺等 8 个基础类别和其他特色类别开展志愿服务活动，举办志愿服务项目交流展示、深化所站建设和项目培育、文明城市创建志愿服务活动等阳泉市新时代文明实践志愿服务系列活动，打造阳泉市优秀志愿服务项目 33 个，培育新时代文明实践志愿服务品牌 57 个，组织开展创城愿服务活动 5317 场次，参与人数 13.28 万人次。　　（岳婷婷）

【"农家书屋"】 2022 年,阳泉市开展抓党建促基层治理能力提升专项行,创建集学习、展示、活动、交流等多功能于一体的"党建 + 农家书屋"品牌,开辟党员学习阵地,配备红色书籍资料，为党员群众提供充足的学习资源。利用"农家书屋"开展道德讲堂、读书分享会等各类文化活动,让群众在"农家书屋"学习到各种实用技术和相关知识,使农家书屋成为群众求知求乐的精神家园，家门口的好去处。年内,全市农村把"农家书屋"建设作为提高农民素质、丰富群众文化生活的一项重要措施来抓。平定县张庄镇夏庄村筹划完成农家书屋的升级改造,书屋光线明亮、空间宽阔、座椅舒适,使得村民看书学习的环境更舒适。定期在书屋开办"新时代夜校"课堂等。　　（史立新）

（责任编辑:毕瑾璟　吴国平）

区域协调发展

融入京津冀协同发展

【重点工作衔接】 2022年，阳泉市聚焦"建设融入京津冀关键节点"，围绕发挥东向开放作用和建设"无水物流港"，研究谋划阳泉市交通基础设施项目，与山西省交通基础设施互联互通专项规划做好对接，把更多前瞻性、关键性项目补充到山西省规划和政策中。衔接山西省高质量发展规划、产业协同发展专项规划，与科技协同创新、生态环境同保联治、公共服务共建共享等领域持续出台的相关政策方案衔接，把全市的重大战略部署体现到省级规划中。国道307、207线阳泉市绕城改线工程全线贯通，太行一号旅游公路阳泉境内主线贯通，"四好农村路"完成285.7千米，城乡道路更加通达顺畅。打造产业协同发展重要增长极。围绕"链长+链主+链核+链上"的"1+3"链式推进体系，嵌入城市群产业协同发展布局，重点放大三大产业集群。（马志峰）

【京津冀基础设施建设】 2022年，阳泉市聚焦基础设施互联互通，建设对接京津冀无水物流港。协调推动阳大铁路直达太原、北京工作，优化阳泉至昔阳大寨客运设施建设方案。太旧高速（阳泉段）扩容改造各项前期工作加快推进，国道207、307绕城改线工程基本竣工，国道239、338公路提级改造工程进展较快，完成年度投资计划。加快5G基站建设，建成5G基站2240个，年内新建基站682个，超额完成目标任务，实现全市县级以上5G网络连续覆盖。铁路专用线项目前期工作有序推进，深化与华远国际陆港集团合作，完成项目选址。（马志峰）

【"漾电送冀"进度推进】 2022年，阳泉市立足向东开放区位优势，推进"漾电送冀"进度。实施"新能源+"融合发展，建设多能互补清洁能源供应基地。推进西上庄、坤宁等一批现代矿井先进产能接续项目建设。推进西上庄电厂、阳光电厂"上大压小"二期超超临界热电机组建设进度。加快5个100兆瓦"风光+储能"示范项目，平定中能建投二期100兆瓦风电成功并网发电，提前3个月完成目标，是全市省级重点工程第一个新能源发电和配套储能并网项目。保障西上庄500千伏外送通道"点对网"接入通畅，开展山西阳泉盂县开关站220千伏新建工程前期。推进"光储网充"项目建成投运，促进华阳集团谋划奇峰屋顶分布式光伏、兆丰铝电独立储能电站等项目，形成经验后逐步在全市推广。（马志峰）

【科技创新合作】 2022年，阳泉市依托科创廊道、龙头企业、中关村智酷团队、清研阳泉等，承接国家级学术会议，加强晋京津冀科技创新合作。创建国家创新型城市，以239国道为发展轴，以阳泉高新区、郊区工业园、盂县经济技术开发区、山西工程技术等为载体，建设阳泉市科创廊道项目。举办第二届数字能源与可持续发展论坛，组织高新区与北京龙软科技有限公司等多家参会企业对接合作洽谈。加强省校合作12大基地建设，新签约高校科研平台延伸基地10个，签约高校科技成果转化基地10个。以重点企业为依托，加强产学研合作，发挥中试基地在科技经济之间的桥梁作用，促进科技成果向现实生产力转化，提高科技成果产业化水平。（马志峰）

中部城市群建设

【《关于贯彻落实山西中部城市群高质量发展的实施意见》落实】 2022年，为全面贯彻落实3月30日山西省第十三届人民代表大会常务委员会第三十四次会议通过的《关于推动山西中部城市群高质量发展的指导意见》，更好融入和服务山西中部城市群高质量发展，在紧密衔接省规划的基础上,5月在全省率先出台《关于贯彻落实山西中部城市群高质量发展的实施意见》,把全力打造中部城市群东翼作为战略目标,融入山西区域经济发展新格局。为落实实施意见,阳泉市立足自身比较优势,主动与四市两区及京津冀地区对接,开展区域间高效合作、协同发展。在基础设施、新能源、产业体系、创新发展、生态文旅、城乡融合等方面,初步确立了“六协同六率先”的发展路径。同步研究与四市两区产业协同共进,部署32项工作任务,明确年度目标,建立任务清单、责任清单、措施清单、结果清单四个清单制度,并做好月调度、季通报、年总结工作。为深化要素市场化配置改革,扩大土地、劳动力、资本、技术、数据等要素市场化配置范围,健全制度规则,引导各类要素协同向先进生产力集聚,为阳泉市在转型发展上率先蹚出一条新路提供坚实要素保障,结合阳泉实际,起草《阳泉市融入山西中部城市群要素市场化配置综合改革试点实施方案》,截至年底完成初稿。聚焦建设中部城市群东翼,突出中部地区高质量发展,签订中部城市群“6+1”合作协议,太行城镇带、盂平寿昔城镇组团列入中部城市群高质量发展规划,青银高速旧关至太原段改扩建工程列入全省省道网规划。科学划定国土空间规划,国土空间布局不断优化,用地保障持续增强。加快城市扩容提质,完成供水、供热、老旧燃气、建成区雨污分流排水管网改造260.9千米,开工改造老旧小区142个、122.7万平方米。万达广场开业运营,奥特莱斯商业中心加速推进,市中心医院开工建设,生态新城开发步伐加快。（马志峰）

【市人大支持和保障阳泉市加入山西中部城市群高质量发展的决定通过】2022年11月17日,为深入贯彻党中央关于完善城镇化空间布局、推动城市群一体化发展的决策部署,落实山西省第十二次党代表大会及山西省委十二届三次全体会议关于构建“一群两区三圈”城乡区域发展新布局的战略安排,落实《山西省人民代表大会常务委员会关于支持和保障山西中部城市群高质量发展的决定》,加强阳泉市与太原、晋中、忻州、吕梁四市的协同融合,凝聚全市力量,支持和保障山西中部城市群高质量发展,阳泉市第十六届人民代表大会常务委员会第五次会议通过《阳泉市人民代表大会常务委员会关于支持和保障山西中部城市群高质量发展的决定》。该决定通过阳泉市加入山西中部城市群高质量发展的重大意义、总体要求、规划衔接、政策支持、产业布局互补、基础设施互联互通等13方面,为中部城市群高质量发展营造了良好的氛围。（高一梅）

【中部城市群东翼建设】2022年,阳泉市签署中部城市群“6+1”(基础设施互联互通协议、公共服务共建共享合作协议、市场主体倍增联动行动协议、消费大市场构建行动协议、醋产业联动振兴行动协议和共同基金设立提议)合作协议,围绕基础设施、能源结构等方面开始建设。阳泉市187个工程、195个项目列入中部城市群工程项目清单,太行城镇带、盂平寿昔城镇组团列入中部城市群高质量发展规划,青银高速旧关至太原改扩建工程列入全省省道网规划。境内国道338、239、207公路改扩建等31个项目列入山西省交通基础设施互联互通规划。（白　雪　李曜东）

【新能源汽车产业链项目落地】2022年,阳泉市聚焦与太原、晋中一体构建新能源汽车产业链,瞄准动力电池、储能电池、光伏电池三个方向,强力推进重大项目落地见效。多氟多项目一期11月5日试生产。中烨新能源锂离子电池负极材料项目一期已投产并入规,中烜负极材料项目11月试生产。同步推动储能电池、光伏电池发展壮大,重点发展钠离子储能项目,全球首批量产1吉瓦时钠离子电芯生产线在高新区正式投运,实现钠离子电池从中试到

2022年5月,清研先进制造产业研究院(阳泉)有限公司科研产品展示区（市发改委　供图）

量产的关键转换，开辟未来新能源电池新赛道。华储光电5吉瓦高效光伏组件制造项目实现落地。蓝宝石产业链引进上游康博特钨钼合金项目，气凝胶下游华瑞纳米项目投产，宏厦三建绿色建材产业园项目实现投产。（马志峰）

【公共服务优质共享】 2022年，阳泉市推动公共服务体系建设，促进公共服务优质共享。建设中部城市群医疗保障一体化体系，于2022年5月20日开通参保职工非急未转人员省内就医直接结算，7月1日开通参保居民非急未转人员省内就医直接结算。（马志峰）

【校企合作】 2022年，阳泉市围绕高校教师队伍建设，加强同省内企业、高校的沟通交流，适时开展教师培训、考察交流、人员互访等工作。阳泉职业技术学院推进校企合作，年内先后与百度（阳泉）数据中心、山西欧德宝电子工程有限公司、吉利汽车山西新能源汽车工业有限公司等企业建立协同育人共建关系，同步推进专业建设与产教融合。同时紧盯国家发展战略和山西中部城市群经济社会发展人才需求，以市属职业院校整合为契机，一体谋划中高职院校专业设置，动态调整阳泉市职业院校专业，逐步形成中高职纵向贯通培养体系。（马志峰）

【产业协同共进】 2022年，阳泉市部署32项工作任务与中部城市群其他城市产业协同共进。与华远集团等物联网龙头企业合作建设南北两大物流基地，与晋中市协力加快推进太旧高速公路改造工程，畅通中部城市群与京津冀连接大通道，形成以太原国家物流枢纽为中心，以阳泉为节点，连通京津冀、辐射中西部的城市枢纽；与太原、晋中新能源汽车基地建设实现有机衔接，以动力电池、储能电池、光伏电池等为重点，发展新能源电池产业，打造新能源电池材料产业集群；与太原一体打造大数据中心国家枢纽节点，推进车路治理，创新生态示范建设，打造智能物联网产业融合集群，为资源型城市数字化转型树好标杆作出示范；加强与周边城市文化旅游一体化发展，聚焦创建国家全域旅游示范区，深挖“中共创建第一城”内涵，加快推进太行一号旅游公路的建设，以石太高铁为纽带，开拓京津冀市场，打响“晋东漾泉、四季康养”品牌。（苏晓晨）

【文旅共建共享】 2022年，阳泉市推动全域文旅共建共享，构建生态康养目的地。依托太行山一号旅游公路，加强区域旅游合作。建设阳泉长城文化展示馆、娘子关长城文化国际交流中心。推进“阳泉记忆·1947”文化园等项目建设，打造城市文商旅新名片——首个沉浸式文化主题商业街。编制《阳泉市康养产业发展规划（2021—2030）》，推动“6+1”康养项目。（马志峰）

2022年7月，太行一号旅游公路平定段风景如画 （城区党史研究室 供图）

城乡融合发展

【城镇一体化制度改革】 2022年，阳泉市全面深化农村制度改革，加快城镇一体化发展。做好“三权分置”（农村土地所有权、承包权、经营权）改革，稳定农村基本经营制度。全市所有县（区）全部建立农村土地确权登记数据库，完善“乡村调解、县级仲裁、司法保障”的农村土地承包纠纷调处机制，确认家庭承包地面积6.19万公顷，颁证15.8万份。郊区东梁庄村按照“做到四个摸清、把好五个关键、甄别六种类型、解决四类问题”的“4564工作法”，推进二轮土地承包到期后再延长30年全国试点工作。稳慎改革农村宅基地制度，因地制宜启动农村闲置宅基地盘活利用试点，利用太行一号旅游公路，发挥区位条件、资源禀赋、产业基础和历史文化传承等优势，整体谋划，采取拆旧整合、资金补偿、移民退出、有偿反租等方式，复垦土地，建设民宿，发展乡村产业。平定县红岩岭村等采取租赁方式，平定县七亘村、郊区咀子上村采取资金补偿方式，利用农民废弃农房，开发民宿，打造特色文旅康养示范。推进农村集体建设用地使用权确权登记颁证，稳妥有序地开展农村集体建设用地登记发证和登记成果入库汇交工作，全市集体建设用地使用权应登记发证宗地数4317宗，已登记发证宗地数3572宗，发证率82.74%。（马志峰）

【人口流动机制建立】 2022年，阳泉市为加强城乡融合发展，建立城乡人口双向自由流动新机制。落实以房管人，实行“零门槛”落户政策。按照“能放则放”的原则，实行家庭户口、集体户口、社区集体户口相结合的全方位落户登记和以房管人的常住人口登记管理制度，打造“零门槛”落户政策。全面拓宽落户通道，开通全国全省部分业务通办。年内招生、录用、购房、投亲、投资、务工的乡村人口转城镇人口数1589人，占全年农业转移人口总数的99.8%。提高到村任职大学生管理、培养、使用工作的科学化、规范化水平，出台相关制度办法，规范到村任职大学生管理培养使用体系建设，放大招聘大学生在乡村振兴、基层治理中的乘数效应，夯实党在农村的执政基础，推动全市基层治理水平再上新台阶。 （马志峰）

【城镇基本公共服务均等化】 2022年，阳泉市在教育、医疗、养老、低保等公共服务方面推动城镇均等化。推行县域内校长教师交流轮岗和城乡教育联合体模式，全年交流校长72人、教师490人、骨干教师209人，为偏远乡村学校招聘48名特岗教师，组织406名教师开展义务教育学校教师交流活动，下达1354万元市级配套资金专项用于城乡义务教育学校及办学点农村校舍维修改造、特岗教师、营养改善、综合奖补、公用经费、寄宿生及非寄宿生生活补等多项民生补助。整合县乡医疗卫生资源，落实行政、人员、财务、业务、绩效、药械“六统一”管理，畅通“三级医院、专科联盟、远程诊疗”服务，构建“基层首诊、双向转诊、急慢分治、上下联动”的分级诊疗体系。年内，城乡居民基本养老保险基础养老金在原有基础上，市、县（区）两级财政补助标准各提高5元/人/月。城市和农村低保标准按照不低于最低生活保障标准的1.3倍同步提高特困供养标准，困难残疾人生活补贴和重度残疾人护理补贴标准分别按照上年度全省农村平均低保标准的15%和20%确定。开展农民工就业稳规模强技能提质量工作，筹措资金加大就业投入，下达就业补助资金9699万元、职业技能提升补助资金1418.4万元。 （马志峰）

【城乡一体共同富裕市域样板建设】 2022年，阳泉市聚焦打造城乡一体共同富裕的市域样板重要定位，加快农村基础设施现代化、农村生活设施便利化步伐，推进20个市级乡村振兴示范村建设。构建城乡交通网络，国道207、307绕城改线工程即将竣工；国道239、338公路提级改造工程已完成年度投资计划。抓好“四好农村路”（农村公路建好、管好、护好、运营好）和太行一号旅游公路建设。其中，“四好农村路”完成投资4.3亿元，完成路面21千米，完成路基80千米；太行一号旅游公路项目平定段146千米主线贯通，盂县主线141千米贯通126千米。全市农村共建成460余个垃圾处置点，配置各种收集运输车辆1700余台、垃圾容器2200余个。全面推动县、乡、村三级农村物流节点体系建设，建成乡镇综合物流站32个、农村物流网点584个，开启“交通+物流”的乡村振兴新引擎，实现路连域通。 （马志峰）

2022年8月，盂县“四好农村路”建设现场 （盂县党史研究室 供图）

（责任编辑：胡 蓉）

生态环境

综 述

【生态空间管控】 2022年，按照《阳泉市人民政府关于印发阳泉市"三线一单"生态环境分区管控方案的通知》精神，阳泉市细化94个环境管控单元，其中优先保护单元33个（生态保护红线、自然保护地、饮用水水源保护区、泉域重点保护区等），面积占比40.74%，主要集中在阳泉市东部、盂县北部地区；重点管控单元58个（主要包括城市建成区、开发区、各级产业园区和产业集聚区等），面积占比29.66%，主要分布在阳泉市中部及南部城镇化、工业化集中区域；一般管控单元3个（优先保护单元和重点管控单元外的区域），面积占比29.6%。以环境管控单元为基础，结合"三线"划定情况，明确准入、限制和禁止的准入要求，编制生态环境准入清单，在一张图上明确生态环境保护、污染物控制、环境风险防控、资源开发利用等管控要求。（朱 阳）

【生态修复治理】 2022年，阳泉市科学编制《阳泉市国土空间生态修复规划（2021—2035年）》，加强生态修复治理，启动郊区2893亩重点生态保护修复治理、全市68处高铁高速沿线裸露山体生态修复工程。郊区2893亩重点生态保护修复治理工程，组织科学，推动有力，走在全市前列。编制完成《阳泉市山水林田湖草沙一体化保护与修复工程实施方案（2022—2024年）》，纳入省级项目储备库。（陈红莎）

【生态示范创建】 2022年10月，山西省生态环境厅公布第一批省级生态文明建设示范区名单，盂县榜上有名，成为阳泉市唯一获此荣誉的县（区）。

盂县坚定不移走生态优先、绿色发展道路，统筹抓好生态治理和生态修复，实现"颜值""价值"双提升，生态环境整体向好。开展碳达峰行动，加强重点用能企业监管。打好蓝天、碧水、净土保卫战，实施夏季臭氧攻坚、秋冬季大气污染综合治理，县城建成区优良天数293天，优良率80.3%，居全市首位。地表水国考断面优良水质达到100%，省考断面全部达标。编制黄河流域生态保护和高质量发展实施方案，实施石太高铁沿线生态环境综合整治、高速沿线生态恢复治理、黄河流域重点地区历史遗留矿山生态修复等项目。开展非煤矿山整治，完成国土空间绿化，实施太行山生态保护和修复0.20万公顷，巩固造林0.14万公顷，落实永久性公益林管护任务1.99万公顷。完成8处娘子关泉域岩溶污染井封堵治理、16.5平方千米石窖小流域水土保持综合治理、21.5千米龙华河上游河道治理。年内，颁布并实施《山西省盂县国家生态文明建设示范区规划》，各项指标达到创建要求，被列入第一批省级生态文明建设示范区。（陈贵兴）

【生态宣传】 2022年，阳泉市围绕"国际生物多样性日""爱鸟周"采取线上线下形式，通过微信公众号、抖音等新媒体平台以及悬挂横幅、发放宣传单等方式，在野生动植物迁徙通道、栖息地和集中地所在乡镇展示图片、宣传知识。开展"6·5"世界环境日宣传系列活动，以"共建清洁美丽世界"为主题，先后举办"环保宣传进乡村""环保宣传进社区"等系列宣传活动。开展"低碳日落实'双碳'行动"，发起"厉行勤俭节约、拒绝餐饮浪费"倡议书。充实"阳泉市生态环境志愿者服务队"，在全市各绿色学校、绿色社区、环境友好企业及有关社会团体中进行宣传动员，环保志愿者队伍在册156人。（朱 阳）

生态环境质量

【概况】 2022年，阳泉市环境质量总体保持基本稳定。市区、平定县县城、盂县县城、郊区荫营镇环境空气质量均有不同程度好转;无酸雨现象发生;地表水环境质量中桃河、滹沱河、乌河、温河、绵河河流水质无明显变化,其他主要河流水质仍处于较高污染水平;城市地下水水质受到不同程度污染;声环境质量状况总体较好。 (朱 阳)

【空气质量监测】 2022年,阳泉市环境监测站对6个环境空气自动监测系统点位实施环境空气质量日报监测。按照《环境空气质量标准》(GB3095—2012)评价,市区环境空气质量达优的(Ⅰ级)天数40天,达良的(Ⅱ级)天数229天,达标率73.7%,达标天数比上年增加8天,达标率增加2.2%;环境空气受到轻度污染的(Ⅲ级)天数为74天,比例为20.3%;中度污染的(Ⅳ级)天数18天,比例为4.9%;重度污染的(Ⅴ级)天数3天,比例为0.8%;严重污染的(Ⅵ级)天数1天,比例为0.3%。年超标率为26.3%。臭氧为首要污染物,占超标天数的45.8%;次要污染物为细颗粒物,占超标天数的40.6%。环境空气质量综合指数为4.96,比上年上升0.4%。

细颗粒物($PM_{2.5}$)浓度范围9微克/立方米~151微克/立方米,年均浓度41微克/立方米(年均浓度二级标准限值35微克/立方米),超标0.17倍,日均值超标率11.9%。与2021年相比减少2微克/立方米。

可吸入颗粒物(PM_{10})浓度范围14微克/立方米~206微克/立方米,年均浓度77微克/立方米(年均浓度二级标准限值70微克/立方米),超标0.10倍,日均值超标率5.0%。与2021年相比增加4微克/立方米。

二氧化氮(NO_2)浓度范围12微克/立方米~74微克/立方米,年均浓度39微克/立方米(年均浓度二级标准限值40微克/立方米),年均浓度未超标,日均值超标率0。与2021年相比增加3微克/立方米。

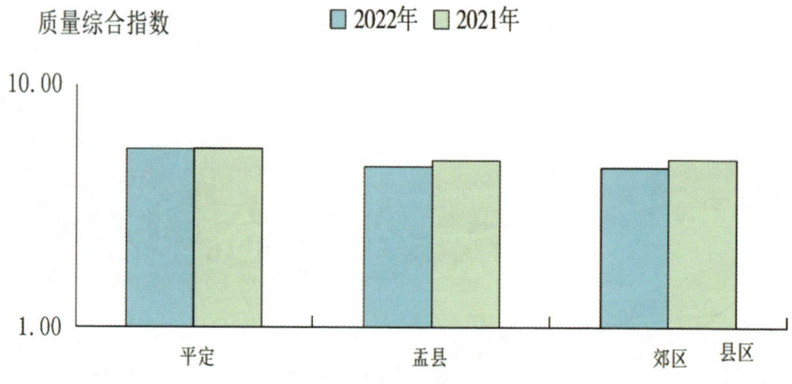

图8 2022年与2021年阳泉市各县(区)环境空气质量综合指数比较示意图

(市生态环境监测中心 供图)

二氧化硫(SO_2)浓度范围6微克/立方米~48微克/立方米,年均浓度18微克/立方米(年均浓度二级标准限值60微克/立方米),年均浓度未超标,日均值超标率0。与2021年相比减少1微克/立方米。

一氧化碳(CO)日均值第95位百分位数浓度范围0.4毫克/立方米~1.8毫克/立方米,平均百分位数浓度为1.4毫克/立方米(日均浓度二级标准限值4毫克/立方米),比2021年减少6.7个百分点。

臭氧(O_3)日最大8小时第90位百分位数浓度范围19微克/立方米~282微克/立方米,平均百分位数浓度为170微克/立方米(日最大8小时平均浓度二级标准限值160微克/立方米),比2021年减少0.6个百分点。

年内,阳泉市县(区)环境监测站对平定县县城、盂县县城、郊区荫营镇的5个环境空气自动监测系统点位实施环境空气质量日报监测。按照《环境空气质量标准》(GB3095—2012)评价,平定县县城达标天数283天,盂县县城达标天数293天,郊区荫营镇达标天数268天。

平定县县城环境空气质量达优的(Ⅰ级)天数38天,达良的(Ⅱ级)天数245天,优良率77.5%;环境空气受到轻度污染的(Ⅲ级)天数64天,占全年监测天数的17.5%;中度(Ⅳ级)污染天数16天,占全年监测天数的4.4%;重度(Ⅴ级)污染天数1天,占全年监测天数的0.3%;严重(Ⅵ)污染天数1天,占全年监测天数的0.3%。

盂县县城环境空气质量达优的(Ⅰ级)天数46天,达良的(Ⅱ级)天数247天,优良率80.3%;环境空气受到轻度污染的(Ⅲ级)天数为60天,占全年监测天数的16.4%;中度(Ⅳ级)污染天数11天,占全年监测天数的3.0%;重度(Ⅴ级)污染天数1天,占全年监测天数的0.3%;无严重(Ⅵ)污染天气。

郊区荫营镇环境空气质量达优的(Ⅰ级)天数40天,达良的(Ⅱ级)天数228天,优良率74.9%;环境空气受到轻度污染的(Ⅲ级)天数为68天,占全年监测天数的19.0%;中度(Ⅳ级)污染天数18天,占全年监测天数的5.0%;重度(Ⅴ级)污染天数3天,占全年监测天数的0.8%;严重(Ⅵ)污染天数1天,占全年监测天数的0.3%。

2022年空气质量综合指数平定县县城5.40、盂县县城4.57、郊区荫营镇4.53,分别比上年下降0.2%、5.6%、7.6%。

表 40　2022 年阳泉市环境空气污染情况统计表

单位：天

环境空气质量状况	优	良	轻度污染	中度污染	重度污染	严重污染	监测天数
环境空气质量级别	Ⅰ级	Ⅱ级	Ⅲ级	Ⅳ级	Ⅴ级	Ⅵ级	
市　区	40	229	74	18	3	1	365
平定县县城	38	245	64	16	1	1	365
盂县县城	46	247	60	11	1	0	365
郊区荫营镇	40	228	68	18	3	1	358

（市生态环境监测中心）

二氧化硫（SO_2）污染状况，平定县县城、盂县县城、郊区荫营镇二氧化硫浓度范围分别为 4 微克 / 立方米 ~152 微克 / 立方米、4 微克 / 立方米 ~112 微克 / 立方米、1 微克 / 立方米 ~55 微克 / 立方米，年均浓度分别为 42 微克 / 立方米、26 微克 / 立方米、19 微克 / 立方米；平定县上升 27.3%，盂县、郊区分别下降 16.1%、20.8%。

二氧化氮（NO_2）污染状况，平定县县城、盂县县城、郊区荫营镇二氧化氮浓度范围分别为 9 微克 / 立方米 ~74 微克 / 立方米、5 微克 / 立方米 ~58 微克 / 立方米、3 微克 / 立方米 ~67 微克 / 立方米，年均浓度分别为 40 微克 / 立方米、28 微克 / 立方米、30 微克 / 立方米；平定县、盂县分别上升 17.6%、7.7%，郊区下降 9.1%。

可吸入颗粒物（PM_{10}）污染状况，平定县县城、盂县县城、郊区荫营镇可吸入颗粒物浓度范围 10 微克 / 立方米 ~242 微克 / 立方米、14 微克 / 立方米 ~186 微克 / 立方米、9 微克 / 立方米 ~200 微克 / 立方米，年均浓度分别为 82 微克 / 立方米、74 微克 / 立方米、77 微克 / 立方米；平定县、盂县分别下降 10.9%、5.1%，郊区上升 1.3%。

细颗粒物（$PM_{2.5}$）污染状况，平定县县城、盂县县城、郊区荫营镇细颗粒物浓度范围 8 微克 / 立方米 ~132 微克 / 立方米、7 微克 / 立方米 ~137 微克 / 立方米、5 微克 / 立方米 ~149 微克 / 立方米，年均浓度分别为 40 微克 / 立方米、35 微克 / 立方米、35 微克 / 立方米；分别下降 4.8%、7.9%、10.3%。

一氧化碳（CO）污染状况，平定县县城、盂县县城、郊区荫营镇一氧化碳日均值第 95 位百分位数浓度范围分别为 0.2 毫克 / 立方米 ~2.2 毫克 / 立方米、0.2 毫克 / 立方米 ~2.2 毫克 / 立方米、0.1 毫克 / 立方米 ~1.9 毫克 / 立方米，平均百分位数浓度分别为 1.6 毫克 / 立方米、1.6 毫克 / 立方米、1.3 毫克 / 立方米；平定县持平，盂县、郊区分别下降 11.1%、7.1%。

臭氧（O_3）8 小时污染状况，平定县县城、盂县县城、郊区荫营镇臭氧日最大 8 小时第 90 位百分位数浓度范围分别为 18 微克 / 立方米 ~266 微克 / 立方米、18 微克 / 立方米 ~264 微克 / 立方米、10 微克 / 立方米 ~286 微克 / 立方米，平均百分位数浓度分别为 158 微克 / 立方米、157 微克 / 立方米、167 微克 / 立方米；分别下降 7.1%、3.7%、7.7%。　　（朱　阳）

【降水污染监测】 2022 年，阳泉市市区大气降水共采集 22 个样本，监测降水量 376.8 毫米，pH 年均值为 6.96，全年 pH 值介于 6.60~7.95 之间，最小值出现在 6 月 27 日，最大值出现在 11 月 11 日，没有出现低于酸雨标准（pH 值 < 5.60）的降水，全年酸雨发生频率为 0，与上年相同。　　（朱　阳）

【声环境质量】 2022 年，阳泉市市区功能区噪声监测共布设 7 个点位，其中 1 类区 2 个、2 类区 2 个、3 类区 2 个、4a 类区 1 个、没有 0 类区。监测结果（执行《声环境质量标准》GB3096-2008），1、2、3、4a 类区的昼间等效声级达标率均为 100%；1 类区的夜间等效声级达标率为 75.0%，2 类区的夜间等效声级达标率为 87.5%，3 类区的夜间等效声级达标率为 100%，4a 类区的夜间等效声级达标率为 0。

区域环境噪声　年内，阳泉市区 55.97 平方千米建成区、200 个有效监测点位的区域环境噪声监测结果为，阳泉市区域环境昼间平均等效声级为 56.4dB（A），等级为三级，评价为一般，与上年相比略有上升。

道路交通噪声　年内，阳泉市、县（区）按照《环境噪声监测技术规范 城市声环境常规监测》（HJ640-2012）评价，对全市 50 条主要交通干线路段（累计长 54.0 千米、平均路宽 24.2 米）进行监测，平均车流量昼间为 1111 辆 / 小时，昼间平均等效声级为 64.3dB（A），阳泉市全年昼间道路交通噪声质量等级为好（一级），等效声级下降 1.4dB（A）。

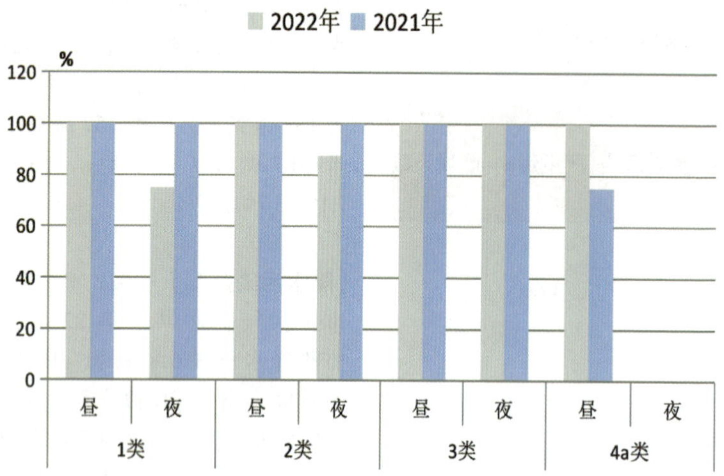

图 9　2022 年与 2021 年阳泉市功能区噪声达标率比较示意图

（市生态环境监测中心　供图）

年内，平定县宾馆门前测点的道路交通噪声监测结果，监测长度 1000 米，路宽 25 米，平均车流量 344 辆 / 小时，昼间平均等效声级 67.3dB(A)，为一级（好），等效声级下降 1.1dB(A)。

盂县西关桥东侧测点的道路交通噪声监测结果，监测长度 100 米，路宽 20 米，平均车流量 1698 辆 / 小时，昼间平均等效声级 67.4dB(A)，为一级(好)。

市生态环境局郊区分局门前测点的道路交通噪声监测结果，监测长度 100 米，路宽 15 米，平均车流量 644 辆 / 小时，昼间平均等效声级 64.4dB(A)，为一级(好)，等效声级上升 0.9dB(A)。（朱　阳）

【辐射环境质量】 2022 年，阳泉市生态环境局制定《辐射安全环境监管问题专项整治工作方案》，对“核技术利用单位在信息数据完整性、在用放射源信息完整情况、年度评估报告上传情况、监督检查报告上传情况”等方面存在的问题限期进行整改。要求核技术利用单位压实主体责任，加强放射性药物在生产、销售、使用全过程的风险意识、防范意识，开展放射性药物监管，保障药品安全；各县（区）分局组织执法人员深入各核技术利用单位开展放射性药物的现场检查工作，对发现的问题责令其立即整改，消除隐患。（朱　阳）

土地资源保护

【耕地保护】 2022 年，阳泉市加强耕地保护，将山西省政府下达阳泉市年度耕地保护目标责任细化分解，层层签订耕地保护目标责任状。为缓解全市耕地不足现状，恢复有计划、有组织耕地开发工作，全市 30 个、140 公顷的新增耕地开发项目区全部开工。矿区自然资源局耕地开发工作早谋划、早行动、早落实，率先完成造地项目主体工程。落实耕地占补平衡政策，全年全市各类非农建设占用耕地 59.20 公顷，实际补充耕地 59.20 公顷。开展耕地后备资源调查评价，完成 25447 个、14126.67 公顷耕地后备资源工作图斑调查评价成果上报工作。起草并提请市政府出台《阳泉市实施耕地向其他农用地及农业设施建设用地转换用途管制暂行办法》，规范耕地“进出平衡”工作。（陈红莎）

【土地节约集约利用】 2022 年，阳泉市共消化“批而未供”土地 238.09 公顷，完成任务的 100.7%；处置闲置土地 1.53 公顷，完成任务的 500%，全省排名第一。其中，阳泉高新区消化“批而未供”土地 61.05 公顷，占全市的 25.64%。年内，阳泉市国有建设用地节约集约总体考核成绩优秀，位列全省第三。其中，闲置土地处置率、土地供应预警信息处置率和宗地坐标填报率三项考核指标完成情况均为全省第一；“批而未供”土地消化、已供土地开发利用违约情况和土地利用动态巡查情况三项指标均达到省定考核要求。（陈红莎）

【土地卫片执法检查】 2022 年，阳泉市执行土地卫片“月清、季核、年度评估”工作要求，确保上报成果真实准确、经得起检验。全年下发土地卫片监测图斑 2069 个，经核查后拆分为 2150 个，其中合法图斑 290 个，违法图斑 330 个，其他类图斑 1530 个。初步测算全市违法占用耕地面积 4.85 公顷，违法比例 5.07%，低于问责标准。在 330 个违法图斑中涉及违法用地 95 宗，立案 78 宗，结案 10 宗，非立案处理 17 宗，收缴罚款 434.76 万元，没收违法建筑物面积 1.02 万平方米，拆除违法建筑物面积 0.05 万平方米，党政纪处分 8 人。（陈红莎）

水资源保护

【水环境质量检测】 2022 年，阳泉市对桃河、绵河、滹沱河、乌河、龙华河、南川河、秀水河、温河的 32 个断面进行监测（有 3 个断面断流），其中，晓庄、会里村、小河、南坪、河北、温池断面是省控断面，白羊墅、闫家庄大桥、地都、枣园村、辛庄为国控（考）断面，其中白羊墅断面为桃河市区段的主要控制断面，地都断面为绵河出境控制断面，闫家庄大桥断面为滹沱河出境控制断面，枣园村断面为乌河的控制断面，辛庄断面为温河的控制断面；县、区各监测断面为市控、县控断面。

监测结果显示，29 个水质监测断面，达Ⅰ类水质的断面(优)3 个，占 10.3%；达Ⅱ类水质的断面(优)4 个，占 13.8%；达Ⅲ类水质的断面(良好)3 个，占 10.3%；Ⅳ类水质的断面(轻度污染)5 个，占 17.2%；Ⅴ类水质的断面(中度污染)4 个，占 13.8%；劣Ⅴ类水质的断面(重度污染)10 个，占 34.5%。全市主要河流水质状况总体与上年相比无明显变化，但区域间差异较大，河流水质污染依然严重。

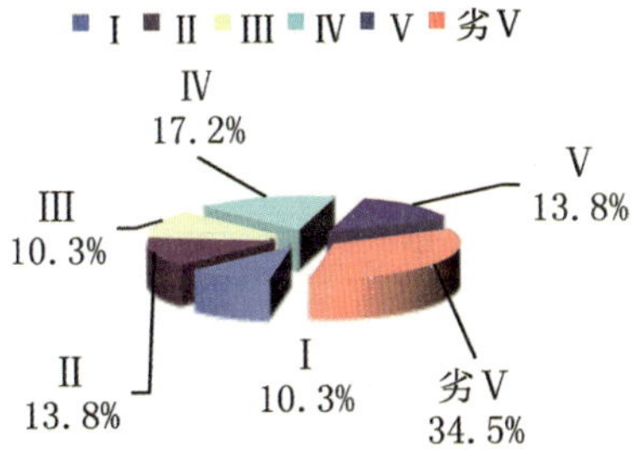

图 10　2022 年阳泉市地表水类别比例图

(市生态环境监测中心　供图)

地表水水质评价　根据原环境保护部制定的《地表水环境质量评价办法(试行)》，结合阳泉市各级监测站实际监测情况，全市主要河流中省控断面评价指标为《地表水环境质量标准》(GB3838-2002)，除水温、总氮、粪大肠菌群外 21 项指标，市控、县控断面评价指标为《地表水环境质量标准》(GB3838-2002)。

国控(省控)水质监测断面　桃河：2022 年桃河水质属轻度污染，与 2021 年比有所变差。全年各断面情况，晓庄断面水质类别为Ⅰ类，水质状况为优；白羊墅断面水质类别为Ⅲ类，水质状况为良好；小河断面水质类别为Ⅳ类，水质状况为轻度污染。

绵河：地都断面水质类别为Ⅱ类，水质状况为优。

滹沱河：闫家庄大桥断面水质类别为Ⅱ类，水质状况为优。

乌河：枣园村断面水质类别为Ⅰ类，水质状况为优。

龙华河：会里村断面水质类别为Ⅰ类，水质状况为优。

南川河：南坪断面水质类别为Ⅳ类，水质状况为轻度污染。

温河：辛庄断面水质类别为Ⅳ类，水质状况为轻度污染；温池断面水质类别为Ⅳ类，水质状况为轻度污染。

荫营河：河北断面水质类别为劣Ⅴ类，水质状况为重度污染。

与上年相比，小河、温池、辛庄断面明显好转；晓庄、白羊墅、地都、南坪、闫家庄大桥、枣园、会里断面无明显变化。

主要污染物状况　氨氮监测情况：2022 年，桃河白羊墅断面年平均浓度 0.36 毫克/升，未超标；地都断面年平均浓度 0.26 毫克/升，未超标；滹沱河闫家庄大桥断面年平均浓度为 0.06 毫克/升，未超标；乌河枣园村断面年平均浓度为 0.03 毫克/升，未超标；温河辛庄断面年平均浓度 1.23 毫克/升，超标 0.2 倍，浓度范围为 0.18 毫克/升~1.96 毫克/升，超标率 72.7%。

桃河晓庄断面年平均浓度为 0.050 毫克/升，未超标；龙华河会里村断面年平均浓度为 0.026 毫克/升，未超标；南川河南坪断面年平均浓度 0.244 毫克/升，未超标；温河温池断面年平均浓度为 1.18 毫克/升，超标 0.2 倍，超标率 50.0%；荫营河的河北断面年平均浓度为 3.36 毫克/升，超标 2.4 倍，超标率 58.3%；桃河小河断面年平均浓度 0.478 毫克/升，年均浓度未超标，超标率 16.7%。

与上年相比，桃河晓庄、小河、白羊墅、绵河地都、滹沱河闫家庄大桥、乌河枣园村、龙华河会里、温河温池、辛庄、南川河南坪断面年平均浓度有所下降，下降幅度在 35.0%~67.5%之间；荫营河河北断面的年平均浓度有所上升，上升 23.5%。

化学需氧量监测情况：2022 年，桃河白羊墅断面年平均浓度 19.7 毫克/升，未超标，浓度范围为 11 毫克/升~36.0 毫克/升，超标率 30.0%；绵河地都断面年平均浓度 9 毫克/升，未超标；滹沱河闫家庄大桥断面年平均浓度 10.8 毫克/升，未超标，浓度范围为 2 毫克/升~21 毫克/升，超标率 8.3%；乌河枣园村断面年平均浓度 7 毫克/升，未超标；温河辛庄断面年平均浓度 16 毫克/升，未超标，浓度范围为 9.5 毫克/升~39 毫克/升，超标率 18.2%。

桃河晓庄断面年平均浓度 12 毫克/升，未超标；龙华河会里村断面年平均浓度 8 毫克/升，未超标；南川河的南坪断面年平均浓度 24 毫克/升，超标 0.2 倍，超标率 66.7%；温河的温池断面年平均浓度 14 毫克/升，年均浓度未超标，超标率 8.3%；荫营河的河北断面年平均浓度 26 毫克/升，超标 0.3 倍，超标率 66.7%；小河断面年平均浓度 30 毫克/升，超标 0.5 倍，超标率 75.0%。

与上年相比，绵河地都、滹沱河闫家庄大桥、桃河小河、荫营河河北断面年平均浓度有所下降，下降幅度在 7.7%~27.8%之间；桃河白羊墅、温河辛庄、温河温池断面年平均浓度有所上升，上升幅度在 1.9%~7.7%之间，桃河晓庄、乌河枣园、龙华河会里断面年平均浓度没有变化。

年内，阳泉市地下水监测井(泉)分别是桑掌村、东水源(五龙泉)、连庄深井、宁艾机井、苏村机井、水务局白泉供水站、庄只村水源井、寺平安、盂县温池供水站、西小坪村、盂县兴道供水站，共 11 个监测井(泉)。监测泉眼为城西泉、五龙泉、水帘洞、苇泽关共 4 个泉水点位。其中东水源与五龙泉为同一点位。

表41　2022年阳泉市地表水各监测断面水质情况表

所在地区	河　流	断　面	断面水质		2022年水质状况	断面性质
			2022年	2021年同期		
市区(郊区、平定县)	桃　河	晓　庄	Ⅰ	Ⅰ	优	省控
		白羊墅*	Ⅲ	Ⅲ	良好	国考
		小　河	Ⅳ	劣Ⅴ	轻度污染	省控
	绵　河	地　都*	Ⅱ	Ⅱ	优	国考
	南川河	南　坪	Ⅳ	Ⅳ	轻度污染	省控
	义井河	—	—	—	—	市控
	李家庄河	—	—	—	—	市控
盂县	滹沱河	闫家庄大桥*	Ⅱ	Ⅱ	优	国考
	乌　河	枣园村	Ⅰ	Ⅰ	优	国考
	龙华河	会里村	Ⅰ	Ⅰ	优	省控
	温　河	温　池	Ⅳ	劣Ⅴ	轻度污染	省控
	滹沱河	鳌　头	Ⅲ	Ⅲ	良好	水功能区
郊区	温　河	辛庄河*	Ⅳ	劣Ⅴ	轻度污染	国控
	荫营河	河　北	劣Ⅴ	劣Ⅴ	重度污染	省控
平定县	苏村河	范家庄#	Ⅴ	Ⅴ	中度污染	县控
	北川河#	北川河#	劣Ⅴ	劣Ⅴ	重度污染	县控
	中川河#	中川河#	Ⅴ	劣Ⅴ	中度污染	县控
	阳胜河	上马坊#	劣Ⅴ	劣Ⅴ	重度污染	县控
	南川河	常家沟#	劣Ⅴ	劣Ⅴ	重度污染	市控
	锁簧河	锁簧河#	劣Ⅴ	劣Ⅴ	重度污染	县控
	温　河	坡　底#	Ⅴ	劣Ⅴ	中度污染	县控
	桃　河	城　西#	Ⅴ	Ⅴ	中度污染	县控
盂县	秀水河	方　山#	Ⅱ	Ⅱ	优	市控
		东　坪#	劣Ⅴ	劣Ⅴ	重度污染	市控
	招山河	乌　玉#	劣Ⅴ	—	重度污染	县控
	石店河	石　店#	Ⅳ	Ⅳ	轻度污染	县控
	龙华河	柴　庄#	—	—	—	县控
	石塘河	活川口#	Ⅱ	Ⅱ	优	县控
郊区	山底河	山底河#	劣Ⅴ	劣Ⅴ	重度污染	市控
	苇章河	河南村#	劣Ⅴ	劣Ⅴ	重度污染	县控
	荫营河	白泉村#	劣Ⅴ	劣Ⅴ	重度污染	市控
	保安河	新店村#	Ⅲ	Ⅲ	良好	县控

说明:带 *号为2022年国考断面“采测分离”共享数据,带#号断面分别为所属县(区)站提供数据

(市生态环境监测中心)

地下水水质评价　地下水水质评价标准执行《地下水质量标准》(GB/T14848-2017)。监测结果表明(以单项组分评价),2022年在测的14个地下水中,水质达Ⅱ类标准的1眼,为盂县兴道供水站,占被测井(泉)的7.1%;水质达Ⅲ类标准的6眼,为桑掌、水务局白泉供水站、庄只村、盂县温池供水站、西小坪、城西泉,占被测井(泉)的42.9%;水质达Ⅳ类标准的5眼,为东水源、连庄、苏村、水帘洞、苇泽关,占被测井(泉)的35.7%;水质达Ⅴ类标准的2眼,为宁艾、寺平安,占被测井(泉)的14.3%。

与2021年相比,桑掌、白泉、水帘洞水质有所好转;东水源、连庄、宁艾、庄只村、寺平安、温池供水站、西小坪、兴道供水站、城西泉、苇泽关水质类别没有变化;苏村水质类别有所变差。全市地下水主要污染物为总大肠菌群、硫酸盐、总硬度。

地下水主要污染物状况　总大肠菌群:在测井中浓度范围在未检出~10(MPN/100mL)之间,14个地下水中除连庄监测结果超标外,其余13个地下水点位未超标。

总硬度:在测井中浓度范围在146毫克/升~1145毫克/升之间,年均值421毫克/升,未超过Ⅲ类标准(450毫克/升)。14个地下水中除桑掌、连庄、苏村、白泉、庄只、寺平安、温池、西小坪、兴道、城西泉监测结果未超标外,其他5个地下水监测结果超标。总硬度与上年相比有所下降。

硫酸盐:在测井中浓度范围是42毫克/升~766毫克/升之间,年均值221毫克/升,未超过Ⅲ类标准(250毫克/升)。14个地下水中除桑掌、连庄、白泉、庄只、寺平安、温池、西小坪、兴道、城西泉未超标外,其他6个地下水监测结果超标。与上年相比,硫酸盐浓度值有所下降。　(朱　阳)

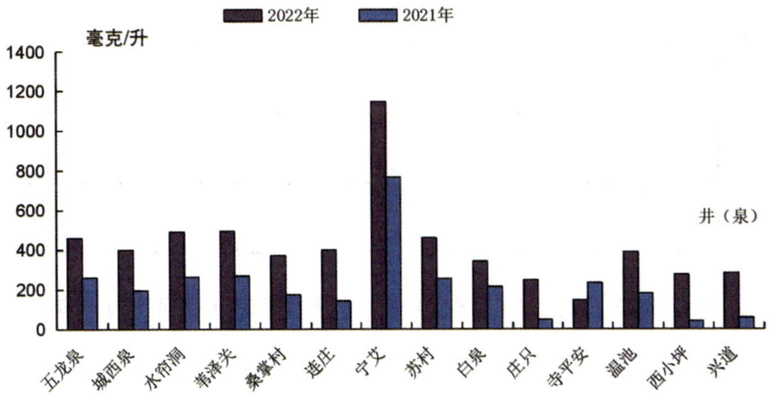

图11　2022年与2021年阳泉市地下水总硬度监测数据比较示意图

(市生态环境监测中心　供图)

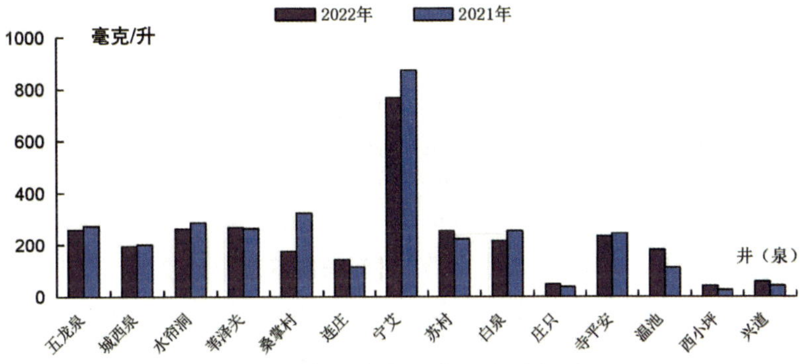

图12　2022年与2021年阳泉市地下水硫酸盐监测数据比较示意图

(市生态环境监测中心　供图)

【集中式生活饮用水水源地保护】 阳泉市饮用水水源地以集中式供水为主,主要以东水源作为取水水源。2022年监测结果表明,东水源的水质类别为Ⅳ类,主要影响指标为总硬度、硫酸盐。

水质评价　饮用水水源地水质评价标准执行《地下水质量标准》(GB/T14848-2017Ⅲ类)。通过对2022年饮用水监测月报的统计分析,全年监测东水源总水量3547.52万吨,水质达标率0,月报监测出现超标项目为总硬度、硫酸盐。

主要污染物状况　总硬度:浓度范围在457毫克/升~484毫克/升之间,年均值463毫克/升,超标准0.03倍,年超标率100%。

硫酸盐:浓度范围在254毫克/升~268毫克/升之间,年均值261毫克/升,超标准0.04倍,年超标率100%。

总大肠菌群:1月至12月均未检出。

与上年相比,东水源总大肠菌群、总硬度、硫酸盐年均浓度值变化不大。

年内,阳泉市娘子关排泄区水源地(东水源)划分保护区并获批复,保护区划分完成率100%;依据《饮用水水源保护区标志技术要求》(HJ/T433—2008)完成标志设置,标志设置完成率100%;水源地保护区隔离防护工程完成率100%;一级保护区建设项目拆除完成率为0、排污口关闭完成率100%、网箱养殖拆除完成率100%,一级保护区整治完成率66.67%;二级保护区整治完成率100%;准保护区整治率100%;监测

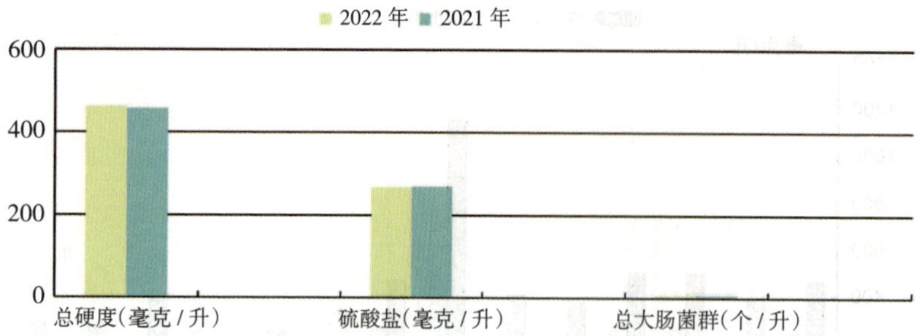

图 13　2022 年与 2021 年阳泉市东水源主要超标项目比较示意图

（市生态环境监测中心　供图）

指标完成率 100%；监控能力状况 100%；风险管理指标完成率 100%；应急管理指标完成率 100%；管理制度完成率 100%。作为娘子关泉提水工程水源的五龙泉、石板磨泉、滚泉、桥墩泉、禁区泉等重要泉水水源地保护区范围实现封闭管理，保护区边界设立有明确的地理界标，泉口至集泉站以引水管或是渠连接段全部封闭。全市对娘子关水源的环境管理总体良好，市生态环境局、水利局、住建局以及水源所在地平定县人民政府、娘子关镇人民政府等单位均按照各自职能对饮用水水源加以管理，保障水质安全。（朱　阳）

【节水型城市创建】 2022 年，阳泉市城市管理局推进节水型城市创建工作，印发《省级节水型城市创建方案》，成立市城市供水节水服务中心，动员社区、村、企业开展节水工作，完成 45 家（67%）市级机关和 64 家（32%）市级事业单位节水型单位创建，完成 8 家节水型企业市级联合初审和 2 家节水型高校材料申报工作，待省水利厅验收。11 月 10 日，阳泉市创建国家节水型城市工作领导组召开工作会议，建立节水型城市创建联络员制度和工作信息报送机制，为创建任务推进奠定基础。（赵志文）

【水资源管理】 2022 年，阳泉市坚持“以水定城、以水定地、以水定人、以水定产”“量水而行”的原则，抓实节流举措，提升供水效益，用好地表水、保障生态水、涵养地下水、多用再生水和矿井水，开展取水许可审批，对 1 万吨及以上用水单位实施计划管理，完成全市所有水库的各类预案编制，持续推进县域水网工程建设。龙华口调水工程的稳评、水保、洪评、环评、水环评等取得相关部门批复，管槽开挖和管道安装工作持续推进中。（侯　节）

【河长制管理】 2022 年，阳泉市各级河长坚持问题导向，履行巡河、管河、护河、治河职责，现场办公解决实际问题，全年四级河长累计巡河 11831 次，河流管理保护工作得到全面加强。为健全河流管理保护社会参与机制，招募并审核通过桃河民间河长 1 名，民间巡河员 50 员。8 月，水利部主办的《河湖舆情月报》上介绍阳泉市招募民间志愿者巡河护河、关爱河流、保护母亲河的工作经验。调动社会力量参与河流管理保护工作受到水利部的高度认可。5 月，对 200 平方千米绵河（桃河）、南川河等 8 条河流开展飞检巡查，飞检河长 351.38 千米，发现疑似问题 12 处，并完成核实整改。（陈阳春）

【水土流失治理】 2022 年，阳泉市完成水土流失治理面积 1.09 万公顷。其中，郊区完成 1200 公顷，平定县完成 3913 公顷，盂县完成 5813 公顷。整修梯田 3953 公顷，营造水土保持林 3255.13 公顷，种草 37 公顷，封禁治理 3720.5 公顷。（陈阳春）

【水土保持监测】 2022 年，阳泉市实施了平定县岔口乡理家庄水土保持监测点的监测工作。完成降雨观测 44 次，径流观测 11 次，泥沙观测 11 次，土壤水分观测 53 次，植被盖度 / 郁闭度观测 53 次，植被平均高度观测 53 次，获得观测数据 9870 个、整编数据 10523 个。监测点年度监测报告通过水利部海河水利委员会技术验收。（陈阳春）

【生产建设项目水土保持遥感监管】 2022 年，阳泉市开展遥感监管违法违规生产建设项目认定和查处工作。协助水利部核查扰动图斑 79 个，确定合规项目 15 个，查处违法违规项目 42 个。协助省水利厅核查扰动图斑 30 个，认定项目 25 个。其中，合规项目 14 个，查处违法违规项目 11 个。（陈阳春）

【生产项目水土保持监督管理】 2022 年，阳泉市水利局对境内 29 个生产建设项目的水土保持工作进行监督检查。下发监督检查意见 12 份，要求生产建设单位履行水土流失防治主体责任，落实生产建设项目水土保持方案，相关单位按照检查意见完成整改。对城区、矿区、郊区、平定县、盂县 5 个县（区）的水行政主管部门开展水土保持履职情况督查，反馈督查意见，各县（区）根据督查意见完成整改。开展生产建设项目水土保持设施自主验收核查。市水利局对山西国际能源裕光煤电有限责任公司温池煤场项目等进行水土保持验收核查，下发相关验收核查意见表，并督促建设单位完成整改。（陈阳春）

黄河流域生态修复

【黄河流域生态保护和高质量发展区域规划】 2022 年，阳泉市编制完成《阳泉市黄河流域生态保护和高质量发展区域(盂县)规划》,6个领域20个重点项目加快建设,累计争取3.9亿元资金支持，创成第一批省级生态文明建设示范区。有序推进石太高铁沿线(盂县段)生态环境综合整治、盂县中水循环利用工程、上社抽水蓄能电站(前期)建设等5类21个重大项目。 (白 雪 李曜东)

【石太高铁沿线(盂县段)生态环境综合整治】 石太高铁是“八纵八横”高速铁路主通道之一“青银通道”的重要组成部分,是沟通华东和华北的重要交通动脉，由盂县进入山西段线路,贯穿盂县、寿阳、阳曲三个县,全长111.1千米,除沿线隧道外长度为60.54千米。石太高铁沿线(盂县段)生态环境综合整治项目主要包括对高铁沿线两侧山体破坏生态修复、企业环境污染治理和厂容厂貌整治、农村人居环境整治、荒山荒地荒滩生态开发等，涉及4个乡镇19个村落，全长14.64千米，以沿线两侧1千米范围为整治重点。项目内容主要包括沿线山体破坏生态修复7处、沿线企业环境污染治理和厂容厂貌整治9处、沿线农村人居环境整治提升、荒山荒地荒滩生态开发等工程内容。2022年4月，阳泉市启动石太高铁沿线(盂县段)生态环境综合整治工作。市生态环境局成立石太高铁沿线(盂县段)生态环境综合整治工作督导组,对项目实施进行督促指导,并给予政策、资金等方面帮助,盂县人民政府负责组织实施。年内完成生态廊道及特色区段初步设计以及农村人居环境提升、企业环境整治、矿山修复和15个村落污水管线的核查工作。 (侯 节)

【盂县中水循环利用工程】 盂县中水循环利用工程以盂县污水处理厂再生水为水源,经过优化处理,集中纳管输送给工业园区和园林绿化项目使用。工程建设内容包括铺设输水管线53千米，新建3座提水泵站、3座蓄水池。截至2022年底,输水管线、蓄水池混凝土浇筑等工程完工,二期工程完成招投标工作。 (侯 节)

【上社抽水蓄能电站工程】 盂县上社140万千瓦抽水蓄能电站项目是阳泉市抢抓构建“先进煤电+新能源+储能电站”三位一体发展格局战略机遇的具体抓手,项目装机规模为4台混流可逆式水泵水轮机组，单机容量35万千瓦,总装机140万千瓦。2022年4月,项目纳入“十四五”重点实施项目清单,且在全省纳规排序中位列第一。2022年9月取得水利部水利水电规划设计总院预可研评审意见。 (王 娟)

2022年10月19日,石太高铁(盂县段)沿线生态廊道建设工程施工

(市生态环境局 供图)

“两河四山一泉域”生态保护

【生态保护规划】 2022年，根据阳泉市“两河四山一泉域、两心双轴四重点”的国土空间总体格局规划,阳泉市有计划实施“两河四山一泉域”生态保护。开展以保育滹沱河、桃河生态水廊为主体的河流保护,以筑牢药岭山、诸龙山、尖山、浮山为主体的生态屏障修复,以娘子关泉域保护为重点的水源保护。 (陈红莎)

【滹沱河流域生态保护】 2022年,阳泉市滹沱河流域生态修复坚持自然恢复为主、自然恢复与人工修复相结合,提高流域环境承载能力。按照流域山水林田湖草沙生态保护修复实施方案,采取封禁抚育、植树种草、坡改梯等措施，扩大林草覆盖面积,拦沙固土,涵养水源,加强矿山生态环境及地质灾害综合治理,预防和减轻自然水土流失。截至年底,滹沱河生态修复主要工程龙华口调水工程有序推进。5月31日,《阳泉市滹沱河流域生态修复与保护条例》于阳泉市第十六届人民代表大会常务委员会第二次会议通过，并于9月1日起施行。条例是阳泉市获地方立法权以来制定的第十三部地方性法规,是阳泉市第一部流域生态修复和保护条例,共六章三十九条。 (朱 阳)

【龙华河河道治理工程】 2022年实施的中小河流治理项目龙华河盂县(下王—肖家汇)段河道治理工程总投资3909万元,治理起点位于苌池镇下王村南850米处，终点位于上社镇肖家汇村北磨盘河与龙华河交汇处,治理长度21.45千米，年内完成主体工程,完成投资3127万元。(陈阳春)

【"四山"生态保护】 2022年,阳泉市聚焦"两河四山一泉域",一体推进山水林田湖草系统治理,全面保护重点林区天然林资源,高质量开展国土绿化行动,实施矿山生态修复工程;协调解决药岭山林场、诸龙山林场、尖山林场、浮山林场责任区域内森林资源保护发展的问题,推行"一山一档案"工作机制,解决影响林地资源保护、森林树木安全、生态环境保护等突出问题。 (陈红莎)

林草资源保护

【概况】 2022年,阳泉市开展国土绿化、生态修复、国有林区林场改革工作,各级林长、河长"上岗"巡护,科学划定管护网格,实现山水"长治",开展森林经营,实施森林抚育工程,强化森林培育,优化森林结构,提升森林资源质量,为各类生物生长、繁殖、越冬、觅食、迁徙、停歇等提供良好环境。完成草原有害生物的普查工作,草原有害生物普查踏查线路17条,规划踏查面积1666.67公顷,实际覆盖面积2826.67公顷,占草原总面积4.74%;创建标准地38个,标准地累计面积51.67公顷,占草原总面积0.87%。 (陈红莎)

【太行山生态保护和修复重点项目】 2022年,阳泉市启动太行山生态保护和修复重点项目工程。该项目是2022年中央预算内投资重点支持项目,是《全国重要生态系统保护和修复重大工程总体规划(2021—2035年)》及其专项规划所列项目。资金投入4.9亿元,工期为2022—2025年,项目实施地盂县、平定县。工程总面积9.32万公顷,首批中央预算资金5361万元。截至年底,完成总投资3774.8万元,造林绿化127公顷的魏家峪环城绿化二期工程。(陈红莎)

【古树名木保护】 古树名木保护对生态多样性保护具有重要的意义。截至2022年底,阳泉市建成区内共有古树名木119棵、古树后备资源23棵。通过建立古树名木数据库,采集现场图片,记录其位置、基本生态学、生长状况等信息,对古树名木书册、树牌进行重新修订、制作,与古树名木管护责任单位或责任人签订管护责任书等基础工作加强古树名木的保护。对记录在册的古树名木的生长情况进行巡查,排查树体倾倒、腐朽、枯枝、病虫害及人为破坏等问题,并督促产权责任人有针对性地采取保护措施。对易被雷击的高大、孤立古树名木,采取防雷保护措施。对生长不良的古树名木,组织专业技术力量,实施抢救复壮措施。采取松土施肥、合理排灌、去除藤蔓类和寄生类植物、定期进行有害生物防治、树洞防腐修补、树体支撑加固等措施,促进树势增强。利用植树节、国际生物多样性日等纪念日开展线下宣传活动,并通过网络、微信公众号及各类新媒体,强化古树名木的宣传普及,宣传古树名木文化,普及古树名木知识,提高公众自觉保护意识。 (赵志文)

【林草资源管理】 2022年,阳泉市规划和自然资源局组织开展省级公益林融合优化工作,全市政策性森林保险全部完成续保;完成森林经营试点任务33.33公顷,森林抚育任务186.67公顷;实现森林、草原、湿地资源数据与"国土三调"(第三次国土调查)数据全面对接融合。 (陈红莎)

【森林资源执法监管】 2022年,阳泉市规划和自然资源局开展违法破坏森林资源案件查处整改"清零"专项行动,对2013年至2021年发生的245件违法违规破坏森林资源案件逐一进行排查梳理,未查处、未整改的问题全部得到解决。年内,办理违法违规破坏森林资源案件56件,罚款183.86万元。 (陈红莎)

自然保护地和生物多样性保护

【自然保护地保护】 2022年,阳泉市规划和自然资源局完成各类自然保护地总规编制和林草湿外来入侵物种普查工作。加强对各县(区)林草湿外来入侵物种普查工作的技术指导和帮扶,强化内业对普查APP系统中数据的合规性审查,推进全市普查工作。强化野生动物保护力度,健全执法联动监管长效机制,开展"清风行动""网盾行动"等联合执法行动;推动野生动物致害补偿落地落实,将野生动物致害补偿资金纳入当地政府财政预算。 (陈红莎)

【野生动物保护】 截至2022年,阳泉市有重点保护野生动物48种,其中国家一级重点保护野生动物4种,分别为金钱豹、黑鹳、金雕、大鸨;国家二级重点保护野生动物28种,有大天鹅、小天鹅、蜂鹰等;山西省重点保护野生动物16种,其中兽类3种,鸟类13种。年内,阳泉市建立市级野生动植物保护联席会议制度,进一步加强协作配合和联合执法,通过信息互通、科研协作和平台共享等方式,实现各环节、全链条、全方位、无缝隙监管。市规划和自然资源局与市农业农村局、市场监管局等9个部门联合印发《关于阳泉市开展"清风行动"的通知》,明确各成员单位的职责和任务,主要对栖息地、人工繁育场所、经营利用场所、交通运输、口岸等进行检查,此次检查出动执法车辆61次,出动执法人员173人次。"巡护+治理"严格落实网格化巡山、"拉网式"排查,重点开展清猎套、反猎捕工作,发现问题及时报告、及时处置、及时整改。郊区公安局查办野生动物案件1起,对违法犯罪人员进行查处。 (陈红莎)

【野生植物保护】 截至2022年，阳泉市共有野生种子植物96科390属725种，其中裸子植物2科3属3种、被子植物94科387属722种。国家二级重点保护植物2种，分别为野大豆、手参；山西省重点保护野生植物3种，分别为党参、桔梗、文冠果。 （陈红莎）

矿山生态修复治理

【废弃露天矿山生态修复】 2022年，阳泉市以项目为抓手，推进生态修复治理。启动盂县3000亩黄河流域及重点地区历史遗留废弃矿山生态修复、全市68处高铁高速沿线裸露山体生态修复工程。编制完成《阳泉市历史遗留废弃矿山生态修复示范工程实施方案（2022—2024年）》，通过省级专家评审，纳入省级项目储备库。 （陈红莎）

【采煤沉陷区综合治理】 2022年，阳泉市财政局建立采煤沉陷区综合治理资金月报制度，全面统计各县（区）专项资金的到位、支付、结余情况，确保项目顺利实施和财政资金安全有效。5月，下达采煤沉陷区综合治理搬迁安置集中新建小区基础设施和公共服务设施补助资金省级专项资金6307万元，其中平定县1373万元、盂县1028万元、城区90万元、高新区3816万元，加快推进采煤沉陷区综合治理。12月，拨付专项资金5000万元，用于阳泉市采煤沉陷区综合治理搬迁安置集中新建小区基础设施和公共服务设施，其中：平定县1173万元、盂县903万元和城区2924万元。 （王文婷）

节能减排

【概况】 2022年，阳泉市坚持绿色低碳发展，优化节能机制。严格能耗“双控”考核，向各县（区）分解下达差异化的能耗“双控”指标，执行考核奖惩机制，每季度预警通报，开展节能监察和诊断，能耗强度完成省定任务。服务项目用能保障，制定“出具固定资产投资项目能耗‘双控’影响意见”管理流程，规范节能审核程序，严把项目准入关。为全市30个项目出具能耗“双控”影响意见，其中19个项目取得节能审查手续。巩固清洁取暖成果，全市28.09万户城乡居民实现温暖过冬、清洁用能。稳妥推进散煤管控，全年清理散煤2833户、2792.6吨。 （杨鹏飞）

【节能财税扶持】 2022年，阳泉市持续加强能源领域资金投入，推动清洁能源利用。拨付既有建筑能效提升工程市级补助资金2500万元，拨付清洁取暖运行补贴专项资金11119.807万元，为深入推进全市清洁取暖示范项目提供资金保障。申报阳泉市煤层气开发利用专项补贴资金，争取中央财政奖补资金4473.67万元，促进清洁能源的开发利用。争取省级资金1200万元，用于充电基础设施建设，推动全市新能源行业发展。 （王文婷）

【工业节能减排】 2022年，阳泉市坚持能耗强度优先原则，兼顾县（区）产业结构差异，将差异化的能耗“双控”指标下达至各县（区），强化节能形势分析预警，按季下达能耗“双控”完成情况表，压实县（区）节能降耗主体责任。加强重点用能单位管理，依法依规开展节能检查，提高能源管理精细化水平，推动煤电企业开展“三改联动”（煤电节能降碳改造、灵活性改造、供热改造）改造，阳光电厂4#炉空预器改造完成验收。全年全市能耗强度降幅为2.8%，完成省定降幅2.7%的目标任务。 （杨鹏飞）

【交通节能减排】 2022年，阳泉市加快新能源车辆的推广应用，市辖区实现纯电动公交车、纯电动出租汽车全覆盖。新建充电桩1800余个，充电桩达2343个，车桩比4.1∶1，居全省前列。纯电动公交车、巡游出租汽车平均节油率达100%，每年可减少碳排放50万余吨。6200辆共享电单车单日使用量突破5万人次，每年可减少碳排放9.97万吨。对改善城市环境质量、提升城市宜居性发挥重要作用。全市绿色出行比例达71%、绿色出行服务满意率达82.3%，绿色出行体系基本形成，成功创建全国绿色出行城市。 （王九存）

【建筑节能减排】 2022年，阳泉市发放施工许可证项目建筑面积120.74

2022年，阳泉市城区南大街既有居住建筑节能改造现场 （市住建局 供图）

万平方米，全部执行65%、75%节能标准建设；执行绿色建筑标准面积120.74万平方米，比例为100%。完成既有居住建筑节能改造55万平方米、既有公共建筑绿色化改造25万平方米。推进绿色建筑集中示范区建设，全市绿色建筑集中示范区新建建筑面积10.58万平方米，新建一星级及以上绿色建筑占新建建筑面积比例为100%。（李　俊）

【碳排放管理】 2022年，阳泉市有序推进碳排放管理。完善能源消费强度和总量“双控”，推行用能预算管理，严控能耗和二氧化碳排放强度。引导煤炭、煤电、化工、冶金、建材等重点行业企业开展节能降碳增效改造。完善智慧能源数据平台功能，加强重点用能企业监管。坚决遏制高耗能高排放低水平项目盲目发展。（朱　阳）

【公共机构节能减排】 2022年，阳泉市直属机关事务管理局印发《关于做好2022年节约型机关创建工作的通知》，对各县（区）集中办公区机关食堂反食品浪费工作进行抽查评估，发现问题向责任主体提出限期整改要求。对阳泉市直公共机构节水型单位建设情况开展综合评审，市级机关建成节水型单位45家，市级事业单位建成节水型单位64家，超额完成省定目标任务。突出节能技改驱动，搭建公共机构节能“一张网”信息化平台，对全市能源数据实时监控，实现能耗数据实时在线采集、监测、分析、展示。按照“2022年底，全部市级党政机关和70%的县级及以上党政机关建成节约型机关”创建目标，阳泉市共计68家党政机关，于2020年、2021年创建36家节约型机关，53%党政机关创建成功。2022年创建12家，达到70%，完成省定目标任务。（黄　艳）

【节能技术应用】 2022年，阳泉市能源局强化重点用能单位管理，到各县区、各企业开展节能检查，检查内容包括淘汰落后机电设备、能耗在线系统安装及运行情况、能源管理体系建立情况。全年检查企业24家，下达责令整改指令书16份。创新节能监管手段，用好阳泉智慧能源数据中心平台，全市72家重点用能单位全部接入系统，督促及时准确上传数据。鼓励重点高能耗企业加强技术改造，引进、推广低碳技术。按照省煤电机组“三改联动”有关部署，推进阳光电厂4#炉空预器节能改造项目完成验收。改造后，阳光电厂机组满负荷漏风率预计由改造前的13%降至5%，三大风机年节约电量284.9万kWh，年节约标准煤量约2150吨。（卢浩文）

【阳泉绿色出行方案入选全国优秀示范案例】 2022年11月26日，国家机关事务管理局发布2021—2022年度公共机构能源资源节约示范案例，全国483个案例入选。经地方申报、专家评审、社会公示等程序，评选出十佳示范案例10个、优秀示范案例183个、典型示范案例290个。市交通运输局报送的《推广绿色出行　助力碳达峰碳中和》成为全市唯一入选的优秀示范案例。市交通运输局落实交通运输领域碳达峰、碳中和要求，完善城市建成区路网，推进步行道和非机动车道建设，加强自行车停放设施建设，推广使用新能源汽车、纯电动巡游出租汽车和共享电单车，同时倡导市民采用“135”出行方式，即1千米以内步行，3千米以内骑行，5千米以内坐公交车，逐步形成绿色交通新发展格局。通过一系列措施，初步建成布局合理、生态友好、清洁低碳、集约高效的绿色出行服务体系，市区交通拥堵现象有效缓解，绿色出行环境明显改善，公共交通服务品质有所提高。体制机制保障更加健全、基础设施建设稳步推进、交通服务不断创新、宣传和文化建设效果显著。12月，交通运输部确定全国97个绿色出行创建考核评价达标城市名单，阳泉市位列其中。（王九存）

【华阳集团全生物降解材料产品参加第十二届山西省节能环保 低碳发展博览会】 2022年10月29日至31日，第十二届山西省节能环保、低碳发展博览会在省展览馆举办，一大批新技术、新产品、新业态、新模式集中展示，华阳新材料股份有限公司生产的全生物降解原料、改性料系列产品及膜袋制品集中亮相。全生物降解塑料购物袋是可被自然界存在的微生物如细菌、霉菌和藻类完全降解的塑料制品，在堆肥条件下，能在6个月内完全降解，转化为二氧化碳和水。相较于传统不可降解购物袋，全生物降解塑料购物袋具有全降解、绿色环保、安全无危害等优点。（冯　倩）

污染防治

【概况】 2022年，阳泉市生态环境局制定《中共阳泉市委、阳泉市人民政府关于深入打好污染防治攻坚战的实施意见》，加强生态环境保护，打好污染防治攻坚战，全方位推动高质量发展。围绕全市环境空气质量综合指数在168个重点城市排名后十的实际，召开全市秋冬季大气污染综合治理暨城市退“后十”攻坚推进会。全域启动热点网格，实现精细化管控。生态环境部热点网格系统累计报警、预警网格406个，其中每日报警网格378个，排查发现问题类型主要有：移动污染源、道路扬尘问题251个，占比66.4%；工地施工、工地扬尘、施工扬尘问题22个，占比5.8%；其他问题

105个，占比27.8%。推动重点排污单位、排污许可重点管理单位实现自动监控。建成挥发性有机物自动监测站，有序推进大气污染防治指挥中心项目、阳泉市工业园区自动监测站建设，启动25个乡镇空气自动监测站项目，利用大数据科学治污。（朱　阳）

【大气污染防治】 2022年，阳泉市生态环境局强化"降尘、治企、控煤、管车、应对"五项措施，狠抓源头治理，加强部门联动，强化执法检查。深入打好污染防治攻坚战，开展夏季臭氧和秋冬季大气治理，北京冬奥会、冬残奥会期间空气质量居全省3个重点保障区城市第一。针对企业、工地复工复产造成的扬尘污染问题，印发《关于深入推进扬尘污染治理的通知》，开展一个月的集中攻坚行动，形成联防联控长效机制。监督检查施工工地1441余家次、工业企业1133家次、车辆15276辆次，发布督办处罚函40期，共计63个问题。针对企业保供，氮氧化物、二氧化硫排放量增大的问题，印发《阳泉市2022年夏季大气污染治理攻坚行动方案》，紧盯关键时段，发布重污染天气橙色预警管控措施2次，同时与辖区内重点排污单位开展协商减排，最大限度降低二氧化硫、二氧化氮污染物排放。持续推进散煤"清零"，开展清洁取暖改造"清零"工作，对遗漏户及路径变化进行查漏补缺，全年完成遗漏户、新增户清洁取暖热源侧改造1049户；开展散煤"清零"督查检查，共清理散煤累计2833户，共计2792.686吨。禁止"禁煤区"销售散煤。抽检民用散煤5批次全部合格；民用型煤抽检2批次，1批次不合格；抽检煤炭及其制品74次，1批次不合格。加大对柴油货车的管控力度，整治机动车载物遗撒飘散行为，查处载物遗撒53起、封盖不严9起。针对道路施工、封路，车辆拥堵导致氮氧化物污染严重问题，在重要路段重点时段，科学合理疏导交通，最大限度减少拥堵和车辆怠速。完成2021—2022年秋冬防目标任务，制定《2022—2023年冬季大气污染综合治理攻坚行动方案措施任务表》，提前谋划冬季大气污染防治工作。全面实施绩效分级差异化减排，组织专家对新申报评级企业、引领企业及抽查复核企业进行现场核查、会议通报及整改复核，确保企业绩效分级结果真实性；对重污染天气应急减排清单进行修订，因企施策，保证各项减排措施的可操作性及实用性。（朱　阳）

【水污染防治】 2022年，阳泉市生态环境局坚持饮用水水源、黑臭水体、工业废水、城镇污水、农村排水"五水同治"。保障地表水水质持续改善，围绕辛庄国考断面稳定退出劣V类水质，下发《关于落实温河辛庄国考断面水质保障工作方案的函》。盂县政府和郊区政府采取有效措施，联防联控，加快完成盂县污水处理厂提标改造，将固庄村、任家峪村等农村生活污水接入固庄煤矿污水处理站处理，将山底村生活污水通过强化管控措施避免直接入河，对河底镇生活污水通过建拦截坝和增加污水处理能力等措施处置，提升温河沿岸污水收集处理能力，辛庄国考断面稳定控制在Ⅳ类水质。针对管网、河道施工造成白羊墅国考断面水质恶化问题，及时抢修、疏通淤堵管网，减少污水直排入河，对桃河中水管网工程、河道堤防维修工程落实管控措施，确保白羊墅国考断面稳定达到优良水质。围绕饮用水、地表水、地下水各类问题，持续开展娘子关饮用水水源地、平定尚怡水库、盂县温池、兴道地下水水质监测工作，所有指标均达到标准限制；各县区采取措施清理藻类生物，有效解决地表水富营养化问题；常态化开展入河排污口监测，全市261个入河排污口，实施封堵48个，销号（入管网）85个，对入河排污口超标排放企业进行约谈，限期整改，确保达标排放；印发《阳泉市2022年汛期排水管控保河湖水质稳定专项行动实施方案》，强化城镇排水系统管控、城镇污水处理厂运维、建城区黑臭水体治理、农村生活污水治理、企业雨污水排放监管、入河排污口监管、清河行动，保障汛期重点国、省控断面水质稳定。（朱　阳）

【土壤污染防治】 2022年，阳泉市生态环境局抓住重点建设用地安全利用率、污染耕地安全利用率两项指标，2021年度全市重点建设用地安全利用率达到100%，2022年梳理7个地块应纳入考核范围，其中3个地块完成土壤污染状况调查工作，安全利用率42.86%，对4家用地单位进行约谈并

2022年8月，桃河两岸远景　（城区党史研究室　供图）

立案调查；对9家涉重金属企业进行检查，未发现涉重金属超标的问题，污染耕地安全利用率100%。围绕工矿企业源头防控工作，将排查发现的41个土壤污染风险污染隐患作为工作重点，完成整改36个，整改完成率87%。推进农村环境整治，全市31个行政村，推进治理24个行政村。加大农村黑臭水体治理，完成治理水域面积2100平方米。（朱　阳）

【农业面源污染防治】 2022年，阳泉市以"一控二减三基本"为重点，推进农业绿色发展。开展种植业减排固碳、畜牧业减排降碳、农渔机节能减排、可再生能源替代等行动，做好"双碳"技术服务工作。实施秸秆综合利用行动，建设平定县为秸秆综合利用重点县，带动秸秆综合利用率保持在90%以上。全市20个规模养殖场粪污处理设施建设全部完工。（朱　阳）

【农村环境污染防治】 2022年，阳泉市从全面推进生活垃圾治理、推进厕所革命、梯次推进生活污水治理、整治提升村容村貌、加强村庄规范管理、完善建设和管护机制6个方面着手，开展乡村建设行动，推进农村人居环境整治。开展村庄清洁百日攻坚行动，整治清理垃圾9.4万吨；完成农村污水治理项目31个，改造户厕1.5万个，垃圾收运体系覆盖90%以上的行政村；完成实用性村庄规划编制99个，建设"四好农村路"285.7千米、太行一号旅游公路72.5千米；完成农村供水改造维修98处，实施农村电网巩固提升工程4个，建成优质基层医疗机构18个，改善农民生活环境。（任继萍）

【城乡生活垃圾分类】 2022年，阳泉市政府常务会议审议通过并印发《阳泉市城市生活垃圾分类行动实施方案》，在全市所有城市建成区（含县城）全面推行城市生活垃圾分类工作，推动城市生活垃圾分类工作开展。截至年底，全市共完成城市垃圾分类投资约2.47亿元，城市居民小区垃圾分类覆盖率为72.37%，公共机构覆盖率100%，公共场所覆盖率99%；城市建成区生活垃圾从2020年7月起实现全焚烧零填埋，城市生活垃圾无害化处理率持续稳定为100%。组织开展共同缔造活动，加强入户宣传，入户宣传率为54.02%，城市居民生活垃圾分类意识提升。

年内，累计建成垃圾中转站36座（平定县7座、盂县17座、郊区7座、城区4座、矿区1座），全市收运体系覆盖的行政村比例为92%以上。盂县作为省级农村生活垃圾分类示范县，开展垃圾分类试点工作，选定7个乡镇、106个村作为试点，开展试点村庄比例为40%。其他县（区）推广农村垃圾分类"四分法"（根据《山西省城市生活垃圾分类管理规定》，在分类投放环节，采用"四分法"，即可回收物、有害垃圾、厨余垃圾、其他垃圾），实现垃圾源头减量，实现垃圾分类的行政村共180个。（赵志文　李　俊）

【建筑施工扬尘治理】 2022年，阳泉市住房和城乡建设局常态化开展建筑工地施工扬尘专项治理，全年共开展检查1000余项次，发现问题全部整改到位，向市城市管理局推送扬尘问题案件线索25条。冬奥会、残奥会、中共二十大召开等关键时间节点，督促各有关主体落实扬尘污染防控责任，实现施工工地扬尘污染精准管控常态化。（李　俊）

【机动车污染防治】 2022年，阳泉市生态环境局加强非道路移动机械监督管理，全年共登记编码非道路移动机械2233辆，累计编码登记4854辆，对4836辆次新旧非道路机械进行监督检查，全部合格。对全市13家环检机构开展月度和季度监督检查，并配合省、市开展"双随机、一公开"检查，对其中违反检测规范的5家环检机构采取扣分和"断网整改"的处罚。持续开展机动车路检路查，全年检查车辆2595辆，发现超标车1辆并进行整改。加强机动车遥感监测运维管理，全市遥感检测总接受量71.54万辆，总上报量26.83万辆；黑烟抓拍总接受量685.03万辆，总上报量337万辆，抓拍到39辆超标车辆移交交管部门进行处罚。开展新车监管，对当年注册登记的2219辆新车，均进行排放一致性检查。（朱　阳）

【医疗废物处置】 2022年，根据《山西省卫生健康委办公室关于做好全省医疗机构废弃物信息化管理工作的通知》（晋卫办医函〔2022〕3号）精神，阳泉市卫健委组织全市3所三级医院，自2月起每月将医疗废弃物信息上报省级信息系统，实现医疗废物的产生、暂存、交接等信息化管理和可追溯。各医疗机构成立医疗废物管理领导机构，确定专（兼）职人员负责检查，督促，落实本机构医疗废物的管理工作，安排专人负责医疗废物的收集、暂时贮存、登记、交接等相关工作。全年全市医疗机构共产生医疗废物2186.13吨，其中集中处置2181吨，无害化处置100%（个别机构受地理位置限制无法集中处置）。共监督检查各级各类医疗机构3426户次，查处违规单位26户次，罚款8.5万元。（曹　菲）

生态环境监管

【环保执法】 2022年，阳泉市开展"利剑斩污""百日决心""非煤矿专项执法""矿山开采领域生态保护""加油站点环境违法行为""普速铁路环境隐患综合治理""排污许可清单式执法""企业违法排污"等多个专项执法检查行动，解决人民群众身边的突出环境问题。联合公安部门开展"利剑斩污”行动，累计出动执法人员1829人次，执法车辆1031辆次，共排查危险废物线索1154条，在线监测线索306条。立案查处10家，拟处罚款金额114万元，违法移送移交案件7件，行政拘留6人，打击生态环境违法犯罪行为。组织调度环境违法案件行政处罚工作。全年共办理环境行政处罚案件共112件，实施行政处罚共905.5万元，执行行政处罚案件80件，缴纳罚款金额643.0万元。其中市级办理6件，实施行政处罚107.3万元；城区办理3件，实施行政处罚7.4万元；矿区办理5件，实施行政处罚43.6万元；高新区办理10件，实施行政处罚26.4万元；郊区办理21件，实施行政处罚199.0万元；平定办理34件，实施行政处罚276.6万元；盂县办理33件，实施行政处罚245.2万元。（朱　阳）

【中央生态环保督察及督察“回头看”】 2022年，阳泉市第一轮中央生态环境保护督察及督察“回头看”反馈问题整改任务共27项(督察12项、“回头看”15项)，其中销号25项(督察11项、“回头看”14项)，销号率为92.59%；2项任务持续推进待销号。第二轮中央生态环境保护督察任务共6项，均完成整改。（朱　阳）

【重点污染源在线监控监管】 2022年，阳泉市生态环境局组织开展污染源监控工作，督导推进重点单位建设自动监控设施，截至年底，全市重点单位自动监控设施安装率97.8%，数据有效传输率95.28%。开展火电企业脱硫电价核算工作，排查自动监控小时数据8万余条。做好秋冬季大气污染防治攻坚战、夏季协商减排行动和冬残奥会举行的污染源数据支撑工作，为相关管理机构调取污染物排放报表700余份。强化“日维护，月巡检”，每日以数据巡检的方式对各企业的在线监测设施测量结果进行审阅，每月对重点企业进行现场巡检，现场抽查排污企业40家次。

完成重点污染源自动监控系统、阳泉市排污单位自行监测信息实时发布平台、阳泉市生态环境局网站等系统迁移至阳泉市政务云。做好网站、微信公众号、微博运行，截至年底，更新微博客户端信息170条，微信公众号信息412条，网站信息679条，回复网上留言17条。开展网络安全应急演练，维护网络安全。（朱　阳）

【排污许可证质量检查】 2022年，阳泉市生态环境局委托市宣教科教中心对211家企业排污许可证质量开展检查，截至10月底，全部核查完成。核查共发现有问题企业58家，涉及10个方面45个问题。下半年联合市审批局、各分局，督促企业完成整改，截至年底，完成54家企业排污许可证整改。（朱　阳）

【环保信用评价】 2022年，阳泉市生态环境局制定《关于联合开展2022年度“双随机、一公开”监督抽查工作的通知》，会同市市场监督管理局、市工业和信息化局联合对阳泉市的ODS生产、使用、销售、维修、回收、销毁及原料用途企业、生态环境监测机构、市县城镇生活污水处理厂运营情况、污染源自动监控设备运行情况、重点企业大气和固废污染排放防治情况开展“双随机、一公开”监督检查工作，检查结果在山西省“双随机、一公开”工作系统板块内填报并予以公示。

2022年前三季度全市共抽查企业797家，其中重点排污单位103家，一般排污单位663家，特殊监管对象31家，发现问题0个。其中市本级抽查企业90家，未发现问题；城区抽查企业31家，未发现问题；矿区抽查企业92家，未发现问题；高新区抽查企业108家，未发现问题；郊区抽查企业95家，未发现问题；平定抽查企业87家，未发现问题；盂县抽查企业374家，未发现问题。（朱　阳）

【首辆大气臭氧激光雷达走航车“上岗”】 2022年8月，阳泉市生态环境局购进全市首辆大气臭氧激光雷达走航车。该车可以边行驶边监测大气臭氧浓度，快速锁定空气污染“元凶”，助力空气质量改善。大气臭氧激光雷达走航车搭载有新型遥感监测设备——大气臭氧激光雷达。该雷达主要由激光发射系统、光学接收系统、信号采集与数据处理单元、数据采集与分析软件等部分组成，能够实时连续监测近地面到高空的大气臭氧浓度，利用其移动走航功能，获取区域范围内臭氧更精细的时空分布信息。大气臭氧激光雷达走航车可以监测不同区域的臭氧空间分布差异性，结合近地面其他挥发性有机物、氮氧化物监测，分析臭氧污染成因，为复合型大气污染防治提供数据支撑。（朱　阳）

（责任编辑：赵晓蕊）

科技人才

【人才政策优化】 2022年，阳泉市出台《阳泉市科技创新人才团队管理办法（试行）》《阳泉市科技研发人员倍增计划实施方案》《阳泉市科技特派员管理办法》，起草《阳泉市激励企业引才育才办法（试行）》，明确企业引育高层次人才团队、建设省级研发平台奖励细则。（史思源）

【科技人才引进】 2022年，阳泉市建立高校科研平台延伸基地13个，高校科技成果转化基地15个，引进高层次人才20余人。选聘30名科技特派员，为83家服务对象签订服务协议并开展服务。凝练并开展包括重大新兴产业链创新链研究、产业技术创新导图清单等一批智库研究项目。（史思源）

【科技专家库建设】 2022年3月，阳泉市科技局出台《阳泉市科技专家库管理办法》，开展入库专家推荐增补工作。经公开征集、本人申请、单位推荐和审核备案等程序，截至年底，科技专家库共有入库专家594人。从专家类别看，技术专家518人、占比87.21%，管理专家36人、占比6.06%，科普专家9人、占比1.51%，财经专家31人、占比5.22%。专家领域涵盖新材料、电子信息、新能源与节能、资源与环境、先进制造与自动化、现代农业、卫生健康等产业。（史思源）

科技项目

【科技投入】 2022年，阳泉市市级科技研发专项费用为2100万元，支持各类科技企业发展。支持企业加大研发投入，聚焦新材料、新一代信息技术、智能制造、农业等领域，立项市级科技项目71项、指导性项目50项，下达科技计划项目资金580万元。申报省级项目14项、重大专项项目建议4项。（史思源）

【科技奖励】 2022年，阳泉市落实市级各类科技奖励690万元。对2020、2021年度企业研发投入排名前列的17家企业予以100万元奖励。年内，全市实现规模以上工业企业研发活动全覆盖。（史思源）

【科技项目认定会】 2022年1月23日，阳泉市科技局召开2022年度阳泉市产业技术研究与开发项目认定会，对晋能控股煤业集团阳泉公司申报的30个科技项目进行专家认定。工程技术、财务等领域的5名专家，通过审阅资料、现场问答等方式，对申报的30个项目进行全面、深入地探讨和论证，出具专家认定意见，28个项目符合科学研究与发展活动范围。（史思源）

【阳泉市科技计划项目评审工作】 2022年5月23日至25日，阳泉市科技局组织召开2021年至2022年度科技计划项目评审会议。评审委托第三方专业机构，采取“专家材料评审＋现场答辩评审”，“线上答辩＋线下答辩”等多种方式进行。评审专家按照项目评价指标要求，通过审阅项目单位申报材料，对参评项目进行评价和综合计分。此次评审项目共125项，主要涉及新材料、新一代信息技术、智能制造、医疗卫生、农业等领域。（史思源）

【《阳泉市科技计划项目立项评审规范》发布】 2022年，经阳泉市市场监督管理局批准，《阳泉市科技计划项目立项评审规范》作为全市地方标准正式发布。内容包括前言、范围、规范性引用文件、术语和定义、常态化科技计划项目立项评审、非常态化科技计划项目立项评审、附录、参考文献八部分。（史思源）

科技创新

【国家创新型城市建设】 2022年，阳泉市制定并印发《阳泉市国家创新型城市建设三年行动计划》，成立阳泉市国家创新型城市工作领导组，针对主要任务和指标成立5个工作专班，实行清单化推进、台账式管理。9月21日，阳泉市国家创新型城市的相关报道在《山西日报》要闻版专版刊载。 （史思源）

【高新技术产业发展】 2022年9月18日，阳泉市众科高新技术产业股权投资基金与北大燕园环境科技有限公司签订合作协议。此次合作以阳泉市高新技术产业股权投资基金为平台，北大燕园环境科技有限公司推动北京大学环境科学与工程学院先进的环保技术及工业固废处理技术转移转化，以组建公司的形式落地阳泉，同时带动社会资金在阳泉开展投资。截至年底，全市高新技术企业156家，高新技术企业主营业务收入占规模以上工业企业主营业务收入的9.5%。 （史思源）

【新材料现代产业学院成立】 2022年9月14日，山西工程技术学院新材料现代产业学院第一届理事会议暨揭牌仪式在山西智创城NO.7举行。新材料现代产业学院的设立是产教融合的具体实践。市科技局、山西工程技术学院及高新区相关负责人出席会议，华阳集团等13家理事单位参加活动。 （史思源）

【首批市级高科技领军企业认定】 2022年，阳泉市科技局按照《阳泉市高科技领军企业认定管理办法（试行）》，经过组织申报、资料审核、专家评审等程序，首批认定山西华鑫电气有限公司、阳泉市中嘉磨料磨具有限公司、阳泉阀门股份有限公司、山西北方晋东化工有限公司4家企业为市级高科技领军企业，阳泉金隅通达高温材料有限公司、山西阳煤联创信息技术有限公司2家企业为市级高科技领军企业培育企业。（史思源）

2022年，阳泉市高科技领军企业——阳泉阀门股份有限公司生产的阀门产品
（阳泉阀门股份有限公司　供图）

【创新生态环境营造】 2022年，阳泉市科技局开展科技活动周、全国科普日等科普活动，新增省级科普基地1家，举办酸性矿山污染水末端治理成果展示会暨源头治理技术研讨会、数字技术赋能能源大省可持续发展高峰论坛2个高端学术会议，科技创新访谈栏目《创新派》在阳泉网络广播电视台开播。修订《“科创贷”业务管理暂行办法》，为24家企业贷款6325万元，2019年至2022年累计发放1.24亿元；阳泉市众科高新技术产业股权投资基金累计为全市成长型高新技术企业开展投融资服务4500万元。全市17家规模以上入统科技服务业企业实现营业收入52830.7万元。 （史思源）

【第36届青少年科技创新大赛】 2022年1月，第36届阳泉市青少年科技创新大赛收到各县（区）及市直学校申报的参赛项目和作品2303项。经过评委会评审，评出一等奖67项、二等奖129项、三等奖211项，优秀科技教师40名，优秀组织奖24名。推选66件作品参加省级大赛，获一等奖8项、二等奖13项、三等奖36项。在第36届全国青少年科技创新大赛中，阳泉二中王子璐的《探索石墨烯的可穿戴性应用》、李钰浩的《探索长效消杀室内空中带病菌飞沫技术》、武志刚的《以“蓝瓶子实验”为核心的项目式教学》获交流展示奖。阳泉市科协被省科协推荐参加全国优秀组织奖评审。 （宋崇军）

科技成果及转化

【概况】 2022年，阳泉市认定市级科技成果转化示范基地1家、示范企业5家、市级中试基地4家；签约高校科研延伸平台基地13家、科技成果转化基地15家；科技成果登记99项，全年完成技术合同登记165项。 （史思源）

【技术合同成交额】 2022年，阳泉市登记技术合同165项，技术合同成交

总额47.5亿元，比2021年增长111.96%，创历史新高。其中，环境保护与资源综合利用37项，合同成交额41.25亿元，占合同成交总金额的86.84%；电子信息43项，合同成交额7632万元；先进制造24项，合同成交额2541.07万元；新能源及高效节能21项，合同成交额4.75亿元；新材料及其应用5项，合同成交额396.78万元。 （刘 刚）

【成果转化示范基地和示范企业建设】 2022年，阳泉高新技术产业开发区管理委员会被省科技厅认定为山西省科技成果转化(阳泉高新区)示范基地，阳泉阀门股份有限公司被认定为山西省科技成果转化(煤气闸阀)示范企业。年内，市科技局认定市级中试基地4家，市级科技成果转化示范基地1家、示范企业5家。 （刘 刚）

【两项新一代人工智能示范应用场景建设】 2022年，阳泉市科技局通过组织企业申报，向省科技厅推荐涉及自动驾驶、智能矿山、智能诊疗、智慧家居等6项新一代人工智能示范应用场景。其中，“阳泉市车城网全域自动驾驶示范应用场景”“多矿井联合部署5G系统技术研究”被省科技厅列入拟支持建设的示范应用场景，推荐到科技部。 （史思源）

科技平台载体

【概况】 2022年，阳泉市召开双创平台高质量发展推进会，组织双创平台人才到外地调研学习，建立市县协同联动共同推进双创平台建设工作机制，开展市域内双创平台绩效评价，在桃河智库中开展阳泉市双创平台高质量发展路径课题研究。新增小微企业双创基地5个、创业示范园区1个。全市9家企业在第十一届中国创新创业大赛中获奖。 （史思源）

【创新平台升级】 2022年，阳泉市新培育省技术创新中心、省新型研发机构、省科技企业孵化器等省级平台8家，认定市级创新平台20家。山西智创城NO.7“智泉创新中心”通过省级众创空间评审，入驻企业数量达103家，引设省级及以上研发机构5家，带动就业人数1410人。阳泉产业技术研究院升级为省级新型研发机构，7项科技项目研发取得阶段性成果，成功转化3项科技成果。 （史思源）

【阳泉产业技术研究院升级】 2022年11月2日，山西省科技厅公布2022年度第一批山西省新型研发机构认定名单和培育名单，阳泉产业技术研究院被认定为山西省新型研发机构。年内，引入中煤地质总局水文局阳泉科创中心、中北大学乔钢柱教授团队、太原科技大学山西省精密测量与在线检测装备工程研究中心、天津工业大学武宝林教授团队4家高端人才团队和机构。2021年10月，阳泉产业技术研究院开始运营，截至年底，共引入8家科技型企业和团队。 （史思源）

科学技术普及

【概况】 2022年，阳泉市创新开展科技活动周、全国科普日等重大科普活动。全年新增省级科普基地1家，举办高端学术会议2个，科技创新访谈栏目《创新派》开播，参加科技志愿服务活动10余次、深入企业普及科技政策20余次，全力推进全民科学素质提升。 （史思源）

【宋庆龄少年儿童发明奖评奖活动】 2022年3月，阳泉市科协筛选出各县(区)和市直学校申报的29项作品参加宋庆龄少年儿童发明奖评奖活动。矿区沙台小学张厚宇的《骑士信号服役》等3项作品获省一等奖、阳泉二中刘文琦的《自动节水浇花器》等6项作品获省二等奖、市实验中学任利华的《滑轮直尺》等12项作品获省三等奖，矿区平潭街小学谢润泽的《感应粉笔盒》等21项作品代表山西参加全国大赛。 （宋崇军）

2022年3月，阳泉市科协工作人员在市科协会议室筛选参加宋庆龄少年儿童发明奖活动的作品
（市科协 供图）

【2022年科技活动周】 2022年5月25日，阳泉市2022年科技活动周启动仪式在阳泉产业技术研究院举行。仪式上，为2021年获批省级研发平台的5家单位授牌、3家科普基地授旗、6名阳泉市科技特派员代表颁发聘书；山西省派科技博士服务团团长、中国矿业大学信息与控制工程学院教授、博士生导师胡青松围绕“数字经济与‘双碳’战略发展”等内容开展宣讲。此次科技活动周以“走进科技，你我同行”为主题，市科协、市科技局、市市场监管局，各县（区）科技部门联合举办科技创新特色宣传、创新创业专题培训、科技为民服务、科技创新资源云端开放等8项重点活动。 （史思源）

【青少年科普讲座】 2022年3月23日，阳泉市科协在市实验中学举办青少年科技创新讲座，30余名学生和科技教师聆听讲座。市科协学会部（青少部）负责人围绕培养青少年科技创新能力，提高青少年科学素质，以往届参赛学生作品为案例，通过分析优秀作品，从选题和论文材料撰写等方面作指导，就做好青少年科技创新作品和激发同学创新意识和潜力提出有针对性建议。 （宋崇军）

【“科创筑梦”助力“双减”科普行动】 2022年5月，经阳泉市科协推荐、专家评审，阳泉市实验中学获中国科协青少年科技中心、中国青少年科技辅导员协会联合开展的“科创筑梦助力双减科普行动”试点单位。阳泉市实验中学探索实践“科创筑梦”助推“双减”常态化工作机制，营造良好科普教育环境，创设科普科幻体验活动室、科普科幻书籍阅览室、科技创新活动室和科技创新展览室。成功申报中国科普博览示范基地，每周三下午活动时间面向全体学生自主申报参加科技创新活动。在山西省第17届宋庆龄少年儿童发明奖中获省级二等奖2名、三等奖11名，全国中美青少年绿色创新活动中获银奖6名、铜奖5名、纪念奖11名。 （常志宇）

科技合作与交流

【概况】 2022年，阳泉市继续加强科技合作与交流，赴陕西等地对接科技创新发展2次，深入企业服务20余次，挖掘待培育的企业创新主体70家。 （史思源）

2022年3月23日，阳泉市科协在市实验中学举办青少年科技创新讲座
（市科协　供图）

【第二届数字能源与可持续发展论坛在阳泉市举办】 2022年9月17日至18日，第二届数字能源与可持续发展论坛在阳泉市举办。此次论坛以“数字技术赋能能源大省可持续发展”为主题，由ISDE中委会数字能源专业委员会、市委人才办、市科技局联合主办，邀请多所高校相关领域教授及多所科研机构专家、学者，通过专题报告、学术交流等形式，研究探讨数字技术赋能地方经济社会发展，促进先进技术、创新应用落地阳泉。论坛采取线上、线下相结合形式进行，数字能源领域相关人士、山西工程技术学院教师、学生数千人通过现场直播参与论坛讨论。 （史思源）

【青少年高校科学营活动】 2022年7月，阳泉市科协组织30名学生参加由中国科协、教育部主办的2022年青少年高校科学营四川大学分营、中国科学技术大学分营、中国航天科技集团有限公司（中国宇航学会）和北京航空航天大学的专题营活动。活动以线上形式开展，阳泉学子在线游览大学校园、参观重点实验室、参加科技实践活动、聆听专家教授讲授最前沿科研成果。阳泉一中高振力获“优秀营员”称号。 （宋崇军）

【参加第29届中国杨凌农业高新科技成果博览会】 2022年9月15日至19日，阳泉市科技局组队参加在陕西举办的第29届中国杨凌农业高新科技成果博览会。会展期间，市科技局围绕阳泉市功能特色农业产业发展方向，就全市功能农业和富硒产业发展现状与国家功能农业科技创新联盟进行交流座谈；国家功能农业科技创新联盟对此次交流的富硒产业发展、连栋大

棚使用效率、功能农业项目需求等问题进行深入研究并提供合适的项目建设方案。（史思源）

气象服务

【气象监测站网建设】 2022年，阳泉市建设完成X波段双偏振多普勒天气雷达、地基多通道微波辐射计、温室气体站，加密布设自动站2个，升级六要素（环境温度、气压、环境湿度、风向、风速、降雨量）站1个，填补气象灾害高影响区域监测空白。开展无人机大气环境垂直探测，助力大气污染科学治理。开展观测质量管理体系建设，对站网管理、数据质量传输、装备管理等过程严格管理，对业务质量中出现的问题进行分析及时整改，年内各项观测系统业务运行稳定，质量传输率99.88%。（岳凯杰）

【"气象+"赋能行动】 2022年，阳泉市气象局加强高敏感行业气象服务保障，与农业、生态环境、城市管理、交通管理等部门合作开展气象风险预警服务，满足各行业对气象服务需求。制定《城市气象保障服务高质量发展工作方案》，气象服务接入城市管理数字驾驶舱，为城市管理者决策提供更有效的气象支撑。加强"特优"农产品气象服务，结合阳泉本地富硒农产品、连翘药茶、小杂粮等"特优"产业需求，进行服务指标研究。开展环境气象垂直探测与污染特征研究，为大气污染防治科学决策提供理论依据。（常志宇　岳凯杰）

【人工影响天气】 2022年，阳泉市气象局新建标准化人影作业点2个，更新安全射界图、火箭发射装置，配置远程对讲指挥系统，完善人影弹药物联网管理。年内，开展人影作业116次，总时长2488分钟，人工影响天气"保丰、增绿、减灾"作用得到发挥。（岳凯杰）

2022年5月，阳泉市首部X波段双偏振多普勒天气雷达建设完成

（市气象局　供图）

地震监测

【台网运行及震情跟踪】 2022年，纳入山西省地震台网的阳泉市郊区大地电场、平定静水位、气象三要素（气温、气压、雨量综合观测）等观测项目运行率达98%，信息节点网络连通率达100%，县级地震信息平台覆盖率达100%。严格震情监视跟踪落实，上报周、月、年中、年度、加密会商报告70期，每日宏微观异常零报告报送率达100%。新增3处宏观观测点，分别为郊区荫营镇三郊村永兴达养殖专业合作社、平定县冠山镇康乃馨花卉种植基地、盂县梁家寨乡蔡家坪宏源养殖场。（王瑞艳）

【阳泉市三郊地震台部分测项搬迁项目开工建设】 2022年2月，阳泉市防震减灾中心委托山西兴宇工程咨询有限公司对三郊地震台部分测项搬迁项目施工、监理单位进行公开招投标，鸿达建设有限公司、山西泰信项目管理有限公司中标。3月，项目签约。4月，进场道路拓展，施工场地平整，临时用水用电接入。6月，中心召集参与建设施工、监理、勘察、设计等单位，召开项目设计图纸会审及设计交底会暨第一次监理例会，主体隧洞开挖掘进。截至年底，主体工程建设过半。（王瑞艳）

【平定县新建流体观测井启动前期勘选及比对观测】 2022年，阳泉市防震减灾中心联合太原地震监测中心站，实地考察平定县西岭村、神子山村、上盘石村、龙庄村等拟选流体监测场地，对水文地质、监测环境等要素展开现场勘查，初步选择神子山村、上盘石村观测井进行比对观测。（王瑞艳）

（责任编辑：霍冬梅　任泉荣）

综　述

【教育经费保障】 2022年，阳泉市教育经费投入29.39亿元，其中，一般公共预算安排的教育经费26.22亿元，政府性基金预算安排的教育经费417万元，国有及国有控股企业办学中的企业拨款1578万元，民办学校中举办者投入334万元，捐赠收入31万元，事业收入2.24亿元，其他教育经费6867万元。全市教育和其他部门办学教育经费总支出27.86亿元。　　（陈　征）

【教学研究】 2022年7月4日至7日，阳泉市教育局、市总工会联合举办2022年度“创新教学模式、打造高效课堂”青年教师教学竞赛评比活动。活动包括幼儿教育、义务教育、普通高中教育、职业教育等学段，评出一等奖28人、二等奖42人、三等奖43人。9月，在山西省第八届基础教育“三优工程”评比中，阳泉教师获优质课一等奖14节、二等奖40节；优秀案例一等奖3个、二等奖12个；优秀教研团队一等奖5个、二等奖5个。10月，市教育局组织“基础教育精品课”征集遴选工作，评选出市级“基础教育精品课”一等奖123节、二等奖110节，推荐获一等奖精品课参加山西省“基础教育精品公开课”评选。10月20日，市教育局召开全市教学质量分析会，总结2022年高考经验，并进行高中教育教学工作经验交流。11月13日，邀请全国高考研究专家队伍到阳泉做教学讲座，分别进行高中九大学科培训，全市高三以及高二年级教师、省级示范学校火箭班尖子学生参加。　　（王建军　张美玲）

【教育科研】 2022年5月20日，阳泉市教育局以“双减背景下的作业设计与管理”为主题，举办线上第三届阳泉教育发展论坛。10月29日，借助腾讯会议平台，邀请山西师范大学教授董新良开展阳泉市基础教育教学成果培育专题培训，各县（区）教研室主任、局属各学校副校长及教科研工作负责人，阳泉市首批教学成果（基础教育）培育项目主持人及项目学校副校长100余人参加培训。12月10日，以“名师工作室的建设与运行”为主题，举办线上第四届阳泉教育发展论坛，邀请晋中市名师张晓刚进行主旨发言。　　（郝　静）

【教师队伍建设】 2022年，阳泉市各级各类学校有教职工17613人，其中教师14138人。普通高等学校教职工511人，其中教师271人；成人高校教职工41人，其中教师24人；职业学

表42　2022年阳泉市各类教育发展情况统计表

指　标	招生（人）	比2021年增长(%)	在校生（人）	比2021年增长(%)	毕业生（人）	比2021年增长(%)
普通高等教育	12465	5.4	34490	21.6	6203	22.1
中等职业教育	2521	-10.6	7503	-5.9	2372	9.3
普通高中	8088	-5.3	24994	-0.9	8290	13.9
初中	12586	-3.5	38577	-2.4	13372	-6.5
小学	11301	5.6	72274	-2.2	12705	-3.6
特殊教育	65	41.3	384	9.1	57	-9.5
学前教育	9462	-0.6	33629	3.5	11129	13.1

（市统计局）

校教职工629人,其中教师596人;普通高中教职工3147人,其中教师1996人;初中教职工3869人,其中教师3844人;小学教职工4780人,其中教师4689人;幼儿园教职工4561人,其中教师2651人;特殊教育学校教职工75人,其中教师67人。年内,全市教师资格定期注册网报人数415人,注册合格407人,其中市直31人、平定县164人、盂县107人、城区50人、矿区45人、郊区10人。组织实施阳泉市教师队伍能力提升培训项目,与项目承接方北京新师者教育科技集团有限公司签订《阳泉市教师队伍能力提升培训项目服务合同》,全年在6所基地校推进259次课程。利用暑期在太原、晋城举办学科培训班,全市各高中学校学科骨干教师、学科基地建设项目种子教师及其团队教师参训,参训学员到晋中一中、晋城三中进行交流跟岗,与山西大学附属中学、太原成成中学等学校教师开展学科训练营,加强骨干教师校级间交流,参训教师509人。（康月梅）

【校外教育培训监管】 2022年寒假期间,阳泉市检查校外培训机构68家(次),收到群众举报5件,其中学科类2件、非学科类3件,全部得到有效处置。1月,阳泉市校外培训广告清理工作被教育部评为全国“双减”工作优秀案例。4月至6月,全市开展义务教育阶段学科类校外培训治理“回头看”工作,累计排查校外培训机构252所,排查从业人员36人,发现“假注销真运营”机构1所,压减机构未退费金额220.25万元,查处隐形变异违规开展培训23件,个人违规开展学科培训13人次,证照不全违规机构6所,年内全部整改完成。开展暑期校外培训违规行为专项整治,接到举报42次,各级教育部门核查联动处置,联合执法12次,巡查256所校外培训机构,发现违规机构46所,全部进行查处。（田先军）

【校园安全】 2022年,阳泉市教育系统利用安全教育平台组织开展春季开学安全第一课、预防溺水、“5·12”防灾减灾、网络安全、消防安全、交通安全等12次专题教育活动,全市中小学幼儿园4000余名教师参与授课,14.38万名学生和家庭参与学习互动。组织开展危险化学品安全风险集中治理、地质灾害隐患排查、学校自建房安全隐患排查治理、安全隐患排查整治等7次专项行动,检查校园重点场所,严防各类安全事故发生。截至年底,全市258所学校成功创建市、县(区)级“平安校园”,覆盖率99.6%。（李　星）

【教育督导】 2022年,阳泉市全面落实全市中小学责任督学挂牌督导工作,建立督学责任区47个,涉及全市中小学校280所、幼儿园315所,实现中小学、幼儿园校门显著位置公示标牌全覆盖;聘任督学222名,其中专职责任督学22名、兼职责任督学200名,实现各级各类中小学、幼儿园责任督学挂牌督导全覆盖。全市征集责任督学挂牌督导典型案例33篇上报省人民政府教育督导委员会办公室,其中《课间活动要让学生“动起来”》入选“2021年度全国中小学校责任督学挂牌督导典型案例”。（史治勇　王清林）

学前教育

【概况】 2022年,阳泉市有各级各类幼儿园(班)432所(含全市小学附设幼儿班),在园幼儿3.36万人,3周岁至5周岁幼儿毛入园率96%。普惠性学前教育资源覆盖率78%,公办幼儿园在园幼儿占比50%。（杨晓麟）

【公办园建设改造】 2022年,阳泉市在省定6所公办幼儿园建设改造任务基础上,确定建设改造8所公办幼儿园。具体为平定县宋家庄幼儿园、平定县洗马堰幼儿园、平定县河头幼儿园、平定县河滩幼儿园、平定县石门口乡石门口幼儿园、郊区实验幼儿园、盂县秀水镇城武幼儿园、盂县南娄镇南娄幼儿园。9月,8所幼儿园建设改造工程完工并投入使用。（程晓珍）

【普惠性民办幼儿园认定】 2022年,经过幼儿园申报、县区验收、市级抽查

2022年6月,阳泉市城区幼儿园的老师带领小朋友开展“水枪大战”游戏
（城区幼儿园　供图）

等程序，10 所民办幼儿园被认定为阳泉市第六批普惠性民办幼儿园，分别是平定县冠亚幼儿园、平定县童彩智力幼儿园、盂县兰馨幼儿园、盂县新华幼儿园、盂县金苹果幼儿园、盂县阳光幼儿园、盂县天骄幼儿园、盂县智慧星幼儿园、城区金蓓蕾幼儿园、矿区明珠幼儿园。截至年底，全市普惠性民办幼儿园达 62 所。（程晓珍）

义务教育

【概况】 2022 年，阳泉市教育局印发《关于做好义务教育有保障问题排查整改工作的通知》，全市各县（区）组织排查学校 265 所，义务教育阶段学生排查覆盖率 100%，经排查，无一例失学辍学学生。联合市财政局、市发展和改革委员会编制完成《阳泉市义务教育薄弱环节改善与能力提升项目规划（2021—2025 年）》，规划实施学校范围在全市公办义务教育学校，重点是师生生活条件差的农村学校、办学条件简陋且纳入布局规划长期保留的小规模学校、学位供给紧张的城镇学校、教育信息化应用能力和水平低的学校、体育美育和劳动教育场所不足的学校等。规划涉及项目学校 133 所（其中市直 4 所、城区 18 所、矿区 19 所、郊区 19 所、平定县 44 所、盂县 29 所）。截至年底，全市有小学 185 所，在校生 72274 人。普通中学 78 所，其中完全中学 9 所、高级中学 5 所、初级中学 45 所、九年一贯制学校 17 所、十二年一贯制学校 2 所；普通高中在校生 24994 人、初中在校生 38577人。（李毛毛　李　宁）

【民办义务教育办学规范】 2022 年，阳泉市有民办义务教育学校 6 所，分别是阳泉市丰华双语学校、阳泉市平坦双语学校、阳泉市矿区丰华双语学校、阳泉市矿区复兴实验中学、阳泉市育英学校、盂县荣昌学校。民办在校学生 3550 人，占全市在校学生总数的 3.10%。年内，阳泉市教育局印发《关于开展规范民办义务教育和双减百日攻坚行动的通知》，在全市范围内开展规范民办义务教育百日攻坚行动。市政府下发《阳泉市推进区域义务教育发展规划》，规范民办学校管理。（李　宁）

【“双减”政策实施】 2022 年，阳泉市印发《关于进一步减轻全市义务教育阶段学生作业负担和校外培训负担的实施方案》，确保“双减”各项政策在阳泉落实落地；印发《阳泉市落实“双减”工作 30 条举措（试行）》和《阳泉市“双减”政策负面清单 30 条（试行）》，为基层学校推进“双减”政策提出明确要求；印发《中共阳泉市委教育工作领导小组办公室关于开展规范民办义务教育和“双减”百日攻坚行动的通知》，规范校内管理，督促全市中小学校贯彻落实阳泉市“双减”正负面“双 30 条”“双减”政策一日清单。印发《阳泉市加强义务教育学校作业管理实施方案》等 10 个工作方案，内容涉及作业管理、睡眠管理、手机管理、课外读物管理、体质健康管理以及重视心理健康、提升安全能力、治理校外培训、完善课后服务、提供校内午餐等 10 项工作。阳泉市成为全省首个落实“双减”政策出台具体举措的地市。（李　宁）

【“5+2”课后服务】 2022 年，阳泉市教育局联合共青团阳泉市委、市少工委、市青年志愿者协会印发《关于开展共青团助力“双减”常态化志愿服务活动的通知》，推进“5+2”课后服务（即学校每周 5 天都要开展课后服务，下午课后服务每天至少开展 2 个学时）工作，丰富课后服务形式，拓展服务内容，开展志愿者进课堂、阅读进课堂、“非遗”文化进课堂、合唱进课堂等系列活动，增强课后服务针对性、有效性。教育、发改、财政、人社、税务 5 个部门联合印发《阳泉市中小学课后服务专项经费使用管理细则（试行）》，建立课后服务经费保障机制。（李毛毛）

【义务教育学校布局】 2022 年，阳泉市撤并义务教育学校 12 所，其中小学 11 所、初中 1 所。推进阳泉一中初中部建设项目，利用阳泉一中教育设施闲置，新建 6 轨制初中，招生范围包括城区、矿区和高新区等城市中心区域，2022 年秋季学期正式招生，招收新生 240 人。编制《阳泉市中小学校、幼儿园建设专项规划（2023—2035）》。（李　宁）

2022 年 7 月 24 日，城区教育局组织学生到义井镇小河村“梅香如故农法研学营地”开展体验农耕活动（市教育局　供图）

【寄宿制学校建设】 2022年,阳泉市寄宿制学校建设改造任务18所,其中平定县7所、盂县7所、郊区3所、高新区1所。建设改造投入经费734.5万元,建设或改造建筑面积2.55万平方米,10月建设改造项目全部完成。 (李毛毛)

【集团化办学模式改革】 2022年,阳泉市印发《阳泉市关于推进集团化办学模式改革的意见》,继续推进城乡义务教育一体化优质均衡发展。集团化办学试点工作从2021年秋季学期开始启动,各县(区)及市直学校根据实际情况,在所属中小学校中,选择1至2所改革试点校选择推行集团化办学。截至年底,全市选取44所学校(含教学点)组建16个教育集团,推进集团化办学试点,覆盖5.96万名学生、5162名教师。 (李毛毛)

【组队参加第七届全国学生"学宪法讲宪法"演讲比赛获奖】 2022年,阳泉市选送6名选手参加第七届全国学生"学宪法讲宪法"演讲比赛、法治知识竞赛山西赛区总决赛。1人获演讲赛小学组二等奖,2人分获演讲赛初中组、高中组三等奖,3人分获知识竞赛小学组、初中组、高校组优秀奖。此次比赛,全省48名演讲比赛选手和69名知识竞赛选手参加。 (马海玉)

【组队参加省第七届中小学生艺术展演活动获奖】 2022年,山西省教育厅举办第七届中小学生艺术展演活动,全省11个地市、119个县(区)参加展演,报送艺术表演作品285个、艺术作品326幅、学生艺术实践工作坊59个,中小学美育改革创新优秀案例154篇。活动中,阳泉市获多个奖项。其中,艺术表演类声乐小学组获三等奖1名、舞蹈类小学组获三等奖2名、戏剧类小学组获三等奖1名;艺术作品绘画类小学组获一等奖1名、二等奖2名、三等奖3名,优秀指导教师3名,中学组获三等奖1名;书法、篆刻类小学组获三等奖3名、中学组获三等奖1名;学生艺术实践工坊获三等奖2名;中小学美育改革创新优秀案例获三等奖3名;优秀组织奖2个。 (郭沁勇)

普通高中教育

【概况】 2022年,阳泉市试行普通高中自主招生,各个环节和录取结果向社会公开,确保招生录取过程公平、公正。年内,普通高中招生计划8110人,全市实际招收高一新生8096人,占初中毕业生的60%。全市高考报名人数8534人,达二本以上3839人,达线率44.98%,一本达线率15.53%。 (李 宁)

【普通高中高质量发展】 阳泉市印发《推进县域普通高中高质量发展行动计划》《阳泉市高中阶段教育普及提升计划》,按照普通高中原则上进城、整合4轨以下高中,控制压减20轨以上高中的办学规模,严控6个至20个班级的招生规模,整合提升一般普通高中办学水平,实现每10万人口拥有一所普通高中学校,每30万人口拥有一所省级示范普通高中学校。截至年底,全市省级示范普通高中学校达6所,市级及各县(区)分别有1所。 (李 宁)

【高考综合改革】 2022年,阳泉市教育局高考综合改革领导小组成立,对高中教育改革、高中教学科研改革、师资队伍建设、信息化建设保障、职教高考推进、招生考试能力建设、督导检查等重点任务细化分工。召开阳泉市高考综合改革工作推进会,对照省政府教育督导委员会下发的高考综合改革基础条件建设问题清单查找问题。加大对县(区)政府督导力度,涉及全市14所普通高中。秋季学期启动实施全市新时代普通高中育人方式改革和高考综合改革。 (李 宁)

【普通高中信息技术学业水平考试】 2022年6月23日至26日,阳泉市进行普通高中信息技术学业水平考试,全市13所普通高中学校进行122场考试,考生报名总数8324人,实考8313人,考试总体达标率99.86%。 (乔 琪)

【优质生源基地建设】 截至2022年底,阳泉市6所省级示范高中和3所市级示范高中与清华大学等20所国内一流高校共建优质生源基地31个,与北京师范大学等一流高校达成基地建设合作意向2个。同时,以新高考改革为牵引,加强与省内外优质学校的办学合作。 (乔 琪)

特殊教育

【概况】 2022年,阳泉市有特殊教育学校4所,分别是阳泉市特殊教育学校、阳泉市城区培智学校、平定县特殊教育学校、盂县特殊教育学校。全市特殊教育学生823人,其中特殊教育学校在校生384人,教职工75人(专任教师67名)。特殊教育学校、随班就读及送教上门学生生均公用经费均达6000元/生·年,全市特教学校就读学生实现全免费。 (李 宁)

【适龄残疾儿童教育】 2022年,阳泉市教育局会同市残联对全市6周岁至14周岁残疾儿童、少年进行全面摸底,各县(区)残疾人教育专家委员会精准做好适龄残疾儿童少年评估鉴定工作,为每一名特殊孩子制定入学预案,妥善解决入学问题,做到"应入尽入"。截至年底,全市6周岁至14周岁适龄残疾儿童少年642人全部入学,义务教育入学率达100%。 (李毛毛)

2022年5月14日，阳泉市特殊教育学校师生在学校举办的第三十一次全国助残日主题活动中表演舞蹈　（市特殊教育学校　供图）

【特殊教育融合发展】 2022年，阳泉市教育局印发《关于做好2022年义务教育招生入学工作的通知》中，要求"推进融合教育，鼓励具备随班就读条件的残疾儿童少年就近在普通学校就读"。年内，全市新增适龄残疾儿童少年46人，义务教育阶段全部安置，其中特殊教育学校就读17人、普通学校随班就读28人、送教上门1人。截至年底，随班就读适龄残疾儿童少年317人。（李　宁）

中等职业教育

【概况】 2022年，阳泉市有中等职业院校10所，包括普通中专3所、职业高中5所、技工学校2所。其中国家级中等职业教育改革发展示范学校1所(阳泉市体育运动学校)、国家级重点职业学校2所(阳泉市交通职业学校和阳泉市职业中专学校)、国家级重点技工学校1所(阳泉市高级技工学校)、省级重点职业学校2所(郊区职业高级中学校和平定县高级中学校)。全年中职学校招生1963人。5月9日至13日，阳泉市开展以"技能:让生活更美好"为主题的第八届职业教育活动周活动，全市职业院校1.4万名师生及家长参加各校组织的27项职业教育观摩体验活动。(李景峰)

【中等职业院校毕业生就业】 2022年，阳泉市中等职业教育毕业生总数2294人(不包括两所技校)，就业学生人数2238人，就业率97.56%，2238名就业学生中，直接就业人数628人(其中对口就业人数57人)，升入高一级学校人数1610人。（李景峰）

【中等职业学校"文明风采"活动】 2022年9月，阳泉市教育局组织开展阳泉市第三届中等职业学校"文明风采"活动。全市遴选出75件获奖作品推荐参加山西省第十三届中等职业学校"文明风采"活动，获一等奖6个、二等奖19个、三等奖18个，6名教师获优秀指导教师奖、1人获优秀组织工作者，郊区高级职业中学校获优秀组织奖。（李景峰）

普通高等教育

【概况】 2022年，阳泉市有普通高等学校3所。其中，山西工程技术学院系阳泉市唯一的本科院校，有教职工901人，在校学生1.27万人；阳泉师范高等专科学校、阳泉职业技术学院为高职高专院校，共有教职工511人，在校学生1.32万人。（梁　波）

【山西工程技术学院招生与就业】 2022年，山西工程技术学院面向全国28个省(自治区、直辖市)录取新生3371人，实际报到人数3358人，报到率99.61%。全年组织开展43场招聘会，发布就业信息460条，提供有效就业岗位1.18万个。2022届毕业生初次去向落实率82.21%，年度去向落实率90.54%。（樊红霞）

【专业和课程建设】 2022年，山西工程技术学院新增材料成型及控制工程、艺术与科技2个专业，共设34个本科专业。新增土木工程、电气工程及其自动化、计算机科学与技术、机械电子工程4个省级一流专业建设点。加强精品课程建设，11门课程获批省级一流课程立项。遴选校级"金课"立项建设课程20门，立项培育课程40门。教学改革创新项目立项45项，大学生创新创业训练计划项目立项46项，"课程思政"教学改革示范项目立项20项，应用型课程开发与建设项目立项20项，产学合作协同育人项目5项。年内，获批山西省首批省级劳动教育实践基地。（樊红霞）

【产学研合作】 2022年，山西工程技术学院与企业共建山工智泉双创学院、新材料产业学院、大数据现代产业学院，获批1个省级众创空间——IIABC众创空间。与华鑫电气合作共建教学实习工厂，实现"校中厂""厂中校"。联合矿山采掘装备及智能制造国家重点实验室组建智能煤机产业联盟，对接29个产业集群，重点建设人工智能与大数据产业集群等42个产教融合创新平台和实训基地。开展"人人持证、技能社会"培训，全年培训毕业生3292名，培训华阳集团新入职员工457名。年内，学院"职业技能等级评价机构"资质中电工、钳工、物探工等14个工种经省职业技能鉴定中心批准具备面向社会评价功能。（樊红霞）

【高校科技创新】 2022年，山西工程技术学院举行"新材料产业学院"第

2022 年 8 月，山西工程技术学院矿业工程系学生在学院煤矿实景教学培训基地学习
（山西工程技术学院 供图）

一届理事会会议暨揭牌仪式，通过新材料产业学院章程；推进“材料科学与工程”优势特色学科建设，瞄准先进耐火材料、功能陶瓷材料、高端建筑材料、新型碳材料、高强高韧合金材料开展研究，申报并获批“山西省工业固废耦合制备先进硅铝系耐火材料工程研究中心”，申报“山西省基胶凝材料绿色助剂技术创新中心”。“新材料国际联合创新团队”“电子信息技术团队”“5G+智能矿井”创新团队开展项目申报、学术讲座和论文发表；工程力学分析、地质灾害防治与生态修复等重点实验室和企业签订合作协议，促进学院创新链和阳泉产业链深度融合发展。年内，获批各类科研项目 122 项，授权专利 124 项，出版专著 11 部。获批一个省级知识产权公共负责网点——山西省知识产权信息公共服务网点，获批一个市级工程技术创新中心——阳泉市煤矿采掘生产系统智能化技术创新中心，“智能煤机产教融合实训基地”入选山西省首批产教融合实训基地培育重点建设项目。与北京中关村智酷合作共建“山工智泉双创学院”，开展双创师资培训 10 次。组队参加大学生创新创业大赛，获国家级铜奖 2 项，省级金奖 2 项、银奖 7 项、铜奖 21 项、优秀奖 8 项。参加华北五省机器人大赛、机器人开发者大赛、3D 精英联赛等竞赛，获省级以上奖项 300 余项。获“中国双创创业创新典型示范高校”称号。（樊红霞）

【阳泉师范招生与就业】 2022 年，阳泉师范高等专科学校录取新生 2062 人，实际报到 1856 人，其中高中起点 1399 人、初中起点 380 人、三二分段 77 人，报到率 90%，比 2021 年增加 640 人。开展书记校长访企拓岗工作，全年上报访企拓岗企业 100 家，2022 届毕业生就业 1046 人（含升学 199 人），参军 7 人，选择灵活就业 840 人，就业率 91.04%。（荆海龙）

【石评梅女子书院在阳泉师范建成】 2022 年，阳泉师范石评梅女子书院建成。书院突出本土红色文化育人作用，以民国时期平定籍才女石评梅的名字命名，将石评梅“理想坚定、文雅守正、追求独立、真情育人”的文化精神内涵融入学校育人机制，形成特色育人新模式。书院采取专业课分系授课 + 思政课、通识课和课余生活在书院统一完成模式，第一期从中文系 2022 级新生中遴选出学习成绩、思想品德、文化素质和行为习惯好的女生 72 人入驻书院，截至年底，学院开设 17 门课程，特色课程有石评梅研究、女性文化研究、形体礼仪、茶艺等。（荆海龙）

【高等职业院校专业调整】 2022 年，阳泉职业技术学院护理专业和实训基地入选省教育厅“十四五”首批支持建设的职业教育品牌专业和高水平实训基地；新开设机电一体化技术（数据中心环境运维方向）、智能控制技术、汽车检测与维修技术、新能源汽车检测与维修技术、计算机应用技术（数据中心 IT 运维方向）、大数据技术、音乐表演 7 个专业。阳泉师范高等专科学校增设书画艺术、网络新闻与传播、旅游英语、中文、智慧健康养老服务与管理 5 个专业。（李景峰）

【学校课程入选国家级精品课程】 2022 年，阳泉职业技术学院艺术系老师窦文华主持的《公共艺术（中国美术鉴赏）》课程被认定为山西省职业教育省级精品课程，通过教育部两轮评审，入选 2022 年国家级职业教育在线精品课程认定名单，接入国家智慧教育平台，实现阳泉市职业院校国家级课程零突破。该课程 2019 年开始建设，截至年底，运行 5 期，累计选课人数 1.6 万余人，浏览量近 1100 万人次。（李景峰）

【校企合作】 2022 年，阳泉职业技术学院与北京万学领创科技有限公司签署“数字经济产教 融合战略合作协议”；与北京神州光大科技有限公司签订校企合作协议；与中国电信阳泉分公司、阳泉市数字经济产业协会签订产学研合作协议；与万学教育开展天猫校园产教融合实训，与山西鲲鹏传媒有限公司实现企业讲师带项目进课堂深度融合，举办 3 场直播电商爱心助农活动；与晋城市人民医院、吕梁市人民医院、榆次区人民医院等 12 所实习基地，完成 19 级 751 名高职

2022 年 10 月 19 日，阳泉职业技术学院校园足球对抗赛在学院足球场开赛
（阳泉职业技术学院　供图）

学生对口实习工作；与山西天和盛环境检测股份有限公司校企合作共建环境监测技术专业，设立冠名班，双方共同制定专业人才培养方案和专业课程体系；与吉利汽车山西新能源汽车工业有限公司、多氟多阳福新材料有限公司签订校企合作协议，共同谋划校企双元育人新模式，吉利汽车山西新能源汽车工业有限公司捐赠新能源实训汽车一辆；与百度（阳泉）数据中心进行深度专业共建，满足百度全国各地数据中心人才需求。截至年底，阳泉职业技术学院与 78 家企业建立长期稳定校企合作关系，其中山西省内企业 64 家、省外企业 14 家，为合作企业输送实习生和毕业生近千人。　（马　静）

成人教育

【概况】 2022 年，阳泉开放大学开放教育开设专业本科 15 个、专科 19 个，开设课程 473 门，其中面授辅导课和责任教师课 286 门、自主学习课程 142 门、毕业综合实践类课程 45 门。学校有开放教育在籍学生 1494 人，在编教职工 41 人，专兼职教师 47 人。截至 2022 年底，学校承担多领域社会化考试工作 2.13 万人次，培训社会人员 16 万人次。　（郭慧敏）

【学历教育】 2022 年，阳泉开放大学全年招生 536 人。改革班主任聘任模式，全职变兼职。开展校企合作办学，打造建筑工程、会计学、法学等专业学生校外实习基地。全年聘用教师 87 人次，其中校外教师 45 人次。完成 2020 秋和 2021 春 190 名学生毕业作业培训、辅导，聘请辅导教师 24 人次。组织教师评阅 2022 春季 145 门 855 人次和 2022 秋季 128 门 847 人次的补考课程和自主学习课程的作业。　（郭慧敏）

【非学历教育】 2022 年，阳泉开放大学完成 2022 年符合政府安排工作退役士兵适应性培训和第二批阳泉市科技系统干部培训。形成 14 门普惠性技能提升培训课程，面向市总工会、市退役军人事务局、市科技局、矿区和城区组织部等进行讲授。新增承办市财政局会计专业技术资格考试和第三方职业能力认证考试工作。全年承接社会化考试 88 场次 5985 人次。　（郭慧敏）

【全民终身学习活动】 2022 年，阳泉开放大学组织开展全民终身学习活动周，活动以“学习贯彻二十大　终身学习向未来”为主题，采用线上线下相结合模式，向社区居民讲授终身学习数字化转型、“智慧助老”、老年人普法学法等方面内容，举办 9 场，参与人数 700 余人次。年内，与矿区区委老干局合作开办“智能手机应用”培训班，培训离退休干部 200 余名。　（郭慧敏）

2022 年 8 月 1 日，阳泉开放大学承办市财政局会计专业技术资格考试
（阳泉开放大学　供图）

（责任编辑：霍冬梅　任泉荣）

公共文化

【公共文化设施建设】 2022年,阳泉市构建优质均衡的公共文化设施网络。推动县级“两馆”(图书馆、文化馆)建设,抓好矿区、平定文化中心建设项目和城区图书馆文化馆提升改造项目,深化县级文化馆、图书馆总分馆制建设。加快布局公共文化新型空间建设,在城市创新打造融合图书阅读、艺术展览、文化沙龙、轻食餐饮等服务的新型文化业态,在乡村因地制宜建设文化礼堂、乡村戏台等主题功能空间。年内,全市公益文化设施建设达标率为全省第六位。 (范宜萍)

【图书馆】 截至2022年底,阳泉市有备案图书馆6家,分别为阳泉市图书馆、平定县图书馆、盂县图书馆、城区图书馆、矿区图书馆和郊区图书馆。其中,阳泉市图书馆图书藏量42.20万册(件)(期刊421种,报纸73种),读者流通18.77万人次,书刊文献借还9万册次,持证读者6.25万个,自建数字资源总量26.5TB。

平定县图书馆馆舍面积1600平方米,馆藏文献总量12.77万册(种),其中涉及普通文献、报刊、古籍、四库全书、地方文献、捐赠文献资料等。内设读者借阅部、期刊阅览室、少儿阅览室、多媒体功能室、电子阅览室、普通文献书库、特种藏书书库、地方文献陈列室、过期过刊资料库等。

盂县图书馆有馆藏10万余册(包括图书、期刊合订本),位于盂县文化中心D座,总建筑面积4300平方米,共4层,设有借阅部、采编部、少儿部、报刊部、地方文献部、公共数字文化部、读者工作部、自修室、办公室、财务室10个职能部门,全方位面向社会服务群众。

阳泉市城区图书馆有藏书3万余册,位于狮脑山下,面积3140平方米,藏书涵盖政治、经济、历史、地理、医药保健、教育、艺术、文学,少儿读物等各类图书,其中文学类书籍居多,年订报刊50余种,地方文献2000余册,馆内设有图书借阅部、期刊阅览部、少儿阅览部、电子阅览室、展厅等部门。

阳泉市矿区分别在二矿文化广场、三矿文化广场、四矿华龙宜购广场建设三座街区自助图书馆,3个街区自助图书馆总藏书量32281册,2022年总流通7754人次,书刊文献外借10301册。二矿、三矿、四矿馆建筑面积共150平方米,每座图书馆占地面积50平方米,阳光玻璃房钢体结构造型,内设实体图书、电子书刊自助借阅机和阅览座位。街区自助图书馆全年全天对群众免费开放。

阳泉市郊区图书馆藏书72654册,其中图书65268册,报刊7235件,视听文献151套。在藏量中,开架书刊21459册,少儿文献4172册。建筑面积1680平方米,地上4层,地下1层。一层为展览大厅,还设有政府公开信息服务专区;二层设有学雷锋文化志愿服务站、地方文献室、非遗传习所;三层设有电子阅览自习室、机房、办公室;四层为综合阅览室、期刊阅览室、少儿阅览室及服务台。 (范宜萍)

【博物馆】 截至2022年底,阳泉市备案的博物馆只有阳泉市博物馆。阳泉市博物馆提升市博物馆的综合管理水平,年内入馆观众人数为41201人,接收捐赠文物98件,征集文物119件,招募志愿者26人。

2022年,阳泉市博物馆广泛开展社教活动,举办二十四节气线上手工课堂、自律的生活(练字篇)等线上活动社教活动30场,参加人数15931人;举办“历史小故事,家国大情怀”演讲比赛、“我眼中的博物馆”绘画大赛等线下社教活动18场,参加人数2775人。

2022年“5·18”国际博物馆日,阳泉市博物馆利用主题展板、宣传折页和宣传扇向市民朋友宣传展示阳泉市文物保护成果,扩大博物馆影响力。阳泉市博物馆特意设置雕版印刷,吸引

2022 年 1 月 5 日，阳泉市文化馆（阳泉美术院）携手阳泉市书法家协会在市政协举办“我们的中国梦 文化进万家”送春联活动 （市文旅局 供图）

众多市民参与互动。持续完善版面设计，丰富网页内容。在微信公众平台共发布文章 617 篇，其中临展及活动类 115 篇，通知及参观类 40 篇，文物及其他类 462 篇；官网发布文物类、活动类、通知类文章 33 篇，截至 2022 年 12 月 1 日公众号关注人数 5441 人。在展览开展的同时推出 VR 技术线上参观平定紫砂艺术展。 （范宜萍）

【文化馆】 2022 年，阳泉市文化馆（阳泉美术院）完成 260 余件美术作品，其中，入选国家级、省级展览 22 件。其中《山花烂漫》等 6 件作品入选国家艺术基金艺术人才培养资助项目（国家级），《高原风》入展第三届“美丽中国”美术作品展（国家级），版画作品《乡村赛事》获“坚定文化自信 焕发三晋文化时代光彩”山西优秀美术作品展优秀作品奖（最高奖）。

组织、筹划“舞动三晋”民歌广场舞大赛，“秀美长城”旗袍秀大赛阳泉选拔赛，2022 年阳泉市“泉民 K 歌”大赛，2022 年山西省农民工歌手大赛阳泉选拔赛等山西省各类群众文化系列赛事活动 20 余场。承办 2022 年山西省农民工歌手大赛决赛，共评选出市级赛一等奖 11 名，二等奖 20 名，三等奖 32 名。在参赛的省级以上活动中荣获国家级奖项一项，省级决赛奖项二等奖四项，三等奖五项。其中由市文化馆专业人员参演的广场舞《人说山西好风光》获文化和旅游部第十九届群星奖（国家级）。新创剧目 5 个，申报参评 8 个。小戏《梦回百团》、舞剧《那一抹红》分别荣获山西省群众文艺作品创作选拔（文本类）戏剧类二等奖、三等奖，该剧目由市委组织部确定为“红色领航”项目重点剧目。广播剧《冰雪陶然》作为省委宣传部重点文艺作品 2021 年度山西广播影视奖广播剧获一等奖、2022 首届山西戏剧年度推优提名奖。录制完成以中共二十大代表李杰为原型创作的广播剧《矿山华佗》。 （范宜萍）

【演出场馆】 截至 2022 年底，阳泉市共有演出场馆 20 余家，演出场馆分布于城区、矿区、郊区、开发区、平定县和盂县。其中，“阳泉记忆·1947”文化园自 2022 年 5 月正式开园以来，围绕打造夜间文化和旅游消费集聚区，先后举办多次美食游乐音乐节等大型文化娱乐演出活动。“阳泉记忆·1947”文化园推出沉浸式体验与研学游，吸引各大院校的 63 支团队来此交流；园内“泉·美术馆” 开馆一周就接待近千人次参观；工人大礼堂采用“剧团＋剧场”新模式，承接多项省内外文化赛事和文艺表演活动。 （范宜萍）

【新华书店】 2022 年，山西新华书店集团阳泉有限公司推进“一般图书”和“两教”（教科书和教辅书）发行工作。全年营业总收入完成 9634 万元，其中“两教”产品销售 5388.9 万元，一般图书销售 1900 万元。

《习近平谈治国理政》第四卷征订发行 84211 册；结合党史学习教育活动，做好《中国共产党阳泉历史》发行工作，共计发行 1100 套；组建“学习二十大精神服务队”，走进各个机关、厂矿、学校、社区、农村、景区、部队等单位，做好中共二十大重要文件及相关学习读物等重点政治类图书的征订发行工作。启动阳泉市首家 24 小时无人值守书店——“阳泉记忆·1947” 文化园 24 小时智慧书房，阳泉广播电视台、《阳泉日报》等主流媒体相继报道。 （解 婧）

【线上公共文化服务】 2022 年 4 月，阳泉市文化和旅游系统以公共文化服务“线上”供给方式，确保公共文化服务不中断。

各级文化馆、图书馆、展览馆等依托数字化资源，与微信公众号、微博以及抖音短视频平台结合，形成新媒体文化服务矩阵。阳泉市图书馆全面开放优质数字资源，将精品好书、红色故事绘、少儿绘本、名师讲坛、疫情防控知识等电子资源推送给读者。举办世界读书日全民线上阅读大赛、阳图云讲座、线上经典好书 PK 赛等线上活动。阳泉市博物馆根据二十四节气特色打造“阳博线上手工课堂”，将手工文创制作与传统文化传播相结合，形式新颖生动。阳泉市展览馆开展“线上展厅”微信推送服务，打造“云上展览”“云览阳泉”“诗情画意”“艺苑论坛”等十余项特色板块，围绕节气文化、本土风俗、红色记忆、廉政知识等主题，每日更新板块内容。

阳泉市文化馆线上举办“感动‘疫’瞬间 奋力向明天——抗疫主题摄影展”，深入社区、机关、工厂等疫情一线拍摄记录抗疫现场，用影像向社会传递温暖与希望；组织馆内外画师创作防疫主题作品100余件，推出一批反映全市全面筑牢阻击疫情防线、守好阳泉阵地的美术精品力作。平定县文化馆举办“线上原创文艺作品展播”“线上非遗课堂”“线上文化慕课”“‘疫’路同心‘艺’线有我——线上诵读活动”“线上抗疫主题书画作品”五大线上文化活动。

动员文化志愿者、文化带头人、文艺小分队等社会团体投入到文化服务中，创作有代表性的三句半、萨克斯独奏，文化带头人利用微信、抖音公众号等平台，自创抗疫语言类作品，德业居夕阳乐团、红舞鞋艺术团、蓝梦舞蹈队、云之梦等文艺小分队编创抗疫舞蹈。（范宜萍）

【文化惠民】 2022年，阳泉市文化馆（阳泉美术院）在春节、元宵节等重大节日、节点，组织、带领文艺志愿者小分队，分别到乡村、社区、企业、军营等30余家基层单位，开展“我们的中国梦 文化进万家”文化惠民送对联、书画、文艺演出系列活动30余次，送出春联万余副。年内，先后举办“水墨漾泉——2022当代中国画名家邀请展”“追寻红色根脉·展示青年风采”全市青年美术作品展，“赏年画过大年”美术作品展，“守望·乡愁”阳泉市古村落摄影展，“红色领航·同心筑梦”——阳泉市书画摄影作品主题展览，阳泉市“红色领航爱我阳泉”中小学生美术作品校园巡回展等文化惠民展览。（范宜萍）

【“两节”文化惠民活动】 2022年1月，阳泉市文化和旅游局组织市文化馆、市图书馆、市展览馆陆续展开“阳泉砂陶产业美术系列讲座”砂器图案装饰讲座、“我们的中国梦——文化进万家”迎新春书画作品微展、阳图云讲座、“我们的中国梦”文化进万家活动迎新春·画山城——“阳泉印记”张伟忠水彩画作品线上展、艺术论坛等文化活动，在“两节”掀起文化活动热潮。（范宜萍）

【全民阅读活动】 2022年4月20日至6月20日，阳泉新华书店联合中共阳泉市委宣传部、阳泉市教育局、阳泉军分区政治工作处、阳泉市国防教育办公室、阳泉市妇女联合会共同举办的阳泉市第二届“新华书店杯”护苗行动“我见证，中国力量！——讲讲我心中的国防”主题诵读活动。活动精选《中国抗战：晋察冀根据地抗日影像》《家国万岁——院士科学家何继善的故事（平装版）》《沁源1942》《八路军在山西》《红色印记在山西》《临津江的黎明》等山西红色故事和国防主题的晋版图书33种，使广大参赛者在诵读中品读和享阅晋版，传承本土文化。参与者遍布全国，共计45945人，作品数量43696个，投票总量383万票，浏览量近15万人，参与机构95个，最终71名选手和11家单位获奖。活动被评为2022年度优谷朗读十佳大型活动。

“六一”国际儿童节期间，阳泉新华书店携手北岳文艺出版社、阳泉市妇女联合会，走进阳泉市城区幼儿园、金蓓蕾幼儿园、爱婴天使幼儿园、盂县仙人中学校、盂县西潘中学校等，开展“巾帼心向党 喜迎二十大”“六一”图书捐赠公益活动。同时社店联动、奉献爱心，开展图书捐赠公益系列活动，郊区实验小学、郊区育才小学、郊区文苑小学、郊区育英小学、郊区荫营联校千亩坪中心小学等全体学生受益。

2022年6月至8月，阳泉新华书店融合振兴晋版与践行“我为群众办实事 送书香进万家”目标，将流动售书车相继开进新华东街社区阳光广场、大阳泉古村、市体育馆等，开展“新华送书香 文化惠民行”“晋新晋享 感恩回馈”书展活动。

2022年7月1日至8月31日，阳泉新华书店携手阳泉市城区文化和旅游局、阳泉市矿区文化和旅游局、中国移动通信集团山西有限公司阳泉分公司联合举办城区、矿区“书香阳泉 文化城矿”主题诵读活动。此项活动线上初赛访问量75243人次，8668人参与，投票总量298.1万。与此同时，为切实落实晋版图书销售任务，将发行晋版书与“书香三晋·文化阳泉”全民阅读系列活动深度融合，以书店流动售书车为载体开展“新华送书香 文化惠民行”活动，遍及阳泉多个村庄、街道、社区，打通文化下乡、服务基层“最后一公里”，被山西新华书店集团评为营销创新案例。

线上线下结合，“阳泉新华书店”微信视频号、抖音平台推出“新华荐书”100余期，面向广大读者推荐新书、好书、晋版书。（解 婧）

【书香政协·委员读书屋】 2022年3月4日，阳泉市文化和旅游局积极配合阳泉市政协，在阳泉市图书馆举办“书香政协·委员读书屋”授牌仪式。阳泉市政协各界别委员和机关干部、文旅局相关人员50余人参加活动。“书香政协·委员读书屋”设在市图书馆“学习书房”，重点收藏和展示习近平总书记著作及其推荐图书，以及中共党史、新中国史、改革开放史、社会主义发展史专题等红色文献近4000本，包含政协文史类读物。“书香政协·委员读书屋”是市文旅局重点打造的集党史学习教育和红色文化传承为一体的特色服务空间。（范宜萍）

【“五个一批”群众文化惠民工程】 截至2022年8月23日，阳泉市“五个一批”群众文化惠民工程开展活动9102场，完成率102%。其中，174支群众文艺队伍（文艺小分队），开展活动5062场，完成率97%；乡土文化能人艺人85人，开展活动1107场，完成率108%；乡村文化带头人175人，开展活动2525场，完成率120%；"免费送戏下乡"文化惠民演出408场，完成率74%。阳泉市坚持"送文化"与"种文化"相结合，加强群众文艺小分队、乡土文化能人艺人、乡村文化带头人三支队伍建设，引导群众在文化建设中自我表现、自我教育、自我服务。（范宜萍）

【山西省旗袍秀大赛】 2022年12月30日，山西省群众文化活动旗袍秀大赛总决赛在线上举行。此次大赛是由山西省委宣传部指导、山西省文化和旅游厅主办，山西省演出行业协会与阳泉市文旅局承办的全省性赛事。总决赛由全省11个地市选送的16支队伍近600人通过视频录制形式参加。为保证大赛公平、公开、公正，阳泉市设立监审组全程监督，设置线下比赛场地，评委线上通过LED大屏幕进行观看，按照比赛规则和评分标准，现场进行打分。大赛通过山西省演出行业协会官微、视频号、山西手机台、快手等新媒体平台对线上总决赛进行全程直播，线上观看已达50万余人次。（范宜萍）

【琉光溢彩·山西特色琉璃主题展在阳泉市博物馆展出】 2022年8月19日，由山西省文物局指导，阳泉市文化和旅游局主办，阳泉市博物馆、长治市博物馆、晋城博物馆承办的"流光溢彩"——山西特色琉璃专题展开展仪式在阳泉市博物馆二层大厅开展。该次展览是省文物局"弘扬中华优秀传统文化 培育社会主义核心价值观"主题展览项目，为市博物馆引进精品专题展，共展出长治市博物馆、晋城博物馆的170余件琉璃作品，分为"趣饰生活""璃彩华居""延绵福梦""艺承匠心"四个部分，展品兼具陶与瓷的特色和性能，有着令人惊叹的色彩、造型和技艺，展现山西琉璃历史悠久、绚烂多姿的底蕴。（范宜萍）

【两项展览获山西省第二届博物馆精品陈列展览推介】 2022年，山西省"第二届博物馆精品陈列展览评选推介活动"公布结果，共推介精品展览10项、特别展览6项。其中，阳泉市博物馆"陶铸文明——平定紫砂艺术展"获精品展览推介，百团大战纪念馆"百团大战专题陈列展"获特别展览推介。"陶铸文明——平定紫砂艺术展"由山西省文物局指导、阳泉市文旅局主办，是阳泉市博物馆推出的原创展览，展览精选近150件平定紫砂器，按内容分为"源远流长窑火旺""南艺北传紫瓯成""争奇斗妍器类丰""精雕细画技法多"四部分展示，展品呈现出鲜明的地域特色、艺术个性和文化内涵。百团大战纪念馆是全国唯一一座以百团大战为主题的纪念性场馆，该馆位于阳泉市区西南5千米的狮脑山主峰，该纪念馆于2021年建党百年之际完成改陈布展，全新改陈布展后分为号角吹响（前言）"运筹帷幄 战略布阵""百团出击 破袭交通""乘胜追击攻坚据点""英勇合击 反敌'扫荡'""辉煌战绩 永载史册"、开创未来（结束语）7部分。（范宜萍）

2022年8月19日，山西特色琉璃专题展在阳泉市博物馆二层大厅开展
（市文旅局 供图）

文学艺术

【文学创作】 2022年，刘慈欣、指尖、侯讵望、葛海林、李月丽、陋岩、荆卓然、白瑞勤、山月、小岸、文德芳等作家先后在《人民文学》《诗刊》《星星》《延河》《山西文学》《湖南文学》《阳光》等国家级、省级报刊发表散文、诗歌、评论、报告文学计600余篇（首）。其中，刘慈欣、指尖、侯讵望、陋岩、荆卓然的作品多次获得世界级、国家级、省级大奖。阳泉市作家协会先后参加公益活动60余次，捐书赠书3000余册。推荐入省级会员10余名。推荐作者参加"赵树理文学奖""茅盾文学奖"评选等。

葛栋玉的作品《正义》，先被《读者》选摘，后选入《百度文库》，并被选入小学四年级人教版语文试卷；作品《我见青山多妩媚》，被唐山一中作为范本，选入高一语文试卷；作品《高尔基的悲剧》入选中学生《课外阅读》。（白建刚）

【李智文学作品研讨会】 2022年1月14日，由刘慈欣文学院、《娘子关》

编辑部、阳泉市评论家协会、平定县文联主办,平定县作协承办的李智文学作品创作研讨会举办。阳泉市有关作家、评论家20余人参加研讨会。阳泉乡土作家李智40余年来坚持创作,鼓舞年轻作家成长。研讨会围绕作家李智文学作品进行讨论交流,与会作家、评论家对李智的创作经历和作品进行不同维度、不同层面的积极评价。 (白建刚)

【《娘子关》出版发行】 2022年,具有国际国内双刊号的《娘子关》杂志,用优秀的文学作品讴歌伟大的祖国,引领杂志的发展。创新开设报告文学等栏目,全面贯彻意识形态工作责任制,打造《娘子关》文艺阵地,全年出版正刊6期,刊登130余位作家的文学作品130余篇,合计60万余字。 (白建刚)

【美术创作】 2022年2月16日,《山西日报》刊登"水墨漾泉"2022当代中国画名家邀请展部分作品,阳泉市赵华双、潘荣本作品刊发。3月,叶晓敏油画《静谧2》入选由中国美术家协会主办的全国新文艺群体美术作品展,获入会资格作品。5月20日,杨丽娜油画《筑梦》入围由中宣部、中国文联主办,中宣部文艺局、中国共产党历史展览馆、中国美术家协会承办的"主题性美术作品展览"创作选题。7月,在中共山西省委宣传部、山西省文化厅主办的第三届山西艺术节(云上艺术节)中,赵华双中国画《太行弥高》、张媛君中国画《早班车》等入选其中"山西优秀美术书法篆刻作品网络展",胡晶浩版画《绣鱼图》、郭贵明版画《声声不息》入选其中"山西省版画艺术网络展"。8月,山西省美术家协会主办的山西省第十九届水彩画作品展中,全市入选展出17件。其中,王国林《冬日暖阳》、梁宏《永恒》、杨雪《奶奶家的筒子楼之三》获优秀奖,宫来祥《正月的乡村大广场》、臧五一《秋日记忆》为特邀作品,刘旭荣《驰骋的心》为评委作品。8月,马志珍中国画《天路入云图》《太行之首》,李世玲中国画《古塞千秋》入选山西省中国画学会主办的"讴歌新时代 喜迎二十大"中国画学会作品展。马志珍中国画《丰碑》入围中国美术家协会主办的2022南田秀逸中国画作品展览。杨丽娜油画《庆神州圆梦东方》入围中国美术家协会主办的第二届"时代中国"全国美术作品展览。

9月21日,在山西省文化和旅游厅、山西省文联主办的"坚定文化自信 焕发三晋文化时代光彩"山西省优秀美术作品展中,马俊版画《乡村赛事》被评为优秀作品。10月30日,杨丽娜油画《魅力之都》入选由中国美术家协会、珠海市委宣传部主办的"青春之城、活力之都"中国画、油画作品展览。11月,在山西省文化馆、山西省美术家协会主办的"喜迎二十大奋进新征程"山西省第六届中国山水画经典作品临摹展中,张慧《夏山高隐图》《青花瓷韵》、王洋《层岩丛树图》《云山秋色》获优秀奖。12月,高建东《山花烂漫》等6件作品入选国家艺术基金艺术人才培养资助项目"艺术陶瓷创作设计及其产业化人才培养"成果展览并入编作品集。 (白建刚)

【书法创作】 2022年2月,阳泉市书法家协会主席庞宏亮当选山西省书法家协会主办的"山西省第十届群众书法篆刻作品展"评审委员会委员。2月26日,王宏伟书法作品入展"全国第五届青年书法篆刻展"。3月8日,阳泉市38位女子书法家作品68件入展"美丽山城 巾帼添彩"女子书法作品网络展。4月30日,武玉川、郗新中等16人作品入展"书写山西 以艺抗疫"——山西省抗疫线上书法作品展。5月,张波波、王丽丽作品入展"携手并'晋'以艺战疫"山西省书法临帖作品微展。7月,张波波作品入展山西第三届艺术节"山西省优秀美术书法篆刻作品网络展"。10月12日,武玉川、赵书明、赵斌峰入选喜迎中共二十大"千秋八一采煤队精神杯"全国煤矿书法展。10月15日,在山西省老干部局主办的"喜迎二十大 银龄心向党"山西省离退休干部诗书画影大赛中,赵书明、张达、贾双林荣获一等奖,郭荣贵、郗新中荣获二等奖,郭九麟荣获优胜奖。11月15日,王宏伟书法作品入展"傅山杯"全国书法篆刻作品展。年内,发展省级会员高栋军、程小琴、吴路平、牛海陈4人。 (白建刚)

【摄影创作】 2022年,阳泉市摄影家协会组织参加临汾市举办的全省"尧都英雄会"摄影决赛。在山西省第二十三届摄影艺术展中,阳泉入选作品13幅,其中王坚克《煤城花朵》《矿山黑牡丹》获纪录类优秀作品。"三晋最美禁毒艺术展"中,李若冰作品《惑—戒》、崔振宇作品《汪星人的日常训练》、王明义作品《禁毒宣传实录》获优秀奖。史云福作品《廉洁进校园 清风伴成长》获得由中国纪检监察杂志社、山西省纪委监委举办的"清风廉韵"摄影展暨微电影展摄影类入围作品奖。

2022年5月22日,阳泉市摄影家协会在微信公众号"阳泉摄影"举办纪念毛泽东《在延安文艺座谈会上的讲话》发表80周年作品微展,60余幅精美的摄影作品。5月,冯永喜的摄影作品《绿色能源》获国网山西省电力公司"喜迎二十大"书画摄影展二等奖。10月11日,阳泉市摄影家协会在阳泉市展览馆举办"阳泉市古村落摄影展"和"阳泉市红色领航"摄影展。9月,韩万明作品《烟雨牧歌》《一挂飞瀑落九天》在山西省生态环境厅、省文联主办的"生态三晋美丽山西"摄影展中获优秀奖。10月,宋宝林作品《党徽》在省卫健委、省文联举办的"喜迎二十大 幸福三晋人"摄影展中获银奖。孙强作品《光影建设者》获山西省煤炭系统十佳作品。在山西省离退休老干部诗书画影大赛中，李文健的摄影《作品乡村盛事》、周胜魁《乡愁》、张栓柱《文明城市建设》、陈凤林《老有所乐》获一等奖，李文健《千里共婵娟》、刘润保《华灯初上》、高海娴《稻田收割忙》、史新社《太行通衢》、张栓柱《古村新貌》获二等奖。（白建刚）

【音乐创作】 2022年8月5日，阳泉市音乐家协会在“阳泉记忆·1947”文化园组织2022年炫彩夏乐专场音乐会。8月17日，市音乐家协会在“阳泉记忆·1947”文化园组织“靳璟古筝专场音乐会”。9月，由市音乐家协会协办完成山西省喜迎二十大群众歌咏大会MV《领航》录制，并通过省委审核，作品在山西卫视、央视频等新媒体平台同步播出。年内，市音乐家协会走进学校、机关、农村、社区等地开展文化惠民活动11场。（白建刚）

【舞蹈创作】 2022年6月30日，阳泉市舞蹈家协会贾进明编排秧歌《扭起秧歌幸福来》参加在“阳泉记忆·1947”文化园举办的阳泉市“喜迎二十大 奋进新征程”2022年全省群众文化活动阳泉选拔赛启动仪式，并获二等奖。8月22日，市舞蹈家协会主席王秀怀组织部分会员应邀去承德参加“中国文化艺术交流大赛”，情景走秀《红楼沁芳》获大赛一等奖。8月，市舞蹈家协会组织部分会员代表市文化馆去太原进行《人说山西好风光》的排练，赴宁夏银川参加“中国艺术节——群星奖比赛”，获中国群众文艺领域政府最高奖“群星奖”一等奖。10月，市舞蹈家协会刘淑芸组织部分会员参加全国“万人中国舞”挑战赛，参赛人数63人，策划、录制、后期制作视频7个。11月，市舞蹈家协会组织录制视频以艺抗“疫”，分别制作《不放弃》《疫情过后》《爱在四方》《抗议健身操》《点亮新希望》《你是一道光》等31个作品。其中，由康爱兰指导的《我用歌声谢谢你》《病毒走开》在中宣部“学习强国”学习平台上播出。2022年，市舞蹈家协会组织兰韵舞蹈艺术学校5个舞蹈参加“荷花杯”全国校园文化艺术节（山西赛区），《春趣竹童》获小学A组金奖，《舞起幸福鼓》获少儿B组金奖，《少年英姿》获少儿B组特金奖，《桃花挽月》获少儿B组特金奖，《康定情》获初中组特金奖。年内，市舞蹈家协会发展市级会员18人，省级会员21人。（白建刚）

【曲艺创作】 2022年1月25日，阳泉市曲艺家协会组织会员参加2022年阳泉市春节联欢晚会，表演相声《阳泉名片》、小品《古村民宿》等节目。2月14日，市曲艺家协会组织有关职工会员参加“中国梦·劳动美——建功新时代 奋进新征程”为主题的阳泉市首届职工春节联欢晚会。11月10日，市曲艺家协会组织会员参加“党的二十大精神文艺宣讲进基层”活动，表演相声、小品等节目。年内，市曲艺家协会组织文化惠民文艺下乡演出5场。全年全市“免费送戏下乡”演出范围包括全市范围内的农村、社区，以及旅游景区和景区周边乡村等，加大公共文化产品供给，让更多人民群众共享文化改革成果。截至年底，市直演出场150场、平定县140场、盂县140场、郊区60场、城区30场、矿区30场。（白建刚）

【电影创作】 2022年5月，阳泉市电影家协会到各县（区）分别召开阳泉市农村公益电影业务工作分县（区）会议暨推进标准化放映业务培训。年内，由李建全创作、阳泉子墨工作室拍摄的微电影《破茧》获第九届亚洲微电影艺术节优秀作品奖。由李建全创作、阳泉子墨工作室拍摄的微电影《农信人》获山西省电影家协会、山西省农村信用社“华语短片大赛”入围奖。（白建刚）

【电视艺术创作】 2022年，阳泉市电视台新闻综合频道在中央电视台全年报道数量实现历年之最。其中，《山西阳泉走进老区看新貌 智慧交通 便捷生活》《走进老区看新貌 老区新风貌 生活新变化》《老区行·山西 巍巍太行绽新颜》《党旗在基层一线高高飘扬 甘泉井村：党建引领 合村合心聚合力》等报道在中央电视台《新闻联播》《焦点访谈》《新闻直播间》《经济半小时》等多个重要栏目黄金时段播出。2022年，“阳泉广播电视台”微信公众号围绕全国、省市重大事件、热点问题，精心策划宣传内容、创新设计版面，共推送各类新闻4644条，策划制作各类短视频40余个，H5、海报、长图作品近百件，“阳泉广电”抖音号、视频号推送短视频3300余条，关注人数超26.6万，点赞量超334.3万。2022年，推送至“学习强国”学习平台和央视频26条，包括《解封不解防，阳泉“烟火气”逐渐回归！》《抗疫不松懈坚守每一程》《这封情书，告白祖国！》《超18万人次！引爆阳泉“云校招”！》《阳泉市公安局巡特警支队队员贾海亮：确认过眼神，这就是要抓的人！》《阳煤总医院：抓人才培养，促学科建设，医疗服务质量持续提升》等。（白建刚）

【戏剧创作】 2022年，阳泉市戏剧家协会选派多名青年优秀演员深入平定县康乐幼儿园、上站小学、阳泉三中、小南坑小学等，演出精彩的戏曲变脸绝技，并为孩子们讲述戏曲专业知识。完成山西省委宣传部重点扶持剧目，原创现实主义题材豫剧现代戏《家有一老》的创作、排练、演出、录制等工作。完成现代晋剧《泥火情》，红色领航新创豫剧音乐剧《梦回百团》的创作及排导等工作。完成环保题材豫剧小戏《又见莲花红》的排导、录像等工作。组织创作抗疫主题作品MV戏歌《再续写开拓进取国泰民安》《抗疫歌》《谁是英雄》《抗疫必胜意志坚》《狮脑山》等，以及《清廉阳泉》MV系列艺术作品。完成免费送戏下乡、"阳泉记忆·1947"文化园馆内系列节目、2022年度"中国梦·劳动美——喜迎二十大建功新时代"等各类公益性演出及营业性演出234场次。（白建刚）

【原创晋剧戏歌《狮脑山》】 2022年，阳泉市晋剧院打造原创红色题材戏歌《狮脑山》。《狮脑山》由市晋剧院国家一级演员主唱，以晋剧音乐为元素，将歌曲结构与晋剧版腔相结合，晋剧独唱、合唱与晋剧音乐相结合，集戏、歌、景、情于一体，场景气势磅礴，表演铿锵有力，唱腔韵味纯正。作品描绘出令人崇敬的狮脑山图景，铭记百团大战先烈们，讴歌山城儿女永远跟党走的信念。（白建刚）

【豫剧现代戏《家有一老》】 2022年5月9日、10日，由阳泉市豫剧团演出的豫剧现代戏《家有一老》在"阳泉记忆·1947"文化园工人大礼堂首演。该剧以弘扬中华传统孝道文化为主题，是山西省委宣传部重点扶持的现实主义题材文艺作品。剧情围绕老人赡养这一社会现实问题展开，讲述三个女儿和一个儿子面对孝与顺、钱与情、你与我、老与小等种种矛盾冲突，所开启的一系列家里家外、情里情外、心里心外的"战争"，"硝烟"过后，儿女们逐渐认识到自己的责任和义务，感悟到"百善孝为先"的传统文化精髓。《家有一老》从筹备、创作、排练到上演历时两年，特邀河南省著名导演张怀堂、著名作曲牛治安加盟主创团队，集结阳泉市戏曲创作精英共同参与，80余名演职人员参加演出。（白建刚）

2022年3月10日，阳泉市豫剧团演员排练现代戏《家有一老》
（市文联　供图）

【"哲匠菁华"——传统工艺美术作品捐赠展】 2022年1月25日，"哲匠菁华"——阳泉市传统工艺美术作品捐赠收藏展开幕式在阳泉市博物馆二层大厅举行。该次展览展出的是60余位阳泉工艺美术大师热心捐赠给市博物馆的百余件工艺美术精品，为期三个月。展品主要包括陶瓷、砂器、紫砂、泥塑、面塑、根雕、剪纸、布艺等16种工艺美术作品，其中有国家级非物质文化遗产2项，省级非物质文化遗产7项。在活动期间，阳泉市博物馆开设小活动专区，开设暖心送对联活动，邀请阳泉书法家挥毫泼墨，来观展的群众们有序送出对联及福字，丰富展览内容。（范宜萍）

【"赏年画过大年"小康生活美术作品展示活动】 2022年1月26日，以"赏年画过大年"为主题的"我们的小康生活"美术作品展示活动（阳泉市展览馆展区）在阳泉市展览馆三层展厅开展，共展出作品280幅，阳泉市展览馆展区展出作品76幅，其余作品将分别在大阳泉村、小河古村两个展区展出。展出作品形式多样、种类丰富。（范宜萍）

【"水墨漾泉"——当代中国画名家邀请展】 2022年2月10日，由阳泉市委宣传部、山西省美术家协会指导，阳泉市文化和旅游局主办，阳泉市文化馆（阳泉美术院）、阳泉市展览馆、阳泉市美术家协会联合承办的第二届"水墨漾泉——2022当代中国画名家邀请展"在市展览馆举行开展仪式。此次展览特邀全国17个省市48位当代中国画名家，共有120余幅彰显个人风格和地域文化的精品力作参展，其中包括该市8位画家的作品。（范宜萍）

【"追寻红色根脉·展示青年风采"青年美术作品展】 2022年5月26日，由山西省委宣传部指导，阳泉市文旅局主办的"追寻红色根脉·展示青年风采"阳泉市2022年青年美术作品展在阳泉市展览馆开展。该次展览共展出该市青年创作的美术作品109件，作品集中展示国画、油画、版画、水粉、水彩、综合材料绘画等众多门类，形式多样，内容丰富，题材涉及山水、花鸟、人物等。（范宜萍）

【首届阳泉市美术书法创作研究院中国书画迎新春临摹展】 2022年1月19日，由阳泉市文联指导，阳泉市美术家协会、阳泉市书法家协会学术支持,阳泉市美术书法创作研究院主办的“传承·绽放——首届阳泉市美术书法创作研究院中国书画迎新春临摹展”在阳泉市展览馆开展。展览展出130余件优秀作品,展览为期21天。（白建刚）

刘慈欣科幻文学

【刘慈欣作品获奖情况】 2022年1月13日,阳泉市委人才工作会议召开。市委、市政府决定,为王建辉(女)、付书俊、任红梅(女)、刘慈欣、杨倩倩(女)、宋晓文、张宏亮、郑高魁、郝良军、高健康10人颁发“优秀人才突出贡献奖”。11月1日,中共山西省委宣传部印发《关于发放2021年优秀地方文化外宣品奖励费用的函》,阳泉市委宣传部选送的图书《流浪地球》(捷克语)获评“2021年优秀地方文化外宣品”,中宣部给予以2万元奖励费用,用于补贴外宣品创作生产。该书是刘慈欣短篇科幻小说集,于2021年10月由HOST Publishing House出版,中方推广机构为中国教育图书进出口有限公司。该书中收录刘慈欣的十篇中短篇科幻小说,涉及多个科技领域,描述人类对宇宙和大自然的探索,以及未来社会的各种可能性,对科幻小说想象力进行生动展示,也从多个角度表现人类与宇宙和大自然的关系。（颜晓晨）

【《三体》 三部曲英文版版权续约】 2022年1月9日,刘慈欣《三体》三部曲外文版运作方中国教育图书进出口有限公司宣布,全球最大的幻想文学出版社、美国麦克米伦出版公司旗下的托尔图书(Tor Books)完成该三部曲英文版版权续约,续约金125万美元(约798.75万元人民币),创造中国文学作品海外版权输出的新纪录。（颜晓晨）

【中央电视台科教频道推介《三体》】 2022年1月27日,CCTV—10科教频道《读书》栏目,播出“刘慈欣《三体》硬核科幻神作:《三体》上”。1月28日,CCTV—10科教频道《读书》栏目,播出“刘慈欣《三体》硬核科幻神作:《三体》下”。刘慈欣所著的《三体》是亚洲唯一获得世界科幻文学最高奖项“雨果奖”的科幻著作,讲述一个宇宙级别的生存与毁灭的故事。（颜晓晨）

【《赡养上帝》改编为日本漫画】 2022年6月19日,刘慈欣的短篇小说《赡养上帝》(日文名:神様の介護係)由日本知名漫画家横山旬执笔,在“COMIC Hu”“ComicWalker”“ニコニコ静画”等平台开始连载。

《赡养上帝》是刘慈欣2005年发布的科幻小说。描写的是整整有20亿老头子的上帝文明,一个衰败的文明社会。他们乘坐着巨大的飞船,在宇宙的各处撒下生命的种子(包括我们的地球),但当一个种族完全失去创造力和想象力的时候,他们就只能依靠机器生存。然而上帝已走投无路,他们的飞船已经老化,并且无法修理。巧合中,他们抵达地球,打算在此过完余生。（颜晓晨）

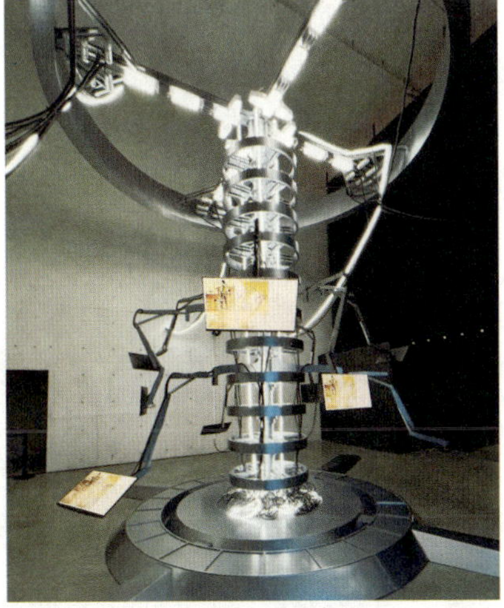

2022年9月10日,刘慈欣科幻漫画宇宙主题展在长沙谢子龙影像艺术馆展出（市文联 供图）

【刘慈欣科幻漫画主题展在长沙开展】 2022年9月10日,刘慈欣科幻漫画宇宙主题展在长沙谢子龙影像艺术馆开展。该展囊括15部“刘慈欣科幻漫画系列”作品,其中包括《流浪地球》《乡村教师》《地球大炮》《赡养人类》等名作。

“刘慈欣科幻漫画系列”是由刘慈欣本人授权、由北京漫传奇文化组织创作,具有鲜明国际化特征和艺术特质的系列漫画作品。作为将科幻文学与绘画艺术有力结合的系列漫画作品,它既汲取刘慈欣科幻经典的文学价值与思想内涵,也汇聚31位国内外漫画艺术家的想象力与创造力。此次展览融合漫画原画、动态漫画、巨幕影像、裸眼3D、声光艺术等多种表现形式,让参观者能置身于奇幻浩瀚的科幻时空,唤起对无垠宇宙的向往。（颜晓晨）

【《三体》改编为电视剧】 2022年,根据中国著名科幻作家刘慈欣同名长篇系列科幻小说《三体》,改编而成的电视剧《三体》制作完成。《三体》讲述科学界接连出现神秘事件后,中国科学家汪淼与警官史强联手调查地球、太空产生异常动向背后的真相故事,由此牵扯出一场两个文明之间的生死相逐。（白建刚）

【《流浪地球》再次被改编为电影】 2022年,刘慈欣监制并改编自其同名小说的中国科幻电影《流浪地球2》制作完成。《流浪地球2》是由郭帆导演执导,刘慈欣监制,吴京、刘德华等主演的科幻电影。该片主要讲述地球在面临太阳危机降临之际,世界各国陷入一片混乱与恐慌,中国政府及科研代表在关键时刻挺身而出,承担起守护地球家园的重任,为延续人类文明与地球发展作出努力与贡献。（白建刚）

文化遗产保护

【“非遗”项目目录体系建设】 截至2022年底，阳泉市基本形成完备的非遗普查信息档案，初步摸清本市非遗的种类、数量与分布状况。经过三次系统性的普查工作，通过挖掘、整理，收集线索4500余条，照片5000余张，音像资料300余小时。截至2022年底，阳泉市共有国家级非物质文化遗产保护项目5项；省级非物质文化遗产保护项目31项，市级非物质文化遗产保护项目140项；国家级非遗代表性传承人2名，省级非遗代表性传承人32名（已故4人），市级非遗代表性传承人246名；共建立传习所14座，传习保护基地3座，非遗工坊5座。（范宜萍）

【中国“文化和自然遗产日”主题宣传展】 2022年6月11日，阳泉市“文化和自然遗产日”主题宣传展活动在阳泉市文化中心举办。主题是“连接现代生活绽放迷人光彩”和“文物保护：时代共进 人民共享”。在启动仪式上，阳泉市首届“非遗购物节”同步开启，集中展示本市非遗、工艺美术、文创、农特产品等500余种非遗商品，其中传统布艺、剪纸、工艺葫芦、桃仁月饼、压饼等非遗产品深受消费者喜爱。现场设立的文物非遗宣传展板、雕版印刷体验等展览展示，吸引众多群众。6月11日至15日，阳泉市还组织传统舞蹈、曲艺、传统音乐等表演类非遗节目展演，在市展览馆展出“红色领航 非遗助力”主题展览、文物保护成果宣传展示等主题精品展出。阳泉市博物馆举办绘画大赛、二十四节气手工课堂等社教活动，手把手教青少年观众现场体验非遗魅力，推出弘扬廉洁文化为主题的“巧手倡廉”剪纸作品展，邀请山西博物院文物鉴定专家为广大收藏爱好者免费鉴宝。（范宜萍）

【非物质文化遗产推广】 2022年，阳泉市举办“非遗购物节”，认定48名第三批市级非遗传承人，组织申报并新增11家省级非遗项目，在“阳泉记忆·1947”文化园举办“阳泉家的非遗”主题展览，“文化和自然遗产日”期间举办“红色领航 非遗助力”主题展览、非遗项目现场展演，举办2022年非遗项目保护单位负责人及传承人免费培训班，在深圳文博会期间展销非遗文创产品，组织开展第一批全国非遗与旅游融合发展优选项目遴选、发现、培育非遗与旅游融合发展优秀项目的工作。“山西省娘子关镇下董寨村”入选2022年全国非遗与旅游融合发展优选项目名录。（范宜萍）

【《阳泉市文物保护利用总体规划》公布实施】 为深入贯彻落实《中华人民共和国文物保护法》和国家、山西省有关文物保护利用改革、革命文物保护利用工程等有关法律、意见和实施方案要求，阳泉市文物局启动《阳泉市文物保护利用总体规划》编制项目，经过前期调查研究、规划编制撰写、中期汇报座谈、征求有关方面意见、反复修改完善，于2022年5月通过专家评审、2022年12月经市政府常务会议审议通过，以市政府办文印发，为全市文物保护、管理、利用、研究强化规划引领，将为文物事业高质量发展发挥积极作用。《阳泉市文物保护利用总体规划》期限为2022—2035年，由规划文本、规划图纸、规划说明和基础资料汇编组成，分为总体概况篇、文物资源篇、现状评估篇和保护规划篇。主要内容体现在规划文本和图纸中，共11章57条43幅图。（范宜萍）

【低级别文物和红色文物资源专项调查完成】 2022年，阳泉市文旅局制定印发《阳泉市低级别文物资源调查和石刻文物资源调查工作实施方案》《关于开展全市名碑名刻遴选推荐和碑刻石刻文物摸底调研的通知》，搭建组织架构，组成调查小组和专家小组，开展专项调查，编制调查报告。全市调查登记低级别文物1076处，不可移动碑刻石刻整体文物516处、单体碑刻石刻文物2060件，推荐上报具有重要历史、艺术研究价值的全国名碑名刻39件，全面摸清资源底数，为下一步保护利用奠定坚实基础。组织开展彩塑壁画彩画资源、红色标语专项调查。与市委宣传部联合开展第二批革命文物名录申报，推荐上报不可移动革命文物18处，可移动革命文物274件/套。（范宜萍）

【文物考古前置服务重点项目建设】 2022年，阳泉市文物局组织规划、审批等部门召开联席会议，对考古前置审批流程进行磋商，阳泉市财政予以专项经费保障，形成考古调查勘探运行模式。市文物部门充实考古调查勘探人员力量、技术力量，全年完成100个项目的文物考古调查勘探，其中，矿业权延续办理文物核查项目27个、配合基本建设考古调查勘探

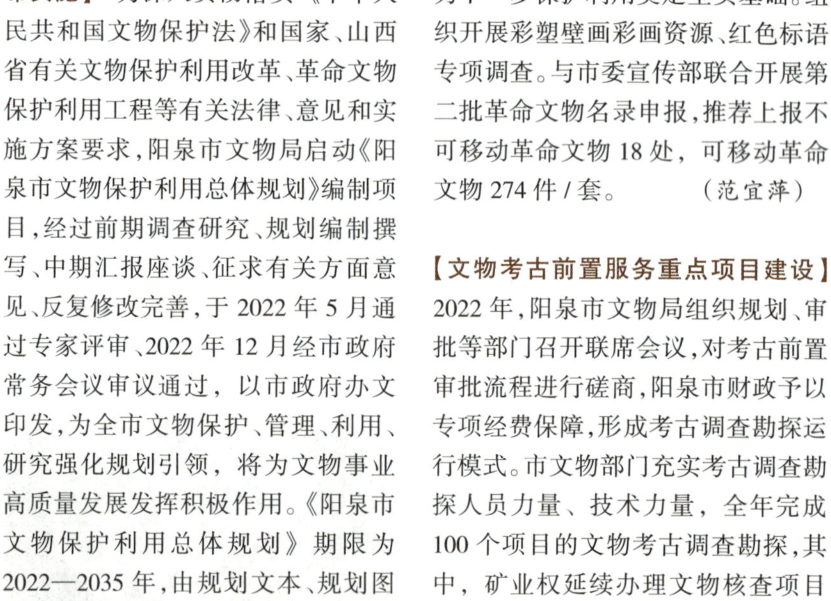

2022年，盂县金代壁画墓墓室壁画展开图

（市文旅局 供图）

项目73个，其中8个项目进行考古勘探、4个项目进行考古发掘，总调查面积267万平方米、总勘探面积22万平方米、总发掘面积2000余平方米，清理墓葬89座、出土随葬品579件/套。发现3座元代砖雕壁画墓，保存完好，价值较高，完成《数字化项目技术方案》及《搬迁保护方案》。将文物相关审批事项列入全市工程建设项目并联审批程序，在政务大厅设立"工程建设项目审批综合服务窗口"，实行"前台综合受理、后台分类审批、综合窗口出件"并联审批工作机制，所有与工程建设相关的文物行政审批事项均通过工程建设审批系统进行办理。（范宜萍）

【金代壁画墓入围"2021年度山西重要考古发现"】 2022年2月28日，第二届山西考古新发现论坛由山西省考古学会和山西晚报联合举办，从2021年度上百个考古发掘项目中评选出12个入围项目，阳泉市盂县泥河金代壁画墓也在其中。阳泉盂县金代壁画墓是由山西省考古研究院、阳泉市文物管理中心、盂县文物管理中心联合发掘，该墓位于盂县秀水镇泥河村北，2021年3月，山西省考古研究院牵头对该墓葬进行抢救发掘。在考古学转向发掘、保护、研究阐释和利用的新思路指导下，泥河金墓发掘中采用全链条的作业方式，一年内完成基础发掘、壁画清洗与揭取、墓葬搬迁、精细化修复、资料整理、报告编写和发表工作，创造这类单体墓葬全链条快速作业的新范式。（范宜萍）

【《可供社会力量认领认养文物清单》公布】 2022年，阳泉市文物局公布《可供社会力量认领认养文物清单》。按照《阳泉市社会力量参与不可移动文物保护利用操作细则》的规定，市级文物部门组织各县区文物主管部门对本区域内符合条件的不可移动文物进行梳理、审核，形成可供社会力量认养的文物清单，共9处文物，并向社会公布，分别为大阳泉义学堂、狮脑山蒲台庙遗址、前庄关帝庙、后沟任氏宅院、刘鸿达故居、西龙王山龙王庙、立壁龙天庙、石辉坪村鹿泉寺、东兴道村供销社。文物主管部门呼吁有认养能力的社会主体、热心人士积极参与文物认养。（范宜萍）

【化石调查】 2022年，阳泉市进一步加强古生物化石保护工作，完成平定县张庄镇、东回镇、石门口乡的化石资源调查工作，阳泉市规划和自然资源局组织验收，调查采集古生物化石200余件。调查发现4处脊椎动物化石分布区域；发现16处二叠纪植物化石点，并已邀请中国科学院南京地质古生物研究所专家对发现的二叠纪古老银杏类化石——扇叶做进一步考察研究；发现寒武纪时期（距今5.2亿年）丰富的叠层石、三叶虫化石，其中一种被村民称作"石蛾"的化石，经鉴定是一种叫帕氏蝴蝶虫的三叶虫尾甲化石，此次化石资源调查研究工作，进一步揭示太行山在5.2亿年前的寒武纪时期曾是三叶虫赖以生存的海洋，"石蛾"的传说更为阳泉市太行山文化旅游发展注入神秘的科普元素。（白志君）

【化石保护区标志设立】 2022年12月6日，阳泉市矿区石卜咀村水泉沟巷，郊区荫营镇南部、荫营镇西部坪上村、河底镇关家峪村四个古生物化石保护重点区域分别完成永久性保护标志和保护界桩的埋设工作。依据《古生物化石保护条例》《古生物化石保护条例实施办法》《地质遗迹保护管理规定》和山西省自然资源厅关于印发《山西省重要地质遗迹资源保护名录》的通知要求，推进属地范围内地质遗迹资源保护与监督管理工作。4个古生物化石保护重点区域永久性保护标志和保护界桩的设立，提高城乡居民对古生物化石的保护意识，有效防范化石保护区域内进行土建施工、填埋垃圾、盗采矿石等行为。郊区荫营镇化石保护区域属阳泉太原组木化石群保护区（国家级）一区，占地1.32平方千米，重点保护石炭系—二叠系太原组华夏植物群珍贵木化石资源，时代属晚石炭世达拉期（距今约3.15亿年）至二叠纪船山世（距今约2.79亿年）。区域内出露有华北地区具有一定代表性的石炭系至二叠系次层型剖面。矿区石卜咀村水泉沟化石保护区域属阳泉太原组木化石群保护区（国家级）二区，占地0.9平方千米，重点保护太原组—山西组珍贵华夏植物群木化石资源，时代属二叠纪船山世（距今约2.99亿年）—阳新世（距今约2.60亿年）。这是著名地质学家丁文江、李四光曾经考察研究的经典地质剖面。郊区河底镇关家峪村木化石保护点，为刘备山北侧半山的石盒子组二段地层出露的科达类硅化木，直径120厘米，时代属二叠纪阳新世（距今约2.7亿年），属国家一级重点保护古生物化石。郊区荫营镇坪上村为阳泉瓣齿鲨及无脊椎动物化石保护区（市级），占地9580平方米，重点保护区内具有太原组的钱石灰岩标志层，该岩层为李四光阳泉考察后于1927年命名，岩层中富集海百合碎屑及瓣齿鲨牙齿等，时代属二叠纪船山世（距今约2.95亿年）。（白志君）

党史研究

【《阳泉市党史和地方志事业发展"十四五"规划》出台】 2022年5月12日，阳泉市委党史研究室（市地方志研究室）印发《阳泉市党史和地方志事业发展"十四五"规划》（简称《规划》）。《规划》明确"十四五"期间阳泉市党史和地方志事业发展的指导思想、基本原则、主要目标，确定全

2022 年 6 月 23 日，《中国共产党阳泉历史（1926—2020）》赠书仪式在“阳泉记忆·1947”文化园城市会客厅举行　　（市委党史研究室　供图）

方位推动阳泉市党史和地方志事业高质量发展的主要任务和保障措施。《规划》以习近平新时代中国特色社会主义思想为指导，全面贯彻落实习近平总书记关于党史和地方志工作的重要论述及视察山西重要讲话重要指示，坚持“党史姓党、方志为党”根本原则，围绕市委“14510”总体思路和部署，推进党史研究、方志编纂、史志宣教、资政服务、红色资源保护利用等工作。《规划》强调，“十四五”期间，阳泉市党史和地方志工作把记录研究阳泉新征程实践、统筹推进党史研究、协调开展方志编研、扎实做好宣传教育、全面夯实工作基础作为主要任务。《规划》的出台实施，为做好新时代全市党史和地方志工作，发挥党史和地方志工作立言存史、以史鉴今、资政育人作用，服务阳泉市全方位高质量发展提供基本遵循和行动指南。　　（孟学武）

【《中国共产党阳泉历史（1926—2020）》出版发行】 2022 年 4 月，由中共阳泉市委党史研究室（市地方志研究室）编纂的《中国共产党阳泉历史（1926—2020）》由山西人民出版社出版发行。该书在 2004 版基础上，多方搜集史料，吸收最新研究成果，做到史料真实、亮点突出、表述准确、记载到位，全面、准确、客观地记录中国共产党阳泉地方党组织 95 年来加强自身建设，领导阳泉人民进行革命、建设、改革和进入新时代的发展历程及光辉成就。全书 120 万字，图片 320 余幅，分为新民主主义革命时期、社会主义革命和建设时期、改革开放和建设时期、中国特色社会主义进入新时代四个历史时期，共四卷。内容编排上独具匠心，每卷书前均附有彩页，前置跨版彩图，后配珍贵历史存照，新旧对比，总摄全卷；内文配有图片，穿插于字里行间，图文并茂，直观性和可读性强。

2022 年 6 月 23 日，阳泉市委党史研究室（市地方志研究室）在“阳泉记忆·1947”文化园城市会客厅举行《中国共产党阳泉历史（1926—2020）》赠书仪式。中共山西省委党史研究院院长曹荣湘出席并讲话。《中国共产党阳泉历史（1926—2020）》由市委党史研究室历时 8 年编纂完成。该书全面记述中共阳泉市委团结带领全市人民进行革命、建设、改革和进入新时代近百年光辉历程，从各个历史时期展现阳泉共产党人初心使命、责任担当和精神风貌。赠书仪式上，曹荣湘代表中央党史和文献研究院为阳泉市委党史研究室颁授“全国党史和文献部门先进集体”奖牌，并向各市直相关单位和县（区）史志部门赠送图书。（朱　静）

【《山西阳泉：走进革命旧址　传承红色基因》在《朝闻天下》播出】 2022 年 8 月 20 日，中央电视台新闻频道《朝闻天下》栏目播出新闻《山西阳泉：走进革命旧址　传承红色基因》，报道阳泉修缮复原 1947 年建市时市委市政府办公旧址，建设“中共创建第一城陈列室”，通过展示历史实物、珍贵图片和档案影印件等，阐述“阳泉雏形”“阳泉解放”“阳泉建市”“阳泉贡献”等沧桑变迁史。这是自 2007 年 6 月“中共创建第一城——阳泉”专家论证会后，央视首次关注并播出有关“中共创建第一城”新闻报道。　　（孟学武）

【百团大战纪念馆改造升级】 2022 年，为提升服务水平，打造一流红色场馆，阳泉市委党史研究室对百团大战纪念馆进行全方位升级。设置宣传标识。在百团大战纪念馆广场两侧设置景观小品 2 处、展板 9 个、灯杆道旗 32 组，展示社会主义核心价值观、创建文明城市等公益广告。在纪念馆门口设置展架 4 个、展板 6 个、安装电子显示屏，展示园区导览图、纪念馆功能区服务示意图、百团大战纪念馆（碑）简介等。完善基础设施。在纪念馆入口处配备饮水机、轮椅、急救药箱，公示投诉电话，设置投诉箱；馆内建成志愿者服务站，加强卫生间、母婴室管理，确保干净卫生；馆外东侧增设无障碍通道、无障碍停车位标识、非机动车停放标志；全面修缮园区设施，对观景平台、烈士墙边条等破损部分及广场松动破损贴砖进行维修。提升服务水平。邀请党史专家集中授课，拓展党史知识，深挖红色资源，完善不同参观群体 10 余套讲解内容。组织全体讲解员进行业务技能提升，从讲解技巧、仪容仪表、行为规范、业务知识等开展周考核、月评比，为提升服务水平奠定基础。同时对 2 万平方米重点管护区域进行网格化管理，日常保洁室内 3000 平方米、室外 1.8 万平方米，日清垃圾 0.5 吨。国家级爱国主义教育基地百团大战纪念馆全年共接待 25 万人次，讲解 674 场次，通过政务接待、爱国教育、红色传承、助力招商、对外宣介等多种形式，发挥爱国主义教育、革命传统教育和党史学习教育职能。（荆 敏）

【"阳泉史志"微信公众号开通】 2022 年 5 月 4 日，在纪念阳泉建市 75 周年之际，"阳泉史志"微信公众号开通上线。公众号以"传承红色基因，记录山城史志，讲好阳泉故事"为宗旨，设有"红色领航""史志动态""学习研究"3 个栏目，讲述党史红色故事，介绍阳泉地情风物，推送史志研究成果，及时更新业务动态。截至年底，累计发布 59 期共 105 篇文章，阅读量 3.2 万余次。（毕瑾璟 赵晓蕊）

【史志宣教】 2022 年，阳泉市委党史研究室（市地方志研究室）坚持"党史姓党、方志为党"根本原则，创新党史和地方志编研成果转化普及，守牢党史方志宣教主阵地，史志宣教展现新实效。优化《阳泉党史》内刊。年内，《阳泉党史》内刊印刷出版共 4 期，28 万余字。在稿源选取和编撰中，以宣传、普及党史方志知识、弘扬红色文化、讲好阳泉故事为职责，优化"党史论坛""史志园地"栏目，深化"人物春秋""交流之窗"栏目，增设"红色教育基地推介""二十大时光""人物专访"等栏目。《阳泉党史》主要刊发口述史料、访谈记录、研究综述、文摘信息等，力求体现政治性、思想性和学术性。改版阳泉史志网。增设"阳泉史志"微信公众号浮动公告，完善"机构职能"，更新栏目信息 40 余条，网站访问量逐年增加。阳泉史志网坚持"先审后发、分级负责"原则，强化网站制度化管理。修订《阳泉市委党史研究室（市地方志研究室）网站和微信公众号管理制度》《媒体平台信息发布上报材料审核程序》，以扩大地方党史和方志文化宣传的覆盖面和影响力。（毕瑾璟 赵晓蕊）

红色文化

【概况】 2022 年 1 月，中共阳泉市委制订《阳泉市实施红色领航战略行动方案》《阳泉市实施红色领航战略三年行动计划（2022—2024）》，旨在把阳泉红色资源保护利用好、红色品牌宣传阐释好、红色基因传承发扬好。截至年底，红色领航战略中 58 个项目全部完成，其中打造红色主题教育大道、阳泉市"党建书苑"等一批红色地标，推出《中国共产党阳泉历史（1926—2020）》四卷本、《中共创建第一城论文集》等一批红色研究成果，创作《铸城》等一批红色文艺作品，创建 25 个红色教育基地。组建"百人红色历史现场宣讲团"，推动党史教育进学校、进景点、进机关。确定首批 100 个红色资源地名，制作《阳泉市红色资源手绘地图》，推动红色景点串珠成线、连片发展。红色领航战略行动受到省级及以上媒体关注，《山西阳泉：走进革命旧址 传承红色基因》等多篇新闻被央视、新华社等中央媒体宣传报道 26 次，"中共创建第一城"品牌逐渐走向全国。（魏羽洁）

【阳泉市党建书苑建成】 2022 年 9 月 30 日，阳泉市"党建书苑""党建研究联学共建单位""人民网基层党建创新示范基地"揭牌仪式在狮脑山举行。党建书苑是中组部党建读物出版社为全国各级党组织构建和打造的学习教育平台。阳泉市党建书苑位于狮脑山将军阁，在保持将军阁原建筑整体外观风格不变前提下，对内部进行重新设计、改造和装饰。一层为藏书区、阅读区，二层为教育培训区、论坛交流区，向全社会开放。阳泉党建书苑为全市基层党组织和广大党员提供了一个集学习、教育、管理、服务于一体的全场景多功能智慧党建新型智能平台，是党员干部丰富党建知识、接受思想洗礼、补充精神食粮、加强党建研究的红色基地。（袁佳敏）

【首批红色教育基地建成】 2022 年，阳泉市首批打造 25 个红色教育基地。基地均按照"五个一"标准

2022 年 9 月 30 日，阳泉市"党建书苑"在狮脑山顶建成

（市委组织部 供图）

(一个纪念标识、一个陈列室、一本资料册、一段微视频、一支讲解员队伍)开展创建工作。10月30日,25个红色教育基地全部打造完成,包括百团大战纪念馆、中共创建第一城旧址、阳泉红色历史展厅、阳泉革命烈士纪念馆、南沟村红色遗址、七亘大捷纪念碑等。其中,百团大战纪念馆通过VR全景技术,结合视频、音频和图文解说等方式,将线下展厅搬到线上,实现线上与线下参观同样感官体验;中共创建第一城旧址以原有3D全景讲解视频为基础,聘请专业团队制作微视频宣传中共创建第一城旧址;阳泉红色历史展厅招募专业团队精心打造短视频、资料册。红色教育基地的创建,为推进党史学习教育常态化长效化,教育引导广大党员干部汲取红色力量、赓续红色血脉提供了学习阵地。 (孟学武)

【红色主题教育大道】 2022年,阳泉市结合红色资源和红色文化,打造一条集红色教育、民生服务、旅游观光等多功能一体的"红色主题教育大道"。红色主题教育大道以南大街与义泉街交叉口(彩石园)为西起点,向东延伸至义井桥,全长约5.6千米。整个工程共完成外墙喷涂6000平方米,敷设电缆电线3.5千米,隔离栏杆贴红3.9千米,安装标志639个、红色示路牌15个、星光投影灯266盏,公交港湾地面喷涂5800平方米。红色主题教育大道以"一条跃动的红飘带串连闪闪红星"为设计理念,采用红色文化和现代技术相结合方式,沿线打造8个主要亮点:红星向党、光荣之路、阳泉红桥、红旗飘飘、万众一心、红廊、新城旧忆、希望之城,把全市的红色资源串点成线、连线成片,多维度展现阳泉"红色之城"的魅力。红色教育主题大道于国庆节前夕建成并投运。 (朱 静)

【《红色领航——阳泉红色基因系列丛书》】 2022年,中共阳泉市委党校(阳泉干部学院)编撰完成《红色领航——阳泉红色基因系列丛书》。丛书分为阳泉红色基因、阳泉红色人物、阳泉红色档案三个系列,共9册。其中阳泉红色基因包括《抢占天元——中共创建第一城》《风起平潭——山西保矿运动始末》《伟力沃土——百团大战中的阳泉党组织和人民群众》;阳泉红色人物包括《暗夜星火——民国才女石评梅》《英雄记——抗日名将范子侠将军传奇》《浴血十年——太行一等杀敌英雄赵亨德传奇》;阳泉红色档案包括《伏击 伏击——七亘大捷的来龙去脉》《血战到底——英雄钢铁连磨河滩战斗纪实》《地下长城——南庄乡亲们的地道战》。该书由山西省知名红色题材作家经过挖掘历史资料、实地走访采风,以报告文学形式撰写,知识性和可读性兼具,是一套具有浓厚阳泉特色的红色教育读本。 (袁佳敏)

【《红色领航——红色阳泉家风廉吏文化丛书》】 2022年,为弘扬阳泉优秀清廉文化传统,山西阳泉干部学院、阳泉市委党校编撰完成《红色领航——红色阳泉家风廉吏文化丛书》。该书特邀省市知名作家和方志研究学者创作。其中,阳泉廉吏故事中共收录阳泉历史上8名廉吏廉洁从政故事;阳泉优良家风中辑录平定、盂县4个家族故事,展示其优良家风传承。该丛书共10册,其中8册为廉吏个人传略,2册为盂县、平定优秀家风传承论述。 (袁佳敏)

【《阳泉红色历史文化电子地图》】 2022年,阳泉市档案馆完成《阳泉红色历史文化电子地图》。电子地图共标注70处点位,其中旧址遗迹34处、烈士陵园20处、纪念场馆16处。采用GIS系统作为电子地图基础功能,借助百度地图API接口,动态调取阳泉市城市电子地图,并在地图上实现点位标注与管理。电子地图共配有图片426幅,2.4万字,视频2分30秒。为更加全面系统、全景式展示阳泉市红色历史文化,市档案馆以历史脉络为轴,实现阳泉红色历史脉络大事记信息管理,摘录红色历史事件50条、3000余字,挂接历史图片37幅。确定首批100个红色资源地名,制作完成《阳泉市红色资源手绘地图》。建立阳泉红色档案资源数据库,整合建立阳泉红色档案资源数据库6847条,实现电子文件挂接利用。 (杨子霞)

【《阳泉英模事迹选编》】 2022年3月,阳泉革命传统教育学院、中共阳泉市委党校编纂完成《阳泉英模事迹选编》。全书共18万字,共收录53名先进英模事迹。其中有为国捐躯的烈士、有艰苦奋斗的模范、有勇于改革的先锋、有致富的带头人、有一心为民的好干部、有道德模范和劳动模范、有做出突出贡献的精英等。 (袁佳敏)

【"喜迎二十大——阳泉市红色领航战略"主题美术作品展】 2022年9月29日,由市委组织部、市委宣传部主办,市文联承办,市美术家协会协办的"喜迎二十大——阳泉市红色领航战略"主题美术作品展在"阳泉记忆·1947"文化园城市书房开展。展览从8月中旬开始征稿,共收到作品160余件,评出入选作品119件,入展作品97件。其中特邀省美术家协会、阳泉籍在外知名画家作品13件,阳泉画家作品84件。展览为期一个月,围绕"红色领航战略"主题,以中国画、油画、版画、水彩、水粉、速写等美术形式,从红色教育基地、红色旅游景点、经济建设场景、社会文明风貌等不同角度,展现阳泉新风貌、新作为、新成就。 (白建刚)

【"红色领航·同心筑梦"书画摄影作品展】 2022年9月29日至10月8日,阳泉市"红色领航·同心筑梦"书画摄影作品展在市展览馆开展。此次展览由市委组织部、市委宣传部指导，市文化和旅游局主办，市文化馆（阳泉美术院）、市展览馆（市美术馆）承办，市书法家协会、市美术家协会、市摄影家协会协办。展览前期组织书画、摄影创作骨干、作者分批赴全市重点红色文化遗址进行采风写生，围绕展览主题开展艺术创作。最后，经过专家评委评选，从400余件作品中评选出参展作品150余件，同时特邀12位阳泉籍在外书画家的作品参展。作品以多种形式、从不同角度展示阳泉文化底色和历史底蕴。（范宜萍）

【红色文物资源普查利用】 2022年，阳泉市实施《阳泉市文物保护利用总体规划（2022—2035年）》，组织开展“阳泉市红色文物保护利用”大调研活动，健全完善红色资源科学保护开发机制。全市共调查登记低级别文物1076处，推荐上报具有重要历史、艺术研究价值的全国名碑名刻39件，全面摸清资源底数。加大革命文物申报力度，6处不可移动革命文物、261处可移动革命文物列入全省第二批革命文物公示名单。阳泉市城区申报为第二批省级文物保护利用示范区。（范宜萍）

档案管理

【概况】 2022年，阳泉市档案馆接收进馆各类档案4740卷、归档文件14221、照片档案422张、实物档案79件。截至2022年12月底，馆藏档案165647卷226677件，照片档案12774张，电子档案33507件，实物档案868件，资料31681册。馆藏档案资源不断丰富、结构不断优化。夯实利用体系建设。2022年，阳泉市档案馆按照《中华人民共和国档案法》规定与相关单位共同审核，完成113个全宗的2824卷29361件档案的开放鉴定；优化社会化服务，阳泉市档案馆共接待档案查阅1216人次，提供档案资料4506卷（件、册）；参与黄河流域城市高质量发展档案共建共享行动，融入山西中部城市群档案工作联动，与太原、晋中、忻州、吕梁市档案馆实现五市民生档案一站通查和就地办理，提出“局馆联动、市县联动”工作举措。加强档案信息化建设。2022年，阳泉市档案馆完成档案全文扫描5.90万件，录入电子目录2.54万条。严把数字质量关，对人员进行岗前培训，明确工作要求和标准，兼顾速度与质量；开展中期评估，对发现的问题集中研究，提出整改措施，完善相关制度；专人负责将数字化成果挂接至数字档案馆综合管理平台，已完成近30万件；开展模拟查档，检验数字化成果利用情况。（杨子霞）

【档案宣传】 2022年，阳泉市档案馆组织开展“喜迎二十大·档案颂辉煌”和“6·9”国际档案日系列宣传活动。6月9日的《阳泉日报》开设“踔厉奋发、笃行不怠，开创新时代档案工作新局面”专版，全面宣传阳泉市2021年主要档案工作、2022年工作思路和总体要求，晚报版开设“档案中的阳泉故事”专栏，全年共刊发23期，从档案的视角展现本市历史地理人文变迁。宣传形式更加多样，通过悬挂条幅、展出展板，利用广播电视、网站、公众号等手段，“线上＋线下”播放档案行业宣传片、宣传海报、宣传标语，发放宣传资料1000余份，向群众介绍档案与民生相关内容、馆藏珍品和编研成果等，引导公众解、支持、参与档案工作。宣传渠道更加广泛，利用公交站牌、公交广播电视、公交飞播字幕等动态的形式宣传，更深入社会、更贴近群众。（杨子霞）

【《阳泉解放 历史见证》档案文献图册编印】 2022年，阳泉市档案馆为纪念阳泉建市75周年，编印《阳泉解放 历史见证》档案文献图册，以图片形式回顾展示阳泉解放、建市前后的艰辛历程，宣传“中共创建第一城”的历史事迹。（杨子霞）

【档案馆建设】 2022年，阳泉市档案馆强化安全体系建设。加强日常安全检查和保密教育，举办消防培训和应急演练，建立健全重特大事件应急处置机制，确保档案实体安全。加强制度建设，修订完善《机房管理制度》《计算机及网络安全保密守则》《数字化加工人员管理制度》等制度，确保数字化过程中的档案信息安全。更新优化安全设备，新安装36个监控装置，对重点防护部位视频监控装置影像资料保存时间达到3个月以上，对库房进行环氧地坪漆地面处理。（杨子霞）

地方志编纂

【《阳泉年鉴（2020）》被方志中国官媒宣传报道】 2022年3月、4月，中国地方志指导小组办公室在“方志中国”微信公众号、中国方志网“服务新时代优秀年鉴故事”专栏，宣传报道获得第八届全国地方志优秀成果特等年鉴编纂经验。《阳泉年鉴（2020）》为第五篇报道内容，是山西省唯一被宣传报道的地市级年鉴。报道以《精益求精提升质量 创新突破编纂精品》为题，从机制建设、审读流程、成书效果三个方面向全国年鉴工作者介绍推广《阳泉年鉴（2020）》编纂经验，为全国年鉴同行提供借鉴。山西省委党史研究院（省地方志研究院）在全省年鉴工作群进行转发推广。（胡 蓉）

【“年鉴质量提升年”活动】 2022年，阳泉市委党史研究室（市地方志研究室）为高质量推进年鉴编纂，继续保持阳泉年鉴工作在全国优秀、全省第一方阵位次，将 2022 年确定为“年鉴质量提升年”，并采取一系列措施推动工作开展。把《阳泉年鉴（2022）》编纂工作确定为特色工作报市委组织部；开展与全国精品、特等年鉴的交流学习活动，共交换精品、特等年鉴 30 余部；开辟年鉴专区，组织年鉴编纂人员开展“读精品、学精品、找差距、提质量”专题业务学习会；组织全系统学习研讨，开展征文，全面提升年鉴编辑理论水平、编纂能力。截至年底，阳泉市市级及 5 部县（区）级年鉴全部实现出版发行。（胡　蓉）

【“精品年鉴品读季”活动】 2022 年，阳泉市党史方志系统参与中国地方志指导小组和山西省委党史研究院（山西省地方志研究院）组织的“精品年鉴品读季”活动。全市设 6 个分会场，全市史志系统人员通过观看网络直播形式，参加“精品年鉴品读季”活动启动会议暨 2022 年中国年鉴精品工程研讨会、第七期全国年鉴主编培训班。会上集中学习全国 17 名年鉴专家讲授的年鉴框架设计以及政治、经济、文化、社会生活、大事记、军事类目编写课程。活动中，为全省 10 个地市 120 余家县级以上党史方志机构提供学习用书——特等年鉴《阳泉年鉴（2020）》132 本。组织全市史志系统开展精品年鉴《山西年鉴（2016—2020 卷）》以及《连云港年鉴（2019）》《长沙年鉴（2020）》《北京朝阳年鉴（2020）》《孝义年鉴（2020）》学习活动，共撰写论文 10 篇。

12 月，山西省委党史研究院（山西省地方志研究院）印发《关于表扬山西省“精品年鉴品读季”活动优秀组织单位和优秀征文的通报》，阳泉市委党史研究室（阳泉市地方志研究室）获得优秀组织单位，其中征文获一等奖 1 篇、二等奖 1 篇。（胡　蓉）

【《阳泉年鉴（2022）》出版发行】 2022 年 12 月，《阳泉年鉴（2022）》由中共党史出版社出版发行。全书 500 页，106 万字，设 31 个类目、199 个分目、1208 个条目，收录图表 242 张，图文并茂记述 2021 年度阳泉市的基本情况及发生的大事、要事、新事。

《阳泉年鉴（2022）》以习近平新时代中国特色社会主义思想为指导，围绕市委“14510”总体思路和部署，由全市近 200 家单位供稿，记录 2021 年全市经济社会发展的历史进程，展现全市各领域取得的新成就、新进展和新经验，为全市各级党委政府科学决策、精准决策提供参考依据，为社会各界了解阳泉提供丰富、实用的地情资料。彩页部分通过 4 个跨页展示中共十八大以来全市经济社会发展取得的成绩，专题部分设“红色阳泉”“奋进阳泉”“智慧阳泉”“人文阳泉”4 个板块，反映全市全方位推动高质量发展的生动实践。《阳泉年鉴（2022）》紧跟全市转型发展新形势，新增“大数据应用”“开发区”两个类目，创新展示数字经济、开发区建设取得的新成果。为适应电子阅读习惯，宣传引导读鉴用鉴，继续推出数字阅读模式，书名页印有二维码，方便读者扫码阅读和利用。（胡　蓉）

【村志编纂指导】 2022 年，阳泉市委党史研究室（市地方志研究室）对《小阳泉村志》编纂工作进行业务指导。在村编纂人员进行业务培训的基础上，先后对志稿开展两轮审读指导。指导过程中，严把政治关、史实关和文字关，对志稿在篇目设计、体例规范、资料运用、史实考证、行文要求等方面提出修改意见。指导修改后的《小阳泉村志》共分 17 章，章前设概述、大事记，章后设附录，计 60 万余字，主要记述事物发端至 2018 年间小阳泉村的历史。（霍冬梅）

【《阳泉统计年鉴（2022）》出版发行】 2022 年 10 月，阳泉市统计局编印的《阳泉统计年鉴（2022）》由中国统计出版社出版发行。该书系统收录全市和各县（区）2021 年经济、社会各方面的统计数据，是一部全面反映阳泉经济和社会发展情况的资料性年刊。正文分为 11 个篇章，内容涉及综合、工业、农业、能源、交通、投资、物价等方面，附录部分收录中华人民共和国 2021 年国民经济和社会发展统计公报、山西省 2021 年国民经济和社会发展统计公报、阳泉市 2021 年国民经济和社会发展统计公报及 2021 年阳泉市统计大事记。全书 58.4 万字。（王国婷）

新闻出版

【阳泉日报社】 2022 年，阳泉日报社把市委、市政府重大工作部署和各项决策及时、准确、宣传到各级各部门、基层一线、千家万户，凝聚人心、汇聚力量。

舆论引导　在阳泉市创建全国文明城市、项目建设、乡村振兴、疫情防控等重要工作的宣传报道中，通过把握时度效，在精准传导市委部署安排、生动展示各行各业奋进实践、切实反映民生诉求的过程中，架起“连心桥”，为全市上下统一思想、凝聚力量、更好地推动各项工作展开作出新闻舆论应有的贡献。由多个部门合作采写的长篇报道《红色阳泉展新貌——阳泉全方位推动高质量发展纪实》在省委《前进》杂志第 9 期刊登，并被“学习强国”“山西日报”等客户端和新媒体转载。

宣传贯彻　围绕全市宣传思想文化工作会议上确立的迎接、宣传、贯彻中共二十大这条主线，对标对表《人民日报》《山西日报》，制定会前、会中、会后宣传报道计划，统筹全年宣传报道工作。会前，开设“喜迎二十大”“奋进新征程 建功新时代”专栏及若干子栏，“深入宣传贯彻中共二十大精神”等10余个专栏，共刊发相关稿件105篇，推出专版报道14个版面。会中，在重要版面同步刊发《人民日报》、新华社等中央媒体关于大会开幕消息、闭幕消息、中共二十大报告摘登、人民日报社论、钟华论文章及相关综述等权威报道45篇，确保中共二十大宣传报道更及时、更全面、更有深度。及时刊发本市广大党员干部群众收看大会开幕盛况、学习宣传贯彻落实中共二十大精神的相关报道，共刊发《全市党员干部群众收看党的二十大开幕盛况》《瞩目成就鼓舞人心 美好蓝图催人奋进——党的二十大报告在全市党员干部群众中引起热烈反响》等重要报道7篇，推出“二十大时光”专版4块，主题报道7篇。大会期间，《阳泉日报》及时转发省级权威媒体报道，关注山西代表团、关注阳泉声音。在重要版面及时转发《山西日报》关于山西省代表团的相关报道，共刊发《深刻领悟“两个确立”的决定性意义 奋力续写山西践行新时代中国特色社会主义新篇章》《深入学习贯彻党的二十大精神 奋力推动高质量发展加快转型步伐》等重要报道7篇。会后，按照中宣部和省委宣传部、市委宣传部的部署要求，报社组织采编人员在采访写作、版面编排中突出重点，及时生动报道基层学习宣传贯彻落实中共二十大精神在阳泉一域的生动实践，开设“深入学习贯彻中共二十大精神”专栏，截至年底，发稿16篇，开设“二十大精神在阳泉”专栏，发稿68篇，开设“把二十大精神带到基层一线”，发稿1篇（另转山西日报社1篇）。

专题报道 2022年，阳泉日报社以多种形式进行时政新闻报道和城市经济类新闻报道。时政类新闻紧跟热点加强报道，采写许多有分量的报道。3月27日《载满民意 推动发展——阳泉市人大立法工作纪实》，3月8日《打造创新人才高地引领高质量发展——市科技局全面推进“创新人才引育工程”纪实》，3月22日《一证在手就业不愁》，6月6日《知责于心担责于身 履责于行——阳泉市做好常态化疫情防控全力守护市民健康的报道》，6月26日《阳泉市推进“科创中国”山西试点城市建设全域深化》，10月11日《阳泉市启动婚姻登记全市跨区域通办》，11月12日《“马上办”让群众看到变化得到实惠》等一批社会反响高的稿件。城市经济类新闻报道加强信息采集力度，要点突出，主次分明，紧跟节奏，为全市经济发展营造良好环境。从5月起配合“助企纾困、应变克难·阳泉在行动”专栏，报道税务、金融、商务等部门，落实优惠政策、加大资金扶持力度、税费减免、推动市场主体倍增等方面的工作等10余篇报道，助力企业复苏，推动全市经济高质量发展。加大对民营企业报道力度，深入天元集团、山西邦奥伟业公司、山西同心爱倍佳家政护理服务中心、阳泉服装有限公司等企业，就企业文化、专利发明、产品创新、开拓市场、寻找商机、高质量发展等开展采访报道，推出《600余名护工月嫂拥抱“朝阳产业”》《为矿工打造明亮“眼睛”》等报道。

相关荣誉 阳泉日报社组织开展报送好新闻工作，完成山西新闻奖、中国城市党报新闻奖、阳泉新闻奖的参评工作。其中，报送12件作品参加山西新闻奖评选，获得一等奖3件、二等奖1件、三等奖2件，是近20年本社获得山西新闻奖一等奖最多的一次。 （王 丰）

【新闻中心】 2022年，阳泉市新闻中心围绕一个重大主题——迎接、学习、宣传、贯彻党的二十大精神；把“四个贯穿始终”——把阳泉市数字经济优先发展战略、“智车之城”新名片、工业赋能育新战略、红色领航战略等举措、成效贯穿始终；坚持“三个融合打包”——省级媒体去年有三个大的专栏，分别是“奋进新征程 建功新时代”“走进老区看新貌”“全方位推 动高质量发展透视”，阳泉市新闻中心把全市的重点选题，有机地融合到三大专栏中，打包推送，聚焦十年成就，组织完成多次专题采访。

对外宣传 全年，中央、省级主要媒体刊（播）发本市重点报道3671条。中央级媒体刊（播）发452条，其中，中央主要媒体在头版、头条、首页、首屏、新闻联播、新闻直播等重要版面、醒目位置推出重点报道57条；省级媒体刊（播）发3219条，其中《山西日报》头版48条、头条

2022年5月25日，“向人民承诺 请人民监督——‘创优发展环境 推动高质量发展’阳泉首场全媒体大型问政活动”在阳泉广播电视台一号演播厅举行

（市广播电视局 供图）

2022年1月24日，主题为“新路春潮”的阳泉市春节联欢晚会在阳泉广播电视台一号演播厅举行（市广播电视局 供图）

67条、整版(专版)21版；山西卫视《新闻联播》单条30条，是上年同期的3倍。建立中央广播电视总台山西总站融媒体通联工作群和省级主要媒体重点选题通报工作群，就央媒和省媒的重点选题进行定期通报；建立工作专班，抽出专门力量对中央、省级主要媒体的选题进行研判、筛选、推送；年内，共接待中央、省级媒体记者50批次，拓展阳泉市在中央和省级主要媒体的宣传报道渠道。

专题报道　全年，阳泉市新闻中心派出专人跟班协助山西省委党刊社聚焦阳泉十八大以来的十年成就，挖掘阳泉全方位推动高质量发展举措，在《前进》推出长篇报道《红色阳泉展新貌——阳泉全方位推动高质量发展纪实》。协助省台《全方位推动高质量发展透视》栏目记者完成新能源低碳论坛市长访谈采访任务，推出专题报道《穿越山西的能源之旅——市长访谈阳泉：数字赋能 资源型城市绿色转型》；协助央媒、省媒完成二十大精神宣讲专题报道、视频展板素材拍摄等工作，推出《把二十大精神带到基层一线阳泉：宣讲进基层 精神入人心》等专题报道。（岳婷婷）

【新媒体矩阵】 2022年，阳泉市新闻中心稳健推进政府网“阳泉发布”栏目和新媒体“阳泉发布”公众号，集中优势资源持续做好“阳泉外宣”微信群、短信平台“阳泉快讯”和“一周外宣专报”编辑、报送工作，实现传统媒体和新兴媒体融合互通的“集群式”传播效应。在阳泉政府网“阳泉发布”栏目发布信息968条，“阳泉发布”微信公众号发布信息2102条，“阳泉外宣”微信工作交流群发布信息1535条，“阳泉外宣快讯”短信发布1143条，编发《一周外宣专报》55期(总计340期)。（岳婷婷）

【集中采风 采访】 2022年，阳泉市新闻中心围绕全市重点、亮点，组织开展五场央媒、省媒、市媒联动集中采风、采访。聚焦阳泉市抓党建促基层治理能力提升和清廉阳泉建设重点工作举措成效，组织开展“二十大精神在基层”主题集中采访活动，推出《大抓基层建强基层 打通治理“最后一公里”》(《山西日报》)《阳泉：清廉单元试点引领 构建全域清廉格局》(山西卫视《新闻联播》单条)等重点报道400余篇。以阳泉百度Apollo Park开园为契机组织开展集中采访活动，推出《自动驾驶公交车驶上城市街头》(经济参考报头条)《阳泉：自动驾驶加速落地 数字经济持续蓄能》(山西卫视《新闻联播》单条)等重点报道1000余篇，形成中央、省、市三级媒体立足不同层面和角度共同聚焦“智车之城”的宣传合力，掀起阳泉“智车之城”宣传报道的热潮。组织开展重点工作集中采访县区行，分别是国家智能社会治理实验特色基地平定行和“奋进新时代 聚力促转型”主题活动矿区行，推出重点报道200余篇。（岳婷婷）

【《阳泉日报》入选“最具影响力主流新媒体账号”】 《阳泉日报》以“献礼二十大清朗‘晋’行时”为主题的山西省首届“百佳新媒体账号”推选活动得到了省内各级党政机关、企事业单位、社会组织和各类公众账号运营者的踊跃参与和广泛关注。经网民投票(有效投票)、第三方平台“清博智能”指数(WCI、BCI、DCI)评价和专家评审，共推选出“最具服务力政务新媒体账号”40个、“最具影响力主流新媒体账号”30个、“最具正能量自媒体账号”30个。阳泉日报微信公众号入选“最具影响力主流新媒体账号”。（王 丰）

广播影视

【广播】 截至2022年12月31日，阳泉市广播电视台开办有阳泉综合广播、阳泉交通广播、阳泉经济广播3个广播频率，综合广播自办栏目有9个，分别是《阳泉新闻》《政风行风热线（行风追踪）》《文亮早知道》《整点播报》《1027大家帮》《老友时光》《书声回响》《1027动能时刻》《美妞二丫谝阳泉》，时长7小时。交通广播有11档自办栏目，分别是《901早班车》《车行天下》《901趣旅行》《天天美食》《901乐听好时光》《的哥你好》《901酷音乐》《901安居客》《精彩不塞车》《今晚聊吧》《901夜听》，时长16.5小时。经济广播有《音乐早上好》《音乐维他命》《音乐新研色》《马力全开》《音乐佳速度》《时光宣言》《嗨在路上》《爱的久一

点》《爱上回家路》9 个栏目，时长共计 13 小时。（杨方达 周莉卉）

【电视】 截至 2022 年 12 月 31 日，阳泉市广播电视台开办阳泉新闻综合频道、科教频道 2 个电视频道，台属官方网站阳泉网络广播电视台 1 个互联网网站，台属微博、微信公众号、抖音、“智慧阳泉”手机客户端与官方微信平台组成的新媒体集群矩阵，外加“三晋云”智能数字电视平台和“阳泉随手拍”等共 13 个宣传平台。

阳泉新闻综合频道自办电视栏目 3 个，分别是《阳泉新闻》《今日新闻汇》《今日问政》，各 15 分钟。另外，每日有 15 分钟《县区新闻联播》在阳泉新闻综合频道播出。阳泉科教频道自办电视栏目共有 17 个，分别是日播类栏目《文化讲堂》《科普中国》《县区新闻》，周播类节目《泉民交通》《看乡村》《创业吧》《财富阳泉》《第一消费》《阳泉小孩》《健康阳泉》，半月播节目《党建领航》《人大之窗》《精彩高新》《泉消防》，月播类节目《泉心泉意》《阳泉检察》，季播节目《创新派》，总时长 190 分钟。

全市有 1 个前端机房，4 个发射主基站，7 个补点发射台。拥有覆全市的有线数字电视传输和无线地面数字电视传输两张广播电视传输网。其中有线数字电视网内传输 168 套数字电视节目（46 套高清、122 套标清），11 套广播节目。开展有双向数据交换、宽带接入业务、互动点播、时移回看、万兆 IP 直播、高清数字电视、EPG 业务等增值业务。全市共有数字电视用户 28.7 万户，有效用户 7.3 万户，覆盖全市所有乡镇和 600 个行政村。无线地面数字电视传输有 65 套无线数字节目。其中 57 套标清节目 +8 套高清节目。无线数字电视入档用户 61427 户。“户户通”直播卫星接收用户保持 4.6 万户。（杨方达 周莉卉）

【电影】 截至 2022 年底，阳泉市共有电影院 25 家，分布在城区、矿区、郊区、开发区、平定县和盂县，全年影院票房收入突破 500 万元。其中，阳泉市新兴农村数字电影院线有限公司承担阳泉市农村公益电影放映工程，放映影片由中宣部电影局下设的数字电影节目中心提供。年内，阳泉市新兴农村数字电影院线有限公司实现阳泉市所有行政村公益电影放映全覆盖，44 支放映队共计完成电影放映 11304 场，并获得由人力资源和社会保障部、国家广播电视总局和国家新闻出版署联合颁发的“全国新闻出版广播影视系统先进集体”称号。（白建刚）

【媒体融合】 2022 年，阳泉市广播电话台融媒体发布平台通过相关部门测评检测及审核，正式部署上线，成为在互联网发布端的重要组成部分，为阳泉市广播电视台内容的规模化输出扩大了端口，实现了融媒体产品发布及各频道频率自办节目的同步网络直播，“阳泉随手拍”也入驻平台。截至 2022 年底，阳泉市广播电视台微信公众号共推送各类新闻 17250 条，其中原创稿件 3590 条，关注人数 19.2 万人。阳泉市广播电视台抖音号关注人数为 25.5 万人次，单条浏览量最高达 133 万人次，融媒体内容生产实现丰产。2022 年 6 月 1 日，网站端部署上线。10 月 1 日，看阳泉 APP 手机端试用版上线，12 月 7 日，腾讯应用宝市场上线。“融媒体发布平台”是阳泉市广播电视台高清改造中，在互联网发布端的一个重要组成部分。网站作为平台的一个重要载体，各项工作正有序开展，新闻稿件内容的转发，全部在新网站完成发布。“融媒体发布平台”委托第三方软件开发公司南京厚建做软件开发，平台部署在阳泉市联通云服务器机房，该云服务器机房配有抗 DDOS 攻击、防火墙、病毒查杀等云端防护设备。2022 年 1 月 29 日，阳泉市广播电视台获得《信息网络传播视听节目许可证》编号为：104320060，为新媒体各项工作开展奠定了基础。

截至年底，“融媒体发布平台”按照“媒体 +”的理念，从单纯的新闻宣传向公益服务领域拓展，通过开展“媒体 + 政务”“媒体 + 公益”等业务，最大程度地实现政务服务功能，为阳泉市的智慧政务提供信息发布及宣传平台，互动业务包括新闻发布、政务公开、政务办理、建言资政、服务评价等。（杨方达 周莉卉）

【宣传报道】 2022 年，阳泉市广播电视台通过广播、电视，台属微博微信、抖音等新媒体集群矩阵展开宣传报道。全年，广播综合频率《阳泉新闻》全年共开设 5 个专栏，播出各类稿件 3700 余条。新闻综合频道电视新闻共开设 36 个专栏，全年播出《阳泉新闻》365 期；全年播出《今日新闻汇》160 余期、《今日问政》150 余期，《今日关注》播出访谈 160 余期。《县区新闻联播》全年播出 339 期。网站完成各类转载新闻及日常新闻更新稿件 10403 条，其中主专栏 63 个、子专栏 16 个，处置查杀、管控舆情事件 377 条，微博同步转发。

主题性重点报道 阳泉市广播电视台深化各媒体平台“头条”建设和网络视听“首页首屏首条”建设，采制播出一系列新闻报道、专题节目和融媒体产品。中共二十大期间，在做好《奋进新征程 建功新时代》专栏报道的基础上，开设《喜迎二十大》专栏，播出相关新闻报道 79 条，营造了浓厚氛围；开设《二十大时光》专栏，高密度报道中共二十大盛况；开设《二十大精神在阳泉》《把党的二十大精神带到基层一线》专栏，反映中共二十大精神在阳泉落地生根；策划制作主题新媒体产品，推出了系列短视频《党的二十大报告中的关键词》，通过生动直观的传播形式，讲好阳泉奋进故事。

开设《贯彻落实省市党代会精神　十大战略进行时》专栏，播发《以全方位推进高质量发展为中心任务》《风起"云"涌　数字引航》《多点发力蓬勃强劲》相关报道和解读500余条。持续推出《理论天天学》栏目，共播出31期。为做好疫情防控宣传报道，《阳泉新闻》持续开设《慎终如始做好常态化疫情防控》专栏，特别在年内的几轮疫情期间，阳泉市广播电视台主动掌握第一讯息，全媒发力，多样态生产推送了《静待花开》《致敬每一位平凡的人》等一批制作精良、引发共鸣的融媒体产品。

民生类报道　阳泉市广播电视台，形成"新媒体平台＋政府机构＋主流媒体"的传播体系和层次，发挥传播联动效应。《政风行风热线》全年共计播出260期，《一周行风聚焦》105期，完成行风追踪近600期，问题回复率保持在90%以上。阳泉随手拍共收到有效问政帖7252条，7215条通过转达得到全市各级党委政府、职能部门回复6873条，回复率为95.26%。阳泉随手拍记者通过"随手拍回音壁"的方式，对网友问政事项及联络员答复情况督查督办，对积极处理的单位给予表扬，对推诿扯皮、乱作为、不作为的进行批评。全年编发随手拍回音壁稿件50余篇，抖音号、视频号推送短视频3300余条，点赞超334.3万。《今日问政》集随手拍、"12345"政务服务热线、1027政风行风热线于一体，共发布阳泉随手拍问政贴近500条，发布"12345"政务服务便民热线近450条热点信息，发布102.7政风热线信息300余条。广播《1027大家帮》继续与阳泉市人才交流中心合作，共发布1154多条人才招聘信息，为解决更多听众就业难搭建了有效就业平台。交通广播全年受理便民热线2.5万条，帮助听众累计找到失物200余件，发布路况信息7000余条。

对外宣传　2022年阳泉市广播电视新闻在省级以上媒体发稿370条，先后推出《阳泉：新兴产业势头强劲　智能制造助力转型》《生态修复"不负青山"》《点亮夜经济　升腾烟火气》等一批在全省有示范效应的重点深度报道，多次在山西新闻联播头条二条位置播发。其中，《山西阳泉：智慧交通　便捷生活》《走进老区看新貌　老区新风貌生活新变化》《老区行·山西：巍巍太行绽新颜》《党旗在基层一线高高飘扬　甘泉井村：党建引领合村合心聚合力》等12条由阳泉市广播电视台采制的新闻报道在央视播出。尤其在中共二十大期间，山西卫视《山西新闻联播》连续7天播出了阳泉市广播电视台采制的反响报道。新媒体推送的《二十大代表阳泉市委书记雷健坤接受央视〈焦点访谈〉采访》当天阅读量就超1万人次。（杨方达　周莉卉）

【节目改版创新】　2022年，阳泉市广播电视台各频率频道全面改版，节目质量明显提升。

新闻综合频道创新发展　聚焦本土新闻，坚持内容为主，通过"天天有新闻，新闻天天说"的传播理念，每天由1位主播进行1分钟左右的新闻诠释，讲述新闻背后故事、评论新闻热点事件，并于每天早晨7点在"阳泉广电天天好看"微信视频号、抖音平台同步刊发。从7名主力记者"小试牛刀"，到新闻综合频道所有一线记者全员参与，截至年底，《天天新闻》共制作播出305期，新闻话题既包括市委市政府的重点工作，也包含百姓关注的大事小情。其中，关于疫情防控的相关报道65期、创城相关内容16期、"两会"特别报道5期、"一路阳光　领秀太行"特别策划5期。全年采制播出了《真抓实干推动经济高质量发展——中央经济工作会议在我市引发热烈反响》《中共阳泉市委召开党外人士座谈会　征求对经济工作的意见和建议》《稳中求进　勇毅前行　奋力书写全方位推动高质量发展新篇章——2022年全市经济工作综述》等内容；开设了"强信心"专栏，转发了《海报丨复工复产新年新气象"》等报道。

科教频道推动专业化建设　优化改版新推出《精彩高新》《泉心泉意》《阳泉检察》《创新派》四档栏目。其中半月播节目《精彩高新》为宣传阳泉高新区区域划分主要职能和特色主导，内容涉及人物类、信息类、探访类、课堂类四大版块，使得"阳泉高新区"这个名称深入人心。4月14日开播，播出18期。月播类节目《泉心泉意》围绕阳泉市"14510"总体思路和部署，聚焦重点领域热门话题，以嘉宾访谈的形式，为行政审批中心各项工作起到宣传和促进作用。截至年底，共播出5期。《阳泉检察》是阳泉市广播电视台与阳泉检察院共同打造的一档全新联办栏目，开设《阳泉检察在行动》《阳泉检察案例选》《阳泉检察人》三大版块，邀请检察人员走进演播室，担任栏目主持。截至年底，共播出8期。季播类节目《创新派》由阳泉市科技局与阳泉广播电视台联合打造、推出的科技创新访谈类栏目，截至年底，共播出3期。

交通广播紧扣时代潮流　结合中共二十大时间节点，《901早班车》节目开设《红色文物一百件》和《中国梦歌曲展播》，《901趣旅行》开设《游山西读历史》板块，《901夜听》改版升级后，每天播出一个党史好故事；结合疫情防控常态化特殊形式，《901趣旅行》节目在开设了本地游、近郊游、乡村游等特色文旅推荐。《901交广快报》一年历经两次改版，创新性将新闻节目划分为《901头条》《901大交通》《其他资讯》以及《901热点追踪》四大板块，让交广新闻有了自采板块。《的哥你好》——《健康有道》实行每周三可视化直播运行。

经济广播节目优化调整　经济广播节目对节目、板块、歌曲库、线性宣传等的调整。增加直播节目，早晚节目增加双主播主持。新制作大量的片花和片头以及公益广告，完成、完善新节目新模式。　（杨方达　周莉卉）

【品牌增效】 2022年，阳泉市广播电视台举办第三十七届2022阳泉市春节联欢晚会、第五届夕阳红春节联欢晚会和第五届少儿春节联欢晚会等活动。

新闻综合频道承担由市纪委监委主办的大型全媒体电视问政活动第一期、第二期的策划、撰稿及其他协调工作。期间共拍摄制作短片15个，完成大屏制作20余条，动画10余条。第一期在5月25日完成录制。9月，完成了对第一期大型问政的追踪报道。

科教频道承办“全省开发区2022年“三个一批”活动阳泉分会场”项目集中开工签约活动、519中国旅游日系列活动、2022丰收节活动、“相伴成长　童庆六一”六一直播欢乐SHOW、泉民华府开盘直播、“明日之星”阳泉市中小学街舞大赛、阳泉市首届退伍军人创业创新企业技能比赛直播、市人才中心线上招聘会直播、阳泉万达商业广场招商直播、万达广场线上招聘会直播、万达开业预热线上直播。策划录制了“生如夏花不负韶华”琴筝国乐20周年音乐会、市科学技术协会知识竞赛、阳泉首届少儿运动嘉年华、武警阳泉支队“八一”文艺汇演、阳泉市广播电视台青少年艺术中心语言盛典、政风行风问政、“八一”演练等。

阳泉综合广播完成大型活动“老年春晚”的策划实施。交通广播邀请市公安局领导宣讲“安全领域重点讲座”，走进阳泉市红色历史展厅开展党史学习教育活动，走进社区、高速路口、困难职工家中等组织开展慰问活动8次，全年累计组织各类讲座、党史学习活动16次。

经济广播先后举办两场“青春有约”大型相亲活动及931六周年主题歌会《爱在五月天》。新媒体组织开展第五届“入驻单位满意度”网络评选活动，组织开展了“问政供暖”网络征集活动，3场“全省开发区2022年“三个一批”活动阳泉分会场”项目集中开工签约视频会议的录制和传输保障。　（杨方达　周莉卉）

【安全播出】 2022年，阳泉市广播电视台实现广播电视安全播出，完成全国两会、北京冬奥会、冬残奥会、“国庆”“中共二十大”等各重要安保期的安全播出保障工作，完成阳泉市人大、政协两场开幕式的广播和电视的现场直播任务，《2022年阳泉春晚》的现场直播任务。全年，三套广播频率安全播出19996小时。其中综合广播调频、中波分别播出6782小时50分钟；交通广播播出6606小时30分钟；经济广播播出6606小时30分钟。全年电视安全播出总时长为8977.9小时。共录制电视节目1223余场，约2536.75小时，完成各类电视晚会、活动录制彩排约310.5小时。100高清演播室完成《2022年高考填报志愿攻略》《阳泉市万达广场线上招商直播》《阳泉市2022年大型人才线上招聘会——万达专场》《阳泉万达广场双十一线上直播》等7场直播活动。全年未发生网络安全事故。　（杨方达　周莉卉）

【网络建设】 2022年，阳泉市广播电视台有线网络积极推进阳泉智慧广播电视台建设。完成一期云平台的建设、手机客户端开发上线、阳光政务、便民信息查询、随手拍问政等模块的上线工作，完成平安城市监控安装和视频大数据汇集1000余个点位并实现分级向用户传输，完成智慧阳泉业务覆盖用户6万户，一期软硬件平台搭建和业务模块建设完成并通过功能测试验收。启动万兆光网传输覆盖项目，由阳泉市发改委审批立项。同时，该项目也是阳泉市唯一列入国家阳泉市广播电视台总局项目库的工程。该项目自筹资金完成IPON系统前端平台和轮播平台的初期建设，完成试点建设3800余户，取得较好的社会效益。截至年底，项目完成项目设计、监理和部分施工和货物的招标工作，完成投资额3300万余元的招标，待政府专用款项下拨后就可开工建设。光缆干线架设124公里，完成的主干光缆项目有：李家庄机房到规划展览馆光交主干，改迁了万达片区的光缆线路，打通了宁波北路沿线小区的信号传输。501矿主干信号的改迁，平定东白岸主干的改迁等。　（杨方达　周莉卉）

【专题制作】 2022年，阳泉市广播电视台专题片、宣传片制作。先后完成中共创建第一城《百年阳泉红》、市纪委监委形象宣传片《清廉阳泉担当有我》、阳泉市人民政府外事办公室形象宣传片、盂县旅游宣传片、阳泉市委非公和社会组织工委宣传片、共青团阳泉市委庆祝建团百年宣传片。市委宣传部MV《领航》、郊区清廉乡村主题MV《清风拂面》、郊区文旅红色主题MV《将军》。阳泉市农业农村局《厕所新革命》专题片、《山西阳泉　硒望无限》专题片、郊区组织部红色资源专题片、阳泉旅游公路专题片、卫健委“排忧行动”、农业农村局“排忧行动”、盂县人民医院“排忧行动”、市市场监督管理局“排忧行动”、水利局“排忧行动”专题片，市教育局教育成果专题片以及优秀青年人物片等约100个视频项目。　（杨方达　周莉卉）

【阳泉网络广播电视台“两微一抖”宣传推送】 2022年，网站转载及更新新闻稿件 10403 条，报送《网络意识形态工作动态》周报 44 期，月报 11 期。各类专项数据和重点转发稿件落实反馈省委网信办 400 次，其中，二十大重保期应急响应 10 次。开设网络专题 74 个，其中主专栏 63 个、子专栏 16 个，处置查杀、管控舆情事件 377 条，微博同步转发。阳泉市广播电视台微信公众号围绕全国、省市重大事件、热点问题，精心策划宣传内容、认真设计版面，共推送各类新闻 4644 条，其中自采稿件 859 条，截至 2022 年底关注人数 20.52 万人。探索新媒体表现形式，创新新媒体产品结构，微信公众号平台推送《中央经济工作会议在我市引发强烈反响》《数说：阳泉前三季度经济运行》《阳泉：全力构建数字经济发展新格局》《省委经济工作会议在太原召开》《市委常委会召开扩大会议》等。推送内容从阳泉市新闻扩大至全国资讯，推送形式也从单一的文字变为视频、图片等形式的综合，努力将抖音号和视频号打造成为阳泉信息宣传新阵地，使其成为阳泉市外宣的又一重要平台。（杨方达　周莉卉）

【阳泉随手拍】 2022 年，阳泉随手拍平台入驻单位 446 家，网站及 APP 注册用户 303909 人，微信关注人数 46512 人。全年收到有效问政帖 7252 条，其中 7215 条通过转达，得到全市各级党委政府、职能部门回复 6873 条，回复率为 95.26%。涉及小区管理、城建管理、交通运输的问政最多。全年上报“阳泉随手拍问政周报”46 期，上报“阳泉随手拍问政月报”11 期。平台与新闻综合频道《今日问政》、新闻综合广播《行风随手拍》形成联动，三管齐下，对网友问政事项及联络员答复情况督查督办，提升政府部门的公信力，全年，共编发随手拍回音壁稿件 50 余篇。共编发随手拍回音壁稿件 50 余篇，抖音号、视频号推送短视频 3300 余条，关注人数超 26.6 万，点赞量超 334.3 万。（杨方达　周莉卉）

文化产业

【概况】 2022 年，阳泉市文化和旅游局坚持以高质量发展为主题，推动全市文化产业改革发展取得新进展、新成效。坚持讲好阳泉故事，聚力“红色领航”，组织创作小戏《梦回百团》、舞剧《那一抹红》、广播剧《矿山华佗》等“红色印记”系列作品，现代豫剧《家有一老》搬上舞台，推进阳泉市优秀文艺作品剧（节）目库建设，举办“中共创建第一城”红色文化创意大赛，以文化力量让阳泉人民精神家园更加丰富充盈。（范宜萍）

【文旅产业】 2022 年，阳泉市文旅产业发展积蓄势能。推进 15 个重点文旅产业项目，完成投资 2.38 亿元。实施文旅市场倍增工程，新增市场主体 341 户，完成年度增量目标的 105%。创建全国乡村旅游重点村 1 家，入选省级夜间文化和旅游消费集聚区、省级文化产业示范园区、省级旅游休闲街区各 1 家，山西省首批文旅康养示范区创建单位 3 家，命名阳泉市红色文化研学基地和研学实践活动基地 21 处，新增 4 处国家 AAA 级旅游景区。推进全域旅游创建，盂县通过省级初审验收。推出“沉浸式”人文体验演艺项目《遇见娘子关》，开发推广“十佳红色旅游线路”，促进文旅新业态、新模式加速发展。文旅品牌形象更加鲜明。围绕推广“一城阳光·泉漾太行”品牌，制作阳泉文旅宣传片、主题线路宣传册和旅游文创产品，专题片《太行山城——阳泉》在中央电视台发现之旅和香港卫视播出。开展“大美太行在山西”网络新媒体阳泉景区打卡活动，活动曝光量 10 亿次，3 个话题冲上全国热榜。“节气文化　四季阳泉”主题文旅活动持续开展。（范宜萍）

【原创精品剧（节）目线上展播】 2022 年，阳泉市文化和旅游局在微信公众号、抖音，阳泉日报新媒体等平台连续推出“春节云剧场”——精品剧(节)目线上展播活动。展播精心挑选现代晋剧《铸城》、武迓鼓《保卫娘子关》、原创小戏小品《梦想成真》、舞蹈《那一抹红》等 12 部阳泉市获得“群星奖”“杏花奖”等获奖的剧(节)目和具有较高思想性、艺术性、观赏性的优秀剧目，在“两节”前后带来线上高清剧目展演，市民群众假日足不出户看好戏。（范宜萍）

【“阳泉记忆·1947”文化园入选首批省级夜间文化和旅游消费集聚区】 2022 年 4 月，“阳泉记忆·1947”文化园入选山西省首批省级夜间文化和旅游消费集聚区。该文化园是全国唯一一个以城市记忆为主题的沉浸式文旅园区，其前身为 1946 年建厂的阳泉市水泵厂。2020 年 8 月，市委市政府决定将老旧工业厂房改造升级，筹建“阳泉记忆·1947”文化园，并由阳泉文化旅游投资有限公司负责园区的建设运营。园区占地面积 9.67 公顷，分东、西两区，其中东区(一期)为集工业展示、生活体验、文化创意、艺术创作、情感寄托于一体的公共文化休闲体验区域；西区(二期)为商业部分，主要提供餐饮、住宿、休闲娱乐及儿童教育等服务。园区内绿树红墙、风貌独特，5G 网络、安防广播系统全覆盖，可满足市民及游客品质化、多元化的消费需求。截至年底，园区的项目一期已完成建设，包括游客中心、阳泉记忆主题馆、城市书房、城市会客厅、中央花园、工人大礼堂、地下停车场，签约入驻 21 家商户，以文创产品、非遗

文化、传统手工艺、乡村振兴农产品展示售卖以及文创生活服务为主要内容。（范宜萍）

文化市场管理

【文化市场执法】 2022年，阳泉市文化执法大队市本级出动执法人员5432人次，检查经营场所2129家次，责令整改37家次，当场处罚35件，立案调查19件，办结案件56件，警告40家次，罚款8家（2.9万元），停业整顿3家，取缔1家，没收违禁、非法出版物及宣传资料1500本（份），没收卫星地面接收设施10套。全市出动执法人员8701人次，检查经营场所3604家次，责令改正64家次，当场处罚80件，立案调查22件，办结案件104件，警告84家次，罚款12家次（3.34万元），停业整顿3家，取缔1家。（范宜萍）

【"三大监管体系"建设】 2022年，阳泉市文化执法大队引深和强化"三大监管体系"建设。执法监管方面：全年市执法队发起"双随机、一公开"抽查检查60批次，配合市文旅局、市新闻出版局，参与跨部门联合"双随机、一公开"抽查检查6批次，检查后将检查结果分别录入国家企业信用信息公示系统、"互联网+监管"、发改委"双公示"系统、局网站进行公示；技术监管方面：加快全市文化市场视频实时监控系统建设，全市所有正常运行的62家网吧都安装了文网卫士管理软件，投资近9万元，运用视频云、云储存等，解决网吧、娱乐场所、电影院等人群密集场所视频信号回传的技术难题，已有30余家场所的视频信号接回到监控中心；社会监管方面：做好监管市场的举报处理和旅游投诉工作，2022年，共接听处理文化市场举报26件，执法人员均到现场进行了核查并录入平台。旅游投诉31件，不予受理2件，受理29件，调解成功21件，为消费者挽回经济损失28390元，涉疫损失2.65万元。（范宜萍）

【非法卫星电视接收设施整治】 2022年1月24日，山西省广播电视局发布通报，阳泉市在2021年全省平安建设非法卫星电视接收设施整治工作中，获评第一档第一名。阳泉市文化和旅游局推进非法卫星电视接收设施整治。2021年出动执法车辆601车次，执法人员2033人次，检查电器商铺、宾馆、酒店500余家，发放宣传资料6400余份，广播电视宣传报道2200余条。（范宜萍）

【文化执法队伍建设】 2022年，阳泉市文化执法大队加强执法队伍建设，在文化和旅游部技术监管服务平台线上组织3个培训班，参训比例、达标比例100%；组织参加山西省文旅厅组织的行政执法大讲堂8期，组织开展"以案施训"1次，80余人参加培训。组织开展"互联网+监管"工作及平台录入人员视频培训1次。组织开展案卷评查2次，评选出4件优秀案卷、4件规范案卷。参加省文旅厅、市司法局组织的案卷评查，报省文旅厅的3个案件，评分都在92分以上，参加市司法局评查的5个案件，2个规范案卷。（范宜萍）

【文化市场建设】 2022年，阳泉市文化执法大队制定安全整治三年行动方案2022年重点工作计划，全年召开15次安全监管工作会，及时传达学习上级文件精神，安排部署执法大队、直管经营场所安全监管工作，推动全队安全工作的有序展开。年内，组织开展"三节""两会""冬奥会""残奥会"、清明、端午、七一、国庆、中共二十大等节假日、重点时段安全专项保障，"三节"期间监管市场风险隐患大排查大整治"百日攻坚"集中行动，春季消防安全检查，指导经营场所完善安全工作领导机构和运行机构，完善安全制度，开展安全隐患自查和专项检查，建立隐患台账。通过开展安全专项整治，督促安全隐患加强整改。（范宜萍）

（责任编辑：李 静）

综　述

【健康阳泉建设】 2022年，阳泉市卫生健康系统继续全方位实施健康教育促进工程、人才强医工程、“三特兴医”(院有特色专科，科有特色名医、团队，医有特色专长)工程、体系完善工程、等级提升工程、信息化支撑工程、基础改善工程、争先进位工程、组织保障工程、和谐医患工程“十大工程”，推进健康阳泉建设取得成效。阳泉市被山西省人民政府评为“2021年全省人口和计划生育工作目标管理责任制考核先进市”；市卫健委被司法部表彰为“全国行政执法先进集体”；市爱卫办被全国爱委会表彰为“爱国卫生运动70周年先进集体”；市卫健委被省总工会、省卫健委联合评为2022年山西省“妈咪小屋”建设工作优秀单位称号；城区南山路街道阳坡垴社区、平定县东城城南社区被国家卫健委命名为“2022年全国示范性老年友好型社区”称号。（曹　菲）

【医疗卫生机构】 2022年，阳泉市共有各级各类医疗卫生机构1372家。其中，医院52家；基层医疗卫生机构1295所，包括社区卫生服务中心(站)66所、卫生院54所、村卫生室694所、门诊部11个、诊所(卫生所、医务室)470所；专业公共卫生机构21个；其他机构4个。全市各级各类医疗机构实有病床数8204张，平均每千常住人口拥有病床6.26张；卫生技术人员12118人，平均每千常住人口拥有卫生技术人员9.24人；执业(助理)医师4556人，平均每千常住人口拥有3.47人；注册护士5675人，平均每千常住人口拥有4.33人。（曹　菲）

【医疗卫生体制改革】 2022年，阳泉市出台《阳泉市公立医院高质量发展实施方案》，市第一人民医院、市第三人民医院和平定县人民医院入选省级公立医院高质量发展示范医院，专科建设、智慧医疗和医疗控费等方面取得新进展。年内，中央财政对阳泉市公立医院综合改革补助资金1323万元，支持公立医院高质量发展。

阳泉市围绕分级诊疗制度建设，推进县域医疗卫生一体化改革。整合县域医疗卫生资源，推进紧密型县域医疗共同体建设，促进县乡一体、乡村一体化管理。建立“一兼两管三统一”工作机制，县区疾控中心纳入县域一体化管理，中心主任兼任县级医疗集团副院长，分管医疗集团和县域公共卫生工作，统一工作流程、考核规范、业务指导，打通县域内疾控与医疗救治体系壁垒，实现医防人员通、信息通、资源通。落实行政、人员、财务、业务、绩效、药械“六统一”管理，上接三级医院、专科联盟、远程医疗“三根天线”，下沉优质医疗服务资源，构建“基层首诊、双向转诊、急慢分治、上下联动”的分级诊疗体系。平定县作为省级示范县，2022年被列为全省第二批“5G+医疗”试点，以信息化赋能县域医疗共同体高质量发展。（曹　菲）

【医疗系统重点工程建设】 2022年，阳泉市中心医院建设项目总投资21.38亿，项目占地面积13万余平方米，2月26日奠基开工，至年底，完成投资2.5亿元，地基处理全部完成并验收。市疾控中心迁址及实验室改扩建项目总投资1.045亿元，建筑面积1.55万平方米，2021年8月开工，并于2022年9月24日搬迁新址。阳泉市中医医院改扩建急诊科(含发热门诊)项目总投资0.23亿元，项目建设完工，发热门诊投入使用。市第三人民医院(传染病定点医院)改扩建工程项目总投资3.73亿元，7月10日奠基开工，至年底，完成施工区域北侧及东侧基坑支护和混凝土浇筑，完成投资0.41亿元。市第五人民医院新建门诊医技楼及配套工程建设项目总投资0.79亿元，门诊医技楼主体完工，到位设备11套，完成投资0.6亿元。（曹　菲）

【医疗信息化建设】 2022年，阳泉市推进5个县级医疗集团信息化建设，上接“三级医院、专科联盟、远程诊疗”，提高县域医疗管理能力和医疗技术水平。平定县被列为全省第二批“5G+医疗”试点，实现省县乡三级远程医疗服务，县乡两级信息互联互通。市人民医院医疗集团组建集团内的区域影像诊断中心，截至年底，阳泉区域影像中心完成影像会诊1842例。建立全市统一的电子健康档案系统，为全市居民建立117.88万份档案，对慢病人群、65岁以上人群应管尽管。推进县级医疗集团医改信息化建设，建成“县域综合医改监管平台”。推进阳泉市电子健康卡建设项目，项目总投资约700万元，项目通过省卫健委评审，由中国建设银行阳泉市支行进行建设，截至年底，市级平台初步建设完成。

开展“互联网+医疗健康”服务，市第三人民医院、市第一人民医院和平定县人民医院先后取得互联网医院资质。市第三人民医院通过互联网医院完成在线预约挂号服务29.96万人次，在线支付服务124.35万人次，在线查询门诊检验报告3.21万人次，在线住院服务绑定1716人次，在线住院检验报告1.10万人次，数字影像在线调阅1997人次。培养45名技术过硬、品质优良的“网约护士”，为116名出院患者及罹患疾病行动不便的特殊人群提供专业的居家护理。

市第一人民医院通过互联网开展慢性病居家舒适化医疗模式，为破解“急慢分治、医防融合”找到新思路，管理、指导在线患者12万余人次，随访12.35万名患者，随访互动23.14万次，完成电子处方审核和药品配送2.82万例，共计2.82万单药品和7854单医疗用物配送到家，其中慢病处方配送2.33万单，特药加自费处方4867单，配送范围覆盖全市。（曹　菲）

疾病预防控制

【免疫规划】 2022年，阳泉市国家免疫规划疫苗常规报告接种率为90.91%(以乡为单位)，报告预防接种异常反应病例137例，较2021年减少67%，报告及时率97.87%。开展入托入学查验预防接种证工作，适龄儿童接种查验率100%。开展新生儿乙肝首针及时接种情况监测24小时，及时接种率在97.68%以上。（王　丽）

【传染病防控】 2022年，阳泉市报告传染病发病率463.13/10万，较2021年上升10.26%。无甲类传染病报告；乙类传染病报告11种3671例，较2021年上升60.37%；丙类传染病报告7种2417例，较2021年下降25.22%。（王　丽）

【艾滋病防治】 2022年，阳泉市开展艾滋病防治宣传教育进农村、进学校、进社区、进工地、进煤矿活动，扩大艾滋病防治宣传覆盖面。在百度地图上为全市15家艾滋病自愿咨询检测门诊填设电子地图。全市开展艾滋病抗体筛查检测19.29万份，完成率113.44%。新发现艾滋病病人及感染者44例（按现住址报告），累计进行抗病毒治疗449例，治疗比例90.97%。（王　丽）

【结核病防治】 2022年，阳泉市疾控中心进入社区和学校，开展结核病防治知识宣传。组织开展首届结核病防治网络知识竞赛，2.84万人参加。创新使用智能化患者管理工具——电子药盒，提高患者的治疗依从性，同时在全省率先将免疫预防性治疗新技术运用到学生密接者中。全年报告活动性肺结核病例474例，报告发病率35.95/10万，患者成功治疗率93.19%（目标值90%以上），其余各项指标均达目标要求。（王　丽）

【地方病防控】 2022年，阳泉市合格碘盐覆盖率93.99%，碘缺乏病监测实现县（区）全覆盖，全市保持控制消除状态。市疾控中心对盂县梁家寨乡两个饮水型氟中毒病区村开展末梢水氟含量和儿童氟斑牙病情监测，达饮水型氟中毒控制标准。联合市卫健委、市盐业公司等部门到赛鱼村、赛鱼小学开展碘缺乏病日科普宣传活动。全市共报告布鲁氏菌病76例，较2021年上升4.11%，无暴发疫情。（王　丽）

【慢性病防控】 2022年，阳泉市疾控中心组织开展慢性病防治知识宣传活动进校园、进食堂、进单位、进社区20余次，利用学生手抄报大赛、重点人群发送点对点短信、公众号平台推送“慢下去、快起来”系列文章、公交车播放宣传核心信息等形式开展宣传。围绕“健康中国·山西阳泉行动”，对13家创建单位进行技术指导。承办第五届“健康阳泉万步有约”职业人群健走激励大赛，40支健走团队642人参加。对基层进行死因检测，全市报告死亡病例7682例，较2021年下降13.76%。（王　丽）

【黑热病防控】 2022年，阳泉市报告黑热病病例57例（按现住址管理），较2021年下降41.24%。市疾控中心依托科研基地，选择地理位置、流行类型相似的25个村开展现场干预研究工作。在全市5个县（区）27个乡镇（街道）133个村（社区）开展黑热病病例对照风险因素调查，累计调查病例193例，对照人群400余人。开展黑热病媒介白蛉监测，全年共挂灯966次，监测白蛉8324只，监测结果显示白蛉密度高峰期为6月。全年召开专题研讨会议13次，对各县（区）开展技术指导10余次，现场

调查和监测4次,赴病例家中流调溯源193人次。 (王 丽)

城乡医疗卫生

【健康帮扶】 2022年，阳泉市卫健委继续做好大病专项救治，对于纳入大病救治的37个病种,保持定点救治医院、病种覆盖面“两个”不变。截至年底，全市救治618名三类大病(省定30种大病)患者。持续做好脱贫人口“双签约”服务,履行“双签约”服务责任,家庭医生签约完成率100%。全市重点监测对象核准率,重点检测对象患者救治管理率，检测对象应签尽签率，慢病患者年度随访率,高血压患者、2型糖尿病患者、严重精神障碍患者、结核病患者四种重点慢病患者签约率均为100%。以脱贫村为重点,对全市所有乡村,针对中央、省、市反馈问题进行排查,针对排查出的问题,组织家庭医生团队进行再一次全面入户服务,进一步完善药品轮换机制、争取多渠道支持配齐相应设备。截至年底,全市76个脱贫村卫生室全部达到有阵地、有人员、有药品、有基本设备的“四有”标准。 (曹 菲)

【基本公共卫生服务项目和家庭医生签约服务】 2022年，阳泉市卫健委、市财政局联合专家对全市2021年度基本公共卫生服务及家庭医生签约工作进行绩效评价,绩效评价分为线上抽查及现场考核，并根据县(区)考核成绩排名进行奖优罚劣,推动各项工作落地。在省级考核中市级取得全省第四的成绩。5月,开展全市家庭医生签约暨基本公共卫生服务项目宣传月,在市中心户外大屏进行项目宣传,各基层医疗卫生机构采取现场宣传、义诊、上门宣传等方式进行宣传,进一步提高居民的知晓率和感受度。全市常住人口签约89.8万人，签约续约数为87.34万人,重点人群签约43.37万人,重点人群签约率87.61%。 (曹 菲)

【基层医疗机构运维费用提高】 2022年，阳泉市村卫生室运维费由原来每所每年1000元提高到不低于1200元,其中市级财政配套资金承担30%。提高在岗乡村医生补助，按照省卫健委、省财政厅“一个行政村、一所村卫生室、一名在岗村医”的原则给予岗位补助,标准为每室每月1000元,确保村卫生室“网底”不破。 (曹 菲)

妇幼保健

【产前筛查 诊断服务和免费婚前医学检查】 2022年，阳泉市通过服务、宣传、管理、培训和督导“五链协同”的工作模式,推进免费产前筛查、诊断服务和免费婚前医学检查两项民生实事。全年全市接受免费产前筛查人数为5985人，任务完成率达108.82%,筛查出高风险孕妇409人,转诊393人，高风险孕妇转诊率96.09%;接受产前诊断349人,产前诊断率85.33%；全市结婚登记5284对,免费婚前医学检查4884对,婚检率92.43%。 (曹 菲)

【母婴安全工作】 2022年，阳泉市围绕母婴安全管理办法,完善管理机制,坚守母婴安全底线。发挥现有母婴安全管理网络机制，压实各级责任,落实核心制度,加强急救演练,畅通转诊通道。以高危孕产妇专案管理和追踪为重点，落实孕产妇联动管理机制,多措并举,提升管理质量。加强培训,举办主题为“情系母婴健康,聚焦安全分娩”的阳泉市第二期妇幼健康能力提升研讨会暨母婴安全管理培训班，提升母婴安全管理服务能力。坚持日常防控和母婴安全双线并行,强化组织领导,摸清管理孕产妇底数,畅通救治转诊通道,保障母婴安全。全年全市实现孕产妇零死亡。 (曹 菲)

【基本公共卫生妇幼项目】 2022年，阳泉市做好孕产妇健康管理、0岁至6岁儿童健康管理、孕前优生健康检查、妇女宫颈癌和乳腺癌检查等妇幼健康项目。孕前优生健康检查惠及3.41万人，农村妇女宫颈癌筛查累计2.01万人，检出宫颈癌前病变229例,检出宫颈癌12例;农村妇女乳腺癌筛查累计1.01万人，检出乳腺癌11例。 (曹 菲)

职业健康

【职业病监测】 2022年，阳泉市疾控中心在市卫生健康综合行政执法队及中国辐射防护研究院的支持下,成功申报《放射诊疗机房通风对呼吸系统传染病院内感染影响的研究》课题,旨在实现降低院内感染风险，降低在救治呼吸道传染病病人时，医务人员和就诊患者的被感染风险。开展职业性尘肺病随访调查工作,重点围绕2021年新增的职业性尘肺病患者、前期未实际随访到的患者或家属以及随访调查信息不全或存疑的患者开展调查。共随访到职业性尘肺病患者3626人，随访率94.91%，较上年提高4.27倍。对2022年度的劳动者职业健康各项指标进行汇总与统计,其中新发职业病112人、比上年降低66.21%,职业健康体检个案卡网络报告45339份、比上年增长54.89%。 (王 丽)

【职业病专项治理】 2022年，阳泉市按照山西省职业病危害专项治理工作计划,对全市矿山、化工企业开展职业病危害专项治理行动。重点对全市纳入治理范围的138家矿山(煤炭开采和洗选业、非煤矿采选业)、化工企业实施专项治理工作，以治理粉尘、化学毒物、噪声、放射性危害超标为主要任务，加强职业健康监督管理，督促企业落实职业病防治主体责任，完善企业工作环境与工人的保护措施。年内，涉及整改的138家企业中，122家企业完成专项治理工作、14家企业停产、2家企业尚未完成治理。全市纳入治理范围企业职业病危害申报总数122家，申报率98.39%（指标要求率95%以上）；职业健康体检数122家，体检率98.39%（指标要求率95%以上）；定期检测总数122家，检测率98.39%（指标要求率95%以上）。（曹　菲）

【职业病防治法宣传周活动】 2022年4月25日至5月1日是第20个全国《中华人民共和国职业病防治法》宣传周，阳泉市以“一切为了劳动者健康”为主题，组织市卫健委、市疾控中心、市总工会相关工作人员到平定汇能煤业和南煤机械厂，开展职业病防治法宣传活动。通过摆放宣传板面、分发宣传资料、现场答疑解惑等多种方式，向企业负责人和劳动者宣传用人单位防治责任、劳动者职业健康权益，解读职业健康检查、职业病诊断鉴定等相关法律知识和政策规定。活动期间，共发放宣传资料3000余份，展出宣传海报5幅。（王　丽）

老龄健康

【老年健康管理】 2022年，阳泉市根据《国家基本公共卫生服务规范》项目管理要求，为辖区内65岁及以上常住居民，每年提供1次健康管理服务，包括生活方式和健康状况评估、体格检查、辅助检查和健康指导。辅助检查包括口腔、视力、听力、血压、血常规、尿常规、肝功能、血糖、血脂等常规检查。年内，辖区内65岁及以上常住居民19.03万人，接受健康管理人数12.24万人，老年人健康管理率64.32%，建立健康档案的65岁以上老年人18.86万人，健康体检12.24万人，城乡社区规范健康管理服务12.24万人，健康管理服务率64.32%。（曹　菲）

【医养结合签约合作】 2022年，阳泉市推进乡镇卫生院与乡镇敬老院开展医养签约合作服务。按照就近毗邻原则，推动民办养老机构与医疗机构开展医养签约合作工作。截至年底，全市所有养老机构基本能够以不同形式为入住老年人提供必要的医疗卫生服务。全市44家养老机构除7家医养结合机构外，37家养老机构全部完成签约工作，日间照料中心与村卫生室完成签约247个。（曹　菲）

【基层医养结合服务能力提升试点示范项目】 2022年，阳泉市选定基础条件好、医疗服务能力强的郊区医疗集团河底分院作为阳泉市基层医养结合服务能力提升试点示范项目单位。项目围绕辖区65岁及以上老年人，失能、失智、高龄等重点人群，从健康宣传教育和促进行动、基本公共卫生服务、失能健康评估及居家上门服务、医疗机构能力建设和服务水平提高等方面入手，全面提升医养结合服务能力。截至2022年底，辖区内65岁及以上重点人群5347人，规范建档1387人，开展护理评估，评估结果为失能等级118人（轻度35人、中度47人、重度36人），与36名失能老人签订服务协议。（曹　菲）

【“山西省老年友善医疗机构”创建】 2022年，阳泉市在全市综合性医院、中医医院、中西医医院、康复医院、护理院和基层医疗机构开展老年友善医疗机构建设工作，围绕四项16个方面内容，落实老年医疗服务优待政策。年内，全市开展“老年友善医疗机构创建工作”，申报35个，完成率95.7%（2021年完成32个，完成率45%），超省定80%的目标任务。（曹　菲）

健康促进

【健康知识普及阵地建设】 2022年，阳泉市利用广播、电视、报刊、官网、官微等媒体平台及宣传栏、宣传墙、大喇叭、小广播等多种形式，普及健康科普知识。做好防控宣传，在各类媒体发布通告公告49条，健康提示和公开信26条。在报刊类媒体，通过《阳泉晚报》定期刊登健康教育科普知识，自编《健康天地》报每月1期5000份，通过《阳泉日报》发行渠道送至全市1800余家机关、企事业单位。在广播电视台，通过“健康阳泉人”等健康访谈类栏目，每周/每月邀请健康科普专家普及健康知识。在新媒体类宣传平台，通过“健康阳泉”微信公众号登载发布健康科普知识1800余条，关注人数71.7万人；在“阳泉健康教育”微信公众号登载发布健康知识、科普信息1400余条，阅读量超4.8万人次。在平面类宣传资料和健康物料制作方面，全年印制12种3.67万册（份）海报、折页、宣传手册，同时，结合重点人群健康教育工作，制作印有健康宣传标语的手提袋、围裙等宣传品8000余份，制作雨伞2100把，面向社区、农村及单位宣传发放。为便于开展学生群体健康教育工作，先后制作笔袋、跳绳和学生文具套装等适合中小学生使用的健康教育宣传品5000份。同时建立推广阳泉市健康科普资源库共享网盘，供全市健康教育网络单位及各级医疗卫生机构免费下载，全年上传健康科普视频、海报、科普图文及印刷材料电子版内容600余条。通过手机短信宣传，与移动、联通协调，为全市手机用户发送提示短信100万余条。（曹　菲）

【健康知识进万家活动】 2022年,阳泉市印发《阳泉市健康知识进万家试点工作方案》,对健康知识进万家工作提出阶段性具体安排,量化工作目标,细化职责分工,强化工作培训,确保工作进度。各级医疗卫生机构通过发放宣传资料、开展主题日活动、举办专题讲座等多种形式,推广“健康知识进万家”微信小程序,9月底,全市完成年度任务。至年底,阳泉市共培养家庭健康指导员4273名,“家庭健康明白人”56.91万名。(曹 菲)

【重点人群和重点场所健康教育】 2022年,阳泉市各级医疗卫生系统结合全市主要健康问题和需求,按照国家基本公共卫生服务规范要求,围绕高血压和糖尿病等慢性病,艾滋病等传染病及地方病、心理健康、安全与急救等重点领域,进家庭、进社区、进学校、进医院、进机关、进公共场所开展健康教育活动400余次,覆盖3万余人次。在世界结核病日、世界无烟日、关爱老年人和关注养老诈骗、中医中药中国行等主题日活动中,开展健康巡讲、咨询活动9次,覆盖1500余人次。(曹 菲)

【控烟工作】 2022年,阳泉市继续开展无烟场所建设工作,借助世界无烟日的契机,走进学校、医院、社区等公共场所开展控烟宣传、咨询、讲座等活动。截至年底,全市380家各级党政机关全部建成无烟党政机关,建成率100%。全市65家公立医院(包括乡镇卫生院及以上医院)和36家民营医院(包括民营医院和门诊)全部建成无烟医疗卫生机构,建成率100%。全市各级各类学校全面建成无烟学校,建成率100%。(曹 菲)

【居民健康素养监测】 2022年,阳泉市继续开展全市居民健康素养监测工作。制定2022年全市居民健康素养监测工作方案,明确监测方法、组织实施、质量控制及进度安排。经科学抽样,组织规范培训等准备工作,在全市5个县(区)内抽取15个乡镇(街道)内的45个村(社区)作为监测点开展调查。全年完成2250户居民调查问卷,送至第三方机构统计分析,健康素养监测报告未完成。(曹 菲)

【饮用水监测】 2022年,阳泉市共监测城乡枯丰期水样334份,任务完成率101.83%。其中,采集城区饮用水枯丰水期水样124份,监测指标3921项、合格3904项,指标达标率99.57%。采集农村饮用水枯丰水期水样210份(包括18份学校末梢水),监测指标6302项、合格6123项,指标达标率97.16%。采集城市用户水龙头监测水样48份,水样达标率100%。对县(区)饮用水采样及样品保存、运送等整个过程进行现场技术指导。(王 丽)

【病媒生物监测】 2022年,阳泉市疾控中心督促各项目县开展抗药性监测工作,监测显示全市家蝇与幼蚊对敌敌畏、双硫磷和高效氯氰菊酯均无抗药性产生。开展登革热媒介伊蚊监测工作,6月至9月,选择6个乡镇进行登革热媒介白纹伊蚊监测,监测结果显示594户868个盛水容器中,阳性容器数42,布雷图指数7.07,属于低度风险。开展疟疾媒介按蚊监测工作,分别在荫营镇坪上村、下荫营村、下白泉村采用诱蚊灯法进行疟疾种群监测和密度监测,监测结果显示疟疾种群监测到库蚊69只、伊蚊44只,全年未监测到按蚊。(王 丽)

【健康中国·山西阳泉行动】 2022年,阳泉市卫健委制定《推进实施健康中国·山西阳泉行动2022年工作要点》,明确各专项行动工作目标和任务要求。开展2021年度健康中国·山西阳泉行动监测评估工作,形成2021年度监测指标数据和监测评估报告。组织各县(区)、各成员单位参加健康中国行动知行大赛,全市参与大赛人数普及率达全省前列。做好行动宣传推广和典型介绍工作,其中市第一人民医院获全国“健康中国 医者先行”案例征集活动优秀案例单位。在首届健康中国·山西阳泉行动“健康达人”评选活动中,各县(区)、各成员单位推选出3名“健康达人”参加省级健康达人比赛,其中1人被评为省级“健康达人”。(曹 菲)

【健康科普作品创作】 2022年,阳泉市各级医疗卫生单位参与山西省卫健委组织举办的健康科普作品创作活动。经过市级遴选,全市报送各类作品49部,其中有16部作品获奖,阳泉市疾控中心获大赛优秀组织奖。获奖作品中,视频类10部,一等奖1部、二等奖1部、三等奖1部、优秀奖7部;表演类1部,二等奖1部;音频类3部,三等奖1部、优秀奖2部;图文类优秀奖2部。(曹 菲)

【健康场所创建】 2022年,阳泉市继续开展健康场所创建工作,矿区、城区创建省级健康促进县(区)进入评估阶段,并通过省级健康县(区)专家评估。盂县新申报2022年—2023年健康促进县(区)创建,以县政府名义下发创建方案,制定目标任务,完善各项措施,稳步推进创建工作。年内,全市13家医院开展省级健康促进医院建设工作,经市级评估,10家医院达省级健康促进医院标准要求。(曹 菲)

【健康影响评估制度试点建设】 2021年,阳泉市被遴选为健康影响评估制度建设国家级试点城市,是山西省首个且唯一被确定的试点地市。2022年,为进一步明确健康影响评价路径图、健康决定因素清单和健康影响评价技术流程等内容,阳泉市政府办公室印发《阳泉市健康影响评估制度建设试点工作实施方案》，同时组建34人的市级健康影响评价专家库。5月，按照试点方案实施计划，分别对《阳泉市农村集体聚餐食品安全管理办法》（公共政策类）、“阳泉市殡仪馆迁建项目”（工程项目类）2个项目，组织专家开展健康影响评价并将结果报送国家卫健委，完成试点工作年度任务目标。8月，国家健康影响评价试点办公室组织专家到阳泉市开展调研考察，并给予肯定。同时，平定县、盂县作为山西省健康影响评估制度建设试点，启动此项工作，实现市、县两级同步建设。（曹　菲）

【爱国卫生运动70周年系列活动】2022年是爱国卫生运动70周年。阳泉市爱卫办以爱国卫生月等时间点为契机，组织策划主题征文、档案收集、爱国卫生网红打卡点选送、“寻找最美爱卫人”典型事迹征集、“走访爱卫历史，讲好爱卫故事”走访活动等5项系列活动。与阳泉日报社联合举办“爱国卫生运动在我身边”主题征文。4月至6月征文活动期间，全市共征集作品103篇，市爱卫办组织专家集中评审，评选出一等奖作品2篇、二等奖作品3篇、三等奖作品5篇、优秀参与奖作品44篇。收集整理阳泉市爱国卫生运动历史档案资料，市爱卫服务中心到市档案馆查阅、备份1958年至1998年重要爱卫档案文件32份，整理归档1999年至2015年爱国卫生档案资料，收集爱国卫生重要历史照片45张、爱国卫生历史书籍16册。向全国爱卫办选送“阳泉记忆·1947”文化园和荫营古镇2个爱国卫生网红打卡点。开展“寻找最美爱卫人”典型事迹征集活动，挖掘优秀爱卫工作者及群众投身爱国卫生运动的特色实践与典型实际，面向全市征集到“最美爱卫人”事迹材料12篇，范围涵盖基层干部、环卫工作者、企事业单位工作者等各类一线人群，各级平台开展宣传。开展“走访爱卫历史，讲好爱卫故事”走访活动，爱国卫生月活动期间，市爱卫办对5名爱国卫生老干部开展慰问，与历任爱卫工作者座谈，交流经验。（曹　菲）

【卫生县乡村镇创建】2022年，阳泉市爱卫办、市创卫办在加强机制保障、督查、指导、培训4个方面不断推进平定县、盂县创建国家卫生县。市委督查室、市创卫办联合对平定县、盂县创建国家卫生县开展专项调研，并形成专项调研报告。督促平定县、盂县做好2019—2021周期省卫生县城巩固工作，3月，省爱卫办组织专家对平定县、盂县进行抽查暗访，2县复审抽查结果均为基本通过。针对省爱卫办提出的问题，市爱卫办督促指导2县在期限内完成存在问题的整改工作，巩固省卫生县城创建成果。9月21日至23日，市爱卫办根据《山西省卫生城镇评审管理办法（试行）》规定，组织有关专家对2023—2025周期新申报山西省卫生乡镇、山西省卫生村以抽查暗访的形式进行市级评审。市级评审工作采取随机抽取的方式，按照不低于25%的比例进行抽查，对照《山西省卫生乡镇标准（2022版）》《山西省卫生村标准（2022版）》，根据现场检查情况进行逐项评估打分，最终市级评审通过省卫生乡镇3个、省卫生村80个，提升全市省级卫生乡镇、村覆盖率。（曹　菲）

中医中药

【中医药服务】2022年，阳泉市卫健委继续实施基层中医药服务能力提升工程，全市100%的乡镇卫生院、社区卫生服务中心、社区卫生服务站和96.94%的村卫生室能够提供中医药服务。截至年底，全市共建成43家中医馆，其中乡镇卫生院30家、社区中心12家、社区站1家。年内，市卫健委收到中央财政补助基层中医馆建设经费62万元，用于13个（2家样板中医馆和11家普通中医馆）基层医疗机构中医馆建设，截至年底，各中医馆项目未完工。市卫健委加强对3所公立中医医院绩效考核工作，医院电子病历信息化系统应用水平分级评价结果均达到3级，绩效考核数据经省级专家质控达标。（曹　菲）

【中医药人才培养】2022年，阳泉市卫健委组织开展基层中医馆骨干人才培训，完成对全市77名基层中医馆卫生技术人员的培训任务。完成传统医学医术确有专长人员考核工作，全市共有10人参加确有专长考核，2人通过考核，并发放“传统医学医术确有专长证书”。开展中医医术确有专长人员医师资格考核报名审核工作，全市75人通过报名审核。为2018年度首批通过全省中医医术确有专长考核的60人发放《中医（专长）医师资格证》，并组织其参加全省线上法律法规培训。至年底，全市建有3个第二批省级名中医（于学仁、杨来禄、檀虎亮）工作室和2个第三批省级名中医（刘慧芬、郭昧明）工作室。（曹　菲）

【中医医院等级评审】2022年9月至10月，阳泉市卫健委组织评审专家对阳泉市中医医院、平定县中医医院和盂县中医医院开展二级甲等中医医院评审工作。评审专家组按照《二级中医医院评审标准》《评审专家手册》开展评审工作，通过查阅资料，实地查看，访谈有关领导和抽查有关人员考试等方式对被评审单位进行全面评审，最终3所中医医院均通过二甲评审，评审结论报省卫健委备案。省卫健委下发《山西省卫生健康委员会关于同意阳泉市中医医院等17所中医医院评审结论备案的通知》，对3所公立中医医院评审结论予以备案编号。（曹　菲）

2022年8月11日，阳泉市卫健委在城区阳光广场举行“中医中药中国行——中医药健康文化推进行动”暨山西省中医药文化宣传周活动

（市卫健委 供图）

【中医药文化宣传周活动】 2022年8月8日至14日是山西省中医药文化宣传周。阳泉市卫健委于8月11日在城区阳光广场举行“中医中药中国行——中医药健康文化推进行动”暨山西省中医药文化宣传周活动。活动主题为“承岐黄薪火，扬中医药文化”，参加活动的单位有市第一人民医院、市第三人民医院、阳煤集团总医院、市中医医院、市第四人民医院、平潭街社区卫生服务中心、南山社区卫生服务中心和市卫生健康促进中心等。各医疗卫生机构中医药专家和健康教育工作人员为市民提供中医药健康指导、中医体质辨识、健康咨询等服务，服务群众300余人次，发放中医药宣传资料600余份。 （曹 菲）

卫生监督

【卫生监督执法】 2022年，阳泉市卫生健康综合行政执法队落实相关卫生法律法规和标准、规范要求，建立健全各项卫生管理制度，增强执法力度、严肃执法纪律、公开执法过程。年内，市卫健执法队监管1591家单位，全年受理投诉、举报、督办案件27起，办结行政处罚案件155起，罚款135.48万元，没收违法所得2.67万元。 （荆宵雷）

【医疗乱象专项治理】 2022年，阳泉市卫生健康综合行政执法队开展医疗乱象专项治理工作，对管辖内330个医疗机构进行全面监督检查。对民营医院以上的较大医疗机构采取联合科室综合监督检查，对其他医疗机构采用管辖科室对其监督检查。按照有关医疗卫生法律、法规进行监督检查，对存在违法、违规医疗行为的24个医疗机构（包括2个无证行医单位）进行案件查处，其中警告2起、罚款22起，共罚款22.80万元。 （荆宵雷）

【麻醉和精神药品专项监督检查】 2022年，阳泉市卫生健康综合行政执法队按照《麻醉药药品和精神药品管理条例》《麻醉药品临床应用指导原则》等法律法规要求，开展医疗机构麻醉药品、精神药品监督检查。对21家（16家公立医疗机构、5家民营医院）管辖的使用麻醉药品、精神药品的医疗机构进行专项监督检查，未发现违法违规使用麻醉药品和第一类精神药品的情况。 （荆宵雷）

【食品安全风险监测】 2022年，阳泉市报告食源性疾病病例1114例，发现聚集性病例30起，报告食源性疾病暴发事件12起。根据《2022年阳泉市食品安全风险监测方案》要求，累计采集食品样品416份，完成市级任务率100%。对全市县（区）开展监测技术培训3次。开展营养与食品安全科普宣传进社区、进学校活动，协助市卫健委举办全市食品安全科普作品大赛。 （王 丽）

【餐饮具集中消毒单位专项监督检查】 2022年4月21日至22日，阳泉市卫生健康综合行政执法队为进一步规范餐饮具集中消毒单位生产行为，对辖区餐饮具集中消毒单位进行专项卫生监督检查。执法人员重点对选址布局、工艺流程、基本设备、操作区卫生、卫生质量管理、生产记录、从业人员、包装及标签等内容是否符合有关规定进行监督检查。针对检查中发现的集中消毒单位工艺流程中粗洗、清洗消毒、包装等功能分区标识不清楚等问题，卫生执法人员现场提出整改意见，并下达监督意见书责令限期改正。 （荆宵雷）

【生活饮用水日常监督检查】 2022年4月27日至10月，阳泉市卫生健康综合行政执法队加强对现制现售饮用水的卫生监督，开展现制现售饮用水专项监督检查。全队共检查208台现制现售饮水机。检查内容包括现制现售饮水机的运行情况、信息公示情况、周边环境的卫生状况。在检查中发现水质检测报告、供水人员的健康合格证明和卫生许可批件过期，过滤设备更换记录没有或者更换不及时，公示内容无法辨识等问题。针对发现的问题，下达相应的监督整改意见。检查期间，还不定时地对辖区内不符合卫生规范或要求的制水设备进行“回头看”行动，确保相关问题设备能够整改到位。至年底，101台现制现售饮水机整改完毕，符合相关卫生标准和要求。 （荆宵雷）

【创建全国文明城市专项检查】 2022年8月至9月，阳泉市卫生健康综合行政执法队根据《关于开展创建全国文明城市学校周边专项检查的通知》要求，对辖区内61所中小学周边200米范围内的198户公共场所进行监督检查。重点检查公共场所卫生许可证亮证经营、相关检测报告是否在有效期限、场所环境卫生情况等。通过检查，学校周边公共场所均未发现无证经营情况和非法行医行为，但存在卫生健康管理制度不健全、场所及相关用品用具消毒记录不完整等问题。针对发现的问题，监督员当场下达卫生监督整改书15份，并督促其完成整改。 （荆霄雷）

【公共场所病媒生物防制和控烟禁烟专项整治】 2022年9月22日至10月，阳泉市卫生健康综合行政执法队根据《关于开展全市公共场所病媒生物防制和控烟禁烟专项整治行动的通知》要求，对大型商场（超市）、大型宾馆、大型文化娱乐场所、洗浴中心、美容美发场所进行监督检查。重点检查经营单位是否建立健全病媒生物防制相关制度，设施、设备是否齐全，是否有专人负责；是否建立健全相关控烟禁烟制度，禁止吸烟场所是否设置醒目的禁烟标识，是否有吸烟人员，是否放置与吸烟有关器具等。通过检查发现部分经营单位存在设施设备陈旧，病媒生物防制相关制度不健全等问题。针对这些问题，监督员当场下达30余份卫生监督整改书，并责令其限期整改。 （荆霄雷）

医政医药管理

【医疗 医保 医药“三医联动”】 2022年，阳泉市高位推动医疗、医保、医药“三医联动”机制基本建立。学习三明医改经验，阳泉市建立由市、县（区）长担任医改领导小组组长，副市长、副县（区）长统一分管医疗、医保、医药工作的高位推动机制，其中城区和矿区由书记和区长担任“双组长”推进“三医联动”改革。“三医联动”医疗模式实现创新，市第一人民医院在“互联网+”慢病居家舒适化医疗的基础上，高标准搭建在线医疗服务系统，创新实践“在线家庭专科医生+医药配送+在线医保报销”的“三医联动”闭环，患者足不出户即可享受专科医生在线医疗服务、药品配送到家和费用即时结算。截至年底，互联网慢性病居家舒适化医疗管理、指导在线患者12万余人次，完成电子处方审核和药品配送2.82万例，配送范围实现全市全覆盖。 （曹 菲）

【“三特兴医”工程】 2022年，阳泉市卫生健康系统继续开展“三特兴医”项目遴选活动，共选出8个市级重点专科、5个建设科室，为省级重点专科建设奠定基础。与省医疗管理服务评价中心签订《三特兴医督导考核协议》，定期对新申报的7个科室和建成的8个科室进行动态评估，经过省级专家评审，2022年度2个科室达省级重点专科标准，建成的8个科室动态评估合格。截至年底，全市建成省级重点专科8个、省级重点专科建设科室3个，达省级标准重点专科10个、省级重点学科1个、省级重点建设学科3个，省市共建学科1个，市级重点专科63个、建设科室8个，基本实现“三特兴医”目标。 （曹 菲）

【血液管理】 2022年，阳泉市连续9届获“全国无偿献血先进市”称号。阳泉市中心血站把抖音、快手、微信公众号等新媒体与传统宣传方式相结合，通过开展“医者爱心助患者，献血聚力保健康”“献血是一种团结行为，加入我们，拯救生命”“病毒无情人有情，热血担当克时艰”等无偿献血活动，号召职工家属、患者家属参与献血，补充血液库存。全年共组织团体无偿献血活动67次，2880人参加团体献血。全年采集血液14092人次，采血量563万毫升，供应各类血液制剂699.21万毫升，满足全市医疗机构血液供应。同时，在保障全市血液

表43 阳泉市医疗系统达到省级重点专科标准的科室情况一览表

序号	时间	医院	达到省级重点专科标准的科室
1	2019年	阳泉市第一人民医院	泌尿外科
2	2019年	阳泉煤业集团有限责任公司总医院	骨科
3	2020年	阳泉市第一人民医院	心胸外科
4	2020年	阳泉市第三人民医院	感染性疾病科
5	2020年	阳泉煤业集团有限责任公司总医院	呼吸与危重症医学科
6	2020年	平定县人民医院	神经内科
7	2021年	阳泉市第四人民医院	妇产科
8	2021年	阳泉市第三人民医院	心血管内科
9	2022年	阳泉市第一人民医院	骨科
10	2022年	盂县人民医院	心血管内科

（市卫健委）

供应基础上，运送2万毫升红细胞、6万毫升血浆，援助天津市血液中心，受到省卫健委通报表扬。11月，收到大同市中心血站血液支援请求后，支援大同市中心血站血液制剂3.6亿毫升。（曹　菲）

【紧急医疗救援】 2022年，阳泉市紧急医疗救援中心构建市、县两级院前急救网络体系，加强调度人员规范化培训，建立调度服务质量分析例会制度，强化服务用语和调度流程，定期进行患者回访，提升调度指挥服务能力。与各网络医院增强沟通合作意识，为6个网络医院安装"120"平台调度系统，8台车辆安装定位系统，形成"急救指挥+网络医院+急救站"的模式，实现网络医院与"120"调度的统一协调。同时，中心与中国联通阳泉分公司协调沟通，开通独立的"120"网络专线，更换调度座席网线4条，安装录音模拟电话4部，保证通信网络畅通。为加强对全市院前医疗急救工作的质量控制，完善全市院前急救医疗质量控制标准，中心成立山西省首家"阳泉市医疗质量控制中心院前急救质控部"，规范诊疗流程，实现医疗急救规范化、制度化、科学化。全年中心共接听有效急救电话11844个，中心出车6965趟次，接诊处置患者5872人。（王红梅）

【继续医学教育】 2022年，阳泉市、县两级医疗机构和乡镇卫生院参与山西省继续医学教育管理平台学习率100%，345个民营个体医疗机构覆盖率9.3%。其中，具有初级职称4068人，参加人数3868人，参与率95.08%，达标人数3345人，达标率82.23%；具有中级职称2084人，参加人数2039人，参与率97.84%，达标人数1863人，达标率89.40%；具有高级职称275人，参加人数271人，参与率98.55%，达标人数251人，达标率91.27%。（曹　菲）

【资格考试】 2022年，阳泉市开展全市卫生系统护士执业资格考试和卫生专业技术资格考试的报名、资格审核和考试考务组织工作。护士资格考试报名910人、1820科次，卫生资格考试报名1807人、6187科次。设北大街小学、阳泉开放大学、山西省会计函校阳泉分校3个考场。（曹　菲）

【名医工程】 2022年，阳泉市继续开展名医工程人才引进。为市第一人民医院、市第三人民医院、市第四人民医院、市妇幼保健院、市中医医院、市口腔医院、市肿瘤防治研究所引进各类名医8名。市第一人民医院引进上海瑞金医院呼吸内科主任医师李庆云；市第三人民医院引进山西医科大学第一医院神经内科主任医师牛小媛、山西医科大学第二医院普外科主任医师董红霖；市第四人民医院（市妇产医院）引进山西医科大学第一医院中医妇科学主任医师张三元；市中医医院引进北京中医药大学东直门医院中医内科学主任医师王海隆；市妇幼保健院（市妇幼保健计划生育服务中心）引进太原市中心医院妇产科主任医师倪研；市口腔医院引进山西医科大学口腔医（学）院（山西省口腔医院）口腔医学副主任医师王翔宇；市肿瘤防治研究所引进山西省肿瘤医院消化内镜主任医师张铭。（曹　菲）

【药品耗材集中采购】 截至2022年底，阳泉市47家医疗机构执行国家、省、市三级层面药品耗材集中带量采购共36批次，完成集采药品874种、耗材75种，累计采购金额2.04亿元，累计节约采购费用4.82亿元。建立健全集采产品采购使用监测和定期通报机制，落实结余留用激励机制，全年拨付结余留用资金1559.76万元。（姬梅洁）

【药品药械采购与销售】 2022年，国药山西阳泉医药有限公司实现销售额近5亿元，较2021年增加27.95%，上缴税金864万元，较2021年增加12.79%；公司主要采购渠道为国药集团山西有限公司、比例为55%，其他自采渠道、比例为45%，全年采购额5.3亿元。开展药品集中采购工作，开展第六批、第七批2次国家集采，广东联盟、广东三批联盟、河南十三省联盟、河南十四省联盟、河北中成药联盟、鲁晋联盟集采、内蒙古"八省二区"7次集采采购，签约833个品种。（赵　静）

【医药物资储备】 2022年，国药阳泉公司完成医药物资储备保供工作，承接储备共计1589万元，其中中央储备1000万元、市级储备350万元、增补239万元。至年底，在库储备库存1326.45万元。年内，公司从各渠道采调物资，保障物资供应，累计供应各地市工信、卫健等部门物资6万余件。（赵　静）

【药械仓储配送】 2022年，国药阳泉公司合理规划库区布局，调整管理结构，优化关键岗位工作流程，确保仓储配送顺利开展。仓储方面，收货入库16.2万件，4.8万笔；出库19.3万件，其中整件13.2万件，零货6.1万件；配送方面，共计配送17.2万件，1.56万家，12.02万千米。（赵　静）

【食品安全事故流行病学调查员培训】 2022年7月13日至15日，阳泉市卫健委举办2022年全市食品安全事故流行病学调查员培训班。全市各级疾控中心推荐的48名食品安全事故流行病学调查员参加培训，培训由省疾控中心的3位专家和市疾控中心的1位专家进行授课，重点讲解食源性疾病暴发事件人群流行病学调查技术、食品卫生学调查、数据统计分析、报告撰写以及案例实操等内容，授课结束后对各位学员进行考核。培训

结束后，市卫健委为培训合格的学员发放“阳泉市食品安全事故流行病学调查员工作证”。（曹 菲）

【食品安全宣传周活动】 2022年9月8日，阳泉市卫健委在城区阳光广场举办2022年食品安全宣传周活动。活动主题是“共创食安新发展 共享美好新生活”，市第三人民医院、市疾控中心、市卫健综合行政执法队、市健康教育促进中心等单位参与活动。活动现场，工作人员通过设立咨询台、悬挂横幅、向群众发放宣传资料、展示食品安全宣传展板、讲解如何预防食源性疾病、解答群众咨询等方式，向居民普及食品安全及营养健康知识。现场发放宣传资料及宣传品600余份，接受群众咨询200余人次。（曹 菲）

医院选介

【阳泉市第一人民医院】 阳泉市第一人民医院位于城区南大街167号，医院占地面积3.2万平方米，建筑面积8.76万平方米，开设病床1000张。医院创建于1948年11月，其前身是晋察冀边区医院。经过74年的发展，成为集医疗、教学、科研、预防保健为一体的三级甲等综合医院。

截至2022年底，医院共有职工1606人，科室86个。全年医院门诊68.73万人次，急诊5.23万人次，入院3.39万人次，手术1.77万台。医院有市级重点专科17个，神经外科、儿内科、皮肤科为2022年市级重点专科建设科室，静脉治疗、糖尿病、老年专科、儿科等7个专科被列为“全省专科护士临床培训基地”。医院开展的经尿道铥激光前列腺剜除术、内镜下垂体瘤切除术、关节镜下复位内固定术等达国家级水平。

年内，医院持续推进“互联网+”居家慢病舒适化医疗，各项指标走在全国前列。各科在线指导患者12万余人次，慢性病线上就诊开药服务1.2万人次，随访12.35万人次，完成电子处方审核、药品配送2.82万例，配送范围覆盖全市。7月，医院开展的“基于‘互联网+’慢性病居家舒适化医疗模式”，入选首届互联网医院实践“百强案例”。医院还开设孕产妇一体化管理、慢性病管理、肿瘤管理、全科医疗科、内外科、妇产科、儿科、皮肤科等线上诊疗，协同周边医院开展“线上+线下”双轨共享诊疗服务。自2022年初推出可视化动态心电互联网平台，得到3910例患者预警信息51723条，为实时守护患者安全起到积极作用。（王计忠 靳 哲）

【阳泉市第三人民医院】 阳泉市第三人民医院位于城区南山南路31号，占地面积5.43万平方米，建筑面积4.16万平方米，开放床位630张。医院始建于1965年，前身为阳泉市传染病医院，1975年迁入现址并更名为阳泉市第三人民医院，2021年加挂阳泉市传染病医院牌子。经过50余年的发展，医院成为以肿瘤防治、骨病创伤、心脑血管和感染性疾病防治为主要特色，集医疗、教学、科研、预防保健和社区卫生服务为一体的三级乙等综合医院。

截至2022年底，医院共有职工962人，科室71个。全年门急诊94.76万人次，入院病人1.38万人次，病床使用率66.8%，手术3937台，业务收入2.23亿元。手外科为“省级临床重点专科”，肿瘤科、内分泌科、骨科、神经内科、心内科、感染性疾病科、妇科、乳腺科、临床护理专业9个科室为“市级重点专科”。作为全市感染性疾病防治定点医院，设有独立的传染病病区，专设感染性疾病实验室，开展传染病诊断治疗的全部检验项目。年内，医院开展新技术、新项目17项。全年发表省级论文9篇，申报“五小”竞赛项目19项，“创新工作室”2个。手术室赵三梅的“手术室可移动式寻针器的制作及临床应用”获2021年度山西省“五小”创新竞赛优秀成果三等奖，发明的“手术室可移动式寻针器”被授予实用新型专利；护理支持中心护士长宋志堃发明的“洗手液支架（无接触式）”被授予外观设计专利；内分泌科护士长马静达参赛项目《糖尿病患者个性化健康教育流程》获2021国际护理创新大赛（INIC）入围奖。（张小芳）

【阳泉市第四人民医院】 阳泉市第四人民医院位于城区德胜东街，医院占地面积10959平方米，建筑面积21069平方米，编制床位208张。医院始建于1958年，前身为阳泉铁路医院，当时隶属北京铁路局石家庄铁路分局管辖，2004年11月移交阳泉市政府，隶属阳泉市卫生局管理，2007年1月挂牌更名为阳泉市第四人民医院，副县级差额事业单位；2017年8月托管阳泉市妇产医院。2019年1月评定为二级甲等医院；2021年11月阳泉市第四人民医院与阳泉市妇产医院两家机构合并为阳泉市第四人民医院（阳泉市妇产医院）。医院以妇产科、眼科、肛肠外科为特色专科，以微创技术为特色技术，是一所集医疗、教学、科研、预防保健和社区服务为一体的二级甲等综合医院，是阳泉市首批国家级爱婴医院。

截至2022年底，医院共有职工401人，科室40个。全年门急诊诊次12.64万人次，住院5877人次，手术3245台，床位使用率58.8%，业务收入医疗收入6580万元。医院以妇产专业和微创技术项目为特色。经过多年的发展，产科专业不仅成为市级重点专科，而且达到“三特兴医”工程项目重点专科标准，带动妇产科打造区域优质诊疗技术和特色品牌，2016年至2022年连续七年分娩量居全市第一位。向省卫健委申报的《CD147分子在乳腺癌预后判断和靶向治疗中的价值研究》入选科技兴医创新计划项目；申报的《基于内质网应激PERK信号通路探讨不同证型溃疡性结肠炎的中药干预机制》科研项目立项。倡导和鼓励医院专业卫生技术人员开展新技术、新工作，开展玻璃体切除手术术后瞳孔阻滞高眼压激光虹膜打孔术、产后骨盆手法矫正等新工作、新项目18项。（徐一甫）

【阳泉市中医医院】 阳泉市中医医院位于城区保全街2号，医院占地面积5700平方米，建筑面积13737平方米，编制床位200张。医院于1984年8月由原市中医医院筹建处和城区医院合并组建，是全市唯一一所集医疗、教学、科研、预防保健为一体的地市级综合性二级甲等中医医院。

截至2022年底，医院共有职工294人，科室40个。全年门诊诊次9.02万人次，住院2787人次，病床使用率65.6%，医疗收入3608万元。肛肠科为国家级重点专科协作组成员单位、国家临床重点专科·中日医院肛肠专科医疗体成员单位、阳泉市"三特兴医"重点建设专科，脑病科为省级重点专科，骨外科、脾胃病科、针灸科、老年病科、康复科为市级中医重点专科。全院共有3名"省级名中医"，20名"市级名中医"，3个"省级名中医工作室"。（杜淑华）

【阳泉市妇幼保健院】 阳泉市妇幼保健院（阳泉市妇幼保健计划生育服务中心）位于城区北岭坡常青园二巷，医院建筑总面积13384平方米，编制床位40张。市妇幼保健院始建于1989年，是阳泉市政府依照《中华人民共和国母婴保健法》设立的专业公共卫生机构，是全市唯一一所二级甲等妇幼保健院、儿童专科医院，公益一类事业单位，是首批国家级爱婴医院、北京儿童医院集团基层指导单位、山西省儿童医院医联体及山西省妇幼保健协作成员单位。

截至2022年底，医院共有职工209人，科室56个。全年门急诊诊次6万人次，住院1260人次，手术229台，床位使用率36%，医疗业务收入1555万元。阳泉市妇幼保健院承担全市孕产妇健康管理、预防艾滋病梅毒乙肝母婴传播、出生缺陷医院监测和削峰工程、5岁以下儿童死亡监测等20余项妇幼健康项目。重点加强高危孕产妇专案管理，强化市县乡三级追踪随访，搭建市县（区）信息桥梁，做到24小时无缝隙对接，"两癌"项目完成率100%，婴儿死亡率，5岁以下儿童死亡率呈逐年下降趋势，多项指标达国家标准并保持。医院强化基地建设，重点打造新生儿救治、儿童保健、儿童康复、妇科微创、妇女保健五大基地建设，实现保健与临床的有效融合。（石华骏）

【阳泉市口腔医院】 阳泉市口腔医院位于城区德胜东街99号，建筑面积2238平方米。医院始建于1956年，1976年，在城区牙科诊所的基础上成立阳泉市口腔医院，是集预防、医疗、教学、科研为一体的公立专科口腔医院。

截至2022年底，医院共有职工148人，科室25个。阳泉市口腔医院承担中央补助儿童口腔疾病综合干预项目，免费为儿童进行窝沟封闭及涂氟。医院开展多项各具特色的新技术、新项目，填补全市多项口腔技术空白。其中，阳泉市口腔医院成功开展自体牙移植技术，得到患者好评；开展数字化种植导板引导种植术，准确控制种植位置和深度，降低种牙风险，确保种牙后长期使用效果；引进双长波激光治疗仪，提供更为精准、高效、舒适的服务；引进国产生物陶瓷类糊剂"nRoot缝隙封闭剂"配合单尖法进行根充，解决老年患者不宜长时间平躺、张口的困难；开展可丽尔儿童早期隐形矫治，帮助更多儿童赢在"微笑"的起跑线上。（张晓婷）

【阳泉市肿瘤防治研究所】 阳泉市肿瘤防治研究所（阳泉市肿瘤医院、阳泉市肿瘤防治中心）位于城区南山南路29号，占地面积1482平方米，房屋建筑面积4995平方米，编制床位100张。医院始建于1978年5月，2017年4月在阳泉市肿瘤防治研究所的基础上，成立阳泉市肿瘤防治研究所肿瘤医院。2019年10月，全省首个市级癌症中心——阳泉市肿瘤防治中心（市级癌症中心）挂牌，承担全市肿瘤宣教、癌情监测、早诊早治、肿瘤科研等职能，形成以肿瘤研究所、肿瘤专科医院、肿瘤防治中心三位一体的肿瘤防治模式，并在此基础上建立山西省癌症中心阳泉分中心。主要开展防癌宣传，恶性肿瘤登记，重点癌症早诊早治，恶性肿瘤的手术、化疗、放疗、生物治疗及康复等工作。

截至2022年底，医院共有职工143人，科室29个。全年门诊诊次1.46万人次，住院1885人次，手术111台，床位使用率70.16%，医疗业务收入2361万元。研究所以肿瘤专业为特色，肿瘤早诊早治工作走在全省前列，承担2项国家级科研项目和2项省级科研项目。是全省唯一实现癌情监测全覆盖的地市，编制阳泉肿瘤登记数据连续10年入选《国家肿瘤登记年报》，获2022年国家癌症中心"肿瘤登记杰出贡献奖"。临床科室开展新工作19项，开展超声引导下的穿刺技术20余例，CT引导下的肝肺肿物穿刺技术10余例。病理科开展的市级研究课题《胃低级别上皮内瘤变病理诊断与早期胃癌临床预后相关性研究》，成为阳泉市首家将ESD病变还原图加入病理报告的医院，同时，该课题入选国家癌症中心早诊早治成长星计划科研课题。（周　朋）

（责任编辑：李　静　杨　军）

体育设施

【概况】 截至2022年底，阳泉市有体育场地4951个，体育场地面积282.29万平方米，人均体育场地面积2.15平方米(盂县4.13平方米、平定县2.05平方米、郊区1.79平方米、城区1.28平方米、矿区1.18平方米)，比2021年增长0.33平方米。(王泽华)

【体育场地设施建设】 2022年，阳泉市体育局围绕政府工作报告“为城市社区、农村更换和增添全民健身器材”的民生实事任务，结合《阳泉市“十四五”全民健身场地设施补短板整体解决方案》，建立健全重点任务专项抓落实工作机制。年内，投入100万元，购置篮球架27副、全民健身路径37套、乒乓球台32张、棋牌桌9张、羽毛球架3副，为60个行政村、街道社区安装全民健身器材，推进解决群众健身问题。持续推进百姓健身房（场）建设，在2021年建设16个百姓健身房(场)的基础上，2022年完成10个百姓健身房(场)建设。投入300万余元，完成南山公园4个网球场、2个门球场维修改造工程和阳泉市体育中心体育场馆供水供暖管网维修工程。实施狮脑山100千米登山健身步道建设，平定县、盂县和郊区建设登山健身步道300千米。 （王泽华）

【狮脑山登山健身步道】 2022年，阳泉市体育局投入200万元实施狮脑山登山健身步道建设。健身步道路线起点为狮脑山青年林，途经西峪掌、下南茹、刁乌楞、翠枫山、董家垴、南沟村、潘家峪，终点为狮脑山观景点。狮脑山登山健身步道全程100千米，

表44 2022年阳泉市部分体育场地情况表

场地名称	建成时间(年)	占地面积(平方米)	投入资金(万元)	容纳观众(人)
阳泉市体育中心体育场	2000	18000	1000	12000
平定县体育场	1990	17500	1900	500
盂县卫生健康和体育服务中心体育场	2007	14600	400	1000
郊区卫生健康和体育局体育场	2020	15042	1890	—
阳泉师范高等专科学校体育场	2007	18000	1720	3500
太原理工大学阳泉学院体育场	2008	13500	200	4000
阳泉职业技术学院体育场	2021	16914	1500	1500
阳泉市第一中学校体育场	2005	8175	300	1500

续表

场地名称	建成时间(年)	占地面积(平方米)	投入资金(万元)	容纳观众(人)
平定县第一中学校体育场	1988	20932	2000	2000
平定县第二中学校体育场	2020	12108	2000	1000
盂县第一中学校体育场	2009	17800	700	2000
盂县第二中学校体育场	2011	16680	500	1200
盂县第三中学校体育场	2012	16580	400	800
郊区荫营中学校体育场	2006	12700	1100	1000
阳泉市体育中心体育馆 1	1989	1125	106	—
阳泉市体育中心体育馆 2	1989	7837	1000	3720
郊区卫生健康和体育局体育馆	1996	800	1000	1500
阳泉师范高等专科学校体育馆	2009	1700	1700	3500
阳泉市第一中学校体育馆	2006	1088	50	3000
阳泉市第十一中学校体育馆	2010	1600	500	—

（市体育局）

按国家登山健身步道C类标准设计，年内完成。（王泽华）

群众体育

【概况】 2022年，阳泉市体育局出台新周期全民健身实施计划，市政府印发《阳泉市全民健身实施计划(2021—2025年)》。阳泉市贯彻全民健身国家战略，组织开展市级大型全民健身活动和比赛16次，经常参加体育锻炼的人口超过50万人，占全市总人口的38%。全市体育系统利用公共文化服务体系建设中央补助地方专项资金和体彩公益金810万余元，完成2022年民生实事，为60个行政村、街道社区安装全民健身器材。组织开展"喜迎二十大 奋进新征程"2022年全省群众文化活动暨"我要上省运"系列赛事活动，包括象棋、门球、体育舞蹈、网球选拔赛、"正德装饰杯"八人制足球赛、第五届"明日之星"中小学街舞大赛、青少年网球公开赛等体育赛事30余次。（王泽华）

【《阳泉市全民健身实施计划(2021—2025年)》出台】 2022年7月29日，阳泉市人民政府印发《关于印发阳泉市全民健身实施计划(2021—2025年)的通知》(简称《实施计划》)，为"十四五"时期推进全市全民健身高质量发展、更好地满足人民群众的健身和健康需求提供根本遵循。《实施计划》分指导思想、发展目标、主要任务、保障措施4个部分。提出6个发展目标：到2025年底，经常参加体育锻炼人数比例达40%；县、乡、村三级公共健身设施和社区15分钟健身圈实现更高质量全覆盖；新建或改扩建体育公园2个至6个以上，全市人均体育场地面积2.3平方米；全民健身品牌活动数量2项；每千人拥有社会体育指导员4.5人，每万人体育社会组织数量0.8个；《国民体质测定标准》总体达标合格率90%。制定7个方面主要任务：加强全民健身场地设施供给、广泛开展全民健身赛事活动、提升科学健身指导服务水平、激发体育社会组织活力、促进重点人群健身活动开展、推进全民健身融合发展、营造全民健身社会氛围。强调组织领导、人才队伍、安全保障、智慧化服务4项保障措施。（王泽华）

【地方公共文化服务体系建设专项资金绩效目标检查】 2022年5月11日，山西省财政厅检查组到高新区御康四期健身中心、城区南山路街道阳光百姓健身房，实地检查百姓健身房(场)建设情况，并召开汇报座谈会，听取市体育局2021年中央补助地方公共文化服务体系建设专项资金使用情况汇报。2021年，市体育局利用中央补助地方公共文化服务体系建设专项资金270万元，建设9个百姓健身房、7个百姓健身场，为平定县、盂县和郊区配置77副篮球架、41套287件全民健身路径。 （王泽华）

【阳泉市第一届青少年滑雪比赛】 2022年1月26日，阳泉市第一届青少年滑雪比赛在郊区桃林沟滑雪场举办。比赛由阳泉市体育局主办，市滑雪运动协会承办，分单板滑雪、双板滑雪两个组别，共22名参赛者参加。经过比赛，共评出冠军2名、亚军2名、季军2名，其中阳泉十一中栗品竹获单板组冠军、盂县实验小学孙海洋获双板组冠军。 （王泽华）

【阳泉市"正德装饰杯"八人制足球赛】 2022年6月18日至7月23日，"喜迎二十大，奋进新征程"2022年阳泉市"正德装饰杯"八人制足球赛在阳泉市体育中心举行。比赛由阳泉市体育中心主办，市足球协会承办，采用八人制小组循环赛的方式，共进行30场比赛，全市12支足球代表队300余名足球爱好者参加。经过比赛，仁和足球队、启航景晟商贸一队、启航景晟商贸二队分别获冠亚季军。卢健获"最佳射手"称号、张超获"最佳运动员"称号、沙金磊获"最佳裁判员"称号、王鑫获"最佳门将"称号。 （王泽华）

【"奔跑吧·少年"2022年阳泉市"新华书店杯"小学生足球赛】 2022年7月8日至18日，"奔跑吧·少年"2022年阳泉市"新华书店杯"小学生足球赛在阳泉市体育中心举行。比赛由阳泉市体育局、阳泉市教育局主办，全市19支队伍225名学生参加。经过角逐，北大街小学获冠军、平定县第三实验小学获亚军、矿区桃南路小学获季军。东四尺小学、桃南路小学、段家背小学、平定县锁簧示范小学、高新区实验小学、郊区王珑小学获优秀组织奖。新华小学、盂县第二实验小学、阳泉师专附属学校、南大东街小学、北岭小学获得道德风尚奖。 （王泽华）

2022年1月26日，阳泉市第一届青少年滑雪比赛在郊区桃林沟滑雪场举行
（市体育局 供图）

【阳泉市第五届"明日之星"中小学街舞大赛】 2022年7月9日，"喜迎二十大 奋进新征程"2022年阳泉市"漾泉"全民健身系列活动暨第五届"明日之星"中小学街舞大赛在阳泉市体育中心举行。比赛由阳泉市体育局主办，阳泉市街舞协会、新梦想街舞基地承办，设置嘻哈舞、震感舞、地板舞三大项个人竞技项目，全市402名选手参加。经过角逐，共评出个人奖项12个，洪城河小学王瑜恒、北大街小学孟毅然、玉泉中学张云皓分别获嘻哈舞、震感舞、地板舞冠军。 （王泽华）

【阳泉市2022年武术比赛】 2022年7月16日至17日，"喜迎二十大 奋进新征程"2022年阳泉市"漾泉"全民健身系列活动暨2022年武术比赛在阳泉市体育中心举行。比赛由阳泉市体育中心、城区区委非公有制经济组织党工委主办，城区大宋武术协会承办，设集体项目和个人项目两大项8个小项，全市19支代表队106名武术爱好者参加。经过角逐，评出个人奖67个、集体奖30个，张庄武社火1队、阳煤二矿等9支代表队获得集体一等奖。 （王泽华）

【全民健身日活动】 2022年8月8日，"喜迎二十大 奋进新征程"

2022年8月8日，"喜迎二十大 奋进新征程"阳泉市"漾泉"全民健身系列活动启动仪式暨"全民健身日"群体项目展演在市体育中心举行（市体育局 供图）

2022年9月16日至18日,阳泉市代表队参加山西省"三晋友谊杯"乒乓球比赛
（市体育局　供图）

2022年山西省群众文化活动阳泉市"漾泉"全民健身系列活动启动仪式暨全民健身日群体项目展演在市体育中心体育场举行。活动由中共阳泉市委宣传部指导、市体育局主办、市体育中心承办，全市9支展演队伍、500余名健身爱好者参加。活动中，轮滑、八段锦、体育舞蹈、太极拳、柔力球、街舞、健身球、太极剑、广场舞9个健身项目进行展演。（王泽华）

【阳泉市第十一届武道大赛】 2022年8月9日至10日，"喜迎二十大　奋进新征程"2022年阳泉市"漾泉"全民健身系列活动暨阳泉市第十一届武道大赛在市体育中心体育馆举行。比赛由市体育中心主办，市跆拳道协会、市散打协会承办，全市18支代表队326名运动员参加。比赛分品势赛类与竞技竞赛类，品势竞赛类包括个人品势赛、混双品势赛和团体品势赛，竞技竞赛类采用个人对抗赛，单败淘汰制。经过两天的比赛，评出个人奖409个，德强转盘馆、天成跆拳道、德强青少年宫获团体总分前三名，川文跆拳道、平定县跆拳道协会、正道跆拳道获道德风尚奖。（王泽华）

【阳泉市2022年青少年网球公开赛】 2022年8月13日至14日，"喜迎二十大　奋进新征程"阳泉市"漾泉"全民健身系列活动暨2022年青少年网球公开赛在市体育中心网球场、城市广场中心网球场举行。比赛由阳泉市体育中心主办、阳泉市网球协会承办，设男子单打、女子单打、男子双打、女子双打4个项目，分青年组、青少年甲组、青少年乙组、青少年丙组4个组别，全市47名网球爱好者参加。通过2天的比赛，评出个人奖10个，尹晗获青年男子组单打冠军；张毅成、靳喆皓、张宸赫分别获男子甲、乙、丙组单打冠军；蒋禹壬、王家慧分别获女子甲、乙组单打冠军；肖风屹、尹晗获青年男子组双打冠军；吴瑾萱、徐诗然，吴瑾萱、朱浩宇分别获男子甲、乙组双打冠军；马光妙、蒋禹壬，王寒、耿嫱分别获女子甲、乙组双打冠军。（王泽华）

【阳泉市代表队参加2022年山西省第二十二届"三晋友谊杯"乒乓球赛】 2022年9月16日至18日，2022年山西省第二十二届"三晋友谊杯"乒乓球赛在大同市举行，比赛由山西省体育总会主办，山西省全民健身指导中心、大同市体育局、山西省乒乓球协会、大同市体育总会、大同市乒乓球协会承办，山西赛欧国际体育交流投资集团有限公司、大同市体育产业发展中心等单位协办。全省9个市、18个省直单位以及11个国有企业的38支代表队500余名运动员、教练员参加比赛，阳泉市共派出16名运动员参赛。经过3天角逐，代表队获女子团体亚军，男子团体第七名，张宝明获市级组厅级领导干部男子单打第三名，荆文萍获市级组县处级女子单打第三名，张宝明、荆文萍获市级组混双第三名，耿新江获市级组县处级男子单打第五名，李若林、王秀莲和许文珍、郭吉珍获市级组混合双打并列第五名，代表队还获体育道德风尚奖。（王泽华）

竞技体育

【概况】 2022年，阳泉籍运动员参加国际国内体育比赛获得金牌12枚、银牌12枚、铜牌10枚、四至八名18个。其中，阳泉市培养输送的射击运动员赵楠，在2022年国际射联射击（步手枪）世锦赛上获得3枚银牌，是山西省女子手枪项目运动员获得的最好成绩。在第十六届省运会周期内累计注册23项1011名运动员，参加2021年至2022年省运会资格赛获得金牌63枚、银牌39枚、铜牌67枚，为2023年总决赛打下良好基础。阳泉市成功承办2022年山西省武术散打锦标赛。（王泽华）

【"晋阳府老陈醋杯"阳泉　石家庄双校线上射击友谊赛】 2022年5月8日，"晋阳府老陈醋杯"阳泉、石家庄双校线上射击友谊赛举行。比赛采用国际射联最新规则，由北京速得尔体育信息公司提供线上比赛服务，两市61名运动员参赛。比赛设

表 45　2022 年阳泉籍运动员获国际国内大赛冠军情况一览表

姓名	性别	运动会名称	比赛时间	比赛地点	项目	成绩
胡译乘	女	2022 年世界蹦床锦标赛	11 月 16 日至 19 日	保加利亚索菲亚	女子蹦床团体	—
许晴晴 张慧荣 胡译乘	女	全国蹦床锦标赛	8 月 12 日至 14 日	青　岛	女子网上团体	217.150 分
赵嘉辉	男	全国蹦床锦标赛	8 月 12 日至 14 日	青　岛	男子双蹦床团体	
胡译乘	女	全国蹦床锦标赛	8 月 12 日至 14 日	青　岛	女子双人同步	48.870 分
胡译乘	女	全国蹦床锦标赛	8 月 12 日至 14 日	青　岛	女子网上个人	57.085 分
穆培琛	男	全国蹦床青少年锦标赛	8 月 21 日至 23 日	江苏金湖	男子 11 岁 ~12 岁组网上团体	—
赵家乐 陈思涵	女	全国蹦床青少年锦标赛	8 月 21 日至 23 日	江苏金湖	女子 11 岁 ~12 岁组双人同步	—
赵雅婷	女	“韵味杭州”2022 年全国艺术体操冠军赛	8 月 23 日至 26 日	杭　州	成年组个人全能	125.90 分
赵雅婷	女	“韵味杭州”2022 年全国艺术体操冠军赛	8 月 23 日至 26 日	杭　州	成年组个人单项圈	33.20 分
赵雅婷	女	“韵味杭州”2022 年全国艺术体操冠军赛	8 月 23 日至 26 日	杭　州	成年组个人单项棒	32.15 分
赵雅婷	女	“韵味杭州”2022 年全国艺术体操冠军赛	8 月 23 日至 26 日	杭　州	成年组个人单项带	30.55 分
胡译乘	女	全国蹦床冠军赛	9 月 17 日至 18 日	杭　州	女子双人同步	48.780 分

（市体育局）

男女甲组 10 米气步枪、气手枪，男女乙组 10 米气步枪、气手枪等项目。阳泉市 29 名运动员参赛，获得男子乙组 10 米气步枪、女子甲组 10 米气步枪、女子乙组 10 米气步枪、女子乙组 10 米气手枪和女子甲组 10 米气手枪第一名。（王泽华）

【山西省武术散打锦标赛在阳泉举办】 2022 年 7 月 23 日至 26 日，2022 年山西省“奔跑吧·少年”武术散打锦标赛在阳泉市职业技术学院举办。比赛由山西省体育局主办，省体操武术运动中心、省全民健身指导中心、阳泉市体育局承办，省武术协会、市武术协会协办，分男、女两个组别，男子组设 12 项，女子组设 7 项。全省 10 个地市和各类学校、武术馆、武术俱乐部的 92 支代表队 535 名领队、教练员、运动员参加。最终，阳泉市德强青少年武术俱乐部获体育道德风尚奖，阳泉市运动员获 5 个第一名、1 个第二名、4 个第三名。（王泽华）

【阳泉籍运动员在全国蹦床锦标赛上获奖】 2022 年 8 月 12 日至 14 日，全国蹦床锦标赛在青岛举行，阳泉籍 6 名运动员获得 4 枚金牌、2 枚银牌、3 枚铜牌的成绩。其中，胡译乘获女子网上个人金牌和女子网上双人同步金牌，胡译乘、张慧荣合作获女子团体金牌，赵嘉辉获男子双蹦床团体金牌、男子双蹦床银牌，方璐鹭获女子单跳银牌、女子单跳团体铜牌，许晴晴、张慧荣获女子网上双人同步铜牌，李宇名获男子团体铜牌。（王泽华）

【赵雅婷参加全国艺术体操冠军赛和世界艺术体操锦标赛】 2022 年 8 月 23 日至 26 日，全国艺术体操冠军赛在杭州举行，全国 14 支代表队 147 名运动员参加。阳泉籍运动员赵雅婷代表山西队参赛，并获得成年组个人全能、圈操、棒操和带操项目 4 枚金牌。其中，在成年组个人全能项目决赛中，圈、球、棒、带 4 项分别获得 32.00 分、32.20 分、33.25 分、28.45 分，前三项均排名全场第一位，最终以总分 125.90 分获得冠军。9 月 14 日至 18 日，世界艺术体操锦标赛在保加利亚索非亚举行，阳泉籍运动员赵雅婷以棒操 28.75 分、带操 28.20 分、圈操

29.45分、球操28.90分，4项总分为115.30分的成绩排名第16，这是近8年中国选手参加世锦赛创造的个人全能最好成绩。（王泽华）

【赵楠在国际射联射击（步手枪）世锦赛上获3枚银牌】 2022年10月12日至28日，在埃及开罗举行的2022年国际射联射击（步手枪）世锦赛上，阳泉市培养输送的射击运动员赵楠获得青年组女子10米气手枪、青年组女子10米气手枪团体、青年组女子25米标准手枪3枚银牌。这是阳泉市射击项目女运动员获得的最好成绩，也是山西省女子手枪项目运动员获得的最好成绩。10月26日，山西省体育局向阳泉市委、市政府致感谢信。（王泽华）

【阳泉籍蹦床运动员胡译乘获体育运动荣誉奖章】 2022年12月27日，全国体育局长会议在北京召开，国家体育总局对2022年度优秀运动员和教练员体育运动奖章获得者进行表彰。山西省有8名运动员、6名教练员获2022年度体育运动荣誉奖章，1名运动员获一级奖章。其中，阳泉籍蹦床运动员胡译乘获体育运动荣誉奖章。胡译乘于2008年进入阳泉市体校训练，2012年进入山西省蹦床队，2021年入选国家蹦床队。先后获城运会蹦床女子团体冠军、全国蹦床锦标赛女子双人同步冠军、女子团体冠军和第十四届全运会女子蹦床团体冠军、第35届世界蹦床锦标赛女子双人同步冠军、第36届世界蹦床锦标赛女子网上团体冠军等成绩。（王泽华）

体育产业

【概况】 2022年，阳泉市推动体育市场主体倍增工作，不断优化体育领域营商环境，持续深化“放管服”改革，制定印发《关于推进体育市场主体倍增工作的实施方案》，成立阳泉体育产业市场主体倍增工作专班和领导小组，到体育经营场所和健身场地开展调研，加强对健身房、台球厅、棋牌室等体育经营场所的监督检查，重点抓好游泳、滑雪等高危险性体育项目监管工作，体育部门联合抽查事项清单纳入全市市场监管领域事项清单。健全体育领域诚信行为“红、黑名单”等制度和标准规范体系，对体育市场主体进行分级分类监管，构建体育领域良好信用环境。全年出动170余人次，开展80余次执法检查。（王泽华）

【体育彩票销售】 2022年，阳泉市体育彩票销售中心注重管理与服务并举，加强品牌建设，组织代销网点公益服务活动，一线体彩工作人员思想水平、业务素质和团队精神有效提升，提前28天完成基本销售任务，全年体育彩票销售额1.75亿元，比2021年增长33%，任务完成率123.68%，比2021年增长34%，市场份额占69.86%，销售增幅和市场份额均排名全省第一。2022年12月4日，省体彩中心专门发贺信表示祝贺。（王泽华）

【体育市场发展】 2022年，阳泉市体育局印发《阳泉市关于推进体育市场主体倍增工作的实施方案》，成立阳泉体育产业市场主体倍增工作专班和领导小组，到体育经营场所和健身场地开展调研。7月20日，邀请山西省体育发展中心专家到阳泉市开展2022年度体育标准化宣贯培训，重点围绕标准有关基础知识、标准在助力体育发展中的作用和《体育场所开放条件与技术要求第1部分游泳场所》《体育场所管理规范》等进行解读。8月10日，邀请省体育局专家到阳泉市开展游泳场所从业人员和执法人员业务能力培训，围绕国家和全省助企纾困政策解读、行政审批流程及注意事项、游泳场所开放条件和技术要求、游泳场所行政执法规范等内容进行解读。（王泽华）

【体育彩票工作受到国家体育总局体育彩票管理中心表扬】 2022年5月26日，国家体育总局体育彩票管理中心下发《关于2021年度全国区县体彩工作表扬名单的通知》，对2021年体彩工作表现突出的全国204个区县（或地市）体彩机构进行表扬，其中山西省阳泉市、太原市和吕梁市受到表扬。这是阳泉市体彩中心继2021年受到通报表扬后再次受表扬。2021年，阳泉市体彩销量1.31亿元，完成率101%，先后被评为2021年度山西省体育彩票销售目标任务完成单位、山西省体育彩票市场份额先进单位、山西省体育彩票品牌宣传优秀单位。（王泽华）

（责任编辑：李　静　杨　军）

人口家庭

【出生人口】 2022年，阳泉市人民政府印发《阳泉市进一步加强优化生育政策宣传工作实施方案》，助推全市“三孩生育政策”及配套支持措施落实落地。全年出生人口8789人，人口出生率为6.7‰，比2021年下降0.84个千分点；自然增长率为-1.95‰，下降0.94个千分点。（曹　菲）

【托育服务】 2022年，阳泉市落实《阳泉市人民政府办公室关于促进3岁以下婴幼儿照护服务发展的实施方案》，继续发掘全市托育潜力，构建发展普惠托育服务体系。通过调研、筛选，共推荐上报2个省级试点托育机构，1个指导家庭科学照护婴幼儿先进县（区），新增1个市级试点。申报创建1所省级托育机构试点单位（阳泉七色鹿教育培训有限公司）。同时发展多种形式的婴幼儿照护服务机构，推进幼儿园开设托班工作。（曹　菲）

【家庭户型】 2022年，阳泉市年末总户数为52.70万户，其中城区7.36万户、矿区8.65万户、郊区9.90万户（包括高新区）、平定县13.97万户、盂县12.82万户。（王国婷）

【婚姻登记】 2022年9月19日，阳泉市民政部门制定《阳泉市内地居民婚姻登记“全市跨区域通办”工作实施方案》。10月16日，全市各县（区）内地居民婚姻登记“全市跨区域通办”全面实施。全年全市各婚姻登记处办理结婚登记5562对、离婚登记1629对，其中市本级办理涉外结婚登记5对、离婚1对。（陈　倩）

【收养管理】 2022年，阳泉市民政局加大对5个县级收养登记机关的监督管理，先后组织各县（区）民政局、市儿童福利院工作人员参加民政部、省民政厅举办的收养法规政策培训，提升收养登记机关履职能力。年内，全市共办理国内收养登记3例。（梁俐娜）

【殡葬管理】 2022年，阳泉市继续推动殡葬基础设施建设。截至年底，阳泉市殡仪馆迁建项目完成立项、初设、环评、土地预审和选址、修建性详细规划等手续办理工作；累计完成工程投资8835.02万元，占工程总承包价的86%。盂县殡仪馆完成主体结构建设、验收和主馆砌体。年内，按照《阳泉市殡葬基础设施建设规划》，推进各县（区）、乡镇（街道）和村级公益性公墓建设工作。利用清明节、中元节、寒衣节等重点时段，以“文明祭扫、平安清明”为主题，优化殡葬服务，倡导移风易俗，宣传殡葬改革，推行节地生态安葬和绿色殡葬，深化殡葬系统行风建设。推行“互联网＋殡葬服务”，推广网上祭扫，鼓励群众通过网络祭扫、敬献鲜花、绿化植树、经典诵读等方式寄托哀思。（刘　蓉）

创业就业

【人口就业情况】 2022年，阳泉市总人口131.11万人，其中就业人员61.33万人。按三次产业划分，第一产业10.84万人，占全部就业人口的17.7%；第二产业19.08万人，占比31.1%；第三产业31.41万人，占比51.2%。从事第三产业的劳动者占社会的绝对多数。（王国婷）

【就业促进】 2022年，阳泉市人力资源和社会保障局落实创业担保贷款贴息政策扶持创业，全年发放创业担保贷款20874.8万元，帮扶939户（人）。持续开展公共就业服务招聘活动，开展现场招聘会47场、网络招聘会79场，达成就业意向近1万人。安置青年就业见习1067人。开展农民工就业稳规模强技能提质量工作，农民务工就业18.03万人(在乡创业就业9.40万人、省内转移就业6.42万人、省际输出就业2.22万人)。安置公益性岗位985人，其中市本级安置405人；执行公益性岗位到期退出制度，全年全市公益性岗位人员有序退出386人，其中市本级退出235人。全市城镇新增就业1.96万人，城镇登记失业率为3.55%，失业人员再就业1.31万人，就业困难人员实现就业2625人，农村劳动力转移就业1.02万人，组织开展180余场职业技能等级认定，涉及17个职业（工种），认定人数1.41万人，取证人数1.12万人，取证率达80%。（郑　兵）

【首家市级零工市场运营】 2022年12月29日，阳泉市首家市级零工市场——天桥零工市场运营。天桥零工市场位于城区天桥原邮政大楼，建筑面积3600平方米，设有求职登记、就失业登记、技能培训等9个服务窗口，可提供政策咨询、职业指导、现场招聘、信息推介、人员匹配、权益维护等公益性就业服务。（段凯丽）

【创业带动就业】 2022年，阳泉市新建7家大学生就业创业基地，5家技能服务人才培养基地。先后征集高校毕业生岗位5000余个，与北京大学餐饮中心、西安交通大学第一附属医院、青岛大学第一附属医院等高校附属机构达成劳务合作，定向培训技能服务人才730人，成功输出118人。新增3家省级创业孵化基地(示范园区)，完成5家县级创业孵化基地(园区)创建。截至年底，全市创建1家国家级创业孵化基地、5家省级创业孵化基地(园区)、7家市级创业孵化基地（园区)，14家县级创业孵化基地（园区)。全市27家创业孵化基地（园区）实有入驻创业实体1835户，带动创业就业1.03万人，累计带动就业2万人以上。（张　哲）

【参加山西省星火项目创业大赛获奖】 2022年6月，在太原举办的第五届“中国创翼”创业创新大赛山西选拔赛暨2022年山西省星火项目创业大赛上，阳泉市有4个项目获奖。其中，山西天润恒德新材料有限公司项目“一种用于水泥粉磨过程中的矿化料”获主体赛制造业组二等奖，阳泉木子管家家政服务有限公司项目“漾泉月嫂”获专项赛劳务品牌组二等奖，山西启安诺华科技有限公司项目“新一代应急救援便携式固体氧气发生器”获主体赛制造业组三等奖，盂县晋仙创意文化有限公司项目“乡村振兴、剪纸引领”获专项赛乡村振兴组三等奖，阳泉市获优秀组织奖。阳泉木子管家家政服务有限公司“漾泉月嫂”创业项目被省人力资源和社会保障厅选定代表山西省参加第五届“中国创翼”创业创新大赛。（段凯丽）

【重点社区(村)充分就业帮扶行动】 2022年，阳泉市市、县(区)、乡镇(街道)、村(社区)四级联动，摸清重点社区(村)人口、劳动力、就(失)业等情况，将其中的失业人员、就业困难人员、就业稳定性差人员等纳入重点帮扶对象。年内，全市56个就业服务站(城区6个、郊区6个、矿区6个、开发区2个、盂县24个、平定县12个）配置就业困难人员110名。城区上站街道金三角社区、矿区蔡洼街道东四尺社区获评省级充分就业社区和第五批国家级充分就业社区。（张　哲）

【职业技能培训工程】 2022年4月15日，阳泉市人力资源和社会保障局出台《职业技能提升培训工程推进机制》，开设中式烹调师、管道工、家政服务员、育婴员、营销员、网络与信息安全管理员、养老护理员等多种职业工种培训课程。全年完成职业技能培训2.42万人。在职业技能培训过程中推广使用电子培训券，实现培训报名验证、培训实名签到、培训补贴发放全部实名制。深入华阳集团、晋能集团阳泉事业部、市热力公司、中环洁等企业宣传职工培训政策，针对企

2022年9月12日，江山物业公司组织职工开展职业技能提升培训。图为讲师为公司职工讲解物业管理相关知识（市人社局　供图）

业生产实际，量身制定培训方案，确定培训工种、参培对象、课程设置、师资安排。创建全省首家数字技能人才培训基地。年内，全市新增技能人才1.39万人，新增高技能人才1885人。截至年底，全市技能劳动者总量达25.59万人，技能人才人数占从业人员人数比重达40.53%。（娄正豹）

【劳动者合法权益保障】 2022年，阳泉市人力资源和社会保障局劳动保障监察执法队开展劳动保障监察执法检查，全年立案及协调处理案件454件，接待来人来电投诉举报及全国根治欠薪平台案件线索2148件，为4345人解决拖欠工资6495.12万元，劳动保障监察举报投诉案件结案率100%，拖欠农民工工资举报投诉案件结案率100%。3月中旬至5月中旬，在全市范围内对外卖、快递、网约车、同城货运等新就业形态行业的头部企业，开展维护职工休息休假权益和新就业形态劳动者劳动保障权益专项行动，检查企业87户，涉及劳动者18142人，依法保障新业态从业者权益。向社会公布2起重大劳动保障违法行为，按规定列入"黑名单"。（马　洁）

收入消费

【城镇居民收入】 2022年，阳泉市城镇常住居民人均可支配收入39300元，比2021年增长4.9%。从增速上看，较全省平均水平(5.6%)低0.7个百分点；从绝对额上看，较全省平均水平(39532元)低232元。

城镇居民人均工资性收入22982元，增加1099元，增长5.0%，对可支配收入增长贡献率为59.9%，拉动可支配收入增长2.9个百分点，工资性收入占可支配收入比重为58.5%。经营净收入2453元，增加130元，增长5.6%，对可支配收入增长贡献率为7.1%，拉动可支配收入增长0.3个百分点，经营净收入占可支配收入比重为6.2%。财产净收入1674元，增加194元，增长13.1%，对可支配收入增长贡献率为10.6%，拉动可支配收入增长0.5个百分点，财产净收入占可支配收入比重为4.3%。转移净收入12191元，增加412元，增长3.5%，对可支配收入增长贡献率为22.5%，拉动可支配收入增长1.1个百分点，转移净收入占可支配收入比重为31.0%。（李　庚）

【农村居民收入】 2022年，阳泉市农村居民人均可支配收入19057元，比2021年增长5.7%。从增速上看，较全省平均水平(6.6%)低0.9个百分点；从绝对额上看，较全省平均水平(16323元)高2734元。增速较城镇居民人均可支配收入(4.9%)高出0.8个百分点，城乡居民收入比由2021年的2.08∶1，缩小为2022年的2.06∶1。

阳泉市农村居民人均工资性收入10832元，增加555元，增长5.4%，对可支配收入增长贡献率为54.0%，拉动可支配收入增长3.1个百分点，工资性收入占可支配收入比重为56.8%。经营净收入3455元，增加101元，增长3.0%，对可支配收入增长贡献率为9.9%，拉动可支配收入增长0.6个百分点，经营净收入占可支配收入比重为18.1%。财产净收入264元，增加30元，增长12.8%，对可支配收入增长贡献率为2.9%，拉动可支配收入增长0.2个百分点，财产净收入占可支配收入比重为1.3%。转移净收入4506元，增加341元，增长

表46　2022年阳泉市城镇居民收入结构情况简表

指标名称	2022年绝对水平(元)	2021年绝对水平(元)	构成(%)	增速(%)
人均可支配收入	39300	37464	100.0	4.9
工资性收入	22982	21883	58.5	5.0
经营净收入	2453	2323	6.2	5.6
财产净收入	1674	1480	4.3	13.1
转移净收入	12191	11779	31.0	3.5

表47　2022年阳泉市农村居民收入结构情况简表

指标名称	2022年绝对水平(元)	2021年绝对水平(元)	构成(%)	增速(%)
人均可支配收入	19057	18030	100.0	5.7
工资性收入	10832	10277	56.8	5.4
经营净收入	3455	3354	18.1	3.0
一产净收入	1903	1819	55.1	4.6
农　业	1049	1021	55.1	2.7
牧　业	824	781	43.3	5.5
二产净收入	142	136	4.1	4.4
三产净收入	1410	1399	40.8	0.8
财产净收入	264	234	1.3	12.8
转移净收入	4506	4165	23.7	8.2

8.2%,对可支配收入增长贡献率为33.2%,拉动可支配收入增长1.9个百分点,转移净收入占可支配收入比重为23.7%。（李　庚）

【城镇居民消费】 2022年,阳泉市城镇居民人均消费支出24123元,比2021年增加427元,增长1.8%。城镇居民人均食品支出6343元，增长5.3%,占消费支出比重为26.3%,在八大类消费支出中占比最大,增幅最快。人均居住支出4141元，增长4.4%,占消费支出比重为17.2%。人均交通通信支出3800元,增长4.0%,占消费支出比重为15.8%。人均生活用品及服务支出1455元,增长0.1%,占消费支出比重为6.0%。人均医疗保健支出3589元,增长1.7%,占消费支出比重为14.9%。人均其他用品及服务支出784元,增长3.8%,占消费支出比重为3.3%。人均衣着支出1700元，减少1.7%,占消费支出比重为7.0%。人均教育文化娱乐支出2311元,下降10.6%,占消费支出比重为9.6%。（李　庚）

【农村居民消费】 2022年，阳泉市农村居民人均消费支出15153元，增长5.6%，增速较城镇居民高3.8个百分点。收入增长是农村居民敢于消费的前提和必要条件。2022年全市实现农村寄递服务全覆盖，满足农村生产生活和农民消费升级需求。住房追求宽敞舒适,居住支出增幅较快，全年农村居民人均居住类支出达3265元,增幅位居农村居民八大类消费之首。（李　庚）

表48　2022年阳泉市城镇居民消费支出构成情况一览表

指标名称	2022年绝对水平(元)	2021年绝对水平(元)	构成(%)	增速(%)
人均消费支出	24123	23696	100.0	1.8
食品烟酒	6343	6024	26.3	5.3
衣　着	1700	1729	7.0	-1.7
居　住	4141	3966	17.2	4.4
生活用品及服务	1455	1454	6.0	0.1
交通通信	3800	3654	15.8	4.0
教育文化娱乐	2311	2585	9.6	-10.6
医疗保健	3589	3529	14.9	1.7
其他用品及服务	784	755	3.3	3.8

（市城调队）

表49　2022年阳泉市农村居民消费支出构成情况一览表

指标名称	2022年绝对水平(元)	2021年绝对水平(元)	构成(%)	增速(%)
人均消费支出	15153	14351	100.0	5.6
食品烟酒	4159	3848	27.4	8.1
衣　着	874	875	5.8	-0.1
居　住	3265	3012	21.5	8.4
生活用品及服务	1236	1143	8.2	8.1
交通通信	1952	1872	12.9	4.3
教育文化娱乐	1782	1791	11.8	-0.5
医疗保健	1421	1356	9.4	4.8
其他用品及服务	464	454	3.1	2.2

（市城调队）

【物价平稳运行】 2022年,阳泉市居民消费价格比2021年上涨1.8%。分类别看，食品烟酒类价格上涨2.9%、衣着类价格上涨1.2%、居住类价格下跌0.3%、生活用品及服务类价格上涨1.1%、交通和通信类价格上涨4.7%、教育文化和娱乐类价格上涨2.3%、医疗保健类价格上涨0.3%、其他用品和服务类上涨1.3%。（王国婷）

社会保险

【养老保险】 2022年，阳泉市参加城镇职工基本养老保险42.02万人，城乡居民基本养老保险45.85万人，城乡居民补充养老保险45.14万人，占基本险参保人数的98.46%，比2021年提高3.04个百分点。城乡居民补充养老保险缴费及代缴人数15.89万人,缴费率46.2%。补充险待遇领取人数为10.80万人,占基本险65周岁以上待遇领取人数的93.54%。

1月,阳泉市城乡居民基本养老保险基础养老金最低标准在每人每月113元的基础上提高至128元，省、市、县三级政府共发放城乡养老基金1119.93万元,惠及14.95万人。3月21日,全市22户破产企业养老保险单位部分欠费及产生的滞纳金27068.15万元全面完成核销。7月1日,城乡居民基本养老保险基础养老金在128元的基础上提高至133元，由中央财政给予全额补助,发放城乡养老基金161.27万元,惠及15.02万人。企业职工基本养老保险实现全国统筹。（郑　兵）

【失业保险】 2022年，阳泉市参加失业保险28.25万人。落实失业保险援企稳岗政策，为1329户企业发放稳岗返还补贴7250.71万元，惠及企业职工15.83万人。失业保险实现省级统筹。 （郑　兵）

【工伤保险】 2022年，阳泉市参加工伤保险28.62万人，其中进行工伤保险登记的公务员（参公）单位有345户，涉及职工9502人。5月，实行工伤保险长期待遇资格认证工作，全市1230名长期工伤待遇人员在年度内完成认证。年内，全市2100名快递从业人员，全部纳入工伤保险保障范围，新开工工程建设项目工伤保险参保率100%。工伤保险实现省级统筹。 （郑　兵）

【基本医疗保险】 2022年，阳泉市基本医疗保险参保117.48万人，其中城镇职工参保37.78万人、城乡居民参保79.70万人（包含资助参保困难群众6.75万人），参保率稳定在95%以上。2022年度城乡居民基本医保人均财政补助标准由2021年的580元提高到610元，中央、省、市、县四级财政补助配套资金48431.2万元全部到位。 （姬梅洁）

【医保惠民政策】 2022年3月1日，阳泉市门诊特药范围从95种扩大到139种，全市特药"双通道"（定点医疗机构和定点零售药店两个渠道）医药机构由17家扩大到22家；4月1日，执行全省统一的45种门诊慢特病病种范围及准入（退出）标准，除高血压、糖尿病和冠心病外的42个门诊慢特病实现即时办结。7月1日，实施职工医保个人账户家庭共济，取消城乡居民"两病"（高血压和糖尿病）门诊用药起付线，对纳入"两病"用药保障机制保障范围的药品，由城乡居民医保门诊统筹基金支付；落实生育保险政策，对全市参加职工医保的灵活就业人员和参保居民生育医疗费用医保支付额度自然分娩提高至1500元、剖宫产为3000元，住院分娩每多生育一个胎儿增加300元，居民孕产妇产检费用纳入城乡居民普通门诊统筹基金支付范围。 （姬梅洁）

【社会保险惠企政策落实】 2022年，阳泉市人力资源和社会保障局通过"降、缓、返、补、扩"五举措，落实社会保险惠企政策。全年为2410户企业减征失业保险费12837.46万元，为3137户企业缓缴养老保险费10791.7万元，为782户企业缓缴失业保险费448.85万元，为1329户企业发放2022年稳岗返还补贴7250.71万元，为305户企业补发2021年度稳岗返还补贴109.19万元，为1905户企业发放一次性留工补助7697.75万元，为151户参保企业发放一次性扩岗补助110.4万元，为近1.49万名参保人员发放技能提升补贴2701.4万元，发放失业补助金1422.85万元。 （郑　兵）

2022年10月，阳泉市医疗保险管理服务中心在市政务服务中心推行"综合柜员制"经办服务。图为市民在综合柜员机上办理业务

（市医疗保险管理服务中心　供图）

住房保障

【市级人才公寓投入使用】 2022年，阳泉市住房和城乡建设局筹集100套房源，打造阳泉市市级人才公寓。公寓位于城区南庄路瑞康小区，硬装部分为简装标准，配置全套家电厨卫设备，质量和环保要求均符合相关国家标准，具备拎包入住条件。配套打造人才公寓大堂和劳动者港湾——青春驿站，配置智慧政务服务区、网上银行服务区、健身房、书吧、智能售货机、快递柜等。引进具有全国先进服务理念和水平的厦门优望公寓管理服务公司，为人才提供管家服务。截至2022年底，入住人才公寓65人。 （王　刚）

【棚户区住房安置】 截至2022年底，全市累计开工建设各类棚户区安置住房11.34万套。其中，城市棚6.65万套、工矿棚2.39万套、煤矿棚2.3万套、林区棚0.004万套，累计建成11.02万套。完成投资约190.6亿元，约30万人实现出棚入楼。 （王　刚）

【城镇保障性安居工程】 2022年，阳泉市城镇保障性安居工程完成投资7.7亿元，城镇住房保障家庭租赁补贴发放769户。推进保障性安居工程信息系统建设，2012年至2022年，累计入库项目155个，实

表 50　2022 年阳泉市住房公积金缴存业务数据占比统计一览表

分　类(占比)	缴存单位(%)	缴存职工(%)	新开户职工(%)
国家机关和事业单位	55.7	25.72	17.61
国有企业	24.91	67.66	64.73
城镇集体企业	2.62	3.1	4.01
外商投资企业	0.4	0.29	0.51
城镇私营企业及其他城镇企业	15.56	2.9	12.61
民办非企业单位和社会团体	0.51	0.1	0.45
灵活就业人员	0	0.02	0.08
其他	0.29	0.21	0

（市住房公积金管理中心）

现项目从开工到竣工的全过程监管。全市 6568 户公租房实物配租对象和 637 户租赁补贴保障对象信息全部录入系统，实现联网管理。截至 2022 年底，全市政府投资公共租赁住房 6950 套，累计 6568 户在保。当年新增保障 139 户，退出 161 户。（王　刚）

【住房公积金业务运行】 2022 年，阳泉市住房公积金管理中心新开户单位 149 家，净增单位 92 家；新开户职工 0.88 万人，净增职工 -0.2 万人；实缴单位 1754 家，实缴职工 17.12 万人，缴存额 24.22 亿元，分别比 2021 年增长 0.75%、3.43%、24.84%。截至 2022 年底，缴存总额 211.69 亿元，增长 12.92%；缴存余额 79.88 亿元，增长 16.65%。截至年底，累计发放个人住房贷款 3.06 万笔 70.62 亿元，贷款余额 39.06 亿元，分别增长 9.29%、21.32%、30.11%。个人住房贷款余额占缴存余额的 43.83%，增加 5.07 个百分点。（郝转萍）

【住房公积金资金理财】 2022 年，阳泉市住房公积金管理中心与工行、建行、中行、农行、交行 5 家银行签订协定存款协议，账面 10 万元以上资金全部按协定存款利率执行。全年办理定期转存 92 笔，金额 23.13 亿元，定期存款全部在人民银行基准利率基础上，最低上浮 50 个 BP。最大程度地实现住房公积金保值增值，上缴财政 2021 年度增值收益 11333.21 万元。（郝转萍）

2022 年 11 月 21 日，阳泉市住房公积金管理中心工作人员查看贷款自主核算模式上线运行情况（市住房公积金管理中心　供图）

【住房公积金信息化建设】 2022 年，阳泉市住房公积金管理中心推广手机 APP，完善缴存职工个人信息，全年有 1603 家单位信息填报完整，11.35 万名职工可以在手机 APP 上查到公积金余额，个人可以在线上渠道注册和办理公积金相关业务。通过省数据共享平台实现与公安、房产、不动产、工商、银行等数据平台接口对接，完成“一网通办”进程和“跨省通办”13 项任务。11 月 21 日，完成 G 系统贷款自主核算模式转换工作并开始试运行。新增全流程在线上办理“跨省通办”等业务。（郝转萍）

【住房公积金“跨区域”合作】 截至 2022 年底，阳泉市住房公积金管理中心为寿阳县碧桂园建设项目发放贷款 149 笔、贷款金额 6346 万元，为“恒阳华苑商住楼”发放贷款 94 笔、贷款金额 3553 万元。为晋中“保利时光印象小区” 发放贷款 791 笔、贷款金额 49260 万元，为“通建·融创城”项目发放贷款 636 笔、贷款金额 35464 万元。合计贷款总数 1670 笔、贷款金额 94623 万元。（郝转萍）

【住房公积金 “跨省通办”】 2022 年，阳泉市住房公积金管理中心新增住房公积金汇缴、住房公积金补缴、提前部分偿还住房公积金贷款、租房提取住房公积金、提前退休提取住房公积金 5 项“跨省通办”事项。全年通过线上办理住房公积金汇缴 8656 笔，住房公积金补缴 491 笔，住房公积金单位及个人信息变更 48863 笔，个人住房公积金缴存贷款等信息查询 38.02 万笔。（郝转萍）

社会救助

【低保提标】 2022年，阳泉市城市低保提标1次，农村低保提标3次，达到每人每月627元、540元。截至年底，全市城乡低保对象5.12万人（其中城市低保对象1.86万人、农村低保对象3.26万人），累计发放低保金2.56亿元。（陈　倩）

【特困供养提标】 2022年，阳泉市城乡特困供养按照不低于最低生活保障标准的1.3倍同步提高，达到每人每年9900元；农村特困人员分散供养标准达到每人每年8500元；农村特困人员集中供养标准达到每人每年9900元。截至年底，全市特困供养救助对象5689人（其中农村特困供养5492人、城市特困供养197人），累计支出特困供养资金6081.75万元。（陈　倩）

【临时救助】 2022年，阳泉市民政局加大对特殊群体、弱势群体帮扶力度，稳步提高社会救助标准，阳泉市累计支出临时救助资金1986.32万元，救助1万余人次。（陈　倩）

【教育救助】 2022年，阳泉市继续对各学段困难学生进行救助。其中，资助家庭经济困难幼儿8227人，发放资金523.2万元。补助义务教育阶段经济困难寄宿生4296人，补助金额255.13万元；补助非寄宿生4469人，补助金额190.33万元。资助普通高中家庭贫困学生7071人，资助金额987.15万元；为1338人减免学费，金额87.14万元。资助中等职业学校家庭贫困学生1332名，发放国家助学金173.08万元；9名学生获国家奖学金，发放金额5.4万元。为4226名高校在校生发放普通高校国家助学金、国家励志奖学金和国家奖学金874.2万元。资助省内外大学新生321人，发放资助款23.7万元。为11199名普通高校学生发放助学贷款9450.26万元。（史曜瑢）

【医疗救助】 2022年，阳泉市参加城乡居民医保的特困人员、低保、易返贫致贫人口发生住院费用9181.63万元，个人负担1527.08万元，个人实际自付平均占比16.63%。此三类人员纳入门诊慢特病保障范围7922人，占比13%，比普通参保居民高7个百分点；发生门诊慢特病费用4435.55万元，个人负担832.66万元，综合保障比达81.23%。全年市县两级财政投入医疗救助资金1400余万元。（姬梅洁）

【流浪乞讨救助】 2022年，阳泉市规范救助管理和服务流程，对生活无着流浪乞讨人员提供临时食宿、急病救治、寻亲返乡等救助服务。全年救助生活无着流浪乞讨人员247人，护送返乡5人，落户安置24人，受助人员全部得到妥善安置。（陈　倩）

社会福利

【政府购买居家养老服务】 2022年，阳泉市民政部门推进政府购买居家养老服务，委托市老年颐养中心在城区、矿区为部分经济困难（低保家庭）中60周岁以上失能、70岁以上独居“空巢”老人以及80岁以上，计2457名老年人，提供助急、助医、助餐、助洁（浴）、养老照护等服务。（陈　倩）

【敬老院服务质量提升】 2022年，阳泉市民政部门争取福利彩票公益金560万元，用于盂县南娄镇、梁家寨、东梁乡、仙人乡敬老院，郊区荫营、平坦中心、河底、李家庄、旧街、西南舁10家敬老院消防改造工程，区域性养老中心或中心敬老院集中供养条件得到进一步改善。利用政府和社会资本合作、公建民营等方式，激活乡镇敬老院管理运营机制。盂县8所敬老院采取公办民助方式，由民营资本领办模式运行管理，在保障辖区特困供养对象的基础上，空床位全部向社会开放；郊区旧街乡中心、李家庄乡中心2家敬老院采取公建民营模式，由当地民办养老机构管理运营，提升敬老院服务质量。（陈　倩）

【康养产业发展】 2022年，阳泉市完成《阳泉市康养产业发展规划（2021—2030）（送审稿）》编制，并通过市政府常务会审议。娘子关泉上文旅特色小镇、梁家寨温泉康养度假区、冠山书院文旅康养基地入选山西省首批文旅康养示范区创建单位名单。（陈　倩）

【儿童福利】 2022年，阳泉市儿童福利机构养育孤儿和事实无人抚养儿童财政补助标准、社会散居孤儿和事实无人抚养儿童基本生活补助标准分别提高220元、145元，达到1720元/人·月、1145元/人·月，为129名孤儿、282名事实无人抚养儿童发放生活费521.7万元、发放临时价格补贴3.59万元，为47名孤儿发放福彩圆梦·孤儿助学金25.5万元。春节、六一、端午等节日，为364名儿童发放慰问金2.2万元，发放价值0.85万元慰问品。全年开展儿童督导员、儿童主任政策培训24次，累计参训913人次。（陈　倩）

【高龄津贴发放】 2022年，阳泉市为3372名常住户口在阳泉所辖区域内的90岁以上老人发放高龄津贴301.49万元。其中，90岁至94岁2849人227.92万元，95岁至99岁476人57.12万元，100岁以上47人16.45万元。高龄津贴发放标准为90岁至94岁800元，95岁至99岁1200元，100岁以上3500元。（曹　菲）

【宜康居家养老服务中心开展中秋入户探访活动】 2022年中秋节期间，

阳泉市宜康居家养老服务中心对辖区内空巢、高龄、独居、困难(低保户、"五保户")老人开展中秋入户探访活动。宜康中心入户团队到访辖区内的北岭、小阳泉南、小阳泉北、南煤、陶然、大阳泉村、小河、后底沟等社区,上门探访79户老人,挨家挨户与老人亲切交谈,为每户家庭送上礼品与问候,提升居家老人的幸福感和获得感。(陈　倩)

【残疾人"两项补贴"落实】 2022年1月1日,阳泉市困难残疾人生活补贴标准从2021年的每人每月66元提高到71元;农村户籍重度残疾人护理补贴标准从每人每月89元提高到94元;城镇户籍重度残疾人护理补贴标准按每人每月125元执行。截至年底,全市有残疾人两项补贴对象24814人(其中重度残疾人护理补贴对象14595人、困难残疾人生活补贴对象10219人),累计发放残疾人"两项补贴"2718.76万元。(陈　倩)

社区建设

【概况】 截至2022年,阳泉市共有11个街道157个社区,其中城区53个、矿区44个、郊区14个、高新区16个、平定县19个、盂县11个。11月,阳泉市城区上站街道市政府大院社区党委书记、居委会主任董殿英,郊区河底镇固庄村党总支书记、村委会主任张三虎被民政部评为"全国优秀城乡社区工作者"。年内,司法部、民政部印发《关于2021年度"全国民主法治示范村(社区)"复核工作结果的通报》,全市有8个村(社区)获2021年度"全国民主法治示范村(社区)"称号,城区义井街道义井社区、矿区平潭街街道东山社区位列其中。(张　蓉)

【社会工作】 2022年,阳泉市民政部门推进乡镇(街道)社会工作服务站建设,全市新建35个乡镇(街道)社工站。截至年底,全市共建成45个乡镇(街道)社工站、2个县(区)社工服务总站,实现全市社工站全覆盖。阳泉市有持证社工621人,其中初级社工488人、中级社工133人,全市在社会工作专业人才数据库中登记注册的社会工作专业人才467人。年内,全市持证社工人才补助51.41万元。(王丽琴)

【城镇社区养老幸福工程】 2022年,阳泉市推进城镇社区养老幸福工程建设,建成矿区蔡西社区养老服务站、矿区大垴沟社区养老服务站和城区晋东一社区养老服务站3个省级项目,城区小阳泉南社区老年餐桌,矿区如意庄社区、西山社区、小南坑社区老年餐桌,平定东升社区、刘家垴社区老年餐桌6个市级项目,年内全部投入运营。截至年底,全市共建成7个养老服务站、20个老年餐桌,惠及社区近4万名老年人。(陈　倩)

【抓党建促基层治理能力提升培训班举办】 2022年5月11日至15日,阳泉市委组织部、市民政局、市委党校联合举办阳泉市抓党建促基层治理能力提升街道社区干部示范培训班,各县(区)民政局局长、高新区分管负责人、街道党工委书记、部分社区干部等40余人参加培训,其余1400余名街道、社区干部通过视频进行学习。(刘瑞峰)

【"强化党建引领 提高基层治理效能"主题征文活动】 2022年5月,阳泉市民政局、阳泉市文联和阳泉日报社联合主办,刘慈欣文学院、阳泉市作家协会承办"强化党建引领 提高基层治理效能"主题征文活动,评选出38篇获奖作品。12月,阳泉市民政局组织编印"强化党建引领 提高基层治理效能"主题征文获奖作品汇编——《红色铸魂 凝心聚力》,收录18篇获奖作品。(刘瑞峰)

【"清廉社区"建设】 2022年,阳泉市民政部门编印《阳泉市"清廉社区"建设规范小微权力运行特色制度及流程》。承办全省首批"双百双培双带动"暨清廉村居建设专题培训班,全省各地市近300名城乡社区工作者参加培训,宣传推广阳泉市在基层治理和清廉社区建设方面经验。开展"激发社区治理活力,创新基层治理体系"示范行动,确认实

2022年10月,城区金三角社区在社区老年餐桌为老年人庆祝生日
(市民政局　供图)

施项目81个，其中对全市14个市、县“清廉社区”建设试点补助8万元，用于各试点社区建阵地、广宣传、强服务，项目化推进全市“清廉社区”建设。全市157个社区全部搭建起城市基层党建治理平台。全市社区干部建立廉政档案，签订廉政承诺书1400余份。（刘瑞峰）

【社区自治组织建设】 2022年，阳泉市城区下站街道蔬菜小区、建工小区、三中小区相继召开居民代表大会，成立小区“自管会”。通过建立“社区居委会+小区自管会”双效管理的小区事务日常工作机构，推进小区自治自管。自管会成员由居民代表会议推选产生，社区居委会成员和自管会成员，立足小区实际与居民需求，制定《小区居民议事会章程》《小区车辆管理制度》《小区居民管理公约》等规章制度。小区自管会以小区居民需求为出发点，创建“1+2”自治模式，即以社区党委为龙头，由社区居委会、小区自治管理委员会双方携手共同管理、协调小区事务的协商共建模式，通过强化居委会、自管会的自治职责，及时解决小区业主反映强烈的问题，实现小区和谐优美的自治管理目标。（王丽琴）

【阳坡垴社区获省首批社区居家养老服务示范社区称号】 2022年，城区南山路街道阳坡垴社区被省民政厅确定为全省首批社区居家养老服务“1251”工程项目（培育10个规模化、连锁化、标准化社区养老服务品牌，建成200个市场化、专业化、标准化社区养老示范机构，打造50个养老服务示范社区，发展100个社区养老服务组织）之一，获全省首批社区居家养老服务示范社区称号。在“1251”工程创建过程中，阳坡垴社区依托全市第一个社区“嵌入式”养老服务站，引进市老年颐养中心开展专业化养老服务运营。同时，社区挖掘和整合养老服务资源，探索出“医养+文养”为老服务新模式，推进机构、社区、居家养老服务有机融合，打造“15分钟便民养老圈”，有效解决社区老年人“养老不离家”的现实需求。（张　蓉）

【全省“双百双培双带动”暨清廉村居建设专题培训班】 2022年8月3日至5日，山西省民政厅主办、阳泉市民政局协办的全省“双百双培双带动”暨清廉村居建设专题培训班在阳泉市举行，培训班分三期，全省11个地市270余名村（社区）主干及各市民政局相关科室负责人参加培训。培训采取实地观摩+现场教学+经验分享三种形式相结合的方式开展。实地观摩过程中，培训人员先后深入平定县岔口乡甘泉井村、郊区李家庄乡汉河沟村、城区上站街道市政府大院社区、矿区桥头街道段南沟社区，了解脱贫攻坚、乡村振兴等典型治理经验及“0353幸福列车”“一首两翼”等社区工作法；现场教学由省民政厅相关处室人员围绕“双百双培双带动、清廉村居建设、基层治理和服务创新能力提升及如何探索符合当地实际的基层治理新模式”等内容作专题讲座；经验分享由各地市部分县区村（社区）主干就各自的典型经验、做法等进行分享交流。（刘瑞峰）

【志愿服务】 2022年，全国志愿服务信息系统阳泉市注册志愿者达15.96万人，注册志愿服务队1150个。截至年底，全市志愿服务组织开展5年以上的志愿服务项目有阳泉市义工联的“幸福家园”社区服务、阳泉市志愿者协会的“乡村暖冬”服务、阳泉市志愿者协会的“天使助学行动”、阳泉市爱心车友协会的“健康护考　爱在山城”项目和阳泉市义工联的“情暖夕阳　公益电影”活动。（王丽琴）

社会组织建设

【社会组织管理】 2022年5月，阳泉市民政局印发《阳泉市民政局关于开展规范社会团体分支（代表）机构专项整治工作的通知》，经摸排，整改撤销社会组织分支机构27个。6月，印发《阳泉市民政局关于开展社会服务机构非营利监管专项整治行动的通知》，对4家社会服务机构进行抽查审计工作。印发《阳泉市民政局关于开展行业协会商会乱收费专项清理整治工作的通知》，开展行业协会商会乱收费专项清理整治工作，全年全市行业协会商会减免和降低收费37.08万元，减轻企业负担400余家。开展“僵尸型”社会组织清理整治工作，摸排并注销登记14家“僵尸型”社会组织。印发《关于开展2022年社会组织抽查审计的通知》，对12家社会组织进行专项抽查审计工作。（王丽琴）

【社会组织培育发展】 截至2022年底，阳泉市共有社会组织709家，其中社会团体387家、民办非企业单位288家、中介组织34家。全市党组织覆盖社会组织686个，组织覆盖率98%，其余社会组织通过派驻党建指导员实现党的工作全覆盖。（王丽琴）

【社会组织服务社会】 2022年，阳泉市民政部门引导全市社会组织参与乡村振兴项目12个，助力乡村振兴捐赠金额45万元，受益乡村27个。助力稳岗就业，吸纳20名高校毕业生在社会组织工作。（王丽琴）

【社区社会组织】 截至2022年底，阳泉市社区社会组织1346个，其中登记社区社会组织72个、备案社区社会组织1274个，类型涵盖公益服务、社会事务、文化体育、慈善救济、社会维权等多个领域。重新梳理阳泉社区社会组织名单,清理长期未开展活动,名存实亡的“僵尸”社区社会组织34家。各社区社会组织通过开展“邻里守望”系列社区志愿服务活动、“民主商议”系列社区协商活动、“平安建设”系列社区治理活动、“文化铸魂”系列精神文明创建活动等,满足人民群众多样化需求。（王丽琴）

地名管理

【地名管理规范】 2022年,阳泉市民政局做好地名标志管理,备案门牌编码11个,维修市辖区损毁地名标识牌105块,完成阳泉市地图制作基础性工作。推进地名信息化建设,完成“中国·国家地名信息库”数据质量建设行动。截至年底,阳泉市市辖区共有街63条,路91条,巷148条。（李　泓）

【地名文化遗产保护】 2022年,阳泉市申报山西省地名文化遗产及红色地名重点保护单位、省级非物质文化遗产项目,全市8个地名入选首批《山西省省级地名文化遗产及红色地名保护名录》。其中,历史文化地名3个,分别为千年古县盂县、平定县,千年古村大阳泉村;红色地名及近现代重要地名2个,分别为七亘村、狮脑山;著名自然(人文)地理实体地名3个,分别为娘子关、藏山、冠山。（李　泓）

【《地名管理条例》宣传】 2022年5月,阳泉市民政局开展新修订的《地名管理条例》(简称《条例》)宣传,组织各县(区)利用线上线下各类媒体开展宣传活动。其间,张贴宣传海报4500套,发放宣传折页4000张、《条例》单行本3000册,并为群众“面对面”解读《条例》内容。（李　泓）

残疾人事务

【残疾人帮扶】 根据山西省残联提供数据,截至2022年5月,阳泉市未解除风险残疾人102人,山西省福利基金会为其中20人发放救助金每人500元。经过市残联核实,剩余82人中,2人已脱残(通过康复治疗,已不达残疾标准)、1人死亡、1人非监测户、4人享受2022年临时救助,市残联实际为74人发放临时救助金每人500元。21户享受助残帮扶项目,1户进行家庭无障碍改造,9人进行农村困难残疾人实用技术培训,7人享受托养服务,3人获得县残联资金帮扶,5人配发辅具,25人享受县(区)年底慰问,2人享受省彩金助学项目。各县(区)建立访视清单,量化县乡两级残联工作人员入户访视频次,对残疾人的家庭情况、生活状况和急需解决的困难问题进行深入了解,为其量身制定帮扶措施,保障未解除返贫风险残疾人享受各项优惠政策。（王丽娜）

【残疾人康复服务】 2022年,阳泉市政府疑似残疾人诊断评定和残疾儿童抢救性康复救助服务项目任务数1904名,实际完成2427名。具体包括,为76名初筛阳性0岁~6岁儿童提供残疾筛查诊断救助服务,完成108名;为1600名疑似残疾人提供残疾评定救助服务,完成2033名;为228名残疾儿童提供抢救性康复救助服务,完成286名。继续实施残疾人精准康复服务行动,阳泉市有康复需求的残疾儿童和持证残疾人为2323人,全年服务2308人;有辅助器具需求人数为1330人,全年适配1321人。（王丽娜）

【残疾人就业培训和安置】 2022年,阳泉市残联为全市30名自主创业的残疾人和安置残疾人机构提供帮扶援助;和木子管家合作开展残疾人家政培训39名;对40名盲人开展系统性保健按摩培训、4名盲人开展线上医疗按摩培训;对60名农村困难残疾人开展针对性强、见效快的实用技术培训;组织43名残疾人到太原参加职业技能培训;全年完成城乡残疾人培训385人,城乡残疾人安置374人。逐户走访就业困难残疾人家庭了解需求,通过发展种植业、养殖业或加工业等项目,提升困难残疾人家庭自我发展和创收能力。组队参加山西省第七届残疾人职业技能竞赛,

2022年7月,阳泉市组织残疾人到晋中参加山西省第七届残疾人职业技能竞赛
（市残联　供图）

取得一项第二名、两项第三名、两项第四名成绩。（王丽娜）

【残疾人资助】 2022年，阳泉市残联继续举办“99公益日”助残募捐活动，募集善款名列全省第一位。活动期间，发动100余家单位参与活动，4万余人次参与捐助，筹得善款61.16万元，其中获得腾讯配捐近7万元，所筹资金全部用于全市残疾儿童康复项目。开展省彩票公益金助学项目，全年资助学生20名，其中残疾人大学生6名、残疾人家庭子女大学生14名，资助金额10万元。（王丽娜）

【残疾人托养服务】 2022年，阳泉市继续实施“阳光家园计划”残疾人托养服务。全年残疾人托养服务250人，其中城区、矿区确定静安医院实施托养服务，城区5人为居家托养、矿区30人为日间照料；郊区55人确定郊区河底卫生院实施托养服务，居家托养；平定县120人确定平定县惠康养老有限公司实施托养服务，居家托养；盂县40人确定由盂县幸福汇养老服务中心实施托养服务、寄宿制托养或居家服务。（王丽娜）

【残疾人机动轮椅车燃油补贴】 2022年，阳泉市为53名符合条件的残疾人机动轮椅车车主发放机动轮椅车燃油补贴。按照每人260元补助标准，发放1.38万元。市残联从申报者残疾类别（必须是下肢残疾人）、机动轮椅车必须是三轮、燃油（不能是电动）、由上肢操作四个方面对申报车辆进行规范，保证政策实施的合理性和规范性。全市5个县（区）残疾人机动轮椅车燃油补贴全部实现银行卡发放，市残联及时进行电话跟踪回访，保证回访率不低于25%，切实保证残疾人真正享受惠残政策。（王丽娜）

【困难重度残疾人家庭无障碍改造】 2022年，阳泉市完成困难重度残疾人家庭无障碍改造110户，其中2021年任务50户（其中郊区25户、平定县25户），2022年任务60户（其中城区10户、矿区10户、郊区10户、平定县10户、盂县20户），平定自筹资金改造4户。全年全市实际完成家庭无障碍改造114户，年内全部完成改造并验收合格。（王丽娜）

老龄事务

【全国示范性老年友好型社区创建】 2022年，阳泉市确定城区南山路街道阳坡垴社区、平定县东城城南社区申报全国示范性老年友好型社区。两个社区围绕改善老年人的居住环境、方便老年人日常出行、提升为老服务质量、扩大老年人的社会参与、丰富老年人的精神文化生活、提高为老服务的科技化水平6个方面开展创建工作，通过自评、县级初评、市级评审、省级评审，10月19日被国家卫健委命名为“2022年全国示范性老年友好型社区”。（曹　菲）

【打击整治养老诈骗专项行动】 2022年4月27日，阳泉市开展打击整治养老诈骗专项行动，主要任务是打击整治养老机构内设的无资质医疗机构、无行医资质任务擅自开展诊疗活动的违法行为。通过开展“五进”（进养老机构、进医养结合机构、进签约医疗机构、进社区、进家户）和“七宣传”（网站、海报、横幅、资料册、电子屏、文艺活动、云广播）活动，推进“六个一活动”，即开展一次“健康宣传周”养老防诈主题宣传活动、健康知识普及宣讲活动、“上门走访”服务、免费健康体检活动、心理健康辅导活动、专项行动“回头看”。截至年底，全市卫生健康系统累计发放资料8405份，张贴海报3375张，悬挂宣传横幅246条，开展宣传讲座280场次，利用51块电子显示屏滚动播放反诈知识，“山西老龄”栏目发布阳泉市专项行动文章5篇，《老龄报》刊载2篇专题文章，微信、微博、抖音等转发量达2.5万次。宣传覆盖人群达8.44万人。排查养老机构提供医疗服务的医疗机构36个，排查医疗机构医疗人员488人，检查出4个医疗机构使用4名非卫生技术人员从事医疗卫生技术工作，2个医疗机构违规使用医疗器具，市卫生健康综合行政执法队按照《医疗机构管理条例》《医疗废物管理条例》处以3.6万元和1.2万元行政处罚，同时责令其限期整改，年内全面整改完毕。（曹　菲）

【特殊困难老年人居家适老化改造】 2022年，阳泉市民政部门印发《阳泉市特殊困难老年人居家适老化改造实施方案》，在城区、矿区、郊区选取部分乡镇（街道）先行先试，对220户特殊困难老年人家庭进行适老化改造。年内，220户改造任务全部完成。（陈　倩）

退役军人事务

【概况】 2022年，阳泉市退役军人事务局组织退役士兵开展职业技能培训，帮助退役军人提高就业能力和竞争力，全年举办线上线下退役军人专场招聘活动11次，提供就业岗位1000余个。落实阳泉市《关于进一步推动退役军人就业创业优惠政策落实的通知》，全年发放财政贴息创业贷款315万元。常态化开展建档立卡工作，为4万余名服务对象进行建档立卡，推动优待证申领工作。印发《关于进一步加强新时代双拥工作的实施意见》。开展“老兵永远跟党走——老兵宣讲”系列活动。完成“你为祖国守岁、我陪亲人过年”慰问活动，发放慰问书信4.09万封。举行“9·30”公祭活动。实施县级以下烈士纪念设施整修工程，争取中央和省级补助资金 760.11 万元,年内整修工程基本完工。组建四级志愿服务队 77 支,吸纳志愿者 1000 余人,参与防灾救灾、走访慰问等工作。（赵宇鹏）

【退役军人移交安置】 2022 年,阳泉市接收计划安置军转干部,落实积分选岗和“直通车”安置办法,组织适应性培训和进入公务员队伍考试,9 月 23 日完成选岗工作,安置满意率 100%。推行“提前选聘与积分选岗”相结合安置方式,接收符合政府安排工作条件退役士兵和退出消防员,安置满意率 100%。（翟江东　杨建钢）

【退役军人优待抚恤】 2022 年,阳泉市各级退役军人中心(站)开展优待证申领工作,市退役军人事务局等 29 部门联合出台《关于加强军人军属、退役军人和其他优抚对象优待工作实施办法》,涉及荣誉激励、生活保障、医疗住房、教育培训、文旅交通、就业创业等方面 183 项优待内容。全年办理各类审批业务 500 余项,其中省级审批业务 24 项(补办评残 4 个、残疾提等 6 人、丢证补证 2 人、伤残关系转移 11 人、恢复待遇省级审批 1 人);办理市级审批业务 470 项,其中审批 60 周岁农村籍退役士兵定期补助 450 人、带病回乡退伍军人定期生活补助 4 人、老年烈士子女 4 人,恢复待遇市级审核 1 人,复核法院、检察院病故人员 4 人。年内,全市退役军人事务系统走访慰问 90 岁以上残疾军人 10 人、在乡复员军人 5 人、烈士遗属 1 户。（张　莉）

【退役军人荣誉激励】 2022 年,由阳泉市委组织部牵头、与市退役军人事务局联合开展阳泉市第一届“榜样兵支书”评选活动。经县乡逐级推荐、层层选拔,确定郊区平坦镇桃林沟村党委书记、村委会主任李乃珠,郊区李家庄乡党委副书记、汉河沟村党支部书记、村委会主任宋晓文等 6 人为“榜样兵支书”。7 月,阳泉市代表山西省接受全国政协对退役军人投身乡村振兴工作调研。年内,全市收到现役军人荣立三等功立功喜报 69 份。各县(区)退役军人事务局联合当地人武部门,举行仪式为立功军人家庭送喜报,同时利用各类媒体平台,对立功受奖军人先进事迹和送喜报活动进行宣传,营造“一人立功,全家光荣”氛围。（翟江东　张　莉）

【双拥共建】 2022 年 3 月 15 日,阳泉市召开双拥工作领导小组全体(扩大)会暨创建双拥模范城(县)推进会,对第十一届省级双拥模范城创建工作进行安排部署。5 月 24 日,退役军人事务局与市第五人民医院签订退役军人心理健康服务合作协议,聘请 7 名心理专家组建“退役军人心理健康服务专家库”,邀请专家库成员赴某部队开展“心理健康服务进部队”活动。年内,印发《关于进一步加强新时代双拥工作的实施意见》,打造一批双拥街、双拥小游园、双拥展馆,评选市级首批双拥共建示范单位、拥军示范企业和社会组织。开展“老兵永远跟党走——老兵宣讲”系列活动,组建市、县两级老兵宣讲团 5 个,宣讲团成员 24 名,集中宣讲场次 8 次,受众人数 4550 人。（李慧文）

【军休服务】 2022 年,阳泉市军队离退休干部服务中心与小阳泉南社区党委联合组织开展以“社区军休齐联欢　军民共建处和谐”为主题的“幸福邻里寿丝面”活动。根据老兵口述历史,编纂《军旅荣光》回忆录。年内,军休干部刘计平所报文章获退役军人事务部“我身边的英烈”主题征集活动一等奖。（张　静）

【退役军人就业创业】 2022 年,阳泉市退役军人事务局举办全市首届“军创助山城共富　戎归促乡村振兴”退役军人创业创新系列活动,为退役军人及军人军属创办的企业提供“线上 + 线下”全方位服务。为参加退役军人创业创新夜经济产品展销会的阳泉军创企业,在阳泉广播电视台录制“走进直播间”系列节目,吸引多家商户入驻本地电商平台“泉乎”,并签订各类框架合作协议。推荐阳泉市优秀退役军人创办企业项目及工作者参加全省退役军人创业创新大赛。推广打造军创品牌,探索建立“老兵创业 + 公益助农”双互动模式,组建老兵公益助农服务队,设立退役军人公

2022 年 7 月 13 日,阳泉市退役军人事务局组织自主就业退役士兵参加电工技能课培训
（市退役军人事务局　供图）

益助农点，帮助退役军人农特产品打开销路、开拓市场。举办退役军人创业创新产品展销会，组织市内外退役军人创办的优质企业参展。组织退役士兵开展职业技能培训，组织返乡入乡退役军人参加种植与养殖技术等涉农类职业技能培训。（王海波）

【退役军人帮扶】 2022年，阳泉市退役军人事务系统为年老体弱长期卧床等不便到现场办理的对象提供入户上门办理建档立卡、优待证发放等服务；针对不能提供有效退役证明材料的退役军人，提出有效替代措施；对县（区）进行摸排，为有条件社区开通VPN，开通系统办理账号，通过增加办理站点、增加服务力量方式，服务对象可以在就近街道或社区完善建档立卡信息和申领优待证；对辖区内年满59周岁农村籍退役士兵进行摸底排查，对符合享受60周岁生活补助对象进行提醒服务；筛选有效信息，发动系统及社会力量，开展烈士寻亲活动，帮助烈士遗属完成心愿。建立“法律＋心理”双服务工作机制，市级提供法律咨询21次，各级服务站为退役军人免费代拟法律文书3次，提供法律咨询60余次。建立健全困难退役军人帮扶援助机制，制定《阳泉市部分就业困难退役军人帮扶就业岗位管理实施细则（试行）》，为全市公益岗期满被清退的80余名退役军人安排工作岗位。（张　莉　王海波）

【烈士褒扬纪念】 2022年9月30日，阳泉市在市革命烈士纪念馆广场举行向革命烈士敬献花篮仪式，全市各界代表260余人参加活动。开展清明烈士祭扫工作，在市政府网站加入祭扫活动专栏，直接链接至中华英烈网祭扫平台。同时，发布“2022·奋进·网上祭英烈”清明祭扫活动倡议书，引导社会各界传承和弘扬英烈精神。开展县级以下烈士纪念设施保护专项行动及集中整修工程。截至12月底，各县（区）整修工程基本完工。（张　莉）

民族宗教事务

【概况】 2022年，阳泉市委统战部以城乡（街道）社区（村）为平台，推动形成“党建＋治理＋服务”工作格局，引导全市宗教界人士弘扬爱国爱教优良传统，铸牢中华民族共同体意识。从居住生活、工作学习、文化娱乐等日常环节入手，做好少数民族流动人员服务管理工作，解决好各族群众遇到的困难及问题。截至年底，阳泉市有少数民族族别40个，常住少数民族人口4258人。有佛教、道教、伊斯兰教、天主教、基督教五大宗教。（贺鹏飞）

【民族事务管理】 2022年，阳泉市委统战部建立联合机制，依法管理清真食品生产经营，协调市场监督管理局对全市清真食品生产经营厂家、商户定时不定时进行检查抽查，有效维护清真市场秩序，保障全市清真食品安全。落实少数民族的身份变更、生育、就业和升学等方面的优惠政策，全年接待民族成份变更咨询20余次，对不符合变更条件的，根据《中国公民登记管理办法》条款，进行解释，对涉及户口原因的，沟通协调公安部门予以接待，使少数民族的合法权益得到保护。8月9日至10日，组织全市民族宗教界代表人士到吕梁开展“赓续血脉，‘四史’主题学习教育活动”。（贺鹏飞）

【宗教事务管理】 2022年，阳泉市民族宗教界开展“喜迎二十大·爱党爱国爱社会主义”主题教育活动。活动中，市委统战部组织民族宗教界人士围绕“喜迎二十大”主题，对全市民族宗教领域社会风险隐患进行排查化解，稳妥处置各类非法宗教活动；组织学习习近平总书记系列重要讲话精神；举办以“与党同行，我和我的祖国”为主题的讲经讲道交流活动；以全市民族宗教领域“十四五”普法规划为指导，开展“民族宗教政策法规学习月”活动。（贺鹏飞）

【民族团结进步宣传教育】 2022年，阳泉市委统战部依托县（区）、街道（乡镇）、社区（村），宣传党和国家民族政策。开展民族宗教政策法规宣传月活动，巩固机关、企业、社区、乡镇、学校和宗教活动场所的民族团结进步创建工作。坚持以加强各民族交往交流交融为根本途径，引导居民群众充分尊重少数民族风俗习惯，不断强化“五十六个民族一家亲”的团结意识。做好少数民族流动人员服务管理工作，让本土更好接纳少数民族群众、少数民族群众更好融入本土。年内，矿区人民政府被山西省民族事务委员会授予全省民族团结进步示范区、盂县金龙社区被授予全省民族团结进步示范单位。（贺鹏飞）

【第八届佛教讲经交流会】 2022年11月11日，阳泉市第八届佛教讲经交流会在盂县永清寺举行。此次讲经交流活动由12名佛教青年法师对新时代推进中国宗教中国化进行探索。经考评，评出一等奖1名、二等奖2名、三等奖3名、优秀奖若干名。（贺鹏飞）

（责任编辑：霍冬梅　任泉荣）

应急管理

综　述

【应急指挥体系建设】 2022年,阳泉市应急管理局把安全生产作为基本盘,把应急救援作为最后一道防线,最大限度减少事故灾害损失,把防灾减灾作为重要抓手,提升自然灾害综合防范能力,安全生产和灾害防范形势基本稳定。实施地震灾害风险普查工程,完成阳泉市全域抗震设防烈度七度区房屋建筑抽样详查,推进全国“一省一市”(阳泉市)地震灾害风险评估与区划工作。加强市级地震应急指挥系统建设运行,地震灾害风险防治能力持续提升。年内,共发放救灾资金317万元,用于受灾群众紧急转移安置、紧急生活救助、过渡期生活救助、倒损民房恢复重建以及应急抢险等工作。（丁威清）

【应急管理责任体制建设】 2022年,阳泉市应急管理局落实“党政同责,一岗双责,齐抓共管,失职追责”和“管行业必须管安全,管业务必须管安全,管生产经营必须管安全”责任体制建设,加强安全生产工作,推动安全生产责任落实。由市委书记、市长共同担任市安委会主任,全年共主持召开市委常委会、市政府常务会议等28次,部署安全生产工作。市政府以1号文件部署全年安全生产工作任务。印发《市长、副市长安全生产职责清单》《市长、副市长2022年安全生产重点工作任务清单》。在煤矿、危险化学品等重点行业领域推行安全生产挂牌责任制,督促3644名重点企业主要负责人签订安全生产履职尽责承诺书,在煤矿推行矿长安全生产计分考核等制度,推动企业落实安全生产主体责任,同时配备96名安全监管专员,强化监管力量。（丁威清）

【应急管理综合行政执法改革】 2022年,阳泉市应急管理局印发《阳泉市深化应急管理综合行政执法改革实施方案》,分行业明确市、县(区)安全生产监管执法人员配备标准。市、县应急管理局实行“局队合一”模式,新增编制57名。建立完善基层应急管理组织体系,每个乡镇(街道)配备3名以上人员、村(社区)指定专人负责安全生产工作。实施计划执法、“双随机、一公开”监管,应用“互联网+执法”系统,组织报送典型案例,落实行政执法公示、全过程记录、法治审核“三项制度”,提升监管执法实效。发挥阳泉智慧安监平台和煤矿安全监控平台作用,提高信息化监管水平。（丁威清）

气象防灾

【公共气象服务】 2022年,阳泉市气象局完善高影响天气预警信息全网发布工作机制,实现高级别气象灾害预警信号短信全网发布。拓展新媒体平台渠道,开通“阳泉天气”抖音号,建立实景天气慢直播,制作发布短视频和微动画,形成微博、微信公众号、短视频平台全媒体传播体系。与报社、广播电视台等地方官媒合作,合力打造气象信息传播新矩阵。围绕世界气象日、防灾减灾日等主题,通过作客电视和电台访谈节目,师生参观科普基地等形式,让群众参与到应对气象灾害行动中。（岳凯杰　常志宇）

【气象灾害应急管理】 2022年,阳泉市政府印发《阳泉市气象灾害监测预报预警联动工作机制》,市气象灾害应急指挥部印发《阳泉市重大灾害性天气叫应工作机制》。推动教育、住房和城乡建设、交通、城市管理、水利等部门出台本领域内红色预警自动停课停工停业停运办法。组织桌面推演,联合多部门开展实战演练,协作联动能力得到提升。年内,市气象灾害应急指挥部办公室启动寒潮、高温、暴雨等气象灾害应急响应4次。（韩雪婷）

【智能网格预报业务平台建设】 2022年，阳泉市气象局强化智能网格预报业务平台在预报、预警、气象服务等工作中的支撑作用，制作报送重要天气报告卡、重要气象信息、专题气象、假日气象等重要决策服务材料800余期，发布大风、雷电、高温、城市内涝、地质灾害等预警信号178期，雨情快报138期，召开新闻发布会5次。 （袁 杰）

防汛防旱

【雨情 水情 旱情】 2022年阳泉雨情：进入汛期后（6月1日至9月26日），平均降水量434.7毫米（阳泉站384.7毫米、平定站490.4毫米、盂县站428.9毫米），与常年同期（384.1毫米）相比，偏多1成。其中7月11日出现暴雨、部分地区大暴雨天气，平均降水量为97.2毫米，最大降雨量为盂县南娄镇东南管村142.3毫米。8月5日至10日，全市出现多对流性降水天气，平均降水量114.5毫米，最大降雨量为平定县冠山镇212.3毫米。水情：汛期全市4条主要河流最大洪峰流量出现在7月10日至12日，阳泉郊区桃河旧街水文站7月12日00时洪峰流量为27.4立方米/秒，矿区桃河阳泉水文站7月12日00时24分洪峰流量为62.4立方米/秒；盂县龙华河下社水文站7月12日00时48分洪峰流量为97.5立方米/秒；平定县南川河贵石沟水文站7月12日03时06分洪峰流量为13.1立方米/秒；盂县乌河宋庄水位站7月10日02时54分洪峰流量为94.8立方米/秒。旱情：阳泉市全年未发生因旱情造成的损失，主要致灾因素为7月11日和8月6日发生的洪涝和冰雹大风，受灾人口7.227万人，紧急转移安置759人，农作物受灾面积9395.49公顷，农作物绝收面积597.54公顷，倒塌房屋42间，严重损坏房屋51间，一般损坏房屋1044间，直接经济损失4398.69万元。 （丁威清）

【山洪灾害防治】 2022年，阳泉市山洪灾害防治立足特大山洪灾害防御，突出抓好山洪灾害监测预警。下达平定县、盂县、郊区及市直相关单位山洪灾害防治资金7.2万元，山洪灾害防治设施维修养护资金45万元，并完成相关防治工程。截至年底，山洪灾害预警设施维护工作全部完成。汛期期间，全市发布预警信息次数15次，预警短信条数6200余条，启动预警广播50余次，有效提高山洪监测预警与群防群治管理。 （陈阳春）

【防汛隐患排查】 2022年，阳泉市水利局组建防汛隐患排查工作专班，对灾后重建工作任务进行分解。向省水利厅争取救灾资金，紧盯灾后重建工程质量进度。全市5座受损水库，10.97千米水毁堤防5月底前全部竣工，恢复防洪功能。印发《关于开展2022年阳泉市水利工程防洪隐患汛前检查的通知》，对全市水利工程进行汛前隐患排查，排查出大小隐患共24处。5月底，完成全部整改任务。 （陈阳春）

【突发汛情处理】 阳泉市防汛抗旱指挥部坚持“雨情就是命令”，做好监测、预警、“叫应”、会商、响应、调度、处置全链条工作。2022年，全市共发布暴雨、雷暴大风、城市内涝、地质灾害、山洪灾害等各类预警信息84期，组织28次会商，及时启动1次市级防汛四级应急响应，通过6份提醒文件、197条短信、48个电话对1800余名责任人进行精准“叫应”。在“7·11”和“8·6”两次强降雨期间，紧急调度市应急救援大队、交通运输局、公路分局、蓝天救援队等268人，转移安置162人，有效处置13次警情，确保人民生命财产安全。盂县、高新区共投入145人、7台机械设备，使用0.113万立方米土石、0.2万条编织袋对2处险情进行及时处置，未造成人员伤亡。 （丁威清）

【温河灌区防汛度汛】 2022年，阳泉市温河灌区管理站结合油瓮水库加坝扩容改造实际情况，编制《油瓮水库防汛抢险应急预案》。落实水库管理规章制度，要求施工单位建立险情监测与巡查制度，确保险情早发现、早报告、早处理。严格执行防汛物资管理制度，防汛物资储备齐全。施工单位安排专人负责调整施工部署，做好施工现场排水、边坡变形等监测，并通过上游5千米的水雨汛情观测站，向下游水库报告来水量、雨汛情等信息，为油瓮水库的安全施工提供保障。 （郝永胜）

【旱情应对】 2022年，阳泉市防汛抗旱指挥部办公室针对高温天气频发、降雨时空分布不均、旱涝并存、旱涝急转特点，协调全市各相关部门密切关注土壤墒情，制定农业气象灾害预警工作方案，适时开展70余次人工增雨作业。组织专家和农技人员到重灾区，因地制宜指导农户做好种子、化肥、农药、农机等物资的储备、调运、调剂，协调保险部门及时跟进、查勘、理赔，最大限度降低农户损失。 （丁威清）

【防汛抗旱宣传】 2022年，阳泉市防汛抗旱指挥部办公室在日常水旱灾害宣传基础上，利用“5·12”防灾减灾宣传周、安全生产月、“7·28”防震减灾周等活动，通过标语、宣传册、报刊、广播、电视、网络、微博微信、现场宣讲、宣传车、知识卡片等形式，累计发放各类宣传资料5万余份，加强对防范暴雨、强对流天气、山洪地质灾害等知识的宣传和科普教育，普及防灾避灾知识，提高群众防灾避险意识和自救互救能力。印发《关于做好全市防汛抗旱信息报送工作的紧急通知》，组织气象、水文、水利等11家重点单位，建立汛期信息共享机制。全年共发布雨情预报184期、雨情快报73期、水情信息102期、周报17期、日报16次，保障信息畅通。 （丁威清）

防震减灾

【地震群测群防】 2022年，阳泉市新增3处地震宏观观测点，分别为郊区荫营镇三郊村永兴达养殖专业合作社、平定县冠山镇康乃馨花卉种植基地、盂县梁家寨乡蔡家坪宏源养殖场，撤销1家不符合地震宏观观测工作要求站点。全市5个县(区)重新制作地震宏观观测点标识牌、地震宏观观测员工作制度牌，加大观测网络密度，城区、矿区达到平均三个点的标准。年内，阳泉市防震减灾中心到各县(区)进行群测群防业务培训，宣传地震宏观观测技术规范和相关政策知识。现场核实排除一起地震宏观前兆异常。完成《异常核实——2022年5月18日山西盂县文峰养殖场老鼠出没》报告1份，筑牢防震减灾工作基层防线。 （王瑞艳）

【地震应急演练】 2022年7月29日，阳泉市防震减灾中心参加全省地震系统地震应急演练，应对忻州繁峙发生5.8级地震后1小时内应急处置任务，开展模拟平定发生4.8级地震应急演练，完成震后2小时内应急处置任务和自行情景设置应对。8月3日，开展2022年地震应急救援桌面推演，模拟盂县苌池发生5.5级地震，演练启动响应、召开指挥部会议、各成员单位和灾区县政府分别提出模拟应对处置措施与建议、开展决策部署。市抗震救灾指挥部40个成员单位和县(区)政府参与演练。 （王瑞艳）

【防震减灾示范创建】 2022年，阳泉市防震减灾中心通过防震减灾知识上课堂、展板进校园、开展应急演练等方式组织指导示范学校前期创建工作。全省共有3所学校被认定为2022年度国家防震减灾

2022年7月28日，"7·28"防震减灾日宣传活动在平定县评梅广场举行
（市防震减灾中心　供图）

科普示范学校，阳泉市第七中学名列其中，阳泉市实验小学中期评估结果为合格。郊区河底联校、矿区十八中、盂县孙家庄中学校、平定东回初级中学校被认定为2022年度山西省防震减灾科普示范学校。协助市减灾委开展示范社区创建相关工作，到申报社区开展集中宣传活动和科普知识宣讲报告。年内，推荐阳泉市城区上站街道油娄沟社区

表51　2022年阳泉市地震目录一览表

序号	发震时刻	纬度(E)	经度(N)	震级(M)	震源深度(千米)	地点
1	2022-02-23 22:26	38.22	113.31	-0.3	8	盂　县
2	2022-02-26 18:35	37.67	113.68	-0.5	13	平定县
3	2022-02-28 14:33	37.83	113.47	-0.1	3	阳泉市
4	2022-03-04 03:16	37.82	113.92	0.8	21	平定县
5	2022-03-13 13:32	38.22	113.10	-0.6	21	盂　县
6	2022-03-26 09:02	37.70	113.83	2.1	4	平定县
7	2022-03-26 14:30	37.70	113.83	1.5	5	平定县
8	2022-03-27 06:08	37.71	113.85	0.4	10	平定县
9	2022-03-27 21:13	37.70	113.83	-0.3	7	平定县
10	2022-04-10 07:16	38.17	112.95	-0.9	18	盂　县
11	2022-05-18 10:24	37.71	113.85	0.7	4	平定县
12	2022-08-09 04:34	37.68	113.80	-0.5	8	平定县
13	2022-08-11 02:03	37.71	113.84	-0.1	5	平定县
14	2022-08-31 04:18	38.23	113.09	-0.6	21	盂　县
15	2022-10-26 02:18	37.76	113.71	-0.4	21	平定县
16	2022-10-30 20:52	37.76	113.74	-0.2	20	平定县
17	2022-11-08 03:44	37.67	113.67	-0.9	10	平定县
18	2022-12-04 08:04	38.20	113.28	-0.6	18	盂　县
19	2022-12-15 06:12	38.20	113.01	-0.9	17	盂　县
20	2022-12-25 13:39	37.82	113.91	0.4	3	平定县
21	2022-12-27 15:17	37.87	113.36	0.7	16	阳泉市
22	2022-12-30 17:08	38.16	113.40	1.3	15	盂　县

（市防震减灾中心）

等5个社区为2022年度全国综合减灾示范社区候选单位，城区北大街街道后底沟社区等15个社区为2022年度山西省综合减灾示范社区候选单位。（王瑞艳）

【防震减灾科普宣传】 2022年，阳泉市防震减灾中心利用“5·12”“7·28”、国际减灾日等重要时间节点，组织开展防震减灾知识宣传活动、公益讲座培训共计23场次。通过设立咨询台、摆放展板、发放防灾减灾资料、现场教授应急救援技能、开展地震应急演练等形式，宣传和普及防震减灾知识、地震应急避险及自救互救技能。全年共发放宣传品、知识手册等宣传资料1万余份。在防震减灾宣传周，利用微信平台推出防震减灾知识每日有奖竞答线上活动，参与人数达7000人次，知识点传播数逾3万个。在微信读书会中开展防震减灾知识科普宣传，打造多部门联合开展防震减灾线上科普宣传教育新阵地。（王瑞艳）

【防震减灾科普大赛】 2022年3月，阳泉市防震减灾中心组织参加山西省防震减灾科普讲解大赛，全市获二等奖1名、三等奖1名。其中，平定县融媒体中心张丽晨于8月代表山西省参加全国防震减灾科普讲解大赛。8月至9月，组织参加山西省“地震科普 携手同行”主题征文活动，收集全市中小学师生作品涵盖文章、绘画、手抄报、书法、演讲五种类型，获一等奖1名、二等奖2名、三等奖和优秀奖12名，获奖数目在全省各地市中排名第二。（王瑞艳）

安全生产监督管理

【概况】 2022年，阳泉市应急管理局加强安全生产监管，防范化解重大安全风险，有效处置各类安全事故，为安全生产提供保障。全年共发生各类生产安全事故11起，死亡13人，同比事故起数减少2起，下降15.38%，死亡人数减少1人、下降7.14%；未发生较大事故，连续151个月杜绝重特大事故，比上年事故起数、死亡人数持平。全市亿元GDP生产安全事故死亡率为0.013，煤矿百万吨死亡率为0.116，重特大事故起数为0。全年未发生森林草原火灾，实现“零火灾”目标。（丁威清）

表52 2022年阳泉市各类安全责任事故统计表

行业种类	事故数量(起)	与上年相比(%)	死亡人数(人)	与上年相比(%)
采矿业	8	上升166.67	9	上升200
建筑业	2	下降33.33	2	下降33.33
其他行业	1	—	2	—
合　计	11	下降15.38	13	下降7.14

（市应急管理局）

【煤矿安全专项整治】 2022年，阳泉市应急管理局落实《山西省煤矿安全专项整治三年行动实施方案》，印发《全市煤矿安全专项整治三年行动治本攻坚实施方案》，排查和梳理影响煤矿安全生产的突出问题、共性问题。落实《煤矿安全监管专员制度》，每月定期到煤矿履行煤矿安全监管专员职责。执行煤矿矿长安全生产考核记分管理办法和副总工程师备案要求，年内累计认证注册审核33矿次，涉及安全管理人员49人，推动煤矿安全主体责任落实。推进重大危险源辨识评估和安全生产挂牌责任人制度，全市33座生产煤矿重大危险源评估报告备案，督促煤矿企业排除安全隐患，落实安全生产各项规章制度。加快推进煤矿企业信息化建设，全市所有在册煤矿完成“电子封条”建设联网任务，所有正常生产（建设）煤矿实现重要作业场所视频全覆盖，推动“互联网+安全管理”。印发《关于做好2022年度矿井瓦斯等级鉴定（测定）工作的通知》，开展煤矿瓦斯等级鉴定管理。全市34座矿井除4座不具备测定条件外，均完成瓦斯等级鉴定工作，并编制完成报告。落实瓦斯超限分级管理，印发《关于转发省厅〈关于加强煤矿瓦斯超限报警处置管理工作的通知〉的通知》，加强煤矿瓦斯超限报警处置，实行瓦斯超限每日零报告制度，提高瓦斯超限报警应急防范能力。（丁威清）

【非煤矿山领域安全监管】 2022年，阳泉非煤矿山企业56家，生产企业52家，基建期企业4家。其中金属地下基建矿山1座，金属露天矿山1座，非金属露天矿山11座，小型露天采石场41家，地质勘探单位1家，采掘施工企业1家。按照《山西省非煤矿山安全监管专员工作制度》要求，阳泉市应急管理局对全市非煤矿山安全监管专员进行调整，确定39名安全监管专员，实现全市非煤矿山安全监管全覆盖。4月1日，《山西省非煤矿山主要负责人安全生产考核记分办法（试行）》实行后，组织各县（区）局、市属重点企业召开全市非煤矿山主要负责人安全生产考核记分工作安排部署会，使非煤矿山主要负责人履行安全生产职责，依法依规组织生产建设。年内，2名非煤矿山企业主要负责人被一次性记6分，4名非煤矿山企业主要负责人被一次性记2分。对15家基建矿山企业建设项目安全设施“三同时”（建设项目的安全设施必须与主体工程同时设计、同时施工、同时投入生产和使用）

制度执行情况进行全覆盖检查,对违反安全设施“三同时”的2家企业建设项目予以严肃查处并公开曝光,做到“查处一个带动一片,惩处一个警示一地”。（丁威清）

【危险化学品领域安全监管】 2022年,阳泉市共有危险化学品生产企业5家,油库1座,加油站154家,普通经营企业45家，其中涉及重大危险源的危险化学品企业3家。民爆物品生产企业3家,销售企业1家。阳泉应急管理局严格安全准入,制定《阳泉市危险化学品安全“禁限控”目录(第一批)》，明确危险化学品禁止类目录82项,限制类目录54项和控制类目录28项。开展隐患排查整治,年内共检查危化品生产经营企业51个次,发现各类问题169条,制作现场检查记录169份,下达责令限期整改指令书3份，整改复查意见书3份。年内，全部完成整改，整改率达100%。强化安全培训,组织7家危险化学品企业主要负责人及安全管理人员进行相关法律法规、风险意识、事故警示安全培训。印发《阳泉市危险化学品监管执法人员培训实施细则》，按要求组织新入职和在职人员参加培训。开展危险化学品重大危险源企业包保责任人培训，有12人完成培训。（丁威清）

【冶金工贸领域安全监管】 2022年,阳泉市应急管理局按照《金属冶炼企业主要负责人安全生产考核记分办法》,累计对冶金工贸企业记分5次,扣11分,推动企业安全生产主体责任落实到位。对全市金属冶炼、涉爆粉尘重点企业开展专项执法检查,共检查企业6家,发现各类问题隐患30项，下达责令整改指令书6份,并向交办属地,责成相关县(区)加强跟踪督办，明确责任单位和责任人，确保所有问题隐患及时整改到位。印发《阳泉市应急管理局关于印发〈开展工贸行业安全生产专项整治“百日清零行动”工作实施方案〉的通知》,开展全市工贸行业安全生产专项整治“百日清零行动”,聘请专家对涉及企业进行专项“会诊”检查,累计检查相关企业29家,排查治理各类隐患129条，行政处罚13.5万元。（丁威清）

【工业企业安全监管】 2022年,山西兆丰铝电有限责任公司安全生产形势保持平稳有序,连续4年未发生轻伤及以上人身事故和一号文件严控事故,刷新公司安全生产周期。强化体系建设,压实安全责任,年度安全一号文件重点工作全部完成,修订完善37项安全管理制度，完成安全投入1621.27万元，组织全员辨识安全风险184处,更新措施1381条,累计开展专项安全风险评估212次。分析行业特性,强化安全数智支撑,通过安全管控数字化平台,全年排查治理隐患3041条,隐患随手拍1687次,建立二维码风险点689处,扫码动态巡检管控累计几十万次,平台答题参与率与使用率均达90%以上,实时跟踪动态扫码和隐患排查治理情况,将数智化管理贯穿安全管理全过程。推进安全生产标准化建设，狠抓检修工程、危险作业现场管理，季度检查4次,查处各类隐患问题667条,罚款8.05万元,所属单位保持标准化动态达标,电解铝获得上半年集团公司非煤单位验收第一名。落实年度安全短板补齐措施,执行139、140号文件,曝光习惯性违章和外委单位现场问题隐患339条,处罚11.15万元。夯实安全培训教育主体责任,抓实全员持证上岗,按照逢查必考、不走过场的原则组织安全抽考139场、2711人,合格率99.8%,“三项岗位”人员培训取证405人次。（孟　蕊）

【住建领域安全监管】 2022年,阳泉市住房和城乡建设局开展安全生产专项整治,开展安全生产“进工地、进社区、进企业”宣传活动22项次,发放宣传资料1200余份,1200余人次参加线上、线下安全生产宣传培训。开展“百日攻坚”行动,开展督导检查490余项次,抽查县(区)在建项目5项,下发停工通知25份,限期整改通知22份，发现各类安全隐患238条,全部完成整改。开展住建领域安全生产大排查大整治大提升专项行动。制定专项行动方案,成立专项领导小组,明确任务分工。截至年底,全市共检查421项次,发现一般隐患1920个,全部完成整改,无重大安全隐患。检查建设工程质量检测机构、预拌混凝土企业19个,通报存在问题企业3个，推送处罚1个,要求县(区)处罚2个。开展工程实体、工程检测、预拌混凝土生产质量等监督检查。共检查企业19个(建设工程质量检测机构8个、预拌混凝土企业11个),通报3个,向市城市管理局推送处罚1个，要求县(区)处罚2个。（李　俊）

【安全生产智能化】 2022年，阳泉市应急管理局在高危行业推进“机械化换人、自动化减人、智能化作业”,全年建设智能化矿井1座、智能化采煤工作面8处、智能化掘进工作面36处。开展阳泉冀东水泥公司建设“5G+智慧矿山”项目,矿车无人驾驶技术走在全省前列。推行分级分类监管，在各行业领域全面开展达标工作,督促全市所有正常生产的煤矿达二级及以上标准,非煤矿山、危险化学品等企业达到三级或合格标准。指导2家企业建成省级安全文化示范企业。（丁威清）

【安全生产专项整治】 2022年,阳泉市应急管理局印发《安全生产专项整治三年行动2022年重点任务清单》,明确年度具体任务。采取“每月督导、打分排队、提醒督办”等办法,解决大检查大整治大提升行动和专项整治三年行动的难点问题。年内，涉及阳泉市安全生产专项整治三年行动353项任务和大检查大整治大提升行动56项任务全部完成并通过省级验收。突出安全生产双重预防。组织12个重点行业对安全风险进行研判，提出46项防范措施。年内，全市共排查治理各类隐患3.05万条，责令限期改正企业2402家，关闭取缔25家，停产整顿133家，罚款1661.3万元，问责责任措施不落实人员55名，出台制度性成果29个。开展安全生产暗察暗访，对38条隐患问题制作成警示教育片，增强警示效果。（丁威清）

【安全生产宣传教育】 2022年，阳泉市应急管理局开展“专业技能＋安全监管＋应急指挥”培训，特邀请省安委办专家为各县（区）、市直部门主要负责人授课。市县应急局组织干部职工参加应急部网络培训和省应急厅应急管理大讲堂。6月16日，全市开展“安全宣传咨询日”活动，各相关部门开展安全生产咨询活动，向群众提供安全生产咨询服务，通过展板、宣传手册等形式，宣传安全生产知识。开展“主播讲安全”“主播走一线”“专家远程会诊”“美好生活从安全开始话题征集”“新安法知多少”“救援技能趣味测试”等多种线上活动。利用“安全生产月”活动，宣传贯彻新《中华人民共和国安全生产法》。在3个大型楼宇、100个电梯口、300台公交车电子显示屏，宣传安全生产法律法规和知识常识，营造良好安全生产氛围。（丁威清）

【华阳一矿安全生产】 2022年，华阳集团一矿坚持“无监管不作业”，紧盯跟班队干、班组长“两个关键人”，落实安全生产标准化月度达标规划，打造2个示范采区、7条精品掘进巷道、3个标准工作面，标准化推进项目完成132项，打造特色企业安全文化，组织安全培训507期，培训员工19909人次，加强职工教育培养，开展“二五”安全活动、事故案例警示教育等宣教工作，获“全国煤炭工业特级安全高效矿井”称号。（孟　蕊）

【华阳二矿安全管理】 2022年，华阳集团二矿制订《不安全站位专项整治实施方案》，总结采煤、拆安、掘进、机电、运输等8个专业123条作业现场不安全站位易发生事故的情形，严防严控零打碎敲事故发生。7月29日，二矿完成采矿许可证办理，采矿权人名称由山西国阳新能股份有限公司变更为山西华阳集团新能股份有限公司，矿山名称由山西国阳新能股份有限公司二矿变更为山西华阳集团新能股份有限公司二矿，解决了矿山名称与采矿权人名称、营业执照三者不统一问题。同时，开采深度由713.5米至463.3米向下延伸200米，变更为713.5至260.0米，解决了长达20年在批采标高外进行煤炭开采问题，避免在各类安全检查中出现越界和超深开采的隐患问题。（孟　蕊）

2022年6月16日，阳泉市2022年安全宣传咨询日活动在华阳一矿文化广场启动

（市应急管理局　供图）

【晋能控股集团阳泉公司安全生产】 2022年，晋能控股集团阳泉公司贯彻国家安全生产15条硬措施、晋能控股集团“136”安全管理模式等要求，压实企业主体、业务保安、监督管理三个责任，厘清总工程师、生产矿长和安全矿长三者关系，开展“夯实作风、重塑形象”“人人都是班组长”“五型三无”班组创建活动，高效统筹专项整治三年行动、大检查大整治大提升三大专项行动。贯彻落实上级安全管理文件210个，建立健全32项安全管理制度，发挥工作专班、定期研判机制效能，统筹劳动组织，突出人机协调，紧盯重大灾害治理，守住高突矿、高瓦斯矿不发生通风和瓦斯事故底线，加强八类重点水患管控，严格支护质量管理，做好机电运输设备全生命周期运行。全年瓦斯抽采钻孔96.7万米，瓦斯抽采量19984万立方米，钻探16.7万米，物探1122次。开展周四安全活动日和地面每周一次安全巡查，全年组织专项检查1244次，发现隐患问题37175条，查处“三违”6100起，罚款181万元。推进智能化工作面建设，程庄15314、上社15115综采工作面，程庄、上社、保安、和谐、二景智能化掘进工作面自验合格。开展79期4379人次职工技能培训，各类取证

培训1916人次,合格率100%。承担社会责任,完成电煤保供任务785万吨。所属7座生产矿井通过特级安全高效矿井验收,3座矿井保持国家一级标准化矿井验收。　（辛泽宇）

【荫营煤业安全管理】　2022年,荫营煤业公司聚焦安全生产,推进智能化、绿色化建设,通过淘汰落后工艺设备,选装适合公司实际的高效能低人力设备,本质安全水平得到提高。生态环保方面,推动绿色发展,固废管理成效突出,矿井水治理再上台阶,实现以生态之美成就荫营煤业发展新优势。　（武腾腾）

【固庄煤业安全生产】　2022年,固庄煤业多措并举推进安全生产。落实双重预防责任。根据2022年度安全风险辨识评估报告,按照安全风险分级管控要素要求开展工作面过空巷、安装、初采、末采、回撤安全风险专项辨识38次,对防止事故隐患产生起到安全管理关口前移作用。运用煤矿安全双重预防机制管理信息系统,实现风险隐患记录、跟踪、统计、上报、整改和销号,实施闭合管理,共录入各类隐患7611条、三违355条。制订安全生产大检查大整治大提升行动方案,针对安全责任落实、安全风险管控、隐蔽致灾因素及瓦斯、水、火、顶板等重大灾害治理情况,每周开展一次周安全活动日、每月开展一次全覆盖拉网式安全生产大检查,全面排查整治各系统、各环节、各作业点存在的风险隐患,矿自查46次,查出隐患问题1704条,迎接上级检查36次,对上级查出的460余条各类问题和隐患全部制订整改落实方案,累计隐患罚款102150元。坚持“反三违”不断线,全年共查处三违713人次、罚款179440元。履行“网格化”安全包保职责,每周对包保队组作业地点开展全覆盖大检查,全年实施挂牌检查41次,查出各类安全隐患679条,隐患到期整改率100%。开展安全专项整治三年行动“治本攻坚”任务,建立“一闭环、两杜绝、三公开、四考核、一追溯”的三年行动工作落实机制和“治本攻坚”工作实施方案,将矿井安全生产存在的难点、堵点问题及应完未完的整治任务,逐项纳入清单,共列出36项主要整治任务并按时完成。形成自保、互保、联保三位一体的安全管理机制,确保安全生产高质量运行。实现地面无轻伤、井下无重伤、安全生产“零伤亡”。　（杨晓宏）

消防救援

【火源管控】　2022年,阳泉市应急管理局组织森林草原火灾风险普查,开展“六清”(清坟边防坟火、清路边防路火、清地边防地火、清林边防林火、清林内企业防施工用火、清防火隔离带防野火)专项行动,加强林区电力、通信设施火灾隐患排查治理,加大对农事用火、林事用火、工程用火、祭祈用火等引发火灾治理力度,落实野外用火管理制度。全市共划分4010个防火管护网格、明确网格管理员6800余名、设立防火检查站735个、防火瞭望点503个,有22处林火智能视频监控全天候运转,严盯死守野外用火。　（丁威清）

【火灾预警】　2022年,阳泉市应急管理局组织林业、气象、公安、能源等多部门共进行7次专题会商,共同研判火险趋势,研究制订防控措施。发挥火险预警先导支撑作用,高火险期每日发布《火险天气等级预报》,共发布184期。向全市防灭火工作人员发送预警短信50万条次,编制“红橙黄”三色预警防控措施,推行“五+X”分级管控(五级火险区域实行F级风力分级强力管控措施),实现在重点时段、高火险、大风天气下精准防控。　（丁威清）

【消防智能接处警系统建设】　2022年,阳泉市消防救援支队聚焦“一短三快”(接警时间短,出动快、到场快、展开快)目标,完成全市“119”智能接处警系统建设工作。该系统具备语音智能识别,灾害类型、灾害地址、燃烧物质、被困人员等关键信息自动提取,报警人定位信息回传,智能生成调派方案,同步联动开启消防站警铃、车库门以及专属导航等功能,将全市消防救援接警调派时间压缩至40秒以内。　（王子奇）

【基层消防建设】　2022年,阳泉市消防救援支队印发《阳泉市人民政府办公室关于印发阳泉市进一步加强基层消防安全工作实施方案的通知》《阳泉市人民政府办公室关于进一步加强全市乡镇(街道)消防安全治理体系工作的通知》,全市31个乡镇、11个街道、1个城镇办、2个社区办建成基层消防工作站45个。组织各县(区)消防救援大队进驻消防工作站开展隐患排查、消防宣传、初起火灾扑救培训指导60余次,帮扶指导制订三大类档案文件,开创基层消防力量发展新路径。推动消防队站建设,城区滨河小型站投入执勤,支队培训基地(平定龙川工业园区消防站)全面竣工,华阳集团消防站主体完工,城区广阳路一级消防站开工建设,全市消防站点布局得到优化。（王子奇）

【建设工程消防审查验收】　2022年,阳泉市住房和城乡建设局严把建设工程消防监督关口。全年共办理消防验收项目42个;受理消防验收备案项目101个,对确定为抽查对象的16个备案项目进行现场检查,网上办理率达100%,按时办结率达100%。加强对必审必验及备案类建设工程消防施工过程的执法检查力度,共检查在建房屋建筑工程项目104个,化工类企业76家。对5家单位建设工程的消防违法行为实施消防行政处罚,共计罚款12.5万元。　（李　俊）

【消防应急救援】 2022年，阳泉市消防救援支队防范化解消防安全风险，应对处置各类灾害事故。全年全市消防救援队伍共接警出动1505起，出动指战员16019人次，出动消防车2715辆次，营救疏散被困群众89人，保护财产价值7878.4万元；检查单位6514家，发现隐患7476处，整改隐患7489处，临时查封157家，“三停”（停产、停业、停止施工）83家，挂牌重大火灾隐患单位19家。全年全市共发生火灾650起，伤3人，直接财产损失440.4万元，零死亡。市消防救援支队获全省消防救援队伍2022年度“先进支队党委”和“安全工作先进支队”。所辖泉中路特勤站获“全国五四红旗团支部”“全国119消防先进集体”，并荣立集体三等功，南山站获“一星级全国青年文明号”，郊区政府专职队获“全国执勤训练先进专职队”。郊区林业局王洋被国家林业和草原局授予“全国森林草原防火工作先进个人”称号。 （王子奇）

【消防安全专项整治】 2022年，阳泉市消防救援支队围绕“巩固提升、深入攻坚、重点突破”三大主线，开展“百日攻坚”“大排查大整治大提升”“自建房专项整治”等行动。指导14个乡镇完成消防专项规划编制、43个乡村消防基础设施建设改造，落实经费210余万元，推动市政消火栓建设。协调行业部门建立10类工作机制，推动全市230家重点行业单位完成消防安全管理达标创建。整治新材料新业态风险，推动全市消防安全专项整治三年行动圆满收官。 （王子奇）

【森林草原防火】 2022年，阳泉市编印《阳泉市森林草原防火规划（2021—2025年）》，通过开展“乡镇书记话防火”专访、森林防火“宣传+培训”“全村无火，户户抽奖”等不同形式进行森林防火宣传教育。在清明节、寒衣节、“五一”黄金周等关键时段以及森林防火高风险期防火督导检查工作，对责任落实、宣传教育、巡查巡护、隐患排查、值班值守等方面进行严格督查，发现问题及时解决。解决输电线路穿越林区造成的火险隐患“树线矛盾”，开展林区输配电设施火灾隐患专项排查治理行动，共查处线路隐患136处。落实网格化巡查和定点看护两项制度，筑牢森林草原防火“安全网”。市县两级从装备、设施、训练等方面强化防火专业队伍建设，市防火专业队获2022年度全省森林草原防灭火综合演练暨技能比武一等功。 （陈红莎）

【消防演练】 2022年，阳泉市消防救援支队坚持实战攻坚、实训赋能，出台练兵奖惩、预案编制、安全管控等相应制度，依托地方资源组建专业化体能教练团队，全面整合地震救援、水域救援两大体系专业队伍。先后开展全员考核10次、“考评式”拉动8次、特灾演练6次。组织舟艇驾驶、潜水、绳索、无人机等专业培训6次，110人次取得相关资质。举办“蓝焰·对决”冬训比武竞赛、“蓝焰·对决”秋季体技能对抗赛，共设置5000米跑、60米肩梯跑、百米负重、绳索攀爬上4楼、灭火救援操法、地震救援技术、200米游泳接力、业务理论等15项竞赛科目。先后获全省消防救援队伍2022年度冬训比武第3名和“强能杯”最佳组织奖。 （王子奇）

【消防宣传】 2022年，阳泉市消防救援支队为提高全民消防安全意识，开展消防宣传。特邀科幻作家刘慈欣、美食达人安秋金录制“消防公益说”视频；联合百度阿波罗公司推出消防宣传巡逻无人车，开展无接触消防宣传；制作播出《专家话消防》栏目26期；开展网络主题直播活动50余次；《汽车自燃消防安全提示》《出差路遇火情 阳泉消防异地秒出警》等7篇宣传素材被中央广播电视总台、山西省电视台转播。 （王子奇）

2022年6月15日，阳泉市消防救援支队组织开展水域应急救援实战拉动演练
（市消防救援支队 供图）

（责任编辑：朱 静）

城 区

【概况】 阳泉市城区位于市区中部偏南，管辖面积55.88平方千米。2022年，辖5个街道办事处53个社区居民委员会，托管1个镇12个村，常住人口22.45万人。

2022年，城区地区生产总值完成227.22亿元，比上年增长1.6%；服务业增加值完成192.13亿元，增长1.4%；规模以上工业增加值完成8.17亿元；全社会固定资产投资总额完成22.43亿元，增长13.3%；社会消费品零售总额完成122.77亿元；城镇居民人均可支配收入完成40761元，增长4.5%；一般公共预算收入完成29871万元。

首位产业 城区在全市率先启动夜经济，被认定为省级夜经济试点城市，“阳泉记忆·1947”文化园开园并获评省级夜间文旅消费集聚区和国家AAA级旅游景区，兴隆步行街获评省级夜经济集聚区。滨河、天桥、“阳泉记忆·1947”文化园三大商圈入驻商家1700户，滨河新天地获评省级步行街，滨河西、东营盘社区被认定为省级一刻钟便民生活圈试点社区。“中共创建第一城”旧址入选市级红色文化研学基地。城区被评定为全省养老服务模范区，阳坡垴社区获评全国示范性老年友好型社区，在11个社区先行先试“5G+智慧康养”。六大楼宇经济样板11栋楼宇，入驻商家1246户，带动就业1.34万人。

项目建设 全年实施项目44个，综合开复工率72.7%，小河村旅游基础设施、义井镇人居环境整治等32个项目全线开复工，爱麦佳面包厂等17个项目全面竣工。接续谋划储备项目133个，总投资268.54亿元，全年签约项目20个，签约额91.73亿元。

改革创新 推进“证照分离”“一业一证”和企业投资项目承诺制改革，政务服务事项承诺时限压缩79.76%，行政许可事项三级网办率100%，102项服务实现“一证准营、一码亮证”。推行“全代办”“三免一帮”服务，实行“包容免罚”，在全市首家办理“歇业备案”。开展市场主体建设年活动，城区存续市场主体达26530户，“四上企业”达173户。“阳泉记忆·1947”文化园入选中国改革2022年度地方全面深化改革典型案例。区属国有企业完成“六定”(定机构、定职数、定员额、定机制、定薪酬、定任期)改革，2个教育集团落实“五同”(同招生、同师资、同管理、同评价、同考核)措施，实行“大学区制”。推进区域医疗卫生一体化改革。勤工公司获评中国创新创业大赛山西赛区二等奖。全省首个市级能源数据中心项目落户城区。12家企业入选全省2022年科技型中小企业库，新增省级“专精特新”企业2家、高新技术企业3家，建成市级技术创新中心1家、高科技领军企业1家。万年花城、北岭社区获评全省科普示范社区。

城乡融合 完成瀑里采沉区治理搬迁、既有住宅加装电梯，大阳泉城中村改造开工并完成投资2.45亿元，天桥摩尔港公园对外开放。成功创建小河村、圪台村省级、市级乡村振兴示范村，完成神峪村、白羊墅村“三个一批”整村示范打造。农村产权交易平台实现运营，“清化收”债务化解完成率95%。壮大村集体经济，新增市级龙头企业2家、合作社11家、家庭农场1家，收入百万元以上村达10个，河下村获评省级村级集体经济发展先进村。

生态治理 坚持治山、治水、治气、治城协同推进，环境空气质量综合指数为4.83，优良天数比例达73.7%，细颗粒物平均浓度下降3微克/立方米。杨家山生态修复治理工程超额完成任务。推进全国文明城市创建，整治54条街巷、36个小区，将非物业管理小区全部纳入保洁区域，保洁面积达349.7万平方米。

民生保障 城镇居民人均可支配收入增长4.5%，新增就业204人，技能人才占比42.12%，登记失业率控制在2.2%以内，金三角社区获评国家级充分就业社区。开展文化惠民巡演1100场、送戏下乡48场。20所中小学"5+2"课后服务全覆盖。为6所学校配备228套护眼灯和190套智慧黑板。新增1所普惠性民办幼儿园。创建市级示范中医馆2个。未成年人保护工作站全覆盖。深入开展抓党建促基层治理能力提升专项行动，在全市率先推出"微网格"治理模式，共建共治共享迈出新步伐。市政府大院社区获评全国民主法治示范社区，德胜街、兴隆街社区获评全省民主法治示范社区。全区安全生产"零事故"，森林防火"零火情"，亿元GDP死亡率为零。全区刑事、侵财和电信网络诈骗案件发案率分别下降20.4%、23.6%和51.9%，禁毒社会化工作经验在全市推广，社会大局和谐稳定。（王 珍）

【城区区委十一届三次全体会议暨区委经济工作会议】 2022年1月6日，城区召开区委十一届三次全体会议暨区委经济工作会议。会议听取和讨论区委常委会工作报告，审议通过《中共阳泉市城区区委全会工作规则》，讨论决定城区推荐提名全省出席党的二十大代表人选，表决通过《关于批准韩文明同志辞去区委委员职务的决定》。会议提出2022年城区经济工作中的五个方面重点任务，即要构建现代服务业体系，开拓高质量发展新格局；要激发改革创新动力，走出智慧创新发展新路径；要坚持红色文化领航，打造文旅融合新品牌；要提升服务管理水平，开启康养品质新生活；要强化普惠民生保障，打造和顺幸福新家园。（王 珍）

【城区成立全市首批家庭教育指导中心（实践站）】 2022年4月29日，城区人民检察院联合城区妇联成立全市首批"家庭教育指导中心和家庭教育指导实践站"。市人民检察院和区妇联相关负责人共同为家庭教育指导中心揭牌，为南山路街道阳坡垴社区、下站街道兴隆街社区、阳泉市睿泽心理咨询有限公司3家单位颁发"家庭教育指导实践站"牌匾，并聘4人为"家庭教育指导师"。城区家庭教育指导中心（实践站）集未成年人矫治帮教、家庭教育指导、心理辅导、法治宣传等功能于一体，以促进未成年人健康成长为出发点和落脚点，通过各方联动，强化家庭监护责任，提升家庭教育能力，对未成年人进行立体化综合关爱帮扶，引导未成年人健康成长。（王 珍）

【城区被列为省级夜间经济试点城市】 2022年11月，山西省商务厅公布省级夜间经济试点城市名单，太原市迎泽区、阳泉市城区等7家单位入选。

年内，城区结合商圈发展实际，全力打造夜经济场景，重点抓好八大夜市建设。兴隆街夜市是城区打造的第一期夜间消费聚集区之一，街区经营商铺200余家，涉及本土小吃30多种、外地小吃60多种。在夜市经营的商家，都可以核销城区政府发放的"烟火气"消费券。夜市开市后，有效带动沿街商家门店销售额提升。

作为省级夜间文旅消费聚集区，"阳泉记忆·1947"文化园于2022年6月举办夜间美食音乐节，采用收入分成、无租金的合作经营模式，吸引阳泉市及其周边的20多家餐饮店和多个游乐项目入驻，夜市客流量达5万人次，成为周边居民休闲娱乐的好去处。

滨河新天地商业广场自2022年下半年开始，改扩建地下停车场、修复露天停车场地面，新增地下停车位200多个，商场总停车位逾800个，有力解决市民购物、逛街停车难的问题。

城区鼓励支持大型商业综合体、核心商圈门店以及品牌企业，推出夜场打折、深夜购物、深夜食堂、夜场旅游等夜间消费活动，优化夜间购物体验，繁荣夜间经济，打造"夜购""夜食""夜游"三大消费场景，形成阳泉夜间经济品牌特色与优势。（魏君烨）

【中国流动科技馆山西巡展走进城区】 2022年7月5日，中国流动科技馆山西巡展阳泉城区站活动在阳泉市展览馆启动。"中国流动科技馆"是具备科技馆的展览教育

2022年6月，城区夜间美食游乐音乐节在"阳泉记忆·1947"文化园举办

（城区党史研究室 供图）

模式和基本功能，采用小型化、模块化的互动展品及其他科普资源，进行流动展出的公益性基础设施。城区巡展活动主题为“体验科学、智创未来”，巡展时间为7月5日至31日的每周一至周五，活动免费向社会公众开放。活动设太空探索、地球秘密、人工智能3大类主题展区、50余件展品，孩子们可近距离感受科技魅力，激发青少年航天科学兴趣，提高青少年科学素质，在全社会营造尊重科学、崇尚科学的氛围。（王　珍）

矿　区

【概况】 阳泉市矿区位于阳泉市西南部，总面积87.27平方千米。2022年，辖6个街道办事处，44个社区，托管行政村12个，总人口约22.8万人。

2022年，矿区地区生产总值完成266.9亿元，增长6.5%；规模以上工业增加值突破200亿元，增长13%；一般公共预算总收入11.35亿元，增长19.5%；城镇居民人均可支配收入40402元，增长5%。获评“全国信访工作示范县区”“全国科普示范区”“省级党委（党组）理论学习中心组学习示范点”“省民族团结进步示范区”“山西省健康区”等荣誉。

产业转型　实施33个转型项目，产业投资达72.9%，民间投资增长8.7%。“5G+智慧矿山”稳步推进，建成2座智能化煤矿和57个智能化采掘工作面，一矿及其选煤厂成为山西省首个国家级智能化示范煤矿和智能化选煤厂，煤炭先进产能达90%以上。恒汇液压高精液压件、华越机械智能化改造等项目有序推进，丛鑫液压被认定为省级企业技术中心，5家企业成为市级产业链链主、链核企业，制造业投资增长182%。纳米超纯碳项目开始试生产，大南沟6兆瓦移动式瓦斯发电机组并网运行，签约完成硅酸铝纤维保温材料等项目，新增“专精特新”企业4家、战略性新兴产业企业4家。

助企纾困　出台48条细化举措，开展常态化入企服务，兑现三次产业发展和科技创新等奖补资金1782.5万元，协调解决企业融资贷款2.7亿元，新增减税降费及退缓税费2.2亿元，惠及市场主体4100余户次。矿区出台34条服务业纾困措施，培育9家市场主体达规上限。实施一系列刺激消费措施，发放1200万元数字消费券，带动消费4991.4万元。建成夜市一条街3个、夜经济消费点5个，赛鱼社区和桥头社区成为省级一刻钟便民生活圈建设试点社区，零售业销售额增长4.3%。大村民宿文化园主体竣工，中源、富山等康养项目有序推进。

乡村振兴　巩固拓展脱贫攻坚成果与乡村振兴相结合，投入资金540万元，脱贫人口人均纯收入增长17.5%，省级考核获评优秀等次。打造近郊特色农业，培育睿普山庄成为市级龙头企业，利阳五谷杂粮粉认证为富硒产品，农产品加工收入增长25.4%。赛鱼智慧农业示范园、南山羊肚菌绿色高效栽培等一批牵引性、示范性项目开工，半坡村获评市级乡村振兴示范村，大村村获评省级特色产业帮扶基地，12个行政村集体经济收入突破50万元，其中5个村突破100万元。“一村一策”推进美丽乡村建设。

改革创新　政府性融资担保机构市县一体化运营改革基本完成；“晋兴板”挂牌企业实现零的突破，县域挂牌展示企业数量增长7倍。街道综合行政执法改革基本完成，组建6个街道行政执法队，66项综合行政执法权下放街道。医疗卫生一体化改革扎实推进，村卫生所和乡村医生实现全覆盖。实施国家创新型城市建设三年行动，阳泉产业技术研究院新引入科研团队和企业9家，晋级省级新型研发机构。华阳集团获批山西省技术创新示范企业，阳煤联创工业数字化与数字资产技术创新中心升级为山西省技术创新中心，培育高新技术企业、高科技领军企业、科技型中小企业20家。新授权发明和实用型专利195件，每万人口发明专利拥有量3.68件。

营商环境　在全市率先试点开展“一窗受理、综合服务”，完善行政许可事项清单179项，优化涉企审批事项36项，开办企业仅需半天。

2022年8月16日，蔡西社区养老服务站启动　（矿区党史研究室　供图）

启动“跨省通办”,开展“24 小时不打烊”“潮汐窗口”等特色服务,20个事项下放至贵石沟街道水滩社区帮代办点,在邮储、农商等银行网点设立政务服务便民点。设立全市首家政务中心仲裁服务窗口,与华阳集团共同成立“营商护航法官工作站”。开展“市场主体建设年”活动,推动市场主体净增 3045 户,总量突破 1 万户,增长 36.4%。

民生保障 民生支出增长 13.2%,占财政支出的 79.56%。11 件民生实事全部完成,办结民生微实事 1084 件。6 个街道全部建立就业服务站,建成大学生就业创业基地和技能服务人才培养基地,开展技能培训 1455 人,技能人才占从业人员比重增长 13.24%;城镇新增就业 1310 人,脱贫劳动力务工就业 388 人,零就业家庭动态清零,城镇登记失业率控制在 3.9%以内。创新推出“人社码上办”“医保一事一码”,城乡居民基础养老、医疗保险财政补助标准分别提高 20 元、30 元,各项社会保险应保尽保。坚持“门槛”降低、范围扩大、标准提高,二次医疗救助人数较上年增长 25.4%。农村低保和特困分散供养 3 次提高标准,发放各类社会救助资金 3115.5 万元,落实临时救助、困境儿童帮扶等兜底保障政策。完成房屋产权登记确权颁证“清零行动”。退役军人优待证申领试点先行,申领率保持全市第一。

社会治理 增加专职网格员 214 名,6 个街道社会工作服务站全部挂牌;4 个新建社区养老服务站点投入运营,48 处企业移交社区活动场所改造基本完成。疑似残疾人诊断评定和残疾儿童抢救性康复救助服务项目综合完成率 152.31%。建成 6 个儿童驿站,实现街道未成年人保护工作站全覆盖。开展“八五”普法,提供免费法律咨询服务 4169 人次,完成特殊群体法律援助 60 件,满意率 100%。 (孙燕平)

【矿区区委十届五次全体会议暨区委经济工作会议】 2022 年 1 月 6 日,矿区召开区委十届五次全体会议暨区委经济工作会议。会议听取并讨论了区委常委会工作报告,审议通过《中共阳泉市矿区十届委员会全会工作规则》,投票确定矿区提名山西省出席中共二十大代表候选人推荐人选名单,对做好全区 2022 年经济工作作出部署和具体安排,对需要把握的重大问题提出要求。全会强调,要坚持稳中求进工作总基调,立足新发展阶段,完整准确全面贯彻新发展理念,抢抓构建新发展格局战略机遇,以推动高质量发展为主题,以深化供给侧结构性改革为主线,统筹发展和安全,以“一城三区”(产城融合创新城、枢纽经济开放区、绿色宜居品质区、智慧治理平安区)建设为发展路径,继续做好“六稳”“六保”工作,保持经济运行在合理区间,持续改善民生,保持社会大局稳定,以优异成绩迎接中共二十大胜利召开。 (李荷花)

【矿区国库集中支付中心获评“全国青年文明号”称号】 2022 年 1 月 7 日,阳泉团市委在矿区国库集中支付中心举行“全国青年文明号”授牌仪式。中心制定统一的服务规范、文明用语、工作人员守则,推行“首办责任制”,开通财政、支付中心、代理银行、国家金库专网,搭建了“财政预算管理一体化信息系统”平台,建立国库单一账户体系,将财政预算资金以及全区所有预算单位全部纳入系统管理,实现工资、民生资金直达个人账户,采购资金直达供应商和服务商,工程项目资金直达施工单位。确保财政资金及时准确高效。

中心组织丰富多彩的文体活动,参加“永远跟党走 奋进新征程”全省职工党史知识竞赛、庆祝中国共产党成立 100 周年合唱比赛、“万步有约”健步走激励大赛、庆“三八”党史知识竞赛,到社区开展“学雷锋”志愿者活动,开展建党 100 周年主题党日活动,唱响“青年文明号”主题歌等活动,展示青年文明号团结奋进、活泼向上、负有责任、奉献爱心的风采。 (王宏英)

【矿区率先在全省实现街道商会组织全覆盖】 2022 年 1 月 11 日,矿区赛鱼街道商会、沙坪街道商会正式注册登记成立。标志着阳泉市首批街道商会正式成立,填补阳泉市街道商会空白,街道商会建设进入新的历史阶段。1 月 12 日,矿区街道商会法人证颁证仪式在矿区政务服务大厅举行。区委统战部、区工商联、区行政审批服务管理局联合为蔡洼街道商会、桥头街道商会、平潭街街道商会、贵石沟街道商会颁发“社会团体法人登记证书”。截至 1 月 26 日,矿区 6 个街道商会全部登记注册成立,在全省率先实现县(区)街道商会组织 100%全覆盖、注册登记 100%全覆盖。街道商会完成登记注册实现商会身份合法化,开启法人治理结构管理,为商会的规范化建设奠定基础。 (王宏英)

【矿区在全市率先开展“一窗受理综合服务”试点】 2022 年,矿区将政务大厅涉及 10 个行业部门分类窗口整合 1 个综合受理窗口,所有事项按照“前台综合受理、后台分类审批、统一窗口出件”模式同步审批,变“串联审批”为“并联审批”,实现企业群众办事“认一窗”、多项审批事项“一次办”、所有证件“统一拿”,以综窗改革撬动政务服务大提升。推出六大集成服务,即推进服务窗口集成,实现“综窗服务”大格局;推进服务平台集成,实现“多网受理”大通道;推进审批标准集成,实现“一体审批”大服务;推进网络数据集成,实现“一网流转”大平台;推进证照信息集成,实现“统一出证”大系统;推进事项并联集成,实现“一业一批”大飞跃。使办事企业群众最多跑一次、一次不用跑,提高服务群众的质量和水平。（李荷花）

【矿区老旧小区配套基础设施改造项目】 2022年,矿区实施老旧小区配套基础设施改造项目。该项目列为市级重点项目,总投资0.64亿元,年度投资0.64亿元。建设内容为矿区蔡洼街道老旧小区配套基础设施项目改造,包括铁路小区(4栋)、辰光家园小区(13栋)、铁路家属楼(1栋)共18栋住宅楼,718户,总建筑面积46100.13平方米。截至年底,蔡洼完成工程量30%。项目总投资累计完成入统0.44亿元。（王宏英）

郊 区

【概况】 阳泉市郊区位于市区北部,管辖面积461.11平方千米。2022年,辖3乡3镇,85个行政村,14个城市社区,常住人口为27.59万人。年初,杨家庄乡和开发区社会事务服务中心整体托管到高新区。

2022年,郊区地区生产总值完成172.9亿元,增长3.8%;固定资产投资总额完成58.2亿元,增长12.1%;全社会消费品零售总额完成26.9亿元,增长0.7%;一般公共预算收入完成5.56亿元,增长18.8%;规模以上工业增加值完成53.7亿元,增长3.8%;城乡居民人均可支配收入分别为33399元、20106元,分别增长5.1%、5.5%。三次产业占比由1.8∶53.6∶44.6优化为1.8∶57.1∶41.1,经济结构更趋优化。

转型发展　组建现代装备制造产业管理中心,承接荫营工业园建设运营,12.5万平方米标准化厂房全部完工,总投资13亿元的基础设施提升项目有序推进。千亩坪农业园三大主题场馆封顶,实验温室完成首期试产。循环产业园医疗废物处置中心移建项目主体基本完工,东古村搬迁项目正式立项。全年实施65个投资项目,完成投资58.2亿元。争取上级资金3.6亿元。开展项目前期手续办理“百日攻坚”行动,手续办结率91.8%。山西省唯一入选全国EOD试点的绿荫晨熙小镇建设项目有序推进。全年新签约项目21个,签约项目投资额达201.1亿元;当年签约当年开工项目18个,新开工项目计划投资额达83.1亿元,弘盛通独立储能电站、先华影视基地等项目稳步推进。

三大产业　粮食产量达1530万千克,蔬菜、水果产量分别完成1.3万吨、1.1万吨,肉蛋奶产量分别为5856吨、7171吨、679吨,全区主要农产品产量保持稳定增长。提升金融服务现代农业水平,为15户农业科技企业发放贷款2322万元。煤炭产量达962.7万吨,增长3.4%,完成保供任务。新培育省级“专精特新”企业3家,累计达到10家。金隅通达通过国家级专精特新“小巨人”企业认定,实现郊区零的突破。规模以上工业企业数量新增13户,达到74户。工业战略性新兴产业增长12.1%,快于规模以上工业8.3个百分点。制造业投资增长12.6%,快于全区投资增速0.5个百分点。万达广场商业综合体、荫营古镇等项目建成营业。启动乡村e镇建设,郊区被确定为全省先行示范区。发放消费券1110万元,带动消费1.7亿元。

城乡发展　下荫营、老虎沟、南窑庄等村棚户区改造有序推进,桃坡、魏家峪棚改实现回迁安置,甘河、龙凤沟采煤沉陷区治理完成主体工程。G239改线河底苇泊至荫营段具备通车条件,太行一号旅游公路辛兴至后峪段实现全线通车。城市照明路灯节能改造全部完工,新城大道、李荫路等19条道路路灯全面更新换代。脱贫攻坚成果持续巩固拓展,就业总人数和省外就业人数实现“双增长”,脱贫人口人均纯收入12923元,增长17.8%。101个壮大村级集体经济项目有序实施,村级集体经济总收入达到1.5亿元,年收入10万元以下的村全部清零。固庄村获评全国民主法治示范村,老虎沟社区、坡头村创建为省级民主法治示范村(社区),桃林沟村入选山西省2022年度村级集体经济发展“十佳村”。

改革创新　区科创中心主体完工,星火金源、华坤机械等4家企业被认定为高新技术企业,天合新材料、日加科技等6个成果转化中试基地顺利建成。河坡发电低热值煤关键技术通过科技部重点研发专项中期评估,中科泓源固废利用项目入选省能源与节能环保领域重点研发计划,金隅通达、银宇新材料与山西工程技术学院共建的耐火材料工程(技术)研究中心获批省级高校工程(技术)研究中心。打好“退缓减免”组合拳,完成减税降费2.55亿元、留抵退税1.79亿元。开展金融促转型创新产品推介,为27户企业融资1.2亿元,提供应急周转资金1.98亿元。区供销社连续两年被评为山西省供销社综合改革先进集体。

生态环境　打好蓝天、碧水、净土保卫战,优良天数比例提高到74.9%,温河辛庄国控断面稳定达到Ⅳ类水体,水土流失治理1200公顷。能源产业结构转型、绿色转型加快,新能源装机占比29.3%。节能降耗工作连续两年受到全市表彰。持续落实“林长制”,完成造林1533.33公顷,森林覆盖率达26.1%。全面完成“非农化”“非粮化”和撂荒地整治任务,恢复耕地60.87公顷。“东梁庄623图斑”废弃矿山生态修复项目被列为全省示范工程。

社会事业　民生支出占一般公共预算支出比重在70%以上。区职业高级中学新校区建设有序推进,全国义务教育优质均衡先行创建区创建工作全面启动。城镇新增就业2007人，农村劳动力转移就业2108人，郊区蓝领职业培训学校被省人社厅授予“优秀技能服务人才培养基地”。医药支付方式改革持续深化，医保电子凭证全场景应用不断推进，参保居民医保待遇水平进一步提高。发放各类救助金、临时价格补贴、一次性生活补贴6548万元，完成特殊困难老年人居家适老化改造203户，兜住民生底线。食品安全保障水平稳步夯实，群众满意度提升4.3%。圆满完成房屋产权登记确权颁证“清零行动”任务，6000余户居民拿到“大红本”。 （云　霞）

【郊区区委十届三次全体会议暨区委经济工作会议】 2022年1月6日，郊区召开区委十届三次全体会议暨区委经济工作会议。会议对阳泉市郊区推荐提名山西省出席党的二十大代表候选人进行圈选，对2022年经济工作作出部署。会议要求，郊区要坚持稳中求进工作总基调，立足新发展阶段、贯彻新发展理念、服务和融入新发展格局，围绕省委全方位推动高质量发展的目标要求、市委“14510”总体思路和部署，以及区委战略定位，坚持以全方位推动高质量发展为主题，以供给侧结构性改革为主线，以改革创新为根本动力，统筹发展和安全，紧扣“争做转型发展表率，打造城乡融合样板”目标，继续做好“六稳”“六保”工作，大力发展园区经济，持续改善民生，保持社会大局稳定，以优异成绩迎接党的二十大胜利召开。 （云　霞）

【荫营镇获评全国“人民满意的公务员集体”称号】 2022年8月30日，郊区荫营镇人民政府在全国“人民满意的公务员”和“人民满意的公务员集体”表彰大会中获评“人民满意的公务员集体”称号，成为全市唯一获此荣誉的公务员集体。荫营镇人民政府领导班子全面贯彻习近平新时代中国特色社会主义思想，旗帜鲜明讲政治，创新理念办实事，始终坚持党的全面领导，团结协作、作风过硬，曾获评山西省爱国拥军模范单位、山西省三八红旗集体等荣誉。 （云　霞）

【咀子上村入选第四批全国乡村旅游重点村】 2022年11月15日，第四批全国乡村旅游重点村和第二批全国乡村旅游重点镇（乡）名单出炉。郊区西南异乡咀子上村是阳泉市唯一入选第四批全国乡村旅游重点村的村庄。咀子上村干群一心谋发展，精心打造官印山、农耕广场、乡村记忆馆、拾光广场、拾光隧道、“耐火路”等景点，连续举办山楂花节、苹果采摘节等节庆活动，规模发展农家乐，完善冬季冰雪项目，唤醒“沉睡”资源修筑特色民宿，多措并举打造农文旅融合范本。 （云　霞）

【东梁庄村农村土地二轮到期延包试点经验成为全国样板】 2022年9月16日，阳泉市郊区荫营镇东梁庄村农村土地二轮到期延包工作经验做法在《农村改革动态》第24期（总第165期）专题推介，成为全国样板。2021年9月，东梁庄村获批第二轮土地承包到期后再延长30年国家试点。阳泉市郊区成立以区委书记、区长任组长，农业农村、自然资源、妇联等14个部门主要负责人为成员的试点工作领导小组。延包工作坚持依法依规、尊重民意、严守政策法律边界，积极探索延包路径，经过组建机构、宣传发动、摸底清册、确定方案、核实填表、指界勾图、信息公布、合同签订、权证颁发、检查验收、资料归档11个环节，圆满完成延包试点任务。共签订延包合同377份，涉及家庭成员1185人，地块1086块，延包家庭承包地1398.38亩，整理档案资料409卷，扫描电子档案13995幅，为全面推进乡村振兴奠定扎实基础。 （云　霞）

【“五办”工作法获省政府通报表扬】 2022年，阳泉市郊区积极推进政务服务高效化、便民化，采取“免费办”“帮代办”“预约办”“网上办”“上

2022年，郊区咀子上村成为乡村旅游热闹打卡地。图为游客在咀子上村农家乐用餐
（郊区党史研究室　供图）

门办”的“五办”服务模式，多角度、全方位为办事群众和市场主体提供便利，被山西省政府作为全省深化“放管服”改革优化营商环境方面6项典型经验做法之一通报表扬。加快推进“免费办”，提供证照免费邮寄、企业首套印章免费刻制、免费打印复印，自助领取的“三免一自助”套餐，实现企业开办“零成本”；全面提供“帮代办”，设立“帮办代办”服务室，组建专业服务队伍，提供帮代办服务，实现群众办事“面对面”；大力推行“预约办”，针对办事群众“上班时间没空办、休息时间没处办”等问题，提供“5+2”政务服务，实现服务保障“不断档”；探索倡导“网上办”，建设“网上办”工作窗口，开发推广“阳泉市郊区政务在线”微信公众号，探索“掌上办”“指尖办”服务模式，打造“掌上政务”平台，实现政务办事“无纸化”；免费提供“上门办”，开通“市场主体倍增便民服务直通车”，变“坐等审批”为“上门审批”，实现服务群众“零距离”。（云　霞）

平定县

【概况】 阳泉市平定县位于市区东南部，总面积1390.94平方千米。2022年，辖8镇2乡218个村民委员会和19个社区居委会，常住人口30.36万人。

2022年，平定县地区生产总值完成159.46亿元，比上年增长3.0%；财政总收入完成12.41亿元，比上年增长11.5%；一般公共预算收入完成7.74亿元，比上年增长35.4%；规模以上工业增加值完成60.34亿元，比上年增长8.9%；社会消费品零售总额完成60.13亿元，比上年增长0.1%；居民人均可支配收入增长5.7%，高于经济增长水平。

产业更新　煤炭产量突破500万吨，产值58.4亿元，比上年增长31.8%，采矿业在规模以上工业增加值中比重为53.1%；新能源电池产业超越电力产业成为第三大支柱产业，新能源电池负极材料产业实现年产值13.3亿元，比上年增长95.4%；制造业增加值达到20.7亿元，比上年增长15.3%，在规模以上工业中比重为34.3%。砂陶产业蓬勃发展，全县砂陶产业主体达到118家，从业人员1400余人，产值2.6亿元。农业产业亮点纷呈，挂牌成立“山西农大阳泉富硒产业研究院”，认证富硒农产品28个；“延年翘”连翘茶和“蜂为媒”蜂蜜入选“有机旱作·晋品”省域农业品牌。文旅开发步伐加快，“太行一号”旅游公路平定段主线在全省率先贯通，“龙鼎湖”驿站、冠山书院小镇等景点成为“网红打卡地”，明长城娘子关段入选长城主题国家级旅游线路，下董寨村入选全国首批非遗和旅游融合发展优选项目。

第三产业　开展市场主体建设年、项目前期办理“百日攻坚”行动和优化营商环境“五清行动”（问题线索“清仓”、明察暗访“清障”、提质增效“清梗”、执纪问责“清污”、容错纠错“清风”），261家市场主体通过“智能审批”自行办理营业执照，“证照分离”办件量3423件，政务服务审批办结时限平均缩短6个工作日。出台《平定县总部经济优惠政策》，中国民企500强、全省龙头民企——山西鹏飞集团，成为平定县首家“总部经济”企业，“井井有鱼”“云上禾”等电商主体企业落地平定县，带动新注册市场主体1000余家，全年市场主体净增6695户，比上年增长28.9%。开展促消费活动，激发市场活力，发放政府消费券575万元，带动消费2552万元。

项目建设　招商引资签约项目24个，签约投资额170亿元，当年开工17个，开工率70.83%。谋划实施127个重点项目，完成投资66.07亿元，贝特瑞、中烜、中冀投锂电池负极材料等项目推进迅速；中烨二期锂电池负极材料项目、生物降解新材料年产6万吨PBAT项目及PBAT改性制品项目建成投产；中能建设二期100兆瓦风电扩建项目在全省同类项目中率先并网发电；汇能、阳胜、卫东、冠峪、伟峰等5家煤炭企业累计投入1.5亿元，完成智能化工作面改造7处；星火弘源400万吨/年活性氧化钙项目完成前期手续办理；207/307绕城改线工程全线通车；县文化中心主体全部封顶，东大街、评梅西街等14条道路雨污管网改造10.4千米，县城基础设施建设进一步完善。

城乡环境　广阳生态新城建设稳步推进，创新拆迁市场化安置办法，策划推进广阳生态新城开发和太行清凉小镇等建设项目，区域融合加快发展。规范整治店外经营和流动摊贩4000余处。粮源小区、志坤便民市场建成运行，设置南关、新北大街、大林山大桥等3个临时摊位疏导点。评梅广场、双拥公园等5座提标改造公厕投入使用。农村环境面貌有效改善，全县218个村实现环卫一体化服务全覆盖。甘泉井村成为全国乡村治理示范村。

生态环境　开展运煤专场扬尘整治、“散乱污”企业整治“回头看”和“净厂”等专项行动，电力、耐火、建材等重点行业有效治理，全年二级以上优良天数比上年增加42天，比例77.5%。履行“河长制”，加强超标排污口的管控、河道绿藻及垃圾清理，整治18个生活污水入河排污口，国、省控断面水质稳定达标。争取中央水污染防治资金2800万元，实施南川河人工湿地生态治理工程建设。实施土壤环境保护工程，常家沟、北庄等10处农村生活污水点、黑臭水体得到有效治理。

改革创新　完成国企改革三年行动任务，战略重组水务一体化公司，成立融信投资控股集团。经济技术开发区入选全省转型综合牵引性集成改革试点，龙川化工园区通过省级评审认定。创建天润恒德、贝特瑞2个市级技术创新中心，莹玉陶瓷创建市级新型研发机构，驿拓电子商务产业园被工信部中小企业局认定为“2022年国家小微企业创业创新示范基地”。评估认定高新技术企业11家，发展科技型中小企业41家，新增省级创新型中小企业3家、省级“专精特新”企业6家，成功申报全省创建中小企业高质量发展示范县。实施市级科技计划项目11项、开展第二届全民技术创新奖评选活动，19项优秀创新成果获得表彰奖励，平定县被命名为第二批全国科普示范县。

民生福祉　民生支出占一般公共预算支出的80.22%。社会保障巩固提标，城乡低保、特困人员救助供养、孤儿基本生活保障标准再次提升，发放各类补助救助资金1.35亿元，全县农村脱贫人口巩固率100%。持续推动稳岗就业，城镇新增就业4816人，转移农村劳动力3546人，城镇失业登记率3.9%。教育事业健康发展，评梅学校投用招生，平定一中(一期)工程顺利推进，办学条件持续改善，“双培计划”成效明显。医疗卫生机构一体化改革纵深推进，中医院项目建设主体完工，疾控中心项目进展顺利，县医院被省卫健委确定为“全省公立医院改革和高质量发展示范医院”。　（梁艳仙　洪晓琴）

【平定县委经济工作暨全县三级干部会议】 2022年2月16日，平定县委经济工作暨全县三级干部会议召开，会议以“主会场＋分会场”视频会议形式召开。会议坚持以习近平新时代中国特色社会主义思想为指导，全面贯彻党的十九大和十九届历次全会精神，深入贯彻习近平总书记视察山西重要讲话重要指示精神，总结2021年工作成绩，安排部署2022年经济社会发展各项工作。市委常委、平定县委书记李明出席会议并作题为《勇当排头　干在实处奋力谱写全方位推动高质量发展平定新篇章》重要讲话。县委副书记、县长郭满仓主持会议并对2022年经济工作做出具体部署。　（梁艳仙　洪晓琴）

【平定县人民法院执行局获评“全国法院先进集体”称号】 2022年1月，平定县人民法院执行局被最高人民法院授予“全国法院先进集体”称号。平定县人民法院紧紧围绕执行工作目标，狠抓执法办案第一要务，多措并举切实解决执行难的问题，全年共受理执行案件1626件，执行各类案件1623件，结案率为99.81%；全面实行执行财产网络拍卖，网拍涉案财产31次，成交金额800余万元。　（梁艳仙　洪晓琴）

【平定县获评国家传统村落集中连片保护利用示范县】 2022年3月，平定县被确定为传统村落集中连片保护利用(国家级)示范县。平定县挖掘自身传统村落文化脉络和特色资源，制定传统村落评价体系，提出传统村落集群保护利用模式，编制完成《平定县传统村落集中连片保护利用规划》，以娘子关中国历史文化名镇和34个中国传统村落为重点，打造以娘子关关隘及边关文化、岔口乡大前村自然风光及田园采摘特色旅游、冠山镇宋家庄传统“三八席”特色餐饮为代表的三大产业，并借助砂器制作、销售产业，创新活化保护利用模式，以点带面，探索以古村落保护开发利用与文旅产业深入融合的新经济发展模式，形成集“吃住行游购娱”于一体的完整产业链，形成推动乡村振兴新路径。　（梁艳仙　洪晓琴）

【平定县富硒　药茶产业集聚发展】 2022年，平定县深入贯彻省委、市委关于打造“山西药茶”品牌的战略部署，召开专题会议研究药茶产业，制定出台《平定县“山西药茶”产业发展实施方案》，推动乡村振兴产业发展。建成山西九州香农业开发股份有限公司，该公司以生产加工功能农产品富硒小米为主导，拥有年加工1万吨小米的加工流水线和系列包装设备，基地遍布全县9个乡镇、60余个村，面积达到333.33公顷，其中自有富硒试验示范种植基地13.33公顷及待垦荒地33.33公顷。投资6000余万元，先后建成山西冠霖农业科技股份有限公司、山西惠源四海农业科技有限公司、山西四通祥农业科技股份有限公司等数家

2022年8月，平定县富硒香谷子长势喜人　　（平定党史研究室　供图）

连翘药茶生产企业，并购置先进生产、加工、包装成套设备，批量生产连翘红茶、绿茶、清茶、普洱茶和桑茶、蒲公英茶、金花葵茶等药茶产品，全面提升药茶生产加工能力。截至年底，全县共有连翘种植面积3333.33公顷，其中人工种植333.33公顷，抚育野生连翘3000余公顷，药茶产量80吨，年产值4000余万元，每亩连翘基地收入可达5000元以上。平定富硒、药茶产业形成资源基地、精品加工、品牌响亮的集聚发展效应。（梁艳仙　洪晓琴）

【平定县打造“新能源电池小镇”】2022年，平定县瞄准国家产业政策导向，提升建设项目的“含新度”“含金度”“含绿度”，重点打造“新能源电池小镇”项目建设，项目总规划面积666.67公顷，布局为可再生能源发电项目400公顷，锂电池产业链项目266.67公顷，并配套生态保护和环境整治项目。截至年底，新能源电池小镇项目第一阶段建设主要内容是锂离子电池全产业链，包括上游的正/负极材料、电解液、隔膜和相关辅材，中游的电池装配以及下游的锂电池回收利用，具备负极材料年产2万吨、正极材料前驱体硫酸镍年产0.5万吨、配套辅材年产6万吨以及电池回收1万吨/年相关产业链条。（梁艳仙　洪晓琴）

盂　县

【概况】阳泉市盂县位于市区北部，面积2514.4平方千米。2022年，辖8镇5乡1个城镇社区办事处，277个村民委员会，11个居民委员会，常住人口为27.9万人。

2022年，盂县地区生产总值完成186.4亿元，比上年增长2.7%；规模以上工业增加值完成86.2亿元，增长2.8%；固定资产投资完成71.05亿元，增长12.5%；社会消费品零售总额完成60.3亿元，下降1.2%；一般预算收入完成14.05亿元，增长56.54%；城乡居民人均可支配收入分别达到39166元、18974元，比上年分别增长5.3%、5.7%。粮食总产量1.3亿千克。

产业发展　3座技改矿井改造基本完成，5个煤矿智能化掘进工作面进入收尾阶段，煤矿先进产能占比由64%提升到92%。全年生产原煤1630万吨，增长4.5%；发电109亿度，外送电力达到92亿度，增长40.2%。实施工业技改项目24个，完成工业投资5亿元，耐材等传统优势产业得到提升。推进全产业链培育，欧冶链金、弘盛益通、欧贝姆等大宗固废利用项目落地建设。三峡能源140万千瓦抽水蓄能电站项目列入国家中长期规划，开展平硐施工。数智城集聚企业31家，“城市大脑”一期项目正式启动。5G基站达到518个，县城建成区实现全覆盖。打造“时光·新天地”全县首家“夜食堂一条街”，新增限额以上商贸企业12家。开展多轮促消费活动，发放政府消费券1519万元，撬动比达到5.49，拉动消费7935万元。梁家寨温泉康养度假区入选全省首批文旅康养示范区创建单位，大汖古村成功创建国家AAA级旅游景区。

项目投资　坚持储备、推进、招引、服务四位一体工作机制，固定资产投资增长12.5%。开展项目建设看述评活动，西小坪耐材自动化升级改造、益林中药材、秀水商业街等项目当年开工当年投产。全县产业投资增长27%，工业投资增长23.7%，制造业投资比重上升2.3个百分点，增速超过50%。开展百日攻坚、堵点疏解等行动，项目前期手续办结率达到91.2%、反馈问题办结率100%。争取上级资金政策，全年争取专项转移支付4亿元，新增债券9.7亿元。争取政策性银行贷款2.5亿元。县城及周边村镇饮用水网扩容提质项目入选全省唯一JCSS（基础设施）基金水利项目。开展产业链招商，组织珠三角等地区专题招商活动，全年签约项目24个，签约资金223.8亿元，固投类到位资金31.49亿元，指标综合排名全市第一。

营商环境　开展市场主体建设年活动，出台系列政策，构建链长制、专业镇等十大平台，推动新能源、数字经济等七条重点产业链集群成链，大地海科成为全市绿色建材产业链“链主”企业，博远耐材等5家企业完成“小升规”。全年各类市场主体净增8494户，增长40.6%。强化政策落实。用足用好“退减缓降贷”政策组合拳，为符合条件的企业留抵退税6.57亿元，减免各项税收3.17亿元，减少企业财务成本6100余万元，向个体工商户投放贷款5700万元。深化“放管服”改革，开展“五清行动”，推进“一枚印章管审批”。一般新开办企业实现零成本、半天办结。全年办理审批事项近2万件，行政大厅“好差评”群众满意度达到99.8%。

改革创新　国企改革三年行动圆满收官，37家县属国有企业完成公司制改革，国运公司企业架构基本成形，“管资本”职能初见成效，全年上缴国有资本收益3200万元。开发区“标准地+承诺制+全代办”改革持续深化，“区内事、区内办”水平稳步提高。10万平方米标准厂房完善功能，具备入驻条件。对接洽谈项目63个，签约项目总额100亿元以上。新增“晋兴板”挂牌、展示企业30家，排名全省第三。完善“众创空间+孵化器+加速器+产业园”全链条孵化育成体系，支持5家企业研发费用2700余万元。盂县在线、山西化腾2家公司认定高新技术企业，裕光煤电、鑫磊能源等3家公司申报市级企业技术中心，海蓝环保被认定为市级新型研发机构，诺扬耐材获省级“专精特新”企业。

乡村振兴　整治复垦撂荒地266.67公顷，打造高标准农田3160公顷，基本农田由3万公顷增长到34666.67公顷。建成玉米绿色高效基地13333.33公顷。全年粮食产量达到1.36亿公斤。富硒紫苏、连翘、富硒苹果种植面积不断扩大，7家企业16个富硒产品通过“三品一标”认证。“点八”核桃露入选省“有机旱作·晋品”省域农业品牌名录。一产增加值完成6.2亿元，增长4.2%；农产品精深加工十大产业集群产值增长18.6%。投入各级衔接资金6802万元，实施乡村振兴产业项目70个，25个光伏电站完成扩容提质。创建3个省级、3个市级乡村振兴示范村。实施农村危房改造22户，改造提升农村供水工程40处。全县脱贫劳动力就业人数达到4298人，超省定目标13.3个百分点。完成农村集体资产权能改革10个村试点任务。40个村集体经济破百万元。

社会民生　民生领域支出达到29.47亿元，占财政总支出的82.5%。11件民生实事全面完成。开设全市首家公益性零工市场，建立24个乡镇社区就业服务站，技能培训4702人次，城镇新增就业5601人，城镇登记失业率3.4%。城乡低保、特困供养、居民医保缴费财政补贴标准再次提标。7所农村寄宿制学校改造完成，实验三小北村校区教学楼主体完工。“双减”工作持续推进，中小学课后服务实现全覆盖。县人民医院感染楼及住院楼项目开工建设，县中医院康养中心、县妇幼保健计划生育服务中心、县殡仪馆改扩建等项目主体完成，县中医院发热门诊和隔离病区正式投运。14条110公里登山健身步道建成。（陈贵兴）

【盂县县委经济工作暨全县三级干部会议】 2022年2月16日，盂县县委经济工作暨全县三级干部会议召开。

会议以习近平新时代中国特色社会主义思想为指导，认真贯彻党的十九届六中全会和中央经济工作会议、农村工作会议精神，按照省委十二届二次全会暨经济工作会议、省委十二届三次全会、省委农村工作会议以及市委十三届二次全会暨经济工作会议、市委农村工作会议部署，总结全县2021年工作，部署2022年工作，动员全县干部群众思变求进，奋勇争先，全方位推动高质量建设宜居宜业宜游区域强县。县委书记梁海昌出席会议并作重要讲话，对2021年工作进行系统总结，就进一步做好2022年全县经济工作和未来经济发展的目标方向、总体思路、工作原则提出明确要求。县委副书记、县长王拥国在分析研判盂县经济形势的基础上对2022年盂县的工作任务进行具体安排。（陈贵兴）

【招商引资签约项目落实】 2022年，盂县经济技术开发区完成“三个一批”中的“签约一批”项目8个，签约投资额23.5亿元。签约项目中开工项目6个，开工项目投资额17.5亿元，开工率74.47%。“开工一批”项目7个，计划总投资5.75亿元，开工项目中投产项目2个，投产项目完成投资0.2亿元，投产率3.48%。“投产一批”项目2个，总投资0.9亿元，其中产业项目2个，总投资0.9亿元，达效产业项目（实际产值占预计产值80%以上）2个，达效产业总投资0.9亿元，达效率100%。（陈贵兴）

【盂县获评全国休闲农业重点县】 2022年12月，农业农村部对外发布全国休闲农业重点县名单，经地方推荐、专家审核、网上公示等程序，60个县（市、区）被认定为2022年全国休闲农业重点县。盂县获评2022年全国休闲农业重点县。盂县挖掘具有地方特色的生态、文化资源，研究、完善专门针对休闲农业融资、用地、人才引进、提档升级等方面的政策，加速资源要素向休闲农业聚集；丰富休闲农业内涵，举办各类乡村旅游节庆活动，依托各类媒体宣传报道休闲农业与乡村旅游示范点，吸引更多游客深入农村，体验乡村生活；开展休闲农业培训，培育休闲农业优秀人才，把现代化的企业管理模式引入休闲农业发展，提升休闲农业从业人员管理技能和服务水平；农家乐、乡村民宿、休闲农庄以及康养科普教育基地等新业态逐步涌现。（陈贵兴）

【采煤沉陷区治理安置】 2022年，盂县完成自2015年开始的采煤沉陷区综合治理搬迁安置工作，完成5个乡镇18个村4951户，其中货币补偿安置8村1195户，集中新建安置10村3756户。货币安置包括路家村镇高家沟、营房沟、红涧沟、杨家峪、皇后村和孙家庄镇石店村、降香坪村。集中安置完成676户，包括路家村镇青崖头村和南娄镇旋坪村。在集中安置点建设方面，基本竣工户数2751户，包括秀水镇北庄村项目、孙家庄镇西崖底村项目、牛村镇牛家村项目、路家村镇阳光小区项目，相关村启动搬迁安置协议制订、旧房评估等工作。秀水镇大横沟村安置项目计划安置329户，8栋楼房完成主体封顶。（陈贵兴）

（责任编辑：赵晓蕊）

新任市级领导

刘文华 汉族,1967 年 10 月出生,山西昔阳人,研究生学历,农业推广硕士学位,1997 年 10 月加入中国共产党,1988 年 7 月参加工作。2001 年 3 月至 2003 年 7 月,任太原市委办公厅正处级秘书。2003 年 7 月至 2016 年 7 月,在太原市迎泽区工作,历任区委常委、组织部部长、区委副书记、代区长、区长、区委书记。2016 年 7 月至 2017 年 2 月,先后任太原市委统战部部长,太原市委常委、统战部部长。2017 年 2 月至 2020 年 11 月,任临汾市委常委、组织部部长。2020 年 11 月至 2021 年 8 月,先后任运城市委副书记,运城市委副书记、政法委书记。2021 年 8 月至 2021 年 9 月,任阳泉市委副书记、市长候选人。2021 年 9 至 2022 年 2 月,任阳泉市委副书记,市政府党组书记、副市长、代市长。2022 年 2 月,任阳泉市委副书记,市政府党组书记、市长。 (赵　鹏)

任建华 汉族,1965 年 5 月出生,山西宁武人,研究生学历,1984 年 10 月加入中国共产党,1983 年 9 月参加工作。1995 年 7 月至 2004 年 7 月,先后任代县县委常委、纪委书记、县委副书记。2004 年 7 月至 2006 年 6 月,任偏关县委副书记、县长。2006 年 6 月至 2009 年 8 月,先后任五台县委副书记、代县长、县长,五台山风景名胜区区长。2009 年 8 月至 2013 年 6 月,任偏关县委书记。2013 年 6 月至 2016 年 7 月,先后任山西省政府机关事务管理局副局长、党委委员、党组成员。2016 年 7 月至 2021 年 2 月,先后任阳泉市委常委,阳泉市委常委、组织部长、市委党校校长、阳泉行政学院院长,市委一级巡视员。2021 年 2 月至 2022 年 2 月,任阳泉市政协党组书记、主席。2022 年 2 月,任阳泉市人大常委会主任。 (高一梅)

郭卫东 汉族,1968 年 5 月生,山西河津人,研究生学历,1995 年 5 月加入中国共产党,1990 年 11 月参加工作。2005 年 8 月至 2014 年 4 月,任山西省委统战部四处(干部处)助理调研员、副处长、调研员。2014 年 4 月至 2016 年 2 月,任山西省委统战部民主党派大楼服务中心主任。2016 年 2 月至 2016 年 8 月,任山西省委统战部新社会阶层工作处处长。2016 年 8 月至 2017 年 12 月,任山西省委统战部一处(党派处)处长。2017 年 12 月至 2018 年 1 月,任阳泉市委常委。2018 年 1 月至 2020 年 1 月,任阳泉市委常委、统战部部长。2020 年 1 月至 2020 年 6 月,任阳泉市委常委、市委秘书长、统战部部长。2020 年 6 月至 2021 年 9 月,任阳泉市委常委、市委秘书长、统战部部长、市政协党组副书记。2021 年 9 月至 2022 年 2 月,任阳泉市政协党组副书记。2022 年 2 月,任阳泉市政协党组书记、主席。 (郭　亮)

先进人物

2022 年阳泉市获
全国“人民满意的公务员”人员

杨荷花　山西省阳泉市生态环境局副局长

2022 年阳泉市获
全国五一劳动奖章人员

温文文　山西新景矿煤业有限责任公司机电工区检修队副队长,高级工程师

徐金林　阳泉市顺达出租汽车有限公司共产党员车队队长

葛银平　山西晋明堂文化科技有限公司工艺师,工艺美术师、中级工

2022年阳泉市获
山西省五一劳动奖章人员

董腾飞　山西华阳集团新能股份有

限公司二矿采煤三队副队长
段　旭　山西华阳集团新能股份有限公司一矿通风工区工人
刘立宇　山西河坡发电有限责任公司设备管理部经理助理
武富善　盂县金刚玉石油压裂支撑剂有限公司维修工
李晓智　中国电信股份有限公司阳泉分公司办公室主任
梁贵军　盂县丽昌有色金属制造有限公司车间主任
高明亮　阳泉中环洁城市环境服务有限公司运营主管
李新良　中国人民银行阳泉市中心支行会计财务科科长
张卫华　阳泉市中级人民法院民事审判二庭庭长
郑　刚　山西中建基础设施建设运营有限公司总经理
齐　媛(女)　阳泉市矿区小南坑小学副校长
王建辉(女)　阳泉市第十一中学校教师
芦　晶　阳泉市疾病预防控制中心疾病检验科科长
任丽军　阳泉众城中通物流有限公司业务员
张艳芳(女)　平定县盈和紫砂研发有限公司职工

（市总工会）

表 53　2022 年阳泉市退役军人立功受奖情况表

序号	姓名	籍贯	立功情况	备注
1	王佳伟	河北省石家庄市井陉县	二等功 1 次 三等功 1 次	在工程扩散被覆作业中表现突出荣立二等功
2	李　涛	山西省朔州市山阴县	三等功	—
3	王志胜	山西省阳泉市平定县	三等功	—
4	赵卫东	山西省阳泉市平定县	三等功	—
5	李　伟	山西省长治市沁源县	三等功 2 次	—
6	冀凯朋	山西省阳泉市城区	三等功	—
7	范　军	山西省阳泉市郊区	三等功	—
8	吴晓鹏	山西省阳泉市平定县	三等功	—
9	程斌杰	山西省阳泉市平定县	三等功	—
10	王鹏程	河南省商丘市虞城县	三等功	—
11	翟培杰	山西省阳泉市郊区	三等功 2 次	—
12	王智慧	山西省朔州市应县	三等功	—
13	张佳伟	山西省晋中市昔阳县	三等功	—
14	刘　洋	山西省阳泉市郊区	三等功	—
15	李晓东	山西省阳泉市平定县	三等功	—
16	李　龙	山西省阳泉市盂县	三等功	—
17	马玉玺	山西省阳泉市盂县	三等功	—
18	余　斌	山西省阳泉市平定县	三等功 2 次	—
19	张育龙	山西省阳泉市平定县	三等功 2 次	—
20	王文军	山西省阳泉市平定县	三等功	—
21	王志军	山西省阳泉市平定县	三等功	—

续表

序号	姓名	籍贯	立功情况	备注
22	张艳军	山西省阳泉市平定县	三等功	—
23	赵志伟	山西省阳泉市平定县	三等功	—
24	朱秀军	山西省阳泉市平定县	三等功	—
25	郭文超	山西省阳泉市平定县	三等功	—
26	王　旭	山西省阳泉市平定县	三等功	—
27	王　爽	山西省阳泉市郊区	三等功	—

（市退役军人事务局）

先进集体

全国“人民满意的公务员集体”

阳泉市郊区荫营镇

全国工人先锋号

阳泉中环洁城市环境服务有限公司北大街扫保所

山西省工人先锋号

山西新景矿煤业有限责任公司综掘二队一组二班

国家税务总局阳泉市税务局收入核算科

山西银行股份有限公司阳泉分行平定支行

方大添加剂（阳泉）有限公司包装A班

山西贝特瑞新能源科技有限公司包装工段

（市总工会）

逝世人物

史吉文　男，汉族，中共党员，1943年7月出生，阳泉郊区人。1964年8月参加工作，1965年8月加入中国共产党。历任阳泉市郊区三都村党支部书记、革委会主任，郊区三郊公社党委副书记、革委会主任，郊区党委副书记、革委会副主任，郊区党委副书记、革委会主任，阳泉市乡镇局局长、党委副书记，阳泉市政府秘书长，政协阳泉市第九届委员会副主席。系阳泉市第七届、第八届党代会代表，第七届市委委员，市第十一届人代会代表。2003年10月退休。2022年6月病逝，享年80岁。（郭　亮）

彭喜平　女，汉族，中共党员，1959年2月出生，河南清丰人。1976年7月参加工作，1985年6月加入中国共产党，在职研究生学历，法学学士。历任中共阳泉市委党校讲师，共青团阳泉市委常委、办公室主任，共青团阳泉市委副书记（其间在山西大学马克思主义哲学研究生班学习），共青团阳泉市委书记，中共盂县县委常务副书记兼县委党校校长（正县级），中共阳泉市委党校常务副校长，阳泉行政学院常务副院长（副厅级），阳泉行政学院院长，阳泉市人大常委会党组成员。系共青团第十四次全国代表大会代表，中共山西省第九次代表大会代表，中共阳泉市第八届、第十届、第十一届、第十二届委员会委员，阳泉市第十一届人大常委会委员。2019年2月退休。2022年12月病逝。（高一梅）

（责任编辑：胡　蓉）

组织机构及负责人名录

中共阳泉市委员会

书　记　雷健坤(女)
副书记　刘文华
　　　　尚日红(7月免)
常　委　雷健坤(女)
　　　　刘文华
　　　　尚日红(7月免)
　　　　郭建文　李　明
　　　　呼亚民　师旭明
　　　　杨建军　李文兵
　　　　马　杰
秘书长　杨建军
常务副秘书长　崔晓亮(8月免)
　　　　　　　杨世英(8月任)
副秘书长　文武全(兼职)
　　　　　李昱平(2月免)
　　　　　王建义(2月免)
　　　　　卢晓刚(7月免)
　　　　　潘爱斌(2月任)
　　　　　邵瑞鹏(2月任)
　　　　　赵俊峰(7月任)

中共阳泉市纪律检查委员会
阳泉市监察委员会

市纪律检查委员会

书　记　师旭明
副书记　郭彦云　张华林　蔡学林
常　委　师旭明　郭彦云　张华林
　　　　蔡学林　李贵亮　刘秀成
　　　　王　磊　韩淑芳(女)
　　　　穆成明

市监察委员会

主　任　师旭明
副主任　郭彦云　张华林　蔡学林
委　员　王　磊　韩淑芳(女)
　　　　穆成明　魏雪云

市纪委监委副县级室主任

　　葛定星　马卉林(女)
　　史晓波(12月免)
　　柴树清　袁永军(2月免)
　　宋建军　胡彦召　胡永丽(女)
　　杨国太　赵雅婷(女)
　　王　枫(2月任)

市委工作部门

市委办公室[挂市委机要保密局(市国家密码管理局、市国家保密局)、市档案局牌子]

主　任　崔晓亮(8月免)
　　　　杨世英(8月任)
派驻纪检监察组组长　刘沁瑜(女)
市委国安办专职副主任　高　玮
督查专员　潘爱斌(2月免)
　　　　　贾德存(8月免)
　　　　　赵丽东(7月任)
　　　　　曹元君(女,10月任)

市委组织部(挂市委非公有制经济组织和社会组织工作委员会、市公务员局牌子)

部　长
常务副部长　唐　麟(2月免)
主持日常工作的副部长
　　　　　　梁　敏(女,2月任)
副部长　史喜平(兼职,2月免)
　　　　王文玉(兼职,2月任,3月去世)
　　　　王克波　王　玮
　　　　白俊平(2月任)
派驻纪检监察组组长
　　　　商广利(5月免)
　　　　赵　旭(女,9月任)
副组长　李若斌
市委党建办主任　王克波
市委非公有制经济组织和社会组织工委
书　记　王克波(10月任)

专职副书记　吕海明(10月任)
副书记　程继喜(兼职,10月任)

市委人才工作领导组办公室

主　任　王云飞(2月免)
　　　　王小燕(女,2月任)

市委宣传部(挂市精神文明建设指导委员会办公室、市人民政府新闻办公室、市新闻出版局牌子)

部　长　杨建军
主持日常工作的副部长　李　春
副部长　刘瑞平(女,2月免)
　　　　史志亮(7月任)　刘　鹏
派驻纪检监察组组长
　　　　徐晓琴(女,5月免)
　　　　王晓兵(6月任)

市委统一战线工作部(挂市民族宗教事务局、市人民政府侨务办公室牌子)

部　长　李文兵
常务副部长　刘海民(8月免)
主持日常工作的副部长
　　　　孙　毅(8月任)
副部长　赵永东(2月任)　白　平
　　　　王骞元(兼职,1月免)
　　　　程继喜(兼职,1月任)
市民族宗教事务局局长
　　　　白　平
派驻纪检监察组组长
　　　　郭艳芳(女)
副组长　王书霖

市委政法委员会

书　记　尚日红(10月免)
主持日常工作的副书记
　　　　王　镒(1月任)
副书记　冉志伟(2月任)　张　洁
政治部主任　史存瑞(4月任)

市委政策研究室(市委全面深化改革委员会办公室,加挂市国家资源型经济转型综合配套改革试验区工作委员会办公室牌子)

主　任　贾存宏
专职副主任　梁俊杰(2月免)
副主任　邵瑞鹏(2月免)
　　　　贾德存(8月任)

市委网络安全和信息化委员会办公室(挂市互联网信息办公室牌子)

主　任　王希礼
副主任　苏向东(1月任)　尚俊杰

市委机构编制委员会办公室

主　任　杨世英(8月免)
　　　　刘志军(8月任)
副主任　李忠何　段颖福(2月任)

市直属机关工作委员会

书　记　李丽新(女)
副书记　王瑞萍(女)　秦碰生
市直纪检监察工委
书　记　高红俊

市委巡察工作办公室

主　任　李贵亮
副主任　石文亮(7月免)
　　　　张青山　陈俊福(7月任)
市委巡察组正县级巡察专员
　　　　马贵智　刘以源
　　　　路晓明(2月免)
　　　　石文亮(7月任)
市委巡察组副县级巡察专员
　　　　窦　彪　段战军(2月免)
　　　　王向红(女)
　　　　张璟熙(女,6月任)

市直属机关事务管理局

局　长　冯　智
副局长　张伟东(5月免)
　　　　黄惠珍(女)
　　　　师天民(6月任)

市委老干部局

局　长　史喜平(2月免)
　　　　王文玉(2月任,3月去世)
副局长　史翠花(女)
　　　　李小林(女,2月任)

阳泉市人大常委会

党组书记　主任　王旭明(2月免)
　　　　任建华(2月任)
党组副书记　张永忠(2月免)
　　　　申　济(2月任)
副主任　张永忠(2月免)
　　　　张宝明(2月免)
　　　　申　济　郑清明　孔禄泉
　　　　赵素卿(女)
　　　　张俊堂(2月任)
　　　　唐　麟(2月任)
秘书长　赵文骥(2月免)
　　　　李昱平(2月任)
副秘书长　张利平(3月免)　桑晓飞
　　　　毛晋喜(3月任)　赵晓东

市人大常委会机关

党组书记　赵文骥(2月免)
　　　　李昱平(2月任)

市人大常委会工作机构

办公室

主　任　赵文骥(3月免)
　　　　李昱平(3月任)

调查研究室

主　任　乔军华(7月免)
副主任　武文玮(2月任)

法制委员会(法制工作委员会)

主任委员(主任)
　　　　吕志坚(女,3月免)
　　　　王耀东(3月任)
副主任委员(副主任)　何丽萍(女)
　　　　任晓辉

监察和司法工作委员会

主　任　董　英(女,3月免)
　　　　王玉明(3月任)
副主任(信访专职副主任)　张俊福
副主任　王建平

社会建设委员会

主任委员　王吉贵(2月免)
　　　　张宝安(女,2月任)
副主任委员　李东方(2月免)
　　　　赵俊如(2月任)

财政经济委员会

主任委员　闫　亮(2月免)
　　　　赵玉兵(2月任)

副主任委员　张慧清(1月免)
　　　　李姝芳(女,1月任)

教育科学文化卫生委员会

主任委员　侯润林(2月免)
　　　　李东方(2月任)
副主任委员　李姝君(女)

农业农村委员会

主任委员　邓宝柱(2月免)
　　　　尚向晖(女,2月任)
副主任委员　张国强(2月任)

因机构改革,市人大农村委员会更名为市人大农业农村委员会。

城乡建设环境保护委员会

主任委员　王玉明(2月免)
　　　　董　英(女,2月任)
副主任委员　康日魁

人事代表工作委员会

主　任　王和平
副主任　王　刚

民族宗教侨务外事工作委员会

主　任　尚向晖(女,3月免)
　　　　邓宝柱(3月任)
副主任　高建芳(女)
派驻纪检监察组组长
　　　　贾小梅(女,2月免)
　　　　袁永军(2月任)

阳泉市人民政府

党组书记　刘文华
市　长　刘文华(2月任)
党组副书记　常务副市长　郭建文
副市长　呼亚民
　　　　靳润喜(1月免)
　　　　李　君　句爱云(女)
　　　　石　峥(2月任)
　　　　米炳生(2月任)
秘书长　张俊堂(3月免)
　　　　王　刚(3月任)
副秘书长　梁爱卿(9月免)
　　　　王志平
　　　　王军民(9月任)　周培源
　　　　刘广利　韩千来
　　　　张少波(3月任)

市政府机构

市人民政府办公室

党组书记　张俊堂(2月免)
　　　　王　刚(2月任)
主　任　张俊堂(3月免)
　　　　王　刚(3月任)
派驻纪检监察组组长　王吉明
督查专员　商永波　刘俊峰

市发展和改革委员会(挂市粮食和物资储备局牌子)

党组书记　石　峥(2月免)
　　　　赵建军(2月任)
主　任　石　峥(3月免)
　　　　赵建军(3月任)
党组副书记　王建源(2月任)
副主任　郭志强(3月免)
　　　　王建源(3月任)
　　　　张忠灵　陈　动
派驻纪检监察组组长　张素庭

市教育局

党组书记　局长　武　雪(女)
副局长　岳文明　刘敬华
派驻纪检监察组组长　王兰英(女)

市委教育工委

书　记　武　雪(女)
专职副书记　王　涛

市科学技术局

党组书记　局长　董增寿
副局长　黄洁诚　李雪枫
　　　　胡青松(挂职)

市工业和信息化局(挂市人民政府国有资产监督管理委员会、市民营经济发展促进局牌子)

党委书记　朱红梅(女,2月免)
　　　　王文生(2月任)
局　长　朱红梅(女,3月免)
　　　　王文生(3月任)
党委专职副书记　陈志斌
副局长　石文斌(5月任)
　　　　王开英(3月免)　王洲平
派驻纪检监察组组长　赵　忠

市公安局

党委书记　局长　靳润喜(1月免)
　　　　米炳生(1月任)
党委副书记　张峥嵘(8月免)
　　　　陈志杰(9月任)
常务副局长　张峥嵘(9月免)
　　　　陈志杰(10月任)
副局长　仇利军　张晋龙　韩文明
　　　　赵海金(1月任)
政治部主任　李　武
派驻纪检监察组组长　高艳军
治安管理支队支队长
　　　　郭建勇(1月免)
国内安全保卫支队支队长
　　　　石建军(1月免)
　　　　岳　江(1月任)
刑事侦查支队支队长(空缺)
看守所所长　张铁红
西城分局局长　韩文来
高新区分局局长　贾国栋(6月任)

因机构更名,市公安局经济技术开发区分局更名为市公安局高新区分局。

交通警察支队

支队长　赵前进
政　委　王尚举

市民政局

党组书记　李海民(4月免)
　　　　樊志红(4月任)
局　长　李海民(5月免)
　　　　樊志红(5月任)
副局长　翟建光　张　云(女)

市司法局

党组书记　冉志伟(2月免)
　　　　路晓明(2月任)
局　长　冉志伟(3月免)
　　　　路晓明(3月任)
副局长　卢珍柱　张　帆(女)
政治部主任　王佳君

市财政局

党组书记　局长　巨建军
副局长　赵永东(3月免)
　　　　叶文鑫(3月免)
　　　　康建光(8月任)
　　　　杜丽梅(女,3月任)
派驻纪检监察组组长　袁丰庆

市人力资源和社会保障局

党组书记　孙　毅(8月免)
　　　　崔晓亮(8月任)

局　长　孙　毅(9月免)
崔晓亮(9月任)
副局长　张小军　赵建明
孙玉华(女)
派驻纪检监察组组长　白振才
副组长　李春元

市规划和自然资源局(挂市林业局牌子)

党组书记　局长　杜平华
副局长　王洪波(7月免)
肖卯怀(7月免)
李　旭(7月免)
郗新华(7月免)
曹　浩(7月免)
陈　海(7月免)
尹宝珍(10月免)
王志伟　范晓力

市生态环境局

党组书记　局长　陈步瑜
副局长　高小选(11月免)　李瑞明
胡贵卿(10月免)
杨荷花(女,11月任)
石　森(11月任)

市住房和城乡建设局

党组书记　局长　郭爱聪
党组副书记　李　明
副局长　李　明　张小武
梁　明(8月免)
李瑞峰(8月任)
派驻纪检监察组组长　崔丽青(女)

市城市管理局(挂市城市管理综合行政执法局牌子)

党组书记　赵建军(2月免)
闫献忠(3月任)
局　长　赵建军(3月免)
闫献忠(5月任)
副局长　田联虎　李瑞峰

市交通运输局

党组书记　局长　梁　庆
副局长　曹慧晟(6月免)　史连海
武永庆(6月任)
曹　阳(兼职,4月免)
薛伟民(兼职,4月任)
派驻纪检监察组组长
陈　峰(2月免)
段战军(2月任)

市水利局

党组书记　局长　王吉魁
副局长　贺占忠　孟晓强
派驻纪检监察组组长　王军平

市农业农村局(挂市乡村振兴局牌子)

党组书记　局长　闫立彪
副局长　闫贵寿(6月免)　李鹏飞
高　宏　段红星(10月免)
刘沛华(10月任)
派驻纪检监察组组长　贾双峰

市商务局(挂市促进外来投资局牌子)

党组书记　刘志军(8月免)
梁爱卿(8月任)
局　长　刘志军(9月免)
梁爱卿(9月任)
副局长　刘振华(5月免)
董　锁(5月免)　程建军
刘广顺(6月任)

市文化和旅游局(挂市文物局牌子)

局　长　张立君
党组书记　米　楠(6月任)
党组副书记　米　楠(6月免)
副局长　米　楠(6月免)　贺志强
马宏凯(3月任)
田　玲(女,9月任)
派驻纪检监察组组长　赵红卫

市卫生健康委员会

党组书记　主任　段宏华
副主任　赵海贯(3月免)
赵　旭(女,10月免)
王　昀(3月任)　尹　亮
赵红梅(女,10月任)
派驻纪检监察组组长
陈　峰(2月任)

爱国卫生运动委员会

专职副主任　李树成(5月免)

市退役军人事务局

党组书记　王建华(2月免)
郭志强(2月任)
局　长　王建华(3月免)
郭志强(3月任)
副局长　崔建明　刘广顺(6月免)
卢晓刚(7月任)
宋永强(兼职,3月任)
派驻纪检监察组组长
郝田庆(2月任)

市应急管理局(挂市地方煤矿安全监督管理局牌子)

党委书记　局长　孙金宁
副局长　毕映楷　田俊茂　王植彬
派驻纪检监察组组长
王军民(8月免)
尹宝珍(9月任)
政治部主任　刘　涛

市审计局

党组书记　局长　郗文保
副局长　郭海天　李　军
黄慧文(女)
总审计师　董海庆

市人民政府外事办公室(挂市人民政府台港澳事务办公室牌子)

党组书记　主任　张丽娟(女)
副主任　王希田　陈　波

市市场监督管理局(挂市知识产权局牌子)

党组书记　王　刚(2月免)
王建华(2月任)
局　长　王　刚(3月免)
王建华(3月任)
副局长　荆忠海　刘建民
张宝安(女,3月免)
孙玉平　李立新
杜文明　李建明
派驻纪检监察组组长　彭　飞

市体育局

党组书记　局长　姚文新
副局长　王满田(3月免)
张亚辉(1月任)
李潇泽(3月任)

市统计局

党组书记　局长　和继明
副局长　张志忠　葛云琳(女)
调查监测中心专职副主任　荆贵生

市医疗保障局

党组书记 王耀东(2月免)
朱风雷(2月任)

局 长 王耀东(3月免)
朱风雷(3月任)

副局长 朱风雷(3月免)
杨 瑞(女)
王计芳(女,9月任)

市行政审批服务管理局(挂市政务信息管理局牌子)

党组书记 局长 魏海文

副局长 魏京军 朱建芳(女)
牛建东

市信访局

党组书记 局长 文武全

副局长 赵宏伟(3月免)
延素荣(女,3月免)
郭朝辉(3月任)
刘 强(3月任)

市政府金融工作办公室

党组书记 主任 郭玉霞(女)

副主任 耿春梅(女) 李美军

市能源局

党组书记 局长 樊文平

副局长 王文生(3月免) 黄瑞刚
刘世伟(6月任)

市人民防空办公室

党组书记 主任 陶文平

副主任 魏小宝 陈树民

市大数据应用局

党组书记 局长 高永恩

副局长 王 晓(8月免) 尹喜平

政协阳泉市委员会

党组书记 郭卫东

主 席 任建华(2月免)
郭卫东(2月任)

党组副书记 任建华(2月免)
李文兵(兼职) 王良义

副主席 王良义 徐本宁 张立君
史友松 武建功
杨红梅(女)
王建义(2月任)

秘书长 焦文录

副秘书长 王宇翔(2月免)
张亚辉(2月免)
李瑞兴(2月任)

市政协机关

党组书记 焦文录

市政协工作机构

办公室

主 任 焦文录

研究室

主 任 苏向东(2月免)
梁俊杰(2月任)

副主任 杨国威(2月任)

提案委员会

主 任 张贵红

经济委员会

主 任 弓林柱(2月免)
王式清(2月任)

农业和农村委员会

主 任 李瑞兴(2月免)
王保柱(2月任)

教科卫体委员会

主 任 王式清(2月免)
李俊贤(2月任)

社会法制委员会

主 任 韩 静(女,2月免)
赵惠英(女,2月任)

文化文史和学习委员会

主 任 王保柱(2月免)
刘瑞平(女,2月任)

派驻纪检监察组组长
李俊贤(2月免)
贾小梅(女,2月任)

阳泉市中级人民法院

党组书记 院长 王东旭

党组副书记 刘铁牛

主持日常工作的副院长 刘铁牛

副院长 黄计生

派驻纪检监察组组长 韩承沛

政治部主任 徐 冉

审判委员会专职委员 王秀明(女)
吕泉生

阳泉市人民检察院

党组书记 王廉允(1月免)
张世荣(1月任)

检察长 王廉允(1月免)
张世荣(2月任)

党组副书记 曹志勇

主持日常工作的副检察长 曹志勇

副检察长 杨喜平

检察委员会专职委员 车建丽(女)
张存庆

政治部主任 许明亮

派驻纪检监察组组长 辛学龙

群众团体

市总工会

主 席 张永忠

党组书记 程继喜(1月免)
朱红梅(女,2月任)

常务副主席 程继喜(5月免)
朱红梅(女,5月任)

副主席 张建军 杜 莉(女)
杨海平
张建起(兼职,5月免)
张小军(兼职)
梁凤珍(女,挂职)
张旭升(兼职,5月任)
任海平(兼职)

经费审查委员会主任 石文辉

市妇女联合会

党组书记 主席 卢东华(女)

副主席 苏秀莲(女,1月免)
康翠荣(女,2月免)
罗艳春(女,3月任)

张芳芝(女,3月任)
万丽华(女,兼职)
屈瑞洁(女,挂职)

市妇女儿童工作委员会

办公室主任　王瑞花(女,6月免)
王文华(女,6月任)

中国共产主义青年团阳泉市委员会

书　记　蔺志鹏
副书记　尚观宇
田　玲(女,8月免)
王贺椿(女,8月任)
王　晨(挂职,9月免)
刘罡明(挂职,9月免)
王　丽(女,兼职,9月免)
高志勇(挂职,9月任)
郭凯华(挂职,9月任)
朱云飞(兼职,9月任)
刘　茜(女,兼职,9月任)
市少工委主任　李小华(女)

市科学技术协会

主　席　杨红梅(女)
党组书记　李曜雷(女)
副主席　王素琴(女,3月免)
史向中(3月任)

市文学艺术界联合会

党组书记　侯讵望(2月免)
王开英(2月任)
主　席　侯讵望(2月免)
王开英(9月任)
副主席　赵存珍(1月免)
王素琴(女,9月任)
米　楠(兼职,9月任)
赵瑞玲(女,兼职,9月任)
侯永斌(兼职,9月任)
张东红(兼职,9月任)
庞宏亮(兼职,9月任)

市残疾人联合会

党组书记　理事长　王富明
副理事长　史向中(1月免)
王俊德(12月免)
郭广姝(女,3月任)

中国国际贸易促进委员会阳泉市支会(中国国际商会阳泉商会)

党组书记　任时杰
会　长　石文斌(5月免)
副会长　贾海莲(女)
苗志明(3月任)

市归国华侨联合会

主　席　张志强(兼职)
专职副主席　王少岩(女)

阳泉仲裁委员会

主　任　段怀平
副主任　姜彦杰

市红十字会

党组书记　胡长卿(9月任)
专职副会长　胡长卿(10月任)

市法学会

党组书记　王　镒(2月任)
专职副会长人选　赵克玉

其他机构

市工商业联合会

主　席　赵素卿(女,2月免)
齐敏芝(女,2月任)
党组书记　王骞元(1月免)
程继喜(1月任)
常务副主席　程继喜(2月任)
副主席　郭晋兴

市委党校(阳泉市行政学院、阳泉革命传统教育学院、阳泉社会主义学院)

校长(院长)
常务副校长　赵俊明
常务副院长　赵俊明(4月任)
副校长　刘海峰(2月免)
李青魁　闫书锋
常巍东(2月任)
副院长　刘海峰(3月免)
李青魁　闫书锋
常巍东(3月任)

市委党史研究室(市地方志研究室)

主　任　郭玉珠(2月免)
王志平(2月任)

副主任　董雪卉(女)　刘玉林
苏小平(女)　张卫萍(女)

阳泉日报社

社　长　高海明
总　编　刘　峥(女)
副总编　王　丽(女,8月免)
邢立芳(女,7月任)
马　芳(女,8月任)
副社长　刘　鹏(7月任)

市档案馆

馆　长　张医才
副馆长　霍世龙

市新闻中心(市精神文明建设指导中心)

主　任　侯永斌(7月任)
副主任　史志亮(7月免)
苏红霞(女)
穆瑞信(7月任)

市综合检验检测中心

主　任　李卫平
副主任　武文霞(女)　侯明非
赵小勇　石　晶(女)

市中小企业发展中心(市民营企业发展中心)

党组书记　主任　董　璋
副主任　刘玉寿　刘鸿钢

市招商中心

党组书记　主任　孙铁玲(女)
副主任　王占山(3月免)
石迎春
冯晓琴(女,3月任)

市人民政府发展研究中心

党组书记　主任　吴东作
副主任　赵全生

市广播电视台

党组书记　台长　王　浩
总编辑　王大江
副台长　高海平　侯永斌(8月免)
吴　驿　郝文彤(8月任)
吕　涛(女,8月任)

市供销合作社联合社

党组书记　延鹏翀
理事会主任　延鹏翀(9月任)

副主任 苏秀莲(女,9月任)
郭 艳(女,9月任)
焦 健(9月任)
监事会主任 光喜珍(9月免)
轩宗山(9月任)

市高新技术产业园区管理服务中心
主 任 张五太(1月任)

市住房公积金管理中心
党组书记 主任 崔建立(7月免)
高翠敏(女,7月任)

市项目推进中心
主 任 赵 晏(女)

市委信息化中心
主 任 赵雪青(女)
副主任 戚高伟 冯素红(6月任)

市委讲师团
团 长 苏恒亮

市事业单位登记事务中心
主 任 李东明

市机关后勤保障服务中心
主 任 周照华(6月免)

市老年大学(市老干部教育活动中心)
常务副校长(主任)
赵惠英(女,2月免)
郝丽花(女,2月任)

市工人文化宫
主 任 权红红(女)

市工会职工服务中心
主 任 李淑荣(女)

市人民政府驻北京联络处
处 长 杨日祥

阳泉职业技术学院
党委书记 李忠义
院 长 郝家龙
党委副书记 郝家龙 赵 强
副院长 李海忠 梁永庆 王海平
纪委书记 赵志鹏

市工业干部学校
校 长 李巧生

山西省农业广播电视学校阳泉分校
校 长 闫丽新(女)

阳泉师范高等专科学校
党委书记 任晓华
校 长 安道星
党委副书记 安道星 石鼎鼎
副校长 赵瑞玲(女) 吴志鹏
王晓云(女)
纪委书记 郑文君(女)

市第一中学校
党委书记 赵 鉴
党委副书记 校长 史生岗
副校长 申建军 宋卫明 张一鹏

市第二中学校
党委书记 李增秀
党委副书记 校长 卢晓东
副校长 赵林亮 薛 辉 张 冰

市第三中学校
党总支书记 张瑞军
党总支副书记 校长 武世明
副校长 王文莉(女) 张盛峰
吴继先

市第四中学校
党支部书记 (空缺)
党支部副书记 校长 梁转孩(女)

市第六中学校
党总支书记 武 瑾
党总支副书记 校长 崔戎辉

市第七中学校
党支部书记 郭建忠
党支部副书记 校长 任国文

市第十中学校
党支部书记 荆翔阳
党支部副书记 校长 杨 胜

市第十一中学校
党委书记 李晓文
党委副书记 校长 朱晋艺(女)
副校长 白敦华 赵青凡 赵永军

市第十二中学校
党支部书记 史克利
党支部副书记 校长 李文珠

市第十三中学校
党支部书记 郭志明
党支部副书记 校长 李文生

市第十四中学校
党支部书记 冯丽萍(女)
党支部副书记 校长 张毅军

市第十五中学校
党总支书记 (空缺)
党总支副书记 校长 高瑞斌
副校长 杨 军 赵军华
郭丽萍(女)

市第十六中学校
党支部书记 温文平
党支部副书记 校长 毛平平(女)

市第十八中学校
党支部书记 史燕生(女)
党支部副书记 校长 范双友

市第十九中学校
党总支书记 马文明
党总支副书记 校长 杨志明

市实验中学
党支部书记 刘宏彬
党支部副书记 校长 刘锁贞
副校长 曹春义 张志香(女)

阳泉开放大学(阳泉老年开放大学)
校 长
副校长 董志功 韩继全 闫清泉

市招生考试管理中心
主 任 常 征

市城镇集体工业联合社
党委书记 主任 何 勇
副主任 刘晋明 潘喜云

市社会福利院
院 长 任刚瑞

市晋东公证处
主 任 (空缺)

市国库集中支付中心(市数字财政管理中心)
主 任 陈 丽(女)

市公共就业和人才服务中心
主 任

市社会保险中心
主 任 陈海滨

市人事考试中心
主 任 任晓忠

市劳动保障监察综合行政执法队
队 长 杨忠英

市国土绿化和生态修复中心
主 任 刘建忠

市自然资源综合行政执法队
队　长　马　辉
市生态环境保护综合行政执法队
队　长　马启富(10月任)
市生态环境监测和应急保障中心
主　任　(空缺)
市政府投资工程管理中心(市生态新城建设管理中心)
主　任　张小武(兼职)
市住房保障事务中心
主　任　高岩林
市园林管理处
处　长　朱继明
副处长　李　海
市市政工程管理处
处　长　穆巍华
市城市管理综合行政执法队
队　长　王　垚
市综合运输服务中心
主　任　尚保银(10月免)
市交通运输综合行政执法队
队　长　杨继勇
市水资源管理中心
主　任　张江华
市河湖长制管理服务中心
主　任　翟金瑞
市乡村振兴服务中心
主　任　段红星(10月任)

因机构改革，市扶贫开发中心更名为市乡村振兴服务中心，任海鑫、郑海宁两名同志职务仍为市扶贫开发中心副主任。

市农业综合行政执法队
队　长　张鹏程
市农业机械化发展中心
党组书记　主任　杨秀明
市文化馆(阳泉美术院)
馆　长(院长)　庞宏亮
市展览馆(市大剧院管理处)
馆　长(处长)　李左峰
市文化市场综合行政执法队
队　长　霍美文
市疾病预防控制中心
主　任　武　滨
副主任　董万春　翟素花(女)
　　　　李宏岩　王英杰

市第一人民医院
党委书记　高健康
党委副书记　陈魁胜(9月免)
院　长　陈魁胜(10月免)
副院长　崔彦明(3月免)
　　　　王　昀(3月免)
　　　　张芬芳(女,3月任)
　　　　韩培卿(女)　马迎光
　　　　吕占赟(3月任)
纪委书记　赵宏明(女,9月免)
　　　　郭素兵(9月任)
市第二人民医院
党委书记　赵计明(2月免)
　　　　王晓军(2月任)
院　长　王　伟
市第三人民医院
党委书记　吕爱文(2月免)
　　　　王世伟(2月任,9月免)
　　　　陈魁胜(9月任)
党委副书记　王永昌(9月任)
院　长　王世伟(10月免)
　　　　王永昌(10月任)
副院长　宋晋萍(女,3月免)
　　　　张芬芳(女,3月免)
　　　　王晓军(3月免)
　　　　崔彦明(3月任)
　　　　李永军　张世博(3月任)
　　　　王文拴(3月任)
纪委书记　荆存玉(9月免)
　　　　杨　斌(9月任)
市第四人民医院
党委书记　张子敬(2月任)
党委副书记　张子敬(2月免)
　　　　靳文剑(2月任)
院　长　张子敬(3月免)
　　　　靳文剑(3月任)
市中医医院
党总支书记　杜勇鑫(6月任)
院　长　杜勇鑫(3月免)
　　　　杨凯军(3月任)
市妇幼保健院(市妇幼保健计划生育服务中心)
党总支书记　王永昌(6月任,9月免)
党总支副书记　荆雅斐(6月任)
院　长(主任)　王永昌(3月免)
　　　　荆雅斐(3月任)
市紧急医疗救援中心
主　任
市公共卫生事件应急指挥中心
主　任　宋晓红(女,9月免)
　　　　潘雄伟(9月任)
市计划生育协会
专职副会长　帅小翠(女,3月任)
市卫生健康综合行政执法队
队　长　岳志平
市退役军人服务中心
主　任　赵丽芳(女)
市防震减灾中心
党组书记　主任　王玉卿(女)
副主任　梁素萍(女,3月免)
　　　　尹小芳(女)
市应急调度指挥中心
主　任　吴弘波
市应急救援大队
队　长　赵万义
市应急管理综合行政执法队
队　长　张新午
市12315投诉举报中心
主　任　刘俊平
市市场监管综合行政执法队
队　长　刘怀禄
市体育运动学校(市少年体育运动学校)
党支部书记　高书怀
校　长　吴晋东
副校长　李新光　葛志强　张小军
市体育中心
主　任　李保文
市医疗保险管理服务中心
主　任　赵志刚(3月免)
　　　　樊雨萍(女,3月任)
市政务服务中心
主　任　康建光(8月免)
　　　　王　晓(8月任)
市公共资源交易中心(市政府采购中心)
主　任　王秀峰
市大数据管理服务中心
主　任　高志龙(7月任)
副主任　高志龙(7月免)　赵瑞斌
市第一高级职业中学(市现代技术学校)
党总支书记　石　维

党总支副书记　校长　吴计生
副校长　郑晋宝(3月免)
　　　　周珍祥(女)
市交通职业学校
党总支书记　程致清
党总支副书记　校长　张计珍
副校长　王镇南
阳泉高级技工学校
党总支书记　赵文飚
市文化艺术学校
校　长　史秀莉(女)
副校长　张有贵

民主党派

中国国民党革命委员会阳泉市委员会
主　委　赵海润(1月免)
　　　　赵素卿(女,1月任)
副主委　朱建玲(女)
中国民主同盟阳泉市委员会
主　委　史友松
副主委　王凤娥(女)
中国民主建国会阳泉市委员会
主　委　石文斌
副主委　王建中(1月免)
　　　　王文瑾(女,1月任)
中国民主促进会阳泉市委员会
主　委　李　君
副主委　苏乃艳(女)
中国农工民主党阳泉市委员会
主　委　张立君
九三学社阳泉市委员会
主　委　杨红梅(女)
副主委　任立萍(女)

中央　省驻阳泉单位

山西工程技术学院
党委书记　张长青
院　长　姜俊兵
党委副书记　姜俊兵　郑捧柱
　　　　王振林(8月任)
纪委书记　魏克敏(8月免)
　　　　张　勇(8月任)
副院长　王玉清(9月免)
　　　　王振林(8月免)　叶玉刚
　　　　王建梅(女,9月任)
　　　　穆满根(9月任)
中国银行保险监督管理委员会阳泉监管分局
党委书记　局长　李志超
副局长　杨秀军　刘育东
　　　　王建伟(7月任)
纪委书记　陈学谦
中国人民银行阳泉市中心支行
党委书记　行长　高　鸿
副行长　张　勇　郝勤科　董小军
纪委书记　郝卫红
工会主任　杨爱斌
中国农业发展银行阳泉市分行
党委书记　行长　郑建中
副行长　耿　力　白丽丽
纪委书记　白丽丽
阳泉市邮政管理局
局　长　曹　阳(3月免)
　　　　薛伟民(3月任)
副局长　李姝慧(女)
阳泉供电分公司
总经理　党委副书记
　　　　任战虹(12月免)
　　　　王其兵(12月任)
党委书记　副总经理
　　　　王爱寿(10月免)
　　　　侯哲晖(10月任)
纪委书记　工会主席
　　　　郭建华(10月免)
　　　　赵　辉(10月任)
副总经理　牛晋永(3月免)
　　　　郭建华(10月任)
　　　　赵嘉兴
　　　　牛胜利(10月免)
　　　　郝明杰　郑　斐(3月任)
阳泉市烟草专卖局(公司)
党组书记　局长　经理　李　军
副经理　葛定君(11月任)
副局长　邵彦斌(9月免)
　　　　李国民(11月任)
纪检组组长　郭　兴
工会主席　李国民
国家税务总局阳泉市税务局
党委书记　局长　李常平
党委副书记　副局长
　　　　张　旋(3月免)　王守清
　　　　杨庆萍(女,3月任)
总经济师　秦　峰(6月免)
　　　　李喜元(8月任)
纪检组组长　张　华(3月免)
　　　　王凯山(3月任)
山西省公路局阳泉分局
党委书记　李传书
局　长　闫献忠(5月免)
党委副书记　(空缺)
纪委书记　王卫华
副局长　宋振宏(2月免)　吕彦明
　　　　冯仁科
工会主席　宋振宏(2月免)
总工程师　冯仁科
山西省高速公路综合行政执法总队阳泉支队
党委书记　支队长　范文生
副支队长　张晓阳
　　　　牛婷婷(女,7月任)
阳泉海关
党委书记　关长　闫小萍(2月免)
　　　　王　谊(3月任)
副关长　曹增华(7月免)
　　　　李　明(1月任)
阳泉市气象局
党组书记　局长　苏喜福
纪检组组长　童庆铎
副局长　崔文革(2月免)　陈　鹏
　　　　魏　燕(女,2月任)
山西省阳泉市无线电管理局
局　长　李凤萍(女)
副局长　苏秀君
国家统计局阳泉调查队
队　长　尹光华
副队长　梁海燕
纪检组组长　杨丙旭
阳泉市水文水资源勘测站
站　长　李文炜
山西省阳泉第一监狱
党委书记　监狱长(矿长)　马占彪
山西省阳泉第二监狱
党委书记　监狱长(矿长)　王永胜

县(区)

城　区

中共阳泉市城区委员会

书　记　王晓丽(女,3月任)
副书记　樊志红(4月免)
　　　　李海民(4月任)
　　　　温敏芬(女)
常　委　王晓丽(女,3月任)
　　　　樊志红(4月免)
　　　　李海民(4月任)
　　　　温敏芬(女)
　　　　石　磊
　　　　赵世春(12月免)
　　　　马江江　李彦彬
　　　　李小三　李晓明(女)
　　　　史晓波(12月任)
　　　　武瑞凯　郭照龙

阳泉市城区纪律检查委员会

书　记　赵世春(12月免)
　　　　史晓波(12月任)

阳泉市城区监察委员会

主　任　赵世春(12月免)
代主任　史晓波(12月任)

阳泉市城区人大常委会

主　任　张如晟
副主任　李志军　余丽红(女)
　　　　胡春平　郭锦荣

阳泉市城区人民政府

区　长　樊志红(4月免)
代区长　李海民(4月任)
常务副区长　李小三
副区长　白俊平(3月免)
　　　　李　冲(女)　王东红
　　　　赵瑞智　王　锟
　　　　翟瑞庆(3月任)

政协阳泉市城区委员会

主　席　高　鹏
副主席　赵志勇　王建中
　　　　吴丽萍(女)
　　　　高文元

阳泉市城区公安分局

局　长　王　锟

阳泉市城区人民法院

院　长　王忠强

阳泉市城区人民检察院

检察长　严志勇

矿　区

中共阳泉市矿区委员会

书　记　张立强
副书记　梁宝元
　　　　杨志强(1月免)
　　　　王志全(1月任)
常　委　张立强　梁宝元
　　　　杨志强(1月免)　王志全
　　　　王德珍(女)
　　　　乔军华(6月任)　孙黎军
　　　　卢立峰　田世熙　王小军
　　　　张卫卫(女)　檀彦明
　　　　韩　炜(2月任)

阳泉市矿区纪律检查委员会

书　记　孙黎军

阳泉市矿区监察委员会

主　任　孙黎军

阳泉市矿区人大常委会

主　任　侯彦军
副主任　温巧兰(女)　张谡明
　　　　郑满柱　刘永红

阳泉市矿区人民政府

区　长　梁宝元
常务副区长　王德珍(女)
副区长　乔军华(6月任)
　　　　张卫卫(女)　石成芳
　　　　张　瑞(女)
　　　　乔　勇(1月免)
　　　　赵俊峰(8月免)　高运晨
　　　　王玉红(10月任)

政协阳泉市矿区委员会

主　席　王贵平(2月免)
　　　　杨志强(2月任)
副主席　孟广田　韩德文
　　　　古慧娟(女)　高锋光

阳泉市矿区公安分局

局　长　石成芳

阳泉市矿区人民法院

院　长　裴元钊

阳泉市矿区人民检察院

检察长　尚锐利

郊　区

中共阳泉市郊区委员会

书　记　王晓丽(女,3月免)
　　　　郭方恺(3月任)
副书记　郭方恺(4月免)
　　　　孙　儒(4月任)　李仁照
常　委　王晓丽(女,3月免)
　　　　郭方恺　孙　儒　李仁照
　　　　晋　玮(2月免)
　　　　王文玉(2月免,3月去世)
　　　　段拥军(1月免)
　　　　张海斌　文　杰
　　　　韩晓东(2月任)　张俊杰
　　　　程秀宏(6月任)
　　　　乔丽娜(女)　崔景峰
　　　　王云飞(2月任)
　　　　常　征(2月任)

阳泉市郊区纪律检查委员会

书　记　文　杰

阳泉市郊区监察委员会

主　任　文　杰

阳泉市郊区人大常委会

主　任　刘瑞生
副主任　李秀芳(女)　杨兆明
　　　　张魁福　王晓东

阳泉市郊区人民政府

区　长　郭方恺(4月免)
代区长　孙　儒(4月任)
常务副区长　晋　玮(2月免)
　　　　　　韩晓东(2月任)
副区长　张俊杰　程秀宏(7月任)
　　　　乔丽娜(女)　徐文进
　　　　赵纪红(女)　赵　毅
　　　　杨浩宇　光　华(12月任)

政协阳泉市郊区委员会

主　席　张斌武
副主席　齐敏芝(女,2月免)
　　　　史慧明　刘　志　王红卫
　　　　余晓琼(女,2月任)

阳泉市郊区公安分局

局　长　徐文进

阳泉市郊区人民法院

院　长　任承荣

阳泉市郊区人民检察院

检察长　孔海峰

市现代装备制造产业管理中心

主　任　王海平(9月任)

因机构改革，组建市现代装备制造产业管理中心。

平定县

中共平定县委员会

书　记　李　明

副书记　郭满仓　张　鹏
　　　　李康舒(女)

常　委　李　明　郭满仓　张　鹏
　　　　李康舒(女)　付　民
　　　　张文斌　李鸿斌
　　　　张丽荣(女)　路海平
　　　　乔　勇(1月任)　郭勤琳
　　　　史纪元

平定县纪律检查委员会

书　记　付　民

平定县监察委员会

主　任　付　民

平定县人大常委会

主　任　王卫东

副主任　刘顺彬　李思恭
　　　　侯成军　赵青山

平定县人民政府

县　长　郭满仓(2月任)

常务副县长　路海平

副县长　赵海金(1月免)
　　　　乔　勇(1月任)　麻俊军
　　　　郭建勇(1月任)
　　　　赵冠英(女)　王俊杰
　　　　赵苗怀　仝循伟(8月任)

政协平定县委员会

主　席　李有义

副主席　刘同礼　刘文成　张　锋

平定县公安局

局　长　赵海金(1月免)
　　　　郭建勇(1月任)

平定县人民法院

院　长　王俊杰

平定县人民检察院

检察长　姚建强

市娘子关旅游景区管理中心

主　任　邵永贵(9月任)

因机构改革，平定县娘子关旅游景区管理委员会更名为市娘子关旅游景区管理中心。

平定供水管理局

党委书记　冯福星

局　长　冀虎平

盂　县

中共盂县委员会

书　记　梁海昌

副书记　王拥国
　　　　梁　敏(女,2月免)
　　　　高尚明(2月任)

常　委　梁海昌　王拥国
　　　　梁　敏(女,2月免)
　　　　王建源(2月免)　高尚明
　　　　赵红武(12月免)
　　　　赵世春(12月任)
　　　　郭　华　张　皓
　　　　郭永进(2月任)
　　　　王占山(2月任)
　　　　连　斌　靳海龙
　　　　白雪莲(女)
　　　　吕世伟(女)

盂县纪律检查委员会

书　记　赵红武(12月免)
　　　　赵世春(12月任)

盂县监察委员会

主　任　赵红武(12月免)

代主任　赵世春(12月任)

盂县人大常委会

主　任

副主任　王红雁(女)　王建明
　　　　崔学跃　闫东红

盂县人民政府

县　长　王拥国

常务副县长　王建源(2月免)
　　　　　　郭永进(2月任)

副县长　王占山(3月任)　连　斌
　　　　白雪莲(女)　李东亮
　　　　李佩斯　王雪梅(女)
　　　　张爱军　韩秀山(7月任)
　　　　任　敏(挂职,2月任)

政协盂县委员会

主　席　史俊宝

副主席　万学武　马淑英(女)
　　　　韩志勇　张翠平(女)

盂县公安局

局　长　张爱军

盂县人民法院

院　长　张朝晖

盂县人民检察院

检察长　马全友

市藏山旅游发展中心

主　任　闫福善(9月任)

因机构改革,组建市藏山旅游发展中心。

开发区

阳泉高新技术产业开发区

党工委书记　管委会主任　高永红

党工委副书记　刘全保(8月免)
　　　　　　　张峥嵘(8月任)

管委会副主任
　　　　李志华　尹向荣
　　　　王　坚(3月任)
　　　　徐迎迎(女,挂职)

纪工委书记　岳子军

平定经济技术开发区

党工委书记　晋　玮(2月任)

管委会主任　郭满仓(1月免)
　　　　　　晋　玮(3月任)

管委会副主任　王立泽(3月免)
　　　　　　　白俊生
　　　　　　　冯俊青(3月任)

纪工委书记　王立泽(2月任)

盂县经济技术开发区

党工委书记　张五太(1月免)
　　　　　　段拥军(1月任,8月免)
　　　　　　王拥国(8月任)

管委会主任　张五太(1月免)
　　　　　　段拥军(1月任)

管委会副主任　朱卫东(9月免)
　　　　　　　韩存志　贾宝青

纪工委书记　朱卫东(8月任)

(市委组织部)

政府工作报告(节选)

——在阳泉市第十六届人民代表大会第三次会议上

阳泉市人民政府市长　刘文华

一、2022 年工作回顾

2022 年，是党和国家历史上具有重要里程碑意义的一年。举世瞩目的党的二十大胜利召开，进一步擘画了以中国式现代化全面推进中华民族伟大复兴的宏伟蓝图。一年来，我们坚持以习近平新时代中国特色社会主义思想为指导，深入学习贯彻党的二十大精神和习近平总书记考察调研山西重要讲话重要指示精神，统筹发展和安全，砥砺奋进，真抓实干，高质量发展呈现强劲态势，交出了殊为不易、令人振奋的优异答卷。

这一年，面对前所未有的压力挑战，我们迎难而上、奋力拼搏，综合实力实现新跨越。地区生产总值历史性迈上千亿台阶、达到 1012.9 亿元。一般公共预算收入完成 81.97 亿元，增长 45.9%，连续跨越 60 亿、70 亿、80 亿元三道大关。主要预期性指标在多难中实现稳定增长，约束性指标全面完成省下达目标，实现经济总量和质量效益显著提升。

这一年，面对数字转型的历史机遇，我们优先发展、积厚成势，产业转型驶入新赛道。深入贯彻习近平总书记关于数字经济的重要论述，大力实施数字经济优先发展战略，抢先布局数字产业。中电数字产业园一期主体完工，35 家电子智造、软件服务类企业达成入驻意向，百度云计算二期全面投运，在用服务器总量达到 22 万台，算力水平稳居全省前列。全国首个全市域自动驾驶“车城网”示范项目落地，萝卜快跑、新石器等无人驾驶车投入示范应用。软件和信息技术服务业营业收入增长 27.3%，数字经济核心产业增加值增速达 12%。

这一年，面对竞相争先的发展态势，我们夯基垒台、提质升级，开发区改革创新迈上新台阶。深化“承诺制 + 标准地 + 全代办”改革，承诺制向核准类项目拓展，出让标准地宗数占工业用地比重达到 90%，实行“领导领办 + 招商园区分工代办 + 审批帮办”联动服务，项目从拿地到开工平均压缩约 30 天。开发区规上工业增加值增长 25.6%，工业投资增长 58.3%，分别高于省定目标 10.6、38.3 个百分点。高新区稳居全省开发区第一方阵，高新区、平定经开区列入全省第三批特色产业集聚区试点。

这一年，面对人民群众的美好期盼，我们坚守初心、补齐短板，民生福祉得到新提升。坚持用政府“紧日子”换取百姓“好日子”，市本级一般性支出压减 2.6%，民生支出 119.3 亿元，增长 24%。15 件民生实事全面完成，城乡居民养老、医疗补助标准分别提高到 133 元、610 元，职业技能提升培训 2.4 万人，建成 15 个户外劳动者爱心驿站，在 31 个人流密集公共场所配置自动体外除颤器。脱贫人口人均纯收入达到 12341 元，增速 17.7%，排名全省第一。

过去的一年是本届政府开局之年，我们以干在实处、走在前列的姿态，迈出了坚实有力的第一步，展现了鼓舞人心的新气象。重点抓了以下工作：

(一)难中求成稳增长，经济运行稳中提质。面对“三重压力”和超预期因素冲击，把稳增长放在更加突出位置，顶格落实国省稳经济一揽子政策措施，坚持专班推进、定期调度，持续开展纾困解难、政策宣传入企服务，扎实推动各项政策精准落地、直达快享。狠抓项目建设，充分发挥指挥部和分指挥部统筹协调作用，实施“百项堵点疏解行动”“百日攻坚行动”，争取中央预算内投资和省级补助资金、专项债、政策性开发性金融工具基金额度 38.56 亿元，省市重点工程完成投资 171.2 亿元，全市产业投资、制造业投资分别增长 25.5%、53.7%，均排名全省第一，高技术产业投资增长 17.5%。实施一系列刺激消费政策，发放政府消费券和汽车补贴 1.75 亿元，带动消费 19.76 亿元，社会消费品零售总额增速高于全省 1.3 个百分点。规上工业增加值增长 8.7%，规上工业企业增加 35 户，营业收入增长 7.6%、利润增长 2 倍，工业对经济增长的贡献率达 80.7%，牢牢稳住经济基本盘。

(二)挖潜增产扛责任，能源保供圆满完成。坚决扛起能源保供政治责任，逐级签订保供责任书，统筹产能释放、生产调度、运力保障，坚持日调度、日跟踪，以日保月、以月保年，千方百计增产保供。全年完成原煤产量 6898 万吨，增长 1.1%；发电量 262.5 亿千瓦时，增长 16.4%，均创历史新高。电煤中长期合同签订实现“四个百分百”。我市每天约 2 万名煤矿工人日夜奋战在井下生产一线，为能源保供作出了阳泉贡献。

(三)坚定不移抓转型，动能转换势头强劲。深入实施工业赋能育新战略、数字经济优先发展战略、服务业扩容提质战略，绿色低碳转型全面提速。传统产业加快升级，建成华阳一矿、新景矿2座智能化煤矿和57个智能化采掘工作面，煤炭先进产能占比达到94.5%。完成阳光电厂、河坡电厂“三改联动”改造任务。投入技改奖补资金1.1亿元，支持水泥、耐火等传统优势产业改造提升。战略性新兴产业加速发展，新兴产业增加值增长17%，快于传统产业10个百分点；非煤工业增加值增长17%，快于煤炭工业10.6个百分点。盂县抽水蓄能电站项目列入国家中长期规划，已完成预可研；高新区青于蓝储能项目开工建设，源网荷储一体化项目申报省示范点；华钠钠离子电芯、华储光电光伏组件项目建成投产。中能建平定二期风电项目并网发电，新能源和清洁能源装机达到221.8万千瓦，“绿电”装机占比提高2.6个百分点。多氟多六氟磷酸锂、中烨负极材料等项目建成投产，新材料产业增长13.5%。盂县欧冶链金等废弃资源综合利用项目落地，金属废料加工业增加值增长6.3倍，节能环保产业增长25.2%。开展服务业攻坚行动，华远陆港大宗商品交易公司、云仓物流投入运营。布局建设便民市场和夜经济集聚区，“阳泉记忆·1947”文化园开园运营，城区被列为省级夜间经济试点城市，滨河新天地、兴隆步行街分别被评为省级步行街和省级夜经济生活集聚区。

（四）创优环境搭平台，市场主体逆势增长。实施市场主体倍增工程，扎实开展市场主体建设年活动，制定“1+1+10+1”政策体系，构建链长制、专业镇等十大平台，推动新能源电池、新型碳基材料等9条重点产业链集群成链，支持12户“链主”企业、20户“链核”企业发展壮大，重点培育耐火、砂陶、新能源电池等专业镇，省级农业龙头企业达到36户。持续深化“放管服”改革，落实“五有套餐”，66个高频审批事项实现市域通办，市级行政许可事项全程可网办率达97.3%，“证照分离”改革惠及企业1.4万户，行政审批标准化试点通过国家验收。全市实有各类市场主体13万户，增长32.1%；新登记4万户，增长170%；企业数量3.3万户，增长21.2%；涉税市场主体6万户，增长25.8%；规上法人单位达到904户，增长4.1%。

（五）改革创新求突破，发展活力持续释放。国企改革三年行动圆满收官，22户“僵尸企业”破产程序全部终结，公司制改革全面完成，分离办社会职能和“三供一业”维修改造创出阳泉经验，市属国企资产总额增长4.8%，营业收入增长3.6%。政府性融资担保市县一体化改革顺利完成，地方金融机构清收处置不良资产42.7亿元，全市银行业不良贷款余额与不良贷款率实现“双下降”，是全省唯一无高风险金融机构地市。农村改革不断深化，郊区“五有五建”乡村治理实践路径、东梁庄村农村土地二轮到期延包试点经验成为全国样板，农村产权制度改革提前完成“百万百村、十万清零”目标。加快国家创新型城市创建，阳泉产业技术研究院升级为省级新型研发机构，省级创新平台增长33%，新增国省“专精特新”企业24户，科技型中小企业达到217家，高新技术企业达到150家以上，培育高科技领军企业4家，发展动力更加充沛。

（六）统筹城乡促融合，发展空间不断拓展。聚焦建设中部城市群东翼，突出“六协同六率先”，签订中部城市群“6+1”合作协议，太行城镇带、盂平寿昔城镇组团列入中部城市群高质量发展规划，青银高速旧关至太原段改扩建工程列入全省省道网规划。科学划定“三区三线”，国土空间布局不断优化，用地保障持续增强。加快城市扩容提质，完成供水、供热、老旧燃气、建成区雨污分流排水管网改造260.9公里，开工改造老旧小区142个、122.7万平方米。万达广场开业运营，奥特莱斯商业中心加速推进，市中心医院开工建设，生态新城开发步伐加快。全面推进乡村振兴，坚持农业“特”“优”“精”发展，打造“1+10+100”富硒农业全产业链，与山西农业大学共建富硒产业研究院，培育富硒农产品省级以上龙头企业6个，认证富硒农产品52个。扛牢粮食安全政治责任，建成高标准农田6.9万亩，粮食总产量达到4.7亿斤。深入开展农村人居环境整治“五大提升行动”，改造农村户厕1.5万户。平定县获评国家传统村落集中连片保护利用示范县，盂县获评全国休闲农业重点县，平定甘泉井村、盂县泥河村、郊区固庄村成为全国乡村治理示范村，郊区咀子上村获评全国乡村旅游重点村，7个村列入第六批国家级传统村落名录。国道307、207线阳泉市绕城改线工程全线贯通，太行一号旅游公路阳泉境内主线贯通，“四好农村路”完成285.7公里，城乡道路更加通达顺畅。

（七）四治一体优生态，环境质量持续改善。扎实开展碳达峰阳泉行动，72家重点用能单位接入在线监测系统，开展节能监察和诊断，能耗强度完成省定任务。新能源车辆增长44%，充电桩达到2343个，车桩比4.1：1，居全省前列。绿色出行比例达71%，成功创建全国绿色出行城市。作为全省唯一入选城市，被列为“十四五”时期国家公交都市建设示范工程创建城市。持续推进生态保护与修复，编制黄河流域生态保护和高质量发展实施方案，造林绿化12万亩，森林覆盖率达到22.3%。深入打好污染防治攻坚战，开展夏季臭氧和秋冬季大气治理，北京冬奥会、冬残奥会期间空气质量居全省3个重点保障区城市第一。PM2.5平均浓度下降4.7%，改善率排全省第5；优良天数增加8天，比例为73.7%，排全省第6；水质优良国考断面占比达到80%，劣Ⅴ类国考断面全部退出。

（八）用心用力惠民生，社会事业全面进步。全市首家市级零工市场启动运行，开展公共就业服务招聘活动，新增3家省级创业孵化基地,城镇新增就业19610人,城镇登记失业率控制在4%以内。城镇居民和农村居民人均可支配收入增速均高于经济增长水平,分别提高1836元和1027元。教育质量稳步提升。新改扩建公办幼儿园9所,新建平定评梅学校,新增基础教育学位2020个。16个教育集团开展办学试点,覆盖全市44所中小学。启动"智慧教育示范市"建设。持续推进"双减"工作,中小学生课后服务实现全覆盖。以职业技术学院为龙头组建职教集团。职业技术学院护理专业和实训基地分别入选全省职业教育品牌专业和高水平实训基地。工程技术学院建成"矿区生态修复与固废资源化"省级重点实验室。师范高等专科学校新设数字媒体技术、婴幼儿托育服务与管理新专业。深入推进"三特兴医"工程,新增省级重点专科2个、市级重点专科8个,市三院改扩建项目开工建设,市疾控中心搬迁新址。社会保障更加完善,城乡居民补充养老保险参保率、缴费率、待遇领取率均位居全省第一方阵。在全省率先完成房屋产权登记确权颁证"清零行动"任务,惠及群众9万余户。文体事业繁荣发展,开展文化下乡演出1万余场,推出沉浸式人文体验剧《遇见娘子关》,平定紫砂艺术展、百团大战陈列展获得全省第二届博物馆精品陈列展览推介,全民健身活动不断深入,在国内国际大赛上阳泉籍选手屡创佳绩。安全稳定持续向好,深入开展"两个行动",全年未发生较大及以上生产安全事故,连续151个月杜绝重特大事故。深入开展信访积案化解、夏季治安打击整治等专项行动,平安阳泉建设迈向更高水平。

(九)担当作为抓落实,自身建设全面加强。坚持政治引领,严格落实政府系统全面从严治党主体责任,深入开展清廉政府建设,持续纠治形式主义、官僚主义。强化依法行政,严格执行市人大及其常委会决议决定,主动接受人大、政协监督,办理人大代表意见建议268件、政协提案358件,提请人大常委会审议地方性法规2件。完成数字政府基础能力平台建设,获批全省机关内部"最多跑一次"改革试点。把狠抓落实作为政府工作的重中之重,建立"1+N"抓落实工作机制,优化"13710"督办功能,形成抓落实的闭环管理,政府治理效能和服务水平进一步提升。同时,民族宗教、外事侨务、港澳台等工作取得新进展,妇女儿童、青少年、残疾人、红十字等事业取得新进步,国防动员、人民防空、双拥、对口援疆等工作取得新成绩,各项事业呈现新气象。

二、2023年工作安排

今年是全面贯彻落实党的二十大精神的开局之年,也是实施"十四五"规划承上启下的关键之年,做好各项工作意义十分重大。当前,阳泉进入新一轮机遇期的大势不可阻挡,随着宏观经济政策叠加发力,中部城市群等重大战略加快推进,全市战新产业蓬勃发展,一批大项目好项目相继落地,高质量发展的韧性更强、后劲更足。面对新机遇、迎接新挑战、开拓新局面,我们将坚持以习近平新时代中国特色社会主义思想为指导,全面贯彻落实党的二十大精神和习近平总书记考察调研山西重要讲话重要指示精神,深入贯彻落实中央、省委、市委经济工作会议精神,坚持稳字当头、稳中求进,完整准确全面贯彻新发展理念,主动服务和融入新发展格局,加快推动高质量发展,落实省委省政府部署要求,聚焦市委"14510"总体思路和部署,更好统筹发展和安全,把实施扩大内需战略同深化供给侧结构性改革有机结合起来,同步推进产业转型和数字转型,大力提振市场信心,全面深化改革开放,突出做好稳增长、稳就业、稳物价工作,有效防范化解重大风险,推动经济运行整体好转,实现质的有效提升和量的合理增长,为全面建设社会主义现代化国家开好局起好步作出阳泉贡献。

2023年经济社会发展主要目标是:地区生产总值增长6%左右,尽可能争取更好结果,固定资产投资增长8%以上,社会消费品零售总额增长7%左右,一般公共预算收入增长5%,城镇居民人均可支配收入与经济增长同步,农村居民人均可支配收入高于经济增长水平,城镇登记失业率控制在4%以内,居民消费价格涨幅控制在3%左右,约束性指标按照国省要求全面完成。实现上述目标,我们将扛牢使命任务,时时聚焦大局,处处服务大局,坚定扛起省委赋予阳泉的重大使命,举全市之力、集全市之智、聚万众之心,埋头苦干,久久为功,以一域之光为全局添彩。我们将坚定发展信心,锚定资源型城市转型不动摇,保持战略定力,抢抓发展机遇,在补齐短板、放大特色、塑造优势上持续用力,争取更多工作进入全省前列。我们将聚焦发展重点,以数智新城、"一城一带"等牵引性、标志性工作为抓手,纲举目张、扭住关键,以重点突破带动整体提升。我们将树牢系统观念,加强前瞻性思考、全局性谋划、战略性布局、整体性推进,以改革激活力、以创新增动力,实现发展质量、结构、规模、速度、效益、安全相统一。我们将突出"四敢"导向,引导基层、企业、干部、群众把更多精力放在干事创业上来,拿出敢为天下先的干劲、敢闯无人区的冲劲、敢做弄潮儿的拼劲,赢得战略主动、抢得发展先机。

重点抓好以下十个方面工作:

(一)全力构建现代产业体系,夯实高质量发展新支撑

坚定不移推进传统产业改造提升和新兴产业发展壮大,加快构建"4+N"产业体系,推动全市产业结构优化、形

态重塑、素质提升。

推动能源产业绿色低碳转型。围绕“五个一体化”，做好煤电这篇大文章，努力将资源优势转化为发展优势。坚决完成能源保供任务。在确保安全的前提下，统筹煤炭产能核增和优质产能释放，加快西上庄、坤宁煤矿建设进度，推动同意煤矿产能提升、达产达效，做好长期停缓建煤矿分类处置，全年煤炭产量不低于6890万吨。抓好电煤稳价保供，加强电煤中长期合同履约监管，严格执行国家价格政策，强化运力协调保障，确保电煤产得出、运得走、供得上。推动洗选煤企业改造升级，全市洗选煤先进产能占比达到28%以上。加快建设新型综合能源体系。立足“先进煤电＋新能源＋储能电站”三位一体，推动阳光电厂二期、鑫磊电厂建设，西上庄电厂8月底前实现双机投运，同步建成西上庄500千伏外送通道，全年发电量不少于280亿千瓦时；开工建设华润、大唐等6个10万千瓦光伏风电项目，粤电西烟等4个10万千瓦项目年内实现全容量并网发电，推进盂县、郊区两个整县区屋顶分布式光伏试点；加快高新区“源网荷储”一体化项目建设，推进青于蓝、弘盛通等独立储能示范项目建设，盂县上社抽水蓄能电站年内完成核准并开工。

推动装备制造业延链强链。以高端化智能化绿色化为方向，做优做强装备制造业。煤机装备发挥华越、华鑫、丛鑫龙头带动作用，提高本地组件配套率，推进智能生产线、数字化车间和智能工厂建设，加快由加工组装向“智能制造＋服务”转型。通用装备以阀门股份、建工申华、哈德托普等骨干企业为重点，加快技改升级，提升大口径阀、耐磨铸件等主导产品市场竞争力。光伏装备重点推动华储光电稳产达效，加快引进上下游企业，实现产业链协同发展。引导金融机构增加制造业中长期贷款、设备购置与更新改造贴息贷款，争取省级技术改造专项资金，用好市级工业发展专项资金，支持装备制造业改造提升。

加快打造特色产业集群。新能源电池产业集群，以动力电池、储能电池为方向，加快补上正极材料、隔膜等关键缺失环节，推动多氟多六氟磷酸锂二期、高端PVDF树脂等项目投产，加快中烜、中冀投、贝特瑞等负极材料一体化项目建设，推进华阳华钠电芯投产达效，再引进一批电池整装项目，打造平定张庄、高新区庙堰两个新能源电池产业园区。大宗固废利用产业集群，用好国家大宗固废综合利用基地政策红利，抓好大地海科、中科泓源等粉煤灰、煤矸石固废利用项目建设，发挥欧冶链金、天元绿环等可再生资源回收利用企业带动作用，引进再生铝、废旧家电、废旧汽车、废旧电池等回收利用项目，推动绿色循环产业集聚发展。新材料产业集群，以蓝宝石材料为中心，向产业链上下游和周边延伸，积极引进第四代半导体氧化镓外延晶片、钨钼合金等半导体材料项目，加快打造新型半导体产业。以电解铝产业为依托，推进高强高韧铝杆、高精铝板带箔等新型有色金属材料项目，大力发展铝合金深加工产业。推动PBAT可降解塑料及制品项目达产达效，加快煤层气制金刚石工业化量产，做大碳基新材料产业。

建强开发区主阵地主引擎。滚动开展好“三个一批”，抓好新兴产业谋划和在建项目投产达效，提升签约项目开工率、开工项目投产率、投产项目达效率。深化“承诺制＋标准地＋全代办”改革，推动向开发区赋权再升级，提升“区内事区内办”水平。加快建设一批标准化厂房，完善供热、供水、市政路网配套，提升园区承载力。围绕发展水平、项目建设、要素保障等重点，加强差异化考核。高新区保持全省第一方阵，力争进入国家级高新区考察名单；平定和盂县经开区在全省排位稳步提升。

发挥链长制专业镇集聚作用。链长制突出龙头引领、联动发展。聚焦九大产业链，实施产业链重大项目攻坚行动，强化“政府＋链主企业＋产业园”作用，谋划引进一批提档升级快、承载能力强的企业。建立全流程跟踪服务、全要素协同保障、全过程常态推进机制，支持“链主”“链核”企业发挥引领作用，带动链上企业做大做强，促进产业链产值和市场占有率“双提升”。专业镇突出一镇一策、梯次培育。制定总体规划和特色产业规划，重点培育耐火、砂陶、新能源电池、矿用系列材料等市级专业镇，争取获批省级专业镇。大力推进“专业镇＋市场主体”培育模式，加快建设公共服务平台，促进企业数字化转型，打造标准和品牌，提升专业镇主导产业优势。

（二）全力扩投资促消费，打造高质量发展新引擎

牢牢把握扩大内需战略基点，发挥投资的关键作用和消费的基础作用，进一步增强经济增长的内生动力。

强化项目第一支撑。抓实谋划储备，围绕构建现代化基础设施体系、打造六大百亿级产业集群和九大产业链，加大项目储备包装力度，做实“五张清单”，动态完善项目储备库，形成“谋划一批、储备一批、开工一批、投产一批”的滚动格局。加快项目推进，发挥重点工程牵引作用，落实省市重点工程“指挥部牵头抓总、分指挥部板块化推进”工作机制，健全项目全生命周期跟踪服务链条，抓实领导包保、联席联办、专题研办、一线督办、专班服务，开展项目建设堵点难点疏解行动，全面提升项目开工率、竣工率、达效率。强化要素保障，扎实开展项目前期手续办理攻坚行动，解决项目“最先一公里”难题。紧抓“三区三线”划定成果正式启用机遇，落实用地预审简化政策，保障项目用地需求。积极争取中央预算内投资、专项债券、政策性开发性金融工具等资金支持，发挥好金融顾问作用，破解项目融资难题。

大力开展招商引资。把招商引资作为“一号工程”，全

面掀起大招商新热潮。建立由市级领导牵头负责、部门县区和“链主”企业参与的招商专班,发挥中介组织、行业协会和商会作用,构建市县一体招商大格局。紧盯京津冀、长三角、大湾区等重点区域,组织专题推介活动,精准开展长板招商、以商招商、滴灌招商、会展招商。探索招商部门“三化三制”改革,提高招商市场化、专业化、精准化水平。出台激励政策,建立包联推进责任制,为企业和项目提供全链条全周期全天候服务,推动招商引资规模再突破、质量再提升。

激发民间投资活力。落实好省促进民间投资40条政策,常态化向民间资本推介优质项目,鼓励和吸引民间资本参与重大工程和补短板项目建设。鼓励民间投资项目参与基础设施不动产投资信托基金试点,支持民间资本参与盘活城市老旧小区、老旧厂房、文化体育场馆等资源资产。

多措并举提振消费。广泛开展促消费活动,适时发放政府消费券和消费补贴,促进重点领域消费加快恢复。聚焦居民消费升级,积极开展新能源汽车、绿色建材、绿色智能家电下乡和以旧换新活动,扩大大宗商品消费。促进住房消费,落实购房补贴、公积金贷款额度、首付比例调整等政策,满足群众刚性和改善性住房需求。持续改善消费环境,再谋划打造一批重点商圈和特色街区、夜经济集聚区,不断提升城市“烟火气”。

提速发展文旅产业。实施百里太行山水画廊项目,以太行一号旅游公路为轴,依托桃河、滹沱河两条生态文化旅游走廊,规划建设提升一批高品质景区、乡村旅游点、精品民宿,把传统古村落、人文景观、自然资源串珠成链,打造拉动旅游经济新引擎。推进小河评梅景区4A级创建和银圆山庄景区提档升级。丰富“阳泉记忆·1947”文化园经营业态,打造文商旅生活新场景。挖掘红色资源、工矿遗址资源、生态资源,发展红色游、研学游、生态游、工业游。举办首届文旅发展大会、第二届红色文创设计大赛、娘子关女子半程马拉松比赛、太行一号旅游公路自行车大赛。做好吃住行游购娱标准化培训,开展“引客入泉”活动,让游客留下来、吃一餐、住一宿。

培育壮大服务业新业态。发展直播经济。打造一批网红直播基地,积极引入直播头部平台,培育本地MCN机构,推动直播产业专业化、规模化发展。壮大楼宇经济。盘活闲置楼宇资源,谋划实施一批楼宇改造项目,支持上市公司及行业龙头企业在我市设立地区总部、运营中心、独立核算子公司,打造特色鲜明的楼宇经济示范区。大力发展科技服务、现代金融、会展经济、信息咨询等新兴服务业,催生新的经济增长点。

(三)全力推进数智新城建设,塑造高质量发展新优势

抓住省委赋予我市数智新城建设的重大机遇,大力实施“六大工程”,全力抢占发展新赛道。

涵养数字生态。编制数智新城发展规划。出台支持网络直播、人才引育、工业互联网等产业发展政策,加快布局数字经济新业态、新模式。积极创建省级数字化转型促进中心、数字经济园区,加大通信基础设施、数字经济核心产业、工业类开发区数字化转型、数字应用等方面省级资金争取力度。成立数字经济产业研究院,构建协同创新、成果转化和产业培育体系。

夯实数字基建。新建5G基站1000座以上。实施“千兆光网”升级行动,打造“双千兆”网络城市。加快云峰大数据中心项目建设,积极引入基础电信运营商、第三方IDC服务提供商、云计算公司等企业入驻,力争全市服务器规模达到30万台,打造区域算力中心,算力水平保持全省前列。

集聚数字产业。依托中电产业园,引入摄像头、激光雷达等电子信息智造类企业,培育壮大智能终端产业集群。加快车路智行创新生态示范区建设,用好百度阿波罗和集度汽车资源,引进自动驾驶研发测试和示范应用团队。实施智能化基础设施改造,推动无人驾驶公交车、出租车、售卖车示范应用量级提升,在物流、矿车领域布局自动驾驶应用场景。依托智创城7号,发展大数据与软件服务业,建设数据采集、清洗、标注、交易、应用为一体的基础数据服务体系。

加速数字转型。完成16处智能化采掘工作面建设,推进华阳二矿、潞安五矿、燕龛、荫营、上社、汇能等6座智慧矿山建设。聚焦绿色节能、低碳产业导入,推进数智低碳示范产业园建设,布局“数智双碳”产业。加快智能网联重载货运车路协同试点建设。挖掘数字农业典型应用场景,培育一批数字农业示范企业。

拓展智慧应用。深化省级新型智慧城市建设,建成城市运行指挥中心,拓展城市物联网、数字驾驶舱、智慧社区、智慧教育、智慧医疗、智慧文旅、智慧环保等场景开发应用,推进数字赋能城市治理。加快交通运行监测调度中心、ETC智慧停车场等项目建设,打造全省智慧交通样板。建设城市运行管理服务平台,实现城市管理“一网统管”。

(四)全力推进高标准市场体系建设,激发高质量发展新活力

制定建设高标准市场体系“1+N”政策文件,扎实开展市场主体提升年活动,畅通市场循环,推动市场主体上规模、增实力、提效益。

完善市场基础设施。构建现代物流体系,建设南北两大物流基地,加快推进平定华远陆港、盂县亿博物流园项目,争取开通中欧班列及天津港货运专线,推动阳泉现代物流港建成运营,打造辐射山西及京津冀的物流集散中心。实施农村寄递物流服务全覆盖提质工程,构建县乡村

三级物流配送体系。补齐商品市场短板，鼓励商贸流通业设施升级、模式创新，打造一批商品市场示范基地，支持县域商业体系项目建设，推进公益性农贸市场建设。完善质量基础设施，搭建公共检验检测服务平台，开工建设市综合检验检测中心实验科研楼项目。

打造市场主体集聚平台。今年重点打造四类平台。乡村 e 镇围绕构建“产业 + 电商 + 配套”体系，推动乡村服务站点全覆盖，引育电商企业，培养本土电商人才和商业带头人，打造 3 个乡村 e 镇。农业龙头企业加快技术改造，鼓励民间资本、工商资本投资现代农业，组建农业产业化联合体，培育国家级龙头企业 1 个，新增省级重点龙头企业 5 家。文旅康养集聚区建设娘子关泉上文旅特色小镇、梁家寨温泉康养度假区、冠山书院文旅康养基地等示范区，集聚一批精品民宿、特色文创、旅游服务、康养健身等市场主体。高水平“双创”平台聚焦“一城一院多中心(室)”区域创新平台体系，提升智创城 7 号运营水平和集聚能力，争取新增各类省级创新平台 5 家，认定市级平台 10 家。

持续优化营商环境。把握“三无”“三可”要求，开展营商环境创新提升行动，推进“证照分离”“一业一证”改革，推动更多事项“一件事一次办”，落实“五有套餐”。推进“双随机、一公开”监管常态化，完善“互联网 + 监管”，开展“沙盒监管”、触发式监管、信用分级分类监管。强化各级政务大厅帮办代办服务能力，实现“7 × 24 小时”自助政务服务超市市县全覆盖，发挥“12345”政务服务热线功能，实施政务服务“好差评”制度。加强市场主体一揽子政策绩效评估，主动对标、积极借鉴营商环境创新试点改革政策，实施好营商环境 3.0 版改革。

发展壮大民营经济。全面贯彻“两个毫不动摇”方针，落实负面清单制度，坚决破除隐性壁垒，让民间资本能进入、好进入、愿进入。建立涉企政策“一站式”平台，实现惠企政策应享尽享、奖补资金一键直达。常态化开展政银企对接，引导金融机构创新金融产品，用好应急周转金，加大对民营企业融资支持力度。组织产需对接，帮助民营企业开拓市场。构建亲清政商关系，健全领导干部包联民企制度，建立完善常态化沟通联系机制，开展“政策找企业、服务到企业”等入企帮扶系列活动，倾心倾力为民营企业解难题、办实事，让民营企业家大胆创新、放心创业、放手创造。

(五)全力深化改革开放，增强高质量发展新动力

坚持以改革促发展、以开放促转型，深化重点领域改革，提升对外开放能级，为高质量发展赋能增势。

深化国资国企改革。加快商贸流通类企业整合重组，优化资源配置。推动公益类企业降本增效，提升公共服务能力。推进粮食企业改革，实现储备与经营分离。支持融盛集团做优做强，打造“投资、建设、管理、运营”于一体的经营实体。健全国有企业现代公司治理体系，提升内部管理绩效，深化劳动、人事、分配制度改革，严格执行工资与效益联动机制，推动企业练好内功、降本增效。

深化财税金融改革。健全现代预算管理制度，加强财政资源统筹，完善大事要事综合协调保障机制，优化支出结构。全面实施绩效管理，严控新增债务增量，积极稳妥化解政府债务。构建普惠性金融服务体系，深化政府融担机构市县一体化运营改革，扩大首贷、信用贷、中长期贷款规模。继续做好地方金融机构改革化险工作，加大不良资产处置力度，强化穿透式监管，加强对中小银行、村镇银行的流动性监测，坚决守住不发生系统性区域性金融风险底线。

深化要素市场化改革。落实中部城市群要素市场化配置综合改革试点部署，加快建立城乡统一的建设用地市场，加大存量用地盘活处置力度，开发区工业用地全部以标准地出让，实现“地证同交”。积极融入全省统一的人力资源市场，建成市级人力资源服务产业园。实施企业上市倍增计划，新增“晋兴板”挂牌企业 10 家，争取优秀企业挂牌“新三板”。

扩大高水平对外开放。主动融入京津冀协同发展，加大与长三角、大湾区等地区合作，积极承接产业转移。着力打造开放平台，启动保税物流中心前期工作。加快发展外贸新业态，再孵化培育一批跨境电商企业。推动内外贸一体化发展，培育一批一体化经营示范企业、“同线同标同质”领先企业。组织参加广交会、进博会、消博会等展会，推动我市“三机一架”、树脂磨具等优势产品出口，持续加强与 RCEP、“一带一路”沿线国家货物贸易往来，进一步扩大外贸规模。推进国际友城合作。

(六)全力推进教育科技人才振兴，培育高质量发展新潜力

深入实施科教兴市、人才强市和创新驱动发展战略，促进科技、教育、人才融合融汇、同向发力，为高质量发展提供有力支撑。

构建高质量教育体系。实施优质教育重塑工程，全力办好人民满意的教育。基础教育实施办学条件改造三年行动计划，力争用三年时间新改扩建中小学、幼儿园 50 所，今年启动建设 12 所、改扩建 21 所。稳妥推进新高考改革，每个县区办好 1 所优质普通高中和 1 所特色高中。职业教育加快中高职一体化发展、集团化办学，稳步推进职业教育改革，启动山西特殊教育产教融合中心建设。支持“一本两专”推进应用型院校和应用型专业建设，培养更多应用型、技能型人才。完成智慧教育平台和 13 所智慧校园示范校建设，争创智慧教育示范市。深入实施“十百千”工程，加强教师队伍能力提升培训，提高教育队伍整体素质。

引育高素质人才队伍。优化人才政策体系,制定激励企业引才育才配套办法,促进产业人才集聚。创新人才引进方式,加大柔性引才力度,聘请兼职顾问、周末专家、假日专家等,共建研发机构,推进驻外人才工作站建设。发挥好阳泉人才集团作用,重点引进一批科技领军人才、高技能人才、企业家人才和高水平创新团队。建好省校合作基地,推动企业、高校和科研院所等产学研主体融合发展。建强富硒产业研究院、数字技能人才培训基地、阳泉工匠学院等平台,提升人才自主培育能力。健全人才培养、使用、评价、激励制度,加强人才住房、医疗、子女教育等服务保障,解决好人才后顾之忧,营造爱才育才引才用才的良好环境。

加快国家创新型城市创建。提升科技创新能力,发挥好政府在科技攻关中的组织保障作用,实施数智新城、产业链、专业镇科技支撑计划,加强关键核心技术攻关,在细分领域形成一批创新成果。促进科技成果转化,支持华阳集团在新材料领域谋划建设国家重点实验室,争取在无人驾驶、智能终端、新能源电池等领域设立一批省级研发平台,大力推进技术创新中心、工程研究中心等平台建设,新建中试基地3个、科技企业孵化器10家。完成科技体制改革三年攻坚任务,健全知识产权保护运用体制,推进“揭榜挂帅”“赛马制”改革。强化企业创新主体地位,滚动实施高新技术企业倍增计划,鼓励企业加大科技投入强度,建立科技型国有企业研发投入刚性增长机制,实行企业研发投入奖励制度,再培育高科技领军企业3家,高新技术企业、科技型中小企业分别达到160家、220家以上。

(七)全力推进区域协调发展,拓展高质量发展新空间

抢抓中部城市群重大机遇,扎实推动新型城镇化建设,全面推进乡村振兴,构建城乡一体、共同富裕的市域样板。

建强中部城市群东翼。加快基础设施互通,配合做好太旧高速改扩建工程前期工作,推动尽快开工;继续推动阳大铁路直达太原、北京,实施阳泉东至昔阳大寨段客运设施工程,再谋划一批互联互通项目,建设山西对接融入京津冀协同发展的门户枢纽。积极与其他四市开展一体化招商,通过建立合作园区等方式,在新能源汽车、高端装备制造、铝镁精深加工等领域开展深入合作。加强文旅协同,打造精品旅游线路,与五台山等周边重点景区联动发展,推进“2211”康养产业项目建设,打响“晋东漾泉·四季康养”品牌。

加快推动城市扩容升级。以“一城一带”为重点,推动中心城区北拓南融。编制生态新城核心区和广阳路道路两侧修建性详细规划城市设计。加快完成三泉、大西庄等棚户区改造整村搬迁。开工建设生态新城起步区核心片区路网工程。谋划实施一批广阳路经济带重点项目。有序推进城市更新。全面推进交通强国试点建设和公交都市创建。启动实施平阳街优化改造、洪城北路北延等市政道路工程,化义路南延工程10月底前竣工通车。推动晋东公司火工区搬迁。实施49个老旧小区改造和供水、雨污分流、老旧供热管网改造,加快西上庄综合管网工程进度。继续对既有住宅自愿加装电梯实施奖补,开展完整居住社区试点工作。完成煤山、赛鱼2个综合公园和平阳园、洪城园等11个口袋公园新建提升工程,实施桃河公园18公里绿道建设,做好国家园林城市复查验收工作。继续开展城市体检,精准查找短板问题。加强城市精细管理。巩固创卫成果,深入推进全国文明城市创建。建立城市精细化运行、管理、养护、考核等标准体系,推进综合行政执法力量下沉,打造“大城管”工作格局。

推进以县城为重要载体的城镇化建设。统筹县城生产、生活、生态、安全需要,促进县城产业配套设施提质增效、市政公用设施提档升级、公共服务设施提标扩面、环境基础设施提级扩能。大力发展县域经济,支持平定重点发展新能源电池、砂陶特色产业,盂县重点发展“新能源+”、大宗固废综合利用产业,郊区重点发展现代装备制造产业,形成各具特色、优势互补的县域产业发展格局。完善城乡基础设施,争取国道239肖家汇至滴水崖段改扩建、省道315水峪至马家坡段提质改造工程列入交通运输部“十四五”规划、省年度实施计划。推动国道239夫城口至肖家汇段公路改线、国道338闫家庄至梁家寨段公路改线工程按期通车。完成太行一号旅游公路119公里、“四好农村路”146公里建设任务。加快龙华口调水、郊区水务一体化、盂县饮用水网扩容提质,启动龙华口调水净水厂及配套管网工程。深入开展平定、盂县国家卫生县城创建。推动养老、医疗卫生、教育文化等公共服务加快向农村覆盖。

全面推进乡村振兴。坚决扛起稳粮保供责任。严守耕地红线,坚持“藏粮于地、藏粮于技”,建设高标准农田4.6万亩、有机旱作生产基地2万亩,新发展设施农业500亩,粮食播种面积82.7万亩以上,粮食产量达到4.7亿斤以上。加快发展“特”“优”“精”农业。建设十大富硒农业产业试验示范基地,大力培育富硒农业产业经营主体,做足杂粮、蔬菜、水果、禽蛋等特色农产品硒文章,新建富硒产业基地2.5万亩以上,富硒农产品认证达到100个,打造富硒农业全产业链格局。扎实推进宜居宜业和美乡村建设。完善农村基础设施,实现农村危房改造动态清零,持续改善农村人居环境,打造20个省市级乡村振兴示范村。改造农村户厕1万个以上,完成17个行政村生活污水治理任务,实现中心村、重点村污水管网铺设入户。巩固“六乱”整治和百日攻坚专项

行动成果,农村垃圾收运处置体系覆盖95%的自然村。加强和改进乡村治理,创建100个乡村治理示范村。深化农村改革。稳妥推进农村“三块地”改革。规范农村集体“三资”管理,发展新型农村集体经济,培育家庭农场、农民合作社等新型经营主体,大力发展农业生产托管服务。巩固拓展脱贫攻坚成果。严格落实防返贫动态监测和帮扶机制,推动脱贫村带农益农项目全覆盖,建设乡村特色产业示范村15个,增强就业帮扶车间带动能力,巩固提升“三保障”和饮水安全保障水平,脱贫人口收入超过全省平均水平,坚决守住不发生规模性返贫底线。

(八)全力改善生态环境,擦亮高质量发展新底色

牢固树立和践行“两山”理论,坚持降碳、减污、扩绿、增长协同发力,加强环境综合治理,推动美丽阳泉建设取得更大成效。

有序推进碳达峰阳泉行动。完善能源消费强度和总量“双控”,推行用能预算管理,严控能耗和二氧化碳排放强度。引导煤炭、煤电、化工、冶金、建材等重点行业企业开展节能降碳增效改造。完善智慧能源数据平台功能,加强重点用能企业监管。坚决遏制高耗能高排放低水平项目盲目发展。

深入打好污染防治攻坚战。打好蓝天保卫战。聚焦二氧化硫、氮氧化物和臭氧污染突出问题,开展扬尘治理专项行动,加强砖瓦工业污染防治,加大挥发性有机物减排力度,短倒运输逐步实现新能源化,大气环境质量稳步改善。打好碧水保卫战。深入推进河长制,常态化开展河道“清四乱”。加强入河排污口规范化管理,基本消除县城建成区黑臭水体,实施桃河水质提升及水生态修复、南川河人工湿地生态治理、温河郊区水生态环境综合治理、盂县污水处理厂尾水人工湿地等工程,加快推进市污水处理厂新建,白羊墅国考断面稳定达到优良水质,辛庄国考断面稳定达到Ⅳ类以上水质。打好净土保卫战。抓好建设用地、农用地土壤污染风险管控,加强重金属和新污染物治理,扎实做好垃圾分类,实现城市建成区生活垃圾“全焚烧、零填埋”。推进山底河、瀑里村老窑水治理,筑牢土壤安全防护墙。

持续做好“两河四山一泉域”生态保护。实施太行山生态保护和修复、盂县黄河流域及重点地区历史遗留废弃矿山生态修复、郊区重点生态保护修复治理、高铁高速沿线裸露山体生态修复工程,完成造林16万亩。完成盂县乱占耕地建房专项整治试点工作。深化“五水综改”,严控地下水开采,加大中水利用力度,加快形成科学合理的阶梯水价机制。做好中小河流治理和水库除险加固。大力度推进非煤矿山整合,稳妥做好新增矿产资源出让,保障资源合理开发和生态有序修复。

推动形成绿色生产生活方式。全面推进循环经济产业园建设,重点实施园区基础设施建设、餐厨垃圾和有机废物综合处理、医疗废物处置中心移建、建筑垃圾资源利用一体化生态工厂、大件垃圾和园林绿化垃圾处理厂等项目,打造垃圾无害化处理示范园区。全面实行排污许可制。实施节能减排降碳全民行动,开展节能宣传周、低碳日等主题宣传活动,提高全民节能低碳意识。开展节约型机关、绿色社区创建行动,布局一批“零碳社区”“零碳小区”试点。

(九)全力增进民生福祉,共享高质量发展新成果

践行以人民为中心的发展思想,采取更多惠民生、暖民心举措,补齐民生短板、提高民生质量。

促进就业增收。落实落细就业优先政策,抓好高校毕业生、农民工、退役军人、就业困难人员等重点群体就业帮扶,打好稳就业扩就业政策组合拳。鼓励创业带动就业,加强创业孵化基地、创业示范园区和大学生就业创业基地建设,举办好星火创业大赛,加强新就业形态劳动者权益保障。大力开展职业技能提升培训,让老百姓有专业傍身、靠技能吃饭。叫响木子管家、阳泉月嫂等特色劳务品牌,发挥示范带动作用。加快公共就业创业服务平台建设,实现县区公益性零工市场全覆盖。动态调整最低工资标准,不断增加低收入者收入。扩大农民外出务工就业规模,大力实施以工代赈,促进群众就业增收。

强化社会保障。深入推进全民参保计划,落实基本养老保险全国统筹制度,全面实施职工医保普通门诊统筹,做好基本医保、大病保险和医疗救助有效衔接。规范社保基金管理,守护好人民群众的养老钱、保命钱。实施差异化分类帮扶和精准化社会救助,健全老年人、残疾人、孤儿、农村留守儿童关爱服务体系,强化未成年人保护,提升退役军人服务保障水平。完成市殡仪馆迁建项目。

建设健康阳泉。健全公共卫生服务体系,强化“三医联动”,全面提升医疗卫生服务能力。加快推进市中心医院新建、市三院改扩建,抓好15个省级重点专科、10个省级标准重点专科、71个市级重点专科建设,促进公立医院高质量发展。推动优质医疗资源扩容下沉和区域均衡布局,提升县级综合医院、中医院、妇幼保健院三类医疗机构能力,逐步提高乡镇、街道、村、社区基层医疗能力。促进中医药事业健康发展。扎实推进爱国卫生运动。优化人口发展战略,完善生育支持政策体系,积极应对人口老龄化少子化,构建居家社区机构相协调、医养康养相结合的养老服务体系。

繁荣文体事业。持续推进“五个一批”群众文化惠民工程。深入实施市保修缮三年行动计划和低级别文物保护修缮,提升非遗传承利用水平,推动城区创建省级文物保护利用示范区。积极发展文博、文创、文旅产业,让优秀传统

文化焕发新的生命力。实施市体育场、体育馆提质改造工程,完成射击射箭馆后续工程,组织开展丰富多彩的全民健身活动,打造"漾泉"全民健身系列活动品牌赛事,努力在省十六届运动会上取得更好成绩。

同时,我们将持续做好国防动员、军民融合、双拥、人民防空、民族宗教、外事、侨务、港澳台、对口援疆等工作,更好发挥工青妇、残联、红十字等群团组织作用。

今年,市政府将在办好省定12件民生实事的基础上,再新增3件:提高城乡居民基础养老金财政补助标准;提高城乡居民基本医疗保险财政补助标准;新建改造一批综合公园、口袋公园,为群众提供更加完善的生活保障、更加优质的活动空间。

(十)全力做好安全发展,守牢高质量发展底线

坚定不移贯彻总体国家安全观,增强忧患意识,坚持底线思维,更好统筹发展和安全,以高水平安全保障高质量发展。

守牢安全生产底线。扣紧压实党政领导责任、部门监管责任、企业主体责任、全员安全责任,严格巡查考核督导,严肃追责问责。持续深化煤矿、非煤矿山、危险化学品、道路交通等重点领域安全治理,落实风险分级管控和隐患排查治理双重预防机制,提升本质安全水平,坚决杜绝重特大事故、遏制较大事故、减少一般事故。做好森林防火、地质灾害防治工作。以"零容忍"态度严厉打击非法违法采矿行为。着力提高防灾减灾救灾能力,完善预警响应机制,健全应急救援体系,科学有效应对处置各类事故灾害。

维护社会和谐稳定。坚持和发展新时代"枫桥经验",健全矛盾排查调处机制,着力推进信访问题源头治理,常态化化解信访积案,解决好群众合理诉求。健全共建共享共治的社会治理制度,完善网格化管理、精细化服务、信息化支撑的基层治理平台。坚持"房住不炒",强化预售资金监管,推进保交楼,扩大"房证同交"覆盖面,防范化解房地产市场风险。严格食品药品安全监管,坚决守住"舌尖上的安全",做好重要民生商品保供稳价,确保水电气暖充足稳定供应。强化社会治安整体防控,常态化推进扫黑除恶斗争,加快社会治安防控体系建设示范城市创建,确保政治安全、社会安定、人民安宁。

三、全面加强政府自身建设

奋进新征程,担当新使命。我们要树牢"五种理念",落实"四为四过硬"要求,加快推动政府治理体系和治理能力现代化,努力建设人民满意的服务型政府。

加强政治建设。坚持不懈用习近平新时代中国特色社会主义思想凝心铸魂,深刻领悟"两个确立"的决定性意义,自觉增强"四个意识"、坚定"四个自信"、做到"两个维护",不断提高政治判断力、政治领悟力、政治执行力,坚决在思想上政治上行动上同以习近平同志为核心的党中央保持高度一致。严明政治纪律和政治规矩,把党的领导贯穿政府工作全过程,做到党中央国务院有部署、省委省政府有要求、阳泉第一时间见行动见实效。

强化法治建设。严格遵守宪法法律,深化法治政府建设,扎实推进依法行政。严格落实重大行政决策程序制度,落实和完善行政许可事项清单,坚决防止清单之外违法实施行政许可。深化综合行政执法体制改革。自觉接受人大法律监督、政协民主监督和纪委监委、审计、统计、社会舆论等各方监督。全面推进政务公开和政府信息公开,让权力始终在阳光下运行。

建设清廉政府。坚决扛起政府系统全面从严治党主体责任,深入推进党风廉政建设和反腐败斗争,提高"三不腐"一体推进能力和水平。严格执行新修订的中央八项规定实施细则,坚决纠治形式主义、官僚主义。带头过"紧日子",严控"三公"经费,压减一般性支出,把宝贵资金用在发展紧要处、民生急需上。

注重调查研究。坚持问题导向,聚焦省委提出的"十二个重大问题",深入基层一线,拿出"绣花"精神,摸透真实情况。创新调研方式,运用访谈、蹲点、跑面、大数据等多种手段,掌握第一手资料,深入解剖麻雀,分析原因、找准症结。注重调研成果应用,制定务实管用、可衡量、可评估的工作举措,把调研成果转化为发展实效。

狠抓工作落实。树牢狠抓落实鲜明导向,完善清单管理、专班推进、上下联动、督查督办、定期盘点、示范带动、考核奖惩等工作机制,提升把握政策能力、科学谋划能力、统筹协调能力和解决问题能力,大力发扬斗争精神,抓实抓细重点任务,用好"13710"信息化督办平台,坚决整治庸懒散,确保省委省政府和市委决策部署真正落地、全面落实。

道虽远行则将至,事虽难做则必成。让我们更加紧密地团结在以习近平同志为核心的党中央周围,在省委省政府和市委坚强领导下,解放思想、实事求是,脚踏实地、埋头苦干,为加快推动高质量发展、谱写全面建设社会主义现代化国家阳泉篇章而团结奋斗!

市委 市政府重要文件题录

表 54 中共阳泉市委员会文件一览表

文 号	文 件 标 题	发文日期
阳字〔2022〕1 号	中共阳泉市委、阳泉市人民政府关于 2021 年推进乡村振兴战略进展情况的报告	2022 年 1 月 5 日
阳字〔2022〕2 号	中共阳泉市委关于落实省第十二次党代会精神有关情况的报告	2022 年 1 月 10 日
阳字〔2022〕3 号	中共阳泉市委、阳泉市人民政府关于颁发阳泉市“优秀人才突出贡献奖”“优秀人才贡献奖”“优秀人才奋进奖”的决定	2022 年 1 月 13 日
阳字〔2022〕8 号	中共阳泉市委关于市委常委班子党史学习教育专题民主生活会情况的报告	2022 年 1 月 20 日
阳字〔2022〕9 号	中共阳泉市委、阳泉市人民政府关于处置“山西平定再曝重污染天气小散乱污遍地开花无人监管”舆情有关情况的报告	2022 年 1 月 25 日
阳字〔2022〕12 号	中共阳泉市委、阳泉市人民政府关于 2021 年度法治政府建设情况的报告	2022 年 3 月 1 日
阳字〔2022〕17 号	中共阳泉市委、阳泉市人民政府关于贯彻落实林武书记在阳泉调研重要讲话精神情况的报告	2022 年 5 月 5 日
阳字〔2022〕18 号	中共阳泉市委、阳泉市人民政府、阳泉军分区关于推荐省级双拥模范城(县)的报告	2022 年 5 月 7 日
阳字〔2022〕19 号	中共阳泉市委关于阳泉市参加省党代表会议代表审查情况的报告	2022 年 5 月 13 日
阳字〔2022〕20 号	中共阳泉市委、阳泉市人民政府关于表彰 2021 年度目标责任考核优秀县区和单位的决定	2022 年 6 月 23 日
阳字〔2022〕21 号	中共阳泉市委关于上半年重点工作情况的报告	2022 年 8 月 4 日
阳字〔2022〕22 号	中共阳泉市委关于传达学习全省贯彻落实中央八项规定精神专题警示教育大会精神情况的报告	2022 年 8 月 17 日
阳字〔2022〕24 号	中共阳泉市委、阳泉市人民政府关于表彰全市优秀教育工作者、师德标兵、优秀教师、优秀班主任和先进集体的决定	2022 年 9 月 5 日
阳字〔2022〕28 号	中共阳泉市委、阳泉市人民政府关于 2022 年食品安全工作情况的报告	2022 年 11 月 30 日
阳发〔2022〕1 号	中共阳泉市委、阳泉市人民政府关于印发《阳泉市加强公共卫生服务体系建设实施方案》的通知	2022 年 1 月 7 日
阳发〔2022〕3 号	中共阳泉市委关于印发《中共阳泉市委常委会工作规则》《中共阳泉市委书记专题会议工作规则》《中共阳泉市委全会工作规则》的通知	2022 年 1 月 17 日
阳发〔2022〕7 号	中共阳泉市委关于印发《关于全面建设清廉阳泉的实施方案》的通知	2022 年 3 月 23 日
阳发〔2022〕8 号	中共阳泉市委印发《关于抓党建促乡村治理能力提升的若干措施(试行)》的通知	2022 年 3 月 23 日
阳发〔2022〕9 号	中共阳泉市委印发《关于抓党建促城市基层治理能力提升的若干措施(试行)》的通知	2022 年 3 月 23 日

续表

文　　号	文　件　标　题	发文日期
阳发〔2022〕10 号	中共阳泉市委、阳泉市人民政府印发《关于落实省委书记林武在阳泉调研讲话精神的任务分工方案》的通知	2022 年 4 月 1 日
阳发〔2022〕11 号	中共阳泉市委、阳泉市人民政府关于推进市场主体倍增工程的实施意见	2022 年 4 月 12 日
阳发〔2022〕13 号	中共阳泉市委关于转发《阳泉市人大常委会 2022 年工作要点》《政协阳泉市委员会 2022 年工作要点》的通知	2022 年 4 月 15 日
阳发〔2022〕16 号	中共阳泉市委、阳泉市人民政府关于做好 2022 年全面推进乡村振兴重点工作的实施意见	2022 年 4 月 29 日
阳发〔2022〕17 号	中共阳泉市委印发《关于完成三大任务营造良好氛围以优异成绩迎接党的二十大胜利召开实施办法》的通知	2022 年 5 月 19 日
阳发〔2022〕21 号	中共阳泉市委、阳泉市人民政府印发《阳泉市关于全面加强新时代大中小学劳动教育的实施方案》的通知	2022 年 8 月 26 日
阳发〔2022〕22 号	中共阳泉市委、阳泉市人民政府关于印发《阳泉市规范市属企业经营管理工作规定》的通知	2022 年 9 月 9 日
阳发〔2022〕23 号	中共阳泉市委关于设立中国共产党阳泉市红十字会党组的通知	2022 年 10 月 11 日
阳发〔2022〕24 号	中共阳泉市委印发《关于深入学习宣传贯彻党的二十大精神的工作方案》的通知	2022 年 11 月 16 日
阳发〔2022〕25 号	中共阳泉市委关于全面学习宣传贯彻党的二十大精神的通知	2022 年 11 月 16 日
阳办发〔2022〕1 号	中共阳泉市委办公室、阳泉市人民政府办公室关于印发《贯彻落实省第十二次党代会工作部署融入中部城市群高质量发展的任务分解方案》的通知	2022 年 1 月 7 日
阳办发〔2022〕2 号	中共阳泉市委办公室、阳泉市人民政府办公室印发《关于进一步减轻全市义务教育阶段学生作业负担和校外培训负担的实施方案》的通知	2022 年 1 月 17 日
阳办发〔2022〕3 号	中共阳泉市委办公室、阳泉市人民政府办公室关于印发《阳泉市深化应急管理综合行政执法改革实施方案》的通知	2022 年 1 月 25 日
阳办发〔2022〕5 号	中共阳泉市委办公室关于成立市委抓党建促基层治理能力提升专项行动总指挥部的通知	2022 年 4 月 1 日
阳办发〔2022〕7 号	中共阳泉市委办公室、阳泉市人民政府办公室关于印发《阳泉市 2022 年度开发区建设考核办法》的通知	2022 年 4 月 7 日
阳办发〔2022〕11 号	中共阳泉市委办公室、阳泉市人民政府办公室关于印发《阳泉市推进新时代产业工人队伍建设改革的若干措施》的通知	2022 年 4 月 29 日
阳办发〔2022〕13 号	中共阳泉市委办公室关于印发《阳泉市党史和地方志事业发展“十四五”规划》的通知	2022 年 5 月 12 日
阳办发〔2022〕14 号	中共阳泉市委办公室、阳泉市人民政府办公室关于印发《阳泉市数字经济优先发展战略三年行动计划（2022–2024 年）》的通知	2022 年 5 月 12 日

续表

文　号	文　件　标　题	发文日期
阳办发〔2022〕15号	中共阳泉市委办公室、阳泉市人民政府办公室关于印发《阳泉市促进大宗固废综合利用和再生资源循环利用产业发展办法（试行）》的通知	2022年5月12日
阳办发〔2022〕17号	中共阳泉市委办公室、阳泉市人民政府办公室印发《关于贯彻落实山西在新时代推动中部地区高质量发展中争先崛起的工作方案》的通知	2022年6月9日
阳办发〔2022〕18号	中共阳泉市委办公室、阳泉市人民政府办公室印发《关于落实〈山西省青少年发展规划(2021—2025年)〉的实施方案》的通知	2022年6月21日
阳办发〔2022〕19号	中共阳泉市委办公室印发《关于加强党建引领推进“五治融合”全面提升基层治理能力的实施方案》的通知	2022年7月1日
阳办发〔2022〕20号	中共阳泉市委办公室、阳泉市人民政府办公室关于印发《各县区、市直单位、开发区以及中央和省驻阳泉单位2022年度目标责任考核指标》的通知	2022年7月1日
阳办发〔2022〕21号	中共阳泉市委办公室、阳泉市人民政府办公室关于印发《阳泉市贯彻落实中央生态环境保护督察反馈意见整改工作方案》的通知	2022年7月12日
阳办发〔2022〕23号	中共阳泉市委办公室、阳泉市人民政府办公室关于印发《阳泉市国家创新型城市建设三年行动计划(2022—2024)》的通知	2022年8月24日
阳办发〔2022〕24号	中共阳泉市委办公室、阳泉市人民政府办公室关于印发《阳泉市生态筑基战略三年行动计划(2022—2024)》的通知	2022年9月14日
阳办发〔2022〕25号	中共阳泉市委办公室、阳泉市人民政府办公室关于印发《阳泉市推进城市安全发展实施方案》的通知	2022年11月16日
阳办发〔2022〕26号	中共阳泉市委办公室印发《关于加强新时代离退休干部党的建设工作实施意见》的通知	2022年12月15日
阳办字〔2022〕2号	中共阳泉市委办公室关于转发《阳泉市人大常委会2022年立法计划》的通知	2022年1月14日
阳办字〔2022〕5号	中共阳泉市委办公室印发《关于抓党建促基层治理能力提升专项行动方案》的通知	2022年3月23日
阳办字〔2022〕7号	中共阳泉市委办公室、阳泉市人民政府办公室关于印发《阳泉市2022年度党政主要负责人履行推进法治建设第一责任人职责工作清单》的通知	2022年4月7日
阳办字〔2022〕9号	中共阳泉市委办公室、阳泉市人民政府办公室关于成立阳泉市物流保通保畅工作领导小组的通知	2022年4月27日
阳办字〔2022〕10号	中共阳泉市委办公室关于在全市抓党建促基层治理能力提升专项行动中建立市县两级常委包联重点项目机制的通知	2022年4月29日
阳办字〔2022〕11号	中共阳泉市委办公室、阳泉市人民政府办公室、阳泉市政协办公室关于印发《阳泉市2022年度政党协商计划》《政协阳泉市委员会2022年度协商计划》的通知	2022年4月29日
阳办字〔2022〕13号	中共阳泉市委办公室、阳泉市人民政府办公室关于印发《阳泉市科技研发人员倍增计划实施方案》的通知	2022年5月13日

续表

文　号	文　件　标　题	发文日期
阳办字〔2022〕15号	中共阳泉市委办公室、阳泉市人民政府办公室关于成立阳泉市巩固拓展脱贫攻坚成果同乡村振兴有效衔接领导小组的通知	2022年5月30日
阳办字〔2022〕17号	中共阳泉市委办公室、阳泉市人民政府办公室印发《关于在全市开展整治矿山企业瞒报生产安全事故行为专项行动的方案》的通知	2022年6月24日
阳办字〔2022〕18号	中共阳泉市委办公室、阳泉市人民政府办公室关于印发《阳泉市稳就业保就业若干措施》的通知	2022年7月21日
阳办字〔2022〕20号	中共阳泉市委办公室、阳泉市人民政府办公室关于印发《阳泉市开展农村集体“三资”管理贪腐问题专项整治实施方案》的通知	2022年8月24日
阳办字〔2022〕21号	中共阳泉市委办公室、阳泉市人民政府办公室印发《关于加大巩固衔接力度促进农民持续增收的若干措施》的通知	2022年9月5日
阳办字〔2022〕23号	中共阳泉市委办公室、阳泉市人民政府办公室关于成立阳泉市高考综合改革工作领导小组的通知	2022年10月21日
阳办字〔2022〕26号	中共阳泉市委办公室关于做好2023年度党报党刊发行工作严格规范报刊发行秩序的通知	2022年12月6日
阳办字〔2022〕27号	中共阳泉市委办公室、阳泉市人民政府办公室关于印发《2023年阳泉市国家园林城市复查工作实施方案》的通知	2022年12月30日

（市委办公室）

表55　阳泉市人民政府文件一览表

文　号	文　件　标　题	发文日期
阳政发〔2022〕1号	关于做好2022年安全生产工作的通知	2022年3月28日
阳政发〔2022〕2号	关于印发阳泉市市级储备粮管理办法的通知	2022年1月13日
阳政发〔2022〕3号	关于下放和承接一批行政审批事项的通知	2022年3月9日
阳政发〔2022〕4号	关于印发阳泉市“十四五”教育事业发展规划的通知	2022年4月2日
阳政发〔2022〕6号	关于印发阳泉市“十四五”建设高品质生活发展规划的通知	2022年4月2日
阳政发〔2022〕7号	关于印发阳泉市“十四五”生态经济发展规划的通知	2022年4月6日
阳政发〔2022〕8号	关于建立引导涉煤民营企业家投资阳泉联合工作机制的实施方案	2022年4月6日
阳政发〔2022〕9号	关于印发阳泉市“十四五”农业农村现代化及巩固脱贫攻坚成果发展规划的通知	2022年4月11日

续表

文　号	文　件　标　题	发文日期
阳政发〔2022〕10 号	关于印发阳泉市“十四五”社会治理规划的通知	2022 年 4 月 11 日
阳政发〔2022〕11 号	关于印发阳泉市“十四五”现代物流发展规划的通知	2022 年 4 月 12 日
阳政发〔2022〕12 号	关于印发阳泉市“十四五”现代服务业发展规划的通知	2022 年 4 月 12 日
阳政发〔2022〕14 号	关于印发阳泉市“十四五”文化旅游体育康养产业发展规划的通知	2022 年 4 月 13 日
阳政发〔2022〕15 号	关于印发阳泉市“十四五”城乡人居环境建设规划的通知	2022 年 5 月 26 日
阳政发〔2022〕16 号	关于印发阳泉市“十四五”时期民兵建设发展规划的通知	2022 年 6 月 10 日
阳政发〔2022〕17 号	关于印发阳泉市落实稳住经济一揽子政策措施的实施方案的通知	2022 年 6 月 24 日
阳政发〔2022〕18 号	关于印发阳泉市“十四五”残疾人保障和发展规划的通知	2022 年 7 月 6 日
阳政发〔2022〕19 号	关于印发阳泉市“十四五”优化营商环境建设规划的通知	2022 年 7 月 8 日
阳政发〔2022〕20 号	关于印发阳泉市“十四五”卫生健康事业发展规划的通知	2022 年 7 月 14 日
阳政发〔2022〕21 号	关于印发阳泉市全民健身实施计划(2021—2025 年)的通知	2022 年 7 月 22 日
阳政发〔2022〕22 号	关于印发阳泉市“十四五”应急管理体系和本质安全能力建设规划的通知	2022 年 9 月 7 日
阳政发〔2022〕23 号	关于印发阳泉市“十四五”政府治理能力现代化规划的通知	2022 年 9 月 8 日
阳政发〔2022〕24 号	关于印发阳泉市“十四五”开放型经济发展规划的通知	2022 年 9 月 9 日
阳政发〔2022〕25 号	关于印发阳泉市“十四五”人力资源和社会保障规划的通知	2022 年 9 月 9 日
阳政发〔2022〕26 号	关于印发阳泉市“十四五”两山七河一流域生态保护和生态文明建设规划的通知	2022 年 9 月 28 日
阳政发〔2022〕27 号	关于印发阳泉市 2022 年空气质量综合指数“退倒十”攻坚行动方案的通知	2022 年 9 月 28 日
阳政发〔2022〕28 号	关于印发阳泉市营商环境创新提升行动方案的通知	2022 年 12 月 14 日
阳政发〔2022〕29 号	关于进一步规范“一枚印章管审批”改革中行政审批事项划转工作的通知	2022 年 12 月 14 日
阳政任字〔2022〕1 号	关于赵海金等四人任免职务的通知	2022 年 1 月 13 日
阳政任字〔2022〕2 号	关于米炳生等二人任免职务的通知	2022 年 1 月 30 日
阳政任字〔2022〕3 号	关于张五太等三人任免职务的通知	2022 年 1 月 30 日
阳政任字〔2022〕4 号	关于段拥军任职的通知	2022 年 1 月 30 日
阳政任字〔2022〕5 号	关于晋玮等四十二人任免职务的通知	2022 年 3 月 7 日

续表

文　　号	文　件　标　题	发文日期
阳政任字〔2022〕6 号	关于赵玉兵免职的通知	2022 年 3 月 9 日
阳政任字〔2022〕7 号	关于王立泽免职的通知	2022 年 3 月 9 日
阳政任字〔2022〕8 号	关于马立军任职的通知	2022 年 3 月 9 日
阳政任字〔2022〕9 号	关于郭广姝等七人任免职务的通知	2022 年 3 月 9 日
阳政任字〔2022〕10 号	关于王刚等三十七人任免职务的通知	2022 年 3 月 25 日
阳政任字〔2022〕11 号	关于赵俊明等三人任免职务的通知	2022 年 4 月 28 日
阳政任字〔2022〕12 号	关于石文斌等四人任免职务的通知	2022 年 6 月 6 日
阳政任字〔2022〕13 号	关于樊志红等三人任免职务的通知	2022 年 6 月 7 日
阳政任字〔2022〕14 号	关于贾国栋任免职务的通知	2022 年 6 月 21 日
阳政任字〔2022〕15 号	关于刘广顺任免职务的通知	2022 年 6 月 21 日
阳政任字〔2022〕16 号	关于武永庆等六人任免职务的通知	2022 年 6 月 21 日
阳政任字〔2022〕17 号	关于周照华任职的通知	2022 年 6 月 21 日
阳政任字〔2022〕18 号	关于武浩等二人任免职务的通知	2022 年 6 月 21 日
阳政任字〔2022〕19 号	关于程文庆免职的通知	2022 年 6 月 21 日
阳政任字〔2022〕20 号	关于刘世伟等二人任免职务的通知	2022 年 7 月 11 日
阳政任字〔2022〕21 号	关于高志龙等二人任免职务的通知	2022 年 7 月 21 日
阳政任字〔2022〕22 号	关于卢晓刚等二人任免职务的通知	2022 年 7 月 21 日
阳政任字〔2022〕23 号	关于康建光等二人任免职务的通知	2022 年 8 月 17 日
阳政任字〔2022〕24 号	关于李瑞峰等五人任免职务的通知	2022 年 8 月 17 日
阳政任字〔2022〕25 号	关于王军民等六人任免职务的通知	2022 年 9 月 14 日
阳政任字〔2022〕26 号	关于田玲等六人任免职务的通知	2022 年 9 月 14 日
阳政任字〔2022〕27 号	关于崔晓亮等四人任免职务的通知	2022 年 9 月 28 日
阳政任字〔2022〕28 号	关于陈志杰等十三人任免职务的通知	2022 年 10 月 24 日
阳政任字〔2022〕29 号	关于杨荷花等三人任免职务的通知	2022 年 11 月 7 日
阳政办发〔2022〕1 号	关于印发阳泉市林业和草原有害生物灾害应急预案的通知	2022 年 1 月 4 日

续表

文　　号	文　件　标　题	发文日期
阳政办发〔2022〕2 号	关于印发阳泉市严厉打击非法违法开采矿产资源专项行动实施方案的通知	2022 年 1 月 5 日
阳政办发〔2022〕3 号	关于印发阳泉市深化医药卫生体制改革近期重点工作任务的通知	2022 年 1 月 6 日
阳政办发〔2022〕4 号	关于印发阳泉市水上搜救应急预案的通知	2022 年 1 月 11 日
阳政办发〔2022〕5 号	关于印发阳泉市天然气(煤层气)迎峰度冬保供应急预案的通知	2022 年 1 月 11 日
阳政办发〔2022〕8 号	关于张少波等十七人任免职务职级的通知	2022 年 1 月 21 日
阳政办发〔2022〕10 号	关于印发阳泉市大面积停电事件应急预案的通知	2022 年 1 月 27 日
阳政办发〔2022〕11 号	关于印发阳泉市地质灾害防治“十四五”规划的通知	2022 年 2 月 10 日
阳政办发〔2022〕13 号	关于印发阳泉市“十四五”电动汽车充换电基础设施规划的通知	2022 年 2 月 14 日
阳政办发〔2022〕14 号	关于印发贯彻落实新时代支持山西太行革命老区振兴发展实施意见的工作方案的通知	2022 年 2 月 22 日
阳政办发〔2022〕15 号	关于印发阳泉市煤矿生产安全事故应急预案的通知	2022 年 3 月 2 日
阳政办发〔2022〕16 号	关于印发阳泉市冶金工贸行业生产安全事故应急预案的通知	2022 年 3 月 2 日
阳政办发〔2022〕17 号	关于印发阳泉市危险化学品事故应急预案的通知	2022 年 3 月 2 日
阳政办发〔2022〕18 号	关于印发阳泉市非煤矿山生产安全事故应急预案的通知	2022 年 3 月 2 日
阳政办发〔2022〕19 号	关于印发阳泉市自然灾害救助应急预案的通知	2022 年 3 月 2 日
阳政办发〔2022〕20 号	关于印发阳泉市生产安全事故应急预案的通知	2022 年 3 月 2 日
阳政办发〔2022〕21 号	关于印发阳泉市市场主体倍增工程 2022 年度工作计划的通知	2022 年 3 月 3 日
阳政办发〔2022〕22 号	关于印发阳泉市高密度中等城市交通拥堵治理与绿色出行试点实施方案和阳泉市智能网联重载货运车路协同发展试点实施方案的通知	2022 年 3 月 3 日
阳政办发〔2022〕23 号	关于刘永卫同志职级任免的通知	2022 年 3 月 5 日
阳政办发〔2022〕24 号	关于进一步深化“证照分离”改革激发市场主体发展活力的通知	2022 年 3 月 11 日
阳政办发〔2022〕25 号	关于建立健全抓落实工作机制进一步提高执行力的实施细则	2022 年 3 月 17 日
阳政办发〔2022〕26 号	关于秘书长副秘书长等领导工作分工的通知	2022 年 3 月 28 日
阳政办发〔2022〕27 号	关于市长副市长秘书长工作分工的通知	2022 年 3 月 28 日
阳政办发〔2022〕28 号	关于印发 2022 年市政府领导班子成员“我为群众办实事”重点项目清单的通知	2022 年 4 月 1 日

续表

文　号	文　件　标　题	发文日期
阳政办发〔2022〕29 号	关于印发阳泉市地方金融机构不良资产清收处置专班工作方案的通知	2022 年 4 月 13 日
阳政办发〔2022〕30 号	关于推进人工影响天气工作高质量发展的实施方案	2022 年 4 月 27 日
阳政办发〔2022〕31 号	关于印发 2022 年市级重点工程项目清单的通知	2022 年 4 月 27 日
阳政办发〔2022〕32 号	关于印发《建立健全抓落实工作机制进一步提高执行力的实施细则运行流程》的通知	2022 年 4 月 28 日
阳政办发〔2022〕33 号	关于印发阳泉市政府性融资担保机构市县一体化运营改革方案的通知	2022 年 4 月 29 日
阳政办发〔2022〕34 号	关于规范互联网租赁自行车发展的实施意见	2022 年 5 月 5 日
阳政办发〔2022〕35 号	关于印发阳泉市非煤矿山整合实施意见的通知	2022 年 5 月 10 日
阳政办发〔2022〕36 号	关于印发 2022 年全市招商引资行动计划的通知	2022 年 5 月 11 日
阳政办发〔2022〕37 号	关于印发阳泉市文化和旅游突发事件应急预案的通知	2022 年 5 月 11 日
阳政办发〔2022〕38 号	关于开放 5G 通信基站公共资源站址（2022 年第一批）的通知	2022 年 5 月 11 日
阳政办发〔2022〕39 号	关于阳泉市促进房地产业良性循环和健康发展实施意见	2022 年 5 月 18 日
阳政办发〔2022〕40 号	关于印发阳泉市健康影响评估制度建设试点工作实施方案的通知	2022 年 5 月 20 日
阳政办发〔2022〕41 号	关于印发阳泉市“十四五”综合交通运输体系发展规划的通知	2022 年 5 月 20 日
阳政办发〔2022〕42 号	关于印发阳泉市 2022 年度地质灾害防治方案的通知	2022 年 5 月 26 日
阳政办发〔2022〕43 号	关于印发阳泉市全民科学素质行动规划纲要实施方案（2021—2025 年）的通知	2022 年 5 月 30 日
阳政办发〔2022〕44 号	关于印发阳泉市 2022 年“晋情消费·泉民 e 购”数字消费券发放活动实施方案的通知	2022 年 6 月 1 日
阳政办发〔2022〕45 号	关于孔繁琼职务任免的通知	2022 年 6 月 7 日
阳政办发〔2022〕46 号	关于印发阳泉市推进服务业提质增效暨“服务业攻坚”2022 年行动计划的通知	2022 年 6 月 14 日
阳政办发〔2022〕47 号	关于印发阳泉市清理拖欠中小企业账款工作方案的通知	2022 年 6 月 15 日
阳政办发〔2022〕48 号	关于建立全市稳住经济一揽子政策措施工作落实机制的通知	2022 年 6 月 10 日
阳政办发〔2022〕49 号	关于印发阳泉市火灾事故调查处理规定的通知	2022 年 6 月 17 日
阳政办发〔2022〕50 号	关于印发阳泉市气象灾害监测预报预警联动工作机制的通知	2022 年 6 月 20 日
阳政办发〔2022〕51 号	关于给予李利生政务处分的决定	2022 年 6 月 21 日

续表

文　号	文　件　标　题	发文日期
阳政办发〔2022〕52 号	关于加强农村道路交通安全管理工作的实施意见	2022 年 6 月 23 日
阳政办发〔2022〕53 号	关于印发阳泉市全面提升“获得电力”服务水平延伸电力工程投资界面实施方案（试行）的通知	2022 年 7 月 1 日
阳政办发〔2022〕54 号	关于印发阳泉市进一步简化优化电网工程项目审批流程实施方案（试行）的通知	2022 年 7 月 1 日
阳政办发〔2022〕55 号	关于印发阳泉市夜间经济发展实施方案的通知	2022 年 7 月 4 日
阳政办发〔2022〕56 号	关于印发阳泉市便民市场建设工程实施方案的通知	2022 年 7 月 4 日
阳政办发〔2022〕57 号	关于印发阳泉市自建房安全专项整治实施方案的通知	2022 年 7 月 5 日
阳政办发〔2022〕58 号	关于印发阳泉市瓶装液化石油气及老旧燃气管网安全专项整治工作方案的通知	2022 年 7 月 6 日
阳政办发〔2022〕59 号	关于印发阳泉市 2022 年度清理“批而未用”土地专项行动实施方案的通知	2022 年 7 月 7 日
阳政办发〔2022〕61 号	关于进一步加强全市乡镇（街道）消防安全治理体系工作的通知	2022 年 7 月 12 日
阳政办发〔2022〕62 号	关于印发阳泉市煤炭增产保供和产能新增工作方案的通知	2022 年 7 月 13 日
阳政办发〔2022〕63 号	关于印发阳泉市森林草原防火规划（2021—2025 年）的通知	2022 年 7 月 14 日
阳政办发〔2022〕64 号	关于印发阳泉市防汛抗旱应急预案的通知	2022 年 7 月 29 日
阳政办发〔2022〕65 号	关于印发阳泉市重点产业链及产业链链长工作机制实施方案的通知	2022 年 8 月 5 日
阳政办发〔2022〕66 号	关于印发阳泉市社会力量参与不可移动文物保护利用操作细则的通知	2022 年 8 月 18 日
阳政办发〔2022〕67 号	关于加强我市长城保护管理利用工作的实施意见	2022 年 8 月 18 日
阳政办发〔2022〕68 号	关于印发阳泉市创建省级节水型城市工作方案的通知	2022 年 8 月 24 日
阳政办发〔2022〕69 号	关于印发全市严厉打击非法违法用地用矿专项行动工作方案的通知	2022 年 9 月 3 日
阳政办发〔2022〕70 号	关于印发阳泉市实施耕地向其他农用地及农业设施建设用地转换用途管制暂行办法的通知	2022 年 9 月 6 日
阳政办发〔2022〕71 号	关于调整煤矿企业安全生产挂牌责任人的通知	2022 年 9 月 7 日
阳政办发〔2022〕72 号	关于印发阳泉市 2022 年第二期“晋情消费·泉民 e 购”数字消费券及汽车消费补贴发放活动实施方案的通知	2022 年 9 月 23 日
阳政办发〔2022〕73 号	关于印发阳泉市项目建设百日攻坚行动方案的通知	2022 年 9 月 26 日
阳政办发〔2022〕74 号	关于印发阳泉市人民政府保交楼专项贷款资金管理办法的通知	2022 年 9 月 27 日
阳政办发〔2022〕75 号	关于印发阳泉市城市生活垃圾分类行动实施方案的通知	2022 年 9 月 28 日

续表

文　号	文　件　标　题	发文日期
阳政办发〔2022〕76 号	关于印发阳泉市数字经济企业认定管理办法的通知	2022 年 10 月 10 日
阳政办发〔2022〕77 号	关于印发阳泉市城市公共交通突发事件应急预案的通知	2022 年 10 月 17 日
阳政办发〔2022〕78 号	关于印发阳泉市工业发展专项资金使用管理办法(试行)的通知	2022 年 11 月 10 日
阳政办发〔2022〕79 号	关于印发阳泉市“十四五”文物保护和科技创新实施方案的通知	2022 年 11 月 16 日
阳政办发〔2022〕80 号	关于印发阳泉市金融顾问制度实施方案(试行)的通知	2022 年 11 月 16 日
阳政办发〔2022〕81 号	关于印发阳泉市贯彻新发展理念全面提升城镇园林绿化水平的实施方案的通知	2022 年 11 月 16 日
阳政办发〔2022〕82 号	关于印发阳泉市城市信用状况监测预警指标(2022 年版)任务分工方案的通知	2022 年 11 月 18 日
阳政办发〔2022〕83 号	关于印发阳泉市公立医院高质量发展实施方案的通知	2022 年 11 月 18 日
阳政办发〔2022〕84 号	关于印发阳泉市进一步加强基层消防安全工作实施方案的通知	2022 年 12 月 5 日
阳政办发〔2022〕85 号	关于印发市政府办公室工作制度(试行)的通知	2022 年 12 月 6 日
阳政办发〔2022〕86 号	关于健全重特大疾病医疗保险和救助制度的实施细则	2022 年 12 月 9 日
阳政办发〔2022〕87 号	关于全面实行行政许可事项清单管理的通知	2022 年 12 月 14 日
阳政办发〔2022〕88 号	关于印发阳泉市 2022 年度政务公开工作考核方案的通知	2022 年 12 月 14 日
阳政办发〔2022〕89 号	关于印发阳泉市自然资源统一确权登记工作方案的通知	2022 年 12 月 26 日
阳政办发〔2022〕90 号	关于印发阳泉市市政消火栓建设维护管理规定的通知	2022 年 12 月 26 日
阳政办发〔2022〕91 号	关于印发阳泉市全面推广“房证同交”“地证同交”改革实施方案的通知	2022 年 12 月 26 日
阳政办发〔2022〕92 号	关于印发阳泉市 2022 年既有建筑能效提升工程实施方案的通知	2022 年 12 月 28 日
阳政办发〔2022〕93 号	关于陈琦同志任职的通知	2022 年 12 月 30 日
阳政办发〔2022〕94 号	关于印发阳泉市促进服务业迅速复苏二十条措施、阳泉市加快工业企业复工复产二十条措施和阳泉市狠抓项目建设扩大有效投资十八条措施的通知	2022 年 12 月 30 日

（市政府办公室）

统 计 资 料

表 56 2022 年阳泉市主要核算指标一览表

单位：万元

指 标	2022 年	2021 年	2022 年比 2021 年增长(%)
地区生产总值	10129306	9165797	3.5
按三次产业划分			
第一产业	160154	153315	4.3
第二产业	5629182	4729712	5.9
第三产业	4339970	4282770	1.3
按国民经济行业划分			
农林牧渔业	167811	160591	4.3
农林牧渔辅助活动	7657	7276	4.1
工业	5202858	4307218	6.9
建筑业	426324	422494	-1.1
批发和零售业	621719	666190	-9.6
交通运输、仓储和邮政业	420813	428485	-3.0
住宿和餐饮业	144292	148531	-2.4
金融业	573236	545255	4.2
房地产业	575300	590140	-3.2
营利性服务业	546627	544344	-0.5
非营利性服务业	1450326	1352549	9.5
人均地区生产总值(元)	77263	69731	3.7

注：第一产业＝农林牧渔业－农林牧渔辅助活动 （市统计局）

表 57　2022 年阳泉市国民经济和社会发展主要指标一览表

指标名称	单　位	2022 年	2021 年	2022 年为 2021 年（%）
一、人　口				
总人口	万人	131.11	131.1	—
城镇人口	万人	94.77	94.29	—
乡村人口	万人	36.34	36.81	—
城镇人口比重	%	72.29	71.93	—
人口密度	人 / 平方千米	287.6	287.6	100.0
就业人员	万人	61.33	63.14	97.1
第一产业	万人	10.84	10.19	106.4
第二产业	万人	19.08	19.35	98.6
第三产业	万人	31.41	33.60	93.5
二、工业（规模以上）				
工业企业单位数	个	305	293	104.1
工业增加值增速	%	8.7	12.1	—
工业总产值	亿元	987.7	773.3	127.7
年末固定资产原值	亿元	1275.9	1230.1	103.7
年末资产总额	亿元	3452.3	3449.9	100.1
主营业务收入	亿元	865.5	735.3	117.7
利税总额	亿元	105.0	26.2	400.8
三、农　业				
农林牧渔业总产值	万元	275218	264933	104.1
农林牧渔业增加值	万元	167811	160589	104.3
年末实有耕地面积	公顷	76167	76167	—
四、工农业主要产品产量				
原煤（规模以上）	万吨	6887.0	6825.0	100.9
发电量	亿千瓦时	257.3	220.6	116.6
水　泥	万吨	311.1	350.4	88.8
焦　炭	万吨	13.2	46.5	28.4
粮　食	吨	236957	232570	101.9
油　料	吨	159.4	149.1	106.9
蔬菜及食用菌	吨	71883	68526	104.9
猪牛羊禽肉产类	吨	22453.6	20939	107.2
五、交通运输和邮电业				
铁路货运量	万吨	4144.3	4591.1	90.3
铁路客运量	万人次	76.5	127.8	59.9
邮电业务总量	亿元	15.7	16.0	—

续表

指标名称	单 位	2022 年	2021 年	2022 年为 2021 年(%)
六、固定资产投资和建筑业				
固定资产投资总额	万元	2904451	2778314	104.5
房地产投资	万元	217474	242262	89.8
新增固定资产	万元	628274	766506	82.0
资质以上建筑企业单位数	个	176	171	102.9
建筑业总产值	万元	827709	899144	92.1
建筑业完成竣工产值	万元	335996	168636	199.2
七、城市公用事业				
公共汽车运营车辆	辆	1065	1064	100.1
公共汽车客运量	万人次	9942.2	14959	66.5
年末实有出租车数	辆	1885	1885	100.0
污水处理能力	万立方米	6708	6844.3	98.0
集中供热面积	万平方米	4951.8	4815.3	102.8
建成区绿化覆盖率	%	45.3	43.6	—
八、国内贸易业				
社会消费品零售总额	万元	3245208	3280087	98.9
城镇零售额	万元	2715729	2741409	99.1
乡村零售额	万元	529478	538679	98.3
外贸进出口总额	万元	105585	130777	80.7
九、社会事业				
高等学校在校生	人	34490	28370	121.6
中等专业学校在校生	人	2898	3052	95.0
技工学校在校生	人	387	689	56.2
普通中学在校生	万人	6.4	6.47	98.9
职业高中在校生	人	4437	4230	104.9
小学在校生	万人	7.2	7.4	97.3
幼儿在园数	万人	3.4	3.2	106.3
卫生机构数	个	1372	1524	90.0
其中:医 院	个	52	48	108.3
床位数	张	8204	7850	104.5
卫生技术人员	人	15158	14733	102.9
其中:执业医师	人	3995	3923	101.8
注册护士	人	5675	5427	104.6

续表

指标名称	单　位	2022年	2021年	2022年为2021年(%)
十、劳动工资				
在岗职工年末人数	万人	20.4	21.0	97.2
在岗职工工资总额	亿元	169.3	154.2	109.8
在岗职工年平均工资	元	82474	73710	111.9
十一、财政金融				
财政总收入	亿元	180.9	116.2	155.7
一般公共预算收入	亿元	82	56.2	145.9
一般公共预算支出	亿元	158.5	127.9	123.9
金融机构人民币各项存款余额	亿元	2106.7	1889.8	111.5
金融机构人民币各项贷款余额	亿元	1438.6	1332.6	108.0
十二、家计、物价				
城镇常住居民人均可支配收入	元	39300	37464	104.9
城镇常住居民人均消费性支出	元	24123	23696	101.8
农村常住居民人均可支配收入	元	19057	18030	105.7
农村常住居民人均生活消费支出	元	15153	14351	105.6
居民消费价格总指数	元	101.8	101.1	—

（市统计局）

表58　2022年阳泉市平均每天经济活动情况表

指标名称	单　位	2022年	2021年	2022年为2021年(%)
地区生产总值	万元	27751.5	25111.8	110.5
农林牧渔业总产值	万元	754.0	725.8	103.9
工业总产值(规模以上)	万元	27060.7	21187.2	127.7
固定资产投资	万元	7957.4	7611.8	104.5
一般公共预算收入	万元	2245.7	1539.6	145.9
铁路客运量	万人次	0.2	0.4	52.7
铁路货运量	万吨	11.4	12.6	90.3
原煤(规模以上)	万吨	18.9	18.7	100.9
发电量	万千瓦时	7048.7	5972.6	118.0
社会消费品零售总额	万元	8891.0	8986.5	98.9
在岗职工年平均工资	元	226.0	201.9	111.9
城镇常住居民人均可支配收入	元	107.7	102.6	104.9
农村常住居民人均可支配收入	元	52.2	49.4	105.7

（市统计局）

（责任编辑：毕瑾璟　吴国平）

说 明

1.本索引为主题索引，按汉语拼音字母顺序排列。以阿拉伯数字和外文字母开头的主题词排在后面。

2.主题词后的数字是主题内容所在的页码，数字后的字母 a、b、c 分别表示左、中、右栏。

A

B

C

D

E

F

G

H

J

M

N

O

P

Q

R

T

W

X

Y

Z